Couvertures supérieure et inférieure manquantes.

F. ROY, libraire-éditeur, 185, rue Saint-Antoine, PARIS

LA
FILLE DE MARGUERITE

PREMIÈRE PARTIE
L'HÉRITAGE DE RENÉE

I

L'hiver ultra-rigoureux qui devait sévir jusqu'au mois de mars 1880, débutait, vers la fin d'octobre 1879, par des froids précoces et très vifs; — déjà la campagne autour de Paris, et Paris lui-même, étaient enveloppés d'un épais linceul de neige.

Le 20 octobre, vers dix heures du matin, un fourgon des pompes funèbres stationnait devant un hôtel de la rue de Varennes, et des employés de l'administration tendaient de draperies de deuil la porte cochère.

Un écusson portant un grand B couronnait ces draperies.

Les employés placèrent un chevalet roulant dans l'espèce de chapelle ardente organisée sous la voûte.

Des porte-cierges en grand nombre, garnis de leurs cierges allumés, entourèrent le chevalet; puis, sur un signe du contremaître dirigeant les travaux, quatre croque-morts, qui n'attendaient qu'un ordre, pénétrèrent dans l'hôtel.

Un domestique était assis d'un air nonchalant sur la banquette du vestibule.

— Est-ce qu'il est l'heure? — demanda-t-il aux croque-morts.

— L'heure de l'exposition, oui, monsieur.

— Veuillez donc me suivre.

Il gravit les marches d'un large escalier de pierre à rampe de fer forgé, atteignit le premier étage, traversa deux salons dont l'ameublement offrait un luxe suranné, et pénétra, toujours suivi des croque-morts, dans une chambre à coucher très vaste.

Au milieu de la pièce, posé de travers sur le tapis, se trouvait un cercueil de chêne à côté duquel brûlait un cierge.

Personne ne veillait dans la chambre. — Jamais abandon ne fut plus complet.

Les croque-morts se baissèrent, prirent le cercueil par ses poignées de métal et le descendirent lentement.

Quelques instants plus tard il reposait, couvert d'un drap mortuaire, sur le chevalet disposé *ad hoc* et sur ce drap le domestique plaçait un crucifix.

Un escabeau tendu de noir supportait un bénitier portatif, muni de son goupillon.

Le domestique rentra dans l'hôtel, le fourgon s'éloigna, et les quatre employés des pompes funèbres, en attendant l'heure de la levée du corps, allèrent déjeuner chez un marchand de vin restaurateur dont l'établissement occupait le rez-de-chaussée de la maison d'en face.

— C'est égal, camarades, — fit l'un d'eux, — nous allons mettre en terre un particulier qui n'a pas l'air d'être regretté beaucoup chez lui.

— Je te crois! — répondit un second croque-mort. — Le cercueil au milieu de la chambre, tout de guingoi comme une vieille malle... Rien qu'un cierge... Pas un chat pour veiller... Le domestique assistant seul à l'enlèvement de la bière....— Ça n'est guère rigolo, tout ça!

— Je parie ce qu'on voudra que la veuve ne se ruinera pas en frais de couronnes sur la tombe!! — s'écria un troisième.

En ce moment la femme du marchand de vin, une brave commère un peu bavarde, qui tournait autour de la table en mettant le couvert et en écoutant ce qui se disait, prit part à la conversation.

— Vous parlez de la maison d'en face, pas vrai, messieurs? — demanda-t-elle.

— Oui, ma chère dame... — Vous connaissiez le défunt?

— Pardine! tout le quartier le connaissait...

— Quel homme était-ce?

— M. Bertin... — Un ours fini... Un particulier qui ne rendait point sa femme heureuse...

— Comment saviez-vous ça?

— Par les domestiques, donc!... — Elle ne doit pas se rougir les yeux à cette heure à force de pleurer, m'ame Bertin, je vous en réponds!!

— Il était très vieux le mari?

— Non, non, cinquante ans tout au plus... mais il les paraissait bien...

— Et sa femme?...

— Trente-neuf ou quarante à peine... et elle ne les paraît pas...

— Vous croyez qu'elle mettra sa robe de deuil avec autant de plaisir qu'elle en a eu à mettre sa robe de mariage?

— Avec beaucoup plus, je le garantis! Elle va pouvoir jouir au moins d'un peu de tranquillité et de liberté, la pauvre chère dame! Figurez-vous qu'elle était positivement esclave... Son gueux de mari, mauvais comme un âne rouge et jaloux comme un tigre, lui faisait des misères à tout propos et hors de tout propos... Ah! on la plaignait dans le quartier, où elle passait sa vie à donner aux pauvres.

— Elle est riche?

— A millions...

— Ça lui permettra de jouir de son veuvage agréablement.

— Elle n'aurait pas besoin de ça pour mener la vie joyeuse si ça lui plaisait, car elle est encore très belle... — répondit la maîtresse de l'établissement; — mais je crois que le plaisir est son moindre souci... sans ça les domestiques l'auraient dit... — Elle n'est point coquette et ne songe qu'aux pauvres... — Figurez-vous qu'à part les jours très rares où elle sortait sans son mari, et ceux où les nécessiteux venaient chez elle pour y recevoir des distributions d'argent et de vêtements, elle restait claquemurée dans sa chambre, triste comme la mort et pleurant plus souvent qu'à son tour.

— Ah! fichtre! pas gaie, l'existence!... Non, là, entre nous, il y avait de quoi pleurer...

— Et ce n'est pas tout, — reprit la femme du marchand de vin d'un ton confidentiel et en baissant un peu la voix, — on suppose qu'il y a un gros secret dans la vie de Mme Bertin... un secret qui la mine et qui la ronge.

— Possible!... Il y a tant de secrets dans les familles, même les plus huppées... mais un secret de quoi?

— Dame! s'il faut en croire les demi-mots de Prosper...

— Qui ça, Prosper? — interrompit l'un des croque-morts.

— Un ancien valet de chambre du défunt qui avait toute la confiance de madame et qui la méritait, mais qui a quitté la maison à la suite d'une discussion avec monsieur... — Donc, s'il faut en croire Prosper, il s'agirait d'un enfant...

— Un enfant?

— Oui... — Mme Bertin aurait eu une petite fille...

— Eh bien! où est le mal?

— Le mal, — en admettant que la chose soit vraie, bien entendu, et je n'en ai nullement la preuve, — c'est que l'enfant, né avant le mariage, n'était pas de feu Bertin... — On lui aurait caché la grossesse et l'accouchement; il n'aurait découvert le pot aux roses que plus tard, après le conjungo, et à partir de cette découverte la pauvre femme, mariée malgré elle à un butor, a été tarabustée, bousculée, malmenée... Bref, son mari lui a rendu la vie impossible...

— Dame! ça se comprend... — dit un croque-mort. — Faut être juste... ça l'ennuyait, cet homme, un enfant tout fait! — Et la petite fille?...

— Il paraîtrait...

— Toujours d'après M. Prosper?

— Toujours... Il paraîtrait que l'enfant lui a été enlevée par son amant deux heures après sa naissance, et depuis lors elle n'a jamais revu ni l'amant ni la petiote.

— Et voilà longtemps de ça?

— Assez comme ça... il y a dix-neuf ans que Mᵐᵉ Bertin est mariée...

— Sa fille, alors, on aurait à peu près autant... — Eh bien! si tout ça est vrai, rien n'empêchera la veuve, présentement, de la prendre avec elle...

— Il est certain qu'elle doit se trouver heureuse d'un veuvage qui est une délivrance... Mais l'histoire est-elle vraie?... — M. Prosper ne disait pas la chose d'une façon positive... il fallait le comprendre à demi-mot; d'ailleurs la jeune fille est peut-être morte...

— Tout est possible, ma chère dame... — Servez-nous vite, nous sommes pressés...

Laissons les croque-morts prendre leur repas et prions nos lecteurs de nous accompagner dans la chambre à coucher de la veuve.

Marguerite Bertin, âgée de trente-neuf ans, paraissait en avoir trente-cinq à peine, malgré les souffrances et les chagrins qu'elle avait subis.

Elle était grande et mince, très bien faite, et de tournure gracieuse et distinguée.

Des yeux d'un bleu sombre et d'une expression habituellement mélancolique éclairaient un visage aux traits réguliers et sympathiques, couronné par une opulente et soyeuse chevelure noire et brillante à reflets bleus, à peine mélangée de quelques fils d'argent.

Auguste-Dominique Bertin laissait en mourant cinq millions de fortune, assurés par contrat de mariage à la femme qu'il avait, pendant dix-neuf années, abreuvée d'humiliations et d'outrages.

Portant le grand deuil de veuve, Marguerite se trouvait en compagnie d'un homme d'environ cinquante ans, vêtu de noir et cravaté de blanc.

Cet homme était le maître d'hôtel et l'intendant, ou plutôt le factotum de feu Bertin.

— Madame m'a fait appeler? — demanda-t-il.

— Oui, monsieur Jovelet... Je désire savoir si vous avez exécuté mes instructions relatives à l'ancien valet de chambre de M. Bertin...

— Parfaitement, madame... — Je suis allé hier soir en personne à l'hôtel du baron de Rullières... — M. de Rullières est encore à son château de Tréville, près de Compiègne, et M. Prosper s'y trouve avec lui...

— Il fallait envoyer une dépêche à Prosper... — Je vous ai dit que la chose était pressante...

— J'ai télégraphié sans perdre un instant et je pense que M. Prosper, dont l'attachement à madame était bien connu, obtiendra de son maître l'autorisation de venir aujourd'hui même à Paris.

— C'est bien... s'il arrive, qu'on l'amène sans retard auprès de moi...
— Mais s'il arrivait pendant la cérémonie funèbre?
— On le ferait attendre ici.
— Madame a-t-elle l'intention de suivre le convoi dans une voiture de deuil?
— Les convenances l'exigent et je le ferai.

L'intendant allait quitter la chambre.

Marguerite l'arrêta du geste.

— Un mot encore... — lui dit-elle.
— Aux ordres de madame.
— Vous m'avez bien remis tous les papiers contenus dans le bureau de M. Bertin?
— Oui, madame, et j'y ai joint ceux, en petit nombre d'ailleurs, que renfermaient les autres meubles de la chambre à coucher.
— C'est tout ce que je voulais savoir... — Allez.

L'intendant se retira.

— Et ces papiers ne m'ont rien appris!! — murmura Marguerite restée seule, en se laissant tomber sur un siège avec découragement. — Je n'ai rien trouvé... pas une trace! pas un indice!... — Pendant dix-neuf ans j'ai dû me taire et cacher au fond de mon cœur ma souffrance et mon désespoir, sans qu'il me fût même possible de chercher ma fille... — Existe-t-elle encore? — Où est-elle? — Robert est-il vivant ou mort? — Il pourrait me la rendre, LUI, car il sait!! — Je suis libre à présent... libre et riche... Il faudra bien que je sache à mon tour!...

II

Marguerite Bertin s'interrompit pendant un instant, puis elle reprit son fiévreux monologue :

— Prosper avait surpris le secret de ma faute, ou bien il le tenait de son maître qui ne m'épargnait aucun outrage, pas même celui de m'accuser tout haut devant ses gens! Prosper m'était dévoué... il parlera... je retrouverai ma fille...

De grosses larmes jaillirent des yeux de Marguerite.

— Ma fille... — répéta-t-elle ensuite avec exaltation. — Oh! oui, elle doit vivre! Dieu est bon... il ne permettra pas qu'après avoir si longtemps souffert je sois déshéritée de toute joie après la mort de mon persécuteur!... Mon enfant me sera rendue... mon enfant qu'on m'a arrachée, et que j'ai trahie en subissant lâchement le mariage qu'on m'imposait... — Voilà ma véritable faute ! voilà ma honte ! — Qu'est devenu Robert ?... — Le reverrai-je jamais ?... Me pardonnera-t-il ?... — Pourquoi non ?... — J'ai bien pardonné à mon père, moi... à mon père, unique cause de tout ce que j'ai souffert depuis dix-neuf ans... — Dix-neuf ans... — l'âge de ma fille !... Comme elle doit être grande et belle, ma fille !...

De nouvelles larmes vinrent aveugler la pauvre mère...

On frappa doucement à la porte.

Elle se leva, essuya ses yeux et dit :

— Entrez...

Le factotum Jovelet parut.

— Prosper est-il arrivé ? — lui demanda vivement Marguerite...

— Non, madame, pas encore...

— Alors que voulez-vous ?

— Mlle de Terrys et M. Paul Lantier, le neveu de madame, demandent à voir madame...

— Y a-t-il beaucoup de monde au salon ?

— Déjà pas mal, oui, madame.

— Je ne recevrai que mes parents.

— Madame ne fera-t-elle aucune exception ?

— Aucune... — Amenez ici Mlle de Terrys et mon neveu Paul...

— Bien, madame...

Jovelet introduisit dans la chambre de la veuve les deux personnes qu'il venait d'annoncer.

Paul Lantier avait environ vingt ans.

C'était un grand garçon mince et distingué, à la chevelure brune bouclée naturellement, aux longues moustaches soyeuses, cachant à demi des lèvres dont une jolie femme aurait envié la fraîcheur.

Le regard de ses grands yeux noirs étant franc et loyal. — Son visage aux traits fins inspirait la confiance et la sympathie.

Tout en ce jeune homme offrait cet indéfinissable cachet qu'on appelle la *race*.

Il ressemblait beaucoup à sa tante Marguerite Bertin dont son père, Pascal Lantier, avait épousé la sœur.

Mlle Honorine de Terrys, fille du comte Adrien-Robert de Terrys, avait vingt-trois ans, mais semblait n'en avoir que vingt.

On n'aurait pu rêver une personne plus exquise.

De taille moyenne, admirablement bien faite et gracieuse dans ses moindres mouvements, elle offrait aux regards émerveillés un visage ovale et souriant, d'une idéale fraîcheur, couronné par une magnifique chevelure de ce blond cendré qui est si charmant et si rare.

Il pénétra, suivi des croque-morts, dans une chambre à coucher très vaste.

Les yeux très grands, d'un bleu de pervenche, exprimaient la décision et la fermeté, mais la bienveillance se lisait sur les lèvres de corail humide.

Mlle Honorine avait des pieds de Cendrillon et des mains de duchesse.

Aussitôt après avoir franchi le seuil de la chambre, elle courut à Marguerite qu'elle embrassa avec effusion.

— Quel événement, mon amie!! — lui dit-elle. — Quel événement!!...

— Je devais m'y attendre, mignonne.. — répondit la veuve avec le plus grand calme, sans affecter une douleur hypocrite. — M. Bertin était condamné, et depuis quelque temps déjà la catastrophe pouvait se produire d'un jour à l'autre.

— Dieu ait son âme!... — reprit la jeune fille. — Si j'affirmais que je le regrette, je mentirais !... Or, je suis franche... — Vous voilà donc libre enfin, chère Marguerite, et nous pourrons à l'avenir nous voir sans entraves et nous aimer sans contrainte...

Paul Lantier, qui s'était tenu un peu à l'écart pour ne point gêner les effusions de Mlle de Terrys, s'approcha et embrassa la veuve à son tour.

— Chère tante, — fit-il, — l'heure de la délivrance est donc enfin sonnée pour vous, et le calme commence après tant d'orages ! — Je ne puis pleurer le parent qui n'est plus, car il était pour mon père et pour moi, aussi bien que pour vous, un ennemi...

— Il est mort, mes enfants, — répondit Marguerite, — et la mort est sacrée... — Vous avez vu, vous avez compris tout ce que je souffrais... et pourtant je pardonne et j'oublie... Faites comme moi... pardonnez... oubliez... — Paul, donne-moi des nouvelles de ton père...

— Sa santé est bonne, chère tante, mais il s'inquiète un peu des rigueurs prématurées de l'hiver qui viennent entraver ses nombreuses opérations...

— Dieu veuille qu'il n'ait pas entrepris des travaux au-dessus de ses forces !...

— Mon père est courageux et infatigable, vous le savez, ma tante...

— Sans doute, et de plus il est intelligent, mais parfois on s'illusionne... on croit possible ce qui ne l'est pas...

— Mon père a confiance... — Tout lui a réussi jusqu'à ce jour...

— Son travail l'a mis à la tête d'une belle fortune honorablement conquise, je le sais, mais il n'opère pas avec ses seules ressources, il manie des capitaux étrangers considérables, et les pertes viennent vite... — Plus on tombe de haut plus la chute est terrible...

— Une chute quand on touche au succès, ce serait désolant ! — murmura Mlle de Terrys, — mais heureusement c'est improbable... — M. Lantier passe pour un homme chez qui la hardiesse n'exclut point du tout la prudence... On le cite comme un sage calculateur...

— Il mérite cette réputation, mademoiselle, — répondit Paul. — Mon père n'abandonne rien au hasard, et pèse longuement les chances bonnes et mauvaises d'une affaire avant de l'accepter.

— Viendra-t-il ? — demanda Marguerite.

— N'en doutez pas !... — Il m'aurait accompagné s'il n'avait eu à donner des ordres urgents relatifs à ses constructions... — Les froids prématurés, avec complication de neiges, sont venus le surprendre... — Il faut parer à tout... — Il m'a chargé de vous dire, chère tante, qu'il comptait bien, dès aujourd'hui, vous voir plus souvent...

— J'en serai très heureuse... — Je suis libre maintenant d'accueillir les personnes qui m'aiment.

— Et nous n'étions pas aimés de M. Bertin... Oh! non! — dit Paul en souriant.

— C'est vrai, ma famille, même par alliance, lui inspirait une répulsion profonde...

— Ah! — soupira M™ de Terrys à demi-voix, — c'était un bien vilain homme...

— Chut!! — fit vivement la veuve. — Il est convenu que tout est oublié...
Elle ajouta, en s'adressant à Paul :
— Depuis quand es-tu de retour à Paris ?
— Depuis quinze jours, chère tante...
— Tu n'as pas eu un temps agréable pour ton voyage...
— Un temps très froid, mais ça m'était égal... Mon but était de prendre des notes dans les bibliothèques publiques, et je vous réponds qu'il y faisait chaud... Les vieux savants sont frileux...
— Tu es resté quelques jours à Troyes ?
— Une quinzaine...
— Ah! monsieur Paul est allé à Troyes?... — fit Honorine vivement.
— Oui, mademoiselle... — J'y ai recueilli des documents précieux pour un petit travail que je termine en faisant mon droit... — Vous connaissez cette ville, mademoiselle ?
— J'y ai été élevée jusqu'à l'âge de dix-huit ans... — J'étais pensionnaire de M™ Lhermitte, dont l'institution touche à la prison.

En entendant ces mots, Paul rougit jusqu'au blanc des yeux.

— J'habitais l'*Hôtel de la Préfecture* qui se trouve en face... — balbutia-t-il.

— Hôtel dont les fenêtres prennent vue sur la grande cour du pensionnat, ce qui est très indiscret... — dit Honorine en riant. — Les voyageurs nous lorgnaient pendant les récréations d'une façon gênante, et les plus petites, les gamines, leur répondaient par des grimaces... — J'ai laissé là-bas une amie, pas mal plus jeune que moi, Pauline Lambert, avec laquelle j'entretiens une correspondance suivie... — Ses parents sont à Paris... — Il est probable que je la verrai bientôt ici, car on ne peut la laisser en pension éternellement.

Paul devint pourpre de nouveau.

— M¹¹ᵉ Lambert, une petite brune très jolie et très vive ?... Est-ce cela ? — demanda-t-il.

— C'est parfaitement cela... Est-ce que vous l'auriez lorgnée de vos fenêtres, à la façon des voyageurs sans gêne dont je parlais tout à l'heure ?

— Je ne me suis pas permis de la lorgner, mademoiselle, mais je l'ai vue en compagnie d'une jeune fille ravissante, et, si je sais comment elle s'appelle, c'est qu'en passant un dimanche près des élèves qui se rendaient à l'église, je l'ai entendu nommer tout haut par cette même jeune fille...

— Qui m'a succédé dans l'amitié de Pauline... — reprit Mlle de Terrys. — Elle me parle de Renée dans toutes ses lettres.

— C'est cela !... c'est bien cela !! — s'écria Paul, — Renée !... un visage adorable !... une tête de madone !!

— De ce récit édifiant, mon cher Paul, — dit Mme Bertin avec un demi-sourire, — il faut conclure, ce me semble, que tes occupations à Troyes consistaient surtout à épier les pensionnaires de Mme Lhermitte, et à les suivre quand elles allaient à la messe...

— Oh ! ma tante... — fit le jeune homme dont le visage s'empourpra pour la troisième fois.

— Cher enfant, je plaisante malgré moi... — Tout cela est très innocent, et c'est de ton âge, mais il n'y a pas besoin d'aller à Troyes pour voir de délicieux visages.

En disant ce qui précède, Marguerite regardait Honorine et lui souriait.

— Et votre père, mignonne, comment va-t-il ? — lui demanda-t-elle.

— Toujours bien faible... bien souffrant... il m'inquiète... — Ou je me trompe fort, — (et j'ai grand'peur de ne pas me tromper), — ou son état s'aggrave de jour en jour... — Enfin, je me sens sous le coup d'une catastrophe... et je frissonne à cette pensée...

— Votre tendresse filiale vous pousse à l'exagération, — répliqua la veuve. — Depuis cinq années je vois le comte de Terrys souffrant, c'est vrai, mais non malade, et je le trouve vigoureux pour un homme que de longs voyages ont fatigué beaucoup...

— Malheureusement je ne puis partager cette opinion... La toux qui l'avait abandonné pendant quelques mois revient plus persistante, plus aiguë... accompagnée de suffocations et de défaillances...

— Que dit son médecin ?

— Il n'en veut voir aucun...

— Ne lui cédez pas sur ce point, mignonne... — Contraignez-le à autoriser une consultation, ne fût-ce que pour vous rassurer...

— Cela, c'est impossible... — il n'y consentira jamais... — Si je faisais venir un docteur, il le congédierait sans même vouloir l'entendre... — Il se plaît à répéter : — « *Je suis mon seul médecin, et c'est à cela que je dois de vivre aujourd'hui. — Si j'avais suivi les ordonnances d'un suppôt de la Faculté, il y a cinq ans que je serais mort!!* » Que voulez-vous répondre à ce raisonnement, vrai ou faux ?

III

— Répondre est difficile, j'en conviens, quand on se heurte contre une telle obstination ; — dit Marguerite Bertin, — mais votre père, mignonne, a le plus grand tort de s'en rapporter absolument à ses propres lumières... Au lieu de ne songer qu'à lui, — ce qui est de l'égoïsme, — il devrait un peu penser à vous... — La position de garde-malade n'est point gaie à votre âge, chère enfant. — Vous avez vingt-trois ans...

— Je ne les aurai que dans trois mois... — interrompit vivement Honorine.

— Et vous n'avez joui d'aucun des plaisirs mondains auxquels votre situation de famille et de fortune vous donne le droit de prendre part ! !

— C'est vrai... — Mais c'est tout naturel, car je n'aurais pas le courage de m'amuser quand mon père souffre.

— Ah ! je sais bien, mignonne, que vous êtes un cœur d'or... — L'abnégation et le dévouement sont vos joies... — Vous vous oubliez pour votre père... — C'est très beau, mais il ne faut pas s'oublier trop !... M. de Terrys ne sera pas toujours là... Après lui vous vous trouveriez seule, si d'avance vous ne preniez vos précautions.

Mme Bertin, en disant ces mots, jeta sur Paul un nouveau regard.

Le jeune homme ne parut pas s'en apercevoir et demeura complètement impassible.

— Me marier ! ! — fit Honorine avec une petite moue. — Vous me le conseillez ?

— Oui certes, la prudence l'exige...

— Je vous assure que je n'y pense jamais.

— M. de Terrys devrait y penser pour vous, mignonne... — Il ne ferait que son devoir en s'en préoccupant sérieusement.

— Je n'ai nul désir de prendre un mari...

— Ce désir vous viendra d'un moment à l'autre...

— J'en doute...

— Vraiment ?

— Oui, chère amie... — Si le malheur que vous prévoyez m'arrivait, si je perdais mon père, je ne me hâterais pas, je crois, de me donner un maître... J'a des idées très indépendantes qui choqueraient peut-être un futur... — J'aimerais voyager... courir le monde... aller... venir... vivre en garçon !... — Ça doit être si bon, la liberté !... Qu'en pensez-vous, monsieur Paul ?

Le neveu de Marguerite tressaillit.

— Je pense comme vous, mademoiselle, que la liberté est une excellente chose... — répondit-il, — mais je crois aussi qu'il y a quelque chose de bien supérieur à la liberté : c'est la famille... c'est un mari qu'on aime et qui vous aime... des enfants qui vous chérissent et que l'on adore...

Honorine rougit un peu, baissa la tête, parut réfléchir et balbutia :

— Peut-être... oui... peut-être avez-vous raison...

Puis elle ajouta très gaiement :

— Vous devez être dans la vérité, mais je n'ai pas encore envie de tout cela...

— Mignonne, — répliqua Marguerite, — nous en reparlerons...

On frappa discrètement à la porte de la chambre.

— Entrez, — fit la veuve.

Jovelet parut.

— Madame, — dit-il, — on vient pour la levée du corps... c'est l'heure du convoi...

— Bien... donnez les ordres nécessaires... — Avez-vous vu la personne que j'attends ?

— Pas encore, madame.

— Vous resterez à l'hôtel pendant la cérémonie, vous prierez cette personne d'attendre mon retour, et vous veillerez à ce que rien ne lui manque...

Jovelet s'inclina, ouvrit la porte tout au large, s'effaça pour laisser passer Mme Bertin, Mlle de Terrys et Paul Lantier, puis alla donner des ordres.

La veuve entra dans le grand salon où l'attendaient les parents et les amis qui devaient suivre à sa dernière demeure le corps du défunt.

Elle reçut avec une politesse froide les compliments de condoléance, et ne se donna point le ridicule de jouer la comédie du désespoir, lorsque tout le monde savait bien qu'elle n'en pouvait éprouver aucun.

Son beau-frère Pascal Lantier, le père de Paul, arriva et se dirigea vers elle pour lui serrer la main.

— Ma chère Marguerite, — lui dit-il à voix basse, — votre temps d'épreuves est fini... Nous nous verrons souvent à l'avenir, n'est-ce pas ?

— Je l'espère et j'y compte...

— Peut-être pourrez-vous m'expliquer les motifs de l'antipathie que votre mari nous témoignait en toute occasion, à mon fils et à moi...

— Ces motifs, je les ai cherchés souvent sans les trouver jamais... — répliqua Marguerite...

— Et c'était plus que de l'antipathie, — reprit Pascal. — C'était de la belle et bonne haine !...

— Que voulez-vous ? — murmura la veuve en poussant un soupir. — Il me haïssait tant, moi !...

L'entretien de Pascal et de sa belle-sœur fut interrompu par l'entrée du maître des cérémonies qui venait donner le signal du départ.

Marguerite abaissa sur sa figure son voile épais de crêpe noir et prit le bras que lui offrait Pascal Lantier.

Ils descendirent lentement, et tout le monde les suivit.

Le cercueil était installé déjà sur le corbillard richement empanaché.

La veuve prit place dans la première voiture de deuil avec Honorine de Terrys et Paul.

Les invités envahirent les autres voitures, qui formaient une longue file.

Pascal suivit à pied avec quelques parents et quelques amis.

Nous n'accompagnerons le cortège ni à Saint-Sulpice, ni au cimetière Montparnasse où se trouvait la sépulture de la famille Bertin, non loin du fastueux monument des ducs de la Tour-Vaudieu, et de cette *Tombe Justice*, dont nous avons raconté la dramatique histoire dans un de nos précédents récits : *Le Fiacre numéro 13*[1], et nous attendrons à l'hôtel de la rue de Varennes le retour de la veuve.

Le factotum Jovelet hâta la dépose des draperies de deuil qui couvraient la façade, fit fermer la porte cochère et regagna l'intérieur des appartements.

Un coup de timbre résonna.

Jovelet regarda par une fenêtre et vit un homme d'une quarantaine d'années, de bonne mine, correctement vêtu de noir et le visage encadré dans une paire de favoris très soignés, franchir le seuil de la cour et tendre la main au concierge qui la serra avec effusion.

— Ce doit être le Prosper que madame attend... — pensa-t-il.

Il descendit et s'approcha des deux hommes.

— Monsieur Prosper, — fit le concierge, — voici monsieur Jovelet, l'homme de confiance de la maison...

Le factotum et l'ancien valet de chambre se saluèrent.

— Alors, monsieur Jovelet, — fit Prosper, — c'est vous qui avez signé la dépêche que j'ai reçue au château de Tréville?...

— C'est parfaitement moi, sur l'ordre de madame...

— Je suis venu, afin d'obéir à madame pour qui j'éprouve beaucoup de respect et d'attachement, mais j'ai eu un moment d'hésitation, je l'avoue...

— Pourquoi donc?

— Je craignais que ma présence à l'hôtel ne causât un mécontentement très vif à M. Bertin...

— Ah çà! mais, vous ne savez donc rien? — s'écria Jovelet.

— Que voulez-vous que je sache?... — La dépêche m'engageait à venir sans retard... et ne donnait aucune explication...

— Comment, je ne vous ai pas dit?... j'avais donc la tête à l'envers? — J'oubliais le principal! — M. Bertin est mort.

— Mort! — répéta Prosper stupéfait.

[1]. F. Roy, éditeur.

— Parfaitement bien, et ce n'est ni vous ni moi qui demanderons au bon Dieu de le ressusciter, n'est-ce pas ? — Il a rendu le dernier soupir avant-hier, et le convoi qui le mène au cimetière a quitté l'hôtel depuis une heure à peu près.

Prosper joignit les mains et son visage s'illumina.

— Pauvre femme !... — murmura-t-il. — Pauvre femme !!... Voilà donc ses tourments finis ! !

— Il est certain que madame a beaucoup souffert... — dit Jovelet.

— Ah ! vous êtes nouveau dans la maison et n'avez rien vu, vous, monsieur... — reprit l'ancien valet de chambre. — Déjà, plus d'une année avant mon départ, la maladie affaiblissait M. Bertin... Les manifestations de sa haine ne pouvaient plus avoir la même violence, la même brutalité... Mais auparavant, que de tortures... que de scènes honteuses... que d'abjectes injures... hélas ! et de traitements ignobles !...

— M. Bertin frappait sa femme ? — demanda vivement Jovelet.

— Il la tuait de coups, littéralement... — A trois reprises différentes j'ai dû la lui arracher des mains, et je me souviens qu'une fois j'ai cru qu'elle était morte... — Elle souffrait avec un courage héroïque son martyre de toutes les heures... elle se cachait même pour pleurer... — Je la plaignais du fond du cœur et, si j'ai dû quitter cette maison, c'est parce que j'avais trop pris énergiquement le parti de madame contre monsieur... — Je ne peux pas voir torturer une femme, moi ! ! — ça me révolte ! ! — Savez-vous pour quel motif M°° Bertin m'a fait demander ?...

— Je l'ignore absolument... — Elle m'a chargé de vous envoyer une dépêche, voilà tout ce que je sais, et elle m'a enjoint de ne pas quitter l'hôtel en son absence, pour vous recevoir et vous prier d'attendre son retour...

— J'attendrai d'autant plus volontiers que je compte passer deux jours à Paris.

— Puis-je vous offrir de manger un morceau ?

— J'accepterai sans façon, car dans ma hâte de me rendre au désir de madame, et ne voulant pas manquer le chemin de fer, je suis parti à jeun...

— Venez donc, nous déjeunerons ensemble...

Et Jovelet conduisit Prosper à l'office.

Il était près de deux heures lorsque la porte cochère s'ouvrit pour laisser entrer la voiture de deuil qui avait emmené Marguerite, son neveu et M¹¹° de Terrys.

M°° Bertin revenait seule.

Elle mit pied à terre et monta les degrés du perron.

Dans le vestibule Jovelet vint à sa rencontre.

— Madame, — lui dit-il, — M. Prosper est arrivé.

Un éclair de joie brilla sous les paupières de la veuve.

— Prosper est arrivé... — répéta-t-elle très émue. — Amenez-le vite à ma chambre où je vais me rendre...

— Sois donc maudite ! me cria-t-il. Tu ne reverras plus ta fille ! En même temps, il saisissait l'enfant dans son berceau.

Marguerite gravit avec une vivacité de jeune fille les marches de l'escalier conduisant à son appartement.

Elle entra, se dépouilla de son manteau, enleva vivement son voile de veuve, arracha ses gants, et attendit.

Son cœur battait à rompre sa poitrine.

Prosper pourrait-il lui donner le mot de l'énigme sombre ?

Retrouverait-elle, grâce à lui, cette enfant sur qui reposait tout son espoir de bonheur en ce monde ?...

IV

Des pas se firent entendre dans la pièce voisine et s'arrêtèrent à la porte, Mᵐᵉ Bertin ouvrit elle-même cette porte et Prosper parut.

— Oh! madame... madame... — balbutia-t-il avec une émotion profonde, — Dieu a donc eu pitié de vous enfin!

Marguerite éclata en sanglots.

La vue de Prosper et les paroles qu'il venait de prononcer lui rappelaient tout un passé de tortures.

Aussitôt que se fut calmée sa crise de larmes, elle tendit la main à l'ancien valet de chambre de son mari, et lui dit :

— Ah! mon ami, ma force était à bout!... — Mieux que personne vous savez ce que j'ai souffert et combien j'étais à plaindre.

— Je vous plaignais, madame... — Je vous plaignais bien sincèrement... J'aurais voulu vous défendre mieux que je ne l'ai fait, mieux que je ne pouvais le faire...

— Vous avez été un loyal et dévoué serviteur... Vous êtes un honnête homme... Je vous ai toujours estimé... Si vous voulez rentrer dans ma maison, cela dépend de vous...

— Est-ce uniquement pour m'adresser une proposition dont je suis fier que madame m'a fait demander?

— Non... — répondit Marguerite avec un embarras facile à comprendre. — Ce n'est pas pour cela seulement... — Un autre motif m'a fait désirer votre présence... Il s'agit d'une chose grave d'où dépendent le repos et la joie du reste de ma vie...

— Parlez, madame... — s'écria Prosper. — Je serai trop heureux si ce que vous espérez dépend de moi!...

— Je vais vous questionner, mon ami... — reprit Marguerite. — Promettez-moi de me répondre sans avoir peur de me blesser... sans craindre de me voir rougir devant vous...

— Mais, madame... — murmura le valet de chambre visiblement mal à son aise.

— Je vous en prie... je vous le demande avec instance...

— Interrogez-moi donc, madame... Je répondrai... si je le puis...

— M. Bertin avait une grande confiance en vous?

— Oui, madame, une confiance illimitée, due sans doute à mes longs services, et qui me gênait beaucoup en certaines occasions... — Je n'appelais pas les confidences de mon maître... j'essayais même de m'y soustraire; mais, quand la colère s'emparait de lui, il me forçait à entendre des choses que j'aurais voulu ignorer...

— Vous connaissiez toutes ses affaires?

— A peu près toutes...

— Vous saviez la cause véritable de sa haine contre moi?..

— Oui, madame... — murmura Prosper d'une voix à peine distincte, en baissant les yeux, — je le crois du moins...

— Oh! n'hésitez pas à me répondre... — fit Marguerite en joignant les mains.

— Je n'hésite pas... mais mon respect pour madame...

— Vous m'en donnerez la meilleure preuve en me parlant avec une franchise absolue... — Dites-moi comment M. Bertin a connu le secret... de ma faute...

— Par une lettre...

— Une lettre anonyme, alors?

— Non, madame, une lettre signée.

— Signée par qui, grand Dieu?... — Qui donc était capable d'une telle lâcheté?

— L'homme du monde entier qu'on devait le moins soupçonner!... Le complice de ce que, tout à l'heure, madame appelait sa faute...

— Robert!! — cria Marguerite dont l'horreur agrandit les yeux.

— C'est bien ce nom-là...

— Impossible!! Impossible!!

— Je suis sûr de mes souvenirs... La lettre était explicite à tel point que M. Bertin, après l'avoir lue, ne put conserver l'ombre d'un doute... — Elle donnait des détails précis sur votre liaison avec un élève ingénieur venu pour diriger, sous les ordres de son patron, des travaux dans la propriété que vous habitiez avec votre père à Senlis. — Elle affirmait que de cette liaison était née une petite fille... Elle ajoutait enfin que votre père, avant l'accomplissement du mariage, n'ignorait aucune de ces choses...

Marguerite courba la tête.

— Hélas! cela est vrai... — dit-elle d'une voix sourde, comme se parlant à elle-même. — Mon père, à qui je n'avais rien caché, fut impitoyable... la fortune lui semblait préférable à tout, même à l'honneur... — Il m'imposa ce mariage odieux... il me menaça... — J'aurais dû résister jusqu'à la mort... je n'en eus pas le courage... je fus faible... je fus lâche... je cédai...

Quelques secondes de silence succédèrent à ces paroles, puis Prosper reprit

M. Bertin, la lettre accusatrice à la main, alla trouver M. Berthier, votre père...

— Mon père !!...

— Oui, madame... — Il le somma de lui répondre...

— Et mon père avoua ce qu'il m'avait fait jurer de taire ?...

— Il avoua, oui, madame... — Nier était impossible... — De ce jour vous devîntes pour M. Bertin l'objet d'une haine implacable... De ce jour il fit de vous, non plus une compagne mais une martyre, pendant dix-neuf années.

— Ah ! — s'écria la veuve en prenant sa tête dans ses mains, — ah oui ! martyre !... Et c'est Robert, — ajouta-t-elle, — c'est Robert, qui a écrit cette lettre... qui m'a dénoncée à mon bourreau !

— C'est lui...

— M. Bertin a-t-il cherché ma fille ?

— Jamais.

— Vous en êtes sûr ?

— Oui, madame... — Il eut un instant l'idée de le faire, et dans sa fureur aveugle il aurait été capable de tout, j'en ai la conviction ; mais la lettre disait l'enfant à jamais perdue pour vous, et votre père confirma cette assertion... — M. Bertin renonça donc à toutes recherches, vous évitant ainsi une torture plus effroyable encore que les autres...

Marguerite pleurait.

Les paroles de Prosper remettaient sous ses yeux un long passé de désespoir.

— Hélas ! — murmura-t-elle au milieu de ses larmes, — mon père voulait, lui aussi, faire disparaître la preuve vivante de ma faute, et lui non plus peut-être n'aurait pas reculé devant un crime... — Pour cacher ma grossesse il m'avait secrètement conduite dans une maison de campagne isolée que nous possédions aux environs d'Auxerre. — Tout le monde nous croyait chez mes grands-parents dans le Midi... — Robert, auquel j'avais été arrachée, connaissait les projets de mon père et veillait sans cesse... — Il suivit nos traces, il arriva droit à la maison où personne, excepté lui, ne soupçonnait ma présence... il escalada par une nuit sombre la muraille du jardin, brisa une fenêtre et pénétra dans ma chambre... — J'étais accouchée depuis trois jours seulement...

— Il me conjura de résister à la volonté paternelle et de fuir avec lui... — Le matin même mon père, en me menaçant de m'enfermer dans une maison de correction et de tuer Robert, avait obtenu de moi la promesse d'une soumission absolue... — Ces menaces me rendaient folle... La fièvre m'ôtait tout courage... toute énergie... — Je n'eus pas la force de désobéir à mon père... — Je me souviens, je me souviendrai jusqu'à mon dernier souffle, de la douleur de Robert, de ses supplications, de ses larmes, et enfin de sa fureur quand il comprit que je ne lui céderais point... « — *Sois donc maudite !!* — me cria-t-il. — *Tu ne reverras plus ta fille !!...* »

« En même temps il saisissait l'enfant dans son berceau.

« Je voulus la lui arracher malgré ma faiblesse. — J'entamai contre lui une lutte inutile...

« J'étais vaincue d'avance.

« Au bout de quelques secondes je m'abattais évanouie sur le parquet de la chambre, au pied de mon lit...

« Quand je revins à moi, le berceau était vide et Robert avait disparu...

— La lettre adressée à M. Bertin exposait sommairement tous ces faits... — dit Prosper, lorsque Maguerite eut achevé. — Elle ajoutait qu'on ne retrouverait jamais l'enfant, et que le père partait pour l'Amérique.

— Cette lettre ne contenait pas autre chose?

— Pardon, madame... un acte de naissance...

— Un acte de naissance ! ! — répéta le veuve. — Celui de ma fille, n'est-ce pas ?

— Oui, madame, bien en règle et légalisé... — La petite fille avait été déclarée sous votre nom et sous celui de son père.

— Mais alors vous savez en quel endroit on l'a fait inscrire sur les registres de l'état civil?... — Vous connaissez le nom du père de ma fille ?...

— Ce nom, madame, l'ignoriez-vous ? — s'écria Prosper stupéfait.

— Celui que j'aimais se nommait Robert... L'ingénieur et mon père lui-même l'appelaient toujours ainsi... Je n'ai jamais su son nom de famille, et je ne m'en inquiétais guère... Songez-y donc, je n'étais qu'une enfant... Mais vous allez me l'apprendre...

— Hélas ! madame, je l'ai oublié... Peu importe d'ailleurs... l'acte de naissance doit se trouver avec la lettre dans les papiers de mon ancien maître...

Maguerite secoua la tête.

— Depuis hier ces papiers ont passé un à un sous mes yeux... — répondit-elle, — et je n'ai rien trouvé...

— M. Bertin les aurait-ils détruits ! — murmura Prosper devenu songeur. — Cela m'étonnerait fort...

— Eh! que me fait cela, après tout ? — s'écria Marguerite résolument. — La lettre annonçait, m'avez-vous dit, le départ de Robert pour l'Amérique... — J'irai en Amérique... je le retrouverai et je lui demanderai ma fille.

— Vous n'y pensez pas, madame ! — répliqua Prosper.

— Pourquoi donc ?

— L'Amérique est un pays immense et vous n'avez pas même le nom de famille pour guider vos recherches. Elles ne pourraient donc aboutir...

— C'est vrai et cependant, libre et riche à cette heure, il faut à tout prix et par tous les moyens que je sache si je dois embrasser ma fille vivante ou la pleurer morte ! ! et je le saurai, dussé-je dépenser mon existence et ma fortune entières pour atteindre ce but... — Vous comprenez cela, Prosper?

— Certes, je le comprends, madame, et je l'approuve, mais il faudrait un point de départ... un commencement de piste... quelques indices... — Savez-vous quel département habitait la famille de M. Robert?...

— Celui de l'Aube...

— C'est bien vague. — L'ingénieur, sous les ordres duquel se trouvait autrefois ce jeune homme, ne pourrait-il vous renseigner?...

— Il est mort...

Prosper prit son front dans ses mains.

— Tout nous manque!... — murmura-t-il. — Je ne fonde un peu d'espoir que sur cette lettre et cet acte de naissance... — Ils doivent exister... — Mon instinct me dit qu'ils existent...

— Où votre maître pouvait-il cacher des documents d'une telle nature?...

— Je cherche à me souvenir... — J'interroge ma mémoire... — Ah! je crois que m'y voici.

— Parlez vite!...

V

— Madame a-t-elle dérangé les livres de la bibliothèque? — demanda Prosper.

— Quelques-uns seulement... — répondit Marguerite.

— Madame a-t-elle trouvé, derrière les volumes, un petit coffret ancien, en bronze ciselé?

— Non. Ce coffret m'est inconnu...

— Il doit renfermer l'acte et la lettre...

— Vous croyez?...

— J'en suis presque sûr, ayant vu plusieurs fois mon maître retirer ce coffret de la cachette, l'ouvrir, et y mettre ou y prendre des papiers.

— Nous saurons bientôt à quoi nous en tenir... — Venez, Prosper...

Et Mme Bertin, suivie de l'ancien valet de chambre, se dirigea sans perdre une seconde vers la partie de l'hôtel où se trouvait le cabinet de travail de feu son mari.

Ce cabinet était fermé à double tour.

Marguerite prit dans sa poche un trousseau de clefs, en choisit une et ouvrit la porte.

Les volets intérieurs, hermétiquement clos, créaient dans la pièce une obscurité presque complète.

Sans que Mme Bertin eût besoin de le lui ordonner, Prosper s'approcha des fenêtres et replia les volets.

La lumière inonda le cabinet où régnait le plus grand désordre.

Tout était confusion sur le bureau ; des volumes jetés pêle-mêle encombraient les meubles, prouvant qu'on avait déjà fureté dans les papiers.

D'autres livres, en grand nombre, gisaient sur le parquet, laissant vides quelques-uns des rayons de la bibliothèque.

— Vous voyez que j'ai cherché... — dit Marguerite.

— Sur les tablettes à votre portée, mais non sur celles du haut... — Or, le coffret doit se trouver dans l'angle gauche de la plus élevée...

- Je n'aurais pu y atteindre sans échelle.

— Une chaise me suffira.

Prosper se servit en effet d'une chaise comme escabeau et atteignit sans peine le rayon qu'il avait indiqué.

Il dérangea plusieurs volumes qu'il jeta par terre, et glissa son bras dans l'espace vide qui s'étendait entre la rangée de livres et le fond du meuble.

— Voici l'objet, madame !! — s'écria-t-il en exhibant un coffret de bronze ciselé d'un curieux travail, et en le présentant à la veuve.

Celle-ci le saisit avidement, et voulut l'ouvrir tandis que Prosper descendait de la chaise, mais le couvercle résista à tous ses efforts.

— Fermé ! — dit-elle avec impatience. — Prenez une pince, un marteau, un objet de fer quelconque, et brisez les charnières...

— Inutile, madame...

— Vous savez où est la clef?

— M. Bertin portait cette clef, qui est un bijou de ciselure, parmi les breloques de sa montre...

— La montre se trouve dans la chambre mortuaire... Je vais la chercher...

Marguerite s'élança dehors, et revint au bout de deux ou trois minutes, apportant un chronomètre d'une grande valeur.

A la chaîne lourde et d'un goût douteux pendaient de menus libelots parmi lesquels se trouvait une minuscule clef d'acier d'une forme bizarrre que Prosper toucha du doigt en disant :

— La voici...

Marguerite introduisit d'une main fiévreuse cette clef dans la serrure.

Elle y tourna deux fois et le coffre s'ouvrit.

Une liasse épaisse de billets de banque frappa tout d'abord les yeux de la veuve, qui les jeta de côté dédaigneusement et poursuivit son exploration.

Parmi plusieurs lettres elle en choisit une et la déplia en s'écriant :

— L'écriture de Robert ! impossible d'en douter...

Puis, se laissant tomber sur un siège, elle lut à demi-voix les lignes suivantes, désordonnées, incohérentes, que nous reproduisons textuellement :

« Monsieur,

« On vous a vendu et livré celle que j'aimais... — Vous avez brisé mon cœur et torturé mon âme, comme elle l'a fait elle-même en obéissant à la volonté d'un père dont vous étiez la dupe !!

« Vous ne l'aimiez pas, vous qui n'aimez rien ni personne ! vous la désiriez, voilà tout... Moi je l'adorais, et je devais croire à l'amour qu'elle me prouvait en se donnant librement à moi...

« Je l'adorais à mourir pour elle... Je l'adorais autant qu'aujourd'hui je la méprise, et je veux rendre, à vous et à elle, le mal que vous m'avez fait tous deux...

« Cette lettre est le commencement de ma vengeance.

« Marguerite Berthier, fille déshonorée d'un père sans honneur, était ma maîtresse quand elle est devenue votre femme... — En même temps que sa beauté elle vous apportait sa honte en échange de vos millions... — Vous épousiez une vierge mère !!

« J'ai enlevé mon enfant à la misérable qui n'a pas eu le courage de résister et de souffrir pour se garder à moi.

« Afin d'effacer toute trace de la faute commise on aurait tué ma fille, et je veux que ma fille vive...

« Elle est née clandestinement à Villiers, près d'Auxerre, et je l'ai fait inscrire sur les registres de l'état civil de Romilly, mon pays natal, le 20 octobre 1860, comme étant ma fille et celle de Marguerite Berthier, ma maîtresse.

« La preuve de la honte de Marguerite Berthier, votre femme, est donc authentique, indiscutable, ineffaçable — Afin que vous n'en doutiez pas je vous adresse, ci-inclus, un extrait légalisé de l'acte de naissance...

« J'aime ma fille, moi, et je vais essayer de lui conquérir en Amérique une fortune par mon travail...

« Si je ne réussissais pas à assurer son avenir, je vous l'amènerais un jour en lui disant, en lui prouvant, qu'elle a le droit de réclamer une part de la fortune de sa mère.

« Ce sera le châtiment de cette mère dénaturée.

« Vivez avec vos millions et votre honte...

« Je vivrai avec ma fille... — Quand elle aura vingt ans, je lui dirai ce qu'était le mari de sa mère...

« Je vous maudis tous deux... — Elle vous maudira tous deux un jour...

« Robert. »

« Romilly, le 16 décembre 1860. »

— Voici l'objet, madame ! s'écria-t-il en exhibant un coffret de bronze ciselé d'un curieux travail.

Marguerite avait lu jusqu'au bout, frissonnant de tout son corps et la respiration haletante.

Quand elle eut achevée, elle se leva en disant d'une voix brisée :
— Ah ! c'est infâme ! ! C'est bien infâme ! !.
— Oui, bien infâme ! ! — répéta Prosper.
— Mais qu'importe la vengeance d'un lâche, qu'aujourd'hui je rougis d'avoir aimé ? — reprit la veuve, en proie à une surexcitation nerveuse effrayante ; —

Ce qu'il me faut, c'est retrouver ma fille, et cette lettre ne contient pas un mot qui puisse me guider... — Où est ma fille? — Cet homme seul pourra me le dire?... — Où est cet homme? — Quel est le nom de famille de cet homme?

Mme Bertin fouilla de nouveau dans le coffret.

Elle en tira une feuille de papier timbré qu'elle déplia.

— L'acte de naissance... — balbutia-t-elle.

Elle le parcourut avidement.

Soudain ses mains tremblèrent; — son visage devint livide; — elle fit un mouvement de stupeur et chancela.

— Qu'y a-t-il, madame? — demanda Prosper en s'élançant pour la soutenir.

Marguerite se raidit.

— Ah! — balbutia-t-elle, — aujourd'hui tout m'est expliqué!! — Je comprends la haine de M. Bertin pour ma famille entière... — Ma sœur Jeanne, un peu après mon mariage, épousait Pascal Lantier...

— Eh bien! madame?... — interrogea Prosper.

— Eh bien! — répondit la veuve, — Pascal Lantier, mon beau-frère, le père de mon neveu Paul, avait pour mère Lucie Vallerand, la sœur aînée de Robert... le père de ma fille!

— C'est étrange... — dit Prosper.

— Et ce n'est pas tout... presque à la même époque Marie Vallerand, la deuxième sœur de Robert, épousait Pierre Lantier, l'oncle de Pascal... — Ainsi tout me liait à cette famille dont un des membres devait me maudire un jour!!

— Mais par cette famille vous saurez sans peine où se trouve Robert Vallerand...

— J'ai entendu parler de lui plus d'une fois sans deviner de qui il s'agissait... On le disait parti pour l'Amérique; il ne donnait pas de ses nouvelles, ajoutait-on, ce qui faisait douter qu'il fût encore vivant... Du reste, ses sœurs étant mortes l'une après l'autre, on cessa de s'occuper de lui...

— Et, — demanda Prosper, — l'acte de naissance joint à la lettre accusatrice?...

— Donne à ma fille le nom de Renée Vallerand, fille de Robert Vallerand et de Marguerite Berthier.

— Jamais vengeance ne fut plus lâche!! — fit l'ex-valet de chambre avec indignation.

— Hélas! elle était légitime... — balbutia mélancoliquement la veuve. — J'avais donné moi-même l'exemple de la lâcheté en ne résistant point à mon père, dût-il me fouler sous ses pieds!... en ne consentant pas à suivre le père de mon enfant quand il me conjurait à genoux de tout quitter pour lui!... enfin en n'allant point trouver M. Bertin, avant le mariage, afin de lui confesser ma faute, ma honte, ma grossesse, mon accouchement... — J'ai été plus lâche que

Robert! J'ai été parjure et déloyale! — J'avais juré de l'aimer toujours... j'ai trahi mon serment! je n'ai pas le droit de me plaindre!

— Vous avez expié pendant dix-huit ans, madame, un moment de faiblesse.

— Et j'aurais pu être heureuse... C'est le châtiment... Mais aujourd'hui je relève la tête... — Dieu jugera sans doute l'expiation suffisante et permettra que je retrouve ma fille...

— M. Robert Vallerand, en supposant qu'il existe encore, vous permettra-t-il de la rapprocher de vous?...

— Il n'a pas le droit de l'empêcher... — C'est de lui-même que je tiens ma force... — l'acte de naissance dressé par ses soins à la mairie de Romilly prouve que je suis bien la mère de Renée Vallerand... — Personne au monde ne peut me contraindre à vivre loin de mon enfant.

— Comment la retrouver?

— J'irai à Romilly... Les témoins de Robert sauront sans doute ce qu'il est devenu et me l'apprendront... Je trouverai moyen de le rejoindre alors, et je lui demanderai ma fille...

L'ex-valet de chambre de feu Bertin s'inclina.

VI

— Prosper, — continua la veuve, — je suis reconnaissante de votre empressement à vous rendre à mon appel, et je vous remercie du fond du cœur de tout ce que vous m'avez appris... — Ma maison vous est ouverte, je vous le répète... Si vous voulez revenir près de moi vous serez bien reçu...

— Je m'estimerai très heureux, madame, de vous servir encore, — répondit le valet de chambre.

— Alors, vous acceptez?...

— J'ai un engagement de six mois avec M. le baron de Rullières... — Cet engagement fini, si madame veut bien attendre jusque-là, je rentrerai chez elle...

— J'attendrai et je compte sur vous...

— Madame a ma parole...

Prosper se retira.

Marguerite fit appeler Jovelet.

— Y a-t-il dans l'hôtel un *Indicateur des chemins de fer?* — lui demanda-t-elle.

— Oui, madame...

— Veuillez me le procurer.

Jovelet sortit, et reparut au bout d'un instant apportant l'indicateur demandé.

Mᵐᵉ Bertin ouvrit le livret-Chaix à l'endroit de la table alphabétique et y chercha le mot : *Romilly.*

Ce mot la renvoya au tableau des chemins de fer de l'Est et elle étudia les heures de départ des trains.

— Il ne faut point songer à partir ce soir… — murmura-t-elle. — Arriver au milieu de la nuit dans un pays inconnu serait maladroit et d'ailleurs inutile… — Monsieur Jovelet, — ajouta-t-elle en s'adressant au factotum, — il faut que je sois à la gare de l'Est demain matin à neuf heures… — Vous ferez atteler…

— Bien, madame…

— Je vous laisserai la garde de l'hôtel.

— Madame quitte Paris?

— Oui.

— Madame me permet-elle de lui demander si son absence sera longue?

— Je l'ignore moi-même, mais je ne le crois pas… — S'il se présente des visiteurs, on leur répondra que je suis absente, sans donner d'autres explications… — Dans le cas où la durée de mon voyage dépasserait mes prévisions actuelles, je vous écrirais…

— J'attendrai donc, soit le retour de madame, soit une lettre de madame et de nouveaux ordres…

— C'est cela…

Marguerite fit préparer par sa femme de chambre une valise ne contenant que des objets de première nécessité, dîna dans son appartement et se coucha de bonne heure.

Le lendemain matin elle montait en voiture à huit heures et quart et prenait le train qui devait la conduire en quatre heures à Romilly.

Nous quitterons, pour la rejoindre bientôt, Marguerite Berthier, veuve Bertin, et nous prierons nos lecteurs de retourner de deux jours en arrière et de nous accompagner à la prison de Troyes.

Cette prison, curieux édifice que les touristes archéologues ne manquent point de visiter, a été construite, ou plutôt aménagée dans les ruines d'une antique abbaye, ce qui lui donne un aspect particulièrement sombre et sinistre.

La façade ferait croire à une forteresse inexpugnable. — Il semblerait qu'on doit lire, sculpté dans le granit au-dessus de la porte massive, ce vers du Dante:

« *Vous qui entrez, laissez ici toute espérance.* »

En réalité cette apparence formidable n'est qu'un trompe-l'œil.

Il suffit de visiter en détail la prison pour se convaincre qu'un homme résolu peut s'en échapper, sans avoir droit à prendre place dans la légende des évadés célèbres à côté du baron de Trenck, de Jacques Casanova de Seingalt, et *tutti quanti.*

Une muraille haute de quatre mètres tout au plus forme sa ceinture de sûreté.

Cette muraille touche aux jardins des habitations particulières qui entourent la prison et parmi lesquelles se trouve un pensionnat de jeunes filles.

Plusieurs fenêtres des dortoirs et des chambres particulières de ce pensionnat ouvrent presque directement sur le chemin de ronde.

De simples persiennes fermaient ces fenêtres qu'on n'avait pas eu la précaution de garnir de grilles, tant, au moment où commence notre récit, le voisinage de la prison semblait peu inquiétant. — La consigne était seulement de laisser closes ces persiennes.

Quelques-unes des cellules de détenus prenaient jour, elles aussi, sur le chemin de ronde, et permettaient aux prisonniers de plonger leurs regards dans la partie du jardin de la pension spécialement affectée aux élèves de la première division, autrement dites : *les grandes*.

Les dortoirs étaient, non de longues salles occupées par des lits à la file, mais de petites chambres contenant chacune trois ou quatre couchettes.

La défense d'ouvrir les persiennes avait été faite, nous le répétons.

Malgré cette défense, — ou peut-être à cause d'elle, — la curiosité transigeait souvent avec la consigne, et les regards curieux des pensionnaires, glissant à travers les intervalles des lames en biseau, allaient interroger les fenêtres de la geôle où, derrière les barreaux, se montrait parfois le visage d'un prisonnier.

Prisonnier !!

Il suffisait de ce mot pour surexciter l'imagination des filles d'Ève, brunes et blondes.

Plus d'une, rien que sur ce mot, bâtissait des romans très compliqués et très touffus : — barreaux coupés avec une lime d'acier, échelle de corde ou de soie, évasion, poursuite, etc., etc.

— Il y a des scélérats dans ces *cachots*, — se disaient les grandes, — mais il y a aussi des malheureux, des victimes de *la fatalité*, des innocents faussement accusés, des êtres généreux victimes de leur dévouement, des martyrs, des amoureux peut-être...

Les gamines prenaient alors au sérieux le roman inventé par elles, s'attendrissaient jusqu'aux larmes et pensaient :

— Ah ! si je pouvais en sauver un !! — Ce doit être si émouvant, un complot d'évasion !! — Arracher un *honnête homme méconnu* à ses geôliers, à ses *persécuteurs*, ce serait délicieux !!

Les paroles que nous venons de reproduire, ou d'autres équivalentes, s'étaient répétées maintes fois derrière les persiennes closes des dortoirs.

Elles se répétaient encore au moment où nous prions nos lecteurs de nous accompagner dans la chambre de deux élèves du pensionnat de Mme Lhermitte, dont nous avons entendu Paul Lantier parler à sa tante le jour de l'enterrement de Dominique Bertin.

Toutes les deux étaient charmantes, mais elles offraient des types de beauté absolument dissemblables.

L'une était très brune, très vive, plutôt petite que grande, et délicieusement potelée, — elle pouvait avoir dix-huit ans.

L'autre, de taille moyenne mais grande plutôt que petite, offrait un visage de vierge blonde aux yeux bleus, un visage empreint de mélancolie, d'un charme incomparable et d'une distinction exquise.

Nous savons déjà, — toujours par Paul Lantier, — le nom de ces jolies filles.

La brune s'appelait Pauline Lambert.

La blonde s'appelait Renée ; — *Renée* tout court, car on ne lui connaissait, au pensionnat, aucun nom de famille.

Notre récit commençait le 20 octobre, — peut-être ne l'a-t-on pas oublié.

A cette époque les nuits sont très longues déjà ; — c'est à peine s'il fait petit jour à six heures et demie du matin.

Pauline et Renée, dociles à l'appel de la cloche du pensionnat, s'étaient levées à six heures précises, avaient fait rapidement leur toilette et attendaient le second coup de cloche qui devait leur enjoindre de descendre à la salle d'études, où la prière réunissait toutes les pensionnaires avant le travail.

Les deux jeunes filles, ayant quelques minutes à leur disposition, avaient, au mépris des ordres donnés, ouvert la croisée de la chambre et entre-bâillé les persiennes, — (quoique à cette heure matinale l'atmosphère du dehors fût glaciale), — et par l'entre-bâillement Pauline Lambert regardait les fenêtres de la prison.

Renée, plus timide et peut-être moins curieuse, se tenait debout derrière son amie.

— Pauline, — lui dit-elle, — je t'assure que ce que tu fais en ce moment n'est pas bien... — Si madame ou une des sous-maîtresses nous surprenaient, nous serions grondées, punies, et qui sait si au lieu de nous laisser notre petite chambre où nous sommes si bien toutes deux, on ne nous remettrait pas au dortoir.

— Tu as peur de tout, ma chérie ! — répliqua la brune pensionnaire en riant. — Madame et ses sous-maîtresses ont en nous une confiance aveugle que nous méritons d'ailleurs, à fort peu de chose près... — Elles ne nous soupçonneront point d'une désobéissance bien innocente en somme...

— Pourquoi désobéir ? — demanda Renée mal convaincue.

— Je voudrais savoir s'il regarde toujours par ici...

— Il ?... — Qui donc !

— Tu le sais bien... Ce prisonnier que nous apercevons le matin, depuis cinq ou six jours, derrière les barreaux de sa cellule...

— Cet homme dont les yeux brillants m'effrayent ?

— Ils ne sont pas effrayants le moins du monde, je t'assure !... — Je le trouve très bien, cet infortuné, avec ses cheveux noirs et son visage pâle ! — Il n'est plus précisément jeune et je lui donne au moins quarante ans, mais sa physionomie, où de longues souffrances semblent avoir laissé leur empreinte, m'intéresse profondément... — Je suis sûre que ce prisonnier n'est pas un voleur...

— C'est un assassin peut-être... — balbutia Renée frissonnante.
— Tu es folle, ma chérie !... complètement folle ! — s'écria Pauline.
— Que veux-tu ? c'est plus fort que moi !! — répondit Renée. — La vue seule de cet homme me bouleverse et me rend tremblante...
— Tu ne dirais pas cela s'il s'agissait du jeune voyageur de l'*Hôtel de la Préfecture* ! — fit Pauline d'un petit ton sec.

Renée rougit jusqu'au blanc des yeux et murmura d'une voix à peine distincte :
— Quel voyageur ? Je ne sais pas du tout de qui tu veux parler...
— Ta ! ta ! ta ! ta !... petite sournoise !... Prétends-tu me faire croire que tu l'as oublié, ce jeune voyageur au joli visage, aux cheveux bruns ondés, aux fines moustaches, aux regards doux et tendres, qui te dévorait des yeux depuis ses fenêtres, et que nous avons rencontré deux fois par hasard, — (était-ce bien par hasard, hein, Renée ?) — en allant à l'église ?... — Toi que je croyais franche, ma chérie, vas-tu pousser la duplicité jusqu'à me dire que tu ne te souviens pas de lui ?...

VII

Renée devint de plus en plus rouge.
— Mais — balbutia-t-elle, — je t'assure...
— Je t'assure, moi, que tu penses encore à ce charmant jeune homme, car il est charmant, je l'avoue, — interrompit Pauline. — Depuis une quinzaine de jours qu'il a quitté l'hôtel tu as pensé à lui plus d'une fois, et s'il s'agissait de le regarder, tu mettrais volontiers à la fenêtre ton nez mignon.

La blonde enfant poussa un long soupir, ne répondit pas et resta rêveuse.

Pauline ne se trompait point en affirmant que Renée n'oubliait pas le voyageur inconnu dans lequel nos lecteurs ont reconnu sans aucun doute Paul Lantier, le fils du constructeur Pascal Lantier.

Le visage sympathique de Paul avait fait une impression profonde sur le cœur de la jeune fille.

Une distraction, prenant dans sa vie monotone de pensionnaire les proportions d'un événement, s'était présentée à l'improviste.

Pendant le séjour de l'étudiant en droit à l'*Hôtel de la Préfecture*, Renée avait senti se dissiper la tristesse habituelle qui l'oppressait et dont nous ne tarderons point à connaître le motif.

L'étudiant disparut et l'enfant se trouva replongée plus que jamais dans une atmosphère de mélancolie.

Pauline Lambert avait surpris le secret de sa compagne, mais elle ne se doutait pas que le germe d'un immense amour existait au fond de l'âme de Renée pour cet étranger dont elle ignorait le nom et qu'elle n'espérait plus revoir.

— Ah! le voilà! — s'écria tout à coup la brune pensionnaire, toujours debout auprès de la fenêtre. — Regarde...

Renée tressaillit et, pour couper court aux pensées qui l'obsédaient, fit d'une façon presque machinale ce que lui demandait son amie.

Elle la rejoignit, et à son tour, par l'entre-bâillement des persiennes, elle fixa les yeux sur une des fenêtres grillagées de la prison.

Derrière les barreaux de cette fenêtre se montrait un homme de quarante ans environ, aux traits réguliers, à la figure pâle, rasée de près comme celle d'un comédien, et offrant sur les joues des tons bleuâtres.

Une chevelure noire épaisse couronnait un front élevé.

Les yeux, noirs aussi et très grands, offraient un éclat singulier.

Somme toute ce visage, quoique indiscutablement beau et ne manquant point de distinction, devait produire et produisait en effet une impression inquiétante.

L'homme aux cheveux noirs regardait le pensionnat.

Il vit, ou plutôt il devina les deux jeunes filles derrière leur abri mobile, et il s'inclina en souriant.

— Le prisonnier nous salue... — fit vivement et tout bas Pauline. — Il nous sourit...

— Son sourire me donne le frisson... — répondit Renée.

— Pourquoi donc? — Il n'a rien que de très doux...

— Je le trouve effrayant... comme son regard...

— Je vois ses lèvres remuer... il va parler... écoute...

En effet le détenu parla :

— Vous êtes bien heureuses, mesdemoiselles... — dit-il d'une voix contenue à dessein et cependant distincte. — Vous avez le bien suprême... la liberté... — Moi, je suis prisonnier, et Dieu m'est témoin que je n'ai rien fait pour le mériter...

— Pauvre jeune homme!... — murmura Pauline, — il est innocent... je le savais bien...

Une sonnerie de cloche retentit dans le pensionnat.

— Vite... vite... ferme vite!! — s'écria Renée, tremblante.

Pauline se hâta de clore les persiennes, puis la fenêtre, et les deux jeunes filles s'élancèrent pour rejoindre leurs compagnes qui sortaient des dortoirs et se rendaient à la prière du matin.

— Le prisonnier nous salue, fit vivement et tout bas Pauline.

— Très jolies, les petites! — pensa le prisonnier en refermant à son tour la croisée de sa cellule. — La vue de ces jeunesses me donne une fringale de liberté!! — Elles n'ont pas l'air farouche, la boulotte brune surtout. — Si je songeais à tenter une évasion, je parie qu'elles ne refuseraient point de donner un coup de main pour aider un *pauvre innocent* persécuté par le mauvais sort!..

Tandis que l'homme de la cellule prononçait mentalement les mots que nous venons de souligner, un nouveau sourire, d'une expression singulière, écartait ses lèvres et découvrait ses dents blanches et pointues comme celles d'un loup.

Une cloche résonna, appelant les détenus au préau.

Des bruits de pas se firent entendre dans les couloirs, puis des grincements de clefs.

Les portes s'ouvraient.

Celle de la cellule du prisonnier qui nous occupe tourna sur ses gonds.

Un gardien parut.

— Léopold Lantier... — dit-il en consultant une feuille qu'il tenait à la main.

— Présent... — répliqua le prisonnier.

— Apprêtez-vous...

— Pourquoi faire? — Est-ce qu'on me lâche?

— On va vous conduire à l'instruction...

— Eh bien! là, vrai, ça n'est pas malheureux! — reprit Lantier en riant. — Depuis cinq jours que je suis ici je commençais à m'ennuyer bigrement!... — J'aime mieux la Centrale! — Au moins là j'ai un emploi, et je serais, à l'heure qu'il est, assis près d'un bon poêle, à tenir mes écritures de comptabilité... — Savez-vous, gardien, si l'affaire passera vite aux assises?

— Vous êtes pressé?

— Ah! sapristi, oui!...

— Eh bien! prenez patience... Ça ne viendra guère avant six semaines... — Il faut d'abord que l'instruction se fasse...

— Mais, tonnerre! elle ne peut pas être longue, l'instruction! — La chose est limpide comme de l'eau de roche! — Deux détenus ont tué un gardien de Clairvaux à coups de crochet à fabriquer des *escarpins de lisière*... — J'ai même manqué y passer, moi aussi, en défendant de mon mieux le gardien... — Impossible de nier! les témoins abondent... — On n'aurait certes pas besoin de me faire déposer, moi...

— Le parquet a été d'un autre avis...

— Je le vois bien, puisque je suis ici...

— Ne vous en plaignez pas...

— Vous êtes bon, vous!! Sapristi si, je m'en plains!! — A Clairvaux, grâce à mon emploi au greffe, j'étais comme un coq en pâte et nourri à la cantine, tandis qu'ici la boule de son, dure comme des semelles de bottes, et des haricots qui dansent sans se toucher dans leur jus à l'eau et au sel!... Ça me déralingue l'estomac!!

— Je vous répète de ne pas vous plaindre... — Vous êtes bien noté... De plus, l'appui que vous avez prêté au gardien et qui sera mis en évidence par le procès, vous fera gracier un jour ou l'autre...

— Oui, comptez là-dessus, et buvez de l'eau!

— A combien êtes-vous condamné?

— A la réclusion à perpétuité...
— On commuera votre peine...
— Après dix-huit ans, ça me semblerait juste, mais vous verrez qu'on l'oubliera !
— Vous n'êtes pas récidiviste, cependant ?
— Jamais de la vie ! une première faute. — Ah ! on a été dur ! ! — Condamné à perpétuité pour avoir crocheté un secrétaire et pris trois malheureux billets de mille francs, c'était raide ! !
— Il y avait effraction... — fit le gardien.
— Oui, et escalade, la nuit, dans une maison habitée...
— On n'a point accordé de circonstances atténuantes ?
— Pas la plus petite... — J'aimais la noce et la bamboche... — Ça m'a fait du tort... — L'avocat bêcheur m'a tapé dessus sans miséricorde, et voilà...
— Vous étiez bien jeune, cependant...
— Un vrai gamin... — Vingt-deux ans !
— Ça vous en donne quarante aujourd'hui...
— Tout juste.
— Votre famille n'a jamais fait de démarches pour vous ?
— Mon père est mort de chagrin pendant mon procès... Ma mère l'a suivi de près... — Mes autres parents ont carrément refusé de s'occuper de moi... — Je suis la pomme pourrie... ils ne tenaient guère à me remettre dans leur fruitier...
— Leur avez-vous écrit ?
— Dans le commencement, oui... — Ils ne m'ont seulement pas répondu ! !
— S'ils avaient voulu s'occuper de moi, cependant... un de mes cousins surtout... et un de mes oncles, presque pas plus âgé que moi... Il est parti chercher fortune en Amérique, mais avant son départ il aurait pu voir les juges et plaider ma cause.
— Allons, vous n'avez pas eu de chance... mais il faut toujours espérer...
— Parbleu ! — répliqua Lantier. — On a beau dire, on espère toujours...

Il ajouta tout bas en descendant au préau :
— Ce que j'espère, ce n'est pas ma grâce... c'est *jouer la fille de l'air*, pendant que je suis dans cette cage à poules dont les treillages ne sont pas difficiles à rompre...

Léopold se mêla aux détenus qui se pressaient frileusement autour du poêle allumé dans un large chauffoir couvert, et parmi lesquels se trouvaient plusieurs gredins qu'il connaissait de longue date.

A neuf heures, un second coup de cloche annonça le moment du repas.

A dix heures un gardien vint appeler Léopold Lantier pour l'instruction, et le conduisit au greffe où se trouvait le gardien-chef en compagnie de deux gendarmes.

— Voici votre homme... — dit le gardien aux gendarmes.

L'un d'eux tira de sa poche une paire de menottes.

Lantier fit une grimace accompagnée d'un haut-le-corps.

— Me ligotter !! — s'écria-t-il. — A quoi bon ? Est-ce que je songe à m'évader ?

— Inutile, mon brave, — dit le gardien-chef au gendarme. — Nous connaissons ce garçon-là... C'est un bon détenu... bien noté... Il n'est pas en prévention ici... il vient de Clairvaux à Troyes comme témoin dans une affaire, où il a joué un beau rôle.

— Suffit... — répliqua le gendarme en remettant la chaînette dans sa poche. — On le conduira sans bracelets...

— Merci, brigadier... — murmura Léopold avec une émotion bien jouée ; — je suis d'autant plus reconnaissant de votre procédé que ça ne me paraissait pas folâtre de traverser le chef-lieu de mon département, ligotté comme un assassin...

— Venez... — commanda le gendarme.

La porte de la prison fut ouverte et le pensionnaire de la maison centrale de Clairvaux se mit en marche entre les deux représentants de la force publique.

Le Palais de Justice se trouve à peu de distance de la prison.

Le détenu et ses gardiens y arrivèrent en quelques minutes par une petite rue peu passagère.

VIII

Les gendarmes s'engagèrent avec Lantier dans un couloir terminé par une porte que l'un d'eux ouvrit, et franchirent le seuil d'une vaste pièce garnie de banquettes recouvertes en molesquine.

Au fond se trouvait un petit bureau.

Derrière ce bureau trônait un employé, lisant le *Journal de l'Aube*.

— Voilà le nommé Lantier... — lui dit le gendarme.

— Bien, — répondit l'employé, — je vais prévenir M. le juge d'instruction... Asseyez-vous...

Et, laissant son journal tout ouvert sur le bureau, il disparut derrière une porte capitonnée.

Au bout de trois minutes il rentra, tenant à la main une liasse de papiers.

— Il faut attendre un peu, — fit-il. — M. le juge d'instruction termine un travail pressé...

— Suffit... on attendra..

— Prenez le journal pour tuer le temps.

— Eh bien! et vous?

— Oh! moi, j'ai des écritures à mettre au net... Ne vous gênez pas...

— Merci.

Le gendarme se mit à lire

Un profond silence régna pendant quelques instants; — on n'entendait que le bruit de la plume de fer de l'employé criant sur le papier administratif.

Léopold Lantier, la tête baissée, réfléchissait.

— Tiens! — dit tout à coup le lecteur, — notre député est malade...

— Lequel? — demanda son camarade...

— Celui qui a été nommé aux dernières élections dans la circonscription de Romilly...

— L'ingénieur, retour d'Amérique?

— Oui.

— M. Robert Vallerand... — ajouta l'employé.

— Lui-même...

En entendant ces mots: *l'ingénieur retour d'Amérique*, et ce nom *Robert Vallerand*, Lantier avait soudain relevé la tête, et l'éclat de ses prunelles redoublait; il prêta l'oreille.

Le garçon de bureau reprit :

— S'il venait à mourir ça serait une grande perte... — Depuis cinq ans qu'il est revenu d'Amérique, rapportant une fortune dont le chiffre, à ce qu'on assure, dépasse cinq millions, il fait un bien énorme dans le département... — Est-ce que le journal dit qu'il est gravement malade?...

— Très gravement.

— De quelle maladie?

— D'une hypertrophie du cœur...

— Il a rapporté ça d'Amérique, bien sûr... — Il n'a que quarante-quatre ans, et on lui en donnerait volontiers soixante... Je le vois souvent... Il vient ici visiter le procureur de la République...

— Espérons qu'il s'en tirera; mais, dans le cas contraire, l'affaire serait fameuse pour ses héritiers, s'il en a...

— Il en a un au moins que je connais, qui est de mon âge et natif de Troyes même... — répliqua le garçon de bureau. — C'est le fils de Lantier, l'ancien avoué qui avait épousé la sœur de Robert Vallerand...

— Qu'est-ce qu'il est devenu, ce Lantier dont vous parlez? — Il n'habite plus Troyes? — demanda l'un des gendarmes.

— Non, il est à Paris, brassant des opérations de terrains, des entreprises de construction.

— Très riche alors?

— Dans les affaires, est-ce que l'on sait jamais... — J'ai entendu dire qu'il remuait beaucoup d'argent, mais que sa fortune était plus apparente que réelle, et qu'il ne faudrait pas grand'chose pour le mettre à bas...

— Fichtre! dans ce cas les cinq millions lui feraient plaisir...

— Dame! une tuile en argent de ce poids-là n'est jamais désagréable à recevoir sur la tête...

— Serait-il seul héritier?...

— Je n'en connais pas d'autres...

— Mais Lantier, l'avoué, avait un frère..

— Oui, Pierre Lantier, mort il y a dix-sept ou dix-huit ans...

— Ne laissait-il pas un fils?

— Un fils qui a mal tourné et que son oncle Robert Vallerand, — (car les deux Lantier avaient épousé les deux sœurs de notre député), — déshéritera sans le moindre doute.

L'employé s'interrompit, et regardant le détenu qui continuait à écouter silencieusement, ajouta en s'adressant à lui :

— Ah çà! mais il me semble que vous vous appelez Lantier, vous ?...

— Parfaitement, — répondit Léopold, — et je suis le neveu de Robert Vallerand ; — ce neveu qui a mal tourné, comme vous venez de le dire.

— Eh bien! mon garçon, vous avez eu bigrement tort de ne pas suivre le droit chemin. — Sans compter que vous seriez libre, vous auriez en perspective une jolie fortune.

— Oui!... — murmura d'une voix sombre le pensionnaire de Clairvaux. — La moitié de cinq millions... car il s'agit de cinq millions, n'est-ce pas ?

— Au moins... — Sans compter le château de Viry-sur-Seine, entre Conflans et Romilly, et les domaines attenant, qui sont d'un assez joli rapport.

— Ah! tout cela est à mon oncle?...

— Mais sans doute, et bientôt peut-être à votre cousin Pascal Lantier... — S'il faut en croire le bruit public, ça viendrait fort à point pour le relever...

— Dans ce cas, tant mieux pour lui... — Mais Robert Vallerand peut vivre longtemps encore...

— Nous l'espérons bien...

La conversation fut coupée par un coup de sonnette.

Le garçon de bureau s'élança pour se rendre à l'appel du juge d'instruction. Presque aussitôt il reparut, laissant la porte ouverte

— Léopold Lantier... — fit-il.

Un gendarme se leva et conduisit le prisonnier dans le cabinet du juge qui se nommait M. de Gasquel.

L'interrogatoire qu'il eut à subir ne se rapportant à aucun des faits de notre récit, nous attendrons la sortie de Léopol Lantier qui venait de déposer comme témoin à charge contre les deux bandits coupables d'avoir assassiné un gardien de la maison centrale de Clairvaux.

Cet interrogatoire dura plus d'une heure.

Au bout de ce temps le détenu sortit du cabinet du juge d'instruction et fut reconduit à la maison d'arrêt.

Il paraissait singulièrement sombre et préoccupé.

Malgré la température rigoureuse il ne franchit point le seuil du chauffoir, et se promena de long en large dans le préau en monologuant.

— Quand on est en prison on ignore tout!! — se disait-il. — Robert Vallerand, revenu à Romilly cinq fois millionnaire, est près de mourir, car une hypertrophie du cœur ne pardonne pas!!... — Et je suis ici, moi!! — Et de ces millions je n'aurai pas un radis!! — Tout ira dans les mains de Pascal Lantier, tandis que je traînerai ma vie misérable derrière les murs sombres d'une geôle!! — je mourrai en prison quand je devrais avoir, par droit d'héritage, la moitié de cinq millions!

Léopold Lantier serra les poings avec rage, grinça des dents et poursuivit :

— Ah! si seulement j'étais libre!! J'irais le trouver, ce Robert Vallerand, et je saurais bien obtenir de lui qu'il fasse pour moi quelque chose... — Comment ce millionnaire pourrait-il me refuser cinquante mille francs? — Avec cette modeste somme je passerais en Amérique comme lui, et comme lui j'y ferais fortune.

« Si j'étais libre... — répéta-t-il. — Eh bien! pourquoi ne pas tenter de le devenir?... — C'est très joli d'être bien noté et d'espérer sa grâce, mais mieux vaudrait tenir que courir! — Les petites demoiselles du pensionnat s'intéressent à moi, j'en suis sûr, et ne refuseraient pas de m'aider... — il ne s'agit en somme que de scier un barreau... — Quoi qu'il en puisse résulter de fâcheux si j'échoue, je n'hésiterai pas!!

Sa décision était prise.

Il entra dans le chauffoir; il en fit le tour, cherchant quelqu'un du regard, et s'arrêta en face d'un homme d'une trentaine d'années qui dormait sur un banc et dont il toucha l'épaule.

L'homme se réveilla, se frotta les yeux et quitta la position horizontale.

Léopold lui fit un signe et tous deux sortirent du chauffoir.

— Qu'est-ce que tu me veux? — demanda l'homme.

— Te proposer quelque chose...

— Quoi?

— Parlons bas... inutile qu'on nous entende...

— C'est donc sérieux?

— Oui, très sérieux; donc mets une sourdine à ton organe... — Tu m'as dit que tu aurais fini ton temps dans huit jours.

— Parfaitement.

— Où iras-tu, en sortant d'ici?

— N'étant point soumis à la surveillance, je retournerai à Paris.

— Si je t'y donnais rendez-vous, ça te sourirait-il ?

— Foi de Jarrelonge, ça me ferait plaisir, car tu m'as l'air d'un particulier débrouillard, avec lequel il y aurait moyen de moyenner... — Mais ça me paraît bigrement difficile ; pour ne pas dire impossible.

— Parce que je suis condamné à perpétuité et que dans un mois on me reconduira à la Centrale, n'est-ce pas ?

— Dame ! !

— Tu sais bien qu'on s'évade d'une prison...

— Est-ce que tu songes à te *carapater ?*

— Si l'occasion s'en présente, oui.

— Se présentera-t-elle ?

— Ça dépend de toi...

— Comment ?

— Tu as une lime dans ton *bastringue ?*

— Tu le sais bien, puisque j'ai offert de te la vendre pour me faire quelque argent à ma sortie... — Ça ne t'allait pas.

— J'ai réfléchi... — Si tu consens à être raisonnable à l'endroit du prix, je te l'achète... — Je ne suis pas riche... Je ne possède que les petites gratifications données par le directeur de Clairvaux pour qui je fais des écritures, et je ne peux rester sans un sou...

— Une lime, ça vaut cher !...

— Je le sais bien, mais sois gentil... — je te revaudrai ça plus tard...

— Je t'ai demandé cent francs...

— Je ne les ai pas... Je t'en offre quarante... Si tu acceptes, c'est fait.

IX

— Quarante francs ! — répéta Jarrelonge. — Ce n'est pas grand'chose...

— Impossible d'y rien ajouter... — répondit Lantier.

— Et à Paris, tu me feras travailler ?

— Je te le promets... — Si les choses tournent comme je l'espère j'y serai dans trois jours, et je te taillerai de la bonne besogne qui te rapportera gros.

— Où nous rencontrerons-nous là-bas ?

— A l'endroit que tu me désigneras.

— Eh bien ! rue Galande, au rendez-vous des chiffonniers, chez le père Berluron.

— Quand seras-tu à Paris ?

— C'est aujourd'hui mardi... je sortirai d'aujourd'hui en huit... Mercredi je serai rue Galande à dix heures du soir...

Approchant sa scie d'un barreau, il entama le métal, un léger grincement se faisait entendre.

— Foi de Lantier, j'irai t'y retrouver...
— Affaire conclue... Donne les jaunets...

Léopold fouilla dans sa poche; il exhiba une bourse de cuir à coulisses pleine de tabac à fumer, glissa ses doigts sous le tabac et retira deux louis...

— Voici les médailles... — fit-il.
— Et voici le bastringue... — répondit Jarrelonge après avoir saisi les pièces d'or.

En même temps il tendait à Lantier un étui de bois noir pareil à ceux dont les femmes de la campagne se servent pour mettre leurs aiguilles.

— Pas un mot, n'est-ce pas?... — reprit le cousin du député.

— Sois paisible... On aura bouche cousue...

— Tu es un bon garçon, et par-dessus le marché je vais te payer une bouteille...

L'heure de la cantine sonnait.

Les deux hommes allèrent s'y attabler.

Léopold solda la bouteille au cantinier, lui acheta en même temps une chandelle, du papier à lettre, un crayon, un écheveau de fil, puis, sur une feuille de papier, écrivit quelques lignes.

Ceci fait, il plia la feuille, la mit dans sa poche et gagna le préau, où il ramassa une demi-douzaine de petits cailloux qu'il serra également.

A la tombée de la nuit on regagnait les dortoirs.

Au mois d'octobre les journées sont courtes.

Dès six heures les portes des dortoirs et des cellules étaient fermées, ou plutôt *bouclées*, pour employer l'argot des prisons.

Léopold Lantier, — fort bien noté, nous le savons, — occupait seul une cellule assez vaste, meublée d'un lit de fer, d'une table de bois blanc et d'une chaise.

Les détenus avaient la permission de lire jusqu'à neuf heures, ce qui expliquait le droit d'avoir de la lumière.

Une fois bouclé, Léopold alluma la chandelle achetée à la cantine, s'assura que le guichet mobile de sa porte était bien clos, et, sûr de n'être point épié, tira de sa poche l'étui de bois noir vendu par Jarrelonge, l'ouvrit, et le vida sur le creux de sa main gauche.

Il s'en échappa une petite scie d'acier, longue de dix centimètres, large de quelques millimètres, et de mignonnes tiges du même métal.

— L'affaire est bonne, — murmura Lantier en examinant son acquisition. — C'est tout neuf... ça coupera le vieux fer comme du beurre...

Alors, prenant les tiges forées et taraudées, il les ajusta l'une dans l'autre et forma de cette façon une scie en miniature fort solide.

— Maintenant, — fit-il après avoir éteint sa chandelle, inutile désormais, — il s'agit de pratiquer une ouverture.

Il s'approcha de la fenêtre, l'ouvrit sans bruit et tâta les barreaux avec sa main.

— En sciant celui de l'un des coins, — reprit-il, — l'espace sera plus large... — C'est donc là, à gauche, qu'il faut travailler... — Les nuits sont longues... — A trois heures du matin j'aurai fini mes deux traits de scie... — Pas de sentinelle dans le chemin de ronde... deux ou trois patrouilles tout au plus pendant la nuit... Allons-y gaiement.

Approchant alors sa scie d'un barreau, il entama le métal

L'acier neuf coupait avec une vigueur extraordinaire, mais un léger grincement se faisait entendre.

Léopold passa la lame sur la chandelle et se remit au travail.

La scie ne grinçait plus.

A neuf heures du soir avait lieu la première ronde réglementaire.

Le détenu entendit sonner huit heures au loin.

Il travailla pendant trente ou trente-cinq minutes encore, puis, de crainte de surprise, il s'arrêta, referma la fenêtre et se blottit dans son lit, où il se réchauffa, non sans peine, car la nuit était glacée.

Neuf heures sonnèrent.

Les pas des gardiens se firent entendre dans les couloirs.

La ronde passa.

Lantier attendit quelques minutes encore, se leva et retourna à la fenêtre qu'il ouvrit de nouveau.

Machinalement il jeta un coup d'œil sur les croisées du pensionnant ; — à travers les vitres closes il vit filtrer des rayons lumineux.

Les élèves de Mme Lhermitte, après les classes du soir, venaient de remonter dans leurs dortoirs et dans leurs chambres.

— Si seulement elles avaient l'esprit de se mettre à la fenêtre, les petites, — murmura le détenu, — on pourrait dialoguer et s'entendre... Mais le soir, ça n'est pas leur habitude... C'est le matin qu'elles montrent en catimini leur jolis museaux roses... — En ce moment elles ne pensent certes guère à moi !... Attendons à demain...

Et, reprenant sa scie, il se remit à la besogne.

Léopold Lantier se trompait en disant :

— Elles ne pensent certes guère à moi...

Pauline Lambert, l'amie de Renée, avait été frappée de l'accent ému avec lequel le détenu avait prononcé ces mots :

— Vous êtes heureuses, mesdemoiselles... — Vous avez le bien suprême... la liberté ! Moi je suis prisonnier, et Dieu sait que je n'ai rien fait pour mériter mon sort !!

Depuis le matin de ce même jour, ces paroles vibraient sans cesse dans la mémoire de la jeune fille.

— Pauvre homme, il m'intéresse !... — répétait-elle tout en descendant avec Renée.

Celle-ci n'avait rien répondu.

Le *pauvre homme* aux yeux brillants ne l'intéressait pas comme sa compagne ; — il lui faisait peur.

Pendant toute la journée Pauline fut distraite.

A plusieurs reprises elle essaya de remettre la conversation sur le prisonnier, qui la préoccupait d'une façon véritablement obsédante.

Renée demeura silencieuse, ou du moins ne répondit que par monosyllabes.

— Décidément, ma chère, — s'écria Pauline avec dépit, — tu n'éprouves aucune sympathie pour mon protégé !

— Aucune, je ne le nie pas...

— Mais, pourquoi ?

— Il me serait impossible de l'expliquer... — C'est instinctif et involontaire...

— Je comprends ! — fit vivement Pauline. — C'est un prisonnier ! — Pour toi, cela veut tout dire ! — Étant prisonnier, il ne peut être qu'un homme abominable. — Est-ce bien ça ?

— Ceux que la justice a condamnés me semblent, je l'avoue, mériter peu de confiance...

— En thèse générale tu as raison, mais tu devrais te souvenir que les exceptions fortifient les règles ; que parmi les condamnés il peut y avoir, il y a sans la moindre doute, des innocents qui souffrent et pleurent loin de leurs femmes, de leurs familles, de leurs enfants...

— Je me souviens de cela... — répondit Renée. — Mais, que veux-tu, ma répulsion est instinctive et involontaire, je te le répète... — La première fois que j'ai vu celui dont tu parles, j'ai frissonné de tout mon corps... il m'a semblé qu'il était lié à mon existence...

— Lié à ton existence ! — répéta Pauline stupéfaite.

— Oui... qu'il se trouverait sur mon chemin dans la vie, et qu'il exercerait une funeste influence sur ma destinée

— Mais c'est du roman, cela

— Non, c'est de l'effroi.

— Alors, tu crois que cet homme est un criminel ?

— Je ne crois rien... je ne sais pas... j'ai peur, voilà tout.

— Eh bien ! il ne me produit point du tout cet effet-là, à moi. — Il est victime et non coupable, j'en suis convaincue... Sa voix m'a remuée... Je crois entendre encore ses paroles touchantes.

— Paroles hypocrites peut-être... — interrompit Renée.

— Tu doutes de tout ! — répliqua Pauline presque avec colère. — Tu as un cœur sec !

— Oh ! ma chérie, c'est mal ce que tu dis là... — balbutia d'une voix triste la blonde jeune fille. — Non, mon cœur n'est pas sec ! Il souffre cruellement quand je songe que je suis seule au monde, orpheline sans doute, ignorant même le nom de ma mère... et j'ai soif d'affection cependant, Dieu le sait !... — Tu es mon unique amie, je t'aime de toutes mes forces, et je donnerais ma vie, s'il le fallait, pour te le prouver...

— Je n'en ai jamais douté, je te le jure ! — s'écria l'enfant brune très émue.

— J'ai dit une chose sotte et cruelle que je ne pensais pas... Je le regrette de toutes mes forces. Pardonne-moi... pardonne-moi...

Et Pauline, les larmes aux yeux, prit Renée dans ses bras et couvrit son front de baisers, en demandant :

— Me pardonnes-tu?

— Oui... cent fois oui, et de bien grand cœur, mais ne me parle plus de ce prisonnier...

— C'est convenu... Pour rien au monde je ne voudrais te causer un chagrin !... Je t'aime autant que j'aimais Honorine de Terrys... Depuis qu'elle a quitté la pension et qu'elle habite Paris avec son père, j'ai reporté sur toi toute l'affection que j'avais pour elle... — Ne pensons plus au prisonnier et parlons de toi...

— Tu es bonne... — fit Renée en serrant les mains que Pauline lui tendait. — Parlons de moi si tu le désires... — As-tu quelque chose à me demander?

— Oui. — Tout à l'heure tu te plaignais d'être seule au monde... — Ne sais-tu rien de nouveau relativement à ta famille?

— Hélas ! rien...

— Il y a quelques jours ton protecteur est venu te voir...

— M. Robert? — Oui...

— Ne l'as-tu pas questionné comme tu devais le faire? — Tu m'avais promis de l'interroger au sujet de tes parents?

— Je l'ai questionné!...

— Qu'a-t-il répondu?

— Que le moment de connaître le secret de ma naissance n'était pas arrivé.

— Ce M. Robert a de l'attachement pour toi?...

— Je ne puis en douter... Il le prouve d'ailleurs en s'occupant de moi avec une sollicitude toute paternelle...

— C'est vrai... mais je ne puis m'expliquer son refus de te répondre...

— J'ai prié... j'ai supplié... — il a été inflexible... — Mes questions semblaient le troubler beaucoup, et j'ai cru devoir m'abstenir de les continuer...

X

— Soit! — continua Pauline, — mais il aurait dû t'apprendre au moins pourquoi il ne te faisait jamais sortir et ne t'emmenait pas chez lui pendant les vacances?

— Il s'est contenté de me promettre que mon existence changerait quand j'aurais vingt ans... et qu'alors je serais plus libre... — répondit Renée.

— Donc, il te reste encore presque deux années à attendre...

— A peu près...

— M. Robert — (s'il a des raisons pour ne point te recevoir dans sa demeure) — pourrait te permettre d'aller chez la dame de compagnie qui t'a conduite en Italie l'an passé pendant un mois...

— Je ne le lui ai point demandé...

— Cette Mme Ursule n'a jamais fait d'allusion à ta famille pendant votre voyage?

— Jamais...

— Ton protecteur n'a-t-il pas d'autre nom que celui de Robert?

— Je n'en connais pas d'autre...

— Il doit avoir un nom de famille cependant?...

— C'est possible... c'est même probable, mais je l'ignore...

— Mme Lhermitte en sait plus long que toi à ce sujet, j'imagine...

— J'en doute... elle ne l'appelle que monsieur Robert.

— Ça ne prouve rien!... Peut-être a-t-elle reçu des instructions spéciales, une consigne qui l'oblige à se taire...

— Peut-être, en effet...

— As-tu questionné Mme Ursule?

— Je lui ai demandé si elle avait connu mon père et ma mère... Elle m'a répondu négativement, en ajoutant que M. Robert seul pourrait m'éclairer..

— C'est lui qui, dès ton enfance, a pris soin de toi?

— On me l'a dit...

— Tu ne le connais cependant que depuis cinq années?

— Il a fait en Amérique un très long séjour...

— C'est Mme Ursule qui allait te voir quand tu étais à Nogent-sur-Seine chez ta nourrice?

— Oui... — A huit ans elle me prit avec elle, et c'est elle qui m'amena chez Mme Lhermitte.

— Quelle existence mystérieuse! — murmura Pauline. — Ah! je comprends, ma chère petite Renée, tout ce que ton cœur doit souffrir...

La blonde enfant ne répondit pas et de grosses larmes inondèrent son visage.

— Veux-tu bien ne pas te désoler ainsi! — fit vivement Pauline. — Certainement M. Robert ne te laissera pas toujours ignorer ce qui concerne les tiens... — Il a promis de te faire sortir de pension à ta vingtième année... — Tes vingt ans arriveront... le temps passe si vite!... Tu seras heureuse un jour... l'avenir te garde les joies dont ta première jeunesse est privée... — Et puis en somme tu n'es pas fort à plaindre... — tu as de l'argent plus qu'aucune de nous pour tes menus plaisirs... Mme Lhermitte te témoigne beaucoup d'affection, et je t'aime de tout mon cœur... — Que te manque-t-il?

— Il me manque une mère... — répondit tristement Renée. — Si tu savais comme j'aurais adoré ma mère!... — Quand je prononce ce mot si doux de *mère*, mon cœur bondit... puis il se serre brusquement et les pleurs m'étouffent...

— On ne t'a jamais dit que ta mère ait cessé de vivre... — Tu la retrouveras peut-être un jour...

— Si Dieu me donnait ce bonheur, je n'aurais plus rien à envier en ce monde !...

— Un pressentiment m'affirme que tu dois espérer...

Pauline embrassa de nouveau Renée dont un sourire remplaça les larmes.

Le dialogue que nous venons de reproduire avait eu lieu pendant la récréation du soir.

Un coup de cloche ramena les deux jeunes filles à la salle d'étude.

A huit heures et demie elles regagnèrent la chambre qu'elles occupaient ensemble, et nous savons que leur lumière avait appelé l'attention de Léopold Lantier.

Pauline alla droit à la fenêtre dont elle releva le rideau pour regarder à travers les lames des persiennes.

Elle songeait au détenu.

La nuit était claire et glaciale. — Le vent du nord avait balayé les nuages, et la lune à son déclin jetait une clarté vague sur la maison d'arrêt.

Dans cette obscurité transparente Pauline distinguait parfaitement la croisée où Lantier s'était montré le matin.

Ses yeux s'habituèrent peu à peu à sonder les demi-ténèbres, et la figure pâle du prisonnier lui apparut.

Elle demeura immobile, respirant à peine, le regard fixe, la main posée sur l'espagnolette.

Renée commençait sa toilette de nuit.

Elle venait de se décoiffer et passait un peigne d'écaille dans les masses soyeuses de la splendide chevelure blonde inondant ses épaules.

L'immobilité complète et le silence de son amie se prolongeant, elle s'en inquiéta et, se retournant un peu, demanda :

— Que regardes-tu donc ?

— Viens voir...

— Voir quoi ? — fit Renée en s'approchant.

— La fenêtre du prisonnier.

— A quoi bon ?

— Viens toujours.

L'enfant obéit d'une façon toute machinale.

— L'homme est là... — fit-elle avec un frisson après s'être penchée. — On dirait qu'il scie un barreau.

— Tais-toi... mon cœur bat... Il me semble que quelque chose d'étrange va s'accomplir... — Je voudrais voir mieux... je vais ouvrir ma fenêtre...

— Oh ! non... non... — répliqua vivement Renée.

— Pourquoi?... que crains-tu donc?...

Renée, tremblante, recula.

Pauline tenait l'espagnolette. — Elle la fit jouer; la fenêtre tourna sur ses gonds.

Un bruit léger, presque pareil à celui que produit un couteau mis en contact avec la meule d'un rémouleur, arriva jusqu'aux oreilles de la jeune fille.

En même temps elle distinguait les mouvements du bras de Lantier.

— Tu avais raison... — dit-elle à voix basse. — Il scie un barreau...

— J'ai peur...

— Peur de quoi ?

— Mais il cherche à fuir...

— Eh bien ! c'est très intéressant, cela ! un captif innocent qui brise ses fers!... — Latude ! Silvio Pellico ! — Cet homme est un héros ! — Si nous pouvions l'aider...

Renée devint pâle comme une morte.

— Tu n'y penses pas !... — balbutia-t-elle.

— J'y pense beaucoup au contraire...

— Veux-tu donc me faire mourir d'épouvante ?...

— Je te répète qu'il n'y a rien à craindre, absolument rien !...

— Cependant...

— Chut !... Laisse-moi faire...

Pauline détacha le crochet et entr'ouvrit très doucement les persiennes ; — malgré ses précautions les gonds rouillés grincèrent un peu.

Si faible que fût ce grincement, Lantier l'entendit.

Se croyant surpris, il bondit jusqu'au fond de sa cellule, mais il se rassura vite et, devinant à peu près ce qui se passait, il revint au bout de quelques secondes à son point de départ, regarda en face de lui et distingua du premier coup d'œil une silhouette féminine derrière les persiennes entre-bâillées.

— Bon ! — se dit-il, — les petites curieuses ont ouvert la fenêtre et le bruit de la scie les a frappées... — Je vais jouer le tout pour le tout... Advienne que pourra !

Il encadra son visage entre deux barreaux puis, d'une voix très basse que le profond silence de la nuit rendait distincte, il demanda :

— Mademoiselle, vous êtes là, n'est-ce pas ?

Aucune réponse ne lui fut faite.

Renée s'était réfugiée dans un angle de la chambre et complètement effarée, les dents claquant, la sueur aux tempes, elle tremblait de tout son corps.

Pauline, malgré sa décision habituelle, commençait à s'étonner et même à s'effrayer un peu de son audace.

Sa main frémissante fit un mouvement involontaire. — Les persiennes s'entr'ouvrirent davantage.

Léopold avait le coup d'œil juste, lettre et caillou vinrent tomber aux pieds de Pauline.

— Je vous en prie, je vous en supplie, mademoiselle, — poursuivit Lantier, — permettez-moi de vous faire passer un mot... — Il me semble comprendre que vous portez quelque intérêt à un malheureux... Soyez aussi bonne que vous êtes belle... Ouvrez tout à fait vos persiennes... — Je vais vous envoyer un billet.

La jeune fille sentait un trouble bizarre envahir son cerveau. — Elle éprouvait une sensation indéfinissable et se reconnaissait incapable de résister à cette volonté étrangère, plus forte que la sienne et qui s'imposait.

Elle écarta complètement les persiennes.

— Mon Dieu !... — balbutia Renée en cachant son visage dans ses mains et en se laissant tomber à genoux.

Léopold Lantier, en voyant les persiennes s'ouvrir, ressentit une immense joie.

Il tira de sa poche la feuille de papier sur laquelle nous l'avons vu tracer quelques mots dans la cantine de la prison; — il prit l'écheveau de fil acheté au cantinier, et l'un des cailloux ramassés sur le sol du préau; — il enveloppa le caillou dans la feuille qu'il attacha à l'extrémité du fil dont il coupa environ cinq mètres, puis il revint à la fenêtre.

Pauline, debout et pareille à une statue, se dessinait en noir sur le fond faiblement lumineux.

— Prenez garde, mademoiselle... — lui dit Lantier.

La jeune fille comprit qu'il allait jeter quelque chose.

Elle s'effaça, laissant l'ouverture libre.

Le détenu écouta pendant deux ou trois secondes, puis, rassuré par le silence, il dirigea son bras droit vers la fenêtre du pensionnat, et, sans lâcher l'extrémité du fil qu'il tenait de la main gauche, lança le caillou et le billet.

Léopold avait le coup d'œil juste.

Lettre et caillou vinrent tomber aux pieds de Pauline qui, quoique prise d'un tremblement soudain, se baissa pour les ramasser.

— Que fais-tu ?... Que vas-tu faire ?... — demanda Renée haletante.

La jeune fille, sans répondre à son amie, sans l'entendre peut-être, détacha la feuille de papier, la déplia, et s'approcha de la lumière...

XI

Renée tremblait.

Pauline lut à demi-voix les lignes suivantes :

« Mademoiselle,

« Au nom du ciel, au nom de ma femme et de mes pauvres petits enfants
« que je n'ai pas vus depuis deux années, daignez me venir en aide..

« Je ne suis point un voleur, mais un pauvre père de famille condamné
« injustement.

« Mon seul crime, — si c'en est un, — est d'avoir dérobé un pain pour

« nourrir les chères créatures qui tombaient d'inanition, et qui ne vivraient
« plus aujourd'hui si la charité publique ne leur venait en aide.

« Je viens d'apprendre que ma femme était bien malade, et c'est afin de la
« revoir une dernière fois que je tente une évasion.

« Vous êtes jeune, vous avez bon cœur, vous ne me refuserez pas votre
« appui sans lequel je ne saurais réussir...

« Rien au monde, je vous le jure, ne pourra faire soupçonner la part que
« vous aurez prise à ma délivrance, et vous m'aurez sauvé du désespoir et du
« suicide, car, si la liberté ne m'est point rendue, je suis décidé à mourir... »

La lettre s'arrêtait là et portait cette signature de fantaisie : *Paul Pélissier.*

Pauline avait lu assez haut pour être entendue de Renée, folle d'épouvante.

— Ah ! — reprit-elle après avoir achevé, — je te le disais bien, cet homme
était digne de toute notre compassion, de tout notre intérêt... — Condamné
pour avoir dérobé un pain dont sa famille avait besoin !... c'est affreux, cela !
c'est inique ! — Il y a des juges bien cruels !

— Quel parti prendre ? — murmura Renée.

— Tu as écouté ce que je lisais ?

— Oui... ce malheureux prépare une évasion...

— Il veut revoir sa femme agonisante... S'il ne la revoit pas, il se tuera !...
— Laisserons-nous accomplir le suicide de cet infortuné ?...

— Non, si nous le pouvons, mais que faire ?

— Lui accorder l'aide qu'il sollicite... — Avons-nous le droit d'hésiter ?...
Est-ce que tu hésites ?

— Je n'hésite pas, mais je songe aux conséquences qui peuvent en résulter
pour nous... — Quand on s'apercevra de l'évasion on nous accusera d'en avoir
été complices...

— Non, puisqu'il dit dans sa lettre : — *Rien au monde, je vous le jure, ne
pourra faire soupçonner la part que vous aurez prise à ma délivrance!* — Lis
toi-même... D'ailleurs nous ignorons ce qu'il prépare et ce qu'il réclame de
nous...

— Interroge-le donc...

Pauline s'approcha de la fenêtre.

Lantier attendait avec une anxiété terrible.

Quand il vit la jeune fille apparaître de nouveau, il comprit que tout allait
bien.

— Quels moyens d'évasion comptez-vous employer ? — lui demanda Pauline.

— Achever de scier ces barreaux... — répondit-il, — nouer solidement
ensemble les draps de mon lit, en faire arriver jusqu'à vous l'extrémité que
vous attacherez à la barre d'appui de votre fenêtre, et je me charge du reste.

— Eh bien ! hâtez-vous... nous vous aiderons...

— Je ne pourrai agir que dans quelques heures... — Éteignez la lumière... — Fermez votre croisée sans clore les persiennes ; quand vous entendrez un caillou frapper vos vitres, le moment de m'aider sera venu...

— Nous attendrons... — répliqua Pauline.

La lampe fut éteinte et la fenêtre close, mais les persiennes restèrent ouvertes.

Renée, après avoir froissé la lettre du détenu, l'avait glissée machinalement dans sa poche.

Lantier se remit à l'œuvre.

L'espoir d'être bientôt libre redoublait son courage.

A dix heures le barreau était scié par sa base.

Il ne restait qu'à donner un trait de scie dans la partie supérieure pour l'enlever et pratiquer une ouverture.

Après avoir porté son lit de fer près de la fenêtre, afin de se surélever, il commença son nouveau travail.

A minuit moins cinq minutes il s'interrompit.

C'était le moment d'une nouvelle ronde qui passa comme la première sans soupçonner qu'il se produisait dans la prison quelque chose d'anormal.

A deux heures du matin Lantier avait fini.

Il enleva le barreau scié, remit son lit en place, ôta les draps, les tordit et les noua bout à bout.

— Plus de six mètres, — murmura-t-il, — et la distance de ma fenêtre à celle du pensionnat est de moins de cinq mètres. — Que la petite attache solidement, c'est tout ce qu'il faut... Je ferai le reste à la force du poignet. — Allons, il n'est que temps... — Je tiens à être loin de la ville avant le jour...

Lantier tira de sa poche un petit caillou et le lança doucement contre les vitres qui lui faisaient face.

Un bruit cristallin se produisit et le caillou tomba dans le chemin de ronde.

Ni Pauline ni Renée ne s'étaient mises au lit, il nous paraît superflu de l'affirmer.

Pauline courut à la fenêtre et l'ouvrit.

— Je suis prêt, mademoiselle... — lui dit le détenu.

— Que faut-il faire ?

— L'une des extrémités du fil qui portait ma lettre est dans votre chambre ?...

— Oui.

— L'autre est dans la mienne... — J'y vais attacher le bout de mes draps et vous tirerez doucement à vous...

— Bien... j'attends...

Le fil était fort et solide ; — Lantier le noua à la pointe du drap.

— Tirez... — dit-il ensuite, — doucement... — sans secousses...

Pauline obéit.

Un instant après les draps, tordus en façon de corde, allaient d'une fenêtre à l'autre.

— Maintenant, — reprit le détenu, — attachez à la barre d'appui, et que le nœud soit solide car il faudra qu'il résiste au poids de mon corps. — Au nom de l'humanité, mademoiselle, hâtez-vous, je vous en supplie !...

— Renée, — dit Pauline, — viens m'aider...

L'enfant blonde s'approcha. — Elle était pâle comme une statue et plus morte que vive, ce qui ne l'empêcha pas de prêter la main à son amie sans dire un mot.

L'angle du drap fut glissé entre les bandes de fonte de l'appui ; les jeunes filles firent trois nœuds, sur lesquels elles tirèrent en réunissant leurs forces.

— Il va venir ici ? — balbutia Renée dont les dents claquaient.

— Sans doute, mais cela ne doit pas t'inquiéter... — répondit Pauline. — Ce pauvre homme ne peut nous vouloir de mal, au contraire, et nous faisons une bonne action.

— Est-ce fini ? — demanda Lantier.

— Oui.

— Solidement ?

— J'en réponds.

— Alors retirez-vous un peu, mesdemoiselles, et ne vous inquiétez de rien.

Pauline et Renée gagnèrent le fond de la chambre.

Leurs deux cœurs, cette fois, battaient à l'unisson.

Lantier se hissa jusqu'à l'endroit où le barreau scié laissait une ouverture béante, et se glissa au dehors.

La croisée de la prison avait un appui de pierre assez large, sur lequel il s'assit.

De la main gauche il se soutenait aux barreaux restés intacts ; — de la main droite il tenait l'extrémité des draps qu'il amena entre ses cuisses maigres et nerveuses.

Lâchant alors son point d'appui, et des deux mains saisissant l'étoffe, il se lança dans le vide, les jambes pliées, les pieds en avant.

Les draps se tendirent sous le poids du corps, décrivirent une courbe rapide, et les pieds de l'évadé vinrent frapper le mur de la pension.

La secousse fut terrible, mais Lantier ne lâcha pas prise, et, après avoir laissé passer les premières secondes d'étourdissement, il se hissa à la force du poignet vers la fenêtre des jeunes filles.

Il ne tarda point à l'atteindre, se cramponna vigoureusement à la barre d'appui, et avec l'agilité d'un gymnasiarque sauta dans la chambre.

Pauline et Renée poussèrent un cri étouffé.

— Silence au nom du ciel ! — dit Lantier.

Il détacha prestement les draps, les lança dans le chemin de ronde, referma les persiennes, puis la fenêtre et, se tournant vers les jeunes filles qu'il apercevait à peine dans les ténèbres, il joignit les mains et murmura, avec un accent fait pour émouvoir les cœurs les plus bronzés :

— Oh! soyez bénies, mesdemoiselles, et que Dieu vous récompense comme je lui demande à genoux de le faire! — Grâce à vous je suis libre!!

— Libre?... — répéta Pauline. — Pas encore... — Il faut sortir d'ici...

— Après ce qui est déjà fait ce sera peu de chose... et toujours grâce à vous...

— Pouvons-nous maintenant avoir de la lumière?

— Oui, mademoiselle, sans le moindre danger...

Pauline alluma une bougie dont la clarté frappa Lantier en plein visage

En voyant de près cette figure hâve, ces joues pâles et amaigries, ces yeux noirs où brillait un feu sombre, Renée recula.

— Je vous fais peur, mademoiselle... — reprit l'évadé d'une voix triste. — Dieu sait cependant que vous n'avez rien à craindre de moi, que ma reconnaissance est sans bornes, et que pour vous deux je donnerais ma vie...

— Mais, monsieur... — commença Renée.

— Hâtez-vous de partir... — interrompit Pauline. — Ici, vous n'êtes pas en sûreté... On peut venir au moindre bruit...

— Indiquez-moi le chemin à suivre...

— Je vais vous conduire au jardin, mais vous serez obligé d'escalader le mur qui borde la rue, car je n'ai les clefs d'aucune porte.

— Je franchirai facilement ce mur, soyez-en certaine.

— Avez-vous de l'argent ?

— Non, pas un sou...

— Et... ces vêtements...

— L'uniforme des prisons...

XII

— Malheureux!... — s'écria Pauline. — Sans argent et avec ce costume qui ne peut manquer d'attirer l'attention sur vous, qu'allez-vous devenir? Vous serez repris bien vite.

— Je ne voyagerai que la nuit... — répondit Lantier.

La jeune fille tira de son porte-monnaie une pièce d'or et la lui tendit.

— Prenez ceci, monsieur, — fit-elle. — Cela vous aidera toujours un peu...

— Et je joins mon offrande à celle de mon amie... — balbutia Renée en mettant à son tour un louis dans la main du fugitif qui se répandit en protestations de reconnaissance que Pauline interrompit.

— Il n'y a pas un instant à perdre... — dit-elle. — Venez, et marchez doucement... Nous avons deux étages à descendre...

— Je vous suis, — répliqua Léopold; — mais avant de m'éloigner, pour ne jamais vous revoir sans doute, je voudrais savoir votre nom à toutes deux, afin de bénir jusqu'à mon dernier souffle les anges qui m'ont délivré...

— Je m'appelle Pauline Lambert.

— Et vous, mademoiselle?

— Renée... — murmura la blonde enfant.

Lantier répéta avec un accent d'interrogation :

— Renée?...

— Je n'ai pas d'autre nom...

— *Pauline... Renée...* Je m'en souviendrai toute ma vie... — Je me nomme, moi, *Paul Pélissier*, et je suis prêt à mourir pour vous...

— Venez, monsieur!... venez vite!... — reprit la brune pensionnaire très émue.

Lantier jeta un dernier regard à Renée frissonnante, et suivit Pauline qui le précédait une bougie à la main.

Ils descendirent les deux étages et atteignirent le vestibule du rez-de-chaussée.

La porte donnait sur le jardin et n'était fermée qu'au verrou.

La jeune fille l'ouvrit.

— Allez... — dit-elle. — Le mur de clôture est en face de vous... Que Dieu vous garde!!

— Et qu'il vous protège et vous récompense, mademoiselle!

L'évadé s'élança dehors.

Pauline referma la porte et regagna sa chambre.

Une fois dans le jardin, Lantier poussa un soupir d'allègement.

— Enfin, — murmura-t-il, — je suis libre! — J'ai bien fait de me montrer pathétique... — Les petites ont gobé le mieux du monde ma jeune femme mourante et mes petits enfants secourus par l'Assistance publique... — J'y ai gagné deux belles pièces d'or... — Ça me fait cent francs dans ma poche... — C'est plus qu'il ne m'en faut pour aller chez l'oncle Robert Vallorand...

Tout en faisant ces réflexions Léopold traversait le jardin et arrivait à la muraille d'enceinte bordant une rue que le pensionnat séparait de la prison.

En face de lui se trouvait une porte cochère fermée à double tour.

De chaque côté, deux bras de fers scellés dans le mur formaient des arcs-boutants.

— Un enfant escaladerait ça!... — se dit le fugitif.

Il se hissa sur l'un des bras de fer et atteignit le chaperon de la porte.

Trois secondes plus tard il était dans la rue.

— C'est à présent que la prudence est nécessaire, — pensa-t-il. — Avoir l'air de fuir serait le dernier mot de la maladresse. — Il s'agit de marcher d'un bon pas, comme un homme pressé qui n'a pas chaud... Mon costume de maison centrale ne peut me signaler dans la nuit si je rencontre quelqu'un, et je me procurerai des vêtements avant le jour... J'ai mon idée...

Lantier était né à Troyes, nous le savons.

Il connaissait donc parfaitement la ville, quoiqu'il l'eût quittée depuis dix-neuf ans.

Par des rues détournées il gagna les bords de la rivière qui baigne la vieille cité.

Aux quais se trouvaient amarrés plusieurs de ces immenses bateaux couverts qu'on nomme chalands.

La plupart possédaient à l'arrière des cabines où logent les mariniers lorsqu'ils sont loin de toute ville.

— Je me rappelle parfaitement les habitudes des marins d'eau douce, — se dit Léopold, — et je ne les crois point changées. — Les bateaux tout chargés et prêts à partir doivent être habités... — Ceux qui attendent le chargement ne le sont pas... Les mariniers vont souper et coucher à l'auberge, mais ils laissent des effets dans leurs cabines... — En me donnant un peu de mal, je trouverai ce qu'il me faut pour gagner Romilly, et là je me nipperai convenablement... Mieux aurait valu ne point commettre d'effraction, mais je n'ai pas le choix des moyens... Il faut jouer le tout pour le tout... — L'oncle Vallerand me donnera du papier Garat pour passer en Amérique... Il m'en donnera de gré ou de force, et je dirai : *Zut!* aux gendarmes !

Une horloge sonna dans le lointain.

Lantier fit halte et prêta l'oreille.

Il compta quatre coups.

— Déjà quatre heures... — murmura-t-il. — Dans deux heures il fera petit jour... Dépêchons-nous...

Et, descendant la berge, il se dirigea vers les embarcations.

Devant lui se trouvait un chaland de première taille, dont les larges flancs s'élevaient à une grande hauteur au-dessus des eaux grossies.

— Bateau vide... — se dit l'évadé. — La cabine est à l'arrière. — Les portes des cabines sont solides, je connais ça, mais il y a une petite fenêtre dont on ne se défie pas et qui me servira...

Une planche, formant pont-volant, conduisait du quai au chaland.

Léopold s'engagea sur cette planche avec des précautions infinies pour amortir le bruit de ses pas, se glissa le long du plat-bord, gagna l'arrière et s'arrêta près de la cabine.

Un étroit escalier conduisait à la tranchée sur laquelle s'ouvrait la porte.

Les draps tordus en façon de corde allaient d'une fenêtre à l'autre.

La lune, très basse à l'horizon maintenant, projetait des lueurs pâles.

— Assurons-nous d'abord s'il y a quelqu'un... — pensa Léopold.

Il frappa doucement à la porte, n'obtint aucune réponse et frappa de nouveau, mais un peu plus fort.

Même silence.

— La cambuse est vide! — fit-il entre ses dents. — En avant, et de l'ouvrage pour le vitrier!...

Tirant de sa poche un mouchoir, il le trempa dans une flaque d'eau laissée au fond du chaland par les dernières pluies, ensuite il le roula autour de son poing.

Ceci achevé, il leva le bras et donna un coup sec dans une des petites vitres de la fenêtre. — Le carreau vola en éclats.

Lantier attendit quelques secondes.

Lorsqu'il fut certain que le bris de la vitre n'avait éveillé personne, il passa la main par le trou, chercha la targette, la fit jouer, poussa la fenêtre qui s'ouvrit, et s'en servit en guise de porte pour pénétrer dans la cabine.

Il y faisait noir comme dans un four. Il fallait donc chercher à tâtons, car se procurer de la lumière eût été non seulement de l'imprudence mais de la folie.

Les mains que le fugitif promena sur les parois ne tardèrent pas à rencontrer des vêtements pendus à des clous.

Il les palpa, remplaçant le sens de la vue par celui du toucher.

— Un pantalon! — murmura-t-il, — et du drap d'une jolie force! — C'est utile par le froid qu'il fait!... — Un gilet.,.. une vareuse... un chapeau de feutre... Rien n'y manque! — Oh! oh! qu'est-ce que je sens là?... Un paletot! — Saperlipopette, il se mettait bien, le marin d'eau douce! — Ai-je eu de la veine de tomber juste dans son bateau!...

Lantier changea vivement de costume.

— Tout ça me va comme un gant!! — continua-t-il. — On croirait, parole d'honneur, que ces *frusques* ont été faites sur mesure!... — Me voilà nippé pour mon voyage!!

Il retira les menus objets que contenaient les poches de ses vêtements de prisonnier, fit un paquet de cette défroque compromettante et lança ce paquet au dehors.

Ensuite, avec une agilité peu commune, il sortit de la cabine comme il y était entré, c'est-à-dire par la fenêtre, ramassa les effets tombés sur le pont du bateau et les jeta dans la rivière.

— En route maintenant! — dit-il alors. — Tout va bien!!

Et il gagna la route qui devait le conduire à Romilly.

Quand le jour parut il tira d'une de ses poches un petit miroir rond qu'i ouvrit en se demandant :

— Suis-je méconnaissable?

Quand il se fut regardé, un sourire de satisfaction écarta ses lèvres.

— Les gardiens de la Centrale eux-mêmes ne me reconnaîtraient pas sous ce costume! — pensait-il.

Il hâta le pas, quitta la grande route et prit un chemin de traverse pour gagner un village qu'il connaissait et où il n'aurait rien à redouter de la police départementale

Tout en marchant d'un pas rapide, il combinait son plan.

Dans le village où il comptait se reposer il se ferait passer pour un marinier, propriétaire d'un bateau de transport et en quête d'un chargement de blé pour Paris.

A jeun depuis la veille et n'ayant point fermé l'œil, il avait faim et il était brisé de fatigue.

Il entra dans une auberge et se fit servir à déjeuner.

Là on le prit pour un homme du métier tant il parlait avec compétence de la navigation fluviale et du commerce des grains.

Après son repas il demanda une chambre, il se jeta sur le lit, dormit une heure ou deux, sortit ensuite pour se rendre chez quelques gros fermiers, afin de continuer son rôle, et eut grand soin de leur proposer des prix de transport inacceptables.

Naturellement il ne conclut rien, revint dîner à l'auberge où il avait déjeuné, et aussitôt après la tombée de la nuit se mit en route pour Romilly.

Il voulait attendre une heure convenable pour se présenter au château de Viry-sur-Seine où, selon l'employé du palais de justice de Troyes, résidait le député Robert Vallerand.

XIII

Nous avons vu Marguerite Berthier, veuve Bertin, prendre à la gare de l'Est le train qui devait, à une heure et quelques minutes, s'arrêter à Romilly.

A l'heure réglementaire, le train stoppa.

Marguerite descendit.

Un commissionnaire chargea sur son épaule son léger bagage et la conduisit à l'*Hôtel de la Marine*, l'un des plus confortables de cette jolie petite ville bâtie en amphithéâtre sur les bords de la Seine, très pittoresque en cet endroit et semée d'îlots verdoyants.

Après avoir pris dans sa chambre quelque nourriture, elle demanda le chemin de la mairie.

Pour elle il s'agissait de savoir, avant tout, si Robert Vallerand vivait encore et s'il avait reparu dans le pays, car elle le contraindrait bien en ce cas, croyait-elle, à lui rendre sa fille.

A la mairie elle se fit indiquer le bureau des renseignements, s'y rendit sans perdre une minute et, tirant de son portefeuille un papier timbré qu'elle déplia, dit à l'employé :

— Il y a dix-neuf ans, monsieur, une petite fille fut inscrite à la mairie de

Romilly sous le nom de Renée, fille de Robert Vallerand et de Marguerite Berthier.

« Voici l'extrait du registre de l'état civil.

« Je ne viens pas vous demander où se trouve cette enfant, vous l'ignorez sans doute, mais peut-être savez-vous ce qu'est devenu son père...

— M. Robert Vallerand? — fit l'employé.

— Oui... — Est-il mort?

— Non, madame...

Marguerite frissonna de joie.

— Habite-t-il toujours l'Amérique? — reprit-elle

— M. Robert Vallerand est de retour en France depuis cinq années et il est député de l'arrondissement de Romilly...

— Député de Romilly!... — s'écria la veuve avec une émotion croissante. — Et il habite cette ville?

— Non, madame, mais le château de Viry-sur-Seine entre Romilly et Conflans...

— Tout près d'ici?

— A cinq kilomètres environ..

— S'y trouve-t-il en ce moment?

— Oui, madame.. — L'état de sa santé ne lui a pas permis de se rendre à la session de la Chambre... — Il est à Viry, bien malade.

— Bien malade? — répéta Marguerite.

— Les médecins, paraît-il, sont très inquiets.

— Savez-vous si M. Robert Vallerand a près de lui, au château de Viry, une jeune fille... sa fille, dont j'ai mis tout à l'heure sous vos yeux l'acte de naissance?

En formulant cette question Marguerite tremblait de tout son corps.

Si la réponse était affirmative rien au monde ne pourrait l'empêcher, avant la fin du jour, de serrer dans ses bras son enfant retrouvée.

— Je sais le contraire, madame... — répliqua l'employé. — En dehors du personnel de service, il n'y a au château qu'une seule femme, une dame de confiance qui n'est plus jeune...

— Vous en êtes sûr?

— Tout à fait sûr... — Je suis allé dernièrement chez notre député par l'ordre de M. le maire...

— Mais alors... mais alors... — murmura la veuve saisie d'une angoisse soudaine. — Qu'est devenue cette jeune fille?

— Je l'ignore, madame ; mais, si vous avez intérêt à le savoir, il est bien probable que M. Vallerand sera en état de vous l'apprendre.

— Je vous remercie, monsieur... — C'est à lui que j'irai le demander.

L'employé, beaucoup plus poli que ne le sont habituellement messieurs ses collègues, — se leva et reconduisit Mme Bertin jusqu'à la porte du bureau.

Marguerite, en proie à une agitation fébrile, à une sorte de vertige, se soutenait à peine en descendant l'escalier.

— Comme j'avais raison de croire à la justice, à la bonté de Dieu ! — se disait-elle. — Les obstacles s'abaissent devant moi... — Au lieu d'aller chercher Robert au fond de l'Amérique, je le retrouve ici !... Au lieu d'un long voyage, une simple démarche ! — Mais, — ajouta la veuve avec un frisson, — pourquoi vit-il seul ? — Ma fille est-elle morte, ou l'a-t-il reléguée loin de lui, dans l'abandon et dans les larmes ? — Ce serait infâme !... — Je le saurai et, si cet homme est un mauvais père, je serai, moi, une bonne mère !

Mme Bertin avait repris le chemin de son hôtel où elle arriva en quelques minutes.

— Pouvez-vous me procurer une voiture ? — demanda-t-elle au chef de l'établissement.

— Très bien... pourvu que madame ne soit pas trop difficile... Romilly n'est point Paris...

— Je me contenterai de tout...

— S'agit-il de faire une longue course ? — Où madame doit-elle aller ?

— Au château de Viry-sur-Seine...

— Chez notre député, M. Robert Vallerand ?

— Oui, monsieur...

— Dix kilomètres en tout... Inutile de prendre une lourde patache à deux chevaux... — Je vais passer moi-même chez le loueur et commander un cabriolet pour madame.

— Faites vite, je vous prie...

L'hôtelier sortit.

Au bout d'une demi-heure, — qui parut un siècle à Marguerite, — il revint avec un cabriolet sonnant la ferraille et conduit par un cocher en blouse.

— Madame peut monter, — dit-il, — l'équipage n'a rien de flatteur à l'œil, mais l'homme est sûr et le cheval est bon.

Mme Bertin prit place à côté du conducteur qui fouetta sa bête.

Le cabriolet roula vers le quai sur lequel il s'engagea.

— Est-ce que le château de Viry est au bord de l'eau ? — demanda Marguerite.

— Pas tout à fait, madame... — répondit l'homme. — C'est sur le versant d'une colline. — A quatre kilomètres d'ici nous prendrons un chemin à droite, qui nous mènera chez M. Vallerand... — Il file un mauvais coton, notre député... Malgré sa grosse fortune il ne fera pas de vieux os.

La veuve n'interrogea plus.

Elle regarda sa montre qui marquait quatre heures moins un quart.

Le temps était froid; — le ciel gris comme un ciel de Hollande. — Une forte tombée de neige semblait imminente.

On sentait la nuit venir.

Mme Bertin s'absorba dans une rêverie profonde.

Elle songeait à l'entrevue qu'elle allait avoir avec ce Robert, autrefois si follement aimé, aujourd'hui vieilli avant l'âge et près de la tombe...

Après dix-neuf ans écoulés, après les événements accomplis, quelle scène étrange et peut-être terrible sa visite et sa demande allaient-elles provoquer?

Marguerite prévoyait une lutte, une résistance acharnée de Robert, des récriminations, des reproches, mais elle était bien résolue à ne pas revenir sans avoir atteint son but, sans savoir ce que sa fille était devenue.

La route s'allongeait déserte, devant le gros cheval au trot lourd.

Sur la gauche, la rivière.

Sur la droite, des coteaux pittoresques, dépouillés de leur verdure par les premières gelées de l'automne.

A l'horizon silencieux des bandes de corbeaux passaient.

Un point noir mobile apparaissait sur la route à cinq cents pas en avant du cabriolet.

Ce point noir était un piéton marchant d'un bon pas et tenant le milieu de la chaussée.

La voiture gagnait rapidement sur lui; — elle allait l'atteindre, puis le dépasser.

En entendant derrière lui le martellement des sabots ferrés et le gémissement des essieux mal graissés, le voyageur appuya vers la gauche et se retourna.

A son costume on reconnaissait un marinier.

Lorsque le cabriolet ne fut plus qu'à trois ou quatre pas de lui, il interpella le conducteur.

— La route pour aller au château de Viry, s'il vous plaît? — lui demanda-t-il.

— A cent pas d'ici, tournez à droite... Vous monterez toujours tout droit jusqu'au château, où je vais... — répondit le cocher.

Et il dépassa le piéton, en qui nos lecteurs ont deviné déjà Léopold Lantier qui continua sa route en réfléchissant.

— Il va au château, — se dit-il — et il y conduit une femme dont je n'ai pas pu voir la figure sous son voile... — une gêneuse peut-être, qui va m'empêcher de parler à mon aise à l'oncle Robert... Que le diable l'étrangle, cette femme!... Qui ça peut-il bien être ?... — Enfin nous verrons.

Le cabriolet venait de disparaître à un tournant de la route.

Bientôt Lantier entra à son tour dans un chemin encaissé que bordaient des ronces et des églantiers dépouillés de leurs feuilles, mais portant des baies rouges, manne providentielle destinée aux petits oiseaux.

Laissons Marguerite Bertin et le réclusionnaire évadé suivre tous les deux le chemin qui les conduisait au même but; précédons-les à Viry-sur-Seine et retournons de quelques heures en arrière.

Ce qu'on appelait un peu ambitieusement *le château* était une construction sans importance réelle et sans caractère architectural, un bâtiment carré assez vaste, à deux étages, entouré d'un grand jardin ou plutôt d'un petit parc très boisé, fort bien dessiné et clos de murs.

Une grille, qui restait jour et nuit ouverte à tout venant, donnait accès dans le parc.

La position de la propriété était remarquable.

Bâtie au sommet du coteau, la maison dominait une considérable étendue de pays.

De ses fenêtres, — au midi, — on voyait la Seine couler entre ses rives verdoyantes.

Au nord se déroulaient des plaines immenses, bordées par une ligne sombre. Cette ligne indiquait la lisière d'une forêt de plusieurs milliers d'hectares.

Un perron de huit marches, rendu nécessaire par la surélévation du rez-de-chaussée, accédait à la porte d'entrée principale.

Une marquise soutenue par quatre pilastres couvrait ce perron.

Franchissons le seuil, traversons un vestibule boisé de chêne, et pénétrons dans un grand salon meublé confortablement, mais sans luxe.

Deux heures de l'après-midi venaient de sonner.

Un feu de hêtre pétillait au fond d'une cheminée de marbre rouge près de laquelle un homme, qui semblait un vieillard quoiqu'il n'eût en réalité que quarante-quatre ans, était étendu sur une chaise longue.

XIV

Ce jeune vieillard avait les cheveux et la barbe presque blancs.

Son visage émacié offrait l'empreinte de longues souffrances, et le feu de la fièvre luisait dans ses yeux caves.

Deux personnes se trouvaient à côté de lui, une femme déjà d'un certain âge, dont la figure exprimait une tristesse profonde, et un homme d'apparence sérieuse, complètement chauve et portant le ruban rouge à sa boutonnière.

La femme s'appuyait des deux mains au dossier de la chaise longue.

L'homme s'adossait à la cheminée.

Le malade était Robert Vallerand, en compagnie de son médecin, le docteur Tallandier, et de la dame de confiance qui dirigeait sa maison, Ursule Sollier.

— Mon cher docteur, — disait Robert Vallerand d'une voix faible, avec un sourire mélancolique, — vous cherchez vainement à me donner une espérance que vous ne pouvez avoir... — Quoique je ne sois pas médecin comme vous, j'ai beaucoup étudié mon mal, je sais à quoi m'en tenir et je ne conserve aucune illusion... — L'hypertrophie du cœur a fait brusquement des progrès rapides contre lesquels votre science est impuissante... — C'est la fin

M. Tallandier baissa la tête sans répondre.

Deux larmes furtives coulèrent sur les joues de Mᵐᵉ Ursule.

Le député continua en tendant la main au docteur :

— Vous vous taisez, mon cher ami... Vous n'osez me démentir... — Votre attitude est la plus significative des réponses.

— Eh ! que puis-je vous répondre ? — s'écria le docteur. — En face de votre incrédulité complète, de votre scepticisme absolu, le silence m'est imposé...

— Je suis incrédule parce que j'ai conscience de mon état... — Tout ce qu'il était possible de faire pour me sauver, vous l'avez fait en vain... — Vous savez quelle a été ma vie... Vous savez quelles déceptions j'ai subies... quels chagrins m'ont abreuvé... — Aux jours de ma jeunesse une douleur poignante m'a donné le germe de la maladie qui va m'emporter... — Mes travaux incessants, mes luttes sans trêve en Amérique pour conquérir la fortune, ont aggravé ma situation... Investi depuis quatre ans par mes compatriotes d'un mandat dont je suis fier, je ne me suis point épargné... — J'ai l'apparence d'un septuagénaire... — Mon corps est usé, mes forces sont à bout, je dois partir... — La mort ne m'épouvante pas... Après tant de souffrances et tant de travail, ce sera le repos. — Je me crois sûr de mourir en honnête homme, c'est le principal... — Un peu plus tôt ou un peu plus tard, qu'importe ? — Je suis prêt... — Seulement, cher docteur, j'attends de vous un dernier service...

— Lequel ?

— Promettez-moi de me répondre avec une absolue franchise.

— Que voulez-vous savoir ?

— Combien il me reste de temps à vivre...

— Mais...

— Oh! pas de *mais!* — interrompit Robert Valleraud. — Soyez brutal, soyez impitoyable!... C'est la vérité que je veux savoir, qu'il faut que je sache, car des choses très graves dépendent du délai qui m'est accordé... — Je ne comprends pas votre hésitation !... — Est-ce que votre réponse abrégera ma vie, troublera mon repos, chassera mon sommeil? — Vous ne le croyez point... — J'attendrai patient et calme, le front haut, le sourire aux lèvres, le jour et l'heure que vous m'aurez fixés... — Parlez donc! Combien de temps me reste-t-il à vivre ?...

— Vous voulez le savoir ?

— Oui.

— Eh bien! — murmura le docteur d'une voix sourde, — il vous reste trois mois, si vous ne subissez aucune émotion violente.

Il fit un paquet de cette défroque compromettante et lança ce paquet au dehors.

— Et, dans le cas contraire?
— La catastrophe pourrait être immédiate.
— Merci de votre franchise, mon cher Tallandier, je suis prévenu et cela me soulage...

Un sanglot répondit à cette phrase et Mme Ursule cacha son visage entre ses deux mains.

— Ma bonne Ursule, — fit Robert Vallerand en tournant la tête vers la pauvre femme, — ne pleurez pas, je vous en supplie... — A quoi servent les larmes? — Attendez avec fermeté comme moi l'heure de la séparation... Votre vie a un but, vous le savez bien... Il vous reste après moi une tâche à remplir... — Quand le moment sera venu, je ne vous dirai point : *adieu!* mais : *au revoir!* Nous nous retrouverons là-haut...

La voix de Robert s'était affermie ; — elle restait calme ; — on comprenait en l'écoutant qu'il envisageait sa fin prochaine sans fanfaronnade, mais avec une sécurité complète.

Mme Ursule étouffa ses sanglots et essuya ses larmes.

Le malade poursuivit, en s'adressant au médecin :

— Je ne dois plus penser, n'est-ce pas? à quitter cette maison que pour le grand voyage?

— Je n'autoriserais point un déplacement, dans quelques conditions qu'il se présentât...

— Donc je vais résigner mon mandat de député, et je le regrette... Il y avait tant à faire!... — Enfin, vienne un plus digne que moi, et je serai consolé... — Puis-je recevoir des visites?

— Sans doute... — Je défends la fatigue mais j'ordonne la distraction...

— Vous avez écrit votre ordonnance?

— La voilà sur cette table...

— Ursule ira demain matin à Romilly la faire préparer...

— Ce serait trop tard... Je désire que vous preniez d'heure en heure une cuillerée de la potion dont voici la formule, et cela le plus tôt possible... — Je vais à Romilly, j'emmènerai avec moi Claude, votre valet de chambre, et il la rapportera...

— Comme il vous plaira, cher docteur...

— Si, par suite d'une circonstance imprévue, vous sentiez les battements du cœur s'accélérer, vous auriez sur-le-champ recours à cette potion...

— Je vous le promets.

M. Tallandier prit son chapeau.

— A demain, mon ami, — dit-il en serrant affectueusement la main du malade ; — j'emmène Claude...

— A demain... — répéta Robert.

Ursule accompagna le docteur jusqu'à la porte du salon et revint auprès de son maître.

— Monsieur Robert... cher monsieur Robert... — balbutia-t-elle en s'agenouillant, les yeux pleins de larmes, à côté de la chaise longue.

— Ursule, — fit le député presque avec impatience, — je vous le demande de nouveau, point de pleurs et point de faiblesse!... — Prenez votre parti de l'inévitable! — Je sais, grâce au docteur, de combien de temps je puis disposer... — J'en profiterai pour régler sérieusement mes affaires... — Relevez-vous, ma bonne Ursule, nous avons à causer...

Mme Sollier obéit et prit un siége.

— Ne craignez-vous point la fatigue? — demanda-t-elle.

— Non... — je parlerai bas...

— De Renée, n'est-ce pas?

— Oui, de Renée... — répondit Robert avec tristesse. — Ma situation présente m'empêche de tenir le serment que j'avais fait... — J'avais juré d'attendre que Renée ait vingt ans pour lui apprendre son nom, le nom de sa mère, pour lui dire qu'elle est ma fille... — Mais quand Renée aura vingt ans, je serai mort... — Aujourd'hui elle doit tout savoir.

— Pauvre mignonne, — balbutia Mme Ursule, — ce n'est pas sa faute si elle est fille d'une mauvaise mère.

— Non certes! Aussi depuis mon retour d'Amérique ai-je beaucoup souffert en ne me reconnaissant pas publiquement son père... Mais l'avouer pour mon enfant, c'eût été provoquer des questions, et je craignais de flétrir son âme candide en lui disant ce qu'avait été sa mère. Le temps me manque pour attendre... Lorsque Renée aura tout appris, elle me jugera... Demain, Ursule, vous irez au pensionnat.

— Au pensionnat! — répéta Mme Sollier. — Chercher Renée sans doute?

— Oui.

— Pour l'amener ici?

— Oui. — Vous réglerez toutes les dépenses... vous payerez le trimestre échu et celui à échoir...

— Renée ne retournera donc plus chez Mme Lhermitte?

— Non... — répliqua Robert avec un élan de tendresse qu'il ne put dominer. — Je veux mourir auprès de ma fille...

Et ses yeux devinrent humides.

— Oh! pas d'émotion... pas d'émotion... je vous en supplie!... — cria Ursule que les larmes étouffaient. — Souvenez-vous des paroles du docteur... votre vie en dépend...

— Soyez sans inquiétude, — dit-il. — Un moment de bonheur ne saurait aggraver mon état... — Je serai calme... — Que disions-nous?

— Que j'irai demain à Troyes, chercher Renée.

— Oui... — Vous y passerez une partie de la journée pour divers achats de toilette. — Ma fille va quitter ses vêtements de pensionnaire... elle aura donc besoin de tout... — Je suis riche... ne ménagez rien... — je vous donne carte blanche...

— Point de bijoux, n'est-ce pas?

— Non, pas un seul... — Je veux que de mon vivant Renée porte uniquement le petit médaillon que vous lui avez remis le jour de sa première communion...

— Il vient de sa mère à qui je l'avais donné comme un gage de tendresse, et à qui je l'ai repris en reprenant ma fille.

— Renée, d'ailleurs, a des goûts très simples... — fit Mᵐᵉ Ursule.

— Cher petit ange, comme je vais l'adorer!! — murmura le malade.

Après un instant de silence, il poursuivit :

— Le docteur m'a donné trois mois à vivre, mais il est possible que la mort devance ses prévisions... Ce cas échéant, je vais vous dire, ma bonne Ursule, ce que vous auriez à faire...

— Pourquoi penser à ces choses tristes?

— Parce que c'est pour moi le plus impérieux des devoirs... Donc, admettons que je ne puisse voir ma fille avant de mourir...

— Mais c'est impossible, cela! — interrompit Ursule. — C'est impossible, puisque demain j'amènerai Renée près de vous...

— Qui peut répondre du lendemain? — fit mélancoliquement Robert. — Jurez-moi... dans le cas où d'ici à demain je cesserais de vivre, jurez-moi de ne point révéler à ma fille ce qu'a été sa mère.

— Je vous le jure...

— Renée saura que je suis son père, mais je ne veux pas qu'une autre bouche que la mienne lui apprenne la lâcheté et la trahison de Marguerite Berthier!... Je veux surtout, si je ne suis plus là, qu'elle ignore à jamais l'existence de sa mère!!

— Elle l'ignorera, je vous le jure, si nul autre que moi ne la lui révèle...

XV

Après un instant de silence le député poursuivit :

— Toute ma fortune doit appartenir à Renée et mes précautions sont prises pour qu'elle n'ait rien à démêler avec les hommes d'affaires que j'ai considérés et que je considère plus que jamais comme des gens de la pire espèce... — Du reste j'ai prévu le cas où la mort me surprendrait à l'improviste...

Robert posa la main sur son cœur dont les battements l'étouffaient, et s'interrompit pour respirer...

— Le docteur a recommandé le repos et vous vous fatiguez... — murmura dame Ursule.

— Qu'importe la fatigue? — reprit Robert. — Il faut que vous soyez au courant de tout ce qui touche à l'avenir de Renée... — Je continue : — Ma fortune, sans compter le domaine de Viry-sur-Seine, atteint le chiffre de quatre millions quatre cent mille francs. — Cette somme, représentée par des actions au porteur, est déposée chez mon intime ami Philippe Audouard, notaire à

Nogent-sur-Seine. — Audouard remettra ces actions à la personne qui lui présentera le reçu détaillé signé de lui. — Ce reçu se trouve à Paris chez M. Émile Auguy, notaire, rue des Pyramides, numéro 18, qui ne se dessaisira de ce reçu que sur la présentation d'une lettre de moi... Au reçu sont joints divers papiers et un testament qui constitue Renée ma légataire universelle, à la charge de vous servir une rente viagère de six mille francs...

— C'est trop, monsieur Robert... c'est trop!! — fit vivement M⁰ᵉ Sollier.

— C'est à peine assez... Votre inaltérable dévoûment, vos longs services, mériteraient assurément davantage, mais je connais la simplicité de vos goûts, ma bonne Ursule... — Je vais écrire la lettre contre laquelle on délivrera le reçu, les papiers et le testament... Si je mourais subitement, vous la trouveriez dans le tiroir supérieur du meuble de Boulle de ma chambre à coucher... — Vous la remettrez à Renée que vous accompagnerez à Paris chez Émile Auguy...

— Ce sera fait...

— Vous vous rendrez ensuite avec Renée à Nogent-sur-Seine, auprès de Philippe Audouard que vous connaissez, je crois...

— Je le connais... je l'ai vu ici...

— Renée lui donnera le paquet cacheté, à elle remis sur le vu de ma lettre par le notaire de Paris, et il agira selon mes instructions... — Tout cela est bien compris, n'est-ce pas?

— Oui, monsieur Robert...

— Ces détails compliqués étaient indispensables... — Je n'oublie pas que j'ai des héritiers naturels contre lesquels il faut me tenir en garde... — Pascal Lantier doit avidement convoiter ma fortune... — Il connaît sans aucun doute ma situation actuelle, mais il ignore l'existence de Renée... — Si jusqu'à ce jour j'ai caché ma fille, c'est que j'avais peur de Pascal...

— Peur de votre neveu! — répéta dame Ursule stupéfaite. — Le croyez-vous donc capable...?

— Je le crois capable de tout... — interrompit Robert. — C'est une mauvaise nature... — Il ne vaut pas mieux que son cousin Léopold, qui méritait le bagne et l'a presque obtenu... Pascal Lantier compte certainement sur mon héritage dont il a le plus grand besoin, et qui le sauverait d'une catastrophe inévitable...

— Il n'est donc pas riche?

— Il a l'apparence de la richesse, mais rien de plus... — Il remue des millions à Paris, l'argent des autres, et cherche à pêcher en eau trouble, mais le désarroi de ses affaires est complet... Il ne se soutient, à l'heure présente, que par un tour de force d'équilibre... — Peu de temps après mon départ pour l'Amérique, il avait épousé la sœur de Marguerite Berthier... — La dot de sa femme, quoique minime, était une fortune pour lui qui ne possédait à peu près rien, et lui permettait d'entreprendre des affaires sérieuses... Il s'est lancé dans les jeux de Bourse, dans les spéculations de terrain, dans les entreprises de construction... — Il sombrera d'un moment à l'autre!... — Quoique étant presque du même âge, nous ne nous sommes jamais aimés...

— Et votre autre neveu, Léopold Lantier ?

— Un scélérat de la pire espèce... — En prison à perpétuité, heureusement pour lui, car s'il était libre il finirait sur l'échafaud. — Vous comprenez, Ursule, les raisons qui m'ont fait entourer de tant de mystère l'existence de Renée, et pourquoi tout restera mystérieux jusqu'au jour où mon enfant sera mise en possession de ce que je possède... — Et ce ne sont pas là des craintes exagérées, des précautions absurdes... C'est une défiance légitime... — Ce n'est point de la folie, c'est de la prudence...

— Iriez-vous jusqu'à croire que la vie de Renée pourrait être en péril? — demanda Ursule tremblante.

— Aussi longtemps que je vivrai, Renée n'aura rien à craindre... — répliqua Robert. — Après moi, et tant qu'elle ne sera pas maîtresse de son héritage, veillez bien sur elle ! !...

— Ah! je veillerai, je vous le jure et, si on attaquait la chère mignonne, je la défendrais de toutes mes forces ! !

— Je le sais et j'y compte... — Bonne Ursule, donnez-moi de quoi écrire...

Mme Sollier apporta un buvard et du papier à lettre qu'elle plaça sur les genoux de Robert Vallerand.

Elle mit ensuite un encrier et une plume à la portée de sa main sur un guéridon.

— Maintenant laissez-moi seul pendant une heure, — fit le député, — et, je vous en prie, aussitôt que Claude sera revenu de Romilly, apportez-moi ma potion...

— Oui, monsieur Robert.

Ursule sortit.

Resté seul le père de Renée commença la lettre qu'il nous paraît nécessaire de produire *in extenso*.

Cette lettre d'ailleurs était laconique, ne disant que les choses indispensables.

« Mon cher ami,

« Ainsi que cela a été convenu entre nous, lors de notre dernière entrevue, veuillez remettre à la personne qui vous porte cette lettre le paquet scellé de cinq cachets à mon chiffre dont j'ai opéré le dépôt entre vos mains, et rappelez à cette personne que le paquet doit arriver intact chez votre collègue Philippe Audouard, notaire à Nogent-sur-Seine, qui seul en doit briser les cachets.

« Recevez, mon cher ami, la nouvelle assurance de mes sentiments d'affection et de dévouement.

« ROBERT VALLERAND.

« Château de Viry-sur-Seine, le 21 octobre 1879. »

Le député relut sa lettre et la mit sous une enveloppe qu'il cacheta à la cire et sur laquelle il écrivit cette adresse :

Monsieur Émile Auguy,
notaire,
18, *rue des Pyramides,* PARIS

Ceci terminé il posa le buvard sur le guéridon, se leva et voulut marcher.

Mais, dès les premiers pas, il dut faire halte en appuyant la main sur le côté gauche de sa poitrine.

Les battements de son cœur se précipitaient. — Robert Vallerand passa quelques secondes dans une immobilité complète, respirant à peine.

Les pulsations du cœur reprirent ensuite leur cours régulier ; — la respiration redevint libre ; — le père de Renée se remit en marche.

Lentement, péniblement, avec une indicible fatigue, il sortit du salon, traversa une petite pièce qui servait de fumoir et entra dans sa chambre à coucher.

Là il se dirigea vers un antique meuble d'écaille incrusté de cuivre, placé entre les deux fenêtres, ouvrit le tiroir du haut, y déposa la lettre qu'il venait d'écrire et regagna le salon.

Ursule y pénétrait en même temps que lui par une autre porte.

Elle alla vivement à sa rencontre pour le soutenir et pour l'aider à reprendre sa place sur la chaise longue au coin du feu.

Elle tenait à la main une fiole sur laquelle était collée l'étiquette d'un pharmacien de Romilly.

— Claude est revenu? — demanda le député.

— Il arrive à l'instant, et voici la potion prescrite par le docteur.

— Versez-m'en une cuillerée, ma bonne Ursule... — je me sens très las...

— Vous vous fatiguez trop! Je vous l'avais bien dit!

Robert Vallerand ne répondit pas, prit d'une main un peu tremblante la cuiller d'argent pleine de potion que lui présentait Mme Sollier et en absorba le contenu.

Le député parut renaître.

La respiration devint moins sifflante; — l'œil cessa d'être atone.

— Donnez-moi, je vous prie, les journaux, — dit Robert.

Mᵐᵉ Ursule plaça près de lui plusieurs feuilles dont les bandes étaient intactes, et se retira.

Parmi ces feuilles se trouvait le *Journal de l'Aube* dont nous avons parlé dans l'un de nos précédents chapitres, au moment où Léopold Lantier était amené au palais de justice pour y répondre comme témoin à M. de Gasquel, juge d'instruction.

Cette gazette locale intéressait tout particulièrement le député de l'arrondissement de Romilly. Il l'ouvrit, jeta les yeux sur l'article de tête et passa au corps du journal.

Un entrefilet le concernait.

On déplorait, en termes très sympathiques et très flatteurs, la maladie qui l'empêchait de siéger à la Chambre où son absence laissait un grand vide, et l'on exprimait chaleureusement l'espérance que sa guérison serait prochaine.

— J'aurai une belle oraison funèbre... — murmura Robert avec un sourire mélancolique.

Puis il continua sa lecture.

Son attention fut sollicitée tout à coup par ces mots imprimés en gros caractères :

ÉVASION A LA PRISON DÉPARTEMENTALE DE TROYES.

Il lut :

« Dans la nuit d'avant-hier un condamné, extrait de la maison centrale de Clairvaux pour venir témoigner dans l'affaire de l'assassinat d'un gardien de cette maison par deux détenus, s'est évadé de la maison de détention en sciant un des barreaux de la cellule qu'il occupait seul.

« A l'aide de draps mis bout à bout et attachés à un autre barreau, il est descendu dans le chemin de ronde, que la négligence du directeur laissait sans factionnaire.

« Du chemin de ronde, le détenu aura escaladé la muraille d'enceinte, sans qu'on puisse deviner par quel moyen... — Peut-être avait-il au dehors un complice qui lui prêtait la main. — On se perd en conjectures.

« Ce détenu, réclusionnaire à vie, était à Clairvaux depuis dix-huit ans et fort bien noté. — Il travaillait dans les bureaux de la maison centrale. — Le directeur allait demander sa grâce pour avoir courageusement défendu le gardien assassiné.

« L'évadé se nomme *Léopold Lantier.* »

Malgré sa faiblesse, il se trouva debout d'un seul bond. « — Vous !... fit-il d'une voix étranglée. Vous ! ici... »

XVI

En lisant ce nom, Robert Vallerand frissonna de tout son corps.
— Lui ! — murmura-t-il avec une surprise mêlée d'effroi, — lui ! ce misérable !... ce neveu détesté qui a souillé le nom de son père, qui a fait mourir

de chagrin et de honte sa mère, ma pauvre sœur!... — Evadé!... il est évadé!... — Ah! cette nouvelle me bouleverse!... Je pressens un danger terrible, inévitable...

Le député était pâle comme un mort.

Sa main tremblait.

Il relut lentement l'article du *Journal de l'Aube,* puis au bout de quelques secondes il reprit, en jetant la feuille loin de lui :

— Allons, ma tête devient faible et mes pressentiments n'ont pas le sens commun... — Le scélérat n'est point à craindre... il n'ira pas loin... Toutes les brigades de gendarmerie sont sur pied... le signalement est donné partout... Léopold Lantier doit être arrêté déjà... et, cette fois, on le gardera bien...

Robert tomba dans une rêverie profonde.

Les émotions qu'il venait de subir brisaient son corps affaibli par la souffrance. — Il lui sembla que les ténèbres se faisaient autour de lui; — il cessa de penser ; — ses paupières s'abaissèrent sur ses yeux fatigués.

Il dormait.

Ursule entra dans le salon.

Voyant le malade assoupi elle respecta son sommeil, mit des bûches sur le feu et se retira.

Cinq heures sonnaient quand elle revint apporter de la lumière.

Robert se réveilla et, voyant qu'il faisait nuit, demanda :

— J'ai dormi longtemps?

— Une heure et demie, monsieur.

— C'est sans doute l'effet de la potion... potion bienfaisante, car je rêvais que je ne souffrais plus...

En ce moment le bruit d'une voiture entrant dans la cour se fit entendre.

Le député et la femme de confiance prêtèrent l'oreille.

— Est-ce que par hasard le docteur reviendrait?... — dit Vallerand.

— Il ne doit revenir que demain...

— Alors c'est un ami ou un solliciteur...

— Recevrez-vous, monsieur?

— Pourquoi non? — Cela me distraira, et Tallandier m'ordonne la distraction...

Ursule sortit, traversa la pièce qui précédait le salon et trouva dans le vestibule un domestique qui n'était point Claude en compagnie d'une femme en grand deuil dont un voile de dentelle épaisse cachait le visage.

— Monsieur est souffrant, — disait le valet, — et je ne sais s'il pourra recevoir madame, à moins que la visite de madame n'ait un but très important.

La dame voilée, en qui nos lecteurs ont deviné Marguerite, répondit d'une voix émue :

— Le motif de ma visite est très important... — Il est indispensable que je voie M. Vallerand, et que je le voie sans retard.

Ursule intervint.

— M. Vallerand recevra madame, — fit-elle. — Je vais conduire madame auprès de lui... — Quel nom devrais-je annoncer à mon maître ?...

Marguerite balbutia :

— Mon nom lui est inconnu...

— Veuillez me suivre, madame.

Ursule précéda la visiteuse dans la pièce communiquant avec le salon, et, la laissant seule une seconde, se rendit auprès de Robert.

— Qui est-ce ? — demanda ce dernier.

— Une dame en grand deuil, de tournure distinguée, qui sollicite une entrevue pour un motif sérieux...

— Son nom ?

— Elle affirme que monsieur ne la connaît pas... — Dois-je quand même introduire cette dame ?

— Sans doute...

Ursule ouvrit la porte derrière laquelle Marguerite se tenait debout, et dit :

— Entrez, madame...

La veuve fit deux pas en avant mais elle s'arrêta sur le seuil, prise d'un tremblement nerveux.

Au moment de se trouver en présence de l'ancien amant qu'elle avait trahi par faiblesse, un sentiment de honte indicible et d'effroyable angoisse s'emparait de son âme.

Comment Robert, chez qui depuis tant d'années la haine avait remplacé l'amour, allait-il l'accueillir ?...

Surprise de l'hésitation manifeste de la nouvelle venue, Ursule répéta :

— Entrez, madame...

Marguerite fit un suprême effort et franchit le seuil.

Ursule sortit et referma la porte.

La lumière de la lampe placée sur le marbre de la cheminée éclairait en plein le visage de Robert Vallerand.

En voyant cette figure livide, ces joues creuses, ces yeux éteints, ces cheveux presque blancs, Marguerite sentit son cœur se serrer douloureusement.

Dans ce moribond de quarante-quatre ans, qui semblait un vieillard, elle ne retrouvait rien du jeune homme adoré jadis.

La stupeur la clouait, immobile et muette, en face de l'amant, devenu l'ennemi, contre qui elle venait engager une lutte suprême.

Robert Vallerand prit l'hésitation de la visiteuse pour de la timidité.

— Je regrette, madame, — dit-il en s'inclinant, — de ne pouvoir aller à votre rencontre et vous présenter un fauteuil... — Une maladie cruelle est l'unique et triste cause de ce manque apparent de courtoisie. — Veuillez m'excuser et me faire l'honneur de vous asseoir auprès de moi.

La voix brisée et méconnaissable du député de Romilly produisit sur Marguerite une impression déchirante.

Des larmes jaillirent de ses yeux tandis qu'elle s'approchait à pas lents.

Robert s'inclina de nouveau et désigna un siège à côté de son foyer.

La veuve resta debout et leva son voile.

Le malade étonné la regardait.

Un coup de lumière tomba soudain sur la belle tête de Marguerite, sur ce noble et charmant visage que les années et les douleurs avaient à peine vieilli, et que des cheveux noirs presque sans mélange couronnaient comme autrefois.

Du premier regard Robert la reconnut et, voyant ainsi le passé lui apparaître à l'improviste, reçut en plein cœur un choc dont une violente commotion électrique pourrait à peine donner l'idée.

Malgré sa faiblesse il se trouva debout d'un seul bond, les mains crispées, les yeux hagards, les lèvres frémissantes.

— Vous!! — fit-il d'une voix étranglée. — Vous!! — Ici!!...

— Oui, moi... — répondit Marguerite en se contraignant à paraître calme, et en exagérant ce calme de commande.

— Que venez-vous faire dans ma maison?

— Vous demander ma fille...

— Votre fille!! — répéta le député avec une explosion de colère et de mépris. — Votre fille!! — Vous me parlez de votre fille!! — Taisez-vous, et sortez!!

— Je ne sortirai pas! — répliqua Marguerite, — et je ne me tairai point!! Vous m'entendrez et vous me répondrez!!

— Vous êtes audacieuse aujourd'hui, vous si faible autrefois!...

— Autrefois j'étais une enfant tremblante et dominée. — Aujourd'hui je suis libre et je suis forte!! — Les tortures que depuis dix-neuf ans je subissais par votre faute ont pris fin il y a trois jours... — Le bourreau qui me les infligeait n'est plus... — Esclave, je courbais la tête devant mon maître, devant mon tyran... — Ce tyran est dans la tombe et je n'ai plus qu'une pensée, ma fille!! Je veux ma fille!!

Robert chancelait.

La force lui manquant pour se tenir debout il fut obligé de se rasseoir, ou plutôt de se laisser retomber sur sa chaise longue.

Pour la seconde fois il répéta:

— Votre fille!! L'enfant que vous abandonniez, il y a dix-neuf ans, sans un remords, afin d'épouser l'homme dont les millions vous éblouissaient!! — Vous avez ces millions, et ce n'est pas assez... Vous voulez votre enfant!! — C'est trop, madame, il fallait choisir... — Ah! tenez, pour venir ici, il faut vraiment que vous soyez folle!!

— J'ai toute ma raison! — répliqua Marguerite. — En obéissant jadis à mon père je cédais à la violence, vous le savez bien... — J'étais sous le joug!

— Vous pouviez briser ce joug en fuyant avec moi!

— J'aurais dû le faire...

— Vous ne l'avez pas fait, c'est votre crime !

— J'ai été lâche, je l'avoue... Pardonnez-moi...

— Vous pardonner, à vous maîtresse parjure et mauvaise mère ! A vous qui ne deviez être qu'à moi, et qui, plutôt que de me suivre, vous êtes vendue et livrée ! — Puis-je oublier que votre abandon a fait de moi un misérable et un dénonciateur? L'acte que j'ai commis en livrant à votre mari le secret de honte était un acte infâme : croyez-vous que je l'ignore?... — La fureur jalouse m'aveuglait!... — Si je suis un vieillard qui touche à la tombe, à l'âge où l'homme est dans toute sa force, c'est par vous!... — Vous m'avez tué en brisant mon cœur!

— Oui, je vous ai fait bien du mal. Dieu sait pourtant si je vous aimais !...

— Non, vous ne m'aimiez pas!... Vous êtes incapable d'aimer!!

— Nierez-vous que j'aime ma fille?

— Certes, je le nie! — Si vous l'aviez aimée jadis vous auriez eu l'énergie de résister à votre père et de fuir avec moi... — Si vous l'aviez aimée vous seriez morte de désespoir à la pensée que votre enfant grandissait loin de vous sans vous connaître, sans recevoir vos baisers et vos caresses, sans murmurer ces mots si doux : *Ma mère !* — Vous seriez morte, entendez-vous! morte en vous maudissant!!

Robert s'arrêta.

Après ce débordement de colère, il sentit venir une défaillance terrible, et meurtrière peut-être.

Il se souleva, saisit la fiole de potion qui se trouvait sur la cheminée, la déboucha d'une main fiévreuse et avala quelques gorgées de son contenu.

Marguerite pâle, épouvantée, frissonnante, avait baissé la tête.

— Oui, balbutia-t-elle d'une voix sourde, — j'ai été mauvaise amante et mauvaise mère... je l'avoue et je m'en repens... Mais mon cœur n'était point coupable... La force et le courage me manquaient...

— L'amour et la maternité donnent toutes les forces et tous les courages...

— Accablez-moi, je le mérite... accablez-moi, mais pardonnez-moi !... Pendant dix-neuf ans j'ai souffert... j'ai pleuré ma fille... je la pleure!! — Si je ne suis pas morte c'est que j'espérais la voir un jour, quand mon martyre serait fini... — Ce jour est arrivé, et me voici suppliante à vos genoux, vous demandant grâce, implorant votre pitié!...

XVII

— Ni grâce, ni pitié!... — répliqua Robert; — si vous oubliez, je me souviens!...

— Vous n'avez pas le droit de m'enlever à jamais mon enfant... — reprit Marguerite.

— Votre abandon m'a donné ce droit, et j'en use.

— Serez-vous impitoyable et cruel à ce point d'empêcher une mère repentante d'embrasser sa fille... de lui dire qu'elle l'adore?...

— Elle ne vous croirait pas... — Vous lui feriez horreur...

— Sait-elle donc le secret de sa naissance?...

— Je n'ai rien à vous répondre...

— Vous me répondrez cependant... — Votre haine vous a mal servi!... — En déclarant sous le nom de Renée, fille de Robert Vallerand et de Marguerite Berthier, l'enfant qui venait de naître, vous avez affirmé que cette enfant était bien à moi!... — Je n'implore plus. J'exige!... — Je veux ma fille! Rendez-moi ma fille, sinon je m'adresserai aux juges!

Robert puisa dans sa colère assez d'énergie pour se relever, le regard foudroyant, et pour s'écrier :

— Adressez-vous aux juges, soit! — Quand ils viendront m'interroger ils trouveront mon cadavre, car vous abrégez les derniers jours qui me restaient à vivre, et ce cadavre ne parlera pas! — Vous n'avez plus de fille et Renée n'est qu'à moi!...

Les forces du député de Romilly étaient épuisées.

La fureur qui grondait en lui, l'émotion terrible qui le suffoquait, déterminaient la crise prévue et redoutée par le docteur.

Il lui sembla qu'un fer rouge traversait son cœur et, comprimant de ses deux mains sa poitrine haletante, il se laissa retomber sur la chaise longue.

Marguerite fut épouvantée.

Elle fit un mouvement pour saisir le cordon de sonnette.

Robert vit ce mouvement et étendit le bras pour l'arrêter.

— N'appelez pas... — murmura-t-il d'une voix éteinte. — N'appelez pas... il me reste encore quelque chose à vous dire...

La veuve laissa retomber sa main.

Le moribond but une nouvelle gorgée de potion, et pendant quelques instants demeura muet, inerte, l'œil éteint, la lèvre tombante, plus semblable à un mort qu'à un vivant...

Tandis que cette scène dramatique et déchirante se passait dans le salon du château un homme, — Léopold Lantier, sous son costume de marin d'eau douce, — franchissait la grille toujours ouverte et arrivait jusqu'au péristyle.

Claude, le valet de chambre, l'aperçut, vint à sa rencontre et lui dit :
— Que demandez-vous ?
— M. Robert Vallerand, député. C'est bien ici, n'est-ce pas ? — fit Lantier.
— C'est bien ici...
— Je voudrais parler à M. Vallerand.
— Vous connaît-il ?
— Non, monsieur, mais je lui suis adressé par un de ses électeurs les plus influents...

Le réclusionnaire évadé nomma l'un des gros bonnets de l'arrondissement de Romilly, et poursuivit :
— J'ai à faire à M. le député une communication importante, et à solliciter un appui qu'il m'accordera certainement... — Cinq minutes d'entretien me suffiront pour le mettre au fait... — Vous me rendrez un grand service, monsieur, si vous voulez bien obtenir pour moi un moment d'audience...
— M. Vallerand n'est pas seul... — répondit le valet de chambre. — Il vient de recevoir une dame... je ne sais si l'entrevue sera longue... — Venez avec moi... — Je préviendrai Mme Ursule, la personne de confiance... — Quand monsieur sera seul avec elle on vous introduira...

Lantier suivit le domestique qui l'installa dans la pièce précédant le salon, pièce qu'éclairait assez mal une petite lampe.
— Asseyez-vous et attendez... — lui dit Claude en se retirant.

A cette minute précise, Robert prononçait ces mots :
— Vous n'avez plus de fille et Renée n'est qu'à moi !...

Léopold ne distingua point ces paroles à travers la porte close, mais l'intonation avec laquelle elles furent prononcées le frappa.
— On se dispute là-dedans... — murmura-t-il en prêtant l'oreille. — L'oncle doit être avec la femme qui m'a devancé sur la grande route... C'est même certain, puisque la carriole est dans la cour... — Qu'est-ce que c'est que cette femme-là, et qu'est-ce qu'ils peuvent bien se dire ?...

Après ce court monologue, mû par un sentiment de curiosité facile à comprendre, il vint s'asseoir à côté de la porte.

Quoique la voix de Robert se fût affaiblie beaucoup, il entendit ou pour mieux dire il devina cette phrase :
— N'appelez pas... il me reste quelque chose à vous dire...

L'attention de Lantier redoubla, mais sa curiosité ne fut pas tout d'abord satisfaite, car un moment de silence absolu succéda aux paroles que nous venons de reproduire.

Enfin Robert sortit de l'état de prostration qui lui donnait l'apparence d'un cadavre.

La potion du docteur Tallandier produisait son effet de nouveau, et rendait au moribond une vitalité factice.

— Voyons... — reprit-il d'une voix qui sifflait entre ses dents serrées. — Vous voulez être sûre que notre fille est vivante! Vous voulez savoir où elle est?...

— Oui... oh! oui... — répondit Marguerite, qui crut que son ancien amant allait avoir pitié d'elle.

— Eh bien! elle est vivante...

— Ah! que Dieu soit béni !! — interrompit la veuve en joignant les mains avec extase.

— Mais, — poursuivit le député, — je ne vous apprendrai rien de plus... — Vous renonciez à vos droits de mère, il y a dix-neuf ans, en refusant de suivre le père et la fille... Vous êtes indigne de serrer dans vos bras l'enfant sacrifiée par vous !... — Ne craignez rien pour son avenir... — Ma fortune s'élève à plus de quatre millions et lui appartiendra tout entière... — Ne cherchez point à la retrouver, moi vivant... — Vos tentatives échoueraient... — Mes précautions sont prises et, quand je serai mort, le secret sera bien gardé...

— Ainsi vous êtes impitoyable! — balbutia Marguerite. — Vous pousserez la cruauté jusqu'au bout !!

— Jusqu'au bout! — répéta Vallerand. — Je me venge! — Je puis vous rendre une partie du mal que j'ai souffert par vous... Je le fais!!

— C'est infâme!

— C'est votre trahison qui était infâme! — répondit Robert en se soulevant avec peine. — D'ailleurs à quoi bon discuter? Ce que j'ai résolu s'accomplira, je le jure !

— Et moi je jure le contraire! — s'écria Marguerite impétueusement. — Il me faut ma fille!

— Elle n'existe plus pour vous! Nous n'avons plus rien à nous dire! — Sortez de cette maison... Je ne vous connais pas !...

Robert marchait vers Marguerite, le bras levé, les yeux pleins d'éclairs.

Il était sinistre et terrible.

La malheureuse femme eut peur.

Elle recula sous le regard et sous le geste de son ancien amant.

— Je retourne à Romilly... — fit-elle d'une voix à peine distincte. — Là, j'attendrai que la nuit vous ait porté conseil...

— J'écoute les conseils que m'ont donnés dix-neuf ans de souffrances! Ce que j'ai résolu s'accomplira, je vous le répète...

— Nous verrons!

Marguerite lança ces derniers mots à Robert avec un accent de défi, puis baissant son voile elle se dirigea rapidement vers la porte et sortit du salon.

— Me voici, suppliante à vos genoux dit-elle...

Lantier la vit passer devant lui, dans ses longs vêtements noirs, comme une apparition de deuil, et disparaître.

Il était très pâle et très agité.

De même qu'un prodigue jette au hasard ses derniers louis, Robert avait usé dans un effort suprême les jours de grâce que lui accordait le mal.

Aussitôt que Marguerite se fut éloignée, la surexcitation nerveuse qui le tenait debout s'éteignit.

— A moi !... à moi !... — cria-t-il dans un râle.

Lantier entendit cet appel.

Il allait ouvrir la porte, s'élancer.

Ursule parut.

— A moi !... à moi... — répéta Robert.

La femme de confiance se hâta de franchir le seuil du salon, sans même regarder le visiteur intempestif.

Elle courut au malade qui, s'appuyant aux meubles, cherchait à gagner son siège.

— Monsieur..; monsieur, — dit-elle affolée, en soutenant son maître pour l'aider à se rassooir. — Que se passe-t-il ? — Qu'avez-vous ?

Robert, la face livide et l'œil éteint, s'accrocha des deux mains aux épaules de Mme Sollier et balbutia :

— Je vais mourir...

— Mourir !... — répéta Ursule frissonnante. — Non, monsieur !... non... vous ne mourrez pas...

Lantier, debout dans la pièce voisine, près de la porte entr'ouverte, regardait, écoutait.

Une sueur froide perlait sur ses tempes, à la racine de ses cheveux.

Le député poursuivit avec peine :

— Cette femme... là... tout à l'heure...

— Eh bien ! monsieur ?

— C'était elle... Marguerite... sa mère... la mère maudite de ma fille bien-aimée !... Qu'elle ne la voie jamais... Ursule, vous entendez... jamais !... — Hélas !... je ne la verrai pas, moi non plus...

— Mon Dieu !... — murmura Mme Sollier au désespoir. — Est-ce vrai ?... Est-ce possible ?

— Écoutez-moi... — continua Robert chez qui la volonté remplaçait la force anéantie, — les instants sont précieux... la vie m'échappe... N'oubliez rien... — La lettre écrite pour M. Auguy, le notaire de la rue des Pyramides, est dans le tiroir du haut du meuble de Boulle ; — vous irez à Paris avec ma fille... — Le notaire lui remettra le paquet cacheté renfermant mon testament et le reçu de ma fortune... — Tout est à elle... Rien aux Lantier... rien à ces misérables... tout à ma fille... — Le notaire Audouard, à Nogent-sur-Seine, lui payera contre le reçu quatre millions quatre cent vingt-cinq mille francs... — Tout à Renée... tout...

Ce furent les dernières paroles prononcées par Robert, et elles le furent d'une voix si faible que Lantier les devina plutôt qu'il ne les entendit.

La tête du député roula sur le dossier de la chaise longue. — Ses mains devinrent inertes ; — ses prunelles se voilèrent ; — sa respiration s'arrêta.

Ursule poussa un cri en tombant à genoux.

— Mort! — balbutia-t-elle. — Il est mort!
Et elle éclata en sanglots.

XVIII

Léopold Lantier fit un geste indéfinissable, gagna le vestibule en marchant sur la pointe des pieds, traversa la cour sans rencontrer âme qui vive, et reprit d'un pas rapide la route de Romilly.

A cent mètres du château, il s'arrêta.

— Ainsi donc il est mort! — murmura-t-il. — L'argent sur lequel je comptais pour gagner l'Amérique m'échappe, et l'héritage futur de mon cousin Pascal Lantier s'envole en fumée!... — L'oncle Robert avait une fille... une fille qu'il institue son héritière universelle et qui doit aller à Paris avec la vieille dame prendre chez M° Auguy, notaire, un paquet cacheté contenant un testament et un reçu de quatre millions quatre cent vingt-cinq mille francs!... — Joli denier, tonnerre du diable!... Et contre ce reçu M° Audouard, notaire à Nogent-sur-Seine, remettra les millions à la donzelle!... — Ça vaut quelque chose, ce renseignement... ça vaut peut-être une fortune... — Il faudra voir...

L'évadé se remit en marche, et au bout de trois quarts d'heure atteignit les premières maisons de Romilly.

La petite ville était éclairée.

Lantier entra dans un café, se fit servir un verre d'eau-de-vie et demanda :

— Avez-vous un *Indicateur* des chemins de fer?

— Non, monsieur, — répondit le garçon, — mais si c'est pour les départs des trains, je les sais sur le bout du doigt...

— A quelle heure y aura-t-il un train pour Paris?

— A onze heures quarante-sept minutes, et ce train arrivera en gare à Paris à quatre heures dix du matin...

— Merci, — fit Léopold en regardant la pendule de l'établissement.

Elle indiquait huit heures et demie.

— Pouvez-vous me donner à dîner? — reprit le fugitif.

— Très bien, si vous voulez vous contenter d'une tranche de gigot froid, d'une choucroute au jambon et d'un morceau de fromage...

— C'est tout ce qu'il me faut...

Lantier mangea de grand appétit ce frugal repas, demanda le *Journal de l'Aube* et lut, avec un intérêt facile à comprendre, le récit de son évasion de la prison de Troyes.

Un peu avant onze heures il se dirigea vers la gare du chemin de fer en se disant :

— Robert Vallerand est mort aujourd'hui dans la soirée... — La déclaration sera faite demain... L'enterrement n'aura lieu qu'après-demain... — La vieille dame n'exécutera les ordres du défunt qu'après le service funèbre, c'est clair comme le jour... — J'ai donc quarante-huit heures devant moi, au minimum... c'est plus qu'il n'en faut pour agir utilement... — Allons, j'ai bien fait de sortir de ma coquille!... Je crois qu'il y a pour moi un beau million, au moins, accroché à l'hameçon que je vais tendre à mon cousin Pascal Lantier, dont les laffaires ne vont pas sur des roulettes...

Et l'évadé conclut en répétant les trois mots prononcés par lui à sa sortie du château de Viry-sur-Seine :

— Il faudra voir !

A onze heures quarante-sept minutes il montait dans le train qui devait arriver à quatre heures du matin en gare de Paris.

Lantier connaissait la grande ville aussi bien que Troyes son pays natal, et savait que là, mieux que partout ailleurs, il aurait chance d'échapper aux recherches de la police.

En sortant de la gare de l'Est, il prit la rue du Faubourg-Saint-Martin, entra dans un petit hôtel meublé et demanda un lit.

Le voyageur qui passe une seule nuit à l'hôtel, surtout lorsqu'il arrive à une heure avancée, est rarement assujetti à déclarer son nom et à fournir des papiers.

Lantier ne l'ignorait pas et son attente ne fut point trompée.

Il se reposa deux ou trois heures, paya, sortit sans avoir été questionné et, tout en se donnant la physionomie d'un homme affairé, il gagna la rue du Faubourg-du-Temple, franchit le seuil d'une boutique de marchand de vin et dit :

— Une demi-bouteille de vin blanc et le Bottin, s'il vous plaît.

— Monsieur, le Bottin est là, dans le cabinet... — On va vous y servir et vous serez à votre aise pour le consulter...

Le fugitif s'installa devant la table, vida son verre, ouvrit le gros volume, chercha la lettre L, et passa en revue la colonne des noms.

Au bout de quelques secondes, il s'arrêta.

— LANTIER, *Pascal-Eugène.* — C'est bien cela... — murmura-t-il. — *Ingénieur, architecte, entrepreneur de constructions, rue Picpus, n° 87.*

Il tira de sa poche un petit carnet et écrivit l'adresse qu'il venait de lire.

Sa demi-bouteille achevée, il descendit le faubourg et s'achemina vers le Temple.

Les boutiques s'ouvrent de bonne heure dans cette halle immense, qui a perdu son aspect pittoresque d'autrefois en prenant un caractère presque monumental.

Lantier se dirigea vers cette partie du Temple consacrée spécialement au commerce des vieux habits.

Les vendeurs l'arrêtaient au passage, lui offrant les marchandises les plus variées à des prix d'un bon marché fabuleux, au moins en apparence.

Il continuait sa route en souriant, mais sans répondre, et il entra dans une boutique dont l'étalage lui plut.

— Vous faut-il un beau pardessus, monsieur?... — lui demanda la marchande, une grosse matrone à mine réjouie. — Vous faut-il un chapeau de soie battant neuf?... une redingote de cérémonie?... un habit bleu pour aller à la noce ?

— Rien de tout cela, ma chère dame...

— Alors, dites ce que vous voulez.

— Un pantalon de velours, un gilet *idem* et une veste *ibidem*...

— Pour vous!! — s'écria la marchande en le regardant avec étonnement.

— Non. Pour un camarade qui est charpentier et qui m'a chargé de la commission...

— Du neuf?

— Ah ! mais non !... — Pas assez riche pour ça, le camarade...

— J'ai votre affaire... quelque chose de solide, qui n'a pas été porté plus de trois mois...

La marchande tira d'un rayon un costume complet de velours vert bouteille à côtes, véritablement dans un très bon état de conservation, et reprit :

— Est-il grand, votre ami ?

— Juste de ma taille...

— Eh bien ! ça semble fait exprès pour vous...

Lantier mesura le pantalon, visita méticuleusement les autres effets, et s'informa du prix.

— Trente-cinq francs...

— C'est trop cher...

— C'est donné !!...

Une discussion s'engagea. — Elle fut longue, mais point orageuse. — Lantier obtint une diminution notable, acheta une casquette, fit empaqueter le tout, remonta vers le boulevard et gagna la rue de Ménilmontant qu'il suivit jusqu'à la rue Saint-Maur.

Tout en cheminant il regardait à sa droite et à sa gauche, semblant chercher quelque chose ou quelqu'un.

Ce qu'il cherchait, et ce qu'il trouva en arrivant près de la rue de la Roquette, c'était une maison en construction.

Les premiers froids avaient arrêté les travaux et dispersé les ouvriers, mais le gros œuvre était terminé.

Passant par une étroite ouverture pratiquée entre deux planches de la palissade servant de clôture, Léopold s'introduisit dans la maison, chercha et trouva sans peine l'escalier conduisant aux caves, descendit une douzaine de marches et, très suffisamment éclairé par un large soupirail, se mit en devoir d'échanger son costume de marinier contre celui qu'il venait d'acheter au Temple.

Sa toilette achevée, il remonta, sortit de l'enceinte et longea la rue Saint-Maur jusqu'à la rue des Boulets, voisine du but de sa longue course matinale.

Ce but, on le devine, était la rue où demeurait l'entrepreneur.

— Maintenant, — fit-il en se frottant les mains, — il s'agit de déjeuner et de se mettre d'aplomb pour aller voir le cousin Pascal...

Arrivé à l'endroit où l'avenue de Saint-Mandé se greffe sur la rue de Picpus, Lantier aperçut dans l'avenue, au-dessus d'une porte, cette enseigne :

AU RENDEZ-VOUS DES BONS LAPINS

BAUDU

Marchand de vin restaurateur
Gibelottes, lapins sautés, fricandeaux

— Voilà mon affaire... — murmura-t-il.

Le restaurant Baudu consistait en une vaste salle fermée par des vitrages que, par ces temps froids, la buée intérieure rendait opaques comme du verre dépoli.

Un poêle énorme, bourré à outrance, chauffait cette salle.

Un fourneau de dimensions imposantes, visible dans le fond, et sur lequel s'étalaient des marmites et des casseroles, servait à préparer les mets, abondants mais peu variés.

La batterie de cuisine reluisait.

Les petites tables s'alignaient sur trois rangs.

L'irréprochable propreté et le bon ordre de toutes choses indiquaient une maison honnête.

La maîtresse de l'établissement s'occupait aux fourneaux.

Le patron trônait au comptoir, et deux jolies jeunes filles, — ses filles, — épluchaient des légumes auprès de leur mère.

Cinq ouvriers, assis à l une des tables, buvaient de l'absinthe en causant.

Lantier franchit le seuil et prit possession de la table la plus rapprochée de celle qu'entourait ce groupe.

Il commanda deux plats, une bouteille de vin, et en attendant qu'on le servît il prêta l'oreille à la conversation de ses voisins qui lui parut tout d'abord, et pour cause, singulièrement attachante.

Les ouvriers ne faisaient aucune attention au nouveau venu et parlaient sans se gêner.

— Ainsi, Caperon, — disait un grand gaillard à poil rouge nommé Largy, — nous voilà sur le bitume pour cause de gelée !... — Avant-hier, cinq ouvriers de l'atelier de serrurerie, quatre de l'atelier de menuiserie, trois des ateliers de plomberie, les maçons et les charpentiers, tous en balade !...

— Qu'est-ce que tu veux... — répondit Caperon. — Par la gelée et par la neige, pas moyen de travailler dehors...

— Rien n'empêchait de nous garder sous les hangars où on aurait préparé la besogne...

— Possible, mon vieux Largy... — répliqua l'un des cinq, — mais sans doute nos binettes ne plaisaient pas au contremaître du chantier...

XIX

— Ah ! le contremaître, *mossieu* Victor Béralle ! — s'écria Largy. — Parlons-en !... — Un joli coco ! — Il a mieux aimé garder des *faignants* !... Il déteste les bons compagnons qui se mettent en travers quand on veut leur tondre la laine sur le dos !... C'est pas comme son frère, le conducteur des travaux, un vrai homme au moins, l'ami Richard Béralle !... qui ne boude pas devant les fioles...

— Et toujours à la rigolade, celui-là ! — fit un autre charpentier.

— Tenez, voulez-vous que je vous dise ma façon de penser ? — reprit Largy.

— Vas-y carrément, mon vieux.

— Eh bien ! leur manie de dépeupler les ateliers ne tient pas seulement à la température...

— A quoi donc, alors ?

— Ça tient à la grève des monacos chez le patron Pascal Lantier...

En entendant le nom de son cousin, Léopold leva la tête et devint de plus en plus attentif.

— Oh ! oh ! — pensa-t-il, — la seconde édition de l'histoire racontée l'autre jour par le garçon de bureau du palais de justice de Troyes... — Je vais apprendre quelque chose ici...

— Laisse donc ! — répliqua Caperon. — C'est un roublard, le papa Lantier... — Il a des mille et des cent... — Il remue les écus à la pelle !...

— Pas tant que ça, mon vieux, s'il faut en croire certains fournisseurs que j'ai entendus jaboter sans qu'ils s'en doutent... Le patron est en face d'échéances un peu bien raides et, les mauvais temps compliquant l'affaire, il pourrait se trouver bigrement à la côte...

— Mettons qu'il est gêné si tu veux, mais de là à faire la culbute, il y a loin...

— Pourquoi qu'on ne nous a point payé notre quinzaine en nous remerciant ce matin ?...

— Le caissier n'était pas encore arrivé...

— C'est un peu drôle tout de même, un caissier en retard...

— Soyez donc raisonnables ! — A qui ferez-vous croire qu'une maison comme celle-là n'aurait pas un billet de mille francs dans sa caisse ?... — On nous a dit de revenir à deux heures... le temps que le contremaître fasse sa feuille...

— N'exagérons rien...

— Tu as ton idée et j'ai la mienne... — Nous verrons qui a raison...

— N'empêche que tu serais resté si on t'avait gardé...

— Sans doute, mais...

— Taisons nos grelots ! — dit vivement Capéron. — Voici Victor Béralle...

La porte du restaurant venait de s'ouvrir et le contremaître franchissait le seuil.

C'était un garçon de vingt-cinq ans à peu près, de taille moyenne mais bien prise, et dont la figure respirait la franchise et la loyauté, malgré le peu de sympathie qu'il semblait inspirer au groupe des buveurs.

Il avait les cheveux noirs, les moustaches brunes et les yeux d'un gris foncé.

Son costume très simple, mais élégant par la manière dont il était porté, consistait en un *complet* de gros drap bleu et en un petit chapeau rond.

Baudu quitta son comptoir, fit quelques pas à la rencontre du nouveau venu et lui tendit la main en demandant :

— Venez-vous déjeuner de si bon matin?

— Non, père Baudu, il n'est pas l'heure. — Je viens voir si Richard est chez vous.

— Votre frère?

— Oui... — Il fait la noce depuis hier...

— Ah! le maladroit! — s'écria le patron de l'établissement. — Quand il a un verre de vin dans la tête il ne se connaît plus!!! — En ce moment il n'est pas ici, mais je viens seulement de rentrer... — Demandez à la bourgeoise et à mes filles si elles l'ont vu...

Victor Béralle traversa la salle dans toute sa longueur pour se rendre à la partie qui servait de cuisine...

En passant à côté des ouvriers attablés, il les salua légèrement.

Les charpentiers lui rendirent son salut.

Le contremaître arriva près des trois femmes.

Étiennette, l'aînée des jeunes filles, rougit jusqu'au blanc des yeux en le voyant.

— Bonjour, maman Baudu... bonjour, mesdemoiselles... — dit Victor. — Faites-moi le plaisir de m'apprendre si ce matin vous avez vu Richard?

Au nom de Richard, Virginie, la plus jeune des deux sœurs, devint aussi rouge qu'Étiennette et baissa la tête.

— Pas du tout, mon petit Victor... — répondit la patronne. — Ni aujourd'hui, ni hier... — Est-ce qu'il est *en riolle?*

— Votre fille, elle n'existe plus pour vous! Sortez de cette maison, je ne vous connais pas..

— J'en ai peur...
— Oh! le sacripant! — Voilà une jolie conduite!... — S'il continue, il peut se mettre dans la tête qu'il ne sera jamais le mari de Virginie!...
— Mais, maman... — commença la jeune fille dont les vives couleurs disparurent comme par enchantement.
— Toi, bobécharde, tais ton bec et dépêche-toi de ratisser tes navets! — interrompit Mme Baudu. — Richard est un mauvais sujet... — Il se figure qu'on

raffole de son physique et qu'on lui pardonnera n'importe quoi ! — Pas de ça, Lisette ! — Le bonheur de mes enfants avant tout ! — S'il ne se corrige pas je lui dirai carrément son fait, moi ! — Qu'il prenne donc exemple sur vous ! — Qu'il soit travailleur, économe, rangé, pas ivrogne, et pas tireur de carottes surtout !...

— Comment, maman Baudu, — fit Victor avec embarras, — est-ce qu'il vous aurait emprunté ?...

— Ça, c'est une affaire entre moi et lui, mais je lui coulerai deux mots dans le tuyau de l'oreille...

— Il n'est pas mauvais, maman Baudu, je vous assure... — reprit Victor, — faible comme un enfant, voilà tout...

— Quand on est si faible que ça, on se laisse entraîner... et, par le temps qui court, les mauvaises connaissances se font plus facilement que les autres...

— C'est vrai, mais je le sermonnerai... je le surveillerai...

— Et vous ferez bien.

— Est-ce qu'il vous a réglé sa dernière quinzaine de nourriture ?

— A peu de chose près, oui...

— Je vais vous régler la mienne.

— On vous a payé chez M. Lantier ?

— Oui... tout à l'heure...

— Baudu, donne-moi le livre... — cria la patronne.

Le restaurateur s'empressa d'apporter un gros registre qu'il posa sur une table.

Mme Baudu l'ouvrit et chercha le nom de Victor Béralle.

— Voilà... — dit-elle. — Faites l'addition vous-même, et si vous vous trompez à mon bénéfice, tant pis pour vous...

Victor prit une plume et posa des chiffres, tandis que la patronne s'occupait de sa cuisine et que les deux jeunes filles échangeaient tout bas quelques mots.

— Soixante-deux francs... — dit-il au bout d'un instant... — Voici un billet de cent francs...

Maman Baudu prit le billet.

— Faut-il vous rendre la monnaie ? — demanda-t-elle.

— Inutile, — répondit le contremaître. — Ça grossira les économies que je fais pour mon mariage.

Et il jeta un tendre coup d'œil à Étiennette qui le regardait avec amour.

— C'est bien, ça ! — fit la ménagère ; — l'économie, ça conduit à tout. — Aussi, soyez tranquille, un peu plus tôt ou un peu plus tard Étiennette sera votre femme, et je crois qu'elle ne se fera guère prier pour dire oui...

— Oh ! maman... maman... — balbutia la jeune fille en rougissant de nouveau.

— Silence, gamine ! — reprit Mme Baudu en souriant malgré elle, — ce que je dis ne te regarde pas! — C'est donc trente-huit francs que je dois joindre à votre avoir, — ajouta-t-elle, — puisque vous avez plus de confiance en moi qu'en un banquier ou qu'en un notaire! — Il prend du ventre, le magot! — Total : cinq mille sept cent trente-huit francs!! — Un chiffre très coquet!! — Ça va bien, Victor! — Si au moins Richard en faisait autant!...

— Ça viendra, mère... — hasarda timidement Virginie...

Mme Baudu haussa les épaules.

— Quand les poules auront des dents!... — répliqua-t-elle.

Virginie fit la moue.

— Il ne faut pas désespérer! — reprit Victor, — tout n'est point perdu!... — Mon frère a deux ans de moins que moi... — il est actif, adroit, intelligent... — la raison lui viendra, et il passera contremaître à son tour.

— Ça se peut, mais plus il gagnera, plus il dépensera!...

— Il mettra de l'eau dans son vin... pour se marier avec Mlle Virginie qu'il aime...

— Qu'il commence donc vite, alors, car, s'il ne change pas bigrement, Virginie resterait fille plutôt que de l'épouser, c'est moi qui vous le jure!

— Patience... — Je retourne au chantier... — Si vous voyez Richard, dites-lui que je l'attends...

— C'est entendu...

Victor quitta les trois femmes.

— Est-ce qu'on ne trinque pas avec les camarades, m'sieur Déralle? — fit Caperon en l'arrêtant au passage.

— Non, Caperon, merci... — J'ai causé longtemps... — Il faut que je rentre...

— Bah! — Rien qu'*une verte*...

— Vous savez que je ne bois jamais d'absinthe.

— Eh bien! autre chose... ce que vous voudrez... un petit verre de *fine*... un vermouth gommé... c'est souverain pour l'estomac...

— Non, merci... rien.

— A votre aise... mais c'est offert de bon cœur.

— Je n'en doute pas...

— Est-ce que vous avez donné votre feuille à la caisse? — demanda Largy.

— Oui... — A deux heures précises vous pourrez vous présenter au guichet.

— On y sera... soyez paisible...

En ce moment la porte s'ouvrit avec violence et un jeune homme, très joli garçon mais les vêtements en désordre, les yeux clignotants, des mèches de cheveux éparses sur le front, entra en titubant de façon notable.

— Bonjour tout le monde!... — bégaya-t-il avec ce rire que donne l'ivresse. — Le patron, la patronne, leur progéniture et toute la compagnie généralement quelconque, bonjour!

En entendant cette voix, Victor se retourna brusquement.

Virginie pâlit.

Baudu fronça le sourcil et M™° Baudu mâchonna un juron entre ses dents.

Léopold Lantier, au contraire, regardait avec complaisance le nouveau venu et souriait.

— Mazette, il a *écrasé un fameux grain* tout de même! — murmuraient les charpentiers à l'oreille les uns les autres.

XX

— Eh bien! quoi!... — s'écria l'ivrogne. — C'est comme ça qu'on me fait accueil!... — On dirait un caniche dans un jeu de quilles! — Pas content, le papa Baudu, parce que me voilà un peu éméché!... — Je vous en fais juges... c'est-il ma faute?... — Je suis allé hier à Pantin conduire les ouvriers qui devaient poser la paille sur des maçonneries, rapport à la gelée... Le propriétaire a donné un joli pourboire, et, comme il faisait un froid de diable, on est resté chez le *manezingue*... On a dîné, couché, et ce matin mangé la soupe à l'oignon... Mais me voilà solide au poste... prêt au travail...

Victor, pâle et les dents serrées, s'était approché du jeune homme.

— Tu es dans un bel état pour te présenter au chantier!... — fit-il d'une voix sourde.

— Tiens, c'est le grand frère!... — répliqua Richard en tendant la main à Victor qui refusa de la prendre. — Voyons, grand frère, faut pas me faire les gros yeux!... je viens d'expliquer la chose à papa beau-père... un pourboire... une absinthe... un dîner... il était tard... et puis, bernique sansonnet, Pantin est loin de Paris... les tramways passaient complets... J'en ai attendu vingt-quatre chez le marchand de vin...

— Allons, — reprit Victor en lui mettant la main sur le bras, — viens avec moi... je vais te conduire à ta chambre, tu feras un somme, — et ce soir il n'y paraîtra plus...

— Un somme! — jamais de la vie!... — C'est aujourd'hui la *sainte-touche*... J'ai de l'argent à palper pour payer ma pension à maman Baudu... et recta, là, avec l'arrière... je dormirai ce soir...

— Tu vas venir tout de suite! — poursuivit le contremaître avec autorité.

— Plus souvent!... — je n'ai pas sommeil... l'air de Pantin m'a altéré... je veux boire...

— Tu ne boiras pas...

— Si!... — j'ai soif...

En ce moment M™° Baudu, quittant sa cuisine, intervint, les poings sur les hanches.

— Et moi, — dit-elle à son tour, — je te réponds que tu ne boiras pas, ici du moins, car ce n'est ni moi ni Baudu qui te serviront!!...

La voix de la patronne sembla faire quelque impression sur Richard ; mais il était trop ivre pour que cette impression fût bien profonde.

— Maman Baudu, — balbutia-t-il, — ne bougonnons pas... — Je suis un tantinet dans les vignes, c'est vrai...

— C'est-à-dire que tu es gris comme la bourrique à Robespierre!!...

— Il y a un mois que ça ne m'était arrivé...

— C'est encore trop!!... — Tu devrais être honteux de ta conduite!... Un homme ivre, c'est pis qu'une brute!... — Jamais je ne donnerai Virginie à un ivrogne...

— Maman Baudu, je ne suis point un ivrogne...

— Malheureux!... tu ne te tiens pas sur tes jambes.

— Peut-être bien que j'ai bu un coup de trop... mais, vous savez, on se laisse entraîner...

— Mauvaise excuse!... — Quand on est un garçon honnête, on résiste aux entraînements... on fait des économies... on pense à ses dettes...

— Oh! quant à ça, maman Baudru, j'y pense tout le temps..

— Tu devrais suivre l'exemple de ton frère...

— Je le suivrai, je vous le promets... Je serai sage comme une image... — Je m'abonnerai à la caisse d'épargne...

— Souviens-toi de ce que tu sais...

— Motus là-dessus... c'est entendu... — fit Richard vivement, avec une appréhension visible. — Dès que j'aurai touché je réglerai mon compte... de dépenses...

— Tu toucheras tantôt... — dit Victor.

— Et pour le quart d'heure va te reposer... — ajouta la patronne, — sinon je te défendrai d'adresser jamais la parole à ma fille...

Virginie, assise près des fourneaux et ratissant ses navets d'une main fiévreuse, souffrait horriblement.

Elle aimait Richard, fort joli garçon d'ailleurs, nous le répétons, et elle tremblait que la conduite du jeune homme ne rendît impossible le mariage qu'elle rêvait.

— Ne plus parler à Virginie!! — s'écria l'ouvrier. — Ah! maman Baudu, ça ne serait pas à faire... Vous savez bien que je l'idole...

— Prouve-le donc en devenant sage.

— C'est entendu... je me range... mais laissez-moi lui dire...

Et il allait s'élancer vers la jeune fille.

Victor l'arrêta par ces mots :

— Tu lui diras ça plus tard... quand tu seras à jeun... — Viens avec moi...

Il lui prit le bras.

Richard, cette fois, le suivit sans résistance, seulement, avant d'atteindre la porte, il se retourna deux ou trois fois pour envoyer des baisers à Virginie qui baissait la tête et faisait semblant de ne pas le voir.

Léopold Lantier, impassible et distrait en apparence, mais au fond très intéressé par ce qu'il entendait, avait assisté à la scène que nous venons de raconter.

— Voilà un gaillard à tête faible... — se disait-il en voyant Richard titubant quoique appuyé au bras de son frère. — D'après ce que j'ai cru comprendre il doit y avoir entre lui et la mère Baudu un autre compte à régler qu'un compte de consommations... Avec un verre de vin on fera de ce garçon tout ce qu'on voudra... — C'est bon à noter dans sa mémoire... on ne sait pas ce qui peut arriver...

Il était près de midi.

La grande salle du restaurant se remplissait de consommateurs.

Les ouvriers des fabriques et des chantiers voisins de l'avenue de Saint-Mandé affluaient.

Les compagnons charpentiers congédiés le matin par la maison Pascal Lantier venaient de se faire servir à déjeuner.

Étiennette et Virginie allaient et venaient, vives et légères, les bras chargés de plats et de bouteilles, et se multipliaient pour contenter tous les clients.

Un groupe d'ouvriers, que quelques mots échangés avec les charpentiers désignèrent à Léopold comme appartenant aux chantiers de son cousin Pascal, vint s'installer tout près du réclusionnaire évadé.

Ce dernier, dont le repas était fini, demanda un mazagran.

Il espérait apprendre encore quelque chose de nouveau avant de se rendre rue de Picpus.

Son espoir fut déçu.

Le restaurant se vida peu à peu.

Léopold lisait le *Petit Journal* pour se donner une contenance, et après s'être assuré que personne ne faisait attention à lui, il mit la feuille dans sa poche.

Deux heures allaient sonner.

Les charpentiers payèrent leur dépense et sortirent.

Le fugitif fit comme eux et les suivit.

Ils allaient lui indiquer le chemin de la demeure de son parent.

Les chantiers de Pascal Lantier étaient situés rue de Picpus, non loin de l'hospice que la maison Rothschild a fait édifier pour les Israélites.

Ces chantiers, occupant un emplacement énorme, contenaient des ateliers pour tous les corps d'état affectés au bâtiment, tailleurs de pierre, charpentiers, menuisiers, serruriers, parqueteurs, plombiers, etc., etc.

Aux ateliers étaient annexés les bureaux des architectes, dessinateurs, etc...

Dans la bonne saison les ateliers regorgeaient de monde.

Au moment où nous y faisons pénétrer nos lecteurs, c'est à peine si l'on y trouvait un dixième du personnel habituellement employé.

Pascal habitait près des chantiers un petit hôtel à deux étages entre cour et jardin.

Une porte mettait en communication la cour de l'hôtel et celle des ateliers.

Le cabinet du constructeur et la caisse étaient au rez-de-chaussée.

La caisse se trouvait à gauche du vestibule, le bureau du patron à droite.

Deux plaques de cuivre rendaient toute erreur impossible.

Au fond, un escalier conduisait aux appartements du maître.

A deux heures moins un quart le caissier, assis près du guichet encore fermé, mettait en ordre et vérifiait des feuilles de paye.

Pascal Lantier, — que nos lecteurs ont aperçu le jour de l'enterrement de Dominique Bertin, — assis dans son cabinet devant un grand feu, tenait sa tête entre ses mains crispées.

C'était un homme au visage pâle, aux traits fatigués. — Sa physionomie n'offrait quoi que ce soit de sympathique.

Ses cheveux grisonnants et légèrement frisés s'éclaircissaient au sommet du crâne et blanchissaient tout à fait sur les tempes.

De longs favoris en nageoires encadraient les joues tombantes.

La bouche aux lèvres minces souriait rarement, et son sourire aurait inquiété et peut-être effrayé un observateur.

Les yeux d'un ton fauve indéfinissable, très mobiles, parfois ternes et parfois étincelants, ne regardaient jamais en face.

Pascal Lantier, le front plissé, les sourcils contractés, semblait assailli par des pensées noires.

Soudain il releva la tête, avança le bras vers le bouton d'une sonnette électrique placée dans l'angle de la cheminée, et appuya sur le bouton.

La sonnerie retentit dans le bureau où se trouvait la caisse.

Au bout de deux secondes le caissier parut.

C'était un petit homme d'une quarantaine d'années, maigre, à figure superlativement intelligente.

— Marlot, — lui dit Pascal, — avez-vous terminé vos feuilles de paye?

— Oui, monsieur...

— Elles se montent?

— A douze mille huit cent soixante-cinq francs.

— Vous avez en caisse?

— Deux mille francs, sur lesquels j'ai déjà payé les contremaîtres...

— Bien...

Pascal ouvrit le tiroir de son bureau, y prit des liasses de billets de cent francs qu'il compta et qu'il tendit au caissier.

— Voici treize mille francs... — lui dit-il.
L'employé prit les billets. — Pascal ajouta :
— Où en êtes-vous du relevé de l'inventaire?
— Il est fini, monsieur...
— Vos additions?
— Sont faites.
— Et par conséquent la balance?
— Oui, monsieur... — Vous pourrez d'un seul coup d'œil, ainsi que vous le désirez, vous rendre compte de votre situation...
— Ma situation... — répéta l'ingénieur avec amertume. — Elle ne doit pas être brillante en ce moment.

Marlet baissa la tête sans répondre.

Son silence était éloquent.

XXI

— Apportez-moi les comptes... — reprit Pascal au bout d'un instant.

Marlet sortit.

Tandis que le constructeur attendait son retour, l'expression de sa figure devenait de plus en plus sombre.

Le caissier rentra et étala sur le bureau, devant son patron, plusieurs grandes feuilles couvertes d'écritures et de chiffres.

C'était la récapitulation de l'inventaire et la balance de la caisse.

Lantier jeta les yeux sur une de ces feuilles et, de pâle qu'il était, devint livide.

— Je ne me trompais pas... — murmura-t-il. — A l'heure qu'il est je suis à découvert d'un million neuf cent mille francs...

— La Bourse vous a été fatale, monsieur, — dit le caissier timidement.

— Pouvais-je croire à une déveine si persistante!...

— Un million en trois mois!...

— Oui, un million! — Un million que j'aurais aujourd'hui en caisse! un million qui me permettrait de faire face à mes échéances de fin d'année et d'attendre des temps moins rudes pour terminer l'îlot de constructions dans lequel sont engagés mes capitaux et ceux de mes bailleurs de fonds! — Un million dont l'absence va me forcer peut-être à déposer mon bilan.

— Ah! monsieur, vous exagérez... — Vous n'en êtes pas là!

— Je n'exagère rien. — J'en suis là! — Mes constructions finies au mois de mars, c'était la fortune! — l'hiver arrête tout! — Je suis obligé d'interrompre

La porte du restaurant venait de s'ouvrir et le contremaître franchissait le seuil.

les travaux et de dépeupler les ateliers, car avec quoi ferais-je face aux payes successives? Je suis perdu... anéanti... La maison Lantier s'écroule!...

— La température peut se radoucir...

— Soit, mais il me faudrait de l'argent pour continuer. — J'ai à payer, fin décembre, trois cent vingt-cinq mille francs, y compris les intérêts des sommes avancées par nos bailleurs de fonds!

— Ne pourriez-vous contracter un emprunt?

— Impossible. — Je dois beaucoup au Crédit foncier. — Je ne puis recourir à lui de nouveau.

— Adressez-vous à des particuliers.

— Ce serait avouer ma gêne et me discréditer complètement.

— D'ici au mois de janvier nous opèrerons deux cent mille francs de rentrées.

Pascal haussa les épaules.

— Une bagatelle en face des échéances écrasantes! — répondit-il.

— Pourquoi ne tentez-vous pas une démarche auprès de votre belle-sœur, Mme Bertin? — reprit le caissier. — Depuis qu'elle est veuve, elle dispose sans contrôle d'une fortune très considérable... — Elle aime votre fils, elle a de la sympathie pour vous...

— Ma démarche serait inutile... — Je connais Marguerite... elle n'a jamais approuvé mes entreprises... — Elle accueillerait certainement ma demande par une fin de non-recevoir... — Je crois d'ailleurs à son affection pour mon fils, mais pas du tout à sa sympathie pour moi...

— Eh bien! vos bailleurs de fonds attendront leurs intérêts... — Ils aimeront mieux patienter que de compromettre leurs créances...

— Quelques-uns accepteraient des atermoiements... d'autres seraient inexorables... — et parmi ces derniers le comte Robert de Terrys...

— Je le croyais votre ami...

— En affaires, l'amitié n'existe pas... Vous savez dans quelles conditions le comte m'a remis un million?

— Oui, vous devez rembourser cette somme par fractions de deux cent mille francs en payant les intérêts.

— J'aurai donc à lui compter deux cent cinquante mille francs le 31 décembre, sinon la créance tout entière deviendra immédiatement exigible après une simple mise en demeure... — Or, ce million étant la dot de sa fille Mlle Honorine, il usera rigoureusement de son droit.

— On le dit bien malade... en danger de mort...

— Sa mort ne changerait rien à ma situation et ne ferait même que l'aggraver. Elle est prévue dans l'acte... — un mois après le décès du comte, je devrais payer intégralement le capital et les intérêts à sa fille.

— Mlle de Terrys vous accorderait du temps.

— N'en croyez rien!... — Très indépendante de caractère et cloîtrée forcément près de son père malade, elle aurait hâte de jouir de sa liberté et de sa fortune... — Cette créance me préoccupe beaucoup... — j'ai la ferme croyance qu'elle me sera fatale...

— Il ne faut pas vous décourager, monsieur... — dit le caissier en manière de banale consolation ; — tâchez surtout qu'on ne soupçonne point votre embarras momentané... — La déveine ne vous poursuivra pas toujours... — Vous vous tirerez d'affaire plus facilement que vous ne le croyez... — Il se présentera quelque heureuse chance sur laquelle vous ne comptez pas... Espérez, monsieur...

Pascal n'avait rien à répondre et ne répondit point.

Sans dire un mot, il tendit au caissier les feuilles de comptes.

Marlet comprit que son patron voulait rester seul.

Il allait se retirer quand un bruit de voix se fit entendre dans le couloir du rez-de-chaussée.

— Qu'est-ce? — demanda Lantier.

— Sans doute les charpentiers congédiés ce matin, et qui viennent pour leur paye... il est deux heures. — Je vais les recevoir...

— Allez...

Le caissier sortit et referma la porte derrière lui.

L'entrepreneur quitta son siège et se mit à marcher à grands pas, de long en large, dans le cabinet.

— Ah! — se disait-il à demi-voix, — aucune illusion n'est possible!... ma situation est claire!... — A moins qu'un événement invraisemblable ne se produise d'ici à la fin de l'année... à moins qu'il ne me tombe du ciel, par exemple, quelque héritage inattendu... le 31 décembre est la dernière limite! — Il me faudra crouler au moment où des entreprises si habilement combinées, si sagement conduites, allaient mettre des millions dans mes mains!... — Joueur insensé, ou plutôt stupide, j'ai perdu à la Bourse quand il me suffisait de suivre la route au bout de laquelle la fortune me souriait... — Plus de ressource! — Aller implorer ma belle-sœur, ainsi que me le conseillait Marlet... à quoi bon? — Marguerite me prêterait cinquante mille francs, cent mille francs peut-être... et c'est deux millions qu'il me faut! — deux millions!! — où les trouver?...

Lantier se posait cette question insoluble sans ralentir sa marche fiévreuse et saccadée.

On frappa doucement à l'huis de son cabinet.

Il s'arrêta court et dit d'une voix sèche :

— Entrez!

La porte s'ouvrit et Léopold, l'évadé de la prison de Troyes, parut sur le seuil, vêtu de son costume de velours à côtes et tenant sa casquette à la main.

— Monsieur Pascal Lantier?... — fit-il en saluant jusqu'à terre.

— C'est moi... — répondit brusquement l'entrepreneur qui prenait le nouveau venu pour un ouvrier; — Si c'est pour une réclamation, adressez-vous au bureau des contremaîtres... Si c'est pour régler votre compte, passez à la caisse...

— Ce n'est ni pour l'un ni pour l'autre, monsieur... — répondit Léopold en souriant d'un air goguenard et en faisant un pas dans le bureau. — C'est pour affaire... pour une affaire très particulière...

— Je suis occupé et n'ai pas le temps de vous donner audience.

Léopold entra tout à fait et referma la porte derrière lui.

— Ne m'avez-vous pas entendu? — demanda Pascal avec impatience.

— Je vous ai entendu très bien, car j'ai l'extrême bonheur de ne point être sourd... Ça m'a même été très utile, et ça peut le devenir à d'autres qu'à moi...

— En voilà assez... en voilà trop... Vous cherchez de l'ouvrage?

— Ça se pourrait bien, monsieur Pascal, mais il y a ouvrage et ouvrage, vous savez...

— Je n'embauche en ce moment aucun ouvrier, on a dû vous l'apprendre...

— Oui, à cause du froid qui pique dur... c'est du moins le prétexte que vous donnez... mais il y a des gens, pas bêtes, qui assignent un autre motif au dépeuplement de vos ateliers...

Pascal comprit.

Le sang lui monta au visage.

— Qu'est-ce à dire? — s'écria-t-il en s'avançant d'un air de menace vers Léopold.

L'évadé, tête nue, en pleine lumière, conservant aux lèvres son mauvais sourire, étudiait d'un air moqueur la physionomie de son cousin.

Ce dernier le regardait fixement, dans le blanc des yeux, mais sa figure n'exprimait que la colère.

— Il ne me reconnaît point... — pensa Léopold. — Après dix-huit ans passés c'est naturel, et tout va bien...

— De quels bruits calomnieux vous faites-vous l'écho? — poursuivit Pascal, voyant que le nouveau venu se taisait. — Répondez, je le veux!!...

— Vous étiez si pressé tout à l'heure... — répliqua Léopold ironiquement. — Vous ne l'êtes donc plus? Vous avez donc le temps de m'écouter?

— Expliquez-vous!... Expliquez-vous vite, si vous ne voulez pas que je perde patience. — Vous en avez trop dit ou vous n'en dites pas assez! — A quel homme ai-je affaire? — Qui êtes-vous? — Que voulez-vous?...

— Tout vient à point à qui sait attendre!! — fit Léopold en riant. — Vous questionnez, je vais répondre; mais procédons par ordre... — Connaissez-vous la fable du *Lion et du Rat* d'un nommé la Fontaine?... Un malin qui faisait parler les bêtes...

— Assez d'énigmes! — s'écria Pascal. — Ou vous êtes un drôle qui voulez vous moquer de moi, et vous auriez à vous en repentir, je vous en préviens, ou vous avez quelque chose d'important à m'apprendre...

— Vous commencez à avoir du flair, cher monsieur, et vous devinez d'où vient le vent... — Je m'expliquerai, mais laissez-moi m'expliquer à ma façon...

— J'en reviens à la fable de M. la Fontaine. — (J'adore les apologues!) — Le lion était pris dans un filet, lui, le type de la force et du courage, le roi des animaux, le souverain du désert!... — Il avait trouvé plus roublard que lui... il se débattait en rugissant, mais sans le moindre succès... et si le rat... un petit rat pas plus gros que rien du tout, n'était venu ronger les mailles du filet, le lion était *ratiboisé*, comme on dit dans le grand monde ; on l'aurait mis dans la cage à Bidel et montré pour deux sous ! — Comprenez-vous ?

— Pas du tout, je l'avoue..

— Dieu que vous avez la tête dure !... — Mettons donc les points sur les *i*... Le lion c'est vous... le rat, c'est moi... — Le lion est pris et je peux ronger les mailles du filet... — Ce filet, c'est la prochaine échéance à payer, c'est la faillite, c'est la ruine... — Pour éviter cette culbute désobligeante il vous faut de l'argent, beaucoup d'argent...

— Et, vous m'en apportez sans doute ? — demanda Pascal d'un ton de souverain mépris.

Léopold sourit de nouveau et se frotta les mains.

— Je suis ici tout exprès pour cela... — répondit-il.

XXII

L'entrepreneur, irrité d'un aplomb qui lui semblait de l'impudence, allait répondre avec colère.

Le prisonnier évadé ne lui en laissa pas le temps.

— Vous me prenez pour un blagueur, — poursuivit-il, — parce que je suis habillé comme un ouvrier et que mon velours à côtes ne coûte point vingt francs le mètre... — Si je portais un *complet* du bon faiseur, des bottines vernies, des gants à trois boutons, un chapeau de soie reluisant, un lorgnon dans l'œil et un stick à pomme d'écaille, vous m'écouteriez comme un oracle !... — Toujours l'histoire de l'*épatage!*... Et moi qui vous croyais un homme intelligent ! — Parole ! vous me faites de la peine !!

— Cessons ce jeu, — dit Pascal. — La mystification est de mauvais goût, et j'ai trop longtemps écouté les sornettes d'un drôle qui, s'il n'est fou, doit être ivre !

— Ni ivre, ni fou, je vous assure... vous allez en avoir la preuve..

— Assez ! — je ne vous connais pas !...

— Et moi je vous connais, monsieur Pascal Lantier... Je vous connais depuis A jusqu'à Z. — Vous êtes un malin, mais trop ambitieux et surtout trop pressé... — Vous avez voulu vous enrichir au pas de course, et vous êtes acculé... — Vous avez joué, spéculé, perdu beaucoup, et vous voilà au bout du fossé, touchant à la culbute finale, si personne ne vous tend la main... — Ah! oui ! je vous connais... Vous êtes le fils du père Jérôme Lantier, un vieil avoué de Troyes, mort il y a dix-sept ou dix-huit ans... Vous aviez deux oncles et un cousin... le cousin Léopold..

— Léopold Lantier! — interrompit Pascal. — Un misérable qui a été condamné à la réclusion perpétuelle pour vol avec effraction et escalade, la nuit, dans une maison habitée, et qui sans doute aurait commis un meurtre si on lui avait opposé quelque résistance! Un scélérat qui a fait mourir de chagrin son père et sa mère!...

— C'est parfaitement cela... — répondit le fugitif sans se déconcerter. — Mais savez-vous comment vous auriez tourné vous-même si votre père ne vous avait mis une dizaine de mille francs dans les mains... — Vous avez eu plus de chance que le cousin Léopold, voilà tout!... — D'ailleurs, il ne s'agit pas de lui, il s'agit de vous... — Votre mariage, quelques spéculations heureuses, et des bailleurs de fonds confiants, vous ont permis d'entreprendre de grands travaux que des pertes d'argent et la rigueur de la saison viennent de vous faire interrompre... — Tout craque autour de vous... — Votre crédit est ébranlé; dans deux mois vous serez en faillite... et la faillite, quand elle résulte de jeux de Bourse, change de nom et s'appelle *banqueroute frauduleuse!*... Vous pourriez bien aller rejoindre à Clairvaux le cousin malheureux dont vous parliez si sévèrement tout à l'heure...

— Monsieur!... — s'écria Pascal.

— Laissez-moi donc achever... — reprit Léopold. — Si je mets le doigt sur la blessure, c'est que j'apporte le remède... — Vous aviez deux oncles, l'oncle Louis Lantier, personnage sans importance, et un autre...

— Robert Vallerand... — dit l'entrepreneur intéressé malgré lui par les singuliers discours de son interlocuteur.

— Vous savez qu'il est revenu d'Amérique?

— Oui, depuis quatre ou cinq ans, et qu'il est député de l'arrondissement de Romilly. — Je sais cela, mais je ne le vois jamais.

— Savez-vous qu'en Amérique il a fait fortune?

— Il a dû rapporter de là-bas deux ou trois cent mille francs.

— Vous êtes loin de compte!! — Robert Vallerand possède plus de quatre millions.

— Quatre millions!! — répéta Pascal ébloui par ce chiffre.

— Parfaitement liquides... — sans compter les domaines et le château de Viry-sur-Seine, près de Romilly.

Lantier fit un geste de stupeur et murmura :

— L'oncle Robert habite le château de Viry-sur-Seine?

— C'est-à-dire qu'il l'habitait... ou plutôt, au moment où je vous parle, il l'habite encore... Mais demain il aura déménagé.

— Expliquez-vous! — dit l'entrepreneur avec fièvre; — ne me faites pas languir...

— Il paraît que vous ne songez plus à me mettre à la porte... — ricana Léopold.

— Parlez! Parlez donc! — M'apportez-vous une bonne nouvelle?

— Bonne et mauvaise à la fois... mais plutôt bonne que mauvaise... une nouvelle panachée...

— Robert Vallerand est mort? — s'écria Pascal.

— Du premier coup vous mettez dans le cinq cents! — Oui, il est mort...

L'entrepreneur fit un mouvement brusque.

Sa figure devint pourpre et prit une expression d'indicible joie. — Ses mains tremblaient; ses yeux lançaient des éclairs.

— Mort!! — balbutia-t-il avec une sorte de délire. — Il est mort et sa fortune dépasse quatre millions!... Mais alors je suis sauvé! je suis riche!... Robert Vallerand n'a d'autre héritier que moi! — Sa fortune m'appartient!

— Heureusement que votre cousin Léopold est à Clairvaux et ne peut réclamer sa part, car il aurait partagé les millions avec vous... — fit observer le réclusionnaire évadé.

— Léopold Lantier a perdu tous ses droits, — répliqua vivement Pascal, convaincu que la détention perpétuelle, comme les travaux forcés à perpétuité, entraînaient la mort civile; — je suis seul héritier...

— Le croyez-vous?

— Je fais mieux que le croire! — J'en suis sûr...

— Ah! vous en êtes sûr? — reprit Léopold avec le même accent goguenard qu'au début de l'entretien. — Vous pouvez vous fouiller, monsieur Lantier!... — Vous n'êtes pas le seul héritier de Robert Vallerand!... Vous n'êtes même pas son héritier...

Pascal regardait, bouche béante, celui qui venait de parler ainsi.

Il ressemblait à un homme assommé.

— Je ne suis pas l'héritier?... — balbutia-t-il en frissonnant de tout son corps.

— Non...

— Comment?... — Par quelle raison?...

— Par la raison bien simple que vous êtes déshérité...

— Déshérité!! — répéta l'entrepreneur avec un rire qui sonnait faux. — C'est impossible!!... — J'ai la loi pour moi.

— D'abord, il n'existe aucune loi qui contraigne un oncle à laisser sa fortune à son neveu... — répliqua Léopold. — Ensuite, le plus proche parent prime les autres, vous le savez bien, et c'est à la fille de Robert Vallerand qu'appartient l'héritage.

Pascal chancela sous ce nouveau choc.

— La fille de Robert... — répéta-t-il d'une voix sourde.

— C'est comme j'ai l'honneur de vous le dire...

— Robert Vallerand n'était pas marié...

— Qu'en savez-vous? — Depuis longtemps vous l'aviez perdu de vue... —

D'ailleurs il a pu contracter en Amérique un mariage resté secret pour un motif quelconque, et néanmoins légal... — Dans tous les cas, légitime ou non, l'enfant existe... C'est une fille... Elle a dix-neuf ans à peu près, et un testament bien en règle la nomme légataire universelle.

— Et cette fille, dont personne de la famille n'a jamais entendu parler, viendrait s'emparer d'une fortune qui n'appartient qu'à moi!... — Elle me volerait quatre millions! — Allons donc!

En disant ce qui précède Pascal serrait les poings avec rage. — Une frange d'écume mouillait ses lèvres minces.

— Dame! — répondit l'évadé de Troyes, — il est certain que tout est à elle, puisque son père lui lègue tout.

— On attaque un testament...

— Sous quel prétexte?

— C'est une bâtarde, j'en jurerais, et la loi limite la part d'héritage des enfants naturels.

— Vous plaiderez, je l'admets sans discussion, mais un procès dure des années, et bien avant qu'un jugement soit rendu en votre faveur, — (en supposant que vous l'obteniez), — vous aurez sombré, corps et biens, dans les eaux de la banqueroute... — Croyez-moi, vous êtes bien perdu, à moins que...

Léopold s'interrompit.

— A moins que?... — répéta Pascal en plongeant son regard dans les yeux de son interlocuteur comme pour lire au fond de sa pensée. — Expliquez-vous, je l'exige! — Je vous somme pour la seconde fois de m'apprendre qui vous êtes et dans quel but vous êtes venu me trouver!

— Qui je suis? — Mon Dieu, monsieur Lantier, c'est bien simple... — Je suis un ouvrier plombier, brave garçon, bon enfant... — j'arrive de Romilly... — J'ai travaillé ces temps derniers à Viry-sur-Seine, au château de votre oncle, où j'ai appris les choses que je viens de vous dire...

— Après? — fit l'entrepreneur.

— Ce n'est pas un métier amusant que celui de plombier... — continua Léopold, — ah! mais non!... Et figurez-vous, monsieur Lantier, que j'ai une vocation.

Nouveau temps d'arrêt de Léopold.

Pascal, frémissant d'impatience, demanda :

— Laquelle?

— Celle de vivre de mes rentes, bien gentiment... bourgeoisement... sans travailler... Vous comprenez ça, hein, monsieur Lantier?

— Je le comprends... — Allez droit au but...

— Mon but? mais vous le connaissez déjà... — c'est de vous rendre service... ou plutôt de nous rendre service à tous les deux... — Vous devez avoir une nature reconnaissante... je lis ça sur votre figure... — Donc, si un brave

Le restaurant se vida peu à peu ; il lisait le journal pour se donner une contenance.

garçon comme moi vous tendait la perche et vous ouvrait la caisse aux millions, vous lui offririez avec un empressement bien senti une jolie part de magot...

— M'ouvrir la caisse aux millions... — murmura Pascal. — Est-ce possible ?

— Parbleu ! — Si c'était impossible, croyez-vous que je serais ici à perdre ma salive... — Pas si naïf !...

— Mais il y a une héritière directe.

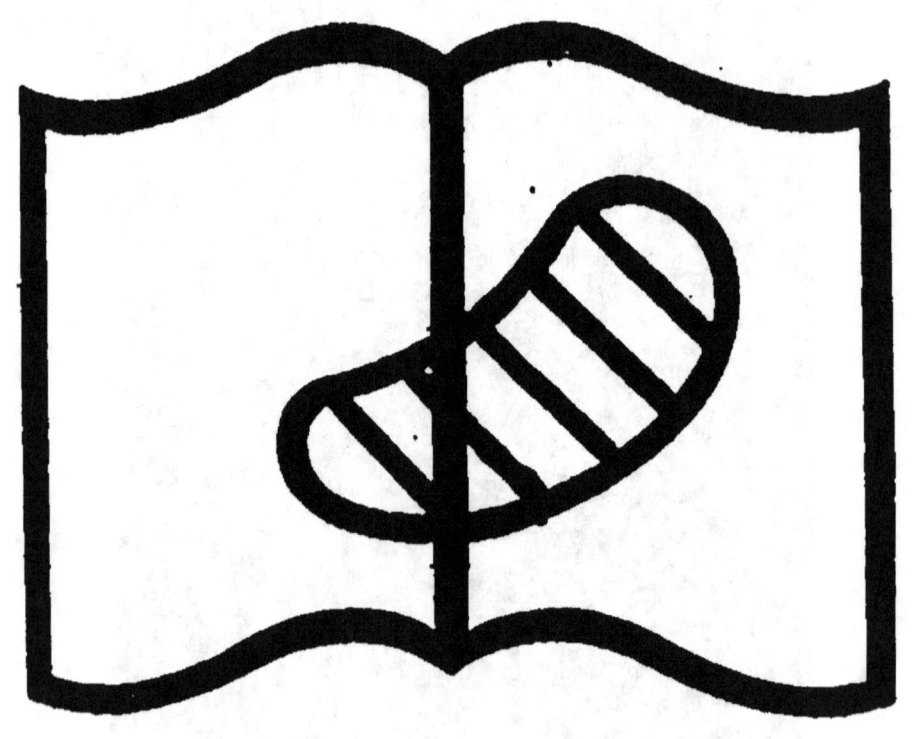

Illisibilité partielle

— Sans ça, la chose irait sur des roulettes et vous n'auriez nul besoin de moi...

— Que faire?

— Supprimer la jeune fille, tout simplement...

— Supprimer la jeune fille! — répéta l'entrepeneur en baissant la voix et en regardant autour de lui avec une sorte d'effarement.

— Dame! monsieur Lantier, c'est indiqué...

— Vous en chargeriez-vous?...

— Ça dépend...

— De quoi?

— De vous...

— Combien exigeriez-vous après réussite?...

— Nous nous entendrons toujours...

Pascal regarda Léopold avec inquiétude et dit :

— Qui ne précise rien, veut trop!

L'évadé de Troyes haussa les épaules.

— Vous êtes défiant, — répliqua-t-il, — et ça me taquine!! — Si je vous dis que nous serons d'accord, c'est que nous serons d'accord... — Croyez-vous être par hasard dans la peau d'un homme qui peut marchander? — La ruine, la banqueroute, la cour d'assises, voilà ce qui vous attend... la perspective est assez coquette!... — J'offre de vous tirer de là et de vous redorer à neuf comme vous ne l'avez jamais été... — Ne faites pas le fanfaron, monsieur Lantier... Ça serait maladroit...

XXIII

— Mais, les moyens d'action? — demanda l'entrepreneur au bout d'une minute.

— Ne vous inquiétez pas de ça... — fit Léopold vivement. — Les moyens sont trouvés... Voulez-vous que j'agisse?

— Eh bien! oui...

— Alors plus de finasseries... — Votre oncle est mort avant-hier soir... — La déclaration n'a dû se faire qu'aujourd'hui... L'enterrement aura lieu demain... — Il faut que je retourne à Viry-sur-Seine...

— La jeune fille habitait-elle avec Robert Vallerand?

— Non.

— Alors, pourquoi retourner là-bas?

— Pour surveiller les agissements d'une certaine Ursule, personne de confiance, femme de charge ou dame de compagnie, à votre choix, qui a reçu les derniers ordres de feu votre oncle.

« La jeune demoiselle a été élevée mystérieusement, et Mme Ursule doit venir avec elle à Paris, dans le plus bref délai et munie d'une lettre du défunt, se présenter rue des Pyramides, chez Me Auguy, notaire.

« Sur la présentation de la lettre, Me Auguy remettra un paquet cacheté contenant le testament de votre oncle et d'autres papiers de haute importance.

« Nantics de ce paquet, dame Ursule et la jeune fille iront à Nogent-sur-Seine chez un autre notaire répondant au nom d'Audouard, dépositaire de plus de quatre millions en bonnes valeurs... — Cet honorable officier ministériel ouvrira le paquet et comptera les millions à l'héritière... — Voilà l'ordre et la marche.

Lantier écoutait son interlocuteur avec un étonnement facile à comprendre.

— Comment savez-vous tout cela? — demanda-t-il.

— J'ai vu mourir Robert Vallerand et j'ai entendu ses dernières paroles... — répliqua froidement le réclusionnaire évadé.

Pascal frissonna.

Cet inconnu qui venait se jeter à l'improviste dans sa vie lui causait une terreur instinctive, quoiqu'il entrevît le salut au bout de cette intervention.

Léopold poursuivit :

— Je dois être à Viry-sur-Seine, vous comprenez ça, pour voir partir la dame Ursule quand elle ira chercher la petite afin d'exécuter les volontés suprêmes du défunt. — Que la vieille et la jeune se rejoignent et se mettent en route pour Paris, c'est au mieux, mais il ne faut pas qu'elles arrivent jusqu'au notaire de la rue des Pyramides... il ne le faut pas!

Ces dernières paroles furent prononcées avec un ton de résolution farouche.

Les mains de Pascal tremblaient.

— Deux femmes... — balbutia-t-il.

— Ah! dame, oui! — La vieille est même plus gênante que la jeune... — il faut les supprimer l'une comme l'autre, sinon, va te faire fiche!... Rien à faire!

— Mais, — hasarda l'entrepreneur, — cette enfant, on la connaît...

— Je vous répète, cher monsieur Lantier, qu'elle a été élevée secrètement, on ignore quel est son père et personne ne s'inquiétera de sa disparition.

— Soit! mais on signalera celle de la dame de confiance...

— Eh bien! on cherchera... qu'importe, pourvu qu'on ne trouve pas? — Le monde est rempli de mystères qui restent inexpliqués... La mère ne saura jamais rien...

— La mère! — répéta Pascal avec une stupeur grandissante. — Elle existe donc?

— Elle existe, mais elle ignore où est sa fille et n'a même aucune certitude que sa fille soit vivante...

— Cependant...

— Oh ! assez d'interrogatoire à la clef ! ! — interrompit Léopold ; — un plus long dialogue serait inutile... — Le temps est de l'argent, comme disent les Anglais ! — Ne le gaspillons pas !... — Je résume la situation : — Le notaire de Paris et le notaire de Nogent-sur-Seine ignorent l'existence de l'enfant... — Que l'enfant ne se présente pas et qu'on ne trouve aucun testament, on ouvre la succession, et avant un mois, en votre qualité de plus proche héritier, vous palpez ! — Est-ce limpide ?

— Et il s'agit de quatre millions ?

— Quatre millions quatre cent mille francs et une fraction... — Joli chiffre, hein, monsieur Lantier ?... — Encore une fois, dois-je agir ?...

— Agissez.

— Vous me donnez carte blanche ?

— Oui.

— C'est très bien ; mais ça ne suffit pas.

— Que faut-il encore ?

— Une pincée de monnaie sous forme de quelques billets de mille...

Pascal regarda Léopold avec une visible défiance.

— Qu'est-ce que c'est ? — fit l'évadé en haussant les épaules. — Êtes-vous si bien à sec que vous n'ayez pas un peu de papier Garat à mon service ? — Alors, tirez-vous du pétrin tout seul... — Je ne peux pas faire d'avances... Mes moyens me le défendent... — Je suis connu là-bas... il faut que je change de pelure... j'aurai des frais de toute nature... — Mais j'y songe... peut-être vous figurez-vous que je viens de vous conter une blague pour vous filouter... — Eh bien ! homme incrédule, lisez-donc ça ! ! !

Léopold exhiba le numéro du *Petit Journal* qu'il avait mis dans sa poche au restaurant du père Baudu, et le tendit à Pascal en désignant du doigt deux lignes.

L'entrepreneur prit la feuille populaire, et à l'endroit que lui désignait son visiteur il lut :

« *On nous annonce par dépêche la mort de Robert Vallerand, député de l'Aube (arrondissement de Romilly). — C'est une perte sérieuse pour la Chambre et pour le pays.* »

Pascal ne douta plus.

— Il vous faut combien ? — demanda-t-il en se dirigeant vers son bureau.

— Trois mille francs... — Nous ferons nos comptes plus tard.

Le neveu de Robert Vallerand ouvrit le tiroir-caisse, y prit des billets et les donna à Léopold qui dit, après les avoir mis dans sa poche avec une satisfaction manifeste :

— Je serai ce soir à Viry-sur-Seine...

— Quand vous reverrai-je?

— Le plus tôt possible...

— C'est vague...

— Je ne puis préciser ce que j'ignore moi-même... — Pas d'impatience et comptez sur bibi ! Je vous ai promis quatre millions... vous les aurez... — En travaillant pour vous je travaillerai pour moi, mais si vous êtes gentil je serai raisonnable... — Au revoir, PATRON.

Léopold appuya sur le mot que nous venons de souligner.

— A bientôt... — ajouta-t-il. — Si j'ai du neuf à bref délai je vous écrirai, et, soyez paisible, ma lettre ne sera point compromettante... — Vous seul pourrez en comprendre le vrai sens...

— Mais enfin, — demanda Pascal, — comment vous appelez-vous?...

— VALTA... — Souvenez-vous de ce nom... — Il est assez cocasse pour ne pas l'oublier.

Et l'évadé sortit du cabinet, laissant l'entrepreneur tout étourdi de ce qui venait de se passer.

Pascal Lantier, les tempes mouillées d'une sueur froide, tomba sur un fauteuil.

— Robert Vallerand est mort... — murmura-t-il d'une voix sourde. — Mort en laissant sa fortune à sa fille... une enfant inconnue!... et tout à l'heure un homme était là... un homme dont je subissais l'inexplicable domination et à qui j'ai dit : — *Que l'enfant disparaisse!* — Quel est cet homme? — Malgré son langage parfois grossier il semble appartenir à une classe supérieure. — Et je me suis fié à lui follement, aveuglément... — Il va là-bas avec le sourire aux lèvres pour tuer... pour tuer deux femmes... et je suis son complice ! — Afin d'échapper à la honte d'une banqueroute, je commande l'assassinat !...

Lantier laissa tomber sa tête sur sa poitrine et parut anéanti, mais au bout d'un instant il se releva transfiguré, les yeux pleins de flammes, et poursuivit avec une sorte de fièvre :

— Non, je n'ai rien commandé ! ! L'homme a dit : — *Je ferai!* — je le laisse faire, voilà tout... — Je n'avais aucun moyen de l'empêcher d'agir... — Il agira... Suis-je responsable de ses actions? Cent fois non... — La vieille femme et la jeune fille disparaîtront... Ça ne me regarde pas... — La succession sera ouverte à mon profit... — A moi quatre millions... à moi l'avenir !... J'ai tout à espérer et rien craindre... — J'étais fou d'avoir peur...

Pascal s'était calmé peu à peu.

Il se rassit et continua :

— Une fille de dix-neuf ans, que sa mère ne connaît point et qui ne connaît pas sa mère ! — Que signifie cela? — Pourquoi ces ténèbres épaissies à dessein autour du berceau de cette enfant?... — Quand Robert est parti pour l'Amérique, tout le monde ignorait qu'il eût une liaison mystérieuse. — Mais à quoi vais-je penser? — Que m'importe la mère et la fille? — L'essentiel est que je sois riche... et je vais l'être, je le sens!

**

Marguerite Berthier, veuve de Dominique Bertin, se trouvait, en quittant le château de Viry-sur-Seine, dans un état de surexcitation violente.

Dévorée par une fièvre qui touchait presque au délire, elle n'avait pas compris que l'agonie de son ancien amant commençait et que la fureur causée par sa présence inattendue donnait le coup de grâce à Robert Vallerand et hâtait de trois mois sa mort.

Elle maudissait l'homme inflexible qui avait refusé de lui dire où il cachait sa fille et qui venait de la chasser honteusement quand, les yeux pleins de larmes, repentante, le cœur saignant, elle lui demandait à genoux, les mains jointes, de lui laisser embrasser sa fille...

Robert s'était montré cruel et sans miséricorde! mais lui aussi avait effroyablement souffert, et le souvenir de ses douleurs le rendait insensible aux larmes, sourd aux prières.

— Savoir que mon enfant existe et ne pouvoir la presser dans mes bras en lui disant : — *Je suis ta mère et je t'adore!* C'est un supplice au-dessus de mes forces! — pensait Marguerite éplorée. — Le châtiment dépasse la faute.

Puis elle se reprenait à espérer que Robert réfléchirait, qu'il aurait pitié d'elle et qu'il se déciderait à parler.

La pauvre femme, en arrivant à Romilly et en descendant à l'hôtel, était transie de froid et brisée par les émotions qu'elle venait de subir.

On lui servit dans sa chambre un repas auquel il lui fut impossible de toucher et, après avoir donné l'ordre de tenir la voiture à sa disposition le lendemain matin à dix heures, elle se coucha.

Elle aurait voulu dormir, — le sommeil c'est l'oubli! — mais ses paupières s'abaissèrent à peine, à de longs intervalles, sur ses yeux fatigués par les pleurs, et pendant ces courts instants de repos de hideux cauchemars l'assaillirent.

Quand, après une nuit interminable, Marguerite quitta son lit, elle semblait avoir vieilli de plusieurs années en quelques heures.

XXIV

La voiture fut exacte.

A dix heures précises elle stationnait devant la porte de l'hôtel, et le cocher se chauffait au coin du feu de la cuisine, attendant des ordres.

Ce cocher était le même qui, la veille, avait conduit Marguerite.

On vint le prévenir que la voyageuse descendait.

Il gagna la cour et aida Mme Bertin à monter dans la vieille calèche fermée remplaçant avantageusement la carriole.

— Où allons-nous, madame? — demanda-t-il.

— Au château de Viry-sur-Seine.

Le cocher regarda sa cliente avec surprise et se dit en grimpant sur le siège :

— Cette dame ne sait probablement pas que M. Vallerand est mort... — ou bien c'est peut-être une parente et elle vient pour hériter!...

Il fouetta son cheval, fit le trajet rapidement, et par la grille toujours ouverte entra dans la cour du château.

Presque toutes les persiennes de la façade étaient closes.

Marguerite mit pied à terre, gravit les marches du perron, fit tourner le bouton de la porte et entra.

Au moment où elle franchissait le seuil du vestibule, Claude, le valet de chambre du député, parut, venant de l'intérieur.

Il avait les paupières rougies; son visage exprimait la désolation la plus profonde.

La veuve, très préoccupée, ne remarqua point ces détails.

Elle avait hâte de savoir si, après sa visite de la veille, la femme de confiance la laisserait pénétrer auprès du maître du logis.

Ajoutons qu'elle était résolue à violer la consigne et à voir Robert, même au prix d'un scandale.

— Madame demande ? — fit Claude en s'inclinant.

— Je voudrais parler à la dame de compagnie.

— C'est impossible en ce moment... — Madame Ursule est allée faire à la mairie les déclarations. Mais, en son absence, je puis répondre à madame.

— Je désire être reçue par M. Vallerand.

Claude recula.

— Être reçue par monsieur ! — balbutia-t-il d'une voix étranglée.

— Sans doute.

— Madame est donc étrangère au pays, puisqu'elle ignore le malheur qui a frappé cette maison !...

Marguerite devint pâle et se mit à trembler.

— Un malheur!... — murmura-t-elle. — Il est arrivé ici un malheur ?

— Oui, madame... — Hier, dans la soirée, monsieur a reçu une visite... la visite d'une dame... il a eu avec cette dame une discussion terrible, et c'est de là que tout est venu...

— Mon Dieu !... — s'écria la veuve affolée, — mon Dieu... j'ai peur de comprendre... Est-ce que M. Vallerand est plus malade ?... — Est-ce qu'il est en danger ?

— Hélas ! madame, mon pauvre maître est mort...

— Mort ! — répéta Marguerite en chancelant.

Elle ajouta tout bas :

— Il emporte avec lui son secret ! — je ne saurai rien ! — Mais non, — poursuivit-elle en se raidissant, — il a dû laisser à sa gouvernante ses dernières volontés... c'est elle qu'il aura chargé de veiller sur ma fille... — Il faut que je voie madame Ursule !

Ces derniers mots furent prononcés à voix haute.

— Madame Ursule est à la mairie pour la déclaration du décès, j'ai déjà eu l'honneur de le dire à madame, — répliqua le valet de chambre. — De la mairie elle doit se rendre à Romilly pour les lettres de faire-part.

— Il faut que je lui parle... — Je l'attendrai...

— Comme il plaira à madame...

Marguerite se dirigeait vers une banquette...

Claude reprit :

— Madame ne peut rester dans le vestibule... je vais conduire madame au salon où elle sera mieux pour attendre, au coin du feu...

— Non... — répondit la veuve, dont le visage était devenu livide sous son voile, — je vais vous demander une faveur...

— Laquelle, madame ?

— La faveur de m'autoriser à prier au chevet du mort.

Très embarrassé par cette demande inattendue, Claude hésita.

— Mais, madame, — bégaya-t-il, — je ne sais...

— Ne me refusez pas cette grâce, je vous en conjure... — reprit vivement Marguerite, — je suis une ancienne amie de M. Vallerand... une amie autrefois bien chère... accordez-moi la consolation de dire un suprême adieu à celui qui n'est plus... — Votre refus me briserait le cœur...

Le fidèle domestique avait baissé la tête.

Les paroles et l'accent de l'inconnue lui causaient une émotion profonde.

Deux grosses larmes roulaient sur ses joues.

— Que votre volonté soit faite... — répondit-il d'une voix mal affermie. — Venez, madame...

Il ouvrit une porte latérale, fit signe à Marguerite de le suivre, traversa une pièce déserte, souleva une tenture d'étoffe lourde et murmura :

— Voici la chambre mortuaire...

Derrière la tenture soulevée la porte était ouverte.

Madame Bertin s'avança et jeta dans la chambre un coup d'œil effaré.

Le lit se trouvait en face d'elle.

Sous les couvertures de laine blanche se dessinait la forme rigide du cadavre, dont un entassement d'oreillers soutenait la tête.

Lautier jeta les yeux sur une de ces feuilles et de pâle qu'il était, devint livide.

Au chevet de la couche funèbre, une femme agenouillée lisait à demi-voix les psaumes de la Pénitence.

C'était la femme de Claude.

La lueur tremblotante des cierges faisait étinceler le crucifix d'argent posé sur la poitrine du mort.

Marguerite fit le signe de la croix et s'avança en chancelant.

Elle atteignit le lit, se laissa tomber à genoux sur le tapis et éclata en sanglots.

Un signe de Claude engagea sa femme à se lever et à le rejoindre.

— Cette dame est une ancienne amie de défunt notre pauvre maître... — lui dit-il à voix basse. — Laissons-la prier.

Le mari et la femme sortirent ensemble.

La lourde tapisserie s'abaissa de nouveau.

Marguerite pria longtemps sans retenir ses larmes...

Un calme relatif succéda à cette douleur sincère, provoquée par les souvenirs d'un amour depuis longtemps éteint.

— Ainsi donc, il n'est plus, — murmura la pauvre femme, — et je puis m'accuser d'avoir hâté sa mort...

Elle joignit les mains, attacha son regard sur le visage marmoréen où les prunelles sombres faisaient tache sous les paupières abaissées, et poursuivit :

— Robert, pardonne-moi ! — Je t'ai bien aimé, Robert, et tu m'as bien maudite, car je t'ai torturé en t'abandonnant lâchement ! pardonne-moi ! pardonne-moi !...

« Ta mort ouvre dans mon cœur une blessure de plus... — Je te pardonne tout ce que tu m'as fait souffrir autrefois... tout ce que tu m'as fais souffrir hier... tout ce que tu vas sans doute me faire souffrir encore... — Aie pitié de moi, Robert !... — Tu n'as pas emporté ton secret dans la tombe, n'est-ce pas ? — Tu as confié à quelqu'un le soin de veiller sur notre enfant? Tu as laissé des papiers qui me guideront ?...

Marguerite était debout maintenant, et les yeux tournés vers le mort elle lui parlait comme s'il avait pu l'entendre; elle semblait l'interroger comme s'il avait pu lui répondre.

Une idée, tout à coup, traversa son esprit.

Elle promena ses regards autour de la chambre.

— Ces papiers qui me guideront, — murmura-t-elle, — c'est ici qu'ils sont sans doute... près de moi... dans l'un de ces meubles... — Je n'aurais peut-être qu'à étendre la main pour les saisir ... — et je suis seule...

Frémissante, elle s'interrompit.

— Violer cette chambre... — reprit-elle ensuite avec épouvante, — en présence de ce cadavre, ouvrir un meuble... ne serait-ce pas un sacrilège?.. — Non, cent fois non, puisqu'il s'agit de conquérir ma fille !

Mise en paix avec sa conscience par ce raisonnement spécieux, Marguerite se dirigea vers le bureau couvert de papiers épars.

Elle secoua la tête et dit :

— Là je ne trouverai rien... — Les indices ne doivent point être en vue ! Robert les a cachés comme il a caché notre enfant...

Sa main s'avança vers un des tiroirs du bureau et le trouva fermé; les autres l'étaient de même, ce qui causa un grand désappointement à la pauvre mère.

Un meuble de Boulle, placé au pied du lit mortuaire, attira son attention.

— Si c'était là… — fit-elle. — Pourquoi non?…

Marguerite, pour s'approcher du meuble, devait passer devant la couche funèbre.

Elle fit deux pas et s'arrêta prête à défaillir.

Elle avait cru voir le mort s'agiter sur sa couche, et les yeux fermés se rouvrir.

Hallucination folle, qui n'eut que la durée d'un éclair !

M°º Bertin se rassura vite, et non par la voie la plus directe, mais en faisant le tour de la chambre, prit le chemin qui devait la conduire auprès du meuble.

Elle y arriva et ne put contenir un mouvement de joie à l'aspect de la clef finement ciselée émergeant de la serrure.

Au milieu du silence son cœur battait à se rompre. — Elle en entendait distinctement les coups rapides contre les parois de sa poitrine.

L'une de ses mains fébriles se posa sur la clef et la fit mouvoir, — le tiroir du haut glissa dans ses rainures.

Au fond de ce tiroir se trouvait un seul objet, — une lettre.

Marguerite la saisit et dévora l'adresse ainsi conçue :

« *M. Émile Auguy,*

« *notaire,*

« *18, rue des Pyramides.*

« PARIS. »

Elle poussa un cri de joie, auquel répondit un cri de terreur et d'indignation.

Une femme en grand deuil soulevant la portière entrait dans la chambre, s'élançait vers Marguerite et lui arrachait la lettre des mains…

Cette femme — avons-nous besoin de l'apprendre à nos lecteurs ? — était Ursule Sollier arrivant de Romilly.

XXV

— Misérable ! — dit Ursule d'une voix sourde. — Misérable !…

— Grâce !!… pitié !… — balbutia Marguerite en tombant à genoux et en tendant ses mains suppliantes.

— Ah ! je vous reconnais !… — poursuivit M°º Sollier dont le visage était décomposé par la colère ; — c'est vous qui êtes venue hier soir !… c'est vous qui avez apporté dans cette demeure la désolation et la mort !…

— Ayez pitié de moi… — sanglota la pauvre mère affolée ; — ne m'accablez pas !

— Vous savez quel puissant motif m'attirait ici, et Dieu m'est témoin que je n'y revenais point aujourd'hui conduite par une pensée mauvaise... J'ignorais que M. Vallerand fût mort... je ne l'ai appris qu'en arrivant... Je suis entrée pour prier et pleurer près de lui en pensant à ma fille... A ma fille séparée de moi, perdue pour moi depuis dix-neuf ans !... Une fois dans cette chambre, l'idée de chercher quelques indices de nature à me mettre sur les traces de mon enfant s'est emparée de moi... j'ai cédé à la tentation... j'ai ouvert un meuble... j'ai pris la lettre que vous venez de m'arracher, et qu'à deux genoux je vous supplie de me rendre, car elle contient à coup sûr le mot du secret auquel est attachée ma vie... Ayez pitié de moi, madame...

— Silence! — fit impérieusement Ursule en désignant la couche funèbre. — Osez-vous élever la voix devant ce corps inanimé, dans cette chambre mortuaire que vous alliez profaner par un vol sacrilège?

— Un vol... un vol sacrilège... — répéta Marguerite en se levant épouvantée. — Oh! ne m'accusez pas d'un tel crime !...

— Silence !... — répéta la femme de confiance, — et sortez! Car ce n'est point ici que je dois vous répondre...

D'un geste de commandement irrésistible, Mme Sollier montrait la porte à la veuve anéantie.

Marguerite baissa la tête et, dominée, n'ayant point de force pour résister, sortit de la chambre...

Ursule la suivit, et quand toutes deux eurent franchi le seuil de la pièce voisine, laissa retomber la lourde portière.

— Me pardonnerez-vous, madame? — balbutia timidement la veuve.

— Vous avez commis une action indigne, — répondit Ursule ; j'aurais le droit et le devoir peut-être de vous signaler à la justice comme ayant pénétré dans cette maison pour y soustraire des papiers...

— Je ne voulais rien soustraire... Je vous répète que je cherchais un indice qui pût me mettre sur la trace de la retraite de ma fille...

— Quelle fille? — demanda froidement Mme Sollier.

— Oh! n'essayez point de m'abuser par une feinte ignorance... M. Vallerand avait en vous une confiance absolue... vous connaissez le secret du passé...

— Je ne sais rien, madame, et ne veux rien savoir... Les secrets de celui dont vous avez abrégé la vie ne sont pas les miens... S'il me les avait confiés, ils resteraient ensevelis dans mon âme comme ils resteront ensevelis dans son cercueil...

— Vous savez où est mon enfant...

— J'ignore même si vous avez un enfant...

— La lettre que vous m'avez arrachée des mains contient ce que je veux savoir...

— Cette lettre est cachetée et ce qu'elle renferme m'est inconnu.

— Vous devez la remettre, cependant?

— A celui dont elle porte l'adresse et qui seul aura le droit d'en rompre le cachet...

— Serez-vous assez cruelle pour me torturer par un silence implacable?...

— Je n'ai rien à vous dire...

— Vous savez qui je suis...

— Je vous ai vue hier pour la première fois... J'ignore tout de vous, jusqu'à votre nom...

— J'ai été aimée jadis par Robert Vallerand... Je l'ai aimé... Je me suis donnée à lui... De cet amour est née l'enfant qu'il m'a prise et que je réclame... Mon père, en m'imposant un mariage odieux, a fait de moi la plus malheureuse des femmes... Aujourd'hui je suis veuve, libre, immensément riche... Aujourd'hui je veux retrouver ma fille et ne plus vivre que pour elle... Rendez-la-moi, madame !...

— Pour la troisième fois, je vous le répète, je ne sais rien... Il est donc inutile de me questionner plus longtemps, je ne répondrais pas.

— A quoi bon tant de rigueurs ?... — s'écria Marguerite presque étouffée par les sanglots. — Votre obstination est inutile, autant qu'elle est cruelle ! Vous vous taisez en vain... Ce que je ne puis faire, la justice le fera... Je dirai, je prouverai que Robert Vallerand avait une fille... Je prouverai que cette fille est la mienne... Les registres de l'état civil de Romilly l'attesteront comme moi !... Il faudra qu'on sache ce qu'est devenue cette enfant, pour la mettre en possession de l'héritage de son père... Il faudra qu'on la trouve... Quand la justice vous interrogera, vous serez bien forcée de répondre ! !

— Aux juges comme à vous, je répondrai : *Je ne sais rien ! Interrogez le mort !...*

Marguerite fit un geste de découragement, mais son obstination égalait celle d'Ursule.

Sans se laisser rebuter par le parti pris de son interlocutrice, elle continua :

— Dites-moi du moins si ma fille est en France, ou si Robert Vallerand l'a conduite en Amérique lorsqu'il y est allé tenter la fortune, et si elle est restée là-bas... C'est bien peu de chose, cela... Vous pouvez me l'apprendre... Quoi ! toujours ce silence !... Vous n'avez donc pas de cœur ! Ah ! si vous étiez mère, vous ne me tortureriez pas ainsi !...

Mme Sollier restait muette, mais la pâleur de son visage contracté prouvait qu'un terrible combat se livrait en elle.

En face de ce mutisme effrayant Marguerite sentait la folie naître dans son cerveau.

Il lui semblait que son front allait éclater.

Elle le pressa entre ses deux mains.

— Oh ! mon Dieu... oh ! mon Dieu !... — balbutia-t-elle avec délire. — Personne au monde n'a pitié de moi !... Je suis trop punie ! Je suis maudite !...

Ses yeux devinrent hagards ; tout son corps trembla ; ses lèvres remuèrent, mais aucun son ne s'en échappa.

Au bout de quelques secondes la malheureuse femme battit l'air de ses bras comme pour chercher un point d'appui, et tomba sans connaissance sur le parquet.

Ursule, très émue, se pencha vers elle, la souleva, l'étendit sur un divan et lui prodigua des soins empressés.

L'évanouissement fut long.

Enfin Marguerite revint à elle-même, mais en proie à une agitation nerveuse inquiétante et à une fièvre terrible.

La situation était grave.

Garder dans la maison mortuaire l'ancienne maîtresse de Robert Vallerand était impossible.

Mme Sollier appela Claude et sa femme.

— Allez chercher le conducteur de la voiture qui a amené madame, — commanda-t-elle au valet de chambre.

Claude sortit et, presque aussitôt, revint avec le cocher.

— Mon ami, — demanda Ursule à ce dernier, — où avez-vous pris cette dame ?

— A Romilly, *Hôtel de la Marine*.

— Eh bien ! il faut l'y reconduire sur-le-champ.

— Elle est malade ? — fit le cocher inquiet.

— Indisposée seulement, je l'espère... — Elle a éprouvé une émotion trop forte en apprenant à l'improviste la mort de M. Vallerand qu'elle connaissait.

Marguerite n'entendait ou du moins ne comprenait pas ce qui se disait auprès d'elle.

La violence de la fièvre déterminait une sorte de congestion au cerveau.

— C'est bon, — répliqua le conducteur, — je vais ramener ma voyageuse à Romilly...

Avec l'aide de Claude il porta la malade dans la vieille calèche où on la couvrit chaudement, puis il monta sur son siège et fouetta son cheval.

La femme de Claude retourna veiller près du mort.

Ursule restée seule se sentit brisée par la lutte qu'elle venait de soutenir, et par l'involontaire émotion qui s'était emparée d'elle en voyant les angoisses, en entendant les sanglots de la mère éplorée.

Elle balbutia en essuyant ses yeux :

— Pauvre femme ! — Si coupable qu'elle ait été, le châtiment dépasse la faute ! — Quelle force il m'a fallu pour ne pas lui crier : *Ne pleurez plus !... Ne souffrez plus !... Oui, je vous conduirai près de Renée... Je jetterai votre fille dans* vos bras !... — Un instant j'ai cru que ces paroles allaient s'échapper de mes lèvres malgré moi, et sans le serment fait au pauvre mort, sans la crainte du parjure, j'aurais faibli, mais je me suis souvenue... — Les vœux des mourants sont sacrés... J'ai juré que jamais, par mon fait, la mère ne reverrait sa fille, et je serai fidèle à ma parole aussi longtemps que je vivrai... — Il faut songer à l'avenir... — Après la cérémonie funèbre je partirai pour Troyes, j'y prendrai Renée, nous irons à Paris, nous reviendrons à Nogent-sur-Seine où Renée touchera sa fortune, et selon le vœu de son père je la conduirai hors de France... Là je veillerai sur elle et je défierai bien sa mère de la retrouver.

Après un silence, Ursule reprit :

— La fièvre qui vient d'assaillir si violemment cette pauvre femme assure la réalisation de mes projets... — Quand elle s'adressera aux juges pour réclamer sa fille, si elle le fait, nous serons déjà loin et notre trace aura disparu...

Mᵐᵉ Sollier passa la main sur son front, comme pour en chasser les pensées sombres qui l'assaillaient, et alla rejoindre la femme de Claude dans la chambre mortuaire...

***

En arrivant à l'*Hôtel de la Marine*, le conducteur qui ramenait Marguerite appela le patron et lui raconta ce que nos lecteurs savent déjà.

On s'empressa d'ouvrir la voiture.

La voyageuse était sans connaissance.

Un appel fit accourir les servantes.

— Vite ! — commanda le patron. — Que l'une de vous se dépêche d'aller chercher le docteur... — Cette pauvre femme me fait l'effet d'être fort malade ! — Faut croire qu'elle aimait bigrement défunt notre député...

Une des jeunes filles partit en courant.

— Toi, Victoire, — reprit le maître de l'hôtel, — grimpe à la chambre, prépare le lit et fais bon feu dans la cheminée... — Nous allons monter la dame...

La chambre désignée se trouvait au premier étage.

Le patron et le cocher soulevèrent Marguerite par les épaules et par les pieds, la transportèrent avec précaution et l'étendirent sur le lit où Victoire la déshabilla en attendant la venue du médecin.

XXVI

Le docteur arriva au bout de vingt minutes, examina Marguerite et fronça les sourcils.

— C'est grave? — demanda l'hôte avec inquiétude.
— Très grave... — Une congestion cérébrale.
— Diable! — Et la maladie peut être longue?...
— Elle le sera certainement, à moins qu'elle n'emporte la malade dans un très bref délai...
— Écrivez votre ordonnance, docteur... — Cette dame semble une personne comme il faut à laquelle nous devons tous nos soins... et j'avoue que ça me contrarierait fort d'avoir un décès dans l'hôtel... — Ça fait du tort à une maison...

On apporta du papier, de l'encre et une plume, et le médecin rédigea son ordonnance.

— Il faut une garde... — ajouta-t-il.
— Victoire ne quittera pas la chambre et se conformera à toutes vos prescriptions... On peut avoir confiance en elle.

Le médecin recommanda de faire préparer sur-le-champ et d'administrer d'heure en heure le médicament dont il venait de donner la formule, et partit en annonçant qu'il reviendrait le soir.

Naturellement il tint parole.

L'état de Mme Bertin ne s'était point modifié dans un sens favorable.

La pauvre femme avait une fièvre ardente, accompagnée de délire.

Le docteur hocha la tête d'une manière qui ne présageait rien de bon, fit une nouvelle ordonnance et donna l'ordre d'organiser un service de veille pour la nuit auprès de la malade, et de venir le chercher en toute hâte si sa présence semblait nécessaire.

Il était huit heures du soir lorsque Victoire céda son fauteuil à la servante qui venait la remplacer.

En ce moment, la voiture qui faisait le service de la gare de Romilly s'arrêta devant la porte de l'hôtel.

Un voyageur en descendit et entra dans la salle commune où brillait un bon feu.

Ce voyageur, chaudement enveloppé d'un pardessus garni de fourrures, portait un chapeau à larges bords, et son visage disparaissait sous un immense cache-nez écossais montant presqu'à ses yeux que recouvraient des lunettes aux verres bleus. — Il tenait à la main une petite valise toute neuve.

Le patron s'empressa d'aller à sa rencontre.

— Monsieur a-t-il l'intention de coucher ici?
— Sans doute... — Je viens assister au service funèbre de M. Robert Vallerand...

L'hôtelier s'inclina.

— Une perte immense pour l'arrondissement! — s'écria-t-il. — Ah! M. Vallerand sera regretté... — Le convoi aura un monde énorme... — Monsieur dînera-t-il avant de se coucher?

— Il me faut trois mille francs ; nous ferons nos comptes plus tard.

— Si je dînerai ? — Mais je le crois bien, et le plus tôt possible... — Le froid m'a donné un appétit de tous les diables !...

— On va servir immédiatement monsieur...

— Ici, près du feu, si c'est possible...

— C'est possible et facile... — Toinon, mon enfant, vite un couvert sur une petite table... — Vous, Victoire, allez préparer un lit pour monsieur...

— Au premier ? — demanda la servante.

— Certainement...

— C'est que nous n'avons de libre, au premier, que la chambre qui touche à celle de la malade, et cette pauvre dame parle tout haut, ce qui serait bien gênant pour monsieur.

— C'est juste... — Préparez le numéro 9, au second.

Victoire sortit.

L'homme aux lunettes bleues avait écouté ce dialogue.

— Il paraît que vous avez ici une personne malade ? — dit-il.

— Oui, monsieur... une étrangère... une dame très comme il faut, arrivée hier à Romilly en bonne santé, et qui nous est revenue tantôt du château de Viry-sur-Seine avec une fièvre cérébrale et le délire.

En entendant parler du château de Viry-sur-Seine, le voyageur leva vivement la tête et regarda l'hôtelier.

— Avec le délire?... — répéta-t-il.

— Hélas ! oui...

— Quelle est la cause d'une maladie si brusque?

— Cette dame était allée hier soir en voiture au château... — Elle y est retournée ce matin... — Sans doute elle avait pour M. Robert Vallerand une vive affection... — La nouvelle inattendue de sa mort lui a fait tant d'effet qu'elle s'est évanouie là-bas, et qu'on l'a ramenée presque mourante...

— Une dame jeune encore ? — demanda l'homme aux lunettes.

— Entre trente et quarante, et très belle...

— En grand deuil?...

— Oui, monsieur.

— Et vous dites qu'on l'a conduite hier au château de M. Vallerand ?

— Hier et ce matin, oui, monsieur.

— Vous savez comment s'appelle cette dame?

— Non, monsieur... — Je comptais bien l'inscrire sur mon registre, comme les règlements l'exigent, mais je ne lui avais pas encore demandé ses noms et prénoms... — Est-ce que vous la connaissez, vous, monsieur?...

— Je crois la connaître... — Ce que vous me dites de son âge et de son costume de grand deuil me fait supposer qu'elle pourrait être une proche parente du député...

Le voyageur ajouta tout bas :

— C'est la femme que j'ai vue hier au château... l'ancienne maîtresse de l'oncle Robert Vallerand... la mère de la bâtarde qui hériterait de tout si l'on n'y mettait ordre...

Ces quelques mots suffiront pour apprendre à nos lecteurs que l'homme aux lunettes bleues n'était autre que Léopold Lantier, déguisé, méconnaissable, et venant affronter audacieusement les brigades de gendarmerie mises sur pied à la suite de son évasion.

Après sa conversation avec Pascal Lantier, et après avoir reçu de lui un acompte sur le prix du crime froidement médité et qui devait enrichir l'entrepreneur, Léopold avait acheté des vêtements au Temple, modifié sa figure avec une adresse de comédien émérite ou d'agent de la police de sûreté, et il était parti pour Romilly où nous venons de le voir arriver.

— Et, — reprit-il, — cette pauvre dame est dangereusement malade ?

— Oh ! très dangereusement...

— Vous avez fait appeler un médecin ?

— Le premier de la ville... — Il est venu deux fois... — Il a fait des ordonnances et il a dit qu'il ne répondait de rien... — Vous voyez si c'est grave !!

— En effet... — Heureusement les médecins se trompent souvent, et souvent aussi exagèrent le péril pour grossir leurs honoraires...

L'hôtelier se mit à rire et répliqua :

— C'est la vérité !... on voit bien que monsieur est un observateur... — Si monsieur veut se mettre à table, le dîner est servi...

Toinon venait, en effet, de poser sur la nappe blanche une soupière pleine de potage d'où s'exhalait une vapeur embaumée.

Léopold retira son pardessus garni de fourrures et son ample cache-nez, garda ses lunettes bleues, s'assit et commença son repas avec le vigoureux appétit d'un homme dont la conscience est parfaitement en repos.

Tout en mangeant, il se disait :

— Positivement j'ai une veine insolente ! — l'obstacle qui me préoccupait s'aplanit sans mon intervention... — Cette mère était à craindre... — Robert Vallerand mort, elle pouvait réclamer judiciairement sa fille, forcer la police à des recherches, lever enfin un lièvre qui se serait fort mal à propos jeté dans mes jambes, et voici qu'une maladie soudaine la rend impuissante... — Quand elle quittera son lit, — (si jamais elle le quitte !...) — tout sera terminé... la fille disparue, l'héritage en nos mains... et cherche alors !...

Léopold acheva lentement son repas, prit du café, absorba trois ou quatre petits verres de fine champagne, fuma un cigare au coin du feu, alla se mettre au lit, et dormit d'un bon sommeil.

La mort du député avait produit dans le département tout entier, mais surtout dans l'arrondissement de Romilly, une impression profonde.

Le lendemain matin, vers dix heures, une foule énorme entourait le château de Viry-sur-Seine.

Sous le péristyle, dans une sorte de chapelle ardente, était exposé le cercueil de Robert Vallerand.

Plusieurs personnages officiels arrivaient pour la cérémonie.

Le maire devait suivre le convoi à la tête du conseil municipal.

Les notabilités de Romilly avaient tenu à honneur de rendre à Robert un dernier hommage.

Au milieu du groupe, passait et repassait Léopold Lantier dont le visage disparaissait plus que jamais sous les larges ailes de son chapeau, sous son cache-nez et sous ses lunettes bleues.

Il allait et venait, écoutant ce qui se disait et ne soufflant mot.

Personne ne s'étonnait de l'*emmitouflement* de sa figure que la vivacité du froid rendait tout naturel.

Léopold fit halte près d'un petit groupe où on parlait de Robert Vallerand.

— Il est probable qu'on va poser les scellés, — disait un des causeurs.

— C'est probable, pour ne pas dire certain, — répondait un autre.

— A la requête des héritiers ?

— Non, car on ne sait s'ils sont ici, on n'a même aucune certitude au sujet de leur existence et de leurs droits, Robert Vallerand ne parlant jamais de sa famille, mais à la requête du procureur de la République à qui le maire de Viry-sur-Seine a fait notifier officiellement le décès... — Le juge de paix a dû recevoir des ordres...

— En tout cas, la pose des scellés n'aura lieu qu'après la cérémonie funèbre, je pense.

— Ceci n'est pas douteux...

L'heure du départ pour le cimetière venait de sonner.

L'apparition d'Ursule Sollier, en grand deuil, interrompit les conversations et le cortège se forma.

Léopold Lantier manœuvra pour se rapprocher de la femme de confiance, qu'il comptait bien ne perdre de vue ni pendant, ni après la cérémonie...

XXVII

En ce moment un petit homme maigre et fluet perçait la foule et se dirigeait vers le cercueil.

— Ah ! voilà le greffier de la justice de paix... — fit une voix.

Le réclusionnaire évadé souleva ses lunettes bleues pour mieux voir.

Après avoir jeté de l'eau bénite sur la bière, le greffier s'inclina devant Ursule et lui demanda :

— C'est vous qui êtes madame Sollier, gouvernante de la maison de feu M. Vallerand ?

— Oui, monsieur... — répondit Ursule.

— M. le juge de paix, madame, regrette beaucoup de ne pouvoir assister au convoi de notre honorable député pour lequel il éprouvait une profonde estime.

— Mandé à Troyes ce matin par dépêche du parquet, il sera ici vers la fin de la cérémonie pour l'apposition des scellés dans la demeure du défunt, sur la réquisition de M. le procureur de la République, et il m'a chargé de vous prévenir que votre présence serait nécessaire...

— Bien, monsieur... J'attendrai M. le juge de paix.

Le greffier s'inclina de nouveau et fit quelques pas en arrière.

Léopold Lantier n'avait pas perdu une seule des paroles échangées.

— Bon... — pensait-il, — on va poser les scellés. — La dame de confiance gardera sans nul doute le secret de son maître et ne parlera pas de l'héritière... — La mère est à Romilly, entre la vie et la mort... — Rien à craindre de ce côté... — Tout va bien... — Il s'agit de savoir si on trouvera quelque papier compromettant et si madame Ursule se taira... — j'ai mon plan.

Et il se plaça près du greffier.

Les employés des pompes funèbres venaient de soulever la bière et de la poser sur un brancard, car dans les petites villes de province c'est à bras que l'on porte les morts à leur dernière demeure.

Le convoi se mit en mouvement.

Ursule se trouvait en tête.

Après elle venaient les autorités et la foule.

Le greffier avait pris place modestement au dernier rang.

Léopold Lantier, muet et recueilli, marchait à côté de lui.

Tout à coup, rompant le silence, il lui dit à voix basse :

— D'après quelques mots arrivés à mon oreille, je crois, monsieur, avoir le plaisir de parler au greffier de la justice de paix de Romilly...

— Vous ne vous trompez pas, monsieur...

— Le bruit court qu'en revenant du cimetière vous allez poser les scellés au château de Viry-sur-Seine...

— Aussitôt après l'arrivée de M. le juge de paix, oui...

— M. Robert Vallerand n'a point d'héritiers connus?

— Pardon... — On sait qu'un neveu, son héritier direct, existe à Paris; mais il paraît que ce neveu n'est pas présent... — Notre député avait en outre un second parent au même degré, un chenapan, un scélérat, condamné à la réclusion perpétuelle depuis dix-huit ans, et détenu à Clairvaux...

— Est-ce que ce parent n'existe plus? — demanda Léopold avec audace.

— On a tout lieu de croire qu'il est mort...

Léopold regarda son interlocuteur avec une surprise facile à comprendre.

— Ah! on a tout lieu de croire qu'il est mort? — répéta-t-il.

— Sans doute...

— Mais il me semble que, puisqu'il est en prison, on doit être sûr du fait...

— Il y était... il s'est évadé...

— De Clairvaux?...

— Non, de la prison de Troyes où il avait été transféré pour être entendu comme témoin...

— Il y a longtemps de cela?

— Trois jours... — l'adroit coquin a trouvé moyen de scier un barreau de sa cellule située au second étage, de descendre dans le chemin de ronde et de filer par-dessus les murs... — Un vrai tour de force !

— S'il est en fuite, pourquoi suppose-t-on qu'il est mort?

— Hier soir on a trouvé sur la berge, au-dessous de Troyes, sa coiffure portant le numéro matricule de la maison centrale... — Probablement, la nuit de son évasion, voulant se cacher dans un des bateaux amarrés à cet endroit, il aura glissé et se sera noyé... — Un jour ou l'autre on repêchera son corps... — Voilà ce qu'on croit au palais de justice... — S'il était vivant, son costume de détenu l'aurait fait reconnaître et il serait déjà repris.

— En vérité, monsieur, — fit Léopold Lantier, — vous me donnez là des détails inédits et très curieux... J'en ferai mon profit...

Ce fut au tour du greffier de regarder l'homme aux lunettes bleues avec surprise et curiosité.

— Et de quelle manière ferez-vous votre profit de ces détails? — demanda-t-il.

— Mon Dieu, de la manière la plus simple... — Je suis journaliste parisien monsieur, reporter d'une feuille très répandue : *Le Bon Sens*, dont M. Rober Vallerand se servait assez souvent pour émettre et populariser ses idées avant de les porter à la tribune... — Je suis envoyé à son convoi par le journal, et vous comprenez que je m'intéresse vivement à tout ce qui touche à lui et aux siens.

— Je le comprends parfaitement, monsieur... vous aviez raison de le dire, rien n'est plus simple...

Et le greffier, tout orgueilleux de se trouver en rapport avec le reporter d'un journal de Paris, salua Léopold.

Ce dernier rendit le salut, et reprit :

— M. Vallerand était très riche, n'est-ce pas?

— Sur ce point les opinions sont partagées...

— Comment?

— En fait d'immeubles notre député ne possédait que le château et le domaine de Viry-sur-Seine qui ne valent pas plus de deux cent quatre-vingts ou trois cent mille francs... — Sa fortune était donc toute en valeurs... — Selon les uns il était plusieurs fois millionnaire... — Simplement à son aise selon les autres... — La vérité est qu'on ne sait pas à quoi s'en tenir à ce sujet...

— Mais on le saura sans doute au moment de l'apposition des scellés ?

— Oui, s'il laisse un testament ou si on trouve des valeurs...

Léopold garda le silence pendant quelques secondes, puis derechef s'adressant au greffier :

— Monsieur, — lui dit-il, — pardonnez-moi si je suis importun ou indiscret... — J'ai une requête à vous adresser.

— Tout à votre disposition, monsieur...

— Je vous ai décliné ma qualité de journaliste et de reporter... A ce double titre, la curiosité est mon droit... je pourrais même ajouter, mon devoir... - J'ai le plus vif désir de visiter l'intérieur du château et les appartements particuliers de M. Robert Vallerand, afin d'être à même d'envoyer à mon journal une description exacte du logis où vivait l'homme remarquable dont nous déplorons la perte... — Le journalisme moderne vit par l'actualité, monsieur, et par l'exactitude photographique du compte rendu. Le public est insatiable de détails quand il s'agit d'un personnage jouissant de quelque notoriété... — Je serais sûr d'un succès si je pouvais raconter à mes lecteurs la pose des scellés...

— Oserai-je vous prier de me permettre d'assister à cette opération légale, dans laquelle vous jouerez un rôle important que j'aurai le plaisir de constater

— Cela ne dépend pas de moi, — répondit le greffier, — mais M. le juge de paix vous accordera, j'en suis convaincu, l'autorisation que vous désirez...

— Soyez donc assez bon, monsieur, pour solliciter de lui cette faveur en mon nom... JULES LANDRY... reporter du journal : *Le Bon Sens.*

— Je le ferai volontiers, monsieur, dès l'arrivée de M. le juge de paix.

— Merci mille fois.

Pendant ce long entretien, on avait franchi la distance qui séparait le château du cimetière, attenant à l'église.

Les deux hommes cessèrent de causer, mais continuèrent à marcher côte à côte.

Le cortège s'arrêta.

La cérémonie religieuse eut lieu, puis la bière fut descendue dans la tranchée ouverte pour la recevoir.

La première pelletée de terre tomba sur le cercueil avec un bruit sinistre.

On fit un discours, — deux discours, — trois discours, ensuite on acheva de remplir la fosse et la foule s'écoula, commentant les paroles qu'elle venait d'entendre prononcer.

Léopold ne quittait pas le greffier.

Ursule Sollier, après une dernière et bien ardente prière pour celui qu'elle avait loyalement servi, essuya ses yeux baignés de larmes et reprit rapidement le chemin du château où elle devait se tenir aux ordres du juge de paix.

La femme de confiance du député redoutait son entrevue avec un magistrat qui, généralement, n'a rien de fort imposant.

Elle se disait qu'on allait la questionner.

Elle se demandait si, en face du représentant de la loi, elle aurait le courage de mentir et la force de garder le secret de son maître.

Le greffier, toujours escorté de Léopold, entrait dans la cour du château au moment où le juge de paix descendait de voiture en compagnie d'une autre personne.

— Gicquel, — dit le magistrat à son subordonné, — vous avez averti Mᵐᵉ Ursule Sollier?

— Oui, monsieur.

— C'est bien... Nous allons procéder immédiatement...

— Monsieur le juge de paix, il y a là un journaliste de Paris, venu exprès pour l'enterrement, qui réclame de vous une faveur...

Le greffier désigna l'homme aux lunettes bleues qui s'approcha en saluant avec un merveilleux sang-froid.

Le juge de paix lui rendit son salut.

— Monsieur se nomme Jules Landry, — poursuivit Gicquel, — il est envoyé par son journal, *Le Bon Sens* — (auquel collaborait M. Vallerand) — pour recueillir des détails sur la vie privée de l'homme public que le département vient de perdre. — Il souhaite vivement être autorisé par vous à assister à la pose des scellés.

— J'agrée votre demande, monsieur... — répondit le juge de paix en s'adressant à Léopold. — Je vous prierai toutefois d'être très circonspect dans votre compte rendu... — Toute chose n'est pas bonne à dire... et surtout à imprimer...

— Recevez l'expression de ma gratitude, monsieur, — répliqua le faux reporter, — et faites-moi l'honneur de vous en rapporter à mon tact et à mon sentiment des convenances...

Ces quelques mots s'étaient échangés en plein air.

On entra dans le château.

Ursule reçut les gens de loi avec un calme apparent que démentaient les battements précipités de son cœur.

Son visage n'exprimait que la tristesse, et personne ne soupçonna la violence de son agitation intérieure et son trouble moral.

XXVII

— Vous êtes madame Sollier? — demanda le juge de paix.

— Oui, monsieur... — répondit Ursule.

— Femme de confiance placée à la tête de la maison de feu M. Robert Vallerand?

— Oui, monsieur...

— Vous savez, madame, quel motif m'amène ici?

— J'en ai été avertie par M. le greffier de la justice de paix.

— A la requête de M. le procureur de la République je vais procéder à l'opération de la pose des scellés...

Marguerite saisit la lettre et dévora l'adresse ainsi conçue...

— Je suis prête à vous conduire dans chaque pièce...
— J'ai quelques questions à vous adresser auparavant...
Ursule devint toute tremblante, mais elle domina son émotion et répliqua :
— Monsieur le juge de paix, à vos ordres.
L'homme aux lunettes bleues avait tiré de son pardessus fourré un agenda, un crayon, et semblait prendre des notes relatives à la disposition et à l'ameu-

blement du vestibule, mais l'unique but de cette manœuvre était de lui permettre d'échapper aux regards qui s'étaient à plus d'une reprise fixés sur lui.

Le magistrat commença son interrogatoire.

— Savez-vous, madame, — dit-il, — si M. Vallerand a laissé un testament, soit ici, soit chez un notaire ?...

La question était embarrassante pour Ursule.

Ce qu'elle avait prévu arrivait.

Il fallait entrer dans une voie tortueuse qui peut-être n'était pas sans danger.

Le juge de paix répéta sa question.

— Je l'ignore, monsieur... — répondit Mme Sollier.

Léopold Lantier, tout en paraissant continuer son inventaire du mobilier, redoubla d'attention.

— Elle va mentir tout au long... — pensait-il, — à merveille! — Le secret sera bien gardé... — C'est un fier atout dans mon jeu !

— Ainsi, — reprit le magistrat, — M. Vallerand ne s'est point ouvert à vous au sujet de son intention et de ses dispositions dernières ?

— Jamais... — M. Vallerand était peu communicatif et, quoiqu'il voulût bien m'honorer de sa confiance, il ne me disait pas ses affaires...

— Enfin, supposez-vous qu'il ait écrit un testament?

— J'en doute... — Il a été surpris par la mort...

— Connaissez-vous ses héritiers naturels?

— Non, monsieur...

— Vous savez cependant qu'il a un neveu...

— Je l'ai entendu dire, mais non par M. Vallerand.

— Alors l'oncle et le neveu ne se voyaient jamais?

— Jamais.

— C'est pourtant ce neveu qui doit légalement hériter, s'il n'existe aucun testament.

— Je n'entends rien à la loi.

— La fortune de M. Vallerand était considérable selon les uns, et modeste selon les autres... — Pouvez-vous me donner quelques renseignements à ce sujet?

— Aucun...

— Mais, depuis que vous vivez auprès de M. Vallerand et que vous dirigez sa maison, vous devez savoir s'il possédait des capitaux considérables...

— On vivait chez lui d'une façon relativement simple, sans mener grand train. Je crois que M. Robert était moins riche qu'on ne le disait.

— Laisse-t-il ici des valeurs ?

— En numéraire, une dizaine de mille francs...

— En titres de rente, en obligations ?...

— Je ne sais pas.

— Possédait-il d'autres immeubles que la propriété de Viry-sur-Seine ?

— A cela je puis répondre négativement avec certitude...

— Vous a-t-il fait quelques recommandations à son heure suprême ?

— Celle de remettre à ses serviteurs une gratification dont il n'a pas déterminé le chiffre...

— Vous est-il dû quelque chose, madame ?

— Rien...

— La mort de M. Vallerand a été presque subite ?

— Oui, monsieur... Personne ne s'attendait à une pareille catastrophe... — Le matin du triste jour, le docteur Tallandier avait affirmé qu'il restait à mon maître plusieurs mois à vivre.

— J'ai vu le docteur qui m'a dit cela en effet... — Et c'est à la suite de l'agitation causée par une visite qu'est venue la mort ?

— Oui, monsieur...

Léopold Lantier commençait à éprouver une sérieuse inquiétude.

L'interrogatoire se prolongeait trop selon lui.

On allait parler de l'ancienne maîtresse du député, de la mère de sa fille, et cela pouvait conduire à de fâcheuses découvertes.

— La personne dont la visite devait amener un si déplorable résultat était, je crois, une dame ? — reprit le juge de paix.

— Oui, monsieur...

— Quelle était cette dame ?

— Je ne la connaissais pas... — Je ne l'avais jamais vue...

— Vous en êtes sûre ?

— Absolument sûre.

— Je regrette, madame, que votre ignorance soit complète sur presque tous les points... — Je vais accomplir ma tâche... — Sans doute, en posant ou en levant les scellés, nous trouverons les renseignements qui jusqu'à présent nous font défaut... — Veuillez nous conduire...

Ursule s'inclina sans répondre, se dirigea vers les appartements, et le magistrat commença ses opérations.

Plusieurs meubles, sur lesquels se trouvaient les clefs, furent ouverts sans être fouillés.

Un simple coup d'œil suffisait pour se rendre compte de la nature de leur contenu, puis on posait les scellés.

Le réclusionnaire évadé suivait avec intérêt facile à comprendre ces formalités qui eussent semblé longues et fastidieuses à tout autre.

Elles étaient pour lui pleines d'enseignements, et il bénissait le magistrat qui lui avait donné le moyen de tout voir et de tout entendre.

On arriva dans la chambre mortuaire.

Lantier jeta un regard furtif sur le meuble de Boulle dont il avait entendu Robert agonisant parler à Ursule.

C'est là, — se dit-il, — que se trouve, ou du moins que devrait se trouver la lettre écrite au notaire de Paris... — Avant d'agir, il me faut cette lettre...

Le juge de paix continua son procès-verbal.

Ursule silencieuse écoutait, tout en se demandant quel était cet homme aux lunettes bleues qui suivait les gens de loi sans dire un mot.

Le juge de paix s'approcha du meuble.

Les clefs se trouvaient aux serrures.

Le magistrat posa la main sur la clef du tiroir supérieur.

Léopold tourna les yeux vers Ursule.

Elle ne donnait aucun signe d'inquiétude.

— La lettre est enlevée... — pensa Lantier, — j'y comptais bien...

Après avoir ouvert successivement tous les tiroirs et inventorié, mais seulement du regard, les papiers qu'ils contenaient, le juge de paix apposa les bandes et les cachets sur ce meuble comme sur les autres.

A cinq heures du soir le travail était fini sans avoir amené la moindre découverte.

Il ne restait plus qu'à signer le procès-verbal et à nommer le gardien des scellés.

Le juge de paix se tourna vers Ursule Sollier.

— Que comptez-vous faire, madame? — lui demanda-t-il.

— Me retirer dans ma famille, monsieur, après avoir payé aux domestiques leurs gages échus et la gratification accordée par mon pauvre maître.

— Quels sont ces domestiques?

— Claude et sa femme, l'un valet de chambre, l'autre cuisinière, et le cocher qui est en même temps jardinier...

— Ils ont sans doute l'intention de quitter cette demeure?

— Sans doute, à moins que l'héritier, quel qu'il soit, ne consente à les prendre à son service. — Claude et sa femme m'ont offert de rester ici pour avoir soin de la maison jusqu'à ce que les affaires soient terminées.

— Ce Claude était-il depuis longtemps déjà au service de M. Vallerand?

— Depuis cinq années...

— Par conséquent c'est un honnête homme et on peut avoir confiance en lui?...

— Une confiance absolue, monsieur... — Je réponds de sa probité comme de la mienne...

— Je vais donc le nommer gardien des scellés...

— On ne saurait faire un meilleur choix.

Claude, appelé tout aussitôt, accepta la proposition du juge de paix, fut désigné au procès-verbal, et les hommes de loi se retirèrent, suivis de l'homme aux lunettes bleues.

Le juge de paix retournait à Romilly en voiture avec son greffier

Il offrit une place au prétendu reporter parisien.

Lantier remercia, sous prétexte qu'il lui restait beaucoup de renseignements à demander et de notes à prendre, et se sépara de ses compagnons.

La nuit était venue depuis longtemps.

L'évadé de Troyes fit quelques pas sur la route que la neige tassée par les pieds du cortège funèbre rendait glissante, puis il s'arrêta.

— La situation, — se dit-il, — est aussi claire que la nuit est noire... — La femme de confiance, munie de la lettre au notaire, va certainement aller trouver la bâtarde de feu mon oncle, et faire en sa compagnie la démarche commandée par le défunt...

« Le point de départ de l'opération que j'échafaude est la lettre...

« Il me faut cette lettre sans laquelle je ne puis rien...

« Pour l'avoir il importe de connaître depuis A jusqu'à Z les agissements de dame Ursule ; donc je dois surveiller le château nuit et jour, et la besogne n'est point commode, l'habitation n'étant voisine d'aucune demeure où je puisse chercher un refuge.

« Pas d'autre poste d'observation que la grande route avec un froid de Sibérie qui gèlerait des ours blancs ! — Joli destin ! — Je suis perplexe... — Je me demande ce que je dois faire.

« La femme de confiance va filer à bref délai, mais partira-t-elle ce soir, cette nuit, ou demain matin?

« Où ira-t-elle?

« Où est ma cousine de la main gauche?

« Décidément je suis très embarrassé!!...

XXIX

Tout en monologuant ainsi, Léopold piétinait sur place dans la neige durcie et cherchait un moyen de surveiller l'habitation, sans être contraint de subir le froid dont l'intensité redoublait.

Soudain une exclamation joyeuse s'échappa de ses lèvres.

— J'y suis... — murmura-t-il. — De l'endroit en question je verrai quiconque sortira du château... — Mais la faim me talonne, et mourir d'inanition à la veille d'être riche serait maladroit!! — Allons, tant pis! A la guerre comme à la guerre!... Je dînerai mieux demain...

Et, tirant de sa poche une tablette de chocolat, il se mit à la croquer tout en se dirigeant du côté de l'habitation.

A droite, dans la cour d'honneur, existaient plusieurs constructions parmi lesquelles se trouvait une serre.

Léopold avait remarqué cette serre qu'évidemment on chauffait pendant l'hiver.

C'est là qu'il se proposait d'établir son observatoire.

Il arriva devant la grille qui d'habitude était toujours ouverte.

Ce soir-là, par extraordinaire, on venait de la fermer.

Nous savons déjà qu'une muraille de clôture assez haute entourait la propriété.

Lantier ne pouvait franchir cette muraille, mais ce fut un jeu pour lui d'escalader la grille.

En moins de deux minutes il se trouva sain et sauf dans la cour, et se dirigea vers la serre.

La clef était à la serrure.

Il ouvrit et franchit le seuil du petit bâtiment, où un fourneau de briques entretenait nuit et jour une douce chaleur.

— Chaque matin, — se dit-il, — le jardinier doit venir renouveler le combustible de son calorifère... — J'aurai soin de filer avant sa visite... — D'ailleurs je m'orienterai dans cette serre et j'y trouverai sans doute une cachette... — Pour le moment il s'agit de ne pas perdre de vue la maison...

Le réclusionnaire évadé s'approcha des vitrages et regarda la façade du château.

Plusieurs fenêtres étaient éclairées.

A chaque instant les lumières changeaient de place.

— Du va-et-vient... — murmura Lantier. — Il se passe là-dedans quelque chose d'insolite...

Et il redoubla d'attention.

Nous le laisserons momentanément au guet et nous prierons nos lecteurs de nous accompagner au château.

Ursule Sollier se trouvait seule dans sa chambre.

Deux malles cadenassées et cordées solidement témoignaient d'un prochain départ.

La femme de confiance de feu Robert Vallerand mettait en bon ordre, au fond d'une troisième malle, de menus objets de toilette.

Sur une table on voyait un petit sac de chagrin noir à chaînette de cuivre nickelé et à fermoir de même métal. — Une plaque fixée au-dessous de la serrure portait gravés un U et un S, — les initiales d'Ursule Sollier.

Cette dernière ferma la valise, boucla les courroies, puis elle ouvrit un meuble et en tira divers papiers et un très petit paquet qu'entourait un morceau de soie.

Ce petit paquet renfermait une mince liasse de billets de banque.

— Ceci dans le sac qui ne me quittera pas, — se dit-elle. — C'est quant à présent toute notre fortune, à Renée et à moi... — Avant peu de jours nous aurons des millions...

Le sac ne contenait qu'un mouchoir plié en quatre.

Sur ce mouchoir elle plaça les billets de banque et continua, en prenant une enveloppe cachetée :

— La lettre au notaire de Paris... — Cette lettre en échange de laquelle on doit remettre au porteur le reçu des sommes énormes déposées à Nogent-sur-Seine chez le notaire Audouard... — Il faut la placer en lieu sûr, car la perdre serait perdre tout...

Ursule glissa la précieuse lettre dans une case secrète de son sac, case absolument invisible et qu'on ouvrait en appuyant sur un ressort également bien caché.

Ceci fait, elle regarda le cadran de la pendule. — Les aiguilles indiquaient huit heures et demie.

On frappa doucement à la porte.

— Entrez, — dit Ursule.

Claude, le valet de chambre, parut.

— Madame Sollier, — fit-il, — le dîner est prêt.

— Je descends avec vous, mon ami, mais auparavant j'ai une recommandation à vous adresser.

— Je vous écoute, madame Ursule... — répondit Claude dont le visage exprimait une douleur profonde.

La femme de confiance poursuivit :

— Mes malles sont prêtes, vous le voyez... — Elles contiennent tout ce qui m'appartient... J'en laisse deux ici et n'emporte pour le moment que celle-là... Je vais dans ma famille, mais il est probable que je n'y ferai pas un long séjour. — Dès que j'aurai choisi un lieu de résidence, je vous écrirai en vous priant de m'expédier ces malles à ma nouvelle adresse...

— Soyez tranquille, madame Ursule, — répliqua le valet de chambre ; — la commission sera faite et bien faite.

— Merci... — Je sais que je peux compter sur vous... Maintenant, descendons.

Le dîner était servi dans une pièce où la femme de confiance prenait ses repas toute seule, car elle ne mangeait point avec Robert Vallerand.

Elle se mit à table.

Le cocher entra.

— Madame Ursule, — demanda-t-il, — à quelle heure faudra-t-il atteler ?...

— Le train que je dois prendre passe à Romilly à onze heures trente-quatre minutes... — Arrangez-vous pour que je sois plutôt en avance qu'en retard..

— Bien, madame Ursule, — nous serons en avance.

Françoise, la cuisinière, vint rejoindre son mari qui faisait le service.

— Comme ça, madame Ursule, — balbutia-t-elle les yeux pleins de larmes, — vous allez nous quitter pour toujours?

— Pour toujours, non, ma bonne Françoise... — Nous nous reverrons, je vous le promets.

— Est-ce certain, madame Ursule?

— Oui, c'est certain.

— Ah! que j'en suis contente!... — Et quand ça nous reverrons-nous?

— Bientôt, je l'espère...

— Ah! nous allons trouver le temps long...

— Il passera vite... — Voilà votre mari nommé gardien des scellés... Vous serez donc tranquilles ici jusqu'à la prise de possession de l'immeuble par l'héritier, quel qu'il soit, de feu notre cher maître... — Il est bien probable que cet héritier voudra vous garder avec lui... — On ne remplace pas facilement de bons serviteurs comme vous... — Attendez avec patience... et avec confiance... c'est moi qui vous le dis...

— Dieu vous entende, madame Ursule!... — murmura Françoise en soupirant. — Je pense que vous avez raison, mais l'avenir, c'est si incertain...

Et la femme de Claude essuya ses paupières humides.

Rejoignons Léopold Lantier dans la serre.

Le réclusionnaire évadé ne quittait point son poste d'observation, et à travers les vitrages de la serre ne perdait pas de vue la lumière immobile maintenant.

Une douce chaleur le pénétrait. — Il grignotait des tablettes de chocolat et ne s'impatientait point outre mesure.

Tout à coup il tressaillit.

Une porte de service venait de s'ouvrir au rez-de-chaussée du château; — un homme en sortit, tenant une lanterne à la main, se dirigea vers le bâtiment des écuries, faisant face à la serre, et tira de la remise une petite calèche.

C'était le cocher.

— Ah! ah! — pensa Lantier attentif à ce qui se passait au dehors... — on prépare la voiture; donc madame Ursule part cette nuit... — J'aime autant cela...

Le cocher alluma les deux lanternes de la calèche, garnit le cheval, l'attela, et lui jeta sur le dos une épaisse couverture d'attente.

— Il va falloir décamper d'ici pour prendre un peu d'avance, — continua Léopold. — La dame de confiance va certainement au chemin de fer et le cheval marchera plus vite que moi.

Le patron et le cocher transportèrent Marguerite avec précaution.

Au moment où l'ex-réclusionnaire achevait ce court monologue, il se rejeta en arrière.

— Tonnerre de diable! — fit-il avec inquiétude, — le drôle vient ici! — Il paraît qu'il est jardinier autant que cocher et qu'il bourre son fourneau le soir et le matin! — La position devient critique!! — Où me cacher?

En disant ce qui précède, Léopold avait gagné le fond de la serre, marchant presque plié en deux, et les mains étendues, entre les gradins couverts de pots de fleurs.

Sous les gradins se trouvait un espace vide où il se blottit.

Il était temps.

La porte de la serre venait de s'ouvrir. — Le jardinier-cocher entrait, tenant toujours sa lanterne.

— S'il me voit, tout est compromis! — pensa le fugitif.

Et il tira de sa poche un couteau de Nontron dont il avait eu soin de se munir.

Le jardinier, ne se doutant point de la présence d'un intrus dans la serre, alla droit au fourneau, fit jouer la porte de fonte, remua le charbon à demi consumé, garnit de houille menue l'intérieur de la cloche, y jeta deux ou trois pelletées d'escarbilles mélangées à des cendres humides, et, dès que le travail fut consciencieusement accompli, quitta la serre.

— Sauvé... — murmura Lantier en abandonnant sa cachette.

Mais presque aussitôt il ajouta, avec un juron :

— S... n... de D:... ! le brigand m'enferme à double tour!!...

Le jardinier venait en effet de faire tourner deux fois la clef dans la serrure.

Léopold s'approcha des vitrages, et de nouveau regarda ce qui se passait.

Le domestique rentrait au château.

Au bout de quelques secondes il reparut, enveloppé dans un long waterproof, coiffé d'un chapeau de feutre à cocarde noire, enfin en tenue de cocher.

Claude l'accompagnait, portant une malle.

Mme Sollier, tenant à la main son petit sac de chagrin noir, venait derrière eux, en causant avec Françoise.

Le valet de chambre plaça la malle sur le siège, à côté du cocher, et alla ouvrir la grille.

Françoise embrassa Ursule en pleurant et l'aida à monter dans la calèche qui s'ébranla, sortit de la cour et disparut.

XXX

La grille fut refermée.

Claude et sa femme regagnèrent le château.

— Tonnerre du diable ! — fit à haute voix Léopold exaspéré, — il faut filer d'ici, sinon ils vont avoir sur moi une avance effroyable ! — Est-ce que mes combinaisons les plus habiles tournent contre moi ?... Suis-je refait ? — Vais-je perdre la piste d'Ursule ?...

Tout en disant ce qui précède Lantier, sûr que personne ne pouvait l'entendre, prenait les pots de fleurs et les jetait loin de lui.

Quand il se fut ainsi frayé un passage, il sauta sur le gradin et arc-bouta son épaule contre l'un des panneaux du vitrage.

Ce panneau qu'on ouvrait l'été céda sous la pression, laissant libre une ouverture assez large par laquelle Lantier se glissa.

Il traversa la cour en quelques bonds, ouvrit la grille et se trouva sur la route en pente qui descendait vers Romilly.

Là il fit halte et il écouta.

Le roulement de la voiture se faisait entendre, mais déjà bien affaibli par la distance.

Lantier s'élança.

Tout en jouant des jambes, il enleva ses lunettes et son cache-nez qui l'embarrassaient.

A un détour de la route, il aperçut la lueur projetée par les lanternes de la calèche.

Il prit une allure de locomotive.

Le ciel était noir comme de l'encre et la nuit très sombre. — Le vent soufflait avec violence; — de gros flocons de neige tourbillonnant dans l'air annoncèrent l'approche d'une tourmente qui ne tarda point à se déchaîner, retardant le misérable qui, forcé de lutter contre la tempête, ne courait plus qu'avec des efforts surhumains.

L'avance de la voiture augmentait. — Le bruit des roues sur la neige gelée devenait de moins en moins distinct.

Lantier suait à grosses gouttes quoique la température fût très basse.

Son pardessus garni de fourrures le gênait horriblement.

Il l'ôta sans s'arrêter, et le mit sous son bras.

La lueur pâle et tremblotante des lanternes apparaissait cependant encore, mais presque indistincte.

Tout à coup elle disparut.

La voiture venait d'entrer dans la ville.

Rien ne guidait plus Léopold désormais pour suivre la piste.

Un nouveau juron s'échappa de ses lèvres.

— Si elle ne va pas à la gare, — dit-il ensuite avec rage, — je suis floué!

Haletant, presque à bout de forces, il atteignit les premières maisons de Romilly et s'engagea dans une rue qu'il savait aboutir au chemin de fer.

La neige, devenue très épaisse, l'aveuglait, fouettée par les rafales qui faisaient grincer les girouettes affolées et claquer les volets mal assujettis.

Enfin il aperçut la gare éclairée maigrement.

Touchant au but de sa course, Lantier fit halte pour reprendre haleine et jeta un coup d'œil autour de lui.

Pas une voiture, — pas un piéton ; — une solitude absolue, un silence lugubre coupé par les sifflements de la bise.

Les maisons closes semblaient endormies.

Seul, un établissement modeste touchant à la gare, — le *Café des Voyageurs*, — restait ouvert.

Léopold entra dans la salle d'attente et la trouva déserte.

Il interrogea le cadran de l'horloge placée près des guichets.

— Onze heures moins cinq minutes... — murmura-t-il. — Comme le temps passe !...

Une porte s'ouvrit, livrant passage à un employé subalterne du chemin de fer. Lantier l'arrêta.

— Monsieur, — lui demanda-t-il, — voudriez-vous me dire à quelle heure passe le prochain train ?

— Pour quelle destination ?

— Pour Paris.

— A onze heures trente-cinq minutes...

— Et pour Troyes ?

— A onze heures trente-quatre... — Les deux trains se croisent en gare...

— Vient-il d'en passer un pour une de ces deux destinations ?

— Pas depuis une heure...

— Merci, monsieur...

— Il n'y a pas de quoi.

L'employé quitta la salle d'attente et Lantier demeura stupéfait et furieux, en se disant :

— J'ai perdu la trace, cela saute aux yeux ! ! — Cette Ursule ne venait pas à la gare !... La voiture l'a conduite à une autre destination... — Que faire ? — Où la chercher ?... — Où la retrouver ?... — Mon beau plan s'écroule, et me voilà ruiné avant d'avoir été riche ! !

Il fit un geste de fureur, sortit de la salle d'attente et ajouta, les dents serrées :

— Tout n'est peut-être pas encore perdu cependant... — C'est à Paris, rue des Pyramides, auprès de la maison du notaire, qu'il faudra veiller. — Il ne me reste aucun autre parti à prendre, mais ce qui était facile ici sera presque impossible là-bas, et la réussite est bien douteuse...

Le réclusionnaire fugitif se sentant gagné par le froid se dirigea vers le *Café des Voyageurs* dont il voyait briller le gaz comme à travers un brouillard derrière les vitres couvertes de buée épaisse.

A peine en eut-il franchi le seuil, qu'une expression de joie vive se peignit sur son visage.

Il apercevait Ursule assise toute seule à une petite table, et regardant les gravures d'un journal illustré pour se donner une contenance.

— Décidément la chance est pour moi ! — pensa-t-il. — Je tiens la bonne dame et ne la lâcherai plus !...

Et, s'installant le plus loin possible de la femme de confiance de feu Robert Vallerand, il se fit servir une tranche de viande froide et une bouteille de vin, car les tablettes de chocolat lui garnissaient fort mal l'estomac.

Quand la pendule du café marqua onze heures vingt minutes, Mme Sollier paya le verre de vin chaud qu'elle venait de boire, prit le petit sac de chagrin noir qui se trouvait sur la table à côté d'elle, et se rendit à la gare.

Lantier laissa s'écouler deux secondes et la suivit.

Un assez grand nombre de voyageurs étaient au guichet, prenant leurs billets.

Léopold se glissa derrière Ursule et frissonna en l'entendant demander un billet de première classe pour Troyes.

Ainsi elle allait à Troyes ! !

Pour ne point la perdre de vue il fallait l'accompagner dans cette ville d'où il venait de s'évader, où il courait le risque d'être reconnu et appréhendé au corps ! !

N'était-ce pas se jeter littéralement dans la gueule du loup ?...

L'hésitation de Lantier n'eut que la durée d'un éclair.

Après ses rêves de fortune, il lui semblait désormais impossible de vivre misérablement. — Mieux valait jouer le tout pour le tout !

En conséquence il demanda à son tour un billet pour Troyes, — billet de seconde classe, — non par économie, mais afin de pouvoir surveiller Ursule sans être remarqué par elle.

Quelques minutes s'écoulèrent.

Les sifflements de la vapeur se firent entendre. — Le train stoppa. — On ouvrit les salles d'attente, et les voyageurs se dirigeant vers Troyes montèrent en wagon.

Lantier, pour le moment, n'avait absolument rien à combiner.

Les faits et gestes de Mme Sollier devaient lui tracer sa ligne de conduite.

Seul dans son compartiment, il tira de sa poche un cigare et se mit à fumer.

La distance de trente-huit kilomètres qui sépare Romilly de Troyes fut franchie en quarante et une minutes.

A minuit et quart le train arrivait à sa destination.

Léopold sauta sur le quai de débarquement.

Ursule marchait déjà devant lui.

Elle donna son ticket à la porte de sortie près de laquelle stationnaient les représentants des hôtels, offrant leurs services et leurs omnibus.

— *Hôtel de la Préfecture...* — dit Mme Sollier.

Un homme en casquette de toile cirée, dont le bandeau portait en lettres d'or le nom de l'établissement qu'il représentait, s'élança.

— Voilà, madame... — dit-il; — l'omnibus est là; — avez-vous des bagages?...

— Cette petite malle seulement.

Il prit la malle et se mit en marche.

Ursule le suivit.

Léopold avait entendu, et il pensait : — Que le diable lui torde le cou ! ! — l'*Hôtel de la Préfecture ! !* à deux pas de la prison ! — C'est là cependant qu'il faut que j'aille ! — J'y arriverai avant elle...

Il donna son billet, quitta vivement la gare, remonta jusqu'à ses yeux son cache-nez et assujettit ses lunettes bleues.

La neige tombait toujours, mais moins drue. — Le vent s'était un peu apaisé. — Lantier, — nous le savons, — connaissait tous les détours de Troyes, sa ville natale. Il coupa au court par un lacis de petites rues et, en moins de dix minutes, il atteignit l'*Hôtel de la Préfecture* encore brillamment éclairé.

Un garçon de service veillait dans le bureau.

— Avez-vous une chambre à me donner ? — lui demanda Léopold.

— Oui, monsieur, mais vous arrivez à temps.

— Pourquoi donc ?

— Il ne nous en reste que deux, et l'omnibus de la gare va probablement nous amener des voyageurs...

— Donnez-moi la meilleure des deux, sur la rue si c'est possible...

— Elles sont aussi bonnes l'une que l'autre, au même étage et se touchent...
— Mais la plus grande est à deux lits...

— Je suis seul... — donnez-moi la chambre à un lit...

— Bien, monsieur ; — je vais vous conduire... — C'est au 22...

La voiture de l'hôtel s'arrêtait devant la porte au moment où Léopold entrait dans la chambre. — Le garçon alluma le feu tout préparé et se hâta de redescendre.

L'évadé s'enferma et il attendit, l'oreille au guet...

Quelques minutes s'écoulèrent, puis il entendit marcher et parler dans le corridor, et reconnut la voix de Mme Sollier.

— C'est le numéro 23, — disait Ursule, — la chambre que j'occupais, lors de mon dernier voyage... — J'en suis bien aise...

On passa devant le 22 et on ouvrit la porte voisine.

— Madame n'a besoin de rien ? — demanda la servante qui accompagnait Mme Sollier.

— Non, mademoiselle... — Rien qu'un peu de feu... — Je vais me reposer...

— Bravo ! — pensa Lantier. — Les cloisons sont minces ici !! — On entend tout ce qui se dit à côté... — Cela me servira...

La porte se referma et le silence se fit dans la chambre voisine.

XXXI

Léopold, brisé de fatigue par sa course de Viry-sur-Seine à Romilly, se mit au lit sans bruit et dormit d'un profond sommeil jusqu'au lendemain matin.

Sept heures sonnaient quand il s'éveilla.

C'est tout au plus s'il faisait petit jour.

Il sauta en bas de son lit, courut à la fenêtre et souleva curieusement les rideaux.

En face de lui se trouvaient la prison de Troyes et l'institution de Mme Lhermitte, dont les deux plus charmantes pensionnaires avaient prêté la main à son évasion.

— Sapristi ! — murmura le misérable en souriant. — Je ne pensais pas revenir de sitôt volontairement par ici... — Enfin, j'y suis... — il faut y rester... — Avec énormément de prudence je me tirerai d'affaire... — En écoutant à travers la cloison, en observant depuis la fenêtre, je n'aurai pas besoin de me montrer beaucoup dans les rues... et je saurai trouver un prétexte pour que ma claustration ne paraisse point suspecte...

On entendit remuer légèrement dans la chambre voisine.

— Mme Ursule se lève... — pensa Léopold ; — elle va sortir sans doute... Attention...

Et il s'habilla à la hâte.

La femme de confiance de feu Vallerand venait en effet de se lever et revêtait son costume de grand deuil.

Lantier s'était assis et l'écoutait aller et venir.

Une servante vint frapper à la porte du numéro 23.

Ursule ouvrit.

— Madame déjeunera à l'hôtel ? — demanda la servante.

— Oui, mais dans cette chambre.

— Madame déjeunera seule ?

— Non... — Vous mettrez deux couverts.

Léopold ne perdait pas un mot de ce dialogue.

Ursule reprit :

— Je vais en face, au pensionnat de jeunes filles de Mme Lhermitte. Ensuite je ferai quelques courses en ville, mais tout cela ne sera pas long, vous pourrez donc servir à onze heures...

— Le déjeuner sera prêt...

— Le pensionnat en face... — murmura l'évadé, — la fille de Robert habiterait-elle cette maison où j'ai trouvé de si naïves protectrices ?... — Ce serait singulier...

La chambre à deux lits venait de s'ouvrir.

Des pas résonnèrent dans le couloir, et bientôt dans l'escalier.

Lantier à demi vêtu courut à sa fenêtre qu'il ouvrit malgré la rigueur du froid et se pencha sur la barre d'appui, épiant la porte de sortie de l'hôtel.

Ursule parut, traversa la rue et agita la sonnette de l'institution Lhermitte.

En ce moment, on frappa deux petits coups à la porte du numéro 22.

Léopold referma la fenêtre et s'empressa d'ouvrir.

Le garçon qui l'avait reçu au moment de son arrivée venait prendre ses ordres.

— Je suis fatigué et un peu souffrant... — lui dit le voyageur. — Je déjeunerai dans ma chambre... — Faites un bon feu et montez-moi des journaux...

Quittons pour un instant le cousin de feu Vallerand, précédons Mme Sollier dans le pensionnat, auprès de Renée et de son amie Pauline Lambert, et jetons en arrière un rapide coup d'œil.

Après la fuite de Léopold Lantier, qu'à cette heure on croyait noyé, la justice s'était livrée, par acquit de conscience, à une enquête sommaire chez Mme Lhermitte, en questionnant celles des pensionnaires dont les chambres ou les dortoirs prenaient jour sur le chemin de ronde de la prison.

Renée et Pauline, interrogées comme leurs compagnes, avaient affirmé n'avoir entendu aucun bruit suspect pendant la nuit de l'évasion.

Soupçonner les deux jeunes filles d'être complices d'un malfaiteur aurait semblé la chose du monde la plus ridicule et la plus absurde.

Les magistrats n'insistèrent point et se retirèrent, mais à partir de ce jour Renée, habituellement mélancolique, était devenue plus triste encore.

Une heure avant la visite d'Ursule Sollier à l'institution, la jeune fille en quittant son lit avait le visage décomposé.

Ses paupières rougies offraient les traces de larmes récentes.

Pauline s'inquiéta.

— Qu'as-tu, ma chérie? — demanda-t-elle à sa compagne en l'entourant de ses bras avec tendresse.

L'enfant ne répondit point.

Son cœur trop gonflé déborda; ses larmes coulèrent de nouveau; elle appuya sa tête en sanglotant sur l'épaule de son amie qui continua, de plus en plus inquiète :

— Sais-tu, chérie, que tu m'épouvantes .. — Depuis deux ou trois jours tu changes à vue d'œil... Tu n'es plus reconnaissable... — Ce matin te voilà pâle

Le greffier désigna l'homme aux lunettes bleues qui s'approcha avec un merveilleux sang-froid.

comme une morte, avec de grands cercles violets autour de tes beaux yeux..
— Pourquoi ce changement?... pourquoi cette mélancolie?... pourquoi ce pleurs?...

— Je suis triste... — balbutia Renée.
— Es-tu malade?
— Non... — Ce n'est pas mon corps qui souffre... c'est mon âme...

— Mais toute souffrance a une cause, chère mignonne... Apprends-moi la cause de la tienne...

L'enfant leva vers son amie ses prunelles humides avec une expression douloureuse et répondit :

— Tu vas penser que je suis folle.

— Pourquoi?

— Parce qu'il me serait impossible de t'expliquer raisonnablement mon chagrin... — Ici, tout le monde est bon pour moi, et tu m'aimes... — Je devrais me trouver heureuse, et pourtant je ne le suis pas... — J'ai des appréhensions, des pressentiments qui ne me laissent point de repos... — Il me semble qu'un grand malheur plane sur moi et va m'atteindre... Il me semble que je vais apprendre une mauvaise nouvelle...

Pauline attira de nouveau Renée sur sa poitrine, l'embrassa avec un redoublement de tendresse et répliqua :

— Eh bien! oui, tu es un peu folle!! — Ce n'est pas sérieux, tout ça! — Tes appréhensions, tes pressentiments, sont de pures et simples hallucinations comme on en a dans un gros accès de fièvre! — Il faut les chasser bien vite! — Qu'est-ce que c'est qu'une souffrance résultant de la crainte de malheurs imaginaires, sinon une souffrance chimérique? — Sur quoi reposent tes pressentiments? — Sur rien! — Tu n'as aucun motif pour être ce matin plus triste que de coutume...

— J'en ai un...

— Lequel?

— Un rêve que j'ai fait...

— *Tout songe est mensonge!...* — C'est un proverbe qui le dit et ce proverbe a cent fois raison!...

Renée secoua la tête.

— Je ne te crois pas... — murmura-t-elle, — j'ai été trop douloureusement frappée, l'impression est trop nette, trop vive, trop persistante, pour qu'il n'y ait rien de vrai dans ce terrible rêve... — J'ai vu des visages baignés de larmes... — J'ai vu un cercueil entouré de cierges... — J'ai vu, dans ce cercueil, mon protecteur pâle et les yeux fermés, et près de lui Mme Ursule agenouillée, vêtue de noir, sanglotant et priant... — Pauline... Pauline... il est arrivé malheur à M. Robert, j'en suis sûre...

L'enfant parlait avec une sorte de délire, son exaltation grandissait visiblement.

— Chère... chère petite folle, — lui dit son amie, — calme-toi, je t'en conjure... Ça n'était qu'un rêve...

— Un rêve, oh! non!... — reprit Renée, — c'était un avertissement qui remplissait mon âme d'épouvante... — Attends... — Tu ne sais pas tout encore... — Une autre femme m'est apparue à côté de Mme Ursule... — Sa vue a fait battre mon cœur et la forme de ses traits est si présente à ma mémoire que je n'hésiterais point à reconnaître son doux et beaux visage... — Elle était vêtue de noir, elle aussi, et agenouillée près du cercueil elle semblait implorer le mort, car elle tendait vers lui ses mains jointes... — Le mort brusquement se souleva dans sa bière, ses yeux sans regards s'ouvrirent, ses lèvres pâles s'agitèrent, et j'entendis une voix, qui ne ressemblait pas aux voix de ce monde prononcer lentement ces mots : — *Oui, Renée est votre fille, mais vous ne la verrez jamais!!*...

Pauline n'était point superstitieuse, et dans l'habitude de la vie elle ne croyait nullement aux songes.

Cependant le récit de sa compagne lui fit passer sur l'épiderme un petit frisson.

— Que dis-tu! — s'écria-t-elle. — Tu as entendu le mort prononcer ton nom?

— J'ai entendu les paroles que je viens de te répéter textuellement... — Alors l'inconnue se releva, poussa un gémissement sourd, essaya de marcher, mais trébucha et s'abattit sur le cercueil...

« Je m'éveillai...

« Je tremblais de tout mon corps... — Une sueur glacée mouillait mes cheveux.

« Je voulais chasser le souvenir de cet effroyable songe, mais cela me fut impossible... — Sans cesse je revoyais la pauvre femme en deuil auprès du cadavre de mon protecteur, et je l'appelais ma mère...

Renée se tut.

Pauline, après avoir subi pendant quelques secondes une involontaire et très vive émotion, était redevenue sceptique.

— Je te disais tout à l'heure, chère mignonne, *que tout songe est mensonge*... — reprit-elle, — je vais te prouver que j'avais raison... — Si ton protecteur, M. Robert, était véritablement mort, Mme Ursule serait venue te l'apprendre, et tu porterais le deuil aujourd'hui... tu vois bien que tu as rêvé et que ton rêve n'offrait aucun sens...

— Ah! je voudrais te croire!!

— Laisse-toi convaincre, ma chérie... Éloigne ces sombres pensées, et regarde l'avenir en souriant.

Un coup de cloche vint annoncer aux pensionnaires qu'il était l'heure de quitter les dortoirs et les chambres.

Renée essuya ses yeux et descendit avec Pauline.

La neige tombée pendant la nuit enveloppait d'un blanc linceul la cour de la récréation. — Il gelait à pierre fendre.

Les élèves entrèrent immédiatement dans les salles d'études.

Après le premier déjeuner les classes furent ouvertes et Renée, s'efforçant mais en vain de chasser le souvenir de son rêve, se mit au travail.

Revenons à Ursule.

La porte du pensionnat s'était ouverte devant elle et la concierge, qui la connaissait de longue date, l'avait conduite au salon, où Mme Lhermitte recevait les correspondants de ses élèves.

Là elle dut attendre que la directrice fût prévenue de sa visite matinale.

Son attente, du reste, fut courte.

Au bout de cinq minutes Mme Lhermitte entra.

— Chère madame Ursule, soyez la bienvenue! — s'écria-t-elle. — Notre gentille Renée sera très heureuse de vous voir...

XXXII

La directrice avait à peine achevé ces mots qu'elle remarqua les vêtements de deuil et le visage assombri de celle à qui elle s'adressait.

— Mon Dieu, — ajouta-t-elle vivement, — pardonnez-moi... je n'avais pas remarqué... — Qu'y a-t-il donc?

— Je viens, madame, vous annoncer une triste nouvelle... — répondit Ursule.

— Un malheur?...

— Un très grand malheur

— Ah! vous me donnez le frisson! — Qu'arrive-t-il?

— Un homme de bien... le protecteur de Renée... M. Robert, est mort...

— Mort!! s'écria Mme Lhermitte atterrée.

— Mort presque subitement, oui, madame, après m'avoir donné l'ordre de venir régler avec vous la pension de sa protégée.

— Qui va quitter ma maison, sans doute?...

— Oui, madame...

— Bientôt?

— Aujourd'hui même...

— Pauvre Renée! — murmura la directrice. — J'avais pour elle une vive affection... Je regretterai son départ... — C'est une âme délicate... une nature de sensitive... — La nouvelle que vous apportez va lui donner un coup terrible...

— Terrible, mais inévitable... — La chère enfant doit connaître son malheur... — J'espère que ma profonde tendresse sera pour elle un soulagement...

Mme Lhermitte savait qu'un mystère planait autour de la naissance de sa pensionnaire.

Elle ignorait le nom de famille de Renée et ne connaissait le protecteur de la jeune fille que sous le nom de Robert.

Tout cela l'intriguait fort ; elle aurait donné beaucoup pour percer à jour ce mystère, mais elle était trop intelligente pour compromettre sa dignité de directrice en trahissant sa curiosité par d'indiscrètes interrogations.

— Désirez-vous que je fasse prévenir immédiatement Renée de votre arrivée et de son prochain départ ? — demanda-t-elle.

— Si vous le voulez bien, — répondit Ursule, — nous réglerons d'abord les questions d'argent...

— Soit... — fit Mme Lhermitte ; — je vais chercher mon livre de comptes...

Elle sortit et revient presque aussitôt, apportant un gros registre.

Mme Sollier tira de son sac de chagrin noir un billet de banque et paya ce qui était dû à l'institutrice.

— Vous m'avez dit, — reprit cette dernière après avoir signé la quittance, — vous m'avez dit que Renée nous quitterait aujourd'hui même...

— Oui, madame... — je compte l'emmener avec moi...

— Il faut lui donner le temps de préparer son petit bagage...

— Je vous prierai de charger de ce soin une personne de service... — répliqua Mme Sollier. — Je ferai ce soir prendre la malle par un garçon de l'*Hôtel de la Préfecture* où je suis descendue comme de coutume...

— C'est entendu...

— Renée mettra ce matin son costume le plus simple, afin de venir avec moi faire emplette de vêtements de deuil. — Maintenant, madame, soyez assez bonne pour envoyer chercher la pauvre enfant, mais sans qu'elle sache que c'est moi qui la demande.

— Je vais la chercher moi-même.

La directrice quitta le salon et se rendit à la salle d'étude où se trouvait Renée.

Soutenant de ses deux mains son front incliné, et les yeux fixés sur un livre ouvert qu'elle ne voyait pas, la jeune fille rêvait tristement.

Mme Lhermitte, s'approchant, lui toucha l'épaule.

Renée tressaillit et leva vivement la tête...

— Mon enfant, — lui dit la maîtresse du pensionnat, — on vous attend au salon...

— Qui donc, madame ?

— Vous le verrez...

Un sentiment d'angoisse bouleversa Renée...

Le songe effrayant de la nuit précédente revint à sa mémoire, et la conviction qu'elle allait apprendre un malheur s'empara de son esprit.

Elle quitta la salle d'étude en toute hâte et courut au salon dont elle ouvrit fiévreusement la porte.

Ursule était debout, au milieu de la pièce...

En la voyant vêtue de noir, pâle et les paupières rougies, Renée comprit que ses plus sombres pressentiments se réalisaient.

Immobile sur le seuil, elle poussa un sourd gémissement et fut obligée de se soutenir au montant de la porte pour ne pas tomber.

Mme Sollier s'élança vers elle et la prit dans ses bras.

— Ah! — balbutia Renée dont le visage fut à l'instant inondé de larmes, — les rêves ne mentent pas... — Mon protecteur est mort!

Un sanglot s'échappa de la gorge oppressée d'Ursule.

— Du courage, mon enfant... du courage, — murmura la digne femme en serrant maternellement Renée sur sa poitrine.

— Mort!... il est mort!! — répéta Renée dont le cœur se brisait. — Oh! mon rêve!.. mon rêve!...

— Du courage... — reprit Ursule.

— Que vais-je devenir, sans soutien, sans famille? — poursuivit la jeune fille désespérée. — Il est mort... lui si bon,.. lui si tendre pour moi! — Il est mort, et je ne l'ai pas revu!... Je n'ai pas reçu son dernier baiser!... Je n'ai pas pleuré près de son lit funèbre!.. Je n'ai pas prié sur sa tombe!! — Oh! madame, — ajouta Renée en s'adressant à Mme Lhermitte qui venait de paraître, — mon ami... mon protecteur... celui que j'appelais mon père, je ne le verrai plus!...

Et les pleurs de la pauvre enfant redoublèrent.

La directrice du pensionnat fit asseoir Renée près d'elle, mêla ses larmes aux siennes, et avec les meilleures intentions du monde lui prodigua ces banales paroles de consolation qui n'ont jamais consolé personne.

Renée les entendait à peine et, d'une voix étouffée, répétait :

— Ne plus le revoir!...

— Vous penserez à lui...

— Sans cesse...

— Son souvenir restera vivant près de vous...

— Oh! toujours! toujours! Mais je ne le verrai plus, lui!!

Après un instant de silence, Mme Lhermitte reprit :

— Vous allez quitter le pensionnat, chère enfant...

Ces mots firent une diversion brusque à la douleur de Renée.

— Quitter le pensionnat?? — murmura-t-elle en levant ses yeux pleins de larmes sur Mme Sollier comme pour l'interroger.

— C'est la dernière volonté de votre protecteur... de votre ami... — répondit Ursule.

— Ainsi, vous allez m'emmener?

— Oui.

— Où me conduirez-vous?

— Où votre protecteur m'a donné l'ordre de vous conduire...

— Et vous resterez avec moi, bonne Ursule?
— Je vous le promets!
— Vous ne me quitterez pas?
— Jamais!... jamais!... je vous le jure!...
— Je ne serai pas seule au monde... je serai aimée...

La jeune fille se jeta dans les bras de Mme Sollier, qui la tint longuement embrassée.

— Voyons, chère mignonne, — dit Ursule en dominant son émotion, — faites appel à votre courage... séchez vos larmes...

— Est-ce possible?

— Il faut que ce soit possible! — Montez à votre chambre... revêtez une robe très simple et de couleur très sombre... — Mme Lhermitte voudra bien charger quelqu'un de préparer votre malle qu'on portera dans la journée à l'*Hôtel de la Préfecture*, où nous retiendront jusqu'à demain des emplettes indispensables...

— Des vêtements de deuil, n'est-ce pas? — demanda tristement Renée.

— Oui, ma mignonne... — Allez vite.

— Et je ne reviendrai plus ici?...

— Vous y reviendrez comme visiteuse si cela vous plaît; mais non comme pensionnaire...

— J'ai une amie que je voudrais embrasser avant de partir, en lui disant adieu... — balbutia Renée.

— Pauline Lambert? — fit la directrice.

— Oui, madame...

— Montez à votre chambre, chère enfant... — Je vais prier Pauline d'aller vous y rejoindre et vous pourrez lui faire vos adieux...

Renée prit les mains de Mme Lhermitte et les pressa avec effusion en s'écriant :

— Ah! vous êtes bonne, madame! Vous avez sans cesse été bonne pour moi, et je vous en serai reconnaissante toute ma vie...

La maîtresse de pension embrassa Renée, qui s'éloigna tristement.

— C'est une âme céleste!... C'est un cœur d'ange, — fit-elle quand la jeune fille eut refermé la porte. — Elle mérite bien d'être heureuse!

— Elle le sera, madame, — répondit Ursule.

Aussitôt arrivée dans sa chambre, Renée, se conformant à la recommandation qui venait de lui être faite, revêtit la plus simple et la plus sombre de ses robes.

Elle avait le cœur gros, et tandis qu'elle s'habillait des larmes coulaient sur ses joues.

— Si seulement je l'avais revu... — balbutiait-elle d'une façon presque inconsciente; — si seulement je l'avais embrassé... — Hélas! hélas! il est mort! et je ne le reverrai pas... et je ne l'embrasserai plus...

Renée fouilla les tiroirs d'un meuble où elle serrait ses menus objets de toilette et ses humbles bijoux de jeune fille.

Elle y prit un médaillon d'or, suspendu à un ruban de velours, le pressa sur ses lèvres et murmura :

— Malgré la douleur qui m'accable, je ne t'oublierai pas, cher compagnon de mon enfance ! — Je te porte depuis bien longtemps, sans savoir quel est le souvenir qui s'attache à toi, mais je t'aime. — Il me semble que tu fais partie de moi-même... il me semble qu'une pensée tendre t'a donné à moi... que tu es la consolation et que tu es aussi l'espérance... — Je t'aime !!

De nouveau elle appuya ses lèvres sur le médaillon et elle l'attacha à son cou.

— Qu'est-ce que cela ? — se demanda-t-elle ensuite en trouvant dans un coin du tiroir un papier tordu et froissé.

Elle le défripa, le lut et dit tout bas, en fronçant le sourcil :

— Les quelques lignes écrites par ce prisonnier la nuit de son évasion... — La lettre de cet homme dont la voix et les regards m'effrayaient et qui doit jouer un rôle funeste dans ma vie, si mes pressentiments se réalisent... — Sombre souvenir que je veux garder !

Renée plia en huit le morceau de papier et le glissa dans une poche de son porte-monnaie contenant déjà ses économies de pensionnaire, — (assez rondes du reste, M. Robert Vallerand étant généreux) ; — économies représentées par un billet de banque, plusieurs louis d'or et de la menue monnaie.

XXXIII

Mme Lhermitte, après avoir donné l'ordre à Pauline Lambert de monter à sa chambre où l'attendait Renée, était venue rejoindre Ursule au salon.

Pauline, très inquiète, se hâta de se rendre auprès de son amie.

En peu de mots Renée lui apprit le coup terrible qui la frappait.

Ces deux enfants pleurèrent ensemble en jurant de ne jamais s'oublier et de s'aimer toujours.

— Enfin, où vas-tu aller ? — demanda Pauline à travers ses larmes.

— Eh ! le sais-je ? — J'irai où on me conduira.

— A Paris, peut-être...

— Je ne le souhaite pas...

— Pourquoi donc ?

— Paris est une ville terrible qui me fait peur.

— Que dis-tu là, chérie !! — répliqua vivement Pauline. — Paris est une ville charmante, au contraire... un paradis !! le paradis des jeunes filles !! — Mes parents ont promis de me reprendre avec eux l'année prochaine... C'est à

Ce fut un jeu pour lui d'escalader la grille.

Paris que je te reverrai, je l'espère, toi et une autre amie, Honorine de Terrys !... C'est à Paris que tu retrouveras ta famille, j'en suis sûre !... — C'est à Paris que tous les bonheurs t'attendent, et cette croyance me console un peu du chagrin de te quitter...

— Tous les bonheurs m'attendent à Paris !! — répéta, non sans quelque amertume, la fille de Robert Vallerand.

— Oui, — répondit Pauline en souriant, — même celui de revoir ce voyageur...

Ce charmant jeune homme de l'hôtel en face... Tu sais bien ce que je veux dire...

Renée devint pourpre et son cœur se serra.

Une douleur nouvelle s'ajoutait à ses douleurs.

Cet inconnu qui sans cesse occupait sa pensée, le reverrait-elle jamais ?

Elle ne l'espérait pas.

— Voyons, embrasse-moi encore, — reprit Pauline, — et promets-moi de m'écrire pour me donner ton adresse... En quelque endroit que tu te trouves j'irai te voir, quand je ne serai plus prisonnière ici... et ce sera bientôt...

— Je t'écrirai, je te le jure !... — répondit Renée.

Les deux enfants échangèrent une dernière étreinte, se séparèrent le cœur gonflé et les yeux pleins de larmes, puis Renée rejoignit Ursule, fit ses adieux à Mme Lhermitte et quitta le pensionnat.

Léopold Lantier était toujours à sa fenêtre regardant la porte de l'institution.

En voyant apparaître la jeune fille, il fit un geste de stupeur et laissa vivement retomber le rideau.

— Tonnerre ! — murmura-t-il en devenant pâle, — c'est une des petites à qui je dois ma liberté !... — Elle, la bâtarde de Robert Vallerand !!... Ma cousine de la main gauche !! Elle à qui je vais payer une dette de reconnaissance en la supprimant pour lui voler son héritage !! — Allons, le diable est contre moi !!

Et le réclusionnaire évadé, maudissant un hasard qu'il n'avait pas prévu, se laissa tomber sur un siège, épouvanté lui-même du double crime qu'il allait commettre, mais n'y renonçant point.

En sortant de chez Mme Lhermitte, Ursule prit une voiture et se fit conduire avec Renée dans un grand magasin de deuil afin d'acheter des vêtements noirs.

Elle avait hâte d'arriver à Paris et de présenter Renée au notaire de la rue des Pyramides, dépositaire du pli cacheté renfermant les dernières volontés de Robert Vallerand.

Son impatience ne put être satisfaite.

Aucun des costumes tout confectionnés n'allait de façon suffisante à la jeune fille.

Le travail indispensable pour ajuster les corsages à sa taille demandait vingt-quatre heures.

Or, les plus strictes convenances imposaient le grand deuil.

Mme Sollier dut accepter ce contretemps et se résigner à passer la nuit à Troyes et à n'en partir que dans la soirée du lendemain.

Les deux femmes rentrèrent à l'hôtel, en se proposant de continuer leurs achats après déjeuner.

Renée, nous le savons, était de nature sérieuse et méditative.

Elle songeait à l'avenir et se demandait quels changements la mort de son cher protecteur allait apporter dans sa position.

A cette question, naturellement, elle ne pouvait répondre. — Elle n'entrevoyait rien. — Le mystère épaissi à dessein autour d'elle depuis sa naissance était impénétrable.

Pour dissiper ces ténèbres profondes, il n'existait qu'un seul moyen : — interroger Ursule.

Renée se promit de le faire sans le moindre retard, non qu'elle fût curieuse, mais il lui semblait pénible et presque humiliant de ne rien savoir sur son propre compte.

Selon les ordres donnés, le couvert était mis dans la chambre de Mme Sollier.

A onze heures précises, on servit le déjeuner.

Les grandes douleurs ôtent l'appétit.

C'est assez dire que Renée n'avait pas faim ; elle consentit cependant, sur les instances d'Ursule, à prendre un peu de nourriture pour se soutenir.

Léopold Lantier, — remis du choc qu'il avait subi en voyant Renée — déjeunait dans sa chambre, comme les deux femmes ; tout en ne perdant pas une bouchée, il l'avait l'oreille au guet.

On parlait chez Mme Sollier, mais à voix très basse ; — un simple bourdonnement de paroles arrivait jusqu'à lui.

Ceci ne faisait point son affaire.

Une porte condamnée par un double verrou, et conduisant à la chambre d'Ursule, permettait de réunir au besoin les deux pièces pour la convenance des voyageurs.

Devant cette porte se trouvait une toilette.

Après s'être enfermé chez lui, Léopold déplaça cette toilette, s'agenouilla sur le tapis et regarda par le trou de la serrure.

Il vit Ursule et Renée.

Celle-ci, le front incliné, semblait réfléchir.

Mme Sollier la contemplait avec attendrissement.

Le déjeuner était fini.

— Renée, chère mignonne, — dit tout à coup Ursule, — pourquoi maintenant vous taisez-vous ?... Ne vous absorbez pas ainsi dans votre chagrin... Parlez-moi, je vous en prie !...

L'enfant releva la tête et tourna vers sa compagne ses yeux baignés de pleurs.

— Oh ! madame... madame... — balbutia-t-elle, — si vous saviez ce que je souffre...

— Je le sais... je le comprends... — lui répondit Ursule en se levant pour l'embrasser sur le front, — mais vous n'êtes plus une enfant, et aux enfants seuls il est permis de se laisser abattre, faibles qu'ils sont de corps et d'esprit pour lutter contre la douleur ; vous devez, vous, avoir la force et le courage de souffrir...

Renée saisit l'occasion qui se présentait.

— La force et le courage, — fit-elle. — Vous seule pouvez me les donner...

— Moi ! — s'écria Mme Sollier.

— Vous...

— Et comment ?

— La destinée nouvelle qui commence aujourd'hui pour moi, m'autorise à vous adresser de nouveau certaines questions restées sans réponse jusqu'à présent, mais auxquelles vous ne pouvez plus refuser de répondre. Hier, j'avais un protecteur... un ami... Je pouvais vivre insouciante, car je comptais sur lui, et sa tendre sollicitude ne m'a jamais fait défaut... Il est mort, celui que j'aimais d'une tendresse filiale et reconnaissante, et j'ai besoin désormais de savoir ce que l'on m'a caché depuis mon enfance... Ma vie est une énigme !... Les enfants que j'ai connus avaient un père... une mère... ou du moins, s'ils étaient orphelins, des parents éloignés... Quand j'ai demandé, moi, où étaient mon père et ma mère, on ne m'a pas répondu et on a voulu imposer silence à mon cœur comme on imposait silence à mes lèvres... Je me taisais en dévorant mes larmes, mais je ne me résignais point... A présent je veux savoir. Suis-je l'enfant d'un crime, ou suis-je orpheline ? Mon père et ma mère sont-ils morts ou rougissent-ils de moi ? M. Robert était-il un ami de mon père ? était-il mon père lui-même ? Oh ! madame Ursule, je vous en supplie, dites-moi tout !... Dois-je m'agenouiller et demander à Dieu d'accueillir en sa miséricorde l'âme de mon père qui n'est plus ? Répondez-moi !... Répondez-moi !...

L'ex-femme de confiance de Robert Vallerand s'attendait à cet interrogatoire.

Elle avait préparé ses réponses.

— Chère enfant, — dit-elle en embrassant Renée, — il est bien vrai qu'un mystère plane sur votre existence... mais, pour moi comme pour vous, ce mystère est impénétrable...

— Quoi ! — s'écria la jeune fille, — vous ne savez pas quel est mon père ?...

— Je ne sais rien, et j'accomplis la tâche qui m'a été imposée par votre protecteur, M. Robert...

— M. Robert... — interrompit Renée, — mais ce n'est qu'un nom de baptême, cela... pourquoi me cacher le nom de famille ?

Ursule répondit évasivement :

— J'ai reçu mission de vous accompagner à Paris après la mort de M. Robert, et de vous conduire chez un notaire qui, en échange d'une lettre que je possède, vous remettra des papiers... or, ces papiers renferment le mot de ce que vous appelez l'énigme de votre vie...

— Ainsi donc, — demanda Renée, se souvenant des paroles de Pauline Lambert, — c'est à Paris que nous allons ?

— Oui, ma mignonne... Quand vous aurez pris connaissance des papiers dont je parle, vous saurez qui vous êtes et quel avenir vous est réservé...

— Ces papiers m'apprendront-ils quelle est ma mère ?... — reprit la jeune fille.

— Je l'ignore... — répliqua Mme Sollier avec embarras.

— Mais vous la connaissez, ma mère ?

— Je ne la connais pas...

— Est-ce possible ? Puis-je croire que vous, qui dès mon enfance veillez sur moi, vous n'avez pas connu ma mère ?...

— Il faut le croire, car c'est la vérité...

— Ainsi vous ne pouvez même pas m'apprendre si ma mère est vivante ou morte ?...

— Je ne puis vous apprendre ce que j'ignore...

— Les papiers du notaire me révéleront sans doute ce que vous ignorez !... — fit brusquement Renée. — Quand partirons-nous pour Paris ?

— Nous serions parties aujourd'hui si nous avions trouvé des vêtements de deuil à votre taille... Ces vêtements ne seront prêts, vous le savez, que demain à quatre heures... Nous partirons le soir par le train de six heures vingt minutes.

— Et nous arriverons ?

— A une heure du matin...

— Donc, nous ne pourrons voir que le lendemain la personne à laquelle nous envoie mon protecteur ?...

— Cela est certain...

— Combien passerons-nous de temps à Paris ?

— Un ou deux jours seulement.

— Où irons nous ensuite ?

— A un endroit où vous aurez une mission à remplir...

— Quelle mission ?

— Je ne puis vous le dire... Les papiers vous l'apprendront...

XXXIV

— Allons ! — murmura Renée en baissant la tête, — encore des mystères !...

Ursule, voulant couper court à un entretien qui l'embarrassait au delà du possible, embrassa la jeune fille et sortit avec elle pour continuer les emplettes indispensables.

Lantier, toujours agenouillé sur le tapis, ayant l'oreille collée au trou de la serrure, n'avait pas perdu un seul mot de la conversation des deux femmes.

Aussitôt qu'elles eurent quitté la chambre, il abandonna son poste d'observation et vint se rasseoir près de la table où l'attendait son café refroidi.

— Tiens ! tiens ! tiens ! — murmura-t-il ; — très curieux et très intéressants les renseignements !... Ah ! la petite ignore de qui elle est fille... Elle ne sait pas où elle va... Elle ne se doute point que des millions l'attendent... Le nom même de la dame Sollier lui est inconnu ! — Sapristi ! mais tout cela me met dans les mains des masses d'atouts !

« Demain soir, la vieille et la jeune partiront par le train de six heures vingt minutes... Ni l'une ni l'autre n'arriveront à Paris, et j'aurai la lettre au notaire... »

Léopold s'enveloppa dans son pardessus garni de fourrures, mit son cache-nez, ses lunettes bleues, enfonça son chapeau à larges ailes et, complètement méconnaissable, alla faire un tour dans la ville.

Il ne lui déplaisait point de passer incognito devant la prison d'où il s'était si audacieusement et si adroitement échappé.

La neige tombait toujours.

Le pavé des rues disparaissait sous une couche épaisse que les balayeurs, convaincus de leur impuissance, ne tentaient même plus d'enlever.

Ursule et Renée regagnèrent de bonne heure l'hôtel et prirent dans leur chambre le repas du soir.

Lantier ne rentra qu'à la nuit close, portant une petite valise bouclée soigneusement

Il l'enferma dans le tiroir d'un meuble et se fit monter à dîner.

Le lendemain, les vêtements de la jeune fille furent prêts et livrés à l'heure convenue.

Renée se vêtit de grand deuil, et la teinte noire de son costume sembla refléter les pensées sombres qui hantaient son esprit.

Mme Sollier remplit une malle des achats faits à Troyes, et vers cinq heures et demie l'omnibus de l'hôtel conduisit les deux femmes au chemin de fer.

Depuis quelques instants déjà le réclusionnaire évadé, absolument méconnaissable, attendait, sa valise à la main, dans une des salles de la gare.

Il ne s'approcha point d'Ursule et de sa compagne, mais il eut soin de ne pas les perdre de vue.

Lorsque la femme de confiance de Robert Vallerand se dirigea vers le guichet, il la suivit comme il avait fait à Romilly.

Le nombre des voyageurs était très restreint par ce temps de neige et de grand froid.

Trois personnes seulement se trouvaient au guichet entre Ursule et Léopold.

Il entendit Mme Sollier demander à l'employé :

— Pourrais-je avoir un compartiment réservé pour Paris ?...

— Combien vous faut-il de places ?

— Il ne m'en faut que deux.

— Êtes-vous disposée à en payer quatre?
— Parfaitement!
— Je vais faire prévenir le chef de gare afin qu'on vous réserve un coupé. — Voici vos billets.

Ursule paya, rejoignit Renée, et entra avec elle dans la salle d'attente de première classe.

Le tour de Léopold arriva.

— Une place pour Paris... — dit-il en mettant sur la tablette un billet de cent francs.

— Quelle classe?

— Première... — Pas beaucoup de monde aujourd'hui, monsieur...

— Par un temps pareil on aime à rester chez soi... — répliqua l'employé en rendant la monnaie. — Le train sera presque vide...

— Je l'espère bien... — pensa Lantier, et il quitta le guichet.

Dix minutes après l'heure réglementaire le train venant de Chaumont arrivait en gare.

Ainsi que l'avait prévu le préposé aux tickets, il était presque vide.

On ouvrit les portes des salles d'attente, et les voyageurs à destination de Paris et de la ligne traversèrent le quai afin de gagner les wagons.

Léopold vit Ursule et Renée prendre possession du coupé retenu pour elles, et s'installa lui-même dans un compartiment où il se trouva seul.

Après six minutes d'arrêt le train repartit à toute vapeur.

De Troyes à Paris la distance n'est que de cent soixante-sept kilomètres. — Les trains express, ne s'arrêtant qu'aux grandes stations, la franchissent en cinq heures.

Un voyage aussi court ne pouvait être bien fatigant pour Renée, et M™° Sollier n'avait tenu à avoir un compartiment réservé que pour qu'il fût possible à la jeune fille de s'isoler dans sa douleur.

En agissant ainsi, la pauvre femme servait merveilleusement, sans le savoir, les projets de Lantier.

Ce dernier attendit que le train fût en marche, puis il se leva et, se plaçant sous la lumière de la lampe éclairant le compartiment, tira de sa poche un *Indicateur* et se rendit compte des distances à parcourir entre les stations où stoppait le train.

Il suivit du doigt la désignation des gares.

Son doigt s'arrêta sur la station de Longueville.

— Entre *Longueville* et *Maison-Rouge*, — se dit-il, — le train met vingt-cinq minutes, c'est plus de temps qu'il n'en faut pour agir; c'est là que j'agirai...

Après avoir refermé son *Indicateur*, qu'il plaça sur le coussin près de lui, il exhiba un de ces longs couteaux poignards qu'on appelle *couteaux de Nontron;* il l'ouvrit et en examina la lame épaisse, longue et affilée.

— C'est une arme terrible... — murmura-t-il avec un sourire. — Deux coups et tout sera fini... Héritière et dame de confiance iront de compagnie dans un monde meilleur... J'aurai la lettre et je défierai bien la police de découvrir jamais qui a fait le coup. — Ce sera une seconde édition de l'affaire de Jud... — Le mystère dont Mme Ursule entoure la fille de Robert Vallerand rendra les ténèbres insondables... — Mon cousin Pascal Lantier me devra une fière chandelle... et un joli million...

On venait de franchir la halte de Savières.

Léopold mit la tête à la portière de son compartiment, mais il la retira aussitôt.

La neige tombant à gros flocon l'aveuglait. — La campagne tout entière disparaissait sous une nappe blanche épaisse.

Le vent soufflant avec violence creusait des sillons dans cette nappe et, partout où la voie se trouvait encaissée, produisait des amoncellements difficiles à franchir.

On arriva, non sans un nouveau retard, à Longueville où le train stationna pendant quelques minutes.

Quatre ou cinq voyageurs quittèrent les wagons pour se déraidir les jambes en marchant sur le quai.

Le chef de gare jeta l'épouvante dans leurs âmes en affirmant que si la neige continuait à tomber on n'arriverait pas jusqu'à Paris.

Léopold, — on le comprend sans peine, — tenait à se montrer le moins possible ; — il ne quitta point son compartiment.

— Messieurs les voyageurs, en voiture ! — crièrent les employés.

Et le train se remit en marche.

Le réclusionnaire évadé, certain qu'il n'y aurait aucun arrêt nouveau pendant un laps de vingt-cinq minutes, déboucla la valise qu'il avait placée près de lui.

Il en tira un caban et une casquette d'employé de chemin de fer, endossa le caban, se coiffa de la casquette dont il abaissa la visière sur ses yeux, s'enveloppa le bas du visage d'un cache-nez à carreaux blancs et noirs, et plaça le couteau de Nontron tout ouvert dans sa poche de côté de son caban.

— Allons, — dit-il ensuite tout haut et d'un ton ferme, — le moment est venu !!

Le misérable baissa la glace.

Une rafale de neige s'engouffra dans le compartiment.

Il n'y prit pas garde, se pencha au dehors, fit jouer la targette, tourna la poignée, et la portière s'ouvrit.

Léopold descendit sur le marchepied que la neige accumulée et durcie rendait glissant, saisit la barre de cuivre courant le long du wagon, referma sans bruit la portière, et pendant une ou deux secondes se tint debout et immobile.

Le jardinier, ne se doutant point de la présence d'un intrus, alla droit au fourneau.

Le temps était effroyable; — le vent soufflait en foudre. — Les lueurs intermittentes du foyer bourré de houille mettaient de pâles éclairs dans le ciel couleur d'encre.

Malgré les efforts de la vapeur le train marchait moins vite.

On eût dit que les éléments se faisaient complices de l'assassin.

Lantier se baissa afin que sa tête ne fût point au-dessus des vitrages et, se soutenant à la barre de cuivre qui lui glaçait les mains, il suivit lentement le marchepied.

Il allait au compartiment loué par Ursule.

Ce compartiment se trouvait le premier du wagon dont lui-même occupait le dernier.

Rampant dans l'ombre comme un chat-tigre qui guette sa proie et va la saisir, Léopold arriva jusqu'au coupé, se dressa, tourna la poignée, ouvrit à demi la portière et se dressa dans l'entre-bâillement.

Ursule et Renée étaient assoupies.

Elles se réveillèrent en sursaut et regardèrent l'importun qui venait troubler leur sommeil.

Le costume d'employé de chemin de fer qu'avait endossé le misérable dissipa dès le premier coup d'œil la naissante inquiétude des deux femmes.

Lantier ne livrait rien au hasard, et c'est pour obtenir ce résultat qu'il avait choisi le déguisement dont nous l'avons vu se revêtir.

Il entra tout à fait dans le coupé et referma la porte derrière lui.

— Vos billets, s'il vous plaît, — dit-il en portant la main à sa casquette.

Ursule fouilla son sac pour prendre les tickets.

Renée, mal éveillée, s'accota de nouveau dans l'angle capitonné et ferma les yeux.

Au lieu de tendre la main pour recevoir les billets que Mᵐᵉ Sollier allait lui donner, Léopold glissait cette main sous son caban couvert de neige et saisissait le couteau de Nontron.

— Voilà, monsieur... — fit Ursule en tendant les deux billets.

Le misérable allait frapper.

Soudain retentirent de bruyantes détonations, et le train, dont la marche se ralentissait de plus en plus, s'arrêta court.

Lantier, stupéfait, recula.

— Que se passe-t-il monsieur? — fit vivement Ursule bouleversée par les explosions? — Que signifie cela?

— Je n'en sais rien, madame... — répliqua le faux contrôleur.

XXXV

Un grand remue-ménage se produisait sur toute la longueur du train.

On entendait des carreaux glisser dans leurs rainures, des portières s'ouvrir.

Des voix que l'effroi rendait tremblantes s'élevaient en avant et en arrière, formulant des questions inintelligibles.

Renée, à son tour, demanda :

— Mon Dieu, monsieur, qu'y a-t-il donc ? — Sommes-nous en danger ?

Pour la seconde fois Lantier répondit :

— Je n'en sais rien.

Il ne mentait pas.

Les détonations et l'arrêt du train lui semblaient inexplicables.

La seule chose qui pour lui fût évidente, c'est qu'il ne pouvait en ce moment mettre son projet à exécution.

— Je vais m'informer... — ajouta-t-il.

Puis, sortant du coupé qu'il referma, il reprit le chemin du compartiment qu'il occupait et où il dépouilla en toute hâte son costume de contrôleur du chemin de fer.

Les cris et les questions continuaient à se croiser.

Des visages pâles de terreur ou rouges de colère émergeaient des portières.

On voulait des explications ; — on les exigeait des employés ahuris qui paraissaient fort disposés à perdre la tête.

Enfin le chef de train répondit :

— Les pétards étaient un signal d'arrêt. — La neige obstrue complètement la voie... Impossible d'aller plus loin...

Ces paroles furent accueillies par un déchaînement d'imprécations.

— Tonnerre du diable ! — se disait Léopold. — Tout allait être fini et tout est à recommencer !... pas de chance !

— Où sommes-nous ? — demandèrent des voix confuses.

— A deux kilomètres de Maison-Rouge... — répliqua le chef de train. — Je vais envoyer prévenir que nous nous trouvons en détresse et réclamer des secours qui, je l'espère, ne se feront point attendre...

Ursule et Renée déploraient ce retard imprévu, mais la lutte contre les éléments était impossible, — il fallait se résigner.

On tira des pétards de minute en minute, la vapeur siffla sans relâche et deux hommes, affrontant la neige qui leur montait plus haut que les genoux, partirent dans la direction de Maison-Rouge.

Une heure et demie après leur départ arriva le secours attendu, sous la forme d'une escouade de terrassiers portant des torches et des outils.

Il s'agissait de déblayer, sur une longueur de cent mètres environ, la voie qu'un amoncellement de neige obstruait.

Vers trois heures du matin le train se remit en marche et parvint lentement à Maison-Rouge ; mais il ne pouvait aller plus loin, le fil électrique signalant la voie comme impraticable entre Nangis et Grandpuits.

Les voyageurs durent mettre pied à terre, chercher un gîte et attendre.

Renée et Mᵐᵉ Sollier étaient momentanément sauvées.

Elles descendirent comme tout le monde.

Léopold, sa valise à la main, ne les perdait point de vue.

Le froid prenait une intensité terrible; — le thermomètre indiquait douze degrés.

On marchait avec peine dans les endroits où la neige, balayée par les rafales, n'avait laissé qu'une couche de givre formant verglas.

Les quelques hôtels avoisinant la gare de Maison-Rouge étaient ouverts et éclairés.

Valets et servantes accouraient faire des offres de service aux voyageurs, et se félicitaient d'une aubaine inattendue.

Tout à coup un cri se fit entendre, et une femme perdant l'équilibre s'abattit sur le sol glacé.

Cette femme était Ursule Sollier. — Elle semblait beaucoup souffrir et faisait de vains efforts pour se relever, mais elle n'avait pas lâché son sac de chagrin noir.

Renée, folle d'épouvante, s'agenouilla près d'elle dans la neige en appelant à l'aide.

Garçons d'hôtel et voyageurs accoururent.

— Il faudrait un docteur, — dit quelqu'un; — cette dame s'est peut-être blessée grièvement.

Le chef de gare, dans la prévision de quelque accident, avait fait requérir un des médecins de la petite ville.

Ce médecin se trouvait sur la place. — Il entendit le cri poussé par Ursule et s'approcha.

— Qu'on porte madame au plus prochain hôtel... — commanda-t-il, — je lui donnerai mes soins...

Deux garçons de l'*Hôtel de la Gare* soulevèrent Mme Sollier et la portèrent avec précaution jusqu'à la salle commune de l'établissement où elle fut assise dans un fauteuil.

— Soyez sans inquiétude, mignonne, — dit-elle à Renée tout en larmes, — je crois bien que ce n'est pas grave, mais c'est très douloureux...

— Qu'est-il arrivé, madame? — demanda le médecin.

— J'ai glissé... j'ai voulu me retenir, et mon pied gauche a tourné sous moi...

— Où est le siège de la douleur?...

— A la cheville...

— Nous allons voir cela... — fit le docteur, puis il ajouta en s'adressant à une servante: — Déchaussez madame, je vous prie.

La servante détacha la bottine fourrée d'Ursule, retira le bas de laine grise, et la cheville apparut très enflée et brûlante.

— Une simple foulure... — dit le médecin après un examen attentif, — c'est fort peu de chose... huit jours de repos suffiront pour amener la guérison complète.

— Huit jours ! — s'écria Ursule avec découragement.

— Eh ! madame, félicitez-vous ! ! — S'il s'agissait d'une fracture, ou même d'une entorse, il faudrait non quelques jours mais des semaines d'immobilité ! !

Le docteur appliqua des compresses imbibées d'eau froide et demanda d'urgence un lit pour la patiente.

— J'ai fait réserver deux chambres contiguës... — répondit le propriétaire de l'hôtel, — madame et mademoiselle les occuperont...

Ursule fut portée au premier étage où Renée, avec l'aide d'une servante, s'empressa de la dévêtir et de la mettre au lit.

Léopold Lantier, à demi caché par un groupe de voyageurs, avait prêté une oreille attentive aux paroles du docteur.

En apprenant que huit jours d'absolu repos seraient indispensables pour la guérison de Mme Sollier, il prit son parti de l'incident qui venait d'entraver ses projets, et se dit qu'ayant devant lui toute une semaine il trouverait sans aucun doute quelque bonne occasion de supprimer les deux femmes sans se compromettre.

Il s'arrangea donc pour passer le reste de la nuit à l'hôtel, dans un fauteuil, au coin de la salle commune, et il remit au lendemain la réédification de ses plans.

.*.

Quatre jours s'étaient écoulés depuis le pacte conclu entre Pascal Lantier et le misérable évadé de la prison de Troyes, — pacte effroyable qui condamnait à mort Ursule et Renée, et faisait de l'ingénieur le complice du bandit auquel il avait fourni l'argent nécessaire pour conduire à bonne fin son œuvre sinistre.

Pascal Lantier ne devinait point que l'étranger et son cousin Léopold fussent le même homme.

Dans un moment de fièvre, décidé à tout pour échapper à la ruine, à la banqueroute, à la cour d'assises, à la prison, il avait accepté les services de cet homme ; mais, une fois le prétendu *Valta* parti, le constructeur s'était demandé si quelque misérable, maître de ses secrets, ne venait pas de le prendre pour dupe et de le faire adroitement chanter...

L'entrefilet du *Petit Journal*, laissé dans ses mains par Léopold, disait bien en effet que Robert Vallerand, le député de l'Aube, venait de mourir, mais cela ne prouvait nullement l'exactitude des détails donnés par le visiteur et l'authenticité des millions promis...

La mort même était-elle vraie ?

Les correspondants des journaux les mieux informés sont sujets à l'erreur ; — la nouvelle pouvait être prématurée.

Pascal, le lendemain, dévora les feuilles publiques.

Elles confirmaient le décès de Robert Vallerand.

La certitude que Valta n'avait pas menti sur ce point rassura quelque peu le constructeur.

Il attendit avec plus de calme des nouvelles de son complice.

— Assurément, — se disait-il, — Valta ne peut agir sans perdre une minute... Il doit combiner des plans; trouver des moyens d'exécution, attendre un moment opportun, ne rien risquer de ce qui, par trop de hâte, compromettrait la réussite... — Si par malheur il échouait, s'il ne pouvait empêcher l'héritière de se présenter, adieu le mirage entrevu ! Adieu l'espoir qui seul soutient mon courage !! Au lieu du salut, l'écroulement !!

Et de nouveau les plus poignantes angoisses remplaçaient la confiance.

Le surlendemain, aucune nouvelle n'arrivant de Romilly, ces angoisses atteignirent leur paroxysme.

Les journaux du département de l'Aube, qu'il alla consulter dans un cabinet de lecture, augmentèrent sa perplexité.

Ces journaux annonçaient qu'après l'enterrement du député les scellés avaient été mis au château de Viry-sur-Seine.

Que pouvait faire Pascal ?

Devait-il se présenter comme héritier ?

Assurément non, car une telle démarche risquerait de faire échouer le plan de son complice.

Il fallait donc s'armer de patience et ne pas donner signe de vie avant d'avoir reçu les instructions de Valta.

L'entrepreneur, en rentrant rue Picpus après sa séance au cabinet de lecture, trouva une lettre qui mit le comble à son inquiétude.

Cette lettre était de M. de Terrys.

Le père d'Honorine priait le constructeur de passer chez lui sans le moindre retard.

La formule de cette prière était presque impérieuse.

— Que diable peut-il me vouloir ? — se demanda Pascal en fronçant le sourcil. — Le payement des rentes et l'échéance du remboursement partiel sont encore éloignés... D'ici au 31 décembre l'héritage de Robert Vallerand sera dans mes mains et toute gêne aura disparu. Mais encore une fois que me veut-il, et pourquoi ce ton de commandement ?...

Pascal Lantier trouvait, — non sans raison, — que l'incertitude constitue un supplice intolérable.

Il déjeuna donc à la hâte, monta en voiture et se fit conduire chez M. de Terrys.

XXXVI

Le comte habitait, boulevard Malesherbes, un petit hôtel adossé au parc Monceau.

Ce fut Honorine de Terrys qui reçut le constructeur.

Elle parut étonnée de sa visite.

— Vous devenez bien rare, cher monsieur Lantier... — lui dit-elle.

— Il faut m'excuser, mademoiselle... — Des affaires très nombreuses et très importantes absorbent à tel point ma vie qu'il ne me reste plus de temps pour les choses agréables... — Je dois même avouer que, si je n'avais pas reçu ce matin une lettre de monsieur votre père, je n'aurais point en ce moment le plaisir de vous voir...

— Mon père vous a écrit? — fit la jeune fille évidemment surprise.

— Oui, mademoiselle... en des termes pressants... — Aussi n'ai-je pas perdu une minute pour me rendre à ses désirs... — J'espère le trouver en meilleure santé...

Honorine secoua la tête.

— Votre espoir, hélas! ne se réalisera pas, cher monsieur... — répliqua-t-elle.

— Le comte est plus souffrant?

— Beaucoup plus... — Depuis quelques jours son état me préoccupe douloureusement; lui-même, je le crois, commence à éprouver quelque inquiétude... — Il sent ses forces diminuer et il en convient, ce qui ne lui était jamais arrivé jusqu'à présent...

Une sueur d'angoisse mouilla les tempes de Pascal Lantier.

— Que m'apprenez-vous là, mademoiselle? — balbutia-t-il en déguisant son trouble sous une apparence de tristesse.

— La vérité, monsieur Lantier...

— Vous n'admettez pas cependant que le danger soit proche...

— Je le regarde au contraire comme imminent... — Mon père est physiquement épuisé... — il s'éteindra d'une façon soudaine, en conservant jusqu'à la dernière minute l'entière lucidité de son intelligence. — S'il vous a prié de venir, c'est sans doute pour vous parler d'affaires, car vous avez, je crois, des intérêts communs, mon père ayant mis de l'argent dans votre maison...

— Oui, mademoiselle, et je suis prêt à lui rendre des comptes qui ne peuvent que le satisfaire...

Honorine s'inclina et reprit :

— Quel que soit le motif de votre visite, je suis heureuse de vous voir... J'ai à vous demander des nouvelles de votre belle-sœur.

— Marguerite Bertin?
— Oui.
— Je ne puis vous en donner...
— Comment cela ?
— Je ne l'ai pas revue depuis le jour où, comme vous, j'ai assisté au convoi de feu Bertin, son mari très peu regrettable et très peu regretté...
— Alors vous n'êtes pas au courant de son absence ?
— Elle a quitté Paris ? — s'écria Pascal.
— Dès le lendemain de l'enterrement... — J'ai appris cela hier en allant chez elle...
— Je ne m'en doutais pas, et mon fils qui doit le savoir ne m'en a point parlé... Où est-elle ?
— Ses gens prétendent l'ignorer... aussi bien que la durée probable de son voyage... mais peut-être obéissent-ils à une consigne en répondant ainsi...
— En quittant M. de Terrys je passerai à l'hôtel de ma belle-sœur et je m'informerai...
— Je vous saurai gré de me donner des nouvelles de Marguerite... — Voulez-vous que je vous introduise auprès de mon père ?
— Je vous en prie...

Honorine conduisit l'entrepreneur au cabinet du comte, entr'ouvrit la porte et dit :

— Père, voici monsieur Pascal Lantier que je t'amène...

M. de Terrys, assis ou plutôt à demi-couché au coin du feu dans un immense fauteuil, tourna vers Honorine sa tête pâle, couverte de longs cheveux blancs et répliqua :

— Bien, mon enfant... — Entrez, mon cher Pascal...

Le beau-frère de Marguerite franchit le seuil.

La jeune fille déposa un baiser sur le front du comte, salua Lantier et se retira en fermant la porte derrière elle.

Le cabinet de M. de Terrys était une vaste pièce tendue de velours vert sombre, avec des rideaux et des portières de même étoffe et de même couleur.

De grandes vitrines en ébène à filets de cuivre en occupaient les panneaux et renfermaient des livres rares et des bibelots curieux, apportés des quatre coins du monde par le comte dont la vie s'était passée presque tout entière en voyages d'explorations lointaines.

Quelques tableaux de maîtres anciens, et des panoplies d'armes étrangères d'une grande valeur, remplissaient les intervalles entre les vitrines.

Au milieu du cabinet un large bureau de chêne délicatement sculpté, — véritable objet d'art, — supportait un encombrement de livres, de brochures et de papiers de toutes sortes.

Tout en jouant des jambes, il enleva ses lunettes et son cache-nez qui l'embarrassaient.

Au-dessus de la cheminée drapée de velours un miroir de Venise dans un cadre d'ébène reflétait une pendule et des candélabres du xvi° siècle.

Enfin, entre la cheminée et le fauteuil du comte, un plateau en cristal de Bohême, garni d'un sucrier, d'une carafe, d'un verre et d'une cuiller de vermeil, se trouvait sur un petit meuble d'écaille rouge des Indes fermé par une serrure en fer ciselée comme un bijou.

M. de Terrys, presque couché dans son grand fauteuil, avait soixante ans, mais on lui en aurait donné quatre-vingts.

Ses mains et son visage offraient une maigreur invraisemblable. — La peau tendue et pour ainsi dire tannée se collait sur les os.

La barbe, longue et blanche comme les cheveux, encadrait cette figure de squelette. — Les yeux étaient vitreux et les lèvres pâles. — La voix seule demeurait pleine et sonore.

Une longue robe de chambre de flanelle rouge enveloppait les membres décharnés du vieillard et lui donnait l'aspect d'un personnage quasi fantastique, échappé des contes d'Hoffmann.

— Venez, mon cher Pascal, — dit-il en désignant au visiteur un siège placé en face du sien, — Venez et asseyez-vous... — Je ne puis aujourd'hui aller à votre rencontre... Les jambes ont faibli beaucoup depuis quelques jours et, si léger que soit mon corps, elles sont incapables d'en supporter le poids...

En même temps il tendit sa main quasi transparente à Lantier, qui la prit et la serra en regardant son hôte avec stupeur.

Le changement survenu depuis sa dernière visite l'épouvantait.

Honorine ne s'illusionnait point en trouvant de mauvais augure un changement si prodigieux.

La vie ne tenait plus à ce corps usé que par un fil imperceptible et prêt à se rompre.

Lantier sut cacher sa surprise.

— Faiblesse passagère dont il n'y a pas à s'inquiéter... — répliqua-t-il.

M. de Terrys secoua la tête et répondit :

— Avant-coureur de la fin prochaine... La lampe n'a plus d'huile et va s'éteindre...

— Je n'en crois pas un mot !... Vous exagérez la situation...

— Je vois les choses comme elles sont !...

— Que pensent les médecins ?

Le comte haussa les épaules et s'écria presque avec colère :

— Vous figurez-vous, par hasard, que je laisse pénétrer ici ces charlatans, ces marchands patentés de drogues malfaisantes, ces faux savants dont le plus habile serait incapable de prolonger ma vie d'une heure ?

Lantier maîtrisa de nouveau son étonnement.

— Je savais, — fit-il, — que les médecins vous inspiraient peu de confiance, mais je ne croyais pas votre antipathie si profonde, et je trouve que vous avez absolument tort de vous en rapporter à vos propres lumières. — A soixante ans on n'est pas un vieillard, que diable !... — Vous pourriez avoir devant vous de longues années de vie, mais il faut combattre le mal... — Faites amende honorable, croyez-moi, et appelez les médecins...

— Jamais!! — répliqua violemment M. de Terrys. — Si je m'étais mis dans leurs mains je serais mort depuis dix ans!!

— Paradoxe, cher comte!!

— Vérité absolue!! — La maladie qui va m'emporter est née sous un climat tout différent du nôtre... — Les médicaments dont les suppôts de la Faculté préconisent l'emploi n'auraient pu la vaincre, et ces ânes en bonnets carrés ne soupçonnent même pas les véritables remèdes... — Quand je suis revenu des Indes avec le germe de ces fièvres qui brûlent le sang et qui dessèchent les moelles, la médecine européenne ne pouvait rien pour moi... — J'ai prolongé ma vie de dix ans en faisant ce qu'il fallait faire...

— Vous!! — murmura Pascal.

— Oui, moi!! — J'ai fermé ma porte à vos docteurs, mais je ne suis point resté inactif... — J'ai combattu le mal avec une énergie longtemps victorieuse... — Cela vous étonne?...

— Beaucoup, je l'avoue... — Vous avez fait, je le sais, des études fort étendues. Mais j'ignorais votre science médicale...

— Aux Indes tout homme est son propre médecin... — Il trouve dans les produits du sol natal le soulagement et la guérison...

— Vous n'êtes point aux Indes...

— Non, mais j'en ai rapporté le médicament, qui, je vous le répète, m'a soutenu pendant dix années.

Pascal Lantier écoutait le comte avec une curiosité très vive.

M. de Terrys continua:

— La fièvre gagnée aux Indes tue en quelques mois, si on ne la combat d'une façon immédiate et soutenue par le médicament voulu... — J'ai combattu et j'ai triomphé dans la mesure du possible. — Si les docteurs faisaient mon autopsie, ils concluraient sans le moindre doute à un empoisonnement, car le remède que j'absorbe chaque jour en petite quantité est un poison terrible... Mais ce poison prolonge ma vie, et les drogues de vos médecins auraient hâté ma mort!...

— C'est effrayant! — murmura Lantier.

— Pourquoi?

— Vous auriez pu vous tuer...

— Impossible!... Je connais les doses...

— Et Mlle Honorine vous a laissé faire?

— Ne parlez pas de cela, Pascal. — Ma fille ignore à quel régime je dois d'être encore en ce monde... — J'ai voulu vivre pour la voir grandir... — Je me suis procuré une existence factice, une sorte de vie artificielle, et j'ai atteint mon but... — Je m'en vais au moment où ma tâche est finie... — Honorine a reçu du ciel un caractère ferme, une âme d'élite, un bon cœur... — Je n'ai plus peur pour elle... — Je peux partir tranquille... — Vous êtes la première personne à qui je dis ces choses... — Je me suis animé à propos des docteurs dont vous preniez en main la cause, et je vous ai confié mon secret, secret bien gardé jusqu'ici, car tout le monde ignore à quel remède meurtrier je dois dix années d'existence...

XXXVII

L'attention de Pascal Lantier avait redoublé aux dernières paroles de M. de Terrys.

— Savez-vous, mon cher comte, — dit-il, — que le traitement étrange suivi par vous si longtemps, et environné d'un tel mystère, est fort compromettant...

— Pour qui donc ? — demanda le vieillard en regardant son interlocuteur.

— Mais, pour ceux qui vous entourent.

— Je ne vous comprends pas...

C'était vrai.

M. de Terrys, en effet, ne devinait point la pensée de Pascal.

Ce dernier poursuivit :

— Votre maladie, votre refus de voir aucun médecin, les remèdes que vous vous administrez vous-même, ce poison que vous absorbez par petites doses, tout cela me remet en mémoire un procès très curieux qui s'est dénoué à Tours, en cour d'assises...

— Quel procès? — fit le comte curieusement.

— Un chimiste de Loches, un savant, atteint d'une maladie grave, avait, lui aussi, refusé les secours de la Faculté de médecine... — Comme vous il se soignait d'une façon mystérieuse, à l'aide de poisons qui paraissaient le soulager, mais qui amenèrent chez lui un dépérissement complet... — Au moment où il se croyait guéri, il mourut... — Sa mort causa quelque étonnement et parut suspecte à ses voisins... — Des lettres anonymes furent adressées au procureur de la République qui ordonna l'exhumation du corps.

« Cette exhumation eut lieu.

« L'autopsie fut pratiquée et donna le résultat que vous prévoyez.

« Il fut démontré jusqu'à l'évidence que le malheureux chimiste de Loches était mort empoisonné...

Tandis que M. de Terrys écoutait le récit de Pascal, sa curiosité se changeait en inquiétude.

— Et, — demanda-t-il brusquement, — on accusa quelqu'un de sa mort ?

— Oui.

— Qui ?

Lantier répondit froidement :

— On accusa sa femme avec laquelle il vivait seul, n'ayant pas même une servante, et qui était de beaucoup plus jeune que lui...

Le comte sentit passer un frisson sur son épiderme parcheminé.

— Mais cette femme était innocente ! ! — s'écria-t-il.

— Autant qu'on le puisse être...

— Elle ne fut pas condamnée ?...

— Elle l'aurait été certainement sans une circonstance providentielle.

— Et cette circonstance ?...

— En expertisant les papiers du défunt, on trouva un long mémoire, rédigé jour par jour, relatant dans tous ses détails la marche curieuse de sa maladie et les moyens employées par lui pour la combattre... — Il nommait le poison... — l'évidence s'imposait... — la veuve fut acquittée...

M. de Terrys passa sa main diaphane sur son front mouillé de sueur.

— En vérité, Lantier, ce que vous venez de me raconter là est effrayant !! — fit-il d'une voix un peu tremblante. — Positivement on ne sait ce qui peut arriver... — J'ai près de moi ma fille qui me chérit, et de vieux serviteurs dévoués... — Si après ma mort on les accusait, ils seraient hors d'état de prouver leur innocence ! — Ma négligence pourrait être cause de malheurs irréparables !!

— Mon témoignage... — commença Pascal.

— Qui sait si des jurés voudraient l'admettre !! — interrompit le comte. — J'écris des *Souvenirs de ma vie et de mes voyages*, souvenirs qui seront publiés après ma mort, ainsi que j'en exprime la volonté dans mon testament... — Je voulais garder secrètes des souffrances qui paraissaient n'intéresser que moi, et taire le régime que je me suis imposé, mais vous m'avez ouvert les yeux... je comblerai cette lacune volontaire, et cela dès aujourd'hui...

M. de Terrys, tout en parlant, ouvrit le petit meuble d'écaille rouge avec une des clefs d'un trousseau qu'il prit dans la poche de sa robe de chambre.

Il tira du meuble un manuscrit volumineux.

— Les voilà, ces *Souvenirs*, — poursuivit-il ; — jusqu'à ce jour ils forment douze cents pages... à la douze cent unième... là... — (et le comte indiquait du doigt une feuille blanche paginée), — je relaterai le fait qu'il me plaisait de tenir caché. — J'ajouterai que votre récit est l'unique cause du changement survenu dans mes intentions. — Quand je mourrai, on trouvera le manuscrit dans ce meuble à côté de mon testament, et des titres de ma fortune... — De cette façon rien ne sera plus à craindre, ni pour ma fille, ni pour mes serviteurs... — Les hasards de la vie sont si étranges... — il faut tout prévoir, même le mal, surtout le mal... — Ce sera fait ce soir... — Je dois me hâter, car le temps marche et l'épuisement grandit.,.

Et M. de Terrys posa son manuscrit sur le meuble d'écaille.

Pascal était devenu sombre.

— Cette conversation vous fatigue... — fit-il.

— Oui, mais j'ai mon réconfortant... — murmura le comte dont le visage livide se décomposait. — C'est l'heure de prendre ma potion... — Vous allez voir comment je procède... — Ne vous effrayez pas.

Malgré les paroles du vieillard, — ou peut-être à cause de ces paroles, — Lantier ne put réprimer un mouvement d'effroi.

M. de Terrys se baissa lentement, péniblement, et de l'un des tiroirs du meuble où il avait pris le manuscrit, il tira une petite boîte de cristal de roche à charnières d'or.

A travers les parois du cristal, on distinguait une poudre grisâtre, d'aspect métallique, remplissant les deux tiers de la boîte.

— Il y a là de quoi empoisonner tout Paris... —.dit le comte en faisant jouer les charnières.

— Qu'est-ce donc? — demanda Pascal frissonnant.

— Du venin desséché de *crotale*, le plus dangereux reptile des contrées tropicales... — Deux mille serpents au moins ont été tués pour fournir cette drogue à laquelle je dois d'avoir vu grandir ma fille...

Le comte puisa dans la boîte, sur la pointe d'une longue aiguille d'argent, un atome presque imperceptible de la poudre grisâtre, et le laissa tomber au fond du verre de Bohême placé à portée de sa main.

Il referma le coffret minuscule, le remit à sa place, versa sur la poudre une cuillerée d'eau qu'il agita, avala ce mélange et reposa le verre sur le plateau.

Pascal, les mains tremblantes, la respiration suspendue, le regardait d'un œil hagard.

Pendant quelques secondes le comte ne fit pas un mouvement.

Soudain tout son corps tressaillit comme sous une secousse galvanique, puis son visage se crispa, ses membres se raidirent, sa tête se renversa en arrière et ses yeux devinrent fixes.

Une convulsion violente succéda bientôt à cette immobilité passagère. — De grosses gouttes de sueur coulaient sur le front du vieillard qui semblait secoué par une attaque de tétanos.

Lantier n'était maître ni de son émotion ni de sa terreur.

Il crut pendant un instant que M. de Terrys avait mal calculé la dose et qu'il allait mourir, mais la crise diminua peu à peu d'intensité, les traits se détendirent, une faible coloration remplaça la pâleur des joues, les yeux perdirent leur inquiétante fixité, les membres reprirent leur souplesse.

Le comte essuya son front ruisselant ; — un sourire crispa ses lèvres, et il dit de sa voix habituelle :

— C'est fini... pour jusqu'à demain...

— Que Dieu me garde de vous voir tenter une nouvelle épreuve!... — s'écria Lantier. — C'est effroyable! — Vous deviez tout à l'heure souffrir comme un damné...

— Oui, c'est vrai... Pendant quelques secondes l'intensité de la douleur dépasse la limite des forces humaines et me fait appeler la mort, mais cela passe vite... — Me voici beaucoup mieux... — J'éprouve une sorte de bien-être et je me sens relativement fort... — Profitons de cette trêve pour causer d'affaires... — Vous avez reçu ma lettre puisque vous voilà...

— Oui, mon cher comte... — répondit l'entrepreneur à qui le mot *affaires* venait de rappeler sa situation.

— Je vous ai prié de venir parce que, certain de n'avoir plus que peu de temps à vivre, je souhaite m'entendre sérieusement avec vous. — Il faut que nulle équivoque n'existe entre nous de mon vivant, et ne puisse naître entre ma fille et vous après ma mort... — Me comprenez-vous ?

— Pas très bien... — Je ne vois aucune place à l'équivoque dans nos relations d'affaires. — Vous m'avez confié un million remboursable en cinq années par fractions de deux cent mille francs... — Le payement des intérêts doit coïncider avec celui de la fraction remboursable... — Le trente et un décembre prochain j'aurai à vous payer deux cent mille francs de capital, et cinquante mille francs d'intérêt...

— Serez-vous en mesure ? — demanda brusquement le comte en attachant ses yeux sur les yeux de son interlocuteur.

Pascal s'attendait à cette question.

Il répliqua donc avec assurance :

— Certes, je serai en mesure. — J'espère que vous n'en doutez pas...

M. de Terrys ne parut point entendre ce dernier membre de phrase, qui cependant quêtait une adhésion.

Au lieu d'y répondre, il poursuivit :

— Vous n'avez point oublié les clauses stipulées dans notre acte sous seing privé, pour le cas où je viendrais à mourir ?

L'assurance de Pascal ne se démentit point.

— Ces clauses sont présentes à ma mémoire, — fit-il d'un ton dégagé. — Huit jours après le moment où Mlle de Terrys entrerait en possession de votre héritage, je lui devrais le remboursement intégral du million, ou des fractions restant à payer...

— C'est bien cela... — Et vous seriez de même en mesure pour un remboursement complet, à courte échéance ?

— Je l'affirme et je le prouverais au besoin... — Mais permettez-moi de vous demander, monsieur le comte, à quel propos ces questions dont j'ai le droit d'être surpris, car notre contrat est régulier, inattaquable, et ne prête point à l'équivoque, ainsi que je l'affirmais tout à l'heure ?

— Certes les affaires sont en règle, — dit M. de Terrys, — mais j'avais besoin de recevoir de votre bouche l'assurance que si je mourais bientôt vous seriez en mesure de tenir envers ma fille les engagements pris... — Cette assurance seule pouvait éloigner de mon esprit certains doutes que des bruits fâcheux y avaient fait germer...

Lantier devint pâle.

— Des bruits fâcheux ?... — répéta-t-il.

— Oui.

— Lesquels ?...

Le comte hésita.

— Oh ! parlez, je vous en prie ! — s'écria l'entrepreneur. — On m'attaque ! Pour être à même de me défendre contre la calomnie, je dois tout savoir...

XXXVIII

— Mon Dieu, mon cher Pascal, — dit enfin M. de Terrys, — il ne s'agit pas de calomnie dans le sens rigoureux du mot... La malveillance me paraît étrangère aux rumeurs dont il s'agit... — On parle d'embarras momentanés survenus dans vos affaires. — La saison rigoureuse arrêtant vos travaux ne permettra point l'achèvement des maisons qui devaient être vendues au mois de mars à la Société Immobilière, et l'on se demande de quelle façon, privé d'importantes ressources sur lesquelles vous comptiez, vous pourrez faire face aux engagements pris...

Le coup était direct.

Lantier pensa qu'il devait payer d'audace.

— Les rigueurs prématurées de la saison me causent en effet un préjudice considérable, — répondit-il. — Là où je devais encaisser de grands bénéfices, je me trouve en présence de pertes d'argent, c'est incontestable, mais ces pertes ne m'acculent point dans une impasse, et ne compromettent nullement une position trop bien assise pour s'ébranler au premier choc... — J'ai la ferme confiance, d'ailleurs, qu'en face de circonstances indépendantes de ma volonté, que je ne pouvais prévoir et que je puis combattre, mes bailleurs de fonds, si j'avais recours à eux, — (chose qui sera d'ailleurs inutile); — me viendraient loyalement et généreusement en aide...

— N'en doutez pas ! — répliqua le comte. — Moi tout le premier je serais prêt à tendre la main, non pour contribuer à votre chute, mais pour vous soutenir... Donc, ne craignez rien de moi, seulement, sachez bien que, si je venais à mourir avant le 31 décembre, vous vous trouveriez en présence d'un créancier beaucoup plus rigoureux que je ne le suis...

— Mlle Honorine ? — s'écria Pascal en jouant la surprise...

— Honorine, ma fille, oui... — Lorsqu'elle apprendra que j'ai mis dans vos

— Renée, chère mignonne, dit tout à coup Ursule, ne vous absorbez pas ainsi dans votre chagrin...

affaires un million, la plus grande partie de ma fortune, elle me blâmera sans le moindre doute...

— N'a-t-elle donc point confiance en moi ?

— Elle a confiance en vous, elle vous estime, elle adore votre belle-sœur Marguerite Bertin, elle éprouve pour votre fils une amitié sincère, mais elle déteste les spéculations, elle a horreur des entreprises hasardeuses, elle ne comprend que les obligations de chemins de fer ou les actions de la Banque de

France. — Elle réclamera la rigoureuse exécution des clauses du contrat, car, je la connais bien, elle aura hâte de placer son argent à sa guise... — N'attendez d'elle aucun sursis, ne le demandez même pas... vous vous heurteriez contre un refus. — Bref, si je meurs, soyez en mesure...

— J'y suis, monsieur le comte...

— Vous me l'affirmez ?

— Je vous le jure.

— Bien, mon ami... je vous crois... je puis mourir en paix...

Et M. de Terrys, après avoir tendu la main à Pascal Lantier qui se leva pour la serrer, appuya sur un timbre.

Le valet de chambre entra.

— Priez Mlle Honorine de venir ici... — commanda le moribond.

— Bien, monsieur le comte...

La jeune fille parut au bout d'un instant.

— Ma chère Honorine, — lui dit le vieillard, — charge-toi d'accompagner notre ami Pascal, que je ne puis malheureusement reconduire.

L'entrepreneur, en voyant entrer Mlle de Terrys, jeta sur elle un regard plein de haine.

— A bientôt, monsieur le comte, — murmura-t-il. — J'espère, à ma prochaine visite, vous trouver mieux portant.

Puis il s'inclina et suivit Honorine.

— N'oubliez pas que vous m'avez promis des nouvelles de ma bonne amie Marguerite... — fit cette dernière dans l'antichambre.

— J'enverrai mon fils vous les apporter, mademoiselle...

— Je serai heureuse de le voir...

Pascal quitta l'hôtel du boulevard Malesherbes et remonta dans sa voiture.

Sa tête brûlante lui semblait lourde. — Ses mains crispées froissaient ses gants.

— Où va monsieur ?... — demanda le cocher.

— Rue de Varennes...

La voiture s'ébranla.

— Le comte va mourir... — pensait Lantier avec une agitation fiévreuse. — Il s'éteindra d'une heure à l'autre ; — huit jours après sa mort je serai mis en demeure de rembourser à sa fille le million qu'il m'a prêté, et Mlle de Terrys ne m'accordera ni terme, ni délai !! — Ainsi donc, au moment où je me croyais sauvé, où ce Valta me promettait à courte échéance l'héritage de Robert Vallerand, l'abîme de la banqueroute s'ouvrira devant moi !! — Je suis menacé... je ne puis rien, et Valta me laisse sans nouvelles... — A-t-il donc tenté vainement de supprimer cette bâtarde, unique obstacle entre la fortune et moi ?... — Comment sortir d'une incertitude qui me brise ? — Où chercher le salut ?

Son front, qui se plissait sous l'effort de sa pensée, s'éclaircit soudain.
— J'ai trouvé !... — murmura-t-il. — Le moyen de conserver ce million existe... — La réussite de mon plan dépend de Marguerite... Mlle de Terrys l'adore, le comte me l'affirmait tout à l'heure... — Elle suivra ses conseils... — Ma belle-sœur aime son neveu Paul... — Pour lui elle ferait l'impossible et ce que je rêve est facile... — Peut-être devrais-je parler à mon fils avant de voir sa tante... — Elle est absente, m'a dit Honorine... — Il faut que je sache où elle est...

Tandis que Pascal se livrait à ces réflexions dont nos lecteurs ne tarderont point à comprendre le sens et la portée, la voiture marchait rapidement.

Elle s'arrêta rue de Varennes, devant l'hôtel de feu Dominique Bertin.

Pascal mit pied à terre et sonna.

La porte s'ouvrit.

— Monsieur Lantier !... — fit le concierge en saluant avec respect le nouveau venu.

— Bonjour, mon brave Antoine ! Ma belle-sœur est-elle visible ?

— Madame est en voyage... — Monsieur ne le savait donc pas ?

— Je l'ignorais complètement, ma visite en est la preuve...

— Le lendemain soir de l'enterrement de feu mon maître, madame a quitté Paris... — Nous ne savions où elle allait ni quand elle devait revenir, mais hier matin une dépêche est arrivée à l'adresse de Jovelet, disant que madame était malade à Romilly-sur-Seine !... et Jovelet est parti sur-le-champ...

— Malade !! — s'écria Lantier avec une stupeur qui n'était point jouée. — Malade à Romilly-sur-Seine... — que m'apprenez-vous là ? ?

— La pure vérité, monsieur... — La dépêche était du patron de l'hôtel où madame est descendue à Romilly... — C'est le nom qu'a dit M. Jovelet...

— Et il est parti hier ?

— Oui, monsieur, sans perdre une minute...

— La dépêche parlait-elle d'une maladie grave ?

— Elle ne donnait point d'explication...

— Savez-vous le nom de l'hôtel ?

— M. Jovelet l'a prononcé devant moi, mais je l'ai oublié...

— Merci, mon brave Antoine... — Ce que vous venez de m'apprendre m'attriste beaucoup...

— Il y a de quoi, monsieur, mais espérons que madame sera vite rétablie et qu'elle reviendra dans son hôtel...

Lantier regagna sa voiture.

Un ouragan de pensées confuses grondait dans son cerveau.

— Marguerite, malade à Romilly !! — se disait-il, — à Romilly qui touche au château de Viry-sur-Seine où Robert Vallerand vient de mourir ! ! — Voilà une coïncidence bien étrange... — Marguerite connaissait-elle donc Robert ?... — J'entrevois un mystère que j'éclaircirai... — J'irai à Romilly...

Pascal retourna chez lui, espérant trouver des nouvelles du complice qu'il connaissait sous le nom de Valta.

Son attente ne fut point déçue.

Une dépêche l'attendait.

D'une main tremblante il déchira l'enveloppe et lut ces quelques mots :

« Pour Paris, de Maison-Rouge. — Lantier, rue de Picpus.

« Train arrêté par les neiges à Maison-Rouge. Grands ennuis.

« Valta.

« *Hôtel de la Gare.* »

— De lui, enfin ! ! — murmura Pascal avec un soupir de soulagement. — Sa tentative est donc sérieuse et je n'ai pas été la dupe d'un artiste en chantage ! — Qu'a-t-il fait ? — Pourquoi ces ennuis dont il parle ?... — Le train arrêté par les neiges ! — Ainsi il revenait à Paris...

« Y revenait-il seul ?

« La bâtarde, la voleuse d'héritage est-elle vivante ou morte ?

« Cette dépêche, forcément incomplète, ne fait qu'augmenter mes angoisses ! — Maison-Rouge se trouve sur la ligne de Romilly... — La circulation des trains étant interrompue, je ne pourrai me rendre auprès de Marguerite aussitôt que je le voulais ! ! — Tout conspire contre moi !...

Lantier, découragé, se laissa tomber sur un fauteuil.

Au bout d'un instant il reprit :

— Ne suis-je pas trop prompt à me laisser abattre ? — Cette neige ne peut durer longtemps... — On doit s'occuper partout de déblayer les voies ferrées et la besogne accomplie par des milliers de bras marche vite... — Je partirai cette nuit... Je le tenterai du moins... Voyons un peu...

Pascal prit un *Indicateur* et, tout en le feuilletant pour y chercher la ligne de l'Est, poursuivit :

— Décidément je ne puis prendre un train de nuit, car à mon passage à Maison-Rouge je voudrais voir Valta et, en lui télégraphiant d'avance, il aura soin de se trouver sur le quai de la gare. — Il y a un train à minuit trente-cinq minutes, passant à Maison-Rouge à trois heures et quart du matin... Impossible de songer à celui-là... — Demain matin, à sept heures dix, train omnibus arrivant à Maison-Rouge à neuf heures et demie... — Si la voie est libre, je serai à Romilly à onze heures trente minutes... — C'est ce train que je prendrai et je verrai Valta...

Pascal referma l'*Indicateur*, saisit une feuille de papier et écrivit :

« Maison-Rouge. — Hôtel de la Gare. — Valta.

« Passerai demain matin à Maison-Rouge à neuf heures vingt-minutes, si voie est libre.

« Besoin de vous voir.

« Pascal. »

Il ajouta une adresse de fantaisie afin de dépister les curieux, se rendit à un bureau télégraphique éloigné de chez lui, et fit expédier sa dépêche.

— Maintenant, — se dit-il, — l'essentiel est de savoir si la circulation est rétablie sur la ligne de l'Est... Je vais m'en assurer... — J'irai ensuite m'entendre avec Paul...

Lantier avait laissé sa voiture rue de Picpus.

Un fiacre le conduisit à la gare du boulevard de Strasbourg.

Là il s'informa.

On lui répondit que le déblayement de la voie n'était point terminé, mais que les trains reprendraient leur marche régulière le lendemain matin.

XXXIX

L'entrepreneur, ayant désormais la certitude de pouvoir mettre son projet à exécution, prit le chemin de la rue de l'École-de-Médecine et s'arrêta au numéro 19.

C'était là que logeait Paul Lantier, son fils.

Le jeune homme, faisant son droit, n'habitait point la rue de Picpus chez son père. — La distance à franchir l'aurait gêné pour suivre régulièrement ses cours.

Il occupait, au troisième étage d'une vieille maison, un petit appartement meublé de façon très simple, mais parfaitement tenu.

C'est là que Paul piochait son Code avec une ardeur peu commune chez MM. les étudiants pour qui les cordons de la bourse paternelle se desserrent facilement.

Or, Pascal était généreux.

Il faisait à son fils une pension de cinq cents francs par mois, somme considérable au quartier Latin, même aujourd'hui, quoique le moderne quartier Latin ne ressemble plus à ce qu'il était du temps de Mürger.

Paul, garçon studieux, aux goûts fort simples, ne hantait point les brasseries à femmes, les caboulots et autres lieux de plaisir, où les trois quarts des avocats futurs perdent leur temps et gaspillent leur argent et leur santé.

Les six mille francs de la pension allouée par son père suffisaient donc amplement au jeune homme, qui trouvait moyen de réaliser des économies et de garder dans un tiroir de son secrétaire une soixantaine de louis.

Pascal Lantier, surmené par les multiples entreprises que nous connaissons, venait rarement voir son fils; mais Paul, chez qui le sentiment de la famille était très développé, allait deux ou trois fois par semaine dîner rue de Picpus avec son père.

L'étudiant n'avait rien du caractère paternel.

Il tenait de sa mère, morte trop jeune, une nature franche et loyale, une délicatesse toute féminine de sentiments, une droiture absolue.

Pour aucun motif, et sous quelque prétexte que ce fût, il n'aurait transigé avec sa conscience.

Pascal ayant reçu du concierge l'assurance que son fils n'était point sorti, monta rapidement au troisième étage et sonna à la porte de Paul, située à gauche, sur le palier.

— Entrez ! — cria la voix sonore et bien timbrée du jeune homme.

L'entrepreneur ouvrit, traversa une petite antichambre et franchit le seuil de la pièce où l'étudiant travaillait entre un feu de charbon de terre et une table couverte de livres.

Il se leva en reconnaissant son père, courut à sa rencontre, le visage joyeux, et l'embrassa avec une tendresse manifeste.

— Je suis très content de te voir, — dit-il en même temps, — et je bénis l'heureux hasard qui t'amène dans mon quartier et me procure ta visite...

— Ce n'est point le hasard qui m'amène, cher enfant, — répondit Pascal en s'asseyant au coin du feu, en face de Paul, — je viens tout exprès...

— J'en suis doublement reconnaissant...

— Ma visite a d'ailleurs un but sérieux... — Je désire causer avec toi de choses graves...

— De choses graves !! — répéta Paul. — Tu me dis cela d'un ton singulier... — Est-ce qu'à mon insu j'aurais mérité des reproches ? — J'en éprouverais un peu de surprise, car je travaille de mon mieux et je crois ne manquer à aucun de mes devoirs de fils.

— Tu es un excellent fils, — répliqua l'entrepreneur, — et je rends pleine justice à ton amour du travail... — Cependant, j'ai quelque chose à te reprocher...

— Quoi donc ? — demanda le jeune homme inquiet.

— Plus d'une fois déjà je t'ai parlé de ton avenir auquel je pense beaucoup... — J'ai cru que tu me comprenais quand je te désignais clairement une femme... une jeune fille...

— Une jeune fille... — murmura Paul en devenant pâle.

— Mlle de Terrys, — reprit Pascal. — Ne t'ai-je pas donné à entendre combien je souhaitais te voir conquérir sa sympathie et son affection ?...

— Mais, mon père — s'écria l'étudiant, — j'ai la certitude que Mlle Honorine m'accorde sa sympathie, son estime, et qu'elle a pour moi beaucoup d'amitié... — En doutez-vous ?...

— Nullement...

— Eh bien ?...

— L'amitié, ce n'est pas assez...

Paul avait pâli d'abord, — il devint très rouge.

— Que veux-tu donc, père?... — balbutia-t-il avec embarras.

— Je veux, ou plutôt je souhaite ardemment, dans l'intérêt de ton bonheur, te voir inspirer à Mlle de Terrys non de l'amitié mais de l'amour ! — C'est aussi le vœu de ta tante Marguerite qui t'aime, qui chérit Honorine, et qui ferait de grands sacrifices, j'en suis sûr, pour rendre possible et facile un mariage entre vous... — Or, ce mariage dépend de toi... — Le cœur d'Honorine t'appartiendrait bien vite si tu savais le prendre... mais tu ne sais pas, et c'est là justement ce que je te reproche !...

— Mon père, — répliqua Paul, — je n'avais jamais compris cela...

— Il suffit que maintenant tu le comprennes... — Regagne le temps perdu... — Fais ta cour... — Deviens passionné...

— Mais pour cela, mon père, il faudrait mentir, et j'ai le mensonge en horreur !!. — Je suis incapable de feindre un amour que je n'éprouve pas... — Une telle comédie me révolterait, et je la jouerais trop maladroitement d'ailleurs pour qu'Honorine pût s'y laisser prendre...

En entendant cette réponse Pascal Lantier se leva, les sourcils froncés, le visage sombre, et contint avec peine un geste de colère.

— Raisonnement absurde ! — s'écria-t-il. — La galanterie n'a rien de commun avec le mensonge !! — Est-ce jouer la comédie que d'affirmer à une jolie personne qu'on admire passionnément sa beauté ? — Honorine est adorable, il est donc tout naturel de l'adorer !. Le contraire serait absurde et presque grossier... — D'ailleurs, la fin justifie les moyens, et il s'agit d'un superbe mariage...

— Superbe, à coup sûr, mais que je ne désire point, et que je n'accepterais pas s'il m'était offert...

— Et pourquoi cela? grand Dieu ! ! — dit Pascal stupéfait en levant les mains vers le plafond.

— Parce qu'il me rendrait malheureux !... — répliqua Paul. — Que veux-tu, père? J'ai sur certains sujets des idées arrêtées, des convictions absolues, et je n'admets pas le bonheur dans le mariage sans l'amour...

Lantier regarda son fils avec défiance.

— En vérité, — fit-il, — à t'entendre parler ainsi, on croirait que ton cœur est pris !!

Paul frissonna de tout son corps et changea de visage. — Il lui fut impossible de dominer son émotion et de cacher son trouble.

— Si cela était? — murmura-t-il d'une voix tremblante.

— Si cela était? — répéta Pascal. — Je ferais un appel à ton bon sens!... Tu comprendrais qu'il serait idiot de gâcher ta vie, de compromettre ton avenir, au profit d'une amourette du quartier Latin!... — Et tu n'hésiterais pas à lâcher l'amourette pour le riche mariage!!....

— Tu te trompes, père... — Je n'estime point ceux qui pèsent de la main gauche la dot d'une jeune fille avant de lui tendre la main droite pour la conduire à la mairie et à l'église... — Les mariages ainsi contractés sont l'union non de deux âmes mais de deux coffres-forts, et constituent le plus souvent, d'un côté comme de l'autre, des marchés de dupes!... — Je croirais offenser Mlle de Terrys en lui faisant l'offre d'un cœur qui ne m'appartient plus!...

— J'ai donc deviné juste!! — s'écria Pascal. — Tu es amoureux.

— Oui, père...

— Et de qui, miséricorde??... — De quelque grisette?...

— Non, père... — J'aime une jeune fille dont un hasard qu'il faut peut-être nommer destin m'a fait voir en province le doux visage d'ange... — Cette enfant s'est du premier coup emparée de tout mon être... — Je me suis donné à elle qui ne me connaît pas, et je ne me reprendrai jamais!... — Reverrai-je cette enfant un jour?... Je n'en sais rien; tout nous sépare, mais si Dieu, le hasard où ma destinée, la placent une seconde fois sur mon chemin, c'est elle qui sera ma femme!!

Pascal Lantier haussa les épaules.

— Décidément, tu es fou!! — dit-il les dents serrées.

— Non, père; je suis sage.

L'entrepreneur devint de plus en plus sombre et poursuivit :

— La pire folie, — dit-il, — est celle des fous qui se croient sages! — Heureusement le mal ne me semble point sans remède... — J'ai le droit, à ton âge, de t'imposer une ligne de conduite, et ton devoir est de la suivre... — Je t'ordonne d'être empressé auprès de Mlle de Terrys et de te faire aimer d'elle... — Il faut que votre mariage se fasse, entends-tu bien! IL LE FAUT!

— Pardonnez-moi... il ne se fera pas...

Lantier était debout et marchait à grands pas dans la chambre.

Il s'arrêta devant son fils.

— Oserais-tu me désobéir? — demanda-t-il avec un geste de menace.

— Oui, mon père, plutôt que de commettre un acte déloyal.

— Malheureux!...

Et Pascal, n'étant plus maître de lui-même, leva la main sur Paul.

Le misérable allait frapper; soudain retentirent de bruyantes détonations...

Ce dernier, en présence de la fureur que ses réponses faisaient naître, avait repris tout son sang-froid.

— Réfléchissez, mon père, avant de me frapper... — dit-il du ton le plus calme. — Vous regretteriez bien vite un tel emportement... — Je n'ai rien fait qui pour vous soit une offense et mérite votre colère... — La révolte contre vos ordres serait une faute, mais la résistance passive est mon droit... — Pourquoi prétendez-vous m'imposer un mariage qui ne me rendrait point heureux?...

— Pourquoi? — répéta l'entrepreneur à voix basse en se penchant vers Paul.

— Oui?

— Parce que ce mariage est devenu nécessaire... — Comprends-tu?...

— Non, mon père, mais vous m'épouvantez...

— Parce que, — poursuivit Pascal, — ce mariage est le seul moyen de me soustraire à la ruine...

— A la ruine?... — s'écria le jeune homme avec effarement. — Vous êtes ruiné??...

— Ruiné, perdu, déshonoré peut-être, si tu refuses de me sauver, car le salut ne peut me venir que de toi!

XL

— Expliquez-vous, mon père... — reprit Paul après un silence.

— Je viens de chez le comte de Terrys... — dit Pascal.

— Eh bien?

— Eh bien! dans un mois, dans quinze jours, plus tôt peut-être, le comte sera mort.

— En le perdant vous perdrez un ami; mais quelle influence sa mort peut-elle avoir sur vos affaires?...

— M. de Terrys m'a confié la fortune presque entière de sa fille... un million...

— Un million! — s'écria l'étudiant.

— Oui, et aux termes des conventions intervenues entre nous par un acte en bonne forme, le décès du comte survenant, je dois rembourser ce million avec les intérêts à Mlle Honorine, dans les huit jours qui suivront sa prise de possession de l'héritage paternel...

— Ce million, mon père, ne l'avez-vous plus? — demanda Paul avec angoisse. — N'êtes-vous pas en mesure de le rendre si la catastrophe arrivait?

Une question formulée si nettement était embarrassante pour Pascal.

Il ne pouvait mentir à son fils dont il fallait se faire un allié pour la combinaison qui nous est connue, mais il n'osait pas cependant avouer la vérité tout entière; — il prit un biais.

— Je possède ce million, — répondit-il, — non point liquide, mais immobilisé dans des travaux dont les rigueurs de la saison empêchent l'achèvement...

— Je le retrouverai singulièrement grossi, seulement il faut pouvoir attendre...

— J'avais d'autres capitaux disponibles ; de grosses pertes faites à la Bourse me les ont enlevés...

— A la Bourse! — s'écria Paul effaré. — Vous avez joué, vous, mon père? joué avec l'argent qui ne vous appartenait point?

Pascal, en habile comédien, prit une physionomie désolée.

— Ne m'accable pas! — murmura-t-il. — Je reconnais toute l'étendue de mon imprudence, de ma faute... — Mais, que veux-tu? Je songeais à toi...

— A moi? — répéta le jeune homme.

— Sans doute... — à ton avenir... Je me disais : — *Tout est compromis! Si je gagne, tout sera sauvé!* J'ai joué... — j'ai perdu... mais, encore une fois, je puis relever ma situation s'il m'est permis d'attendre, car non seulement les constructions entreprises me feront rentrer dans mes fonds, mais encore elles me donneront des bénéfices considérables... Voilà pourquoi je te disais : — *Tu peux tout pour mon salut!* — Consens à épouser Mlle de Terrys... Sa fortune, que tu auras mission d'administrer, restera dans tes mains, et je retrouverai mon crédit qui s'écroule... Persiste au contraire dans ton refus, et ce sera la ruine... plus que la ruine...

— La faillite?... — murmura l'étudiant devenu très pâle.

— Plus que la faillite... la banqueroute, car les jeux de Bourse seront prouvés... — N'auras-tu point pitié de moi? — Laisseras-tu traduire ton père en cour d'assises?

Ces dernières paroles furent prononcées avec une animation fiévreuse.

Pascal, haletant, dévoré d'angoisses, attendait la réponse de son fils.

Cette réponse ne se fit pas attendre.

— Ainsi, — demanda Paul d'une voix mal assurée, — le million de Mlle de Terrys restant dans mes mains, vous servirait d'enjeu pour réédifier votre fortune, compromise, sinon perdue?...

— Oui... — répondit Lantier.

— Ainsi, — poursuivit le jeune homme, — ainsi cette dot, un dépôt sacré, mon père, serait livrée par vous aux hasards des spéculations qui vous ont si mal réussi jusqu'à ce jour?... — Pardonnez-moi la hardiesse de mes paroles, mais je ne puis me taire, je n'en ai pas le droit... Je trouve dans le projet que vous avez conçu quelque chose de tortueux et de déloyal qui m'épouvante et qui me répugne...

L'entrepreneur était livide de colère, — il serra les poings avec rage.

Paul continua :

— Vous avez entrepris des travaux au-dessus de vos forces... vous avez chargé vos épaules d'un fardeau qui les écrase... — La pensée qui vous guidait était honorable sans doute, je l'admets, je veux l'admettre, mais vous compliez sans le hasard, et le hasard s'est déclaré contre vous... — Eh bien! mon père, si vous succombez, je suis jeune, je suis fort, je travaillerai pour vous, et je me sens capable d'assurer à votre vieillesse l'aisance et le repos, mais je ne me rendrai point complice de manœuvres que je désapprouve et qui révoltent ma conscience...

— Quand je commande, — s'écria Pascal, — ton devoir est d'obéir.

— Non, mon père, — répliqua l'étudiant avec énergie ; — épouser une jeune fille sans amour, pour sa fortune, spéculer sur une dot, jamais ! — mieux vaut la pauvreté, mieux vaudrait la misère. — Soyons pauvres s'il le faut, mais n'entraînons personne avec nous dans la ruine !...

— Ainsi, tu refuses ?

— Je refuse de vous suivre dans un chemin qui conduit à la honte, oui, et quand vous aurez réfléchi, vous m'approuverez...

— N'as-tu donc pas compris que ton mariage me donnerait la certitude de relever mon crédit chancelant ?

— Votre crédit se relèvera sans ce mariage à force de labeur et d'économie... La saison rigoureuse vous met dans une position difficile, tout le monde comprendra cela... — On sait que vous êtes un travailleur et un honnête homme... — Vos créanciers, loin de vous accabler, vous viendront en aide, et cela dans leur propre intérêt... — Vous prendrez le dessus, mon père, et votre honneur ne sera point atteint... — Donc, je vous en prie, n'insistez plus...

— J'insisterai cependant, lorsque ta tante Marguerite viendra te dire avec moi que tu dois te soumettre à ma volonté, et que je prépare ton bonheur en même temps que j'assure la prospérité de notre maison... — Aujourd'hui, j'ai parlé en père... Demain je saurai parler en maître !

Et Pascal sortit furieux, laissant son fils plein de trouble et d'effroi.

— Ah ! comme il a bien l'exagération dans la droiture, et l'indomptable orgueil de sa mère, cet enfant rebelle ! — murmurait l'entrepreneur en regagnant la rue de Picpus. — Il accepte la pauvreté, dit-il !... — Ce n'est pas seulement la pauvreté qui nous menace, c'est le déshonneur ! — Pourquoi Robert Vallerand n'est-il pas mort un mois plus tôt ? — A cette heure, je ne craindrais rien, car j'aurais ses millions. — Arriveront-ils à temps ? — Je n'ai d'espoir aujourd'hui qu'en Marguerite Bertin. — Si elle consent, comme je l'espère, à ce que je lui demanderai, il faudra bien que Paul cède à ses instances réunies aux miennes, à la nécessité qui s'imposera menaçante, et si, pour le décider, il faut lui révéler toute l'horreur de ma situation, je ne reculerai pas devant un aveu nécessaire !

Pascal, arrivé rue de Picpus, donna des ordres et prévint ses contremaîtres qu'il allait faire une courte absence.

Le lendemain, à sept heures dix minutes du matin, il était au chemin de fer de l'Est et prenait le train de Romilly.

Laissons-le voyager et retournons à Maison-Rouge.

La foulure de dame Ursule Sollier était non point simple, mais fort compliquée.

Un plus attentif examen de la gaîne des tendons avait démontré au docteur que la compagne de Renée aurait besoin de douze à quinze jours de repos avant de continuer son voyage.

L'ex-femme de confiance du député se désespérait.

Ne pouvant, ainsi qu'elle en avait reçu la mission, conduire Renée à Paris, chez le notaire de la rue des Pyramides, elle se demandait si ce retard ne serait point gravement préjudiciable aux intérêts de la jeune fille.

Elle se souvenait des appréhensions qu'inspirait à Robert Vallerand son neveu Pascal Lantier, et ce souvenir lui donnait le frisson.

Réduite à l'impuissance absolue par son accident, elle ne pensait qu'à une chose, garder pour sa compagne et pour elle le plus strict incognito.

Il nous semble superflu d'affirmer qu'elle n'y manquait pas.

Renée s'acquittait avec un dévouement sans bornes de ses fonctions de garde-malade. — Elle entourait Ursule des soins les plus affectueux, tout en partageant son impatience, car elle avait hâte de connaître le secret dont la révélation l'attendait à Paris.

Elle pleurait en pensant à son père qu'elle ne connaissait pas, à sa mère dont elle ignorait le nom, à l'ami tendrement aimé qui venait de mourir, mais elle cachait ses larmes afin de ne point augmenter le chagrin d'Ursule par le spectacle de sa douleur.

Léopold Lantier, installé à l'hôtel en qualité de voyageur de commerce et sous le nom de Valta, surveillait les deux femmes.

Il avait entendu le médecin affirmer au patron de l'établissement que la voyageuse blessée ne pourrait bouger avant quinze jours, et il s'était dit en se frottant les mains :

— Tout va bien ! — J'ai quinze jours devant moi... — Je pourrai sans crainte faire un petit voyage à Paris, combiner mes plans avec Pascal Lantier et revenir ici pour le dénouement. — Dès que la voie sera libre je prendrai le chemin de fer.

Nous connaissons le télégramme envoyé par lui rue de Picpus, à l'entrepreneur, et nous connaissons aussi la réponse de ce dernier.

Cette réponse inquiéta l'ex-réclusionnaire de Clairvaux et mit son imagination en travail.

— Où va-t-il ? — se demandait Léopold. — Puisqu'il passe à Maison-Rouge, il doit aller à Romilly... Il y va certainement, mais dans quel but ? — Lui a-t-on écrit ? — Quelque complication se jette-t-elle à la traverse de mes projets ? — Il veut me voir... — Serait-il menacé ?... — Va-t-il m'apprendre que tout est découvert et qu'il serait dangereux d'agir ?...

Bref le bandit, prodigieusement perplexe et pour cause, attendit avec une fiévreuse impatience Pascal Lantier, ou plutôt la solution du problème.

Ainsi que l'indiquait la dépêche reçue, le train venant de Paris passait à Maison-Rouge à neuf heures vingt-neuf minutes.

Dès neuf heures, Léopold était à la gare.

— Le train ne s'arrête ici qu'une demi-minute... — se dit-il, — impossible d'échanger quatre paroles... — J'accompagnerai monsieur mon cousin pendant quelques kilomètres, et nous pourrons causer à notre aise.

Et il prit à tout hasard un billet de première classe pour Romilly, quoiqu'il n'eût pas la certitude absolue que ce fût la destination de Pascal.

Le train rentra en gare à neuf heures quarante, n'ayant que onze minutes de retard, quoique le déblayement de la voie fût encore incomplet sur quelques points.

Léopold se trouvait sur le quai d'embarquement.

Il inspecta d'un rapide coup d'œil la ligne des wagons, convaincu que Pascal mettrait la tête à la portière.

Ses prévisions ne le trompaient point.

La tête de l'entrepreneur émergeait en effet de la portière d'un compartiment de première classe.

Sans faire un geste, sans se manifester par un signe, sans prononcer un mot, Léopold se dirigea vers ce compartiment, l'ouvrit, enjamba le marchepied et passa, avec un salut des plus sommaires, devant son cousin qui semblait préoccupé et déconcerté.

Pascal était seul.

L'évadé de Troyes, continuant à dissimuler les trois quarts de son visage sous un cache-nez de tartan à carreaux blancs et noirs, s'assit en face de lui.

XLI

Le signal du départ se fit entendre.

Un employé passa et ferma la portière.

La vapeur siffla, le train s'ébranla.

Pascal fit un geste de colère, releva la glace et se rejeta en arrière, les sourcils froncés, l'air funèbre.

L'homme aux lunettes bleues laissa s'écouler quelques secondes, puis ôtant tout à coup ses lunettes et son cache-nez, il dit :

— Calmez vos nerfs, monsieur Lantier ! — Vous avez voulu me voir, me voilà ! — Exact au rendez-vous ! Que pensez-vous du travestissement ?

— Il vous fait honneur ! — répliqua Pascal avec autant de joie que de surprise. — Je veux que le diable m'emporte si je vous aurais reconnu sous ces bésicles et sous ce tartan!

En même temps il tendait la main à son complice.

— Occupons-nous de nos affaires... — reprit ce dernier. — Ce n'est pas uniquement pour le plaisir de contempler ma physionomie que vous m'avez télégraphié de me trouver à la gare de Maison-Rouge...

— Non, certes... — Votre dépêche obscure m'avait inquiété beaucoup et, comme une affaire urgente m'appelait sur la ligne de l'Est, j'en ai profité pour vous donner rendez-vous et vous demander des explications...

— C'est parfait!... Rien de plus simple et de plus logique!...

— Les espérances que vous m'avez fait concevoir se réaliseront-elles bientôt? — demanda Pascal. — Où en êtes-vous?

— Tout allait être terminé... l'incident le plus imprévu a remis tout en suspens...

— La bâtarde de mon oncle Robert?...

— Elle est à Maison-Rouge...

— Est-ce possible?...

— C'est parfaitement possible... — La petite sert de garde-malade à la dame Ursule Sollier qui s'est foulé la cheville en glissant sur la neige... — La dite dame Sollier est la personne chargée par le défunt de conduire l'héritière à Paris, chez le notaire qui, sur le vu de certaine lettre dont je vous ai parlé, lui remettra un paquet cacheté contenant les détails les plus circonstanciés sur son origine et sur l'étendue de sa fortune...

— C'est cette lettre qu'il faut avoir! — s'écria Pascal. — Comment ne l'avez-vous pas encore?...

— Sapristi, compère, vous allez vite en besogne! — répliqua Léopold en riant. — On voit bien que vous ne mettez pas personnellement la main à la pâte!! — Une hâte intempestive ne mène à rien et compromet tout. — Il s'agit non de voler la lettre à une personne vivante, qui mènera grand tapage pour la réclamer et pour paralyser les effets du larcin, mais de la prendre sur un cadavre qui ne réclamera pas...

Pascal acceptait bien la complicité d'un crime au bout duquel se trouvait une fortune, mais il lui déplaisait d'entendre parler de ce crime en termes trop réalistes.

Le mot *cadavre* lui fit passer un frisson sur la chair.

— Par quelle circonstance les deux femmes sont-elles à Maison-Rouge? — demanda-t-il.

— C'est juste, vous ne savez rien... — Je vais donc vous raconter brièvement ce que j'ai fait depuis que nous nous sommes vus à Paris...

Et Léopold Lantier commença un récit laconique de toutes ses démarches à Viry-sur-Seine, à Romilly, à Troyes et à Maison-Rouge.

Pascal l'écoutait avec une attention profonde et un intérêt facile à comprendre.

Sa respiration s'arrêta et son visage prit des teintes vertes lorsque arrivèrent les dramatiques péripéties du chemin de fer, et le moment où Léopold, déguisé en contrôleur des billets, tirait son couteau-poignard et s'apprêtait à frapper Ursule et Renée.

— Si la maudite neige ne s'était mise de la partie, — dit le misérable en forme de conclusion, — les deux femelles, à cette heure, ne seraient plus gênantes...

L'entrepreneur passa sa main sur ses yeux comme pour éloigner le tableau sinistre qui malgré lui s'offrait à sa vue.

— Maintenant, quels sont vos projets et vos plans? — fit-il.

— J'ai l'intention de me concerter avec vous à ce sujet... — répliqua Léopold.

— Eh bien! concertons-nous tout de suite.

— Soit, mais d'abord j'ai besoin de savoir combien de temps vous comptez rester absent de Paris.

— Un jour ou deux, pas davantage...

— Est-il indiscret de vous demander où vous allez?...

— Nullement, je vais à Romilly...

— A Romilly! — répéta Léopold.

— Oui.

— Je l'avais deviné et cela me tracassait l'esprit. — Avez-vous donc reçu, officiellement ou officieusement, quelque avis concernant la succession ?...

— Pas le moindre... — J'ai été avisé par dépêche que ma belle-sœur était malade à Romilly, et je vais la voir...

— Ah! vous m'ôtez un rude poids de dessus la poitrine... — J'avais peur de trouver notre affaire enrayée...

Le train stoppait en gare de *Pont-sur-Seine*.

La portière s'ouvrit.

Un voyageur s'apprêtait à monter dans le compartiment.

Pascal se pencha vers son complice :

— Plus un mot! — lui dit-il vivement et à voix basse. — Retournez à Maison-Rouge... Je vous y ferai savoir le jour et l'heure de mon passage. — Il ne faut pas qu'on nous voie ensemble à Romilly...

Le voyageur entrait dans le compartiment.

Léopold répondit à Pascal par un signe de tête, rajusta ses lunettes, remonta son cache-nez, s'accota dans son angle et parut s'endormir.

Treize minutes plus tard on arrivait à Romilly.

L'entrepreneur et le réclusionnaire évadé quittèrent le train.

— Attendez à Maison-Rouge... — répéta Pascal au bandit.

— Je repars dans une heure, — répondit ce dernier.

Et il se dirigea vers un des cafés voisins de la gare.

LA FILLE DE MARGUERITE

Léopold, sa valise à la main, ne les perdait point de vue.

Pascal, ne sachant dans quelle maison se trouvait la veuve de Dominique Bertin, devait questionner pour obtenir des renseignements.

Il franchit le seuil du premier hôtel qui se trouva sur son chemin.

Dans les petites villes où les faits nouveaux propres à alimenter la curiosité sont rares, tout se sait très vite.

Le renseignement demandé ne se fit point attendre et Pascal apprit qu'une voyageuse dont on ignorait le nom était tombée malade à l'*Hôtel de la Marine*.

L'entrepreneur s'y rendit en toute hâte.

Nous l'y précéderons.

L'état de Marguerite, — nos lecteurs s'en souviennent, — était fort alarmant.

Le docteur diagnostiquait une fièvre cérébrale.

La pauvre femme avait été cruellement frappée, mais grâce à l'intervention rapide du médecin, à ses prescriptions intelligentes, et aux soins de toute nature prodigués à la malade, le danger disparut presque aussitôt.

Marguerite, dès le second jour, reprit pleinement possession de son intelligence et put penser à sa fille dont la trace était perdue pour elle, à la mort de Robert, à tout ce qui avait causé ses douleurs, à tout ce qui entravait ses désirs maternels...

Le péril n'existait plus, — nous le répétons, — mais la malade restait incapable de se mouvoir, la fièvre brûlait encore le sang dans ses veines, il lui fallait garder le lit.

C'est alors qu'elle fit appeler le maître de l'hôtel et le pria d'adresser à son intendant Jovelet la dépêche qui nous est connue.

Jovelet arriva le lendemain.

Marguerite, que sa faiblesse momentanée rendait impuissante, ne pouvait donner suite personnellement aux recherches commencées pour retrouver sa fille, mais elle ne voulait pas que ces recherches fussent interrompues, sachant bien qu'un retard suffit parfois pour tout compromettre.

Elle pensa donc à Jovelet qui devait, selon toute apparence, connaître ou du moins soupçonner une partie de son secret.

En raisonnant ainsi, Marguerite ne se trompait pas.

Jovelet devinait un mystère et ses conversations avec Prosper, son prédécesseur, sans compter les *on dit* recueillis à droite et à gauche, l'avaient suffisamment édifié sur la nature de ce mystère.

Le départ de sa maîtresse aussitôt après la mort d'un odieux mari, l'obscurité dont elle entourait à dessein le but de son voyage, ne pouvaient que le confirmer dans ses suppositions.

Marguerite l'accueillit avec joie, ne s'attarda point en des explications inutiles, lui confia qu'elle avait le plus grand intérêt à trouver les traces d'une jeune fille qui lui était chère, et lui donna l'ordre de se rendre le jour suivant au château de Viry-sur-Seine et d'épier la femme de confiance qui, sans le moindre doute, à un moment donné irait rejoindre la jeune fille en question.

Honnête homme et serviteur dévoué, Jovelet aimait et respectait sa maîtresse.

— Madame ne me dit pas tout, — pensa-t-il, — mais ce qu'elle me cache ne me regarde pas...

Il obéit donc sans commentaires, et après avoir attendu la visite quotidienne du médecin pour être rassuré de plus en plus sur l'état de M°° Bertin, il partit afin de se renseigner, au château de Viry, au sujet des agissements de dame Ursule.

C'est pendant son absence que Pascal Lantier se présenta à l'*Hôtel de la Marine* où il fut reçu par le patron lui-même, auquel il dit :

— Vous avez ici, depuis quelques jours, une dame malade, n'est-il pas vrai ?

— Oui, monsieur...

— M°° veuve Bertin ?...

— C'est bien le nom que j'ai inscrit sur mon registre...

— Je suis son parent par alliance... — Hier, en me présentant à sa demeure, j'ai appris qu'elle était malade à Romilly, dans votre hôtel, et je viens vous demander de ses nouvelles...

— Grâce aux soins du docteur, — (un habile homme, monsieur), — la pauvre dame est hors de danger, mais elle nous a bien effrayés tous et le docteur lui-même ne répondait de rien ! — Ah ! elle lui doit une fière chandelle !

— Et vous m'affirmez que le péril n'existe plus ?

— Oui, monsieur ; la guérison, désormais, est une affaire de temps...

— Puis-je voir ma parente ?...

— Je vais le lui demander... — Quel nom dirais-je à M°° Bertin ?

— Annoncez-lui Pascal Lantier, son beau-frère.

Le patron salua et reprit :

— Veuillez me suivre, monsieur...

Il gagna l'escalier conduisant aux chambres des voyageurs, et s'arrêta au premier étage devant une porte à laquelle il frappa légèrement.

Victoire, une des servantes de l'hôtel, se trouvait auprès de la malade et vint ouvrir.

— C'est le patron... — fit-elle en se tournant vers Marguerite

— Qu'il entre !... — murmura celle-ci d'une voix faible.

XLII

Le maître d'hôtel s'approcha du lit, laissant Lantier sur le carré.

— Madame, — dit-il, — je ne suis pas seul.

— Est-ce le docteur qui vous accompagne ? — demanda la veuve.

— Non, madame. — C'est un visiteur que je viens vous annoncer.

— Un visiteur ?... — répéta Marguerite avec une vague inquiétude.

— Oui, madame... et venu de Paris exprès pour vous voir.
— Qui donc?
— Votre beau-frère, M. Pascal Lantier...

Ce nom, qu'elle s'attendait si peu à entendre prononcer, fit tressaillir la malade.

Comment Pascal savait-il qu'elle était à Romilly?

Connaissait-il son secret?

Cela lui importait peu, après tout... — Elle n'avait plus rien à cacher... — Elle était libre enfin et ne devait de comptes à personne...

— Eh bien! — reprit-elle après une seconde de réflexion, — faites entrer M. Lantier... je serai heureuse de le voir.

Pascal avait entendu.

Il se hâta de franchir le seuil, tandis que le maître d'hôtel se retirait avec la servante, et il se dirigea vers sa belle-sœur dont le visage profondément altéré et presque méconnaissable le frappa d'étonnement.

La pauvre femme lui tendit la main.

— Ma chère Marguerite, — dit Pascal d'un ton ému en serrant cette main fiévreuse, — hier, à votre hôtel, j'ai su que vous étiez ici, et très malade... — Cette nouvelle m'a bouleversé... Je n'ai pu maîtriser mon inquiétude... — Le seul moyen de me rassurer était de venir... Je suis venu...

— Je vous remercie, mon ami, et je suis touchée d'une démarche qui me prouve votre affection... dont je ne doutais pas... — Asseyez-vous là... près de moi...

Pascal s'installa au chevet du lit.

— Grâce au ciel, — murmura-t-il, — vous êtes beaucoup mieux, je le sais...

— Oui, je suis hors de danger maintenant. — Le docteur qui me soigne a fait un vrai miracle... — Sans lui vous ne m'auriez pas revue vivante...

— Que vous est-il arrivé?

— Une congestion au cerveau, suivie d'un commencement de fièvre cérébrale...

— Comment se fait-il que vous soyez à Romilly? — Vos gens n'ont pu m'expliquer le motif de votre départ et le but de votre voyage...

— Il ne sait rien... — pensa Marguerite. — Tant mieux...

Lantier poursuivit :

— Sans Mlle de Terrys, qui est allée rue de Varennes, j'ignorais votre absence... — Elle se désole de n'avoir point de nouvelles de vous, et m'a prié de faire tout au monde pour lui en donner...

— Chère Honorine!! — Elle m'aime comme si j'étais sa mère, et je lui rends bien sa tendresse... — Et Paul?... — Parlez-moi de Paul...

— Je suis parti si brusquement que je n'ai pu le voir... sans cela je l'aurais amené...

— Vous auriez eu tort d'interrompre ses travaux.

Il était question de Paul, et l'intonation de Marguerite en prononçant son nom prouvait tout l'intérêt qu'elle portait au jeune homme.

Néanmoins Pascal ne jugea point à propos de démasquer si vite ses batteries et de montrer à quel point sa démarche était intéressée.

— Mais, — reprit-il, — tout à l'heure vous ne m'avez pas répondu... — A moins que ma question ne soit indiscrète, apprenez-moi comment vous vous trouvez loin de Paris, dans un pays où je ne vous savais aucune attache...

Marguerite répliqua, sans montrer le moindre trouble :

— Des affaires entamées par M. Berlin exigeaient une solution immédiate et m'imposaient ce voyage précipité...

— Si vous m'en aviez dit un mot, je me serais offert pour vous éviter un déplacement.

— Ma présence était indispensable...

— Mais ce mal presque foudroyant !!... Résultait-il d'une déception, d'un chagrin?

— Pas le moins du monde... — Le froid excessif m'a saisie en chemin de fer et a déterminé la congestion à laquelle j'ai failli succomber...

La malade déguisait avec aplomb la vérité, et rien d'ailleurs n'était plus vraisemblable que l'explication donnée par elle.

Si Pascal avait su la moitié de son secret, elle n'eût point hésité peut-être à le lui confier entièrement.

Il ignorait tout.

A quoi bon lui dévoiler la honte d'un passé douloureux? — A quoi bon lui apprendre la faute commise avant le mariage et dont une preuve vivante existait?

— S'il doit connaître un jour la vérité, — pensait Marguerite, — mieux vaut qu'elle lui soit révélée par un autre que moi...

— Enfin, — dit Pascal, répondant à la dernière phrase de sa belle-sœur, — le médecin vous a-t-il promis que votre convalescence serait courte?

— Il m'a donné l'assurance que dans huit jours je pourrais sans imprudence retourner à Paris...

— Je viendrai vous chercher...

— Merci mille fois, mais à quoi bon?... Pourquoi vous enlever à vos occupations?...

— Pour ne point vous laisser voyager seule...

— Je ne suis pas seule...

— Ah! — fit Pascal avec une feinte surprise.

Marguerite reprit :

— Jovelet est arrivé hier, et je puis compter sur lui...

— Où donc est-il ?

— En mission, à propos des affaires de feu mon mari...

La malade, redoutant des questions nouvelles, changea le sujet de l'entretien.

— Ainsi, — dit-elle, — vous êtes venu à Romilly uniquement pour me voir ?

— J'espère que vous n'en doutez pas... — je ne pouvais avoir de plus pressant motif...

— Merci encore... — Vous passerez la journée et la nuit à l'hôtel ?

— Oui... — Demain seulement je partirai...

— Vous dînerez dans ma chambre auprès de mon lit.

— C'est mon désir, s'il n'en doit résulter pour vous aucune fatigue.

— Aucune... — Je me sens relativement forte ce soir... — Je ne vous tiendrai pas tête à table, mais votre présence et votre conversation seront précieuses pour moi... Nous parlerons de vous, de vos entreprises, de vos intérêts, et surtout de Paul, de mon cher Paul...

— Oui, certes, — répondit Pascal saisissant aux cheveux l'occasion qui se présentait si favorable ; — et puisque vous voulez bien porter à votre neveu un intérêt très vif, je vous entretiendrai d'un projet que j'ai conçu, et dont je crois vous avoir dit quelques mots déjà, mais tout à fait en l'air...

— Un projet ? — Quel projet ?

— Il s'agirait d'un mariage possible entre mon fils et Mlle de Terrys...

— Je me souviens, et je crois qu'Honorine ne ferait aucune objection, mais je me souviens aussi d'avoir causé avec Paul à ce sujet, et j'ai compris qu'il s'y prêterait difficilement...

— Pur enfantillage de sa part !

— Il ne m'a point expliqué ses motifs et, l'heure n'étant pas venue de parler sérieusement d'une chose que j'approuverais de toutes mes forces, il m'a paru inutile d'insister...

— Peut-être aujourd'hui Paul n'aurait-il plus les mêmes idées, — reprit Lantier ; — d'ailleurs, en admettant qu'il les eût encore, nous pourrions triompher, vous et moi, de ses maladroites hésitations... — Le mariage dont il s'agit assurerait son avenir et lui donnerait un bonheur certain... — Je crois le moment particulièrement favorable pour une nouvelle et pressante tentative, et mon avis est de ne point la retarder... il y a urgence...

— Pourquoi ?

— M. de Terrys a peu de temps à vivre...

— Est-ce certain ?

— Malheureusement, oui... — Il le sent... il me l'a dit... — Or, vous avez sur lui une influence énorme... — Donc il faudrait conclure le mariage avant sa mort...

— Honorine et son père ont confiance en moi, c'est vrai...

— Une confiance illimitée... ils n'agiront que d'après vos conseils... et vous aimez Paul...

— Comme s'il était mon fils...

— Je le sais, aussi je ne questionne pas, je constate... — Il est l'unique enfant d'une sœur qui vous était bien chère... — Depuis sa plus tendre enfance vous avez été une mère pour lui... Les preuves de votre affection ne se sont jamais démenties...

— Je ne demande qu'à lui en donner de nouvelles...

— Cela aussi je le sais, ma chère Marguerite ; c'est donc avec confiance que je vous parle de son avenir et que je vous demande de faire auprès de lui une démarche pressante...

— Je suis prête, mais s'il me répond qu'Honorine ne lui inspire aucun amour ?

— Vous lui ferez comprendre sans peine, à votre entrevue très prochaine, — car je vous l'enverrai dès mon retour à Paris, — que l'amour n'est point du tout indispensable au début du mariage, et qu'il arrive infailliblement un peu plus tard... — Votre neveu se laissera convaincre et ne sera pas assez niais pour refuser la main d'une jeune fille riche et charmante, qui ne demande qu'à l'aimer...

— Ceci je le constate... — Paul est très avant dans ses bonnes grâces... — Elle se serait éprise de lui sans le savoir, que je n'en serais point surprise...

— Si Paul hésitait, il serait fou ! — Songez-y donc, une femme adorable et une dot de plus d'un million !!

— Je vous arrête là, mon cher beau-frère... — interrompit Marguerite. — La difficulté viendra peut-être de ce million dont vous parlez... — Vous êtes lié avec le comte et je connais à fond Honorine... Tous deux sont des esprits positifs, ce qu'on appelle aujourd'hui des gens *pratiques*... — Honorine voudra, j'en suis sûre, être épousée pour elle-même et non pour sa dot... — Le mariage ne deviendra donc possible que si Paul apporte une fortune à peu près égale à celle de Mlle de Terrys...

Pascal Lantier attendait cette phrase.

Il avait manœuvré fort adroitement, dans le but de l'amener sur les lèvres de sa belle-sœur.

En l'entendant prononcer, il fronça les sourcils et prit une physionomie déconfite.

— Vous voilà devenu bien sombre !! — continua Marguerite. — La question de la dot vous embarrasse... je m'en doutais...

— Elle fait plus que m'embarrasser, — répliqua Pascal, — elle anéantit mes espérances !...

— Enfin, vous pouvez faire quelque chose ?...

— Rien en ce moment... — Mon capital est immobilisé dans les affaires...
— Vos maudites constructions ?
— N'en dites pas de mal! Elles seront pour mon fils la source d'une grosse fortune...
— Fortune éventuelle, soumise à des chances plus ou moins heureuses, et que le comte et sa fille n'accepteront point comme argent comptant.
— Hélas! — Allons, n'y pensons plus... C'est un beau rêve qui s'envole...

L'entrepreneur poussa un long soupir, prit son front dans ses mains et pendant quelques secondes resta muet.

Marguerite respecta son silence.

XLIII

Tout à coup Pascal releva la tête.
— Mais, j'y songe, — s'écria-t-il, — tout peut s'arranger...
— Vous avez trouvé un moyen? — demanda vivement la veuve.
— Un moyen qui dépend de vous seule...
— Expliquez-vous...
— Votre cœur est excellent... vous aimez Paul comme s'il était votre fils, — (vous l'avez dit tout à l'heure!) — Venez-nous en aide...

Ce fut au tour de Marguerite de froncer le sourcil.
— Vous venir en aide, — répéta-t-elle. — Et comment?
— La mort de votre mari vous laisse la libre disposition d'une fortune bien supérieure à celle de M. de Terrys...

Mme Bertin tressaillit.

Elle devinait la requête que son beau-frère allait lui présenter et, décidée à un refus, elle sentait combien une réponse négative serait embarrassante à formuler.
— Sans doute... — murmura-t-elle.
— Je vous ai entendue affirmer plus d'une fois que, si vous deveniez veuve, vous ne vous remarieriez jamais... — reprit Pascal.
— Je suis toujours dans les mêmes idées...
— Vous n'avez pas d'enfants...

Ces mots serrèrent douloureusement le cœur de Marguerite.

La pauvre femme fut au moment de fondre en larmes, d'éclater en sanglots; mais, voulant garder son secret, elle eut la force de se contenir.

Lantier poursuivit :
— Et si vous aviez la générosité d'assurer après vous à votre neveu, par une

Il tendit sa main quasi-transparente à Lantier qui la prit en regardant son hôte avec stupeur.

donation en règle, une partie des biens qui vous appartiennent, le mariage pourrait se conclure...

Le coup était porté.

Pascal s'arrêta.

Les yeux fixés sur le visage de Marguerite il attendait, ne prévoyant aucun obstacle, et fermement convaincu que sa belle-sœur abonderait dans son sens...

La mère pensait à sa fille.

Après un assez long silence, Mᵐᵉ Bertin murmura :

— Ma réponse va vous étonner, mon cher Pascal, certain comme vous l'êtes de mes dispositions bienveillantes pour mon neveu... — J'aime Paul de tout mon cœur, vous le savez, et il le sait aussi, lui ; mais ce que vous me demandez est impossible...

L'entrepreneur pâlit.

— Impossible !... — répéta-t-il d'une voix étranglée.

— Oui...

— Paul a-t-il donc démérité à vos yeux ?...

— Jamais !... Le cher enfant est digne de toute l'affection qu'il m'inspire, mais encore une fois je ne puis faire ce que vous souhaitez...

— Vous aimez Paul, et vous refusez impitoyablement d'assurer son avenir !

— Je n'ai pas le droit de consentir...

— Pas le droit ! — mais votre fortune est bien à vous... vous êtes libre d'en disposer à votre guise, et mon fils est votre seul héritier légal...

Marguerite baissa la tête sans répondre.

Lantier continua avec entraînement, comme si l'amour paternel avait été l'unique mobile de son insistance :

— Le bonheur de Paul est en jeu... ce bonheur, un mot de vous suffirait pour l'assurer, et votre cœur ne vous dicte qu'un refus ! — M'avez-vous bien compris ? — Il ne s'agit point de vous dépouiller... Je ne demande rien pour mon fils de votre vivant... Vous garderez tous vos revenus... — Que M. de Terrys ait la certitude que Paul un jour sera possesseur d'une fortune à peu près égale à celle de sa fille, et toute objection de sa part disparaîtra... — Ce n'est pas impossible, cela, c'est facile, et, à moins que Paul n'ait commis des fautes ignorées de moi dont vous le punissez par votre abandon à l'heure où pour lui vous pouvez tout, j'ose compter sur vous et j'y compte...

— Pascal, — balbutia Marguerite, les yeux pleins de larmes et les mains agitées d'un tremblement nerveux, — vous me torturez... — Croyez-vous que je ne serais pas heureuse de donner à mon neveu une preuve de ma tendresse ?...

— Qui vous en empêche ?

— Je vous ai dit que je n'avais pas le droit de disposer de ma fortune...

— A mon tour je réponds : — C'est impossible !...

— C'est la vérité cependant... ma fortune n'est point à moi... ma fortune appartient...

— A qui donc ?... — demanda Pascal haletant.

Marguerite cacha son visage entre ses deux mains et répondit d'une voix très basse et presque indistincte :

— A ma fille...

Le beau-frère de Mme Bertin chancela sous le coup de cette révélation inattendue.

— A votre fille !... — répéta-t-il avec stupeur.

Marguerite fit un signe de tête affirmatif.

— Vous vous jouez de moi !... — reprit Pascal, refusant de croire à ce qu'il venait d'entendre. — Vous n'avez pas d'enfant...

— Le mariage ne m'en a pas donné ; mais, puisque vous abusez sans pitié de ma faiblesse pour m'arracher un secret que je voulais garder, je vais tout vous apprendre. Aussi bien, un peu plus tôt ou un peu plus tard, il faudra bien que ce secret soit connu de tous...

Lantier, anéanti, bouleversé, écoutait sa belle-sœur comme on écoute les voix qui parlent dans un rêve.

La veuve, sans le regarder, poursuivit :

— Avant mon mariage, j'ai commis une faute que je ne prétends point atténuer... — Mon extrême jeunesse était ma seule excuse... — De cette faute naquit une fille qui me fut enlevée presque aussitôt après sa naissance... — Mon père cacha ma honte et, voulant à tout prix la fortune pour moi, me contraignit à me marier... — J'ai souffert pendant dix-neuf ans tout ce qu'on peut souffrir... ignorant ce qu'était devenue ma fille... la croyant morte... — Enfin l'heure de la délivrance est venue... — J'ai commencé mes recherches sans perdre une minute... — Elles ont amené un résultat immédiat... — Mon enfant existe, j'en ai la certitude... j'en ai la preuve... — Vous comprenez maintenant, Pascal, que ma fortune est à elle, toute entière à elle, et que je n'en puis rien distraire !... Vous comprenez cela, n'est-ce pas ?

Une lueur jaillit des paupières baissées de Lantier et s'éteignit aussitôt.

— Et cette enfant perdue depuis dix-neuf ans, vous l'avez retrouvée ? — demanda-t-il d'un ton singulier, au lieu de répondre à la question de Marguerite.

— Pas encore ; mais, je vous le répète, j'ai la certitude de son existence. Ce soir peut-être j'apprendrai où elle est... je saurai où je pourrai la rejoindre, la couvrir de mes baisers et oublier, en la pressant contre mon cœur, ce que j'ai si longtemps souffert.

Pascal courbait la tête et son visage offrait une expression farouche

Marguerite continua :

— Je sais bien, mon cher beau-frère, que mon égoïsme, ou plutôt mon devoir maternel, dérange vos calculs et anéantit vos espérances... — Je compatis à la déception que vous éprouvez, mais vous êtes père, vous aimez Paul comme j'aime ma fille, et vous devez me comprendre. — Vous m'adressiez une demande pour assurer son avenir... C'est la preuve que j'ai raison de vouloir assurer l'avenir de mon enfant... — Vous disiez : *Tout pour mon fils !*... — Je réponds : *Tout pour ma fille !*...

L'entrepreneur releva la tête.

Sa figure n'exprimait plus que la résignation.

— Vous avez raison, je le comprends... — fit-il avec douceur. — Il ne me reste qu'à solliciter de vous un double pardon... Pardonnez-moi ma requête indiscrète... Pardonnez-moi surtout de vous avoir contrainte par mon insistance à me révéler vos secrets.

Marguerite lui tendit la main.

— Je n'ai rien à vous pardonner... — répliqua-t-elle, — et maintenant je me sens heureuse que cette conversation ait eu lieu...

— Il est si doux de s'épancher dans le sein d'un ami, d'un parent, en qui on peut avoir toute confiance... — dit Pascal avec hypocrisie. — Et vous avez l'espoir de revoir bientôt votre fille ? — continua-t-il.

— Oui... Jovelet surveille en ce moment une femme qui doit sans aucun doute aller la rejoindre dans l'endroit où son père la cache depuis tant d'années..

Pascal tressaillit.

Ces paroles éveillaient son attention.

Il trouvait une coïncidence étrange entre ce que lui disait Marguerite et ce que lui avait raconté le prétendu Valta.

Afin d'acquérir une certitude, il questionna.

— Et le père de cette enfant? — fit-il.

— Mort... — répondit la malade d'une voix sourde.

De nouveau Pascal tressaillit.

— Mort... — répéta Marguerite. — Le jour même où, libre enfin, je lui réclamais ma fille...

— Et c'est à Romilly qu'habitait cet homme?... — reprit Lantier. — C'est à Romilly qu'il est mort?...

— Non... — murmura la veuve avec un embarras manifeste.

— Où donc?

— Au château de Viry-sur-Seine...

— Mais alors, — s'écria Pascal pris d'une fièvre soudaine, — votre fille est la fille de Robert Vallerand !

— Oui, de Robert Vallerand, votre oncle, qui pour se venger de l'apparente trahison que m'imposait l'implacable volonté de mon père, m'enlevait mon enfant et révélait lâchement ma faute à mon mari ! — Vous devez comprendre maintenant pourquoi Dominique Bertin, si follement épris de moi d'abord qu'il donnait des millions pour m'épouser, me haïssait et me martyrisait ! — c'était un châtiment !... — et pourquoi il exécrait votre famille à vous, dont le chef avait épousé une Vallerand...

— Oui... oui... je comprends... — murmura Pascal, dont le cerveau était littéralement en feu. — Cette enfant est ma proche parente... la parente de Paul... et vous allez la retrouver... la chérir...

— La chérir de toutes mes forces!! — répliqua Marguerite qui ne pouvait deviner les pensées sinistres de son beau-frère. — Que d'amour je lui dois, à cette chère fille, privée de la tendresse de sa mère pendant tant d'années!! — Ah! je lui payerai largement ma dette, et Dieu sait avec quels transports de bonheur!

— Êtes-vous certaine que Jovelet découvrira sa retraite?

— Le contraire me paraît impossible...

Lantier se dit à voix basse :

— Alors tout serait perdu! — Valta ne pourrait agir et la fortune m'échapperait!! — Que faire?

En ce moment un pas rapide retentit dans l'escalier et s'arrêta sur le carré du premier étage.

On frappa doucement à la porte.

— Entrez! — fit Marguerite.

La porte s'ouvrit.

Jovelet parut.

XLIV

L'intendant de feu Dominique s'arrêta sur le seuil, très étonné de la présence de Pascal Lantier.

Ce dernier ne respirait plus.

Jovelet était-il sur la piste de la fille de Marguerite?

L'écroulement, dans ce cas, serait absolu et irrémédiable.

— Entrez, Jovelet... — dit vivement la malade, — entrez et ne me faites point languir... — Vous pouvez parler devant mon beau-frère... — Que savez-vous?... Qu'avez-vous à m'apprendre?...

— Rien, madame... — répliqua le personnage ainsi interpellé.

— Comment rien?

— Rien, du moins, de ce que madame désirait connaître...

— Mais cette femme?... — cette gouvernante?...

— M⁽ᵐᵉ⁾ Ursule Sollier?... Elle est partie du château de Viry-sur-Seine...

— Depuis quand?

— Depuis trois jours. — Le soir même du convoi de feu le député Robert Vallerand...

— Où allait-elle?...

— La voiture du château l'a conduite à Romilly... au chemin de fer...

— Et là, quelle direction a-t-elle prise?

— On l'ignore absolument.

Pascal respira; une sorte de sourire écarta ses lèvres minces et blafardes.

— Et vous n'avez pas cherché, questionné? — poursuivit la malade dont le visage exprimait une angoisse indicible.

— J'ai questionné, madame, j'ai cherché, mais je n'ai pu obtenir qu'un seul renseignement...

— Lequel?

— C'est que la dame de confiance, Mme Ursule Sollier, a laissé ses malles au château de Viry-sur-Seine, et qu'elle doit écrire pour qu'on les lui envoie quand elle aura choisi le lieu de sa future résidence...

— Mon Dieu! — balbutia la malade dont les larmes, en un instant, inondèrent le visage. — C'est à peine un indice, cela! Rien de précis!... rien qui puisse me guider!... et quand je crois toucher au bonheur, c'est la déception qui m'attend, c'est le désespoir qui m'est réservé!

— Calmez-vous, ma chère Marguerite, — dit Lantier en serrant les mains de sa belle-sœur avec un redoublement d'hypocrisie, — et comptez sur ceux qui vous aiment! Ce qu'une femme ne pourrait faire, je le ferai, moi!... Je vous aiderai dans vos recherches... Je m'y consacrerai corps et âme... — Ce bonheur qui jusqu'à présent n'est qu'un rêve et semble fuir devant vous, deviendra réalité, quand je devrais, pour vous le donner, fouiller le monde entier...

Mme Bertin, sans défiance, se laissa prendre à l'accent du misérable.

— Ah! vous êtes bon! — s'écria-t-elle. — Un dévouement comme le vôtre me console de bien des douleurs et rend l'espoir à mon âme découragée... — Oui, je compte sur votre assistance... — Vous me viendrez en aide...

— Je vous le jure!

— Merci, Pascal!... — Si cette Ursule Sollier est allée rejoindre ma fille, je sais maintenant où nous pourrons retrouver sa trace...

— Vous savez cela?

— Oui.

— Où donc?

— Chez M. Auguy, notaire à Paris, rue des Pyramides.

— Chez M. Auguy?... — répéta Pascal avec inquiétude. — Qui vous fait supposer cela?

— Une lettre adressée à ce notaire par Robert Vallerand s'est trouvée dans mes mains pendant quelques secondes... On me l'a prise, cette lettre, on me l'a brutalement arrachée, mais j'avais eu le temps d'en lire l'adresse, et mon instinct me dit que le fil qui doit me conduire au but est là et non ailleurs...

Pascal gravait dans sa mémoire chacune des paroles de sa belle-sœur.

Des difficultés insurmontables peut-être, de graves dangers, lui paraissaient résulter de ces paroles.

Il avait hâte de conférer à ce sujet avec son complice Valta qui l'attendait à Maison-Rouge.

Quoique Marguerite eût recouvré déjà quelque force, les émotions résultant de l'entretien qui venait d'avoir lieu l'avaient brisée.

Elle retomba sur son oreiller dans un état de prostration complète.

— Je crois que madame a besoin de repos... — dit Jovelet à demi-voix. — Ne pensez-vous pas comme moi qu'il serait sage de la laisser dormir?

Pascal fit un signe affirmatif et se retira avec l'intendant.

Celui-ci envoya Victoire reprendre son service auprès de la malade, et Lantier, après avoir prévenu qu'il dînerait dans la chambre de Mme Berlin, quitta l'*Hôtel de la Marine*, se rendit au bureau télégraphique et fit passer à l'adresse de Valta une dépêche ainsi conçue.

« *Demain, je m'arrêterai à Maison-Rouge. Affaire urgente.*

« PASACL. »

Cette dépêche expédiée, l'entrepreneur entra dans un café et, quoique très sobre d'habitude, se fit servir un carafon de rhum qu'il vida jusqu'à la dernière goutte, afin de s'étourdir.

Malgré sa force de volonté, un nuage sombre s'étendait sur son esprit.

Il sentait le découragement envahir son âme.

— Tout va mal! — murmurait-il. — Cette bâtarde de Robert Valleraud anéantit ma dernière ressource et brise mon dernier espoir... — Elle rend le mariage de Paul impossible... — Elle me vole l'héritage de mon oncle et la fortune de Marguerite qui devait revenir à mon fils! — Par elle je suis doublement perdu, et d'un moment à l'autre, par le notaire de Paris, la mère peut retrouver sa trace! — Valta est un homme d'action qui ne reculera devant rien, il l'a prouvé déjà! — Lui seul peut me sauver... je vais m'abandonner à lui...

Pascal revint à l'hôtel et monta chez sa belle-sœur que deux heures de sommeil avaient complètement remise.

Il dîna près de son lit.

Aucune allusion ne fut faite à ce qui s'était dit dans la journée.

Aussitôt après le repas Lantier souhaita le bonsoir à Marguerite, gagna sa chambre et se mit au lit, non pour dormir, mais pour examiner la situation sous toutes ses faces.

Le lendemain matin il vint prendre des nouvelles de sa belle-sœur.

— J'ai passé une bonne nuit... — répondit la veuve; — le docteur, qui sort d'ici, est très content de moi et m'a permis de prendre un peu de nourriture... — Je déjeunerai donc en même temps que vous...

— Ce que vous m'apprenez me rend bien heureux... — La marche de votre convalescence sera désormais très rapide... — Tout en déjeunant, vous m'apprendrez ce que je dois faire relativement à la chose importante qui vous préoccupe, et je retournerai à Paris...

— Depuis hier j'ai réfléchi beaucoup... — fit Mme Bertin.

— Et le résultat de vos réflexions?...

— Est que je ne profiterai point de votre bon vouloir, mon cher Pascal, en ce moment du moins... — Jusqu'à nouvel ordre, j'agirai seule... — Je n'en suis pas moins profondément touchée de l'assistance que vous m'avez si généreusement offerte, et ma gratitude vous est acquise... — Je serai bientôt à Paris... — Je dirai tout au notaire à qui la lettre de Robert Vallerand était adressée, et il ne refusera pas de m'apprendre ce que j'ai un si grand intérêt à connaître...

— Bref, j'espère en l'avenir...

— Tant mieux!! — La confiance est l'avant-coureur du succès... Je souhaite que vous n'ayez pas besoin de moi, mais souvenez-vous, chère Marguerite, que le jour où mon dévouement vous deviendrait utile, vous pourrez le mettre à l'épreuve...

— Je le ferai sans hésiter!... — Je crois à votre affection, et je suis sûre que vous ne m'en voulez pas de mon refus d'hier...

— Comment vous en voudrais-je? — Je comprends trop bien vos motifs et, dans la situation où vous êtes, j'agirais comme vous agissez.

Marguerite serra cordialement la main de son beau-frère.

Pascal quitta Romilly par le train de quatre heures dix minutes, qui devait arriver à Maison-Rouge à cinq heures quarante-cinq.

Il faisait nuit noire.

Léopold Lantier, que son cousin le constructeur ne connaissait que sous le nom de Valta, était retourné immédiatement à Maison-Rouge et avait repris possession de sa chambre à l'*Hôtel de la Gare.*

Ayant eu soin de se faire inscrire en qualité de voyageur de commerce, son séjour dans cette petite ville n'étonnait personne.

Au moment où on lui remit la dépêche expédiée de Romilly, il était à table, en train de dîner.

Cette dépêche laconique l'inquiéta comme la première.

Pascal Lantier l'avertissait qu'il s'arrêterait le lendemain à Maison-Rouge et lui parlait d'*affaire urgente!*

Quelque chose d'imprévu et de très grave se produisait, il n'en doutait pas...

La démarche de son cousin lui semblait prodigieusement imprudente, mais il ne pouvait l'empêcher.

A quelle heure arriverait Pascal? — La dépêche étant muette à ce sujet, Léopold se dit qu'il devait surveiller l'arrivée de son complice sans attirer l'attention.

Il occupait à l'hôtel une chambre modeste dont l'unique fenêtre donnait sur la place de la Gare.

Léopold fit de cette fenêtre son observatoire.

Aux heures des trains venant de Romilly il inspectait la place et examinait

— Oserais-tu me désobéir? demanda-t-il avec un geste de menace.

avec attention les voyageurs sortant de la gare, prêt à descendre et à courir au-devant de Pascal dès qu'il l'apercevrait.

Pendant toute la journée son attente fut vaine et, la nuit venue, de sa fenêtre il ne pouvait plus rien voir.

En conséquence il se rendit à la gare pour l'arrivée du train de cinq heures quarante-cinq, et il franchit le seuil de la salle d'attente juste au moment où ce train stoppait.

Quelques personnes descendirent.

Dans le nombre se trouvait Pascal.

Il reconnut Léopold et vint droit à lui.

— Votre démarche est bien compromettante... — lui dit à voix basse le faux Valta.

— Ce que j'ai à vous apprendre ne comportait aucun retard... — répliqua Lantier.

— Qu'est-ce donc?

— Tout est perdu...

— Ah! diable! — murmura Léopold avec un petit frisson.

Pascal continua :

— Oui, tout est perdu... à moins que nous ne trouvions un moyen...

— L'écroulement n'est donc pas définitif? — interrompit l'ex-réclusionnaire. — Vous m'avez fait une peur!! — Eh bien! ce moyen, nous le trouverons...

— Je l'espère, mais pour cela il faut nous entendre...

— Entendons-nous, mais soyons prudents et n'ayons pas l'air de nous être donné rendez-vous...

— C'est possible et facile... — Comment êtes-vous inscrit à votre hôtel?

— Voyageur de commerce...

— Je serai voyageur ainsi que vous, et nous serons censés nous connaître...

XLV

— Excellente idée! — fit le faux Valta. — Rien de plus naturel et rien de moins suspect!

— Y a-t-il une chambre vacante à votre hôtel? — reprit Pascal.

— Il y en a plusieurs, entre autres une qui touche à la mienne

— Je vais la retenir... — Une fois installé et votre voisin, il nous sera facile de nous réunir...

— Eh bien! allez à l'hôtel, retenez la chambre et mettez-vous à dîner, car voici l'heure de la table d'hôte... — Moi je vais faire un tour au café, j'irai vous rejoindre ensuite et nous aurons l'air de nous rencontrer par hasard...

— A merveille! — Quel est le numéro de votre chambre?...

— 23... — au second étage... — c'est le 24 qui est libre...

— A quel étage logent les deux femmes?

— Au premier...

— Elles ne sortent guère?

— Voilà une question naïve, puisque la gouvernante est clouée sur son lit par sa foulure!! — Elles mangent dans leur chambre. — Cependant la jeune demoiselle sort quelquefois seule...

— Ah! ah!...

— Ainsi, aujourd'hui, elle est allée chez le pharmacien faire préparer un liniment pour sa compagne... Cela pourra servir...

Les deux hommes se séparèrent.

Pascal se dirigea vers l'*Hôtel de la Gare*, et Léopold s'engagea dans une des rues sommairement éclairées de la petite ville.

L'entrepreneur demanda une chambre ainsi que c'était convenu, se fit donner le numéro 24 et, après y avoir jeté un coup d'œil, se rendit à la table d'hôte où se trouvaient réunies une dizaine de personnes.

On venait d'achever le potage lorsque Léopold Lantier entra dans la salle à manger.

En le voyant, Pascal lui tendit la main et s'écria :

— Comment, mon cher, vous êtes ici ? — Quelle heureuse chance de vous rencontrer ! — Je vous croyais dans le Midi...

Et les deux voyageurs, que les autres convives prirent pour de vieux camarades, s'installèrent côte à côte.

Il nous paraît superflu d'ajouter qu'ils n'échangèrent pendant toute la durée du repas que des paroles insignifiantes.

Après le dîner ils firent une partie de billard, puis, vers dix heures et demie, ils prirent leurs bougeoirs et se dirigèrent vers leurs chambres respectives où de bons feux avaient été préparés.

— A onze heures tout le monde est couché et endormi, vous pourrez venir... — dit Léopold dans l'escalier.

Pascal répondit par un signe de tête affirmatif, et entra chez lui.

L'évadé de Troyes eut soin de ne pas clore tout à fait sa porte, alluma un cigare, tisonna le feu et attendit.

Son attente fut courte.

A l'heure convenue l'entrepreneur parut, referma la porte, et vint s'asseoir d'un air sombre au coin de la cheminée.

— Point de paroles inutiles ! — commença Léopold. — Allez droit au fait !! — Que se passe-t-il ? — Qu'avez-vous appris à Romilly, car c'est de là que vous rapportez cette mine épouvantée ?...

— C'est de là... — répliqua Pascal. — Vous m'avez dit que l'ancienne maîtresse de Robert Vallerand, la mère de sa fille, vivait encore...

— Oui... Je l'ai vue... Je l'ai entendue parler à votre oncle et lui réclamer son enfant.

— Savez-vous quelle est cette femme ?

— J'ignore son nom, mais je sais qu'on l'a ramenée très malade du château de Viry-sur-Seine à l'*Hôtel de la Marine*...

— Vous la croyez mourante... — Eh bien ! à cette heure, elle est en pleine convalescence, prête à quitter Romilly et à se mettre à la recherche de sa fille...

— Tonnerre!! — murmura Léopold. — Comment avez-vous appris cela?

— Je le tiens de sa propre bouche...

— Vous l'avez vue? vous lui avez parlé?...

— Oui... elle m'a confié le secret de sa jeunesse... — Elle compte sur moi pour l'aider à retrouver son enfant...

— Elle vous a confié son secret? Elle compte sur vous?... — répéta Léopold avec stupeur. — Vous la connaissez donc?

— Si je la connais!! — C'est ma belle-sœur...

— Votre belle-sœur, Marguerite Bertin, née Berthier!! — s'écria le faux Valta sans réfléchir à la portée de son exclamation.

Ce fut le tour de Pascal d'être stupéfait.

— Comment savez-vous que ma belle-sœur est une Berthier? — demanda-t-il en regardant fixement son complice.

Ce dernier se mordit les lèvres.

Il venait de faire une bévue et le comprenait à merveille, mais il était homme à se tirer d'un plus mauvais pas et, pour ne point laisser aux soupçons de Lantier le temps de naître et de grandir, il répliqua d'un ton délibéré :

— Je me suis livré à une étude approfondie de votre famille, de vos alliances et de vos affaires, que je connais sur le bout du doigt... — Vous en avez eu déjà la preuve... — Mais j'ignorais que l'ancienne maîtresse de feu le député de Romilly fût votre belle-sœur... — Au fond ceci nous importe peu et, toute réflexion faite, je ne vois rien là d'effrayant...

Pascal fit un haut-le-corps.

— Cela ne vous effraye point?? — balbutia-t-il.

— Ma foi, non!! — Ça ne change rien à notre affaire... — La chère dame cherchera sa fille et ne la trouvera pas... voilà tout...

— Elle sait que la femme de confiance de Robert Vallerand a mission de veiller sur la bâtarde et d'aller la rejoindre...

— Elle ne trouvera pas plus l'une que l'autre. — Une fois les deux femmes supprimées vous vous présenterez muni de la lettre, comme le seul héritier, chez le notaire de Paris. Il vous remettra les papiers, vous détruirez le testament et tout sera dit..

— Vous arrangez les choses à votre guise, malheureusement elles ne se passeront point ainsi...

— Pourquoi donc?

— Parce que ma belle-sœur a l'intention d'aller elle-même chez le notaire et de le questionner au sujet de sa fille...

— Ah! diable! ah! diable! — fit Léopold dont le visage exprimait l'inquiétude — comment cette idée lui est-elle venue?...

— Elle sait que Robert Vallerand a écrit une lettre au notaire... Elle a eu cette lettre dans les mains pendant quelques secondes... — Elle voit là une piste à suivre...

— On la lui fera perdre...

— Et comment? — Songez-y donc, je ne puis me servir de la lettre en question sans qu'on m'accuse d'avoir fait disparaître la femme de confiance et l'héritière!! — L'énigme est insoluble! Nous sommes dans une impasse!

Léopold, très soucieux et le front penché, réfléchissait.

— Vous ne répondez pas... — reprit Pascal au bout d'un instant. — C'est que vous voyez combien j'ai raison! C'est que vous comprenez à quel point Marguerite, vivante et cherchant sa fille, est un obstacle infranchissable!...

Le faux Valta releva la tête.

Il avait dans les yeux une lueur étrange et sur les lèvres un mauvais sourire.

— Eh bien! mais, — répliqua-t-il, — les obstacles sont faits pour être brisés! Vous figurez-vous d'ailleurs, par hasard, que je n'ai qu'un tour dans mon sac?... Ce que vous venez de m'apprendre modifie mes projets... — Ce n'est ni vous ni moi qui nous présenterons chez le notaire avec la lettre... — Sachez cela et ne craignez rien...

— Je ne comprends pas...

— Vous comprendrez plus tard.

— Mais...

— N'ajoutez rien, je vous en prie... — interrompit Léopold. — Comptez sur les millions que je vous ai promis, et dont j'aurai ma part... — Cette perspective doit vous suffire... Je vous répète que la mère ne m'embarrasse pas...

— Si cependant elle se présente avant nous rue des Pyramides...

— Eh bien?

— C'est pour le coup que tout sera perdu!!

— Pourquoi donc? — Voyons, raisonnons avec calme et ne vous mettez point martel en tête!... Supposons que votre belle-sœur aille chez le notaire réclamer sa fille... De quel droit le ferait-elle? En vertu de quel titre?...

— Il existe sans doute un acte de naissance prouvant qu'elle est la mère...

— Je n'en sais rien, mais peu importe... — Admettez que le notaire soit dépositaire d'un secret, — car c'est un secret que Robert Vallerand cachait depuis dix-huit années!! — Vous figurez-vous qu'il ira trahir ce secret sur la simple réquisition d'une inconnue? — Jamais de la vie! — Sait-il seulement que la bâtarde existe? J'en doute beaucoup... et, s'il le sait, sait-il où elle est? — Je ne le crois pas... — Son rôle en tout ceci me paraît se réduire à très peu de chose... — Il est dépositaire d'un paquet cacheté renfermant des papiers qu'il doit remettre sur la présentation d'une lettre de feu Vallerand... — Je parierais volontiers qu'il ignore ce que contient le paquet... — Donc votre belle-sœur étant hors d'état de présenter la lettre, il ne lui répondra rien, le devoir professionnel l'y oblige... — Nous arriverons d'ailleurs avant elle...

— Mais si elle nous précédait?

— Nous n'en agirions pas moins sans crainte...

— La démarche de Marguerite pourrait le mettre en défiance et lui suggérer des questions embarrassantes...

— Nous songerons à cela quand il en sera temps... — Le plus pressé, c'est de supprimer correctement les deux femmes et d'avoir la lettre... — Je vous le répète, ayez confiance...

— Hâtez-vous d'agir... — murmura Pascal d'une voix sourde. — Si l'héritage que vous me promettez se fait attendre, il arrivera trop tard...

Léopold jeta sur son cousin un regard pénétrant, aspira une ample bouffée de fumée, la rejeta par les narines et demanda :

— C'est donc si pressé que ça? — Est-ce qu'il y a quelque chose qui cloche à Paris?...

— Tout s'effondre... — Je suis à deux pas de la ruine et du déshonneur...

— Le déshonneur! un grand mot... des bêtises! — La ruine, c'est plus sérieux... — Il est vrai que les deux s'enchaînent. — Expliquez-moi quelle complication nouvelle survient dans vos affaires...

— Puis-je avoir en vous une confiance illimitée?

— Sapristi! — répliqua Léopold en riant. — Il me semble qu'en l'état de notre collaboration active vous auriez mauvaise grâce à me marchander votre confiance!!

— Oui, c'est vrai... — fit l'entrepreneur, — je me suis livré pieds et poings liés à vous que je ne connaissais pas...

— Vous m'avez apprécié du premier coup d'œil, ce qui fait l'éloge de votre jugeotte, et vous aurez tout lieu de vous en féliciter. — Donc ne faites point de manières avec moi, et déboutonnez-vous carrément! — Qu'est-ce qui vous chiffonne, et pourquoi cette physionomie de l'autre monde?...

XLVI

— J'ai, — commença lentement Pascal en pesant ses mots, — j'ai un créancier dont la mort est imminente... D'après les termes de conventions intervenues entre cet homme et moi, la somme considérable qu'il m'a prêtée devra être remboursée à son héritière huit jours après son décès... or, s'il s'éteint avant que la fortune de Robert Vallerand soit dans mes mains, je serai perdu sans ressources... Comprenez-vous?

— Parfaitement... — Quelle somme devez-vous à ce créancier?

— Un million, plus les intérêts d'une année...

— Et l'héritier n'accepterait pas une transaction, un atermoiement?

— Non... — Cet héritier est une jeune fille qui, forte de son droit, se montrerait inexorable, j'en ai la certitude...

— Les femmes n'entendent rien aux affaires. — Quand on leur doit de l'argent elles veulent être payées... fichue engeance!! — Le nom du créancier?

— Le comte de Terrys...

— L'héritière?

— Sa fille unique... J'avais trouvé un biais pour éviter ce remboursement à bref délai : — marier mon fils avec Honorine de Terrys pendant que le vicomte vit encore...

— Très ingénieux! — fit Léopold.

— Mais, — poursuivit Pascal Lantier, — le mariage n'était possible qu'à la condition que mon fils possédât, ou tout au moins dût posséder dans l'avenir, une fortune égale à la fortune de Mlle de Terrys... — Je comptais sur ma belle-sœur... — J'avais fait le voyage de Romilly afin de lui demander d'assurer par contrat un million à son neveu qu'elle paraît aimer beaucoup...

— Mais, — interrompit Léopold, — votre belle-sœur vous a répondu par un refus net et carré... — Sachant sa fille vivante, elle n'existe plus que pour elle et veut lui conserver sa fortune intacte.

— C'est cela même...

— Le comte de Terrys est condamné?

— Sans appel... — Il s'éteindra d'un moment à l'autre... — Depuis cinq ans tout serait fini s'il ne soutenait sa vie au moyen d'un remède étrange, inconnu des médecins...

— Quel est ce remède?...

— M. de Terrys a voyagé beaucoup... — C'est aux Indes qu'il a contracté le germe de cette maladie, et c'est des Indes qu'il a rapporté je ne sais quel poison mystérieux devenu l'antidote de son mal.

— Je demande une explication plus complète... — fit Léopold fort intrigué.

Pascal raconta en détail à son complice ce que lui avait confié le père d'Honorine au sujet de la poudre de crotale, dont il s'administrait depuis plusieurs années des doses minuscules.

Il ajouta le récit de la scène effrayante à laquelle il avait assisté après l'absorption d'une de ces doses.

L'attention du ci-devant réclusionnaire devenait très intense.

— Ah çà! cet homme fait de son corps un bocal de poison! — s'écria-t-il après avoir écouté jusqu'au bout.

— Sans doute, mais ce poison le sauve...

— Où est la preuve? — Je vois là une situation à exploiter à votre profit, par conséquent au nôtre... — s'écria le misérable dont les yeux étincelaient.

— Je ne vous comprends pas... — murmura l'entrepreneur.

— C'est en secret, venez-vous de me dire, que le comte prend la poudre de crotale?

— Oui... — Je suis le seul à connaître ce traitement...

— Et vous ne comprenez pas quel parti nous pouvons tirer de la connaissance d'un pareil secret?...

Pascal secoua la tête.

Léopold poursuivit :

— Supposez qu'une lettre anonyme adressée au procureur de la République accuse la fille d'avoir empoisonné son père... — On fait l'autopsie du cadavre... — on le trouve gorgé de poison... — Mlle de Terrys est arrêtée, jugée, condamnée, et avant que les tribunaux aient nommé un administrateur judiciaire de ses biens, vous êtes en mesure de payer la somme que vous devez à la succession... — Est-ce clair?

L'entrepreneur, devenu livide, écoutait en frissonnant.

— Ma parole, on croirait que ça vous épouvante! — continua Léopold d'un ton railleur, — le proverbe qui dit : *aux grands maux les grands remèdes!* est cependant plein de bons sens...

— Je n'ai pas peur, — répliqua Pascal, agité d'un tremblement nerveux qui démentait ses paroles, — mais j'ai moi-même rendu impossible l'accusation dont vous parlez...

— Comment cela?

— L'idée m'était venue comme à vous qu'on pourrait soupçonner quelqu'un d'empoisonnement... J'ai appelé sur ce sujet l'attention du comte...

— Ah! niais! triple niais! — murmura Léopold assez haut pour être entendu de son complice.

Loin de se fâcher de l'épithète, ce dernier répéta :

— Oui, niais! triple niais! — Vous avez bien raison! — J'ai cité à M. de Terrys un exemple qui a produit sur lui une impression profonde, et, dans la crainte que quelqu'un de ceux qui l'entourent fût accusé après sa mort, il a résolu d'ajouter au manuscrit de ses souvenirs, rédigés jour par jour, une relation de sa maladie et du traitement par lequel il la combat.

— Il a écrit cela devant vous?

— Non, mais il a dû l'écrire le soir même.

— Vous pouvez vous vanter de lui avoir donné là une fameuse idée! — s'écria l'ex-réclusionnaire avec rage.

Pascal baissa la tête humblement et ne répliqua point.

— Ces *Souvenirs* dont vous parlez sont-ils connus de Mlle de Terrys? — reprit Léopold après un silence.

— Non... — Elle ne les connaîtra qu'après la mort du comte.

— Où les place-t-il?

— Dans le tiroir d'un meuble de son cabinet de travail.

Renée entourait Ursule des soins les plus affectueux.

— Tiroir fermé à clef?
— Oui, soigneusement.
— Que fait-il de la clef?
— Il la porte suspendue à un trousseau dont il ne se sépare jamais...
— Vous en êtes sûr?
— Absolument.
— Savez-vous ce que contient le tiroir où se trouvent les *Souvenirs?*

— D'autres papiers importants, des titres de fortune. — La boîte de cristal renfermant la poudre de crotale est dans le tiroir au-dessous...

— Il nous faut ces papiers... il nous faut le manuscrit... il nous faut cette boîte !! — fit Léopold avec une animation fébrile ; — il faut enfin que nous n'ayons rien à craindre de Mlle de Terrys, et qu'elle ait tout à redouter de nous !!...

— Hélas ! c'est impossible... — balbutia Pascal.

— Allons donc ! — *Impossible* est un mot stupide, inventé par des imbéciles ! ! — Pour les hommes intelligents — (et j'en suis !...) — il n'existe pas !

— Que voulez-vous faire ?

— Vous prouver que je serai pour vous le plus utile des alliés, et m'attacher à votre fortune comme si elle était la mienne ! — Le comte peut s'éteindre d'un moment à l'autre, m'avez-vous dit ?...

— C'est ma conviction...

— Donc il importe que nous soyons à Paris le plus tôt possible, en prévision de cette éventualité...

— Mais la fille de Robert Vallerand vous retient à Maison-Rouge...

— Elle ne m'y retiendra plus longtemps... — J'ai trouvé le moyen de l'éloigner d'ici...

— Seule ?

— Oui.

— Et sa compagne, Ursule Sollier ?...

— Son tour viendra... — Il s'agit d'éloigner l'enfant d'abord...

— Et vous avez le prétexte.

— Je crois l'avoir... — Une conversation que j'ai surprise à Troyes, entre la jeune fille et la gouvernante, me permet de dresser mes batteries... — Il saute aux yeux que la petite sait à merveille qu'un mystère entoure sa naissance et comprend qu'on s'obstine à lui cacher quelque chose... L'amour filial existe dans son cœur, à l'état platonique, il est vrai, mais très exalté... — Je l'ai entendue réclamer le nom de sa mère d'une façon vraiment touchante, et supplier de lui apprendre si sa mère est morte ou vivante, avec des mots et des accents à vous tirer les larmes des yeux ! — C'est sur ce terrain que je marcherai... Je ferai vibrer cette corde... — La petite, isolée en ce monde et désespérée de son isolement, appelle la famille qu'elle sent vivante et qu'on lui cache. Elle se défie de l'ombre épaissie autour d'elle à dessein, elle se défie même d'Ursule Sollier, j'en ferais la gageure. L'accident arrivé à la mandataire de feu votre oncle, et le retard qui résulte de cet accident, augmentent le désir de la demoiselle de connaître ce qu'on lui cache et d'arriver à Paris où elle espère qu'un coin du voile sera soulevé... — Elle croit fermement que sa mère existe, et la pensée de tomber dans ses bras l'affole... — Il s'agit d'exploiter l'amour filial...

— Croyez-vous réussir?
— Je ne réponds de rien, mais j'ai grand espoir...
— Quel doit être mon rôle?
— Complètement nul jusqu'à nouvel ordre.
— Je puis retourner à Paris?
— Demain matin, par le premier train, si bon vous semble. — Vous sortirez de chez vous le moins possible, et vous vous tiendrez prêt à tout événement, car je puis avoir besoin de vous d'une heure à l'autre.
— Bien...
— Il me faut de l'argent...
— Déjà!! — fit Pascal d'un ton piteux. — Mais la somme que je vous avais remise?...
— Vaporisée... — répliqua Léopold en riant. — La vie est chère dans les hôtels, et je ne me refuse rien... — D'ailleurs, si vous trouvez que je vous coûte trop cher, arrêtons les frais et tirez-vous d'affaire sans moi...

Cette perspective ne souriait point à l'entrepreneur.
— Combien voulez-vous? — demanda-t-il.
— Ce dont vous pourrez disposer.

Pascal tira de son portefeuille deux billets de mille francs et, non sans pousser un gros soupir, les tendit à son complice.

Ce dernier les glissa dans sa poche avec désinvolture et dit :
— Me voilà lesté pour quelques jours... — Il est bien tard... — Je vais me mettre au lit et dormir, et je vous engage à en faire autant.

XLVII

Pascal quitta son fauteuil.
— Je partirai demain de bonne heure... — dit-il, — avez-vous quelques recommandations à m'adresser?
— J'ai une question à vous faire... — répliqua Léopold.
— Laquelle?
— Vous avez des chevaux?
— Trois.
— Et des voitures?
— Deux... — Un coupé neuf dont je me sers rarement, et un autre qui roule sans cesse...
— Est-il possible de se servir d'un de ces chevaux et d'une de ces voitures à l'insu de votre cocher?...

— Sans doute, à la condition d'éloigner celui-ci, sous un prétexte quelconque facile à trouver...

— C'est tout ce que je voulais savoir... — Bonsoir et bonne nuit... — Ah ! un mot encore... — Demain matin frappez à ma porte avant de partir, s'il vous plaît... — J'aurai quelque chose à vous remettre...

— Je n'y manquerai pas...

Pascal Lantier rentra chez lui et se mit au lit, le cerveau hanté par une myriade de pensées noires. — Léopold, lui, ne se coucha pas tout de suite.

Il ouvrit un vieux secrétaire faisant partie du mobilier de sa chambre, y prit un encrier, un cahier de papier à lettres, des enveloppes, une plume de fer munie de sa hampe, et écrivit une lettre assez longue, sans se donner la peine de modifier son écriture.

Cette lettre terminée et portant en guise de signature ces mots : — *Un ami de votre mère*, il la plia et la glissa dans une enveloppe sur laquelle il traça l'adresse suivante :

« Mademoiselle Renée,

« Hôtel de la Gare,

« a Maison-Rouge.

« PERSONNELLE. »

Ce dernier mot en gros caractères et souligné trois fois.

La misérable mit la lettre dans le secrétaire qu'il referma, et songea seulement alors à prendre un peu de repos.

Le premier train pour Paris passait à Maison-Rouge à six heures trente-trois minutes du matin.

A six heures précises Pascal Lantier frappait à la porte de son complice. Celui-ci sauta lestement en bas du lit et alla ouvrir.

— Je pars... — lui dit l'entrepreneur.

Léopold fit basculer la tablette du secrétaire, tira de ce meuble la lettre écrite la veille au soir et la tendit à Pascal.

— Dès votre arrivée à Paris, — fit-il, — mettez cette enveloppe à la boîte de la gare même... — Rien autre chose à vous recommander...

Pascal regarda la suscription.

— A elle !! — murmura-t-il avec un geste de surprise.

— Pas d'étonnement, pas de conjectures, et surtout pas de questions... — reprit Léopold. — Partez vite afin de ne point manquer le train, et attendez-vous à me voir tomber à l'improviste chez vous...

— A bientôt, alors...

— A bientôt... et bon espoir...

Après l'échange de ces quelques mots l'évadé referma la porte et se remit au lit.

A six heures trente-cinq minutes l'entrepreneur, plein de confiance dans le diabolique génie du prétendu Valta, montait en wagon, et arrivé à Paris jetait dans la boîte de la gare la lettre adressée à Renée.

Retournons à Maison Rouge. — Dix heures du matin sonnaient.

La fille de Marguerite, occupant une chambre contiguë à celle d'Ursule Sollier, et levée depuis longtemps déjà, vint chercher des nouvelles de sa compagne.

Le visage pâle de Renée portait les traces d'une nuit d'insomnie presque complète.

Une pensée douloureuse mettait une ombre sur son front

L'enfant souffrait d'une incertitude dont elle entrevoyait à peine le terme...

Elle maudissait l'accident qui la clouait dans une auberge de petite ville, quand toutes ses pensées s'envolaient vers Paris.

A Paris, en effet, elle devait tout apprendre; — à Paris elle saurait si sa mère était vivante encore; — à Paris son avenir se déciderait.

— Comment allez-vous ce matin, madame? — demanda-t-elle à Ursule.

— Hélas ! chère enfant, — répondit la malade, — le médecin seul pourrait vous le dire... — Je me sens mieux, mais j'ignore quand je pourrai faire usage de ma jambe... — Dieu sait pourtant que j'ai hâte de voir cesser pour vous les angoisse de l'attente, et de vous rendre un calme qui vous manque...

— Il est certain, — murmura la jeune fille, — que j'ai soif d'arriver au terme du voyage et de savoir enfin qui je suis...

— Encore un peu de patience, mignonne...

— Je m'efforce d'en avoir, mais je n'y parviens guère... — Ma fièvre d'incertitude augmente de jour en jour et d'heure en heure... — Il me semble que Dieu refuse de me protéger, et place entre le but et nous des obstacles de mauvais augure...

— Chère Renée, — dit vivement Ursule, — ne redoublez pas mon chagrin en me parlant ainsi !... — Hélas! c'est de moi que vient l'obstacle... — Je suis déjà bien assez malheureuse d'entraver involontairement la réalisation de vos espérances ! !

La fille de Marguerite s'était assise au chevet de la malade.

Le front baissé, songeuse et sombre, elle garda le silence pendant quelques minutes; puis tout à coup, relevant vivement la tête, elle s'écria avec un accent de résolution :

— Mais enfin, je ne suis plus une enfant; l'intelligence ne me manque point; je sais parler, raisonner et comprendre; je suis assez forte, assez courageuse, assez femme, pour continuer et achever seule ce voyage qu'un fatal accident retarde...

Ursule tressaillit en entendant Renée parler ainsi.
— Y pensez-vous, mignonne? — fit-elle avec stupeur.
— Certes, j'y pense !! — J'y pense sans cesse...
— Avez-vous supposé que je vous laisserais aller seule à Paris?
— Pourquoi non?
— J'ai reçu mission de vous y conduire, vous le savez...
— Je le sais et, si j'ai bien compris, je dois remettre à un notaire une lettre que vous possédez, et qui passera de vos mains dans les miennes au seuil du cabinet de ce notaire...
— Vous avez bien compris...
— Il n'y a rien là, ce me semble, que de très simple et de très facile à mener à bonne fin... — Qui vous empêche de me donner tout de suite la lettre en question?... — J'irai à Paris... — Je porterai la lettre à l'homme d'affaires à qui elle est destinée... — Je recevrai en échange un paquet cacheté renfermant l'explication du mystère qui m'entoure et qui m'oppresse ; je reviendrai ici, et c'est en votre présence seulement que j'ouvrirai ce paquet... J'en prends l'engagement formel...
— C'est impossible... — répliqua Mme Sollier.
— Impossible, dites-vous!! — Encore une fois, pourquoi? — Vous tenez à accomplir votre mission jusqu'au bout et à veiller sur moi, je le comprends et je vous en remercie, mais n'est-il pas des circonstances où le respect de la consigne doit céder aux faits qui s'imposent?... — Quel danger puis-je courir dans un voyage si court?... — Deux ou trois heures pour aller à Paris... — En arrivant je prendrai une voiture qui me conduira chez le notaire et me ramènera au chemin de fer... — Deux ou trois heures pour revenir ici... — Tout peut être fait en un jour...
— Vos raisons sont peut-être bonnes, chère enfant, — répondit Ursule ; — je ne les discuterai point, mais je ne vous permettrai pas de vous séparer de moi... — Je n'ai pas le droit de le permettre... — J'ai juré !...
— A qui?
— A celui que nous pleurons... à M. Robert votre ami.
— M. Robert était pour moi un ami... le meilleur des amis... je le regretterai toute ma vie... mais il n'était pas mon père et le serment que vous lui avez fait ne m'engage point...
— Renée, ce que vous dites est mal!... — Prenez garde à l'ingratitude...
— Je ne suis pas ingrate... — interrompit la jeune fille avec animation. — Mais comprenez donc, je vous en supplie, que votre obstination me brise... — L'angoisse me tuera si notre séjour ici doit se prolonger... — Je suis sûre que ma mère existe, et je veux embrasser ma mère !!...
— Calmez-vous, mignonne, je vous en conjure et résignez-vous! — Je ne puis

accepter la responsabilité des périls auxquels vous seriez peut-être exposée sans moi!... — Vous n'irez pas seule à Paris...

— Des périls!! — répéta vivement Renée. — Quels périls? — Personne au monde ne connaît mon existence... Qui donc serait dangereux pour moi? Qui donc aurait un intérêt à me nuire, à m'empêcher de retrouver ma mère? — Ah! tenez, vous me rendrez folle!! — Les périls dont vous parlez sont imaginaires, vous le savez aussi bien que moi, et vous les inventez je ne sais dans quel but! — L'engagement pris par vous avec M. Robert n'est qu'un prétexte, cela saute aux yeux!... Quel autre motif, quel motif égoïste avez-vous donc pour me faire souffrir ainsi?

— Oh! Renée, Renée! — murmura Mme Sollier dont les paupières devinrent humides, — vous êtes injuste et cruelle pour moi ce matin, et je ne vous reconnais plus! — Un jour viendra, pauvre enfant, et ce jour est proche, où vous reconnaîtrez que le devoir était mon seul guide et que j'aurais été bien coupable en oubliant la parole donnée, en n'accomplissant pas mon mandat jusqu'au bout!... — Autant que vous, plus que vous peut-être, je déplore et je maudis les retards qui nous sont imposés, mais n'insistez plus pour aller seule à Paris... Vous le feriez en vain... — Je serais inflexible... — Vous ne me quitterez pas!...

Renée courba la tête et se tut.

Elle semblait résignée, mais une révolte sourde envahissait tout son être; — elle protestait du fond de l'âme contre l'autorité mystérieuse qui s'imposait à elle en vertu d'un mandat sans valeur.

En ce moment on ouvrit doucement la porte, et l'une des servantes de l'hôtel passa sa tête par l'entrebâillement..

— Madame, — dit cette fille, — voici monsieur le docteur...

— Qu'il soit le bienvenu... — répliqua la malade.

Le médecin, — un petit homme à physionomie intelligente et souriante, — entra dans la chambre.

— Madame et mademoiselle, — fit-il en saluant les deux femmes, — votre serviteur, de tout mon cœur!... — Eh bien! ma chère malade, — ajouta-t-il en s'adressant à Ursule, — comment la nuit s'est-elle passée? — Avez-vous dormi d'un bon sommeil?...

XLVIII

— Non, docteur, — répliqua Mme Sollier, — j'ai eu toute la nuit des élancements douloureux... — il me semble que les bandages posés sur ma cheville sont un peu trop serrés...

— Nous allons voir cela... — dit le médecin. — Permettez-moi de visiter la partie lésée...

— Faites, docteur...

Ursule découvrit sa jambe malade et les bandes de toile furent déroulées avec précaution.

Le pied et la cheville apparurent fortement tuméfiés.

De larges taches brunes et bleuâtres marbraient l'épiderme et témoignaient d'une extravasion du sang produite par la rupture des petits ligaments.

— La foulure était grave, positivement... — murmura le docteur, — une désarticulation complète dont la remise en place a déchiré les tissus, mais la guérison suit son cours normal, aucun accident imprévu ne se produit, et vous me voyez fort satisfait.

— Ainsi, cela va mieux?... — demanda vivement Ursule.

— Cela va même très bien.

— Je pourrai donc me lever aujourd'hui pendant une heure ou deux, et demain continuer mon voyage?...

— Ta, ra, ta, ta!! — s'écria le docteur avec une grimace expressive. — Vous lever aujourd'hui, et demain vous remettre en route, comme vous y allez!! — Vous feriez là de la belle besogne!! — Gardez-vous de penser à pareille folie, chère madame!!

Renée écoutait, anxieuse.

— Mais enfin, monsieur le docteur, — balbutia-t-elle, — cet état de souffrance ne peut se prolonger indéfiniment...

Le médecin auscultait d'une façon délicate, du bout des doigts, la cheville gonflée, et son attouchement, quoique bien léger, causait des tressaillements de douleur à Mme Sollier.

— Il faut de la patience, mademoiselle, — répondit-il. — Je défends que la malade quitte son lit avant huit jours au plus tôt. — La moindre imprudence entraînerait des conséquences très graves.

La fille de Marguerite pâlit et leva les yeux vers le ciel.

L'expression désolée de son regard n'échappa point à Ursule.

— Est-il donc impossible de tout concillier? — reprit la pauvre femme. — Le mouvement m'est interdit, je comprends cela, mais en me faisant transporter sur un fauteuil jusqu'à la gare...

— N'y pensez pas! — interrompit le médecin. — La jambe doit être sans cesse étendue, et pour cela la position horizontale est indispensable.

— Mais de graves intérêts m'appellent à Paris avec mademoiselle...

— Il ne peut exister d'intérêts plus graves que votre rétablissement complet...

— Un retard est funeste!...

— Une imprudence le serait plus encore et rendrait peut-être nécessaire l'amputation de la jambe...

— Dieu!! — s'écria Renée, — une telle menace...

Il gagna l'escalier conduisant aux chambres des voyageurs.

— Se réaliserait vraisemblablement, mademoiselle, si mes prescriptions n'étaient pas suivies...

— Je vous prends pour juge, ma mignonne... — dit Ursule. — Vous avez entendu le docteur... Puis-je désobéir?

Renée, devenue très sombre, baissa la tête et ne répondit pas.

Elle pensait :

— Oh! ma mère... ma mère... serai-je donc à tout jamais séparée de vous ?... L'espoir de vous serrer enfin dans mes bras n'était-il donc qu'une illusion ?

Le médecin mit en place des ligatures nouvelles.

— Reste-t-il encore de la lotion avec laquelle on humecte les bandages ? — demanda-t-il.

— Très peu, monsieur le docteur... — dit Renée en montrant une fiole placée sur la table de nuit.

— Vous ferez remplir cette fiole...

— Sans ordonnance nouvelle?

— Oui... — Le numéro que porte l'étiquette suffira pour guider le pharmacien... — Maintenant, madame et mademoiselle, prenez patience toutes deux, je ne saurais vous le répéter trop, et songez aux conséquences effrayantes de la moindre imprudence...

Le médecin sortit.

— Vous le voyez, madame Ursule, — fit Renée aussitôt qu'il eut fermé la porte derrière lui, — huit jours dans cette chambre et sur ce lit ! Et qui sait si après ces huit jours le docteur ne vous imposera pas encore une semaine de repos, avant de vous autoriser à vous remettre en route ?... — En présence de ce retard écrasant aurez-vous la cruauté de me défendre d'aller seule à Paris ?...

— J'aurai cette cruauté, chère mignonne, puisque vous appelez ainsi le respect d'un serment et l'accomplissement d'un devoir... — Vous ne me quitterez pas...

Renée fit un geste de détresse et regagna sa chambre pour y pleurer à l'aise.

Pendant une partie de la journée la jeune fille se complut dans cet isolement volontaire.

Elle ne franchit le seuil de la chambre d'Ursule que pour y prendre la fiole vide et la rapporter pleine de chez le pharmacien.

Mme Sollier constatait avec épouvante le chagrin croissant et l'irritation grandissante de sa pupille. — Elle y voyait l'indice d'une volonté forte et tenace, et se demandait si elle ne devait point céder aux instances de la jeune fille, lui confier la lettre écrite par Robert Vallerand au notaire de la rue des Pyramides, et la laisser aller à Paris.

Mais elle se souvenait que Robert, le jour même de sa mort, avait dit en parlant de son neveu Pascal Lantier : — *Il ne connaît pas l'existence de Renée, et je ne veux pas qu'il la connaisse... — J'ai peur de lui !*

Ces paroles résonnaient à son oreille comme une menace... — Elle voyait Renée suivie, reconnue, entourée de pièges et de périls, incapable de soutenir la lutte et succombant misérablement.

De telles pensées l'affermissaient dans sa résolution première.

— Il importe peu que la chère mignonne me déteste momentanément et m'accuse de cruauté, — murmurait-elle alors. — Ses larmes ne me toucheront point... l'avenir se chargera de les essuyer... — Je tiendrai la parole donnée au mourant... — Ma tâche ne sera finie que pour le jour où Renée entrera en possession de la fortune de son père...

La journée s'écoula lugubre pour les deux femmes...

Renée se retira de bonne heure et se mit au lit.

Sa tristesse suivait une marche progressive. — La pauvre enfant en arrivait à se dire que Dieu lui refusait cette protection qu'il accorde dans sa bonté à toutes les créatures humaines.

Elle songeait aux jours paisibles de son enfance, où, n'ayant point encore l'âge de penser, elle vivait insoucieuse de l'avenir.

Ah ! comme elle regrettait ces moments heureux, à tout jamais envolés, lui semblait-il...

Ses souvenirs retournaient à Troyes, au pensionnat de Mme Lhermitte, à sa chère amie Pauline Lambert, que peut-être elle ne reverrait plus jamais.

Puis un autre visage apparut dans sa rêverie, celui du jeune voyageur aperçu à la fenêtre de l'*Hôtel de la Préfecture* et sur le chemin de l'église.

Au lieu de la calmer ce mirage rétrospectif rendit son âme plus sombre et redoubla l'oppression de son cœur.

Comme toutes les jeunes filles elle avait ébauché dans son imagination le roman de l'avenir.

Les lignes de ce roman s'effaçaient au milieu des ténèbres de l'heure présente.

Renée pleura longtemps et, quand elle s'endormit enfin, ce fut d'un sommeil fiévreux, peuplé de mauvais rêves.

Quand l'aube blanchit au ciel du côté de l'orient, la fille de Marguerite se réveilla brisée.

*

Léopold Lantier n'avait point paru de tout le jour à l'*Hôtel de la Gare*.

Sorti de grand matin et voulant affirmer sa profession de voyageur de commerce, il s'était rendu dans plusieurs villages des environs, flânant, fumant des cigares et se donnant l'apparence d'un homme qui brasse beaucoup d'affaires.

Rentré fort tard le soir, il se leva néanmoins bien avant l'heure du déjeuner et s'installa dans le café de l'hôtel, attendant que le facteur fît sa première distribution et apportât les journaux de Paris.

Pour tuer le temps il se fit servir une tasse de chocolat et lut les feuilles de la veille, ou tout au moins parut les lire.

La porte du café s'ouvrit à neuf heures et l'employé de l'administration des postes parut avec sa boîte de cuir bouilli.

Le patron de l'établissement était installé à son comptoir, additionnant les recettes de la veille.

Le facteur jeta quatre ou cinq journaux sur une table et consulta la suscription d'une enveloppe qu'il tenait à la main.

— Une lettre pour quelqu'un de l'hôtel ? — demanda le patron.

— C'est ce que je regarde...

— Pour moi peut-être... — dit Lantier. — *Valta*, voyageur de commerce...

— Non, monsieur... — répliqua le facteur, et il lut tout haut : — *Mademoiselle Renée, Hôtel de la Gare, à Maison-Rouge.* PERSONNELLE...

— Le cousin Pascal a fidèlement exécuté sa consigne... — pensa Léopold.

— Avez-vous ça, ici, mademoiselle Renée ? — reprit l'employé des postes.

Le patron interrogeait sa mémoire.

— Parfaitement... — dit-il enfin. — C'est la jeune compagne de cette pauvre dame qui s'est foulé la jambe sur le verglas, la nuit où le train de Paris est resté en détresse...

— En effet, — reprit l'évadé, — j'ai entendu cette dame appeler ainsi la jeune fille... — Une bien charmante personne...

Le facteur se retira après avoir donné la lettre à l'hôtelier.

Celui-ci étudiait l'adresse à son tour.

— PERSONNELLE, en caractères long d'un centimètre et soulignés trois fois !! — fit-il avec un gros rire. — Eh ! eh ! voilà qui sent le mystère, monsieur Valta !

— Ma foi, ça m'en a tout l'air... et cependant, en y réfléchissant, ce peut être fort simple... — La jeune fille a l'air d'une demoiselle de bonne maison... — La femme qui l'accompagne ne doit être qu'une gouvernante, une sorte de dame de compagnie... — Le correspondant ou la correspondante de la demoiselle a jugé à propos de mettre le mot *personnelle* afin d'éviter que la vieille n'ouvre l'enveloppe, par distraction ou par curiosité...

— Peut-être, mais elle est bigrement jolie, la petite, et cette lettre me fait l'effet d'un billet doux...

Léopold se mit à rire à son tour.

— Oui, il y a encore cela... — répliqua-t-il. — Si c'est comme vous paraissez le croire un amoureux mystère, il faut le respecter...

— Parbleu !! — Je me demande si je dois faire monter la lettre, ou attendre que Mlle Renée descende... — Quel est votre avis ?...

— Je vous conseille d'attendre, afin d'éviter tout impair.

— Vous avez raison... j'attendrai...

XLIX

En ce moment arrivait le médecin tout grelottant, quoique emmitouflé dans une longue houppelande et dans un cache-nez volumineux.

— Bonjour, docteur... — lui dit l'hôtelier, — vous allez voir votre impotente?...

— Oui, et je monte bien vite, car je suis pressé ce matin...

— Beaucoup de malades?

— Je n'ai pas à me plaindre... Les bronchites et les pleurésies donnent d'une façon très satisfaisante...

En parlant ainsi le médecin traversait la salle et gagnait la porte de l'escalier.

— La jeune fille ne tardera pas à descendre, — reprit le maître de l'établissement, — et je profiterai de l'occasion pour lui glisser cette lettre en catimini...

Léopold ne répondit pas.

La chose ne semblait l'intéresser en rien. — Il venait de rompre la bande d'un journal et s'absorbait dans la lecture des faits-divers.

Au bout de dix minutes le docteur reparut, accompagnant Renée à laquelle il donnait quelques instructions relatives au traitement.

En la voyant paraître, l'ex-réclusionnaire se servit de son journal comme d'un écran pour dissimuler sa figure.

— Vous m'avez bien compris, mademoiselle... — disait le médecin, — Si de vives douleurs succédaient à l'engourdissement de la cheville, vous auriez l'obligeance de desserrer un peu les bandes...

— Oui, monsieur...

— A demain, mademoiselle... Messieurs, je vous salue...

Le docteur releva le collet de sa houppelande, remonta son cache-nez jusqu'aux yeux et quitta la salle.

Renée allait sortir derrière lui.

Le patron l'arrêta.

Il venait de prendre l'enveloppe placée sur son comptoir et il dit :

— Mademoiselle, un mot s'il vous plaît...

La jeune fille s'arrêta et se retourna.

— C'est une lettre que le facteur vient d'apporter à l'instant pour vous... — continua l'hôtelier.

— Une lettre pour moi ! ! — fit Renée avec étonnement.

— Voyez l'adresse : — *Mademoiselle Renée, à l'hôtel de la Gare, à Maison-Rouge.*

— C'est bien mon nom, mais il me paraît impossible que cette lettre me soit destinée...

— Pourquoi donc ?

— Personne ne sait que je suis ici, retenue par l'accident arrivé à Mme Ursule... Personne ne peut donc m'écrire...

— Il paraît que si, puisque vous êtes la seule demoiselle Renée logeant à l'*Hôtel de la Gare*... — L'enveloppe porte cette mention: *Personnelle*... — Votre correspondant tient donc à ce que sa lettre soit remise à vous-même, en mains propres, et non à la dame qui vous accompagne... — Je vous assure que c'est bien pour vous...

Renée, anxieuse et rougissante, regarda l'adresse.

— Je ne connais pas cette écriture... — fit-elle ensuite.

— Ça ne prouve rien.

— D'où vient cette lettre ?...

— On peut le savoir par le timbre de la poste... — répondit le patron, et il ajouta, après examen : — Elle vient de Paris !...

— De Paris ! ! — répéta la fille de Marguerite de plus en plus intriguée.

Léopold pensait :

— Sapristi, prends donc l'épître et ne nous fais pas poser comme ça, petite pécore !

— Enfin, mademoiselle, — poursuivit l'hôtelier, — vous avez certainement le droit de décacheter une lettre qui porte votre nom... — Assurez-vous donc, en la lisant, que son contenu vous intéresse, et vous en serez quitte pour me la rendre s'il y a quelque erreur...

— Eh bien ! monsieur, c'est cela...

Renée mit l'enveloppe dans sa poche, s'inclina et sortit.

— Enfin ! ! — murmura Lantier.

— J'ai cru que la demoiselle n'en finirait pas de se faire prier ! ! — s'écria le patron en riant...

— Dame !... cette enfant est un peu naïve...

— A moins qu'elle ne soit très roublarde...

— C'est, ma foi, bien possible...

Puis Léopold parut se plonger dans son journal, mais au lieu de lire il se disait :

— Présentement il faut attendre le résultat de mon invention... — L'hameçon est bien amorcé... la petite ne pourra guère s'empêcher d'y mordre... — Partira-t-elle ou ne partira-t-elle pas ?... — Voilà le *hic !!* — Je ne quitterai point le café de toute la journée... J'en ferai mon observatoire...

Renée se rendait chez le pharmacien avec l'ordonnance du docteur, mais elle avait hâte d'être de retour.

La lettre mystérieuse qu'elle sentait dans sa poche lui donnait la fièvre.

— Est-ce une méprise? — se demandait-elle. — Est-il possible que ce soit bien à moi qu'on écrive?... — Qui m'écrirait et qu'aurait-on à me dire? — Dans un instant je le saurai... — Faut-il apprendre à Mᵐᵉ Ursule que j'ai reçu cette lettre? Il me semble que non... — Le mot *personnelle* tracé sur l'enveloppe indique que la destinataire, quelle qu'elle soit, doit seule en connaître le contenu... je ne parlerai pas!... — Mais combien tout ceci est étrange!! — Ne sortirai-je jamais du mystère qui plane autour de moi?...

Le liniment selon la formule fut vite préparé et Renée regagna l'hôtel.

Depuis la veille elle se tenait sur la réserve avec Mᵐᵉ Sollier et ne lui adressait que de rares paroles, du ton le plus poli mais en même temps le plus glacial.

Elle ne pardonnait point à Ursule l'obstination de son refus quand elle la suppliait de la laisser aller seule à Paris.

La pauvre femme sentait l'affection de Renée se détourner d'elle, et elle en souffrait cruellement, mais elle aimait mieux souffrir que de transiger avec sa conscience et de manquer à la parole donnée.

Après avoir humecté de liniment les bandes qui comprimaient la cheville de Mᵐᵉ Sollier, la fille de Marguerite se retira dans sa chambre.

Là elle était sûre de ne point être dérangée.

Elle prit la lettre et la regarda d'un œil inquiet.

Un tremblement nerveux agitait ses mains, — une sorte d'oppression rendait sa respiration difficile.

Au moment de déchirer l'enveloppe elle s'arrêta :

— J'ai peur... — murmura-t-elle ; — il me semble que quelque chose d'étrange va s'échapper de cette lettre... Si je ne lisais pas...

Après quelques secondes elle poursuivit :

— Allons donc ! C'est peut-être le mot de ma destinée que je vais connaître... — Reculer serait lâche !... Il faut savoir...

Vivement, pour s'éviter toute indécision nouvelle, elle ouvrit l'enveloppe, déplia la feuille de papier qu'elle contenait, chercha la signature, et au lieu d'un nom trouva ces mots : Un ami de votre mère.

En les lisant la fille de Marguerite reçut en plein cœur une commotion violente.

— Un ami de ma mère, — balbutia-t-elle. — On va me parler de ma mère... — Et moi qui refusais d'accepter cette lettre... Et moi qu'épouvantait la pensée de l'ouvrir... — J'étais folle !...

Elle dévora les lignes suivantes, démontrant selon nous jusqu'à l'évidence que Léopold Lantier, leur auteur, aurait obtenu quelque succès à l'époque déjà lointaine où le mélodrame *vieux jeu* fleurissait au boulevard du Temple :

« Pauvre chère enfant abandonnée,

« Grâce à la mort de l'homme qui pendant vingt ans a fait de votre sainte mère une martyre, le moment de connaître votre naissance est enfin venu!...

« Cet homme égoïste et sans âme, qui vous cachait à tous les regards, comptait sans la Providence, et sans l'amour maternel qui veillait sur vous de loin...

« Votre mère, au milieu des larmes intarissables et des souffrances noblement supportées, attendait, confiante en Dieu, l'heure bénie où elle pourrait enfin vous appeler près d'elle.

« Cette heure a sonné !

« La femme sous la garde, ou plutôt sous la domination de qui vous vous trouvez, obéit à une consigne donnée par celui dont la mort vous rend libre,.. — Elle ne répond pas à vos questions concernant votre mère, il lui est défendu d'y répondre, elle n'y répondra jamais... — Lorsqu'elle vous promet de prochaines révélations, elle vous trompe...

« C'est d'ailleurs que la lumière viendra dessiller vos yeux.

« Des motifs graves, impérieux, tout-puissants, que vous ne tarderez pas à connaître, empêchent votre mère d'aller à vous, mais elle vous attend, les bras ouverts et le cœur débordant de tendresse.

« Vous ne ferez pas languir plus longtemps, n'est-ce pas? la noble créature qui ne vit que pour vous, et à qui la pensée et l'espérance de vous presser contre sa poitrine ont seules donné la force et le courage de lutter et de souffrir?...

« Vous quitterez sans qu'elle s'en doute l'hypocrite créature dont les semblants d'affection vous ont jusqu'à présent abusée, et qui vous conduit à Paris, non pour vous rendre votre mère, mais pour vous confiner dans un de ces couvents austères dont les portes une fois fermées sur une recluse ne se rouvrent jamais!...

« Heureusement pour vous, l'accident providentiel qui la condamne à l'immobilité sur un lit d'auberge ne lui a point permis d'accomplir son projet, d'obéir jusqu'au bout à la consigne imposée par le mort!

« Il vous sera facile d'échapper à la surveillance criminelle qui n'existe plus en ce moment.

« Quittez demain l'hôtel ; — prenez le train qui passe à Maison-Rouge à huit heures cinq minutes du soir.

« Vous arriverez à Paris à onze heures.

« Celui qui vous écrit vous attendra à la gare. — Il vous connaît de vue ; il ira droit à vous et vous dira :

« — *C'est moi qui viens de la part de votre mère.*

« Vous le suivrez et il vous conduira dans les bras de celle dont le cœur ne bat que pour vous et dont la vie vous sera consacrée désormais...

Il se rendit au bureau télégraphique et fit passer une dépêche ainsi conçue...

« Ayez confiance en l'avenir, pauvre chère enfant abandonnée, essuyez vos yeux, apprenez le sourire à vos lèvres, vos douleurs sont finies, vos joies vont commencer...

« A bientôt... à demain !...

« Elle attend !

« Un ami de votre mère ! »

Renée avait lu jusqu'au bout. — De grosses larmes roulaient sur ses joues, mais ces larmes n'avaient point d'amertume.

L

— Ma mère!... ma mère!... — balbutia la fille de Marguerite. — Ma mère est vivante... Elle m'appelle... Elle m'attend... — Ah! que je suis heureuse!...

Et l'enfant, brisée par l'émotion, se laissa tomber sur un siège.

Au bout d'un instant elle reprit :

— Ainsi ma mère veillait sur moi de loin, dans la souffrance et dans les pleurs, martyre de cet homme qui semblait m'entourer d'affection, et qui me retenait captive pour m'empêcher d'embrasser ma mère... Et cette Ursule, quand je l'interrogeais, n'a jamais voulu me répondre... Elle a refusé sans pitié de m'apprendre le secret de ma vie!... Je sentais bien, moi, que Dieu ne pouvait m'abandonner et que je reverrais ma mère... — Oui, je fuirai cette femme, et sans hésiter j'irai seule au rendez-vous que me donne l'amour maternel...

Le sentiment filial que la lettre de Léopold Lantier surexcitait dans le cœur de Renée la grisait et l'aveuglait.

Son inexpérience de la vie, sa naïveté presque enfantine, ne lui permettaient point de deviner le piège.

Les phrases sonores et creuses qu'elle avait sous les yeux la remuaient jusqu'au fond de l'âme.

Aucun doute n'effleurait sa pensée. — Robert et Mme Ursule étaient pour elle des ennemis qui voulaient, dans un but inconnu, la séparer de sa mère...

Après quelques minutes données à l'attendrissement, Renée recommença sa lecture.

— Que de patience et que de dévouement! — se disait-elle. — Depuis dix-neuf ans ma mère me suivait des yeux dans l'ombre, attendant l'heure de la délivrance!... — Quel courage il lui a fallu pour ne pas venir à moi et me crier : — *Tu es ma fille!!* — Cette patience, ce dévouement, ce courage, auront leur récompense!... Ah! comme je vais l'aimer, ma mère!!

Renée ne pleurait plus.

Cette enfant, qui semblait si timide et si craintive, sentait ses forces grandir et sa volonté s'affirmer.

Elle n'hésita pas. — Sa résolution était prise.

— J'ai de l'argent, — pensait-elle, — beaucoup plus d'argent qu'il n'en faut pour aller à Paris... — Je consulterai un *Indicateur des chemins de fer* et je verrai si les heures de départ qu'on m'indique sont exactes... Mais, d'ici au moment de ma fuite, il me faut du calme... Ursule ne doit point deviner mon projet... elle trouverait sans doute moyen de l'entraver... — Ah! Pauline avait raison de me dire que le bonheur m'attendait à Paris, puisque c'est à Paris que j'embrasserai ma mère !

Le nom de Pauline Lambert, venu sur les lèvres de Renée, évoqua dans sa mémoire un sourire.

Elle pensa au jeune voyageur de l'*Hôtel de la Préfecture*, — et elle murmura : — Qui sait si je ne le reverrai pas à Paris, lui aussi ?...

La fille de Marguerite essuya ses yeux humides, cacha la lettre qui venait de lui causer tant d'émotion et tant de joie, et commanda à son cœur d'apaiser ses battements, à son visage d'exprimer le calme.

Une servante vint lui annoncer que le déjeuner était servi dans la chambre de Mme Sollier.

Elle s'y rendit et joua son rôle assez habilement pour ne faire naître aucune défiance dans l'esprit de la pauvre Ursule.

Aussitôt après le repas, Renée prétexta quelque fatigue pour rentrer chez elle.

La servante achevait de mettre tout en ordre.

Au moment de se retirer, elle demanda :

— Mademoiselle n'a besoin de rien ?...

— Je voudrais consulter un *Indicateur des chemins de fer*...

— C'est bien facile... — Nous en avons un au café, pour les voyageurs... — Je vais aller le chercher...

— Vous me le monterez ici, dans ma chambre, et vous ne le donnerez qu'à moi...

— Oui, mademoiselle...

Sans perdre une minute la servante descendit, gagna la salle du café où Léopold continuait à lire les journaux, et se mit à fureter sur les tables.

— Que cherchez-vous ? — lui demanda le patron.

— L'*Indicateur*, monsieur.

— Et que diable en voulez-vous faire ?

— Monsieur, c'est pour la demoiselle du premier... Elle en a besoin...

— Bien... bien...

Lautier ne perdit pas un mot de ce dialogue.

Son visage s'éclaira.

— On réclame l'*Indicateur*... — fit-il, — le voilà...

— Merci, monsieur...

Et la servante disparut, emportant la brochure.

— Allons, allons, tout va bien ! — pensa Léopold. — Puisque la petite veut consulter l'*Indicateur*, c'est que l'épître a produit son effet. — J'avais soigné mon style et j'ai pincé la corde sensible... — Ma cousine de la main gauche

tient à s'assurer que l'heure du train indiquée par *l'ami de sa mère* est exacte...
— Demain soir elle lâchera carrément la dame Ursule Sollier... Ça marche ! ça marche !... — Tout à l'heure je ferai causer la servante...

Nous savons déjà que les conjectures de l'ex-réclusionnaire, conjectures basées sur des déductions logiques, étaient absolument conformes à la vérité.

Renée prit l'*Indicateur* et dit à voix basse :

— Attendez un moment, je vous prie.

La jeune fille ouvrit vivement le livret Chaix et le feuilleta, mais, n'ayant point l'habitude de s'en servir, elle allait de page en page sans découvrir ce qu'elle cherchait.

Son désappointement et son impatience étaient visibles.

— Mademoiselle ne trouve pas ? — demanda la domestique.

— Non...

— Qu'est-ce que mademoiselle voudrait savoir ?

— L'heure des trains qui passent à Maison-Rouge en se dirigeant vers Paris.

— C'est très facile... Je sais comment il faut s'y prendre... — Il y a au commencement une table alphabétique des stations, et en face de chacune le numéro de la page que l'on doit consulter pour savoir les heures et les prix...

— Bien... — fit Renée. — J'ai compris...

Elle interrogea fiévreusement la table alphabétique.

A la lettre M elle trouva *Maison-Rouge*, et en regard du nom de la station le chiffre 80, précédant la lettre majuscule A.

La servante suivait des yeux le doigt de Renée se promenant sur les colonnes de l'*Indicateur*.

— C'est cela, mademoiselle, — dit-elle. — Voyez page 80. — La lettre A indique le tableau qu'il faut consulter...

Ce tableau se trouvait en tête de la page.

— Nous y sommes, — continua la domestique. — Mais cela, c'est l'*aller* ; — le *retour* est au-dessous.

Renée suivit du doigt les colonnes indiquant les heures de départ.

Elle trouva la mention : *huit heures cinq minutes du soir.*

— C'est bien cela... — murmura-t-elle. — Arrivée à Paris à onze heures... — Tout est exact... et cela coûte dix francs vingt-cinq... Maison-Rouge est tout près de Paris...

— Mademoiselle a trouvé ce qu'il lui faut ? — demanda curieusement la servante.

— Oui... — répondit Renée en refermant l'*Indicateur*.

— Mademoiselle va à Paris ?

La jeune fille mit un doigt sur ses lèvres.

— J'ai besoin d'un renseignement, — fit-elle ensuite.

— Lequel ?

— Peut-on sortir le soir de l'hôtel sans passer par la salle du café ?

— Très bien... — La porte de l'allée reste ouverte jusqu'à dix heures du soir...

— Je vous remercie de votre complaisance et je vous prie d'accepter ceci..:

En même temps Renée mettait une pièce de cinq francs dans la main de la servante, qui fit une grande révérence et demanda :

— Est-ce que mademoiselle part ce soir ?

— Non... pas ce soir... demain peut-être... Mais je désire que personne dans l'hôtel ne soit averti de mon projet... personne absolument... sans exception... vous comprenez bien ?

Les principes de la domestique étaient d'une remarquable élasticité.

Elle crut entrevoir une intrigue d'amour, ce qui lui parut tout simple et parfaitement normal, et elle répliqua, en clignant de l'œil avec un sourire bon enfant :

— Pardine ! c'est facile à comprendre...

— Et, si après mon départ on vous questionnait, — reprit Renée, — vous auriez soin de répondre que vous ne savez rien...

— Même à votre dame de compagnie ?

— Même à elle... surtout à elle...

— C'est entendu... on aura bouche close, et l'air plus étonné que quiconque...

La servante cligna l'œil derechef avec un nouveau sourire encore plus indulgent que le premier, et quitta la chambre en emportant l'*Indicateur*.

Tout en descendant l'escalier, elle se disait :

— Encore une sainte-nitouche à qui on donnerait le bon Dieu sans confession, et qui ne fait pas fi de sa petite cascade ! — Fiez-vous donc à ces mines de rosière ! — Jolie comme elle est, d'ailleurs, ça n'a rien d'étonnant, puisque les laides ne s'en privent guère ! — Tiens donc ! faut bien jouir un peu de la vie ! La jeunesse n'a qu'un temps !

Et, rentrant dans la salle du café, elle remit la brochure sur le comptoir.

Léopold ne quittait point son poste.

— Qu'est-ce qu'elle voulait voir, mam'selle Renée ? — fit curieusement le maître de l'hôtel.

— L'heure des trains, patron.

— Pour où ?

— Ça, je l'ignore...

— Est-ce qu'elle songe à nous quitter ?

— Elle ne me l'a pas dit...

— La dame éclopée qui l'accompagne ne peut se mettre en voyage et ne le pourra pas de sitôt... Le docteur le répétait encore ce matin...

— Patron, je ne sais rien... — La jeune demoiselle a ouvert l'*Indicateur*, a fait aller son doigt sur une page de long en large et de haut en bas, puis elle me l'a rendu avec un grand merci, et voilà...

L'hôtelier cessa de questionner.

Léopold, l'oreille au guet, avait tout entendu, et l'accent de la servante lui faisait croire que cette fille, en jouant l'ignorance, obéissait à une consigne.

Or, le silence commandé par la jeune fille prouvait la fuite projetée et le voyage résolu.

Pourquoi Renée se serait-elle enquise des heures du départ, si elle n'avait pas eu l'intention de partir ?

LI

— Elle est à nous ! — pensa le réclusionnaire évadé dont un mauvais sourire écarta les lèvres minces. — Celle-ci d'abord, l'autre ensuite. — En tenant la petite, nous tiendrons la vieille. — Ma présence à Maison-Rouge devient inutile... — C'est à Paris que je dois agir... — Je partirai ce soir.

Il ajouta tout haut, en s'adressant au patron :

— Vous aurez l'obligeance de préparer ma note...

— Vous nous quittez, monsieur Valta ?

— Oui, je vais pour affaire à Grotz...

— Votre note sera prête d'ici à dix minutes.

Léopold remonta dans sa chambre, boucla sa valise, solda sa dépense, se rendit à la gare et partit par le train de cinq heures quinze qui devait arriver à Paris à huit heures du soir.

La température s'était singulièrement élevée depuis le matin.

Au froid sibérien succédait un temps doux, fondant les neiges amoncelées au bord des trottoirs et métamorphosant les rues de Paris en abominables cloaques.

Lantier prit une voiture à la station de la rue de Metz et donna l'ordre au cocher de le conduire rue de Picpus.

.

Nos lecteurs ne peuvent avoir oublié la visite faite par Pascal à son fils Paul avant de partir pour Romilly.

Les volontés de l'entrepreneur, formulées d'une façon impérieuse et presque menaçante, avaient provoqué une révolte dans l'âme loyale du jeune homme.

Le père et le fils, à la suite de cet entretien, s'étaient séparés plus que froidement.

Pascal, malgré sa déception et son mécontentement, restait convaincu qu'à un moment donné Paul comprendrait la nécessité d'obéir...

L'étudiant au contraire, à qui toute duplicité faisait horreur, s'affermissait par la réflexion dans son parti pris de résistance inébranlable.

Paul comprenait bien la gravité du motif qui poussait son père à lui enjoindre de jouer auprès de Mlle de Terrys le rôle d'amoureux empressé ; mais ce motif, reposant sur une question pécuniaire, lui semblait humiliant, honteux, inadmissible.

Mille pensées confuses assaillaient son âme ; il maudissait l'injustice du sort qui faisait planer sur sa vie, toute de droiture et de travail, un nuage imprévu d'où la foudre pouvait jaillir d'un moment à l'autre.

Comme tous les jeunes gens, Paul faisait des rêves d'avenir. — Il avait un amour au cœur, amour absurde et sans espoir peut-être, car il s'était demandé plus d'une fois s'il reverrait jamais celle qui s'était emparée de lui sans le vouloir et sans le savoir.

A cette question Mlle de Terrys avait répondu par hasard, en parlant la première devant Paul du pensionnat de Mme Lhermitte où elle était restée longtemps, et en prononçant, à propos de son amie Pauline Lambert, le nom de Renée qu'il aimait.

Entre Renée et lui Mlle de Terrys était un lien.

Par elle il se croyait certain de ne perdre jamais les traces de la vierge blonde, et une fois sa position faite, une fois maître de ses actions, il trouverait moyen de se rapprocher de celle que, presque sans la connaître, il regardait comme la future compagne de son existence.

Et c'est ce moment que son père avait choisi pour venir brutalement détruire son radieux mirage !!

Paul se demanda s'il ne devait pas aller trouver Honorine, la mettre au courant des projets de l'entrepreneur, la rendre confidente de son amour et la supplier de refuser toute alliance avec lui.

Cette pensée n'eut d'ailleurs que la durée d'un éclair qui brille et s'éteint.

Sans compter ce qu'une telle démarche offrait d'insolite, le fils avait-il le droit de divulguer le secret des embarras du père ?

Assurément non.

Bourrelé d'inquiétude, écrasé de douleur, l'étudiant voulut se remettre au travail.

Tentative vaine. — Toute application devenait momentanément impossible pour lui.

Il sortit et se promena dans les rues de Paris sans but, au hasard, arpentant les trottoirs comme une âme en peine.

L'après-midi s'écoula ainsi.

Paul dîna sans appétit dans un restaurant du carrefour de l'Odéon où il avait l'habitude de prendre ses repas, rentra chez lui à sept heures, ranima le feu presque éteint, s'assit au coin de la cheminée, et s'abandonna sans résistance à la plus sombre rêverie.

Le bruit de la sonnette de son appartement le fit tressaillir.

Sa situation d'esprit plus que mélancolique ne le disposait point à la causerie et lui faisait désirer la solitude.

— Au diable l'importun ! — pensa-t-il.

Et il ne quitta point son siège.

On sonna de nouveau, avec une telle insistance que l'étudiant prit le parti de se lever et d'aller ouvrir.

Victor Béralle, un des contremaîtres des ateliers de la rue de Picpus, était sur le seuil.

— Comment ! c'est vous, Béralle ! — dit le jeune homme très surpris en tendant la main au nouveau venu.

— Oui, monsieur Paul, — répondit Victor, dont nos lecteurs ont fait la connaissance chez le père Baudu, le restaurateur de l'avenue de Saint-Mandé. — C'est aujourd'hui le jour de ma leçon et je suis à l'heure...

— C'est vrai, mon ami, — murmura le jeune homme en faisant entrer le contremaître et en refermant la porte derrière lui; — j'aurais dû m'attendre à votre visite, car vous êtes l'exactitude même, mais j'avoue que je vous avais complètement oublié...

La voix de l'étudiant était sombre, son accent plein de tristesse.

Béralle en fut frappé.

— Si ça vous dérange aujourd'hui, monsieur Paul, ne vous gênez pas, — dit l'ouvrier non sans un certain embarras — ça sera pour un autre soir... je reviendrai... C'est déjà bigrement gentil à vous, monsieur, de me recevoir deux fois par semaine pour fourrer dans ma caboche une partie de ce qu'il y a dans votre cervelle... — Je ne voudrais pas être importun...

— Vous ne l'êtes jamais, mon ami... — répliqua le fils de Pascal. — Quand vous êtes venu me prier de vous donner des leçons de mathématiques nécessaires pour votre état, vous m'avez fait plaisir, car j'aime les ouvriers qui s'instruisent et j'ai consenti de tout mon cœur... Je serai toujours heureux de vous être utile... très heureux, croyez-le bien... — Aujourd'hui des préoccupations toutes personnelles m'avaient empêché de me souvenir que c'était votre soir de leçon...
— Votre visite ne m'en fait pas moins un double plaisir, car j'ai à vous demander quelques renseignements... Nous travaillerons ensuite...

— A vos ordres, monsieur Paul...

— Asseyez-vous d'abord.

Victor Béralle s'installa au coin du feu et attendit.

La première question de l'étudiant fut celle-ci :

— Vous êtes toujours au mieux avec mon père ?

A l'heure convenue l'entrepreneur parut, et vint s'asseoir d'un air fort sombre.

— Au mieux, oui, monsieur Paul. — Le patron n'a rien à me reprocher. — Ce n'est pas à moi à faire mon éloge, mais je peux bien dire que je sais mon métier, que je suis au travail plutôt en avance qu'en retard, que je ne bois pas, que je ne *corde* pas avec les fainéants, et que je prends en toute occasion les intérêts du patron; aussi M. Pascal m'apprécie, et il me le prouve bien en me conservant par ce temps terrible où le travail chôme, et surtout en gardant mon frère, qui malheureusement a la tête faible et ne sait pas résister à la tentation de...

Victor s'interrompit.

— De boire un coup de trop... — acheva Paul Lantier.

— Malheureusement oui... — Ah ! sans cela Richard serait un rude travailleur, car c'est un garçon intelligent, mais il a un vilain défaut qui conduit tôt ou tard à de mauvaises choses...

— Espérons qu'il s'arrêtera en route...

— Espérons-le... — répéta Victor avec un sourire qui témoignait d'une médiocre confiance.

Paul reprit :

— En vous demandant si vous étiez toujours bien avec mon père, je n'entendais pas vous parler de votre conduite ; je vous connais trop pour douter de vous... Je voulais savoir si vous étiez toujours à la tête des travaux que mon père fait exécuter...

— Toujours...

— Alors vous pouvez m'expliquer catégoriquement la situation actuelle de ces travaux... — Un contremaître investi comme vous l'êtes de toute la confiance du patron traite souvent avec les entrepreneurs et les fournisseurs... — Il sait ce que l'on pense et ce que l'on dit de sa maison... — Il peut juger mieux que tout autre de la confiance qu'on accorde à cette maison, car on ne se gêne point pour parler devant lui... — J'ai besoin, mon cher Victor, que vous m'appreniez franchement, brutalement, ce qu'on dit et ce qu'on pense de mon père et de ses entreprises...

Victor Béralle écoutait Paul avec stupeur et gardait le silence.

— J'attends... — reprit l'étudiant.

L'embarras du contremaître grandissait.

— Mais je ne sais rien, monsieur Paul... — balbutia-t-il.

— Ce n'est point de la franchise, cela !! — Il est impossible que la position de mon père en ce moment ne donne pas lieu à certaines réflexions... à certains commentaires.

— Mon Dieu, — commença Victor, — il est certain que la saison rigoureuse n'est guère faite pour amener des écus dans la caisse du patron, mais s'ils n'y viennent pas aujourd'hui ils y viendront plus tard... — On dit bien que M. Pascal perdra de l'argent cet hiver, mais personne ne doute qu'il soit en état de faire face à ses engagements.

— On ne blâme pas ses entreprises ?

— Dame ! on dit qu'il en fait beaucoup, mais on ajoute que c'est un malin qui a le truc, qui comprend le progrès, qui va de l'avant avec son époque, et qui ira loin...

— Le travail est arrêté cependant...

— Depuis un mois les chantiers couverts n'occupent plus que le tiers de leurs ouvriers...

— Mais cela ressemble à la ruine...

— Il est certain que c'est une grosse perte.

— Et l'on ne s'en effraye pas ?

— Non, monsieur Paul, du moins je n'en ai point connaissance, et je puis vous affirmer qu'aucune crainte n'a été exprimée devant moi...

— Même par les ouvriers...

— Les ouvriers, monsieur Paul... — Il y en a des bons et des mauvais... — Les bons sont restés et ne craignent rien... Quant aux mauvais, ils clabaudent lorsqu'ils sont ivres, parce qu'on leur a donné leur compte, mais ils ne demanderaient qu'à rentrer... preuve qu'au fond ils ont confiance... — Et ce que je vous dis là, monsieur Paul, foi de Victor Béralle, c'est la vérité !

LII

Le fils de Pascal Lantier réfléchit pendant quelques secondes et demanda, en regardant Victor dans le blanc des yeux :

— Ainsi, vous, par exemple, — vous qui êtes à même de tout voir et de vous rendre compte en homme du métier, — vous croyez que le retard apporté aux gigantesques constructions entreprises par mon père ne peut anéantir son crédit ?

— J'en ai la conviction... — répondit Victor.

Le jeune homme poussa un soupir d'allègement.

— Vous me rassurez... — fit-il.

— Vous étiez donc inquiet, monsieur Paul ?

— Oui.

— Pourquoi ?

— Des bruits alarmants étaient arrivés jusqu'à moi...

— Il ne faut point tenir compte des propos des mauvaises langues. — La jalousie fait parler les gens...

— On me disait que mon père jouait de grosses sommes à la Bourse.

— Ça, c'est vrai que je l'ai entendu dire aussi...

— Et on blâmait — n'est-ce pas ? — des spéculations de ce genre, lorsque de si graves intérêts commandent à mon père de ne point livrer ses capitaux aux hasards du jeu ?

— Je mentirais si je prétendais le contraire. — Certainement on désapprouvait le patron de risquer ses écus et surtout de les perdre, mais on n'en tirait aucune conséquence... — La maison Pascal Lantier est réputée riche et solide, et ce n'est pas quelques paquets de billets de banque en plus ou en moins qui peuvent faire dans sa caisse un trou sérieux. — Voilà l'opinion générale.

Paul Lantier, pour la seconde fois depuis le début de l'entretien, se trouva soulagé.

— Allons, — fit-il en se levant, — me voilà plus tranquille, car j'ai confiance en votre franchise, mon cher Victor... — Voulez-vous que nous nous mettions au travail?...

— Oui, monsieur Paul, — murmura le contremaître avec une hésitation manifeste : — mais auparavant je voudrais vous parler de quelque chose... j'ai un service à vous demander...

— Et je suis prêt à vous le rendre si c'est en mon pouvoir, vous n'en doutez pas... — De quoi s'agit-il ?

— Je vais me marier... — commença Béralle, en rougissant comme une jeune fille jusqu'au blanc des yeux.

— Vous m'aviez déjà laissé entrevoir ce projet, mais je croyais l'époque de votre mariage encore éloignée...

— Elle l'était, en effet, monsieur Paul, car le bonhomme Baudu, mon futur beau-père, avait mis une condition *sine qua non* à la conclusion de l'affaire...

— Vous deviez être possesseur d'une certaine somme...

— Et cette somme il me fallait travailler encore pas mal de temps pour la compléter, mais j'ai eu de la chance... — Il nous est arrivé, à mon frère et à moi, un petit héritage...

— Je vous en félicite, — dit Paul en souriant, — surtout si cet héritage ne vous vient point d'une personne qui vous était chère...

— C'est une vieille tante de province, que nous connaissions à peine, et qui laisse, à Richard et à moi, dix mille francs à partager...

— Alors Richard va suivre votre exemple, car il est amoureux de son côté, si j'ai bonne mémoire... On fera les deux noces en même temps...

— *Pas de ça, Lisette!* comme dit la mère Baudu... — Les cinq mille francs en question, joints à ce que j'avais déjà, complètent ma dot, mais par malheur Richard n'a rien mis de côté, et on ne lui fera pas grâce d'un centime...

— C'est très fâcheux... — Votre frère, si faible, si facile à entraîner, va dépenser jusqu'au dernier sou son héritage...

— Heureusement non...

— Deviendrait-il raisonnable ?

— Il n'y songe guère, mais notre brave femme de tante nous a laissé les dix mille francs avec cette clause que nous n'y pourrions toucher avant le jour de notre mariage. — Un oncle à moi, un digne homme, est nommé exécuteur testamentaire, et je vous garantis qu'il fera respecter la volonté de la défunte...

— Alors Richard cherchera une autre femme?

— Je ne crois pas... Il en tient solidement pour la jeune sœur d'Étiennette

— Qu'il se corrige donc et qu'il économise ! — Mais je ne devine pas encore ce que vous attendez de moi, mon cher Victor...

— Voici la chose, monsieur Paul... — Je suis allé voir l'oncle et je lui ai fait part de mon prochain mariage... — Il a tenu à connaître ma future... — Je l'ai amené chez les Baudu... — Etiennette lui a plu beaucoup... — On a parlé d'affaires... — L'oncle est un vieux renard qui veut que tout soit bien en règle, dans l'intérêt de tout le monde... — J'apporte dix mille francs, Etiennette quinze mille... L'oncle exige qu'on fasse un contrat, il se charge de le combiner et les Baudu ne demandent pas mieux... — Alors j'ai pensé à vous qui faites votre droit, et qui en savez aussi long que n'importe quel avocat, et je viens vous demander si vous voudriez bien me faire le grand plaisir de venir dîner avec moi chez l'oncle dans quatre jours, c'est-à-dire jeudi prochain. Le digne homme vous expliquerait ses idées, vous nous arrangeriez cela, et ensuite on porterait le brouillon au notaire qui n'aurait qu'à copier...

— Je suis tout à votre disposition, mon cher Béralle.

— Ah ! monsieur Paul, que vous êtes bon !

— Jeudi je vous accompagnerai chez votre parent.

— C'est que c'est loin d'ici.

— Où donc ?

— A Bercy. — Mon oncle est gardien d'une des grilles de l'Entrepôt.

— Bercy, mais c'est tout près...

— Et puis je viendrai vous reconduire, si nous ne trouvons pas de voiture après dîner, car il sera tard... — Vous savez, monsieur Paul, je connais le vieux... Une fois en train de bavarder, il s'en donne à cœur joie... et il a du bon vin dans sa cave... Dame ! vous comprenez, à l'Entrepôt...

— Ne nous occupons pas de la manière dont nous reviendrons... — L'essentiel est que je puisse vous être utile ou agréable... — Donc je suis prêt.

— Je vous prendrai jeudi à six heures, si vous le voulez bien...

— Parfaitement... — Si le temps est beau nous irons à pied en fumant un cigare... — Votre futur beau-père assistera-t-il au repas ?...

— Non, monsieur Paul... Il est bien trop occupé dans son établissement... — D'ailleurs il a confiance... — Ce dont vous conviendrez avec mon oncle est accepté d'avance et les yeux fermés.

— Tout est donc pour le mieux, mon cher Victor... — Comptez sur moi...

— Ah ! monsieur Paul, — s'écria le contremaître avec un élan de reconnaissance, — je suis touché jusqu'aux larmes, voyez-vous ! — Pour vous et pour les vôtres, en tout temps, à toute heure, je serai prêt à donner ma vie ! — Je suis bien peu de chose à côté de vous, mais, qui sait ? on a quelquefois besoin de plus petit que soi ! C'est un proverbe qui le dit, et les proverbes ont souvent raison...

L'étudiant tendit la main à l'ouvrier et répliqua du ton le plus affable :

— Merci de votre dévouement, mon ami. — Je l'accepte. — En toute occasion je compterai sur vous ! — Et maintenant, au travail !

La leçon de mathématiques dura plus d'une heure, puis Béralle prit congé de son jeune professeur en lui disant de nouveau :

— A jeudi, monsieur Paul... — Six heures du soir.

Le fils de Pascal Lantier connaissait à fond Victor.

Il lui savait une nature franche et loyale, incapable non seulement de mensonge, mais de dissimulation.

En le questionnant au sujet de la situation de l'entrepreneur, en lui demandant quelle était l'opinion publique sur ses entreprises et son crédit, Paul était certain qu'il lui répondrait sans détour.

Béralle avait en effet répondu ce qu'il savait, mais nous savons, nous, combien était mal fondée l'opinion dont il se faisait l'écho.

Paul, en l'écoutant, sentit ses épaules soulagées d'un poids énorme.

— Mon père m'a singulièrement exagéré le côté difficile de sa position, — se dit-il après le départ du contremaître. — Je le vois gêné, mais non compromis ; j'ai eu cent fois raison de ne point transiger avec ma conscience, de ne pas sacrifier mon bonheur à venir, et de refuser mon concours à l'égoïsme de ses calculs ! — La fermeté de mon attitude a dû le faire réfléchir... Il ne reviendra pas à la charge !

En cela Paul devinait juste ; car Pascal Lantier, depuis son voyage à Romilly et sa visite à sa belle-sœur Marguerite Berlin, ne songeait plus à marier Paul avec Mlle de Terrys.

Le plan diabolique conçu par le faux Valta au sujet du comte et de sa fille modifiait du tout au tout son projet primitif.

Il devait maintenant détourner Paul de voir Honorine, et l'engager à ne point parler à sa tante Marguerite de ce qui s'était passé.

Donc, le lendemain de son retour à Paris, et quoique Valta pût arriver rue de Picpus d'un moment à l'autre, il résolut d'aller voir son fils et, après avoir passé une partie de la journée à donner des ordres relatifs aux travaux des chantiers couverts, il se rendit à la rue de l'École-de-Médecine et trouva Paul au travail, comme le jour où il était venu lui imposer ses volontés.

En voyant son père le jeune homme eut peur.

L'idée que la triste scène à laquelle nous avons fait assister nos lecteurs allait se renouveler traversa son esprit ; — un frisson passa sur sa chair.

L'attitude bienveillante et le visage souriant de Pascal diminuèrent cette inquiétude, mais sans la dissiper entièrement, et c'est avec un petit tremblement nerveux que le fils prit la main du père.

Ce dernier s'aperçut de la contrainte de Paul, et sans la moindre peine en devina la cause.

— Eh bien, quoi ? — fit-il en riant. — Vas-tu pas me bouder au sujet de notre dernier entretien ? — De la rancune !... Ce serait absurde...

— Mon père... — balbutia Paul.

— Voyons, — interrompit Pascal, — cesse de me regarder comme si j'arrivais en ennemi !...

— Mon ennemi, vous, mon père ! — s'écria le jeune homme d'un ton de reproche. — Me supposez-vous donc capable de le croire ?

— Eh ! mon cher enfant, le père semble un ennemi lorsqu'il violente les volontés de son fils... et c'est ce que j'ai fait, dans un moment d'irritation nerveuse causée par les craintes qui m'assiégeaient... — J'avais formulé très nettement une déclaration de guerre... Les hostilités étaient engagées... Mais j'ai réfléchi et je viens signer un traité de paix... Je capitule...

Paul eut dans les yeux un éclair de joie.

— Vous capitulez, mon père ! — s'écria-t-il en souriant à son tour.

— Parfaitement, et sans en rougir le moins du monde ! — répliqua l'entrepreneur. — Je me suis rendu compte très exactement des résultats possibles de la crise que je subis en ce moment, j'ai pesé tes paroles, apprécié ta logique, et je n'ai plus besoin de désoler ton cœur, de faire violence à tes sentiments, de te tyranniser en un mot, pour sauver une situation qui n'était désespérée que dans mon esprit.

— Ah ! mon père, — reprit le jeune homme devenu radieux, — quel bien me font vos paroles, moins parce que vous cessez de vouloir me contraindre, que parce qu'elles dissipent mes angoisses ! Ainsi le froid rigoureux qui vous contraint à interrompre les travaux commencés vous fera perdre de l'argent sans doute, mais ne vous mettra point, comme vous en aviez peur, dans une passe vraiment critique ?

LIII

Pascal Lantier eut l'art de donner à sa physionomie une expression de plus en plus ouverte et joyeuse.

— Rien à craindre, — répondit-il, — absolument rien ! — Des rentrées importantes qui me semblaient compromises sont devenues certaines, et arriveront à temps pour boucher tous les trous et pour rembourser le million de M. de Terrys, si les circonstances rendaient nécessaire ce remboursement.

— Que Dieu en soit béni ! — Ainsi vous me rendez la liberté de mon cœur ?

— Liberté complète... — Inutile même de faire une visite à Mlle de Terrys, l'assiduité que tu mets à tes travaux te servira d'excuse. Si la tante Marguerite te parlait d'elle, réponds simplement que les projets qui m'avaient traversé l'esprit n'existent plus...

— Ma tante connaissait ces projets ?
— Oui.
— Par qui ?
— Par moi.
— Elle est donc de retour à Paris?
— Pas encore...
— Savez-vous où elle est?
— En province, où l'appelaient des affaires d'intérêt et où elle est tombée malade...
— Malade ! ! — répéta Paul avec épouvante. — Bien malade ?
— Non, rassure-toi... — Un instant son état a paru grave, mais tout danger a disparu maintenant, et elle s'apprête à revenir...
— Vous avez reçu de ses nouvelles ?...
— Je suis allé la voir à Romilly...
— Que n'ai-je su cela !... Je vous aurais accompagné, mon père...
— Il m'a été impossible de te prévenir, mon voyage ayant été décidé à l'improviste.
— Et vous lui avez parlé du mariage en question ?
— Sans doute, mais je te répète de ne plus te préoccuper de cela... — Tu m'as laissé comprendre, lorsque nous avons discuté ensemble à ce sujet, que tu avais un amour au cœur...
— Mon père... — balbutia Paul en rougissant de nouveau.
— Je ne te demande pas ton secret... — interrompit Pascal. — Tu es un homme sérieux et loyal... Tu ne peux aimer qu'une honnête fille... — J'ai confiance en toi, et je te sais incapable de compromettre ton avenir par une folie... — Je ne contrarierai jamais tes inclinations... J'accueillerai et j'aimerai comme ma fille la femme de ton choix...

— Oh ! mon père... mon père ! — s'écria le jeune homme d'une voix tremblante et les yeux pleins de larmes de joie, — que vous êtes bon et que je vous remercie ! — Oui, vous me connaissez bien... La femme qui portera mon nom sera digne de moi... digne de vous, je le jure !

L'entrepreneur se leva et tendit de nouveau la main à Paul.

— Je te quitte, — lui dit-il. — Le temps est de l'argent ! — J'ai vingt personnes à visiter aujourd'hui. Viens me demander à dîner un de ces jours...

— Oui, mon père... et merci encore.

— Allons, au revoir !... A bientôt !

Pascal Lantier sortit et regagna sa voiture.

— Ce garçon ne songe qu'à l'amour, — pensait-il, — et cette occupation absorbante l'empêchera de s'occuper de mes affaires... — C'est ce qu'il faut...

Paul ne pouvait contenir l'allégresse qui débordait en lui.

Il se disait en un fiévreux monologue :

Cette lettre terminée portait en guise de signature ces mots : « Un ami de votre mère. »

— Je suis libre !... libre d'aimer Renée ! — Je n'ai plus à lutter contre l'opposition paternelle... je puis sans crainte et sans remords écouter la voix de mon cœur... — Oh! mon père, un moment j'ai failli vous maudire... je vous méconnaissais ! Aujourd'hui je vous chéris plus que jamais... Renée, chère Renée, vierge blonde au visage d'ange, je vous aime et je vous aimerai toujours... — Je veux savoir à présent qui vous êtes... Je veux me rapprocher de vous et vous apprendre mon secret... — Mon père ne m'encourage point à visiter

Mlle de Terrys... — Pourquoi ? — Je la verrai cependant... — Elle a vécu au pensionnat où se trouve Renée... elle est aujourd'hui encore en correspondance suivie avec Mlle Pauline Lambert, l'intime amie de celle que j'aime. — Par elle je connaîtrai la famille de Renée... — Honorine est un cœur d'or, une âme tendre... — Elle me comprendra et ne refusera point de me venir en aide... Je veux la voir, et cela sans perdre un instant ! j'irai aujourd'hui même !... J'y vais...

Paul s'habilla rapidement, d'une façon simple mais très correcte, et prit à pied le chemin de l'hôtel qu'habitait le comte de Terrys.

Tout en marchant d'un pas vif, car il avait hâte d'arriver, il ne se dissimulait point que sa démarche était singulière, et qu'il pouvait paraître insolite d'aller prendre une jeune fille pour confidente d'un amour qu'elle n'inspirait pas ; mais cet amour parlait plus haut que la réflexion et, après avoir parcouru en un temps fabuleusement court la distance qui sépare la rue de l'École-de-Médecine du parc Monceau, il sonna sans hésiter à la porte du comte.

En sa qualité de familier de la maison les domestiques le connaissaient ; le concierge le laissa donc sans difficulté traverser la cour et gagner le vestibule.

— Mlle Honorine est-elle visible ? — demanda-t-il au valet de chambre.

— Je le crois, monsieur...

— Veuillez lui dire que je lui apporte des nouvelles de ma tante, Mme Berlin...

Il tendit sa carte au domestique ; ce dernier alla prévenir Mlle de Terrys et revint presque aussitôt chercher Paul.

Honorine l'attendait dans un petit salon et l'accueillit par ces mots, accompagnés d'une poignée de main :

— C'est très gentil à vous d'être venu, mon cher monsieur Paul... — Je vous remercie de votre empressement, et je remercierai aussi votre père qui s'est fidèlement acquitté de ma commission auprès de vous... — Asseyez-vous et donnez-moi vite des nouvelles de ma chère Marguerite... — D'abord, où est-elle ?

— En province, et son voyage a failli lui être funeste.

Mlle de Terrys pâlit.

— Funeste ! — s'écria-t-elle. — Que me dites-vous là ? — Un accident ?

— Une maladie...

— Grave ?

— Oui, mais, grâce au ciel, tout danger a disparu.

— En êtes-vous certain ?

— Oh ! parfaitement certain !... — Je le tiens de mon père qui est allé voir ma tante à Romilly où des affaires d'intérêt l'avaient conduite.

— Dieu soit loué ! — Vous m'avez fait une peur ! — Répétez-moi qu'il n'y a plus rien à craindre.

— Je vous l'affirme... — Ma tante, complètement remise, reviendra d'un jour à l'autre à Paris...

— Qu'il me tarde de la revoir, cette bonne et chère Marguerite !

La conversation semblait épuisée en ce qui touchait Mᵐᵉ Bertin, et Paul, malgré le courage dont il avait fait ample provision, éprouvait un notable embarras au moment d'aborder le véritable but de sa visite.

Enfin il triompha de sa timidité renaissante et demanda en rougissant beaucoup :

— Y a-t-il longtemps, mademoiselle, que vous n'avez reçu des nouvelles de Troyes ?

Honorine, on le comprend sans peine, ne pouvait s'attendre à une question de cette nature.

Elle leva la tête et, très étonnée, regarda le jeune homme dont l'émotion était visible.

— J'en ai reçu ce matin... — répondit-elle. — Mais j'avoue que vous m'intriguez énormément... Pourquoi me demandez-vous cela, monsieur Paul ?...

L'étudiant en droit sentit redoubler son embarras ; — la teinte rosée qui couvrait son front et ses joues devint pourpre.

Ne voulant pas rester court, il balbutia :

— Mais, mon Dieu, pour savoir si votre amie, Mˡˡᵉ Pauline Lambert, se porte bien et ne vous oublie pas...

Une flamme brilla dans les yeux d'Honorine, en même temps qu'un sourire se dessinait sur ses lèvres et s'achevait en un éclat de rire.

— Bon ! — s'écria-t-elle, — m'y voici ! Question intéressée... Je me souviens, et je comprends !

— Que comprenez-vous, mademoiselle ?... Que croyez-vous comprendre ?

— Oh ! mon Dieu, c'est bien simple... — Mon amie Pauline est très liée avec une jeune fille blonde qui vous a semblé charmante... Mˡˡᵉ Renée... — Vous nous avez parlé de cette jeune fille en termes enthousiastes le jour de l'enterrement de votre oncle Bertin... — J'ai bonne mémoire, et vous aussi n'est-ce pas ?

— Oui, mademoiselle...

— Or, — reprit Honorine, — la gracieuse figure entrevue dans le jardin du pensionnat, depuis les fenêtres de l'*Hôtel de la Préfecture*, ne s'est point effacée de votre souvenir... — Est-ce vrai ?

— C'est vrai...

— Et votre mémoire n'est pas seule en jeu... Votre cœur est de la partie... — L'avouez-vous ?

— Sans hésiter... — répondit Paul, que Mˡˡᵉ de Terrys mettait à son aise et dont l'embarras disparaissait comme par enchantement.

Honorine poursuivit :

— Je ne connais pas cette enfant blonde, mais je m'explique le sentiment qu'elle vous inspire si le portrait que Pauline me fait de son amie est exact... et il doit l'être...

— Mlle Pauline vous parle d'elle? — demanda vivement le jeune homme.

— Oui, et en des termes qui me prouvent votre bon goût... — A entendre Pauline, ou plutôt à la lire, rien n'est plus parfait que son amie... — Au moral aussi bien qu'au physique, c'est un ange, tout à fait digne de passionner et de retenir un gentleman accompli tel que vous... Car vous êtes un gentleman non moins accompli que bien épris, mon cher monsieur Paul...

— Soyez indulgente, mademoiselle... Ne vous moquez pas de moi, je vous en prie ! — dit l'étudiant, croyant découvrir dans la voix d'Honorine une intonation railleuse.

— Je suis incapable de me moquer d'un sentiment sérieux ! — répliqua la jeune fille. — Vous n'ignorez point que je suis un peu originale... Je sais énormément de choses qu'on n'a pas l'habitude de savoir à mon âge... J'ai été élevée d'une façon qui m'a donné le droit de douter beaucoup, mais, — quoiqu'il me soit inconnu, — je n'ai garde de nier l'amour... que je connaîtrai peut-être un jour?

— Voulez-vous être la confidente du mien?

— Votre confidente? — fit Honorine avec un nouvel éclat de rire. — Ce serait grave !

— Ce serait charitable !

— Eh bien ! la charité me tente... — J'accepte le rôle passif que vous daignez m'offrir... — Me voilà confidente, non de tragédie mais d'idylle ! Ce sera charmant ! — J'entre en fonctions... — Qu'allez-vous m'apprendre? — Que vous aimez la blonde Renée?

— De tout mon cœur, de toute mon âme, de toutes mes forces !

— Pour l'avoir aperçue seulement dans le jardin et dans la rue?

— Pour cela seulement, oui...

— Peste ! vous êtes inflammable !

— Ne reste-t-on pas en extase, dès le premier coup d'œil, devant un chef-d'œuvre de l'art, marbre ou tableau?... — Eh Bien ! Mlle Renée est un vivant chef-d'œuvre, sorti complet des mains du Créateur... — Je l'ai vue et je l'ai aimée... — Ma vie n'a désormais qu'un but... — Me sera-t-il permis d'atteindre ce but? — Renée ignore que je l'aime... — Ai-je l'espoir d'être aimé quand elle me connaîtra?... — Puis-je espérer qu'elle sera ma femme un jour? — Je ne forme pas d'autre vœu et je n'ai pas d'autre espérance... — Ce vœu sera-t-il exaucé? — Cette espérance se réalisera-t-elle?...

LIV

Honorine écoutait Paul avec une attention et un intérêt manifestes. — Son visage spirituel et parfois moqueur prenait une expression attendrie.

L'étudiant en droit poursuivit :

— Je suis trop loyal et trop sincèrement épris pour m'adresser à Mlle Renée elle-même... C'est à sa famille que je dois faire l'aveu de ma tendresse... mais cette famille je ne la connais pas... — Puis-je briguer, sans courir au-devant d'un refus, l'honneur d'une alliance avec elle ? — Sa position dans le monde, sa fortune, ne sont-elles point supérieures à ma position et à ma fortune à venir? — N'existe-t-il pas aussi entre nous un abîme infranchissable?... — Voilà, mademoiselle, ce que j'ignore et ce que je vous supplie de savoir... — Cela vous sera facile par votre amie Pauline Lambert, compagne de Renée... — Cette jeune fille peut vous renseigner, et me rendre bien malheureux peut-être, mais je préfère la douleur à l'incertitude.

Paul se tut.

Mlle de Terrys restait muette.

Sa charmante figure était devenue sombre ; un pli se creusait sur son front entre les deux arcs délicats de ses sourcils.

Le jeune homme s'inquiéta de ce silence et murmura d'une voix suppliante :

— Vous ne répondez pas... — Refusez-vous donc de m'accorder l'appui que je sollicite de vous ?...

Honorine leva sur lui ses grands yeux humides.

— Si j'hésite à vous répondre, — dit-elle, — c'est que ma réponse va vous causer un chagrin profond...

Le fils de Pascal Lantier devint pâle et son cœur se serra.

— J'avais donc deviné juste?... — fit-il, — Renée appartient à une famille trop riche pour qu'il me soit permis d'aspirer à sa main ?

— Je ne sais si Renée est riche... — répliqua Mlle de Terrys. — Elle l'ignore elle-même, car elle ne connaît pas sa famille !

— Elle ne connaît pas sa famille ! — s'écria Paul en sentant renaître son espoir.

— J'ai reçu ce matin une lettre de mon amie Pauline Lambert, je vous l'ai dit... — poursuivit Honorine. — Dans cette lettre Pauline me parle beaucoup de Renée... — Un mystère inexplicable entoure l'existence de cette orpha......

— Eh ! que m'importe ce mystère?... — Si sa famille est obscure et pauvre, tant mieux!... Loin de le craindre, je le désire, car de ce côté du moins je n'aurai point à redouter d'obstacle...

— J'applaudis aux sentiments de votre cœur généreux, — reprit la fille du comte, — mais là n'est point l'obstacle dont je veux parler, et que j'hésite à vous révéler tant le coup sera rude...

— Oh! parlez, au nom du ciel! Parlez! — murmura Paul dont le visage défait reflétait les angoisses de son âme. — Vos hésitations me tuent!... la vérité sera moins cruelle...

— Eh bien! — dit Honorine, effrayée de l'exaltation du jeune homme, — sachez donc que le protecteur inconnu qui veillait sur Renée depuis son enfance vient de mourir...

— Mais alors elle est libre?

— Elle a quitté le pensionnat...

— Quitté le pensionnat... — répéta l'étudiant pris d'un tremblement convulsif.

— Oui... depuis plusieurs jours...

Paul était livide.

Le parquet lui semblait se dérober sous lui; — tout le sang de ses veines affluait à son cœur dont les battements l'étouffaient.

— Partie... — fit-il, saisi d'un véritable affolement, — partie depuis plusieurs jours! — Mais on sait où on la conduisait...

— Non... — Renée l'ignorait elle-même quand elle a dit adieu à Pauline...

L'étudiant prit dans ses deux mains son front brûlant, avec un geste de désespoir.

— Allons, — balbutia-t-il, — tout s'écroule! — Un mot anéantit mes espoirs et mes rêves... un seul mot : *partie! !*

L'état de Paul faisait mal à Mlle de Terrys, mais elle ne pouvait rien pour calmer cette douleur.

— Ce protecteur, — dit tout à coup le jeune homme à demi suffoqué, — ce protecteur qui vient de mourir avait un nom... et ce nom, on doit le connaître...

Honorine secoua la tête en répliquant :

— Mme Lhermitte elle-même ne le savait pas...

— Est-ce possible?

— C'est certain... — Son nom, sa résidence, tout ce qui le concernait enfin, restait mystérieux pour la maîtresse du pensionnat comme pour Renée.

— Renée n'est point partie seule, cependant, quelqu'un est venu la chercher?...

— Oui, une femme qu'on avait l'habitude de voir, et qu'on savait investie de la confiance du protecteur inconnu, mais cette femme a gardé son secret et n'a pas dit où Renée était attendue...

— Ainsi donc aucun indice! — s'écria Paul. — Le vide! le néant! les ténèbres! et dans ces ténèbres pas une lueur qui puisse me guider!... — rien que l'impuissance et le désespoir... Ah! j'en deviendrai fou.

— Calmez-vous, monsieur Paul, calmez-vous, je vous en conjure, et écoutez-moi !! — fit Honorine en prenant avec une affectueuse compassion les mains brûlantes du fils de Pascal.

— Oui... — répondit-il machinalement, — je vous écoute...

— Ne désespérez pas trop vite...

— Eh! que puis-je espérer ? — vous le voyez vous-même, tout m'échappe...

— Pauline Lambert pourra nous servir peut-être...

Les larmes qui ruisselaient sur le visage de l'étudiant cessèrent brusquement de couler.

— Vous croyez cela ? — demanda-t-il.

— Oui.

— Et de quelle façon ?

— Pauline me dit dans sa lettre que Renée, en la quittant, a promis de lui écrire souvent comme je le fais moi-même...

Les yeux du jeune homme étincelèrent... — Au découragement succédait la joie.

Il s'écria :

— Elle a promis... elle tiendra... nous sommes sauvés.

Honorine reprit :

— Je vais aujourd'hui même écrire à Pauline... — Je lui parlerai de vous, de votre touchant amour, et je la prierai de ne pas perdre une minute pour m'envoyer l'adresse de Renée, aussitôt que cette adresse lui sera connue...

— Oh! oui, oui, mademoiselle, faites cela, je vous en supplie !... — balbutia Paul les mains jointes, — et jamais reconnaissance n'égalera la mienne, car vous aurez fait plus que me rendre la vie...

— Je vais le faire avant ce soir, non pour m'acquérir des droits à votre gratitude, dont je ne doute point d'ailleurs, mais parce que je suis une amie dévouée et que je m'intéresse beaucoup à votre joli roman d'amour... — Pauline ajoute dans sa lettre que ses parents vont la rappeler bientôt près d'eux, à Paris... — Une fois ici, elle nous tiendra de vive voix au courant de sa correspondance avec Renée...

— Vous êtes mon bon ange, mademoiselle ! — murmura Paul en portant à ses lèvres, avec une respectueuse tendresse, une des mains fines et patriciennes qu'Honorine de Terrys lui abandonna en souriant.

Quelques instants après il prit congé de la jeune fille et se retira.

Les alternatives de découragement et d'espoir qui se succédaient presque sans transition dans le cerveau de Paul le faisaient éclater.

En sortant de l'hôtel du comte de Terrys, il marchait dans la rue comme un homme ivre qui ne sait où il va et dont les jambes chancelantes supportent mal le corps alourdi.

Cependant le grand air le ranima bien vite et ses pensées devinrent moins confuses.

— Ah ! — murmura-t-il avec un geste qui traduisait toute l'énergie de sa volonté reconquise. — Ah ! je la retrouverai, je le jure !

Laissons le jeune homme rentrer chez lui et rejoignons Léopold Lantier.

L'ex-réclusionnaire de Clairvaux avait pris une voiture à la station de la gare de l'Est, et s'était fait conduire rue de Picpus.

L'adroit gredin, nous le savons, calculait toutes ses démarches, ne livrait rien au hasard, et évitait avec soin de laisser derrière lui une trace quelconque, un indice insignifiant en apparence, mais pouvant recéler un péril pour l'avenir.

A cent pas du logis du constructeur il fit arrêter la voiture, descendit, paya le cocher et, pataugeant dans la neige fondue, se rendit à pied chez son honorable cousin Pascal.

Ce dernier était seul dans son bureau.

Au bruit de la sonnette mise en branle par le visiteur, il alla ouvrir et parut surpris en voyant un homme dont un immense cache-nez, montant jusqu'aux yeux, cachait les traits.

— C'est moi... — dit simplement Léopold.

Le constructeur, reconnaissant aussitôt non le visage mais la voix de son complice, s'empressa de le faire entrer, referma la porte derrière lui et le conduisit dans le cabinet témoin de leur première entrevue.

— Eh bien ? — lui demanda-t-il ensuite sans préambule.

— Eh bien ! — répondit Léopold, — ma seule présence ici doit vous prouver que tout marche au gré de mes désirs... — La lettre que je vous avais chargé de mettre à la poste est arrivée le lendemain matin à Maison-Rouge... et naturellement elle a produit l'effet sur lequel je comptais.

— J'ignore ce que vous avez décidé... — fit Pascal.

— Bah ! vous n'avez pas un peu deviné mon projet ?

— J'ai deviné que vous tendiez un trébuchet où la voleuse d'héritage devait se prendre...

— Il est certain que je ne lui écrivais point pour lui parler du beau temps et de la neige !...

— Expliquez-vous...

— Voici ce que contenait la lettre en question...

Et Léopold récita de mémoire, presque mot pour mot, le texte que nous connaissons.

— Qu'en pensez-vous ? — demanda-t-il ensuite.

— Je pense que c'est très fort et que vous êtes un malin de premier ordre !...

— Vous comprenez bien qu'une pareille lettre a battu le rappel de l'amour filial dans le cœur de notre ingénue...

— Avez-vous ici Mlle Renée? reprit l'employé des postes.

— Elle a résolu de fuir Ursule ?
— Positivement, mon très cher... — répondit le faux Valta avec une familiarité que Pascal ne songea point à trouver de mauvais goût.
— Alors elle va venir seule à Paris ?
— Seule et dans le plus grand secret... — Demain soir, à onze heures, j'aurai le plaisir de la recevoir à la gare de l'Est...
— Parfait ! ! — s'écria Pascal en se frottant les mains.

— Parfait ! — répéta Léopold en haussant les épaules. — C'est facile à dire.... mais une fois l'enfant arrivée, tout ne sera pas fini... — Il y aura le reste de la besogne...

L'entrepreneur sentit un petit frisson effleurer sa chair.

— Le reste de la besogne... — murmura-t-il.

— Oui ! — continua l'évadé. — Je ne fais pas venir à Paris l'héritière de feu votre oncle pour la mettre dans ses meubles et lui payer du bois de rose et du Boulle authentique, quoiqu'elle en vaille fichtre bien la peine ! — A onze heures elle sera à la gare de l'Est... — A minuit...

Léopold s'interrompit.

— A minuit ? — répéta Pascal, qui ne respirait plus.

— Il lui arrivera un petit accident...

— Lequel ?

— Elle tombera dans la Seine et, naturellement, s'y noiera...

LV

Pascal demeura terrifié en face du calme sinistre de son interlocuteur.

— Et vous comptez sur moi pour accomplir avec vous cette œuvre effrayante ? — murmura-t-il d'une voix sombre au bout quelques secondes.

— Pourquoi pas ? — demanda Léopold en souriant.

L'entrepreneur fit un geste d'effroi et cacha son visage dans ses mains.

— Ça vous gênerait, je vois ça à votre mine... — continua l'évadé. — Vous êtes délicat et sensible... il vous plairait de palper les millions sans mettre la main à la pâte... — affaire d'habitude, mon Dieu, c'est tout simple... — on ne se refait point et vous avez un cœur de poule... — Eh bien ! rassurez-vous, je ne vous emploierai pas... — Au lieu d'être utile, vous seriez gênant... — J'ai un particulier dans ma manche qui ne demandera qu'à collaborer, je vous en réponds.... — Je le verrai dès ce soir, et pour un billet de mille il sera dévoué comme un caniche et muet comme un poisson.

— Mais Ursule ?... Ursule ?... — dit Pascal.

— Je vous l'ai expliqué là-bas... — En tenant la jeune, nous tiendrons la vieille... C'est une conséquence de ma combinaison... — Quoique la dame de confiance ait la cheville foulée, elle sera ici avant deux jours avec la fameuse lettre au notaire. Nous aurons la lettre en supprimant la femme... — Quiconque nous gêne doit disparaître, c'est logique et inévitable...

— Mais ensuite ?

— Eh bien ! quoi ? — Ensuite nous ferons nos comptes et nous attendrons tranquillement le décès de votre créancier, M. de Terrys... — Rien de nouveau de ce côté-là ?

— Rien.

— Alors occupons-nous vivement de diverses choses qui me sont indispensables...

— Parlez.

— D'abord il me faut un gîte sûr où je puisse me retirer sans être soupçonné, inquiété, surveillé, questionné...

— Ce gîte est tout prêt...

— Où cela ?

— Ici près... passage Tocanier... un petit pavillon meublé qui m'appartient et où je vais de temps en temps passer quelques heures...

— Compris ! — s'écria Léopold avec un éclat de rire. — Une petite maison genre Régence et Parc-aux-Cerfs ! — Talon rouge que vous êtes ! La brune et la blonde, hein, mon bon ? — Mes compliments ! !

— Après ?

— Des vêtements autres que ceux-ci...

— Demain une maison de confection vous enverra plusieurs costumes complets... vous prendrez ce qui vous plaira...

— Inutile de les envoyer... J'irai les choisir moi-même.

— Est-ce tout ?

— Non pas ! — A Maison-Rouge vous m'avez parlé d'un coupé... et même de deux...

— Celui dont je me sers rarement se trouve sous remise dans un de mes ateliers de construction inoccupé aujourd'hui.

— Est-ce un coupé chic ?

— Il est d'un bon faiseur et presque neuf...

— J'ai besoin d'un cheval solide...

— La jument alezane fera votre affaire. — Une bête de six ans, très vigoureuse...

— S'il faut aller la prendre dans votre écurie ce sera gênant et compromettant, car on mettra votre cocher dans la confidence d'une sortie nocturne dont il se rendra d'autant moins compte qu'il ne conduira pas la voiture... — il soupçonnera donc quelque chose de mystérieux...

— Que faire pour éviter cela ?

— Je cherche... cherchez aussi...

Léopold, la tête basse et les paupières mi-closes, réfléchit profondément.

Pascal avait les yeux rivés sur la figure de cet homme pour qui le crime semblait un jeu, et qui parlait en souriant de supprimer deux femmes.

Il examinait avec terreur cette physionomie à la fois railleuse et sinistre.

Les traits du prétendu Valta lui rappelaient confusément un visage plus jeune entrevu jadis, il ne savait où, et qui lui aussi portait l'empreinte du vice précoce et des passions indomptables.

Le sang-froid de Valta lui faisait peur, ainsi que sa façon de raisonner le crime et d'en équilibrer les combinaisons ingénieuses.

— Dès que je serai riche, — pensait-il, — je me débarrasserai de ce dangereux complice qui m'entraînerait dans l'abîme avec lui...

Léopold releva la tête et demanda :

— Le pavillon du passage Tocanier a-t-il écurie et remise ?

— Oui... je n'y pensais plus...

— Alors, tout va comme sur des roulettes ! — C'est là qu'il faudra conduire le coupé et la jument... — Un grainetier quelconque fournira de l'avoine...

— Éviterons-nous ainsi de mettre mon cocher dans la confidence ?

— Très bien...

— Comment ?

— Prévenez-le que vous avez vendu cheval et coupé et qu'à dix heures précises on viendra les enlever... — A l'heure dite l'acquéreur se présentera, il trouvera la voiture tout attelée, il montera sur le siège et il emmènera l'équipage...

— Quel sera cet acquéreur !

— Un gaillard qui ne vous compromettra pas, soyez-en convaincu...

— Ce sera fait... — Cette fois, est-ce tout ?

— Non... — Je vais avoir à payer l'homme, sans parler d'une foule de menues dépenses...

— Combien vous faut-il ?

— Deux mille francs seulement... — Je ne demande que le strict nécessaire pour ne pas vous gêner.

Pascal ouvrit un tiroir et compta cent pièces d'or.

— Vous êtes beau joueur et c'est plaisir de s'entendre avec vous ! ! — dit Léopold en empochant les louis. — Maintenant faites-moi faire connaissance avec votre petite tour de Nesles du passage Tocanier, et dépêchons-nous... — J'irai dîner ensuite, car j'ai une faim de tous les diables... — Si le cœur vous en dit, je vous invite à partager mon repas...

— Merci... — répliqua brusquement Pascal, — je suis engagé. — Venez au passage Tocanier...

— Tu fais le fier aujourd'hui, — pensa Léopold, — mais sois paisible, mon bonhomme, bientôt c'est toi qui payeras les huîtres, les truffes et le champagne ! !...

L'entrepreneur quitta son fauteuil.

Il fouilla dans un meuble, y prit un trousseau de clefs, endossa son pardessus et mit son chapeau.

— Vous êtes prêt ? — demanda-t-il ensuite à son complice.

— Toujours ! — Allons visiter mon domicile...

Les deux hommes sortirent du cabinet dont Pascal referma la porte à double tour, et gagnèrent la rue.

Le ciel chargé de nuages était couleur de plomb, — il donnait à la rue de Picpus un aspect effroyablement triste.

Nous savons déjà que le thermomètre avait monté beaucoup ; — la neige qui couvrait les toits fondait rapidement, débordant des gouttières et tombant en cascatelles sur les trottoirs.

La lueur pâle des réverbères assez éloignés se reflétait dans les flaques d'eau.

Le quartier sombre semblait désert.

Pascal et son compagnon marchaient côte à côte, sans échanger une parole, et remontaient vers l'ancien boulevard de Reuilly.

Ils arrivèrent bientôt à l'angle du passage.

— Par ici... — murmura l'entrepreneur en précédant Léopold dans une rue que la neige fondue métamorphosait en un véritable bourbier.

Après avoir fait cinquante pas environ, Pascal s'arrêta devant une massive porte cochère.

Léopold l'imita.

— Nous y sommes ? — demanda-t-il à son guide.

— Oui... — répondit ce dernier.

En même temps, tirant de sa poche le trousseau de clefs dont il avait eu soin de se munir, il en choisit une, chercha l'orifice de la serrure d'une porte bâtarde pratiquée dans l'un des vantaux de la porte cochère, et ouvrit.

— Passez... — dit-il ensuite.

Léopold ne se le fit pas répéter deux fois, enjamba le seuil et se trouva dans une cour pleine de neige.

— Il fait plus noir ici qu'au fond d'un puits ! — grommela-t-il.

Pascal répliqua :

— Avez-vous des allumettes ?

— J'en ai... et elles ne sont pas de la Régie... — Tout bénéfice. — Feu du premier coup !...

— Le pavillon est à droite... — l'écurie et la remise à gauche...

— Suffit...

L'ex-réclusionnaire se dirigea vers une masse noire qui s'élevait à droite et, enfonçant dans la neige jusqu'aux genoux, il atteignit un petit perron de quatre marches accédant à une porte.

— Je suppose que voici l'entrée... — fit-il, — ouvrez vite...

L'entrepreneur choisit une autre clef du trousseau et la porte tourna sur ses gonds.

Les deux hommes entrèrent.

En même temps Léopold frottait une allumette-bougie contre la partie sablée de la boîte.

On entendit un craquement et l'allumette prit feu.

— Lumière Jablochkoff! — s'écria le misérable en riant. — L'éclairage à la mode! on ne se refuse rien!!...

Il ajouta tout bas :

— Et penser qu'il y a dix jours, là-bas, à la Centrale, j'ignorais encore cette merveilleuse découverte de la science moderne!...

Pascal, familier avec les êtres, alla droit à une console supportant un flambeau muni de sa bougie qu'il présenta à l'allumette flamboyante de son complice.

— Ceci, — dit-il, — est le vestibule... — en face se trouve la salle à manger...

— Voyons un peu...

L'entrepreneur ouvrit la pièce qu'il venait de désigner.

— Meuble confortable!! — reprit Léopold. — On doit dîner ici gentiment en partie fine! — Nous y ferons une partie carrée quand bon vous semblera... — Y a-t-il une cave?

— Oui, et voici par où on y arrive...

En disant ces mots Pascal rebroussait chemin, et montrait une trappe pratiquée dans le plancher et munie de son anneau.

— Ancien jeu!... comme à la campagne! — dit l'ex-réclusionnaire. — On voit que le pavillon est bâti depuis longtemps... — Qu'est-ce qu'il y a dans la cave?

— Deux ou trois cents bouteilles de vins fins...

— C'est bon à savoir... — Si je passe ici quelque temps, les fioles me tiendront compagnie...

Pascal ouvrit une autre porte et reprit :

— Voici la chambre à coucher...

LVI

La pièce dans laquelle l'entrepreneur introduisit son complice offrait, de même que la salle à manger, un confort bourgeois : — Meuble de palissandre, rideaux de damas laine et soie, tapis de moquette à grandes fleurs.

Le lit était fait et garni de draps; le feu préparé.

Pascal ajouta :

— Là se trouve un cabinet de toilette; — là le bûcher, et l'escalier qui monte au grenier placé sous le toit du pavillon...

— C'est tout? — demanda Léopold.

— Tout absolument... — Je vous ai prévenu des dimensions exiguës de la maison.

— Votre petite tour de Nesles sent bigrement l'humidité et le renfermé... — Ce soir j'allumerai un bon feu, en laissant une demi-heure les fenêtres ouvertes, et il n'y paraîtra plus... — Filons présentement. — Je vais dîner et aller ensuite où nos affaires réclament ma présence... — Passez le premier...

Dans le vestibule l'ex-réclusionnaire posa le flambeau sur une console, souffla la bougie, rejoignit Pascal qui se trouvait dehors, et referma la porte.

— Il doit y avoir un balai, céans?... — fit-il.

— Vous trouverez à l'écurie pelle et balai... — répondit l'entrepreneur.

— C'est parfait! je suis d'un naturel soigneux... le désordre ne me va pas... — Demain matin je relèverai la neige.

Les deux hommes avaient gagné le passage.

Léopold mit les clefs dans sa poche et reprit :

— Demain, à dix heures précises, la vente du coupé et de la jument... N'oubliez pas de prévenir votre cocher...

— Soyez tranquille...

— Alors, tout ira comme sur des roulettes. — Ne vous inquiétez de rien... — Nous nous séparons ici... Je prends à gauche, tournez à droite, rentrez chez vous, dormez du sommeil de l'innocence, et faites des rêves d'or.

Puis Léopold se dirigea rapidement vers le boulevard de Reuilly, tandis que Pascal regagnait sa maison de la rue de Picpus et se disait tout bas :

— En quelles mains suis-je tombé? — Ce n'est pas un homme, ce Valta! C'est le diable.

Une fois seul, l'évadé de la prison de Troyes précipita sa marche.

Au moment où il atteignait le faubourg Saint-Antoine, il vit un fiacre passer au pas.

— Hé! cocher, — cria-t-il, — êtes-vous libre?

— Montez, bourgeois... à la course ou à l'heure?

— A l'heure!

— Où faut-il vous conduire!

— Au coin des rues Galande et du Fouarre!

Léopold s'était installé dans la voiture.

Le cocher fouetta son cheval, et le fiacre roula du côté de la rue Galande.

Peut-être le nom de cette rue, prononcé par l'ex-réclusionnaire, éveille-t-il un souvenir dans l'esprit de nos lecteurs.

Si la mémoire leur fait défaut, nous allons leur rappeler en quelles circonstances ce nom s'est déjà trouvé sous leurs yeux au cours de ce récit.

A la prison de Troyes Léopold Lantier, voulant décider Jarrelonge à lui vendre, moyennant un prix modeste, le bastringue renfermant une lime avec laquelle il comptait scier un barreau de sa cellule et s'évader, avait promis au récidiviste de lui donner du *travail* à Paris.

On sait ce que les misérables de cette espèce entendent par le mot *travail*.

Le marché conclu, Jarrelonge avait dit à Lantier :

— Je sortirai de mardi en huit... Mercredi je serai à Paris, rue Galande, chez le père Berluron... au rendez-vous des chiffonniers...

Après l'évasion, lors des interrogatoires et des constatations, Jarrelonge, plein de confiance dans la parole donnée, s'était bien gardé de souffler un seul mot de ce qu'il savait.

Le mardi suivant, on opéra la levée de son écrou.

Rien ne le retenait à Troyes.

Il prit le chemin de fer le jour même, afin de grossir le nombre des misérables qui, sortant des geôles et sans autre moyen d'existence que le vol, viennent à Paris chercher pâture.

Grâce aux quelques sous qu'il possédait, Jarrelonge se nippa de façon convenable et loua une chambre pour quinze jours dans un garni borgne du quartier Maubert.

Ce garni se trouvait voisin du cabaret où le bandit avait donné rendez-vous à Léopold.

L'établissement du père Berluron occupait tout le rez-de-chaussée d'une maison de la rue Galande.

C'est là que Jarrelonge alla s'attabler devant une *chopine*, en dévorant un chiffon de pain et une tranche de viande froide.

Le cabaret choisi par Jarrelonge était un *assommoir* proprement dit où l'on servait l'eau-de-vie, le vin et l'absinthe, sur un grand comptoir d'étain chargé de brocs, de bouteilles et de verres, et sur de petites tables de marbre.

Malgré son enseigne, dont l'origine remontait à une époque très reculée, il ne servait point de rendez-vous aux chiffonniers qui ont déserté depuis longtemps le quartier de la place Maubert, il n'en possédait pas moins une clientèle nombreuse et, nous devons en convenir, excessivement mêlée.

Plusieurs *cabinets* y recevaient des *sociétés* de toutes sortes, ouvriers, petits employés, commerçants et... voleurs.

Ces derniers, dont l'allure et le costume étaient ceux de travailleurs honnêtes, y passaient inaperçus et se conduisaient d'ailleurs de manière à ne point éveiller les soupçons du père Berluron qui, mis en défiance, les aurait immédiatement évincés de sa maison.

Les bandits jouissaient, grâce à leur prudence, d'une sécurité complète dans cet assommoir qui, n'étant point désigné à la police comme un repaire, ne subissait jamais les coups de filet de la brigade de sûreté pêchant en eau trouble.

Jarrelonge, tout en mangeant de grand appétit, se disait :

— C'est pour demain que j'ai donné rendez-vous à mon acheteur de bas-

— Vous nous quittez, monsieur Valla ? — Oui, je vais à Gretz, pour affaire

tringue... Ah! c'est un lapin, celui-là, qui n'a pas froid aux yeux et qui ressemble à un monsieur de *la haute!* — Je serai ici à dix heures précises... S'il tient parole, il y aura du travail et ça viendra comme marée en carême, car il me reste tout juste une malheureuse *roue de derrière*, et avec ça, impossible de faire la nopce !

Après une courte station à l'assommoir du père Berluron, Jarrelonge regagna son garni borgne et se coucha.

Le lendemain il consacra toute sa journée à une interminable flânerie, sans autre but que de respirer à pleins poumons l'air de Paris, et le soir, à neuf heures, il revint s'attabler rue Galande.

Il y avait foule dans l'établissement.

Les cabinets étaient pleins.

Le libéré dut rester dans la grande salle.

Il demanda une bouteille de vin cacheté et deux verres, alluma sa pipe et attendit.

A mesure que s'écoulaient les minutes son impatience fiévreuse augmentait ! — Il avait hâte de voir arriver l'homme qui lui semblait d'une nature supérieure, et à la promesse duquel il croyait absolument.

Quand dix heures sonnèrent, l'impatience de Jarrelonge devint de l'inquiétude.

Pourquoi donc l'évadé de Troyes se faisait-il attendre ainsi ?

A dix heures un quart l'inquiétude fit place au doute... — Jarrelonge se demanda si Lantier n'avait point promis avec la ferme intention de ne pas tenir.

Le temps marchait toujours.

La demie sonna, puis l'aiguille de l'horloge courut vers onze heures avec une étonnante rapidité.

— Tonnerre ! je suis refait ! — murmura le libéré en se versant le dernier verre de vin contenu dans la bouteille. — Le clampin me fait poser ! — Il s'est fichu de moi, l'arme au bras ! Et j'ai commandé une fiole cachetée, pensant qu'il la payerait ! C'est ça qui n'est pas drôle !

Il avala le vin d'un seul trait avec une sorte de rage ; puis, l'œil fixé sur la porte d'entrée, il se remit aux aguets.

Les tables se vidaient.

Les cabinets se désemplissaient peu à peu ; les conversations devenaient moins bruyantes et les nuages de fumée de mauvais tabac moins épais.

Onze heures et demie sonnèrent.

— Décidément il m'a joué ! — fit Jarrelonge en frappant la table du poing ; — c'est un polisson qui me payera ça... — à moins qu'il ne se soit fait repincer, — ajouta-t-il en réfléchissant. Car alors ce ne serait pas de sa faute...

En ce moment la porte s'ouvrit et un homme vêtu d'un pardessus à collet de fourrure, le visage enfoui sous un cache-nez qui rejoignait presque ses lunettes à verres bleuâtres, fit son entrée.

La mise du nouveau venu, quoique beaucoup plus soignée que celle des buveurs, n'attira cependant l'attention de personne.

L'homme aux lunettes promena rapidement ses yeux autour de la salle.

Son regard se fixa sur Jarrelonge, qui ne voyait en lui qu'un inconnu et maugréait tout bas.

Léopold Lantier, — que nos lecteurs ont parfaitement reconnu, — passa derrière les tables et vint s'asseoir à celle qu'occupait le libéré.

— Un verre de *fine!* — commanda-t-il au garçon qui vint prendre ses ordres et qui s'empressa d'aller quérir la consommation demandée.

En entendant la voix du particulier devenu son voisin, Jarrelonge tressaillit et dévisagea le nouveau venu, autant du moins que le permettaient les besicles aux verres bleuâtres et le cache-nez.

— Eh! oui, pardieu, c'est moi! — fit Léopold tout bas.

— Ah! par exemple... — commença Jarrelonge ébahi.

Il n'acheva pas.

L'évadé de Troyes lui coupa brusquement la parole en lui disant très vite et toujours à voix basse :

— Chut! pas un mot! — Paye ta bouteille et va m'attendre au coin de la rue du Petit-Pont... Je te rejoindrai dans cinq minutes.

Le libéré ne broncha pas.

Après avoir donné vingt sous au garçon qui apportait à Léopold le verre d'eau-de-vie, il sortit du cabaret et suivit la rue Galande jusqu'au coin de la rue du Petit-Pont.

Chemin faisant il se disait avec une joie débordante :

— J'étais sûr qu'il viendrait... — Un brave garçon comme ça ne laisse pas poser Bibi!... Il fait le mystérieux, c'est qu'il doit y avoir une grosse affaire en train de mijoter... — C'est un rude lapin!... C'est un roublard du premier numéro! Il n'a pas perdu une minute!... On va gagner des monacos!...

Et le libéré, tout en monologuant, se mit à marcher de long en large sur le trottoir, ne perdant point de vue la rue Galande.

Léopold ne se fit pas attendre longtemps.

Avant que les cinq minutes fussent écoulées, il rejoignait Jarrelonge.

LVII

— Saperlipopette! — murmura le libéré en tendant la main à Lantier, je ne t'aurais jamais reconnu!... — Mis comme un prince!... Excusez!... — Un paletot doublé en poil de lapin! Plus que ça de genre!... — Tu as donc dévalisé un banquier?...

— Ne t'étonne de rien... — répondit Léopold. Mets une sourdine à ton grelot et suis-moi...

— Où allons-nous?

— A la Halle, chez Baratte... — Je n'ai pas dîné...

— Moi non plus... — fit vivement Jarrelonge qui, flairant un bon repas, passa sa langue sur ses lèvres. — L'impatience de te revoir m'avait coupé l'appétit, mais je le sens qui revient...

— Tant mieux, car j'ai l'intention de te régaler...

— Ami véritable, je t'honore...

— Pour le quart d'heure marchons paisiblement comme deux bons bourgeois qui vont à leurs affaires... — Il s'agit de ne point se faire remarquer..

Les deux hommes traversèrent les ponts et gagnèrent le marché des Innocents.

Les fenêtres du restaurant Baratte étaient illuminées.

Depuis bien des années Léopold n'avait pas mis les pieds dans ces parages, mais, rien n'étant changé, il s'orientait facilement.

— Un cabinet... — demanda-t-il au garçon qui les accueillit.

— Par ici, messieurs... — Montez au premier étage...

Le garçon introduisit les soupeurs dans un petit salon fort coquet et reprit :

— Ces messieurs veulent-ils faire leur menu?...

— Quatre douzaines d'huîtres, — dit Léopold après une seconde de réflexion, — des filets de sole au vin blanc, une entrecôte Bercy très relevée aux pommes sautées, un perdreau rôti, des petits pois, des écrevisses bordelaises, un plat sucré, du dessert et du café, avec liqueurs assorties et cigares idem.

Jarrelonge, en entendant la nomenclature de ces mets raffinés, dont il ne connaissait la plupart que de nom, devenait radieux.

Ses petits yeux pétillaient de joie gourmande; — il passait plus que jamais sa langue sur ses lèvres.

— Quel vin ces messieurs boiront-ils?

— Chablis première avec les huîtres, Beaune de derrière les fagots le reste du temps, et Champagne au dessert... — Servez vivement...

— Dans cinq minutes les huîtres seront ouvertes...

— En attendant, donnez un madère...

— A l'instant.

Le garçon sortit.

— Quel souper, mon camarade! quel souper!... — balbutia Jarrelonge. — Est-ce que nous trouverons moyen d'avaler tout ça?...

— Parbleu! — Quand je traite un ami, voilà comme je fais les choses... — Ça te paraît-il bien commandé?...

— C'est un rêve! — Seulement...

— Seulement, quoi?

— Y aurait-il moyen d'avoir une petite sauce à l'échalote avec les huîtres?... C'est ma folie!

— Parfaitement bien... — Je vais la faire préparer...

Le garçon rentrait, apportant le vin de Madère.

Léopold lui commanda la sauce à l'échalote, — la folie de Jarrelonge!

Les deux hommes restèrent seuls de nouveau.

— Eh bien, — demanda le libéré, — quoi de neuf depuis que là-bas tu leur as brûlé la politesse?...

— Chut! — fit Lantier très vite et à voix basse. — Pas un mot de cela ici! — C'est moi qui vais te questionner tout à l'heure.

Il ajouta, en remplissant deux verres :

— A ta santé!!...

— A la tienne...

Jarrelonge vida son verre avec recueillement et murmura d'un air de jubilation :

— Un vrai velours, ce madère... — Ah! la maison est bonne! — J'y prendrai pension quand je serai devenu riche.

Le garçon reparut, apportant les huîtres, la sauce à l'échalote et le chablis, et quitta le cabinet.

— Maintenant causons, mais en sourdine, — dit Léopold.

— Ami véritable, jabote!... — Je bois tes paroles...

— Es-tu homme à me suivre n'importe où?

— Dame! oui, pourvu qu'il y ait au bout de la course des *frichtis* dans le goût de celui-ci...

— Il y en aura...

— Et des *roues de derrière*?...

— Il y aura même des *jaunets*...

— Je te suivrai alors au bout du monde... et plus loin...

— Sans jamais avoir la langue trop longue?...

— Muet de naissance!

— Sans casser du sucre, si par malechance on tombait dans le pétrin?

Jarrelonge prit une attitude très digne et répliqua :

— Pour qui me prends-tu?... — Je ne mange pas de ce pain-là...

— J'en suis convaincu, et tu as raison, car avec moi ça pourrait bien te porter malheur...

L'intonation avec laquelle furent prononcées ces paroles produisit sur Jarrelonge une impression si vive qu'il avala de travers et faillit s'étrangler.

— Point de bêtises! — murmura-t-il en buvant un verre de chablis après avoir toussé. — Tu peux compter absolument sur moi... Je me laisserais pendre plutôt que de dire un mot contre toi.

— Alors, je vais aller droit au but...

— Je t'y encourage, mon copain, va droit au but! — De quoi s'agit-il?

— De beaucoup de choses... — et d'abord d'un enlèvement...

— Enlever qui?

— Une femme, parbleu!

— Pour la mener?

— Dans un endroit d'où elle ne reviendra pas...

Jarrelonge regarda Léopold et devint un peu pâle.

— Diable! — fit-il.

— C'est comme ça...

— Il faudra jouer du *surin?*

— Peut-être oui, peut-être non.

— Qu'aurai-je à faire?

— Je te l'apprendrai tout à l'heure... — Chut!!

Des quatre douzaines d'huîtres il ne restait que les écailles; — le garçon apportait les filets de sole et l'entrecôte Bercy sur des réchauds à esprit-de-vin.

Il déboucha deux bouteilles de vin de Beaune et se retira.

Quand la porte se fut refermée derrière lui, Léopold, tout en servant son invité et en se servant lui-même, demanda :

— Sais-tu conduire?

— Conduire quoi?

— Un cheval et une voiture.

— Oh! pour ça, je rendrais des points au plus fin cocher de Paris... — Mon père est un ancien qui a été au service du vieux Loriot... un loueur de la rive gauche... — Tu as entendu parler du vieux Loriot?

— Non...

— C'est pourtant lui qui avait le fameux *Fiacre numéro* 13... — Tu as entendu parler du *Fiacre numéro* 13 ?

— Jamais...

— Ça a pourtant fait assez de bruit, à l'époque, cette histoire-là, dans le *Petit Journal!*

— Songe que j'étais *là-bas*... et qu'on n'y lit point de journaux...

— C'est juste... — Eh bien! quand j'étais jeune, je faisais le service avec mon père, et je manie les guides et le fouet comme pas un!

— Bravo! inutile de te demander si tu connais bien Paris?...

— Mieux que le *Guide Conty.*

— Parfait!... — C'est tout ce que j'avais besoin de savoir pour le moment...

— Sois gentil... Renseigne-moi un peu... — J'aurai une voiture à conduire?

— Oui.

— Quand cela?

— Demain soir. — D'ici là tu te procureras une défroque de cocher de bonne maison...

— Est-ce que tu vas me faire entrer au service d'un bourgeois?

— Oui.

— Qui ça, le bourgeois?

— C'est moi... et je te garantis que le service ne sera pas dur.

— Voilà qui me va... pourvu qu'il y ait des profits, bonne table et bon vin...

— Il y aura tout cela.

— Tu sais que, pour acheter des frusques, il faudra me donner des monacos... Les eaux sont basses... les toiles se touchent... impossible de faire des avances...

— Je te donnerai de l'argent...

— Quand c'est-il que j'entrerai en fonction?...

— Je t'attendrai demain à quatre heures du soir...

— Où?

— Chez moi, pardieu... — Passage Tocanier, n° 10..

— Alors, je peux donner congé à mon garni?...

— Tu le peux et je t'y engage...

— Dès demain matin ce sera fait... si nous nous entendons, comme je n'en doute pas... — Les bons comptes font les bons amis, tu sais!! — Quand tout est convenu, point de surprises... — Est-ce ton avis?

— C'est mon avis...

— Nous allons travailler demain au profit d'une tierce personne?

— Oui.

— L'enlèvement en question et ses accessoires te sont payés?

— Naturellement...

— Il va y avoir un coup de jarnac... — La suppression d'une femme, c'est gros! — J'aurais beau n'avoir fait que conduire la voiture, je n'en serais pas moins complice, et c'est des anecdotes vétilleuses, tu sais, mon vieux, qui peuvent vous conduire à la place de la Roquette...

— As-tu peur?

— Jamais de la vie! — Mais je ne serais pas fâché de savoir ce que me rapportera cette première affaire...

— Un joli billet de mille... — répondit Léopold.

— Un billet de mille...! — répéta Jarrelonge, dont les yeux s'arrondirent.

— Sans compter les dix louis que je te remettrai pour te nipper convenablement demain matin...

— Je toucherai, quand?

— Les dix louis avant de sortir d'ici... Les mille francs aussitôt après l'affaire, par conséquent demain soir...

— Et je serai logé chez toi, couché, blanchi, nourri et abreuvé?...

— Oui...

Jarrelonge se frotta les mains.

— Entendu! — fit-il, — nous sommes d'accord!...

LVIII

Léopold posa sa main droite sur l'épaule de son futur complice, et lui dit en le regardant fixement :

— A partir de cette minute je t'accorde toute ma confiance...

— Ça, c'est gentil, et je t'en remercie... — interrompit le libéré.

— Mais, — poursuivit Lantier d'une voix sourde, — souviens-toi bien, mon bonhomme, que si par un seul mot imprudent tu trahissais cette confiance, je te tuerais sans pitié, sans miséricorde, comme un chien !

Tandis que le réclusionnaire évadé parlait ainsi, l'expression de ses yeux était si terrible que Jarrelonge, frissonnant, crut sentir la lame d'un couteau s'enfoncer dans sa poitrine.

Lantier continua :

— Tu seras entre mes mains un instrument docile, prêt à m'obéir sans discuter et sans réfléchir, quels que soient mes ordres ?

— Oui... oui... et cent fois oui... — balbutia le misérable ; — mais ne me regarde pas comme ça, tu troublerais ma digestion et ce serait dommage.

— Tu jures de m'être fidèle ?

— C'est-à-dire que, pour la fidélité, je damerais le pion à un caniche...

— L'argent ne te manquera pas... Tu pourras mettre une jolie somme de côté pour tes vieux jours...

— Je te bénirai comme un second père, mais demande du vin... Ta conversation m'a desséché le gosier et je meurs de soif...

Léopold sonna le garçon et lui donna l'ordre d'apporter d'autres bouteilles.

A partir de ce moment les deux gredins ne parlèrent plus d'affaires.

Le souper s'acheva gaiement, et Léopold paya l'addition dont le chiffre imposant éblouit son convive.

— Voici tes deux cents francs, — dit-il à Jarrelonge en lui tendant deux billets de banque. — Allons nous coucher.

Une fois dans la rue les complices se donnèrent la main, et prirent chacun de leur côté après avoir échangé ces mots :

— A demain, quatre heures, passage Tocanier, n° 10.

— A demain... Je serai exact.

Il était près de trois heures du matin lorsque Léopold rentra dans le pavillon que Pascal avait mis à sa disposition.

Son sommeil fut profond, mais de courte durée.

Dès le point du jour il se leva, s'arma d'une pelle et d'un balai et déblaya la neige dans la cour, de manière à laisser libre un double passage conduisant à la porte de la maison et à la remise.

On sonna de nouveau avec une telle insistance que l'étudiant prit le parti d'aller ouvrir.

Vers huit heures il prit le chemin du Temple, fit diverses emplettes, les entassa dans un fiacre et se fit ramener à sa demeure où il s'enferma.

Pascal Lantier, obéissant aux instructions du prétendu Valta, avait donné l'ordre à son cocher de tenir prêts le coupé et la jument, et il attendait l'acheteur annoncé.

A dix heures et quelques minutes une espèce de maquignon, le fouet à la main, la figure enluminée, le chapeau rond sur les yeux, portant comme

Chopart du *Courrier de Lyon* une énorme cravate, habillé d'un veston sous une blouse neuve, et chaussé de grosses bottes aux talons ferrés, sonnait, rue de Picpus, à la porte de l'entrepreneur.

Il fut introduit près de ce dernier, qui lui demanda ce qu'il désirait.

— Eh ! donc ! — répondit le visiteur avec un fort accent normand, — c'est-il pas ici qu'il y a un bidet et une carriole à vendre ?

Puis, d'un ton plus bas et cette fois sans accent, il ajouta :

— N'est-ce donc pas moi que vous vous attendiez à voir ce matin ?...

Pascal reconnut Valta.

— Quel talent de transformation !!... — pensa-t-il. — Cet homme me fait presque peur...

— Parfaitement, monsieur... — dit-il à haute voix, — je vais vous conduire.

Et il prit le chemin de l'écurie.

Quelques minutes suffirent à Léopold pour examiner le coupé et la jument...

Le prix fut débattu séance tenante en présence du cocher, et naturellement le vendeur et l'acquéreur tombèrent d'accord.

— Je paye comptant, bien entendu... — ajouta le faux maquignon après la clôture de la discussion. — Faites atteler, s'il vous plaît, pendant que je vais vous remettre votre argent contre quittance...

Pascal donna des ordres et ramena Léopold dans son cabinet, dont il referma soigneusement la porte.

— C'est toujours pour aujourd'hui ? — demanda-t-il.

— Toujours... — Demain matin je viendrai vous rendre compte de l'emploi de ma soirée...

— Le succès vous paraît probable ?

— Plus que probable, certain.

— Vous avez l'homme qu'il vous faut ?

— Oui... fait sur mesure... On ne pourrait pas trouver mieux, n'importe où et n'importe à quel prix... — A demain... — J'emmène la guimbarde et le poulet d'Inde...

Léopold retourna à l'écurie, trouva la voiture tout attelée, mit une pièce de vingt francs dans la main du cocher, monta sur le siège, prit les rênes et partit.

Il fit un assez long détour pour avoir l'air de s'éloigner du quartier. Ce fut seulement au bout de trois quarts d'heure qu'il revint au pavillon du passage Tocanier où il mit la jument à l'écurie et le coupé sous la remise.

Débarrassé de son costume de maquignon et vêtu chaudement en bon bourgeois, l'évadé de Troyes descendit à Paris, déjeuna dans un café du boulevard du Temple, et se dirigea ensuite vers un grand magasin d'habillements confectionnés.

Après avoir opéré de nouvelles acquisitions, il rentra chez lui.

La sonnette du pavillon retentit à quatre heures précises.

Léopold alla ouvrir et se trouva en face de Jarrelonge.

Déjà la tenue bourgeoise de celui-ci sentait vaguement le domestique de bonne maison.

Il portait sur ses bras deux paquets et une valise.

— Entre... — lui dit Léopold ; tu es exact, c'est une bonne note à ton actif.

Le libéré se dirigea vers le pavillon.

Quand il en eut franchi le seuil, Lantier lui demanda :

— Tu as ce qu'il te faut ?

— Oui, chapeau à cocarde, un peu défraîchi mais qui me va bien... redingote verte à liserés rouges avec boutons de cuivre à couronnes... gilet rouge... pantalon noisette... cravate blanche... gants de coton blanc, uniforme au grand complet. — Je vais rien avoir l'air matador avec ces frusques-là sur le dos ! !

— Très bien... — Ce soir tu endosseras la livrée, et je te dirai ce que tu auras à faire...

— Est-ce que nous dînons ici ? — fit curieusement Jarrelonge en se pourléchant du repas de la veille.

— Non... nous irons dîner aujourd'hui à la barrière du Trône... — Mais d'abord va faire l'acquisition d'un lit pliant avec son matelas et sa garniture... — Tu coucheras dans la salle à manger...

— Donne-moi de l'argent...

— Voici cent francs... — File et reviens...

Quittons pour un instant les deux misérables et retournons à Maison-Rouge.

Renée, nous le savons, était décidée à suivre les conseils de la lettre mise par nous sous les yeux de nos lecteurs et signée :

« *Un ami de votre mère.* »

Sa résolution prise, elle avait dissimulé en présence d'Ursule Sollier, en qui elle voyait désormais une ennemie, complice de l'homme qui pendant dix-neuf années s'était fait un jeu cruel de la séparer de sa mère et, maintenant que cet homme était mort, continuait la tâche abominable imposée par lui.

Donc Renée voulait fuir.

Mais du projet à l'exécution il y avait loin...

Plus de vingt-quatre heures devaient s'écouler encore.

La fille de Marguerite prit comme de coutume son repas du soir auprès de Mme Sollier qui, ne pouvant soupçonner ce qui se passait dans l'âme de sa jeune compagne, attribua son attitude calme et résignée à un retour de confiance et de soumission, et s'en réjouit de toute son âme...

Presque aussitôt après le repas Renée, prétextant un peu de fatigue, tendit son front à Mme Sollier, regagna sa chambre, et une fois seule relut la lettre qui lui causait un trouble si profond, une préoccupation si grande.

De même qu'à ses premières lectures, rien dans cette lettre ne lui parut suspect et de nature à exciter sa défiance, mais une agitation singulière s'empara de son esprit, assiégé par mille pensées confuses.

Elle se demandait sans relâche quel mobile avait poussé son hypocrite protecteur à torturer sa mère, et à l'entourer elle-même d'un mystère impénétrable.

Le champ des suppositions était vaste. — L'imagination de Renée le parcourut dans tous les sens, mais elle n'y trouva point le mot de l'énigme qu'elle se posait...

Alors elle s'abandonna tout entière à des idées noires.

Elle se souvint du rêve sinistre qu'elle avait fait au pensionnat.

Elle revit cet homme, ce Robert, couché dans son cercueil; elle revit la femme en grand deuil agenouillée près de lui...

Elle entendit la bouche du mort s'ouvrir et crier :

« *Oui, Renée est votre fille, et vous ne la reverrez jamais!...* »

Qu'avait donc fait sa mère pour provoquer cette vengeance implacable et sans trêve?

Prise d'un frisson, l'enfant voulut en vain chasser de sa mémoire ces terrifiants souvenirs, mais elle n'y réussit point et son sommeil fiévreux, sans cesse interrompu, fut hanté jusqu'au jour par des cauchemars, fantômes des nuits : *Noctium phantasma!*

Levée dès l'aube, la fille de Marguerite se dit qu'elle ferait une dernière tentative auprès d'Ursule.

— En somme, — pensait-elle, — cette femme est fidèle à la consigne donnée par l'homme à qui elle a toujours obéi... — Elle croit accomplir un devoir... — J'ai reçu d'elle, depuis mon enfance, plus d'une preuve d'affection et de dévouement... — Avant de l'abandonner blessée, souffrante, je veux savoir si elle résistera jusqu'au bout à mes prières et à mes larmes...

Et elle entra dans la chambre de Mme Sollier.

La nuit d'Ursule avait été mauvaise.

Sans se rendre compte du motif qui les faisait naître, la femme de confiance de feu Robert Vallerand éprouvait des pressentiments de fâcheux augure.

Elle se sentait oppressée comme à l'approche d'une grande douleur, d'une catastrophe inévitable.

En voyant la jeune fille, il lui sembla que ses idées lugubres se dissipaient comme par enchantement, et elle l'accueillit avec un sourire.

LIX

Le visage de Renée, plus pâle que de coutume, portait les traces irrécusables d'une longue insomnie.

Ursule s'en aperçut, mais n'osa questionner sa pupille, et jusqu'à la visite habituelle du médecin la conversation entre les deux femmes ne sortit point du cercle des banalités.

Après avoir défait les bandages, le docteur déclara que la guérison faisait des progrès rapides, mais que néanmoins un repos absolu serait nécessaire pendant quelques jours encore.

La fille de Marguerite, dominée par une préoccupation dont la cause nous est connue, n'avait pas d'appétit.

Elle guettait le moment d'entamer avec Mme Sollier l'entretien décisif et toujours, lorsque l'occasion favorable se présentait, une hésitation plus forte que la volonté arrêtait la parole sur ses lèvres.

Peu à peu cet état de contrainte et de malaise devint si visible qu'Ursule inquiète demanda :

— Qu'avez-vous, chère enfant? souffrez-vous?

Cette fois Renée n'hésita plus.

— Oui, — répondit-elle, — je souffre, et vous le savez bien, puisque vous êtes cause de ma souffrance...

Ursule sentit son cœur se serrer.

— Allez-vous donc, — murmura-t-elle, — allez-vous donc me reprocher encore l'accident qui nous retient ici, et me témoigner votre désir de partir pour Paris sans moi?...

— Je vais vous parler de ma mère... — répliqua Renée.

— De votre mère!... — répéta Mme Sollier, visiblement émue.

— Oui...

— Quand vous m'avez interrogée sur elle, je vous ai déjà répondu que je ne la connaissais pas... que je ne l'avais jamais connue...

— En me répondant cela, vous me trompiez... — dit la fille de Marguerite d'un ton ferme.

Ursule regarda sa jeune compagne avec effroi.

La voix vibrante de Renée, son attitude hostile, lui prouvaient qu'une lutte nouvelle était imminente.

— Vous m'accusez de mensonge, chère mignonne!... — fit-elle avec un accent de reproche.

— Pardonnez-moi de vous parler ainsi... — Je regrette de vous blesser, mais je dois, mais je veux vous forcer à la franchise... — Plus d'obscurité autour de nous... — Qu'êtes-vous pour moi, en définitive? — Une amie? Ma meilleure amie? — Je l'ai cru longtemps...

— Et maintenant, vous en doutez?... — s'écria Mme Sollier.

— Oui, j'en doute, et j'en douterai jusqu'à l'heure où vous me répondrez autrement que par le silence quand je vous interroge sur ma famille, sur mon passé, sur mon avenir! — Espérez-vous me faire croire que vous ne savez rien de tout cela? — Je le répète, qu'êtes-vous pour moi? — Vous avez mission, dites-vous, de me conduire à Paris. — Qui vous a donné cette mission? — A Paris, en échange d'une lettre que vous possédez, on doit, affirmez-vous, me remettre des papiers qui m'apprendront ce que vous me cachez!... — Pourquoi tout ce mystère? — Où est la preuve que vous ne me trompez pas et que vous agissez dans mon intérêt?

— Je demande à Dieu de vous pardonner vos soupçons!... — balbutia douloureusement Ursule.

— Ils sont légitimes! — poursuivit Renée. — Encore une fois, plus de ténèbres! J'ai soif de lumière! — Je veux savoir à quel titre M. Robert était chargé de veiller sur mon enfance... — Je veux savoir qui est mon père! Je veux connaître le nom de ma mère! — Tout cela, c'est mon droit, et je vous commande de parler!

— Mais je ne sais rien, moi!... Je n'ai rien à vous dire!...

— C'est impossible...

— C'est la vérité cependant! — Lorsque j'aurai accompli ma mission tout entière, lorsque je vous aurai conduite à Paris et ramenée à Nogent-sur-Seine, comme j'en ai reçu l'ordre de celui qui n'est plus, vous me jugerez mieux, vous apprécierez mon dévouement, vous verrez si j'ai bien servi vos intérêts!...

— Et si je refuse de vous obéir plus longtemps? — reprit la jeune fille.

— Ce n'est pas à moi que vous obéissez; c'est à la volonté suprême de votre protecteur! La révolte serait un crime!...

— La révolte est un devoir quand on veut me pousser à de mystérieuses démarches qui me répugnent et qui m'épouvantent... — Puisque je n'ai point de famille, puisque je suis une enfant sans mère, je puis aller à un magistrat et me mettre sous la protection de la loi...

— Renée... Renée... — s'écria Mme Sollier en proie à un affolement véritable; — vous ne pensez pas à faire cela!...

— Je ferai cela si vous me cachez plus longtemps le nom de mon père...

— Je vous jure que je l'ignore...

— Je ferai cela, — reprit la jeune fille avec impétuosité, — si vous ne me dites pas quelle était ma mère... si vous ne m'apprenez pas pourquoi on m'a enlevée à sa tendresse dès mon berceau, pourquoi on lui a imposé un long martyre de dix-neuf années, pourquoi enfin on ne m'a point donné de nom?

Mme Sollier écoutait avec stupeur, et chaque parole augmentait son effroi.

Que savait donc Renée?... — Par qui le savait-elle?

La jeune fille continua, les yeux étincelants, le geste saccadé.

— Comment, vous qui m'avez élevée, vous qui m'avez vue grandir, vous ne connaissez point ma famille? — Allons donc! c'est une raillerie, et vous me supposez l'esprit bien étroit, l'intelligence bien faible, si vous pensez que je vais vous croire! — Qu'était pour moi ce Robert qui vient de mourir, et que cachaient ses prétendus bienfaits ? — Il me semble deviner en lui l'homme cruel imposant à ma mère le supplice de m'appeler en vain ! — Est-ce que je me trompe?

La femme de confiance du député de Romilly élevait vers le ciel ses mains tremblantes.

— Mon Dieu !... — balbutiait-elle. — Mon Dieu !...

— Une nuit, au pensionnat, j'ai fait un rêve affreux... — poursuivit Renée. — Ce rêve (aujourd'hui je le vois trop bien) était un avertissement... une révélation de l'avenir. — Un homme m'est apparu, mort et couché dans son cercueil... — Ce mort avait les traits de M. Robert... Une femme en deuil, agenouillée, le conjurait en pleurant de lui rendre son enfant... — Je vis s'entr'ouvrir les lèvres pâles du cadavre et j'entendis s'en échapper ces mots : — « *Oui, Renée est votre fille, et vous ne la reverrez jamais !* »

Mme Sollier sentait le frisson de l'agonie effleurer sa chair.

— Dites-moi que ce rêve était menteur, je ne vous croirai pas !! — s'écria l'enfant en délire. — Dites-moi que cette femme en deuil et suppliante n'était point ma mère, je ne vous croirai pas !! — Dites-moi que ce mort n'avait point été l'implacable bourreau de ma mère, je ne vous croirai pas! — Ma mère existe, je le sais, j'en ai la certitude, j'en ai la preuve ! — De quel crime la punissait-on en lui volant sa fille ?... — Quel autre crime inconnu m'empêche de porter le nom de mon père?

Renée se tut.

Haletante, épuisée, elle attendait une réponse.

Ursule se tordait les bras en murmurant :

— Ah ! c'est horrible !!

— Oui, c'est horrible ! — répéta la jeune fille. — Horrible de douter de son père, de suspecter sa mère ! — Horrible de vivre sans nom en croyant que celui qu'on aurait le droit de porter est couvert de sang ou de boue !... — Oui, vous avez raison, tout cela est horrible !... Mais plus horrible encore est votre silence, quand il vous suffirait d'un mot pour m'éclairer ! !

— Taisez-vous, Renée! taisez-vous ! ! — Je ne peux rien vous dire et je ne vous dirai rien !...

— Vous m'apprendrez au moins si ma mère est digne de ma tendresse...

Ursule se souleva sur son lit.

— J'exécute les ordres d'un mort ! — dit-elle d'une voix frémissante. — La seule chose que je puisse vous apprendre est celle-ci : — Vous ne verrez jamais votre mère...

La jeune fille ne fit pas un mouvement.

Les traits charmants de son visage s'immobilisèrent et prirent une apparence marmoréenne.

— Peut-être... — répondit-elle d'une voix brève, tranchante comme une lame d'acier — Peut-être..

Sa résolution était prise, cette fois, irrévocablement, sans appel.

L'angoisse d'Ursule atteignait son paroxysme.

L'expression d'énergie soudaine empreinte sur la figure de Renée l'épouvantait.

Tremblante, elle demanda :

— Mignonne, qu'allez-vous faire ?

— Je ne sais pas, madame... — répliqua la fille de Marguerite de la même voix métallique et glaciale. — Dieu m'inspirera... Je vais le prier pour ma mère...

Et d'un pas raide, automatique en quelque sorte, — le pas du somnambule en état de sommeil magnétique, — elle sortit de la chambre d'Ursule et rentra dans la sienne.

— Ah ! — se dit-elle une fois seule, — la lettre que j'ai reçue me dicte mon devoir ! — Mme Sollier obéit aux volontés posthumes du bourreau de ma mère !... Pauvre mère, elle m'attend !! — Qu'elle soit innocente ou coupable, j'irai à elle !!...

Renée ouvrit alors sa petite valise et elle y replaça bien en ordre les vêtements, le linge, et les menus objets qu'elle en avait tirés depuis son installation à l'*Hôtel de la Gare*.

Quand ces arrangements furent terminés, elle se mit à genoux et pria, appelant la protection divine sur l'entreprise hardie qu'elle allait tenter.

L'état moral de Mme Sollier, après la scène à laquelle nous venons d'assister, nous paraît plus facile à comprendre qu'à décrire.

Renée s'était montrée à elle sous un jour tout nouveau qui lui causait une angoisse profonde.

Où la jeune fille avait-elle pris cette indomptable force de volonté, cette énergie toute virile dont elle avait paru jusqu'alors entièrement dépourvue ?...

Ce rêve, ou plutôt cette vision, reproduisant d'une façon presque complète le lugubre épisode du château de Viry-sur-Seine ; cette affirmation de Renée que sa mère était vivante et qu'elle appelait son enfant depuis dix-neuf années, tout cela bouleversait Ursule.

Fallait-il ne voir là qu'une simple intuition, ou quelqu'un avait-il appris à Renée certaines choses que la femme de confiance de feu Robert Vallerand croyait ignorées du monde entier ?

Mille pensées confuses, mille questions insolubles, assaillaient à la fois la pauvre Ursule et lui mettaient l'esprit à la torture.

N'était-ce pas la fatalité qui se mêlait de ses affaires et rendait impossible l'accomplissement de sa tâche ?...

Sans la foulure si mal à propos venue, rien ne retardant l'arrivée à Paris et la visite chez le notaire de la rue des Pyramides, Renée n'aurait conçu ni doutes, ni soupçons...

— Allons, balbutia-t-il, — tout s'écroule! — Un mot anéantit mes espoirs et mes rêves.

Peut-être, en quittant Maison-Rouge sans retard, serait-il temps encore d'imposer silence à ces doutes et de dissiper ces soupçons...

Mais, — le docteur l'avait affirmé, — le danger était grave.

La moindre imprudence pouvait rendre indispensable l'amputation du membre malade...

LX

— Eh ! qu'importe ma santé ? qu'importe ma vie ? — dit tout à coup presque à voix haute la pauvre femme méconnue, — je ne veux pas que Renée maudisse la mémoire de son père !!...

Alors, rejetant vivement ses couvertures, elle s'assit au bord de son lit, puis, se laissant glisser, elle voulut se tenir debout.

Mais à peine son pied malade avait-il touché le parquet qu'elle poussa un cri sourd, aussitôt étouffé, et se cramponna des deux mains aux rideaux pour se soutenir.

Pendant quelques secondes elle attendit ainsi, gardant l'espoir que l'atroce douleur qu'elle éprouvait serait passagère.

L'engourdissement, en effet, ne tarda guère à se produire.

Ursule fit alors une nouvelle tentative pour marcher.

Hélas ! une souffrance plus aiguë, plus insoutenable encore que la première, l'arrêta et la contraignit à se recoucher.

— Je ne peux pas ! — balbutia-t-elle avec désespoir, — je ne peux pas !...
Et elle fondit en larmes.

Dans la chambre voisine Renée, complètement dupe de la lettre écrite par Léopold, avait achevé ses préparatifs de départ et priait pour sa mère.

Mme Sollier l'appela.

La jeune fille entendit sa voix et se hâta de venir la rejoindre.

— Me voici... — lui dit-elle. — Que puis-je pour vous?

Ursule se sentait défaillir; un sentiment de vague angoisse, de crainte irraisonnée, envahissait son âme.

Elle souhaitait ne pas rester seule; — la solitude lui faisait peur.

— Avez-vous besoin de quelque chose? — reprit la fille de Marguerite.

— Je veux vous prier d'appliquer du liniment sur mes compresses...

— Souffrez-vous davantage?...

— Oui, un peu...

— A quelle cause attribuez-vous cette aggravation de souffrance ?...

— J'ai voulu, tout à l'heure, essayer de me servir de mon pied... — Je me suis levée... j'ai fait une tentative pour marcher... Cela ne m'a point réussi...

— C'était une imprudence grave...

Mme Sollier poussa un soupir.

Renée s'empressa de mouiller les bandes qui s'enroulaient autour de la cheville blessée, et ce pansement soulagea notablement la malade qui murmura quelques mots de gratitude, mais n'osa prier sa pupille de rester auprès d'elle.

L'enfant se retira, silencieuse.

Le reste de la journée s'écoula lentement.

A l'heure habituelle une servante vint prévenir la jeune fille que le dîner était servi dans la chambre de Mme Sollier.

Les yeux de Renée se tournèrent vers le cadran de la pendule.

Elle se dit tout bas :

— Dans trois heures je serai en route pour aller embrasser ma mère.

Et elle alla se mettre à table en face du lit d'Ursule.

.˙.

Le même jour et à la même heure Victor Béralle sonnait à la porte du logement de Paul Lantier, rue de l'École-de-Médecine.

Malgré les préoccupations douloureuses dont nous connaissons la nature, l'étudiant n'avait point oublié le rendez-vous pris avec le contremaître de son père.

Il était habillé, prêt à partir, attendant Victor et pensant à Renée.

Le visage du jeune homme avait subi une transformation qui le rendait presque méconnaissable.

Les joues creuses, l'œil voilé par des larmes difficilement contenues, le front plissé et chargé d'ombres, lui donnaient une expression d'indicible tristesse.

L'étudiant, brisé par le chagrin et l'insomnie, sentait grandir sa souffrance à mesure qu'approchait le moment du rendez-vous.

Il allait assister aux préludes d'un mariage d'amour et se mêler à des gens heureux, lui que la disparition de celle qu'il aimait et dont il voulait faire sa femme rendait si malheureux...

Sa poitrine était oppressée...

Il avait du noir dans l'âme et se sentait obsédé par l'idée fixe que la démarche qu'il allait faire était de mauvais augure pour son propre bonheur, et, quoique ne se dissimulant point l'absurdité de cette idée fixe, il ne parvenait pas à la chasser.

En entendant sonner, il reçut au cœur une inexplicable commotion et il quitta son siège pour aller ouvrir.

Victor Béralle entra tout joyeux dans la chambre de l'étudiant.

— C'est moi, monsieur Paul!! — s'écria-t-il. — Vous le voyez, réglé comme un chronomètre! — Cinq heures... Pas une minute de moins, pas une minute de plus!!... Heure militaire!...

— Je connais votre exactitude, mon ami, — répondit Paul, — et moi aussi, vous le voyez, je suis prêt...

L'accent du jeune homme était si mélancolique que le contremaître en fut frappé.

Il regarda vivement le fils de son patron et constata ses traits tirés, ses paupières rougies, sa pâleur livide.

— Mon Dieu, monsieur Paul, — fit-il avec inquiétude, — est-ce que vous êtes malade ?

— Pourquoi me demandez-vous cela, Victor ?...

— Parce que vous avez bien mauvaise mine...

— Eh bien, non, mon ami, je ne suis pas malade, mais j'ai beaucoup travaillé aujourd'hui et cela m'a donné un peu de migraine.

— Peut-être que cette sortie pour aller chez mon oncle vous dérange ?...

— En aucune façon...

— Bien vrai ?...

— Je vous l'affirme...

— C'est que, voyez-vous, monsieur Paul, pour rien au monde je ne voudrais vous sembler importun...

— Ne craignez pas de l'être...

— La réunion d'aujourd'hui peut se remettre d'un jour ou deux, ou même de deux ou trois, le mieux du monde et sans inconvénient d'aucune sorte... — J'irai trouver le vieux, je lui raconterai que vous êtes un peu malade, et on prendra un autre rendez-vous...

— Ne changeons rien à ce qui est convenu... — Je vous attendais et je suis prêt à partir...

— Alors nous allons prendre une voiture.

— Quel temps fait-il ? — demanda l'étudiant.

— Il fait *frisquet*... — Le ciel est clair, étoilé, il pourrait bien geler dur cette nuit...

— Pas de boue ?

— Oh ! pour ça, non. — Les trottoirs sont secs comme ce parquet.

— Dans ce cas une voiture est bien inutile... — Allons à pied en fumant un cigare, comme je vous le proposais l'autre jour...

— A votre aise, monsieur Paul... — Mais la migraine ?

— Le grand air me fera du bien...

— En route, alors ! — Nous prendrons des londrès chez le premier marchand de tabac que nous rencontrerons...

— En voici... — répondit Paul, — choisissez...

Il tira de sa poche en même temps un porte-cigares qu'il présenta tout ouvert à Victor.

Le contremaître prit un londrès.

Les deux jeunes gens allumèrent, non sans peine, l'exécrable tabac de la régie pour lequel aucune épithète ne nous semble assez flétrissante, et redescendirent.

Une fois sur le trottoir, Paul Lantier prit la parole.

— Par le boulevard Saint-Germain, — dit-il, — nous gagnerons les quais près de l'Entrepôt, et nous suivrons le bord de la Seine jusqu'au pont de Bercy...

— Bon itinéraire, — répliqua Victor, — c'est le plus court et le plus propre... Ça nous permettra de voir, à la lueur du gaz, les glaçons énormes que charrie la rivière...

L'étudiant et le contremaître prirent le boulevard Saint-Michel, puis le boulevard Saint-Germain.

Quoique l'air fût très froid, la gelée qu'annonçait Victor Béralle ne devait pas être violente.

Il était agréable de marcher.

Les compagnons de route cheminaient silencieux l'un à côté de l'autre.

Paul pensait à Renée disparue du pensionnat et dont il ne retrouverait peut-être jamais la trace...

Victor, — qui ne croyait guère à la migraine, — se demandait quel chagrin secret pouvait avoir l'étudiant.

Ils arrivèrent au quai de l'Entrepôt qu'ils suivirent en longeant le parapet, du côté de la Seine.

Les eaux très hautes coulaient rapidement, charriant des glaçons énormes qui se heurtaient avec un bruit lugubre. — Les feux du gaz, reflétés au passage, faisaient jaillir de ces blocs des scintillements bizarres.

Après avoir traversé la place du Jardin-des-Plantes en face du pont d'Austerlitz, les jeunes gens suivirent de nouveau le quai qui longe la gare d'Orléans.

C'est à peine s'ils échangeaient de loin en loin quelques mots interrompus, quelques phrases banales.

Enfin, ils atteignirent le pont de Bercy et s'y engagèrent.

Un grand nombre de tombereaux l'encombraient.

Ces tombereaux étaient chargés de neige ramassée dans les rues, et que l'on jetait du haut du pont dans la Seine et sur les berges.

Paul et Victor, appuyés au parapet, se penchèrent pour regarder.

De gigantesques amas de neige montaient jusqu'au sommet des piles les plus rapprochées du chemin de halage.

— Sapristi! — murmura Victor, — ça doit en coûter de ces millions, le déblayage de Paris!! — Que de bon argent jeté dans l'eau, on peut le dire sans calembour!!

— Oui... — répliqua Paul machinalement, car il avait à peine entendu.

Ils se remirent en marche.

A l'autre extrémité du pont se trouvaient d'autres tombereaux, remplis de neige et attelés, attendant leur tour.

— Est-ce que ce travail-là dure toute la nuit? — demanda l'étudiant au contremaître.

— Jusqu'à neuf ou dix heures du soir seulement, — répondit ce dernier.
— Demain, s'il ne gèle pas trop fort cette nuit, on recommencera vers cinq heures du matin...

Le pont était traversé.

Les jeunes gens prirent le quai de Bercy, morne et désert depuis les expropriations nécessitées par les bâtisses du nouvel Entrepôt, et gagnèrent la rue où demeurait l'oncle de Victor Béralle.

LXI

Nous prions nos lecteurs de nous accompagner aux environs de la barrière du Trône où Léopold Lantier devait dîner avec Jarrelonge.

Dans un des restaurants qui fourmillent sur le cours de Vincennes, nos deux hommes étaient attablés au fond d'une grande salle dont une foule de consommateurs envahissaient les tables.

A l'une de ces tables, tout près de celle occupée par le ci-devant réclusionnaire et le libéré, plusieurs ouvriers dînaient; au milieu d'eux nous devons signaler la présence de Richard Béralle, le frère de Victor, et celle de nos anciennes connaissances Caperon et Marlet, deux compagnons que nous avons vus chez le père Baudu, avenue de Saint-Mandé, le jour où pour la première fois Léopold avait rendu visite à Pascal Lantier.

Richard Béralle, selon sa coutume, paraissait ivre.

Il ne l'était pas encore tout à fait cependant, mais il devait suffire de bien peu de chose désormais pour le mettre *au point*.

Léopold possédait la mémoire des physionomies.

Du premier coup d'œil il avait reconnu les trois hommes; aussi s'était-il placé, avec sa prudence habituelle, de manière à leur tourner le dos.

Il ne pouvait craindre cependant d'être deviné par eux sous le costume d'ouvrier qu'il portait et qui, joint à une perruque rousse et à des favoris postiches, le rendaient méconnaissable, à la grande surprise et à la vive admiration de Jarrelonge.

— Mazette! — s'était écrié ce dernier, — tu changes de visage et de tournure comme un agent de police ou comme un acteur!! — C'est un joli talent, et bien utile en société!!

Richard Béralle causait beaucoup, car il joignait à son amour immodéré pour le vin et les alcools une rare intempérance de langue.

— Alors, — lui demandait Marlet, continuant la conversation commencée, — ton frère se marie décidément?

— Oui, ma vieille... — répliqua Richard en versant à boire, — il épouse la belle Étiennette...

— Et toi, tu as un fort béguin pour la petite sœur... — dit Caperon. — Ferez-vous les deux noces ensemble?...

Le jeune homme vida son verre.

— Les deux noces ensemble!! — répéta-t-il. — Ah! bien oui!!

— Pourquoi donc pas?

— Parce que la mère Baudu a son idée et qu'elle refuse d'en démordre...

— Quelle idée?

— Oh! une idée bête! — Elle veut que j'apporte en me mariant une somme fixe... — Or, comme je n'ai point d'économies, l'argent dont je viens d'hériter par moitié avec Victor est insuffisant...

— Tu viens d'hériter!! — s'écria Caperon.

— Un peu, mon vieux...

— Es-tu veinard!! — Et de combien la succession?

— De cinq mille *balles*...

— Joli capital, cependant, pour se mettre en ménage!! Cinq mille balles!!

— La mère Baudu en exige dix mille... — C'est donc juste la moitié qui me manque...

— Et la première moitié sera mangée avant que tu aies économisé la seconde?

— Quant à ça, non!

— Tu te ranges?

— Forcément... Je ne pourrai toucher les cinq mille francs que le jour de mon mariage...

— Et ça te gêne?...

— Dame! tu comprends, j'aimerais assez palper la monnaie...

— Alors, dépêche-toi d'économiser, et marie-toi... — Cinq mille francs, ça n'est pas la mer à boire... — En trois ans tu peux amasser ça si tu veux...

Richard avait vidé deux ou trois fois son verre.

Il commençait à avoir les idées un peu confuses, et sa langue s'épaississait.

— Ça n'est pas seulement cinq mille francs qu'il faut que j'amasse... — balbutia-t-il.

— Bah! Mais puisqu'on ne t'en demande que dix mille...

— Ah! voilà... C'est que, figurez-vous, j'en dois mille à la mère Baudu...

— Mille francs à l'ardoise!! — s'écria Caperon. — T'as donc consommé des truffes et du champagne?

— Et des fricassées de perles fines? — ajouta Marlot.

— Vous vous mettez le doigt dans l'œil jusqu'au coude, — répondit Richard dont la langue devenait de plus en plus épaisse; — ces mille francs-là ne représentent pas du tout des *portions* et des litres... — La mère Baudu me les a prêtés pour payer une dette... une dette sacrée... une dette de jeu... On est homme d'honneur, n'est-ce pas ?... — Le père Baudu ignore la chose et ça me met dans un embarras carabiné !

— Comment donc ça ?

— Ah ! voilà... La mère Baudu — (un supposé) — a pris l'argent sur la dot d'Étiennette qu'elle avait mise de côté...

— Fichtre ! — dit Capéron. — Et comme le mariage va se faire, et que naturellement on versera la dot, faut que tu bouches le trou qu'elle a fait au magot...

— Juste... — J'ai un mois pour rembourser... et pas le premier sou.

— Mais, — fit observer Marlet, — puisque c'est ton frère qui touchera, il pourra bien te donner du temps...

— Turlututu ! ! — Il ne s'agit point de mon frère... Je sais bien de quoi il retourne... — Si d'ici à un mois je n'ai pas rendu les mille francs, on se fâchera tout rouge chez la mère Baudu... Mon mariage futur avec Virginie sera rompu... Ça sera la brouille générale... L'oncle de Bercy ne voudra plus entendre parler de moi... Je passerai aux yeux de tous ces gens-là, pour un escroc... pour un filou...

— Allons... allons... — s'écria Capéron ; — voilà que tu dis des bêtises !

— Non, je ne dis que la vérité... — poursuivit Richard qui s'animait en parlant et dont la raison déménageait de plus en plus. — Tout ça je le mériterai, car, rapport aux Baudu, je suis une créature malfaisante... Je vois clair dans la chose...

— Quelle chose ?

— Le prêt que maman Baudu m'a fait...

— Sur la dot d'Étiennette ?

— Ce n'était pas sur la dot d'Étiennette qu'elle a pris ces mille francs, j'en suis sûr...

— Et sur quoi donc ?

— Sur la caisse des ouvriers...

— Ah ! bah ! !

— Dame !... le père Baudu est le trésorier de notre société... C'est lui qui a l'argent en dépôt... Mais c'est la bourgeoise qui le garde... et, sans qu'il s'en doute, elle a emprunté au magot ce qu'il fallait pour me tirer du pétrin...

— En effet, — dit Capéron, — si c'est comme ça, c'est bigrement grave... — Dans un mois le père Baudu doit rendre ses comptes et, s'il s'aperçoit de la soustraction faite à ton profit, ce sera dans la cassine un tapage à tout casser...

Richard baissa la tête et murmura d'un air sombre :

— Tonnerre du diable ! Comment que je ferai pour payer ces mille francs-là ?

— Ça te regarde... — répliqua Marlet. — Tu y penseras un autre jour... —

Pascal et Léopold s'arrêtèrent devant une massive porte cochère.

Aujourd'hui soyons à la rigolade comme des bons garçons... — Tu trouveras, d'ici un mois, quelqu'un pour t'avancer ça...

— Qui?

— Ton frère par exemple...

— Jamais je ne lui parlerai de ma dette... Ce seraient des sermons qui n'en finiraient plus...

— Eh bien ! un autre... n'importe qui... — Faut jamais désespérer de rien... — Tout s'arrange... — Garçon, un litre...

— Garçon, deux litres... — rectifia Caperon.

— Garçon, trois litres ! — cria Richard en frappant sur la table. — Rigolons ! c'est moi qui régale !!

Léopold Lantier et Jarrelonge n'avaient pas perdu un seul mot de la conversation qui précède.

Jarrelonge, naturellement, la trouvait d'un intérêt médiocre.

Léopold Lantier, — habile à tirer parti des moindres incidents, — ne pensait point de même.

Il avait gravé dans sa mémoire les paroles de Richard.

Ces paroles rendaient intelligibles pour lui certaines phrases prononcées par maman Baudu dans son établissement,

En quoi les faits racontés par le jeune ouvrier pouvaient-ils être utiles aux projets de l'évadé ?

Il n'en savait rien lui-même, mais il avait le pressentiment que la connaissance de ces faits lui servirait à quelque chose.

— As-tu fini ton café ? — demanda-t-il à Jarrelonge.

— Oui.

— Alors, file le premier... — Je vais payer au comptoir...

— Où allons-nous ?

— A la maison...

A huit heures les deux gredins rentraient au pavillon du passage Tocanier.

**

Retournons à Maison-Rouge, à l'*Hôtel de la Gare*.

Mme Ursule, que l'attitude de Renée préoccupait et affligeait beaucoup, avait à peine dîné.

Elle éprouvait une fatigue écrasante. — Sa tête lui semblait lourde, — ses yeux se fermaient malgré elle.

Les fatigues du corps et de l'esprit, qui s'étaient succédé pour elle sans relâche depuis le matin, amenaient à leur suite une prostration contre laquelle la pauvre femme essayait en vain de lutter.

Il était sept heures du soir.

Une des servantes de l'hôtel vint ôter le couvert.

Renée, silencieuse et sombre, regardait Mme Sollier dont la tête se penchait sur sa poitrine et dont les paupières s'abaissaient.

— Vous avez besoin de vous reposer, n'est-ce pas ? — demanda-t-elle.

Ursule dormait presque déjà.

Elle entendit la voix de la jeune fille, mais non la question.

— Vous me parlez, mignonne? — balbutia-t-elle en entr'ouvrant les yeux.
— Je vous demandais si vous aviez besoin de repos...
— Oui, mon enfant... je me sens brisée...
— Voulez-vous que je mouille vos compresses avant de vous quitter?
— Je le désire et je vous en prie... Je dormirai ensuite...

Renée, résolue à partir, ne voulait pas quitter sa compagne sans lui donner une dernière fois les soins commandés par le docteur...

Elle aurait cru se rendre coupable en s'éloignant sans agir ainsi.

Lorsque les compresses qui serraient la cheville furent humectées de liniment, Ursule remercia la jeune fille avec effusion et lui dit :

— Chère mignonne, vous allez vous reposer aussi, n'est-ce pas?...
— Je vais lire en attendant que le sommeil arrive... — répliqua Renée.
— Ne fermez pas la porte de votre chambre, je vous en prie...
— Je la laisserai ouverte...
— Si quelqu'une de mes paroles vous a blessée, oubliez-la...
— Je l'oublierai, oui, madame...

Et la fille de Marguerite se retira.

LXII

La prière adressée par Mme Sollier à Renée de laisser sa porte ouverte n'était point inspirée par le désir de se soustraire à un isolement trop complet.

Ursule, à la suite des différends survenus entre elle et la jeune fille, éprouvait un vague sentiment de défiance et se demandait si Renée ne tenterait pas de mettre ses menaces à exécution.

Elle avait l'intention bien arrêtée de lutter contre le sommeil, de prêter l'oreille au moindre bruit, et de se rendre compte ainsi des agissements de sa pupille.

— Une fois la nuit un peu avancée, je n'aurai plus rien à craindre, — disait-elle, — et si demain le docteur me refuse l'autorisation d'aller immédiatement conduire Renée à Paris, je me ferai quand même porter à la gare et étendre dans un wagon.

La pauvre femme, voulant se tenir éveillée, tenta de passer en revue les petits faits accomplis pendant le jour.

L'effet produit ne répondit point à son attente.

La fatigue qu'elle imposait à son cerveau redoubla la somnolence qui pesait sur elle et la rendit invincible.

Ses pensées devinrent confuses; — ses paupières alourdies s'abaissèrent, ses yeux se fermèrent et sa tête retomba lourdement sur l'oreiller.

Ursule dormait.

Renée n'avait pas fermé sa porte.

Assise au coin de la cheminée, en proie à une anxiété facile à comprendre, elle aussi prêtait l'oreille aux bruits les plus légers, tandis que ses regards suivaient la marche des aiguilles sur le cadran de la pendule..

Ces aiguilles indiquaient huit heures moins douze minutes.

La fille de Marguerite avait le cœur serré.

Un tremblement nerveux agitait son corps.

— Encore quelques minutes, — se disait-elle, — et si Mme Sollier ne succombe point au sommeil, je ne pourrai faire un mouvement sans qu'elle l'entende et s'en inquiète... — Elle parlera... elle m'appellera, et je serai contrainte de renoncer à partir, ou de lui déclarer en face mes projets... — Elle fera tout alors pour les entraver, et qui sait si le maître de cet hôtel, croyant qu'elle a des droits sur moi, ne consentira point à lui prêter main-forte?... — Ah! cette incertitude est poignante!... — Ces angoisses sont intolérables!...

Renée entendait d'une façon distincte le bruit de la respiration d'Ursule.

Soudain ce bruit devint plus fort et plus régulier.

La jeune fille redoubla d'attention et se dit :

— Elle doit dormir...

Quittant alors son fauteuil au coin du feu, l'enfant se dirigea sur la pointe des pieds vers la chambre d'Ursule et, passant sa tête par l'entre-bâillement de l· porte, elle regarda.

Une veilleuse posée sur la table de nuit enveloppait d'un nimbe de lumière blafarde le visage de Mme Sollier.

Les yeux clos, l'attitude abandonnée d'Ursule, ne pouvaient laisser aucun doute dans l'esprit de Renée.

Sa compagne dormait d'un profond sommeil.

— Ma mère, — se dit la jeune fille, — j'obéis à votre appel... je vais vous rejoindre.

Retournant à la cheminée sur laquelle se trouvait son chapeau, elle le mit et en attacha les brides à la hâte ; elle s'enveloppa de sa pelisse doublée et garnie de fourrures, prit à la main la valise qu'elle avait préparée, et ouvrit la porte du couloir.

Sur le seuil elle s'arrêta.

Il lui semblait que ses jambes refusaient de porter le poids de son corps

Son cœur battait dans sa poitrine à coups sourds et rapides.

Chancelante, hésitante, elle balbutia :

— J'ai peur!... — Pourquoi cette faiblesse quand l'heure que j'attendais avec fièvre est arrivée ?... — Oh! ma mère... ma mère... conseillez-moi... soutenez-moi...

Ces mots en effleurant les lèvres de Renée produisirent sur tout son être un effet magique.

Elle sentit ses forces se ranimer, les craintes qui troublaient son esprit quelques secondes auparavant disparaître et, franchissant le seuil, elle referma sans bruit la porte de sa chambre.

Le couloir était sombre, mais la jeune fille avait l'habitude de le parcourir et, s'avançant avec précaution, elle gagna l'escalier que les lumières de l'estaminet éclairaient à travers une cloison vitrée et descendit les marches.

Soudain, au moment d'atteindre les dernières marches, elle fit halte, prise d'effroi, en voyant quelqu'un devant elle.

Une voix bien connue l'interpellant dissipa sa frayeur.

C'était la servante de l'hôtel qui, s'intéressant beaucoup à la jeune fille dont elle connaissait le projet de fuite, épiait sa sortie.

— C'est vous, mam'zelle... — dit-elle, — voilà déjà pas mal de temps que je vous guette... — Dépêchez-vous... l'heure du train arrive...

— Je pars... — répliqua Renée en lui glissant dans la main une pièce d'or. — Et vous, n'oubliez pas...

— N'ayez crainte... — Merci, mam'zelle. — La porte est ouverte... Filez vite, et faites bon voyage...

Renée s'élança dehors.

La servante s'approcha de la fenêtre vitrée et, à la lueur des rayons qui s'en échappaient, regarda la pièce qu'elle tenait dans sa main.

— Vingt francs! — murmura-t-elle avec une joyeuse surprise. — Moi qui croyais que c'était vingt sous!! — Elle est généreuse, la petite demoiselle, et faut-il qu'elle soit riche pour donner comme ça des louis d'or!...

La fille de Marguerite, n'ayant que la place à traverser, se trouvait déjà dans la salle d'attente absolument vide.

Elle s'approcha du guichet ouvert, mais agitée, tremblante, elle restait immobile et muette, son porte-monnaie à la main.

— Pour où? — demanda le préposé à la distribution des billets.

— Paris... — répondit la jeune fille, en jetant derrière elle un regard effaré.

— Quelle place?

— Première...

— C'est dix francs vingt-cinq centimes...

Renée posa vingt francs sur la tablette du guichet.

On lui tendit sa monnaie et un ticket.

— Pour les bagages? — fit-elle ensuite.

— La porte à côté... et dépêchez-vous... On annonce le train...

La jeune fille franchit la porte indiquée, se trouva dans le bureau des bagages, tendit sa valise et son ticket à un employé qui pesa le léger colis, le fit enregistrer, réclama dix centimes et remit un bulletin.

Une voix cria :

— Les voyageurs pour Paris...

Le préposé aux bagages ouvrit une porte qui donnait sur le quai de la gare et dit :

— Passez par ici, mam'zelle...

Renée sortit vivement.

Son allure brusque, ses mouvements saccadés lui donnaient l'air d'une folle.

Le train entrait en gare.

Les employés criaient :

— Maison-Rouge... Maison-Rouge...

La jeune fille s'approcha de l'un d'eux et lui demanda :

— Le compartiment des dames seules, monsieur, s'il vous plaît?...

— Premières ?

— Oui, monsieur...

— Voici, mademoiselle...

Le compartiment réservé aux dames était vide.

Renée y monta.

L'employé referma la portière.

Le chef de gare donna le signal ; un coup de sifflet retentit ; le piston fonctionna avec un bruit strident, et le train s'ébranla.

Une fois en route, aussitôt le fait du départ irrévocablement accompli, la jeune fille se sentit défaillir.

L'imprudence de la résolution qu'elle avait prise, l'énormité de l'acte qu'elle venait de commettre, lui apparurent nettement.

Ses angoisses, un instant dissipées, revinrent l'assaillir avec une force nouvelle.

— Mon Dieu ; — se demanda-t-elle en tremblant, — n'ai-je pas eu tort de me laisser entraîner par mon amour filial ? — N'ai-je pas été folle de vouloir pénétrer à tout prix un secret qui m'épouvante ? — Mais pouvais-je résister à l'appel de ma mère ?... à cet appel si pressant, si tendre ?

Elle s'interrompit.

Une pensée sinistre traversait son esprit.

— Si cependant cette lettre mentait ? — poursuivit-elle. — Si cette lettre cachait un piège ?...

La fille de Marguerite sentit son sang se glacer et, tirant de la poche de sa robe l'épître de Léopold, elle la relut à la lueur de la lampe qui éclairait le compartiment.

Chose étrange ! — On eût dit alors qu'une voix mystérieuse lui expliquait les phrases de cette épître vingt fois dévorée depuis la veille. — Chaque expression lui sembla perfide ; — chaque mot lui parut menteur.

Ce qui se passa dans sa tête pendant quelques secondes est indescriptible.

Égarée, à demi folle, elle se leva pour crier, pour appeler au secours, et ses mains frissonnantes baissèrent la glace de la portière.

Le train filait comme un obus.

L'air froid de la nuit frappa Renée en plein visage, et cette sensation glaciale, chassant la fièvre du cerveau, produisit une réaction brusque.

L'enfant se laissa retomber sur les coussins capitonnés et balbutia.

— J'avais le délire ! — Pourquoi ce doute ? — A quel propos ces frayeurs absurdes ? — Ai-je le droit d'hésiter et de trembler lorsqu'il s'agit de ma mère ? — Qui me tendrait un piège ? — Dans quel but ? — Dans quel intérêt ? — Puis-je avoir des ennemis, moi dont le monde entier ignore l'existence ? — J'étais folle, décidément, mais j'ai reconquis ma raison... — Je vais à vous, ma mère, heureuse et confiante, pour ne plus jamais vous quitter...

Renée releva la glace et, se couchant à demi dans un des angles du compartiment, abandonna son âme à des rêves de bonheur et d'avenir...

L'image du jeune inconnu de l'*Hôtel de la Préfecture* vint prendre place au milieu de ce mirage, et pour la percevoir plus nettement elle ferma les yeux, mais elle ne songeait guère à dormir.

Le train fit halte et l'on cria :

— Verneuil... Verneuil-Chaumes...

La jeune fille ouvrit les yeux.

Le compartiment qu'elle occupait se trouvait en face de l'horloge de la station.

Cette horloge indiquait neuf heures dix minutes.

— Dans deux heures, — fit Renée en souriant — je serai près de l'ami qui m'a écrit au nom de ma mère...

LXIII

Au moment où l'horloge de la gare de Verneuil-Chaumes indiquait neuf heures dix minutes, Jarrelonge achevait d'atteler la jument de Pascal Lantier au coupé placé sous la remise du pavillon du passage Tocanier.

Cette besogne faite, le libéré jeta sur la jument une couverture d'attente, passa sur sa redingote de livrée une longue pelisse à collet de fourrure, se coiffa de son chapeau à cocarde, mit des gants de castor et alla dans la chambre à coucher du pavillon rejoindre Léopold.

Celui-ci avait fait subir à sa personne une transformation absolue.

Il portait une perruque poivre et sel, de longs favoris gris en nageoires, et des lunettes à branches d'or.

Son habillement consistait en un pantalon noir, un gilet noir, une redingote de même couleur boutonnée jusqu'au cou, et ornée de la rosette d'officier de la Légion d'honneur.

Une cravate blanche, correctement nouée, achevait de donner au gredin l'apparence d'un magistrat ou d'un haut fonctionnaire.

Disons tout de suite que, sous ce costume sévère et presque officiel, le cousin de Pascal ne manquait ni d'aisance ni de distinction.

Un grand pardessus, dont la rosette rouge fleurissait également la boutonnière, était placé sur une chaise à côté d'un chapeau à haute forme d'une entière fraîcheur.

Jarrelonge fut ébloui de cette tenue.

— Excusez ! — fit-il en examinant son complice de la tête aux pieds. — Rien que ça de pelure et de décoration ! ! — T'as l'air d'un procureur général, d'un commissaire central ou d'un médecin en chef ! ! — Monsieur le docteur va donner ses soins à une cliente ?...

— La cliente que je vais soigner sera si bien guérie qu'elle ne souffrira plus jamais ! — répondit Lantier avec un effrayant cynisme.

Jarrelonge, quoique bandit émérite et par conséquent très endurci, ne put s'empêcher de frissonner.

— Tu as une manière de dire les choses qui vous fait un drôle d'effet... — murmura-t-il. — Quand partirons-nous ?

— Rien ne presse... — répliqua l'ex-réclusionnaire ; — il faut de trente-cinq à quarante minutes pour aller d'ici à la gare de l'Est, avec un cheval qui marche bien, et il est inutile de stationner là-bas indéfiniment... Aux heures des arrivées les gares sont pleines d'agents de police, et je n'aime pas me montrer à ces oiseaux-là...

— Moi non plus... Ils sont comme les hiboux... ils voient clair la nuit...

— Nous avons du temps devant nous, profitons-en pour bien nous entendre...

— C'est ça, réglons l'ordre et la marche...

— La jument est attelée ?...

— Oui ; et je lui ai jeté une bonne couverture sur le dos... — Tel que tu me vois j'ai le cœur très sensible pour les bêtes, — et les chevaux, c'est comme les gens, il leur suffit d'un chaud et froid pour attraper une *pleurésie*.

— Une fois la petite dans la voiture, songeons à l'itinéraire à prendre... — Il faudra gagner les rues les plus sombres et les moins vivantes...

— Je m'en charge, mais pour l'itinéraire, comme tu dis, il s'agit de savoir d'abord où nous conduirons le *colis*...

— Nous allons décider ça... — Tu connais bien Paris et ses alentours immédiats ?

— Aussi bien que feu papa... cocher de son état et très roublard...

— Alors je vais te questionner...

— Eh! demanda le libéré, quoi de neuf depuis que tu leur as brûlé la politesse?

— Et je te répondrai comme un vrai indicateur... — Qu'est-ce que tu veux savoir?
— Bercy est-il fréquenté?
— Le jour ou le soir?
— Le soir...
— Pas du tout; c'est un vrai désert... surtout depuis les expropriations... —

Dans la journée c'est un-va-et vient perpétuel, mais sitôt la nuit tombée, pas un chat...

— Le pont de Bercy est-il très éclairé ?

— Non, surtout du côté du quai de Bercy...

— Les parapets sont-ils hauts ?

— Assez... — Je ne me chargerais pas de les enjamber pour aller au mois de juillet piquer une tête dans la Seine.

— Il passe un train sur le quai de la Rapée ?

— Minuit sonné, *n, i, ni,* c'est fini...

— Pas de station de voitures ?

— Une au coin du quai, mais jamais de voitures... — A dix heures le surveillant ferme sa boîte et décampe...

— Alors, c'est là qu'il faut aller...

— Au pont de Bercy ?...

— Oui.

Jarrelongo réfléchit pendant un instant.

— Dans ce cas, — fit-il ensuite, — voici la route à suivre : — En quittant le chemin de fer de l'Est prendre la rue des Récollets, la rue Saint-Maur, la rue des Boulets, la rue de Picpus, jusqu'aux anciens boulevards extérieurs qui nous conduiront tout droit au pont...

— Très bien.

— Faudra-t-il traverser le pont ?

— Seulement les trois quarts... — Tu t'arrêteras de manière à ce que la Seine coule au-dessous de nous...

— Compris... — C'est là que se fera l'affaire ?...

— C'est là... — et je m'en charge...

— Et après ?

— Après ? Un bon coup de fouet à la jument, et ventre à terre tout droit devant toi pour nous ramener ici par le plus court chemin...

— Entendu, ma vieille, et une fois rentrés un verre de vin chaud, bien sucré, à la cannelle et au citron, afin de nous refaire le torse... — Tu as tout ce qu'il te faut pour l'opération ?...

— Les préparatifs ne sont pas compliqués, — répliqua Léopold en tirant de sa poche un foulard. — Si la petite voulait crier, je lui attacherais ça solidement sur la bouche et ça la rendrait muette...

— Un bâillon, quoi ! comme dans les *mélos* de *l'Ambégu...* — murmura Jarrelongo. — Ça donne la chair de coq à Bibi... Bibi c'est moi...

Léopold poursuivit :

— Elle ne pèse pas plus qu'une alouette, cette demoiselle... Je la porterai jusqu'au parapet... et puis...

Il s'interrompit.

— Brrr — fit le libéré. — Et la Seine qui charrie...

— Ça sera un glaçon de plus...

Il y eut un moment de silence.

Jarrelonge le rompit par ces mots :

— Dis donc, si nous avalions un petit verre de *vieille* pour nous donner du ton...

— J'approuve l'idée.

Le libéré ouvrit un placard, y prit une bouteille qu'il déboucha, deux grands verres qu'il remplit à moitié et dont il apporta un à Léopold.

Les bandits trinquèrent et burent.

Si froidement arrêtée que fût sa résolution, Léopold paraissait agité, nerveux. Des lueurs farouches s'allumaient par intermittences dans ses prunelles.

— Dix heures douze minutes... — dit Jarrelonge en regardant la pendule.

— Eh bien ! sors le coupé !... Je vais ouvrir la porte cochère...

Le libéré alla prendre par la bride la jument tout attelée et la conduisit hors de la cour.

Léopold referma derrière lui les battants de la porte, entra dans le pavillon, endossa son pardessus, s'entoura le bas du visage d'un cache-nez blanc, mit son chapeau et ses gants fourrés.

— On ne sait pas ce qui peut arriver... — murmura-t-il en faisant jouer la serrure d'un meuble, — prenons nos précautions.

En même temps il glissait dans sa poche un couteau catalan de petit modèle, et un revolver mignon.

Il rejoignit ensuite Jarrelonge qui, installé sur son siège, tenant les guides d'une main et le fouet de l'autre, attendait avec la dignité sereine d'un cocher de bonne maison.

— Tu te souviens de tout?... — lui demanda Léopold en montant dans le coupé.

— *Ya meinherr*...

— Alors, en route...

La voiture roula, lentement d'abord, puis un peu plus vite.

Jarrelonge ayant tout le temps d'arriver à la gare de l'Est, et voulant n'y stationner que le moins possible, ne se pressait pas.

Il réservait l'énergie de sa jument pour le retour.

Malgré cette lenteur relative, le cadran lumineux qui fait face au boulevard de Strasbourg indiquait seulement onze heures moins dix minutes quand l'équipage parvint à la hauteur de l'église Saint-Laurent.

Le pseudo-cocher, que les leçons de Léopold rendaient circonspect, se garda bien d'entrer dans la cour de la gare et se rangea au coin de la rue de Metz, en face de la station des voitures de place, à la porte d'une maison...

L'évadé de Troyes mit pied à terre.

— Bien... — fit-il, — attendez-moi là...

— *Ya meinherr*... — répondit Jarrelonge pour la seconde fois avec un accent tudesque.

Léopold enfonça son chapeau sur ses yeux, alluma un cigare et se dirigea vers la salle d'attente de l'arrivée, mais il n'en franchit point le seuil, et se promenant de long en large, en face du stationnement des omnibus du chemin de fer, il attendit, fiévreux, le cerveau en ébullition.

Onze heures sonnèrent.

Lantier entendit un coup de sifflet annonçant l'arrivée d'un train.

Il s'approcha de la porte de sortie et son cœur se mit à battre avec violence.

Un groupe compact de personnes venues comme lui pour attendre des voyageurs se pressait autour de l'issue encore close.

Tout à coup une clarté vive remplaça la demi-obscurité.

On montait le gaz, et les trépidations du train en marche ébranlaient les armatures de fer de la gare.

Léopold se tenait debout derrière le grillage qui protège un vitrage crasseux, et son regard perçant examinait l'un après l'autre les voyageurs qui commençaient à paraître, quittant le quai de débarquement.

Il y eut en ce moment pour lui quelques secondes d'une anxiété inouïe.

Les portes s'ouvrirent.

La foule devint remuante et bruyante.

Les uns s'embrassaient à pleines lèvres et dix fois de suite. — Les autres se serraient les mains en formulant des interrogations confuses et multipliées.

L'attente fébrile de Léopold se prolongea plusieurs minutes.

Au bout de ce temps la foule s'était écoulée.

L'ex-réclusionnaire se trouvait seul à la porte de sortie.

— Rien!! — murmura-t-il tandis qu'une sueur froide mouillait ses tempes. — Rien! — N'est-elle point partie? — Vais-je échouer un moment où je me croyais au port? — Tout est-il perdu sans ressource?

LXIV

Un employé traversa la salle d'attente maintenant déserte.

— Monsieur, — lui demanda Léopold, se rattachant à un dernier espoir, — c'est bien le train venant de Troyes qui vient d'arriver?

— Non, monsieur... — répondit l'employé. — Le train venant de Troyes n'arrivera que dans dix minutes, un quart d'heure de retard...

— Pourquoi ce retard?

— Il paraît que la neige retombe ferme dans l'Est...

— Merci du renseignement, monsieur...

L'évadé de Troyes sentit ses épaules soulagées d'un poids immense, et sortit pour respirer le grand air.

— Un quart d'heure de retard... — murmura-t-il en s'essuyant le front. — Rien n'est perdu... Elle viendra... Mais, morbleu ! j'ai eu peur...

L'employé avait dit vrai...

A soixante kilomètres de Paris la neige commençait à tomber en flocons épais, et le chef de gare d'Ozouer-la-Ferrière avait télégraphié à Paris le retard inévitable.

Quelques mots adressés par le chef de train à l'un de ses subordonnés avaient mis Renée au courant de ce retard qui lui causait une sérieuse inquiétude.

Elle se rappelait ce qui était arrivé un peu avant Maison-Rouge, après son départ de Troyes avec Ursule Sollier, et elle se disait non sans épouvante qu'un fait semblable pouvait se produire...

Que deviendrait-elle si elle était forcée de s'arrêter en route ?...

Comment ferait-elle connaître sa position et son embarras ?...

A qui s'adresserait-elle ?...

Sa mère allait-elle donc l'attendre en vain ?...

Ces réflexions assaillaient l'esprit de la jeune fille et la faisaient cruellement souffrir pendant l'arrêt momentané à la gare d'Ozouer-la-Ferrière.

Enfin le train reprit sa marche.

Les angoisses de Renée se dissipèrent ; — son cœur se dilata...

On approchait de Paris.

Une inquiétude d'un nouveau genre s'empara de la pauvre enfant.

— Qui vais-je trouver en arrivant ? — se demanda-t-elle. — Comment la personne qui m'attend pourra-t-elle me reconnaître ?...

Cette question resta sans réponse.

Elle était insoluble pour elle en effet et, sans l'aveuglement causé par la surexcitation de la tendresse filiale, ce point obscur aurait dû tout d'abord la mettre en défiance...

Le train venait de stopper à Pantin, la dernière station avant Paris.

— Onze minutes... — murmura Renée, — onze minutes encore... et je serai près de celui qui m'attend, et qui me conduira dans les bras de ma mère...

L'attendrissement et l'émotion résultant de cette pensée mirent de grosses larmes dans les yeux de la jeune fille et l'affolèrent en quelque sorte.

A partir de cet instant il lui sembla vivre dans un rêve.

Ses lèvres répétaient, sans qu'elle en eût conscience :

— Ma mère... — je vais voir ma mère... je vais embrasser ma mère...

Le train fit halte.

Des voix crièrent :

— Paris... Paris...

Renée tressaillit comme une personne éveillée brusquement.

La réalité remplaçait le rêve.

Elle se demandait de nouveau :

— Qui vais-je voir ? — Comment celui qui m'attend pourra-t-il me deviner ?

On ouvrait les portières.

La jeune fille descendit du compartiment et suivit le flot qui se dirigeait vers la porte de sortie.

— Votre billet... — lui dit le receveur.

Elle n'y pensait plus et devint successivement très pâle et très rouge, croyant l'avoir perdu, mais elle se souvint qu'il devait être dans son porte-monnaie.

Il s'y trouvait en effet. — Elle le présenta, passa et, arrivant dans la salle d'attente, jeta sur ceux qui l'entouraient des regards effarés...

Léopold Lantier était à son poste.

Il vit la jeune voyageuse et, le sourire du triomphe aux lèvres, il s'avança vers elle.

— Mademoiselle Renée, si je ne me trompe... — lui dit-il en la saluant.

La fille de Marguerite, entendant cette voix, éprouva dans la région du cœur une sorte de commotion électrique.

Elle regarda très attentivement son interlocuteur, mais elle ne pouvait reconnaître, sous son travestissement de haut fonctionnaire et avec son visage merveilleusement grimé, le fugitif de la prison de Troyes.

— Je suis bien en effet Renée... — balbutia-t-elle d'une voix hésitante ; — mais vous, monsieur ?

— Moi, chère enfant — répondit le misérable, — je suis l'auteur de la lettre que vous avez reçue à Maison-Rouge... Je suis un ami de votre mère...

Ces quelques mots replacèrent la jeune fille en plein courant d'exaltation filiale.

— Ma mère ! — reprit-elle en joignant les mains. — Oh ! monsieur, c'est donc bien vrai ? Je vais la revoir...

— Elle vous attend !

— C'est par son ordre que vous m'avez écrit ?

— Oui, chère enfant... — Il lui tarde de vous embrasser... Venez...

— Je vous suis, monsieur, mais d'abord il faut aller chercher ma valise aux bagages...

Et elle montrait son bulletin à Léopold.

Ce dernier le lui prit.

— Inutile de vous attarder... — répondit-il. — Demain un domestique, muni de ce bulletin, viendra réclamer la valise qui sera déposée à la consigne... — Acceptez mon bras, mademoiselle, je vais vous conduire à la voiture de votre mère...

— Allons... — murmura Renée en posant la main sur le bras que lui tendait le misérable.

Léopold n'était guère moins agité que sa compagne, mais pour des motifs bien différents. — Toujours maître de lui-même, il parvenait d'ailleurs à cacher merveilleusement son trouble.

Il fit traverser la cour à la jeune fille, sortit avec elle par la grille donnant sur la rue de Metz, et tous deux arrivèrent près du coupé de Pascal Lantier.

Jarrelonge grelottait sur le siège en maudissant le retard involontaire de son complice.

Un brouillard fin commençait à tomber et lui causait une préoccupation très vive.

Si le froid persistait, le pavé de Paris, — grâce à ce brouillard, — serait bientôt couvert d'une couche de verglas sur laquelle le cheval le mieux ferré ne pourrait tenir pied.

Léopold ouvrit la portière du coupé, se découvrit respectueusement et dit à la jeune fille :

— Veuillez monter, mademoiselle...

Renée s'assit dans l'angle droit de la voiture.

— Emballé, le colis ! — pensa Jarrelonge.

— Je vais avoir l'honneur de prendre place à côté de vous... — poursuivit l'ex-réclusionnaire, puis, avant de refermer la portière, il ajouta en s'adressant à Jarrelonge : — A l'hôtel...

Le pseudo-cocher, obéissant à la consigne qu'il s'était donnée, répondit pour la troisième fois :

— *Ya meinherr...*

Renée ne pouvait soupçonner un piège; d'ailleurs la politesse raffinée, les manières d'hommes du monde de son compagnon, cette voiture de maître, ce domestique en livrée, augmentaient sa confiance.

Jarrelonge rassembla les guides dans sa main gauche et fit un appel de la langue.

La jument partit.

Nous savons que le gredin ne manquait point d'expérience.

Sentant le pavé mauvais et voulant éviter un accident possible, il suivit au très petit trot l'itinéraire convenu d'avance.

Léopold ne s'occupait pas de lui.

Il était tout entier à la fille de Robert Vallerand, dans l'esprit de laquelle il importait de ne laisser naître et grandir aucun soupçon.

— Chère enfant, — dit-il en lui prenant la main, — je vous félicite d'avoir écouté sans hésitation la voix de votre amour filial ! — Votre mère sera bien heureuse en vous trouvant si tendre, et bien fière en vous voyant si belle et si charmante...

— Je serai bientôt près d'elle, n'est-ce-pas, monsieur? — balbutia la fille de Marguerite.

— Oui, bientôt, mademoiselle, mais jamais assez vite, au gré de son impatience...

— Il me semble que cette impatience ne saurait égaler la mienne!... — Ma mère habite Paris?

— Sans doute...

— Près d'ici?

— Non, très loin... à l'autre extrémité de la ville...

— Comme ce cheval marche avec lenteur!...

— C'est par prudence... — Le brouillard se change en verglas et le pavé devient glissant... — Ne vous impatientez pas...

— Je ne m'impatiente pas, monsieur... J'ai soif des baisers de ma mère..

— Sentiment bien naturel, qui vous honore!!

— Comment s'appelle ma mère?

— Renée, ainsi que vous...

— Mais son nom de famille?

Léopold répliqua, en donnant à sa voix les intonations les plus mielleuses, les plus caressantes :

— Un mystère plane autour de vous, chère enfant, vous le savez... — N'étant que l'ami et le mandataire de votre mère, il ne m'appartient pas de vous répondre... — Elle seule peut et doit vous apprendre ce que vous désirez connaître...

— Toujours le mystère! toujours! — murmura la jeune fille en soupirant.

— Il sera désormais de courte durée...

— C'est vrai... — J'ai bien attendu dix-neuf ans... je puis attendre une heure encore... — Ainsi, au milieu des ténèbres qui m'enveloppaient, ma mère veillait sur moi?

— Depuis votre enfance, et Dieu sait avec quel amour! — Elle avait trouvé moyen de déjouer les projets de celui qui vous enlevait à elle et s'était vainement flatté de lui faire perdre vos traces; mais, tant que cet homme a vécu, elle ne pouvait aller à vous ni vous appeler à elle...

— Pauvre mère!! — Elle a beaucoup souffert, n'est-ce pas?

— Oui, beaucoup!! Son cœur saignait... Ses yeux pleuraient...

— Votre lettre me l'a fait comprendre, et je n'ai pas hésité...

— Vous avez eu raison de fuir cette femme, cette ennemie, docile aux volontés posthumes des persécuteurs de votre mère...

— J'ai trompé sa surveillance... — Pourra-t-elle contre moi quelque chose quand elle s'apercevra de ma fuite?...

— Rien! — La voilà réduite à l'impuissance... — Se sentant vaincue, elle se taira!

— Je paye comptant, ajouta le faux maquignon...

LXV

Après un instant de silence, Renée reprit :
— Vous saviez donc que j'étais à Maison-Rouge avec Mme Ursule !
— Vous ne pouviez faire aucune démarche sans que j'en fusse instruit... — répondit Léopold.

— Ainsi, vous me connaissiez ?...

— Depuis dix ans je ne vous ai jamais perdue de vue...

— Vous veniez au pensionnat ?...

— Plusieurs fois chaque année, sous des prétextes ingénieux, par ordre de votre mère...

— Oh ! qu'elle soit bénie, cette surveillance maternelle si touchante et si tendre ! ! — s'écria la jeune fille avec exaltation ; puis elle ajouta : — Mais cet homme qui vient de mourir... Ce Robert qui faisait souffrir ma mère en me séparant d'elle, avait-il donc des droits sur moi ?

— Ceci n'est pas mon secret, chère enfant ! — Votre mère seule aura le droit de vous répondre quand vous la questionnerez...

— Me permettra-t-elle de le faire ?

— Je puis vous en donner l'assurance...

— Arriverons-nous bientôt ?...

Léopold abaissa pendant une seconde la glace de la portière, regarda au dehors et répliqua :

— Dans une demi-heure, à peu près...

— Comme nous allons lentement ! !

— Le pavé est mauvais... — Le cheval marche avec difficulté et glisse à chaque pas...

Jarrelonge avait en effet toutes les peines du monde à empêcher la jument de s'abattre, et maugréait à demi-voix contre le verglas, qui de minute en minute devenait plus dangereux.

On se trouvait seulement à l'entrée de la rue des Boulets.

Léopold, lui, loin de se plaindre de cette lenteur, s'en félicitait.

Le pont de Bercy, par un temps pareil, serait sans aucun doute absolument désert.

— Elle est encore jeune, ma mère, n'est-ce pas, monsieur ? — demanda tout à coup Renée.

— Oui, mon enfant, elle est jeune encore, mais les souffrances l'ont bien vieillie, et la douleur a blanchi ses cheveux...

— Pauvre mère ! !... Souffrances et douleurs, je lui ferai tout oublier... — Quelles angoisses a mis dans mon âme la lettre que vous m'avez écrite, mais aussi que de joie et que de bonheur ! — Combien de fois je l'ai relue ! ! — Je la relisais encore en chemin de fer, car je ne m'en suis point séparée... Je ne m'en séparerai jamais...

— Bon à savoir ! — pensa Lantier. — Elle a cette lettre dans sa poche, — il ne faut pas qu'on la trouve sur son cadavre...

Le coupé roulait moins lentement.

On venait de sortir de la rue de Picpus.

Jarrelonge avait engagé la voiture sur le macadam mal entretenu de l'ancien boulevard extérieur, et les rugosités du sol, donnant prise aux sabots du cheval malgré le verglas, lui permettaient de doubler son allure.

Le pseudo-cocher enveloppa d'un vigoureux coup de fouet les flancs de la jument, et la brave bête prit un trot de cinq lieues à l'heure.

— Nous arrivons... — pensa Léopold. — Soyons prêts...

De la main gauche il fouilla son pardessus et saisit le foulard qui devait lui servir à bâillonner Renée.

Brusquement, au dehors, une voix se fit entendre, une voix rauque chantant sur un vieil air un couplet d'une chanson bizarre.

Lantier tressaillit en reconnaissant la voix de Jarrelonge; — il écouta.

Renée, de son côté, prêta l'oreille.

Le libéré chantait :

> Nous voici bientôt sur le pont...
> La faridondaine, la faridondon...
> Bientôt sur le pont de Bercy.
>   C'est ici...
>   A la façon de Barbari,
>   Mon ami...

Ce vieil air, retentissant dans la nuit mal éclairée par de rares becs de gaz, parut à la jeune fille d'une tristesse lugubre.

Léopold lui-même se sentit remué.

Le dénouement du terrible drame dont il avait combiné le plan approchait.

Il fallait agir.

La voix de Jarrelonge s'était éteinte.

— Sommes-nous loin encore ? — demanda Renée.

— Non, mon enfant, — répondit l'ex-réclusionnaire, — et il faut me permettre de vous bander les yeux...

La fille de Marguerite frissonna de la tête aux pieds.

— Me bander les yeux ! ! — répéta-t-elle avec épouvante.

— C'est l'ordre de votre mère...

— Mais pourquoi cette précaution ? — balbutia Renée dont l'effroi grandissait. — Que veut-on me cacher ?

— Je ne puis pas, ou plutôt je ne dois pas vous répondre. — Un mystère plane sur votre naissance, vous le savez déjà et je vous l'ai répété... — Il y a là un secret de vie ou de mort pour votre mère, et jusqu'à ce que vous l'ayez vue, vous devez éloigner de votre esprit la défiance et l'inquiétude, et obéir sans chercher à comprendre...

— Mon Dieu... — murmura la jeune fille, — que tout cela est étrange !

— Consentez-vous à ce que je vous ai demandé ?

— Faites, monsieur, puisqu'il le faut...

Léopold prit le foulard, le plia en forme de bandeau, et parut d'abord le fixer sur les yeux de Renée.

Mais brusquement il le fit glisser jusqu'à la bouche et le serra d'une main vigoureuse.

Renée poussa un cri étouffé, que l'étoffe de soie comprima dans sa gorge, et voulut se débarrasser du bâillon.

— Pas un geste ou vous êtes morte ! — commanda le bandit d'une voix basse et dure.

La jeune fille, étouffée à demi, se sentait défaillir.

Le coupé s'engageait sur le pont de Bercy.

Jarrelonge se souleva tout à coup pour regarder au loin avec inquiétude. — Il venait d'entendre le bruit d'une voiture roulant sur le quai, et il apercevait deux lanternes dont les feux verts brillaient dans la nuit comme des lucioles.

Cette voiture marchait bon train, malgré le verglas.

Léopold, lui, ne voyait rien.

En ce moment il fouillait les vêtements de Renée et débarrassait ses poches de tout ce qu'elles contenaient.

Au nombre des objets qu'il en retira se trouvait la lettre.

Soudain le coupé s'arrêta.

— Vivement ! ! — fit Jarrelonge en frappant contre la vitre.

Renée, que la terreur paralysait complètement, voyait d'une façon vague, entendait à peine, et conservait une immobilité de statue.

L'évadé de Troyes ouvrit la portière, saisit la jeune fille dans ses bras et descendit sur le trottoir.

On entendait la Seine grossie mugir en s'engouffrant sous les arches, et les glaçons s'entre-choquer avec un bruit sinistre.

La voiture que venait d'apercevoir Jarrelonge s'engageait à son tour sur le pont.

— Tonnerre du diable ! Dépêche-toi ! Une voiture arrive ! — dit le libéré à Léopold. — Ce dernier atteignait le parapet.

Il raidit ses bras, souleva Renée, la balança pendant une seconde au-dessus du gouffre et lâcha prise.

La fille de Marguerite disparut dans le vide, — un cri déchirant traversa l'espace et s'éteignit au milieu du fracas des eaux et des glaçons.

Léopold était déjà dans le coupé, et Jarrelonge fouettait à tour de bras la jument, qui partit ventre à terre du train d'un cheval emballé.

Le cri d'agonie avait été poussé par Renée dont le bâillon mal assujetti s'était détaché dans la chute.

Le fiacre, car c'était un fiacre, qui venait de s'engager sur le pont, s'arrêta court.

Le cocher écoutait.

En même temps s'ouvraient les portières, et deux têtes émergeaient de l'intérieur du véhicule.

— Qu'y a-t-il ? — demandèrent deux voix en même temps.

Déjà le cocher dégringolait de son siège.

— Un crime ! un crime, messieurs ! — répondit-il d'une voix étranglée.

— Un crime ! — répétèrent les voyageurs stupéfaits.

Et deux jeunes gens mirent pied à terre.

— Oui, messieurs, — poursuivit le cocher, — aussi vrai que je suis un brave garçon !

— Mais, que s'est-il passé ? — qu'avez-vous vu ?

— Il y avait une voiture arrêtée devant moi, — la voiture qui se sauve là-bas comme si le diable l'emportait ; — j'ai vu un homme descendre et s'avancer vers le parapet... il portait un fardeau... un corps vivant... le corps d'une femme... il l'a jeté dans la rivière et j'ai entendu un cri qui m'a glacé jusqu'à la moelle des os...

Les trois hommes se penchèrent sur le parapet.

— Écoutez ! — dit vivement l'un deux. — Écoutez...

Tous les trois prêtèrent l'oreille.

Au-dessous d'eux grondait sans relâche la voix monotone de la rivière charriant des glaçons.

Au loin s'affaiblissait le bruit du coupé emportant les deux assassins.

— Une plainte... j'ai entendu une plainte... — fit tout à coup l'un des jeunes gens.

— Moi aussi... — répliqua le cocher, — il me semble qu'elle partait de ce monceau de neige que nous voyons là-bas...

— Venez... — dit le troisième interlocuteur, — au bout du pont nous trouverons un escalier.

— Je ne peux pas laisser mon fiacre seul, il y a tant de chenapans et de rôdeurs de nuit...

— Eh bien ! attendez-nous...

Et les deux jeunes gens s'élancèrent vers l'escalier dont les premières marches, ainsi que l'avait fort bien supposé l'un d'eux, aboutissaient au quai, à l'extrémité du pont de Bercy.

Ces jeunes gens étaient Paul Lantier et Victor Béralle.

LXVI

Nous croyons presque superflu d'expliquer la présence du fils du constructeur et du contremaître sur le théâtre du crime.

Ils arrivaient de Bercy où ils avaient dîné chez l'oncle de Victor, et posé les bases du contrat de mariage à intervenir entre ce dernier et Étiennette Baudu, et ils descendirent impétueusement l'escalier, au risque de se rompre le cou sur les marches rendues glissantes par le verglas.

En moins d'une seconde ils atteignirent la berge encombrée de glaçons charriés par la rivière, et de neige versée par les tombereaux du service de la voirie de Paris.

— Écoutez, monsieur Paul... — murmura le contremaître. — Écoutez... j'entends encore...

L'étudiant prêta de nouveau l'oreille, en retenant son souffle.

— C'est de ce côté... — fit-il ensuite en désignant un monceau de neige qui montait presque à la hauteur du tablier du pont. — Je distingue des plaintes étouffées...

— Courons ! — reprit Victor.

Et il s'élança sur la déclivité de la colline neigeuse dans laquelle il entra jusqu'à mi-corps.

— Diable ! — diable !... mauvais chemin ! — grommelait-il en faisant des efforts inouïs pour atteindre le faîte de l'éminence improvisée.

Paul le suivait de près, non sans peine.

Du haut du quai, et les coudes appuyés sur le parapet, le cocher de fiacre cria :

— Tenez-vous quelque chose ?

— Oui, — répliqua Victor dont les mains palpaient en ce moment une étoffe flottante. — C'est une femme qui doit être là...

— Une femme ! — répéta Paul.

Et d'un bond vigoureux il se trouva près du contremaître.

— Je suis bien sûr de ne pas me tromper... — reprit ce dernier, — je la sens... — La voici...

Une plainte nouvelle et parfaitement distincte répondit à ces paroles.

— Oh ! les misérables ! — murmura l'étudiant. — Les misérables !

— Occupons-nous de la victime, monsieur Paul, — continua Victor. — Nous penserons ensuite aux assassins qui, grâce au ciel, ont manqué leur coup...

Les deux jeunes gens se penchèrent vers le corps profondément enfoui dans la neige et le soulevèrent avec difficulté.

— Croyez-vous la pauvre créature dangereusement blessée? — demanda Paul.

— J'espère que non... Nous verrons ça tout à l'heure... — L'essentiel pour le quart d'heure est de l'enlever d'ici, et ce n'est point commode... Il faut des précautions... — Attendez un peu...

Renée ne donnait plus signe de vie.

Aucun gémissement, aucune plainte, ne s'échappaient de ses lèvres.

Victor Béralle, — nous croyons l'avoir déjà dit, — était doué d'une vigueur peu commune.

— Un coup de main, s'il vous plaît... — poursuivit-il.

— Que voulez-vous faire?

— Charger cette malheureuse femme sur mes épaules...

La tâche était assurément difficile, cependant, avec l'aide de Paul, il parvint à l'accomplir.

Une fois la jeune fille sur son dos, où il la maintint en tenant et en serrant contre sa poitrine ses bras inertes, il se laissa glisser le long du monticule, et se trouva sur la berge.

Là il se remit debout, toujours chargé de son fardeau; — il gagna l'escalier conduisant au quai, et il le gravit lentement.

Paul le suivait pas à pas, prêt à le soutenir s'il le voyait au moment de perdre l'équilibre.

Enfin, haletants d'émotion autant que de fatigue, ils arrivèrent près du fiacre dont le cocher se hâta d'ouvrir la portière en s'écriant :

— Il faut la mettre dans la voiture.

Victor Béralle, se retournant, laissa glisser entre les bras de Paul le corps toujours inanimé.

— Tonnerre! — balbutia le cocher, — la malheureuse est morte!

— Évanouie plutôt, je crois... — répondit l'étudiant. — Prenez une de vos lanternes et éclairez-moi!...

Le cocher se hâta d'obéir tandis que Paul et le contremaître plaçaient Renée sur les coussins.

Victor prit la lanterne, l'introduisit dans le fiacre et en dirigea la lumière vers la figure de l'inconnue.

Aussitôt que ce pâle visage fut éclairé, Paul fit un geste de stupeur et poussa un cri d'angoisse.

— Qu'avez-vous? — demanda le contremaître stupéfait à son tour.

— Cette jeune fille... — murmura l'étudiant d'une voix à peine distincte.

— Vous la connaissez?

— Je la connais... Oui, je la connais... Mais le crime qui vient de se commettre ici est inexplicable pour moi! — Quels infâmes ont voulu tuer cette enfant, et pourquoi l'ont-ils voulu? — Ah! c'est Dieu lui-même qui m'a mis sur le chemin de Renée pour empêcher l'achèvement de l'œuvre monstrueuse !

Paul Lantier semblait en délire.

Victor allait le questionner.

Il n'en eut pas le temps.

— Vite ! — reprit le fils de Pascal en s'adressant au cocher. — Vite !... en route !

— Où allons-nous ? — demanda l'automédon en replaçant sa lanterne.

— Chez moi, rue de l'École-de-Médecine...

— Montez dans la voiture, monsieur Paul, — dit Victor, — et tâchez de réchauffer la pauvre demoiselle... — Moi je grimpe sur le siège... il y a place pour deux.

Il escalada le marche-pied tandis que l'étudiant s'installait auprès de Renée sans connaissance, et le fiacre roula vers la rue de l'École-de-Médecine.

Tandis que se passait au pont de Bercy le sauvetage émouvant que nous venons de mettre sous les yeux de nos lecteurs, le coupé était loin déjà.

Jarrelonge continuait à fouetter la jument, qui, très ardente et très vigoureuse, courait à fond de train malgré le verglas.

L'équipage atteignit ainsi le pont d'Austerlitz en longeant les quais.

Le bandit jetait d'instant en instant un coup d'œil en arrière pour s'assurer qu'il n'était point suivi.

Aucune lanterne de voiture ne brillait sur la ligne des quais.

Rassuré complètement, Jarrelonge ralentit l'allure de la jument.

Arrivé à la place de la Bastille il remonta la rue de la Roquette jusqu'au boulevard Richard-Lenoir qui le conduisit droit à la rue de Picpus.

Deux heures du matin sonnaient au moment où il fit halte devant le pavillon du passage Tocanier.

Léopold mit vivement pied à terre et ouvrit la porte cochère.

Le coupé entra dans la cour qui fut refermée derrière lui.

— Dételle et panse la bête... — dit Lantier à son complice. — Pendant ce temps-là, je vais préparer du vin chaud et un petit souper... — J'ai une faim de tous les diables ! — Ces expéditions, ça creuse !

Jarrelonge, très paternel pour les animaux, s'empressa de mettre la jument à l'écurie, de la bouchonner, de la couvrir chaudement et de lui donner une abondante provende.

Ceci l'occupa vingt minutes environ.

Au bout de ce temps il vint rejoindre son complice.

Léopold avait ravivé le feu, dressé le couvert, placé sur la table du pain, de la viande froide et de la charcuterie, et fait chauffer le contenu de trois bouteilles de vin avec beaucoup de sucre, beaucoup de cannelle, et des tranches de citron.

LA FILLE DE MARGUERITE 313

Les deux jeunes gens suivirent de nouveau le quai qui longe la gare d'Orléans.

Les deux bandits s'installèrent en face l'un de l'autre.
— Enfin c'est fait ! — murmura Jarrelonge en avalant un verre de vin chaud.
— Oui... — répondit Lantier. — Mais un instant j'ai eu bien peur.
— De quoi ?
— De cette voiture qui venait si mal à propos nous déranger...
— Le cocher et les voyageurs ont dû entendre le cri de la petite...
— C'est plus que probable ; — ils auront cru à quelque accident sur le verglas...
— Tu n'avais donc pas bâillonné la demoiselle ?...

— Si, mais le foulard aura glissé...

— Une autre fois prends de l'étoffe de coton... ça serre mieux... — Le cri, d'ailleurs, n'est qu'un détail... La demoiselle n'en a pas poussé un deuxième, et à cette heure, au milieu des glaçons, dans une rivière qui charrie, elle doit être loin...

— N'y pensons plus... — reprit Léopold.

— Notre besogne est-elle finie ?

— Elle n'est qu'à moitié...

— Encore une noyade ?

— Noyade ou autre chose... — Nous chercherons le moyen d'exécution... il ne faut pas se répéter trop...

— Enfin, quelqu'un à supprimer radicalement ?

— Oui.

Jarrelonge se gratta l'oreille.

— Est-ce que nous en aurons beaucoup à charrier comme ça ? — demanda-t-il.

— Que t'importe, si tu es payé ?

— Oui, mais le prix convenu, ça ne compte que pour un ?...

— Sans doute...

— Tu conviendras que c'est bien le moins et que j'ai gagné mon argent en toute conscience...

— Je ne songe point à le contester...

— Sans avoir l'idée de me surfaire, ça vaudrait tout de même une jolie gratification en plus... — Hein ? qu'en dis-tu ?...

Léopold, silencieusement, exhiba un portefeuille qu'il ouvrit.

De l'une des poches de ce portefeuille il tira une petite liasse de billets de banque.

Jarrelonge, médusé par la vue du papier Garat, arrondissait des yeux étincelants de convoitise.

Il s'accouda sur la table, le menton dans ses deux mains, dévorant du regard les doigts de Léopold qui froissaient les billets de banque avec désinvolture.

— Excusez ! — fit-il. — Plus que ça de faflots ! — Tu te mets bien, ma vieille !

L'ex-réclusionnaire tendit au libéré un billet de mille francs.

— Voici le prix convenu... — lui dit-il.

Puis il ajouta en posant deux billets de cents francs sur la nappe :

— Et voici la gratification... — Es-tu content ?

— Tu es un vrai *zig* !... — s'écria Jarrelonge en empochant le papier de la Banque, — et autant pour l'autre, n'est-ce pas ?

— Oui, autant...

— Eh bien ! tu sais, tu peux aller jusqu'au quarteron.. ça ne me déplaira pas... — Ma vieille, je suis ton homme !

DEUXIÈME PARTIE

MADEMOISELLE DE TERRYS

I

— Je compte sur toi ! — répondit Léopold à la dernière affirmation de Jarrelonge, — et maintenant, causons de nos affaires...

Il poursuivit, en tirant de la poche de son gilet le bulletin de bagages que Renée lui avait remis, et en le présentant à son compagnon :

— Prends ceci...

— Qu'est-ce que c'est ?

— Tu le vois bien...

— Un bulletin de bagages ?...

— Oui, celui de la petite... — Une valise qui se trouve à la consigne... — Une valise enregistrée à Maison-Rouge, souviens-toi... — Demain matin tu iras la retirer...

— Entendu... — fit Jarrelonge en prenant le papier.

— Aie soin d'avoir un costume et de te faire une tête qui te rende méconnaissable...

— Ya, mein herr... Est-ce tout ? Pas d'autres instructions ?

— Tu apporteras ici cette valise... — Il faut voir ce qu'elle a dans le ventre...

— Convenu...

— Sur ce, bonsoir... va te coucher...

— Bonne nuit...

Jarrelonge alluma une bougie et disparut.

Léopold, resté seul, examina les objets pris par lui dans les poches de Renée.

Ces objets consistaient en une paire de gants, un petit étui d'ivoire contenant un dé en argent et des ciseaux, la clef de la valise et la lettre que nous connaissons.

— Elle avait à coup sûr un porte-monnaie, — se dit-il. — Dans ma précipitation je l'ai oublié... — C'est un tort... mais, en somme, cela importe peu...

Il serra la lettre et les autres objets au fond d'un meuble où il mit aussi son portefeuille, et à son tour il alla se reposer.

Pascal Lantier avait passé une soirée terrible.

A minuit il s'enferma dans sa chambre à coucher et se jeta sur son lit, espérant y trouver un peu de sommeil.

Le sommeil ne vint pas, chassé par une incessante préoccupation.

Le misérable ne s'épouvantait pas à la pensée du crime hideux qu'il faisait commettre...

Il ne songeait qu'à une seule chose : la probabilité plus ou moins grande de la réussite.

Après avoir refusé de venir personnellement en aide aux projets de son complice, il regrettait cette décision en se disant que, s'il était auprès de Valta, témoin actif des faits accomplis, les perplexités qui le torturaient n'existeraient pas pour lui ; il saurait déjà si Renée était venue à Paris tomber dans le piège tendu, et si désormais l'héritière de Robert Vallerand n'était plus à craindre.

Sa fiévreuse insomnie se prolongea jusqu'à l'aube...

Il quitta son lit, mais l'agitation de ses nerfs et de son cerveau, au lieu de se calmer, augmenta.

Les aiguilles de la pendule lui semblaient marcher avec une lenteur de fâcheux augure. — A mesure que s'écoulaient les minutes il s'affermissait de plus en plus dans la conviction qu'il allait apprendre l'anéantissement de ses espérances.

A neuf heures il n'avait pas encore quitté sa chambre où il allait et venait de long en large comme une bête fauve dans sa cage.

Un coup de sonnette se fit entendre, bref, impérieux en quelque sorte, — car nous prenons sur nous d'affirmer qu'un coup de sonnette a son expression bien distincte.

Pascal tressaillit.

Il allait descendre quand on frappa doucement à la porte.

— Entrez... — dit-il.

Puis, voyant son domestique, il ajouta sans transition :

— Que voulez-vous ?

— Monsieur, c'est une personne qui est en bas et qui désire vous parler...

— Quelle personne ? — demanda l'entrepreneur avec inquiétude, comme s'il craignait déjà la visite des gens de justice.

— Un monsieur bien couvert...

— Est-il venu ici déjà ?

— Je ne l'ai jamais vu.

— A-t-il dit son nom ?

— Je le lui ai demandé... il a répondu que monsieur ne le connaissait pas, mais qu'il apportait à monsieur une nouvelle importante...

— Bien, j'y vais...

L'entrepreneur descendit au rez-de-chaussée et se trouva en face de Léopold, portant comme la veille au soir le costume sévère et correct qui lui donnait l'apparence d'un magistrat ou d'un employé supérieur.

Les deux hommes échangèrent un salut cérémonieux.

Pascal, tirant une clef de sa poche, ouvrit son cabinet et y fit entrer le nouveau venu.

— M'avez-vous reconnu? — lui demanda l'ex-réclusionnaire dès que la porte fut refermée.

— Du premier coup d'œil, malgré votre déguisement!... — Je vous attendais avec impatience... — Parlez vite!

— Je n'ai que deux mots à vous dire...

— Lesquels?

— C'est fait!

— Morte!... — murmura Pascal en pâlissant un peu.

— Ça n'a pas pesé une once!

— Ainsi tout est fini?

— Non pas... — Nous n'avons exécuté que la moitié de notre programme... — Il s'agit maintenant d'exécuter l'autre... de beaucoup plus importante...

— Vous voulez parler d'Ursule Sollier?

— Précisément... — La femme de confiance est bien autrement dangereuse que ne l'était la petite, puisqu'elle possède la fameuse lettre écrite par Robert Vallerand au notaire, et que j'appellerais volontiers la clef de la succession...— Il importe d'agir vite et surtout avec adresse... — A cette heure, dame Ursule s'est aperçue certainement, à Maison-Rouge, de la fugue de Mlle Renée, et doit pousser des cris de pintade en la réclamant à tous les échos! Il s'agit de battre le fer pendant qu'il est chaud.

— Qu'avez-vous résolu?

— Beaucoup de choses, et point du tout commodes à mener à bien, je vous assure... — La dame de confiance garde le lit, vous le savez, pour une foulure de la cheville... — Il faut malgré cette foulure qu'elle vienne à Paris, et le docteur a déclaré en ma présence que le moindre déplacement serait dangereux.

— Vous trouverez un moyen de lui faire braver le danger?

— Parfaitement, mais dame Ursule n'est pas une fillette de dix-huit ans, une pensionnaire sans expérience qu'on peut mystifier par une lettre, et par une lettre anonyme surtout... — Nous ne devons jouer qu'à coup sûr, avec tous les atouts dans les mains... — Si Ursule se défie, ne fût-ce qu'une minute, va te faire fiche! — Plus rien à frire!

— Diable!

— Je vous ai dit que c'était difficile...

— Vous avez une idée, cependant?

— J'ai une idée, oui... — Je compte employer un petit moyen dont le succès me semble assuré, mais il est indispensable que vous me veniez en aide...

— Moi ! ! — Comment ? — s'écria Pascal avec un commencement d'inquiétude.

— Figurez-vous, cher monsieur Lantier, qu'avant d'entrer en relations d'affaires avec vous, j'ai cru devoir faire à votre sujet une petite enquête... — On aime savoir avec qui et pour qui on travaille, n'est-ce pas ?...

— Sans doute... — répliqua l'entrepreneur avec un sourire contraint, — et de cette enquête, qu'est-il résulté ?...

— Les meilleurs renseignements... — J'ai su, par exemple, que vous vous étiez jadis occupé beaucoup de chimie...

— C'est exact...

— Et très essentiel ! — On m'a dit aussi que dans votre jeunesse vous possédiez un talent tout particulier pour l'imitation des écritures...

Pascal rougit et pâlit tour à tour.

— Oh ! quant à cela... — commença-t-il.

— Inutile de nier par modestie !... — interrompit Léopold. — Je suis certain de ce que j'avance... — On m'a même cité un fait qui prouve votre rare mérite en matière de calligraphie... Oh ! une peccadille sans conséquence !... certain billet de cinq cents francs souscrit par votre père, portant sa signature, et présenté à l'escompte chez son banquier qui en remit les fonds avec empressement...

« Ce fut seulement le jour de l'échéance que votre père, sûr de n'avoir écrit et signé aucun billet à la date en question, s'aperçut de la supercherie, mais se garda bien d'en dénoncer l'ingénieux auteur...

L'entrepreneur était atterré.

— Mais qui donc vous a raconté cela ? — balbutia-t-il.

— Peu importe qui me l'a raconté... — interrompit l'ex-réclusionnaire. — L'essentiel est que le fait soit vrai... et il l'est... — Entre nous, qui ne sommes point à cela près, vous en convenez, je suppose !...

— J'en conviens... — murmura Lantier.

— Possédez-vous toujours ce talent d'imitation dont, à mon grand chagrin, je ne suis pas doué ?

— Toujours...

— Vous imitez une signature ?

— Quelle qu'elle soit... Les parafes les plus compliqués ne sont qu'un jeu pour moi...

— C'est très utile dans les affaires... — Et les corps d'écriture ?...

— A plus forte raison...

— Connaissez-vous, en votre qualité de chimiste, un liquide capable d'enlever deux ou trois lignes sur une feuille de papier sans altérer cette feuille ?...

— Oui.

— Et, après le lavage, on peut écrire à la place même où se trouvait l'ancienne écriture ?

— Parfaitement.

Léopold se frotta les mains.

— Alors, — s'écria-t-il, — nous tenons Ursule Sollier !!

— Qu'allez-vous faire ?...

— Le temps me manque pour vous l'expliquer *illico*... — Attendez-moi ici tantôt, à deux heures... — J'aurai besoin de vous. — Préparez vos produits chimiques...

— Ne craignez-vous pas que vos visites, si elles deviennent trop fréquentes, ne soient remarquées ?...

— Pourquoi diable le seraient-elles ? — Vous recevez toutes sortes de gens... — Je puis être entrepreneur de charpentes, marchand de bois, marchand de fer, propriétaire de carrières... que sais-je ?... — Ne soyez pas trembleur au point de perdre le sens commun... — Je vous laisse... A tantôt...

Et Léopold sortit, reconduit jusqu'à la porte de la rue par Pascal.

II

Au lieu de rentrer passage Tocanier, l'évadé de la prison de Troyes gagna la rue de la Roquette qu'il descendit jusqu'au boulevard Voltaire.

Là il déjeuna dans un petit restaurant, alluma un cigare, et toujours à pied, — (car après dix-neuf ans de réclusion les longues promenades pédestres lui semblaient délicieuses), — il suivit les grands boulevards, et par l'avenue de l'Opéra se rendit à la rue des Pyramides où il s'arrêta en face d'une belle maison neuve portant le numéro 18.

C'était dans cette maison que se trouvait et que se trouve encore l'étude hautement considérée de M⁰ Émile Auguy, notaire.

Sous le vestibule des affiches imprimées, réunies dans un grand cadre, annonçaient les ventes, soit aux enchères, soit à l'amiable, de propriétés diverses.

Léopold franchit le seuil de ce vestibule, tira de sa poche un agenda et un crayon, et se mit à parcourir successivement les affiches.

— Voici mon affaire ! — dit-il tout à coup en s'arrêtant à l'une d'elle, ainsi conçue :

Propriété d'agrément et de rapport à vendre, toute meublée, à Boissy-Saint-Léger. — Parc de huit hectares. — Verger, prairie, bois taillis, terres labourables.

Pour visiter, s'adresser, tous les jours, au concierge de la propriété, avec un permis de M° Émile Auguy, notaire, etc.

Le pseudo-Valta prit quelques notes, remit son agenda dans sa poche, puis, s'adressant au concierge, demanda :

— L'étude, s'il vous plaît ?

— Au premier, monsieur...

Léopold gravit l'escalier et, après avoir traversé une antichambre, se trouva dans une vaste pièce où plusieurs jeunes gens, penchés sur leurs pupitres, travaillaient aux expéditions.

L'un de ces jeunes gens, — le plus rapproché de la porte, — l'accueillit par cette question :

— Vous désirez, monsieur ?

— Voir M° Auguy...

— Veuillez vous adresser au principal..., — répondit le jeune homme en désignant une porte latérale ouverte au grand large.

L'ex-réclusionnaire entra dans le cabinet du maître clerc.

Celui-ci, fort occupé de *minutes* qu'il compulsait, leva la tête en entendant marcher, salua le visiteur et se posa en point d'interrogation.

Son attitude signifiait clairement :

— Quelle affaire vous amène ?

Lantier, saluant à son tour de façon correcte et courtoise, répondit à cette interrogation muette :

— Affaire particulière, monsieur... — Je désirerais voir M° Auguy...

— Veuillez me dire votre nom, monsieur, — fit le principal en se levant.

— Mon nom est inconnu de votre patron. — Je viens pour l'achat d'une propriété.

Le maître clerc sortit de son cabinet, traversa l'étude dans toute sa longueur et entra chez le notaire.

Au bout d'un instant il reparut.

— Venez, monsieur, — dit-il à Léopold. — Le patron vous attend.

Deux secondes plus tard le cousin de Pascal franchissait le seuil du cabinet de M° Auguy et entamait ainsi l'entretien :

— Je désire, monsieur, acquérir une propriété que vous êtes chargé de vendre...

— Laquelle ?

— Celle de Boissy-Saint-Léger, toute meublée..

— Très bien... — Vous connaissez l'habitation et ses dépendances ?...

— Non, monsieur, mais je connais Boissy-Saint-Léger.... — Le pays me plaît et, comme je songe à me retirer à la campagne, j'achèterais là très volontiers... — Les affiches seules m'ont renseigné...

— A merveille...

— Je pars, répliqua Renée, en lui glissant dans la main une pièce d'or.

— La propriété doit être importante ?...
— Oui, monsieur... — bien bâtie, bien entretenue, bien meublée, parc planté d'arbres séculaires et terres en plein rapport...
— Quel est le prix demandé ?...
— Deux cent mille francs...
— C'est à peu près la somme que je veux consacrer à cette acquisition.
— Je puis vous soumettre les plans; désirez-vous y jeter un coup d'œil ?...

— Il me serait impossible de juger d'après des plans... — Je préfère me rendre à Boissy-Saint-Léger...

— Charmante promenade, monsieur ; — je vais vous remettre, pour le gardien, un *permis de visiter*...

— Je vous en prie...

Le notaire prit une feuille de papier à en-tête de l'étude, trempa sa plume dans l'encre et écrivit les lignes suivantes :

Veuillez faire visiter en détail la propriété sise à Boissy-Saint-Léger, et dont vous êtes le gardien, à la personne munie de cette autorisation.

Puis il signa, sécha l'écriture avec un rouleau de papier buvard, et tendit la feuille à Léopold qui l'avait regardé faire en souriant d'une façon singulière.

— Voilà le permis, monsieur, — lui dit-il ; — une fois là-bas tout le monde vous indiquera l'immeuble à vendre...

— Merci mille fois, monsieur... — répliqua Lantier en prenant le papier qu'il plia et qu'il glissa dans son portefeuille.

— Visiterez-vous aujourd'hui ?

— Je serai en route pour Boissy-Saint-Léger dans cinq minutes...

— Je serais heureux de vous voir à votre retour et de connaître vos impressions...

— Je m'empresserai de venir vous en faire part.

— Je souhaite qu'elles soient bonnes...

— Et moi je suis convaincu qu'elle le seront, et que dès demain nous pourrons conclure...

Léopold s'était levé.

Il échangea un nouveau salut avec le notaire et quitta l'étude.

Quand il se trouva sur le trottoir de la rue des Pyramides, sa physionomie radieuse exprimait une satisfaction absolue.

— Voyons un peu... — murmura-t-il en tirant sa montre et en interrogeant le cadran. — Une heure... — poursuivit-il ; — j'ai juste le temps d'arriver pour deux heures rue de Picpus, où mon cher cousin voudra bien se mettre à la besogne sans perdre une seconde.

Il prit une voiture et il arriva au logis du constructeur cinq minutes avant le moment convenu.

Pascal, après avoir fait dans Paris quelques courses indispensables, était rentré pour attendre le pseudo-Valta.

Frappé de l'expression rayonnante de son visage, il s'écria :

— Je ne sais ce que vous comptiez entreprendre, mais je parierais sans hésiter que vous avez réussi.

— En effet, mon très cher, la chance est avec nous ! — répliqua Léopold. — Si je n'étais célibataire, je dirais que j'ai une veine de mari... trompé. — Vous allez justifier de votre part de collaboration en menant à bien un petit travail, le plus simple du monde, et la femme qui nous gêne ira rejoindre l'autre...

— Ah ! — murmura Pascal, — il faut accomplir un petit travail ?

— C'est indispensable...

— Expliquez vous ! — De quoi s'agit-il ?...

— Je vais vous l'apprendre...

Léopold exhiba son portefeuille, en tira le permis de visiter, le déplia, et dit en le mettant sous les yeux de son cousin :

— Voilà l'écriture qu'il faut imiter...

— Vous avez trouvé un moyen d'avoir l'écriture et la signature du notaire ! — s'écria Pascal stupéfait.

— C'est assez malin, n'est-ce pas, et gentiment combiné, je suppose ?... — reprit l'évadé de Troyes. — Songez que c'est chez le notaire de la rue des Pyramides que la dame Ursule Sollier devait se rendre pour y conduire la fille de Robert Vallerand... — En voyant arriver une lettre de cet honorable officier ministériel, lettre dont vous connaîtrez bientôt la teneur, elle n'aura pas même un instant de doute et d'hésitation, et viendra tomber à son tour dans le traquenard... — L'en-tête de la feuille, l'écriture, la signature, auront un cachet d'authenticité indiscutable... — Tout le monde s'y tromperait.

— Comment avez-vous eu cela ?

— En le demandant, tout simplement... — Un permis de visiter ne se refuse jamais. — Vous avez l'écriture et la signature... — A l'œuvre donc, car la lettre à envoyer à Mme Sollier sera longue, et il faut que la signature se trouve de l'autre côté de la page...

Pascal Lantier, la mine sombre, les sourcils froncés, réfléchissait.

— A quoi diable pensez-vous, mon très cher ? — fit Léopold.

— Je me demande si cet *en-tête* imprimé ne suffirait pas, et au delà, pour convaincre Ursule, et s'il est indispensable d'imiter exactement la signature du notaire...

Léopold regarda son cousin bien en face.

— Ma parole, — dit-il, — on croirait que vous avez peur !

— On aurait peur à moins... — Dame... c'est un faux...

— Assurément c'est un faux ; mais à côté de ce que j'ai fait, de ce que je fais, de ce que je vais faire, le petit travail dont je vous charge est une bagatelle, mon excellent ami, une pure et simple bagatelle ! — Point n'est question de raisonner et de discuter, mais d'agir... — Il faut que la lettre soit signée du notaire, et si bien signée que personne au monde, pas même lui, ne puisse contester sa signature...

— A quoi cela servira-t-il ?
— Encore des objections !
— Elles sont justes.
— Elles sont absurdes !
— Prouvez-le-moi.
— Parbleu ! ce sera bientôt fait ! — Songez qu'Ursule Sollier peut connaître l'écriture et la signature de M. Auguy.
— C'est invraisemblable.
— Pas le moins du monde... Le notaire a dû correspondre souvent avec l'oncle Robert Vallerand qui remettait entre ses mains un important dépôt... — Or, l'oncle Robert, plein de confiance en la dame Ursule, a fort bien pu lui communiquer tout ou partie de la correspondance... Et même, en y réfléchissant, je crois probable, pour ne pas dire certain, qu'il l'a fait. — Etes-vous convaincu que j'ai raison et qu'il faut suivre la voie que je vous indique ?...
— Eh bien, franchement, oui...
— Bravo ! — A l'œuvre donc !...
— Le travail sera long, je vous en préviens...
— N'avez-vous point préparé l'acide indispensable ?
— Je l'ai préparé, mais l'opération matérielle du lavage et du séchage — sans compter l'étude raisonnée de l'écriture et les premiers essais — nécessitera au moins quatre heures...
— Eh bien, à six heures je serai ici avec le brouillon de la lettre que vous devez écrire...
— Venez, je serai prêt..

III

Léopold quitta l'entrepreneur et retourna au passage Tocanier.

Il y trouva Jarrelonge.

Le libéré arrivait de la gare du chemin de fer de l'Est où, grâce au bulletin de Renée, il avait retiré la valise déposée à la consigne.

— On t'a remis le colis sans faire d'observations ? — demanda l'ex-réclusionnaire à son complice...

— Pas la moindre, — répondit Jarrelonge. — On m'a réclamé vingt centimes et voilà tout.

— Bien. — Nous allons procéder à l'inventaire...

La serrure était fermée à double tour, mais nous savons que Léopold avait trouvé la clef en fouillant la jeune fille.

Il ouvrit la valise.

Elle ne contenait qu'un peu de linge et quelques effets d'habillement.

— Comment, pas de bijoux! — s'écria Jarrelonge avec un désappointement manifeste.

— S'il y en avait, qu'en ferions-nous? — répliqua Léopold en haussant les épaules.

— Nous les vendrions, donc!

— Jamais de la vie! — C'est comme ça qu'on se fait pincer! — Les bijoux sont des pièces à conviction...

Tout en fouillant, Léopold trouva une demi-douzaine de lettres.

Il les jugea parfaitement insignifiantes, et les jeta au feu.

L'inventaire était terminé et n'avait pas duré plus de dix minutes.

— Qu'allons-nous faire des frusques? — demanda Jarrelonge.

— Les brûler comme les papiers...

— C'est dommage... on pourrait avec ça faire le bonheur d'une jolie fille...

— Connais-tu un recéleur sûr?

— Oui, la crème des hommes... un *fourgat* modèle...

— Eh bien, je t'abandonne la petite malle et le reste... tu peux en disposer à ta guise...

— Tu es un vrai zig!...

Jarrelonge empila pêle-mêle dans la valise les objets qu'elle avait contenus et l'emporta.

. . . .

Aussitôt après le départ de Léopold, l'entrepreneur sonna son valet de chambre et lui ordonna de tenir la porte close pour tout le monde, sans exception, jusqu'à six heures du soir.

Il avait à travailler, ajouta-t-il, et ne voulait pas être dérangé.

La consigne donnée, Pascal s'enferma dans sa chambre, déplaça une gravure suspendue à la muraille et qui cachait la porte d'un placard.

Cette porte ouverte laissa voir, rangés sur les tablettes du placard, des bocaux, des pinceaux de toutes les tailles, un mortier de verre muni de son pilon, des bouteilles remplies de liquides aux teintes variées, et nombre d'autres objets dont l'énumération serait trop longue.

L'entrepreneur prit un certain nombre de ces objets, un buvard garni à l'intérieur de feuilles de papier d'une teinte jaunâtre, et plaça cet attirail sur une table près de la cheminée.

Ceci fait, Pascal retourna au placard, en retira une casserole dont le cuivre brillait comme de l'or, y versa le contenu incolore d'une bouteille de verre blanc, et trois cuillerées d'un liquide verdâtre que renfermait une autre fiole.

Il plongea dans le liquide un thermomètre centigrade, installa la casserole sur le feu, s'assit, et penché vers le récipient ne perdit pas de vue l'échelle thermométrique.

Le feu de houille était ardent.

Au bout de quelques minutes l'eau frissonna, prête à entrer en ébullition.

Le thermomètre indiquait soixante degrés.

Pascal Lantier retira la casserole où se cuisinait cette mixture étrange, puis il prit dans un petit bocal, à l'aide d'une spatule d'ivoire, une poudre d'une blancheur mate qu'il jeta dans le liquide presque bouillant.

Après cette manipulation, l'entrepreneur cessa momentanément de surveiller la combinaison chimique qu'il venait de mettre au point.

Il s'assit à son bureau, prit le *permis de visiter* que lui avait laissé Léopold et, pendant près de dix minutes, s'absorba dans la contemplation de l'écriture du notaire, étudiant la forme de chaque lettre, de chaque jambage, de chaque *plein*, de chaque *délié*.

Cette étude préliminaire achevée, il étala du papier blanc devant lui, s'arma d'une plume et se mit à copier textuellement la phrase qu'il avait sous les yeux, s'attachant à reproduire d'une façon servile les moindres détails de l'écriture et de la signature.

Cette besogne préparatoire achevée, Pascal hocha la tête d'un air mécontent.

Le premier essai ne le satisfaisait point.

Sa main manquait de fermeté, et l'œuvre du faussaire se trahissait par les tâtonnements de l'écriture.

Il recommença.

Le résultat de la seconde épreuve fut beaucoup meilleur, mais Pascal n'était pas homme à se contenter d'un à peu près. — Il voulait la perfection absolue et ne l'atteignit qu'après deux autres tentatives, mais sa dernière copie fut irréprochable, et le notaire lui-même, placé en face des deux *permis*, n'aurait pu dire avec certitude : *Ceci a été tracé par moi, et ceci est un faux.*

Pascal garda le modèle irréprochable, brûla les autres, plaça le billet original dans un mortier de verre, et regarda le thermomètre émergeant toujours du liquide qui se refroidissait rapidement.

De soixante degrés, la chaleur de ce liquide était descendue à vingt-cinq.

Lantier attendit.

Lorsque le thermomètre marqua vingt degrés seulement, l'entrepreneur versa le contenu de la casserole dans le mortier de verre, sur la lettre signée par le notaire de la rue des Pyramides.

Au bout de cinq secondes l'écriture jaunit, pâlit, et enfin disparut complètement.

L'en-tête seule, en encre grasse d'imprimerie, ne subit aucune altération.

Pascal alors retira la feuille vierge de toute écriture, l'étendit sur une des pages jaunies et spongieuses du buvard, et la mit sous presse pour la sécher et l'égaliser.

Une fois sèche il passa sur elle, à plusieurs reprises, un petit rouleau d'acier fort ingénieusement combiné, et la feuille parut n'avoir jamais servi.

— Allons, — fit Pascal avec un sourire, — Valta peut arriver. — Il verra que je n'ai pas perdu mon temps.

Il remit ses ustensiles en bon ordre dans le placard dont il ferma la porte, replaça la gravure sur cette porte, sortit pour aller s'occuper de ses dessinateurs, qui travaillaient jusqu'à six heures du soir, et, en rentrant, leva la consigne donnée le matin.

L'ex-réclusionnaire se piquait d'exactitude.

— On pourrait régler sur moi le canon du Palais-Royal! — pensait-il.

Au moment où sonnait le premier coup de six heures, il arrivait rue de Picpus.

L'entrepreneur l'attendait avec impatience et donna l'ordre de l'introduire sur-le-champ.

Les deux hommes s'enfermèrent de nouveau.

— Eh bien? — demanda le pseudo-Valta.

Pour toute réponse, Pascal lui présenta la copie du *permis de visiter*.

Léopold ouvrit de grands yeux.

— Admirable! — s'écria-t-il après un minutieux examen. — Je me demande, ma parole d'honneur, comment il se fait que, doué d'un talent si merveilleux, vous ne soyez dix ou douze fois millionnaire...

L'entrepreneur haussa les épaules silencieusement.

Le bandit poursuivit :

— Et la feuille qu'il fallait blanchir?

— La voici... — fit Pascal en la lui passant.

— Incroyable! — Inimaginable! — Stupéfiant! — La blancheur de l'ivoire et le satiné du neuf! — Vous êtes sûr que ça ne boira pas?

— Absolument sûr.

— Mes compliments, mon cher!... Vous êtes un habile homme! — Maintenant, s'il vous plaît, occupons-nous de rédiger...

— Je suis prêt.

— Vous avez l'écriture du notaire au bout des doigts?

— Comme si c'était mon écriture naturelle...

— Asseyez-vous donc ; je vais dicter...

Pascal s'assit à son bureau, prit une plume, disposa devant lui la feuille portant l'en-tête de l'étude et attendit.

Léopold tira de sa poche un brouillon de lettre longuement médité et consciencieusement travaillé, — de nombreuses ratures en faisaient foi.

Il lut à haute voix et lentement, tandis que l'entrepreneur écrivait :

« Madame,

« J'ai hâte de vous tirer d'inquiétude et de mettre fin aux angoisses qui « doivent vous assaillir.

« Que votre esprit ne s'égare plus en conjectures vaines et douloureuses au
« sujet de M¹¹ᵉ Renée.

« Votre pupille, qui, mal conseillée, a quitté l'*Hôtel de la Gare* où vous êtes
« retenu par un accident, est chez moi.

« Cette enfant s'est présentée à mon étude pour me questionner, et surtout
« pour me dire que vous êtes en possession d'une lettre écrite par un mort
« bien-aimé, et d'où son avenir entier dépend.

« C'est avec des larmes qu'elle m'a parlé du mystère qui plane autour de sa
« naissance...

« Mon devoir est de garder M¹¹ᵉ Renée jusqu'à ce que vous m'ayez expliqué
« sa démarche et ses paroles.

« Vous êtes souffrante, je le sais; mais il faut vaincre la souffrance et venir
« sans retard à Paris m'apporter la lettre qu'on m'annonce.

« Je charge un homme sûr de vous remettre ces quelques lignes et de vous
« amener chez moi. — Il aura pour vous tous les égards et tous les soins pos-
« sibles. — Fiez-vous à lui comme à moi-même, ou comme vous vous seriez
« fiée à mon ami très regretté Robert.

« La fugitive comprend sa faute; ses larmes prouvent son repentir; — elle
« me charge de solliciter un pardon que vous ne lui refuserez pas.

« Aucun retard; je vous en prie. — Les intérêts de l'enfant qui vous était
confiée réclament votre présence immédiate...

« Mon envoyé, du reste, vous transmettra mes dernières instructions... »

Au moment d'écrire cette phrase, Pascal s'interrompit.

IV

— Pourquoi vous arrêtez-vous? — demanda Léopold.

L'entrepreneur répondit par une question:

— Votre envoyé? —fit-il. — Quel sera cet envoyé?...

L'ex-réclusionnaire se mit à rire et s'écria:

— Est-ce que, par hasard, vous avez peur que je vous expédie à Maison-Rouge?

— Je ne connais pas vos idées...

— Celle-là ne m'est point venue... — Donc ne vous inquiétez de rien et reprenez la plume...

Léopold termina sa dictée en ces termes:

« Vous achèverez votre guérison chez moi, à Paris, où vous recevrez les
« soins assidus d'un médecin et ceux de M¹¹ᵉ Renée.

Elle se laissa tomber sur les coussins capitonnés et balbutia...

« Veuillez agréer, madame, avec mes salutations empressées, l'assurance de
« mon respect et de mon dévouement.

« Emile Auguy,
« 18, rue des Pyramides... »

La lettre était finie.

Léopold la prit et compara l'écriture à celle de la reproduction du permis de
de visiter.

Elles étaient identiques.

— Voilà qui va bien ! — dit-il. — Le notaire lui-même s'y laisserait prendre et supposerait qu'il a écrit cela dans un accès de somnambulisme. — Avant vingt-quatre heures la fameuse lettre de Robert Vallerand sera dans nos mains, et, soit qu'on en fasse usage, soit qu'on juge à propos de la détruire après examen, l'héritage ne peut plus nous échapper !...

— Faut-il mettre sous enveloppe ? — reprit Pascal.

— Oui ; une enveloppe de papier bulle, d'apparence administrative.

— Quelle adresse ?

« — *Madame Ursule Sollier, Hôtel de la Gare, à Maison-Rouge.* »

Pascal, après avoir écrit, ferma l'enveloppe à la gomme.

Léopold la prit.

— Parfait, — dit-il laconiquement. — Je file...

— Quand vous reverrai-je ?

— Bientôt...

— Songez à mon impatience...

— Je la calmerai le plus tôt possible...

L'entrepreneur reconduisit son complice jusqu'à la porte extérieure.

Léopold retourna en toute hâte au passage Tocanier, où Jarrelonge l'attendait en faisant la cuisine.

Ce libéré était universel !

Après avoir été apprenti cocher avec son père, il avait été apprenti cuisinier avec son oncle, et il se tirait fort adroitement de la confection d'un repas modeste.

— Où en est le dîner ? — fit Léopold.

— Patron de mon cœur, il marche, le dîner... Je vais mettre le couvert pendant que tu descendras à la cave, et je servirai. — Je t'ai confectionné une *branquette* de veau dont tu te lécheras les barbes jusqu'aux coudes... — Avec ça une soupe à l'oignon et au fromage, des côtelettes de porc aux cornichons, des merlans frits, un bon brie coulant et des pommes du Canada... — Tu vois si j'ai soin de toi !...

— Je te rends toute justice... — Après dîner nous causerons d'affaires...

— On va manœuvrer ?

— Oui... Mais ne laisse pas brûler ta *branquette*, — ajouta Léopold en riant, — et une autre fois souviens-toi de dire *blanquette*...

Au bout de cinq minutes les deux complices étaient attablés devant le festin préparé par Jarrelonge et dont la réussite ne laissait rien à désirer.

Léopold n'avait point exagéré en parlant, dans la lettre attribuée au notaire, des angoisses auxquelles M™° Sollier devait être en proie.

Renée avait attendu, pour quitter l'*Hôtel de la Gare*, que dame Ursule fût plongée dans un profond sommeil, — nos lecteurs s'en souviennent sans doute.

Les émotions subies par la pauvre femme et ses efforts pour vaincre le mal qui la tenait alitée avaient servi Renée à souhait.

Nous avons assisté à la fuite de la jeune fille, laissant sa compagne endormie.

Ursule se réveilla au milieu de la nuit.

Elle ne pouvait deviner que la chambre de Renée fût vide.

De son lit elle jeta un coup d'œil sur la porte.

Cette porte était toujours ouverte.

— Elle repose... — se dit la femme de confiance de Robert Vallerand, — le sommeil calmera son agitation... — La nuit porte conseil, et j'espère que demain elle sera plus raisonnable... — Je déclarerai d'ailleurs au docteur que, coûte que coûte, et quoi qu'il en puisse résulter de fâcheux pour mon état, je veux conduire, dès demain, Renée à Paris.

Cette résolution prise, Ursule se rendormit d'un profond sommeil.

Quand elle ouvrit les yeux il faisait grand jour depuis longtemps déjà.

Elle regarda la pendule.

Les aiguilles indiquaient neuf heures.

D'une voix très basse, M™° Sollier appela Renée.

Naturellement, elle ne reçut pas de réponse.

Supposant que peut-être elle avait parlé trop bas, elle appela de nouveau, mais plus fort et, le silence continuant à régner dans la chambre voisine, elle se dit :

— La pauvre enfant, brisée comme moi par la scène d'hier, se sera couchée tard, sans doute, et ne peut s'éveiller...

A cette minute précise on frappait à la porte de la chambre.

— Entrez... — dit M™° Sollier.

La servante venait faire son service habituel et se proposait de juger, en même temps, l'effet produit par la fuite de la jeune fille.

Certaine d'être questionnée, elle se tenait sur ses gardes et préparait d'avance ses réponses.

— Vous avez bien dormi, madame? — demanda-t-elle.

— Oui, mon enfant; merci...

— Et mam'zelle Renée?

— Elle doit dormir encore, car elle n'a point bougé ce matin. — Ne la réveillez pas.

— Bien, madame.

— Fermez la porte de sa chambre avant de mettre de l'ordre dans la mienne.

— Oui, madame.

Et l'hypocrite servante, mettant une sourdine à sa voix et marchant sur la pointe des pieds, se dirigea vers la pièce voisine, comme pour obéir à Ursule.

Avant de tirer la porte, elle avança sa tête par l'entre-bâillement.

— Mais mam'zelle Renée n'est point couchée!... — s'écria-t-elle. — La chambre est vide...

— La chambre est vide!! — répéta M⁻ᵉ Sollier avec un commencement d'angoisse.

— Oui, madame... et, qui plus est, le lit n'est pas défait...

Une contraction violente du cœur coupa la respiration d'Ursule.

— Vous devez vous tromper... — balbutia-t-elle d'une voix à peine distincte. — Visitez la chambre, je vous en prie...

La jeune fille, riant sous cape, entra dans la pièce voisine.

Elle en ressortit aussitôt.

— Personne... — dit-elle.

— Personne!... — reprit Ursule. — Et le lit n'est pas défait! — Que signifie cela?

— Je n'en sais rien, madame...

— Vous n'avez pas vu M¹¹ᵉ Renée sortir ce matin?

— Non, madame...

— Son chapeau et sa pelisse sont-ils dans la chambre?

— Je vais voir...

La rusée camériste, voulant jouer son rôle en conscience, rentra dans la pièce voisine, y passa deux ou trois minutes, et dit en revenant :

— Ni le chapeau, ni la pelisse, ni la valise...

Ursule entrevit la vérité et devint livide.

— La valise a disparu!... — s'écria-t-elle en essayant de lutter contre l'évidence. — C'est impossible!

— C'est la vérité, cependant... et si vous pouviez vous lever, madame, vous verriez que je n'ai point la berlue !

— Mon Dieu! — reprit Mᵐᵉ Sollier avec effarement. — La malheureuse a donné suite aux projets insensés qu'elle me menaçait d'accomplir!... — Qu'a-t-elle fait? — Où est-elle allée? — Qu'est-elle devenue?

Le désespoir d'Ursule, et surtout l'expression de son visage et de son regard, épouvantèrent la servante.

Mᵐᵉ Sollier poursuivit :

— Partie! partie! — Et sur un meuble ou sur la cheminée, il n'y a aucune lettre?... pas un mot pour moi?

— Je ne sais pas... — Faut-il aller voir?

— Oui, voyez!... voyez!... Je vous en prie... voyez-vite!...

Cette fois la jeune fille obéit réellement.

Elle chercha de son mieux et fureta partout.
De son lit Ursule lui cria :
— Ne trouvez-vous rien?
— Rien, madame... rien!
— Rien!! — répéta la pauvre femme, désespérée. — Ainsi elle me fuit!! Elle m'abandonne... blessée, souffrante... et ne me fait pas même l'aumône d'un adieu... — N'a-t-elle donc point de cœur? — Et cette nuit, pendant mon premier sommeil, elle a réalisé cet acte de coupable folie, décidé sans doute après notre discussion... — Mon Dieu!... Mon Dieu!! — Vous me frappez bien cruellement!!

Mme Sollier, cachant sa tête entre ses mains, éclata en sanglots.
La servante commençait à regretter, de façon très sérieuse, d'avoir prêté la main à la fuite de Renée.
Le fait cessait de lui sembler plaisant pour lui paraître grave.
Elle résolut de simuler l'ignorance plus que jamais.
Sa place en dépendait..
Le patron de l'hôtel la mettrait sans doute à la porte s'il apprenait qu'étant au fait de toutes choses elle avait reçu de l'argent pour se taire.
Un ouragan de pensées confuses assiégeaient le cerveau d'Ursule.
Dans la confusion de son esprit elle se répétait sans cesse :
— Où est-elle allée ? — Que va-t-elle faire?
Brusquement elle demanda :
— Personne n'a vu sortir Mlle Renée, hier soir ou ce matin?
— Si quelqu'un l'a vue, on ne m'en a rien dit... — répondit la jeune fille.
— Priez votre patron de vouloir bien venir me parler.
— Tout de suite, madame...
Et la servante quitta la chambre.

V

Au bout de quelques minutes le propriétaire de l'hôtel fit son apparition.
— Que vient-on de m'apprendre, madame? — dit-il à Ursule. — La jeune demoiselle qui vous accompagnait vous a quittée?...
— Oui, monsieur, — répliqua Mme Sollier, — et j'ai tenu à vous demander si vous ne saviez rien de ce départ...
— Absolument rien, madame...
— Peut-on sortir de votre hôtel sans être vu?
— Très bien... — Les voyageurs vont et viennent comme ils l'entendent...

— Peut-être, néanmoins, m'est-il possible de vous fournir un renseignement utile...

La servante, qui était remontée avec son patron, se mit à trembler.

— Un renseignement utile... — répéta M⁰⁰ Sollier. — Oh! parlez, monsieur!! Parlez vite!...

— Hier matin j'ai remis à Mlle Renée, au moment où elle revenait de la pharmacie, une lettre que le facteur venait d'apporter pour elle et qui lui était adressée personnellement...

Rien ne saurait donner une idée de la stupeur d'Ursule en apprenant une chose qui lui semblait en effet invraisemblable, impossible.

— Une lettre apportée par le facteur et adressée à Renée personnellement!! — balbutia-t-elle.

— Oui, madame...

— D'où venait cette lettre?

— De Paris... — J'en suis bien sûr... — J'ai regardé le timbre de la poste

M⁰⁰ Sollier poussa une sourde exclamation

Sa stupeur grandissait encore.

Qui donc pouvait écrire de Paris à Renée?

Qui donc pouvait savoir qu'elle était retenue à Maison-Rouge, à l'*Hôtel de la Gare?*

— Et, — poursuivit la pauvre Ursule au bout d'une ou deux secondes, — ma pupille n'a point paru surprise en recevant cette lettre?

— Très surprise, au contraire, madame... — Elle refusait même de la prendre, disant qu'il devait y avoir là quelque méprise, et que certainement la lettre n'était point pour elle... — A ça j'ai répondu que, l'enveloppe portant son nom, il fallait la décacheter et en lire le contenu, sauf à me la rendre en cas d'erreur...— Mon raisonnement l'a convaincue, et la lettre était bien pour elle puisqu'elle ne l'a point rapportée...

— Quel mystère! — s'écria M⁰⁰ Sollier. — Cela m'épouvante!! — Que se passe-t-il?

Le patron de l'hôtel resta muet, mais fit un geste qui signifiait clairement:

— Comment voulez-vous que je le devine?

Ursule continua :

— Peut-être pourrait-on savoir, à la gare à quelle heure Mlle Renée est partie cette nuit, et dans quelle direction?

— C'est juste... — répondit l'hôtelier. — Je vais aller moi-même aux renseignements... Je questionnerai le chef de gare et au besoin tous les employés... — Sans doute apprendrons-nous quelque chose...

— Ah! monsieur, combien je serai reconnaissante de votre démarche!...

Le patron sortit.

La servante, restée dans la chambre, s'occupa silencieusement des soins du ménage.

Ursule pleurait.

Le désespoir et l'effroi se partageaient son âme.

Elle devinait un piège ; elle pressentait un malheur ; et son état de souffrance et de faiblesse la clouait sur son lit !!...

Cette impuissance absolue dans un moment où elle aurait eu besoin de toute sa liberté d'action, de toute son énergie, de toute son activité, déterminait chez elle une surexcitation violente.

Elle se souvenait de la parole donnée à Robert Vallerand, de l'engagement pris, auquel il lui fallait manquer, et sans trêve, sans relâche elle se posait ces questions insolubles :

— Que résoudre ?... Que faire ?...

Trois quarts d'heures s'écoulèrent.

Le maître de l'hôtel reparut.

— Eh bien, monsieur ? —lui demanda vivement Ursule.

— Eh bien, madame, Mlle Renée est partie pour Paris hier, à huit heures du soir, dans un compartiment de première classe... — Le chef de gare, qui l'avait déjà rencontrée plusieurs fois, l'a parfaitement reconnue...

— Ainsi, monsieur, aucune erreur n'est possible ?...

— Aucune... — Et vous ne soupçonnez pas, madame, quelle peut avoir été la cause d'une si brusque détermination ?...

— Je ne soupçonne rien...

— Devinez-vous au moins chez qui Mlle Renée a pu se rendre à Paris ?...

— C'est une énigme pour moi...

— Mlle Renée est mineure, non émancipée ?...

— Oui, monsieur...

— Elle vous a été confiée par une personne ayant des droits sur elle ?

— Des droits sacrés, oui, monsieur...

— Eh bien, voulez-vous, madame, que je prévienne en votre nom les autorités, qui viendront recevoir votre plainte et feront les recherches nécessaires ?...

En entendant ces mots Ursule tressaillit.

Solliciter l'intervention des autorités, c'est-à-dire du procureur de la République et du commissaire de police, c'était se mettre dans la nécessité de dévoiler le mystère de la naissance de Renée, c'était trahir le serment fait à Robert, c'était, en un mot, porter la lumière au milieu des ténèbres épaisses à dessein depuis dix-neuf ans.

Comment admettre cela ?

— Non, monsieur, non... — répondit vivement Mme Sollier. — Gardons-nous bien de donner une apparence de gravité à des faits qui, au fond, n'en ont aucune... — Je vous demande avec instance de parler le moins possible de tout ceci... — La fuite de ma pupille est le résultat d'une rébellion irréfléchie, d'une mutinerie presque enfantine... — Je n'ai rien à craindre pour l'honneur de M{^{lle}} Renée, et c'est le principal... — Je suis irritée, sans doute, contre ma pupille, et je ne puis me défendre de beaucoup d'inquiétude; mais aujourd'hui ou demain, sans aucun doute, j'aurai des nouvelles de la fugitive qui me demandera pardon... — S'il m'arrivait lettre ou dépêche, veuillez, je vous en prie, me les faire parvenir en toute hâte.

— Comptez sur moi, madame.

— Merci d'avance, monsieur.

Le patron se retira, et la servante offrit de suppléer M{^{lle}} Renée pour les lotions à faire sur les bandages entourant la cheville.

Cette offre, naturellement, fut acceptée.

Ursule, — avons-nous besoin de le dire, — manquait de franchise en affirmant qu'elle n'éprouvait aucune inquiétude au sujet de l'honneur de sa pupille.

Dans l'effrayante et profonde obscurité qui l'entourait, et dans l'impossibilité absolue de faire même une supposition plausible, elle tremblait pour l'honneur de Renée aussi bien que pour sa vie...

La certitude d'un piège s'imposait; mais quel était ce piège? — Par qui avait-il été tendu? — Dans quel but?

En songeant à ces choses, Ursule frissonnait.

— Il faut que je parte pour Paris... — se dit-elle, — là seulement j'ai chance de trouver une trace de Renée... un indice qui me guidera... — Si le docteur ne me rend point la force, je prouverai qu'une volonté ferme peut suppléer à tout...

Le médecin arriva au moment où la servante achevait de mouiller les bandes.

— Lotions tardives... — murmura-t-il. — Au moment de la visite c'est une maladresse...

Puis, tout en grommelant, il commença l'examen de la cheville.

Brusquement, avec une irritation manifeste, il s'écria :

— En voilà bien d'une autre!... — Vous avez marché, madame! ou du moins vous avez essayé de marcher!

Ursule devint pourpre.

— C'est vrai, docteur... — balbutia-t-elle; — oui, j'ai essayé de marcher, et au prix de ma vie j'aurais voulu réussir; mais, hélas! la tentative a été vaine... Je n'ai pu m'appuyer sur ma jambe malade...

— Eh! madame, vous deviez savoir que la tentative serait infructueuse!... Les suites d'une imprudence pouvaient être terribles... — Vous avez, en une seconde, compromis le résultat de quatre jours de repos!...

— Docteur, il faut que j'aille à Paris... — dit Ursule d'un ton ferme.

La fille de Marguerite disparut dans le vide, un cri déchirant traversa l'espace.

— Il faut rester ici, madame... — répliqua sèchement le médecin.

— Faites l'impossible, cher docteur!! — reprit la pauvre femme en fondant en larmes. — Faites un miracle!!

— Eh! madame, je l'avais fait, l'impossible, et vous l'avez détruit! — Je ne puis vous autoriser à quitter votre lit...Vous ne le pourriez pas, du reste!... — Mon devoir de médecin m'oblige à vous empêcher de commettre un acte d'insanité! — Comme malade dont j'ai entrepris la guérison, vous m'appartenez!

Je réponds de votre vie devant ma conscience... — Vous ne quitterez cet hôtel que guérie, et d'ici là personne, vous entendez, personne ne vous en laisserait sortir sans mon autorisation formelle.

— Même s'il s'agissait de l'honneur ou de l'existence de quelqu'un?...

— Oui, même dans ce cas. — Dites-moi qui vous avez à protéger, à sauver, et je me mettrai, s'il le faut, en votre lieu et place.

— Hélas ! docteur, c'est impossible, — murmura la malade, — et je vous désobéirai.

— Je vous en défie !...— Essayez de faire un pas ! — Ce matin, comme hier soir, vous échouerez misérablement...

— Si je ne puis marcher on me portera...

— Je vous répète qu'ici personne ne vous viendra en aide...

— Mais vous êtes donc ligué contre moi avec mes ennemis ? — s'écria Ursule au désespoir.

Le docteur dédaigna de répondre à cette accusation folle. — Il haussa les épaules et, sans ajouter un mot, banda la cheville.

Il écrivit ensuite une ordonnance qu'il tendit à la servante en lui disant :

— Faites préparer ceci, ma fille, et toutes les heures mouillez les bandages... — toutes les heures, sans y manquer...

— Oui, monsieur le docteur.

— Madame, — continua le médecin en s'adressant à Ursule, qui continuait à sangloter, d'ici à quatre jours vous marcherez, je vous le promets, mais à condition de ne point renouveler la tentative qui vous a si mal réussi hier au soir..

Et il sortit.

La femme de confiance de Robert Valleraud se sentait devenir folle dans une inaction qui pouvait coûter à Renée l'honneur et la vie.

C'est à peine si elle mangea, et de toute la nuit elle ne put fermer l'œil.

Sa figure décomposée, ses yeux mornes, trahissaient les indicibles souffrances de son âme.

Le lendemain, à l'heure du courrier, elle espérait une lettre.

Cet espoir fut déçu, et cette déception nouvelle l'écrasa littéralement.

VI

Une fièvre violente s'empara de la pauvre femme, et le docteur, tout en constatant que la foulure était en bonne voie de guérison, fut effrayé de cette fièvre qu'accompagnait un commencement de délire.

Il ordonna des calmants, proscrivit la diète la plus absolue, et se retira très inquiet.

Laissons Ursule seule avec la servante chargée de veiller sur elle, et prions nos lecteurs de nous accompagner à la gare de Maison-Rouge.

L'horloge indiquait trois heures douze minutes.

Un train venant de Paris faisait halte pour une minute.

Quatre voyageurs seulement descendirent de ce train, deux hommes et deux femmes.

L'un des hommes doit attirer notre attention d'une façon particulière.

Ce voyageur, d'un âge indéfinissable, avait une chevelure crépue presque blanche, quoique son visage, complètement rasé, parût jeune encore.

Sur une redingote bleu clair à boutons de cuivre brillant, frappés d'initiales, il portait un ample waterproof de drap bleu foncé. — Le liseré rouge de son pantalon, sa cravate blanche, le large galon d'or de sa casquette de cuir verni, lui donnaient l'apparence d'un domestique de bonne maison en petite tenue.

Ce voyageur, tout en remettant son ticket au receveur, lui demanda en bon français, mais avec un léger accent anglais :

— Pourriez-vous, monsieur, m'indiquer l'*Hôtel de la Gare?*...

— Parfaitement... — répondit l'employé. — Il est là, en face de vous. — Traversez la place et vous serez.

Tout en parlant, le receveur désignait l'hôtel.

L'étranger remercia, prit la direction indiquée et entra dans le café de l'établissement.

Le patron ne s'y trouvait point, et deux garçons faisaient le service.

C'était jour du marché à Maison-Rouge et les paysans des environs occupaient presque toutes les tables.

— Que faut-il servir à monsieur? — demanda l'un des garçons en s'approchant du nouveau venu.

— Je désirerais parler au maître de l'hôtel... — répliqua l'étranger.

— A lui personnellement?

— Oui.

— C'est qu'il est occupé avec son architecte pour des réparations... — Si vous voulez l'attendre un instant...

— Je suis très pressé... J'arrive de Paris exprès pour le voir tout de suite.

— Alors ça se trouve joliment bien... Le voici...

En effet l'hôtelier, après avoir terminé sa conférence, entrait dans le café.

— Patron, voilà un monsieur qui veut vous parler... — lui dit le garçon.

Le maître du logis salua.

— A vos ordres, monsieur, — fit-il, — je vous écoute...

— Je souhaiterais vous entretenir en particulier... — reprit le voyageur.

— Alors, suivez-moi, s'il vous plaît.

Les deux hommes franchirent le seuil d'un cabinet voisin de la grande salle et servant de bureau.

Le patron désigna un siège, s'assit lui-même et se posa en point d'interrogation.

— Mes moments sont comptés, — commença l'inconnu, — donc je serai bref... — Vous avez ici, n'est-ce pas ? une dame d'un certain âge, blessée à la cheville, et qui se trouve dans votre hôtel depuis la nuit où les grandes neiges ont arrêté la marche des trains.

L'hôtelier pensa aussitôt que peut-être son interlocuteur était chargé d'un message de la fugitive, et répondit vivement :

— Oui, monsieur...

— Cette personne s'appelle Mᵐᵉ Ursule?

— Oui, monsieur... — Vous venez pour la voir?

— Mon voyage n'a pas d'autre but.

— Et vous arrivez?...

— De Paris... — J'ai quitté le train il y a cinq minutes...

— Alors vous apportez sans doute des nouvelles de Mˡˡᵉ Renée?

— Je sais, monsieur, qu'il s'agit d'une jeune fille, mais je ne connais point son nom... — Je suis chargé par mon maître d'une lettre pour Mᵐᵉ Ursule, et je dois la lui remettre en mains propres...

— Ah! soyez le bienvenu, monsieur!... — s'écria le patron. — La pauvre dame se désespère et se fait beaucoup de mal... — Vous allez lui rendre le calme, le repos, et ça vaudra mieux pour sa guérison que les ordonnances de tous les médecins de la terre!... — Venez! venez vite!... je vais vous conduire auprès d'elle...

— Je vous suis...

Le patron s'était levé et montrait le chemin.

L'homme aux cheveux blancs et à la casquette galonnée marchait derrière lui.

Ils arrivèrent au premier étage.

— Voilà la chambre de notre malade... — dit le maître du logis en s'arrêtant en face d'une porte à laquelle il frappa discrètement.

La servante vint ouvrir.

Elle parut interdite en apercevant un étranger en compagnie du patron.

— On peut entrer? — demanda ce dernier à demi-voix.

— Mᵐᵉ Ursule est endormie.

— Nous la réveillerons, — fit l'étranger. — Elle ne regrettera pas son sommeil.

Les deux hommes franchirent le seuil.

La servante se trompait. — Ursule ne dormait pas, mais elle se trouvait dans un état de prostration absolue.

L'hôtelier s'approcha du lit.

— Madame... — dit-il, — madame Ursule !

La femme de confiance de feu Robert Vallerand fit un mouvement léger, mais sans ouvrir les yeux.

Le patron prit une de ses mains, qui reposait sur la couverture, et répéta son appel.

Cette fois les paupières de la malade se soulevèrent.

— C'est moi, — continua le maître du logis, — et si je me permets de vous éveiller si brusquement, c'est que j'apporte des nouvelles de Mlle Renée...

L'effet produit par ce nom fut immédiat...

Ursule, galvanisée, se dressa sur son séant et ouvrit démesurément les yeux.

— Renée... Renée...—murmura-t-elle d'une voix tremblante.—Qui parle de Renée?

— Moi, madame... — et voici un monsieur qui vous apporte une lettre de Paris...

En constatant du premier coup d'œil la situation de la malade, l'homme à la casquette galonnée avait pincé les lèvres et froncé les sourcils en se disant tout bas :

— Bigre !... l'état est bien autrement grave que je ne le croyais ! — Comment diable venir à bout d'emballer ce soir cette vieille folle dans un compartiment?

Le mot PARIS compléta l'effet de quasi-résurrection produit sur Mme Sollier par le nom de Renée.

— Paris... Paris... — répéta-t-elle en posant machinalement ses deux mains sur son front, comme pour y concentrer ses pensées et ses souvenirs. — Une lettre de Paris!... Des nouvelles de Renée!... — Qui m'apporte ces nouvelles?

L'inconnu s'avança.

— C'est moi, madame... — fit-il.

Ursule tourna ses yeux vers le nouveau venu.

Celui-ci venait de jeter un regard significatif au patron, qui s'empressa de dire :

— Je vous laisse seul avec madame...

Et il sortit en donnant l'ordre à la servante de le suivre.

Mme Sollier et l'homme au galon demeurèrent ensemble.

La pauvre femme semblait avoir recouvré toutes ses forces.

— Vous arrivez de Paris, monsieur, et vous venez me parler de Renée !... — dit-elle. — Oh ! parlez !... parlez vite !... — Chassez mes craintes !... apaisez mes souffrances !... dissipez mes angoisses !... — Est-ce de la part de Renée que vous venez?...

— Non, madame...

Ursule fit un mouvement de surprise, et de nouveau l'inquiétude la mordit au cœur.

— Qui donc vous envoie? — demanda-t-elle.
— Mon maître...
— Qui est votre maître?
— M° Auguy...

Mme Sollier tressaillit, galvanisée de nouveau.
— Le notaire! — s'écria-t-elle.
— Le notaire de la rue des Pyramides, oui, madame. — Je suis chargé par lui de vous remettre une lettre et d'attendre vos ordres...

Le prétendu domestique de la rue des Pyramides tira de sa poche de côté un portefeuille de cuir de Russie, l'ouvrit et exhiba une enveloppe qu'il tendit à Ursule.

Celle-ci la saisit d'une main fiévreuse; mais au moment de l'ouvrir elle attacha un regard fixe sur le visage impassible du messager et demanda:

— Comment le notaire de Paris sait-il que je suis à Maison-Rouge, à l'*Hôtel de la Gare?*

L'homme au galon ne broncha point et répondit avec son accent de plus et plus anglais :

— Ça, je l'ignore, mais si madame veut prendre connaissance de cette lettre elle y trouvera sans doute ce qu'elle désire savoir.

Ursule déchira l'enveloppe, en tira la feuille de papier qu'elle contenait et qui portait, nous le savons, l'en-tête de l'étude de la rue des Pyramides.

Elle commença sa lecture.

Dès les premières lignes un rayon de joie inouïe éclaira son visage.

— Renée à Paris... Renée chez ce digne homme... chez cet excellent notaire... — s'écria-t-elle. — Ah! Dieu est bon! — Mes tourments sont finis! — Monsieur, vous qui êtes pour moi un messager de paix et d'espoir, avez-vous vu la jeune fille dont me parle cette lettre?

— Je l'ai vue, oui, madame... Mais veuillez continuer.

Ursule reprit sa lecture et la continua jusqu'au bout, c'est-à-dire jusqu'à la signature du notaire.

— Ainsi, — demanda-t-elle après avoir achevé, — ainsi ma présence est nécessaire à Paris?

— Il paraît même qu'elle est indispensable...

— M° Auguy m'écrit d'avoir toute confiance en vous...

— Je suis à son service depuis vingt ans...

— Votre maître ajoute qu'il vous a chargé pour moi d'instructions particulières... — Je vous écoute, et ce que, de sa part, vous me direz de faire, je le ferai.

L'homme à la casquette galonnée s'inclina et répondit :

— Ces instructions se bornent à fort peu de chose. Je suis chargé de mettre tout en œuvre pour vous décider à me suivre à Paris sans retard ; car de votre prompte arrivée dépend, paraît-il, la situation de la jeune fille qui vous intéresse...

— Renée est-elle donc menacée? — fit Ursule avec angoisse.

— Elle, non, mais ses intérêts...

VII

— Ses intérêts? — répéta Mme Sollier.

— Ses intérêts de fortune et d'avenir, oui, — répondit le pseudo-valet.

— Qui l'a conduite chez le notaire?

— Je l'ignore...

— Comment a-t-elle su son adresse?... — Comment a-t-elle deviné que les papiers qui assurent son avenir étaient dans ses mains?...

— Ne lui en avez-vous donc jamais parlé?

— Si, mais je crois être sûre de n'avoir prononcé ni le nom du notaire ni celui de la rue où il demeure...

— Ou votre mémoire est infidèle, ou la jeune fille a trouvé moyen de surprendre le secret de votre mandat...

Ursule se dit que sa pupille pouvait avoir fouillé dans le sac de voyage et découvert le compartiment qui renfermait la lettre de Robert Valleraud.

— Peut-être, en effet... — murmura-t-elle au bout d'un instant; — mais une phrase de la lettre que vous venez de me remettre dit en propres termes que Renée avait été mal conseillée... — Avait-elle donc des relations qui me sont inconnues?

— A cet égard, madame, je ne puis satisfaire votre curiosité... — Il y a là un mystère dont mon maître vous donnera la clef.

Si vagues que fussent les réponses de l'inconnu, elles augmentaient la ferme détermination d'Ursule d'obéir à l'injonction pressante de l'officier ministériel.

Au milieu du désordre de son esprit une seule pensée se dessinait nette, distincte, lumineuse en quelque sorte : — *Il faut partir !!*

— Vous m'affirmez, — reprit-elle, — que ma pupille est chez votre maître et n'en sortira pas?...

— Oui, madame,... — Une chambre a été mise à sa disposition dans l'appartement, et une autre est préparée pour vous... — Êtes-vous prête à me suivre?

— Le médecin qui me soigne a défendu tout mouvement...

— Qu'importe la défense du médecin quand le bonheur d'une jeune fille qui vous est chère se trouve en jeu?...

— Le docteur a donné des ordres, et les gens de cet hôtel voudront s'opposer à mon départ...

— Ils n'en ont pas le droit... — N'êtes-vous point maîtresse de vous-même ?...
— S'il vous plaît de commettre une imprudence, à quel titre essayeraient-ils de vous en empêcher?
— La marche m'est impossible...
— Ne vous inquiétez point de cela... — Mlle Renée — (puisque tel est le nom de la jeune fille) — a expliqué votre position à mon maître... — Tout est prévu... — La gare est à côté de l'hôtel, et je suis d'une vigueur exceptionnelle... — Je me charge de vous porter dans mes bras jusqu'au compartiment, que j'aurai retenu tout entier afin que vous puissiez vous étendre... — Une fois à Paris je vous soulèverai de nouveau pour vous porter à la voiture qui vous conduira rue des Pyramides, où Mlle Renée pleure en attendant votre pardon...

S'il avait existé quelque hésitation dans l'esprit d'Ursule, ces dernières paroles l'auraient anéantie.

— Quand devrons-nous partir? — demanda-t-elle résolument.
— Ce soir, par le train de huit heures cinq minutes...
— Nous partirons, monsieur... Personne au monde ne saurait me retenir...
— Mon maître était certain d'avance que rien ne pourrait vous empêcher d'écouter la voix du devoir...
— Quelle heure est-il?
— Cinq heures...
— Veuillez vous asseoir; je vais donner des ordres immédiats...

L'homme à la casquette galonnée s'installa près du feu.

Mme Sollier tira le cordon d'une sonnette qui se trouvait à portée de sa main.

La pauvre femme était transfigurée.

Plus de fièvre, plus de somnolence; — elle se sentait forte et courageuse; — l'espoir rayonnait sur son visage.

La certitude que Renée n'avait désormais rien à craindre remplaçait pour elle les souffrances de l'enfer par les joies du paradis.

Au coup de sonnette la servante accourut.

— Priez votre patron de vouloir bien venir me parler... — lui commanda la malade.

— Bien, madame.

La servante se retira, et au bout de cinq minutes l'hôtelier fit son apparition.

— Monsieur, — lui dit Ursule, — les nouvelles que l'on vient de m'apprendre sont de nature assez grave pour me forcer à désobéir aux prescriptions de l'excellent docteur qui me donne ses soins... — Préparez, je vous prie, la note de ma dépense dans votre maison... — Ajoutez-y le prix du dîner que monsieur et moi nous ferons avant de partir, et le montant des honoraires qui sont dus au médecin... — Envoyez-moi cette note aussitôt qu'elle sera prête; je la solderai.

Les deux jeunes gens se penchèrent vers le corps enfoui dans la neige.

— Mais, madame... — commença le maître du logis, préparant toute une série d'objections.

Ursule ne le laissa pas continuer.

— Rien de ce que vous me direz, monsieur, — interrompit-elle, — ne pourra m'empêcher de partir... — Vous avez promis au docteur, je le sais, de ne point prêter la main à mon départ... — Tenez votre parole. — Monsieur se chargera de remplacer vos gens... — Je suis maîtresse absolue de ma personne, vous ne l'ignorez pas, et libre de commettre les plus graves imprudences sans que personne y trouve à redire... — Vous avez le droit de me donner d'excellents conseils... J'ai le droit de ne point les suivre, et j'en userai, tout en restant très reconnaissante des bons soins que j'ai reçus dans votre maison...

— Votre détermination est irrévocable? — demanda le patron.

— Absolument.

— Il ne me reste donc qu'à m'incliner, et je vais faire, quoique à regret, ce que vous exigez de moi.

— Le dîner est à cinq heures, — reprit Ursule; — immédiatement après la servante chargée de mon service viendra me vêtir, et vous voudrez bien donner l'ordre à l'un de vos garçons de porter mon petit bagage à la gare et de le faire enregistrer sous la surveillance de monsieur...

En parlant ainsi la malade désignait l'énigmatique personnage qu'elle croyait envoyé par le notaire.

— Bien, madame...

L'homme au galon écoutait ce dialogue avec une impassibilité complète. On pouvait croire que rien de ce qui se disait devant lui ne l'intéressait.

Le patron se retira, transmit à ses domestiques les ordres donnés par Mme Sollier, et courut chez le docteur pour lui raconter ce qui se passait.

Cette fois, le hasard parut servir Ursule.

Le médecin était parti pour opérer un accouchement à quelques lieues de Maison-Rouge, et ne devait revenir que dans la nuit.

— Après tout, — pensa l'hôtelier, — je m'en lave les mains... — Qu'elle s'arrange, la bonne dame, ça la regarde... — Comme elle me l'a très bien dit, personne n'a le droit de l'empêcher de se faire du mal si ça lui convient.

Et il regagna son établissement.

Jusqu'à l'heure du dîner, qui fut servi à cinq heures précises, Ursule ne cessa de questionner au sujet de Renée le pseudo-valet.

Celui-ci répondait de façon très brève, et le plus souvent se retranchait derrière son ignorance absolue, ignorance que Mme Sollier trouvait d'ailleurs toute naturelle, pensant bien que Me Auguy n'avait fait à son mandataire aucune confidence importante.

Le dîner fut expédié rapidement.

L'hôtelier monta sa note, toucha son argent, puis la servante remplit et ferma les malles, dont Ursule confia les clefs à l'inconnu pour la visite de l'octroi, au moment de l'arrivée à Paris.

Un garçon vint prendre ces malles et les porta au chemin de fer.

Pendant ce temps la servante habillait chaudement Mme Sollier qui, par un incroyable effort de volonté, trouva moyen, en se servant des meubles comme de points d'appui, d'aller sans trop de douleur s'étendre sur un canapé placé dans un angle de la chambre.

Les aiguilles de la pendule indiquaient huit heures moins un quart.

L'homme au galon rentra.

— Voici l'heure de vous rendre à la gare, madame... — fit-il.

— Je suis prête... — répondit Ursule.

En même temps elle passait à son bras la chaîne d'acier nickelé du petit sac de cuir qu'elle plaçait la nuit sous son oreiller afin de ne point s'en séparer, et dont la poche secrète renfermait maintenant la prétendue lettre du notaire, à côté de la lettre de Robert Vallerand.

Le nouveau venu, quoi qu'il en eût dit, ne semblait nullement doué d'une *vigueur exceptionnelle*; — l'hôtelier et la servante, qui se trouvaient dans la chambre, se disaient tout bas qu'il ne parviendrait point à porter jusqu'au chemin de fer la malade, qui sans être de haute taille ni de forte encolure devait cependant peser un poids très sérieux.

— Voulez-vous que je vous aide, monsieur? — demanda la servante.

— Inutile... — répondit laconiquement le faux domestique.

Et, saisissant Ursule dans ses bras, il la souleva avec une facilité surprenante.

On avait eu soin d'ouvrir devant lui toutes les portes.

Deux minutes plus tard Mme Sollier était installée sur le canapé de la salle d'attente de première classe.

Elle voulut donner de l'argent pour prendre les places.

— Ne vous occupez de rien, madame... — répliqua l'inconnu.

— Pourquoi donc?

— J'ai reçu de mon maître, à ce sujet, des ordres précis.

Ursule n'insista pas.

L'homme à la casquette galonnée se rendit au guichet qu'on venait d'ouvrir.

— Huit places de premières pour Paris... — dit-il, — je retiens le compartiment tout entier... — J'ai une personne malade à conduire.

— Bien, monsieur, — répliqua l'employé.

— Si par hasard, en arrivant à Maison-Rouge, le train n'avait aucun compartiment libre, quel parti prendre?

— Soyez tranquille, monsieur... — Dans ce cas je ferais ajouter un wagon, mais nous n'aurons pas besoin de cela, on voyage fort peu en ce moment...

L'inconnu paya et reçut huit tickets, puis il revint auprès d'Ursule.

Au dehors, le temps était épouvantable.

Depuis une heure, — quoique le froid fût excessif, — la neige recommençait à tomber en gros flocons serrés.

Le train montant vers Paris devait passer à huit heures cinq minutes.

A l'heure réglementaire on l'entendit siffler, il entrait en gare et stoppait.

VIII

L'homme à la cocarde s'avança sur le quai, portant Ursule dans ses bras.

Le chef de gare se dirigea vers un compartiment de première classe absolument vide, et ouvrit la portière.

— Ici, monsieur, s'il vous plaît... — dit-il. — Voilà votre affaire... — Nous n'aurons pas besoin d'ajouter un wagon.

Le pseudo-valet installa Mᵐᵉ Sollier dans le compartiment dont la portière fut refermée.

— Mettez une plaque de *wagon réservé*... — commanda le chef de gare au conducteur du train. — Le compartiment est loué tout entier.

Cet ordre fut exécuté, et le convoi se remit en marche sous une tourmente de neige.

Laissons-le provisoirement filer vers Paris et rejoignons la voiture qui emmenait Renée sans connaissance, Paul Lantier et Victor Béralle, dans la direction de la rue de l'École-de-Médecine.

Du premier regard le fils de Pascal avait reconnu la jeune fille.

C'était Renée!!

Renée, la pensionnaire de Mᵐᵉ Lhermitte!

Renée, l'amie de Pauline Lambert!

Renée, dont il parlait la veille avec tant d'amour à Mˡˡᵉ Honorine de Terrys!...

Renée, qu'il croyait perdue, et qu'un miraculeux hasard, inexplicable pour lui, en ce moment du moins, lui faisait retrouver la nuit, à Paris, enfouie dans la neige sur la berge du fleuve qui devait l'engloutir, victime d'un crime, évanouie, morte peut-être...

Les angoisses effroyables du jeune homme sont faciles à comprendre.

Une pensée unique torturait son esprit. — Renée respirait-elle encore?

On pouvait en douter, hélas! tant la jeune fille était glacée...

Paul appuya la tête de la pauvre enfant sur son épaule, tandis qu'il interrogeait le côté gauche de la poitrine, à la place du cœur.

Pas une pulsation!... Pas un battement!...

Il prit les mains mignonnes de Renée dans les siennes; — on eût dit qu'elles étaient de marbre.

Il serra plus étroitement le corps inanimé, espérant lui communiquer un peu de la chaleur fiévreuse qui brûlait le sien.

Ce corps restait inerte et froid comme une statue d'albâtre. Aucun symptôme, aucun signe, même le plus léger, ne trahissaient un retour à l'existence.

Paul s'épuisait en efforts surhumains pour ne point éclater en sanglots et pour cacher son désespoir.

La voiture marchait bon train, malgré le verglas.

Le cocher prévoyant avait fait mettre des clous à glace aux fers de son cheval, qui, sous l'aiguillon du froid, filait comme un pur-sang.

Enfin, le fiacre s'arrêta.

On était arrivé.

Victor descendit lestement du siège et vint à la portière.

— Eh bien? — demanda-t-il à Paul dont le visage décomposé lui fit peur.

— Rien ! répondit ce dernier d'une voix sourde.

— Il faut appeler un médecin sans perdre un instant.

— Oui.

— Je vais en chercher un...

Et le contremaître s'élançait, prêt à sonner à toutes les portes jusqu'à ce qu'il eût trouvé la maison d'un docteur.

Paul le rappela.

Victor revint à la voiture.

— Non, — lui dit le fils de Pascal Lantier, — à cette heure nous serions forcés d'attendre longtemps peut-être, et nous ne pouvons pas attendre.

— Que faire alors?

— Au-dessus de chez moi habite un de mes amis, étudiant en médecine... — C'est un brave garçon fort instruit qui nous viendra en aide avec un dévouement absolu... — Veuillez vous charger pendant quelques secondes de cette pauvre enfant... — Je vais faire ouvrir la porte et payer le cocher.

— Il faudra qu'il nous prête une de ses lanternes pour monter l'escalier... — dit Victor.

L'automédon avait entendu.

— Voilà, bourgeois... — fit-il en ôtant une lanterne et en la présentant à Paul.—Tout à votre service...—Je vous attends ici... — Faites le plus pressé... Faut savoir se prêter aux circonstances et obliger son prochain lorsqu'on le peut, pas vrai?... Quand on a besoin d'un service à son tour, on est bien content de trouver un bon garçon qui vous le rende...

Paul murmura quelques mots de gratitude, franchit le trottoir et sonna violemment.

La porte s'ouvrit.

Victor tenait entre ses bras Renée, qui ne reprenait pas connaissance.

Il longea le couloir et gravit l'escalier.

L'étudiant en droit, portant la lanterne d'une main tremblante, l'éclairait.

Arrivé sur le carré où se trouvait son logement, il se servit de sa clef et la porte tourna sur ses gonds.

— Dans ma chambre... sur mon lit... — dit-il à Victor.

Le contremaître obéit.

— Maintenant, — poursuivit le fils du constructeur en lui tendant la lanterne, — ayez l'obligeance d'aller payer le cocher... — Je monte chez mon ami...

— Bon... mais s'il vous plaît, monsieur Paul, donnez-moi la lanterne que ce brave homme me réclamerait...

Dans son bouleversement l'étudiant perdait la tête.

Victor alluma deux bougies, prit la lanterne et descendit.

Paul jeta un regard désespéré sur la jeune fille pâle et raide comme un cadavre, et s'élança vers l'étage supérieur.

Sur la porte était clouée une carte de visite ainsi conçue :

JULES VERDIER

Étudiant en médecine

Lantier frappa sans modération, comme s'il voulait enfoncer l'huis.

En même temps il criait :

— Ouvrez-moi, ouvrez vite.

Jules Verdier dormait profondément sans doute, car ce ne fut pas lui qui répondit, mais une voix fraîche et bien timbrée.

— Qui est là? — demanda cette voix.

— Moi, Zirza, votre voisin d'au-dessous... — répondit Paul. — Ouvrez-moi vite!... Réveillez Jules!...

Mlle Zirza était une fort jolie fille de vingt-deux ou vingt-trois ans, blonde aux yeux bleus, qui avait élu domicile au quartier Latin, où, négligeant beaucoup son état de fleuriste, elle étudiait la médecine avec Jules Verdier.

— Vrai, c'est vous, monsieur Paul? — fit-elle derrière la porte.

— Oui... cent fois oui, c'est moi!... Ouvrez donc...

On entendit une clef tourner dans la serrure.

La porte s'entre-bâilla.

— Attendez une seconde pour entrer... — dit Céleste, — je suis en chemise... je me sauve...

En vérité, Paul avait bien le temps d'attendre!

Il poussa la porte et vit fuir devant lui, sous les plis d'un tissu transparent, un corps de jeune nymphe.

La bougie à la main, il entra dans la chambre à coucher.

L'étudiante réveilla l'étudiant.

Jules Verdier sursauta.

— Qu'y a-t-il donc? — demanda-t-il en se frottant les yeux. — Est-ce que le feu est à la baraque?

— Non, mon petit homme... — C'est notre voisin d'au-dessous, M. Lantier, qui veut te parler...

— Toi, Paul! — s'écria l'étudiant en médecine complètement éveillé, en remarquant la physionomie bouleversée de son camarade. — Qu'est-ce que tu as? — Que se passe-t-il?

— Des choses très graves... — Lève-toi vite!...

— Par un froid pareil! — Pourquoi faire?

— Il s'agit de sauver une jeune fille...

— Une jeune fille?... — répéta Zirza qui s'était entortillée dans un rideau et qui montra son museau rose, ses cheveux blonds ébouriffés, et ses yeux pétillants de curiosité.

Le futur docteur venait de sauter en bas de son lit et s'habillait.

— Qu'est-ce que c'est que cette jeune fille? — demanda-t-il.

— Je te dirai ça plus tard... — Ce n'est pas le moment de converser, il y a péril de mort... — Viens...

— Je suis à toi.

— Est-ce que je ne pourrais pas vous être utile? — fit Zirza d'une voix câline. — Quand il s'agit de soigner une femme nous valons mieux que vous autres...

— Elle a raison... — dit Jules Verdier. — Allons, hop! mon lapin rose! — Habille-toi en deux temps et trois mouvements.

— Je vous attends en bas... — s'écria Paul.

Et il dégringola l'escalier comme une trombe.

Zirza passa rapidement des bas, un jupon, releva ses cheveux sur le haut de sa tête, endossa une vareuse rouge de l'étudiant, et fut prête en même temps que lui.

Ils descendirent chez leur voisin.

Paul et Victor étaient auprès du lit, contemplant Renée qui continuait à ne donner aucun signe de vie.

Jules Verdier s'approcha d'elle et, après l'avoir regardée pendant une seconde, prit sa main froide qui pendait le long des matelas.

Immobile à côté de lui, Zirza admirait, malgré sa pâleur livide et l'altération de ses traits, le doux visage de Renée.

— Pauvre jeune fille! — fit-elle avec émotion.

— Déshabille vite cette enfant et mets-la dans le lit tandis que je vais questionner Paul, car il faut savoir d'où vient le mal avant de le combattre... — répliqua le futur médecin.

Les trois hommes passèrent dans la chambre voisine afin de laisser à Zirza sa liberté d'action.

— Pas de mots inutiles... pas de phrases... — continua Jules Verdier... — Le temps presse!... — Qu'est-il arrivé à cette jeune fille?...

Paul raconta très brièvement ce qu'il savait et ce que nos lecteurs savent aussi bien et même mieux que lui.

IX

— Un crime! — murmura Jules en frissonnant, après avoir écouté ce récit.
— Ce n'est pas douteux... — répondit l'étudiant en droit.
— Et tu connais cette pauvre enfant!
— Oui... C'est-à-dire que je l'ai aperçue à Troyes, dans un pensionnat, lors de mon récent voyage.

En ce moment Zirza, la jolie blonde, entre-bâilla la porte.

— C'est fait... — dit-elle, — je l'ai déshabillée et couchée comme un bébé, la belle mignonne... — Elle avait au cou un médaillon en or que j'ai placé sur une table...

Les trois jeunes gens retournèrent auprès de Renée.

— Elle est froide comme un marbre... — poursuivit Zirza.
— Tout à l'heure nous la couvrirons à outrance, — répliqua Jules Verdier, — mais il convient d'abord que je procède à mon examen...

Puis le futur docteur, rapidement et avec une décence irréprochable, palpa les membres de l'enfant évanouie.

— La malheureuse devait se tuer cent fois plutôt qu'une dans sa chute effroyable!... — fit-il ensuite. — Je ne constate cependant aucune fracture.
— Elle est vivante? — demanda Paul dont l'angoisse était plus facile à comprendre qu'à décrire.
— Oui, parbleu!
— Ah! que Dieu soit loué!
— Ne te réjouis pas trop vite... — Je te préviens que les suites probables de l'accident sont fort à craindre...
— Mais tu la sauveras?
— Je l'espère bien...

Le fils de Pascal Lantier prit les mains de son ami et les serra avec effusion. En même temps deux grosses larmes coulaient sur ses joues.

L'étudiante examinait Paul du coin de l'œil.

Elle vit ces deux larmes.

— Il l'aime! — pensa-t-elle, — je m'y connais... — Voilà qui devient intéressant... — J'adore les amoureux!

— Du feu ici, tout de suite... un brasier à rôtir un bœuf! — reprit Jules. — Zirza, ma bonne fille, entasse des couvertures sur le lit... — Je monte chez moi... — Je trouverai dans ma petite pharmacie les éléments d'une potion indispensable...

Et il sortit rapidement.

Il tira de sa poche un agenda et un crayon, et se mit à parcourir successivement les affiches.

Paul et Zirza n'échangèrent pas une parole pendant son absence, qui fut courte.

Il revint au bout de quelques minutes, apportant une petite fiole pleine du breuvage qu'il avait préparé.

— Une cuiller à café ? — demanda-t-il.

L'étudiant en droit en prit une dans un tiroir et la lui tendit.

Victor Béralle allumait le feu.

— Soulève lentement la tête de la malade, — continua Jules Verdier en s'adressant à sa blonde maîtresse.

Zirza s'empressa d'obéir.

Le jeune homme remplit de cordial la cuiller, et la glissa entre les dents de Renée.

— Replace la tête sur l'oreiller... — dit-il ensuite.

Zirza obéit de nouveau.

Jules alors se tourna vers la pendule dont il regarda marcher les aiguilles.

La moderne Mimi Pinson ouvrait les tiroirs de tous les meubles; — elle en tirait des couvertures et des vêtements qu'elle entassait sur le lit.

Cinq minutes s'écoulèrent dans un profond silence.

Tous les regards, excepté ceux de l'étudiant en médecine, épiaient la figure inerte de Renée, espérant y découvrir quelque indice du retour à la vie.

— Je vais administrer une seconde cuillerée... — fit Jules quand la cinquième minute fut écoulée.

Il recommença, avec l'aide de Zirza, la petite opération à laquelle nous venons d'assister.

Tout à coup son visage devint moins sombre.

Paul, qui ne le perdait point de vue, surprit sur sa physionomie mobile cet éclair de joie et s'écria :

— Tout va bien, n'est-ce pas ?...

— Tout va mieux, du moins... — La chaleur revient... — La circulation du sang se rétablit... — Bientôt cette jeune fille ouvrira les yeux...

— Ah! mon ami, — balbutia Paul, que les sanglots étouffaient, — sois béni pour cette bonne nouvelle !...

Quelques instants s'écoulèrent encore.

Soudain un nuage pourpre colora les joues livides de Renée...

Ses lèvres s'agitèrent... — Elle poussa un faible soupir...

Ses paupières battirent de l'aile, ainsi qu'un papillon prêt à s'envoler, et se disjoignirent, laissant voir le blanc nacré du globe de l'œil.

Paul pleurait.

Zirza semblait joyeuse comme si elle venait de retrouver sa meilleure amie.

Victor Béralle était pâle d'émotion.

Jules Verdier se pencha vers la jeune fille.

— Me voyez-vous?... m'entendez-vous, mademoiselle? — lui demanda-t-il d'une voix très douce.

Renée entendit le son de cette voix, si elle ne comprit point les paroles prononcées.

Elle attacha sur celui qui parlait des yeux hagards où la flamme de l'intelligence ne brillait point, puis elle se mit à trembler de tous ses membres, ses dents claquèrent, des soubresauts nerveux agitèrent son corps.

— Mon Dieu!... mon Dieu!! — qu'a-t-elle donc? — murmura Paul, effaré.

— La fièvre que je redoutais commence..., et, fichtre, on l'aurait à moins! — répondit Jules.

— Que faire?

— Tu veux un bon conseil?

— Certes!

— Eh bien, monte chez moi prendre un peu de repos dont tu as grand besoin, et laissons Zirza passer le reste de la nuit auprès de cette enfant.

— M'éloigner d'elle!... Y songes-tu? — répliqua Paul Lantier.

— J'y songe si bien que j'insiste, ce parti à prendre étant le seul sage et le seul raisonnable... — Demain nous verrons plus clair dans tout cela... — Zirza, ma bonne fille, je te transforme en sœur de charité, les meilleures gardes-malades que je connaisse.

— J'y suis, j'y reste!! — répondit l'étudiante. — Comptez sur moi, la belle mignonne sera bien gardée!!

— Toutes les demi-heures tu lui feras prendre une cuillerée de potion...

— C'est entendu...

— Et si par hasard il se passait quelque chose qui ne te semble pas naturel, tu viendrais nous appeler...

— C'est compris...

— Eh bien, montons...

Paul jeta un long regard sur Renée et suivit son ami.

Victor Béralle leur serra la main à tous deux et se disposa à regagner pédestrement la rue Picpus, où il demeurait.

Le fils de Pascal Lantier passa une nuit terrible.

Malgré les sages conseils du futur docteur, il lui fut impossible de prendre une minute de repos.

L'angoisse ne lui permettait point de fermer les yeux.

Jules sommeilla tant bien que mal pendant quelques heures; mais dès le point du jour l'étudiant le réveilla.

Il se leva tout grelottant, s'habilla en un tour de main, et tous deux descendirent auprès de Renée.

En garde-malade consciencieuse, en véritable sœur de charité, Zirza s'était bien gardée de fermer l'œil, et de demi-heure en demi-heure avait administré le cordial préparé par son amant.

— A-t-elle dormi? — lui demanda ce dernier.

— Pendant deux heures environ...

— Le sommeil était-il agité?

— Très agité...

— Accompagné de délire?

— C'est probable, car d'instant en instant la mignonne prononçait des mots sans suite et des phrases incompréhensibles...

— Voyons un peu... — fit l'étudiant.

Et il s'approcha de la malade, qu'il examina très attentivement.

Renée avait les yeux ouverts.

Elle les tourna vers lui ; mais elle ne parut pas s'apercevoir de la présence d'un étranger en face d'elle.

— Très violente encore, la fièvre !... — dit Jules Verdier. — Le cerveau est pris et la pensée absente...

Paul, à son tour, s'approcha du lit.

— Renée... mademoiselle Renée... — murmura-t-il avec un accent de tendresse et de supplication.

L'enfant entendit son nom.

Ses yeux sans expression se levèrent sur celui qui venait de les prononcer, puis ils se dirigèrent de nouveau vers un point vague de l'espace.

— Elle ne m'a pas reconnu ! — s'écria Paul au désespoir.

— C'était prévu ! — répliqua Jules Verdier. — Voyons, sapristi !... du calme !!... du calme !!... sois homme ! — L'état de Mlle Renée est grave pour le moment, c'est indiscutable ; mais je compte que cette période inquiétante sera de courte durée et que la guérison ne se fera guère attendre...

— Bien vrai ?

— Oui, bien vrai...

— Tu me l'affirmes ?

— Je te jure que telle est ma conviction...

— Ah ! mon ami, tu me ravives ! je me sentais mourir !

— Zirza, mon canard bleu, — continua l'étudiant, — tu as veillé comme un ange, et nous te dédions l'expression de notre gratitude... Mais tu es fatiguée. — Va te reposer pendant quelques heures... — Nous te remplacerons momentanément ici. Tu n'iras pas à ton atelier aujourd'hui...

Ouvrons une parenthèse pour rappeler à nos lecteurs que Zirza la blonde à ses moments perdus —(d'ailleurs ils étaient rares)— travaillait dans un atelier de fleuriste.

— Oui, chien-chien... — répondit-elle en embrassant Jules sur les deux joues, — mais on me réveillera pour déjeuner...

— Je te le promets... Nous déjeunerons avec Paul... On nous montera à manger du restaurant...

X

L'étudiante disparut.

— Maintenant, — dit Jules à son ami, dès qu'il se trouva seul avec lui, — assieds-toi là, en face de moi, et causons sérieusement...

Paul s'installa à l'un des angles de la cheminée et demanda d'une voix tremblante :

— Tu veux me parler de Renée?
— Oui.
— Son état est grave, n'est-ce pas?
— Tu connais à cet égard ma pensée tout entière... — Je n'ai rien atténué... rien exagéré... — Le péril existe à coup sûr, quoique les chances de salut me semblent nombreuses, mais il faut appeler un médecin..
— Un médecin!... — répéta le fils de Pascal.
— Sans doute...
— Eh bien, et toi?...
— Moi, je suis étudiant en médecine, comme tu es étudiant en droit... — répliqua Jules Verdier en riant; — j'admettrai, si ça te fait plaisir, que nous sommes deux puits de science, mais à cette heure je n'ai pas plus le droit de signer une ordonnance que toi d'aller plaider au Palais; si par malheur il arrivait une catastrophe à laquelle je refuse de croire, je serais répréhensible comme toi, et ma responsabilité dépasserait de beaucoup la tienne... — Donc, je te le répète, il faut un médecin.
— Et à ce médecin, — murmura Paul, — il faut raconter l'accident ou plutôt le crime?...
— Cela n'est point douteux, mais qu'importe? Ne penses-tu pas toi-même à te rendre chez le commissaire de police, à lui faire ta déclaration, à lui répéter ce que tu sais, ce que tu as vu... à l'instruire enfin de la tentative criminelle dont cette pauvre enfant a été la victime?
— Non! — répondit carrément l'étudiant en droit. — Non, je ne pense point à cela, et je ne veux pas le faire...

Jules Verdier regarda son ami avec stupeur.

— Tu veux laisser secret l'attentat commis sur Mlle Renée! — s'écria-t-il.
— Oui.
— Tu as une raison pour te taire?
— Une raison grave...
— Laquelle?
— J'ai songé toute la nuit à ce qui se passe... Ma première idée était d'aller

faire ma déclaration, ainsi que tu me le conseillais tout à l'heure... — J'y ai renoncé...

— Réfléchis donc qu'en te taisant tu assumes une responsabilité terrible...

— Je le sais bien, mais je sais aussi qu'en parlant j'attirerais peut-être sur Renée de nouveaux périls.

L'étudiant en médecine sentait grandir sa stupeur.

— Je ne te comprends pas du tout... — dit-il; — explique-toi...

— Je vais le faire, car ma confiance en toi est sans bornes... — Par suite de circonstances dont le détail serait trop long, et qui n'ont point de rapport direct avec ce qui nous occupe, je sais que la naissance de cette jeune fille est entourée de mystère. — Je sais qu'une surveillance occulte n'a jamais cessé de planer sur elle... qu'elle ne connaît point sa famille... qu'elle ignore si son père et sa mère sont vivants ou morts... Ces ténèbres, épaissies à dessein, cachent quelque chose de sinistre... Au fond de cette ombre il y a certainement un lamentable secret de famille, un crime ou une honte... En allant prévenir la police, ne vais-je pas soulever un voile qui doit rester baissé?... La lumière faite sur le passé ne sera-t-elle point préjudiciable à l'innocente enfant? — Dans le doute je dois m'abstenir, à moins que Mlle Renée elle-même ne me donne le droit d'agir en son nom...

— Mais, — interrompit Jules, — attendre qu'elle t'ait donné ce droit, c'est laisser aux auteurs du crime le temps de se mettre en garde contre toute poursuite!

— Si Renée m'autorise à les poursuivre et à provoquer leur châtiment, je les trouverai, je le jure, quand je devrais pour cela me faire agent de police! — Renée sera vengée, si elle veut l'être...

L'étudiant en médecine sourit.

— Il me paraît inutile de te demander si tu aimes cette jeune fille... — dit-il.

— Je l'aime de toute mon âme! — répliqua Paul avec feu! — J'ai mis en elle tout mon espoir, tout mon avenir, toute ma vie! Un voile cache sa naissance... — Peu m'importe ce qui se trouve derrière ce voile! — Peu m'importe le sang qui coule dans ses veines! — Si elle est l'enfant d'une honte ou d'un crime, est-ce sa faute? Pour la rendre responsable il faudrait être fou et je ne le suis point... — J'aime Renée qui est un ange, ou plutôt je l'adore, et je l'adorerai toujours!... — Comprends-tu?...

— Pardieu!... c'est clair!...

— M'approuves-tu de garder provisoirement le silence?...

— Je t'approuve.

— Et remarque bien que j'ai pour me taire jusqu'à nouvel ordre deux raisons dont la seconde n'est pas moins grave que la première... — Les gens qui voulaient tuer Renée avaient un motif important pour commettre un meurtre aussi lâche! — A cet égard le doute est impossible. — Ils n'assassinaient point la pauvre enfant afin de la dépouiller... — De mystérieux intérêts de famille exigeaient qu'elle disparût... — Les assassins, croyant l'œuvre infâme accomplie, ne songeront plus qu'à tirer parti du crime commis... — Ils feront au contraire de nouvelles tentatives s'ils savent que leur victime est sauvée...

— Tout cela est très juste... — répondit Jules Verdier. — Tu as raison et plus que raison. Mais il n'en est pas moins indispensable que M¹¹ᵉ Renée reçoive les soins d'un homme à qui son diplôme de docteur confère le droit de signer des ordonnances...

— Soit! — Ne connais-tu pas un médecin en qui je puisse avoir confiance comme en toi-même?

Jules se frappa le front.

— Eh! si, pardieu! — s'écria-t-il; — j'ai notre affaire... Justin Maréchal, un compatriote, un camarade d'enfance, qui s'est installé au quartier de la Sorbonne... — C'est un ami sûr et discret... il ne songera même point à te questionner...

— Il faut le voir...

— Je vais le chercher... — Si je le trouve à son domicile je le ramènerai, et nous serons ici dans une demi-heure... — En attendant mon retour, pas un mot à notre malade .. pas un seul mot, c'est très essentiel...

— Sois tranquille...

Jules monta chez lui, mit un paletot, prit un chapeau, et courut au quartier de la Sorbonne.

Justin Maréchal allait sortir pour faire ses visites.

Sur la prière de son ami, il le suivit rue de l'École-de-Médecine

Chemin faisant, Jules le pria de n'adresser à l'étudiant en droit que les questions qui lui sembleraient indispensables, et le mit au courant de la situation dans une certaine mesure.

Paul et Justin ne se connaissaient point; mais, dès le premier coup d'œil, un courant de sympathie s'établit entre eux.

Ils échangèrent une poignée de mains, puis le jeune docteur s'approcha de Renée, et après un sérieux examen il se prononça de façon catégorique.

— État comateux qui peut se prolonger, — dit-il, — mais qui ne me semble point inquiétant... — D'ici à quatre ou cinq jours nous nous serons rendus maîtres de la fièvre...

Le fils de Pascal Lantier écoutait avec ivresse les paroles rassurantes du médecin.

Ce dernier ajouta, en s'adressant à Jules :

— Qu'as-tu fait jusqu'à présent?

Après avoir entendu les explications de l'étudiant, il reprit :

— C'est ce qu'il fallait... — Maintenant je vais écrire une ordonnance, et je vous engage, monsieur Paul, à vous mettre l'esprit en repos, car je réponds de votre chère malade...

— Ah! monsieur, que vous me rendez heureux et combien je vous suis reconnaissant!

Justin Maréchal traça son ordonnance, qui n'avait rien de bien compliqué et, après un nouvel échange de poignées de main, se retira en promettant de revenir le jour suivant.

— Tout va bien! — s'écria Jules après le départ de son ami. — Tu vois, j'avais raison, la petite est sauvée! — Va faire préparer la potion... — Moi, je file au restaurant donner l'ordre de monter à trois convives affamés une nourriture abondante et choisie... — Ensuite j'irai réveiller Zirza...

Paul désigna Renée.

— La laisserons-nous seule? demanda-t-il.

— Parfaitement... — Moins nous serons près d'elle et mieux cela vaudra. Allons, mon copain, fais une risette! — Tu es en purgatoire, mais les portes du paradis s'ouvriront pour toi!

La gaieté de l'étudiant en médecine était communicative. Lantier ébaucha un sourire.

Les deux jeunes gens sortirent ensemble.

Quand il revint avec la potion, Paul trouva Jules et Zirza mettant le couvert. Jules prit la fiole.

— Occupez-vous des soins du ménage, mes enfants... — dit-il. — Moi, je vais me livrer à mes fonctions d'infirmier...

Il administra le médicament à la malade, puis le patron du restaurant apporta le déjeuner dans une grande manne, et l'on se mit à table.

L'entrain joyeux de Jules et de Zirza finit par gagner Paul qui, certain désormais de la prochaine guérison de Renée, se sentait très heureux de l'avoir retrouvée.

La blonde étudiante passa la journée près du lit, tandis que les deux jeunes gens allaient suivre leurs cours.

Lorsqu'ils rentrèrent à l'heure du dîner, la prostration de Renée continuait, mais la poitrine était moins oppressée, la respiration moins sifflante, et Jules constata un mieux sensible.

On ne se sépara qu'à onze heures du soir.

Paul resta en extase pendant quelques minutes devant le doux et charmant visage dont la fièvre empourprait la pâleur.

— N'est-ce point un rêve, une illusion? — balbutia-t-il en étendant ses mains tremblantes vers l'enfant adorée. — Elle est ici!... près de moi... chez moi!... — Je puis veiller sur elle!... je pourrai lui dire que je l'aime! — Ah! Dieu, qui m'a permis de la sauver, est bon, et je le bénis à genoux! — Elle sera bientôt guérie, et si son cœur m'appartient comme déjà le mien est à elle... si je

Léopold prit la lettre et compara l'écriture à celle de la reproduction.

puis espérer qu'elle devienne un jour ma femme, je la conduirai à mon père, en m'écriant avec un joyeux orgueil : — Voilà l'enfant que j'adore !... voilà votre fille !...

Après cette contemplation extatique l'étudiant mit un genou en terre, prit une des mains brûlantes de Renée et la pressa contre ses lèvres avec autant de respect que d'amour.

LIV. 46. F. ROY, édit. — Reproduction interdite. 46

Puis il se retira dans la chambre voisine, où la blonde Zirza lui avait préparé un lit sur un divan.

Le jeune homme était brisé de fatigue.

Le sommeil, — un sommeil calme et réparateur, — ne se fit point attendre, et cette fois fut peuplé de rêves d'heureux augure.

Hélas! un vieux proverbe n'a-t-il pas dit :

« *Tous songes sont mensonges!...* »

XI

Nous avons quitté la gare de Maison-Rouge au moment où l'homme à la casquette galonnée venait de déposer Ursule sur les coussins du compartiment réservé et où le train se remettait en marche.

— Nous n'arriverons à Paris que dans deux heures et demie... — dit l'inconnu à Mme Sollier; — si vous pouviez dormir, je crois qu'un peu de sommeil vous ferait grand bien... — Je vais vous arranger une sorte de lit, et rien ne vous empêchera d'étendre votre jambe.

— Je vous remercie mille fois, monsieur, — répliqua la malade, — et je vous laisse prendre soin de moi.

— Vous vous placerez par ici... — reprit l'homme au galon en désignant la portière qui se trouvait du côté de la contre-voie. — Si quelque employé se présente pour le contrôle des billets, vous ne serez pas dérangée...

— Faites, monsieur.

L'inconnu prit les coussins et les entassa entre les banquettes comme des matelas, en ayant soin que l'un d'eux, à moitié relevé, formât une sorte de traversin.

Ensuite il aida Mme Sollier à s'étendre sur cette couche improvisée.

Les épaules d'Ursule, posées sur le coussin relevé, prenaient par conséquent leur point d'appui contre la portière.

— Comment vous trouvez-vous? — lui demanda son compagnon de route.

— Aussi bien que dans mon lit.

— Vous n'avez pas froid?

— Non, je suis chaudement couverte... — Grâce à vous, monsieur, je ferai le voyage sans la moindre fatigue... — Est-ce que la neige tombe toujours?

— Oui, madame, et même elle redouble. La campagne est toute blanche.

Ursule ne questionna pas davantage.

Elle n'avait point quitté le petit sac de chagrin noir que retenait à son bras une chaînette nickelée.

L'inconnu voyait ce sac à merveille, mais ne semblait point y faire attention.

Il s'assit à l'autre extrémité du compartiment et, essuyant avec son mouchoir la buée qui ternissait la vitre, regarda au dehors.

Mollement bercée par la trépidation régulière du chemin de fer, Mme Sollier ferma les yeux et songea à tout ce qui l'intéressait et intéressait Renée.

Peu à peu sa pensée devint confuse.

L'engourdissement s'emparait de son cerveau.

Ses souvenirs se voilèrent; — elle cessa de penser...

Elle dormait.

Le bruit plus fort de sa respiration frappa l'oreille de l'inconnu.

Il tourna les yeux vers elle et murmura :

— Bravo !... Le sommeil est mon complice! — Il me tarde maintenant d'arriver au viaduc de Petit-Bry.

Le train ralentit sa marche et s'arrêta tout à fait.

Des voix crièrent :

— Émérainville...

— Encore une station après celle-ci... — pensa l'homme au galon.

Le train fila de nouveau.

Au dehors la bourrasque faisait rage.

Un vent glacé chassait des tourbillons de neige contre les vitres des wagons et sifflait dans les rainures des portières.

D'Émérainville à Villiers-sur-Marne le train met onze minutes.

A mesure qu'on approchait de Villiers, le visage de l'inconnu changeait d'expression.

Ses traits crispés, ses yeux vacillants dénotaient une agitation violente.

Ursule fit un mouvement.

L'homme au galon la regarda d'un air farouche.

— Fasse le diable qu'elle ne se réveille pas! — se disait-il. — Le sommeil simplifierait bien ma besogne! — Point de lutte, point de cris... — La chose irait toute seule...

C'était une fausse alerte.

Mme Sollier ne remua plus. — Son sommeil était calme et profond.

On stoppa à Villiers-sur-Marne puis, au bout de moins d'une minute, le train se remit en mouvement.

L'inconnu attendit quelques secondes, se pencha vers la malade et écouta sa respiration paisible.

Un grand tartan placé sur la tête d'Ursule enveloppait son visage et la préservait du froid qui se faisait sentir à l'intérieur du wagon, malgré les boules d'eau chaudes réglementaires.

Satisfait de son examen l'homme, se redressant, se glissa jusqu'à la portière à laquelle s'adossait Ursule.

Lentement, avec une adresse extrême et des précautions infinies, il abaissa la vitre et passa ses bras par l'ouverture que son corps masquait entièrement, interceptant le froid et la neige.

Il se pencha au dehors.

Sa main atteignit la targette mobile et la fit basculer.

Ensuite il tourna la poignée de cuivre en ayant soin de tirer à lui la portière pour l'empêcher de s'ouvrir avant le moment voulu.

Cette besogne achevée, il retira son corps et referma la vitre.

Ursule poussa un profond soupir. — Sa tête changea de position.

Ce fut tout.

Elle ne se réveilla pas.

L'inconnu la regarda en souriant et s'assit, mais sans cesser de maintenir la portière.

La neige continuait à tomber, de plus en plus épaisse.

Le train filait avec une rapidité vertigineuse.

Les silhouettes à peine entrevues des arbres chargés de givre fuyaient comme des ombres.

Les haies bordant la voie semblaient un long ruban grisâtre.

Soudain l'homme tressaillit.

— On va entrer sur le viaduc... — murmura-t-il.

Il achevait à peine de prononcer mentalement cette phrase, que les premiers wagons s'engagèrent en effet sur le viaduc de Petit-Bry, qui traverse la Marne à une altitude de quarante mètres environ.

Le train siffla pour annoncer son arrivée à la gare, dont une minute seulement le séparait.

Le moment attendu était arrivé

L'homme donna une forte poussée à la portière qui s'ouvrit brusquement.

Mme Ursule, qui s'y trouvait adossée, bascula, le poids de la tête et des épaules entraînant le reste du corps.

La malheureuse femme roula sur la voie, après être restée pendant une seconde accrochée au marchepied.

Le train continuait à siffler.

Pâle et tremblant, l'inconnu referma la portière, remit la targette en place, releva la vitre et replaça les coussins.

Ensuite il se laissa tomber sur l'un d'eux, en respirant avec force et en épongeant avec son mouchoir son front mouillé de sueur.

— C'est fait... — murmura-t-il d'une voix sourde, — voilà de la jolie besogne... — Le camarade ne doit pas avoir chaud, mais il sera content.

On arrivait à la gare de Nogent-sur-Marne.

L'homme ouvrit la portière et, après être descendu sur le quai de débarquement, eut grand soin de la refermer.

A moitié gelés, les capuchons de leurs cabans rabattus jusqu'aux yeux, les employés du train avaient hâte de repartir.

A la sortie, l'homme donna son ticket au receveur grelottant qui ne le regarda pas.

— A la gare de Joinville, maintenant! — fit-il en s'élançant dehors et en prenant sa course vers la rue qui forme l'artère principale de Nogent-sur-Marne.

Puis il disparut au milieu des tourbillons de neige.

Ursule était tombée sur le marchepied, nous l'avons dit, et, après y être restée accrochée pendant le quart d'une seconde, avait rebondi sur la contre-voie sans pousser un cri.

La vitesse du train, le froid pénétrant, la stupeur résultant d'un si terrible réveil, l'avaient paralysée.

Lorsqu'elle roula dans la neige avec une épaule luxée, elle était à demi morte déjà, et le sang coulait avec abondance d'une profonde blessure faite à la tête.

Le train sortit du viaduc.

Alors se passa une chose étrange.

Un monceau de neige, placé le long du parapet du viaduc, du côté de la contre-voie, s'agita tout à coup, se dressa et prit la forme d'un homme.

C'était un homme, en effet, un homme transi jusqu'aux moelles, qui depuis dix minutes attendait là, accroupi, et que la neige avait couvert de façon à le cacher complètement.

Cet homme, après s'être secoué à plusieurs reprises pour rétablir la circulation du sang dans ses membres engourdis, se mit à suivre sur la voie la ligne du passage du train.

Arrivé à peu près au milieu du viaduc, il fit halte et se baissa vers le sol.

Il se trouvait en face du corps, ou plutôt du cadavre d'Ursule.

— Allons! — murmura-t-il, — Jarrelonge a bien travaillé!... — Nous voici les maîtres de la position. — Il ne s'agit plus que de reprendre la fausse lettre du notaire et de m'emparer de celle écrite par feu Robert Vallerand à cet honorable officier ministériel... — Elle a certainement sur elle ces deux missives dont elle devait tenir à ne point se séparer... Mais il ne faut pas encombrer la voie montante... — Aucun train ne passera d'ici à cinquante minutes... J'ai beaucoup plus que le temps...

Saisissant le corps raidi par le froid, il le souleva, le porta le long du parapet et se mit à fouiller minutieusement les poches.

Dans l'une, il trouva des clefs et un porte-monnaie.

Dans une seconde, un mouchoir.

La troisième, enfin, renfermait un portefeuille..

— C'est là-dedans que doivent être les lettres... — reprit le misérable en empochant le portefeuille et les autres objets. — Tout va bien! — Je n'ai rien oublié. — La neige, dans dix minutes, aura rempli la trace de mes pas et comblé l'empreinte passagère laissée par le cadavre... — On ne s'occupera même pas à la gare du compartiment vide. — Le mystère restera impénétrable... — La police en défaut sera réduite à inventer un nouveau *Jud*... — La fortune de l'oncle Robert est à nous !...

Il se pencha sur le parapet.

XII

Sous les piles du viaduc, la Marne roulait ses flots sombres chargés de glaçons qui s'entrechoquaient avec un bruit lugubre.

— Comme l'autre !... — murmura l'homme.

Et, soulevant la malheureuse Ursule qui n'était qu'évanouie, il l'étendit d'abord sur le parapet, puis la poussa en avant.

Le corps tournoya deux fois et franchit, avec la rapidité d'une flèche, les quarante mètres qui le séparaient de la rivière, où il s'engloutit.

Léopold Lantier, que nos lecteurs ont reconnu, n'était déjà plus là.

Il gagna en courant l'extrémité du viaduc, se laissa glisser sur le talus couvert de neige que bordait une haie d'épines, traversa cette haie, se trouva sur la route conduisant d'un côté à la berge de la Marne et de l'autre à la gare de Nogent, et prit la direction de la berge.

Au moment de l'atteindre, il s'arrêta et prêta l'oreille.

L'horloge du clocher de Petit-Bry commençait à sonner.

Le scélérat compta onze coups.

— Onze heures ! — fit-il en se remettant en marche. — Un train passe à Joinville à onze heures trente-six minutes... — Jarrelonge doit m'attendre à la gare... J'arriverai à temps...

Suivant alors d'un bon pas la route de halage qui conduit auprès du pont de Joinville il ne mit qu'une demi-heure pour gagner la station du chemin de fer.

Il franchit le seuil de la salle d'attente.

Jarrelonge s'y trouvait, assis dans un coin sombre, et se leva en voyant entrer Lantier.

Celui-ci posa vivement un doigt sur ses lèvres.

Le bandit en sous-ordre comprit et se laissa retomber sur sa banquette.

Léopold alla s'asseoir loin de lui.

Le guichet s'ouvrit.

Lantier se présenta aussitôt.

— Une seconde pour Reuilly, — fit-il.

On lui délivra son ticket.

Derrière lui venait Jarrelonge.

— Pour où? — demanda l'employé.
— Reuilly... seconde...
— Voilà...

La porte de la salle d'attente tourna sur ses gonds.

Une voix cria :

— Messieurs les voyageurs pour Paris, en voiture!...

En passant à côté de Jarrelonge Léopold lui dit tout bas :

— Ne monte pas avec moi... — Nous nous retrouverons là-bas.

Et il traversa la voie.

Le train annoncé stoppait en gare.

Les deux hommes s'installèrent dans des compartiments différents.

A Reuilly ils descendirent, gagnèrent la sortie sans s'adresser la parole, et se dirigèrent à vingt pas l'un de l'autre vers le boulevard.

Là seulement ils se rapprochèrent.

— Eh bien?... — fit Jarrelonge curieusement.

— Joli travail... — répondit Léopold. — Mais bouche close... — Nous causerons à la maison, en soupant.

Quelques minutes plus tard ils étaient attablés dans le pavillon du passage Tocanier, en face d'un bon feu préparé d'avance.

Jarrelonge avait ôté la vaste houppelande qui cachait son costume de domestique de bonne maison.

— Tu as fouillé la brave dame? — demanda-t-il.

— Avec beaucoup de soin, je te prie de le croire...

— Qu'as-tu trouvé?

— Voici les bibelots...

Et Léopold sortit de ses poches les différents objets volés sur le corps de Mme Sollier.

— D'abord des clefs... — dit-il.

— Ce ne sont pas celles de sa malle, — fit observer Jarrelonge, — car je les ai en ma possession avec le bulletin de bagages...

— Nous les mettrons de côté... — Un mouchoir...

— En le démarquant il pourra servir... — Faut jamais rien laisser perdre...

— Un porte-monnaie...

— Est-il garni?

Lantier l'ouvrit et en vida le contenu sur la table.

— De l'or! — s'écria Jarrelonge dont les yeux étincelèrent de convoitise en voyant une trentaine de louis. — Il y en a pas mal...

— Nous partagerons en frères, mais ce n'est point cela qui me préoccupe pour le moment...

— Qu'est-ce que c'est donc?

— C'est ma lettre...

— Celle que j'ai portée là-bas?
— Oui... — Elle doit être dans le portefeuille avec l'autre...
— Quelle autre? — demanda curieusement le libéré.
— Parbleu! celle qu'il me faut!... Le pivot sur lequel toutes mes combinaisons reposent... — Si dame Ursule n'avait point possédé cette lettre, elle ne serait pas en ce moment au fin fond de la Marne...

Tout en parlant, le cousin de Pascal Lantier ouvrait le portefeuille.

— Ah çà! voyons, mon vieux, — murmura Jarrelonge avec un regard quêteur, — tu me diras bien un jour quel est le particulier pour le compte de qui nous travaillons.

Léopold allait explorer les poches de l'agenda.

Il s'interrompit, regarda son interlocuteur bien en face, et répliqua :

— Est-ce que par hasard tu ne te souviens plus de nos conventions?

— Si... si... j'ai bonne mémoire... soumission aveugle... obéissance passive... c'est promis... c'est juré... Mais, entre amis, entre bons *zigs*... on peut bien se faire quelques petites confidences... se raconter quelques petits secrets...

— Les secrets que tu me demandes ne sont pas les miens... par conséquent je les garderai... — Tiens-toi cela pour dit, mon bonhomme!

Le ton net et carré de Léopold témoignait d'une résolution immuable.

Jarrelonge n'insista point; mais, tout en se versant un grand verre de vin, il fit une grimace de mécontentement.

Léopold ne s'occupait plus de lui et fouillait le portefeuille avec une vivacité qui ne tarda point à devenir fébrile...

— Rien! rien! — dit-il brusquement en donnant un grand coup de poing sur la table.

— Les lettres n'y sont pas? — répéta Jarrelonge, partageant instinctivement l'inquiétude et le désappointement de son complice.

— Non!... Tu vois bien que ce portefeuille est vide et qu'il ne peut recéler aucune cachette...

— Oui, je vois...

— Or, puisque les lettres ne sont pas là, où sont-elles donc?

— As-tu visité le sac?...

Une expression de stupeur se peignit sur le visage de Léopold. — Ses yeux s'arrondirent.

— Quel sac? — demanda-t-il.

— Pardine, un petit sac de cuir noir que la dame ne quittait non plus que son ombre, et qu'elle portait suspendu à son bras gauche par une chaînette d'acier nickelé...

— Tonnerre! — s'écria Léopold avec une explosion de rage. — Je ne me suis occupé que des poches!... — Ce sac qu'elle portait au bras, selon toi, je ne l'ai pas vu!...

— Docteur, c'est impossible, murmura la malade, et je vous désobéirai.

— Il n'aura pu glisser, cependant... — fit observer Jarrelonge.
— Pourquoi ?
— Parce que la chaînette passée autour du poignet de la dame le retenait solidement...

Le libéré poursuivit, en montrant une clef minuscule composant, avec deux ou trois autres, le trousseau posé sur la table :

— Cette clef doit l'ouvrir...

— Et j'ai jeté le sac dans la Marne avec le cadavre ! — fit Léopold d'une voix étranglée. — C'est jouer de malheur !

Jarrelonge tremblait.

— Tout est perdu, alors ? — balbutia-t-il.

— J'en ai peur... — Mes combinaisons sont à tous les diables !... Que faire ?...

— Dame ! je n'en sais rien ; car, entre nous, il est difficile d'aller plonger en Marne pour retirer la chose.

Léopold ne l'écoutait pas.

Il songeait.

Son visage assombri s'éclaira brusquement.

— En vérité, je suis un sot de jeter si vite le manche après la cognée ! — fit-il à haute voix. — Rien ne prouve que les lettres ne sont pas dans la malle de cette femme...

— Au fait, c'est vrai ! — s'écria Jarrelonge redevenu joyeux. — Elles doivent être dans la malle, et nous avons le bulletin... — Demain matin j'irai la retirer à la consigne, comme j'ai retiré déjà le baluchon de la petite demoiselle...

— C'est cela. — De cette façon je saurai vite à quoi m'en tenir...

Après avoir achevé leur repas, puis partagé l'argent trouvé dans le porte-monnaie de Mme Sollier, les deux hommes allèrent se coucher, et la fatigue aidant, ne tardèrent pas à s'endormir d'un profond sommeil.

De bonne heure le lendemain Léopold sauta en bas de son lit et réveilla Jarrelonge, qui rêvait à sa fortune future.

En peu de jours le libéré avait mis de côté près de deux mille francs, et son pécule ne pouvait manquer de s'accroître dans de sérieuses proportions si, — comme il le disait cyniquement, — les *affaires* continuaient à prospérer seulement pendant une année.

Interrompu fort mal à propos dans son beau rêve, il bâilla, se frotta les yeux et demanda d'un ton maussade :

— Quelle heure est-il donc ?

— Sept heures... — Habille-toi, et vite à la gare...

Jarrelonge fut bientôt debout et prêt à partir.

— La malle est lourde, — dit-il à Léopold, — il faudra que je prenne un fiacre...

— Ce serait une maladresse incroyable... — On pourrait, en un cas donné, retrouver la trace de ce fiacre et savoir où il a porté les malles...

— Comment donc faire ?

— Attelle la jument au coupé, et nous n'aurons rien à craindre...

— C'est une idée et une fameuse !!

Jarrelonge la mit sur-le-champ à exécution.

Il attela et partit.

Une heure après il rentrait avec le bagage d'Ursule.

XIII

Léopold ouvrit la malle et passa la revue de son contenu, comme il avait fait pour la valise de Renée.

Elle ne renfermait aucune lettre, aucun papier.

— Rien! — murmura-t-il en faisant un geste de colère. — Les lettres sont bien dans la Marne, avec la femme... — Il faudra s'en passer... — Si on les retrouve quand nous aurons touché l'argent, tant pis pour le cousin Pascal... — Valta sera loin...

Jarrelonge mourait d'envie de questionner, mais son complice lui en imposait ; — il se rappelait d'ailleurs sa réponse de la nuit précédente, et il s'abstint de toute interrogation indiscrète...

— Je sors... — dit l'ex-réclusionnaire en prenant son chapeau.

— Rentreras-tu déjeuner?

— Oui... — Mon absence sera courte... — Défonce les malles et brûle les débris. — Quant aux frusques, je te les donne... Qu'elles disparaissent le plus tôt possible...

— Sois tranquille.

— Nous déjeunerons à onze heures précises.

— Patron, voulez-vous faire le menu? — demanda Jarrelonge en riant.

— Inutile. — Je te laisse carte blanche.

— Alors vous serez content de moi.

Léopold sortit et prit le chemin du logis de l'entrepreneur.

Pascal se mourait d'inquiétude.

Il était près de neuf heures et demie et Valta n'avait point encore paru quoiqu'il eût promis la veille de venir de grand matin lui apporter la fameuse lettre qui devait mettre en ses mains les millions de feu Robert Vallerand, millions dont le notaire de la rue des Pyramides était, croyait-il, dépositaire.

L'anxiété de Pascal et son impatience dépassaient encore celles qu'il éprouvait au lendemain de l'assassinat de Renée.

Le premier crime préparait les voies.

La réussite du second assurait la fortune du misérable.

Et Valta n'arrivait point...

Cet homme qui l'épouvantait, cet homme capable de tout, une fois en possession de la lettre, ne tenterait-il pas de s'en servir lui-même afin de s'approprier l'héritage?

Tout était possible.

De telles pensées mettaient une sueur froide aux tempes de l'entrepreneur.

Un coup de sonnette retentit.

Pascal courut à la fenêtre.

Un domestique ouvrait.

— Enfin! — pensa Lantier avec un soupir d'allègement.

Il venait de reconnaître son complice.

Quelques secondes s'écoulèrent, puis on frappa doucement à la porte.

— Entrez!... — cria l'entrepreneur.

La porte s'ouvrit et Léopold parut.

— Venez... venez vite... — dit Lantier en allant à sa rencontre. — Je suis sur des charbons ardents... je ne sais ce que je dois espérer... ce que je dois craindre... je meurs d'angoisse...

— Du calme! du calme!... — répliqua l'évadé de Troyes en prenant un siège. — Beaucoup de calme et de sang-froid, cher monsieur... Nous en avons grand besoin tous les deux...

L'entrepreneur, nullement rassuré par ces paroles, devint pâle.

— Est-ce que tout ne marche pas comme il faut ? — demanda-t-il en tremblant.

— Oui et non...

— Ursule Sollier?...

— Plus rien à craindre d'elle... — Supprimée comme la petite, et par un procédé identique...

Les soupçons dont nous avons indiqué la nature assaillirent de nouveau Pascal. — Il lui parut certain que son complice ne jouait pas franc jeu.

— Mais alors, — dit-il, — tout va pour le mieux, et je ne puis m'expliquer vos réticences... — Ursule n'est plus à craindre, et vous avez sans doute la lettre que vous m'avez promise... la lettre que j'attends...

— Je ne l'ai pas..

Pascal chancela sous le coup.

— Vous ne l'avez pas? — répéta-t-il en regardant le prétendu Valta dans le blanc des yeux avec une défiance manifeste.

Léopold comprit l'expression de ce regard et s'en irrita.

— Tonnerre! — fit-il les poings serrés et la voix sifflante. — Est-ce que vous doutez de moi, par hasard?

L'entrepreneur était lâche.

La physionomie menaçante du bandit l'épouvanta.

Il s'empressa de répondre :

— Je ne doute nullement... J'ai toute confiance... Seulement je suis étonné que vous n'ayez point cette lettre...

— Et vous croyez que je suis un menteur... — Oh! inutile de nier!... Je lis dans votre esprit comme dans un livre... — J'y vois ce que vous supposez...

— Je ne suppose rien... — interrompit Pascal Lantier. — Je dis tout simplement que nous avons fait un marché au sujet de la lettre dont nous parlons...

— N'ai-je pas le droit d'attendre la remise de cette lettre et de celle que j'ai écrite sous votre dictée en imitant l'écriture du notaire?

— Vous en avez le droit, — fit Léopold d'un ton rude, — mais vous n'aurez ni l'une ni l'autre...

— Pourquoi cela?

— Parce qu'elles sont au fond de la Marne...

Lantier tressaillit.

— Au fond de la Marne!! — s'écria-t-il.

— Oui! cent fois oui!!

— Mais comment?

— Je vais vous expliquer ce qui s'est passé.

— Vous me ferez plaisir, car je n'ai jamais su deviner les énigmes, et celle-ci est des plus corsées...

Pascal pensait tout bas :

— Je verrai bien s'il ment, et je n'accepterai point son mensonge... — S'il dit vrai je suis sauvé, et, n'ayant plus rien à craindre, je romprai ma chaîne!

L'ex-réclusionnaire raconta brièvement ce que nous avons raconté nous-mêmes à nos lecteurs.

Pascal écoutait avec un effroi grandissant ce récit net et clair.

Il sentait à merveille que son complice n'essayait point de lui en imposer...

— Ainsi, — murmura-t-il d'un ton découragé lorsque Léopold eut fini, — ainsi vous avez fait tout cela pour n'aboutir à rien! — Le meurtre de deux femmes ne nous donne aucun résultat utile! — Vous avez tué pour tuer... et la fortune m'échappe... car j'admets que vous venez de me dire la vérité

— Que supposiez-vous donc tout à l'heure?

— Peu importe...

— Il importe beaucoup!... Vous supposiez que, maître de la lettre, je voulais m'en servir à mon profit et à votre détriment...

— Eh bien! oui, j'en conviens...

Léopold eut un sourire dédaigneux.

— Ah! — répliqua-t-il, — j'avais bien compris! — Vous me faisiez beaucoup d'honneur en me jugeant plus coquin que vous... ce qui ne serait pas facile...

Pascal se garda bien de relever ce dernier membre de phrase, et reprit :

— Enfin, ces lettres sont perdues... — Je vous avais payé pour me les apporter, et me voici dupe de ma bonne foi....

— Dupe!... — Le mot est dur.

— Trouvez un moyen qui mette en ma possession la fortune déposée chez le notaire, et je suis prêt à vous accorder de nouveau toute ma confiance...

— Ce qui signifie que vous me la retirez pour le quart d'heure?

Pascal ne répondit pas.

Léopold sourit de nouveau.

— Jetez-vous donc le manche après la cognée? — reprit-il.
— Le moyen de faire autrement? Tout n'est-il pas perdu?
— Non...
— Et de quelle façon comptez-vous opérer le sauvetage de mes espérances?...
— Je vais vous l'apprendre...
— J'écoute et ne demande qu'à me laisser convaincre.
— Suivez-moi bien. — On a posé les scellés au château de Viry-sur-Seine, après la mort de Robert Vallerand...
— Oui.
— Ce qui prouve que l'on songe à sauvegarder les intérêts de l'héritier ou des héritiers...
— Certes, on sait que j'existe, et si je ne me présente pas on m'écrira... ce que d'ailleurs on aurait déjà dû faire...
— Eh bien! Renée n'existant plus, vous êtes héritier...
— Héritier de quoi? — répliqua Pascal avec un ricanement. — Héritier d'une bicoque et d'un domaine qui ne valent pas cent mille écus!... Vous m'avez dit que Robert Vallerand, mon oncle, avait placé secrètement toute sa fortune chez un notaire de Nogent-sur-Seine, qui ne remettrait les fonds que contre un reçu fait par lui au dépositaire...
— C'est exact...
— Eh bien, est-ce que j'ai ce reçu, moi?... Il se trouve, vous le savez bien, dans le paquet cacheté dont le notaire de la rue des Pyramides est gardien, et dont il ne connaît sans doute ni le contenu ni la valeur. — Est-ce que, sans la lettre du défunt, je puis aller réclamer ce paquet? — L'officier ministériel me rirait au nez et il aurait raison!... — Cette fortune se trouve donc perdue, bien perdue, car, excepté vous, moi, et le notaire de Nogent-sur-Seine, personne ne sait qu'elle existe... or, le notaire, attendant toujours la présentation du reçu, ne parlera pas...
— Mais, — reprit Léopold en appuyant sur ces mots, — si on écrivait au parquet une lettre déclarant que M⁰ Augny est détenteur de fonds considérables appartenant à la succession de Robert Vallerand?

Pascal haussa les épaules.

— Vous êtes fou! — s'écria-t-il.
— En êtes-vous bien sûr?
— Pardieu! — Cette lettre afficherait tout bonnement ma complicité aux crimes inutiles que vous avez commis. — On se demanderait où et comment j'ai su l'existence de cette fortune mystérieuse, et, de fil en aiguille, on arriverait à la découverte de la vérité.
— Eh! — répliqua l'évadé de Troyes, — qui vous parle d'écrire vous-même et de signer? — Un bon avis officieux, mais anonyme, suffira... L'éveil étant donné, le fisc, qui ne veut rien perdre, fera une enquête, et le notaire, interrogé

sur faits et articles, sera bien forcé de convenir qu'il possède des fonds appartenant à la succession qui nous préoccupe...

L'entrepreneur gravait dans sa mémoire, pour en faire son profit, tout ce que lui disait son complice.

Il n'en objecta pas moins :

— Le notaire, ayant reçu des ordres de feu son client, se retranchera derrière le secret professionnel et ne parlera pas... — Qui sait si l'idée ne lui viendra point de nier le dépôt et de s'approprier la fortune ?...

XIV

— Croyez-vous un officier ministériel capable d'un tel abus de confiance? — s'écria Léopold.

— Il y a des notaires au bagne... — répondit Pascal.

— Où vous n'avez point envie d'aller les rejoindre.

L'entrepreneur fit une grimace significative et répliqua :

— J'ai beau être un joueur déterminé, je ne continuerai pas une lutte si périlleuse... — J'aime mieux la faillite, après tout, que les travaux forcés à perpétuité...

— Bref, vous abandonnez la partie ? — demanda l'ex-réclusionnaire.

— La partie est perdue.

— Qu'en savez-vous ?... — Un joueur hardi, et vous prétendez l'être, conserve jusqu'au bout l'espérance de gagner...

— Je n'ai plus d'espérance... — Tout est fini. — La lutte est inutile...

— Je suis d'un avis diamétralement opposé... — Votre position est aujourd'hui ce qu'elle était il y a quelques jours, et plutôt meilleure que pire... — Vous redoutez la mort soudaine du comte de Terrys et vous craignez que sa fille ne vous réclame, comme c'est son droit, le million dû à son père ; mais je vous ai dit que je connaissais un moyen d'immobiliser ce million dans vos mains pour un temps indéterminé ; ne vous en souvenez-vous pas ?...

— Je m'en souviens... — fit Pascal en se levant, — mais je refuse d'employer ce moyen... Assez de crimes comme cela... J'accepte l'avenir, quel qu'il soit!

— Vous acceptez l'avenir quel qu'il soit!... — répéta Léopold avec un sourire d'incrédulité. — Ah çà! mais, mon compère, me prenez-vous pour un imbécile, et vous figurez-vous que je suis votre dupe ? — Rayez cela de vos papiers! — J'ai biseauté vos cartes, je vous ai montré ce qu'on pouvait faire, je vous ai appris à faire sauter la coupe, à vous donner quinte et quatorze, et à cette heure, certain de réussir en utilisant mes procédés, vous venez me dire, avec une désinvolture adorablement cavalière : — *Tout est fini!... — je renonce à la lutte!...* —J'aurais donc rendu le chemin libre, et vous y passeriez en me laissant en arrière... J'aurais tiré les marrons du feu, et vous les croqueriez à mon nez et à ma barbe! — Halte-là, mon bonhomme! Vous abandonnez la partie, ça vous regarde... Mais réglons nos comptes...

Pascal Lantier regarda bien en face l'évadé de Troyes, avec un aplomb dont ce dernier ne le croyait pas capable.

— Nos comptes!... — dit-il ensuite, — Quels comptes? — Vous avez fait des démarches qui devaient m'être utiles... — Elles ne l'ont point été; mais je ne vous reproche pas leur insuccès... — Je vous les ai payées... Nous sommes quittes...

— Quittes! — Est-ce ainsi que vous envisagez la situation?...

— Parfaitement. — Si je vous dois quelque chose, faites valoir vos droits...

Léopold sentit la colère lui monter au cerveau.

— Faire valoir mes droits! — murmura-t-il d'une voix sourde et les dents serrées. — Me le conseillez-vous?

— Certes! si vous croyez en avoir.

— Ah çà! vous devenez fou! — reprit le faux Valta en s'animant tout à coup. — Mes droits, mais ils sont indiscutables, imprescriptibles; ils résultent de votre complicité, qui vous conduirait à la cour d'assises si je voulais, vous le savez bien, et de là à la place de la Roquette!

L'entrepreneur eut un éclat de rire qui sonna faux.

— C'est vous qui perdez la raison! — répliqua-t-il. — Je vous défie de m'accuser...

— Prenez garde!

— Je ne crains rien! — D'abord il faudrait vous livrer, et ensuite de quoi m'accuseriez-vous? — Où sont les preuves de ma complicité prétendue? — Un seul indice pourrait me compromettre, la lettre que vous m'avez fait écrire de l'écriture du notaire et signer de son nom, et cette lettre est au fond de la Marne avec celle de Robert Vallerand.

Léopold croisa ses bras sur sa poitrine...

— Je lis dans votre jeu... — fit-il.

— Croyez-vous?

— J'en suis sûr... et j'y lis sans lunettes! Vous vous dites : « — J'avais un oncle millionnaire et, sans une fille naturelle inconnue du monde entier, les millions du défunt me revenaient tout droit... — Il s'est trouvé un imbécile, qui pour quelques billets de mille francs m'a débarrassé de l'héritière gênante... — Aujourd'hui je suis sûr de palper la fortune, car je serai assez malin, grâce aux indications de Valta, pour contraindre le notaire de Nogent-sur-Seine à s'exécuter... — La fille du comte de Terrys pouvait, à un moment donné, produire une réclamation gênante... — Le bon Valta m'a fourni le moyen de me débarrasser d'elle et de ma dette... — Il ne me reste qu'à attendre paisiblement

Il avait l'apparence d'un domestique de bonne maison en petite tenue.

que les millions tombent dans ma caisse... — Une enfant de mon oncle avait-elle des droits à son héritage? — Je l'ignore... — Un crime a-t-il été commis? — Je n'en sais rien... — Si une vieille femme a disparu... est-ce ma faute? — Un homme s'est-il rendu coupable de deux assassinats? — C'est possible, mais je ne connaissais même pas cet homme!... — Il n'existait contre moi qu'un indice, et cet indice est perdu, donc je suis libre et n'ai rien à craindre!! » — Est-ce cela que vous pensez, monsieur Lantier?

— C'est cela... — répondit cyniquement l'entrepreneur.

— Eh bien, mon cher monsieur, votre calcul est faux... — Vous êtes rivé aux crimes commis pour vous, payés par vous?... — Une preuve manque... il y en a d'autres...

— Lesquelles?

— J'habite votre maison du passage Tocanier... c'est déjà une présomption de complicité, cela.

— Allons donc! — fit Pascal en riant et haussant les épaules. — J'ai loué au nommé Valta un pavillon qui m'était inutile... — Mes livres feraient foi, au besoin, que ce Valta m'a soldé d'avance, comme c'est l'usage, six mois de loyer... Les écritures sont régulièrement passées...

Léopold regarda son interlocuteur avec stupeur.

— Très malin! — fit-il. — Mais le cheval et la voiture mis à ma disposition?...

— Inscrits également sur mes livres comme vendus et payés comptant... Il eût été maladroit de ne pas le faire...

— Ah! brigand, tu as tout prévu! — cria l'évadé avec rage.

— Tout! — dit Lantier très calme. — J'ajouterai que, s'il fallait établir un alibi, rien ne serait plus facile... — Pendant que vous supprimiez la jeune Renée d'abord, la vieille Ursule ensuite, j'avais soin de ne pas sortir de chez moi et d'y faire constater ma présence par diverses personnes... — Une enquête l'établirait péremptoirement... J'expliquerais en outre, sans la moindre peine, mon temps d'arrêt à Maison-Rouge en revenant de Romilly... — Donc, monsieur Valta, il ne me reste qu'à vous répéter la phrase qui vous horripilait tout à l'heure : — « *Faites valoir vos droits!* » — Ceci est mon dernier mot... — J'ai pour le moment à expédier quelques affaires urgentes, et je vous demande pardon de ne pouvoir prolonger un entretien désormais sans but...

Pascal fit une ébauche de salut et se dirigea vers la porte, comme pour en indiquer le chemin à son visiteur.

Celui-ci, toujours assis, se croisa les jambes en souriant.

— Décidément, monsieur Lantier, — fit-il, — vous avez beau être un coquin *di primo cartello*, vous n'êtes pas fort!

— En voilà assez! — commanda Pascal.

— Oui, certes, en voilà assez, en voilà même trop de vous entendre déraisonner comme vous le faites! — Il y a des millions en perspective et je veux que vous les ayez, parce que je veux en avoir ma part... — Vous abandonnez la partie, soit!... — Moi je la continue. — Ah! vous ne me connaissez pas... — C'est juste!... Mille pardons!... — J'aurais dû, lorsque je suis venu vous trouver pour la première fois, vous décliner mes noms et qualités... — J'ai négligé de le faire... C'est un tort, mais un tort réparable...

— Eh! que m'importe?...

— Plus que vous ne pensez... — Attendez un instant... l'intérêt viendra vite... — Je vous ai dit que je m'appelais Valta, et vous l'avez cru...

— Sans doute.

— Le nom est joli, mais vous ne m'avez demandé ni mon acte de naissance, ni mon certificat d'identité, ni ma carte d'électeur, ni même un extrait de mon casier judiciaire ; il se pourrait que je me sois présenté à vous sous un pseudonyme...

— Que me fait cela ? — s'écria Pascal avec un geste d'ennui.

— Rien en ce moment... beaucoup tout à l'heure... — Je vais vous raconter une histoire...

— Mais, monsieur...

— Taisez-vous, s'il vous plaît, et écoutez-moi... — Je serai bref...

« Je commence...

« Il y a vingt ans, j'habitais Troyes...

« J'y faisais pas mal de sottises, je dois en convenir... — L'une d'elles me conduisit devant le jury, et j'encaissai une condamnation un peu rude : — la réclusion à perpétuité...

L'entrepreneur, cette fois, ne fit aucun mouvement d'impatience.

Les paroles qu'il venait d'entendre s'étaient emparées de toute son attention.

Il attachait sur le faux Valta un regard fixe et curieux.

Léopold poursuivit :

— Je fus expédié à Clairvaux, où pendant une vingtaine d'années je végétai entre quatre murs, en me disant que la vie était finie pour moi...

« Vous voyez combien on a tort de répondre de l'avenir, puisque me voici libre, moi qui désespérais, et puisque je serai bientôt riche.

« Une déposition à faire me fit transférer de Clairvaux à la prison de Troyes...

« Là j'appris que le député de l'arrondissement de Romilly, revenu des Indes avec une grosse fortune, allait mourir d'un moment à l'autre et qu'il possédait deux neveux : l'un entouré d'une certaine estime, quoique assez mal dans ses affaires ; l'autre détenu pour le reste de ses jours, ce qui mettrait toute la fortune de l'oncle dans les mains du premier, le second se trouvant inhabile à hériter...

« Je me dis que ça n'était pas juste, les deux neveux étant aussi coquins l'un que l'autre, et le premier méritant d'être sous les verrous tout aussi bien que le second.

L'ex-réclusionnaire s'arrêta.

Pascal murmura d'une voix tremblante :

— Après?

— Tiens ! il paraît que l'intérêt est venu ! — Ça prouve que vous commencez à comprendre.

« Je m'évadai..

« J'avais résolu d'aller trouver Robert Vallerand et d'implorer de sa pitié la somme nécessaire pour passer en Amérique et y tenter la fortune.

« Au château de Viry-sur-Seine j'appris que le député haïssait les deux Lantier, et qu'il déshéritait son neveu l'entrepreneur au profit d'une bâtarde dont tout le monde ignorait l'existence...

« Je me dis : — L'héritier légitime perdrait tout !! — Allons donc !! — Il me faut de l'argent, et si je donne à Pascal Lantier les millions de Robert, ce sera bien le diable si Pascal Lantier n'en offre pas un ou deux à son cher cousin Léopold...

— Toi!! c'est toi!! — Tu es Léopold Lantier! — s'écria l'entrepreneur avec une indicible surprise.

— C'est parfaitement moi, oui, cousin!... Ça ne va pas trop mal, comme tu vois, et, si tu ne m'as pas reconnu du premier coup d'œil, c'est que la voix du sang n'est qu'un vain mot, et que tant d'années de prison ça change un homme!...

XV

Pascal semblait métamorphosé en statue.

L'ex-réclusionnaire reprit :

— Tout à l'heure tu commençais à comprendre, et maintenant tu comprends tout à fait, c'est bien facile à voir à ta mine effarée. — A qui persuaderas-tu que tu n'es pas complice de ton proche parent le bandit, l'évadé, qui, ne pouvant hériter lui-même, a commis crime sur crime pour mettre l'héritage dans tes mains, unique moyen d'en avoir sa part? — Faible, peureux, sans initiative, sans énergie, à deux pas de la banqueroute frauduleuse, voulant devenir riche à tout prix, tu t'es adressé à moi et j'ai travaillé pour ton compte et pour le mien... cela crève les yeux!... Personne au monde n'en doutera si tu me réduis à faire un éclat; mais tu t'en garderas bien, hein, cousin?...

L'entrepreneur anéanti restait muet.

Léopold poursuivit en riant :

— Mon Dieu, je m'explique ta surprise... — Elle est toute naturelle... — Tu croyais avoir affaire à un pauvre diable, très bien payé par quelques billets de mille francs et dont tu pourrais te débarrasser sans trop de peine en le prenant de haut avec lui... — Au lieu de cela tu te trouves en face d'un parent fort malin, qui te tient et qui te le prouve... — Tu te sens rivé, ça te défrise... — Tu as peur de moi... — Eh ! bien, c'est un tort, — je suis un bon garçon sans rancune... j'oublie tout... donnons-nous la main...

Le misérable avait dit vrai. — Pascal se sentait dominé.

Machinalement il tendit la main.

— A la bonne heure! — s'écria Léopold, — l'accord parfait! — La famille, vois-tu, il n'y a que ça! — Plus de nuage entre nous... — Désormais nous nous entendrons comme larrons en foire... — Il nous faut les millions de l'oncle Vallerand... — Nous les aurons...

— Que faire? — murmura l'entrepreneur.

— Ne rien brusquer... Ne commettre aucune imprudence... — Ne pas donner signe de vie jusqu'à la levée des scellés au château de Viry-sur-Seine... Nous prendrons ensuite un parti... — Tu peux attendre jusque là, n'est-ce pas, sans culbuter?

— Oui, à moins que le comte de Terrys ne vienne à mourir...

— Ne t'inquiète point de cela; — s'il meurt je m'occuperai de son héritière...

— Tu ne crains pas Marguerite Bertin?...

— Pourquoi la craindrais-je? — Que peut cette femme? — Elle cherche sa fille qui n'existe plus... — Elle n'a d'ailleurs quoi que ce soit à prétendre sur la fortune de Robert, fortune dont on ignore probablement l'existence... Sois paisible, je te répète que nous aurons les millions... Le notaire Audouard sera forcé de te les rendre,. je m'en charge.

— Et sur ces millions je te ferai une belle part!... — murmura Pascal.

— J'y compte d'autant mieux qu'il te serait impossible d'agir autrement... — Maintenant, je m'en vais...

— Pourquoi si vite?...

— Je n'ai pas encore déjeuné...

— Veux-tu déjeuner avec moi?

— Impossible, je suis attendu... — Je ne quitterai point le passage Tocanier... — S'il se produisait n'importe quoi de nouveau, préviens-moi...

— Je te le promets...

Les deux gredins se séparèrent.

⁂

Le train dans lequel Jarrelonge, déguisé en domestique, et Ursule Sollier étaient montés à Maison-Rouge, avait stoppé en gare de Paris à onze heures quinze minutes, avec un quart d'heure de retard.

Aussitôt les voyageurs descendus, la locomotive fut détachée et fit une manœuvre pour aller se remiser aux ateliers de nettoyage.

Personne n'ignore qu'à l'arrivée de chaque train un employé spécial passe la revue des wagons afin de s'assurer qu'aucun objet n'a été oublié dans les compartiments.

Un autre employé visite les roues, on graisse les essieux, puis on conduit les wagons sur une voie de garage où ils sont lavés.

La visite un peu sommaire des compartiments ne produisit aucun résultat.

L'homme chargé de s'assurer du bon état des roues et des essieux, ce qu'il faisait en donnant un coup de marteau sur chaque boîte, commença son travail en partant de la tête du train.

Une lanterne d'une main, son marteau de l'autre, il accomplissait minutieusement sa tâche.

Cette besogne, très importante puisqu'elle assure la sûreté des voyageurs, est faite par des hommes d'équipe, presque toujours lorrains, alsaciens ou belges, généralement sombres et peu causeurs.

Celui qui nous occupe était Belge.

Il arriva au compartiment qu'Ursule et Jarrelonge avaient occupé.

En côtoyant les rails, pour suivre le marchepied du wagon, quelque chose lui frappa la jambe.

Vivement il abaissa sa lanterne afin de déterminer la nature de l'objet qu'il venait de heurter, et il vit un petit sac de chagrin noir à fermoir d'acier nickelé, dont la chaînette brisée était prise entre le marchepied et l'une des tiges de soutien.

— Un sac! — murmura l'homme en se penchant pour le prendre. — C'est quelque voyageur qui l'aura laissé tomber par la portière...

Il voulut le tirer à lui.

La chaînette fit résistance.

Il la détacha et soupesa sa trouvaille.

— Pas lourd... — poursuivit-il. — Je porterai ça tout à l'heure au chef de gare...

Ouvrant alors une portière, il plaça le sac sous la banquette, referma, et continua son inspection après avoir pris le numéro du compartiment : 1326.

Tout en donnant des coups de marteau sur les boîtes d'essieux, une préoccupation s'emparait de son esprit.

— Qu'est-ce qu'il peut bien y avoir dans ce petit sac, pour une fois? — murmura-t-il. — De l'argent? — Non, pas d'argent, il est trop léger. — Mais peut-être des billets de banque... tu sais, monsieur...

Une lueur s'allumait dans ses yeux.

Ses lèvres agitées balbutiaient :

— Si j'osais... Ah! si j'osais.

Arrivé à la queue du train, il donna ses derniers coups de marteau et s'arrêta.

Sa préoccupation grandissait et devenait littéralement obsédante.

— Qui est-ce qui pourrait bien savoir qu'il s'est accroché au marchepied, pour une fois?... — se disait-il. — Aucune personne... — Celui à qui il appartient croit, bien sûr, qu'il est sur la voie, dans la neige... Il fera sa déclaration... Il l'a peut-être déjà faite, tu sais, monsieur; mais d'ici à ce que la neige fonde il se passera du temps... — Si je pouvais l'ouvrir et voir ce qu'il y a dedans...

Retournant sur ses pas il chercha le compartiment 1326, prit le sac à l'endroit où il l'avait placé, et le cacha sous sa vareuse.

Il ne résistait plus à la tentation, il n'hésitait plus, — il voulait savoir ce que contenait sa trouvaille.

Passant à travers les files du train, il suivit la voie pendant plusieurs centaines de pas et monta dans un wagon à bestiaux.

Là il s'accroupit, posa près de lui sa lanterne et ses outils, et chercha le secret de la fermeture afin d'ouvrir, si cela était possible, sans détériorer l'objet.

Il ne pouvait trouver un secret qui n'existait point ; le sac était fermé à la clef, mais sa serrure était légère. Un seul coup de marteau suffit pour la forcer ; les parois de chagrin noir s'écartèrent.

Le Belge plongea la main dans l'entre-bâillement.

Il sentit sous ses doigts un froissement de papier soyeux qu'entourait un linge assez fin.

Il tira à lui le petit paquet et le développa.

Tout à coup ses yeux prirent une effrayante expression de cupidité.

Dans le mouchoir de batiste il voyait, pliées en trois, des feuilles de papier quasi transparent à vignettes bleues.

— Des billets de banque ! — fit-il d'une voix étranglée par l'émotion. — Des vrais billets de banque, pour une fois !... — Combien qu'il y en a ?

Ses mains fiévreuses les étalèrent pour les compter.

Il y en avait neuf.

— Neuf ! — reprit le Belge ivre de joie. — Il y en a neuf, et tous sont de mille francs... tu sais, monsieur ! — Neuf mille francs ! et je porterais ça au bureau du chef !... — Ah ! godferdam ! ça serait trop bête !...

L'homme d'équipe dont l'occasion faisait un voleur fourra les billets de banque dans sa poche et remit le mouchoir au fond du sac.

— J'ai opéré un bon placement !... — murmura-t-il avec un gros rire. — Quant au sac, en allant me coucher tout à l'heure, je le jetterai au milieu de la rue, pour une fois, sur un tas de neige.

Il laissa l'objet sous un amas de paille occupant un angle du wagon et qu'on devait brûler le lendemain, puis il retourna au travail.

Un train arrivait en gare de Paris à trois heures du matin.

Après l'inspection des roues et des essieux de ce train, le Belge aurait fini son service et pourrait rentrer chez lui.

Cette nuit-là il se hâta plus que de coutume et passa la revue des boîtes d'une façon très superficielle.

A trois heures dix minutes il se débarrassa de ses outils et de sa lanterne, et regagna dans l'ombre le wagon à bestiaux où il avait opéré son effraction.

Il reprit le sac, le cacha de nouveau sous sa vareuse, sortit de la gare et se dirigea vers sa demeure, située rue des Récollets.

Cette rue peu fréquentée d'habitude à l'extrémité de laquelle, du côté du faubourg Saint-Martin, se trouve l'hôpital militaire, était absolument désert à l'heure où l'homme d'équipe s'y engagea.

Il habitait un petit hôtel garni, situé à l'autre bout de la rue, près du canal.

De chaque côté des trottoirs se trouvaient d'énormes bourrelets de neige relevée pour laisser libre le milieu de la voie. — De gros flocons tombant sans relâche augmentaient l'épaisseur de ces bourrelets.

Le Belge mit la main sur le sac.

— Si je le jetais dans un égout? — se demanda-t-il.

L'idée lui parut bonne ; la réponse fut affirmative ; il hâta le pas pour atteindre une bouche d'égout qu'il connaissait.

Il l'atteignit et s'aperçut avec désappointement qu'une croûte épaisse de glace la condamnait d'une façon absolue.

— Ah! au diable! — murmura-t-il.

Et il lança le sac sur un tas de neige où il s'enfonça de quelques centimètres.

XVI

Débarrassé de la pièce à conviction de son vol, le graisseur belge hâta le pas et rentra chez lui.

A peine la porte du garni borgne venait-elle de se fermer qu'un homme marchant avec peine, titubant, parlant tout seul et tout haut, déboucha du faubourg Saint-Martin et s'engagea dans la rue des Récollets.

— Chien de temps!... Brigand de temps! temps de brigand!... — disait-il en gesticulant et d'une voix avinée. — Si ça n'est pas fait pour moi!... — Je patine là-dessus comme un chat sur la glace avec des coquilles de noix aux pattes!... — Allons, bon, je vais me mouler en creux le museau dans la neige!...

L'ivrogne, en effet, venait de glisser; — il avait failli s'étaler de tout son long, la face en avant.

Tant bien que mal il reprit son équilibre et continua sa route en luttant contre la bourrasque et en festonnant de plus en plus.

— Je ne suis pas gris, cependant... — poursuivit-il. — Non, parole d'honneur, je ne le suis pas... — Comme le monde est injuste, cependant! — Si maman Baudu me voyait comme ça, elle dirait encore que j'ai lampé plus que mon compte, et c'est le verglas qui en serait cause... — C'est qu'elle est rasante, maman Baudu, et si sa fille n'était pas si jolie, car elle est jolie, Virginie, un bouton de rose, quoi! oui, mais rasante la maman, et je ne sais pas encore, le diable m'emporte! comment je lui rendrai ses mille francs...

Victor tenait entre ses bras Renée, qui ne reprenait pas connaissance.

Nouvelle glissade, et l'ivrogne, qui n'était autre que Richard Béralle, faillit s'étaler pour la seconde fois et s'écria avec un éclat de rire stupide :
— Bien sûr la troisième sera la bonne ! — Gredin de verglas !... — Aussi vrai que que je suis un bon garçon, le vin n'y est pour rien. — Qu'est-ce que nous avons bu au boulevard Rochechouart ? — Seize bouteilles entre quatre camarades ! Un verre d'eau dans la marmite des Invalides, quoi ! — Ça n'empêchera pas mon frère Victor de soutenir que je suis un pochard ! — Un pochard, moi ?

Jamais! — Au lieu de me faire des sermons, il ferait bien mieux de me prêter mille francs... — Aïe!...

Cette exclamation fut suivie d'une chose à laquelle on devait s'attendre depuis longtemps.

Richard Béralle piqua une tête sur un tas de neige dans lequel ses bras entrèrent jusqu'aux coudes.

Dans l'effort qu'il fit pour se relever, sa main droite rencontra une chaînette de métal à laquelle tenait un objet de cuir.

Tirant à lui la chaînette et l'objet, il s'assit sur la neige, sans presque avoir conscience de ses actes, et d'un œil vague il examina sa trouvaille à la lueur d'un bec de gaz assez rapproché.

— Qu'est-ce que c'est que ça? —balbutia-t-il en dodelinant la tête.— Un sac de cuir... — Si seulement il y avait dedans les mille balles que je dois à maman Baudu... c'est ça qui serait une veine!... — Tiens! il est ouvert... voyons voir...

L'ivrogne explora les flancs du sac.

Il n'y trouva que le mouchoir de poche oublié ou négligé par la Belge.

— Un simple mouchoir... — dit-il avec désappointement. — Oh! malheur! ça ne fait pas mon affaire!... — Le sac est très chic... — Je me prie de l'accepter... Ce sera pour mettre mes économies...

Richard Béralle tenta de se remettre debout, y parvint avec beaucoup de peine, continua sa route et arriva sans nouvelle culbute à la rue de Picpus, où il partageait avec son frère un petit logement.

Dans cette course longue et difficile il avait repris un peu de sang-froid.

Voulant éviter un sermon de Victor, il rentra sans bruit, posa sa trouvaille sur une table, se déshabilla et se glissa dans son lit.

Le contre maître, fatigué par le travail du jour et s'étant couché tard, après être allé prendre rue de l'École-de-Médecine, chez Paul Lantier, des nouvelles de la jeune fille sauvée par eux au pont de Bercy, ne se réveilla pas.

*
* *

Quelques jours s'étaient écoulés depuis la visite faite par Pascal à sa belle-sœur, Mme veuve Bertin, à l'*Hôtel de la Marine*, à Romilly.

Malgré les froids persistants Marguerite, dont la vie avait désormais un but, s'était promptement rétablie.

Jovelet ne la quittait pas et lui obéissait passivement; mais elle se disait, non sans raison, que les recherches faites avec indifférence par un salarié ne pouvaient guère aboutir au résultat qu'elle espérait.

Elle souhaitait ardemment agir elle-même, chercher, questionner, multiplier ses démarches, prodiguer l'or...

Le jour où elle retrouverait la trace de l'enfant perdue, qu'elle ne connaissait pas et qu'elle adorait, serait le plus beau jour de sa vie.

Le médecin déclara qu'il n'existait plus aucun danger, et que la convalescence était arrivée à une période qui permettait d'agir.

Il ajouta que les plus grands ménagements restaient néanmoins nécessaires.

Marguerite comptait bien se ménager, car elle voulait vivre, — vivre pour sa fille, — mais elle voulait aussi se livrer sans retard à sa tâche sainte, et commencer les démarches qui devaient, croyait-elle, la conduire au but.

Jovelet, — on s'en souvient peut-être, — était allé au château de Viry-sur-Seine questionner les domestiques de feu Robert Vallerand.

Il avait su qu'ils ignoraient la direction prise par Ursule Sollier, mais que la dame de confiance avait laissé au château des malles, et qu'elle devait écrire pour se les faire expédier.

Ce détail ne pouvait manquer de frapper Marguerite.

Si Ursule écrivait on saurait son adresse, et par elle on arriverait à Renée.

Peut-être avait-elle écrit déjà...

Le jour où nous conduisons de nouveau nos lecteurs à l'*Hôtel de la Marine*, onze heures et demie du matin venaient de sonner.

Marguerite après avoir déjeuné solidement pour reprendre des forces, s'habillait de manière à braver le froid rigoureux et s'apprêtait à s'installer dans un coupé qui, muni de boules d'eau chaude et de fourrures épaisses, attendait devant la porte.

La pauvre mère, malgré sa faiblesse encore très grande, voulait commencer son enquête.

— Où allons-nous, madame? — lui demanda Jovelet.

— Au château de Viry...

Jovelet transmit cet ordre au cocher, monta sur le siège à côté de lui, et la voiture partit.

Arrivée à Viry-sur-Seine, Marguerite fut frappée de l'apparence de morne tristesse prise par l'habitation depuis la mort de Robert Vallerand.

Elle dit à Jovelet de l'annoncer à l'homme qui avait été nommé gardien des scellés.

Le mari et la femme, maintenus provisoirement au château, continuaient à se demander ce qu'ils deviendraient lorsque les affaires seraient terminées.

Claude reconnut en Jovelet le quémandeur de renseignements qui s'était montré généreux, et l'accueillit par conséquent à merveille.

— Sans doute, monsieur, — lui dit-il, — vous venez savoir si nous avons reçu des nouvelles de Mme Ursule Sollier?...

— Une dame dont je suis l'intendant désire causer avec vous... — répliqua Jovelet. — Je vous prie donc de faire ouvrir la grille pour laisser entrer la voiture, afin que ma maîtresse, qui est convalescente, ne risque point de prendre froid en traversant la cour à pied...

— A l'instant, monsieur... — fit Claude très empressé, la maîtresse, selon lui, devant être plus généreuse encore que l'intendant.

Et il envoya Françoise ouvrir la grille.

Le coupé vint s'arrêter devant les marches du perron.

Marguerite descendit.

En la voyant les deux domestiques tressaillirent.

Ils reconnaissaient la personne qui, le jour de la mort de leur maître, et le lendemain de cette mort, était venue au château.

— C'est la dame que l'on a emportée d'ici bien malade... — murmura Françoise à l'oreille de son mari.

Ce dernier lui donna un coup de coude pour lui imposer silence.

Mme Bertin, soutenue par Jovelot, montait avec émotion les marches que deux fois déjà elle avait gravies dans de bien douloureuses circonstances.

— C'est vous qui vous nommez Claude, mon ami ? — dit-elle en s'adressant au serviteur.

— Oui, madame... mais veuillez entrer, je vous prie... — Il y a bon feu à l'office... — Je demande pardon à madame de ne pas la recevoir au salon, mais il y gèle, au salon... — Françoise, offre ton bras à madame...

Françoise se hâta d'obéir.

Mme Bertin s'appuya sur elle comme elle s'appuyait déjà sur Jovelot, et arriva sans fatigue à l'office où on la conduisait.

Un feu clair et réjouissant brillait en effet dans l'âtre.

On la fit asseoir auprès de ce feu.

Claude, sa casquette à la main, attendait respectueusement.

— Je suis venue, mon ami, pour vous adresser quelques questions... — lui dit Marguerite.

— Aux ordres de madame... — Je répondrai de mon mieux, en toute sincérité...

— Ces questions ont trait à la personne qui remplissait ici, auprès de M. Robert Vallerand, l'emploi de femme de confiance...

— Mme Ursule Sollier ?...

— J'ignorais ce nom... — Pour me le rappeler je vais l'écrire...

La veuve prit en effet une note sur une page blanche de son agenda.

Elle releva la tête ensuite, et poursuivit en s'adressant à Claude :

— Y a-t-il longtemps, mon ami, que vous êtes au château de Viry-sur-Seine ?

— Six ans, madame... — depuis l'époque où M. Robert a acheté le domaine...

— Connaissiez-vous auparavant M. Robert ?

— Non, madame...

— Qui vous a fait entrer à son service?...
— La protection de Mme Ursule...
— Cette dame Ursule est-elle du pays?
— Non, madame, mais elle l'habite depuis longtemps...
— Que faisait-elle?
— Rien, madame... — Elle occupait à Conflans une petite maison où elle vivait très retirée... — C'est là que nous sommes entrés en relations avec elle... ma femme allait faire son ménage...

Marguerite se tourna vivement vers Françoise.
— Alors, vous connaissiez l'intérieur de Mme Ursule?... — lui demanda-t-elle.
— Pour ça oui...
— Elle avait une enfant avec elle, n'est-ce pas? une petite fille?
— Non, madame, elle était seule...

XVII

— Seule!! — répéta Marguerite devenue très pâle.
— Oui, madame...
— Aucun enfant ne venait lui rendre visite?...

Claude secoua la tête.
— Personne ne venait chez Mme Ursule... — répondit-il. — Sa solitude était absolue; mais elle faisait d'assez fréquents voyages...
— Savez-vous où elle allait?
— Non, madame... — Elle ne disait rien et on ne la questionnait pas... — Quand M. Robert Vallerand, revenu de l'étranger, s'est fixé dans ce pays qui était le sien, Mme Ursule est entrée tout de suite à son service, et huit jours après, comme elle estimait beaucoup ma femme, elle nous faisait appeler au château où nous nous installions et que nous n'avons plus quitté.
— Et vous n'avez jamais vu ici une jeune fille?
— Jamais, non... — M. Robert ne recevait que des hommes quand il était au château, et il n'y était pas souvent, car ses fonctions de député le retenaient à Paris...
— Mme Ursule ne l'accompagnait pas?
— Oh non, madame... — Elle restait pour conduire la maison et chaque été elle faisait une absence.
— De longue durée?
— D'un mois ou de six semaines à peu près...

Marguerite appuya sa tête au dossier du fauteuil sur lequel elle était assise, et ferma les yeux pendant un instant.

Elle réfléchissait.

— Vous êtes fatiguée, madame ? — lui demanda Jovelet.

— Pas du tout... — répliqua-t-elle. — Je me sens très forte, au contraire.

Puis, se tournant vers Claude, elle reprit :

— Lors de l'apposition des scellés, Mme Ursule était ici ?

— Oui, madame.

— Comment se fait-il qu'elle n'en ait pas été nommée gardienne, puisqu'on la savait investie de toute la confiance de feu M. Vallerand ?

— Elle avait manifesté à M. le juge de paix l'intention de se retirer immédiatement dans sa famille.

— C'était un mensonge... — pensa la veuve ; puis elle ajouta tout haut :
— Mme Ursule a donc une famille ?

— Il paraît.

— Connaissez-vous son lieu d'origine ?

— Non, madame.

— Quand est-elle partie ?

— Le soir même de la pose des scellés... — On a attelé la voiture pour la conduire à Romilly, au chemin de fer...

— Et on ignorait sa destination ?

— Complètement... — Elle disait ignorer elle-même où elle se fixerait... — Elle a laissé ici deux grandes malles, en nous priant de les garder jusqu'au jour où elle les réclamerait par écrit...

— Et vous n'avez reçu aucune lettre ?...

— Aucune... — Même ça nous étonne un peu.

— Les malles sont fermées ?

— Naturellement, oui, madame...

— Elles ne portent pas de nom ? pas d'adresse ?

— Rien que de vieux bulletins de chemins de fer qui y sont collés, car elle se servait de ces malles lorsqu'elle allait l'été en voyage... et il y en a pas mal, des étiquettes...

Marguerite tressaillit.

Peut-être y aurait-il là une indication.

— Où sont les malles dont il s'agit ? — demanda-t-elle vivement.

— Dans la chambre qu'occupait Mme Ursule...

— Je serais très désireuse de les voir...

Claude et sa femme échangèrent un regard.

A coup sûr le désir de la visiteuse leur causait un notable étonnement et leur paraissait quelque peu suspect.

Mme Berlin devina ce qui se passait dans leur esprit et s'empressa d'ajouter :

— Il n'est question, bien entendu, que de regarder les étiquettes, dans l'espoir qu'elles me fourniront un renseignement utile, car j'ai le plus immense intérêt à retrouver Mᵐᵉ Ursule...

— Si ce n'est que pour jeter un simple coup d'œil sur le dehors des malles, ça ne me paraît pas bien compromettant... — murmura Françoise. — Je crois, Claude, que tu peux montrer les malles à madame, puisque ça l'intéresse tant que ça...

Claude pensait :

— Qu'est-ce que tout ça signifie ? — En voilà, des mystères ! Enfin, il y aura au bout un joli pourboire...

Le domestique prit un trousseau de clefs pendu dans un coin de l'office et dit :

— Si madame veut prendre la peine de monter, je vais la conduire...

Marguerite se leva et s'appuya d'un côté sur Jovelet, de l'autre sur Françoise.

On sortit de l'office; — on gagna l'escalier, et au premier étage Claude ouvrit la porte du petit appartement qu'avait occupé Ursule Sollier.

Au milieu de la première pièce se trouvaient deux malles de voyage, fermées par de solides serrures, par des cadenas, et mouchetées de bulletins de chemins de fer et d'étiquettes collées par les hôtels, qui s'en font une réclame.

Mᵐᵉ Bertin tressaillit de nouveau.

— Je vais certainement trouver une piste... — pensait-elle.

Se penchant alors vers les malles, elle examina de façon minutieuse les bulletins et les étiquettes.

L'une de ces dernières attira particulièrement son attention, d'autant plus qu'elle se reproduisait en plusieurs exemplaires, évidemment collés à des époques différentes et portant imprimés en lettres rouges ces mots :

HOTEL DE LA PRÉFECTURE

A Troyes

Marguerite inscrivit cette adresse sur son agenda.

Elle pensait :

— Ceci, pour moi, ne fait aucun doute... Voici des bulletins de bagage de Romilly à Troyes... — C'est à Troyes que Mᵐᵉ Ursule se rendait d'abord et qu'elle s'arrêtait avant d'aller à d'autres destinations dont je vois ici les indications diverses... — C'est à Troyes qu'elle devait aller prendre ma fille pour l'emmener sans doute avec elle dans ses voyages... — Elle descendait à l'*Hôtel de la Préfecture*... — C'est par l'*Hôtel de la Préfecture* que je commencerai mes recherches, et si elles sont infructueuses je suivrai la piste partout...

Mᵐᵉ Bertin avait inscrit d'assez nombreuses indications.

Elle ferma son agenda.

— Vous voyez, — dit-elle à Claude, — que l'examen n'a pas été long et ne peut vous faire encourir aucun reproche... — J'ai fini, mais il me reste encore une question à vous adresser.

— Toujours aux ordres de madame...

— Vous n'avez jamais entendu dire que M. Vallerand, votre maître, eût une fille ?

A cette question, qui leur parut plus étrange que tout le reste, les deux serviteurs de feu Robert répondirent par un geste de brusque dénégation.

— Jamais, au grand jamais ! — s'écria Claude. — Monsieur était un homme de bonne vie et mœurs, et, n'étant point marié, il n'avait pas d'enfants... — Il semblait même les détester, les enfants... — Personne ne se serait permis de faire courir de méchants bruits sur son compte...

Marguerite baissa la tête et marcha vers la porte.

On descendit jusqu'au perron.

— Il ne me reste qu'à vous remercier de votre complaisance... — dit la pauvre mère en glissant un billet de cent francs dans la main de Claude, qui se confondit en protestations de gratitude et en affirmations de son désir de trouver quelques nouvelles occasions d'être utile ou agréable à madame.

— Cette occasion se présentera... — dit Marguerite.

— Et comment ?

— Dès que vous recevrez une lettre de Mᵐᵉ Sollier, voulez-vous m'écrire pour m'apprendre en quel endroit vous lui enverrez ses malles.

— J'écrirai sans perdre une minute, mais à quelle adresse ?

La veuve réfléchit pendant une ou deux secondes.

— Cette Ursule doit connaître mon nom... — pensait-elle. — Si elle est instruite de ma démarche et si elle a reçu de Robert Vallerand des instructions précises, elle pourrait de nouveau me faire perdre sa piste... — Il faut lutter de ruse avec elle...

Marguerite traça un nom et une adresse sur une page de son carnet, déchira la page et la présenta à Claude, qui la prit et lut : *Monsieur Jovelet, rue de Varennes, n° ***

— Bien, madame... — Je vais mettre ceci en lieu sûr..

Mᵐᵉ Bertin remonta dans le coupé et Jovelet se réinstalla sur le siège, à côté du cocher.

En arrivant à Romilly, à l'*Hôtel de la Marine*, il descendit, ouvrit la portière et demanda :

— Que va faire madame ?

— Nous quitterons Romilly par le premier train.

— Pour aller ?...

— A Troyes, à l'*Hôtel de la Préfecture*...

L'étudiant mit un genou en terre, prit une des mains brûlantes de Renée et la pressa contre ses lèvres.

Les préparatifs de départ ne demandaient que fort peu de temps.

Deux heures plus tard Mme Bertin arrivait à Troyes et s'installait à l'hôtel que nous connaissons déjà et où nous avons vu Léopold Lantier, le réclusionnaire évadé, espionner Ursule Sollier et la fille de Marguerite.

Par un hasard qui, d'ailleurs, n'a rien d'étonnant, la pauvre mère fut logée précisément dans la chambre qu'avait occupée Renée.

Une demi-heure après l'arrivée de la voyageuse, Jovelet descendit prier la maîtresse de l'hôtel de vouloir bien monter auprès de sa maîtresse qui désirait s'entretenir avec elle.

La bonne dame accourut.

— Que puis-je pour votre service, madame? — fit-elle en entrant.

— Me permettre de vous demander quelques renseignements, et ne point attribuer mes questions à une curiosité indiscrète, car elles me sont dictées par de très grands et très sérieux intérêts...

— Je vous renseignerai de mon mieux, madame, étant certaine d'avance que vous m'interrogerez pour les motifs les plus honorables

XVIII

— Vous avez une nombreuse clientèle? — commença Marguerite.

— Oui, madame... — répondit l'hôtelière. — Mon établissement est bien tenu et bien posé... — Les personnes qui me font l'honneur de descendre ici une première fois ne manquent jamais d'y revenir.

— Vous connaissez alors les noms de vos clients habituels?

— Mais sans doute, madame...

— Comptez-vous, parmi ces clients, une certaine dame Ursule Sollier?...

— Ursule Sollier!... Ursule Sollier!... — répéta la maîtresse de la maison en interrogeant sa mémoire. — Ma réponse ne sera qu'à demi satisfaisante... — ajouta-t-elle.

— Comment?

— Je reçois ici depuis plusieurs années, et cela deux ou trois fois par an, une voyageuse d'un certain âge qui se fait appeler Mme Ursule, seulement j'ignore si son nom de famille est Sollier.

— Toujours du mystère, — pensa Marguerite, — mais ce doit être elle.

L'hôtelière reprit :

— Pourriez-vous me décrire la voyageuse qui vous intéresse?... — Quelques détails me permettront probablement de vous fixer au sujet de son identité...

— C'est une personne qui doit avoir aujourd'hui à peu près cinquante ans... Plutôt grande que petite, assez forte, le teint pâle, les yeux bleus, des cheveux grisonnants séparés en bandeaux plats sur le front.

— Ce signalement est, trait pour trait, celui de ma cliente.

— Je m'y attendais... — Cette dame Ursule arrivait-elle seule à Troyes?

— Toujours seule... — Elle venait visiter une jeune fille que chaque année, au moment des vacances, elle emmenait voyager avec elle hors de France...

Marguerite sentit son cœur battre à se rompre.

Vivement et d'une voix tremblante elle demanda :

— Cette jeune fille est donc en pension dans la ville ?
— Oui, madame...
— Chez qui !
— Chez Mme Lhermitte, une institutrice fort honorablement connue, dont l'établissement se trouve de l'autre côté de la rue, en face de mon hôtel... — Depuis cette fenêtre, vous pourriez le voir.

Une émotion profonde, indescriptible, venait de s'emparer de Mme Bertin. — Une immense joie débordait dans son âme.

Elle touchait donc enfin à l'heure si ardemment souhaitée, si impatiemment attendue !!

— Renée est là... — s'écria-t-elle en s'approchant de la fenêtre d'où l'on apercevait le jardin du pensionnat. — Là... tout près de moi !... Ah ! je n'espérais pas en vain !... Je savais bien que Dieu me prendrait en pitié et qu'il me conduirait vers Renée...

Des larmes abondantes coulaient sur ses joues, mais tout son visage rayonnait.

— Jovelet, — poursuivit-elle en s'adressant au serviteur témoin de cette scène, — j'ai hâte de la voir... de la tenir dans mes bras, de la serrer contre mon cœur !... — J'aurai la force, soutenu par vous, de me rendre chez Mme Lhermitte... — Venez...

Aucune parole prononcée par Marguerite n'avait indiqué clairement de quelle nature étaient les liens qui l'unissaient à la jeune fille dont il était question ; mais, en présence d'une émotion communicative qu'elle ne pouvait s'empêcher de partager, l'hôtelière devina sans peine qu'une grande douleur avait précédé cette grande joie.

Un frisson courut sur sa chair et ce fut d'une voix hésitante qu'elle balbutia :

— Restez, madame... la jeune fille n'est plus au pensionnat.

Marguerite devint livide et elle interrogea du regard.

— Elle est partie... — continua l'hôtelière.
— Partie !... — répéta la veuve en chancelant.
— La personne que j'appelle Mme Ursule, et que vous nommez Mme Sollier, est venue ici il y a quelques jours et lui a fait quitter la pension...
— Alors, j'avais espéré trop vite !... — murmura la malheureuse mère en se laissant tomber sur un siège et en cachant sa figure entre ses mains.
— Elles sont restées deux jours à l'hôtel, dans la chambre que vous occupez...
— Dans cette chambre... — fit Marguerite en relevant la tête et en jetant autour d'elle un regard éploré. — Ici !... Elle était ici !...
— Oui, et Mme Ursule, au bout de quarante-huit heures et après avoir fait des emplettes de vêtements de deuil, a emmené Mlle Renée...

— Où la conduisait-elle ?... — demanda violemment la veuve. — Savez-vous où elle la conduisait ?

— A Paris.

— A Paris... — Oui, cela devait être... — C'est là qu'était le but du voyage commandé par la lettre dont l'adresse a passé sous mes yeux... — A Paris... chez le notaire ! — C'est là que j'aurais dû courir... — Tant d'espérance pour arriver à une telle déception !... — Ah ! Dieu m'accable !...

Marguerite étouffait.

Des sanglots pareils à un râle s'échappaient de sa gorge contractée. — Elle se tordait les mains.

Sur un signe de Jovelet la maîtresse de l'hôtel se retira toute tremblante.

— Madame, — fit alors l'intendant, — du calme, — je vous en supplie ! — Songez que vous venez d'être très malade et que vous êtes encore faible... — Souvenez-vous qu'il vous faut de la force et du courage pour mener à bonne fin l'œuvre que vous avez entreprise.

Ces quelques mots produisirent un effet immédiat.

La pauvre femme imposa silence à son désespoir et comprima ses sanglots.

— Oui, vous avez raison... — fit-elle, — il faut de la force et du courage... — J'en aurai.

— Que décide madame ?

— Nous retournons à Paris.

— Quand ?

— Aujourd'hui même, par le premier train.

— Madame ne veut-elle pas questionner la maîtresse de pension ?

— A quoi bon, mon Dieu ? — Elle n'aura rien à me répondre... — Le mystère dont on a sans cesse entouré ma fille existait pour elle comme pour tous...

— Qui sait ? — Mme Ursule lui a dit peut-être où elle se proposait de conduire Mlle Renée...

— Soit, allons... — Mais d'avance j'ai la conviction que cette démarche sera sans résultat.

Marguerite ne se trompait pas.

Mme Lhermitte l'accueillit avec les plus grands égards, mais ne put lui fournir aucun indice.

Ursule Sollier, en emmenant sa pupille, s'était bien gardée de dire un seul mot de ses projets ultérieurs.

C'est en proie à un découragement absolu que la pauvre mère regagna l'*Hôtel de la Préfecture*.

Jovelet s'informa des heures de départ et il fut décidé que le retour à Paris aurait lieu le soir même.

Rue de l'École-de-Médecine, l'horizon que nous avons laissé si sombre s'était éclairci.

Le docteur Maréchal, à chacune de ses visites, constatait un mieux sensible, quoique l'état comateux dans lequel se trouvait Renée n'eût pas encore tout à fait disparu.

La fièvre cédait rapidement.

Zirza la blonde n'étant point retournée à son atelier de fleuriste, — ce qui d'ailleurs, nous le savons, changeait fort peu ses habitudes, — s'était installée au chevet de la malade et la soignait avec un dévouement de sœur.

Paul Lantier avait élu domicile chez l'étudiant en médecine, laissant son logement tout entier à Isabelle et à Renée.

Le fils de Pascal, malgré la joie que lui causait le prochain rétablissement de la jeune fille, éprouvait une anxiété profonde.

Il se demandait avec angoisse si Renée le reconnaîtrait quand ses yeux enfin ouverts se tourneraient vers lui... — Il se demandait surtout comment l'enfant accueillerait l'aveu de sa tendresse...

Si absorbé qu'il fût d'ailleurs par ses amoureuses préoccupations, Paul, envisageant la nécessité peut-être impérieuse de se suffire un jour à lui-même, ne négligeait point ses études de droit.

Depuis le jour où Renée presque mourante était devenue l'hôte inconscient de son logis, il n'avait quitté la rue de l'École-de-Médecine que pour se rendre à ses cours, négligeant complètement son père et Mᵐᵉ Honorine de Terrys, à laquelle cependant il devait une visite afin de lui apprendre ce qui se passait, puisqu'elle s'intéressait à Renée, l'amie de Pauline Lambert.

La pensée lui était bien venue d'aller chez Honorine, mais la même raison qui l'empêchait de faire sa déclaration à la préfecture de police l'avait arrêté.

Il s'était dit :

— Un mystère enveloppe l'existence de Renée... — Ai-je donc le droit de parler, sans son autorisation, du crime tenté contre elle ?

Nous ramenons nos lecteurs près de la jeune malade, au moment de la visite matinale du médecin.

Paul, Jules Verdier et Zirza causaient, non dans la chambre où reposait Renée mais dans la pièce voisine.

On frappa deux petits coups à la porte.

— C'est Maréchal... — dit Jules.

Zirza s'empressa d'ouvrir.

Le jeune docteur entra et, après avoir serré toutes les mains, demanda :

— Comment va notre malade ?...

— Nous parlions d'elle... — répliqua l'étudiante.

— Est-ce que, depuis hier, il s'est passé quelque chose d'inattendu ?

— Oui...
— Quoi donc?
— J'étais couchée là, sur ce divan, et je dormais à poings fermés, lorsque je fus réveillée tout à coup par des plaintes...

« Je ne pris que le temps de passer un jupon, et j'entrai dans la chambre de la chère mignonne...

« Je la trouvai assise sur le bord de son lit, gesticulant, prononçant avec un accent de terreur des phrases incompréhensibles, et semblant faire de vains efforts pour chasser des fantômes qui se dressaient devant elle et l'obsédaient.

« Très inquiète de la voir en un pareil état je m'approchai vivement et je lui parlai...

Zirza s'interrompit.

— Que se produisit-il alors, ma chère enfant? — demanda le médecin à l'étudiante qu'il écoutait avec une attention profonde.

XIX

— Elle ne parut pas m'entendre... — répondit la blonde Zirza. — Tout son corps se mit à trembler. — Son visage prit une expression d'affolement qui me fit peur... — Elle sembla se débattre de nouveau contre une apparition terrifiante, puis, après une crise qui dura quelques secondes, elle laissa retomber sa tête en arrière sur l'oreiller et perdit connaissance...

« Si grande était la pâleur de son visage que je la crus morte.

« Je plaçai ma main sur sa poitrine.

« Son cœur battait...

« Je fus rassurée, et je m'assis près d'elle en vous attendant...

« Depuis ce moment elle n'a pas bougé...

— Que penses-tu de cela? — demanda Jules Verdier à son ami Maréchal.

— Je pense, — répliqua le docteur, — que la crise dont Zirza s'est effrayée devait avoir pour cause un cauchemar rappelant à Mlle Renée le crime tenté contre elle... — Nous touchons, je le crois du moins, à la dernière période de la prostration... — Il me paraît certain que les pensées de notre malade seront lucides au moment de son réveil, car le sommeil a dû succéder à l'évanouissement.

— Si c'est le sommeil, il dure encore... — dit l'étudiante.

— Nous allons la réveiller...

— Docteur, cher docteur, — murmura Paul d'une voix à peine distincte. — croyez-vous qu'elle me reconnaîtra ?...

— Je le crois... je l'espère... Mais c'est vous qu'elle verra le dernier.

L'étudiant en droit regarda le médecin avec inquiétude.

— Pourquoi cela ? — reprit-il.

— Parce que je redoute l'impression que votre vue peut produire sur elle...
— Il faut ménager la nature évidemment délicate et nerveuse de cette jeune fille... — Je veux éloigner d'elle, jusqu'à nouvel ordre, toute agitation morale... Nos visages inconnus l'étonneront, mais sans l'émouvoir... — Il n'en serait pas de même du vôtre... — Restez donc ici, mon cher Paul, et attendez avec patience...

— Attendre ! C'est un supplice que vous m'infligez ! un supplice intolérable !

— Je le sais et je le regrette ; mais vous comprenez que l'intérêt de la malade doit passer avant tout !...

Paul le comprenait.

Il courba la tête sans répliquer, et se laissa tomber sur un siège.

Le docteur Maréchal, suivi de Zirza et de Jules Verdier, entra dans la chambre de Renée.

Tous les trois s'approchèrent du lit.

La fille de Marguerite avait les yeux clos et le visage tourné de leur côté.

Ce visage était calme.

Un nuage rose colorait les joues.

La poitrine se soulevait à intervalles égaux.

Ses cheveux blonds soyeux, étalés sur l'oreiller autour de la tête, semblaient faire une auréole à sa beauté chaste et touchante.

— En vérité cette enfant est ravissante ! — dit le docteur.

Il prit une des mains de Renée.

Celle-ci fit un léger mouvement, mais ses paupières restèrent closes.

— Le sommeil résiste ! — continua Maréchal en souriant.

Puis il pressa doucement la petite main qu'il tenait entre les siennes.

La jeune fille tressaillit.

Les paupières s'entr'ouvrirent.

Pendant un instant ses yeux restèrent fixés sur un point vague, mais bientôt elle les tourna successivement vers le médecin, vers Jules et vers Zirza.

Ses traits fins et charmants exprimèrent un étonnement profond.

— Où suis-je ? — balbutia-t-elle.

Le son de la voix de Renée était doux et vibrant.

Paul, immobile derrière la porte entr'ouverte, reconnut cette voix.

Il retint sa respiration pour mieux entendre.

Le docteur répondit :

— Vous êtes dans une maison amie, mademoiselle, et ce sont des amis qui vous entourent.

Renée regarda de nouveau les trois personnes debout auprès d'elle, puis elle promena ses yeux autour de la chambre.

— Ne vous fatiguez point, mademoiselle, — reprit le médecin, — ne cherchez pas à vous reconnaître, vous l'essayeriez vainement.... — Vous êtes entrée dans cette demeure la nuit, au moment où l'on venait de vous relever, presque mourante, sur la berge couverte de neige du pont de Bercy.

Les paroles du docteur Maréchal produisirent sur Renée une impression étrange.

Elles évoquèrent pour elle le souvenir net et distinct de la scène dont le coupé qui l'attendait à la gare de l'Est, et qui devait la conduire auprès de sa mère, avait été le théâtre.

— Mon Dieu! — s'écria-t-elle tout à coup en portant ses mains à son front. — Mon Dieu!... je me souviens!... Cet homme... cette voiture... le bandeau de soie serré sur ma bouche et qui m'étouffait... la chute, ensuite, la terrible chute... — Et je ne suis pas morte...

— Vous êtes vivante, mon enfant, et guérie... mais vous avez été bien malade.

— Bien malade?... — répéta Renée. — Encore une fois, où suis-je donc?

— Chez des amis, je vous le répète... ou plutôt chez un ami.

— Cet ami, quel est-il?

— Celui qui vous a sauvée et recueillie...

— Est ce vous, monsieur, qui avez fait cela? — demanda la jeune fille en tendant les mains vers Maréchal.

— Non, mademoiselle, je ne suis que votre médecin.

— Et voici votre garde-malade... — ajouta Jules Verdier, en désignant Zirza, qui sourit à Renée.

— Ah! je vous remercie tous et de tout mon cœur... — s'écria la jeune fille. — Mais nommez-moi celui à qui je dois de n'être pas morte, enfouie dans la neige! J'ai soif de lui témoigner ma reconnaissance... qu'il vienne! qu'il vienne!

— Calmez-vous, mademoiselle, — reprit vivement le docteur. — Votre convalescence est loin d'être achevée, et je crains pour vous des émotions qui retarderaient la guérison complète... Je vais cependant vous satisfaire... du moins en partie... — Votre sauveur se nomme Paul...

— C'est un jeune homme?

— Oui, mademoiselle...

Renée ferma les yeux.

Elle évoquait l'image entrevue, quelques semaines auparavant, aux fenêtres de l'*Hôtel de la Préfecture*.

Cette image, nous le savons déjà, tenait une grande place dans son cœur ingénu.

Plus rapide que l'éclair une pensée lui traversa l'esprit.

— C'est là-dedans que devaient être les lettres, reprit le misérable en empochant le portefeuille.

Son sauveur du pont de Bercy n'était-il pas le jeune inconnu de Troyes?

Mais, après avoir réfléchi pendant le quart d'une seconde, Renée comprit l'absurdité, ou plutôt la folie, d'une telle supposition...

— Vous figurez-vous le connaître, mademoiselle? — demanda Maréchal.

La jeune fille secoua négativement la tête.

— Si cependant vous le connaissiez?... — poursuivit le médecin.

— Je n'en serais que plus heureuse de le voir...

— Et vous commanderiez à votre émotion?

— Je resterais aussi calme que je le suis en ce moment...

— Bien vrai?

— Je vous l'affirme!...

— Dans ce cas, je me risque... dit le docteur.—Mon cher Paul,—ajouta-t-il d'une voix plus haute, — venez donc recevoir les remerciements qui vous sont dus...

L'étudiant en droit n'avait pas perdu un mot des phrases échangées entre Maréchal et Renée.

La main crispée sur le côté gauche de sa poitrine pour comprimer les battements de son cœur, il attendait, fiévreux, que le docteur lui permît d'entrer.

Sans lui laisser le temps d'achever son appel, il ouvrit tout à fait la porte et s'élança vers le lit.

Avant d'avoir fait les trois quarts du chemin il s'arrêta tremblant, secoué par une angoisse terrible.

Renée venait de le reconnaître.

Elle tendit vers lui ses deux mains en poussant un faible cri de joie.

Mais la secousse était trop violente pour la pauvre enfant.

Sa tête retomba en arrière; — ses yeux se fermèrent de nouveau. — Elle venait de perdre connaissance pour la seconde fois.

— Mon Dieu... — balbutia Paul éperdu. — Mon Dieu, nous l'avons tuée!

— Ne craignez rien de grave...—répliqua le docteur.—Il s'agit d'une simple syncope, et des plus bénignes... Dans un instant Mlle Renée reprendra connaissance... — Restez auprès d'elle... — C'est à vous de la questionner... Elle vous apprendra certainement tout ce qu'il importe que vous sachiez... Je vais écrire une ordonnance, et notre blonde sœur de charité voudra bien se charger d'aller chez le pharmacien.

— Tout de suite, docteur.

Et l'étudiante emmena les deux hommes dans la pièce voisine dont elle referma la porte.

Paul Lantier s'était assis au chevet du lit.

Tout tremblant encore, il saisit une des mains de Renée.

En dépit de son évanouissement, qui commençait d'ailleurs à se dissiper, la jeune fille reçut en plein cœur une sorte de commotion électrique.

Elle se souleva lentement, et son regard rencontra celui de Paul.

Prise d'une pudeur virginale, elle dégagea doucement sa main, remonta jusqu'à son menton les couvertures épaisses, et murmura d'une voix mal affermie, mais avec un accent qui remua l'âme de l'étudiant et fit bondir son cœur :

— C'est donc à vous, monsieur, que je dois la vie!...

— A moi, oui, mademoiselle... à moi qui n'espérais qu'à peine vous revoir...

— Me revoir? — répéta Renée avec une duplicité naïve, car elle savait à merveille à quoi s'en tenir. — Vous me connaissiez donc?

— Si je vous connais! — s'écria le jeune homme. — L'ignoriez-vous, mademoiselle? — Il m'avait suffi de vous entrevoir à Troyes. — Votre image était à jamais gravée dans mon âme... — Je ne devais plus, désormais, passer une journée, une heure, une minute sans penser à vous... — Je demandais à Dieu, puisqu'il avait fait de vous l'étoile de ma vie, de me placer de nouveau sur votre chemin... — Il a daigné m'entendre... il a exaucé ma prière... il m'a permis de vous sauver... il me permet de vous dire que je vous aime...

Paul s'arrêta.

Renée prêtait l'oreille.

Elle écoutait avec un trouble délicieux, avec une ivresse indicible...

Cette musique d'amour, dont pour la première fois elle entendait les sons la tenait sous le charme.

XX

— Merci de m'avoir sauvée... — balbutia la jeune fille en fermant à demi les yeux; — je veux vivre...

— Oui, vous vivrez.. — poursuivit Paul. — Vous vivrez pour être heureuse et pour être vengée...

— Vengée?... — répéta la convalescente que ce mot fit tressaillir.

— Certes, et j'attendais que la parole vous fût revenue pour vous demander vos ordres, pour apprendre de votre bouche si vous m'autorisez à poursuivre les scélérats dont vous avez été la victime.

A cette allusion au passé, la fille de Marguerite frissonna de tout son corps.

— Je me souviens... je me souviens... — dit-elle. — Cet homme... ce misérable qui prétendait me conduire à ma mère...

— Votre mère! — s'écria Paul. — Vous l'avez retrouvée?...

Renée regarda l'étudiant avec stupeur.

— Comment savez-vous?... — demanda-t-elle.

— Je sais que votre naissance est entourée de mystère... — répliqua le jeune homme; — je sais que depuis dix-huit ans on vous a élevée loin des vôtres... cachée aux yeux de tous, ne voyant jamais qu'un inconnu que l'on disait votre protecteur, qu'une femme qui venait vous visiter de la part de cet inconnu... — Je sais que vous ne portez qu'un nom, celui de Renée, et que vous ne vous en connaissez pas d'autre... Je sais encore que vous avez quitté le pensionnat de Mme Lhermitte il y a quelques jours, en compagnie de la mandataire de votre protecteur dont on vous annonçait en même temps la mort, mais mes renseignements s'arrêtent là. — Vous venez de me parler d'un homme qui devait vous conduire à votre mère... — Quel était cet homme ? — D'où venait-il ? — Où l'avez-vous rencontré ?...

L'étonnement de Renée grandissait.

Elle ne pouvait comprendre que son sauveur fût si bien instruit de choses qu'elle croyait ignorées du monde entier.

— Avant de vous répondre, — fit-elle, — je voudrais savoir comment l'étrange mystère au milieu duquel j'ai grandi est connu de vous ?...

— J'ai appris tout ce qui vous concerne par Mlle de Terrys... — répondit Paul, n'ayant aucune raison pour cacher la vérité.

La fille de Marguerite n'avait point oublié ce nom.

— Mlle de Terrys... — répéta-t-elle joyeusement, — l'amie de mon amie Pauline Lambert...

— Oui, mademoiselle... — Je lui parlais de vous... — Le matin même elle avait reçu une lettre de Pauline Lambert, lui apprenant votre départ du pensionnat et les ténèbres épaisses répandues autour de vous. . Cette lettre me mettait au désespoir...

— Pourquoi ?

— Parce que votre disparition me frappait au cœur, moi qui vous aimais, moi qui m'étais juré de vous offrir ma vie, et qui me voyais brusquement séparé de vous, presque sans espoir de vous retrouver... — Ah ! j'ai cruellement souffert, allez ! !... Le monde me semblait vide, et je songeais à mourir si vous étiez à jamais perdue pour moi...

Une larme coula sur la joue du jeune homme.

— Mais aujourd'hui je veux vivre !...— poursuivit-il. — Vous m'êtes rendue, je suis heureux... — Vous n'avez pas de famille... Qu'importe ? — Si vous consentez à m'aimer, la mienne sera la vôtre...

— J'ai une mère, — balbutia Renée.

— On vous a dit qu'elle vivait et vous le croyez ?

— Oui.

— Eh bien, nous la chercherons ensemble, nous la retrouverons et je lui dirai : — *Madame, voici votre enfant que sans moi vous n'auriez jamais revue...— Je l'ai sauvée pour la jeter dans vos bras, mais je l'aime plus que ma vie... Donnez-la-moi, madame; je vous jure de la rendre heureuse!...* — Croyez-vous que votre mère hésitera ?...

Renée ne répondit point à cette question et devint songeuse.

— Depuis combien de temps suis-je ici ? — demanda-t-elle.

— Depuis cinq jours...

— Cinq jours sans connaissance...

— Ah ! vous étiez malade... bien malade ! mais grâce au ciel, votre jeunesse et les soins du docteur ont triomphé du mal...

— Où m'avez-vous trouvée mourante, et recueillie ?...

Paul raconta brièvement le drame sinistre du pont de Bercy.

— Vous devez comprendre, — ajouta-t-il, — ce qui s'est passé dans mon âme lorsque je vous ai reconnue...

— Oui, — murmura la fille de Marguerite... — Le hasard qui vous a mis sur ma route est providentiel... Dieu a voulu qu'il en soit ainsi...

— Et cela prouve bien que Dieu nous destinait l'un à l'autre... — ajouta l'étudiant avec feu.

Cette fois encore Renée garda le silence.

Paul reprit au bout d'une seconde :

— Je vous ai adressé tout à l'heure une question à laquelle je vous supplie de répondre... — Les gens qui ont voulu vous tuer sont vos ennemis, vos ennemis acharnés... — Rien ne prouve qu'ils ne recommenceront pas leur tentative le jour où ils vous sauront vivante... — Il faut les mettre hors d'état de nuire... — Autorisez-moi à les dénoncer à la police qui saura les traquer dans l'ombre où ils se cachent... — Puis-je agir ?...

— Avant de prendre une décision à cet égard, j'ai besoin d'éclairer bien des points sombres...

— Je le comprends, et je vous y aiderai de tout mon pouvoir... — Rappelez vos souvenirs. — Vous êtes partie de Troyes avec la personne qui est venue vous chercher au pensionnat ?

— Mme Ursule, oui ; la mandataire de celui qu'on appelait mon protecteur...

— Où devait-elle vous conduire ?

— A Paris.

— Ce voyage avait-il un but avoué ?

— Oui.

— Lequel ?

— Nous portions à un notaire une lettre en échange de laquelle il devait me remettre des papiers cachetés... — Ces papiers, disait-on, m'expliqueraient le secret de ma naissance...

— Vous avez cette lettre ?

— Non. Mme Ursule ne s'en séparait pas.

— A quel notaire était-elle adressée ?

— Je ne l'ai jamais su.

— Par qui avait-elle été écrite ?

— Par mon protecteur.

— Ce protecteur, comment s'appelait-il ?

— Robert. — Mme Ursule affirmait ne le connaître que sous ce nom.

— Est-ce elle qui vous parlait de votre mère ?

— Oui.

— Que vous en disait-elle?

— Que ma mère était vivante, mais que je ne la verrais jamais... — Je l'ai priée, suppliée, conjurée de me mettre à même de la retrouver, je n'ai rien obtenu...

— Peut-être ne savait-elle rien...

— Je crois qu'elle savait beaucoup, au contraire, et qu'en se taisant elle obéissait à une consigne...

— Enfin, en arrivant à Paris, elle vous a conduite chez ce notaire?...

— Mme Ursule ne m'accompagnait point à Paris...

— Comment?... — s'écria Paul. — Je ne comprends pas...

— Vous allez comprendre...

Et la fille de Marguerite raconta l'accident qui les avait forcées de passer plusieurs jours à Maison-Rouge, à l'*Hôtel de la Gare*.

— Mais alors, — demanda Paul, devenu très anxieux, — qui vous a décidée brusquement à partir seule?

— Une lettre...

— Une lettre adressée à vous?

— Oui.

— Par quelqu'un que vous connaissiez?

— Non...

— Et vous avez eu confiance?

— Comment aurais-je pu concevoir un doute? — La lettre était signée : *Un ami de votre mère*.

— Malheureuse enfant, on vous attirait dans un piège!...

— La violence dont j'ai été victime me le prouve...

— Avez-vous conservé cette lettre?

— Sans doute.

— Où est-elle?

— Elle doit se trouver dans une de mes poches...

Paul quitta son siège et courut aux vêtements de Renée.

Isabelle les avait nettoyés, brossés et accrochés à un portemanteau.

L'étudiant les fouilla.

— Je ne trouve que ceci... — dit-il en posant sur un meuble le porte-monnaie de Renée.

— Ah! — fit la jeune fille, — je me souviens... — La lettre était dans la poche gauche de ma pelisse...

— Cette poche est vide... — Il fallait s'y attendre... — La lettre pouvait servir d'indice... — Les misérables l'ont fait disparaître...

— Qu'importe? — fit la jeune fille, — je l'ai lue si souvent en pensant à ma mère que j'en sais par cœur le contenu...

L'étudiant secoua la tête.

— Hélas! — dit-il, — ce n'est pas la même chose... — Des souvenirs ne constituent pas une preuve, et l'écrit en était une... — Enfin, apprenez-moi les termes de cet écrit odieux...

Renée se recueillit, et au bout de quelques secondes récita textuellement la lettre.

Paul frissonnait d'épouvante en l'écoutant.

— C'est monstrueux, cela! — s'écria-t-il, quand elle eut achevé. — Faire appel aux sentiments les plus doux, aux instincts les plus sacrés, pour vous perdre! Et cet ami prétendu de votre mère vous attendait à la gare de l'Est! Il cherchait à vous étouffer dans la voiture!... Il prenait sa lettre, et, se croyant sûr de ne laisser derrière lui aucune preuve matérielle de son crime, il vous précipitait vivante du haut du pont de Bercy! — Mais quel est donc ce misérable, et pourquoi est-il votre ennemi?

— Je n'ai fait de mal à personne au monde... — murmura Renée. — Comment puis-je avoir des ennemis?

— Aviez-vous déjà vu ce scélérat?

— Jamais... j'en suis bien sûre... et cependant...

— Quoi donc?

— Le timbre de sa voix ne me paraissait point inconnu... — Il me semblait l'avoir entendu déjà...

— Où?... en quelle circonstance?...

— Je ne sais pas... j'ai beau chercher... je ne me souviens plus...

XXI

— Que vous a dit cet homme en vous recevant à la gare? — reprit Paul Lantier.

— Qu'il allait me conduire auprès de ma mère... — répondit Renée.

— Vous a-t-il parlé du mystère qui vous entoure?

— Il m'a dit que ma mère se réservait de l'éclaircir...

— Est-il venu à vous sans hésitation?

— Oui... —Il a prétendu me connaître depuis longtemps, étant chargé par ma mère de veiller sur moi...

— Ah! les misérables sont habiles, — s'écria l'étudiant; — mais je cherche en vain les mobiles qui les faisaient agir... — Quel intérêt pouvaient-ils avoir à votre mort? — La justice seule trouvera le mot de cette énigme... Il faut la prévenir...

— Cela m'épouvante... — murmura la jeune fille.

— Pourquoi?

— Le passé m'est inconnu, songez-y donc ! — J'ai peur qu'en portant la lumière au milieu des ténèbres on éclaire des secrets de honte, et que ma mère y soit mêlée...

Paul garda le silence.

Renée avait raison, il le sentait bien.

— Soit ! — fit-il au bout d'un instant. — Je comprends les scrupules de votre amour filial et je les respecte, mais ce que nous n'osons demander aux représentants de la loi, je le ferai. — Je traquerai vos ennemis, moi ! je saurai s'ils peuvent être livrés aux tribunaux sans compromettre l'honneur de votre mère... Et, si c'est impossible, je vous vengerai seul ! !

— Vous ferez cela ?... — balbutia la fille de Marguerite avec émotion en tendant la main à l'étudiant.

— Je le ferai, je vous le jure, quand je devrais pour cela remuer le monde !... — Mais il est bien des choses que j'ai besoin de connaître avant d'agir.

— Lesquelles ?

— Pensez-vous que cette dame Ursule qui devait vous accompagner à Paris et que vous avez quittée soit encore à Maison-Rouge ?

— Elle doit y être, car au moment de mon départ le docteur déclarait indispensables plusieurs jours d'absolu repos...

— Rien ne vous fait-il supposer qu'elle était de connivence avec les scélérats qui voulaient vous perdre ?

— Rien... mais son obstination à ne me point répondre quand je l'interrogeais au sujet de mon passé et de mon avenir me semblo bien étrange...

— Et, comme vous, je la trouve suspecte. — Il faut que je voie cette femme... — Je saurai la contraindre à parler... — Qu'elle le veuille ou non, elle mettra dans mes mains l'extrémité du fil conducteur... — Si elle est de bonne foi... si elle se contentait d'obéir passivement aux ordres de ce Robert de qui vous dépendiez, elle doit savoir bien des faits de nature à me guider... — Il est certain que le protecteur de votre enfance l'aura mise en garde contre vos ennemis, quels qu'ils soient. — Je veux, je dois la voir...

— Irez-vous donc la trouver à Maison-Rouge ?

— Sans doute... et le plus tôt possible...

— Sous quel prétexte ?

— Je n'aurai pas besoin de prétexte... — Rien n'est plus simple et plus habile que de dire la vérité... — Si Mme Ursule n'est point complice, elle doit être dans un état de mortelle inquiétude à votre sujet. Je la rassurerai d'abord, et je lui demanderai son assistance pour arriver au but que je poursuis... — Comment me la refuserait-elle ?...

— C'est vrai...

— Où la trouverai-je à Maison-Rouge ?...

— A l'*Hôtel de la Gare*... à deux pas du chemin de fer... — répondit la jeune

Léopold ouvrit la malle et passa la revue de son contenu comme il avait fait pour la valise.

fille; puis elle ajouta, avec une expression de crainte : — Mais allez-vous donc m'abandonner? me laisser seule ici?

— Vous êtes hors de danger, chère enfant, et vous ne serez pas seule... —
— Vous aurez pour compagne, jusqu'à mon retour, la personne qui tout à l'heure était auprès de vous... Zirza, la femme de mon ami Jules Verdier... une créature excellente... un cœur d'or...

Paul avait dit *la femme* et non pas *la maîtresse*.

Nos lecteurs ont compris que son respect profond pour la candeur virginale de Renée était l'unique cause de cet innocent mensonge.

Il n'avait point menti, d'ailleurs, en ajoutant que Zirza était un cœur d'or.

— Mais au moins ce voyage sera de courte durée? — reprit la fille de Marguerite.

— Très courte... — Juste le temps d'aller chercher Mme Ursule et de l'amener près de vous...

— Quand comptez-vous partir?

— Demain matin...

— Et vous reviendrez?...

— Demain soir, sans doute...

— J'aurais un désir... — dit Renée timidement.

— S'il dépend de moi de le satisfaire ce sera vite fait...

— Je voudrais savoir si mon amie Pauline Lambert a écrit de nouveau à Mlle de Terrys, et si elle lui parle de moi.

— Vous le saurez dès aujourd'hui, car j'irai voir tantôt Mme Honorine et je lui raconterai tout... — Elle sera heureuse d'apprendre que je vous ai retrouvée...

— Ah! que vous êtes bon, et que je vous suis reconnaissante!!...

On frappa doucement à la porte de la chambre.

Renée tressaillit.

— Ne craignez rien... — fit Paul, — ce sont nos amis qui s'impatientent... — Permettez-vous qu'ils entrent?

— Mais je le crois bien... — Je veux les remercier encore des soins qu'ils m'ont prodigués avec vous...

— Entrez! — cria l'étudiant.

La porte s'entr'ouvrit et Zirza montra sa jolie tête blonde et souriante.

— Monsieur Paul, le déjeuner vous attend... — dit-elle. — La potion de Mlle Renée est prête, et elle doit la prendre avant le bouillon que le docteur a prescrit pour ce matin.

Renée fit signe à l'étudiante de franchir le seuil et de s'approcher du lit ; elle lui serra les mains en murmurant d'une voix émue :

— Laissez-moi vous dire, madame, du fond du cœur, combien je suis reconnaissante de ce que vous avez fait pour moi, vous et votre mari.

En entendant ces deux mots : *Votre mari*, la blonde Zirza devint rouge comme une cerise, et se tourna vers Jules, qui la suivait et paraissait lui-même un peu déconcerté.

Tous deux interrogèrent Paul du regard.

Un signe d'intelligence leur fit tout comprendre.

— De la reconnaissance, mademoiselle!! — répliqua vivemement Zirza. — Et pourquoi donc ça?... — Est-ce qu'on ne doit pas s'entr'aider dans la vie? — J'ai veillé près de votre lit deux ou trois nuits... — Le beau mérite ! ! — Ne veilleriez-vous point près du mien si j'étais bien malade?...

— Oh ! si, de grand cœur !...

— Vous voyez que c'était à charge de revanche !... Égoïsme tout pur ! ! — Vous êtes l'amie de notre ami Paul, que nous aimons beaucoup... — Voulez-vous nous aimer un peu?...

— Oui... oui... cent fois oui, je le veux ! — répondit la fille de Marguerite.

— Alors, je vous embrasse.

Et l'étudiante embrassa Renée, qui lui rendit ses baisers avec effusion.

— Amitié jurée ! — reprit ensuite Zirza. — C'est signé et c'est parafé ! — A la vie, à la mort ! — Maintenant, vous plaît-il que nous déjeunions auprès de vous, pour vous tenir compagnie?

— Cela me plaît infiniment...

— Dans ce cas, messieurs, dressez la table ici tandis que je vais faire prendre la potion à notre chère convalescente, et dans un quart d'heure je lui donnerai son bouillon...

Les deux jeunes gens apportèrent la table toute servie et s'installèrent avec Zirza pour déjeuner à côté du lit.

Tandis que ceci se passait rue de l'École-de-Médecine, une scène d'un tout autre genre avait lieu dans l'hôtel habité par M. de Terrys et sa fille Honorine.

Il était dix heures du matin.

Le comte, qui malgré son état de souffrance ne s'attardait jamais au lit, écrivait près du feu de son cabinet.

Le vieillard était bien changé depuis le jour où nos lecteurs l'ont vu en conférence avec Pascal Lantier.

Il n'avait littéralement que le souffle, et ressemblait bien plus à un mort qu'à un vivant.

Devant lui était placé l'épais volume formé par un grand nombre de cahiers de papier reliés ensemble, et sur lequel il écrivait ses Mémoires, ou pour mieux dire ses impressions.

L'écriture couvrait environ les sept huitièmes des pages.

Le comte traça une dernière ligne, reposa sa plume sur son bureau et se renversa dans son fauteuil, le visage décomposé et des gouttelettes de sueur aux tempes.

— Allons, — murmura-t-il d'une voix sourde, — cette fois c'est la fin... — Je n'ai plus même la force de tenir la plume... — Mes yeux s'éteignent... — Mes pensées deviennent confuses... l'âme s'affaisse en même temps que le corps s'affaiblit... Décidément c'est la fin...

Pendant quelques secondes il respira sans parler, mais avec effort ; puis, quittant sa position renversée, il se pencha de nouveau vers le volume ouvert devant lui, et reprit :

— Eh! mon Dieu, qu'importe, après tout? — Ma fille sera riche... heureuse... Moi, j'ai assez vécu, je pars, et j'ai bien fait d'écrire ce dont Pascal Lantier m'a donné l'idée avec son effrayant récit... — C'est là...

Le comte tourna successivement plusieurs feuillets du livre et s'arrêta à une page dont tous les alinéas étaient guillemetés.

— Là, j'ai retracé les phases de mon étrange maladie... — continua-t-il. — Là, j'ai décrit le traitement plus étrange encore grâce auquel j'ai si longtemps lutté contre la mort...

« Si jamais, — ce qu'à Dieu ne plaise, — on accusait quelqu'un de m'avoir empoisonné, on trouverait ici la preuve que, si vraisemblable qu'elle paraisse, l'accusation est fausse...

En disant ce qui précède M. de Terrys appuyait le doigt sur des lignes tracées à l'encre rouge.

XXII

Voici quelles étaient ces lignes, que le comte lut à demi-voix :

« J'ai toujours refusé de consulter un médecin, par le motif que je fais profession, à l'endroit de la science médicale, d'une incrédulité complète.

« Ce qui m'a soutenu, ce qui m'a permis de vivre, quoique mortellement atteint, c'est un remède mystérieux connu de moi seul en Europe.

« Ce remède — le plus violent des poisons peut-être si on l'administre sans méthode et sans prudence — est le venin desséché d'un reptile des tropiques, le crotale.

« Une boîte de cristal de roche contient ce qui reste de ce poison sauveur.

« Cette boîte se trouve dans le petit meuble où sont renfermés ces souvenirs.

« Si, après ma mort, en présence de mon corps saturé de poison, on accusait quelqu'un d'un crime, la présente déclaration suffirait pour justifier l'innocent... »

Quand M. de Terrys eut fini de lire, il murmura :

— Cela est bien ainsi et rend impossible toute erreur... — Je suis prêt à paraître devant le juge suprême, avec la certitude que personne ne peut être compromis par ma faute...

Il ferma le volume, prit le trousseau de clefs qui pendait à la serrure de l'un des tiroirs de son bureau, fit pivoter le fauteuil sur lequel il était assis, ouvrit le meuble que nous connaissons, plaça le volume manuscrit sur une liasse de papiers d'affaires, et prit la boîte de cristal à demi pleine encore de poudre de crotale.

Nous savons déjà qu'un plateau d'argent, placé sur le meuble, supportait une carafe pleine d'eau et un verre.

Le comte jeta dans ce verre une pincée de poudre en disant tout bas :

— Encore quelques heures... il le faut...

Après avoir versé de l'eau sur le terrible médicament, il agita le verre afin de bien opérer le mélange, puis il but lentement et pour ainsi dire goutte à goutte.

Immobile alors, la tête haute, les épaules appuyées au dossier de son fauteuil, il attendit que l'effet se produisît.

Trois minutes s'écoulèrent, comme le jour où M. de Terrys avait fait assister Pascal Lantier à l'absorption du remède indien.

Au bout de ce temps la figure se contracta.

Les membres se raidirent.

Les yeux devinrent fixes.

Mais ces symptômes ne se manifestaient point avec l'intensité habituelle.

Le visage s'empourpra soudainement et passa du rouge sombre au violet.

Une révolution semblait se faire dans l'organisme épuisé.

M. de Terrys se leva brusquement et porta ses deux mains à sa poitrine d'où s'échappait un râle pareil au sifflement d'un reptile; ensuite il retomba sur son fauteuil, la tête en arrière, les bras pendants.

Le râle s'éteignit.

Les soubresauts convulsifs de la poitrine se ralentirent et s'arrêtèrent tout à fait.

Le comte, les yeux tournés dans leurs orbites, et la bouche entr'ouverte, ne remua plus. — Il était mort.

. . . .

Régulièrement on déjeunait à onze heures et demie à l'hôtel de Terrys.

Le vieillard, qui depuis longtemps ne quittait plus son cabinet ou sa chambre, attendait par habitude, pour prendre ses repas, le moment où sa fille se rendait seule à la salle à manger.

La demie après onze heures sonna et le valet de chambre se disposa à venir demander, comme de coutume, les ordres de son maître.

Il traversa la chambre à coucher qui précédait le cabinet de travail et frappa deux petits coups contre la porte.

Ne recevant aucune réponse, il frappa plus fort.

Même silence.

L'inquiétude le prit.

Il fit tourner le bouton et entra.

Le bureau, surélevé d'un cartonnier, cachait depuis la porte une partie du cabinet.

Le valet de chambre s'avança pour s'assurer que le comte se trouvait derrière ce bureau.

Après avoir fait quelques pas il s'arrêta, pâle et frissonnant, en voyant son maître dans la position que nous avons décrite.

Le premier mouvement de stupeur et d'effroi calmé, il reprit sa marche vers le fauteuil et saisit les mains du comte.

Il les trouva glacées.

L'immobilité, la rigidité du corps étaient celles d'un cadavre.

Aucun doute ne semblait possible ; — l'évidence s'imposait ; — M. de Terrys avait cessé de vivre.

— Mon pauvre maître devait s'éteindre ainsi, subitement... — murmura le domestique. — Ce qui m'étonne, c'est qu'il ait vécu si longtemps, car il était plus que fini, et je m'attendais, matin et soir, à une catastrophe... Ça n'en va pas moins donner un rude coup à mademoiselle... — Il faut la prévenir, et c'est une vilaine commission...

Puis le valet de chambre, se composant une figure de circonstance, — ce qui ne lui fut pas difficile, car il aimait le comte, — gagna la salle à manger où Mlle de Terrys venait de se rendre.

La jeune fille se mettait à table.

— Philippe, — demanda-t-elle, — vous avez vu mon père ?...

Le domestique balbutia :

— Oui, mademoiselle...

Honorine, frappée de l'altération de la voix, jeta les yeux sur son interlocuteur.

Il était livide et ses mains tremblaient.

Mlle de Terrys, mordue au cœur par une soudaine angoisse, quitta brusquement son siège.

— Il est arrivé quelque chose à mon père, n'est-ce pas ?... — s'écria-t-elle.

— Oui, mademoiselle...

— Il est plus malade ?

— Oh! oui, mademoiselle... beaucoup plus...

Honorine porta ses deux mains à son cœur.

— Ah! — murmura-t-elle haletante, — mon père est mort !...

Philippe essaya de parler, mais aucun son ne s'échappa de son gosier desséché.

Un signe de tête, d'une muette éloquence, remplaça sa réponse.

— Mort ! — s'écria Honorine avec désespoir. — Mort! mon père !... mon pauvre père !! Et je n'étais pas là!... Je n'ai pas recueilli son dernier soupir !...

Mlle de Terrys monta rapidement au premier étage et courut vers le cabinet, suivie du valet de chambre et des autres domestiques, avertis d'un mot par Philippe.

Là elle s'élança près du fauteuil où gisait le comte dans son effrayante immobilité, les traits contractés, les membres raidis. — Elle s'abattit sur ses deux genoux et ses sanglots éclatèrent.

Elle suffoquait en répétant :

— Mon père... Mon pauvre père ! Il est mort sans m'avoir revue ! Il est mort sans m'avoir dit un suprême adieu... — Il est mort seul... abandonné... il n'a pas reçu mon dernier baiser... il ne m'a point bénie ! Ah ! je sens que cela me portera malheur !

La douleur, atteignant son paroxysme, triompha des forces de la jeune fille. Honorine perdit connaissance.

Philippe la souleva et, avec l'aide de la femme de chambre, la porta sur son lit où il l'abandonna aux soins de la cameriste, puis il revint près du corps du comte.

Nous avons présenté Mlle de Terrys à nos lecteurs comme une jeune fille d'un caractère très entier, très indépendant, et se préoccupant surtout dans la vie des intérêts matériels, mais nous n'avons point dit qu'elle manquât de cœur.

Honorine adorait son père.

Elle savait bien qu'elle le perdrait avant qu'il eût atteint les limites de l'extrême vieillesse ; mais tout en ne se dissimulant pas la gravité de son état maladif, elle refusait d'admettre qu'une catastrophe pût être si prochaine, et le coup porté fut d'autant plus terrible qu'il était presque inattendu.

Revenu près du corps du maître, Philippe profita de la situation pour ajouter à son importance, et donna des ordres.

Le comte fut porté dans sa chambre à coucher et étendu dans son lit drapé de noir, puis on alluma des bougies et on improvisa une sorte de chapelle ardente.

Ce lugubre et douloureux travail achevé, Philippe vint demander des nouvelles de Mlle de Terrys.

La jeune fille avait repris connaissance, mais se trouvait en pleine crise de douleur et ne voulait voir personne en ce moment. — Il fallait donc attendre pour l'entretenir des mesures nécessitées par le terrible événement qui mettait l'hôtel en deuil.

Les domestiques consternés s'étaient réunis à l'office.

Ils plaignaient sincèrement la fille du comte, mais ils se préoccupaient en même temps des changements que la catastrophe pouvait apporter dans leur situation personnelle.

Philippe les rejoignit.

Ils lui exposèrent leurs craintes.

— Rassurez-vous, — leur dit-il. — Mlle Honorine a toujours été une bonne maîtresse... Elle a de l'affection pour nous qui servions M. le comte depuis longtemps... J'ai la conviction que personne n'est menacé.

Un coup de timbre retentissant à la porte de l'hôtel interrompit brusquement l'entretien.

Le concierge, qui s'était rendu à l'office avec ses camarades pour prendre langue, regagna sa loge en toute hâte et tira le cordon.

Paul Lantier parut.

— Ah! monsieur Lantier, — dit le concierge en prenant sa figure la plus sombre et sa voix la plus émue. — Vous arrivez pour apprendre une bien triste nouvelle.

— Mon Dieu, qu'y a-t-il donc ? — demanda le jeune homme très agité, très inquiet. — Mlle Honorine ?...

— Mademoiselle se porte bien, mais est plongée dans les larmes; M. le comte est mort !...

XXIII

— Mort! — répéta Paul avec stupeur.

— Hélas! oui, monsieur...

— Et quand cela ?

— On ne sait au juste, mais il y a quelques heures à peine... — On est entré dans son cabinet... il avait cessé de vivre...

L'étudiant pâlit.

Une pensée terrible lui traversa brusquement le cerveau.

Il se souvenait des paroles de son père.

Pascal avait dit :

— Si le comte venait à mourir je devrais rembourser à courte échéance un million à Mlle de Terrys, et je serais perdu... — Épouse Honorine... La fortune de ta femme restera dans tes mains, et ce sera le salut pour moi...

Un peu plus tard, il est vrai, l'entrepreneur était venu lui donner l'assurance que ses craintes étaient dissipées, et que, se trouvant en mesure de faire face aux exigences de l'héritière, il cessait de désirer ce mariage, ou du moins de l'imposer.

Paul avait cru; — maintenant il commençait à douter.

Si Pascal Lantier s'était fait illusion sur ses ressources, la ruine devenait imminente et inévitable.

Le jeune homme fut épouvanté, mais il ne laissa rien voir de son trouble.

— Ah! — dit-il à haute voix, — cette mort subite est un grand malheur!

— Un grand malheur! — répéta le concierge comme un écho. — Oui, monsieur...

— Et Mlle Honorine ?

— Son désespoir, paraît-il, est effrayant... — Elle aimait tant M. le comte...

Richard Beralle piqua une tête sur un tas de neige...

— Je venais la voir...
— Mademoiselle ne recevra certainement personne aujourd'hui...
— Je le comprends, et c'est trop naturel... — Voici ma carte... — Je désirerais qu'on la remît à Mlle de Terrys, et qu'on lui fît savoir en même temps quelle part immense je prends à son chagrin.
— Le valet de chambre n'y manquera pas, monsieur Paul...
L'étudiant se retira.

— Je vais chez mon père... — se dit-il. — Il faut que je l'avertisse de cette mort, et que je sache si elle ne va pas entraver le bonheur qu'il m'avait permis de rêver...

Paul faisait allusion à la promesse de Pascal de le laisser libre d'aimer et d'épouser qui bon lui semblerait.

Il pensait aussi à Renée.

Si la fortune de l'entrepreneur s'écroulait, qu'apporterait-il à la jeune fille?

Son travail et son courage; mais, sa position n'étant point encore faite, gagnerait-il assez pour subvenir aux besoins d'un ménage?...

Le pauvre garçon en doutait beaucoup et non sans raison. — Un immense découragement s'emparait de lui. — Ses beaux plans d'avenir lui semblaient au moment de s'effondrer.

Il avait hâte de voir son père et de le questionner.

A deux cents pas de l'hôtel du comte de Terrys, Paul avisa un coupé de régie passant à vide, et fit un signe au cocher qui s'arrêta.

Paul monta dans la voiture et donna l'ordre de le conduire rue Picpus.

La neige encombrant les voies publiques rendait la circulation difficile.

Le trajet fut long.

Enfin, le coupé s'arrêta devant la maison de l'entrepreneur.

Un garçon de bureau ouvrit la porte.

— Mon père est-il là? — lui demanda l'étudiant.

— Il est aux chantiers, monsieur Paul, au bureau des dessinateurs.

— Voulez-vous le prévenir que je l'attends dans son cabinet et que j'ai à lui faire une communication très importante?...

— J'y vais, monsieur Paul... — répondit l'employé en refermant la porte de la rue. — M. Lantier sera ici avant cinq minutes.

Le fils de Pascal n'était pas venu rue Picpus depuis assez longtemps.

Avant de franchir le seuil du cabinet de son père, il entra chez le caissier, qu'il connaissait depuis son enfance.

— Je viens vous serrer la main, mon vieil ami... — lui dit-il.

Touché du bon souvenir du jeune homme, le caissier lui témoigna tout le plaisir qu'il avait à le voir.

— Et le travail, monsieur Paul?... — demanda-t-il ensuite.

— Je ne tarderai guère à passer mes derniers examens...

— Vous êtes content de vous?

— Oui, et je crois que mes professeurs le sont aussi... ce qui vaut mieux... — Je compte sur des boules blanches...

— Allons, tant mieux! — Ça mène à tout, aujourd'hui, d'être avocat...

— Et ici, — demanda Paul à son tour, — on chôme, n'est-ce pas? — L'hiver est rude, et mon pauvre père est loin de gagner de l'argent?

Le caissier se pinça les lèvres.

— Il est certain qu'on mentirait en disant qu'on en gagne... — fit-il avec hésitation, — mais ça ne durera point, et les grands froids passés nous rattraperons le temps perdu.

L'étudiant, tourné du côté de la fenêtre, vit son père traverser la cour.

Il dut interrompre un entretien d'où il espérait tirer quelques renseignements utiles sur la situation véritable de la maison. — Après avoir serré de nouveau la main du caissier, il sortit du bureau et se trouva en face de Pascal.

Celui-ci, depuis sa dernière entrevue avec Valta, devenu pour lui son cousin Léopold Lantier, se sentait plus calme et plus fort.

Il avait douté du complice Valta.

Il ne doutait plus du cousin Léopold, qui travaillait pour son propre compte en même temps que pour le sien, et qui lui inspirait par cela même une énorme confiance.

— Quel bon vent t'amène aujourd'hui, mon cher enfant? — s'écria-t-il en tendant les mains au jeune homme. — Viens-tu dîner avec moi?

— Non, père... — répliqua Paul. — Ne vous a-t-on pas dit que j'avais à vous faire une communication importante?

— On me l'a dit ; mais je suis un père dans le mouvement, un père qui comprend à demi-mot, et j'ai deviné que ta communication importante se formulait ainsi : — *J'ai besoin d'argent...* Me suis-je trompé?

— Vous vous êtes trompé, oui, père... — L'argent n'est point du tout en question, du moins en ce qui me concerne...

— Ne parle pas un langage énigmatique que je ne puis souffrir... — Entre dans mon cabinet et tu m'expliqueras ce dont il s'agit.

Pascal ouvrit la porte, fit passer son fils et s'assit.

Paul cherchait de quelle manière il entamerait l'entretien.

— Diable! — fit l'entrepreneur en souriant, — c'est donc bien grave, que tu ne sais par où commencer?...

— Très grave, oui, père...

— Ma parole d'honneur, tu m'inquiètes...

— Je n'ai, malheureusement, ni l'intention ni la possibilité de vous rassurer...

— Eh bien! sapristi, alors, ne me laisse pas languir... — Au fait, et vivement...

L'étudiant commença :

— Vous vous souvenez, père, d'une conversation que nous avons eue ensemble il y a quelques jours.

— Nous en avons eu deux... — Parles-tu de la première ou de la dernière?

— De la dernière.

— Parfaitement... — Je venais t'apprendre que je renonçais à t'imposer mes volontés, et que je te rendais la liberté de ton cœur.

— Permettez-moi de vous demander quels étaient les motifs de ce changement?

— De sages réflexions m'avaient prouvé jusqu'à l'évidence que je m'alarmais à tort, et que ma situation n'offrait rien de sérieusement inquiétant... — Je te l'ai déjà dit ce jour-là.

— N'avez-vous pas ajouté que, si le comte de Terrys venait à mourir, vous étiez en mesure de faire face aux engagements pris avec lui?

Pascal fronça le sourcil.

Les dernières paroles de son fils lui inspiraient un commencement d'inquiétude.

— Sans doute... — murmura-t-il.

Paul continua :

— Et que vous rembourseriez au besoin à Mlle Honorine de Terrys, une semaine après la mort du comte, le million dont vous êtes débiteur?

L'inquiétude de l'entrepreneur grandissait.

— Je l'ai dit, — répliqua-t-il, — et c'est la vérité. — Mais quel est le but de toutes ces questions?

— De me prouver à moi-même que j'avais bien compris vos paroles...

— Tu les as bien comprises... — Ta mémoire est fidèle... Je te répète que, quoi qu'il advienne, je suis prêt...

L'étudiant sauta au cou de son père...

— Ah! s'écria-t-il les yeux pleins de larmes. — Si vous saviez quel bien vous me faites!... — En venant ici je tremblais... — Me voici rassuré... J'ajouterais même que je suis joyeux si je ne vous apportais une si triste nouvelle...

— Explique-toi, voyons, sans ambages, sans réticences, car depuis cinq minutes tu me fais languir... — Quelle est cette nouvelle?...

— Votre ami le comte de Terrys est mort... — dit Paul brusquement.

Une cheminée s'écroulant sur la tête de l'entrepreneur ne l'eût pas plus complètement assommé que la nouvelle apportée par son fils.

Il chancela comme un homme qui va se trouver mal.

Son visage devint livide, cadavéreux, effrayant à voir.

— Le comte de Terrys est mort... — bégaya-t-il d'un air hébété, et d'une voix que l'émotion paralysait.

— Oui, mon père, et je comprends l'impression douloureuse produite sur vous par cette fin qu'on ne croyait pas si proche... — Le comte vous aimait... vous l'aimiez... vous étiez son obligé...

Pascal Lantier avait les yeux hagards.

— Mort!... — répéta-t-il. — Le comte est mort...

— Mon père, — murmura Paul, — il ne faut pas vous frapper ainsi... — Prenez sur vous, je vous en supplie... — Vous allez vous faire beaucoup de mal...

L'entrepreneur releva la tête.

Il comprenait que paraître effrayé, anéanti, devant son fils, c'était raviver le doute dans l'esprit de Paul, c'était lui donner lieu de croire qu'il avait menti en se disant prêt à remplir ses engagements.

A tout prix il fallait éviter cela.

Pascal possédait un prodigieux empire sur lui-même.

A force de volonté il imposa l'apparence du calme à son visage.

XXIV

— Oui, c'est vrai, je me fais beaucoup de mal, — dit-il d'une voix brisée, — mais comment en serait-il autrement?... — Cette mort me cause un chagrin profond... — M. de Terrys était mon ami, et je ne croyais pas sa fin si prochaine... — L'idée de ne plus le revoir vivant me serre le cœur ! — Pauvre Honorine, quel doit être son désespoir, et quel isolement les premiers jours ! — Je la plains de toute mon âme ; mais enfin, à son âge, les chagrins s'effacent vite, et d'ailleurs la fortune console de bien des choses... — Nous allons rendre au comte les derniers devoirs, et nous resterons les amis dévoués d'Honorine...

Après une courte pause, Pascal reprit :

— Qui t'a donné la triste nouvelle?...

— Le concierge de l'hôtel du comte... — répliqua Paul.

— Tu allais voir Mlle de Terrys ?

— Oui, mon père...

— Je suppose que tu n'as pas été reçu...

— Mlle de Terrys ne reçoit personne, et je me suis bien gardé d'insister pour qu'une exception soit faite en ma faveur...

— Je t'approuve... — Est-ce cette nuit que la catastrophe s'est produite?...

— Ce matin, vers onze heures et demie, on a trouvé le comte mort dans son cabinet de travail...

— Sa fille n'était donc point à côté de lui quand il s'est éteint?

— Je l'ignore, mais je ne le crois pas...

Pascal poussa un long soupir hypocrite.

— Éloignons ces tristes pensées... — fit-il ensuite. En somme, il n'existe aucun lien du sang entre nous et les Terrys... — Tu dînes avec moi ?

— Non, père...

— Qui t'en empêche ? — Est-ce le travail?

Paul rougit.

Pascal surprit l'embarras de son fils, sourit et continua :

— Un rendez-vous d'amour, alors?...

L'étudiant secoua la tête.

— Quoi ! ce n'est pas cela non plus?... — poursuivit l'entrepreneur. — Qu'est-ce donc?

— Un devoir...

— Un devoir ! — De quelle nature?

— Je vous ai dit que j'avais donné mon cœur, vous en souvenez-vous?

— Parfaitement...

— Vous m'avez promis d'aimer celle que je prendrai pour femme...

— Sans doute, car je te suppose incapable de faire un mauvais choix...

— Eh bien, mon père, depuis notre dernière entrevue il s'est passé des événements sans nombre... tout un roman, ou plutôt tout un drame...

— Ah ! bah !...

— Oui, père... — Un moment j'ai cru celle que j'aime perdue pour moi ; mais Dieu m'a permis de la retrouver... il m'a choisi pour la sauver d'un péril effroyable où elle allait laisser sa vie... — Vous la verrez bientôt, celle qui est, avec vous, tout pour moi !... — Vous la connaîtrez... vous la chérirez, et nous lui ferons oublier, à force de bonheur, ce qu'elle a souffert...

— Ce qu'elle a souffert... — répéta machinalement Pascal qui, très absorbé par de terribles préoccupations, n'attachait qu'une médiocre importance aux amours de son fils.

— Oui, père... — poursuivit le jeune homme avec animation, — une machination infâme avait été préparée contre la pauvre enfant... — Des misérables voulaient sa mort... — Heureusement, je l'ai sauvée... et je la vengerai...

L'entrepreneur n'écoutait plus.

Il avait hâte d'éloigner son fils.

— Tu me quittes? — demanda-t-il.

— Père, il le faut, mais je vous reverrai bientôt, et je vous raconterai tout...

— Tu me feras plaisir... — Te faut-il de l'argent?...

— Nous touchons à la fin du mois, et s'il vous convient de m'en donner, je l'accepterai avec reconnaissance...

Pascal ouvrit le tiroir de son bureau et y prit un billet de banque qu'il tendit à Paul.

— Mais c'est mille francs !... — s'écria ce dernier.

— Oui, c'est mille francs... — répondit l'entrepreneur avec un sourire contraint ; — je double ta pension de ce mois-ci... — Tu es amoureux, et rien ne coûte plus cher que l'amour...

Paul embrassa son père et partit, le cœur plein d'espoir.

L'entrepreneur laissa s'écouler cinq minutes, puis il revêtit un gros paletot, s'entortilla le visage dans un ample cache-nez, prit un chapeau et sortit à son tour.

Il remonta la rue Picpus jusqu'au passage Tocanier dans lequel il s'engagea, et qu'il suivit jusqu'à la porte du pavillon qu'occupait son cousin Léopold Lantier, l'évadé de la prison de Troyes, le pseudo-Valta.

Arrivé à cette porte, il sonna.

Ce fut l'ex-réclusionnaire qui vint lui ouvrir.

— Tu es seul? — demanda Pascal.

— Oui, entre... — J'ai envoyé en course mon domestique, et son absence sera longue...

Pascal franchit le seuil et suivit son cousin dans la pièce où celui-ci se tenait d'habitude.

Là ils s'enfermèrent.

— Quel motif t'amène? — fit Léopold. — Je ne suppose pas qu'il s'agisse uniquement d'une visite de bon voisinage...

L'entrepreneur alla droit au but.

— Le comte de Terrys est mort ce matin, — répliqua-t-il...

Léopold ne sourcilla pas.

— Très bien... — dit-il. — Convaincu que cet *incident* se produirait d'un moment à l'autre, j'ai réfléchi, combiné mon affaire, et je suis prêt à agir...

— A merveille! — Il est donc temps de m'apprendre ce que tu veux faire...

— Te défies-tu de moi, ou te proposes-tu de me donner quelque bon conseil? — s'écria l'évadé avec ironie.

— Ni l'un ni l'autre, mais tout bonnement pour savoir où nous allons et ce que j'aurai à faire.

— Tu n'auras qu'à attendre... — Un rôle facile, comme tu vois... — Je vais d'ailleurs t'expliquer mon plan.

— Parle...

— Il ne faut pas que Mlle de Terrys vienne te réclamer dans huit jours le million que tu devais à son père.

— Non, il ne le faut pas, — interrompit Pascal, — car il me serait impossible de le payer, et toutes nos espérances s'écrouleraient.

— Donc il importe d'empêcher la jeune fille de formuler sa réclamation...

— Sans doute, mais le moyen?...

— Je croyais te l'avoir indiqué l'autre jour... — Le comte est mort empoisonné par lui-même, n'est-ce pas?

— Oui, mais le toxique mystérieux qu'il s'administrait a soutenu longtemps sa vie...

— Il n'en avait pas moins le corps saturé de poison, et tu lui as fait sottement observer que des soupçons naîtraient peut-être après lui, et qu'on pourrait accuser quelqu'un d'un crime imaginaire qui semblerait réel...

— Mon observation était maladroite, j'en conviens...

— Si maladroite que le comte, d'après tes conseils, a inséré dans ses Mémoires une note justificative.

— Hélas! oui...

— Eh bien, il faut que cette note disparaisse, et le diable m'emporte s'il reste à l'héritière un moyen de prouver son innocence...

Pascal frissonna malgré lui.

— Tu veux qu'on accuse Mlle de Terrys ? — balbutia-t-il.

— Parbleu ! — Ça l'empêchera de te réclamer le million paternel...

— On ne croira jamais à un si monstrueux parricide !

— Je me charge de le rendre vraisemblable.

— Tôt ou tard la vérité se fera jour.

— Et comment cela, s'il te plaît ?... — Je supprime les Mémoires écrits par le comte et la reconnaissance qui porte ta signature. — Honorine sera bel et bien accusée, arrêtée et jugée.

— Le jury l'acquittera...

— Jamais de la vie, car on fera l'autopsie du cadavre, et la preuve du crime s'imposera... — Or, par qui ce crime aurait-il été commis, si ce n'est par la seule personne qui eût intérêt à la mort du comte, l'héritière pressée d'hériter ?... — On apposera les scellés, on nommera un administrateur judiciaire qui pataugera dans un inextricable gâchis et ne trouvera pas le moindre titre contre toi... — Nous gagnerons ainsi plusieurs mois, un an peut-être... — D'ici là nous tiendrons la fortune de feu Robert Vallerand, notre oncle, et si tu étais forcé de payer tu pourrais le faire... mais je compte que le million nous restera...

Si bronzé que fût Pascal, il ne pouvait se défendre d'une certaine émotion en écoutant parler son cousin, et cette émotion se lisait sur son visage.

— Est-ce que quelque chose te chiffonne? — demanda Léopold.

— L'idée de la condamnation d'Honorine m'épouvante, je l'avoue...

L'évadé haussa les épaules.

— Cœur de poule !! — s'écria-t-il. — Aimes-tu mieux la banqueroute, et la cour d'assises... pour ton propre compte?...

— Non... non... — dit vivement Lantior. — Mais du projet à l'exécution, il y a loin.

— Laisse-moi faire et renseigne-moi...

— Que veux-tu savoir?

— Où sont renfermés les papiers?

— Dans un meuble de travail vénitien, en ébène incrustée d'ivoire gravé, placé à la droite de la cheminée du cabinet de travail...

— Dans quel tiroir?

— Dans le deuxième, en partant du haut... — La boîte de cristal contenant le poison se trouve dans le tiroir au-dessous...

— La clef du meuble?

— Fait partie d'un trousseau dont le comte ne se séparait jamais...

Marguerite inscrivit cette adresse sur son agenda : *Hôtel de la Préfecture, à Troyes.*

— Il est possible que je ne puisse me la procurer, mais j'y suppléerai... — La situation du cabinet de travail ?
— Au premier étage de l'hôtel et communiquant avec la chambre à coucher...
— Les fenêtres donnent sur un petit jardin adhérant au parc Monceau et qui n'en est séparé que par une grille en fer d'un mètre et demi de hauteur.

XXV

— Qui t'a appris la nouvelle de la mort du comte? — poursuivit Léopold.
— Mon fils Paul, qui allait rendre visite ce tantôt à Mlle de Terrys... — répondit Pascal.
— L'a-t-il vue?
— Non... — Elle ne recevait pas...
— Tant mieux... — A quelle heure le comte a-t-il pris son billet de départ pour l'express définitif?...
— On l'a trouvé mort dans son cabinet, ce matin, à onze heures et demie...
— Parfait! — murmura l'ex-réclusionnaire en se frottant les mains. — On fera aujourd'hui la déclaration... — Demain, vers dix heures, le médecin de la mairie viendra pour constater le décès... — La cérémonie funèbre n'aura lieu qu'après-demain matin... C'est plus de temps qu'il ne m'en faut...
— Mais, — demanda Pascal anxieux, — quel moyen vas-tu employer?..
— Tu le sauras quand j'aurai réussi...
— Pourquoi pas tout de suite?...
— Parce que, lorsque j'agis seul, je n'explique mes plans qu'après le succès... — Je t'attends ici demain à deux heures précises. — Sois exact... — Maintenant séparons-nous... — Jarrelonge peut rentrer d'un moment à l'autre, et il est inutile qu'il te rencontre...
— Tu as raison.

Les deux honorables cousins échangèrent une poignée de main, et l'entrepreneur se retira.

Après son départ Léopold quitta le pavillon et gagna l'intérieur de Paris, où il fit quelques achats.

Lorsqu'il revint au passage Tocanier, Jarrelonge y rentrait lui-même après avoir — (pour parler son langage) — *bazardé les frusques* qui sortaient de la malle d'Ursule Sollier et de la valise de Renée.

Le recéleur, autrement dit *fourgat*, lui avait payé ces vêtements le quart de leur valeur.

Léopold semblait sombre.

Jarrelonge s'en aperçut.

— Est-ce que tu passes médecin des morts? — lui demanda-t-il en riant. — Tu as une figure d'enterrement...

Le mot fit tressaillir Lantier.

— Je suis préoccupé... — répondit-il.
— Aurions-nous les *roussins* à craindre? — s'écria le libéré, peureux comme un lièvre lorsqu'il supposait que la police s'occupait de lui.

— Non... tout est tranquille...
— Alors, c'est que tu combines une nouvelle affaire?...
— Oui.
— Et quelque chose t'embarrasse?... Il y a un cheveu?...
— Comme tu dis.
— Serait-il indiscret de te demander où est le cheveu?
— Non, car j'aurai besoin que tu me viennes en aide...
— Tu sais bien que tu peux compter sur moi.
— Il me faut des fausses clefs...
— Bravo!... — Je vois avec plaisir qu'il ne s'agit plus de jouer le grand jeu... on va *barbotter* une caisse bien garnie dans un logement chic... — J'aime mieux ça...
— Nous ne travaillerons pas pour les bénéfices, cette fois, — répondit Léopold, — mais par mesure de précaution.
— Qu'aurai-je à faire?...
— Pas autre chose que de me procurer ce qu'il me faut pour ouvrir un meuble...
— De quelle grandeur, le meuble?...
— Très petit...
— Ce qui suppose une très petite serrure... et ces serrures-là c'est de la pacotille...
— Pourras-tu me fournir ce qui m'est nécessaire?
— Dame!... on ne brocante pas des fausses clefs chez les *clincalliers*... — C'est égal, tu auras ton affaire... — Es-tu pressé?..
— Oui...
— Quand te faut-il les objets?
— Demain matin à huit heures...
— Ça suffit... — compte dessus...
— Tu es certain qu'on ne te manquera pas de parole...
— J'en suis d'autant plus certain que j'opérerai moi-même...
— Toi!!!
— Parfaitement... — J'ai été autrefois apprenti serrurier, et je manie aussi bien qu'un autre le marteau et la lime...
— Ah çà! — dit Léopold en riant, — tu as donc fait tous les métiers!!...
— J'en ai fait pas mal et j'en ferai encore quelques-uns jusqu'à ce que j'en trouve un bon qui me permette de vivre de mes rentes en me tournant les pouces... Ça viendra... — En attendant, il m'est indispensable d'acheter des outils pour confectionner tes bibelots...
— Ce qui veut dire qu'il te faut de l'argent?...
— Ya, meinherr...
— Voilà cent francs...

— Je te rendrai la monnaie...

Jarrelonge sortit de nouveau et revint une heure après, apportant un petit étau, une petite enclume, des limes, des marteaux, et des fils de fer de différentes grosseurs.

— Voici la pacotille... — dit-il en déposant ses emplettes sur une table, — et voici ta monnaie avec la facture... — Je n'ai pas demandé le sou pour livre, tu t'en souviendras... on a de la probité...

Et il remit quarante-sept francs à Léopold.

— Présentement, — poursuivit-il, — occupons-nous du dîner... Et après dîner au travail! — Ça ne m'était pas arrivé depuis longtemps... ça me changera...

Les deux misérables prirent leur repas, puis Jarrelonge se mit gaillardement à confectionner des fausses clefs et des *rossignols*.

.

A la crise de bruyant désespoir à laquelle Honorine de Terrys s'était livrée en apprenant la mort de son père, avait succédé une douleur morne et silencieuse.

Les sanglots avaient fait trêve; — les larmes s'étaient taries.

L'énergique organisation de la jeune fille reprenait le dessus.

Honorine envisagea froidement sa situation.

Elle se trouvait seule, sans famille, libre et maîtresse d'elle-même.

Tant que le comte était resté vivant, elle n'avait point songé à ces choses d'une façon sérieuse.

Elle ne s'attendait pas à le voir mourir subitement.

Aujourd'hui elle comprenait toute l'étendue de la perte qu'elle venait de faire, et s'effrayait de son indépendance absolue et de sa solitude.

Des pensées sombres l'envahirent et de sinistres pressentiments s'emparèrent de son âme en deuil.

Après s'être enfermée pendant quelques heures, la jeune fille comprit que son devoir était de s'occuper des funérailles paternelles.

Elle donna des ordres.

La chambre du comte fut transformée en une véritable chapelle ardente... — Des religieuses vinrent s'agenouiller auprès du cadavre en psalmodiant à demi-voix les psaumes de la Pénitence.

Dans la soirée Mlle de Terrys envoya le valet de chambre faire à la mairie la déclaration du décès et, le convoi ayant été ordonné pour le surlendemain, à dix heures du matin, des lettres de faire part furent commandées.

On ne dormit guère, la nuit suivante, à l'hôtel du boulevard Malesherbes, et le lendemain tous les visages offraient l'empreinte laissée par l'insomnie.

Honorine, silencieuse, vêtue de noir, le visage livide, les yeux secs et mornes, le front traversé par un grand pli, offrait, dans sa beauté tragique, l'image de la douleur concentrée.

Après avoir prié pendant une heure au pied du lit funèbre, la jeune fille dressa une liste des adresses qui devaient être écrites sur les lettres de faire part, puis elle alla s'enfermer dans sa chambre en donnant la consigne de ne la troubler sous aucun prétexte.

Il n'était pas encore tout à fait midi.

Depuis deux heures environ un homme d'une cinquantaine d'années, cravaté de blanc, portant des favoris en nageoires, un binocle d'écaille campé magistralement sur le nez, un pardessus garni d'astrakan et des gants fourrés, était installé boulevard Malesherbes, dans un café dont le vitrage faisait face à l'hôtel du comte.

Ce personnage avait à sa gauche un portefeuille en cuir de Russie bourré de papiers et de dossiers, et à sa droite, sur un plateau, un verre conique à demi plein de vermouth.

Il lisait, ou plutôt il faisait semblant de lire les journaux qu'il étalait successivement devant lui ; — en réalité son attention ne se fixait sur aucun.

Cet homme semblait impatient et inquiet.

Ses yeux, dont les verres bleuâtres du pince-nez d'écaille voilaient l'éclat, examinaient sans cesse par un entrebâillement des rideaux du vitrage la porte cochère de l'hôtel de Terrys.

Tout à coup il tressaillit.

Un fiacre venait de s'arrêter devant cette porte, et de ce fiacre descendait un monsieur de bonne mine et de mise correcte, portant à la boutonnière de son paletot le ruban de la Légion d'honneur.

Ce nouveau venu tenait à la main une feuille de papier couverte d'indications, qu'il consulta ; puis, levant la tête vers la façade de l'hôtel, il regarda le numéro, et, après avoir dit un mot au cocher, il sonna.

La porte s'ouvrit aussitôt et le concierge parut.

— Vous désirez, monsieur? — demanda-t-il en saluant.

— Je suis le médecin de la mairie de l'arrondissement, — répondit le visiteur, — et je viens remplir les formalités d'usage relatives au décès de M. le comte de Terrys...

— Entrez, monsieur...

Le médecin franchit le seuil.

Aussitôt que la porte fut refermée derrière lui le concierge fit résonner un timbre placé sous la marquise de l'hôtel, et ajouta :

— Si vous voulez bien prendre la peine de traverser la cour, monsieur le docteur, on va vous introduire...

Le visiteur se dirigea vers le perron.

Philippe, le valet de chambre, qui l'attendait sur le seuil du vestibule, le salua en l'interrogeant du regard.

A cette question muette le docteur répondit en déclinant ses titres.

— Veuillez me suivre, monsieur... — dit Philippe avec un nouveau salut.

XXVI

Le domestique gravit les marches de l'escalier conduisant au premier étage, et introduisit le nouveau venu dans la chambre où le corps du comte était étendu sur le lit.

Le docteur se découvrit, s'approcha du cadavre et l'examina de façon superficielle.

— Quel était le médecin de M. de Terrys? — demanda-t-il à Philippe, qui répondit :

— Il n'en avait pas...

— Pourquoi n'a-t-on point requis l'assistance d'un de mes confrères pendant la dernière maladie du comte?...

— Sauf un affaiblissement progressif qui semblait résulter de l'âge, mon maître n'offrait aucun symptôme de maladie...

— Il est mort de vieillesse... — dit le médecin en traçant quelques mots au crayon sur la feuille qu'il tenait à la main. — Ma tâche est finie... — Vous recevrez en temps utile le permis d'inhumation.

Philippe reconduisit jusqu'à la porte extérieure de l'hôtel le personnage administratif qui remonta dans son fiacre, lequel redescendit le boulevard Malesherbes.

L'homme que nous avons laissé aux aguets dans le café voisin vit le docteur sortir et la voiture s'éloigner.

— Mon tour arrive... — murmura-t-il. — Ah! mon honorable *confrère* va vite en besogne! — Il n'a pas dû s'informer de grand'chose... — Tous les mêmes, ces médecins officiels! — J'aurai les coudées franches pour l'interrogatoire...

Il laissa s'écouler une demi-heure, appela le garçon, paya sa consommation et quitta le café.

L'air était vif.

Notre personnage releva son cache-nez jusqu'aux yeux, le collet de fourrures de son pardessus jusqu'aux oreilles, et se dirigea vers le boulevard de Courcelles.

Évidemment il marchait sans but; car, après avoir franchi un espace de cent cinquante ou deux cents mètres, il fit volte-face, revint sur ses pas, consulta sa montre et se dit :

— Il est parti depuis cinquante minutes ; je puis agir...

Traversant alors la chaussée, il alla droit à l'hôtel de Terrys et sonna.

Le concierge apparut comme la première fois et répéta la même question :

— Que désire monsieur ?

Grande fut sa surprise en entendant l'inconnu lui répondre, ainsi que l'avait fait le précédent visiteur :

— Je suis l'un des médecins de la mairie de l'arrondissement, et je viens pour la constatation du décès de M. le comte de Terrys.

— Mais, monsieur, — répliqua le concierge, — le médecin des morts s'est déjà présenté, il y a tout au plus une heure...

— Je le sais ; seulement mon confrère a omis de s'enquérir de certains détails au sujet desquels la préfecture veut être éclairée, et j'ai mission de compléter le rapport commencé par lui.

L'explication était péremptoire.

— Entrez, monsieur, — dit le concierge.

Puis, mettant en mouvement le timbre de l'hôtel, il reprit :

— Si vous voulez prendre la peine de traverser la cour, le valet de chambre va vous recevoir...

Philippe se montrait, en effet, sur la plus haute marche du perron.

L'inconnu le rejoignit et l'aborda par ces mots :

— Le médecin des morts est venu faire ses constatations de décès il y a une heure environ...

— Oui, monsieur...

— La feuille de service a été trouvée incomplète au bureau de la mairie. — Mon confrère ayant négligé certains détails indispensables, on m'a donné mission de venir réparer son maladroit oubli...

— Parfaitement, monsieur...

— C'est vous qui avez répondu aux questions trop superficielles de mon confrère ?

— Oui, monsieur.

— Vous répondrez également aux miennes... c'est une affaire de pure forme...

— Conduisez-moi, je vous prie, près du corps.

— Venez, monsieur...

Philippe guida le second visiteur comme il avait guidé le premier, et l'introduisit dans la chambre mortuaire.

L'inconnu posa son chapeau sur un meuble, ôta ses gants fourrés, s'approcha du lit, examina minutieusement le cadavre, lui découvrit la poitrine et lui souleva les paupières.

— C'est à onze heures et demie, selon le rapport de mon confrère, que vous vous êtes aperçu du décès de M. le comte ? — demanda-t-il brusquement.

Si le valet de chambre avait conçu quelques doutes, — (chose invraisemblable d'ailleurs), — cette question aurait suffi pour les dissiper.

Le médecin était au courant de toutes choses.

— A onze heures et demie, oui, monsieur... — répondit Philippe.

— Où est-il mort ?

— Dans son cabinet de travail.

— En présence de qui ?

— M. le comte se trouvait seul...

— Vous êtes entré par hasard ?

— Non, monsieur... — Je venais prendre les ordres de mon maître pour le déjeuner. — En le voyant inanimé, j'ai reçu un coup terrible.

— Le cadavre était-il encore chaud ?

— Un peu tiède, monsieur, mais déjà presque froid.

— Vous aviez vu M. de Terrys le matin ?

— Je l'avais habillé comme de coutume.

— Qu'aviez-vous auguré de son état ?

— Mon maître me paraissait très affaibli. — Néanmoins il s'était levé vers huit heures, et je l'avais conduit dans son cabinet... — Je ne pouvais m'attendre à une fin si prochaine...

— M. le comte était malade cependant ?

— Oui et non... — On croyait en général que son épuisement venait de l'âge, et monsieur votre confrère a constaté que mon maître était mort de vieillesse...

L'inconnu hocha la tête d'une manière dubitative et dit :

— J'ai des notes à prendre... Voulez-vous me conduire dans une pièce où vous mettrez à ma disposition ce qu'il faut pour écrire...

— Le cabinet de M. le comte touche à cette chambre... — Je vous montrerai la place où j'ai trouvé le corps... Rien n'a été changé depuis la catastrophe...

— Allons dans ce cabinet.

Philippe ouvrit la porte, fit passer l'inconnu et dit :

— Voilà le fauteuil où M. de Terrys est mort...

— Devant le meuble en question... — pensa le nouveau venu en qui nos lecteurs ont reconnu déjà Léopold Lantier. — Le trousseau de clefs est à la serrure, — ajouta-t-il. — Quelle chance !!

Il s'avança vers le fauteuil, le tourna du côté du bureau, s'assit, ouvrit son immense portefeuille, en tira du papier qu'il étala, prit une plume, la trempa dans l'encre, et écrivit une dizaine de lignes.

Le valet de chambre le regardait faire avec un commencement d'inquiétude.

Léopold, cessant d'écrire, reprit :

— Montrez-moi, je vous prie, la dernière ordonnance du docteur...

Deux heures plus tard Mme Bertin arrivait à Troyes et s'installait à l'hôtel que nous connaissons.

— Quelle ordonnance? quel docteur? — fit le domestique ahuri.
— Mais tout simplement la formule des médicaments et des potions ordonnés par le médecin qui soignait votre maître...
— Monsieur n'avait pas de médecin... — Je l'ai déjà dit à votre collègue...
— Pas de médecin !! — répéta l'ex-réclusionnaire en jouant la stupeur. — On laissait sans médecin un homme que la consomption dévorait et dont quelques soins intelligents auraient pu prolonger la vie !...

— C'était la volonté de M. le comte.

— Devait-on lui obéir ? — Non ! cent fois non !! — Y a-t-il dans cette maison un représentant de la famille à qui je puisse parler ?

— Il y a Mlle Honorine...

— Qu'est-ce que Mlle Honorine ?

— La fille unique de M. le comte...

— Allez lui dire que je désire la voir...

— Mademoiselle ne reçoit personne.

— Elle me recevra cependant... — Il le faut, car j'ai plusieurs questions importantes à lui adresser. — Allez la prévenir...

Cet ordre, donné d'une voix sèche, ne souffrait pas de réplique.

Philippe s'inclina et sortit, en refermant la porte derrière lui.

A peine venait-il de disparaître que Léopold se leva et courut au meuble que Pascal Lantier lui avait désigné.

— Quelle chance ! — répéta-t-il entre ses dents; — Pas besoin de fausses clefs !...

Il ouvrit le deuxième tiroir.

Le volume manuscrit que le comte de Terrys y avait placé quelques minutes avant de mourir frappa ses yeux.

La couverture portait en gros caractères ces mots :

SOUVENIRS DE MA VIE

Léopold le prit et le fit disparaître dans l'une des larges poches de son pardessus, puis il examina les papiers sur lesquels se trouvait le volume et aperçut un petit dossier renfermé dans une chemise de papier grisâtre.

Sur cette chemise on lisait le nom de Pascal Lantier.

— Bon ! — se dit l'évadé de Troyes, — tout est là !... le bonhomme avait de l'ordre !

Il s'empara du dossier, repoussa le deuxième tiroir, ouvrit le troisième et poursuivit :

— La boîte de cristal, à présent...

Le coffret minuscule était très en vue. — Il le saisit, y prit une pincée de poudre qu'il jeta dans le verre placé sur le meuble et contenant encore quelques gouttes de liquide, le referma, le glissa au fond de sa poche et se rassit au bureau où, la plume à la main, il se remit à griffonner.

Une des portes du cabinet s'ouvrit en ce moment et Mlle de Terrys, belle et touchante en sa pâleur de spectre, entra, suivie de Philippe.

Léopold se leva, fit deux pas à sa rencontre, s'inclina devant elle et lui dit d'un ton mielleux, avec une politesse hypocrite :

— Je vous demande mille fois pardon, mademoiselle, de vous arracher pour un instant à votre solitude et à vos larmes... — C'est à regret que j'interromps un recueillement douloureux ; mais votre présence était nécessaire pour éclairer certains points obscurs... Je me suis donc permis d'insister.

— On me l'a dit, monsieur, et je suis venue, — répliqua Mlle de Terrys, d'une voix sourde. — Qu'avez-vous à me demander ?

— A quelle époque remontent, selon vous, mademoiselle, les débuts de l'affaiblissement progressif de monsieur votre père ?...

— A plusieurs années ; mais je ne saurais leur assigner une date exacte.

— Vous rendiez-vous compte de la gravité de cet état ?...

— Parfaitement, oui, monsieur...

XXVII

— Et, — poursuivit Léopold, — M. de Terrys ne recevait les conseils d'aucun docteur ?

— Non, monsieur... — répondit Honorine.

— Votre devoir était, ce me semble, d'user de votre influence sur le comte pour faire admettre un médecin dans la maison ?...

— Je l'aurais tenté vainement...

— En êtes-vous sûre ?

— Absolument sûre... — Mon père affirmait connaître seul son tempérament, et il se soignait à sa guise...

— Ainsi il n'existe ici aucune ordonnance, aucune indication de traitement ?

— Aucune.

— Votre valet de chambre me l'avait déjà dit, mademoiselle ; mais j'avais besoin de vous entendre confirmer ces assertions, qui me semblaient au moins singulières... — Il me reste à vous témoigner mes regrets de mon importunité et à vous prier de l'excuser.

— Vous faisiez votre devoir, monsieur, et n'avez pas besoin d'excuse... — Est-ce tout ?

— C'est tout.

— Suis-je libre de me retirer ?

— Complètement libre.

Mlle de Terrys répondit par un salut léger au profond salut du pseudo-médecin des morts, et quitta la chambre.

Philippe était resté près de Léopold.

Celui-ci, continuant son rôle, se réinstalla en face du bureau et se remit à écrire.

Au bout d'un instant il replaça ses papiers dans son immense portefeuille, se leva et dit :

— J'ai terminé... — Maintenant tout est en règle.

Puis, se dirigeant vers la chambre à coucher, l'ex-réclusionnaire reprit son chapeau placé sur un meuble, redescendit au rez-de-chaussée et quitta l'hôtel.

Aussitôt sur le boulevard Malesherbes il hâta le pas, cherchant une voiture.

Un fiacre vint à passer.

Il le héla.

— Où faut-il vous conduire, bourgeois ? — demanda le cocher.

— Rue Picpus.

— Tonnerre, la course est bonne!!

— Vingt sous de pourboire...

— Allons-y !

Une heure après midi sonnait au moment où Léopold descendit de voiture au point d'intersection de la rue Picpus et de l'avenue de Saint-Mandé ; il gagna le pavillon du passage Tocanier, où il se trouva seul, ayant autorisé Jarrelonge à disposer de sa journée comme bon lui semblerait.

Les portes fermées et verrouillées, il tira de sa poche le volume des souvenirs de M. de Terrys.

Il en parcourut les pages nombreuses, chargées de lignes serrées, et se dit :

— Si le comte, docile aux absurdes conseils de mon cousin malavisé, a écrit des notes relatives à sa maladie et au remède mystérieux qu'il s'administrait lui-même, ce doit être tout à fait à la fin de sa vie... Donc il faut consulter les derniers feuillets.

Léopold ne se trompait pas.

Les lignes tracées à l'encre rouge et guillemetées soigneusement ne tardèrent pas à attirer son attention.

Il lut à demi-voix :

« J'ai toujours refusé de consulter un médecin, par le motif que je fais profession, à l'endroit de la science médicale, d'une incrédulité complète.

« Ce qui m'a soutenu, ce qui m'a permis de vivre, quoique mortellement atteint, c'est un remède mystérieux connu de moi seul en Europe.

« Ce remède, — le plus violent des poisons peut-être, si on l'administrait sans méthode et sans prudence, — est le venin desséché d'un reptile des tropiques, le crotale.

« Une boîte de cristal de roche contient ce qui reste de ce poison sauveur.

« Cette boîte se trouve dans le petit meuble où sont enfermés ces souvenirs.

« Si après ma mort, en présence de mon corps saturé de poison, on accusait quelqu'un d'avoir commis un crime, la présente déclaration suffirait pour justifier l'innocent.. »

— Sapristi ! — murmura l'évadé de Troyes quand il eut achevé sa lecture, — voilà qui était clair !... — Il avait tout indiqué, tout précisé, tout détaillé, le vieux drôle !...

Lantier tira de sa poche le coffret de cristal et poursuivit :

— Voici la boîte qui renferme le plus violent des poisons connus, à ce qu'affirme feu monsieur le comte... C'est bon à savoir, et cela pourra servir...

« Bref, nous sommes les maîtres de la situation.

« Qu'une accusation soit nettement formulée ou qu'un simple soupçon prenne naissance, et Mlle de Terrys ne songera guère à réclamer le million que lui doit mon très cher et très honoré parent...

« Ce bon Pascal, il voulait me jouer par-dessous jambe et m'éconduire bel et bien sans m'offrir seulement un os à ronger... — Joli projet et bien digne d'un pareil cuistre !! — Qu'il essaye d'y donner suite à présent... — Voici des *souvenirs* que je compléterai au besoin par une annotation du plus vif intérêt...

« Examinons un peu, présentement, les papiers relatifs à mon gracieux cousin...

Léopold tira de son ample serviette la chemise de papier grisâtre prise dans le meuble du comte et l'ouvrit.

Une feuille de papier timbré, placée sur les autres documents, frappa tout d'abord son regard.

— Fameuse aubaine ! — s'écria-t-il après examen. — C'est l'acte signé par Pascal, qui se reconnaît débiteur d'un million... et cet acte n'est pas allé à l'enregistrement... — Le million est à nous... — Il n'existe désormais aucune preuve de l'emprunt...

Après un silence le misérable répéta d'un air pensif :

— Aucune preuve ?... — est-ce probable ? — est-ce possible ? — Le comte était un homme exact jusqu'à la minutie, qui devait tenir ses livres de comptes bien en règle... — Le prêt d'un million y figure certainement à son actif.

« Inutile, d'ailleurs, de se préoccuper de cela d'avance... — Le cas échéant, nous verrons à répondre... — Je garde ces *souvenirs* et j'en aurai soin comme de la prunelle de mes yeux !

Léopold prit la boîte de cristal, le volume manuscrit, le dossier de Pascal, et plaça le tout au fond d'un tiroir dont il mit la clef dans sa poche.

En ce moment on sonna de façon discrète à la porte de la cour.

— Voici mon cousin... — fit l'évadé en riant. — Nous allons voir s'il sera sage...

Il alla ouvrir.

C'était bien en effet Pascal, exact au rendez-vous donné par Léopold.

Le visage rayonnant de celui-ci parut d'heureux augure à l'entrepreneur.

— Quelles nouvelles ? — demanda-t-il vivement.

— Bonnes.

— Les mémoires du comte ?

— Anéantis. — Et nous avions bien raison de nous en préoccuper, car la note écrite d'après tes conseils suffisait pour démolir nos projets de fond en comble...

— Pourquoi n'as-tu pas gardé ce manuscrit ?

— Il était plus simple et plus prudent de le brûler... ce que j'ai fait...

— Peut-être as-tu raison...

— J'ai raison, certainement...

— As-tu trouvé les papiers qui me concernent ?...

— Plusieurs, dont un surtout est de grande importance...

— Lequel ?

— Le principal... la reconnaissance du prêt d'un million, reconnaissance écrite et signée par toi...

La figure de Pascal devint radieuse.

— Tu as cet acte ? — s'écria-t-il.

— Oui.

— Donne-le-moi.

— Qu'en veux-tu faire ?

— Je veux le voir... Je veux être certain que je n'ai plus rien à craindre...

— Plus rien à craindre n'est pas le mot... — interrompit Léopold.

— Comment ?... que veux-tu dire ?... — murmura l'entrepreneur en pâlissant.

— Je veux dire qu'il peut survenir des complications et des anicroches, quoique la situation se soit améliorée...

— Explique-toi... — Que redoutes-tu ?...

— Le comte avait-il une tenue de livres ?

— Oui, très correcte.

— Eh bien, la voilà, l'anicroche ! — La sortie de caisse du million prêté est certainement écrite à sa date sur les livres, et l'administrateur judiciaire qui sera nommé par le tribunal, ne trouvant aucune trace de rentrée, te demandera la preuve du remboursement...

— Nous avons la reconnaissance, qui dans mes mains équivaut à un reçu...

— Soit ; mais on voudra savoir comment, pourquoi, avec quelles ressources, tu as payé en une seule fois, avant la mort du comte, une somme que tu devais payer en cinq ans. — Entre nous, mon cher cousin, cette justification ne sera pas facile...

— C'est vrai... dit Pascal atterré.

— Cependant, — reprit Léopold, — peut-être réussiras-tu à faire admettre que le comte, baissant beaucoup, a omis d'inscrire la rentrée...

— Une si forte somme ! est-ce vraisemblable ?

— Je ne dis pas que ce soit vraisemblable, mais c'est à la rigueur admissible...

On peut mettre l'oubli sur le compte de l'affaiblissement intellectuel causé par la maladie...

— Pour que tout soit en règle, il faudrait que la sortie du million figurât sur mes livres comme y figure l'entrée.

— Sans doute, et c'est facile à faire si tu as un caissier intelligent et dévoué...

— Intelligent et dévoué, il l'est... — Malheureusement il est honnête homme... — dit naïvement Pascal.

— Ah! diable!!... — Un caissier honnête homme, c'est grave!...

— Mais je réfléchis... — reprit l'entrepreneur. — Je puis, sans rien lui dire, simuler la sortie du million... — J'ai mon agenda particulier dont il porte le relevé chaque semaine au journal et au grand livre...

— Alors, ça ira tout seul... — Quel jour as-tu vu le comte pour la dernière fois?

— Le 16 de ce mois...

— Il faut que ta visite, faite à cette date, corresponde avec le remboursement du capital et des intérêts...

— Parfaitement...

— Et tu auras quelque chance de t'en tirer, car demain l'administration de la fortune d'Honorine de Terrys sera dans les mains de la justice, qui se débrouillera comme elle pourra...

XXVIII

— Si tes pronostics se réalisent, je suis sauvé, — s'écria Pascal.

— Ils se réaliseront, n'en doute pas... — répondit Léopold en riant; — je me suis promis de faire ta fortune...

— Eh bien, pour commencer, restitue-moi la reconnaissance que j'ai signée au comte de Terrys...

L'ex-réclusionnaire comprit qu'un refus provoquerait infailliblement la défiance de Pascal.

D'ailleurs les moyens d'action contre son cousin ne lui manquaient pas.

Il se leva, ouvrit le meuble où il avait serré les papiers volés chez le comte, prit le dossier, et le tendit à l'entrepreneur, en lui disant:

— Voici ce que tu désires, cher ami... — Me feras-tu désormais l'honneur de te fier à moi sans réserve?...

Pascal tremblait de joie en feuilletant les pièces composant le dossier.

— Tout ce qui pouvait me compromettre est là-dedans... — balbutia-t-il. — Tout, sans exception!!... — Ah! Léopold, je serai reconnaissant, je le jure!!

— Je te donnerai l'occasion de me le prouver, sois-en sûr... — Pour le

moment songeons à nos affaires... Nous avons à nous occuper de Mlle Honorine...
— Tu vois sur cette table du papier à lettres et des enveloppes... — Prends une plume et écris ce que je vais te dicter, en ayant soin de rendre ton écriture méconnaissable...

— Que projettes-tu ? — demanda l'entrepreneur.
— Tu le sais bien, je te l'ai dit hier...
— Accuser Mlle de Terrys d'un parricide ! ! — C'est bien odieux !... Est-ce indispensable?...
— Indispensable, oui... — Avec son caractère énergique et résolu, cette fille jetterait certainement des bâtons dans nos roues... — Il faut la rendre impuissante... — Une fois l'héritière du comte sous les verrous, nous sommes maîtres de la situation...
— Elle démontrera son innocence...
— Je la défie d'en venir à bout, tant les preuves amassées contre elle seront concluantes... — Allons, écris, et contrefais ton écriture, je te le répète... — Ah çà ! mais qu'y a-t-il ?... On croirait que tu hésites...
— Oui, j'hésite... — Ce que nous allons faire me paraît monstrueux...
— Des scrupules ! ! — dit Léopold en haussant les épaules. — Il est trop tard, mon cher... — Si l'on n'accuse pas Honorine, c'est toi qu'on accusera... — Choisis...

Cet argument *ad hominem* produisit tout l'effet qu'en attendait l'évadé de Troyes.

Pascal prit la plume et la trempa dans l'encre.
— Y sommes-nous ? — demanda Léopold.
— Oui.
— Attention alors, je dicte :

« Monsieur le chef de la sûreté,

« J'étais l'un des plus vieux amis du comte de Terrys, qui vient de mourir dans son hôtel du boulevard Malesherbes.

« La mort singulière du comte fait naître ou plutôt fortifie dans mon esprit des doutes que je crois devoir vous communiquer.

« Je signale à l'attention de la justice l'attitude étrange de Mlle de Terrys, qui depuis des années assiste à la lente agonie de son père et n'a jamais appelé un médecin près de lui...

« N'y a-t-il pas, rien que dans ce fait, une sorte de parricide?...

« L'autopsie du cadavre prouvera, j'en ai peur, que mes suppositions ne s'égaraient point, car mon malheureux ami, je le crois fermement, est mort empoisonné par sa fille, qui voulait la fortune et l'indépendance. »

— Est-ce qu'il s'est passé quelque chose d'inattendu depuis hier, demanda le jeune docteur.

Léopold laissa à son cousin le temps d'écrire la dernière phrase; puis il ajouta :

— Et, maintenant, signe d'une façon illisible le premier nom venu...

L'entrepreneur, très pâle et les tempes mouillées de sueur, obéit.

— Mets sous enveloppe, — continua l'évadé de Troyes, — écris cette adresse : — *Monsieur le chef de la sûreté, en son cabinet, à la préfecture de police*, puis tu me céderas ta place...

Pascal avait fini.

Il se leva chancelant et alla remplir un grand verre d'eau qu'il avala d'un trait.

Léopold écrivait déjà, sur du papier de format différent :

« Monsieur le chef de la sûreté,

« Je suis l'écho d'une rumeur qui se fait autour de la mort de M. de Terrys, propriétaire, boulevard Malesherbes.

« Cette mort semble d'autant plus étrange que Mlle de Terrys, quoique son père souffrît depuis longtemps, n'a jamais permis à un médecin de franchir le seuil de l'hôtel.

« On parle de poison. On accuse l'héritière d'avoir été pressée de jouir.

« C'est à vous qu'il appartient de savoir si un crime effroyable a été commis, ou si la rumeur publique accuse faussement.

« Veuillez agréer, monsieur le chef de la sûreté, l'assurance de ma haute estime. »

Puis Léopold signa d'une façon illisible, comme avait fait Pascal.

Il mit ensuite la lettre sous enveloppe et traça la suscription.

— C'est fini... — dit-il en se levant... — Va chez toi et inscris sur ton agenda le payement du million à la date de ta dernière visite... — Moi, je vais m'occuper d'expédier ces épîtres à leur adresse...

L'entrepreneur ne répondit pas et, en proie à un trouble effrayant, quitta son cousin.

L'air glacial apaisa la fièvre qui brûlait son sang ; — il regagna la rue Picpus et, en passant, il dit au caissier :

— Nous voici à la fin du mois... — Dans un instant vous viendrez chercher mon carnet d'entrées et de sorties pour votre tenue de livres...

— Oui, monsieur Lantier... — répliqua l'employé.

Pascal rentra dans son cabinet.

Il prit le carnet dont il venait de parler, et à la date du 16 il écrivit :
— *Payé à M. le comte de Terrys, comme remboursement du capital prêté et des intérêts échus, la somme d'un million cinquante mille francs.* — Ceci fait, il plaça entre les feuilles du carnet la reconnaissance signée du comte, et il attendit le caissier.

Au bout de dix minutes celui-ci arriva.

L'entrepreneur lui tendit le carnet.

Le caissier l'ouvrit, jeta un coup d'œil sur le papier timbré, et poussa une exclamation de surprise et de joie.

— Qu'y a-t-il donc ? — demanda Pascal avec un calme très bien joué.

— Vous vous êtes acquitté avec M. de Terrys !...

— Sans doute, et vous le voyez bien... — Qu'y a-t-il d'étonnant à cela ?...

— Rien, monsieur Lantier... absolument rien... Seulement j'ignorais...

— Vous ne savez pas toutes mes affaires... — interrompit Pascal; puis il ajouta : — Le payement remonte au 16... — Prenez-en note...

— Oui, monsieur... et je suis bien heureux que vous ayez fait face, avec des ressources ignorées de moi, à ce gros remboursement. — Voilà votre maison plus solide que jamais !

— Je l'espère et j'y compte...

Et Pascal congédia le caissier.

Après le départ de son cousin, Léopold, ayant changé de costume, était sorti à son tour.

Il gagna le faubourg Saint-Antoine et descendit jusqu'à la place de la Bastille.

Là, il arrêta un commissionnaire qui regagnait son poste habituel, son crochet sur le dos.

— Une lettre à porter, mon brave... — lui dit-il.

— Où cela, bourgeois ?

— A la préfecture de police, bureau du chef de la sûreté...

— Qui me payera ma course ?

— Moi... — Voici deux francs.

— Merci, bourgeois, — répliqua le commissionnaire en prenant l'argent et la lettre ; — je pose mon crochet et je file.

Et il fila vivement, en effet, tout en se disant :

— Ça doit être *une mouche* qui envoie son rapport...

Léopold s'était dirigé vers le bureau des tramways.

Il monta dans celui de Vincennes au Louvre, descendit au coin de la place de l'École, où un autre commissionnaire attendait pratique à la porte d'un marchand de vin, appela ce commissionnaire et lui adressa les mêmes paroles qu'à celui de la Bastille.

L'homme à veste de velours et à médaille de cuivre empocha les deux francs avec un grand merci, et partit en murmurant *in petto*, comme l'autre :

— *Une mouche* qui fait son rapport.

— Maintenant il n'y a plus qu'à attendre en laissant couler l'eau... — pensa Léopold.

Et il alla retrouver Jarrelonge, à qui il avait donné rendez-vous pour dîner en ville et prendre un peu de plaisir.

*
* *

Marguerite Bertin était rentrée à son hôtel de la rue de Varennes, brisée de corps et d'âme.

La fatigue l'accablait et le chagrin se joignait à cette fatigue.

Elle n'avait plus qu'un seul espoir.

Cet espoir reposait désormais tout entier sur le notaire de la rue des Pyramides.

Elle pensait bien qu'un jour Ursule Sollier écrirait au château de Viry-sur-Seine pour se faire expédier les malles qu'elle y avait laissées, mais ce jour pouvait se faire attendre longtemps...

Qui sait même si la femme de confiance de feu Robert Vallerand ne viendrait point elle-même, ou ne prendrait pas ses précautions pour se soustraire à toute recherche?

La pauvre mère affolée passa dans les larmes la première nuit de son retour à Paris.

Le lendemain elle reçut ses serviteurs, qui vinrent lui souhaiter la bienvenue, et elle reprit la direction de la maison.

On la trouva singulièrement triste et changée, et chacun se demanda quelle était la cause d'une douleur qu'on ne pouvait attribuer à la perte d'un mari peu regrettable et point regretté.

Jovelet seul connaissait cette cause; mais il se montrait d'une discrétion à toute épreuve, et répondait aux questions de manière à dérouter complètement les curieux.

Marguerite n'avait pas oublié l'adresse du notaire, tracée sur la lettre qui s'était trouvée entre ses mains pendant quelques secondes au château de Viry.

Elle donna l'ordre d'atteler à midi et, aussitôt après avoir déjeuné, elle partit pour la rue des Pyramides.

XXIX

Mme Bertin ne se dissimulait point ce que sa démarche offrait d'insolite et de difficile.

Le devoir de l'officier ministériel à qui elle allait s'adresser était de ne point lui répondre, puisqu'elle n'avait officiellement aucun droit de l'interroger; mais elle comptait sur l'éloquence de son amour maternel pour obtenir de lui une parole qui pût la guider.

Arrivée rue des Pyramides, Marguerite, sur les indications du concierge, monta au premier étage et demanda à l'un des clercs si Me Auguy était visible.

Le cabinet d'un notaire de Paris, personnage considérable, n'est pas accessible à tout le monde, et le maître clerc a mission de recevoir les inconnus et d'expédier les clients sans importance.

En conséquence, Marguerite obtint cette réponse :

— Je ne sais pas, madame ; veuillez vous adresser au principal... Cette porte ouverte, à votre gauche, est celle de son cabinet.

La veuve en franchit le seuil, très émue et toute tremblante.

Le principal s'empressa de lui offrir un siège, qu'elle n'accepta pas, et lui dit :

— C'est la première fois, je crois, madame, que j'ai l'honneur de vous voir...

— Oui, monsieur...

— Quelle affaire vous amène?...

— Une affaire de la plus haute importance pour moi... — J'ai le grand désir, et en même temps l'impérieux besoin, de causer avec M° Auguy...

— Ne pouvez-vous, madame, m'indiquer sommairement de quoi il est question.

— Non, monsieur, c'est impossible... — Je dois parler à M° Auguy lui-même.

— Le patron est occupé en ce moment, madame, avec deux clients...

— J'attendrai, monsieur...

— Comme il vous plaira... — Veuillez vous asseoir. — Dès que le patron sera libre, j'aurai l'honneur de vous annoncer.

— Voici ma carte, monsieur... — dit Mme Bertin en s'asseyant.

Et elle déposa sur le bureau un carré de bristol qu'elle venait de sortir d'un agenda d'ivoire ciselé.

Marguerite attendit longtemps.

L'impatience et l'anxiété crispaient ses nerfs

L'oreille tendue du côté du cabinet du notaire, elle ne pouvait percevoir aucune parole mais elle entendait bruire des voix.

On discutait de façon très vive.

Il semblait à la pauvre mère que cette discussion s'éternisait.

Enfin le diapason des voix s'abaissa.

Marguerite entendit des sièges changer de place, puis des pas, puis une porte s'ouvrir et se refermer.

Le maître clerc travaillait et s'absorbait complètement dans sa besogne.

— Je crois, monsieur que votre patron est seul, — dit Mme Bertin timidement.

Le principal se leva aussitôt, prit la carte, passa devant la visiteuse en s'inclinant et entra, sans frapper, dans le cabinet communiquant avec le sien.

Deux secondes plus tard, il vint prier Marguerite de le suivre et l'introduisit.

Le cœur de la veuve battait à se rompre.

Qu'allait-il résulter pour elle de son entrevue avec le notaire?

Ce dernier fit deux pas à sa rencontre, la salua profondément et lui avança un fauteuil.

Marguerite souleva le long voile de deuil qui cachait son visage, et découvrit des traits, toujours nobles et toujours purs, portant l'empreinte de la douleur.

— Qui me procure, madame, l'honneur de votre visite?... — demanda l'officier ministériel.

L'émotion faisait trembler les lèvres de la veuve.

Ce fut d'une voix à peine distincte qu'elle balbutia :

— Je viens, monsieur, chercher ici la vie ou la mort...

Ce début singulier, cette réponse un peu mélodramatique, mais d'accord avec la sombre expression du visage et des regards de Marguerite, firent tressaillir M° Auguy.

— Ce dont vous avez à m'entretenir est donc bien grave? — fit-il.

— Bien grave, oui, monsieur, pour moi du moins, car, je vous le répète, ma vie et mon avenir dépendent de vos réponses...

— Quelles questions allez-vous m'adresser, madame? — Votre nom m'étant inconnu, je me trouve en pleines ténèbres.

Marguerite Bertin se recueillit pendant quelques secondes, fit appel à toute sa résolution, à tout son courage, et, dédaignant les ambages et les périphrases, demanda en regardant le notaire en face :

— Vous avez connu M. Robert Valleraud?

L'officier ministériel fit un geste de surprise.

De toutes les interrogations possibles, celle-là était la moins prévue.

Cependant il répondit sans hésiter :

— Beaucoup, madame...

— Il était votre ami?

— Oui, madame, et j'espère bien qu'il l'est toujours.

Ces mots : *Il l'est toujours*, sonnèrent étrangement faux aux oreilles de Marguerite.

Était-il vraisemblable que le notaire ignorât les événements accomplis? — Quel but pouvait-il avoir en feignant de les ignorer?

— Eh! monsieur, — répliqua-t-elle d'un ton brusque, — vous savez bien qu'il n'existe plus!...

M° Auguy changea de visage.

— Que me dites-vous là, madame?... — s'écria-t-il avec agitation.

— La vérité, malheureusement...

— Robert Vallerand est mort?

— Dans son château de Viry-sur-Seine, il y a trois semaines... — Ne le saviez-vous pas?

— Non, madame...

— Mais c'est impossible!

— Pourquoi?...

— Robert Vallerand était député... tous les journaux ont parlé de sa mort...

— Eh! madame, je n'ai pas le temps de lire les journaux!... J'ignorais ce triste événement, et j'étais loin de le prévoir, car lorsque j'ai vu Robert pour la dernière fois, il y a trois mois à peine, il me semblait encore plein d'avenir;

malgré la maladie de langueur dont il avait rapporté le germe d'Amérique... — Pauvre Robert!

— Il était votre ami très intime?... — reprit Marguerite.

— Très intime, oui, madame... J'avais pour lui autant d'affection que d'estime...

— Depuis longtemps?

— Depuis son retour en France

— Vous étiez non seulement son ami, n'est-ce pas, mais son notaire?...

Cette question, plus encore que la première, surprit M° Auguy.

En outre elle le mit en défiance.

Qu'importait à la visiteuse la nature de ses relations avec le député dont il venait d'apprendre la mort?

Bien décidé à se tenir sur la réserve, il répondit d'un ton poli mais presque sec :

— Non, madame, je n'étais pas son notaire... — Robert me consultait parfois au sujet de ses affaires, mais je ne l'ai jamais compté au nombre de mes clients...

— Vous n'en aviez pas moins toute sa confiance...

— Sans doute...

— Il ne vous cachait rien...

— Je le crois...

— Donc, vous saviez qu'il avait une fille...

Le notaire regarda son interlocutrice avec stupeur.

— Une fille!... — répéta-t-il. — Mais Robert n'était pas marié, madame!...

— Aussi ne s'agit-il point d'une fille légitime, mais d'une enfant naturelle...

— Je n'ai entendu parler de rien de semblable, et je crois, madame, que vous avez été induite en erreur par des *racontars* mensongers.

Marguerite secoua la tête.

— Je suis certaine de ce que j'avance! — dit-elle, — plus certaine que personne au monde!... Robert Vallerand, pour élever son enfant à sa guise, l'avait prise à la mère, qui ne l'a jamais revue... — Au moment où il allait mourir cette malheureuse femme, devenue libre par le veuvage, alla le trouver pour lui redemander sa fille... pour le supplier de la lui rendre...

— Eh bien!

— Eh bien! Robert fut impitoyable... — Il refusa d'apprendre à la mère éplorée où était son enfant, et mourut le lendemain en chargeant une femme de confiance de garder après lui son secret!...

« La mère s'adressa à cette femme, qui fut inflexible et sans pitié, comme l'avait été Robert lui-même, et qui partit en dérobant ses traces afin d'obéir aux ordres du mort...

« Brisée, désespérée, la pauvre mère tomba gravement malade. — Vingt fois pour une elle aurait dû mourir, mais l'ardeur de son amour maternel lui donna la volonté et la force de vivre...

« A peine guérie, elle chercha la piste de la mandataire de Robert Vallerand, espérant par cette femme retrouver sa fille... — Hélas! tout fuyait devant elle, comme un mirage qu'on croit toucher de la main et qui s'efface...

« Enfin arriva le moment où à la mère affolée il ne resta que vous... Marguerite s'interrompit.

— Moi!! — s'écria le notaire stupéfait, — moi madame!!

— Vous, monsieur... vous seul!!

— C'est de la folie!! Que puis-je vous dire? — j'ignore tout!! — je n'ai jamais rien su... je ne soupçonnais pas le secret que vous venez de m'apprendre! — Robert Vallerand était le plus loyal des hommes, mais il aimait s'entourer d'ombre avec tout le monde, et il ne faisait point d'exception pour moi... Son silence dans l'affaire au sujet de laquelle vous m'entretenez en est une preuve manifeste...

Mme Bertin reprit :

— Depuis trois semaines, époque de la mort de votre ami, aucune lettre de lui ne vous a été remise?

— Je pourrais invoquer le devoir professionnel et refuser de vous répondre ; mais, dans l'espèce, ce serait inutile... — J'ai le droit de vous dire qu'aucune lettre de Robert ne m'est parvenue.

— Vous n'avez reçu personne venant de sa part?

— Personne, madame, je vous en donne ma parole d'honneur!

XXX

L'affirmation solennelle du notaire et le ton dont elle était faite ne pouvaient laisser subsister aucun doute dans l'esprit de Marguerite.

Elle fut écrasée par cette réponse.

— Qu'est devenue ma fille? — se demandait-elle avec une indicible angoisse. — Où cette femme a-t-elle conduit ma fille?...

— Mais, madame, — reprit l'officier ministériel, questionnant à son tour, — qui vous autorisait à supposer que j'aie dû recevoir une lettre posthume de mon malheureux ami?

— C'était plus qu'une supposition, — répliqua Mme Bertin, — c'était une certitude. — Un hasard que je puis appeler providentiel a mis pendant quelques secondes cette lettre sous mes yeux.

— Une lettre de Robert Vallerand?

— Oui, monsieur...

M. de Terrys appuyait le doigt sur des lignes tracées à l'encre rouge.

— Et elle m'était adressée?...
— Oui, monsieur, et devait vous être remise en mains propres.
— Eh! bien, madame, je vous le répète, je n'ai rien reçu... je n'ai vu personne...

Marguerite regarda le notaire en face, pour étudier sur son visage l'effet produit par la question qu'elle allait formuler.

— N'êtes-vous point dépositaire de papiers appartenant à Robert Vallerand ? — fit-elle ensuite.

— Je répondrai à ceci, madame, quand vous m'aurez appris en vertu de quel droit vous m'interrogez...

— Eh ! monsieur, — s'écria Mᵐᵉ Bertin, — vous m'avez bien comprise, et vous devriez m'éviter la douleur et la honte de m'accuser moi-même... — La mère à laquelle on a volé son enfant au berceau, c'est moi !... — La mère éplorée qui souffre et pleure depuis tant d'années en attendant le jour où elle pourra retrouver sa fille, c'est moi !! moi, la mère de douleur que vous pouvez consoler par un mot !... — Si vous savez où est ma fille, dites-le moi !... Ne soyez pas sans pitié comme l'était Robert... — Vous n'avez à me reprocher, vous, ni lâcheté ni trahison !... — Rendez-moi le courage de vivre et la force d'attendre ! !...

Tandis que Marguerite parlait ainsi, ses larmes jaillirent, et son visage en fut inondé.

Elle se laissa tomber à genoux devant M. Auguy, en tendant vers lui ses mains suppliantes.

— Relevez-vous, madame... — dit-il très ému en réalité, quoique conservant l'apparence du calme, ainsi que sa dignité professionnelle l'exigeait, — relevez-vous, je vous en prie, et écoutez-moi...

La pauvre femme obéit en sanglotant.

— Je vous avais, en effet, devinée, madame, — continua le notaire, — et je vous plaignais, mais je ne puis que vous plaindre...

Marguerite fit un geste de désespoir tandis que son interlocuteur poursuivait :

— Pour la troisième fois je vous l'affirme, j'ignorais tout ce dont vous venez de me parler, et mon très vif désir de vous rendre à la fois le calme et l'espérance est malheureusement un désir stérile... — J'ignore les motifs qui ont rendu Robert Vallerand sans miséricorde envers vous... Je refuse de les connaître... — A quoi bon ?... Il est mort, et je ne sais pas son secret...

— Je vous crois, monsieur... — balbutia la mère éplorée. — Mais si vous apprenez quelque chose un jour... si pour vous un coin du voile se soulève, daignerez-vous me le faire savoir ?...

— Si j'apprends où se trouve votre fille, si je puis parler sans manquer à mon devoir, je vous en instruirai, je le jure !...

Marguerite se leva.

— Je vous remercie, monsieur... — dit-elle d'une voix brisée, — je vais attendre encore ; mais ma force est à bout, et si ma fille ne m'est pas rendue, je mourrai...

Sans ajouter un mot, elle abaissa son voile et salua le notaire qui la reconduisit jusqu'à la porte du cabinet, et revint ensuite près de son bureau en hochant la tête et en murmurant :

— Il y a là un mystère de famille qui n'est point du tout de ma compétence...
— Robert avait sans doute des raisons sérieuses pour agir comme il l'a fait; mais les larmes de cette pauvre femme m'ont remué le cœur... — Elle était bien renseignée, et je suis très surpris que la lettre dont elle m'a parlé ne m'ait point été remise...

Me Auguy ouvrit une caisse à secret placée à l'angle de la cheminée et tira de cette caisse un petit paquet très mince scellé de cinq cachets.

Sur ce paquet se trouvaient quelques lignes d'écriture et une signature.

Le notaire lut à haute voix.

« Pour remettre à la personne qui présentera à Me Émile Auguy une lettre de moi, lui réclamant ce dépôt, dont les cachets ne devront être brisés que par Me Audouard, notaire à Nogent-sur-Seine.

« ROBERT. »

— Voilà qui est précis... — continua l'officier ministériel. — Mon devoir est d'obéir strictement à la volonté du mort...

Il replaça le paquet cacheté où il l'avait pris, referma le coffre-fort et continua :

— Une fille!... — Robert avait une fille! Qui s'en serait douté?... — L'enfant de la séduction ou de l'adultère!! — Que de drames inconnus dans la vie, et combien de romans qui ne seront jamais écrits!!...

**

Paul Lantier, après la visite faite à son père, avait regagné en toute hâte son logement de la rue de l'École-de-Médecine.

Renée, depuis le matin, allait de mieux en mieux.

Isabelle, dite Zirzabelle, et par abréviation Zirza, était auprès d'elle.

Les deux jeunes filles avaient fait amplement connaissance et la pseudo-fleuriste, avec un tact tout féminin, prenait un ton et des allures qui ne trahissaient pas l'étudiante, maîtresse de Jules Verdier.

La convalescente se sentait heureuse du retour de Paul, dont le visage n'était point sombre malgré le chagrin sincère que causait au jeune homme la mort du comte de Terrys.

— Avez-vous de bonnes nouvelles à me donner? — lui demanda-t-elle.

— Non, chère Renée... je n'ai pu voir Mlle Honorine, qu'un irréparable malheur vient de frapper douloureusement.

— Un malheur?... — répéta la fille de Marguerite.

— Son père, le comte de Terrys, est mort ce matin...

— Ah! pauvre mademoiselle Honorine!! — s'écria Renée en joignant les mains.

Au bout d'un instant elle ajouta :

— Vous serez obligé, sans doute, d'assister à la cérémonie funèbre...

— J'y assisterai certainement si je suis de retour assez tôt, car rien au monde ne m'empêcherait de me rendre où vous savez... — Vous avant toute chose, chère Renée!!... Je partirai ce soir... je coucherai à Maison-Rouge... — Demain matin je verrai Mᵐᵉ Ursule ; demain soir je serai de retour avec elle, sans aucun doute, et le jour suivant je pourrai rendre les derniers devoirs au comte de Terrys...

— Ainsi, — balbutia Renée prise d'un tremblement nerveux, — vous allez m'abandonner pendant tout un jour?...

— Eh! bien! eh! bien!... Qu'est-ce que c'est?... — fit la blonde Zirza d'un ton de reproche ; — il me semble que l'abandon sera fort peu complet... — Est-ce que je ne resterai pas là, moi, votre garde-malade en chef et sans partage?... — Est-ce que nous ne parlerons pas du voyageur, aujourd'hui toute la soirée?... demain toute la journée?

— C'est vrai, — répondit Renée en tendant la main à Zirza, — mais...

— Mais ce n'est pas la même chose, je le sais bien, — interrompit l'étudiante en riant.

— Il faut que je parte! — reprit Paul. — Je me suis juré de savoir quels sont vos mortels ennemis... je me suis juré de retrouver votre mère et de vous la rendre, et je tiendrai mon double serment... — Je serai bientôt de retour, et vous vous hâterez de guérir pour que je puisse tenir la promesse que j'ai faite à mon père...

— A votre père ? — répéta l'enfant tremblante.

— Oui... je viens de le voir...

— Vous lui avez promis quelque chose qui me concerne?

— Oui, chère Renée.

— Vous lui avez donc parlé de moi?

— Mais certainement... — Ne le devais-je pas? — C'est bien le moins qu'il soit instruit de mon bonheur, et qu'il sache que je lui présenterai bientôt celle qui sera...

Paul n'acheva pas.

Les quatre mots qui devaient terminer la phrase expirèrent sur ses lèvres tremblantes.

Renée les comprit à merveille, quoiqu'ils ne fussent point prononcés, et baissa la tête en souriant et en rougissant à la fois.

— Pourquoi vous arrêtez-vous en si beau chemin? — fit Zirzabelle avec un joyeux éclat de rire. — Voyons, est-ce que je suis de trop ici? — Croyez-vous donc que je n'aie pas compris vos regards et vos soupirs? — Croyez-vous que je ne lise pas dans vos âmes et dans vos cœurs? — Eh! mes enfants, il n'y a nul besoin d'être bachelier ès sciences pour épeler l'alphabet de l'amour... il ne s'agit que d'aimer soi-même, et l'on déchiffre dans le livre des autres les phrases les plus compliquées... Complétez donc la vôtre...

— Et comment?

— C'est bien simple ! En voici la fin : — *Celle qui sera ma femme bien-aimée !*

Renée rougissait de plus en plus.

— Ah ! si cela était !!! — s'écria Paul avec fièvre.

— Cela sera ! Pourquoi cela ne serait-il pas ? — reprit Zirza. — Vous aimez Mlle Renée, et Mlle Renée...

— N'a rien dit... — interrompit Paul.

— Eh bien, tout justement... le proverbe l'affirme : — *qui ne dit rien consent !* — D'ailleurs, ces choses-là, ça se lit dans les yeux... et regardez les siens...

Renée venait de lever la tête, et ses prunelles limpides exprimaient avec éloquence la chaste ivresse de son âme.

— Est-ce vrai? est-ce bien vrai? — demanda le fils de Pascal en prenant et en portant à ses lèvres les mains de Renée, qui sentit son cœur se fondre.

Sa bouche s'entr'ouvrit et balbutia un *oui* que Paul devina plutôt qu'il ne l'entendit.

Jules Verdier entra.

Il était l'heure du dîner, et aussitôt après le repas Paul devait se rendre au chemin de fer et partir pour Maison-Rouge.

On dîna, comme on avait déjeuné, près du lit de Renée.

La convalescente, selon l'ordonnance du docteur Maréchal, prit une seconde tasse de bouillon.

Huit heures sonnèrent.

Paul quitta vivement son siège.

— Vous partez?... — demanda tristement la fille de Marguerite.

— Il le faut, chère Renée, mais je reviendrai demain... — Je vous laisse avec mes bons amis et je ne suis point inquiet... — A demain ! Espérez comme j'espère, et aimez-moi comme je vous aime !!..

XXXI

L'étudiant en droit mit un baiser sur le front de l'enfant qu'il considérait comme sa fiancée, serra les deux mains de Zirza et partit avec Jules, qui voulait l'accompagner jusqu'à la gare de l'Est.

Chemin faisant Paul adressa à son ami force recommandations concernant la convalescente et lui proposa de l'argent pour les dépenses.

— Pas de bêtises! — répondit le futur docteur. — Nous compterons plus tard...

A la gare, Paul eut une vive déception.

Le train qu'il comptait prendre partait à neuf heures quarante, mais ne s'arrêtait point à Maison-Rouge et filait jusqu'à Longueville.

— Je te conseille de partir tout de même... — lui dit Jules Verdier. — Tu coucheras à Longueville et le premier train du matin te ramènera à destination.

Le conseil était sage.

Paul le suivit, passa la nuit à Longueville, et le lendemain, à neuf heures et demie, il entrait à Maison-Rouge, à l'*hôtel de la Gare*.

La grande salle était déserte.

Les garçons et les servantes nettoyaient.

Le propriétaire, confortablement installé dans le salon des voyageurs, parcourait les journaux de Paris que le facteur venait d'apporter.

L'étudiant en droit, s'adressant à l'un des garçons, demanda à parler au maître de l'hôtel et fut immédiatement conduit auprès de lui.

— Monsieur, — lui dit-il, — je viens pour rendre visite à une personne qui loge chez vous en ce moment, et, comme je suis fort pressé, je vous prie de vouloir bien faire demander à cette personne si elle peut me recevoir malgré l'heure matinale...

— Parfaitement, monsieur... — Voulez-vous me dire le nom de ce voyageur...

— C'est une voyageuse...

— Qui s'appelle?

— Mme Ursule.

— Mme Ursule.. — répéta l'hôte en souriant.

— Oui, — ajouta Paul, — une dame d'un certain âge, à laquelle il est arrivé un accident...

— Une foulure au pied, je sais, monsieur...

— Faites donc, s'il vous plaît, prévenir cette dame...

— Ce serait difficile... — répliqua le propriétaire avec un nouveau sourire.

— Pourquoi donc?

— Pour la meilleure de toutes les raisons...

— Laquelle?

— Mme Ursule n'est plus ici...

— Que me dites-vous là! — s'écria Paul avec une surprise mêlée d'inquiétude.

— La vérité, monsieur... — Mme Ursule est partie...

— Depuis quand?

— Depuis cinq ou six jours.

— Quoi!... partie malgré son état de souffrance! malgré les menaces du docteur, qui prévoyait des complications alarmantes si elle essayait prématurément de marcher!

— Tout cela est exact; aussi a-t-il fallu une chose très grave pour décider Mme Ursule à contrevenir aux prescriptions du médecin...

Paul regarda son interlocuteur avec une surprise et une angoisse grandissantes.

— Une chose très grave... — balbutia-t-il ; — il est survenu une chose très grave?...

— Oui, monsieur...

— Puis-je vous demander, sans être indiscret, de quelle nature était cette chose?...

— Oh! parfaitement bien... — Mme Ursule, quand elle est arrivée ici après son accident, avait pour compagne une jeune fille charmante...

— Mlle Renée... — interrompit l'étudiant.

— C'est bien cela, monsieur; je vois que vous êtes au courant; mais vous ignorez probablement que la jeune fille avait eu l'idée malencontreuse de fuir Mme Ursule... de se soustraire à son autorité...

— Pour se rendre à Paris... — Je ne l'ignore pas...

— Vous avez vu Mlle Renée à Paris?... — s'écria le maître de l'hôtel?

— Oui, monsieur...

— Y a-t-il longtemps de cela?

— Je l'ai quittée hier au soir, à huit heures et demie...

Le propriétaire fronça ses gros sourcils.

— Voilà qui est étrange, par exemple! — s'écria-t-il.

— Étrange en quoi, monsieur? — demanda l'étudiant. — Rien ne me paraît plus naturel au contraire...

— Si vous avez quitté hier Mlle Renée, je m'étonne que vous n'ayez point vu Mme Ursule auprès d'elle...

— Je ne comprends pas...

— C'est cependant bien simple, puisque c'est pour aller retrouver sa pupille à Paris que Mme Ursule est partie il y a six jours en bravant les ordonnances du docteur...

— Mon Dieu! — fit Paul avec épouvante, — c'est à Paris qu'allait Mme Ursule, et pour y retrouver Mlle Renée?

— Sans doute...

— C'est incroyable!...

— Soit! mais ce n'en est pas moins absolument vrai... — Elle s'est mise en route parce que la personne chez laquelle Mlle Renée s'était réfugiée la mandait en toute hâte...

Paul devint livide.

— Que vais-je apprendre, mon Dieu? — balbutia-t-il à demi-voix, puis il continua tout haut : — Et c'est une lettre, sans doute, qui appelait à Paris Mme Ursule?...

— Une lettre, oui, monsieur... — Mais qu'avez-vous donc ? Pourquoi êtes-vous si pâle ?...

L'étudiant ne répondit pas à cette question et poursuivit :

— Une lettre arrivée par la poste ?...

— Non, monsieur, apportée par un domestique de bonne maison, en livrée, monsieur, et en casquette galonnée d'or... — Il s'est entretenu longuement avec Mme Ursule ; il ne l'a quittée que pour aller faire enregistrer son petit bagage à la gare ; et il est revenu la prendre et l'a portée dans ses bras jusqu'au compartiment qu'il avait loué tout entier pour le voyage ! Ah ! je vous garantis qu'il avait bien soin d'elle !...

— Plus de doute ! ! — s'écria Paul avec une indicible terreur. — Mme Ursule a été attirée, comme Renée, dans un piège... ou bien, jouant une comédie infâme, elle était complice des assassins...

Rien n'est plus communicatif que l'effroi.

— Complice des assassins ! — répéta l'hôte, les yeux arrondis et les mains tremblantes.

— Oui, — répliqua l'étudiant, — complice ou victime... il n'y a pas de milieu... — Mais, dites-moi, cet homme, ce domestique venu de Paris pour chercher Mme Ursule, comment était-il ?

— De bonne mine et, je vous le répète, de mise fort correcte... sa cravate blanche ne faisait pas un pli...

— Son âge ?

— Cinquante ans environ...

— Aucun signe particulier ?...

— Aucun, sauf qu'il parlait avec un léger accent étranger...

— Lequel ?

— Je n'ai pu le définir...

— Par qui se prétendait-il envoyé ?

— Je l'ignore complètement... — Vous comprenez, monsieur, que la discrétion me défendait de le questionner... — Vous parliez tout à l'heure de complicité... — Permettez-moi de vous demander de quel crime Mme Ursule aurait été complice ?

— De la tentative de meurtre dont Mlle Renée a failli être victime...

— On a voulu assassiner cette pauvre fille ! — murmura l'hôte en joignant les mains et en levant vers le plafond des yeux consternés.

— On l'a voulu, et l'on a presque réussi... — Sans une sorte de miracle, Mlle Renée serait morte.

— Mais c'est épouvantable !... monstrueux !...

— Monstrueux, oui, mais malheureusement trop vrai...

— Eh ! bien, monsieur, je me permettrai de prendre la défense de Mme Ursule... — J'ai vu son désespoir lorsqu'elle a su que la jeune fille qui l'accompagnait venait de la quitter, et j'affirme que ce désespoir était sincère... — J'ai vu ses

La couverture portait en gros caractères ces mots : « Souvenirs de ma vie ».

larmes, et je répondrais sur ma vie qu'elles n'étaient point fausses... J'ai été témoin de sa joie quand on lui a dit qu'elle reverrait bientôt Mlle Renée et du courage avec lequel, pour aller la rejoindre, elle a bravé la mort qui, selon le docteur, pouvait résulter d'une imprudence... — Tant de preuves de dévouement rendent inadmissible, selon moi, l'idée d'une connivence avec des malfaiteurs...

— Aussi suis-je prêt à admettre qu'elle a été victime... — répliqua Paul. — Mais quels sont donc les misérables à qui la mort de ces deux femmes était nécessaire, et quel secret de sang plane sur Mˡˡᵉ Renée ?...

— Ne pensez-vous pas, monsieur, qu'il serait à propos d'avertir la police, et cela plus tôt que plus tard.

L'étudiant secoua la tête.

— Non, — fit-il d'une voix tranchante comme une lame d'acier. — J'ai juré d'être seul à découvrir les assassins et seul à venger les victimes !

Le maître du logis sentit un petit frisson passer sur sa chair, et le jeune inconnu qui lui parlait prit à ses yeux des proportions quasi fabuleuses.

Paul continua :

— J'ai plusieurs questions à vous adresser.

— Faites, monsieur...

— Quelqu'un a-t-il rendu visite à ces dames pendant leur séjour dans votre hôtel ?

— Non, monsieur...

— Mᵐᵉ Ursule avait-elle écrit à quelqu'un ?

— J'affirmerais volontiers le contraire, car il n'y avait dans sa chambre, ni encrier, ni papier, ni plume...

— C'est le surlendemain du départ de Mˡˡᵉ Renée que l'homme dont vous m'avez parlé, le domestique vrai ou faux, est venu chercher Mᵐᵉ Ursule ?

— Oui, monsieur...

— Quel train ont-ils pris ?

— Celui de huit heures cinq minutes du soir...

— A quel heure ce train arrive-t-il à Paris ?

— A onze heures...

— Merci de vos renseignements, monsieur...

— Puissent-ils vous servir à quelque chose !

— Ils me serviront, soyez-en sûr !... — Quand passera le premier train montant vers Paris ?

— A une heure trente-huit minutes...

XXXII

Paul Lantier reprit :

— Je vais à la gare, où je tâcherai d'éclaircir certains points obscurs... — Voulez-vous me faire préparer à déjeuner pendant mon absence ?

— Parfaitement, monsieur, — répondit l'hôte. — Votre déjeuner sera servi dans une demi-heure, et vous aurez pas mal de temps disponible avant le passage du train.

Le jeune homme traversa la place, demanda le chef de gare, fut conduit à son cabinet par un employé et entama l'entretien en ces termes :

— Je viens, monsieur, faire appel à votre mémoire et à votre obligeance...
— L'une et l'autre sont à votre disposition.
— Vous souvenez-vous qu'il y a six jours une dame, résidant à l'*hôtel de la Gare* et qu'une foulure empêchait de marcher, a été apportée par un homme jusqu'au compartiment loué tout entier pour le voyage de Maison-Rouge à Paris ?
— Très bien, monsieur... — C'est moi-même qui ai délivré les tickets, désigné le wagon et fait placer sur la portière la plaque réglementaire indiquant que le compartiment était réservé...
— Avez-vous conservé un souvenir exact de l'homme qui portait cette dame ?
— Un souvenir très net... — Sa tenue était celle d'un domestique de bonne maison... Il avait un accent étranger et entourait sa compagne de soins minutieux...
— Pourriez-vous me donner le numéro du train dans lequel ils sont montés ?
— Ce sera facile... — C'était le 24 du mois, je crois...
— Oui, c'était bien le 24.

Le chef de gare ouvrit un carton et en tira une liasse de papiers administratifs qu'il compulsa, puis il répondit :

— Le 24, à huit heures cinq minutes, la personne qui vous intéresse et son domestique sont montés dans le train omnibus 40-88...

Paul écrivit ces deux chiffres sur un agenda et continua :

— Vous serait-il possible de me fournir également le numéro du wagon ?
— Non, monsieur, mais cette indication pourra vous être donnée à Paris ?
— Je vous remercie mille fois, monsieur.
— Est-ce tout ce que vous désirez savoir ?
— Je crains d'abuser de votre temps...
— Pas le moins du monde... Questionnez, je vous prie, si cela peut vous être utile...
— J'userai donc de votre permission. — N'auriez-vous pas entendu parler d'un crime commis sur la ligne de Maison-Rouge à Paris, dans cette même nuit du 24 ?
— Un crime ? — répéta le chef de gare en attachant sur son interlocuteur un regard étonné.
— Il s'agit d'une simple supposition, monsieur... — poursuivit Paul.
— Je n'ai entendu parler de rien... donc il n'y a rien eu de suspect... — Dès qu'il se produit un fait anormal, on en est instruit télégraphiquement sur toute la ligne.
— Aviez-vous déjà vu à Maison-Rouge le domestique à qui vous avez délivré les billets ?

— Jamais... — Cela, j'en suis sûr...
— Quelque chose en cet homme vous a-t-il frappé?...
— Son accent étranger...
— A quel idiome cet accent vous semblait-il appartenir?
— A un idiome du Nord, mais je ne sais auquel...

L'étudiant en droit ne pouvait pousser plus loin ses investigations.

Il remercia de nouveau, prit congé du chef de gare et regagna l'hôtel où son déjeuner l'attendait.

— Eh bien! monsieur, — lui demanda l'hôte, — avez-vous appris ce que vous désiriez savoir?...

— Je n'ai rien découvert de bien important; mais, avec du temps et de la patience, j'arriverai à la solution du problème...

Le fils de Pascal Lantier trouvait un âpre plaisir à poursuivre son but.

Son dévouement à Renée était, il est vrai, le premier et le principal parmi les mobiles qui le faisaient agir; mais à ce dévouement se joignaient la soif de l'inconnu et le désir ardent de pénétrer seul un mystère presque insondable.

Paul croyait découvrir en lui-même les subtils instincts du policier, et voulait marcher sur la trace des modèles du genre, inventés par les romanciers en vogue.

Bref, il avait la foi, et la foi donne la force, la patience et le courage

Après son déjeuner il reprit le chemin de la gare.

L'idée lui était venue d'apprendre à Renée son arrivée prochaine, et il expédia une dépêche à Jules Verdier, qu'il chargeait d'instruire la jeune fille.

A une heure trente-huit minutes il prit le train et, un peu avant quatre heures, il était à Paris, où, comme à Maison-Rouge, il demanda à parler au chef de gare.

Ce dernier l'accueillit avec une extrême politesse.

— Monsieur, — lui dit Paul, — je viens vous prier de vouloir bien compléter les renseignements que j'ai recueillis ce matin auprès de votre collègue de Maison-Rouge...

— Si cela dépend de moi, monsieur, je le ferai, soyez-en sûr.

Paul s'inclina et poursuivit:

— Le 24 du mois, — (il y a par conséquent six jours), — une dame, qu'une foulure empêchait absolument de marcher, a pris à Maison-Rouge, à huit heures cinq minutes du soir, le train omnibus 40-58... — Elle est montée dans un compartiment de première classe loué tout entier pour elle par un homme en livrée... — Pouvez-vous me dire si cette dame et son compagnon sont arrivés à Paris?...

— Elle ne pouvait marcher, dites-vous?

— Non, monsieur... — A Maison-Rouge il a fallu le transporter de l'hôtel à la gare et de la salle d'attente au compartiment réservé... — Donc, à Paris, pour lui faire quitter la gare, il a fallu employer le même procédé...

— Je n'ai vu aucune dame portée par un domestique, ce qui certainement m'aurait frappé... — J'ai pourtant l'habitude d'assister à la sortie des voyageurs ; mais je pouvais être occupé sur quelque autre point du quai. — Voulez-vous que je questionne le contrôleur qui faisait le service de sortie ?

— J'en serai très reconnaissant...

Le chef de gare appela un employé et lui dit :

— Trouvez-moi le receveur du soir...

Au bout de cinq minutes l'homme demandé franchissait le seuil du cabinet.

— Renaud, — fit le chef, — il y a six jours, le 24, vous étiez de service à l'arrivée du train omnibus de huit heures cinq minutes ?

— Oui, monsieur le chef de gare.

— Vous souvenez-vous d'avoir vu passer un domestique portant dans ses bras une dame infirme ?

Le receveur secoua négativement la tête, de gauche à droite et de droite à gauche.

— Non, — répliqua-t-il ensuite, — je ne me souviens point de cela... et je l'aurais remarquée certainement, car ce n'est pas ordinaire, une voyageuse portée comme un colis...

— Sans compter, — reprit Paul, — que l'homme, à la sortie, n'aurait pu, sans quelque embarras, vous remettre ses tickets, au nombre de huit...

— Le nombre n'y faisait rien... — dit le chef de gare. — Deux auraient suffi pour passer... — Vous êtes certain, Renaud, que vos souvenirs sont exacts ?

— Parfaitement certain...

— C'est bien, mon ami... allez...

Le receveur sortit.

— Il est clair, — continua le chef, — que les deux personnes parties de Maison-Rouge à huit heures cinq ne sont point arrivées à Paris...

— Oui, — s'écria le fils de Pascal. — C'est malheureusement trop clair !

— De cela que concluez-vous ?...

— Ce que je conclus ? — répéta Paul. — Oh ! mon Dieu, c'est bien simple !... — Mes premières suppositions étaient justes... La femme a été assassinée en route, et jetée sur la voie, puis l'assassin est descendu à une station quelconque...

Le chef de gare écoutait son interlocuteur avec un effarement manifeste.

— Ah çà ! mais, monsieur, — demanda-t-il, — est-ce sérieux ?... — Supposez-vous réellement qu'un crime ait été commis le 24 dans le train qui nous occupe !...

— Je le suppose, oui, monsieur... ou plutôt j'en suis sûr...

— Cette certitude ne repose sur aucune preuve ?...

— Elle résulte des faits eux-mêmes qui s'imposent par la logique... et, si vous consentez à me venir en aide, les preuves matérielles abonderont bientôt.

— Mon devoir est de vous aider, monsieur, et de ne négliger rien pour arriver à découvrir si véritablement un crime a été commis sur la ligne... Je vais consulter la feuille du train 40-58... — J'y trouverai le nom du chef de train, et s'il n'est point en route je l'interrogerai devant vous... — Ah ! voici ce que je cherchais... — Le chef est Ringard... un homme sérieux... un employé d'avenir, en qui l'on peut avoir toute confiance... il prend la conduite d'un train à six heures... il doit être arrivé...

Des ordres furent immédiatement donnés.

Le chef de train ne se fit point attendre.

— Ringard, — lui dit le chef de gare, — le 24 du mois vous avez pris à Maison-Rouge, à huit heures cinq du soir, une dame infirme...

— Parfaitement, oui, monsieur.. — Un domestique à casquette galonnée portait cette dame... — Ils se sont installés tous deux dans un compartiment de premières sur lequel, par ordre du chef de gare de Maison-Rouge, j'ai mis la plaque : *Réservé*.

— Ils allaient à Paris ?...

— Oui, monsieur... — Avec du bagage enregistré...

— A Paris, vous êtes-vous occupé de ces deux voyageurs ?

— Quand je suis allé au wagon offrir mes services pour descendre la dame, ils m'avaient devancé... je n'ai plus trouvé personne...

— Peut-être étaient-ils descendus en route... — fit observer le chef de gare.

— Oh ! quant à cela, monsieur, non ! — A chaque station j'étais sur le quai, et, les voyageurs étant peu nombreux, j'aurais remarqué le domestique portant la dame...

— Vous le voyez, — s'écria Paul, — mes suppositions deviennent des certitudes !... — Pourrions-nous savoir dans quel wagon sont montés les voyageurs... — ajouta-t-il. — Peut-être, là, trouverons-nous un indice...

— Peut-être, en effet... — Ringard, savez-vous le numéro du wagon ?

— Non, monsieur ; mais nous n'avions dans le train que deux wagons de première classe, et la feuille de ce jour vous en donnera les numéros...

— C'est vrai...

— Monsieur le chef de gare n'a plus besoin de moi ?

— Non, merci...

Ringard salua et quitta le cabinet.

XXXIII

— Le chef de gare consulta d'autres papiers.

— Voici les numéros des voitures composant le train en question, — dit-il au bout d'un instant. — Les deux wagons de première classe portaient les numéros 938 et 1326...

— Est-il possible de les visiter? — demanda Paul.

— Sans doute, s'ils ne sont point en circulation... — Nous nous informerons tout à l'heure au bureau du matériel... — En ce moment il me vient une idée...

— Laquelle, monsieur?

— Le chef de train nous a dit que les deux voyageurs avaient des bagages...

— Oui.

— S'ils sont descendus à Paris, — (ce dont je doute), — ils auront emporté ces bagages... — Si pour une raison quelconque ils ont quitté le train à une autre station, les bagages seront arrivés ici et auront été mis à la consigne...

— Peut-être y sont-ils encore et pourront-ils nous servir de piste.

— Vous avez raison, monsieur. — Le sous-chef possède les feuilles d'enregistrement du 24... nous trouverons le numéro d'enregistrement à Maison-Rouge et nous irons à la consigne... — Veuillez me suivre, monsieur...

Paul Lantier se rendit avec son guide au bureau du sous-chef de gare.

Celui-ci trouva facilement le bulletin demandé.

On n'avait enregistré qu'un seul colis à Maison-Rouge. — Ce colis portait en conséquence le numéro 1.

— Maintenant, — dit le chef, — allons à la consigne...

Là il demanda les bulletins de la journée du 24 à l'employé.

Celui-ci fouilla dans une boîte et tira une liasse de petits papiers de forme allongée.

Le chef de gare les prit et les passa en revue.

— Si le bulletin n'est pas là... — dit-il, — nous aurons le colis...

— Si le bulletin s'y trouve, — répliqua Paul, — c'est qu'après le crime commis on sera venu réclamer le bagage enregistré...

— Il s'y trouve, monsieur! — s'écria le chef, en montrant un papier, — le voici.

L'étudiant prit son front entre ses mains.

— Ah! — murmura-t-il, — les misérables sont habiles! — Tout cela est bien combiné!...

L'évidence du crime s'imposait.

Le chef de gare semblait atterré

— Vous souvenez-vous, — dit-il à l'employé, — vous souvenez-vous de la personne qui est venue retirer le colis indiqué sur ce bulletin?

— Oui, monsieur, je m'en souviens parfaitement, et j'ai pour cela de bonnes raisons.

— Quelles raisons?

— La veille ou l'avant-veille, le même homme s'était présenté pour retirer une valise arrivant également de Maison-Rouge.

— Le même homme !... — s'écria Paul. — Celui qui avait attiré Renée dans un piège ! — Vous est-il possible de le décrire?...

— Il n'offrait quoi que ce soit de bien particulier.

— L'air et le costume d'un domestique, peut-être?..

— Non, monsieur... une espèce de commissionnaire... la physionomie sournoise...

— L'accent étranger?

— Je ne crois pas... — Du reste il parlait le moins possible...

— Ce n'est pas un signalement cela ! et rien ne nous guidera pour retrouver cet homme... — murmura l'étudiant avec désespoir. — Un crime a été commis, cela saute aux yeux, et aucun indice ne nous montrera la route à suivre pour arriver aux criminels !

— Qui sait ? — répondit le chef de gare. — Venez, monsieur.

— Où me conduisez-vous ?

— Au bureau du matériel.

Le trajet ne fut pas long.

— Les wagons de première classe portant les numéros 955 et 1326 sont-ils en circulation ? — demanda le chef de gare au chef de bureau, qui répondit en prenant un registre où se trouvaient alignées de longues colonnes de numéros d'ordre.

— Je vais vous le dire...

Et il chercha...

— Le 1326, — fit-il au bout d'une ou deux minutes, — reste en gare pour aller aux réparations... — Le 955, également en gare, faisant partie du train de nuit pour Bâle...

— C'est tout ce que je voulais savoir... — répliqua le chef.

Il conduisit Paul vers le train en formation et se renseigna près d'un homme d'équipe.

Le wagon 955 était au milieu du train.

Ils le visitèrent avec la plus minutieuse attention et ne découvrirent rien qui fût de nature à leur permettre de supposer qu'un crime avait été commis dans l'un de ses compartiments.

— Menez-nous aux wagons mis au remisage pour réparation... — commanda le chef de gare à l'homme d'équipe, qui se dirigea aussitôt vers l'endroit

— On me l'a dit, monsieur, répliqua Mme de Terrys d'une voix sourde.

où on roulait les voitures détériorées pour les conduire aux ateliers de carrosserie.

Quand ils furent arrivés, il ajouta :

— Cherchez le wagon de première classe portant le numéro 1326...

En attendant formuler ce chiffre, l'homme d'équipe tressaillit et devint très pâle.

Cet homme était le Belge qui, après avoir trouvé le sac de la malheureuse Ursule

Sollier suspendu au marchepied du wagon, et volé les billets de banque qu'il contenait, avait jeté sa trouvaille sur un tas de neige, rue des Récollets.

— Que cherche-t-on ? — se demanda-t-il avec angoisse. — Godferdum !... Est-ce que ce serait ce paroissien-là qui aurait perdu son sac, et va-t-on s'aviser de me le réclamer, pour une fois...

Il marchait lentement, tremblant, la tête basse.

— Dépêchez-vous ! — commanda le chef. — Nous n'avons pas de temps à perdre !

— Voilà le 1326, — dit le Belge en désignant, quoique fort à contre-cœur, le numéro peint sur une caisse.

Le chef de gare ouvrit la portière et, passant devant l'homme d'équipe livide de frayeur, il monta dans l'un des compartiments.

Paul le suivit.

— Il faut chercher des traces de lutte... — murmura l'étudiant ; — une éclaboussure sanglante nous en dirait bien long !

Et, avec autant de soin qu'ils en avaient mis à inspecter le wagon 985, ils visitèrent chaque compartiment du wagon 1326.

— Rien ! — dit le chef de gare en achevant son examen, — aucune trace ! !
— Le mystère me semble impénétrable !

Le fils de Pascal était descendu et se tenait sur le quai, près du marchepied.

Le chef de gare, en descendant à son tour, baissa machinalement les yeux.

Tout à coup, il poussa une sourde exclamation.

— Qu'est-ce que cela ?... — fit-il ensuite.

Et, se penchant vers le marchepied, il désigna un morceau de chaîne d'acier nickelé, de sept centimètres environ, qui se trouvait pris, enclavé, forcé, entre le marchepied et la branche de fer du support.

Le Belge tremblait de tous ses membres, mais ni Paul, ni le chef de gare, penchés sur le marchepied, ne pouvaient s'apercevoir de cette émotion, qui les aurait éclairés peut-être.

— C'est la chaînette d'un parapluie ou d'un sac à main... — dit l'étudiant après avoir regardé l'objet.

— Peut-être une pièce de conviction... — répliqua le chef de gare.

Et, non sans effort, il dégagea la chaînette qui, lorsque le Belge avait volé le sac, était restée accrochée sans qu'il s'en aperçût.

— Il est possible, en effet, que ces quelques maillons, insignifiants en apparence, nous conduisent au but... — reprit Paul.

Le chef de gare lui tendit le fragment de chaînette en lui disant :
— Gardez ceci...

Le jeune homme mit les maillons d'acier dans la poche de son gilet.

On continua l'inspection du marchepied, mais inutilement.

Aucun autre indice ne fut découvert.

Le Belge pensait :

— Comme j'ai bien fait de jeter ce sac, sais-tu, monsieur ! ! — Nous verrons s'il le retrouve jamais, et, si par hasard il le retrouvait, je n'ai pas écrit mon nom dedans, pour une fois ! !

— C'est tout ce que nous pouvons faire, n'est-ce pas ? — demanda Paul au chef de gare.

— Non... — répondit ce dernier.

— Auriez-vous un autre moyen d'investigation ?

— Je le crois... — Veuillez m'accompagner à mon cabinet.

Aussitôt réinstallé en face de son bureau et Paul assis près de lui, le chef poursuivit :

— Il importe de savoir où l'homme et la femme ont pu descendre...

— Ne parlez que de l'homme, — répliqua l'étudiant.

— Pourquoi ?

— Parce que, selon moi, la femme n'a point quitté le train vivante...

— Cela ne me semble nullement prouvé...

— A mon tour, permettez-moi de vous demander pourquoi...

— On aurait trouvé son cadavre dans le wagon...

— N'a-t-on pu la précipiter sur la voie, après l'avoir assassinée ?

— La neige qui couvrait les voies a été déblayée... — Les traces du crime seraient apparues...

— Dieu veuille que vous ayez raison ! — Mais quel moyen employer pour savoir si l'homme et la femme sont descendus à une station entre Maison-Rouge et Paris ?...

— Rien n'est plus facile et plus simple.

— Comment ?

— Les tickets reçus à la sortie sont classés, et dans une gare quelconque on aura dû s'apercevoir qu'un voyageur ou deux avaient quitté le train avant d'atteindre leur destination.

— Je comprends ! — s'écria Paul avec joie. — Le ticket porte une double indication, celle du point de départ et celle du point d'arrivée...

— C'est cela même... — Je n'ai donc qu'à télégraphier à la première gare avant Paris, en priant de faire suivre ma question, s'il y a lieu, jusqu'à la première gare avant Maison-Rouge... — De cette manière, nous apprendrons si deux personnes sont descendues, et la preuve du crime sera faite si la réponse ne dit pas : *Deux tickets !*

— Oui, monsieur, oui, ce n'est pas douteux... — Et dans combien de temps pourrez-vous savoir cela ?...

— Une heure suffira... — Voulez-vous attendre ?

— Ah ! je le crois bien !

— Je vais expédier ma dépêche...

XXXIV

Le chef de gare, s'intallant aussitôt devant le télégraphe particulier du chemin de fer, envoya à la première station avant Paris une dépêche ainsi conçue :

« Savoir et répondre si, dans la soirée du 24, deux ou un seul voyageur sont descendus dans votre gare avec des tickets délivrés à Maison-Rouge et indiquant Paris pour lieu de destination. — Urgente. — Faites passer la dépêche à station suivante, s'il y a lieu. »

— C'est fait, monsieur... — dit-il ensuite en quittant son siège. — Je vous quitte pour quelques minutes et je vais où mon service m'appelle.

Paul demeuré seul, repassa dans son esprit toutes les investigations auxquelles il venait de se livrer.

Pour lui l'évidence du crime s'affirmait de plus en plus et, comme un juge d'instruction expérimenté, il reconstruisait les différentes phases de l'assassinat dont il lui semblait presque avoir été témoin.

— On a tué la malheureuse femme dans le wagon, — se disait-il, — puis son cadavre lancé sur la voie a été soit enterré, soit jeté à l'eau par un complice... L'homme à la casquette galonné, le faux domestique, est à coup sûr le meurtrier ; c'est lui qui, la veille, avait tendu le piège où Renée est venue se prendre et où elle aurait péri sans moi ! — C'est encore lui qui a eu l'audace, muni des bulletins de ses victimes, de retirer les bagages, et la chaînette d'acier brisée doit avoir appartenu à Mme Ursule...

Après un instant de réflexion le fils de Pascal poursuivit :

— Mais quelle peut être la raison de ces crimes ?... — Pourquoi voulait-on tuer ces deux femmes ? — A qui leur mort était-elle nécessaire ? — Quel cerveau de bandit a tramé ces horreurs, et sous ce mystère sanglant quelle honte se cache ?... — Renée voudrait revoir sa mère et c'est sa mère peut-être qui commandait et payait l'assassinat !... C'est sa mère peut-être qui, pour anéantir la preuve d'une faute, ne reculait point devant un crime... Ce serait monstrueux, mais hélas ! tout est possible...

Tandis que Paul monologuait ainsi, le chef de gare revint à son bureau.

Pendant cinq minutes les deux hommes s'entretinrent de ce qui faisait l'objet de leurs préoccupations communes.

Le timbre du télégraphe sonna tout à coup, trois fois de suite.

— Voici les réponses qui m'arrivent... — dit le chef en allant épeler les dépêches qui de trois points différents arrivaient à la fois.

— Eh bien ?... — demanda trois fois l'étudiant.

Et à trois reprises le chef de gare répondit :

— Les renseignements sont négatifs...

De nouveau le timbre sonna.

Une autre dépêche arrivait.

Après l'avoir déchiffrée, le chef poussa une exclamation de joie.

— On vous apprend quelque chose? — fit Paul vivement.

— Oui, monsieur, et vous aviez raison... un crime a été commis.

— Vous en avez la preuve?

— La preuve ressort de cette dépêche... — Écoutez : — *Gare de Nogent-sur-Marne; reçu, le 24, un seul ticket de première classe de Maison-Rouge à Paris.*

— Nogent-sur-Marne ! — s'écria le jeune homme, — C'est là que le meurtrier a quitté le train !

— Évidemment... — Qu'allez-vous faire, monsieur?

— Demain j'irai à Nogent-sur-Marne, et je n'en reviendrai qu'après avoir découvert la trace du misérable...

— Dieu veuille que vous réussissiez, mais vous entreprenez une tâche bien difficile...

— Si difficile qu'elle soit, je la mènerai à bien, mon instinct me le dit ! Dieu ne laissera pas les assassins sans châtiment et les victimes sans vengeance...

L'étudiant remercia avec effusion le chef de gare dont l'obligeance avait été sans bornes, et se retira.

Rue de l'École-de-Médecine, Jules Verdier, ayant reçu la dépêche expédiée de Maison-Rouge, s'était empressé de la communiquer à qui de droit; mais cette dépêche fort laconique, ne donnant aucune explication, au lieu de rassurer Renée l'inquiétait.

Paul avait-il trouvé Mme Ursule à *l'hôtel de la Gare?*... — La ramenait-il avec lui ?...

La fille de Marguerite, dans le doute à ce sujet, éprouvait un grand trouble, qu'augmentait encore le silence gardé par le jeune homme au sujet de l'heure de son retour.

Ce trouble devint de l'effroi lorsque arriva la nuit.

Six heures sonnèrent, puis sept heures.

Que signifiait ce retard ?

Où était Paul, et que faisait-il ?

Jules et Zirza s'efforçaient de calmer Renée, dont l'imagination battait la campagne et qui redoutait un malheur; mais ils n'y parvenaient point, et ils éprouvaient eux-mêmes un commencement d'inquiétude.

Enfin, deux ou trois minutes avant huit heures, un bruit de pas rapides se fit entendre dans l'escalier.

Renée se souleva brusquement sur son lit, transfigurée, le visage rayonnant.

Elle étendit la main vers la porte et s'écria avec l'accent d'une conviction absolue :

— Le voici !... c'est lui !

Jules Verdier courut ouvrir.

L'enfant, avertie par l'instinct de son cœur, avait deviné juste.

C'était bien Paul en effet.

Il entra comme un ouragan et s'élança vers Renée qui faillit s'évanouir, tant à l'angoisse la plus profonde succédait brusquement la joie la plus vive.

Après les premiers moment donnés à cette joie la jeune fille, se souvenant tout à coup, tressaillit et pâlit.

— Seul? — balbutia-t-elle avec une sorte d'hésitation. — Vous êtes seule?

— Oui, seul... — répondit Paul d'une voix basse et triste.

— Pourquoi ne ramenez-vous point Mme Ursule?

L'étudiant ne répondit pas.

— A-t-elle refusé de vous suivre? — poursuivit Renée.

Même silence.

— Ah! vous me faites peur!! — Est-elle plus souffrante?...

— Elle ne souffre plus...

— Alors je la reverrai bientôt?

— Vous ne la reverrez jamais...

— Pourquoi donc?

— Parce qu'elle est morte...

— Morte!! — répéta la jeune fille avec effarement.

— Oui, morte assassinée...

Renée poussa un cri déchirant et cacha son visage livide entre ses deux mains.

Jules et Zirza restaient muets, en proie à une stupeur indicible.

— Chère Renée, — reprit Paul en serrant les mains de la fille de Marguerite, — calmez-vous... remettez-vous, je vous en supplie... — Je ne puis vous rendre Mme Ursule, mais je vous jure de la venger!... Je vous jure de trouver son meurtrier qui est aussi le vôtre!...

— Vous avez des preuves? — demanda d'une voix à peine distincte l'enfant que les larmes suffoquaient.

— J'en ai...

— Qu'avez-vous donc appris?...

Paul s'assit auprès du lit et raconta minutieusement ce que nous venons de mettre sous les yeux de nos lecteurs.

Jules et sa maîtresse frissonnaient.

Renée appuyait son mouchoir sur sa bouche pour étouffer ses sanglots.

Quand l'étudiant eut achevé, elle demanda toute frémissante :

— Qui donc en voulait à notre vie? quels sont nos ennemis?...

— Nous le saurons, chère Renée, mais d'abord répondez-moi... — J'ai besoin de divers renseignements pour compléter ceux que je possède déjà...

— Que voulez-vous savoir?...

— Lorsque vous êtes partie de Maison-Rouge vous emportiez quelque bagage, n'est-ce pas?

— Oui, une valise que j'ai fait enregistrer au moment du départ... — le bulletin doit être dans une de mes poches...

— Non... — répliqua Paul, — il n'y est pas...

— Comment le savez-vous?

— Je viens de le voir à la gare de l'Est... — Ceux qui croient vous avoir assassinée vous ont volé ce bulletin, de même qu'ils ont repris la lettre écrite pour vous attirer dans le piège... et avec le bulletin ils sont allés retirer le colis qui vous appartenait...

— Quelle effrayante audace!

— Cette valise contenait-elle des papiers sérieux? des lettres?

— Rien qu'un peu de linge et quelques robes...

— Dans ce cas le désappointement du misérable aura été grand!!

Renée fit un geste brusque et porta ses mains à son cou.

— Mon Dieu! — murmura-t-elle avec un effroi douloureux.

— Qu'avez-vous? — demanda Paul.

— Ces gens m'ont volé l'humble joyau que je portais au cou... un souvenir de mon enfance...

— Non... non... rassurez-vous, mignonne, — fit Zirza en prenant sur un meuble le bijou qu'elle avait retiré du cou de Renée. — Voici l'objet que vous regrettiez...

Et elle le tendit à la convalescente qui se hâta de le presser contre ses lèvres.

— D'où vous vient ce bijou? — demanda Paul.

— Je l'ignore...

— Comment se fait-il que vous l'ignoriez?...

— C'est bien simple... — A l'époque où commencent mes plus lointains souvenirs je le portais déjà. — Je ne sais de qui je le tenais, mais je ne l'ai jamais quitté et il m'inspire une sorte de respect tendre et superstitieux... — Je le regarde à la fois comme une relique et comme un talisman...

— Ne porte-t-il pas des lettres gravées?

— Oui, un M et un B...

— Votre nom ne commence ni par l'une, ni par l'autre de ces lettres...

— Aussi ne puis-je deviner ce qu'elles signifient, mais je tiens à ce joyau comme à mon bien le plus précieux...

Et Renée attacha à son cou la chaînette du médaillon.

XXXV

La fille de Marguerite laissa s'écouler quelques minutes, pour donner à sa vive émotion le temps de se calmer, puis, levant les yeux sur Paul, elle reprit :

— Avez-vous quelque autre question à m'adresser, mon ami ?

— Oui, — répondit l'étudiant, — une dernière, et la plus grave...

— Faites...

— Connaissiez-vous à Mme Ursule un sac à main ?

— Sans doute.

— Pouvez-vous me le décrire ?

— Très bien... — Il était en chagrin noir, à fermoir d'acier nickelé et à chaînette du même métal. — Sur l'écusson se trouvaient gravées deux lettres, un U et un S...

Paul Lantier tira de sa poche les maillons d'acier nickelé qu'il possédait, et les tendis à Renée en lui demandant :

— Alors ce fragment de chaîne pourrait avoir appartenu au sac à main de Mme Ursule ?

La jeune fille prit l'objet et l'examina très attentivement.

— Je n'oserais l'affirmer d'une façon trop positive... — dit-elle ensuite. — Mais il est certain que cela ressemble beaucoup à la chaînette de ce sac...

— Allons, — murmura Paul, — la lumière se fait... — La pauvre femme devait avoir cette chaînette autour du poignet... — L'assassin l'a précipitée sur la voie ; les maillons se sont accrochés au marchepied et rompus sous le choc...

— Mais, — s'écria Jules Verdier, — c'est un précieux indice, cela ! !

— Je l'espère bien ! ! — répliqua le fils de Pascal.

Ensuite, s'adressant de nouveau à Renée, il poursuivit :

— Savez-vous ce que contenait le sac ?

— L'argent nécessaire à notre voyage, et probablement la lettre destinée à la personne chez qui Mme Ursule devait me conduire à Paris...

— C'est peut-être cette lettre que convoitaient les misérables... — fit observer la blonde Zirza.

La vraisemblance de cette supposition frappa très vivement Paul.

— Peut-être, en effet... — répliqua-t-il. — Je crois que vous devinez juste... — Il y a là un mystère de plus à éclaircir, et ils sont nombreux... — Nous sommes en pleine obscurité ! — Je tâcherai d'éclairer les ténèbres ; — pour commencer, j'irai demain à Nogent-sur-Marne...

Pendant la longue conversation à laquelle nos lecteurs viennent d'assister, le temps avait marché.

La pendule indiquait onze heures moins quelques minutes.

— A la Préfecture de police bureau du chef de la sûreté.

Paul était brisé de fatigue.

Il fallait songer au repos.

— A propos, — dit Zirza au moment où le jeune homme se levait pour gagner l'étage supérieur où nous savons que Jules Verdier mettait un matelas à sa disposition, — j'oubliais... — Il est arrivé quelque chose pour vous...

— Quoi donc?

— Une lettre de faire part...

Paul ouvrit la missive encadrée de noir.

— C'est pour le service du comte de Terrys, — fit-il après avoir jeté un coup d'œil sur son contenu, — rien ne m'empêchera de m'y rendre...

Les deux jeunes gens souhaitèrent le bonsoir à Renée et à Zirza, et se retirèrent.

∴

Le convoi funèbre devait quitter l'hôtel du boulevard Malesherbes à dix heures, nous croyons l'avoir dit.

Dès huit heures du matin les employés des pompes funèbres tendaient de draperies noires à franges d'argent la porte cochère de l'hôtel.

Au dessus de cette porte se voyaient les armoiries du défunt, timbrées de la couronne du comte...

Honorine avait demandé que l'exposition sous la voûte ne durât que quelques minutes.

Elle voulait que les anciens amis de son père pussent visiter le mort dans sa chambre transformée en chapelle ardente.

Vers neuf heures les invités arrivèrent en grand nombre.

Après avoir jeté un dernier regard au visage paisible et non défiguré du mort, ils se rendaient dans le grand salon pour y attendre le moment du départ.

Mademoiselle de Terrys était enfermée chez elle.

Personne ne pouvait franchir le seuil de l'appartement où, prosternée devant un grand christ d'ivoire, elle priait et pleurait.

On frappa doucement à la porte.

Elle se leva et alla ouvrir.

Philippe, le valet de chambre du défunt, se présenta.

— Mademoiselle, — dit-il, — Mme Bertin vient d'arriver... Elle fait prier mademoiselle de la recevoir et, malgré la consigne, j'ai cru pouvoir me permettre...

— Vous avez bien fait.. — interrompit Honorine. — Amenez Mme Bertin...

Un instant après Marguerite entrait, et la jeune fille se jetait dans ses bras en pleurant.

— Mon père... mon pauvre père... — balbutia-t-elle d'une voix brisée. — Vous ne le verrez plus...

Marguerite pleurait aussi.

Elle n'essaya même pas de répondre par des phrases de banale consolation, mais elle pressa longuement Honorine sur sa poitrine.

Aucune parole ne fut échangée pendant la durée de cette muette et éloquente étreinte.

Enfin Mlle de Terrys releva la tête, essuya ses larmes, étouffa ses sanglots, imposa silence enfin aux manifestations de sa douleur et murmura tout bas :

— Vous avez été malade, mon amie... très malade... je le sais...

— Oui, chère enfant, — répondit la veuve, — mais je vais mieux... je suis guérie...

Honorine tourna vers Marguerite ses yeux que les pleurs voilaient.

L'expression d'angoisse empreinte sur le visage de la pauvre mère la frappa.

— Ah ! — s'écria-t-elle, — vous n'êtes pas guérie... vous souffrez encore, je le vois bien...

— C'est vrai... — répondit Marguerite d'une voix sourde, en appuyant la main sur le côté gauche de sa poitrine, — je souffre, mais le corps est guéri... — la blessure est au cœur, et cette blessure-là est inguérissable...

— Inguérissable ! ! — répéta mademoiselle de Terrys.

— Oui... chère mignonne... — Nous parlerons de cela plus tard... et mieux vaudrait n'en parler jamais...

— Êtes-vous de retour à Paris depuis longtemps ?...

— Depuis avant-hier soir seulement, et dès mon arrivée j'ai appris le grand malheur qui vous frappe...

— Bien grand !... oh ! oui, bien grand !... — murmura douloureusement Honorine. — Qui pouvait s'attendre à cette catastrophe foudroyante ?...

— Mais vous-même, chère enfant... — Vous m'avez dit plus d'une fois que vous voyiez approcher la fin de votre pauvre père.

— Je voyais cela, et j'espérais toujours cependant... — Je ne croyais pas la mort si prochaine...

Les larmes de la jeune fille recommencèrent à couler.

— La perte que vous venez de faire est à coup sûr irréparable, — reprit Marguerite, — et je n'essayerai point de vous consoler, sachant que je l'essayerais en vain, mais il ne faut pas vous abandonner ainsi... — Vous êtes d'une nature énergique... — Soyez courageuse et calme dans votre douleur... — Évitez un isolement funeste... — Consentez-vous à recevoir mon beau-frère et son fils qui voudraient vous dire quelle grande part ils prennent à votre deuil ?...

— M. Pascal et M. Paul... — balbutia l'orpheline.

— Ils attendent au salon... Voulez-vous les accueillir ?

— Oui, et de tout mon cœur... — Ceux-là sont, avec vous, mes vrais, mes seuls amis.

Honorine frappa sur un timbre.

Philippe se présenta.

— Amenez ici M. Lantier et son fils, — dit la jeune fille au valet de chambre.

Pascal et Paul furent introduits presque aussitôt.

Le visage de Paul exprimait une émotion sincère.

Une tristesse de commande assombrissait la figure de l'entrepreneur.

Le misérable venait, sans pudeur, jouer une comédie infâme à Mlle de Terrys...

Il s'approcha d'elle vivement, lui prit les mains, les serra dans les siennes, et d'une voix entrecoupée parla de la profondeur de son chagrin et de l'amertume de ses regrets.

— Vous aimiez mon père, je le sais, monsieur Lantier, — répondit l'orpheline, — et je sais que la mémoire de mon père vous sera toujours chère... — Merci, pour lui... merci pour moi...

Elle quitta Pascal, tendit ses mains à Paul dont les larmes coulaient et continua :

— Vous ne cherchez pas à me consoler... Vous pleurez avec moi... Merci !...

La porte se rouvrit en ce moment et le valet de chambre entra sans avoir été appelé.

Une vague inquiétude se peignit dans les yeux vacillants de l'entrepreneur.

— Qu'y a-t-il, Philippe ? — demanda la jeune fille.

— L'heure avance, — répliqua tristement le domestique, — et mademoiselle a témoigné le désir de visiter une dernière fois la chapelle ardente, avant... avant...

Il n'acheva pas.

— Oui, — dit Honorine, — j'y vais...

Et, pâle comme un spectre mais calme en apparence, la jeune fille attacha sur ses nattes blondes un chapeau de grand deuil, mit un châle noir sur ses épaules, prit le bras de Marguerite, puis, s'appuyant à ce bras pour raffermir sa démarche chancelante, se dirigea vers la chambre mortuaire.

La foule des invités s'y pressait, silencieuse et recueillie.

En présence de la fille du comte tous les fronts s'inclinèrent.

On s'écarta pour la laisser passer.

Le corps de M. de Terrys était étendu dans sa bière où le linceul l'enveloppait tout entier, laissant seulement le visage à découvert.

Des employés des pompes funèbres se tenaient prêts à achever leur lugubre besogne, en couvrant la figure du mort et en vissant la partie supérieure du cercueil quand on leur en donnerait l'ordre.

Honorine quitta le bras de Marguerite et s'avança lentement vers le corps. Elle se laissa tomber à genoux et pria pendant quelques secondes, sa tête entre ses mains, puis, livide et le regard sombre, elle se releva.

Quelques-uns des spectateurs de cette scène muette s'étonnèrent tout bas de lui voir les yeux secs. — Personne ne savait, hélas! ce que depuis deux jours la pauvre enfant avait versé de larmes !...

XXXVI

Marguerite, elle, voyait bien que son amie allait défaillir.

Elle saisit le bras de la jeune fille en lui disant tout bas :

— Vous vous soutenez à peine, chère mignonne... — Appuyez-vous sur moi...

Le maître des cérémonies fit un signe ; les ensevelisseurs se mirent en devoir de recouvrir le visage du mort et de fermer la bière.

En ce moment le valet de chambre, perçant la foule, s'élança vers Honorine.

Il était défait, tremblant, et semblait hors de lui-même.

— Mademoiselle... — balbutia-t-il d'une voix étranglée. — Mademoiselle...

— Eh bien ! quoi ? — demanda l'orpheline ; — qu'avez-vous à me dire ?

— On envahit l'hôtel... — poursuivit Philippe ; — un commissaire de police...

Pascal Lantier tressaillit.

— Un commissaire de police ? — répéta Mlle de Terrys.

— Avec le chef de la sûreté et des agents... ils montent... ils me suivent...

Honorine fronça le sourcil.

Sa nature virile reprenait le dessus.

— Que viennent-ils faire ici ?... que veulent-ils ? — s'écria-t-elle.

Les assistants paraissaient effarés. — De sourds chuchotements se faisaient entendre...

La fille du comte se dirigea vers la porte.

Sur le seuil apparurent le chef de la sûreté, le commissaire aux délégations, ceint de son écharpe, un médecin requis par le parquet, un secrétaire, un juge de paix flanqué de son greffier, et des agents en bourgeois.

Ils s'arrêtèrent en voyant Honorine.

Celle-ci alla droit au commissaire, que son écharpe lui désignait.

— Monsieur, — lui dit-elle avec hauteur, — expliquez-moi, je vous en prie, votre présence chez moi dans un moment pareil.

Les spectateurs de cette scène attendaient, haletants.

Au lieu de répondre, le commissaire interrogea.

— Êtes-vous mademoiselle de Terrys ? — demanda-t-il.

— Oui, monsieur... et je vous renouvelle ma question...

— J'accomplis une mission pénible, mademoiselle... — En vertu d'une ordonnance de M. le procureur de la République, je viens m'opposer à l'inhumation du corps de M. le comte de Terrys.

Un frémissement courut dans la foule.

Marguerite ne parvint point sans peine à étouffer le cri d'effroi qui montait de sa gorge à ses lèvres.

Le chef de la sûreté regardait attentivement l'orpheline et cherchait à lire sur son visage ce qui se passait dans son âme.

Pendant quelques secondes Honorine, frappée de stupeur, resta muette.

Puis, passant ses deux mains sur son front avec un geste de folle, elle répéta:

— Vous opposer à l'inhumation de mon père?

— Voici l'ordre, mademoiselle...

— Mais pourquoi cet ordre? — Que voulez-vous faire de ce pauvre corps?

— Le conduire à la Morgue où il sera soumis à l'autopsie.

La rumeur sourde que nous avons signalée grandit.

— Mon père à la Morgue!!! — s'écria Mlle de Terrys les mains crispées, les yeux étincelants. — Mais c'est insensé, monsieur, c'est odieux, et je vous le défends!! — Je suis la fille unique du comte de Terrys!... Le corps de mon père n'appartient qu'à moi!...

— Il appartient à la loi, mademoiselle...

— A la loi!!! — La loi est faite pour les vivants et ne concerne point les morts!! Vous n'emporterez pas ce cadavre!

Le chef de la sûreté parla tout bas à l'oreille du commissaire aux délégations.

Ce dernier inclina la tête affirmativement et, sans prolonger la discussion avec Honorine, donna l'ordre aux employés des pompes funèbres de fermer le cercueil.

Ils obéirent aussitôt.

L'orpheline bondit vers eux.

— Non! non! non!... — cria-t-elle avec un accent d'indicible rage, — je ne veux pas qu'on touche à ce corps.

Et elle essaya de se jeter entre le cercueil et les ensevelisseurs.

— Mademoiselle, — dit froidement le commissaire, — ne nous mettez pas dans la fâcheuse nécessité d'employer la violence pour que force reste à la loi... — Calmez-vous, je vous le conseille, et retirez-vous dans votre appartement où, jusqu'à nouvel ordre, vous resterez à ma disposition.

— A votre disposition... — balbutia la jeune fille dont un ouragan de pensées confuses assiégeait le cerveau. — Suis-je donc accusée pour être prisonnière?... Accusée de quoi?... Que se passe-t-il, mon Dieu?... je ne comprends pas, mais j'ai peur...

Soudain une lueur sinistre traversa l'esprit de la malheureuse enfant comme un éclair dans une nuit d'orage.

Elle poussa un cri d'horreur, étendit les bras en avant comme pour chasser une épouvantable vision, chancela, perdit l'équilibre, et s'abattit sans connaissance sur le parquet.

— Portez Mlle de Terrys sur son lit... — commanda le chef de la sûreté à deux agents.

Il ajouta d'une voix plus basse :

— Vous ne laisserez pénétrer auprès de la jeune fille que sa femme de chambre, vous ne quitterez pas la maison et vous aurez l'œil et l'oreille ouverts...

Paul Lantier et Marguerite s'étaient élancés près d'Honorine.

Les agents les repoussèrent avec une fermeté polie et, soulevant la jeune fille, ils l'emportèrent, guidés par Philippe qui pleurait à chaudes larmes.

Le commissaire aux délégations prit alors la parole :

— C'est à regret et comme mandataires de la loi que nous sommes venus troubler et interrompre la cérémonie funèbre qui vous rassemblait ici... — fit-il en s'adressant à la foule. — Au nom de la loi, je vous prie de vous retirer.

Pascal Lantier s'avança.

Une indignation de commande se lisait sur son visage.

— Monsieur le commissaire de police, — demanda-t-il d'une voix entrecoupée, — cette pauvre jeune fille va-t-elle donc demeurer abandonnée?... — Je proteste ! — Un tel abandon serait odieux...

— Cet abandon n'existe pas... — répondit sèchement le magistrat. — Mlle de Terrys a ses domestiques...

Marguerite à son tour balbutia :

— Me permettez-vous, monsieur, de veiller près de mon amie éprouvée si cruellement?

Le commissaire répliqua en s'inclinant :

— C'est impossible, madame...

— Cependant...

— N'insistez pas, je vous en prie, vous le feriez en vain...

Mme Bertin poussa un profond soupir, baissa la tête, s'agenouilla pendant une ou deux secondes devant le cercueil du comte, et quitta la chambre avec Pascal Lantier et Paul.

La foule s'était écoulée déjà, houleuse, et commentant l'incident terrible qui venait de se produire.

Au dehors on enlevait les tentures de deuil.

Le corbillard avait tourné bride.

Un fourgon de la préfecture de police entra dans la cour.

Il ne restait au premier étage de l'hôtel qu'Honorine toujours évanouie, ayant auprès d'elle sa femme de chambre; les domestiques effarés, les magistrats, les agents en bourgeois et quatre employés des pompes funèbres.

La bière fermée solidement fut descendue et placée dans le fourgon qui, sous l'escorte de deux agents, se dirigea vers la Morgue.

Le juge de paix dont nous avons constaté la présence n'avait pris aucune part à tout ce qui précède.

Le chef de la sûreté se tourna vers lui, lorsque le cercueil eut été enlevé, et lui dit :

— Monsieur le juge de paix, veuillez accomplir votre mandat...

— Les scellés partout, n'est-ce pas?

— Oui. — Aucun meuble, aucune armoire, aucun placard, ne doivent être oubliés... — Vous ferez sortir du linge et des vêtements pour l'usage particulier de Mlle de Terrys, et tout le reste sera mis sous les scellés...

— Par où commencerai-je ?

— Par le cabinet de travail de feu M. de Terrys...

— Où se trouve-t-il ?

— Nous allons le savoir...

Philippe était revenu après avoir guidé les agents qui portaient Honorine évanouie, et il demeurait debout, muet, immobile, anéanti en quelque sorte par l'épouvante.

Le chef de la sûreté se tourna vers lui et lui demanda :

— C'est vous qui étiez le valet de chambre du comte?...

— Oui, monsieur...

— Conduisez-nous à son cabinet...

— C'est la pièce qui touche à celle-ci... — répliqua Philippe en ouvrant une porte latérale.

— Il suffit.

— Dois-je vous accompagner, monsieur?...

— Inutile... vous pouvez vous retirer...

Le domestique ne se le fit pas répéter deux fois, et s'éloigna en cachant dans ses mains son visage baigné de larmes.

Les magistrats entrèrent dans le cabinet.

Le juge de paix, ainsi qu'il en était requis, alluma une bougie, et prépara sa cire rouge pour procéder à l'opposition des scellés.

— Que pensez-vous de Mlle de Terrys? — dit brusquement le commissaire aux délégations en s'adressant au chef de la sûreté.

— Je pense qu'elle est très forte...

— Vous la croyez coupable?...

— Parfaitement. — Elle ne pouvait s'attendre au coup de théâtre que nous lui ménagions, et malgré sa surprise elle a fait preuve d'une énergie superbe...

— Mais, cet évanouissement?...

— Me semble une preuve de culpabilité... — Lorsque l'empoisonneuse s'est sentie perdue, l'angoisse morale a fini par triompher de la force physique... — Mlle de Terrys, innocente, aurait lutté jusqu'au bout, comprenant bien que l'erreur dont elle était victime s'éclaircirait tôt ou tard...

LA FILLE DE MARGUERITE

— Que me dites-vous là, madame ? s'écria-t-il avec agitation.

— Bref, votre conviction est faite?...

— Faite et parfaite !... solide, inébranlable ! — Vous verrez que l'autopsie me donnera raison... — La rumeur publique vient de rendre un fameux service à la justice qui ne se doutait de rien !... — *Il n'y a pas de fumée sans feu*... — C'est la *Sagesse des nations* qui l'affirme et je suis de son avis.

XXXVII

— Faisons-nous perquisition ? — demanda le commissaire.
— Nous n'en aurons le droit qu'après l'autopsie... — Je suis convaincu d'ailleurs que nous ne trouverons rien... — répliqua le chef de la sûreté.
— Pourquoi ?
— Deux jours et deux nuits se sont écoulés depuis le décès du comte, c'est beaucoup plus de temps qu'il n'en faut pour faire disparaître les traces matérielles du crime.
— Le juge de paix intervint.
— Messieurs. — fit-il en désignant le meuble d'écaille rouge, exploré la veille par Léopold Lantier, — le trousseau de clefs est à la serrure... — Voulez-vous jeter un coup d'œil sur l'intérieur des tiroirs ?
Le chef de la sûreté secoua la tête et répondit :
— C'est inutile... — Posez les scellés et prenez le trousseau... Nous examinerons tout cela plus tard...
En disant ce qui précède le magistrat promenait par habitude ses yeux autour de lui.
Il aperçut le plateau posé sur le meuble même et supportant une carafe, un verre, et une cuiller d'argent trempant dans quelques gouttes d'un liquide incolore.
— Qu'est-ce que cela ? — murmura-t-il.
Le commissaire aux délégations dressa l'oreille et devint attentif.
Le chef de la sûreté effleurait le liquide avec l'extrémité de son doigt et s'apprêtait à le porter à ses lèvres.
— Prenez garde ! — s'écria le commissaire en lui posant la main sur le bras.
— Si c'était du poison ?...
— Bah ! — répondit le chef en souriant, — j'ai déjà été empoisonné deux ou trois fois en pareille circonstance et je n'en suis pas mort... — Je crois d'ailleurs ce breuvage inoffensif... — On n'aurait certes pas commis l'imprudence de laisser du poison près du cadavre de l'homme empoisonné...
Le commissaire aux délégations venait de retirer du verre la cuiller d'argent.
— Voyez donc, — reprit-il, — la partie mouillée est toute noire... Cela me semble suspect...
— A moi aussi, parbleu, mais le métal était peut-être oxydé d'avance...
— Nous allons le savoir... — répliqua le commissaire en retournant la cuiller et en faisant tremper dans l'eau l'extrémité brillante.
— Messieurs, — dit le juge de paix qui, tandis que s'échangeaient ces paro-

les, avait continué son opération, — les scellés sont posés sur tous les meubles de ce cabinet...

— Veuillez procéder de même dans les chambres voisines... Nous allons vous rejoindre...

Le juge de paix sortit avec son greffier.

Le chef de la sûreté et le commissaire aux délégations ne perdaient pas de vue la cuiller d'argent.

Au bout de quelques minutes la partie brillante se ternit, devint bleuâtre, puis d'un rouge sombre, puis noire comme de l'encre.

— Eh bien? — demanda le commissaire.

— La présence d'un violent toxique me paraît démontrée... — Nous tenons une preuve!... — Le corps du comte doit être saturé de la substance, quelle qu'elle soit, qui oxyde ce métal...

Le chef de la sûreté appela un agent et lui donna l'ordre d'aller chercher un panier à l'office de l'hôtel.

L'agent s'empressa d'obéir et revint quelques instants plus tard avec un panier fermé.

Pendant son absence le magistrat avait pris de vieux papiers dans une corbeille placée sous le bureau.

Il s'en servit pour emballer au fond du panier la cuiller, la carafe et le verre, de façon à ce que ces deux objets, maintenus debout, ne perdissent pas une goutte de leur contenu.

Ceci fait, il entoura le panier d'une ficelle qu'il scella avec de la cire et le chaton de sa bague, et il dit à l'agent :

— Portez ceci à la préfecture, à mon cabinet... — Ayez soin d'éviter toute secousse. — Servez-vous d'une de nos voitures, et revenez vite...

Dès que l'agent eut disparu, les deux magistrats rejoignirent le juge de paix.

L'hôtel était vaste; — la pose des scellés fut longue.

Nous ne suivrons point de pièce en pièce les détails de cette opération légale et nous prierons nos lecteurs de nous accompagner auprès de Mlle de Terrys...

La femme de chambre, que surveillait depuis la porte entr'ouverte un des hommes de la sûreté, avait fermé les rideaux du lit pour déshabiller sa maîtresse et pour la coucher.

Honorine, quoique toujours privée de connaissance, ressentait les premières atteintes d'une violente crise nerveuse.

Des soubresauts presque pareils à ceux qui résultent d'une attaque de tétanos secouaient ses membres.

Ses dents claquaient.

Ses paupières restaient closes, mais des gémissements sourds, des cris rauques, s'échappaient de sa gorge contractée...

— Mon Dieu !... mon Dieu !... — balbutia la femme de chambre saisie d'un effarement facile à comprendre, — ma maîtresse se meurt !!

L'agent s'avança, écarta les rideaux et examina la jeune fille en homme pour qui le spectacle de semblables crises est chose familière.

— N'ayez crainte... — répliqua-t-il. — Ce n'est rien du tout... — Les nerfs sont tendus plus que de raison... — il n'y a pas autre chose... — Mettez sous le nez de la demoiselle un peu de fort vinaigre et ça passera.

La femme de chambre prit un flacon de sels anglais et le fit respirer à Mlle de Terrys, mais les prévisions de l'agent ne se réalisèrent pas, l'état d'Honorine resta le même.

Une heure à peu près s'écoula ainsi.

Au bout de ce temps les soubresauts diminuèrent, mais la gravité de la situation parut augmenter.

Les membres de la jeune fille se raidirent et devinrent froids comme du marbre.

Saisie d'épouvante, la femme de chambre appela à l'aide, réclamant à grands cris un médecin.

— Inutile ! — répondit l'agent sans se déconcerter. — Couvrez fortement la demoiselle, appliquez-lui ensuite sous la plante des pieds des fers à repasser très chauds, et tout ira bien... — Ça me connaît !... — Un docteur n'ordonnerait pas autre chose...

Cette fois le moyen était bon.

Les membres raides et glacés s'assouplirent peu à peu et devinrent brûlants.

Honorine poussa un long soupir et ouvrit les yeux.

Elle se souleva sur son coude, vit la femme de chambre en face d'elle et la regarda, cherchant, mais sans y parvenir, à deviner pourquoi le visage de cette jeune fille exprimait une profonde épouvante.

Mlle de Terrys semblait avoir perdu complètement la mémoire.

Soudain, dans l'embrasure de la porte, elle aperçut l'agent qui debout et immobile, le chapeau sur la tête et les mains dans ses poches, fixait sur elle un regard à la fois insouciant et curieux.

A la vue de cet homme dont la figure et la tenue indiquaient la profession, l'orpheline frissonna.

En même temps lui revint le souvenir de tout ce qui venait de se passer.

— Monsieur, — demanda-t-elle d'une voix mal assurée, en rougissant à la fois de colère et de pudeur, — que faites-vous dans cette chambre ?

L'agent salua et répondit :

— J'obéis à mes chefs, mademoiselle...

— Vos chefs ! — répéta la jeune fille. — Je n'ai pu les empêcher d'accomplir leur œuvre infâme !... Ils avaient la force, et je n'avais, moi, que le droit !!...

ce n'était pas assez !... Mais ils ont quitté ma demeure, sans doute, après l'avoir souillée... — Faites comme eux... — Retirez-vous...

Et ces paroles d'Honorine furent accompagnées d'un geste énergique.

— Impossible de vous obéir, mademoiselle... — répliqua l'inconnu.

— Pourquoi donc?

— Je dois respecter ma consigne comme un soldat, quoique je ne porte point l'uniforme... Or, la consigne est de ne pas vous perdre de vue et de rester dans cette chambre... — J'y resterai donc jusqu'à ce qu'on vienne me relever de mon tour de faction... et le plus tôt sera le mieux!

La jeune fille s'écria d'un ton de mépris écrasant :

— Vous parlez de consigne! la vôtre est, à ce qu'il paraît, de ne pas respecter les femmes!

— En quoi vous ai-je manqué de respect, mademoiselle?

— En vous obstinant à rester dans une pièce où je dois être seule... — Je veux m'habiller, vous entendez, je le veux! — Sortez!...

— Je vous assure, mademoiselle, que je ne demanderais pas mieux, mais je ne peux sortir que sur un ordre de mes chefs...

La colère d'Honorine s'augmentait du sang-froid de son interlocuteur, et la discussion menaçait de se prolonger indéfiniment quand on entendit les pas de plusieurs personnes dans la pièce voisine.

L'agent s'empressa de s'écarter et les trois magistrats parurent sur le seuil.

— Que voulez-vous encore? — s'écria Mlle de Terrys exaspérée.

— Continuer ma tâche, mademoiselle... — répondit le juge de paix en s'inclinant.

— Quelle est cette tâche, monsieur? — N'avez-vous point apporté déjà assez et trop de trouble dans ma maison en deuil?... — D'où vous vient le droit d'agir en maître et de m'imposer la présence de vos subalternes!... Ordonnez à cet homme de sortir... — Je veux quitter mon lit, m'habiller, et ensuite exiger de vous une explication...

— Les faits parlent d'eux-mêmes, mademoiselle... — dit le chef de la sûreté. — monsieur le juge de paix va poser les scellés dans cette chambre et nous vous laisserons seule...

Honorine devint livide.

— Les scellés dans cette chambre !... — balbutia-t-elle. — Les scellés sur mes meubles !...

— Oui, mademoiselle, — fit le juge de paix. — Ainsi le veut la loi, et j'ai hâte de terminer...

Il ajouta, en s'adressant à la femme de chambre :

— Retirez de ces meubles les effets personnels dont votre maîtresse peut avoir besoin pendant quelques jours.

La servante consternée se mit en devoir d'obéir, et se hâta d'ouvrir les tiroirs et d'en tirer du linge et des vêtements.

XXXVIII

— Ainsi, monsieur, — s'écria l'orpheline, — vous violez mon domicile ?

— Nous sommes les serviteurs de la loi, mademoiselle, — répondit le chef de la sûreté. — Nous obéissons passivement... On nous donne un mandat, nous le remplissons...

— Mais quelle est la raison de ce mandat ?

— Nous l'ignorons et, nous fût-elle connue, si nous n'étions point autorisés à vous l'apprendre, nous resterions muets...

— Et cette obéissance passive, cette soumission aveugle, ne révoltent point votre conscience ?

— La conscience ne saurait se révolter contre l'accomplissement d'un devoir, quel qu'il soit !

— Ainsi, — reprit Honorine avec indignation, — ainsi vous accomplissez un devoir en envahissant ma maison au milieu d'une foule recueillie, prête à conduire le corps de mon père à sa dernière demeure, et en lui arrachant ce corps ?

— Oui, mademoiselle, puisque la loi le voulait ainsi.

— La loi ! toujours la loi !... Mais, pour motiver l'intervention violente de ses représentants, on suppose donc qu'un crime s'est commis ici ?... — Eh bien soit, seulement s'il existe des soupçons je dois être la première à les connaître ! — Vous m'avez dit de me tenir à votre disposition, vous avez mis près de moi un surveillant, vous posez les scellés jusque dans cette chambre ! Me croyez-vous assez dépourvue de bon sens pour ne pas comprendre que mon honneur est en péril ?... Je suis en cause, donc votre devoir est de me répondre et de m'éclairer... — Vous avez un mandat du procureur de la République... — Ce mandat doit être explicite... — Je veux le voir... je veux le lire... — Me le refuserez-vous !...

Le chef de la sûreté s'empressa de répondre :

— Je refuserai d'autant moins de vous satisfaire, mademoiselle, que la loi m'oblige à vous laisser copie de ce mandat.

En même temps il tirait de son portefeuille un papier émanant du parquet, et le présentait à la jeune fille qui le saisit avidement.

— Lisez avec attention, mademoiselle, je vous en prie... — continua le magistrat.

Honorine dévorait déjà les lignes suivantes :

« Nous, procureur de la République du département de la Seine, officier de la Légion d'honneur, donnons mandat à monsieur le commissaire aux délégations judiciaires à monsieur le chef de la sûreté et à monsieur le juge de paix du huitième arrondissement :

« En ce qui concerne le premier, de se présenter à l'hôtel du feu M. le comte de Terrys, de s'opposer à l'inhumation et de faire conduire le corps à la Morgue, afin qu'il y soit soumis à l'autopsie.

« En ce qui concerne le second, de prendre telles mesures qui lui sembleront convenables pour assurer le respect dû à la loi, Mlle de Terrys restant sous sa sauvegarde.

« Et, en ce qui concerne monsieur le juge de paix, de poser les scellés sur tous les meubles, tiroirs, armoire et placards qui se trouvent dans la demeure de feu M. le comte de Terrys.

« En foi de quoi, etc., etc... »

L'orpheline lut jusqu'au bout.

— Rien ! — s'écria-t-elle avec désespoir quand elle eut achevé. — Rien ! Pas un mot qui explique la cause ou du moins le prétexte de ces rigueurs inouïes et de ces hontes imméritées ! — Je suis sous la sauvegarde de la loi, monsieur, et sous la vôtre, ce papier l'affirme... — ajouta-t-elle en s'adressant au chef de la sûreté. — Qui dit sauvegarde dit protection. — Protégez-moi... Prenez pitié de moi... Éloignez de moi des doutes qui me torturent... — Que se passe-t-il ? — De quelle nature sont les soupçons ? — Croit-on que la mort de mon père soit le résultat d'un crime ?

— Je ne sais rien, mademoiselle...

— C'est impossible ! Vous devez savoir...

— Je ne sais rien...

— Mon Dieu, — fit Honorine en se tordant les bras, — toujours le doute !... l'horrible doute !... — On croit à un crime, je le vois bien, mais quel est ce crime et qui accuse-t-on ?...

Pour la troisième fois, le chef de la sûreté répondit :

— Je ne sais rien...

Mlle de Terrys laissa retomber sa tête sur sa poitrine et fit un geste de suprême découragement,

Le juge de paix s'approcha des deux magistrats.

— Ma mission est terminée, messieurs... — leur dit-il.

— Nous n'avons plus rien à faire ici, mademoiselle... — reprit le chef de la sûreté. — Notre rigoureux devoir est accompli...

Honorine releva brusquement la tête. — Un éclair brilla dans ses yeux.

— Vous partez ? — demanda-t-elle.

— Oui, mademoiselle.

— Ainsi, je suis libre de toute surveillance ?...
— Sans doute, mais...
— Ah! il y a des restrictions! — interrompit la jeune fille avec une ironie mordante.
— Vueillez me laisser achever, mademoiselle... — Vous êtes délivrée de toute surveillance, mais, jusqu'après l'autopsie du corps de M. de Terrys, il vous est enjoint de ne point vous éloigner de Paris et d'être prête à répondre au premier appel de monsieur le juge d'instruction, s'il juge à propos de vous entendre dans son cabinet...

La pâleur de l'orpheline redoubla.

— Le juge d'instruction!! — répéta-t-elle. — Que pourrait-il me vouloir et pourquoi m'appellerait-il ?

— Lui-même vous l'apprendra, car il me paraît certain que vous serez interrogée; donc, je vous le répète, soyez prête à vous rendre au Palais de Justice...

Un frisson de colère effleura l'épiderne d'Honorine, cependant elle eut la force de dissimuler.

— Bien, monsieur! — dit-elle amèrement. — Je conserve l'apparence de la liberté, mais au fond je suis prisonnière et, pour être occulte, la surveillance dont je serai l'objet n'en sera pas moins réelle... — Tout ce qui se passe est tellement étrange que je vais finir par me croire accusée?... — C'est bien...

Les magistrats quittèrent le premier étage et se rendirent à l'office où ils trouvèrent les domestiques consternés.

Philippe, le valet de chambre, n'était pas avec eux

Il pleurait dans une autre partie de l'hôtel

Ordre fut donné d'aller le chercher.

— Vos noms et prénoms ? — lui demanda le juge de paix.

— Philippe-Édouard Giret.

— Vous étiez valet de chambre du défunt ?

— Oui, monsieur...

— Depuis longtemps ?

— Depuis douze ans.

— Vous êtes nommé gardien des scellés...

Le domestique s'inclina.

Les nom et prénoms furent inscrits au procès-verbal, puis les magistrats se retirèrent.

A peine les trois mandataires du procureur de la république étaient-ils sortis de la chambre, que Mlle de Terrys ordonna à sa femme de chambre de l'habiller.

Nous connaissons la nature entière et un peu dominante de la jeune fille.

Le sentiment de son impuissance absolue en face de la loi lui donnait des accès de rage sourde. A cette rage se joignaient l'incertitude poignante et le doute irritant.

— Est-ce vrai? est-ce bien vrai? demanda-t-il, en portant à ses lèvres les mains de Renée.

Ainsi qu'elle l'avait dit au chef de la sûreté on soupçonnait un crime, elle n'en doutait pas, et c'est à ce sujet que l'interrogerait le juge d'instruction; mais ce crime, quel était-il?...

Admettre un assassinat commis sur la personne du comte qui depuis tant d'années s'éteignait lentement, et qui d'ailleurs n'avait pas d'ennemis, lui semblait impossible.

Comment admettre qu'un soupçon à ce point absurde fût né dans l'esprit des gens de justice ?

D'où partait le coup qui venait la frapper ?

Quelle main inconnue et hostile dirigeait l'arme terrible ?

Honorine se posait ces questions et n'y pouvait répondre.

— Ah ! — balbutia-t-elle affolée. — Je n'étais point auprès de mon père quand il est mort. — Je n'ai pas reçu sa bénédiction suprême... — Cela me portera malheur !!

A partir de cette minute une sorte d'épouvante superstitieuse s'empara de son âme et joignit une douleur à ses douleurs.

Elle fit appeler Philippe.

Le valet de chambre lui raconta ce qui s'était passé dans l'hôtel depuis le moment où elle avait perdu connaissance.

Ce récit, qui certes n'était point de nature à la calmer et à la consoler, la laissa en proie à un anéantissement sombre et farouche.

∴

La foule qui, sur l'ordre du commissaire aux délégations judiciaires, avait évacué l'hôtel du comte de Terrys, s'était, comme bien on pense, formé une conviction en face d'un scandale presque sans précédent.

Personne ne doutait du crime.

Tout le monde, — ou du moins presque tout le monde, — croyait Honorine parricide.

Parmi les témoins du drame lugubre deux invités à la cérémonie avaient éprouvé la plus douloureuse stupeur et ressenti le plus poignant chagrin...

Ces deux invités étaient Marguerite Bertin et son neveu Paul.

Pascal Lantier semblait accablé comme eux, et sa tristesse apparente égalait la leur, mais sa tristesse et son accablement n'étaient qu'un masque hypocrite.

— Comprenez-vous ce qui se passe ? — demanda Marguerite à son beau-frère d'une voix brisée par l'émotion.

— Hélas ! — répondit l'entrepreneur en poussant un long soupir, — je voudrais m'illusionner et garder quelque doute, mais le moyen, quand la vérité saute aux yeux et quand tout démontre clairement que la police est sur la piste d'un assassinat ?

Ce mot fit tressaillir Marguerite.

— Mon père n'a que trop raison... — murmura Paul. — Il exprime tout haut ce que les autres pensent tout bas...

— Un assassinat commis sur la personne du comte de Terrys ! — balbutia M°° Bertin avec horreur.

— Oui, ma tante... — Les paroles des magistrats, et surtout les faits, sont clairs et significatifs... — Mlle de Terrys est soupçonnée... une accusation formidable pèse sur sa tête...

— Honorine parricide ! — s'écria la veuve avec un geste de violente dénégation. — Allons donc !! c'est impossible !!

— Certes, c'est impossible, — appuya Pascal, — et Mlle de Terrys se disculpera certainement ; mais ce sera toujours un grand malheur pour elle, et une grande honte, qu'un pareil soupçon ait pu l'atteindre...

— Pauvre Honorine !! — balbutia Marguerite. — Quelle étrange fatalité s'acharne à la poursuivre !...

Cette fois, Pascal ne répondit pas.

XXXIX

Paul Lantier avait hâte de revoir Renée

Il quitta son père et sa tante et reprit le chemin de la rue de l'Ecole-de-Médecine.

Pascal voulait questionner Marguerite et il lui offrit de l'accompagner jusqu'à son hôtel.

Elle accepta.

— Chère sœur, — dit-il, lorsqu'ils furent installés dans le coupé de Mme Bertin, — au milieu de la funeste aventure dont nous venons d'être témoins, c'est à peine si j'ai pu vous demander de vos nouvelles... — Certes vous allez mieux, puisque vous voici de retour à Paris, mais vous êtes encore très pâle, et vos traits fatigués, vos yeux battus, me font craindre que vous n'ayez quitté Romilly un peu trop tôt, c'est-à-dire avant votre entier rétablissement.

— Pouvais-je rester là-bas ? — répliqua Marguerite, — j'y serais morte d'impatience !! — Je ne vous ai point caché la pensée qui m'absorbe... — Vous savez quel est désormais le but de ma vie... j'avais hâte d'interroger, de chercher, de savoir enfin...

— Et vos recherches sont commencées ? — demanda vivement l'entrepreneur.

— Certes!

— Avez-vous obtenu déjà quelques résultats ?...

Mme Bertin secoua négativement la tête.

— Au château de Viry-sur-Seine vous n'avez rien appris ? — continua Pascal.

— Rien de positif... — Cependant je ne regrette pas ma démarche...

— Pourquoi?

— J'ai trouvé une piste...

Pascal eut un petit frisson.

— Une piste?... — répéta-t-il avec un accent interrogatif.

— Oui, mais je devais presque aussitôt la perdre à Troyes...
— Pourquoi à Troyes?
— Parce que c'est là qu'habitait ma fille...
— Ah! — fit Pascal en jouant l'étonnement.
— Oui, — continua Marguerite, — elle habitait un pensionnat de Troyes, où, quelques jours après la mort de Robert Vallerand, une femme à la solde de ce dernier était venue la prendre...
— Pour la conduire où?
— Eh! — s'écria la pauvre mère avec découragement, — voilà ce que j'ignore! — Le mystère reste impénétrable...
— Mais, — demanda l'entrepreneur, sans avoir l'air d'attacher une sérieuse importance à la question qu'il formulait, — ne m'avez-vous pas dit que vous aviez lu une lettre, ou plutôt la suscription d'une lettre, indiquant un endroit où vous espériez trouver des renseignements sûrs?
— C'est vrai, — répondit Marguerite qui ne se figurait pas subir en ce moment un interrogatoire *sur faits et articles*, comme dans le cabinet d'un juge d'instruction. — J'avais lu l'adresse de M. Émile Auguy, notaire à Paris...
— Je me souviens en effet que vous aviez prononcé devant moi ce nom...
— Le temps vous a manqué sans doute depuis votre retour pour vous rendre chez ce notaire?...
— En cela vous vous trompez... — Je suis allée rue des Pyramides.
Pascal sentit une sueur froide mouiller ses tempes.
— Vous avez vu M° Auguy? — fit-il avec anxiété.
— Oui.
— Alors, les renseignements sur lesquels vous comptiez?...
— N'existaient que dans mon imagination.
— Le notaire s'est retranché sans doute, pour ne pas vous répondre, derrière le devoir professionnel?
— Non, il a prétendu ne rien savoir...
— Il savait cependant que Robert avait une fille?
— Il m'a juré que non... — Il ignorait même la mort de Robert...
— Allons donc! c'est impossible... — Tous les journaux en ont parlé!
— Je le lui ai dit... — Il a répliqué que le temps lui manquait pour lire les journaux...
— Était-il de bonne foi?
— Pour cela du moins, oui, je l'affirme... sinon pour le reste...
— A quel propos cette restriction?...
— A ce propos qu'il est un point sur lequel le notaire a refusé de s'expliquer...
— Un point important
— Très important...
— Lequel?

— Celui-ci :—La lettre placée un instant entre mes mains par le hasard me donnait lieu de supposer que M⁹ Auguy devait se trouver dépositaire de papiers importants, à lui confiés par Robert Vallerand, pour être remis à la personne qui présenterait la lettre en question.

— Eh bien ?

— Eh bien ! le notaire, après m'avoir demandé en vertu de quel droit je l'interrogeais, a nettement ajouté qu'il n'avait rien à me dire...

— Avez-vous fait à son cœur un de ces chaleureux appels dont les femmes ont le secret ?

— Oui, mais mes prières, mes supplications et mes larmes n'ont rien obtenu... — M⁹ Auguy n'a consenti à me promettre qu'une seule chose, c'est de me faire prévenir s'il découvrait un jour l'endroit où je pourrais retrouver ma fille...

— Allons, — pensa Pascal, — décidément tout est pour le mieux... — Ma chère belle-sœur attendra longtemps l'avis du notaire.

On était arrivé à l'hôtel de la rue de Varennes.

Pascal descendit de voiture, prit congé de Marguerite et se rendit au pavillon du passage Tocanier où il se savait attendu par Léopold.

— Que faut-il faire ? — demanda-t-il à ce dernier, après lui avoir raconté successivement ce qui venait de se passer au boulevard Malesherbes, et la conversation qu'il avait eue avec sa belle-sœur.

— T'occuper sérieusement de tes affaires, de tes travaux, et patienter... — répondit l'ex-réclusionnaire. — On ne peut pas manquer de faire appel, dans un bref délai, à l'héritier légal de Robert Vallerand. — Là sera ta force, car tu auras la preuve que l'existence de la bâtarde de feu notre oncle était inconnue de tout le monde.

— Et Mlle de Terrys ?...

— N'est plus à craindre. — Elle aura désormais tout autre chose à faire qu'à présenter sa réclamation, et d'ailleurs sur quoi la baserait-elle ?... — Voilà un joli million gagné sans trop de peine.., — Qu'en dis-tu ?

Pascal Lantier subissait de façon complète l'influence de son cousin.

En entendant la parole calme et assurée de Léopold, il se sentait fort et plein d'espoir.

L'évadé de Troyes reprit :

— Donc, à cette heure, vivons en paix, toi en industriel affairé, moi en oisif heureux de jouir un peu des plaisirs dont il avait perdu l'habitude depuis vingt ans...

— Quand tu auras besoin d'argent... — commença Pascal.

— Je ne me gênerai pas pour t'en demander, c'est convenu... — interrompit Léopold.

Les deux cousins se séparèrent.

Paul Lantier était rentré chez lui, mais trouvant avec raison plus qu'inutile d'impressionner péniblement Renée en lui racontant ce qui venait de se passer à l'hôtel de Terrys, il eut soin de donner à sa physionomie une expression d'insouciance qui trompa ses amis.

Les incidents de cette journée avaient décidé l'étudiant à remettre de vingt-quatre heures le voyage qu'il comptait faire à Nogent-sur-Marne, pour continuer son enquête.

Il partit le lendemain de bonne heure, espérant recueillir des renseignements utiles, et se trouver enfin sur la piste de l'assassin d'Ursule et de Renée.

Cet espoir fut absolument déçu.

On ne put à Nogent que lui confirmer ce qu'avait dit la dépêche adressée par le chef de la gare à son collègue de la gare de l'Est.

On avait bien reçu à la sortie un ticket de première classe délivré à Maison-Rouge et valable pour Paris, mais on ne pouvait donner un signalement quelconque de la personne qui avait remis ce ticket.

Le receveur ne se souvenait même pas si cette personne était un homme ou une femme.

Les ténèbres restaient donc absolues et aucune lueur, si minime fût-elle, n'apparaissait à l'horizon pour les éclairer.

Paul Lantier revint à Paris dans un état de découragement à peu près absolu.

Renée allait de mieux en mieux, mais sa guérison n'était pas complète.

Le docteur Maréchal ordonnait un repos absolu et prévoyait que la convalescence serait longue, et qu'à la suite de l'effroyable chute, qui sans une sorte de miracle aurait été mortelle, la pauvre enfant devrait passer bien des jours dans son lit, avant de recouvrer le libre usage de ses membres.

Nous la laisserons momentanément sous la garde vigilante de Paul, de Zirza la blonde et de Jules Verdier, et nous suivrons le terrible drame commencé à l'hôtel de Terrys.

En quittant le boulevard Malesherbes, le chef de la sûreté et le commissaire aux délégations judiciaires étaient allés au Palais de Justice pour rendre compte à qui de droit de la mission qui leur avait été confiée.

Le procureur de la République les attendait avec impatience.

— Eh bien, messieurs, — leur demanda-t-il dès qu'ils eurent franchi le seuil de son cabinet, — sommes-nous réellement en face d'un crime, ou notre religion a-t-elle été surprise par de mensongères délations?

— Jusqu'après l'autopsie le doute nous sera permis, — répondit le chef de la sûreté. — Je crois pouvoir affirmer cependant que les dénonciations anonymes n'étaient point calomnieuses...

— Avez-vous trouvé à l'hôtel du comte des commencements de preuves?

— Peut-être...

— N'en êtes-vous pas certain?

— Non, et le chimiste délégué à la préfecture pourra seul nous donner une certitude à cet égard... — J'ai fait porter dans mon cabinet le peu qui restait de la dernière potion absorbée par le comte, et ces quelques gouttes de liquide me paraissent contenir une forte dose de poison.

— Ah diable! — s'écria le magistrat.

— Oui, monsieur le procureur de la République, et je vais moi-même remettre au chimiste ce que j'ai précieusement recueilli.

— Veillez à ce que l'analyse soit faite le plus promptement possible, afin qu'on connaisse ses résultats en même temps que ceux de l'autopsie

— J'aurai soin d'y tenir la main... — Monsieur le procureur de la République a-t-il désigné déjà le juge d'instruction chargé de suivre cette affaire?

— Oui, M. Villeret, et c'est avec lui que vous devrez vous entendre dès à présent... C'est à lui aussi que vous remettrez vos procès-verbaux...

XL

— Quand aura lieu l'autopsie? — demanda le chef de la sûreté.

— Demain, — répondit le magistrat. — J'ai donné des ordres à ce sujet. — Les scellés sont posés partout, je suppose?...

— Partout.

— Quel a été l'effet produit par votre apparition sur les invités à la cérémonie funèbre?

— Un étonnement voisin de la stupeur, mais nul scandale... — Personne n'a protesté, sauf un ami du comte de Terrys, un M. Pascal Lantier, constructeur bien connu dont les ateliers se trouvent rue de Picpus.

— L'attitude de Mlle de Terrys.

— Violente, mais, à ce qu'il m'a semblé, violente à froid... — Des cris de révolte et point de larmes... — Bref, une scène dramatique terminée par un évanouissement...

— Simulé?

— Je ne le crois pas, mais provoqué par l'épouvante... — Ou je me trompe fort, ou cette jeune fille se sent perdue...

— Vous avez organisé autour d'elle une surveillance occulte?

— Oui, monsieur le procureur de la République...

— Mlle de Terrys ne peut faire un pas sans être suivie par deux agents. — Si elle tentait de fuir, elle serait à l'instant même arrêtée...

— C'est bien, messieurs... — Mettez tout en œuvre pour que la lumière se fasse promptement et d'une façon absolue sur cette affaire... — Plus les coupables sont haut placés, moins le châtiment doit se faire attendre... — Voyez M. le juge d'instruction Villeret, je vous le répète, et entendez-vous avec lui.

Le chef de la sûreté et le commissaire aux délégations prirent congé et se retirèrent, puis le premier de ces deux magistrats, après une courte visite au juge d'instruction, porta lui-même au cabnet du chimiste attaché à la préfcture le verre au fond duquel nous avons vu Léopold Lantier jeter une pincée de poudre de crotale.

Dans la matinée du lendemain le juge d'instruction, le chef de la sûreté, le chimiste de la préfecture et un médecin légiste célèbre, le docteur V..., se trouvaient réunis à la Morgue dans la salle destinée aux autopsies judiciaires.

Le cadavre du comte, véritable squelette recouvert d'une peau parcheminée, était étendu sur une table de marbre.

Près de cette table, les aides du docteur avaient préparé les instruments de chirurgie nécessaires à la dissection, et les vases destinés à recevoir les organes devant être soumis à une analyse chimique.

L'opération allait commencer.

Par égard pour les nerfs de nos lecteurs, nous nous garderons bien de décrire de façon minutieuse ce travail long et répugnant.

Il nous suffira de dire que la cervelle, le cœur, le foie et une partie des intestins, devaient être déposés dans des vases spéciaux, hermétiquement fermés ensuite, scellés, étiquetés et numérotés, — choses dont ferait mention le procès-verbal.

Tout en se disposant à opérer, le docteur V... étudia à la loupe, ainsi que le chimiste de la préfecture, certaines parties du cadavre.

— Il me paraît évident, — dit-il, — que l'étude du viscère nous donnera la preuve que cet homme est mort empoisonné, et empoisonné lentement, peu à peu, par petites doses; la dessication presque absolue des chairs le démontre péremptoirement.

— Le poison administré doit être un caustique, — fit observer le chimiste; — mais je n'ai jamais rien vu de comparable à l'effet produit.

— J'ai eu à étudier, il a vingt-cinq ans, un sujet qui se présentait dans des conditions presque identiques — reprit le docteur. — C'était aux environs d'Orléans... — Après examen, il me fut facile de découvrir le poison végétal administré... — Il appartenait à la famille des euphorbes d'Abyssinie...

— Pardon, cher professeur, — réplique le chimiste ; — mais selon moi le cas ne devait pas être absolument le même, car l'euphorbe ne pourrait produire le ramollissement cutané que je constate ici... — Au lieu de se resserrer sous l'action du poison, les tissus se détendent.

Le docteur ne répondit pas et prit son scalpel.

Le cerveau fut examiné tout d'abord.

Il présentait des plaques blanchâtres sur les parois de l'enveloppe cérébrale.

— J'ai juré d'être seul à découvrir les assassins et seul à venger les victimes.

Le cœur était d'un volume anormal.

Des scories blanchâtres obstruaient en partie les vaisseaux intérieurs.

Le foie et les poumons offraient les mêmes taches que le cerveau.

— Cet homme, — reprit le docteur après un silence, — a dû succomber quelques minutes après avoir absorbé le breuvage meurtrier...

— Alors l'empoisonnement est positif? — demanda le juge d'instruction.

— Oh! tout ce qu'il y a au monde de plus positif, de plus indiscutable, mais il nous reste à déterminer la nature du poison... — L'analyse nous l'apprendra...

Le juge d'instruction donna l'ordre de porter une partie des bocaux au laboratoire de chimie de la préfecture, et regagna le Palais de Justice avec le chef de la sûreté.

— Je vais signer un mandat d'amener... — dit-il à ce dernier. — Il faut en l'état des choses, et le crime étant manifeste, que Mlle de Terrys soit écrouée ce soir...

— Me permettez-vous, monsieur, de vous adresser une observation?

— Certes; vous savez que j'ai la plus grande confiance en vos lumières...

— Eh bien, l'arrestation immédiate vous paraît-elle indispensable?

— Elle me paraît du moins indiquée... — Voyez-vous quelque inconvénient à prendre cette mesure?

— Aucun, si vous avez l'intention de confronter Mlle de Terrys avec le cadavre...

— Je crois cette confrontation inutile.

— Ne faites donc arrêter la jeune fille qu'après une perquisition opérée demain en sa présence au domicile paternel... — Un mot involontaire, un geste, un tressaillement, peuvent nous éclairer..

— Vous avez raison et je suivrai votre conseil... — Je vais mettre les pièces en ordre dans mon cabinet... — Avant une heure vous recevrez mes ordres pour demain...

.•.

Mlle de Terrys, — il nous semble à peu près superflu de le dire, — n'avait pas même songé à mettre les pieds hors de l'hôtel du boulevard Malesherbes.

En proie au plus sombre désespoir elle s'était enfermée dans son appartement, se torturant l'esprit pour trouver le mot de la terrible énigme et ne pouvant y réussir.

Rien au monde n'énerve et ne brise comme la lutte contre l'inconnu.

Honorine, au bout de longues heures, sentit son cerveau vide; il lui sembla que la folie allait éclater sous les parois de son crâne embrasé.

La nuit qui succéda à cette affreuse journée fut non moins affreuse, puis, quand l'aube parut, une sorte de calme relatif remplaça la crise d'agitation fiévreuse.

L'orpheline se dit :

— Mon esprit s'égare à chercher les causes d'un danger qui n'existe pas!... — Que m'importe l'erreur de la police qui croit à un crime impossible?... — Qu'ai-je à craindre de soupçons insensés?... — Je sais bien, moi, que depuis des années mon père défendait sa vie contre les atteintes d'un mal implacable! S'il a succombé, c'est que son heure était venue... — Si l'on m'accuse, je répondrai, et avec quelle indignation, avec quel mépris, Dieu le sait!...

Honorine se leva, s'habilla elle-même, puis elle appela sa femme de chambre et lui donna des ordres.

Au moment où sonnaient neuf heures, le timbre de l'hôtel retentit.

Quelques minutes plus tard la femme de chambre avertit Mlle de Terrys que les magistrats venus la veille se présentaient de nouveau.

— Et ils me demandent? — s'écria la jeune fille en fronçant le sourcil.

— Ces messieurs prient mademoiselle de vouloir bien les rejoindre au salon où ils l'attendent.

— C'est bien... j'y vais...

Au bout d'un instant l'orpheline ouvrait la porte du salon où se trouvaient le chef de la sûreté, le commissaire aux délégations, le juge de paix et deux agents.

Elle entra le front haut, et toisa du regard ces hommes rassemblés dont aucun ne s'inclina devant elle.

En présence de cette attitude si cruellement significative, Honorine eut froid au cœur.

Des magistrats ne la saluaient plus dans sa propre demeure!

Elle était donc hors la loi?

Douloureusement atteinte, mais cachant sa blessure, elle dit d'un ton hautain :

— Vous m'avez fait demander, messieurs?

— Oui, mademoiselle... — répliqua le chef de la sûreté.

— Je comprends mal en quoi ma présence vous est nécessaire...

— Nous venons pratiquer, avec monsieur le juge de paix, la levée des scellés..

— Eh bien! monsieur, vous n'avez pas eu besoin de moi, hier, pour les poser, vous ne devez pas en avoir besoin davantage, aujourd'hui, pour les lever...—Vous vous êtes emparés de cette maison au nom de la loi...—Agissez donc en maîtres!

Le chef de la sûreté, nous le savons, ne doutait pas de la culpabilité de Mlle de Terrys et croyait en avoir la preuve.

Il fut blessé du ton ironique avec lequel cette grande criminelle parlait aux représentants de la justice, mais il n'en laissa rien paraître et il répondit froidement :

— Votre présence est nécessaire, mademoiselle, parce que vous devez assister à la perquisition minutieuse qui se fera en même temps que la levée des scellés...

— C'est bien, monsieur, j'y assisterai...

Le juge de paix prit la parole à son tour.

— Veuillez, — dit-il, — me faire remettre les clefs de tous les meubles sur lesquels les scellés ont été posés...

Honorine sonna et donna l'ordre à sa femme de chambre d'envoyer aussitôt Philippe avec les clefs.

— M. le comte de Terrys avait-il un intendant ? — reprit le juge de paix.

— Non, monsieur.

— Un secrétaire ?

— Pas davantage... — Quoique très souffrant depuis longtemps, mon père conservait intacte la lucidité de son intelligence et s'occupait lui-même de ses affaires...

— Avez-vous des parents ?

— Aucun... — Mon père est mort, je reste seule...

— M. de Terrys vous initiait-il à ses affaires ?...

— Il ne m'en parlait jamais...

XLI

— Vous saviez cependant que la fortune de votre père était considérable ? — reprit le juge de paix.

— Je l'avais entendu dire, mais je ne connais pas le chiffre de cette fortune... — répliqua l'orpheline.

— Supposez-vous que le comte de Terrys ait fait un testament ?

— Je l'ignore, mais cela me paraît improbable...

— Expliquez-vous.

— Pour quelle raison mon père aurait-il écrit des dispositions testamentaires ?... — J'étais sa fille unique, par conséquent son héritière naturelle et, m'aimant comme il m'aimait, il ne pouvait songer à distraire quoi que ce soit du bien qu'il devait me laisser.

Honorine prononçait ces dernières paroles au moment où Philippe reparut, apportant des clefs.

— Veuillez nous accompagner, mademoiselle... — dit le juge de paix. — Nous allons commencer nos opérations par le cabinet de M. de Terrys.

L'orpheline suivit les magistrats.

Avant toute chose, on examina les papiers entassés sur le bureau du comte.

Malgré les recherches les plus minutieuses, on n'y découvrit rien qui fût de nature à éclairer la justice.

A côté de ces papiers se trouvaient plusieurs registres d'une apparence presque commerciale.

Le juge de paix les feuilleta.

— Ce sont les livres de comptes que tenait M. de Terrys... — fit-il.

Puis il ajouta, en s'adressant à son secrétaire :

— Vous ferez un paquet de ces registres, et vous les porterez dans le cabinet de monsieur le juge d'instruction.

On continua la levée des scellés et la perquisition.

L'un des tiroirs du bureau renfermait vingt-cinq mille francs en or et en billets de banque, puis des valeurs pour une somme de quatre cent mille francs...

Un état fut dressé de ces valeurs qui restèrent provisoirement aux mains du juge de paix.

Honorine conservait une attitude impassible, un visage de statue, et les choses qui se passaient sous ses yeux semblaient n'avoir pour elle aucun intérêt.

Le chef de la sûreté et le commissaire aux délégations ne perdaient pas de vue la jeune fille.

Son étrange sang-froid leur causait un étonnement profond.

Bientôt il ne resta plus à examiner dans le cabinet que le petit meuble d'écaille rouge.

Le juge de paix, nous le savons, avait trouvé à la serrure un trousseau de clefs dont il se servit pour ouvrir.

Les scellés furent enlevés et le meuble fouillé.

Il contenait des papiers d'affaires et des liasses de correspondances qui furent joins aux registres pour être étudiés ultérieurement.

Le valet de chambre Philippe, présent à la perquisition, suivit d'un regard triste les recherches des magistrats.

Lorsqu'on s'approcha du meuble dont nous venons de parler il tressaillit et s'écria :

— Monsieur le juge de paix, une carafe, un verre et une cuiller d'argent qui se trouvaient sur ce plateau de cristal ont disparu...

— Je le sais... — répondit le chef de la sûreté. — Ne vous en préoccupez pas...

Honorine avait entendu l'observation de Philippe.

Une anxiété poignante lui serra le cœur.

Elle pensait :

— Ces hommes ont emporté la carafe et le verre... — Est-ce que véritablement un crime aurait été commis ? — Mais par qui ? Dans quel but ?

Le commissaire aux délégations vit la jeune fille pâlir.

Pour la première fois, depuis le commencement de la perquisition, il constatait une émotion sur son visage de statue.

— Connaissez-vous l'usage que monsieur votre père faisait de cette carafe ? — demanda-t-il.

— Mon père, — répliqua l'orpheline, — avait l'habitude de boire entre ses repas un peu de sirop de grenadine étendu d'eau...

— Vous saviez cela? — fit le chef de la sûreté en s'adressant au valet de chambre.

— Parfaitement, monsieur...

— Qui préparait ce breuvage?

— Monsieur le comte lui-même, ou mademoiselle...

— Moi, presque toujours... — ajouta la jeune fille.

— Où est la bouteille de sirop?

— Ici... — répondit Honorine.

Et elle désignait un placard, dissimulé dans la tenture, à côté du meuble d'écaille rouge.

Le chef de la sûreté ouvrit ce placard et y trouva en effet un flacon de sirop aux trois quarts vide.

Il le prit et le passa à l'un des agents qui l'accompagnaient.

La perquisition était terminée dans le cabinet de M. de Terrys.

On alla successivement de pièce en pièce, et la perquisition ne donna que des résultats absolument nuls.

Enfin on arriva dans la chambre de Mlle de Terrys.

Les coffrets de toute nature, les boîtes à bijoux et à gants furent l'objet d'investigations multipliées, également sans résultat.

— Où est la clef de ce meuble? — demanda le juge de paix en désignant un petit chiffonnier en bois de rose, orné de plaques de porcelaine de Sèvres.

— La voici, monsieur, — dit Honorine en tirant de sa poche une clef mignonne; — mais je vous ferai observer que ce meuble contient seulement ma correspondance de jeune fille.

Nous devons nous en assurer, mademoiselle...

— Faites donc, messieurs...

Dans le premier tiroir se trouvaient, nouées avec des rubans bleus un peu fanés, des lettres adressées à Mlle de Terrys et portant le timbre de Troyes.

Le chef de la sûreté en ouvrit une.

Honorine sentit le rouge lui monter au front et la colère gronder dans son âme; — elle eut la force de se contenir.

— Vous avez été en pension à Troyes, mademoiselle? — reprit le chef de la sûreté.

— Oui, monsieur... — Ces lettres sont d'une de mes amies, de beaucoup ma cadette, qui se trouve encore dans le pensionnat d'où je suis sortie depuis longtemps... — Mon amie se nomme Pauline Lambert...

— Quelle est cette demoiselle Renée dont vous parle Mlle Lambert en termes singuliers?...

— Une pensionnaire toute jeune, arrivée après mon départ, et que par conséquent je n'ai pas connue.

Le chef de la sûreté se pencha vers le commissaire aux délégations et lui dit à l'oreille :

— Il s'agit d'une enfant entourée de mystère... — Il faudra que le juge d'instruction lise cette correspondance...

Et il enveloppa les lettres dans un journal qu'il ficela solidement.

Pendant toute la durée de la perquisition, Honorine ne s'était départie que deux fois de son calme de commande.

— Vous avez terminé, messieurs ? — demanda-t-elle.

— Oui, mademoiselle.

— M'est-il permis de vous adresser une question ?

— Sans doute.

— Pouvez-vous m'apprendre maintenant le motif de ce qui, depuis hier, se passe dans cette maison ?

— Ce motif est le crime qui s'est commis ici...

Mlle de Terrys devint livide.

— De quelle nature est ce crime ? — demanda-t-elle d'une voix à peine distincte.

— Un empoisonnement commis sur la personne du comte de Terrys.

— Cet empoisonnement est certain ?

— Il est prouvé.

Honorine ne respirait plus.

— Alors vous connaissez l'empoisonneur ? — reprit-elle.

— Nous le connaissons...

— Nommez-le...

Malgré le mandat dont il était investi et malgré la conviction faite dans son esprit, le chef de la sûreté hésita pendant une ou deux secondes.

— Parlez donc, monsieur ! — reprit la jeune fille. — Répondez-moi !...

— Ma réponse sera cruelle...

— Elle sera plus que cruelle, monsieur, elle sera monstrueuse... — Je la devine, mais je veux l'entendre de votre bouche...

L'attitude décidée de Mlle de Terrys parut au magistrat le comble de l'impudence et du cynisme.

Il n'hésita plus.

— Je suis porteur d'un mandat d'amener qui vous concerne... — répliqua-t-il.

Un tremblement nerveux secoua le corps d'Honorine. — Une rauque exclamation s'échappa de sa gorge.

— Un mandat d'amener... — répéta-t-elle lentement. — Et alors ?...

— Je dois vous mettre et je vous mets en état d'arrestation...

La malheureuse jeune fille ferma les yeux pendant un instant comme pour concentrer en elle-même toutes ses pensées.

Sa tête se pencha sur sa poitrine.

Cette attitude brisée n'eut d'ailleurs que la durée d'un éclair.

Honorine releva la tête.

— Je m'attendais à cela, — dit-elle. — Je sais combien la justice est aveugle et combien de têtes innocentes ont fait tomber ses méprises cruelles. — Entre cette aveugle justice et moi une lutte va commencer. — Soit, je l'accepte... — A ceux qui représentent la loi je demanderai compte de ma tranquillité détruite, de ma liberté perdue, de mon honneur souillé ! — Terrible compte à régler, messieurs ! — Quand devrai-je vous suivre ?

— A l'instant.

— M'accorderez-vous le temps de faire de très courts préparatifs ?

— Nous vous attendrons.

— Puis-je prendre de l'argent sur moi ?

— Rien ne vous en empêche.

— Je vous prierai de me laisser seule pendant quelques minutes.

Les magistrats, hésitants, se regardèrent.

Honorine surprit leurs regards et devina ce qui se passait dans leur esprit.

XLII

Une expression d'immense dédain se peignit sur le visage de l'orpheline.

— Ah ! soyez sans crainte, messieurs ! — s'écria-t-elle amèrement, — je ne songe point à me soustraire à la justice que vous représentez !... — Quelque étrange que soit sa forme en ce qui me concerne, si elle ne venait à moi je réclamerais son intervention, car s'il est vrai que mon père est mort assassiné, autant que vous et plus que vous j'ai la volonté ferme, j'ai l'ardent désir de connaître son assassin !!...

Les paroles de Mlle de Terrys, surtout le ton hautain et presque impérieux avec lequel elles furent prononcées, produisirent sur les magistrats une impression sérieuse qu'ils ne cherchèrent point à combattre.

En conséquence ils se retirèrent dans la pièce voisine, tandis qu'Honorine achevait de s'habiller pour sortir.

— Faites entrer une voiture dans la cour de l'hôtel... — ordonna le commissaire à l'un des agents, qui se mit aussitôt en devoir d'obéir.

— Que pensez-vous aujourd'hui de cette jeune fille ? — demanda le juge de paix au chef de la sûreté, qui répondit :

— Mon opinion ne s'est point modifiée depuis hier... — Je crois toujours et plus que jamais Mlle de Terrys coupable, mais je reconnais chez elle une intelligence hors ligne, une volonté de fer, et une force morale prodigieuse... Voilà un procès qui donnera du fil à retordre au juge d'instruction !!

LA FILLE DE MARGUERITE

Tout à coup il poussa une sourde exclamation. — Qu'est-ce que cela? fit-il.

— Une chose me paraît incompréhensible.
— Laquelle?
— Je ne vois aucun intérêt pour cette fille unique, certaine d'hériter de la fortune entière, à commettre un crime monstrueux pour hâter la mort de son père...
— Qui donc aurait commis ce crime dont la preuve matérielle est faite?...
— Mlle de Terrys, cloîtrée pour ainsi dire dans cet hôtel, près d'un vieillard

infirme dont la vie pouvait se prolonger longtemps encore, menait une existence fort triste... — Les aspirations fiévreuses aux plaisirs interdits, la soif de liberté, peuvent avoir été les motifs de l'assassinat... — Qui sait, en outre, si Mˡˡᵉ de Terrys n'avait point au cœur un amour contrarié, et ne rêvait pas un mariage auquel le comte refusait de consentir ?...

— C'est vrai... — murmura le juge de paix...

— Pour conduire cette affaire à bien, — poursuivit le chef de la sûreté, — il faudra fouiller minutieusement l'existence antérieure de la jeune fille, et disséquer son cœur comme on a disséqué le cadavre bourré de poison...

Le juge de paix répéta :

— C'est vrai...

L'apparition d'Honorine interrompit l'entretien.

— Je suis prête, messieurs... — dit-elle en se montrant dans le cadre de la porte entr'ouverte. — Permettez-moi de vous demander, avant de partir, ce que vont devenir les domestiques ?...

— C'est une question que vous réglerez avec le juge d'instruction... — répondit le commissaire.

— Bien, messieurs... — Vous n'avez pas, je pense, l'intention de m'emmener à pied à travers Paris... — Auriez-vous l'obligeance de faire avancer une voiture ?...

— Vos désirs ont été prévenus, mademoiselle... — Une voiture vous attend dans la cour.

— Partons, alors...

L'orpheline marcha la première vers la porte donnant accès sur le vestibule du premier étage, et l'ouvrit.

Les serviteurs, avertis par Philippe, attendaient au passage leur jeune maîtresse, consternés, les yeux pleins de larmes.

Honorine, en les voyant, n'eut pas la force de garder son sang-froid de commande.

L'émotion qu'elle comprimait violemment se fit jour... — Un long gémissement s'échappa de sa gorge.

— Oh ! mademoiselle ! mademoiselle !... — balbutia Philippe dont les pleurs inondèrent le visage.

Honorine lui prit la main.

— Mon bon Philippe, et vous tous, mes amis, — dit-elle, — ne pleurez pas sur moi ! Je sors d'ici accusée, calomniée... j'y reviendrai bientôt... — J'y reviendrai réhabilitée et pure de toute honte... j'y reviendrai pour venger mon père !... — Au revoir, mes amis !...

Des sanglots soulevaient toutes les poitrines.

Mˡˡᵉ de Terrys descendit rapidement l'escalier, traversa le vestibule du rez-de-chaussée, monta dans la voiture dont un agent tenait la portière ouverte, et se laissa tomber dans un angle en cachant sa figure entre ses mains crispées.

Le chef de la sûreté et le commissaire aux délégations prirent place en face d'elle.

La voiture se mit en mouvement.

L'orpheline releva brusquement la tête, et se penchant à la portière jeta un regard attendri vers l'hôtel où s'était écoulée sa vie presque entière, et qu'elle quittait sans savoir si elle y reviendrait jamais...

Il lui sembla qu'une main de fer étreignait son cœur, et ses larmes se mirent à couler silencieusement.

Une demi-heure plus tard la malheureuse jeune fille était écrouée à la Conciergerie et la porte d'une cellule se refermait sur elle.

Le chef de la sûreté monta sans perdre une minute chez le juge d'instruction pour lui rendre compte de la manière dont il s'était acquitté de son mandat, et lui remettre les objets saisis à l'hôtel du boulevard Malesherbes.

Ces objets étaient les valeurs, les papiers et les registres du feu comte, le flacon de grenadine, et les lettres adressées à Honorine par Pauline Lambert.

— Quelle est aujourd'hui l'attitude de Mlle de Terrys? — demanda le juge d'instruction.

— La même... — Son calme forcé ne se dément pour ainsi dire pas... — Ni faiblesse ni défaillance... — Elle prévoyait son arrestation...

— Écrasée par l'évidence qui rend impossible toute dénégation, elle fera des aveux...

— J'en doute...

— Que croyez-vous donc?

— Je crois que, malgré l'évidence, elle niera...

— Nous verrons bien...

— Elle est à la pistole, à la Conciergerie, en attendant que vous décidiez dans quelle prison il vous conviendra de l'envoyer...

— A merveille... — Mettez en campagne un agent très intelligent et très actif; qu'il prenne des renseignements sur le passé et sur les habitudes de l'inculpée; qu'il sache où elle allait et quelles personnes elle fréquentait... — En se liant sous un prétexte adroit avec les domestiques, ce sera facile... — Ces renseignements me permettront d'exercer un contrôle sur ceux qui m'arriveront d'un autre côté...

— Je signalerai à monsieur le juge d'instruction les lettres, en grand nombre, adressées à l'accusée par une de ses amies de pension...

— J'étudierai tout, lorsque j'aurai lu votre rapport.

— Demain matin je vous le remettrai, fort détaillé, avant que vous interrogiez la jeune fille...

— Je l'interrogerai demain, uniquement pour la forme et parce que la loi l'exige... — J'attendrai, pour suivre sérieusement l'affaire, le résultat des analyses, et les rapports de l'agent que vous allez mettre en campagne.

⁂

Quinze jours s'étaient écoulés depuis les événements que nous venons de placer sous les yeux de nos lecteurs.

Honorine de Terrys, après avoir subi un premier interrogatoire de pure forme, avait été, par les ordres du juge d'instruction, transférée à la prison de Saint-Lazare, section des prévenues.

Un grand changement s'était opéré en elle.

Son énergie habituelle faisait place à une prostration presque complète. — Ses joues étaient creuses, ses yeux caves et ses regards éteints.

L'isolement et l'inaction amenaient à leur suite le découragement et le désespoir.

Honorine avait espéré se justifier vite.

Il lui semblait que ses explications simples et loyales n'auraient point de peine à battre en brèche des soupçons non moins absurdes qu'odieux.

Mais ces explications, il fallait pouvoir les donner...

Or, depuis quinze jours, — depuis sa translation à Saint-Lazare, — le juge d'instruction ne l'avait point fait appeler.

Les lettres qu'elle lui écrivait pour le supplier de la recevoir et de l'entendre restaient sans réponse.

Le directeur de la prison, qu'elle conjurait d'intervenir, se déclarait incompétent.

Mlle de Terrys s'épouvantait du silence qui se faisait autour d'elle.

Elle ne croyait plus à la justice des hommes.

Elle commençait à douter de la justice de Dieu, et sa prostration devenait de jour en jour, et pour ainsi dire d'heure en heure, plus lourde et plus complète.

M. Villeret, le juge d'instruction, — le plus consciencieux des magistrats, — ne restait pas oisif cependant.

Il faisait appeler dans son cabinet tous ceux dont les dépositions, croyait-il, pourraient l'éclairer.

Rien ne compensait la lenteur de ces procédés d'investigation, car il n'en sortait aucun renseignement utile.

Les analyses faites par le chimiste de la préfecture confirmaient de tout point le rapport du médecin légiste et concluaient à l'empoisonnement comme lui.

Le liquide trouvé au fond du verre dont se servait M. de Terrys contenait une dose de poison très appréciable.

Ce poison était identiquement semblable à celui dont le cadavre était saturé.
Tout démontrait le crime.

Un seul point restait en litige.

La science constatait l'existence et les effets du toxique employé, mais elle ne pouvait dire quel était ce toxique; — elle se reconnaissait impuissante à le classer, à l'étiqueter.

De là, pour l'instruction, un fort gros embarras.

M. Villeret avait interrogé Philippe et tous les autres serviteurs de l'hôtel du boulevard Malesherbes.

De leurs réponses il ne résultait contre Mlle de Terrys d'autre présomption que celle-ci : — la jeune fille préparait elle-même les breuvages destinés à son père.

Cette chose, si simple, prenait de grandes proportions dans l'esprit prévenu du juge, et se métamorphosait à ses yeux en une charge écrasante.

Il ne doutait pas de la culpabilité d'Honorine

XLIII

Mme Bertin, de son côté, vivait dans la solitude et dans la tristesse, pensant à sa fille sans cesse, mais ne conservant qu'une bien faible espérance de la retrouver un jour.

La nouvelle de l'arrestation de Mlle de Terrys était venue la frapper de stupeur.

Convaincue de l'innocence de sa jeune amie, elle avait cherché à la voir pour lui porter des consolations et des encouragements, mais elle s'était heurtée contre une consigne inflexible et, rien ne poussant à l'égoïsme autant que la douleur, elle s'immobilisait de nouveau dans son désespoir maternel.

Un instant elle eut la pensée d'aller demander à la police de lancer ses agents sur les traces d'Ursule et de Renée.

La réflexion l'arrêta.

Elle eut peur que l'ex-femme de confiance de feu Robert Vallerand, se voyant traquée, ne quittât la France avec sa pupille pour se soustraire à toute recherche, et ne mît entre la mère et la fille une infranchissable barrière.

En conséquence, Marguerite s'absorba dans son inaction, ne comptant plus que sur la promesse faite par le notaire de la rue des Pyramides, et n'y comptant que bien faiblement.

Pascal Lantier, qu'un double crime débarrassait momentanément de ses transes, suivait les conseils du cousin Léopold.

Il s'occupait à préparer avec ses dessinateurs et ses architectes des plans et des devis, et il attendait, sinon sans impatience du moins avec un calme apparent, la reprise des travaux et la fortune qui, croyait-il, devait lui arriver d'un moment à l'autre.

Léopold menait joyeuse vie, puisant sans se gêner dans la bourse du constructeur, et se dédommageant amplement des privations subies pendant sa longue captivité.

Jarrelonge, au contraire, broyait du noir et trouvait l'existence absolument dépourvue de charmes.

Son complice le laissait presque toujours seul au pavillon du passage Tocanier, et la solitude lui donnait des idées sombres.

L'évadé de Troyes s'était lancé dans le monde interlope des belles petites et des viveurs de troisième catégorie, et ne pouvait y traîner son complice à sa remorque sans risquer de se compromettre notablement.

Or Jarrelonge, se regardant comme un parfait gentleman, n'admettait point cela. — C'est tout au plus si Léopold lui faisait la grâce de dîner avec lui une ou deux fois par semaine.

Cette attitude dédaigneuse énervait le bandit.

Il s'irritait en outre de point *travailler*. — Nos lecteurs n'ignorent pas de quel genre de travail il s'agissait.

Après avoir rêvé de faire fortune rapidement, il se rongeait les poings en voyant son capital rester stationnaire, et il jalousait Léopold qui vivait en homme riche...

Très dissimulé de son naturel, il ne laissait rien voir de son irritation grandissante, mais il se promettait *in petto* de jouer quelque bon tour à son ex-complice si les choses continuaient ainsi.

— Cet *aristo*-là, — se disait-il, — me traite par-dessous jambe, et cependant je le vaux bien!! — Nous sortons de prison tous les deux, et j'ai sur lui l'avantage d'être libéré tandis qu'il n'est qu'évadé! — Il travaille pour le compte de particuliers qu'il fait chanter!... — Un jour ou l'autre je viendrai à bout de connaître ces oiseaux-là, et alors je jouerai mon rôle dans la leçon de musique, ou le diable m'emporte!...

Léopold, plein de confiance en lui-même, ne se doutait point du péril qui le menaçait de ce côté, mais il déplorait et maudissait son association avec Jarrelonge.

Maintenant que la complicité de ce dernier lui semblait inutile pour l'avenir, il trouvait gênante et lourde la chaîne qui les unissait, et se promettait de la rompre aussitôt que le hasard lui fournirait un prétexte suffisant.

Victor et Richard Béralle étaient toujours dans les ateliers de la rue Picpus.

Pascal appréciait les bons services de Victor, le plus intelligent et le plus actif de ses contremaîtres, et cela le rendait indulgent pour Richard.

Ce dernier, pendant quelques jours, s'était conduit d'une façon presque régulière.

Déjà Victor croyait à un amendement sérieux, mais le malheureux défaut de Richard avait repris le dessus ; aussi la mère Baudu le regardait d'un œil irrité, et la jolie Virginie pleurait souvent.

Ce regard de la mère Baudu, Richard ne l'affrontait qu'en tremblant.

Il lui semblait lire dans les petits yeux qui brillaient sous des sourcils contractés cette question :

— Et les mille francs que je t'ai prêtés, mauvais sujet, pour quand est-ce ?... A cela que répondre ?

Ces mille francs il avait promis de les rendre deux jours avant la signature du contrat de Victor et d'Étiennette.

Dans trois semaines on devait signer ce contrat, et Richard ne savait où prendre la somme à restituer...

Comment se tirerait-il de ce mauvais pas ?

Ceci constituait une énigme insoluble.

Victor, lui, ne se doutait point de l'emprunt que son frère avait fait à sa future belle-mère, et il hâtait de tous ses vœux le jour du contrat.

Depuis qu'en compagnie de Paul Lantier il avait sauvé Renée, les leçons que lui donnait l'étudiant en droit étaient momentanément interrompues, mais une ou deux fois par semaine le contremaître allait rendre visite à la jeune fille.

La convalescence de celle-ci touchait à son terme au moment où nous conduisons de nouveau nos lecteurs rue de l'École-de-Médecine.

Paul, depuis quinze jours, était devenu soucieux, presque sombre.

Ses recherches incessantes pour retrouver la trace de Mme Ursule n'avaient pas abouti.

Renée s'attristait de son côté et n'envisageait point l'avenir sans épouvante.

En revenant à la santé, en recouvrant la force physique et la clairvoyance intellectuelle, la jeune fille s'était rendu compte de la fausseté de sa situation et de l'étendue de son malheur, mais jusqu'à ce jour elle n'avait pas laissé Paul lire à livre ouvert dans sa pensée.

L'affection de la blonde Zirza pour Renée allait toujours en grandissant.

En dépit de son existence incorrecte et de ses mœurs un peu légères, l'étudiante adorait la convalescente pour cette candeur immaculée, pour cette pureté sans tache qui formaient une auréole virginale autour de son front.

Elle connaissait la situation de Renée ; mais, convaincue que la jeune fille serait la femme de Paul, elle ne s'inquiétait point de son avenir ; — cependant elle voulait avoir une certitude à cet égard.

Un matin, — le matin du jour où nous retournons chez le fils de Pascal Lantier, — Zirza, qui continuait à passer ses nuits sur un lit improvisé, près de

Renée, monta chez Jules Verdier où depuis trois semaines Paul recevait l'hospitalité.

Les deux jeunes gens causaient.

— Renée serait-elle plus souffrante? — demanda vivement Paul.

— Non... non, rassurez-vous... — répondit l'étudiante en s'installant à califourchon sur une chaise, pose bizarre qu'elle chérissait, mais qu'elle n'osait prendre à l'étage inférieur, — notre chère mignonne va tout à fait bien... — Elle vient de se lever, elle s'habille, et j'en ai profité pour vous parler sérieusement...

— Sérieusement? — répéta Jules Verdier avec un étonnement comique. — Voilà qui changera furieusement tes habitudes!

— Mauvais plaisant!... Ce n'est pas à toi que j'ai affaire, c'est à Paul...

— A moi? — s'écria l'étudiant en droit.

— Oui, à vous, mais ne vous inquiétez pas. C'est sérieux, mais ce n'est point effrayant...

— Voyons, de quoi s'agit-il?

— De vos amours... Qu'est-ce que vous comptez faire de Renée?

— Ma femme, vous le savez bien... — répliqua vivement Paul.

— Votre femme, très bien... — Mais à quel arrondissement?...

— Zirza, vous avez une mauvaise pensée! — dit le jeune homme en fronçant le sourcil.

— Jamais de la vie... — je tiens à m'éclairer. — Donc vous voulez faire de Renée votre femme, votre vraie femme, par-devant monsieur le maire et monsieur le curé, l'un en surplis, l'autre en écharpe?

— C'est mon vœu le plus cher, je vous l'ai déjà dit...

— Les bonnes choses gagnent à être répétées...

— *Bis repetita placent...* — murmura Jules Verdier en souriant.

— Et à quand le mariage? — reprit Zirza.

— Dès que Renée sera complètement remise, nous irons trouver mon père, qui, plein de confiance en ma sagesse, m'a laissé libre de choisir la compagne de ma vie, en promettant de ratifier mon choix.

— Renée se porte aujourd'hui comme le Pont-Neuf.

— Eh bien, dès demain nous irons chez mon père! — s'écria Paul.

— Tous les deux?

— Oui, tous les deux.

— Vous conduirez Renée, c'est parfait! — Et vous la ramènerez ensuite?...

— Sans doute.

— Où?

— Quelle singulière question! Je la ramènerai ici...

— Eh bien, voilà justement ce qu'il ne faut pas, et ce à quoi je m'oppose absolument.

— Vous, Zirza!

— Monsieur, vous aviez raison, un crime a été commis. La preuve ressort de cette dépêche.

— Moi, Zirza !
— Et pourquoi ?
— Pour les meilleures raisons du monde... — Renée est guérie... Renée est jolie comme les amours... elle vous aime... vous l'adorez... et la chair est faible... j'en sais quelque chose... — Un baiser est bientôt donné... Ça grise... Ça m'a grisée... Ça pourrait bien vous griser à votre tour... Évitez la tentation et l'occasion, croyez-moi... — Vous voulez que Renée devienne

Mᵐᵉ Lantier! Eh bien, faites en sorte que, le jour où elle prendra votre nom, sa réputation soit aussi intacte que son honneur... — Il faut que votre père lui-même ne puisse avoir aucun doute sur son compte... — Si Renée reste ici jusqu'au jour du mariage, on dira, on croira qu'elle est votre maîtresse.

— Ce ne sera pas vrai!

— On le dira, on le croira tout de même... et, dussiez-vous me trouver radoteuse, je vous répète qu'il ne le faut pas !

XLIV

— Peut-être avez-vous raison, — murmura Paul fort perplexe.

— J'ai raison très certainement... — répliqua la blonde Zirza.

— Que faire donc?

— Une chose bien simple... — Renée a dans son porte-monnaie une somme assez rondelette en belles pièces de vingt francs... — Cette somme servira à louer une petite chambre et à y mettre quelques meubles bon marché... — Renée fait de la dentelle à merveille, m'a-t-elle dit... — Elle pourra travailler pour se distraire et gagner de quoi se nourrir... De cette façon la chère mignonne ne vous devra rien et la situation sera très correcte, d'autant plus que, d'ici au jour du mariage, vous vous abstiendrez de visiter votre fiancée chez elle... — Renée sortira de temps à autre avec moi, et vous la verrez en ma présence... — Je l'aime, ce chérubin ! Je me suis constituée son garde du corps, et je vous montrerai, moi, qu'une jeune fille peut très bien avoir fait, comme la belle Hélène, cascader sa vertu, et néanmoins sauvegarder celle des autres ! Voilà!

— Eh bien ! vrai, mon lapin bleu, le classique dragon du jardin des Hespérides n'était rien du tout auprès de toi ! — s'écria Jules Verdier qui, tout en fumant une longue pipe, écoutait sa maîtresse d'un air ébahi.

Zirza répondit en riant :

— C'est que le dragon ne défendait que des oranges, et je défends des fleurs d'oranger!...

— Tiens! — fit l'étudiant en médecine, — c'est un mot... — et il est joli...

— A la bonne heure !... on me rend justice...

Paul s'était levé.

Il s'approcha de Zirza et lui tendit la main.

La blonde étudiante la prit cordialement et la serra.

— Vous m'avez compris, n'est-ce pas? — demanda-t-elle avec un sourire.

— Oui, et je vous remercie de m'avoir montré le danger... J'approuve tout ce que vous avez dit et tout ce que vous voulez qui soit fait... — Dès demain je m'occuperai de trouver une chambre à Renée et de l'y installer...

— Ta-ra-ta-ta ! Je connais les hommes... Le meilleur ne vaut rien... — Vous prendriez l'empreinte de la serrure... — La location me regarde... Je m'en occuperai avec Renée...

— Vous agirez à votre fantaisie...

— Ça, j'y compte.

— Vous me permettrez bien, au moins, de vous prier de puiser dans ma bourse. Mon père vient justement de la remplir.

— Nous n'accepterons pas ça de vous ! — répliqua Zirza en faisant claquer l'ongle rose de son pouce sous une de ses dents blanches. — Les louis d'or de Renée suffiront et au delà pour payer le mobilier... et il sera propret... Dès aujourd'hui je me mettrai en quête du logement...

— Mais Renée s'ennuiera à mourir, toute seule.

— J'y mettrai ordre... — Et tenez, je connais une dame veuve, une personne extrêmement honnête, qui tient un magasin de dentelles... — Je la prierai de prendre Renée avec elle et de l'occuper... — Elle sera là comme dans sa famille et gagnera des appointements.

— Mais, à quoi bon, — demanda Paul, — puisque nous allons nous marier ?

— Les mariages, ça traîne toujours, et quand le vôtre sera fait, quand Renée sera riche, elle pensera toujours avec un peu d'orgueil qu'elle aurait pu se suffire à elle-même...

— Zirza, vous êtes un ange !...

— C'est convenu !... Mais il y a un gros ennui dans l'existence de l'ange !

— Lequel ?

— Vous avez persuadé à Renée que Jules était mon mari légitime, et l'idée qu'elle pourrait apprendre le contraire me chiffonne... — Je tiens énormément à l'estime de la chérie... — Enfin, j'arrangerai cela pour le mieux... — Je vous ai débité mon petit boniment... — Nous déjeunerons tout à l'heure... — Je vais dire deux mots à Renée...

Isabelle fit sonner une demi-douzaine de gros baisers sur les joues de Jules, serra de nouveau la main de Paul et redescendit à l'étage inférieur.

Elle avait voulu s'entendre avec l'étudiant en droit avant d'expliquer à Renée combien sa position serait fausse si, après sa complète guérison, elle continuait à recevoir l'hospitalité du jeune homme.

Paul Lautier avait compris.

Il fallait maintenant préparer la fille de Marguerite à quitter la demeure de son fiancé.

Renée, dont la toilette était finie, attendait Zirza en mettant un peu d'ordre dans la chambre qui était devenue la sienne.

Elle courut à la rencontre de Zirza et l'embrassa.

— Comme vous voilà jolie et fraîche ce matin, chère mignonne ! — fit l'étudiante. — Une mine superbe !... On refuserait de croire que vous venez d'être bien malade... La santé est revenue, mais il faut éviter toute fatigue... — J'achèverai le ménage après déjeuner... — Pour le moment, s'il vous plaît, quittez ce plumeau, asseyez-vous et causons..

— Vous avez donc à me dire quelque chose de particulier?— demanda Renée.

— Oui.

— Et quelque chose de sérieux, car vous avez la physionomie plus grave que de coutume.

— Quelque chose de sérieux, oui... — Placez-vous là, en face de moi... Mettez vos petites menottes dans mes mains, et écoutez-moi...

Très intriguée et un peu inquiète, Renée s'assit et donna ses mains à sa compagne qui poursuivit :

— Vous voilà guérie, chère mignonne, mais le corps seul a repris sa santé, l'âme souffre toujours...

Renée devint très rouge.

Zirza continua :

— L'âme souffre, et je crois avoir compris la nature de cette souffrance dont vous me faisiez un mystère... — Répondez-moi franchement, aussi franchement que je vous parle... Suis-je dans l'erreur en croyant que votre position ici vous semble anormale, que votre pudeur s'en émeut, que votre dignité s'en froisse, que vous vous demandez enfin parfois quel avenir vous est réservé, à vous sans famille et seule au monde?...

— Vous ne vous trompez pas... — murmura Renée dont les yeux se voilèrent de larmes.. — Tout ce qui se passe dans mon âme, tout ce qui m'effraye, tout ce qui m'attriste, vous l'avez compris...

— Ne pleurons pas, mignonne! — dit la blonde Zirza, en attirant à elle la jeune fille et en l'embrassant. — Les larmes ne mènent à rien qu'à se rougir les yeux...—Vous vous répétez souvent, n'est-ce pas? que votre présence chez un jeune homme, dont on ignore le caractère loyal et les intentions honnêtes, peut être mal interprétée et donner lieu à des commentaires calomnieux...

Renée serra les mains de Zirza en s'écriant :

— Oui... oui... C'est bien cela...

— Paul voulant faire de vous sa femme, — poursuivit l'étudiante, — ne veut pas qu'on suppose qu'avant d'être votre mari, il était votre amant...

La fille de Marguerite baissa la tête, devint pourpre et dégagea ses mains pour cacher son visage.

— Ah! je dis les choses nettement, carrément, brutalement... — s'écria Zirza. — Mieux vaut aller droit au but par le plus court chemin que de s'attarder dans les sentiers de traverse... — Rien de plus facile que d'éviter jusqu'à l'ombre d'un soupçon, et d'empêcher la calomnie de naître...

— Comment cela? — balbutia Renée.

— Il suffira de quitter le plus vite possible cette chambre et cette maison.

— Mais je suis seule... sans appui, sans ressources...

— Pas sans appui, mignonne, puisque me voilà, — répliqua l'étudiante, — et pas sans ressources non plus, puisqu'en cherchant à vous assassiner on ne vous a point volé votre porte-monnaie, et il est, ma foi, bien garni.

— Ce sont mes économies de l'institution, dit l'ex-pensionnaire de Mme Lhermitte.

— Elles nous serviront pour louer et meubler une petite chambre.

— Cela suffira-t-il ?

— Amplement

— Soit, mais une fois la chambre louée et meublée, il faut vivre

— Le cas est prévu... — Vous aimez le travail ?

— Oui, car l'oisiveté me fait horreur...

— Eh bien, jusqu'au moment de votre mariage vous travaillerez

— Je ne demanderais pas mieux, mais...

Renée s'interrompit.

— Mais, quoi ? — demanda Zirza.

— Je ne sais aucun état, aucun métier...

— Ah ! vous croyez ça ?

— Sans doute.

— Eh bien ! vous vous trompez... — Vous brodez à merveille...

— On le dit...

— Vous savez faire la dentelle...

— Assez bien...

— Il n'en faut pas plus... — J'ai à votre disposition une place de première demoiselle chez une dame parfaitement honorable, et bonne comme le bon pain, qui tient un magasin de dentelles... — Elle vous donnera cent francs par mois et la table... — Non seulement vous vivrez, mais vous ferez des économies... — Ça vous va-t-il ?...

— Zirza, chère Zirza, vous êtes mon bon ange !

— On m'a dit en haut, tout à l'heure, quelque chose dans ce goût-là ! — s'écria Zirza en riant. — Nous irons demain chez la dame, et dès aujourd'hui nous nous occuperons de votre installation... — Sachons un peu ce que nous avons à dépenser... Équilibrons notre budget... — J'ai vu pas mal d'or dans votre porte-monnaie, mais je n'ai pas compté... — Comblons cette lacune...

Renée courut chercher l'objet en question et l'ouvrit.

— Voilà ma fortune...— dit-elle en le vidant sur la table où les louis s'éparpillèrent avec des tintements métalliques.

Zirza compta, et s'écria après avoir compté :

— Trois cent trente francs et des pièces blanches... — Une tranche du Pérou.

— Plus ceci... — ajouta Renée qui venait de sortir d'une poche du porte-monnaie un billet de banque qu'elle déploya.

— Un papier Garat de cinq cents !... — fit Zirza toute joyeuse. — Total, huit cent trente francs !... — Une succursale de la maison Rothschild !... — Notre budget sera facile à établir... — Nous mettrons trois cents francs pour un joli petit mobilier, deux cents pour monter modestement votre garde-robe, puis de quoi payer un terme d'avance et attendre vos appointements... — Équilibre parfait, ou plutôt la balance est à notre avantage... Tout va bien !...

Zirza embrassa de nouveau Renée et reprit le porte-monnaie pour y réintégrer l'or, le billet de banque et les pièces blanches.

XLV

Un carré de papier grisâtre, plié en huit, s'échappa d'un compartiment.
— Qu'est-ce que c'est que ça ? — demanda l'étudiante.
— Ma foi, je ne m'en souviens pas.. — dit Renée en dépliant la feuille.
Soudain son front se plissa.
Zirza s'en aperçut et reprit :
— Mais, qu'est-ce donc ?
— Un souvenir singulier et un peu effrayant... — murmura la fille de Marguerite.
— Effrayant ? Pourquoi ?
— Une lettre d'un homme qui s'est évadé de la prison de Troyes pendant que j'étais au pensionnat de Mme Lhermitte.
— Un criminel !! — s'écria Zirza.
— Pauline le croyait innocent... — répliqua Renée devenue rêveuse. — Je vous raconterai cela plus tard...
Un coup de sonnette retentit à la porte du logement.
L'étudiante courut ouvrir.
Paul et Jules franchirent le seuil.
— On va monter le déjeuner... — dit Jules. — Il n'est que temps de mettre le couvert...
Renée, les mains tendues et le sourire aux lèvres, vint à la rencontre des deux jeunes gens.
— Le visage rayonnant ! — fit le futur docteur. — Bravo ! l'esprit et le corps se portent aussi bien l'un que l'autre...
Oui, — repondit Zirza, — l'esprit est calme... — Renée se taisait, mais elle avait des préoccupations toutes semblables aux miennes, elle en est convenue... — Une fois la solution adoptée, les soucis ont disparu comme par enchantement, et dès demain nous nous mettrons en quête d'un petit nid modeste...
Paul poussa un gros soupir.

— Je comprends que c'est nécessaire, — dit-il, — mais Renée va se séparer de nous, et ce n'est pas gai...

— Puisqu'il le faut absolument... — balbutia la fille de Marguerite en soupirant aussi.

— Par bonheur, la séparation sera courte... — reprit l'étudiant en droit. — Aussitôt l'installation faite, nous irons trouver mon père, et *mademoiselle* Renée s'appellera *madame* Lantier...

Un long regard chargé de reconnaissance et d'amour fut la seule réponse de Renée.

Le couvert était mis.

Le garçon du restaurant voisin apporta le déjeuner, et les deux jeunes couples s'attablèrent.

**

Huit heures du soir venaient de sonner.

Le temps était sec, le froid très intense.

Un grand feu de charbon de terre flambait dans la chambre à coucher du pavillon occupé, passage Tocanier, par Jarrelonge et Léopold.

Ce dernier venait de rentrer après avoir dîné à Paris et, fortement pris par un gros rhume, il avait résolu de se tenir chaudement et de se mettre au lit.

Assis dans un fauteuil confortable auprès du foyer, il se confectionnait un grog bouillant à l'américaine, remède de sa façon dont il ne mettait pas en doute l'efficacité.

Léopold était seul.

Jarrelonge, qu'il négligeait beaucoup, — ce dont nous avons entendu ce dernier se plaindre, — profitait de sa liberté complète pour courir les cabarets et revoir les anciennes connaissances.

Nous devons ajouter que sa conduite était un modèle de prudence, et il avait résolu de refuser carrément de se mêler à aucune des opérations dont on lui offrait de partager les périls et les bénéfices.

— Les complices, — se disait-il, — mauvaise affaire!! — Un jour ou l'autre on se brouille, on se quitte, et le premier pincé fait pincer les autres... — Pas de ça, Lisette!! — Quand je travaillerai, je travaillerai seul... C'est plus sûr!

Cependant cette vie de loisirs perpétuels et de complète inaction ennuyait le gredin émérite; — il buvait pour se distraire, et en buvant il se grisait.

Deux ou trois fois il était revenu au pavillon dans un état d'ébriété absolue, mais en l'absence de Léopold qui, lui ayant formellement recommandé la tempérance, aurait fort mal pris la chose.

Jarrelonge avait passé toute sa journée à la barrière de Vincennes, allant de café en café, de caboulot en caboulot.

Il dîna chez un *mastroquet* en compagnie de trois ou quatre paroissiens plus que suspects qui lui proposèrent, après le repas, une partie de piquet.

Se sentant la tête lourde et n'appréciant pas outre mesure les charmes du piquet, Jarrelonge refusa, faussa compagnie à ses camarades et reprit le chemin du passage Tocanier.

Le froid le saisit au sortir du cabaret et développa instantanément son ivresse latente.

Il titubait et glissait à chaque pas, mais ce soir-là son ivresse était joyeuse et faisait passer sous ses yeux des mirages couleur de rose.

En conséquence il chantait.

Deux vers empruntés à une chanson, un refrain à une autre, la moitié d'un couplet à un troisième,—tout cela se suivant, s'enchaînant sans rime ni raison, formait un véritable pot-pourri, terminé par une élucubration bizarre que nous avons entendue déjà une fois dans une circonstance dramatique, et qui était due à la verve improvisatrice du misérable :

> Nous voici bientôt sur le pont,
> La faridondaine, la faridondon,
> Bientôt sur le pont de Bercy...
> C'est ici...
> A la façon de Barbari,
> Mon ami!

Dix pas tout au plus le séparaient de la porte du pavillon lorsque d'une voix avinée mais vibrante il avait entamé ce refrain de lugubre mémoire.

Léopold Lantier, assis près du feu de charbon de terre et préparant son grog, l'entendit.

Il frissonna de tout son corps en se rappelant que ces paroles avaient été pour lui le signal d'un assassinat, — l'assassinat qu'il croyait avoir commis sur la personne de Renée.

— C'est Jarrelonge ! ! — murmura-t-il en serrant les poings. — Cet idiot-là devrait bien choisir une autre chanson ! !...

La porte de la rue s'ouvrit et se referma.

Des pas pesants traversèrent la petite cour capitonnée de neige, puis l'huis du pavillon tourna sur ses gonds à son tour.

Jarrelonge ouvrit une troisième porte, celle de la chambre à coucher et s'arrêta, s'accotant au chambranle pour se soutenir et regardant Lantier.

— Oh ! oh ! — fit-il en bégayant et avec un rire idiot, — on se paye à soi tout seul un petit balthazar ! — Milord n'est donc pas allé à son cercle aujourd'hui ?... Milord n'était donc invité chez aucun ambassadeur ?...

Léopold haussa les épaules.

— Il est ivre comme une demi-douzaine de Polonais ! — pensa-t-il.

Un instant après, Marguerite entrait et la jeune fille se jetait dans ses bras en pleurant.

Puis tout haut et d'un ton brusque il ajouta :
— Allons, entre et ferme la porte...
— Fermer la porte?... — répéta Jarrelonge.
— Oui, parbleu!
— Est-ce comme ami ou comme domestique que je la fermerai...
— Comme tu voudras, pourvu que tu la fermes !... — Mais dépêche-toi... il fait froid et je suis enrhumé du cerveau...

— A la bonne heure... puisque c'est comme ami, j'obtempère...

Le bandit, après avoir repoussé le battant, eut un nouvel accès du rire bestial des gens ivres, et reprit, en parlant du nez pour imiter Lantier :

— Ah! tu es *enrhubé du cerbeau!* — Pâte de lichen et jujube, sirop de flon, ou de tolu, voilà ce qu'il te faut, ma vieille... — Qu'est-ce que tu bois là?

— Un grog américain très chaud...

— Passe-moi la bouteille de rhum.

Et Jarrelonge avança la main pour saisir le flacon.

Léopold, au lieu de le mettre à sa portée, l'éloigna vivement.

— Hein? — fit Jarrelonge. — Qu'est-ce que c'est?... Tu me refuses les liquides?...

— Parfaitement...

— Ah! bah! et pourquoi ça, donc?

— Parce que tu as assez bu...

— Assez peut-être... — répliqua l'ivrogne avec aigreur. — Oui... assez... mais pas trop...

— Trop, au contraire! beaucoup trop!... Et la preuve, c'est que tu ne possèdes plus ton sang-froid.

— Des leçons à papa!

— Oui, des leçons, qui te rappelleront, je l'espère, à la prudence. — Qu'est-ce que tu chantais à tue-tête en arrivant?

Jarrelonge eut un sourire satisfait.

— Ce que je chantais? — répéta-t-il. — Un refrain de ma composition dont tu dois te souvenir...

— C'est justement parce que je m'en souviens, que je le trouve compromettant au plus haut point! — Souviens toi qu'il suffirait d'un mot de ce refrain, entendu et retenu par n'importe qui pendant la nuit du pont de Bercy, pour nous conduire où nous n'avons envie d'aller ni l'un ni l'autre.

— Où donc?

— A la barrière Saint-Jacques!! — Tu te grises plus souvent qu'à ton tour, mon vieux, et si ça devait continuer nous ne serions pas longtemps camarades...

— Qu'est-ce que c'est?... Môssieu me fait des menaces?

— Je ne te fais pas de menaces... Je te donne un avertissement...

L'ivrogne regimba.

— J'aime pas les avertissements, moi! — s'écria-t-il. — Si je suis dans les vignes, c'est ta faute! — J'ai rien à faire et je m'ennuie... — L'ennui, moi, ça m'altère; — et quand je suis altéré, je bois, et quand j'ai bu je suis éméché... — Y a pas de mal à ça, j'imagine... — Et puis, après tout, on n'est pas marié ensemble, pas vrai, et pour peu que mes agissements te défrisent, tu n'as qu'un mot à dire, je chercherai un autre local...

Léopold pensa aussitôt qu'une excellente occasion se présentait de réaliser, sans esclandre, son projet de séparation.

Il résolut d'en faire son profit.

— C'est peut-être ce qu'il y aurait de mieux... — répondit-il.

— Oui, n'est-ce pas? — Ce bon garçon de Jarrelonge a servi monsieur, qui présentement a fait sa pelote et qui est truffé de billets de banque comme une oie de chair à saucisses... — A cette heure, môssieu n'a plus besoin de ce bon garçon de Jarrelonge, et naturellement il lui dit : — *Tourne-moi les talons, mon vieux, et fiche le camp! c'est ce qu'il y a de mieux à faire!!* Très gentil le raisonnement!

— Eh! — répliqua Léopold avec aigreur, — tu ne m'as pas servi pour rien! — Je t'ai payé!

— C'est vrai, — dit Jarrelonge, — tu m'as payé, mais ça ne me fait pas des rentes, et franchement, entre nous, j'avais le droit d'en espérer, car tu m'en promettais à bouche que veux-tu quand tu avais besoin de moi... — Enfin, quoi, l'ingratitude est dans la nature! J'ai cessé d'être utile, donc je suis bon à jeter aux chiens...

— Tout ce qui était à faire est fait... — Moi je ne veux plus me mêler de rien, mais je ne t'empêche nullement de *travailler* avec d'autres... — Liberté complète...

— Et tu m'engages à déménager?...

— Puisque tu parais te déplaire ici...

— Sans compter que je deviens gênant, pas vrai?

— Dame! on se gêne mutuellement...

— Je commence à le croire...

— Et moi, j'en suis sûr...

— Eh! bien, mon vieux, c'est entendu... Je ne moisirai pas longtemps dans l'immeuble du passage Tocanier...

— Tu auras raison, mais nous n'en serons pas moins camarades pour cela.

— Parbleu!... autrement ça nous porterait la guigne à tous les deux... — Nous ne nous craignons ni l'un ni l'autre puisque nous nous tenons mutuellement et, pour nous séparer bons amis, nous allons commencer par régler nos comptes.

Léopold jeta sur Jarrelonge un coup d'œil irrité, et demanda d'un ton gros de menaces :

— De quels comptes parles-tu? Pour chaque affaire je t'ai promis une somme... — Est-ce que tu ne l'as pas touchée?...

— Je n'ai rien reçu pour l'affaire des fausses clefs...

— Elle ne m'a rien rapporté, à moi non plus...

— Turlututu!... — fit Jarrelonge en ricanant. — Faut conter ça à un autre, mon petit père! — Travailler à l'œil, toi? — Jamais! — T'as empoché les monacos du particulier qui t'emploie...

— Pas un radis...

— Satané farceur!

— Je te répète que je n'ai rien touché, et cela par une excellente raison...

— Laquelle?

— Les fausses clefs n'ont point servi...

— Je te croirai si ça te fait plaisir, mais je n'en ai pas moins eu le mal de confectionner les rossignols,.. il est juste de me les payer...

— Soit... — Je te donnerai cinq cents francs...

— Tout de suite?

— Pars-tu ce soir?

— Non... Faut que je me cherche une chambre... — Je vais me mettre dans mes meubles... — C'est plus chic et moins compromettant... — Les logeurs ont des registres, et la police y fourre son nez... — J'aime pas les remarques de ces gens-là...

— Eh bien, quand tu partiras, je te remettrai tes cinq cents francs...

— Suffit... — Maintenant, offre-moi une petite goutte... Oh! je sais bien que j'ai mon compte... Aussi je me contenterai d'une simple larme de rhum, et j'irai dormir après...

Léopold aima mieux céder que de discuter.

Il prit la bouteille de rhum, remplit un petit verre et le présenta à Jarrelonge qui le vida d'un trait.

— Ça va bien... — dit l'ivrogne, en faisant claquer sa langue. — Bonsoir et bonne nuit!

Puis il passa dans la chambre où il couchait.

— Allons, — pensait l'évadé de Troyes en se frottant les mains, — je suis arrivé à mon but plus vite et plus facilement que je ne l'espérais... il est vrai que l'occasion m'est venue en aide... — Une fois Jarrelonge parti, je déménagerai à mon tour sans laisser d'adresse, et je n'aurai plus mon gaillard sur les bras...

De son côté l'ivrogne, tout en se déshabillant, monologuait ainsi :

— Léopold n'est qu'un lâcheur... Aussi je le lâche... Mais, avant de filer d'ici, je ferai dans la baraque une perquisition soignée...

Ensuite il se jeta sur son lit, s'endormit aussitôt d'un lourd sommeil et s'éveilla fort tard le lendemain matin.

L'ex-réclusionnaire était déjà sorti.

Les voleurs de profession, — (la chose est singulière mais indiscutable), — ont une confiance relative en la probité de leurs complices, et cette confiance est rarement trompée.

Le cousin de Pascal ne soupçonnait point Jarrelonge d'avoir l'intention de le voler, mais il le savait curieux et il avait eu soin d'emporter, en sortant, les clefs de tous les meubles.

Ce détail frappa le libéré, à qui le sommeil n'avait point du tout fait perdre ses idées de perquisition.

— On se méfie décidément de Bibi ! — murmura-t-il en faisant une grimace ironique. — On ôte les clefs... — En voilà une bêtise ! — Comme si les serrures ne me connaissaient pas ! — Il est maladroit, l'ami Léopold... — Il me prouve qu'il y a dans quelqu'un de ces tiroirs des choses qu'il ne veut pas que je voie... peut-être les noms des gens dont il fait les affaires... — C'est ça qui serait une trouvaille ! — Enfin, nous verrons bien... — Pour le quart d'heure il s'agit de me mettre en quête d'une chambre, mais pas de bêtises... soyons prudent... — Je veux pincer à Léopold ce que je pourrai... il pourrait très bien avoir la même idée que moi... Dame !... ça s'est vu... prenons nos précautions...

Jarrelonge ouvrit un meuble, en tira le portefeuille qui contenait ses économies et le glissa dans sa poche.

Il s'habilla ensuite, sortit, se dirigea vers le faubourg Saint-Antoine, déjeuna copieusement dans une crémerie, se fit servir un mazagran et un petit verre, alluma un cigare et se remit en route le nez en l'air, à la recherche d'un logement qui fût libre tout de suite.

Il marchait à l'aventure, descendant le faubourg.

Pas un seul écriteau n'attirait son attention.

Après avoir traversé la place de la Bastille, il gagna la rue Saint-Antoine. Toujours rien.

— Je trouverai peut-être plus facilement dans les rues adjacentes... — pensa-t-il.

Et il enfila la rue Beautreillis.

A peine avait-il fait vingt pas qu'un écriteau frappa ses regards.

Cet écriteau portait ces mots :

« *Chambre de garçon à louer présentement. — S'adresser au concierge.* »

— Si c'est libre, c'est mon affaire... — se dit Jarrelonge en entrant dans l'allée de la maison.

C'était une vieille construction ayant autrefois fait partie d'un grand hôtel voisin des jardins Saint-Paul.

Le libéré ouvrit la porte de la loge.

La concierge, une personne d'une trentaine d'années qui piquait des bottines à la mécanique, leva la tête et le regarda curieusement.

— Vous avez une chambre de garçon à louer, madame ? — lui demanda-t-il.

— Oui, monsieur... l'écriteau le dit.

— A quel étage?

— Au quatrième.

— Le prix?

— Deux cents francs par an, et défense au locataire d'amener des femmes...

Jarrelonge prit une physionomie superlativement hypocrite.

— Défense que je comprends et que j'approuve... — dit-il. — Une maison honnête et bien tenue comme l'est celle-ci ne doit point servir de théâtre à des commerces illicites...

— C'est le propriétaire qui veut ça...

— Je ne l'en l'estime que davantage...

— Vous n'avez pas de chien?

— Non, madame, ni chien ni chat...

— Vous n'avez pas de perroquet?...

— Ni perroquet, ni serin.

— Vous n'avez pas de machine à n'importe quoi?... — Les machines sont interdites, sauf au rez-de-chaussée...

— Point de machine d'aucune sorte... — Je suis commissionnaire en papiers peints...

— Bien... — Voulez-vous voir la chambre?

— Oui, si elle est libre tout de suite...

— Vous pourrez emménager ce soir pour peu que vous en ayez envie... — Ah! je dois vous prévenir d'une chose...

— Laquelle?

— On paye un terme d'avance...

— Je me conformerai au règlement et ça ne me gênera pas. — Tel que vous me voyez je suis fort à mon aise...

— Tant mieux pour vous... — Je vais vous conduire...

La concierge prit une clef, sortit de sa loge dont elle ferma la porte, et s'engagea dans un large escalier dont la rampe de fer forgé datait du xviie siècle.

Les paliers étaient amples, les plafonds hauts, les fenêtres larges.

Au quatrième la brave femme fit halte pour respirer.

— Y sommes-nous? — lui demanda Jarrelonge.

— Presque... — répondit-elle en se remettant en marche et en s'engageant dans un couloir bien éclairé.

Elle s'arrêta devant une porte qu'elle ouvrit.

— Entrez, — reprit-elle, — c'est là...

La chambre dont Jarrelonge franchit le seuil était vaste et haute de plafond. Une large fenêtre donnant sur une cour l'éclairait.

L'ex-associé de Léopold Lantier jeta un regard autour de lui.

— Diable! — fit-il. — C'est une pièce sans cheminée...

— Oui, car on a coupé la chambre en deux par une cloison, et la cheminée se trouve dans l'autre moitié... Mais vous pourrez avoir un poêle... Ça chauffe tout autant et c'est plus économique... — A moins que vous ne vouliez la pièce à côté et le cabinet attenant... Seulement c'est un peu plus cher...

— Combien?

— Deux cent cinquante francs... — Ça vous convient-il ?...

— Non, je loue celle-ci... et voici le denier à Dieu.

Jarrelonge mit une pièce de cinq francs dans la main de la concierge enchantée, et poursuivit :

— J'apporterai mes meubles demain...

— Alors aujourd'hui je vais nettoyer, et dès ce soir ça sera prêt...

— Dans un instant j'enverrai un poêle que vous aurez la complaisance de faire monter de suite, et que vous allumerez pour vous chauffer en nettoyant...

— Voici cent sous pour le combustible... Je vous payerai le terme d'avance en emménageant.

— Et en signant l'acte de location... C'est une habitude du propriétaire...

— Bien, madame...

XLVI

Le nouveau locataire et la concierge descendirent.

Jarrelonge alla chez un quincaillier, acheta un poêle de fonte muni de ses tuyaux, et donna l'ordre de le porter immédiatement rue Beautreillis.

— Maintenant, — pensa-t-il, — un lit complet, deux chaises, une table, une armoire, et mon Louvre sera garni.

Il remonta vers le faubourg Saint-Antoine pour faire ses acquisitions.

Au moment où il traversait la place de la Bastille, Isabelle et Renée, cette dernière encore faible sur ses jambes, sortaient de rue de l'École-de-Médecine et se dirigeaient du côté de la station de voitures qui se trouve le long de la grille du jardin de l'hôtel Cluny.

Zirza fit monter sa compagne dans une voiture à deux places, donna l'ordre au cocher de gagner le boulevard Beaumarchais, indiqua un numéro et s'installa près de Renée.

— Chère mignonne, — lui dit-elle, — avant de s'occuper d'un logement il faut savoir si Mme Laurier vous agréera comme je l'espère... — Si sa réponse est affirmative, — (et je n'en doute pas), — nous chercherons votre chambrette dans les environs du magasin, afin que matin et soir vous n'ayez pas à faire une longue course...

Mme Laurier était fort connue sur la place de Paris dans le commerce de la dentelle, quoique sa boutique fût d'apparence modeste.

Aucun magasin des beaux quartiers n'était mieux assorti et mieux achalandé.

On y trouvait non seulement des dentelles neuves de toutes provenances, mais encore des dentelles anciennes très rares, d'une valeur considérable.

Mme Laurier, qui dépassait le mauvais côté de la cinquantaine, tenait depuis vingt-cinq ans cette boutique dont elle avait hérité de sa mère.

Aimant à s'occuper de tout par elle-même, elle se contentait de deux employées : une demoiselle de magasin à qui elle accordait une assez grande confiance, et un *trottin* pour les courses.

Elle suivait assidûment les ventes de la rue Drouot; — pendant ses fréquentes absences la demoiselle de magasin avait la responsabilité tout entière.

Or, depuis près d'un mois, Mme Laurier se trouvait dans un sérieux embarras, sa suppléante l'ayant quittée pour se marier et s'établir à son compte.

Beaucoup de jeunes filles s'étaient présentées pour remplir l'emploi vacant, mais Mme Laurier se montrait difficile.

Il fallait d'abord lui plaire de visage et d'apparence, et produire ensuite des références sérieuses.

Aucune des postulantes ne se trouvait dans ce double cas.

Zirza, connaissant depuis longtemps la dentellière, était au fait de ces circonstances et comptait bien les faire tourner au profit de Renée.

On arriva boulevard Beaumarchais. — Zirza fit descendre la convalescente, renvoya la voiture, traversa le trottoir et s'approcha de la boutique.

Derrière les vitrages, s'étalaient des dentelles splendides qui frappèrent Renée d'admiration.

La maîtresse de Jules Verdier jeta un coup d'œil à l'intérieur et dit :

— Madame n'est pas là... il n'y a que le *trottin*... Donc, elle n'a pris personne jusqu'à présent. — La chance est pour nous... Entrons...

Elle ouvrit la porte.

Renée, un peu tremblante, la suivit.

Le trottin, — une gamine rousse de quatorze à quinze ans, à la mine éveillée, à la physionomie bien parisienne, répondant au nom prétentieux de Zénaïde, — se leva et vint à elles.

— Mme Laurier est absente? — lui demanda Zirza.

— Oui, madame, mais elle ne tardera pas à rentrer. — Voulez-vous l'attendre?

— Certainement.

— Dans ce cas, voilà des chaises. Prenez la peine de vous asseoir.

— Merci !

Les deux jeunes filles n'avaient pas eu le temps de s'installer, quand la porte s'ouvrit

— Voilà madame ! — s'écria le trottin.

Mme Laurier, un grand carton sous le bras gauche, arrivait en effet.

— Voyez donc, reprit le commissaire, la partie mouillée est toute noire. Cela me semble suspect.

— Comment! Zirza, c'est vous!! — fit-elle en entrant. — On ne vous a pas vue depuis je ne sais combien de temps... — Je vous croyais ensevelie sous les neiges...

— Vous voyez qu'il n'en est rien... — répondit Zirza en riant.

— Alors pourquoi étiez-vous si rare?

— Je soignais une de mes amies dangereusement malade... mademoiselle... que voilà...

En disant ce qui précède, elle désignait Renée.

Mme Laurier regarda la fille de Marguerite et parut frappée de sa beauté.

— En effet, — dit-elle avec émotion, — mademoiselle est bien pâle encore..
— Asseyez-vous, mademoiselle, je vous en prie...

— Merci, madame... — balbutia Renée, — je suis plus forte que je n'en ai l'air, et je n'éprouve aucune fatigue...

La voix de l'enfant, — une voix d'or, — acheva de mettre la dentelière sous le charme.

— Qui me procure le plaisir de vous voir aujourd'hui? — demanda-t-elle à l'étudiante.

— Ne devinez-vous pas un peu?
— Non, pas du tout...
— La place dont vous m'avez parlé est-elle encore libre?
— Oui, toujours... — Vous savez que pour être agréée il faut me plaire, et je suis très exigeante.
— Je viens vous demander cette place..
— Si c'est pour vous, affaire conclue...
— Ce n'est pas pour moi...
— Pour qui donc?
— Pour mon amie.

Renée devint pourpre.

Mme Laurier jeta les yeux sur la jeune fille avec un redoublement d'intérêt, et dit vivement :

— Ainsi, mademoiselle, c'est pour vous?...

— Oui, madame... — répondit Renée d'une voix mal affermie, — et si vous agréez la prière que vous adresse pour moi mon amie, je vous en serai bien reconnaissante...

— Êtes-vous au fait du commerce des dentelles? — demanda Mme Laurier.

— Non, madame, je ne connais pas le commerce, mais je connais la valeur des dentelles, les différents points, et je suis assez adroite pour les raccommodages...

— Vous n'avez été employée à Paris dans aucune maison?
— Non, madame... — J'arrive de province...
— Votre famille... — commença Mme Laurier.

— Elle n'en a plus... — interrompit la blonde Zirza. — Ses parents sont morts... Elle est seule au monde, et il faut qu'elle travaille : car elle est pauvre et veut rester honnête fille...

La dentelière n'insista pas, et reprit en s'adressant à la fille de Marguerite :

— Quel âge avez-vous, mademoiselle?
— Dix-neuf ans, madame...
— Vous vous appelez?

— Renée.

— Ce n'est pas là votre seul nom?

— Je n'en ai jamais porté d'autre...

L'émotion de Mme Laurier était manifeste, et la bonne dame ne cherchait point à la dissimuler.

Elle se leva, prit une dentelle roulée dans un carton, et la mit sous les yeux de Renée, en demandant :

— Quel est ce point?

Après un rapide examen la jeune fille répondit :

— Du petit point de Malines...

— Cela vaut?

— De quarante-cinq à cinquante francs le mètre.

Mme Laurier prit un autre coupon, le présenta à Renée et poursuivit :

— Quel est celui-ci?

— Du point de Chantilly ancien...

— Combien l'estimez-vous?

— Ces dentelles sont si rares qu'elles sont sans prix...

La maîtresse du magasin tenta cinq ou six nouvelles épreuves, et obtint chaque fois un résultat satisfaisant.

— Vous êtes vraiment connaisseuse, mademoiselle... — dit-elle enfin. — Il ne vous manque donc que l'habitude de répondre aux clientes et de les servir, car ici nous voyons surtout des dames... — Cette habitude, d'ailleurs, s'acquiert facilement quand on y met un peu de bon vouloir...

— Ah! madame, je ferai tout ce qui dépendra de moi pour plaire à votre clientèle, — s'écria Renée.

— Quand pourriez-vous entrer chez moi?

— Dès demain, madame, si vous avez la bonté de m'agréer...

— Je vous agrée certainement, et vous commencerez non demain, mais lundi, c'est-à-dire dans quatre jours. — Employez ces quatre jours à reprendre vos forces, car je vous crois encore très faible quoique vous affirmiez le contraire... — Vous ferez ici deux repas, le déjeuner et le dîner, et vos appointements seront, pour commencer, de quatre-vingts francs par mois... — Vous arriverez au magasin à neuf heures du matin; — vous en partirez à neuf heures du soir... Le dimanche, vous serez libre à midi, après le déjeuner... — Cela vous convient-il ainsi?

La fille de Marguerite sentit ses yeux se remplir de larmes.

— Ah! madame, — balbutia-t-elle, — c'est plus que je n'aurais osé espérer, et je vous remercie de toute mon âme...

Renée s'était approchée, très émue, de Mme Laurier.

Celle-ci lui prit les mains en souriant et dit :

— Je suis certaine d'avance que nous nous entendrons parfaitement... — A lundi.

— A lundi, madame...

— Où demeurez-vous ?

Ce fut Zirza qui répondit :

— Rue de l'École-de-Médecine...

— Au bout du monde!! — s'écria Mme Laurier.

— Oh! nous savons bien que c'est trop loin ; aussi, en vous quittant, nous allons chercher une chambre aux environs du boulevard Beaumarchais.

— Excellente idée... l'exactitude deviendra facile.

— Permettez-moi de vous remercier pour ma part, et bien cordialement !... — fit Zirza.

— Je ne le permets pas, et c'est moi qui vous remercie d'avoir conduit ici Mlle Renée...

La visite était terminée ; — l'affaire était conclue ; — les deux jeunes filles se retirèrent.

— Eh bien! chère mignonne, vous voilà contente... — fit Zirza, une fois sur le trottoir, en prenant le bras de sa protégée qui répliqua :

— Bien contente, oh! oui, Zirza... et c'est à vous, à vous seule, que je dois le bonheur qui m'arrive...

XLVII

— C'est très bien, — dit la blonde étudiante, — mais il est déjà tard et il s'agit de trouver un nid avant de retourner à la rue de l'École-de-Médecine...
— Inspectons donc les écriteaux. — Ayons l'air de regarder s'il va pleuvoir... Seulement, orientons-nous... — Sur le boulevard tout est hors de prix, même les chambres de garçon... pour demoiselles seules... mais dans la rue Saint-Antoine, ou dans les rues adjacentes, nous pourrons découvrir ce qu'il nous faut...

— Guidez-moi, — fit Renée, — vous savez, mon amie, que je ne connais point Paris...

— Oui... oui... soyez tranquille et venez.

Les deux jeunes filles gagnèrent la rue Saint-Antoine où rien qui pût leur convenir ne devait être libre avant le prochain terme, et arrivèrent à la rue Beautreillis.

— Là, peut-être, — reprit Zirza, — et ça ne serait pas trop cher, mais j'ai peur que vous ne soyez fatiguée...

— Je vous assure que non ; — mes forces reviennent à vue d'œil...

— Alors, explorons...

La maîtresse de Jules et la fiancée de Paul s'engagèrent dans la rue et firent halte devant la maison dont Jarrelonge, quelques heures auparavant, avait franchi le seuil.

Un écriteau collé sur la muraille, à côté de la porte, attira leurs regards.

Chambre et cabinet d louer... — lut Renée tout haut.

— Informons-nous... — répondit Zirza.

Elles entrèrent.

La loge était vide et fermée, mais une pancarte écrite à la main et suspendue derrière la vitre donnait cette utile indication :

« *Appelez la concierge dans l'escalier* »

— Eh ! madame la concierge... — fit Zirza d'une voix perçante.

Un quart de seconde s'écoula, et des hauteurs de l'immeuble tomba cette question :

— Qu'est-ce qu'on me veut ?

Puis le dialogue suivant s'engagea :

— Vous avez une chambre et un cabinet à louer ?

— Oui.

— A quel étage ?

— Au quatrième.

— Le prix ?

— Deux cent cinquante francs par an...

— Et c'est libre ?

— Tout de suite.

— Peut-on visiter ?

— Bien entendu... — Je descends prendre la clef...

Un pas rapide retentit dans l'escalier, et la concierge que nous connaissons déjà apparut aux visiteuses.

En voyant les deux jeunes filles elle fit une grimace caractéristique.

— C'est pour vous deux la location ? — demanda-t-elle d'un ton qui, sans être impoli, n'avait rien de bien engageant.

— Non, — répondit Zirza. — C'est pour mademoiselle seule.

— Je vous préviens qu'on ne reçoit point d'amoureux ici... Ce n'est pas une maison à cascades...

Renée devint pourpre.

Zirza répliqua vivement :

— L'observation était inutile... Mademoiselle ne reçoit personne.

— A la bonne heure... — Pas de chien ?...

— Non.

— Pas de perroquet ?

— Aucun volatile...
— Pas de machine à coudre.
— Rien qui fasse du bruit... — Mademoiselle est employée dans un magasin de dentelles du boulevard Beaumarchais... — Elle sort à neuf heures du matin et ne rentre qu'à neuf heures du soir.
— Mademoiselle a-t-elle assez de meubles pour répondre de son loyer?..
— Des meubles? Nous allons en acheter...
— On paye un terme d'avance... C'est l'usage de la maison...
— On payera le terme... Montrez-nous le logement...

Tandis que s'échangeaient les paroles précédentes, la concierge avait pris la clef.

Elle s'engagea dans l'escalier où les deux jeunes filles la suivirent, ne s'arrêta qu'au quatrième étage, ouvrit une porte contiguë à celle de la chambre louée par Jarrelonge, et dit :

— Entrez, mesdemoiselles... — Vue sur la cour... — La chambre est parquetée, la cheminée ne fume pas, et voici le cabinet...

En même temps elle faisait tourner sur ses gonds une porte vitrée fermant un cabinet noir.

— Ça servira pour accrocher les robes, — fit la blonde Zirza ; — la chambre principale me paraît convenable. — Là, le lit. — Ici, l'armoire à glace. — Un guéridon au milieu... la table de toilette auprès de la fenêtre... — Qu'en pensez-vous, Renée?...

— Je pense que nous ne pouvions trouver mieux.

— Surtout à pareil prix!! — s'écria la concierge. — Sans compter qu'on peut emménager aujourd'hui si l'on veut, et que le terme ne courra qu'à partir du 8 janvier prochain... C'est un gros avantage.

— Nous louons... — dit l'étudiante.

— Bien, mademoiselle...

— On va vous donner le denier à Dieu et le premier terme d'avance...

— Vous le payerez en signant l'acte de location que je vais faire préparer par le propriétaire... — Le nom de mademoiselle, s'il vous plaît?

— Renée.

— Renée, quoi?

— Renée tout court.

— Ça suffit... — Quant au denier à Dieu, vous le donnerez quand vous voudrez.

— Qu'est-ce que c'est que le denier à Dieu? — demanda la fille de Marguerite.

Isabelle le lui expliqua.

Renée ouvrit son porte-monnaie et tendit une pièce de dix francs à la concierge dont le visage devint rayonnant à la vue de l'or, et qui se sentit prise d'une sympathie soudaine pour sa locataire future.

Elle empocha la pièce avec un beau sourire et une grande révérence, et dit d'un ton mielleux :

— Merci, mademoiselle... Ah! vous serez ici bien à l'aise... — La maison est la plus tranquille du quartier... — On ne s'occupe pas des locataires... Pourvu qu'on me dise son nom en rentrant le soir c'est tout ce qu'il faut, et je ne songe guère à regarder si on monte seule ou si on est deux... — Je ferai votre ménage, si vous voulez, pour dix francs par mois.

— Quand mademoiselle sera installée elle s'arrangera avec vous... — répondit Zirza.

— Quand emménagera mademoiselle?

— Demain ou après-demain...

— L'acte de location sera prêt.

Les deux jeunes filles redescendirent et prirent une voiture pour retourner à la rue de l'École-de-Médecine où Paul et Jules les attendaient avec impatience.

— Eh bien? — demanda Paul à Renée.

— Eh bien! mon ami, tout s'est passé comme nous le désirions, grâce à notre chère Zirza...

Renée raconta la visite à la dentelière, et le fils de Pascal Lantier serra très affectueusement les deux mains de Zirza.

— Ce n'est pas tout... — reprit celle-ci, — nous avons loué un logement...

— Où? — demanda curieusement Paul.

— Vous le saurez le jour où on vous invitera pour y pendre la crémaillère.

— Pas avant?

— Non, pas avant.

— C'est un secret, alors?

— Un gros secret...

— Gardez-le donc, et allons dîner...

— On ne dîne pas ici? — s'écria l'étudiante.

— Non... nous avons projeté, Jules et moi, de vous conduire au restaurant et ensuite au théâtre...

— Au théâtre !... — répéta la fille de Marguerite presque avec effroi.

— Sans doute... C'est le plus innocent de tous les plaisirs...

— Mais je suis en deuil...

— D'un étranger... Un deuil de cette nature ne vous interdit point une distraction.

— Moi j'approuve! — s'écria Zirza; — j'adore les dîners au cabaret et le spectacle. — Où irons-nous?

— Aux Halles d'abord, chez Baratte... et de là au Châtelet.

L'étudiant se pencha vers Paul et lui glissa dans l'oreille ces mots :

— C'est compromettant pour Renée, cette partie-là, savez-vous... — On la prendra pour votre maîtresse... — Enfin il faut espérer que vous ne rencontrerez personne de connaissance.

— Bientôt nous serons libres, — répondit le jeune homme, — et je pourrai montrer avec orgueil ma femme à l'univers ! — Dimanche je conduirai Renée à mon père...

De la rue de l'École-de-Médecine aux Halles, la distance n'est pas longue.

Elle fut vite franchie et les deux couples arrivèrent chez Baratte où Paul demanda un cabinet et fit servir un menu bien compris.

*
**

En sortant de chez le quincaillier qui lui avait vendu son poêle, Jarrelonge, nous croyons l'avoir dit, était remonté du côté du faubourg Saint-Antoine, examinant la boutique des marchands de meubles.

A la devanture de l'un d'eux, de grandes pancartes d'un rouge orangé attirèrent son attention.

Ces pancartes indiquaient en gros caractères la composition et le prix de mobiliers vendus *presque pour rien*.

Jarrelonge lut à demi-voix :

« *Prix* : DEUX CENT QUARANTE-CINQ FRANCS »

« Un lit en noyer de 4 pieds
« Un sommier.
« Un matelas.
« Un traversin.
« Un oreiller.
« Deux chaises.
« Une commode.
« Une table de nuit.
« Une table.
« Une descente de lit. »

Le libéré entra.

En un quart d'heure il eut fait son choix, payé, et indiqué l'adresse de son nouveau domicile, en donnant l'ordre de lui livrer le mobilier le lendemain à midi précis.

XLVIII

Satisfait d'une acquisition qui n'entamait pas trop son pécule, le libéré se rendit rue de Lappe, où, chez un brocanteur-recéleur de ses amis, il acheta deux paires de draps, deux taies d'oreiller et quelques serviettes ; puis, se sentant de

Le cadavre du comte, véritable squelette, était étendu sur une table de marbre.

joyeuse humeur, il descendit du côté des Halles, gagna la rue de la Ferronnerie, et entra chez un marchand de vin dont une clientèle très mêlée remplissait l'établissement.

Jarrelonge connaissait depuis longtemps la maison.

Il passa sans hésiter de la boutique dans une arrière-salle pleine de monde comme la première, jeta des regards investigateurs autour de lui, puis sa figure s'éclaira et il s'approcha d'un groupe.

Toutes les mains se tendirent vers lui et un hourrah général lui souhaita la bienvenue.

De plus en plus ravi de cet accueil flatteur, il s'installa au milieu de ses amis retrouvés et demanda une bouteille de derrière les fagots.

La conversation engagée continua et Jarrelonge, qu'elle n'intéressait point, se pencha vers son voisin de droite et lui glissa dans l'oreille ces mots :

— J'ai besoin de te parler.

— Eh bien ! — répondit le voisin, — vas-y, j'écoute.

— Pas ici.

— Alors, sortons !

— Rien ne presse, seulement nous partirons ensemble.

— Convenu...

Les amis de Jarrelonge étaient tous des voleurs de profession, pour la plupart des repris de justice.

Ils ne causaient point cependant de leurs petites affaires, ainsi qu'on aurait pu le croire.

Non pas ! — Ils parlaient politique avec animation, et démolissaient à qui mieux mieux le gouvernement, comme des électeurs sérieux jouissant de tous leurs droits.

La discussion finie, le moment de dîner était venu.

On invita Jarrelonge, qui ne fit point de façons pour accepter.

Le repas se prolongea.

La demie après onze heures venait de sonner quand celui des dîneurs qui semblait avoir sur ses camarades une certaine autorité, se leva et dit :

— N'oubliez pas le rendez-vous...

— Pas de danger !... — répliqua l'un des bandits. — Nous y serons à une heure précise...

Jarrelonge comprit sans peine qu'il s'agissait d'une *affaire* pour la nuit; mais, comme on ne le mettait point dans la confidence, il se garda bien de questionner.

Les dîneurs sortirent et se dispersèrent.

Le libéré quitta le cabaret avec l'homme à qui nous l'avons entendu parler tout bas.

— Qu'est-ce que tu me veux ? — lui demanda cet homme en prenant le chemin des quais.

— J'ai besoin que tu me rendes un service...

— Quel service ?

— Ayant à fouiller quelques meubles dont je ne possède point les clefs, il me faut des passe-partout et je compte sur toi pour me les procurer...

— Tu tombes mal ce soir, ma vieille... — répliqua l'homme en riant.

— Pourquoi ça ?

— Parce que nous avons de l'ouvrage cette nuit, et que les passe-partout que je vais justement chercher de ce pas nous seront nécessaires...

— Tonnerre! — murmura Jarrelonge. — C'est vexant tout de même...

— Ne peux-tu pas attendre jusqu'à demain?

— Puisque je ne peux pas faire autrement il faudra bien que j'attende; mais ça me vexe.

— L'affaire est donc bien pressée?

— On peut à la rigueur la reculer d'un jour.

— Et tu la feras seul?

— A quoi bon se mettre deux?... — Ce n'est pas une affaire d'argent... C'est une petite vengeance...

— Blagueur!!

— Parole...

— Alors viens demain matin rue des Canettes, n° 17, au cinquième, la porte en face de l'escalier... C'est là que je perche... Tu frapperas trois petits coups espacés... Deux et un... — Je t'ouvrirai et je te prêterai la ferraille pour vingt-quatre heures...

— Tu es un bon garçon... Je te revaudrai ça... — Est-ce un coup dans les grands prix que vous allez faire cette nuit?

— Entre le ziste et le zeste... — Pas d'argent comptant, mais de l'argenterie pas mal, et des objets d'art.

— Maison habitée?...

— Par un seul domestique... — Les autres ont été congédiés par ordre de la justice... — L'hôtel est situé tout au haut du boulevard Malesherbes... Depuis le parc Monceau on y entre comme chez soi...

— Tiens! tiens! — fit Jarrelonge. — Et pourquoi donc que la justice a fourré son nez dans cet hôtel?...

— C'est bien simple... — Le particulier qui l'habitait est mort... — Il avait une fille... Cette fille, inculpée d'avoir empoisonné son petit papa, a été mise au clou... — On va travailler là-dedans bien à la douce, sans se presser... — Il paraît que l'argenterie est vraiment chic.

— Sont-ils veinards! — fit Jarrelonge avec dépit... — De vrais Bidards! — C'est pas moi qu'aurais cette chance-là!

— Qu'est-ce que tu veux!... — répliqua l'homme. — C'est ta faute...

— Comment donc ça?

— Tu fais le cachottier... — Tu sembles toujours te défier des camarades. — Tu travailles seul... Alors on te laisse de côté... — Sur ce, je te lâche... — Je n'ai que juste le temps d'aller rue des Canettes et d'arriver boulevard Malesherbes à l'heure du rendez-vous... A demain matin, ma vieille!...

— A demain matin.

Et Jarrelonge laissa filer le voleur qu'il avait reconduit jusqu'à la place Saint-Sulpice.

Il était minuit.

L'ex-complice de Léopold Lantier gagna la rue de l'École-de-Médecine pour arriver au boulevard Saint-Michel et le redescendre jusqu'à la rue de Rivoli, chemin direct conduisant à la rue Saint-Antoine, à la rue de Reuilly, et par conséquent au passage Tocanier.

Ayant absorbé d'énormes doses de liquide pendant toute l'après-midi et pendant toute la soirée, Jarrelonge avait la tête lourde et les jambes un peu chancelantes.

Comme toujours sa demi-ébriété se traduisait par des chants où ses souvenirs alternaient avec ses improvisations.

En passant devant la préfecture de police, à laquelle il jeta un coup d'œil goguenard, il se mit à entonner le refrain à propos duquel Léopold Lantier l'avait si vertement sermonné la veille.

Tout en titubant il chantait à tue-tête :

> Nous voici bientôt sur le pont.
> La faridondaine, la faridondon.
> Bientôt sur le pont de Bercy.
> C'est ici !
> À la façon de Barbari,
> Mon ami.

Un groupe de quatre personnes, sortant du théâtre du Châtelet dont la représentation venait de finir, s'engageait en ce moment sur le pont Saint-Michel.

Ce groupe était formé de deux couples, se serrant l'un contre l'autre, et marchant vite ; car le froid piquait.

Nos lecteurs ont deviné déjà Paul et Renée, Jules et Zirza.

Le fils de Pascal Lantier et la fille de Marguerite étaient en avant.

Brusquement ils s'arrêtèrent.

Renée, tremblante, se soutenant à peine, semblait atteinte d'un soudain accès de folie.

Elle lâcha le bras de Paul, porta ses deux mains à son front, et recula jusqu'au parapet en donnant tous les signes d'une profonde terreur.

— Qu'avez-vous, Renée, chère Renée ?... — s'écria l'étudiant avec angoisse. — Que se passe-t-il ? D'où vient votre effroi ?

— Écoutez... écoutez.. — balbutia la jeune fille, le cou tendu, les yeux hagards.

— Quoi ? que faut-il écouter ? — demandèrent à la fois Paul, Zirza et Jules.

— Ce chant... entendez-vous ?... ce chant ?

Jarrelonge continuait sa route en se dirigeant vers la gauche, et se complaisait en toutes sortes de fioritures et de points d'orgue.

— Ce chant ? — répondit Zirza en riant. — Mais c'est sans doute le refrain de quelque *scie* d'un *beuglant* quelconque.

— Non... non... — reprit la jeune fille d'une voix étranglée. — Ce chant, c'est un signal de mort... on le chantait en m'assassinant... il annonce un crime nouveau...

— Chère Renée, — murmura Paul, — vous avez abusé de vos forces aujourd'hui et la fatigue ramène la fièvre... Calmez-vous, — je vous en supplie... mettez-vous l'esprit en repos... — Votre imagination vous fait croire à un danger qui n'existe pas...

Le chant venait de cesser.

Jarrelonge reprenait haleine en côtoyant le théâtre des Nations.

Les dents de Renée claquaient.

— Ah ! — dit-elle en faisant un violent effort pour reconquérir son sang-froid, — vous me croyez en délire, et vous vous trompez... — Je n'oublierai jamais les paroles et l'air que nous venons d'entendre. — Vous vous souvenez qu'une voiture, — la voiture des assassins, — était venue me prendre au chemin de fer lors de mon arrivée à Paris... — L'homme qui la conduisait a chanté ce refrain au moment où nous passions sur un pont, et c'était un signal... le signal de ma mort... — Comprenez-vous maintenant?

— Jour de Dieu !—s'écria Paul.—Me serait-il donné de retrouver les infâmes !

Il ajouta vivement, en s'adressant à Jules et à Zirza.

— Reconduisez Renée, mes amis...

Et il s'élança dans la direction que suivait Jarrelonge.

Renée ne respirait plus.

Une sueur glacée mouillait ses tempes.

C'est à peine si l'on entendait s'échapper de ses lèvres tremblantes ces mots presque indistincts :

— J'ai peur... j'ai peur...

— Venez, chère enfant, — dit Jules Verdier en prenant le bras de la fille de Marguerite, — il n'y a rien à craindre pour notre ami Paul... Il sera prudent, je vous le promets... D'ailleurs la voix qui chantait a cessé de se faire entendre... Il ne retrouvera pas l'homme qu'il poursuit...

XLIX

Isabelle avait pris l'autre bras de Renée.

Pendant quelques instants l'étudiant en médecine et les deux jeunes filles fixèrent leurs regards sur l'endroit par lequel Paul s'était éloigné, mais ils ne le voyaient plus et ils se dirigèrent lentement vers la rue de l'École-de-Médecine.

Le fils de Pascal allait au hasard.

Ce refrain signalé par Renée bruissait toujours à ses oreilles, quoique le chanteur eût fait silence.

Il lui semblait l'entendre encore.

Quelques passants attardés, marchant très vite, le croisaient ou le dépassaient.

Arrivé au square de la tour Saint-Jacques, il s'arrêta pour écouter mieux.

La gelée avait durci le sol et les pas retentissaient dans la nuit.

Paul distingua du côté de l'avenue Victoria le bruit d'une marche titubante.

Il s'élança dans cette direction et bientôt il vit, à quinze ou vingt mètres de lui environ, une silhouette masculine se dessiner sous la clarté des becs de gaz.

Cette silhouette filait en rasant les maisons.

Soudain l'homme poursuivi se mit à fredonner.

L'étudiant tressaillit.

L'air fredonné par le piéton était le même qu'il venait d'entendre sur le pont Saint-Michel et que Renée, frappée de terreur, avait reconnu.

— C'est le chanteur... — murmura Paul avec un frisson d'angoisse. — Cet homme est-il l'assassin que je cherche, ou bien un passant inoffensif? — Renée ne se trompe-t-elle pas? — Ce refrain n'est-il point celui d'une chanson en vogue, comme le croit Zirza? — Que dois-je faire? — Aller à cet homme et lui mettre la main au collet? — Mais s'il est innocent il appellera à l'aide, il réclamera l'assistance des sergents de ville, et c'est moi qu'on arrêtera... — Renée se trompe peut-être... — Agir au hasard serait folie...

Jarrelonge venait de tourner près des palissades qui défendent l'approche des travaux de l'Hôtel de Ville en reconstruction.

Paul prit un parti.

— J'éviterai tout scandale imprudent, — se dit-il, — mais je saurai quel est cet homme...

Et il reprit chasse.

Le libéré ne fredonnait plus et hâtait le pas.

Son ivresse commençait à se dissiper; sa marche était plus ferme et ses idées plus nettes.

Il pensait à Léopold Lantier et combinait le bon tour qu'il voulait lui jouer pour le punir de son ingratitude et de son égoïsme.

Tout à coup il dressa l'oreille, tourna la tête, vit en arrière, à vingt pas de lui, un homme, le chapeau sur les yeux, les mains dans les poches, et se dit :

— Voilà un particulier qui va du même côté que moi...

Ceci n'ayant rien de suspect, il remonta la rue Saint-Antoine.

L'étudiant conservait sa distance et Jarrelonge l'entendait marcher.

Un commencement de défiance s'empara de lui.

— Ma parole, — murmura-t-il, — on croirait que ce coco-là me suit... — Est-ce que par hasard ce serait un voleur ?

Il ajouta en boutonnant son pardessus.

— Fichtre! c'est que j'ai sur moi mon petit magot très complet, et ce camarade-là pourrait vouloir dépouiller un collègue !... — Ça ne serait pas à faire ! — Me suit-il vraiment ? — Faut s'en assurer...

Le bandit s'arrêta.

Paul en fit autant de son côté.

— Tiens! tiens! tiens! — continua l'ex-complice de Léopold, — décidément il me *file*, et même il ne s'en cache guère... — Qu'est-ce que ça signifie ?

Il détala au pas gymnastique.

L'étudiant l'imita.

Il se mit à courir.

Paul prit sa course.

— Attends, attends, mon bonhomme, — pensa Jarrelonge, — je vas te délier les jambes, et si tu ne connais pas le faubourg, tu vas avoir de l'agrément...

On arrivait place de la Bastille.

Le bandit la traversa, décrivit un demi-cercle pour gagner la rue d'Aval, tourna dans la rue de la Roquette et enfila la rue de Lappe.

L'étudiant disait :

— C'est un gredin de la pire espèce... il s'est aperçu que je le suivais... il me prend pour un agent de police et veut me faire perdre sa trace... — Renée ne se trompait pas...

L'haleine commençait à lui manquer ; néanmoins il redoubla de vitesse, mais Jarrelonge avait de l'avance et filait comme un lièvre.

La rue de Lappe aboutit à la rue de Charonne, laquelle, à son tour, se greffe sur la rue du Faubourg-Saint-Antoine.

Au moment où le libéré débouchait dans cette rue, il se heurta contre un homme qui remontait dans le faubourg.

— Tonnerre du diable ! Prenez donc garde, imbécile ! — dit cet homme avec colère.

Le fuyard avait déjà fait deux pas.

En entendant la voix qui l'appelait imbécile, il tourna sur ses talons et revint près de celui qu'il venait de bousculer.

— Comment, c'est toi ! — s'écria-t-il.

— Jarrelonge ! — fit Léopold stupéfait, car c'était bien le cousin de Pascal Lantier.

— En personne.

— Et pourquoi courais-tu si vite ? — Est-ce que la police est à tes trousses ?

— Je n'en sais rien, — répondit le voleur haletant, — mais un homme me suit depuis l'Hôtel de Ville... Tiens, écoute, il accourt de ce côté.

— Eh bien, file en avant et cache-toi... — Je me charge de l'importun...

Jarrelonge suivit en toute hâte le conseil de Léopold.

Ce dernier s'immobilisa au coin de la rue, sous un bec de gaz, tira de sa poche un porte-cigares, l'ouvrit et y choisit un *régalia de la reina* qu'il alluma tranquillement.

Après une courte halte, Paul, un instant désorienté, avait repris sa course du côté du faubourg.

En sortant de la rue de Charonne, il aperçut le personnage arrêté, s'approcha de lui et le regarda.

Léopold achevait d'allumer son cigare.

Il se retourna vers le jeune homme dont la lueur du gaz éclairait en plein le visage.

Paul était haletant comme Jarrelonge et plus encore peut-être. — De grosses gouttes de sueur coulaient sur son front.

— Désirez-vous du feu, monsieur ? — lui demanda Léopold avec une politesse exquise, en lui présentant son régalia tout allumé.

— Non, monsieur, merci... — répondit l'étudiant. — Mais je solliciterai de votre obligeance un renseignement...

— Disposez de moi... De quoi s'agit-il ?...

— Je donne la chasse à un homme qui a pris la direction de cette rue... Cet homme est un voleur et un assassin... j'en ai la certitude... j'en ai la preuve...

— A tout prix il faut que je le retrouve...

— J'ai vu, en effet, passer quelqu'un, — répliqua Léopold, — un homme de mauvaise mine qui courait à toutes jambes...

— C'est cela... c'est bien cela... — Par où a-t-il pris ?

— Il a tourné à droite, du côté de la Bastille...

— Le gredin revient sur ses pas pour me faire perdre sa piste... mais, grâce à vous, il n'y parviendra point ! — Merci, monsieur ! merci...

Et Paul prit à son tour le chemin de la place de la Bastille, dont nous savons que Jarrelonge s'éloignait.

Léopold se remit en marche, très intrigué, très préoccupé.

Il se demandait :

Elle entra le front haut et toisa du regard ces hommes rassemblés dont aucun ne s'inclina devant elle.

— Qu'est-ce que c'est que ce garçon-là? — Pourquoi donne-t-il la chasse à Jarrelonge ? Pourquoi le suppose-t-il voleur et assassin?... Est-ce que cette brute de Jarrelonge aurait fait des siennes?... Heureusement, je me suis trouvé là fort à propos pour dépister l'indiscret.

Après avoir parcouru un espace de cent mètres, Léopold vit tout à coup son ex-complice sortir d'une allée dont la porte était mal close, et se présenter devant lui.

— Eh bien, — demanda le libéré.

— Eh bien? il est loin, s'il court toujours... — Mais explique-moi ce que tout cela signifie... — A quel propos cette poursuite?

— Trouve le mot de l'énigme si tu peux, — répliqua Jarrelonge; — moi je le cherche en vain... — Me voyant suivi je me suis mis à courir, et le particulier a fait comme moi...

— D'où venais-tu?

— Du quartier Latin...

— Tu as donc des affaires de ce côté-là?

— Non, mais le quartier me plaît... j'y cherchais un logement et je m'étais attardé...

— Dans quelque bouge?...

— Non, dans un endroit très chic, une brasserie à femmes... C'était plein d'étudiants...

— Et tu n'as rien dit, rien fait de compromettant? Tu n'as cherché querelle à personne?...

— Parole d'honneur, non! — J'ai séché des bocks, lu les journaux et fait un doigt de cour aux donzelles...

— C'est étrange!! — s'écria Léopold.

— Pourquoi ça?

— Parce que l'homme qui te poursuivait, l'homme à qui j'ai parlé et que je reconnaîtrai partout si quelque jour je le rencontre, m'a dit que tu étais un voleur et un assassin...

— Miséricorde, — balbutia Jarrelonge dont les dents claquaient d'épouvante, — il est de *la rousse!!*

Léopold secoua la tête et répondit :

— Non, il est trop jeune pour cela... — Ce doit être un étudiant.

— Alors, je n'y vois goutte.

— Ce qui me paraît clair, c'est que tu es compromis et que notre séparation devient indispensable. — A la suite de cet incident je désire même qu'elle soit prompte... — As-tu trouvé le logement que tu cherchais?

— A peu près... — J'ai offert un prix... — Demain matin, j'aurai la réponse.

— L'adresse?

— Rue de la Harpe, numéro 3.

Jarrelonge mentait, et nos lecteurs devinent sans peine la raison de ce mensonge. — Il voulait cacher sa nouvelle demeure à son ancien complice.

L

— Du reste, — reprit Léopold, — après-demain, j'aurai quitté moi-même le passage Tocanier.

— Ah! — fit le libéré, — tu déménages aussi?

— C'est plus prudent.

— Et où iras-tu?

— Rue de Trévise, numéro 19.

— Mazette! tu te payes les beaux quartiers!...

— Oui, la maison est très chic, seulement les deux chambres dont se compose mon logement sont au sixième...

— Premier étage en descendant du ciel... et tu payes?

— Cinq cents francs par an...

— On voit que tu as un fier sac!!

— C'est un peu cher, mais j'aime mes aises.

L'évadé de Troyes mentait comme avait menti Jarrelonge, et ce dernier n'était pas sa dupe.

Tout en causant, les deux misérables avaient atteint le passage Tocanier; ils rentrèrent dans le pavillon et regagnèrent leurs chambres respectives. Jarrelonge, préoccupé de son rendez-vous du lendemain, rue des Canettes, se leva au point du jour et sortit avant que Léopold ne fût réveillé.

Dès huit heures et demie il frappait à la porte de son ami le voleur.

Ce dernier dormait d'un profond sommeil et le visiteur matinal fut obligé, à plusieurs reprises, de tambouriner contre l'huis pour le réveiller.

Enfin la porte s'entrebâilla et Jarrelonge put franchir le seuil

— On t'entendait ronfler depuis le carré! — dit-il. — Paraîtrait que vous avez travaillé tard!... — L'affaire était-elle bonne?

— Ne m'en parle pas! — répliqua l'ami d'un ton de mauvaise humeur; — j'aurais aussi bien fait de te prêter les *bibelots* hier soir...

— Le coup a manqué?

— Il était impossible...

— Comment donc ça?

— On avait été mal renseigné... — Derrière les persiennes en bois il y a des volets en fer...

— Ah! ah! pas de chance! — De sorte que la *camelote* est restée dans l'hôtel...

— Hélas! — Quel gueux que ce comte!

— Ah! c'est chez un comte que vous alliez travailler?

— Je croyais te l'avoir dit hier soir... le comte de Terrys... Il est mort, il y a quelques jours... On accuse sa fille de l'avoir empoisonné, et la demoiselle est au clou...

— Bref ! tu es vexé...

— Naturellement...

— Il y a de quoi ; mais tu te rattraperas sur autre chose... — Enfin tu peux mettre les objets à ma disposition?

Dans la mansarde il gelait à pierre fendre, et le voleur s'était fourré en toute hâte sous ses couvertures.

— Ouvre le petit tiroir de la commode, — répondit-il, — et prends ce qu'il te faut...

Jarrelonge s'empressa de profiter de la permission et glissa dans la poche de son paletot un trousseau de *rossignols*...

— Quand me les rapporteras-tu? — demanda le voleur.

— Demain soir, sans faute.

— A quelle heure?

— A huit heures précises.

— Je t'attendrai ici... — Présentement laisse-moi dormir, car je tombe de sommeil. — File et ferme la porte.

Jarrelonge donna une poignée de main à son camarade, quitta la mansarde et retourna au passage Tocanier.

Léopold était sorti.

Le libéré poussa les verrous, afin de se mettre à l'abri de toute surprise et se dit :

— Il ne rentrera pas de sitôt... j'ai du temps devant moi... — Inspectons les tiroirs...

Prenant alors ses fausses clefs, il ouvrit les meubles l'un après l'autre, sans forcer les serrures, et chercha l'argent et les papiers qu'il croyait devoir être en possession de son complice.

Tout d'abord il ne trouva rien.

— Ah ! le brigand ! — murmura-t-il avec rage. — Est-ce que, par malice, il a tout enlevé?

Un dernier meuble restait à visiter : une commode.

Malgré le découragement qui s'emparait de lui, Jarrelonge l'ouvrit.

Soudain ses yeux brillèrent et son visage s'illumina.

Il voyait, dans un coin du tiroir supérieur, de l'or et des billets dont ses mains, que la joie faisait trembler, s'emparèrent, puis il procéda à l'exploration d'un autre tiroir et dit, presque à voix haute :

— Des papiers... des lettres... un gros volume manuscrit avec ce titre: *Souvenirs de ma vie et de mes voyages*... — Tiens ! ça doit être rigolo... — Je lirai ça dans mes moments perdus... — Vite au fond de ma valise.

Jarrelonge referma la commode, gagna sa chambre, mit tous les papiers et le manuscrit dans sa valise qu'il boucla soigneusement ; puis, la jetant sur son épaule, il gagna la porte du pavillon, l'ouvrit, et s'éloigna du passage Tocanier sans esprit de retour.

Au coin de la rue de Reuilly une voiture passait à vide.

— Ohé ! cocher, — cria-t-il, — arrête ta boîte !...

Et il sauta dans le fiacre.

— Où allons-nous ? — demanda le cocher.

— Au coin de la rue Saint-Antoine et de la rue Beautreillis...

La voiture roula.

A l'endroit indiqué Jarrelonge mit pied à terre, paya la course et, sa valise sur l'épaule, gagna la maison où il avait loué la veille.

— Bonjour, monsieur, — lui dit la concierge avec un sourire de bon accueil. — Vous venez prendre possession de votre local ?...

— Oui, ma chère dame... — On a apporté mon mobilier hier soir, n'est-ce pas ?

— Tout est en place... — J'ai fait votre lit et vous trouverez un bon feu... — Voici la clef.

Jarrelonge gravit les quatre étages, ouvrit la porte, trouva la chambre bien chaude, s'avoua que son intérieur était superlativement confortable, déposa sa valise dans un coin et mit sous clef sa fortune personnelle et l'argent volé à Léopold.

— Qu'ai-je à craindre de LUI ? — se demanda-t-il en riant. — Absolument rien ! Aucun danger qu'il porte plainte contre moi... il sait trop ce que ça lui coûterait ! — J'ai bien travaillé ce matin, mon estomac crie famine et je vais déjeuner...

* *

Paul Lantier, lancé par Léopold sur une fausse piste, s'était obstiné à une poursuite qui ne pouvait aboutir.

Après avoir exploré pendant plus d'une heure les alentours de la place de la Bastille, épuisé de fatigue, haletant, les jambes rompues, il reprit le chemin de la rue de l'Ecole-de-Médecine où Renée, Jules et Zirza l'attendaient avec anxiété.

En le revoyant la fille de Marguerite fut au moment de s'évanouir tant son émotion était vive.

— Eh bien ? — lui demanda vivement l'étudiant en médecine.

— J'ai perdu mes pas... — répondit Paul.

— Renée s'était fait illusion, j'en étais sûre... — dit Zirza.

— Non, Renée ne se trompait point ! ! — s'écria l'étudiant. — Le chanteur signalé par elle devait être un de ses assassins et de ceux de Mme Ursule...

Et le jeune homme raconta comment il avait donné la chasse à l'inconnu qui fuyait devant lui et dont la fuite démontrait la culpabilité.

On écoutait avec un intérêt facile à comprendre ce récit palpitant.

— Les meurtriers sont à Paris, — dit Paul en l'achevant, — j'en ai maintenant la certitude, j'en ai la preuve, et je jure de les découvrir !!...

La fille de Marguerite, faible encore et brisée par les émotions de toute nature de cette journée fertile en incidents, ne pouvait plus se soutenir.

— Il est grandement temps de se reposer, chère mignonne, — lui dit Zirza, — demain nous aurons des courses à faire pour meubler votre logement...

Paul et Jules regagnèrent l'étage supérieur, laissant ensemble les deux jeunes filles qui se couchèrent et s'endormirent aussitôt.

Debout de bonne heure, le lendemain, elles sortirent après déjeuner et s'occupèrent d'acheter les meubles indispensables, un peu de linge et quelques vêtements.

Tout fut transporté sous leurs yeux rue Beautreillis, et mis en place avec l'aide de la concierge qui, reconnaissante des dix francs du denier à Dieu, se prêta de fort bonne grâce à donner un sérieux coup de main pour l'emménagement.

Renée et Zirza revinrent ensuite à la rue de l'Ecole-de-Médecine.

La fille de Marguerite devait prendre possession de sa nouvelle demeure le dimanche suivant.

.*.

Léopold Lantier avait menti en disant à Jarrelonge qu'il allait s'installer le surlendemain rue de Trévise, mais il abandonnait réellement le passage Tocanier et il s'occupait de louer, sous un nom d'emprunt bien entendu, un petit logement meublé rue de Navarin, numéro 5.

Il s'y rendit en quittant le pavillon, tomba d'accord avec le concierge chargé de la location, paya un mois d'avance, et rentra le soir au pavillon pour la dernière fois.

Jarrelonge, — nos lecteurs le savent, — avait soigneusement effacé les traces des effractions commises par lui le matin de ce même jour.

Léopold, voyant toutes choses en leur état normal, ne se douta point qu'il était volé et, n'ayant pas besoin de fouiller dans ses meubles, ne s'aperçut de rien et se coucha paisiblement, après avoir constaté le départ de Jarrelonge dont il visita la chambre.

La valise avait disparu, donc le libéré était parti.

— M'en voilà débarrassé ! — murmura Lantier en se frottant les mains. — Bon voyage !! — Une chose m'étonne, c'est qu'avant de partir il ne m'ait pas réclamé les cinq cents francs promis... Il viendra me les demander rue de Trévise... — ajouta-t-il en riant.

Puis il s'endormit.

Le lendemain matin, vers dix heures, il fut réveillé par une bruyante succession de coups de sonnette.

— Voici les gens à qui j'ai donné rendez-vous.. — murmura-t-il en se levant, en s'habillant à la hâte, et en courant ouvrir la porte donnant sur le passage.

Deux hommes attendaient en piétinant dans la neige.

— Nous allions nous en aller... — fit l'un.

— Nous croyions que la bête n'était plus à vendre... — dit l'autre.

— Pardonnez-moi, messieurs, je me suis couché tard, je dormais... — Allons à l'écurie.

Les deux hommes étaient un maquignon et un loueur à qui Léopold se proposait de vendre le plus cher possible le cheval et la voiture de Pascal Lantier.

La jument était vigoureuse et le coupé neuf. — Ils valaient tout au moins six mille francs.

Léopold en obtint deux mille, qui furent payés comptant. — Les acheteurs emmenèrent l'équipage, et le vendeur se trouva satisfait de son marché, ayant tiré du bien d'autrui un assez bon parti.

LI

L'ex-réclusionnaire rentra seul.

— Maintenant, — se dit-il, — je vais faire maison nette... — Je n'ai qu'à placer dans une de mes valises ce que contiennent les tiroirs, aller chercher une voiture et filer rue de Navarin. — Demain je viendrai voir mon cher cousin Pascal et lui apprendre mon changement de domicile... — Songeons d'abord à mon argent et à mes papiers... — Le reste est de mince importance...

Il tira de sa poche un trousseau de clefs, s'approcha de la commode explorée la veille par Jarrelongue et l'ouvrit.

Soudain il devint très pâle.

Son or et ses billets avaient disparu.

— Ai-je la berlue? — se demanda le misérable en frissonnant.

Et ses mains fiévreuses bouleversaient les objets de toute nature entassés dans le tiroir.

Presque aussitôt il se redressa, le visage contracté, l'œil en feu, et s'écria avec un accent d'effrayante fureur :

— Tonnerre! je suis volé!... et volé par Jarrelongue!... Ah! le brigand!... un homme que j'ai comblé de bienfaits!...— Stupide animal que j'étais!... niais! crétin!... gâteux! J'avais confiance en lui!... je ne me doutais de rien!!...

Léopold arrêta brusquement la bordée de ses invectives.

Une pensée nouvelle traversa son esprit.

Il ouvrit le second tiroir et chancela sur ses jambes comme un homme assommé.

— Tout !... — balbutia-t-il d'une voix qui sifflait entre ses dents serrées. — Il a tout pris, le scélérat !... — Ces papiers, qui peuvent sauver Mlle de Terrys en nous livrant, Pascal et moi, il a tout enlevé !!! — Mais pourquoi ? Dans quel but ? — Veut-il me perdre ? — C'est impossible !... Il sait bien qu'il se perdrait avec moi et il a peur de la guillotine. — Il songe à me faire chanter, sans doute... Il compte me vendre ces papiers et me les vendre cher... — Il lui faut la part qu'il réclamait et que je lui ai refusée... Eh bien ! cette part, ce sera la mort... — Le drôle en sait trop long...

L'évadé de Troyes fouillait toujours, machinalement, quoiqu'il crût avoir la certitude que son complice n'avait rien laissé.

Tout à coup il poussa un cri de joie et saisit le petit coffret de cristal volé chez le comte de Terrys et contenant la poudre de crotale.

— Il a du moins oublié ou négligé cela... — poursuivit-il. — Tant pis pour lui !... Voilà l'arme qui doit le frapper à coup sûr, mais où le trouver ? — Rue de la Harpe, numéro 3, m'a-t-il dit... C'est un mensonge. — Décidé à me voler, il ne m'aurait pas donné naïvement son adresse... — Ah ! Jarrelonge, Paris est grand, mais je saurai t'y dépister quand même !...

Les violentes colères ne sont jamais de bien longue durée.

Léopold s'apaisa peu à peu et, après s'être versé un grand verre d'eau qu'il avala d'un trait, il continua avec un sang-froid relatif :

— Enfin, c'est fait... — Pour le moment, il n'y a point de remède au mal, mais les bons comptes font les bons amis et Jarrelonge ne perdra rien pour attendre... Je réglerai le sien... je lui payerai ma dette avec les intérêts... — Tout à l'heure je me laissais emballer sottement... c'est absurde... — Le calme est une des forces de l'homme... — Je vais continuer paisiblement mes préparatifs de départ... — Je n'ai que quelques louis dans mon porte-monnaie, et sans la vente du cheval et du coupé, le gredin m'aurait mis à sec... Mon cousin Pascal comblera le vide... Je lui cacherai cependant le bel exploit de Jarrelonge... Il mourrait d'épouvante s'il savait que sa tête est à la merci d'un scélérat d'aussi bas étage !...

Léopold emballa ses effets, boucla sa valise et sortit.

Il alla droit chez l'entrepreneur.

Ce fut le caissier qui le reçut et qui, à cette demande : — M. Lantier est-il chez lui ? — répondit :

— Le patron est absent, monsieur.

— A quelle heure rentrera-t-il ?

— Ce soir seulement et fort tard...

— Vous en êtes sûr !

Son énergie habituelle faisait place à une prostration presque complète.

— Parfaitement sûr !... — Il est allé pour affaire aux carrières de Courcelles, près de Chantilly.

Léopold semblait fort contrarié.

Le caissier, voyant son désappointement, reprit :

— Si monsieur veut se donner la peine de revenir demain matin, il trouvera le patron...

— Mais c'est demain dimanche.

—Justement... — M. Lantier ne sort jamais dans la matinée du dimanche...

— Bien ! — répliqua le complice de Pascal. — Je reviendrai demain...

En quittant le caissier, il alla chercher une voiture, la ramena au passage Tocanier et fit charger ses bagages ; mais songeant que Jarrelonge l'épiait peut-être, il se dit qu'il serait prudent de prendre quelques précautions pour opérer son déménagement.

Au lieu de donner au cocher l'adresse de la rue de Navarin, il lui dit de le conduire à la gare Saint-Lazare.

Là, il fit mettre ses colis à la consigne et il alla déjeuner dans un petit restaurant de la rue d'Amsterdam.

Une heure après il revint avec une autre voiture, reprit ses valises et gagna la rue de Navarin.

Son nouveau domicile consistait en deux petites pièces au rez-de-chaussée.

Ces pièces, ayant autrefois servi de boutique, avaient une porte sur la rue, ce qui permettrait à Léopold d'entrer et de sortir sans être vu du concierge.

Celui-ci, ayant reçu de son locataire une gratification généreuse, n'avait d'ailleurs pas le moins du monde l'intention d'espionner ses allées et venues.

Léopold resta fort peu de temps chez lui.

Il se dirigea pédestrement vers les boulevards, descendit la rue Richelieu, traversa le pont des Saints-Pères, longea les quais et gagna la rue de la Harpe, ce dernier tronçon d'une voie si connue jadis dans le quartier Latin, et supprimée aux neuf dixièmes par les embellissements du nouveau Paris et l'installation du square de Cluny.

La maison portant le numéro 3 avait une allée sombre au fond de laquelle se trouvait, non moins sombre, la loge du portier.

L'ex-réclusionnaire s'engagea dans l'allée et affronta la loge.

Un vasistas poudreux s'ouvrit. — Une voix féminine demanda :

— Qu'est-ce que vous voulez ?

— Monsieur Jarrelonge, s'il vous plaît...

— Comment dites-vous ?

— Je dis : monsieur Jarrelonge...

— Qu'est-ce qu'il fait ?

— C'est un commis-voyageur...

— Connais pas...

— Il a dû emménager hier...

— Connais pas... — répéta la voix féminine. — Point de nouveau locataire dans la maison... — Bonjour !

Et le vasistas se referma.

Léopold tourna ses talons.

— J'en étais sûr d'avance, — murmura-t-il en se retirant ; — l'adresse de pouvait être vraie, mais je voulais me rendre compte... — Le drôle a cru m'échapper grâce à cette finesse cousue de fil blanc... — Il se trompe... Je saurai bien le retrouver... — Ma soirée d'aujourd'hui est sans emploi... Jarrelonge doit songer à se faire embaucher par quelque gredin, je ferai une tournée dans les bas-fonds, et ce sera bien le diable si rien ne me met sur sa trace...

Nous laisserons l'ex-réclusionnaire à la recherche de son filou, et nous prierons nos lecteurs de nous accompagner dans le cabinet du juge d'instruction Villeret, chargé de ce qu'on appelait au palais : l'*Affaire Terrys*.

L'instruction marchait lentement, nous l'avons dit, et nous avons dit aussi quelles étaient les raisons de cette lenteur.

Le chef de la sûreté avait reçu mission de se rendre à Troyes et de questionner Mme Lhermitte sur le caractère et les habitudes de Mlle de Terrys, qui pendant plusieurs années s'était trouvée au nombre de ses pensionnaires.

Dès son retour le magistrat se rendit au cabinet de M. Villeret.

Ce dernier compulsait pour la vingtième fois peut-être les papiers et les lettres trouvés à l'hôtel de Terrys, dans le cabinet du feu comte et dans l'appartement d'Honorine.

Rien ne venait l'éclairer.

Rien ne le guidait.

Rien n'accusait la jeune fille.

Et cependant elle était coupable !... Le doute à cet égard semblait impossible puisque l'empoisonnement ne pouvait se discuter, et qu'il résultait des déclarations des domestiques que Mlle de Terrys préparait seule les breuvages de son père.

On annonça le chef de la sûreté.

M. Villeret donna l'ordre de l'introduire immédiatement.

Le nouveau venu tenait à la main une liasse de papiers.

— Asseyez-vous, cher monsieur... — dit le juge en lui désignant un siège. — Êtes-vous satisfait de votre voyage ? — M'apportez-vous quelques renseignements ?

— Je vous en apporte peu ou beaucoup, cher maître...

— Peu ou beaucoup ! — répéta M. Villeret. — Voilà une phrase bien énigmatique... Expliquez-vous, je vous en prie !

— C'est très simple... Ou je n'ai rien recueilli ou j'ai recueilli beaucoup de choses... Cela dépend, et vous seul en déciderez...

— Vous avez vu cette institutrice ?

— Oui, je l'ai questionnée minutieusement...

— Que vous a-t-elle appris sur le caractère de Mlle de Terrys?

— Rien que nous ne connaissions... — Dès sa première jeunesse Mlle Honorine était froide, hautaine, indépendante, et tirait vanité du titre et de la fortune de son père...

— Jusqu'à quel âge est-elle restée à Troyes ?

— Jusqu'à l'âge de dix-huit ans... — Elle en est sortie il y a six ans, rappelée par son père qu'on ne connaissait pas au pensionnat... — Le comte venait de faire un long séjour dans les Indes, et c'est à partir du moment où sa fille a vécu près de lui qu'on a constaté chez lui un dépérissement progressif.

— Avez-vous demandé vers quelles études Mlle de Terrys se montrait plus particulièrement entraînée ?...

— Ses goûts à cet égard n'avaient rien de féminin... — Elle aimait surtout les sciences exactes, les mathématiques spéciales, la physique, la chimie.

— La physique, la chimie, dites-vous !... — On n'a pourtant trouvé à l'hôtel aucun livre se rattachant à des études de ce genre... Mais cela ne prouve rien... Mlle de Terrys a pu les détruire...

— C'est évident.

— A-t-on remarqué au pensionnat que la jeune fille eût une prédisposition aux intrigues, aux amourettes romanesques ?

— Mes investigations ont porté principalement sur ce point.

— Eh bien ?

— Elles ont produit un résultat négatif... Jamais le moindre reproche de ce genre n'a pu être adressé à la pensionnaire.

— Quelle est cette amie, aujourd'hui encore à l'institution, dont elle reçoit des lettres ?

— Mlle Pauline Lambert ?

— Oui.

— Une charmante enfant, vive, enjouée, pleine de cœur... Je l'ai confessée à son insu, mais, quoique liée intimement avec Mlle Honorine, elle ne m'a pas dit un mot d'où pût jaillir une lumière quelconque...

LII

— Et, — reprit le juge d'instruction, — cette autre jeune fille dont Pauline Lambert parle dans la dernière de ses lettres ?

— Il y a là un mystère... — répondit le chef de la sûreté.

— Un mystère ?

— Oui, et la lettre dont vous parlez vous en a donné le premier mot... — Cette jeune fille, qu'un certain M. Robert venait voir de temps à autre, n'était connue que sous le nom de Renée et Mme Lhermitte ne savait rien de sa famille ; car, à tort ou à raison, M. Robert, dont on ignorait la demeure et la position sociale et qui semblait un homme du meilleur monde, passait non pour son père, mais pour son protecteur... — Il est mort tout dernièrement, —

du moins on l'a dit, — et, aussitôt après, une dame Ursule est venue chercher au pensionnat Mlle Renée, qui y avait été jadis amenée par elle...

— Où l'a-t-elle conduite?

— On l'ignore... — Renée avait promis à Pauline Lambert de lui écrire...

— L'a-t-elle fait?

— Non, et Mme Lhermitte, ainsi que Mlle Lambert, trouvent ce silence très étrange, surtout après ce qui s'est passé...

— Que s'est-il donc passé? — demanda M. Villeret.

— Renée était partie depuis huit jours pour une destination inconnue, quand une dame en grand deuil est venue questionner l'institutrice au sujet de la jeune fille... — Cette personne semblait attacher une importance énorme aux réponses de Mme Lhermitte qui, ne sachant rien, ne put lui donner aucun indice.

— C'est bizarre, en effet, mais cela ne me semble pas se rattacher à l'affaire de Mlle de Terrys...

— Peut-être...

— Je cherche vainement le lien... — murmura le juge d'instruction en regardant avec surprise le chef de la sûreté.

— Quels étaient les prénoms du comte de Terrys? — demanda ce dernier.

M. Villeret feuilleta l'un des dossiers placés devant lui et répondit :

— *Robert-Adrien*...

— Eh bien, le protecteur de Renée s'appelait *Robert*... Renée remplaçait Honorine de Terrys au pensionnat de Mme Lhermitte, et c'est quelques jours avant la mort du comte, quand on pouvait compter les heures qui lui restaient à vivre, qu'on est venu chercher mystérieusement la jeune fille et qu'elle a disparu, ainsi que la femme qui l'accompagnait... — Vous ne trouvez pas cela fort étrange ?

— Que prétendez-vous en déduire ?

— Le comte a pu avoir cette enfant après la mort de sa femme, car Renée est plus jeune de quatre ou cinq ans que Mlle Honorine... — Celle-ci, instruite par hasard de l'existence d'une fille naturelle du comte, et craignant de voir une partie de la succession lui échapper, aurait fait disparaître la bâtarde et, ne s'arrêtant point à ce premier crime, aurait achevé son père pour être libre et seule maîtresse de ses biens...

M. Villeret fit un geste d'horreur.

— Ce serait monstrueux!... — s'écria-t-il

— Monstrueux, oui, mais non pas impossible...

— Mlle de Terrys ne connaissait pas Renée...

— Elle l'affirme, mais elle peut mentir...

— La lettre de Pauline Lambert ne lui en parle que très légèrement...

— Ceci ne signifie rien, car Mlle de Terrys n'a certainement point confié ses plans à son amie...

— Mais cette dame Ursule?...

— Une complice peut-être, payée pour faire disparaître la malheureuse Renée...

— Cette femme en deuil allant réclamer la jeune fille?...

— L'ancienne maîtresse du comte cherchant son enfant.

Le juge d'instruction prit son front entre ses mains, appuya ses coudes sur son bureau, et réfléchit pendant quelques instants; puis, tout à coup, il secoua la tête.

— Vous ne croyez point à la connexité de ces deux crimes? — demanda le chef de la sûreté. — Le lien qui les unit ne vous apparaît pas comme à moi?

— Non... — Selon moi le hasard vous a mis sur la piste d'une seconde affaire, entièrement indépendante de la première... — De tels hasards sont fréquents, vous le savez bien...

— Sans doute; seulement ici la coïncidence est trop frappante pour qu'elle ne mérite pas au moins d'être étudiée...

— Je m'en préoccuperai, soyez-en sûr, mais par acquit de conscience... — Je crois Mlle de Terrys coupable du second crime, et parfaitement innocente du premier...

— Ainsi, votre conviction est faite à cet égard?...

— A peu près...

— Sur quoi se base-t-elle?

— Si profond que soit le mystère épaissi à dessein autour de la jeune fille disparue, en admettant qu'un lien illégitime la rattache à la famille de Terrys, nous aurions trouvé dans les papiers du comte un indice quelconque.

— On a pu supprimer des papiers, comme on a supprimé le poison qui a tué le comte.

M. Villeret secoua de nouveau la tête.

Le chef de la sûreté comprit que le magistrat persévérait dans son incrédulité, et n'insista pas.

— Vous n'avez point encore interrogé Mlle de Terrys? — demanda-t-il.

— Non. — Sauf le premier interrogatoire exigé par la loi et de pure forme.

— Pourquoi ce retard?

— J'attends le procès-verbal du chimiste chargé de l'analyse. — J'ai besoin de connaître la nature du poison employé, afin de pouvoir anéantir l'accusée du premier coup...

— Espérez-vous obtenir un aveu?...

— Oui, mais non sans beaucoup de peine. — La lutte sera rude avec un criminel de cette trempe... — La solitude, qui presque toujours amollit les âmes les plus dures, n'a produit sur elle aucun effet... — Elle m'a écrit plusieurs lettres depuis qu'elle est à Saint-Lazare, et je trouve dans ces lettres une résolution farouche d'affirmer son innocence quand même et malgré tout... — Je la ferai comparaître devant moi prochainement. — D'ici là, occupez-vous de cette demoiselle Renée et de cette dame Ursule.

— Je m'en occuperai...

— Je vais préparer, moi, des mandats de comparution pour les principaux témoins...

— N'oubliez pas ce Pascal Lantier, dont l'attitude m'a frappé le jour de l'enlèvement du corps.

— Il est au nombre de ceux que j'interrogerai les premiers... — Le silence qui se fait autour de l'instruction doit nous servir... — On me croit dérouté et les coups que je frapperai n'en seront que plus décisifs...

— Pascal Lantier n'était-il pas en relations d'intérêt avec le comte?

— Oui. — Les livres de M. de Terrys indiquent un prêt consenti à l'entrepreneur.

— Un gros chiffre?

— Oui.

— Créance exigible, à terme, ou remboursée?...

— Je ne puis vous le dire... Je n'ai pas encore étudié l'affaire à ce point de vue... — Les livres, d'ailleurs, ne sont pas à jour... — Il existe des lacunes et des retards dans les écritures...

— En examinant les papiers du comte, avez-vous trouvé un ou plusieurs reçus de Lantier?

— Non... — Cela m'aurait frappé.

— Peut-être a-t-il opéré le remboursement.

— Peut-être, en effet...

— Avez-vous des renseignements sur cet homme?...

— J'en ai de très précis...

— Bons ou mauvais?

— Satisfaisants... — On le représente comme intelligent, actif, travailleur... — Il n'a qu'un défaut...

— Lequel?

— Il joue à la Bourse...

— Malheureusement il n'est pas le seul... — A notre époque les jeux de Bourse sont dans les mœurs... — On est pressé de jouir... on veut s'enrichir vite...

— Les mœurs de ce Lantier sont bonnes et sa conduite régulière... — reprit le juge d'instruction. Quoiqu'il soit veuf on ne lui connaît pas de maîtresse... — Il n'a qu'un fils qui fait son droit et qu'il destine au barreau... — Lantier s'absorbe dans ses entreprises... — La saison rigoureuse lui cause un notable préjudice, sans cependant nuire à son crédit qui est solide...

— Était-il l'ami du comte?...

— Il le voyait souvent, mais leurs relations, paraît-il, étaient surtout des relations d'affaires... — Je vérifierai ce point. — N'oubliez, je vous prie, aucune de mes recommandations.

— Soyez tranquille... — Je vais me mettre en chasse et je vous tiendrai au courant...

Le chef de la sûreté se retira.

**

Le lendemain était un dimanche.

Paul avait choisi ce jour-là, — nos lecteurs s'en souviennent, — pour conduire Renée rue de Picpus, et pour la présenter à son père.

Pascal lui avait dit :

— Je te laisserai libre de choisir la femme qui deviendra la compagne de ta vie...

Cette femme, il l'avait choisie, il l'avait sauvée, il l'aimait, ou plutôt il l'adorait ; mais, malgré l'affirmation paternelle, il n'était point sans inquiétude au sujet d'une entrevue dont il aurait voulu d'avance connaître le résultat.

C'était donc avec une agitation fiévreuse et un grand trouble d'esprit qu'il attendait l'heure de la visite projetée.

De son côté la fille de Marguerite n'était pas moins anxieuse que Paul.

Cette visite allait être l'étape décisive de sa vie.

Le père du fiancé qu'elle adorait lui ouvrirait-il ses bras et son cœur ?

Ce mariage qui réalisait ses rêves pourrait-il avoir lieu avant que Paul fût reçu avocat et en état de se créer une position ?

L'attente serait-elle longue ?

Quelque nuage noir, recélant la foudre dans ses flancs, ne viendrait-il point à l'improviste obscurcir le ciel radieux ?

Malgré la nature un peu sombre de ces réflexions Renée n'était point triste, et comme la coquetterie féminine ne perd jamais ses droits, elle songeait à se rendre aussi jolie que possible pour paraître devant celui qu'elle espérait nommer bientôt son père, et qu'elle se promettait d'aimer de toutes les forces de son âme ingénue.

Ces multiples préoccupations ne l'empêchaient point d'ailleurs de penser au passé, à Ursule, à sa mère.

— Mère inconnue, — se disait-elle, — mère inconnue, et cependant chérie, si je dois être heureuse, ne verras-tu donc pas mon bonheur ?

LIII

La blonde Zirza allait et venait dans la chambre avec une infatigable activité, faisant le ménage, dressant le couvert, car c'était après déjeuner que les deux fiancés devaient se rendre rue de Picpus.

Il titubait et glissait à chaque pas, mais son ivresse était joyeuse.

Paul, la veille, avait écrit à son père en le prévenant de sa visite, et en le priant de vouloir bien l'attendre, mais sans lui donner d'autre explication.

L'heure du déjeuner arriva.

Les étudiants descendirent.

Le fils de Pascal, en voyant Renée si charmante dans sa toilette de deuil, ne put retenir un cri d'admiration.

— Ah!... — dit Zirza en souriant, — vous avez bien raison de la trouver jolie... La chère mignonne a le visage d'un ange...

— M. Lantier sera bien difficile s'il ne partage pas ton enthousiasme... — ajouta Jules Verdier. — Voici une bru qui certes lui fera grand honneur...

En entendant ces compliments, Renée devint pourpre.

— Mes bons amis, — balbutia-t-elle, — votre affection pour moi vous aveugle... je ne crois pas un mot de tout cela...

— Et vous avez bien tort, — répondit Paul, — nos amis sont sincères... — Vous êtes l'incarnation divine de la grâce et de la beauté !... Mon père est connaisseur... Il sera fier de vous, comme je le suis moi-même...

— Que Dieu le veuille ! — reprit la jeune fille, — mais cette visite me fait un peu peur, voyez, je tremble...

— C'est de l'enfantillage, chère Renée... — Moi aussi je suis ému, mais c'est de joie et d'espérance.

— A table ! — s'écria Zirza.

Les deux couples s'installèrent.

— Alors, — continua l'étudiante, — il est entendu que nous ne dînerons pas ici...

— C'est entendu... — répliqua Jules... — Nous irons attendre Paul et Renée dans un café des environs de la place de la Bastille... — Ils nous y rejoindront après leur visite. Nous dînerons au cabaret et, le soir, nous conduirons Renée à son nouveau logement...

— J'avais cependant juré, — fit Zirza en riant, — que jusqu'au jour de la crémaillère vous ne mettriez ni l'un ni l'autre les pieds dans cette demeure...

— Nous respecterons votre serment s'il le faut... — dit Paul. — Nous resterons à la porte... mais ce sera sévère...

Le déjeuner fut gai.

Il était midi et demi lorsqu'on quitta la table.

Les deux jeunes filles jetèrent un dernier coup d'œil à leur toilette. Renée attacha un chapeau de crêpe noir sur les nattes épaisses de ses cheveux blonds, et partit avec Paul pour la rue de Picpus où nous les précéderons.

Nos lecteurs savent déjà que Léopold Lantier s'était mis en chasse pour retrouver Jarrelonge.

Il explora successivement les caboulots suspects, les estaminets borgnes, les brasseries mal hantées, les bals de barrière où il espérait mettre la main sur son voleur.

Ses recherches furent infructueuses et, brisé de fatigue, il regagna longtemps après minuit son appartement garni de la rue de Navarin.

Il ne s'inquiétait point outre mesure, convaincu que Jarrelonge ne se servirait pas d'une arme à deux tranchants qui se retournerait contre lui-même, mais le désir d'une bonne revanche le mordait au cœur. — Il avait été joué, dupé, berné; son amour-propre en souffrait; — il refusait d'admettre que son ex-complice pût rire plus longtemps à ses dépens.

Léopold s'endormit en cherchant les moyens pratiques d'arriver à son but et, quand il s'éveilla, ses dispositions étaient toujours les mêmes, ou plutôt son exaspération n'avait fait que grandir.

Avant toute chose il importait de regarnir sa caisse mise au pillage par le libéré, et il comptait sur le cousin Pascal auquel, en sollicitant des subsides, il apprendrait son changement de domicile.

En conséquence, certain, — d'après l'affirmation du caissier, — de rencontrer l'entrepreneur chez lui le dimanche, il s'habilla, alla déjeuner dans un café du boulevard et prit l'omnibus de la Bastille pour se rendre rue de Picpus.

Pascal venait d'envoyer son valet de chambre faire une course assez longue.

Seul dans son cabinet, il examinait les plans de constructions immenses qu'il se proposait de commencer aussitôt que l'héritage de Robert Vallerand serait entre ses mains.

La porte de la cour donnant sur la rue était entr'ouverte.

De sa fenêtre Pascal plongeait sur cette cour.

Un coup de sonnette retentit.

Le constructeur leva la tête, regarda, et vit un homme chaudement vêtu d'un paletot garni de fourrures se diriger vers le pavillon.

— C'est Léopold... — murmura-t-il en fronçant le sourcil; — que vient-il m'apprendre?

Un instant après l'ex-réclusionnaire frappait à l'huis du bureau.

— Entre, — dit Pascal, — je sais que c'est toi.

L'évadé franchit le seuil.

— Qui t'amène? — reprit le constructeur après un échange de poignées de main.

— Nos affaires.

— As-tu du nouveau?

— Donne-moi le temps de m'asseoir et de me réchauffer un peu, car dehors il gèle à pierre fendre... Nous allons causer...

Pascal prit un siège et l'inquiétude la plus vive se peignit sur son visage.

Léopold s'en aperçut et poursuivit:

— Ne te mets pas martel en tête... Je n'ai aucune catastrophe à t'annoncer... Je viens te mettre au fait de diverses modifications qui, depuis notre dernière entrevue, se sont opérées dans mon existence.

— Quelles modifications?

— D'abord j'ai rompu avec le coquin de bas étage dont je me suis servi pour mener à bien les opérations que tu connais, et qui, cessant d'être utile, devenait embarrassant.

— Cette rupture s'est opérée à l'amiable? sans froissement fâcheux? — demanda vivement Pascal.

L'évadé de Troyes eut un vif mouvement de colère et se mordit les lèvres pour ne pas éclater.

Mais, désirant ne point effrayer son cousin, il répondit :

— Tout à fait à l'amiable... — le drôle est payé largement et très content... — Il a tiré de son côté et moi j'ai tiré du mien...

— Toi?

— Oui... — Tu comprends sans la moindre peine que ma confiance en Jarrelonge est limitée... — Ce pauvre diable peut se trouver mêlé à de fâcheuses affaires que j'ignore, jaser sur mon compte, commettre enfin de fâcheuses imprudences... — A tout hasard, cessant d'être en rapport avec lui, j'ai cru qu'il était sage de lui faire perdre ma piste, et je te rapporte les clefs du passage Tocanier...

En disant ce qui précède, Léopold posait des clefs sur le bureau de Pascal.

— Tu as quitté le pavillon? — fit ce dernier d'un air étonné.

— Oui.

— Quand?

— Hier... Je te répète que la prudence l'exigeait...

— Qu'as-tu fait du cheval et du coupé?

— Vendus...

— A ton profit?

— Naturellement.

Pascal ébaucha une grimace.

Le procédé lui paraissait leste, mais il n'osa le laisser voir, et reprit :

— Où demeures-tu?

— Rue de Navarin, numéro 5, au rez-de-chaussée... — C'est là que tu me trouverais si tu avais besoin de moi...

— Quel nom demanderai-je?

— Paul Pélissier... Un vieux permis de chasse, lavé avec art et rempli à ce nom, prouve mon identité...

— Tu ne crains rien de la part de ce Jarrelonge?

— Que diable veux-tu que je craigne?

— Un chantage, s'il te retrouvait...

— Le moyen de peser sur moi lui manque... — Il ne peut me menacer de me perdre, puisqu'il se perdrait en même temps....

— Et notre succession?...

— Toujours au même point... — Nous devons attendre et ne rien brusquer... A la fin de l'année, si on n'a fait légalement aucun appel aux héritiers de Robert Vallerand, nous agirons... — As-tu du nouveau relativement à l'hôtel de Terrys ?

— Non... Le silence se fait autour de cette affaire qui devait provoquer un énorme tapage... — Les journaux eux-mêmes, habituellement si prodigues de détails au sujet des crimes commis, se taisent...

— C'est peut-être par ordre, mais peu nous importe... — Nous ne risquons rien... — Tu es en possession de pièces prouvant de façon irrécusable qu'au moment de la mort du comte tu n'étais plus son débiteur... — Il est impossible de soupçonner ta bonne foi. — Mets-toi donc l'esprit en repos. — Un procès intenté contre toi serait perdu d'avance.

— Je suis bien tranquille de ce côté... — Les millions de l'oncle Robert me préoccupent tout autrement.

— Préoccupation folle !... — J'ai pris des renseignements... — Maître Audouard, notaire à Nogent-sur-Seine, est un honnête homme dans la plus large acception du mot, un imbécile d'honnête homme, croyant à toutes ces balivernes qu'on appelle *le devoir, la conscience*, etc., et parfaitement incapable de garder les millions dont il est dépositaire... — Le jour où nous aurons fait savoir adroitement à la justice que ces millions sont entre ses mains, et où elle les lui réclamera, il s'empressera de les apporter.

— Mais le reçu remis par lui à Robert Vallerand ?

— La justice lui donnera une décharge bien en règle.

— Il peut y avoir des contestations...

— Je n'en prévois aucune, et je me demande qui pourrait avoir un intérêt quelconque à les soulever. — Maintenant, mon cher cousin, je vais te quitter...

— Si vite ?

— Aussitôt que tu auras ouvert ta caisse à mon bénéfice.

Pascal, cette fois, ne se donna pas la peine de cacher sa mauvaise humeur et s'écria :

— As-tu donc dévoré l'argent produit par la vente du cheval et du coupé ?...

— Non, certes, mais il faut tout prévoir. — Tel événement peut se présenter qui m'oblige à quitter Paris à l'improviste, et je veux avoir par devers moi une somme d'argent disponible...

L'entrepreneur poussa un long soupir, et convaincu que la plus belle résistance ne conduirait qu'à la défaite, demanda d'un ton lamentable :

— Combien te faut-il ?

LIV

Léopold se mit à rire.

— Tu as une physionomie si piteuse qu'aujourd'hui je me contenterai de deux mille francs... — répliqua-t-il. — C'est raisonnable, n'est-ce pas?

— Oui et non, car je suis bien gêné, et je me trouve en face de lourdes échéances... — dit Pascal. — Enfin, je vais te remettre ces deux mille francs...

— Inscris-tu ce que tu me donnes?

— Certes! et la somme est déjà bien grosse...

— Ça viendra en déduction lors de notre règlement de comptes, au moment de la liquidation de l'héritage Vallerand...

— J'y compte bien...

Le constructeur ouvrit sa caisse et en tira des billets de banque qu'il tendit à son cousin.

Celui-ci était debout, le visage tourné vers la fenêtre du cabinet.

Un coup de sonnette retentit au dehors.

Les deux hommes regardèrent la porte entr'ouverte de la rue.

— Ce doit être mon fils... — dit Pascal, — il m'a prévenu de sa visite et je l'attends...

Léopold tressaillit soudain, poussa une exclamation de frayeur et, chancelant, livide, la figure décomposée, recula de quelques pas.

— Qu'as-tu donc? — demanda vivement Pascal.

— Est-ce possible?... — balbutia l'ex-réclusionnaire comme frappé de folie. — Est-ce un rêve?... une vision?... — Les morts sortent-ils du tombeau? — C'est elle... et lui... l'homme de la nuit dernière au faubourg Saint-Antoine...

Paul et Renée venaient franchir le seuil de la porte extérieure et traversait la cour.

L'entrepreneur ne comprenait absolument rien à ce qui se passait, mais l'expression du visage de son cousin, et ses yeux hagards, lui causaient une épouvante instinctive.

— Encore une fois, qu'as-tu donc? — répéta-t-il en tremblant à son tour.

Léopold, au lieu de répondre, bégaya :

— Ils viennent... Ils approchent...

On entendait un bruit de pas dans le couloir.

— Une issue... — poursuivit l'évadé de Troyes, — une issue... je veux fuir...

Et il jetait autour de lui des regards affolés.

On frappa doucement à l'huis du cabinet.

Léopold semblait prêt à défaillir, mais il aperçut une porte derrière le bureau de son cousin, et, retrouvant des forces, bondit jusqu'à cette porte, l'ouvrit et disparut en la refermant derrière lui.

Pascal, tremblant sans savoir pourquoi, en proie à un effarement plus facile à comprendre qu'à décrire, se demandait :

— Que se passe-t-il ?

On frappa de nouveau.

— Entrez... — dit-il machinalement en pressant dans ses mains son front baigné de sueur.

La porte tourna sur ses gonds.

Paul fit entrer Renée devant lui, et courut à son père.

Celui-ci venait de passer de l'épouvante à la stupeur.

Il s'expliquait moins que jamais la fuite de Léopold, et il regardait avec étonnement l'adorable visage rougissant de la jeune fille.

Renée s'inclinait respectueusement devant lui avec timidité, mais sans gaucherie, et restait gracieuse jusque dans son trouble.

— Cher père, — dit Paul après avoir embrassé Pascal, — en vous annonçant ma visite sans ajouter que je ne viendrais pas seul, je vous ménageais une surprise... — Vous m'avez accordé le droit de disposer librement de mon cœur, et vous m'avez permis, quand j'aurais fait un choix, de vous amener celle qui portera mon nom et marchera près de moi dans la vie... — Cher père, je vous présente Mlle Renée, que j'aime et qui sera ma femme...

La fille de Marguerite s'inclina de nouveau.

— Renée... — balbutia le constructeur en tressaillant, et en regardant avec une étrange fixité la fiancée de Paul, — mademoiselle se nomme Renée ?

— Oui, mon père...

La blonde enfant s'approcha de Pascal.

Son cœur battait avec violence; ses jambes se dérobaient sous elle; cependant elle eut la force de dire, d'une voix très basse et très émue, mais qui ne perdait rien de sa douceur :

— Pardonnez-moi, monsieur, si j'ose me présenter ainsi brusquement devant vous... Quel que soit mon manque d'expérience, je sais cependant combien la démarche à laquelle votre fils m'entraîne aujourd'hui est contraire à tous les usages... — C'est entourée de sa famille qu'une jeune fille doit entrer dans sa famille nouvelle... je ne l'ignore pas... mais, hélas ! je suis seule au monde... je n'ai jamais connu ni mon père ni ma mère, et Paul est mon unique appui... Encore une fois, monsieur, pardonnez-moi donc, et daignez m'accueillir avec bienveillance...

Le constructeur se répétait tout bas :

— Elle se nomme Renée et n'a jamais connu ni son père, ni sa mère...

L'étudiant, les yeux fixés sur Pascal, attendait une aux réponse touchantes paroles de Renée, et s'inquiétait de le voir préoccupé et silencieux.

L'entrepreneur s'aperçut au bout d'un instant de ce qui se passait dans l'esprit de Paul, et comprit que son silence pouvait être mal interprété.

Il appela sur ses lèvres un sourire de commande, prit l'une des mains de la jeune fille, et dit avec une cordialité menteuse :

— Soyez la bienvenue, mademoiselle... — Votre présence met dans ma solitude un rayon de soleil...

En même temps il conduisit Renée jusqu'à un fauteuil près de la cheminée, fit signe à Paul de se placer de l'autre côté, et s'assit lui-même.

L'acte de courtoisie, les paroles gracieuses de Pascal avaient rompu la glace et dissipé l'embarras des deux jeunes gens.

Le constructeur poursuivit.

— Mon fils m'avait parlé de vous déjà, mademoiselle, en des termes qui, je le vois aujourd'hui, n'avaient rien d'exagéré... — Je comptais donc sur votre visite, mais je ne l'espérais pas si prompte... — Paul m'a dit vous avoir arraché à la mort, et vous avez été bien malade, je le sais...

— J'ai été bien malade... en grand danger, — répliqua la fille de Marguerite — mais je suis tout à fait guérie, grâce aux bons soins de M. Paul et de ses amis dévoués...

— J'en bénis le ciel!... — continua Pascal hypocritement. — Votre démarche d'aujourd'hui me rend très heureux... — D'avance je vous savais charmante, mais vous l'êtes beaucoup plus encore que je ne le croyais, et jamais enthousiasme ne fut mieux motivé que celui de Paul...

Renée devint pourpre et baissa les yeux.

Le constructeur ajouta :

— Mon fils a raison d'affirmer que je le laisse maître absolu de son cœur et de son avenir... — Connaissant l'élévation de son intelligence et la loyauté de son âme, j'avais la certitude qu'il ne pourrait faire un mauvais choix... — J'avais cent fois raison, puisqu'il vous a choisie. — Le comble du bonheur pour Paul sera de vous appeler sa femme, et moi je serai fier de vous nommer ma fille...

Deux grosses larmes se suspendirent aux longs cils de Renée.

L'étudiant prit avec effusion les deux mains de Pascal en s'écriant :

— Ah! que vous êtes bon, cher père, et que je vous aime!

Renée cessa d'être maîtresse de son émotion grandissante, et balbutia d'une voix entrecoupée de sanglots :

— Que de tendresse filiale ne vous dois-je pas, monsieur, et quelle reconnaissance infinie!! Je vais trouver une famille, moi, pauvre enfant isolée dans la vie... Je vais avoir un père, moi qui ne connais pas le mien...

Ces derniers mots attirèrent l'attention de Pascal.

— Ainsi, vous êtes orpheline? — demanda-t-il...

— Je n'en sais rien, monsieur... — fit Renée en baissant la tête.

— Vous n'en savez rien!!

— Non, monsieur...

— Oh ! oh ! fit-il en bégayant avec un rire idiot, on se paye à soi tout seul un petit balthazar.

— Comment ?
Paul intervint.
— Cher père, — fit-il, — à cette heure où ma fiancée est presque votre fille, nous ne devons conserver aucun secret pour vous... notre devoir est de tout vous apprendre...
Les larmes ruisselaient sur les joues de Renée.

— Ne vous troublez pas, mon enfant... — lui dit Pascal de sa voix la plus mielleuse en lui serrant affectueusement les mains.

Puis, s'adressant à Paul, il ajouta :

— Parle, cher fils...

L'étudiant répondit :

— L'existence tout entière de Renée est entourée d'un mystère impénétrable jusqu'à ce jour...

— Un mystère?

— Vous allez en juger... — Ainsi qu'elle vous l'affirmait tout à l'heure Renée n'a jamais connu ni son père ni sa mère...

— Elle sait au moins qu'ils sont morts? — demanda Pascal.

— Elle l'ignore... — En interrogeant ses plus lointains souvenirs, elle se voit abandonnée à la sollicitude mercenaire d'une nourrice dans un petit village dont elle a même oublié le nom... — Là une femme venait la voir...

— Sa mère, sans doute? — interrompit Pascal.

— Non... une simple subalterne. — Cette femme la prit avec elle; toutes deux vécurent ensemble dans un autre village, puis, quelques années plus tard, Renée fut conduite en pension.

— Où? — demanda vivement le constructeur.

— A Troyes...

Pascal tressaillit de nouveau et la contraction de ses sourcils trahit son trouble intérieur.

— Dans ce pensionnat, — dit Renée, prenant la parole à son tour, — je recevais plusieurs fois chaque année la visite de cette femme qui avait veillé sur moi depuis mon enfance; elle semblait m'aimer beaucoup, mais aux manifestations de sa tendresse se mêlait la déférence respectueuse qu'une subalterne témoigne à ses maîtres...

— Quelle est donc cette jeune fille? — se demandait Pascal.

Renée poursuivit :

— Il y a cinq ans environ, Mme Ursule...

— Mme Ursule!!... — dit involontairement l'entrepreneur devenu très pâle.

— Vous la connaissez, mon père? — demanda Paul, surpris de l'effet produit par ce nom.

Pascal se sentait en face d'une situation étrange, terrible.

Il commençait à comprendre l'épouvante de Léopold. — En conséquence, il se tint sur ses gardes.

— Je ne la connais pas, — répondit-il, — mais l'intérêt de ce récit me cause une émotion profonde... — Continuez, mon enfant, je vous en prie!...

LV

— Il y a cinq ans, — reprit Renée, — les visites de Mme Ursule devinrent moins fréquentes et furent remplacées par celles de mon protecteur, de l'homme qui, me dit-on, me servait de père, et que jusqu'à cette époque je n'avais jamais vu... — Cet homme se nommait M. Robert...

— Le doute devient impossible. — pensa Pascal Lantier. — C'est elle... C'est sa fille...

— On ne connaissait au pensionnat ni le nom de famille de cet homme, ni sa demeure... Il ne me faisait point sortir... Au moment des vacances Mme Ursule venait me chercher, nous voyagions pendant un mois, puis je reprenais ma place au milieu de mes compagnes avec une tristesse grandissante, avec un sentiment plus vif de mon isolement...

— Vous n'interrogiez pas votre protecteur et cette dame Ursule ? — fit Pascal. — Vous ne leur demandiez point quels étaient vos parents ?...

— Mes questions restaient sans réponse, ou les réponses étaient vagues et ne m'apprenaient rien... on me parlait d'un mystère qui s'éclaircirait plus tard...

« Il y a un mois, environ, Mme Ursule arriva vêtue de deuil...

« Elle m'annonça que mon protecteur était mort, que j'allais quitter la pension, et elle m'emmena...

— Où vous conduisait-elle ?

— A Paris.

— Pour y rejoindre votre famille ?

— Non, monsieur, mais pour porter à un notaire une lettre ; en échange de cette lettre il devait me remettre un paquet cacheté d'où, — s'il fallait en croire Mme Ursule, — dépendait mon avenir...

— Et vous avez vu ce notaire ?

— Je ne l'ai pas vu... je ne savais même pas son nom... — La lettre a été perdue, ou plutôt volée par les misérables qui ont assassiné Mme Ursule...

Pascal ne pouvait plus maîtriser sa terreur.

L'héritière de Robert Vallerand, l'enfant que Léopold prétendait morte, était là, devant lui, et c'était elle qu'aimait son fils !...

Il se leva, pâle comme un spectre, le corps agité par un tremblement nerveux, en balbutiant :

— Assassiné...

Paul attribua ce trouble visible à l'émotion toute naturelle résultant du récit de la jeune fille.

— Oui, mon père, — répondit-il, — on a tué Mme Ursule comme on avait voulu, deux jours auparavant, tuer Renée en la précipitant dans la Seine au pont de Bercy, mais un hasard providentiel déjoua le calcul des meurtriers... Renée tomba sur un amas de neige où fut amortie sa terrible chute... Dieu m'envoya pour son salut, je l'aime et je veux la venger...

— La venger... — répéta Pascal en frissonnant.

— Je l'ai juré, mon père... — Il ne se commet point de crime sans cause... — Le but de celui-ci devait être de rendre impossible une rencontre entre Renée et sa mère, vivante sans doute et riche, dont on convoite la fortune... — Pourquoi, sans cela, aurait-on tendu un piège à la pauvre enfant qui ne pouvait avoir d'ennemi?... Mᵐᵉ Ursule était dépositaire de papiers importants, on l'a tuée pour les lui prendre... — Dans la nuit d'avant-hier j'ai rencontré, j'ai poursuivi l'un des assassins, j'en ai la certitude, j'en ai la preuve; — il a pu m'échapper, mais je vais consacrer ma vie à le chercher. — Dieu permettra que je le retrouve, et alors malheur à ses complices !...

Pascal sentait un frisson d'angoisse passer sur sa chair, tandis qu'une sueur glacée perlait à la racine de ses cheveux.

Cependant l'absolue nécessité de faire bonne contenance s'imposait.

Il fallait avant tout ne pas se trahir. — Il fallait ensuite reprendre sa présence d'esprit, mettre à profit l'étrange fatalité qui faisait de Paul le défenseur de Renée, interroger le jeune homme, connaître ses projets et se tenir en garde.

— Ainsi, — demanda-t-il au bout d'un instant, d'une voix décomposée, qu'il s'efforçait d'affermir, — ainsi tu as rencontré l'un des assassins?...

— Oui, mon père.

— Comment as-tu pu le savoir?...

— Renée l'avait reconnu...

— Vous avez donc vu son visage ?

— Non, monsieur, — répondit la fille de Marguerite, — et d'ailleurs ce visage je ne le connaissais pas... — J'ai reconnu sa voix... j'ai reconnu le refrain qu'il chantait au moment où la voiture conduite par lui arrivait sur le pont de Bercy où le crime devait s'accomplir.

— Ce doit être Jarrelonge... — pensa l'entrepreneur, — et Léopold qui ne m'a rien dit de tout cela !

Il ajouta, mais à voix haute :

— Ces preuves d'identité me paraissent très discutables... — Beaucoup de voix se ressemblent, et le premier passant venu peut, très innocemment, répéter le refrain qu'un assassin chantait la veille...

— Vous avez raison, mon père, mais si l'homme avait eu la conscience nette, aurait-il pris la fuite en se voyant suivi?... — Cent fois non... — Il avait peur, donc il était coupable... c'est d'une logique indiscutable.

A cela, il n'y avait rien à répondre.

Pascal reprit :

— En admettant que tu sois dans le vrai, comment retrouveras-tu cet homme?...

— Je fouillerai les bas-fonds de Paris et j'ai le pressentiment que mes recherches aboutiront...

— Cela peut durer longtemps..

— J'aurai de la patience...

L'entrepreneur prit les mains de son fils.

— Bien, cher enfant! — dit-il. — Tu t'imposes une noble tâche !! — Je t'aiderai de tout mon pouvoir à venger ta chère Renée et à retrouver sa mère...

— Avec l'aide de Dieu et la vôtre, j'y parviendrai!...

Pascal s'était un peu remis du coup imprévu et terrible qu'il venait de recevoir. — Son visage redevenait calme.

— Maintenant, — reprit-il en se rasseyant, — ne songeons plus au passé, et parlons de votre avenir... Vous ne pouvez vous marier à bref délai, et vous êtes assez raisonnables pour comprendre cela tous les deux...

— Nous le comprenons, mon père... — répondit Paul.

— Qu'allez-vous faire ?

— Attendre... Quand je serai reçu avocat... quand ma position sera sinon brillante du moins assurée, nous reviendrons vous rappeler notre entretien d'aujourd'hui...

— Mais, — répliqua l'entrepreneur du ton le plus gracieux, — je pense que tu n'attendras pas jusque-là pour revenir me voir avec Mlle Renée...

— Si vous nous le permettez, père, cela nous rendra bien heureux... — s'écria Paul avec joie.

— Je vous le permets et je vous en prie!...

— Ah! monsieur, — balbutia Renée, — que vous êtes bon et que je suis reconnaissante!...

— Prouvez-moi votre reconnaissance en m'aimant un peu...

— Je vous aime déjà de toute mon âme...

— C'est donc moi qui suis l'obligé... — Paul sera bien vite avocat... — Je lui donnerai sa dot et vous deviendrez ma fille...

— Dans six mois, père, je serai inscrit au barreau de Paris...

— Où tu prendras une brillante place, je n'en doute pas... — Mais permets-moi une question que ma qualité de futur beau-père empêche d'être indiscrète...

— Pendant ces six mois, que fera Mlle Renée?...

— Elle a trouvé un emploi modeste qui lui permettra de vivre d'une façon bien simple, en ne devant rien à personne... — répondit Paul.

— Un emploi modeste? — répéta l'entrepreneur.

— Oui, mon père... — Renée est experte en fait de dentelles... — Demain elle entrera chez Mme Laurier dont le magasin, bien connu de la plus haute clientèle féminine, se trouve boulevard Beaumarchais...

— Situation modeste, en effet, mais parfaitement honorable...
— Vous approuvez?
— J'approuve et j'applaudis... — Mlle Renée logera sans doute chez Mme Laurier?
— Non, monsieur... — répondit la fille de Marguerite. — J'ai loué deux petites pièces dans le voisinage de la Bastille, rue Beautreillis, n° ***.

Pascal gravait dans sa mémoire tous ces renseignements.

— C'est tout près du boulevard Beaumarchais... — dit-il. — Ce sera fort commode... — Je n'ai nul besoin, n'est-ce pas? de vous recommander, mes enfants, la plus grande circonspection dans votre conduite... — Le monde est méchant, vous le savez, et voit volontiers du mal où il n'y en a pas... — Paul doit tenir plus que tout au monde à la réputation intacte de celle qui sera sa femme.

— Soyez tranquille, mon père... — Je serais au désespoir que l'ombre même d'un soupçon effleurât ma fiancée... — Je tiens à son honneur comme au mien et, si rude que me semble ce sacrifice, je ne mettrai jamais les pieds dans sa demeure. Nous nous verrons de temps en temps, hors de chez elle et en présence d'une amie. — Nous n'en serons que plus heureux quand le mariage nous aura réunis...

L'entrepreneur parut réfléchir et sa physionomie exprima l'inquiétude.

— As-tu pensé, — dit-il ensuite, — que vous allez vous heurter à une difficulté fort grave?

— Laquelle, mon Dieu? — demanda Paul.

— Les ténèbres épaissies autour de Renée vous causeront bien des embarras au moment du mariage...

— Comment cela?

— Ne le comprends-tu pas?

— Non, je l'avoue...

— Pour un légiste de ta force, cela m'étonne. — Mlle Renée, ne sachant rien de sa famille, ne possède certainement pas son acte de naissance...

— C'est vrai... — murmura la jeune fille.

— Et, — poursuivit Pascal, — cet acte sera nécessaire, indispensable même, pour la publication des bans.

— On y suppléerait au besoin par un acte de notoriété... — répondit Paul. — D'ailleurs avant six mois, je l'espère bien, Renée aura retrouvé sa mère.

— Avant six mois Renée sera morte... — pensa le constructeur. — Point d'acte de naissance... — Rien n'est perdu...

— Nous allons vous quitter, mon père... — reprit l'étudiant.

— A bientôt, n'est-ce pas?

— Certes, à bientôt... puisque vous nous permettez de revenir...

— Si tu vois ta tante Marguerite, évite de lui parler de nos projets.... Plus tard, il sera temps de l'en instruire, je m'en chargerai...

— Je serai muet.

Pascal prit Renée par la main et, l'attirant à lui, mit sur son front le baiser de Judas.

— Au revoir, mes enfants! — dit-il d'une voix émue; — au revoir, *ma chère fille!*...

La fiancée de Paul sentait battre à coups rapides son cœur où débordait la joie.

LVI

L'étudiant offrit son bras à la fille de Marguerite et le jeune couple, reconduit jusqu'au seuil par Pascal Lantier, quitta la maison de la rue de Picpus.

— Eh bien! Renée, êtes-vous heureuse? — demanda Paul en souriant.

— Le bonheur me suffoque... — La date d'aujourd'hui comptera dans ma vie... — Que votre père est bon!...

— Je vous l'avais bien dit...

Et les deux jeunes gens hâtèrent le pas, pour rejoindre Jules et Zirza qui les attendaient dans un café-restaurant de l'avenue de Saint-Mandé.

Ce café-restaurant était celui où régnait le ménage Baudu.

Ne connaissant que celui-là dans les environs, le jeune homme l'avait naturellement indiqué.

En franchissant le seuil, Paul et Renée furent surpris et enchantés d'y trouver Victor Béralle, le contremaître des ateliers de Pascal, en compagnie de Zirza et du futur docteur.

— Ah! pardieu, voilà une heureuse rencontre! — s'écria l'étudiant en serrant la main de Victor.

— Ma foi, oui, monsieur Paul, et, sachant par M. Verdier que vous alliez venir, je vous attendais avec impatience. — Le papa et la maman Baudu, et ma petite Étiennette, veulent vous remercier de la peine que vous avez prise en venant avec moi chez mon oncle de Bercy.

— C'est moi qui suis et qui serai toujours votre obligé, mon cher Victor, car cette soirée-là devait décider de mon bonheur.

Et il désignait Renée qui souriait à Victor.

— Il était enfoui sous la neige, votre bonheur... — répondit ce dernier... — Heureusement nous l'en avons retiré... — Vous allez tout à fait bien, mademoiselle?..,

— Oh! tout à fait... grâce à mes bons amis...

— Puisque vous êtes ici, me permettez-vous de vous présenter ma future?...

— Je serai enchantée de la connaître et de lui prédire à coup sûr qu'elle sera heureuse avec un mari tel que vous.

Baudu, sa femme, Étiennette et Virginie chuchotaient près du comptoir.

Victor les appela du geste.

Ils s'avancèrent; la présentation fut faite. Baudu sollicita la faveur d'offrir de l'absinthe à ces messieurs et du vin de Madère à ces dames, faveur qui lui fut accordée sans discussion.

Pendant ce temps, la blonde Zirza demandait tout bas à Renée :

— Eh bien?

— Il me semble que je rêve, tant je suis joyeuse!...

— Son père?...

— Le meilleur des hommes... — Il m'a reçu comme sa fille et le mariage est décidé...

— Quand se fera-t-il?

— Aussitôt que Paul sera reçu avocat... — Dans six mois au plus tard...

— Chère Renée!...

Et les deux jeunes filles se serrèrent les mains avec effusion.

— Ah çà! — dit Victor, — j'espère bien que vous n'êtes pas venus pour vous en retourner tout de suite...

— Nous ne partirons que pour aller dîner, — répliqua Paul.

— Dîner? — Mais on dîne ici, et très bien. — Je vous garantis que ma future belle-mère cuisine des petits plats à s'en lécher les pouces!

— Ne l'écoutez pas, — fit maman Baudu en riant. — Tout à l'heure il va vous dire que je dame le pion aux *chefs* des grandes maisons de Paris...

— Je le dirai, — appuya Victor, — et ce sera vrai.

— Nous en jugerons, — reprit Paul, — mais à condition que Victor et sa jolie future dîneront avec nous.

— Ce sera bien de l'honneur, monsieur Paul, mais nous acceptons... n'est-ce pas, Étiennette?

La jeune fille, rouge comme une cerise, répondit par un *oui* timide.

La maison était simple, — un vrai restaurant de barrière, — mais maman Baudu se surpassa; le dîner fut excellent et arrosé, sinon de vins de grands crus, du moins de bourgogne authentique et de médoc sincère.

Paul se trouvait en veine de gaieté, et tout le monde partageait son entrain.

— A quand la noce? — demanda-t-il après avoir porté la santé d'Étiennette.

Victor répondit, en regardant sa future qui rougit de nouveau jusqu'au blanc des yeux:

Un écriteau collé sur la muraille attira leurs regards.

— Ça approche, monsieur Paul... — Dimanche prochain nous serons affichés à la mairie sous le petit grillage, et le soir, ici, réunion de toute la famille pour un dîner cordial et sans façon... — A ce propos je vais m'acquitter tout de suite de la commission dont j'étais chargé pour vous... — Mes futurs parents espèrent que vous voudrez bien nous faire le plaisir, ainsi que Mlle Renée, M. Verdier et Mme Zirza, d'assister au repas... — Vous nous causeriez un gros chagrin en nous refusant...

—Aussi nous acceptons de grand cœur, —répliqua l'étudiant, — et dimanche nous serons des vôtres...

Un applaudissement unanime accueillit cette réponse.

Laissons attablés ces joyeux convives et retournons à la maison de la rue de Picpus.

Lorsque Pascal eut refermé derrière Paul et Renée la porte de la cour, son regard prit une expression d'indicible haine, ses lèvres se crispèrent, une sorte de rictus de fauve dilata ses narines.

Sans prononcer une parole il leva son poing fermé dans la direction que suivaient les jeunes gens, puis il regagna son cabinet.

Léopold encore pâle, mais redevenu calme, se tenait debout et les bras croisés au milieu de la pièce.

Pascal, les yeux étincelants de colère, lui posa la main sur l'épaule et le secoua violemment en disant d'une voix sourde :

— Imbécile, qui croyais à une apparition ! — La morte est vivante, entends-tu ?... Elle est vivante ! Vous pouvez être fiers, Jarrelonge et toi, de la jolie besogne que vous avez faite ! — Ce n'est pas dans la rivière que vous aviez jeté la bâtarde de Robert Vallerand, c'est dans la neige, et c'est Paul, c'est mon fils, qui l'en a retirée !... Paul qui cherche les assassins de Renée et d'Ursule Sollier !... Paul qui a deviné en Jarrelonge un de ces assassins et qui l'a poursuivi !... Paul qui finira par le retrouver et qui lui arrachera notre secret !... — Décidément le diable est contre nous ! — Au moment où nous nous croyions hors de tout péril et près de toucher l'héritage, la fille de Robert sort de la tombe où nous la croyions ensevelie ! — Nous sommes perdus, entends-tu, Léopold ? Nous sommes bien perdus !...

— J'entends, pardieu ! ! — répliqua l'évadé de Troyes.

— Et que dis-tu de cela ?

— Je dis, d'abord, que je te conseille le sang-froid...

— Est-il possible d'en avoir ?...

— On en a quand on veut, et l'épouvante est mauvaise conseillère...

Pascal se laissa tomber sur un siège, écrasé, haletant.

— Et c'est mon fils... — murmura-t-il, — c'est mon fils qui place des obstacles devant moi !

— Nous parlerons de lui tout à l'heure. — Mais, encore une fois, ne te laisse pas dominer par la terreur.

— N'est-elle pas légitime ?

— Dans le premier moment, je le sais, on ne peut s'en défendre. — Moi-même tout à l'heure j'ai perdu la tête en voyant ensemble la morte ressuscitée et l'inconnu qui suivait Jarrelonge avant-hier soir, et l'aurait certainement rejoint sans moi.

— Jarrelonge nous perdra... — balbutia Pascal d'un ton lamentable.

— Jarrelonge se taira... — répondit Léopold.
— En es-tu sûr?
— Oui, pardieu, j'en suis sûr...
— Comment lui imposer silence?...
— En le rendant muet pour toujours... — C'est le premier qui doit disparaître à cette heure... — Ce refrain maudit est trop souvent sur ses lèvres... On le lui fera rentrer dans la gorge...
— Encore un crime... — murmura le constructeur frissonnant.
— Bah! un de plus ou de moins... — Et d'ailleurs est-ce un crime? — Nous sommes dans le cas de légitime défense... — On a le droit de défendre sa peau...
— Tu as raison...
— Parbleu!!
— Sais-tu où dénicher ce drôle?
— Non, mais qui cherche bien trouve infailliblement... et je chercherai bien...
— Quant à Renée?
— Cette fois, elle ne m'échappera pas...
— Sa mort est-elle indispensable? — Je réfléchis qu'elle ne connaît ni son père, ni sa mère, et ne sait pas le nom du notaire auquel était adressée la lettre engloutie dans la Marne avec le cadavre d'Ursule... — Rien ne peut la guider...
— Si nous la laissions vivre?..
Léopold haussa les épaules
— Cœur de poule! — s'écria-t-il. — A l'heure où l'on s'y attend le moins, il te prend des accès de sensibilité qui me feraient bien rire s'ils ne m'effrayaient pas! — Comprends donc que Renée peut se trouver un jour en face de sa mère, — que ton fils Paul, — quoique tu lui aies conseillé de n'en rien faire, — peut parler d'elle à Marguerite Bertin, et que, de mot en mot, de phrase en phrase, d'induction en induction, la lumière peut jaillir et la mère deviner sa fille!
— C'est vrai... — répondit Pascal en courbant la tête. — Il faut qu'elle disparaisse... Mais Paul...
— Eh bien, après?
— Paul voudra la venger...
— Tant pis pour lui...
En entendant ces mots Pascal bondit du siège sur lequel il s'était laissé tomber, et s'écria, le visage contracté, les yeux pleins de flammes :
— Paul est mon fils...
— C'est un ennemi...
— Qu'importe? — Une fois Jarrelonge et Renée supprimés, personne au monde ne pourra le guider vers les coupables. — D'ailleurs, quoi qu'il en soit, je te défends de toucher à mon fils! Sur ta vie, je te le défends!

— Soit! on n'y touchera pas... — fit Léopold à haute voix.
Il ajouta tout bas:
— C'est ce que nous verrons!

LVII

— Maintenant, — reprit Pascal, — qu'allons-nous faire?
— Nous occuper de ce qui presse le plus... — répondit l'ex-réclusionnaire. — A partir de demain lundi, Renée occupe un emploi chez une dame Laurier, marchande de dentelles, boulevard Beaumarchais.
— Tu as donc entendu?
— Tout, sans en perdre un mot, l'oreille appliquée à cette porte... — Le logement de la petite se trouve rue Beautreillis, numéro***.
— C'est bien cela...
— Laisse-moi donc agir...
— Quel est ton plan?...
— Je n'en ai pas le moindre pour le quart d'heure, mais sois sans inquiétude et compte sur mon imagination fertile...
— As-tu quelques recommandations à me faire?...
— Une seule...
— Laquelle?
— Sache paraître calme, même lorsque tu as l'esprit chaviré par l'inquiétude... — La dissimulation est une cuirasse qui défend bien son homme... Fais en sorte que ton visage et ton regard ne trahissent aucune de tes pensées... — Sois de bronze et de marbre... — Dès que j'aurai besoin de ta collaboration active, je t'en préviendrai... — Évitons, quant à présent, de nous voir, à moins que des choses sérieuses ne nous y obligent, et bon espoir!... — Les morts peuvent ressusciter une fois, ils ne ressuscitent jamais deux...

Léopold serra la main glacée de Pascal et sortit en fredonnant un vieil air, mais au fond beaucoup moins rassuré qu'il ne voulait le paraître, et donnant lui-même l'exemple de la dissimulation qu'il recommandait à son cousin.

— A Jarrelonge d'abord!... — se dit-il en se dirigeant vers l'intérieur de Paris. — Cet imbécile est compromettant et finirait par nous mettre dans l'embarras...

L'évadé n'avait pour le moment que fort peu de chances de trouver son ex-complice, peu désireux de tomber sous les griffes de celui qu'il venait de voler avec une superlative impudence.

S'il craignait médiocrement, et même pas du tout, une dénonciation, il craignait beaucoup la colère de Léopold qui pourrait se manifester par des voies de fait.

Redoutant fort de recevoir quelque mauvais coup, il ne sortait guère de chez lui que pour aller prendre ses repas.

Encore avait-il soin de choisir des endroits qu'il ne fréquentait point d'habitude, et il regagnait le plus vite possible son domicile.

Cette réclusion volontaire ne lui semblait pas, d'ailleurs, pouvoir être de longue durée, la fureur de Léopold devant, sans le moindre doute, flamboyer et s'éteindre comme un feu de paille.

Jarrelonge avait rangé dans les tiroirs de sa commode les objets que contenait sa valise, et caché ses valeurs dans un placard dont il avait abaissé l'une des tablettes au ras de la cimaise, ce qui formait un double fond assez difficile à deviner.

Il était riche d'une dizaine de mille francs.

Cette somme lui semblait considérable.

Il pensait :

— Avec de la patience et de la prudence j'arriverai à la réalisation de mon rêve, qui est de vivre de mes petites rentes en bon bourgeois, sans crainte de la police... — J'ai de quoi attendre une sérieuse affaire, une de ces affaires qu'on trouve en la cherchant longuement... — Je l'étudierai... je la ferai tout seul, et j'y récolterai une honnête aisance pour mes vieux jours... — Pas de complices!... jamais de complices!... Les complices, tôt ou tard, vous causent des ennuis...

Les papiers volés en même temps que les valeurs avaient été soigneusement mis de côté.

Jarrelonge voulait se rendre compte de leur importance et du parti qu'on en pouvait tirer.

Après être allé rue des Canettes reporter les fausses clefs empruntées la veille, il regagna la rue Beautreillis, alluma un bon feu dans son poêle, dont il approcha la table et, tout en fumant une vieille pipe, il se mit à passer en revue les papiers.

La plupart se rapportaient à des choses incompréhensibles pour lui.

Il les mit néanmoins de côté en se disant :

— On ne sait pas... — Peut-être bien qu'un jour ou l'autre ça pourra servir.

Une dernière lettre restait.

Elle était dans son enveloppe déchirée du haut, et cette enveloppe que Jarrelonge examina attentivement portait le timbre de Paris et celui de Maison-Rouge.

— Ah! ah! — murmura le bandit, — ou je me trompe fort, ou voilà quelque chose de bon...

Il tira la lettre de l'enveloppe, la déplia, la lut et dit presque à voix haute, avec une expression joyeuse :

— Sapristi! je ne me trompais pas!! — C'est fameux, ça... C'est du nanan!! — La lettre qu'il écrivit à la petite pour la faire tomber dans le piège et la conduire au pont de Bercy!... — Avec une pareille preuve entre les mains, je suis gardé à carreau contre lui s'il s'avisait de vouloir faire le malin!! — Je puis lui vendre ça très cher, à ce bon camarade!... — Pour le compte de quel paroissien travaillait-il et me faisait-il travailler avec lui? Voilà ce que j'aurais voulu savoir et ce que je ne trouve pas là-dedans. — Si par hasard je le découvrais dans ce manuscrit?... — Qu'est-ce que c'est, au juste, que ce manuscrit? — Je vois écrit là, sur la première page : — *Souvenirs de ma vie*... — Très bien, mais souvenirs de qui?

Jarrelonge tourna la feuille.

Sur la seconde page il lut :

« A MA FILLE »

Puis plus bas :

« *J'ai commencé à écrire ces souvenirs le 1ᵉʳ mars 1873, d'après des notes recueillies pendant toute ma vie et je les continuerai jusqu'à ma mort.* »

Au-dessous de ces lignes se trouvait la signature : — COMTE ROBERT DE TERRYS.

— Comte Robert de Terrys... — épela Jarrelonge. — Le richissime défunt dont on me parlait à propos d'une descente que les collègues voulaient faire dans son hôtel et que les doubles volets en fer ont empêché d'aboutir... — Le paroissien mort empoisonné et dont on a arrêté la fille sous prévention de parricide... — Mais ça doit être très intéressant, ces souvenirs... Je suis sûr que je vais y trouver des choses *épatantes*... — Où ce brigand de Léopold a-t-il volé cela?...

Et, sans plus attendre, l'évadé se plongea dans la lecture des souvenirs du comte de Terrys.

Nous ne le suivrons point dans cette lecture, les premières pages du manuscrit ne se rattachant par aucun lien à notre récit...

Nous reviendrons à lui quand il en sera temps.

∴

L'étudiant en droit, l'étudiant en médecine et la blonde Zirza, après le dîner au restaurant du papa Baudu, avaient conduit Renée jusqu'à son nouveau domicile de la rue Beautreillis.

Il était déjà tard et les jeunes gens la quittèrent sur le seuil de la maison, après une chaude poignée de main donnée à Paul et à Jules et une embrassade échangée avec Isabelle.

On avait décidé que celle-ci, le lendemain soir, à neuf heures, apporterait à son amie les quelques objets lui appartenant restés rue de l'École-de-Médecine, et rendez-vous était pris pour le dimanche suivant.

On devait se réunir chez Renée, avant de se rendre tous ensemble avenue de Saint-Mandé, à l'invitation des Baudu et de Victor Béralle.

Au moment de se séparer Paul et la fille de Marguerite avaient le cœur gros, et la pensée qu'ils passeraient plusieurs jours sans se voir leur mettait des larmes dans les yeux, mais la raison et les convenances les plus élémentaires commandaient...

Il fallait obéir.

Renée reçut de sa concierge un joyeux souhait de bienvenue, monta vivement au quatrième étage et ouvrit la porte.

En entrant dans sa demeure, la pauvre enfant éprouva un sentiment d'angoisse indicible.

Pour la première fois de sa vie elle allait se trouver absolument seule dans une maison étrangère.

Cet isolement lui rappelait toutes les tristesses de son passé.

Les larmes lui vinrent aux yeux.

Elle réagit contre cette émotion et, s'agenouillant au pied de son lit, elle chercha dans la prière le calme et le courage.

Son attente ne fut pas trompée. — Ses idées sombres se dissipèrent comme par enchantement. — Elle se releva calmée, fortifiée, et se coucha en pensant à sa mère qu'elle ne connaissait pas, à Paul qu'elle aimait, et s'endormit presque aussitôt.

Le lendemain elle s'éveilla et se leva de bonne heure.

Il fallait aller prendre possession de l'emploi que Zirza lui avait procuré.

Elle mit en ordre son petit ménage, fit rapidement sa toilette et se rendit boulevard Beaumarchais, au magasin de Mme Laurier.

Celle-ci l'attendait, l'accueillit avec une souriante bienveillance, la complimenta sur son exactitude et, jusqu'à l'heure du déjeuner, la mit au courant des affaires.

Renée était intelligente.

Le soir même, elle semblait avoir depuis longtemps l'habitude du commerce, ce qui lui valut, au moment de son départ, les compliments de Mme Laurier.

A neuf heures, la jeune fille regagna la rue Beautreillis.

La concierge l'arrêta au passage pour lui remettre une lettre.

Cette lettre était de Paul.

Le jeune homme remplissait quatre pages des expressions de sa tendresse, de ces phrases qui, lues à froid, paraissent absolument ridicules, et qui semblent exquises quand on est jeune, quand on aime et quand on est aimé...

Il demandait à Renée de lui écrire.

Un instant il avait eu la pensée d'aller l'attendre à la sortie de son magasin ; mais il s'était souvenu des conseils de son père et de ceux de Zirza, identiques par le fond sinon par la forme ; il s'était dit qu'il devait respecter plus que tout au monde la réputation de sa fiancée, et au lieu de venir il avait écrit.

Renée dévora cette longue lettre, puis, séance tenante, elle y répondit avec toute son âme et tout son cœur.

LVIII

La fille de Marguerite termina sa lettre par ces deux mots : *A dimanche*, et la mit sous enveloppe.

De part et d'autre le dimanche était attendu avec impatience, et les jours s'écoulaient lentement pour les deux amoureux.

On était au jeudi.

Depuis le commencement de la semaine Léopold Lantier n'avait cessé de chercher Jarrelonge ; mais celui-ci, grâce aux précautions dont il s'entourait, demeurait introuvable.

L'ex-réclusionnaire en arrivait à croire que son complice s'était éloigné de Paris par prudence, et il s'en réjouissait *in petto*.

Ses inutiles recherches ne l'absorbaient pas entièrement.

Il n'oubliait point Renée. — Le fils de Pascal connaissait l'attentat dont l'héritière de Robert Vallerand avait été victime et rêvait une vengeance éclatante.

Là était le péril, plus imminent que jamais.

Pour la seconde fois le misérable condamnait la jeune fille, mais, pour arriver à la perdre, il fallait écarter de sérieux obstacles.

Renée ne se trouvait plus dans un état d'isolement complet, sans défense, sans protecteurs.

Elle avait un domicile à Paris ; — elle était connue, — elle était aimée...

Paul et ses amis veillaient sur elle...

Donc il fallait découvrir un moyen d'exécution qui ne permît de soupçonner ni Pascal Lantier ni lui-même.

Léopold se mettait l'esprit à la torture pour inventer ce moyen, et creusait son sujet comme un auteur travaille un scénario de drame, mais il se fatiguait vainement et n'arrivait à aucune solution ingénieuse et pratique.

Il prenait son parti de cette impuissance momentanée en songeant que Pascal, investi de toute la confiance de son fils, serait averti par ce dernier s'il se produisait quelque chose de nouveau, et viendrait aussitôt le prévenir.

Or l'entrepreneur ne donnait point signe de vie.

— Donc tout est calme, — concluait le bandit, — et j'ai le temps de combiner mes plans...

Un matin il allait sortir lorsqu'un violent coup de sonnette, retentissant à l'improviste, lui causa un tressaillement nerveux.

Toujours circonspect, et devenu très défiant depuis l'affaire Jarrelonge, Léopold, à l'aide d'une vrille, avait percé dans le bois de sa porte un trou presque imperceptible qui lui permettait de reconnaître les visiteurs.

Le bandit détale au pas gymnastique.

Il s'approcha sur la pointe des pieds afin de ne signaler sa présence par aucun bruit, et colla son œil gauche à cette ouverture.

— C'est Pascal... — murmura-t-il très inquiet. — Que se passe-t-il donc ?

Et il ouvrit en toute hâte.

Le constructeur entra, visiblement ému.

Derrière lui Léopold referma la porte.

Pascal avait déjà traversé l'antichambre et franchi le seuil d'une petite pièce servant de salon.

Son cousin l'y suivit.

— Quel motif t'amène? — lui demanda-t-il.

— Il se produit une chose étrange, incompréhensible, qui me préoccupe beaucoup...

— Quelle est cette chose ?...

— Une énigme à deviner...

— Explique-toi...

— Voici l'explication...

Le constructeur tira de sa poche un papier qu'il tendit à Léopold.

Ce dernier le prit et le déplia.

C'était un imprimé dont on avait rempli les blancs à la plume.

En tête se trouvaient ces mots qui causent un certain malaise même aux honnêtes gens dont la conscience est en paix :

« *Parquet du procureur de la République.* »

Léopold fronça le sourcil. — Un petit tremblement agita ses mains.

— Qu'est-ce que cela? — balbutia-t-il.

— Lis... — répondit Pascal.

L'évadé continua :

« Nous, juge d'instruction, attaché au parquet du procureur de la République du département de la Seine, mandons et ordonnons à M. Pascal Lantier, architecte-constructeur, de se présenter à notre cabinet, au Palais de Justice, le jeudi 4 décembre 1879, à deux heures...

« *Signé :* VILLERET. »

— Un mandat de comparution!! — s'écria Léopold.

— Chez le juge d'instruction... aujourd'hui... à deux heures... — fit Pascal d'une voix agitée. — Tu dois comprendre mon trouble... mon angoisse...

— Qu'est-ce que cela signifie?

— Ah! si je le savais!... Mais je ne m'en doute pas... — Quelle menace pour nous contient ce mandat? — Que me veut-on?... Que se passe-t-il?

A mesure que grandissait l'agitation fiévreuse de Pascal, Léopold reprenait son sang-froid.

— Allons, allons, — dit-il, — du calme!... Trop de nerfs et pas assez de réflexion...

— Devines-tu donc le mot de l'énigme, toi?...

— Nullement...

— Et tu es tranquille?

— Pourquoi non?

— Songe donc que cette comparution dans le cabinet du juge doit avoir un motif grave?...

— Cela n'est pas douteux, mais pourquoi ce motif serait-il menaçant? — Il est probable, il est même certain, que le juge veut t'entendre, non comme accusé mais comme témoin...

— Témoin de quoi? — Je ne connais aucune affaire à propos de laquelle mon témoignage puisse être utile...

Léopold se frappa le front.

— Vraiment? — dit-il en souriant.

— Dame!... il me semble...

— Il te semble mal...

— Tu as trouvé?

— Du premier coup...

— Et c'est?

— L'affaire Terrys, mon excellent bon!... — Est-ce que, par hasard, tu l'aurais oubliée?...

En entendant ces mots : *L'affaire Terrys*, Pascal devint pâle comme un mort.

Léopold vit cette pâleur et haussa les épaules.

— Tonnerre! — s'écria-t-il en saisissant son cousin par le bras. — Ne te souviens-tu plus de mes recommandations? — Comment! le nom seul du comte te met dans cet état, ici, seul avec moi de qui tu n'as rien à redouter!... — Tu deviens vert! — Tu prends une figure de noyé! — Que sera-ce donc dans le cabinet du juge et quand tu subiras un interrogatoire?... — Même n'étant pas mis en cause, — car tu ne peux l'être jusqu'à cette heure, — ton émotion plus que suspecte et ta physionomie de l'autre monde suffiront pour te compromettre... pour te perdre!... — Souviens-toi donc que ces gens-là ont les yeux ouverts, les regards perçants, et que par état ils sont soupçonneux... — On entre témoin, on sort prévenu, quand on ne sait pas jouer serré et qu'on se livre bêtement! — Sois résolu, sois fort, et tu n'as rien à craindre!...

Ces paroles produisirent un excellent effet sur le moral de l'entrepreneur.

— Je serai fort et résolu, je te le promets... — dit-il d'un ton ferme.

— Alors, tout ira bien, j'en réponds!...

— Crois-tu positivement qu'on m'appelle au Palais pour l'affaire Terrys?

— Cela saute aux yeux! — Honorine accusée cherche à se défendre... — Elle t'aura fait citer comme témoin à décharge... — Tu avais des relations d'amitié et d'intérêt avec son père... Tes rapports avec elle ont été, sinon bien fréquents, du moins affectueux de part et d'autre... — Elle compte que tu donneras les meilleurs renseignements au sujet de sa conduite, de ses habitudes, de son caractère...

— Trace-moi une ligne de conduite...

— Sois adroit... Fais le bon apôtre... Reste autant que tu le pourras dans les généralités, dans les appréciations vagues... et surtout souviens-toi de tes réponses... — La comparution est pour aujourd'hui à deux heures...

— Et il est une heure dix minutes... — répliqua Pascal en consultant sa montre.

— Tu as une voiture à la porte ?

— Oui.

— J'y monterai avec toi, je t'accompagnerai jusqu'au Palais ; chemin faisant je compléterai mes recommandations, et j'irai déjeuner près du théâtre du Châtelet, à la brasserie Dreher où je t'attendrai. — Je tiens à connaître le plus tôt possible ce qui se sera passé là-bas...

Les deux complices quittèrent la rue de Navarin. — Pascal déposa son cousin sur le trottoir de la place du Châtelet, continua jusqu'au Palais, gagna la galerie sur laquelle ouvrent les cabinets des juges d'instruction et remit son mandat de comparution à un huissier qui l'introduisit au bout de dix minutes auprès de M. Villeret.

Pendant ces dix minutes d'attente, Pascal s'était imposé la loi de pousser le calme jusqu'à l'impassibilité, et de ne rien laisser se peindre sur son visage de ce qui se passerait dans son âme.

Le cabinet dont il franchit le seuil était tendu d'un papier vert sombre de la même nuance que les rideaux de reps drapant l'unique fenêtre.

Deux bureaux chargés de dossiers constituaient, avec quelques sièges, le seul mobilier de cette pièce.

Le greffier du juge d'instruction se trouvait assis devant le plus petit de ces deux bureaux, faisant face à celui du magistrat.

M. Villeret, au moment de l'entrée de Pascal, se tenait debout et un peu penché, cherchant un dossier au milieu de tous ceux qui formaient à sa droite et à sa gauche de véritables pyramides.

Tout en saluant légèrement le constructeur, qui s'inclina avec déférence, il l'enveloppa d'un coup d'œil rapide.

— Veuillez vous asseoir, monsieur, — dit-il ensuite en désignant un siège placé près de son bureau, et en s'asseyant lui-même.

Le greffier venait de placer sur son buvard une feuille blanche destinée à contenir la reproduction textuelle des questions du juge et des réponses du témoin.

Il trempa sa plume dans l'encre et il attendit.

LIX

— Votre nom, monsieur ? — demanda le magistrat au témoin.
— Pascal Lantier.
— Votre âge ?
— Quarante-trois ans.
— Votre profession ?
— Architecte-constructeur.
— Vous vous doutez sans doute du motif qui m'a fait vous appeler dans mon cabinet ?
— En aucune façon, monsieur, et j'avoue qu'en recevant un mandat de comparution je me suis mis vainement l'esprit à la torture....
— Vous connaissiez le comte de Terrys ?
— Léopold ne se trompait point, — pensa Pascal ; — c'est du comte qu'il s'agit...

Puis, tout haut, et donnant à sa physionomie une expression mélancolique, il répondit :

— Je le connaissais beaucoup, oui, monsieur, et sa mort m'a vivement affecté.
— Ainsi que l'arrestation de sa fille, n'est-ce pas ?
— Cette arrestation, je l'avoue, m'a causé une stupeur profonde... — En entendant donner l'ordre de porter à la Morgue le corps du comte, en voyant planer sur Mlle Honorine d'effroyables soupçons, je me suis senti atterré...
— A quelle époque remontent vos relations avec M. de Terrys ?
— A cinq ans, à peu près...
— Relations d'affaires ?
— D'amitié et d'affaires....— Le comte avait placé des capitaux importants dans mes entreprises...
— Les livres de M. Terrys indiquent en effet un prêt d'un million dont vous devez le remboursement.

Pascal, qui s'attendait à cette question, se montra vraiment fort et Léopold l'aurait admiré.

La lutte allait s'engager. — Il se sentait armé pour le combat.

Son visage resta calme. — Aucune contraction de ses muscles ne trahit son émotion intérieure.

— Ce remboursement est opéré, monsieur, — dit-il.
— Vous avez payé le comte ! — s'écria le juge d'instruction sans cacher sa surprise.

— Oui, monsieur.

— A quelle date?

— Le 16 du mois dernier. — C'est ce jour-là que j'ai vu M. de Terrys pour la dernière fois. En échange de la somme remboursée par moi, le comte m'a remis l'acte qui me constituait son débiteur.

— Ainsi, cet acte est entre vos mains?

— Sans doute.

— Et votre livre de caisse mentionne la sortie d'un million?

— Naturellement.

— C'est bien, monsieur.

Après un instant de silence, le magistrat reprit :

— Connaissant le comte depuis cinq années, vous le saviez malade?

— Son dépérissement progressif ne pouvait m'échapper.

— Parlait-il de son mal?

— Quelquefois, mais rarement.

— A quoi l'attribuait-il?

— A son âge avancé déjà, et surtout à la fatigue résultant de ses longs voyages.

— Partagiez-vous cette opinion?

— Je n'avais aucun motif pour être d'un avis contraire.

— Savez-vous si le comte manifestait le désir de recevoir les soins d'un médecin?

Le constructeur parut hésiter et réfléchir avant de répondre.

— Je ne me souviens pas de le lui avoir entendu dire, — fit-il enfin, — mais Mlle de Terrys a plus d'une fois affirmé en ma présence que son père nourrissait contre la science médicale et contre les médecins des préventions impossibles à combattre...

— Mlle de Terrys affirmait cela?

— Oui, monsieur...

— Vous savez que la mort du comte n'a pas été naturelle?

— Je sais que la rumeur publique parle d'un empoisonnement...

— L'autopsie a prouvé que le crime avait été commis.

— C'est affreux, mais je ne puis croire que Mlle Honorine soit coupable.

— La justice cherche à s'éclairer et y parviendra... — Si les premiers renseignements qui m'ont été donnés sont exacts, on recevait peu de monde à l'hôtel du comte?

— Fort peu... — Mlle de Terrys redoutait des visites qui fatiguaient son père...

— Elle semblait craindre la fatigue pour lui, dites-vous?

— Oui, monsieur...

— Lui témoignait-elle habituellement beaucoup d'affection?...

— Sans doute... autant du moins que le comportait sa nature peu expansive...

— Que pensez-vous du caractère de cette jeune fille ?

— Mlle Honorine m'a toujours paru froide, orgueilleuse, avide d'indépendance, mais je lui crois de grandes qualités...

— Quel était, à son sujet, l'opinion des personnes de son entourage.

— Celle que je viens d'exprimer...

— La fille du comte donnait-elle à son père des soins assidus?

— Je ne sais.

— Est-ce elle qui préparait les breuvages?

— Je l'ignore...

— Connaissez-vous ceci?

En formulant cette question le magistrat montrait à Pascal le plateau supportant la carafe, la cuiller et le verre saisis dans le cabinet du comte, et qui se trouvaient sur le bureau à portée de sa main.

L'entrepreneur examina ces objets.

M. de Terrys s'en était servi devant lui le jour de leur dernière entrevue.

— Je connais ces objets, — répondit-il.

— Où les avez-vous remarqués?

— Dans le cabinet de mon malheureux ami... — Le verre est gravé à son chiffre, ainsi que la carafe, et la cuiller porte ses armoiries, surmontées de la couronne à neuf perles.

— C'est exact... — Lors de vos visites, l'avez-vous vu placer dans ce verre, soit une liqueur, soit une substance quelconque, et se préparer une potion?

Pascal tressaillit imperceptiblement.

Un petit frisson d'angoisse effleura son épiderme.

Il sut cependant dominer son trouble et répondit :

— Jamais, monsieur.

— Avez-vous vu Mlle de Terrys présenter ce verre au comte?

— Une seule fois. — Je m'en souviens à merveille... — J'étais un matin près du malade à qui j'apportais de l'argent... — Mlle Honorine entra, tenant à la main ce verre qu'elle présenta au comte.

— Vous êtes certain de ce fait?

— Absolument certain...

— Vous rappelez-vous la couleur du breuvage?

Le constructeur parut interroger ses souvenirs.

Au bout d'une seconde il secoua la tête.

— Je ne me souviens pas... — dit-il.

— Cherchez bien...

— Ce serait inutile. — Je ne pouvais attacher aucune importance à ce détail.

— Mlle de Terrys, quand elle vint apporter le breuvage dont nous parlons, connaissait-elle votre présence auprès de son père?

— Elle devait l'ignorer, le valet de chambre m'ayant introduit directement.

— A-t-elle paru surprise, contrariée, intimidée, en vous apercevant?

— Contrariée d'interrompre une conversation d'affaires, c'est possible, mais je n'oserais l'affirmer.

— Elle a néanmoins présenté le breuvage à son père?

— Parfaitement.

— M. de Terrys a-t-il bu?

— Jusqu'à la dernière goutte.

— Mlle Honorine a-t-elle emporté le verre en se retirant?

— Je ne m'en souviens pas...

— Quelle est votre opinion personnelle au sujet de l'empoisonnement du comte?

— Je ne puis comprendre ce crime, puisque vous affirmez qu'il y a eu crime.

— Je vous répète que les preuves sont entre nos mains.

— Je cherche à qui la mort de M. de Terrys pouvait profiter et je ne trouve pas.

Le juge d'instruction fit une pause et sembla s'abandonner pendant quelques secondes à ses réflexions.

Pascal, les yeux rivés sur lui, l'observait.

Tout à coup, le magistrat releva la tête et brusquement demanda :

— Saviez-vous que le comte de Terrys eût un autre enfant?

En entendant cette question inattendue, le constructeur n'eut pas besoin de feindre la surprise.

L'étonnement qui se peignait sur son visage était bien réel.

— Un autre enfant! — s'écria-t-il. — Le comte avait un autre enfant?

— Oui, une fille...

— Voici la première fois, monsieur, que j'entends parler de cela, et je ne me doutais de rien de pareil... — J'ai toujours cru, je crois encore, que Mlle Honorine est la seule fille de M. de Terrys...

— Sa seule fille légitime, oui ; mais il s'agirait d'une enfant née d'une liaison mystérieuse, et autour de laquelle les ténèbres ont été volontairement épaissies.

— Ténèbres bien épaisses en effet, car personne au monde ne soupçonne ce que vous m'apprenez...

— Le comte aurait pu, sans vous faire une confidence complète, vous parler d'une enfant dont il se déclarait le protecteur et qu'il faisait élever dans une institution de province, chez une certaine Mme Lhermitte, dirigeant un pensionnat à Troyes...

Il voyait dans un coin du tiroir de l'or, des billets, un gros volume manuscrit avec ce titre...

Nous n'avons pas besoin d'affirmer que Pascal écoutait très attentivement le magistrat.

La mention du pensionnat de Mme Lhermitte à Troyes ne le fit point broncher, mais ses yeux toujours fixés sur le juge s'arrondirent démesurément.

La plus profonde stupeur, à laquelle se mêlait une vague inquiétude, envahissait son âme.

Il se trouvait dans la situation d'un homme qui ferait, tout éveillé, le plus étrange rêve.

LX

— Une enfant... à Troyes... dans le pensionnat de Mme Lhermitte... — murmura le constructeur au bout d'un instant. — Mais c'est là, si je ne me trompe, que Mlle de Terrys a été élevée.

— Il ne s'agit point de Mlle de Terrys, — répliqua le magistrat. — Elle s'appelle Honorine, et la jeune fille dont je m'occupe se nomme Renée.

Pascal Lantier éprouva une violente oppression.

Il se sentit pâlir, et néanmoins resta maître de lui-même.

— Qu'est-ce que cela signifie? — se demanda-t-il. — Quelle est cette Renée?...

Puis tout haut, et répondant au juge d'instruction :

— Je ne sais ce que vous voulez dire, monsieur, et j'entends prononcer ce nom pour la première fois...

— Mlle Honorine ne vous a jamais laissé entrevoir qu'elle soupçonnât un mystère dans la vie du comte?...

— Jamais.

— Lui est-il arrivé de parler devant vous d'une femme s'appelant Ursule?

Le complice de Léopold reçut en pleine poitrine un second coup plus rude encore que le premier.

Il lui fallut de nouveau faire appel à son sang-froid, à sa force de volonté, pour ne point se trahir.

— Ursule? — répéta-t-il en paraissant interroger sa mémoire. — Quelle était cette Ursule?

— Une personne qui venait visiter à Troyes la jeune Renée, et qui lui a fait quitter le pensionnat un petit nombre de jours avant la mort du comte...

Pascal, cette fois, ne pouvait plus conserver l'ombre d'un doute.

L'enfant dont s'occupait le juge d'instruction était bien la fille de Robert Vallerand.

Mais quels liens rattachaient Renée à l'affaire de l'empoisonnement du comte et de l'accusation portée contre Honorine?...

Pourquoi la justice supposait-elle que M. de Terrys fût le père de Renée?...

Il y avait là un nouveau problème et ce problème semblait insoluble à Pascal.

Le magistrat, voyant son silence se prolonger, lui demanda :

— Vous fouillez vos souvenirs?

Cette question rappela l'entrepreneur à lui-même.

— Oui, monsieur... — répondit-il.

— Qu'y trouvez-vous?

— Absolument rien... — Je suis en face de l'inconnu et je ne soupçonnais pas le secret de famille dont vous m'apprenez l'existence...

— Je crois à votre franchise...

— Elle est absolue, je vous le jure !

— Il me reste une dernière question à vous adresser : — Que pensez-vous, personnellement, de l'accusation qui pèse sur Mlle de Terrys ?

— Eh ! monsieur — répliqua vivement Pascal, — comment me serait-il possible de formuler une opinion ? — Je n'avais pas assez vécu dans l'intimité du comte et de sa fille pour me permettre des conjectures, erronées sans doute... — Mlle Honorine vous paraît coupable puisque vous l'avez fait arrêter, mais combien de fois n'a-t-on pas vu de fausses apparences accabler des innocents ! — Le crime est épouvantable, il me révolte, il m'épouvante, mais mon cœur et ma raison refusent d'admettre qu'une fille ait tué son père.

Le juge d'instruction s'inclina, comme pour donner à entendre qu'il se contentait de cette réponse.

— Je n'abuserai pas plus longtemps de vous, monsieur... — fit-il ensuite. — On va vous lire votre interrogatoire, vous le signerez et vous serez libre...

Le greffier du magistrat commença tout aussitôt, d'un ton nasillard, la lecture des questions adressées au témoin et des réponses faites par celui-ci, puis il plaça la feuille devant Pascal Lantier et lui présenta une plume.

Le constructeur la prit et signa d'une main ferme.

— C'est tout... — lui dit alors M. Villeret en le saluant.

Pascal rendit le salut et sortit.

Il arpenta les couloirs presque en courant, avec l'allure et la figure d'un homme dont la raison déménage.

Le sang-froid, la force de volonté dont il venait de donner de si brillantes preuves, n'existaient plus.

Certaines gens se mettent à trembler lorsqu'ils se rendent bien compte du péril qui les a laissés calmes.

Lantier faisait partie de ceux-là, car il tremblait de tous ses membres.

Arrivé aux degrés par lesquels on descend à la cour du Palais de Justice, il fut obligé de s'arrêter et de s'adosser au mur.

Il était livide.

Ses jambes ne pouvaient plus supporter le poids de son corps.

Pendant quelques secondes il crut qu'il allait s'évanouir et rouler sur les dalles.

Si le magistrat instructeur l'avait vu dans cet état, il l'aurait fait appréhender au corps immédiatement, à tout hasard, le jugeant de bonne prise.

L'état d'absolue prostration de Pascal ne dura que quelques minutes. — L'énergie revint par degrés et le misérable put gagner la cour.

L'air glacial le ranima complètement.

Il traversa le pont Saint-Michel et se rendit à la brasserie Droher où l'attendait son cousin Léopold.

Nous le quitterons pour retourner au cabinet du juge d'instruction.

Ce dernier relisait à tête reposée l'interrogatoire de Pascal.

— L'évidence s'impose de plus en plus, — dit-il à haute voix quand il eut fini, — et la déposition de Pascal Lantier concorde avec celle que j'ai déjà reçue... — Mlle de Terrys isolait son père afin qu'aucune surveillance n'entravât l'exécution du crime dont elle avait conçu la pensée... — Seule elle préparait les breuvages du malheureux vieillard et les lui présentait... les domestiques l'ont affirmé... — Avide d'indépendance, et trouvant l'héritage paternel trop lent à venir, elle a consommé le parricide !!...

Le greffier prit la parole.

— Monsieur le juge d'instruction veut-il me permettre de lui adresser une observation ? — demanda-t-il.

— Sans doute... — fit M. Villeret.

— J'ai oublié le chiffre de la somme trouvée chez M. de Terrys, mais ce n'était pas énorme...

— Cette somme était de quatre cent vingt-cinq mille francs environ...

— Eh bien, et le million remboursé par M. Lantier si peu de jours avant la mort du comte ?...

— On n'en a pas vu trace.

— Comment cela se peut-il ?

— Les clefs de la caisse et des autres meubles formaient un trousseau et semblaient se trouver à la disposition du premier venu, avant l'arrivée de la justice... — Un vol a peut-être été commis... Rien ne prouve que Mlle de Terrys n'ait point détourné ce million... — C'est une enquête à faire. — Je m'en occuperai plus tard...

— A la date indiquée par M. Lantier, le remboursement du million ne figure pas sur les livres du comte, — reprit le greffier.

— Non, mais ceci n'a rien de surprenant. — M. de Terrys s'affaiblissait de jour en jour, au moral aussi bien qu'au physique et, quand il est mort, ses livres étaient tenus irrégulièrement depuis plus d'un mois.

— Il existe sans doute des pièces relatives à cette créance dans les papiers du comte... — poursuivit le subordonné.

— Ces pièces ont dû être restituées à M. Lantier au moment où il s'est acquitté, — répliqua le juge ; — je vérifierai cela en temps utile... — Dans tous les cas rien ne me semble obscur... — Le comte perdait la mémoire et, après avoir été minutieux en affaires, devenait désordonné comme un enfant...

Le greffier cessa ses observations, mais demeura songeur et préoccupé.

M. Villeret sonna.

Un garçon de bureau parut.

— Allez donner l'ordre d'amener sur-le-champ Mlle de Terrys dans mon cabinet... — lui dit le juge d'instruction.

Le garçon de bureau sortit pour s'acquitter de sa mission.

Honorine avait été extraite, le matin, de la prison de Saint-Lazare et conduite à la Conciergerie.

Au bout de dix minutes elle parut, escortée d'un garde.

Elle était vêtue de noir. — Sa démarche brisée trahissait les souffrances subies et les insomnies de chaque nuit.

Son visage disparaissait sous une voilette épaisse.

— Relevez votre voile... — lui commanda le juge.

La jeune fille obéit et découvrit son visage pâle, amaigri, où le feu de la fièvre luisait dans ses yeux entre les paupières rougies.

— Enfin, monsieur, — dit Honorine avec un accent plein d'amertume, — je vais donc savoir pourquoi depuis quinze jours vous me gardez prisonnière, sans me faire l'honneur de répondre à mes lettres, sans daigner m'entendre, sans me donner enfin les moyens de me justifier...

— C'est à moi seul ici qu'il appartient d'interroger... — interrompit sèchement le juge... — Asseyez-vous.

— Alors, — reprit Mlle de Terrys avec une poignante ironie, — alors, vraiment ce n'est point un mauvais rêve que j'ai fait... — J'ai été véritablement arrêtée, emprisonnée, je suis accusée du plus monstrueux de tous les crimes, et je comparais devant vous pour subir un interrogatoire !... — Je pensais que quinze jours de réflexion vous auraient suffi pour reconnaître votre erreur... Je croyais venir ici chercher l'annonce de ma liberté... Je croyais vous entendre proclamer bien haut mon innocence et solliciter mon pardon...

— Asseyez-vous ! — répéta le juge. — Je vais vous entendre. Si vous êtes innocente il ne tiendra qu'à vous de le prouver...

— Et l'accusation qu'il faut que je repousse est celle de parricide ?...

— Vous le savez bien...

— Mais c'est effroyable et c'est insensé...

— Prouvez-le...

— Comment ?

— Par vos réponses...

— Alors, monsieur, questionnez-moi donc !...

— De l'interrogatoire sommaire subi par vous le jour de votre arrestation, il résulte que vous vous nommez Honorine-Emma de Terrys, que vous avez vingt-trois ans et que vous êtes née à Paris... — A quelle époque avez-vous perdu votre mère ?

— Dans ma première enfance... — J'avais trois ans à peine...

— Avez-vous été élevée près de votre père ?...

— Non. — Mon père voyageait beaucoup et ses voyages l'ont retenu pendant de longues années loin de France...

LXI

— Où votre éducation s'est-elle faite? — reprit le juge d'instruction.
— A Troyes, au pensionnat de Mme Lhermitte, — répondit Honorine.
— Quand l'avez-vous quitté?
— A l'époque où mon père, fatigué de ses voyages et ne voulant plus s'éloigner de Paris, m'a rappelée auprès de lui à l'hôtel du boulevard Malesherbes...
— Il y a de cela six ans.
— M. de Terrys allait-il souvent vous voir pendant votre séjour au pensionnat de Troyes?
— Jamais.
— C'est lui qui vous y a conduite, cependant?
— Non, c'est une femme de confiance.
— Et qui vous en a ramenée?
— Philippe, le valet de chambre de mon père.
Le juge d'instruction pensait :
— On ne connaissait point le comte à la pension, il a donc pu s'y rendre incognito pour visiter son autre fille, et c'est depuis cinq ans seulement que la jeune Renée a vu le protecteur mystérieux qui se faisait appeler Robert, le prénom de M. de Terrys... — Tout cela coïncide à merveille, tout cela s'enchaîne, et je commence à croire que le chef de la sûreté ne s'illusionnait pas...
Honorine, les yeux fixés sur le magistrat, attendait une autre question.
M. Villeret demanda :
— Quel était l'état de santé de votre père lorsque vous êtes venue le rejoindre à Paris?
— Ses longs voyages l'avaient fatigué beaucoup, cependant il se portait bien...
— N'est-il pas tombé malade quelque temps après votre retour auprès de lui?
— Oui, monsieur.
— Cette maladie a duré deux mois, et à partir de ce moment le comte a décliné d'une façon visible dont tout le monde dans son entourage a été frappé...
— C'est vrai.
— Pendant la maladie de votre père, avez-vous fait appeler un médecin?
— Non, monsieur.
— Pourquoi?
— Parce qu'il me le défendait.
— Voilà une défense bien étrange, et votre obéissance est plus étrange

encore!! — s'écria le juge d'instruction. — Votre père souffrait sous vos yeux, sa vie pouvait être en danger, et l'affection filiale ne vous donnait pas le courage de violer la consigne et d'invoquer les secours de la science médicale!!.

— Mon père ne croyait pas à cette science.

— Soit! mais votre devoir strict était de combattre cette incrédulité et, je vous le répète, de ne tenir aucun compte d'une défense insensée...

— Encore une fois, monsieur, je me croyais dans mon devoir en obéissant...

— C'est-à-dire que, maîtresse absolue de la maison d'un vieillard affaibli vous vouliez éloigner les regards clairvoyants qui pouvaient vous gêner dans l'accomplissement du crime...

— L'accomplissement du crime! — répéta la jeune fille avec égarement. — Un crime a donc été commis, on ose l'affirmer, et c'est moi qu'on soupçonne!... C'est moi qu'on accuse d'un parricide!... — Mais c'est monstrueux! C'est de la folie!... — Vous ne croyez pas cela, vous, monsieur!... — Vous n'admettez pas qu'il existe une enfant assez lâche, assez infâme, pour empoisonner lentement son père, pour suivre d'un œil sec les progrès de la mort versée par elle, et pour assister sans frémir à une agonie de cinq années!... — Non, non, vous ne pouvez le croire! — Dieu ne permettrait pas une action pareille, vous le savez bien... — Mon père avait rapporté des Indes le germe d'une maladie de langueur terrible et, convaincu qu'elle était incurable, il refusait de la combattre... — Voilà la vérité...

L'accent d'Honorine était si émouvant, une telle intensité de douleur se peignait sur son visage, que le magistrat se sentit remué malgré lui.

Mais sa conviction était faite. — Nos lecteurs le savent.

Il lutta contre l'émotion qui l'envahissait, et dit froidement :

— Expliquez alors, dans le cadavre de votre père, la présence du poison qui l'a tué...

Mlle de Terrys passa les deux mains sur son front avec un geste de folle, et les yeux hagards, la voix rauque, demanda :

— Il y avait donc du poison? — Mon père a donc été vraiment empoisonné?

— Vous le savez bien.

Honorine laissa tomber sa tête sur sa poitrine et se tut.

Le juge d'instruction prit le plateau supportant la carafe, le verre et la cuiller que nous connaissons, et le plaça devant la jeune fille.

— Vous connaissez ces objets?... — dit-il.

— Oui, monsieur... — Ils se trouvaient sur l'un des meubles du cabinet de mon père.

— N'est-ce pas dans ce verre que vous lui présentiez les potions préparées par vous?

— Mon père ne prenant aucune potion, je n'en ai jamais préparé...

— Ce n'est point ce que vous avez répondu au chef de la sûreté lors de votre arrestation... Ce n'est point ce que disent les familiers de votre demeure... — Ils affirment vous avoir vue plus d'une fois présenter à M. de Terrys ce verre plein d'un breuvage composé par vous hors de sa présence...

— Ceci, monsieur, n'est qu'un malentendu...

— Comment ?

— Mon père, habituellement altéré, aimait les boissons rafraîchissantes et je lui préparais souvent un verre de grenadine...

— Breuvage inoffensif que vous saviez rendre mortel...

— C'est faux, monsieur ! c'est faux !...

— On a trouvé du poison dans ce verre...

Honorine frissonna de tout son corps ; — sa pâleur devint livide ; — ses sanglots longtemps contenus éclatèrent.

— Mon Dieu, — balbutia-t-elle, — mon Dieu, ayez pitié de moi ! — Si vous m'avez condamnée, faites-moi mourir tout de suite, mais ne me torturez pas ainsi...

Le juge d'instruction laissa s'écouler quelques secondes pour donner à Mlle de Terrys le temps de se calmer, puis il reprit :

— Receviez-vous beaucoup de visiteurs à l'hôtel ?

— Non, monsieur, le moins possible.

— Pourquoi ?

— Près de mon père malade, pouvais-je être mondaine et songer au plaisir ?

— Votre but n'était-il pas plutôt de créer la solitude autour du comte en éloignant de lui des amis qui se seraient inquiétés de son état ?

Honorine cacha son visage dans ses mains.

— Ah ! tenez, monsieur, — dit-elle ensuite, — je ne répondrai plus... — A ces insultantes questions, aucune réponse ne doit être faite...

— Ce n'est point en vous taisant que vous parviendrez à me convaincre...

— Vous convaincre de quoi ?... Vous me croyez coupable et je suis innocente...

— Je ne crois rien... je cherche à m'éclairer... Aidez-moi par vos explications... — Vous n'aimiez pas qu'on visitât votre père, le fait est attesté par des témoignages dignes de foi.

— Je n'aimais pas qu'on vînt le harceler... — Il était en butte à de continuelles demandes d'argent... Dans son état de souffrance il pouvait être dupe, n'ayant pas la force de résister à des sollicitations importunes...

— Et vous aviez peur de voir amoindrir, par de fausses spéculations, la fortune que vous convoitiez... — Vous teniez à ce que l'argent du comte restât dans sa caisse et les valeurs dans son portefeuille, par conséquent sous votre main...

— Eh ! monsieur, j'ai su qu'il devait mettre une grosse somme dans les en-

Il explora successivement les caboulots suspects, les brasseries mal hantées, où il espérait mettre la main sur son voleur...

treprises d'un de ses amis, M. Pascal Lantier, et je n'ai fait aucune tentative pour l'en détourner...

— Vous saviez que M. Pascal Lantier était le débiteur de votre père ?
— Oui, monsieur.
— Connaissiez-vous le chiffre de la somme prêtée par le comte ?
— Je l'ignorais, mais je n'ignorais point que ce chiffre était considérable...

— Saviez-vous que le remboursement a été fait peu de jours avant la mort de votre père ?

— Non, monsieur.

— Cela semble difficile à croire.

— Cela est, cependant.

— Mais ce million, — (car il s'agit d'un million), — n'a point été retrouvé à l'hôtel de Terrys...

— J'en suis surprise...

— Le comte n'a pas fait mention sur ses livres de cette rentrée, et cependant M. Lantier a dans les mains les pièces prouvant qu'il a payé réellement.

— La tête de mon père s'affaiblissait aussi bien que son corps... — Un instinct de vieillard lui aura fait cacher la somme au moment où il la recevait... — On la retrouvera plus tard.

— Vous affirmez ne pas l'avoir touchée ?...

— Oui, monsieur...

— Étant au pensionnat, vous vous occupiez de chimie ?...

— Oui, monsieur, de physique et de chimie... — Je trouvais ces sciences attrayantes...

— L'étude des poisons vous intéressait ?

— Je l'avoue...

— On ne se rend pas bien compte du genre d'intérêt que la toxicologie pouvait offrir à une jeune fille.

— Un intérêt de curiosité et de terreur.

Le juge d'instruction regarda Mlle de Terrys bien en face, dans le blanc des yeux — (pour nous servir de l'expression vulgaire), — et dit, en appuyant sur chaque mot :

— Vous prépariez l'avenir ! — De quel poison avez-vous fait usage pour tuer le comte ?

Honorine se leva d'un bond, la lèvre frémissante, le regard chargé d'éclairs.

Le garde, qui restait debout dans un angle du cabinet, croyant qu'elle allait se ruer sur le juge d'instruction, s'élança vers elle et la saisit par le bras.

M. Villeret lui fit signe de ne point intervenir.

Il obéit avec un regret manifeste et regagna sa place.

— Ah ! c'est horrible ! — s'écria la jeune fille d'une voix déchirante en se tordant les mains. — Votre conviction est si forte que vous voulez m'arracher par surprise l'aveu d'un crime dont je suis innocente ! — Vous me demandez quel est le poison... — S'il existe, la science doit le savoir, moi je ne le sais pas...

— Croyez-moi, mademoiselle, vous vous engagez dans un système de dénégations préjudiciable à vos intérêts... — Je vous engage à y renoncer... — Des aveux complets et un repentir sincère pourraient vous valoir la pitié des juges.

— La pitié, je n'en veux pas! — répondit fièrement Mlle de Terrys en relevant la tête,—je ne veux que justice...—Si les juges me condamnent, tant pis pour eux... — Je mourrai martyre, ce n'est pas moi qu'il faudra plaindre!

LXII

— Quelle grande comédienne! — se dit le juge d'instruction.
Puis, à haute voix :
— Ainsi, vous niez?
— De toutes les puissances de mon âme, de toutes les forces de mon indignation! — répliqua la jeune fille avec violence. — Voyons, monsieur, pour commettre un crime il faut un mobile, quel qu'il soit, la haine, la cupidité, la vengeance...—On ne tue point pour le plaisir de tuer, n'est-ce pas? Eh bien! quel aurait été mon but? — La fortune de mon père était la mienne et je pouvais à ma guise disposer de ses revenus... — Je jouissais à l'hôtel d'une liberté complète et d'une autorité sans contrôle, vous le disiez vous-même tout à l'heure... — J'aimais tendrement, ou plutôt j'adorais mon père dont la bonté ne se démentait point et qui me rendait ma tendresse avec usure... — Pourquoi serais-je devenue l'un de ces monstres dont les annales judiciaires parlent avec horreur et qui sont des phénomènes monstrueux dans l'humanité? — J'ai une amie, une femme honorable entre toutes et qui, beaucoup plus âgée que moi, pourrait presque être ma mère... Voyez-la... interrogez-la... — Elle m'aime comme si j'étais sa fille et me connaît bien... — Elle vous dira ce que je suis... ce que j'ai toujours été... — Elle vous jurera, elle vous prouvera que je ne puis être coupable, et plaidera ma cause avec tant d'éloquence que vous partagerez sa conviction...

Honorine sanglotait.
Brusquement M. de Villeret demanda :
— Savez-vous que vous avez une sœur ?
Cette question produisit sur la jeune fille un effet de stupeur.
Elle balbutia, en regardant le magistrat d'un air égaré :
— Une sœur?...—Je ne comprends pas ce que vous voulez dire, monsieur...
— Ma mère n'a jamais eu qu'un enfant... Cet enfant, c'est moi, et mon père ne s'est pas remarié...
— Je sais cela, mais votre père peut vous avoir caché la naissance d'une fille illégitime...
— Monsieur, vous insultez sa mémoire!
— La justice cherche à s'éclairer et n'insulte jamais... — Répondez-moi

sans discuter : —Ignorez-vous l'existence d'une autre enfant du comte de Terrys ?

— Je l'ignore et je n'y crois pas.

— Votre père ne vous a jamais donné à entendre qu'après lui sa fortune pourrait être partagée ?

— Jamais.

— Pouvez-vous me dire ce qu'est devenu le testament qu'on a vainement cherché dans les papiers de votre père ?

— Encore une fois, monsieur, mon père n'avait pas besoin de tester, puisque j'étais son unique héritière.

— Cette sœur, dont vous niez l'existence, a reçu son éducation dans le même pensionnat que vous...

Honorine croyait rêver.

— Dans le même pensionnat que moi !... — répéta-t-elle.

— Oui, — on l'appelait Renée... — Cette enfant, dont la naissance était entourée de ténèbres, avait reçu, depuis son plus jeune âge, les soins d'une dame Ursule et ne connaissait son mystérieux protecteur que sous le nom de Robert.

— Mais, monsieur, — dit alors Mlle de Terrys, — vous me racontez l'histoire d'une jeune fille dont mon amie de pension, Pauline Lambert, me parle dans une des lettres que vous avez fait saisir à l'hôtel.

— Oui, c'est bien de cette jeune fille qu'il s'agit... — Quelques jours avant la mort de votre père, elle a été retirée du pensionnat de Troyes par Mme Ursule, une créature payée sans doute, et depuis lors elle a disparu... — L'existence tout à coup révélée de cette sœur inconnue, venant vous enlever la moitié de votre héritage, ne vous paraît-il pas un suffisant motif pour expliquer un premier crime et peut-être un second ?

Honorine écoutait avec une épouvante grandissant à chaque parole du juge d'instruction.

Un tremblement convulsif agitait tout son corps ; — ses yeux prenaient cette expression indéfinissable qu'on rencontre dans les yeux des fous.

Soudain elle poussa un cri déchirant, porta ses deux mains à son cœur comme pour en comprimer les battements qui l'étouffaient et, perdant l'équilibre, roula de la chaise sur le parquet.

Le greffier et le garde coururent à elle et la soulevèrent.

— Ah ! — se dit avec joie M. Villeret, convaincu qu'il avait touché le point sensible, — j'ai frappé juste cette fois... — Elle se sent perdue...

— Que faut-il faire ? — demanda le garde.

— Appelez un huissier de service et emportez la prévenue...

Quelques instants plus tard cet ordre était exécuté.

Le greffier revint se rasseoir en hochant la tête d'un air singulier.

— L'interrogatoire n'est pas signé, monsieur... — dit-il.

— Vous irez demain matin à Saint-Lazare... vous en donnerez lecture à la prévenue et elle signera...

— Bien, monsieur.

— Ah! cette jeune fille est d'une jolie force!... — reprit le juge d'instruction.

— Elle a peut-être la force de la vérité... — répliqua le greffier nettement.

M. Villeret regarda son subordonné d'un air d'étonnement profond.

— La croiriez-vous donc innocente? — s'écria-t-il.

— Je ne la crois pas coupable.

— Mais c'est insensé! Tout l'accuse, même cet évanouissement qui prouve combien a frappé juste le dernier coup que j'ai porté... — Avec un peu de réflexion vous comprendrez cela...

En sa qualité de personnage subalterne, le greffier ne voulait pas et n'osait pas discuter avec son supérieur.

— Vos ordres, monsieur? — fit-il.

— Relisez-moi l'interrogatoire...

La lecture commença.

M. Villeret prenait des notes.

Quand il eut écouté jusqu'au bout il demanda :

— N'avons-nous pas au nombre des témoins cette dame Bertin dont a parlé la prévenue?

— Oui, monsieur, Mme veuve Bertin, rue de Varennes...

— Mlle de Terrys invoque son témoignage... — J'entendrai cette dame...

— Faut-il lui adresser un mandat de comparution pour demain?

— Non. — Il sera temps la semaine prochaine... — J'ai besoin d'étudier les témoignages et de me recueillir... — Passez chez le chimiste aujourd'hui, j'ai hâte de connaître les conclusions de son rapport relativement à la nature du poison.

— Ce sera fait, monsieur...

Le juge d'instruction signa diverses pièces administratives et quitta son cabinet.

.

Nous avons vu Pascal Lantier se rendre en toute hâte à la brasserie Dreher.

Léopold l'y attendait avec impatience et anxiété.

Lorsqu'il le vit entrer haletant, le visage défait, le regard sombre, il comprit que quelque chose d'anormal venait de se passer au Palais de Justice.

Pascal s'approcha de son cousin

— J'ai à te parler... — lui dit-il

— Eh bien, j'écoute.

— Oh! pas ici!...

— As-tu une voiture à la porte?

— Non.

— Va vite en chercher une... — Je règle ma dépense et je te rejoins.

Le constructeur quitta la brasserie et héla un fiacre qui passait à vide devant le théâtre, regagnant la station du quai.

L'ex-réclusionnaire sortit presque aussitôt et rejoignit son cousin.

— Où faut-il vous conduire? — demanda le cocher.

Les deux complices n'avaient aucun but déterminé.

Il s'agissait simplement de causer en toute liberté sans espionnage possible.

— Remontez la rue de Rivoli et la rue Saint-Antoine jusqu'à la Bastille, — répondit Léopold; — vous prendrez ensuite le boulevard Beaumarchais...

— A l'heure?

— Bien entendu.

Le cocher regarda sa montre et secoua ses guides sur le dos de sa haridelle qui partit au petit trot.

— Ah çà! voyons, que s'est-il passé là-bas? — demanda l'évadé de la prison de Troyes. — Ton visage bouleversé me fait craindre que tu n'aies commis quelque imprudence...

— J'ai fait preuve au contraire d'un sang-froid et d'une force de volonté de premier ordre, puisque je ne me suis ni troublé, ni trahi... et je te jure cependant qu'il y avait de quoi perdre la tête...

— Ah diable! — De quoi s'agissait-il donc?

— De l'affaire du comte de Terrys.

— Tu vois que j'avais deviné juste.

— Oui, mais tu ne te doutais guère qu'il serait aussi question de notre cousine...

— Quelle cousine?...

— De la bâtarde, parbleu!! — De Renée, et de Mme Ursule...

— Qu'est-ce que tu me chantes! — murmura Léopold dont la physionomie se rembrunit. — Je n'y comprends goutte et je déteste les énigmes...

— Je vais m'expliquer... écoute-moi...

Pascal alors, lentement, posément, répéta mot pour mot l'interrogatoire qu'il venait de subir, laissant ainsi à son cousin le temps de peser les réponses et de se rendre compte de leur portée.

Léopold, — il nous semble inutile de l'affirmer, — prêtait à ce récit une extrême attention.

Une vague épouvante s'empara de lui lorsque Pascal parla de Renée et d'Ursule, affirmant que le juge d'instruction regardait la jeune fille comme l'enfant du comte, et la duègne comme une mercenaire à ses ordres.

— Que signifie cela? — murmura-t-il. — Quel hasard étrange et malfaisant vient mêler Renée à cette affaire?

— Je me suis fait cette question comme toi, et, pas plus que toi, je n'ai pu y répondre.

— Cet imbécile de juge croit Renée la fille de M. de Terrys?

— Oui.

— C'est insensé!

— Je le sais bien, mais c'est comme ça...

— Où nous mène ce diabolique imbroglio?...

— A notre perte peut-être... — fit Lantier d'une voix sourde.

— Allons donc! — répliqua Léopold en haussant les épaules. — Nous sommes toujours les maîtres de la situation; mais Renée devient de plus en plus dangereuse puisque la police va se mettre à la chercher, ce qu'elle n'avait pas fait jusqu'ici... — Donc il faut se hâter d'en finir avec elle...

LXIII

— Que devient Jarrelonge? — demanda Pascal après un silence.

— Introuvable... — Il aura quitté Paris... D'ailleurs peu m'importe en ce moment... — Ce n'est pas lui qui me préoccupe pour le quart d'heure, c'est la justice égarée sur une fausse piste et mêlant Renée au drame du boulevard Malesherbes!... Quel incompréhensible mystère!... — Nous marchons à tâtons en pleine obscurité!...

Le fiacre dans lequel se trouvaient Pascal et Léopold ralentissait sa marche.

Le constructeur mit la tête à la portière pour constater la cause de ce ralentissement.

C'était un embarras de voitures.

On venait de s'engager sur le boulevard Beaumarchais.

Soudain Pascal poussa une exclamation de surprise.

— Qu'y a-t-il donc? — fit Léopold.

— Une nouvelle complication... — Regarde...

— Quoi?

— Le coupé de maître qui vient de s'arrêter près du trottoir...

— Je le vois...

— Une femme en descend... — Cette voiture est celle de ma belle-sœur, Marguerite Bertin, et c'est Marguerite elle-même qui traverse le trottoir pour entrer dans le magasin de Mme Laurier.

— Où se trouve Renée?... — s'écria l'ex-réclusionnaire en frissonnant

— Oui.

Léopold baissa la glace de devant.

— Rangez-vous de l'autre côté du boulevard, là, en face, et faites halte... — commanda-t-il au cocher.

Ce dernier obéit aussitôt.

Pascal était pâle comme un mort. — Des gouttes de sueur froide perlaient à la racine de ses cheveux.

— Marguerite sait-elle donc que Renée est sa fille ? — balbutia-t-il. — Va-t-elle la chercher ?... la reprendre ?...

L'évadé de Troyes ne répondait pas.

Les traits contractés, il rivait ses yeux sur le magasin de dentelles.

— Il faut savoir ce qui se passe... — poursuivit Pascal.

— Ton fils aurait-il vu ta belle-sœur et l'aurait-il mise au courant de ce qui concerne Renée? — demanda Léopold.

— C'est bien peu probable.

— Mais ce n'est pas impossible... — Tout est à craindre.

— Je m'en assurerai.

— Comment?

— En questionnant Paul...

— Point d'imprudence!! Une question maladroite suffirait pour éveiller l'attention du jeune homme et pour nous compromettre un jour... — Nous devons être de plus en plus circonspects...

— Cependant il importe de savoir à quoi nous en tenir et de prendre un parti...

— Descendons, et attendons en nous promenant que ta belle-sœur sorte de la boutique...

— Elle pourra nous voir...

— Il fait presque nuit, elle ne te reconnaîtrait pas... D'ailleurs le boulevard est à tout le monde et ta présence ici n'aurait rien de suspect...

Les deux hommes mirent pied à terre et se promenèrent de long en large sans perdre un seul instant de vue le magasin de Mme Laurier.

C'était bien en effet Marguerite qui venait d'entrer chez la marchande de dentelles dont elle était depuis longtemps la cliente, mais la nécessité de différents achats amenait seule Mme Bertin au boulevard Beaumarchais.

En franchissant le seuil de la boutique, la pauvre mère ne se doutait pas qu'elle allait se trouver auprès de sa fille, la voir et lui parler.

Mme Laurier, assise derrière son comptoir, préparait des factures.

Renée remettait en place des dentelles sorties des cartons pour les montrer aux acheteurs.

La petite Zénaïde venait d'allumer le gaz et de se réinstaller devant un métier sur lequel elle faisait des reprises à un voile déchiré.

Zénaïde avait quatorze ans et demi.

Elle était le type du trottin, curieuse, bavarde et moqueuse, un vrai

« C'est elle... et lui... balbutia l'ex-réclusionnaire comme frappé de folie.....

gavroche femelle, pourvu amplement de cet esprit parisien qui court les rues, maligne comme un singe, gourmande comme un chat, ayant la langue bien pendue, la riposte vive, et douée d'une coquetterie précoce qui ne faisait augurer rien de bon pour l'avenir.

A ces qualités négatives Zénaïde joignait une dissimulation de premier ordre.

On lui aurait au magasin, — comme on dit vulgairement, — donné le bon

Dieu sans confession; mais, une fois hors de la présence de Mᵐᵉ Laurier, qui ne plaisantait pas et qui n'admettait ni curiosité, ni bavardage, ni mensonge, Zénaïde s'en donnait à cœur-joie avec les petites ouvrières de son quartier en apprentissage dans les magasins de lingerie ou de confections, et qu'elle rencontrait le soir en regagnant le faubourg Saint-Antoine où demeurait sa mère, une brave femme restée veuve avec plusieurs enfants, gagnant sa vie tant bien que mal en faisant des cravates à raison de sept, neuf, et onze sous la douzaine.

Mᵐᵉ Laurier, Renée et Zénaïde se trouvaient donc seules dans le magasin lorsque Marguerite en franchit le seuil.

Renée s'avançait déjà vers la nouvelle venue pour lui demander ce qu'elle désirait, mais la patronne, reconnaissant une cliente, quitta son comptoir et ses écritures, et se hâta d'aller à sa rencontre en lui disant :

— Soyez la bien venue, madame... — Comme il y a longtemps que je n'ai eu l'honneur de vous voir! Permettez-moi de vous demander des nouvelles de votre santé... et acceptez un siège...

— J'ai été gravement malade, — répliqua Marguerite en s'asseyant, — et je suis souffrante encore...

— En effet, vous êtes un peu pâle... et, que vois-je! en grand deuil!...

— J'ai perdu mon mari...

— Recevez, madame, mes compliments de condoléance... — Je sais ce que c'est... On prend d'abord le chagrin à cœur, et on se console peu à peu... J'y ai passé...

Marguerite hocha la tête et poussa un soupir.

La petite Zénaïde, fidèle à ses habitudes de curiosité, écoutait de toutes ses forces.

Renée avait regagné sa place près du comptoir et repris son travail; mais elle aussi prêtait l'oreille, et sans cesser de mettre les dentelles en ordre, elle regardait à la dérobée Mᵐᵉ Bertin.

Le visage sympathique et amaigri de celle-ci, l'expression douloureuse de sa physionomie, la simplicité pleine d'élégance de sa toilette de deuil, attiraient et captivaient son attention.

Il lui semblait avoir entrevu dans un rêve lointain cette femme pâle et touchante.

En l'entendant parler, une indéfinissable émotion s'emparait d'elle.

La voix de l'inconnue faisait vibrer au fond de son âme une corde muette jusque-là.

— Qui me procure l'honneur de votre visite, madame? — poursuivit la maîtresse du magasin.

— Je viens vous demander s'il vous reste encore de cette dentelle dont vous m'avez vendu douze mètres l'an passé?..

— Du point de Bruxelles... carton 18... Je me souviens parfaitement... —

Je n'en ai plus en magasin... — ... une commande en Belgique et j'attends l'envoi... — Êtes-vous très pres-

— Non, mais il ne faudrait pa... pendant que cet envoi se fît trop attendre.

— J'écrirai tout à l'heure une lettre de rappel... — Avant cinq ou six jours je serai certainement en mesure de vous satisfaire... — Combien vous faut-il de mètres ?...

— Dix...

— Je me ferai un devoir de vous les porter moi-même afin de m'assurer que cette dentelle est absolument conforme à celle que vous avez déjà. — Si par extraordinaire il m'était impossible de sortir, je vous enverrais ma première demoiselle qui prendrait vos ordres...

En disant ces mots, Mme Laurier désignait Renée.

Marguerite suivit la direction du geste de la marchande, et tourna ses yeux vers Renée qu'en entrant elle n'avait point remarquée.

Renée la contemplait avec une sorte d'extase.

Mme Bertin, à la vue de cette figure angélique, de ces traits purs et charmants, ne put contenir un mouvement d'admiration.

Renée s'en aperçut, devint pourpre et baissa les yeux.

Son cœur battait avec violence.

Un mystérieux instinct la poussait vers cette femme, qui de son côté ressentait pour la jeune fille une attraction pareille.

— Mademoiselle est ici depuis peu de temps ? — demanda Marguerite vivement.

— Depuis peu de temps, oui, madame, mais j'espère qu'elle ne me quittera pas de sitôt...

— Je l'espère aussi, madame... — balbutia Renée. — Vous êtes bonne pour moi, et toute ma vie je serai reconnaissante de l'accueil que vous m'avez fait..

Nous avons constaté l'impression produite sur la jeune fille par la voix de Mme Bertin.

Marguerite, écoutant Renée, éprouva une sensation identique.

Mme Laurier rompit le charme en prenant la parole, et en disant avec des grâces commerciales :

— Est-ce tout ce que vous désirez, madame ?

Mme Bertin cessa de regarder Renée.

— Non, — fit-elle, — je voudrais avoir de quoi garnir deux robes de deuil.

— En dentelle de prix ?

— D'un prix moyen...

— Je vois ce qu'il vous faut... — Renée, mon enfant, montrez à madame les guipures espagnoles du carton numéro 34... — Moi je vais écrire à la fabrique de Bruxelles quelques lignes qui pourront être mises à la poste avant l'heure du courrier.

Au nom de Renée prononcé par Mᵐᵉ Laurier, Marguerite tressaillit.

Depuis qu'elle avait appris, en lisant l'acte de naissance rédigé à Romilly par les soins et pour la vengeance de Robert Vallerand, que sa fille s'appelait Renée, c'était la première fois qu'on prononçait ce nom devant elle.

Son émotion grandit.

Elle regarda de nouveau la jeune fille qui cherchait dans les casiers le carton désigné et qui, l'ayant trouvé, vint le placer tout ouvert sur le comptoir, en disant timidement :

— Madame veut-elle prendre la peine de s'assurer si ces guipures lui conviennent.

Marguerite s'occupait à peine du carton ouvert sous ses yeux.

Elle se sentait troublée jusqu'au fond de l'âme et cherchait en vain à s'expliquer les motifs de ce trouble.

— C'est parfaitement cela... — dit-elle d'une façon toute machinale. — Vous joindrez, je vous prie, une pièce de ces guipures à l'envoi que vous me ferez quand votre correspondant de Bruxelles vous aura répondu...

— Bien, madame...

LXIV

— Renée... Renée... — se disait Marguerite. — Elle se nomme Renée comme ma fille... — Il me semble que ma fille doit avoir cette beauté d'ange et cette voix de cristal...

Mᵐᵉ Bertin, s'absorbant dans ses pensées, se souvenait à peine du lieu où elle se trouvait.

— Est-ce tout ce que vous désirez voir, madame? — demanda Renée.

Marguerite, tirée brusquement de sa rêverie, tressaillit.

— Oui, mademoiselle, — répondit-elle en regardant de nouveau la jeune fille avec un attendrissement qui lui mettait des larmes dans les yeux. — C'est tout...

— Alors, mon enfant, — fit Mᵐᵉ Laurier, — prenez vite le carton que j'ai préparé tout à l'heure, et allez rue des Tournelles, numéro 27, chez Mᵐᵉ Gilbert, essayer la sortie de bal qu'elle attend... — Vous vous en acquitterez mieux que Zénaïde...

— J'y vais, madame...

Le trottin fit une moue très prononcée et grommela entre ses dents blanches et pointues :

— On ne m'envoie plus en courses, maintenant !... Toujours à l'attache comme un pauvre chien !... — Elle avait bien besoin de venir au magasin, cette demoiselle !

Renée avait mis son chapeau et son manteau.

Elle prit un carton placé sur le comptoir et qu'une courroie maintenait fermé, puis, après s'être inclinée devant Marguerite, elle sortit.

Mme Bertin la suivit des yeux sans prononcer une parole, aussi longtemps qu'il lui fut possible de la voir.

Zénaïde murmurait :

— Pourquoi donc que la belle dame dévisage comme ça notre demoiselle de magasin et ne me regarde seulement pas ? — Il me semble que je la vaux bien, cette pie-grièche de Renée...

— J'ai fini... — dit Mme Laurier en mettant sous enveloppe la lettre qu'elle venait d'écrire à l'adresse de son correspondant de Bruxelles.

Et elle revint à Marguerite.

— Cette enfant est charmante... — fit tout haut cette dernière.

— Vous parlez de Renée, madame ?

— Oui.

— Charmante en effet, douce, modeste, et d'une intelligence rare... — C'est une heureuse acquisition que j'ai faite...

— Positivement il n'y en a que pour elle ! — pensait le trottin avec aigreur. — Ça devient agaçant à la fin !

— Ses parents habitent Paris ? — continua la veuve.

— Non, madame, elle est orpheline...

— Orpheline ?... — répéta vivement Mme Bertin.

— Oui, et jamais, m'a-t-elle dit, elle n'a connu ni son père ni sa mère...

— Pauvre petite ! — reprit Marguerite très émue. — Elle devait appartenir à une bonne famille, car elle a reçu de l'éducation...

— Cela saute aux yeux, mais j'ignore comment elle a été élevée... — Un rien l'effarouche... J'ai voulu éviter tout froissement à la fierté un peu ombrageuse de son caractère, et je ne l'ai questionnée qu'à peine ; car elle trouvait pénible de me répondre, je le voyais bien.

— Une sainte-nitouche qui vient on ne sait d'où ! — se dit Zénaïde en haussant imperceptiblement les épaules. — En voilà du joli monde !... Et c'est à ça qu'on me sacrifie !! Oh ! là ! là ! si ça ne fait pas pitié !...

Marguerite poursuivit :

— Est-elle à Paris depuis longtemps ?

— Elle arrivait à peine de province quand elle est entrée chez moi... — répliqua Mme Laurier.

La veuve sentait redoubler son émotion.

Cette orpheline dont un mystère semblait entourer le passé, ce nom de Renée, tout cela lui rappelait sa fille.

Le rapprochement était si étrange et si frappant qu'elle éprouvait un ardent désir de fouiller dans les ténèbres.

Elle interrogea de nouveau.

— Par qui cette jeune fille vous a-t-elle été amenée ?

— Par son amie intime, une ouvrière fleuriste que je connais depuis longtemps... une excellente personne, quoique un peu évaporée peut-être...

Ces quelques mots : *son amie intime, une ouvrière fleuriste*, suffirent pour dérouter complètement Marguerite.

Sa Renée, son enfant à elle, ayant quitté depuis quelques jours seulement le pensionnat de Mme Lhermitte, ne pouvait avoir pour amie intime une ouvrière parisienne qui l'aurait pilotée, recommandée, placée...

Il semblait d'ailleurs matériellement impossible que l'enfant mise sous la surveillance de Mme Sollier, femme de confiance de Robert Vallerand, fût seule à Paris et demoiselle de magasin.

Le vague espoir un instant caressé par Marguerite s'évanouissait.

Cependant elle demanda :

— Savez-vous le nom de famille de Mlle Renée?...

— Non, madame... — Je ne suis même pas bien sûre qu'elle ait un nom de famille... — Quelques mots de Zirza (c'est la fleuriste dont je vous parlais) m'ont fait supposer que Renée pourrait bien être une enfant naturelle...

— Pauvre petite !... — répéta la veuve.

— Elle vous est sympathique, n'est-ce pas, madame ?

— Beaucoup, je l'avoue...

— Renée produit cet effet-là à tout le monde...

— Son visage, son regard et sa voix m'ont charmée.

— Comme moi, madame... je conviens qu'elle a fait ma conquête à première vue... — Si feu Laurier m'avait laissé une fille, j'aurais voulu qu'elle ressemblât à Renée.

Marguerite poussa un long soupir, et demanda après un silence :

— Quand pouvez-vous être en mesure de me livrer ces dentelles?

— Je vous l'ai dit, madame, dans cinq ou six jours, au plus tard... La lettre que je viens d'écrire est pressante.

— Aussitôt que vous les aurez reçues, faites-moi le plaisir de me les envoyer par Mlle Renée... — Je voudrais la revoir...

— C'est entendu, madame...

— Encore une sortie et des profits de moins !... — murmura Zénaïde dont la mauvaise humeur prenait des proportions imposantes. — En voilà une pimbêche que je ne porte pas dans mon cœur !... Ah! non, par exemple !

Marguerite échangea quelques derniers mots avec la marchande de dentelles et regagna sa voiture.

— A la maison ! — dit-elle au cocher en s'asseyant dans un angle du coupé.

Elle ferma les yeux et se mit à penser à Renée.

— J'ai beau me dire que c'est impossible... — balbutia-t-elle. — Malgré moi, je doute... — Pourquoi cette émotion, pourquoi ce trouble à la vue de cette jeune fille? — Est-ce la voix du sang qui parlait en moi? — Est-ce une illusion folle qui me faisait prendre un séduisant fantôme pour la réalité?

« Robert Vallerand était riche et certainement il a laissé toute sa fortune à notre fille...

« Il m'a dit à Viry-sur-Seine, quelques heures avant de mourir, que je ne reverrais jamais mon enfant, et que son avenir était assuré. Donc ce ne peut être Renée qui se trouve dans un magasin de dentelles et travaille pour gagner sa vie...

« La raison me le dit, la logique me l'affirme, tout me le prouve... Et cependant je veux la revoir et je la reverrai... Mme Laurier me l'a promis... Je la questionnerai alors... Je l'interrogerai comme une mère interroge son enfant, sans l'effaroucher, sans la blesser... Elle aura confiance en moi... une confiance absolue, et j'apprendrai le secret de sa naissance... et je saurai si Dieu m'a mis en présence de ma fille...

Marguerite pleurait.

— Allons, je suis folle!.... — se dit-elle tout à coup en s'essuyant les yeux.

Et de nouveau elle répéta :

— C'est impossible... impossible... impossible!...

La pauvre femme rentra dans son hôtel désert, en proie à une angoisse indéfinissable, et sans cesse il lui semblait voir, comme à travers une gaze, le doux visage de Renée.

*
* *

Léopold et Pascal Lantier continuaient à faire le guet sur le boulevard Beaumarchais, seulement ils avaient changé de trottoir.

La nuit étant complètement venue, ils ne craignaient plus d'être reconnus.

Au moment où Renée quitta le magasin avec le carton qu'elle portait rue des Tournelles, l'ex-réclusionnaire dit à son complice :

— Nous nous inquiétions sans motifs... — Voilà la petite qui sort... — Le hasard seul a conduit Marguerite chez la marchande de dentelles... — Renée ne s'en irait point toute seule si sa mère savait qui elle est...

— Elle lui a parlé cependant. — répondit Pascal. — A travers les vitrages, j'ai vu ma belle-sœur regarder la jeune fille avec une attention singulière... Elle la dévorait des yeux, littéralement...

— La situation est périlleuse, j'en conviens, — reprit Léopold, — mais le danger n'est point imminent... — Une reconnaissance peut avoir lieu d'un moment à l'autre, comme au cinquième acte d'un mélodrame... C'est à nous de prendre nos précautions et de parer le coup...

— Que fait Marguerite en ce moment? — murmura l'entrepreneur.

L'évadé s'était approché de la boutique.

— Elle cause avec Mᵐᵉ Laurier... — répliqua-t-il.
— Il y a une troisième personne avec les deux femmes.
— Oui, une très jeune fille... quelque apprentie sans doute...
— Que peut dire si longuement ma belle-sœur à cette marchande ?
— Il est plus que probable qu'elle lui parle dentelles...
— La conversation me paraît bien animée. — Marguerite est émue...
— Sois tranquille, je saurai le sujet de l'entretien...
— Et comment ?
— Par l'apprentie... — Silence... — Éloignons-nous de quelques pas... Mᵐᵉ Bertin s'en va...

Marguerite ouvrait en effet la porte vitrée et se dirigeait vers son coupé.

Léopold vit l'expression attristée de son pâle visage.

— Elle a l'air de porter le diable en terre... — dit-il à Pascal. — Si elle se doutait de quelque chose, elle serait plus joyeuse... — Allons, tout va bien et nous aurons le temps d'agir...

— Filons-nous ?
— Pas encore.

La porte s'ouvrait de nouveau et Zénaïde sortait, tenant à la main deux ou trois lettres...

LXV

Le trottin se dirigea du pas rapide et sautillant des petites ouvrières parisiennes, vers le grand bureau de poste du boulevard Beaumarchais.

— C'est l'apprentie... — fit Lantier.
— Oui, elle va jeter des lettres à la boîte. — Il serait maladroit d'employer en ce moment le moyen auquel je songe... — Il est cependant une chose que je voudrais bien savoir tout de suite.
— Quoi ?
— L'heure de la fermeture du magasin et du départ de l'apprentie...
— Nous n'avons qu'à attendre avec patience et nous serons fixés...
— Cela nécessiterait une faction très longue, très ennuyeuse, et passablement compromettante...
— Je sais, — dit Pascal, — que Renée quitte le magasin après le repas du soir pour rentrer chez elle à neuf heures.

Léopold tira sa montre.

— Il est cinq heures, fit-il... — Je n'ai plus besoin de toi... — Rejoins la voiture, va-t'en où bon te semblera, et laisse-moi faire...

— Quand te reverrai-je ?
— Aussitôt que j'aurai quelque chose à t'apprendre ou à te demander...

— Ah! ah! — murmura le bandit, — ou je me trompe fort, ou voilà quelque chose d'intéressant.

— Et d'ici là, je puis dormir tranquille?...
— Parfaitement!
— Ah! voici Renée qui revient...
— Laisse-la rentrer et file...
— A bientôt!...
— C'est convenu... — Va-t'en, tu me gênes...

Pascal serra la main de son complice et s'éloigna.

Trois ou quatre minutes après le retour de Renée, Zénaïde revint à son tour.

— Si les employés s'en vont à neuf heures, après avoir pris leur repas, — se dit l'ex-réclusionnaire, — c'est que le magasin doit fermer vers huit heures...
— J'ai beaucoup plus de temps qu'il ne m'en faut pour aller dîner...

Non loin de la boutique de M*** Laurier se trouvait un petit café-restaurant.

Léopold en franchit le seuil, s'installa à une table près du comptoir et, n'ayant pas encore grand appétit, demanda un verre d'absinthe et un journal; puis, tout en dégustant à petites gorgées le breuvage aux reflets d'opale tant exalté par les uns, tant calomnié par les autres, il fit semblant de lire, mais en réalité il s'abandonna à ses réflexions.

Une demi-heure à peu près s'écoula et la porte du café-restaurant s'ouvrit pour laisser entrer Zénaïde, le trottin du magasin de dentelles.

Ce gavroche femelle s'approcha du comptoir en sautillant selon son habitude, et dit à la maîtresse de l'établissement, d'un ton de familiarité dénotant des relations habituelles :

— Bonsoir, m'ame Hurtin... — Ça va bien, m'ame Hurtin?...
— Merci, ma petite, pas trop mal... — Est-ce que la patronne a besoin de ma cuisine aujourd'hui?
— Oui, m'ame Hurtin... — Françoise, la gâte-sauce de madame, a demandé la permission de dix heures... — Il faut que vous ayez la complaisance de nous expédier à dîner pour trois personnes... et tâchez que les portions soient grosses, s'il vous plaît, et qu'il y ait un plat sucré... des beignets soufflés, par exemple... Oh! les beignets soufflés, j'en raffole!! — Ça nous changera un peu des *ratas* de cette empoisonneuse de Françoise qui ne sale ni ne poivre jamais rien...
— Paraîtrait que tu aimes la cuisine relevée, toi... — fit M*** Hurtin en riant.
— Si je l'aime? — Ah! je crois bien!!... — J'ai une cousine qui a connu une jeune personne très chic qui a mangé une fois des écrevisses à la bordelaise... — Il paraît que c'est si poivré qu'on s'en lèche les doigts jusqu'aux coudes!! — Si tout le monde avait mon goût, il n'y aurait jamais assez de poivre dans les ragoûts ni de sucre dans les gâteaux...
— Gourmande!!
— Tiens, donc, j'aime ce qui est bon, moi, et ça n'est point bête... — Ce n'est pas comme notre nouvelle demoiselle, une espèce de pintade qui ne boit que de l'eau rougie et qui mangerait n'importe quoi sans savoir si c'est bon ou si c'est mauvais... Ça me fait suer!!
— Pour quelle heure le dîner?
— Comme d'habitude... — Nous fermons à huit heures moins un quart... Envoyez à huit heures...
— On sera exacte... Ta patronne n'a pas donné son menu...
— Non... — Elle a dit que vous fassiez comme pour vous... Donc, par

amour-propre, m'ame Hurtin, vous devez soigner ça et ne point oublier les beignets soufflés...

— Suffit...

— Ils sont meilleurs, vous savez, les beignets soufflés, quand on met un petit verre de cognac dans la pâte en la délayant...

— Comment, Zénaïde, tu as des recettes ?

— Tout de même, m'ame Hurtin... Quand je serai riche, c'est moi qui me payerai des petits plats un peu raffinés !... Je vous en fiche mon billet !

— Tu seras donc riche ?

— Tiens ! pourquoi pas ?

— Et c'est dans la dentelle que tu feras fortune ?

— Là où ailleurs... on verra plus tard... — Bonsoir, m'ame Hurtin.

— Bonsoir, gamine...

Zénaïde partit au galop.

Léopold Lantier n'avait pas perdu un seul mot du dialogue qui précède.

— Décidément, j'ai de la chance !! — se dit-il. — C'est une vraie veine d'être entré ici... ça m'évitera une faction de plus d'une heure, et j'ai fait la connaissance de M⁽ˡˡᵉ⁾ Zénaïde, comme l'appelle M⁽ᵐᵉ⁾ Hurtin... — Bavarde, gourmande, mauvaise langue, et détestant la nouvelle demoiselle... Tout est pour le mieux ! — Parole d'honneur, elle est complète, cette petite... — Elle promet... elle tiendra...

L'ex-réclusionnaire ajouta tout haut, en s'adressant à la dame de comptoir :

— Vraiment drôle, la gamine qui sort d'ici. — C'est un type...

— Oui, monsieur, oui, elle est drôle... — répondit M⁽ᵐᵉ⁾ Hurtin en hochant la tête. — Elle l'est même un peu trop pour son âge... C'est une enfant mal élevée qui pourrait bien donner à gauche d'un moment à l'autre...

— Elle est apprentie ?

— Dans une maison respectable, oui, monsieur. — La mère, une pauvre brave femme du faubourg Saint-Antoine, est restée veuve avec quatre moutards sur les bras, et vous comprenez qu'elle n'a pas le temps de veiller sur l'aînée... — Heureusement encore que Zénaïde est tombée chez une honorable commerçante ma voisine, où elle ne reçoit que de bons conseils, mais j'ai grand'peur que M⁽ᵐᵉ⁾ Laurier ne vienne pas à bout d'en faire une honnête fille. — Ah ! la galopine est hypocrite ! — Devant sa patronne elle file doux, mais sitôt qu'elle a les talons tournés et que M⁽ᵐᵉ⁾ Laurier ne peut plus l'entendre, elle est comme vous l'avez vue... et encore avec moi elle se tient...

— Quel âge a-t-elle ?

— Pas encore quinze ans... et des coquetteries comme une grande fille... et une langue ! On rit de ce qu'elle dit, mais au fond, en y réfléchissant, ça fait de la peine... — Ces gamines-là, voyez-vous, monsieur, c'est de la graine de cocottes...

Léopold ne prolongea point l'entretien et commanda son dîner.

A huit heures et demie il paya l'addition, quitta le restaurant, et se remit à faire les cent pas sur le boulevard en fumant un cigare.

L'établissement de Mme Laurier était fermé.

A neuf heures précises, Zénaïde sortit, non par la porte du magasin mais par l'allée de la maison.

La gamine se dirigeait du côté de la place de la Bastille, en chantonnant, assez haut pour faire retourner les passants, l'air des *Cloches de Corneville* :

Je regardais en l'air...
Un' jeuness' dégringole...

Léopold prit chasse.

Tout en marchant il se demandait comment il allait s'y prendre pour aborder le trottin qu'il voulait questionner.

La chose ne lui semblait point facile et ne l'était pas en effet.

Entamer une conversation avec une enfant de cet âge... — Sous quel prétexte, et que dire ?

Zénaïde lui fournit elle-même le prétexte vainement cherché.

Les gamines étant filles d'Eve aiment à s'arrêter devant les boutiques de joaillerie.

Les scintillements de l'or les y attirent ; — l'admiration et la convoitise les y retiennent.

L'apprentie était coquette, nous le savons ; — elle se sentait grandir ; — elle se croyait jolie ; — elle se disait que les bijoux l'embelliraient encore, et comptait bien, un peu plus tard, choisir à son gré dans les vitrines dont le contenu l'éblouissait.

D'où viendrait l'argent avec lequel elle payerait ses futurs achats?

Elle ne s'en préoccupait point ; — il viendrait, elle n'en doutait pas, c'était le principal...

Née et élevée en pleine misère, elle ne possédait même pas ces humbles anneaux qu'elle voyait aux autres apprenties.

Elle appelait de tous ses vœux le jour où elle pourrait enfin, comme ses jeunes camarades, s'attacher de l'or aux oreilles.

En conséquence, et suivant son habitude invariable de tous les soirs, elle fit halte en face d'une boutique située à l'entrée du faubourg, et se mit à passer en revue les bijoux qui lui donnaient plus particulièrement envie...

Léopold s'arrêta à quelques pas de l'apprentie, et à la clarté des réflecteurs examina sa physionomie.

Cette physionomie, très mobile et très expressive, lui permettait de lire dans la pensée de l'apprentie.

— Je la tiens... — pensa-t-il.

Puis, s'approchant de la boutique, il se plaça à côté de Zénaïde qui ne faisait pas attention à lui et se livrait à une extase véritable.

Il suivit la direction de son regard.

Ses yeux dévoraient une paire de boucles d'oreilles représentant de petites fleurs formées de saphirs minuscules.

— Je parie, mon enfant, — lui dit-il tout à coup, — que si vous aviez quelque chose à acheter dans cette boutique, vous choisiriez ces charmants bijoux aux fleurs bleues...

Zénaïde tressaillit, mais le mouvement de surprise involontaire qu'elle n'avait pu réprimer fut de courte durée.

Elle reprit en moins d'une seconde tout son aplomb, regarda son interlocuteur bien en face et se mit à rire, montrant ainsi la double rangée de ses dents blanches.

TROISIÈME PARTIE

ZIRZA LA BLONDE

I

Léopold partagea ou parut partager cette gaîté communicative, puis il répéta sa question.

— Si on vous le demande, qu'est-ce que vous répondrez ?—fit Zénaïde du ton gouailleur d'une vraie gamine de Paris.

— Je répondrai que je suis sûr d'avoir deviné juste, que vous avez bon goût, et que je vous offre ces boucles d'oreilles si elles peuvent vous être agréables...

— Vous me les offrez, vous, monsieur? — s'écria le trottin stupéfait.

— Parfaitement.

— Sans blague ?

— Parole d'honneur !

— Allons, vous voulez me faire poser! — Je ne vous connais pas...

— Mais, moi, je vous connais, mademoiselle Zénaïde... — dit Lantier en riant.

— Vous savez mon nom ! — reprit la gamine dont l'étonnement grandissait.

— Comme vous voyez... — Je sais en outre que vous êtes apprentie chez Mme Laurier, et vous êtes venue chez moi il y a quelque temps apporter des dentelles à ma femme...

— Oh ! ça, c'est possible... la patronne a tant de clientes, mais je ne me souviens pas de vous...

— Moi je ne vous avais point oubliée, et je comptais, à la première occasion, vous offrir des étrennes... — L'occasion se présente aujourd'hui, entrons chez le bijoutier...

La tentation s'emparait de Zénaïde; une tentation violente, presque irrésistible ; cependant elle hésitait encore.

— Ce sont bien celles-là, n'est-ce pas ? — poursuivit Léopold en désignant les petites fleurs en saphirs.

Intimidée pour la première fois de sa vie peut-être, l'apprentie balbutia :
— Oui, monsieur.
— Eh! bien, venez avec moi...
— Je n'ose pas...
— Pourquoi donc?
— Que dirait maman?

— Elle trouvera la chose toute simple, car vous ne lui cacherez rien et, quand elle saura qu'un client de votre patronne vous a offert ces bagatelles, je suis certain qu'elle vous approuvera d'avoir accepté... — Allons, venez, mon enfant.

Léopold ouvrit la porte du magasin et entra.

La fillette tremblait un peu, mais elle ne se sentait plus la force de résister à la tentation et suivit le tentateur.

Celui-ci désigna les joyaux au bijoutier en lui disant :
— Voulez-vous me montrer ces boucles d'oreilles?

Le bijoutier les décrocha de la tringle qui les soutenait et les lui passa.
— Combien? — demanda l'évadé de Troyes.
— Cinquante-cinq francs.

Zénaïde poussa une exclamation.
— Cinquante-cinq francs! — répéta-t-elle. — C'est beaucoup trop cher.

Léopold avait tiré son porte-monnaie et payait.
— Veuillez les placer dans un écrin... — ajouta-t-il.
— Ce sera deux francs de plus.
— Les voici.

Zénaïde sentit toutes les fibres de sa nature vaniteuse chatouillées délicieusement.

Son visage était rayonnant, ses yeux étincelaient.

Elle se voyait au milieu de ses petites amies, excitant leur admiration, leur jalousie surtout, et orgueilleuse de porter à ses oreilles des bijoux de cinquante-cinq francs.

L'ex-réclusionnaire lui tendit l'écrin.
— Voici vos étrennes, — dit-il. — Je vous les donne pour vous encourager à rester toujours une jeune fille honnête et travailleuse.

L'apprentie était rouge de joie.
— Partons, maintenant... — continua Léopold.

Il sortit avec la gamine et lui demanda :
— Êtes-vous contente?...
— Oh! oui, monsieur... un si beau cadeau !... je ne sais comment vous remercier...
— En ne me remerciant pas... — Tout le plaisir est pour moi... Je suis riche et j'aime à donner. — Vous habitez le faubourg Saint-Antoine?..

— Oui, monsieur, tout en haut...

— Je vais justement de ce côté... Nous ferons route ensemble et nous causerons tout en marchant.

— Comme vous voudrez, monsieur.

— Si je vous adresse quelques questions, me répondrez-vous franchement?

— Ah! monsieur, c'est bien le moins...

— Ce soir, vers quatre heures, il est venu une dame au magasin où vous travaillez...

— Oui, monsieur.

— Vous la connaissez?

— Je crois bien! C'est une cliente de madame... une veuve qui a perdu son mari tout dernièrement et qui est très riche... — Elle s'appelle Mᵐᵉ Bertin.

— Je sais... je sais... — Que venait-elle faire aujourd'hui chez votre patronne?

— Commander des dentelles qu'on doit lui livrer dès qu'elles seront arrivées de Belgique... Madame a écrit à Bruxelles pour hâter l'envoi... — Même que je suis allée mettre la lettre à la poste un peu avant cinq heures.

— Est-ce que Mᵐᵉ Bertin connaît votre nouvelle demoiselle?

— Qui ça? — Mam'selle Renée?... Une faiseuse d'embarras qui boit de l'eau rougie?...

— Oui, Mˡˡᵉ Renée...

— Elle ne la connaît pas, mais il paraît que cette pimbêche l'intrigue et qu'elle voudrait la connaître, car elle n'en finissait pas de questionner madame sur la demoiselle.

— Que demandait-elle à votre patronne?

— Oh! un tas de choses... Qui était mam'selle Renée... d'où elle venait, et cœtera... Faut croire que c'est une orpheline, à ce qu'a répondu la patronne... Alors m'ame Bertin avait l'air tout *épapouffée*... elle dévisageait la demoiselle, et toutes les deux se mangeaient des yeux... j'ai bien vu ça...

— Eh mais, vous observez à merveille...

— J'ai l'œil américain... — Rien ne m'échappe... — Finalement m'ame Bertin a dit à la patronne d'envoyer mam'selle Renée lui porter les dentelles sitôt qu'elles seront arrivées.

Léopold fronça le sourcil.

— Plus de doute!... — murmura-t-il. — Est-ce que par hasard la voix du sang ne serait pas un vain mot, une balançoire d'auteurs de mélodrame?... — Est-ce que Marguerite devinerait que Renée est sa fille?... — Si elle la fait venir chez elle, c'est pour l'interroger... — Le danger est là... il faut aviser...

— Est-ce que vous portez intérêt à cette pécore de mam'zelle Renée, vous, monsieur? — demanda Zénaïde.

La pauvre mère ne se doutait pas qu'elle allait se trouver auprès de sa fille.

— Non, pas le moins du monde... Si je vous parle de tout cela, c'est pour causer...

— Oui... oui... je comprends... — Histoire de passer le temps en se déliant la langue...

— Tout juste... — Quand doivent arriver les dentelles ?

— Dans cinq ou six jours, a dit madame... — Monsieur, nous y voilà, c'est ici que maman demeure... — fit la gamine en s'arrêtant.

— Je vais donc vous quitter... — Rentrez, mon enfant... — A propos, ne parlez à personne de notre causerie et des questions en l'air que je vous ai adressées ; on me croirait curieux, et je ne le suis pas.

— Soyez tranquille, monsieur... — Bouche cousue, je vous le promets... — D'abord, ce que nous avons pu dire, ça ne regarde personne...

— J'aurai grand plaisir à vous revoir...

— Monsieur, c'est facile... je sors du magasin tous les jours à neuf heures...

— Un de ces soirs vous me trouverez sur votre passage.

— Tant mieux, monsieur, et merci encore !...

Zénaïde disparut dans l'allée d'une maison et dissimula son petit écrin au plus profond de sa poche, en murmurant :

— Plus souvent que je vas les montrer à maman, mes belles boucles d'oreilles ! ! — Elle aurait bientôt fait, maman, de les *ficher* au clou pour payer le terme !!... — Je les mettrai quand je serai dehors... — Si jamais maman les voit, je dirai que c'est du *toc*, et que ça vient de la boutique à vingt-neuf sous...

Puis l'apprentie gravit rapidement l'escalier raide et mal éclairé conduisant au dernier étage.

Léopold redescendit le faubourg.

Il pensait :

— Les dentelles arriveront dans cinq ou six jours... — Il faut qu'avant cinq ou six jours, tout soit fini.

La situation devenait effroyablement tendue. — L'évadé de Troyes le comprenait bien, s'en préoccupait, et se mettait l'esprit à la torture pour découvrir un moyen ingénieux de supprimer la fille de Marguerite sans attirer sur ses agissements l'attention de la police.

Or, le problème était difficile à résoudre.

Aucun fait insolite ne se produisit pendant la fin de la semaine.

Renée arrivait au magasin de Mme Laurier le matin à neuf heures précises, et le quittait à neuf heures du soir pour retourner à son logement où elle ne manquait jamais de trouver chez la concierge une lettre de Paul.

La jeune fille dévorait les tendres phrases de son fiancé, s'empressait d'y répondre et s'endormait heureuse, pleine de confiance en l'avenir.

Le dimanche arriva.

Ce jour-là Renée fit une toilette de deuil dont la sombre couleur n'excluait pas la coquetterie.

Elle savait que Zirza la blonde devait venir la prendre au magasin, et qu'elles iraient rejoindre Paul et Jules pour se rendre avec eux à l'avenue de Saint-Mandé.

On se souvient qu'ils étaient invités tous les quatre au dîner offert en l'honneur du prochain mariage de Victor Béralle le contremaître, et de la gentille Étiennette Baudu.

Zénaïde s'était bien gardée de souffler mot à sa mère de la rencontre qu'elle avait faite et du cadeau qu'elle avait reçu, mais le dimanche matin, aussitôt sur le trottoir du faubourg Saint-Antoine, elle avait mis ses boucles d'oreilles avec un orgueil indicible.

Mme Laurier n'y fit point attention ; — si elle les avait remarquées, la gamine se proposait de lui répondre :

— C'est du *toc* !

II

A onze heures, comme chaque dimanche, on ferma le magasin et on déjeuna.

Au moment où midi sonnait, Zirza, passant par l'allée de la maison, frappa deux petits coups à la porte de l'arrière-boutique.

Le trottin vint lui ouvrir.

Renée et Zirza s'embrassèrent avec effusion et partirent joyeuses, après avoir pris congé de Mme Laurier.

Paul et Jules attendaient les jeunes filles à l'angle de la rue Saint-Antoine et de la place de la Bastille.

Le fils de Pascal courut au-devant de sa fiancée.

Le long regard qu'ils échangèrent et la tendre pression de leurs mains exprimaient l'immense bonheur avec lequel ils se retrouvaient.

— Chère, bien chère Renée, — murmura Paul, — huit jours sans vous voir ! comme c'est long !

— Oui, bien long, mon ami, — répondit, en devenant toute rose, la fille de Marguerite, — mais il le faut, vous le savez bien...

L'étudiant en droit poussa un soupir, et les deux couples se dirigèrent vers l'avenue de Saint-Mandé.

Le temps était beau, sec et froid.

Tout en marchant Paul parlait de son amour à Renée qui, sûre d'être aimée, écoutait ses paroles avec ravissement comme on écoute une musique délicieuse.

— Avez-vous fait de nouvelles démarches relatives à la disparition de Mme Ursule ? — demanda la jeune fille après un silence.

— Oui, mais malheureusement elles sont restées infructueuses... — Je suis convaincu plus que jamais qu'un crime a été commis... — Ne pensez-vous pas qu'il serait bon d'avertir la justice ?...

Renée secoua la tête et répliqua :

— Nous amènerions des complications qui m'épouvantent et me forceraient à sortir de l'ombre où je me cache...... Je crois qu'il faut attendre encore et chercher à retrouver ma mère...

En disant les paroles qui précèdent, Renée était devenue pâle ; — sa voix tremblait.

— Hélas ! — répondit Paul, — ces recherches ont bien peu chance d'aboutir. — Aucun indice... aucun point de départ... — Si nous avions seulement un nom pour nous guider...

— Un nom... — répéta la fille de Marguerite avec tristesse. — Celui que je devrais porter. — Mais je n'ai même pas de nom...

— Eh bien, qu'importe ? — Avez-vous besoin d'un autre nom que du mien, qui sera le vôtre ? Votre avenir est tout entier dans notre amour, dans notre union prochaine... — Je dois respecter votre sentiment filial, mais pourquoi pleurer, pourquoi souffrir à la pensée d'une mère que vous n'avez jamais connue et qui pour vous n'existe pas ?

— Oui, vous avez raison, je le sais... je le sens... cependant, malgré tout, je conserve l'espérance que les ténèbres se dissiperont un jour et que je connaîtrai ma mère...

La jeune fille s'arrêta, regarda son amant dans les yeux, comme pour lire au fond de sa pensée, et brusquement lui posa cette question :

— Paul, croyez-vous à la voix du sang ?

— Parlez-vous de cet instinct mystérieux qui, lorsque le hasard met en présence deux personnes ne se connaissant pas, mais dont les veines renferment un sang de même origine, les entraîne, dit-on, l'une vers l'autre ?

— Oui, c'est de cet instinct que je parle... — Croyez-vous par exemple que si je me trouvais en face d'une inconnue, et si mes regards ne pouvaient se détacher d'elle, si à sa vue mon cœur se mettait à bondir, si ma pensée allait tout entière à elle, si j'éprouvais un irrésistible entraînement et si mes lèvres murmuraient presque à mon insu ces deux mots si doux : — *Ma mère*... croyez-vous que mon cœur et mon âme s'abuseraient et que je serais dupe d'une illusion ?

L'étudiant éprouvait un embarras facile à comprendre.

— Sans doute, — répondit-il non sans hésiter, — on peut admettre, en certains cas, le phénomène au sujet duquel vous m'interrogez, mais il ne faudrait point exagérer cette croyance à la *voix du sang*, et prendre pour une révélation un sentiment de vive et soudaine sympathie... — L'erreur serait facile et la désillusion ne se ferait guère attendre... — Ce sentiment de sympathie, l'avez-vous donc éprouvé ?

— Avec une violence dont aucune parole ne pourrait donner une idée, oui, et cela à un moment où je ne pensais point à ma mère... et pourtant, je vous l'affirme, quand mes yeux ont contemplé l'inconnue, il m'a semblé reconnaître ce visage que je n'avais jamais vu... je me suis dit : *Voilà ma mère !*

— Cette inconnue, où l'avez-vous rencontrée ? — demanda vivement Paul.

— Chez Mme Laurier.

— Quand?

— Hier.

— Que venait-elle faire au magasin?

— Acheter des dentelles.

— Il n'y a là rien que de très simple, chère Renée, et votre imagination vous abuse certainement.

— Pourquoi donc ce trouble qui s'est emparé de moi? — Pourquoi ces battements tumultueux de mon cœur à l'aspect de cette femme?...

— Pure sympathie, je vous le disais tout à l'heure...

— Soit, mais pourquoi ses yeux étaient-ils sans cesse fixés sur moi, de même que les miens ne pouvaient se détacher d'elle?

— Sympathie partagée, et pas autre chose... — Qui sait d'ailleurs si cette femme ne retrouvait point en vous les traits charmants d'une enfant adorée... d'une enfant morte peut-être...?

Ces derniers mots produisirent sur Renée une sérieuse impression.

— Peut-être, en effet... — murmura-t-elle. — Une enfant morte... Cela doit être... — Elle était en grand deuil...

— Donc il est bien probable que j'avais deviné juste... — Savez-vous quelle est cette dame?

— Oui.

— Elle se nomme?

— Mme veuve Bertin...

Paul fit un geste de surprise.

— Mme veuve Bertin! — s'écria-t-il.

— Sans doute.

— Vous ne vous trompez pas?

— Je ne peux pas me tromper... Ce nom est inscrit sur les livres de Mme Laurier.

— Et Mme Bertin demeure?

— Rue de Varennes...

— Eh bien! ma chère Renée, tout à l'heure j'avais la conviction d'une erreur de votre part, maintenant j'en ai la preuve... — Vous avez été le jouet d'une hallucination.

— Connaissez-vous donc la personne que je viens de nommer? — demanda la jeune fille.

— Si je la connais?... C'est ma tante.

— Votre tante! — fit Renée avec stupeur.

— Oui, cette parente à qui mon père m'a prié de cacher jusqu'à nouvel ordre nos projets de mariage... — Elle était mariée depuis dix-neuf ans. — Son mari est mort il y a quelques semaines... — Elle n'a jamais eu d'enfants. — C'est la meilleure des femmes; mais son esprit est un peu romanesque... Elle n'a point été heureuse... — Mon père avait épousé sa sœur... — Vous voyez, chère Renée, qu'aucun lien du sang ne saurait exister entre Mme Bertin et vous...

— Et cependant, — pensa la jeune fille, — son émotion, son trouble avaient une cause... — Laquelle ?

En ce moment Zirza fit faire volte-face à Jules Verdier, et revint avec lui vers les fiancés qui s'attardaient.

— Ah ! sapristi ! — s'écria-t-elle avec un rire sonore, — j'espère que vous rattrapez le temps perdu !... — Devez-vous vous en faire, des confidences !

— Nous parlons de choses graves... — répliqua Paul.

— Oui... oui... nous les connaissons, ces choses graves ! — Vous conjuguez le verbe : *Aimer !*... le plus joli verbe du dictionnaire... — C'est très bien, mais marchez à côté de nous, jeunes gens !... Passez même en avant... Je tiens à avoir l'œil sur vous ! Une surveillance maternelle est de rigueur !

Paul et Renée obéirent en souriant.

On arrivait à la barrière du Trône.

Les deux couples tournèrent à droite et atteignirent bientôt le restaurant du *Rendez-vous des bons lapins*, où les Baudu les attendaient.

La famille entière se livrait avec activité à la préparation du repas.

Le contremaître Victor Béralle donnait un coup de main à son futur beau-père.

Étiennette et Virginie plumaient les volailles.

Maman Baudu, les manches retroussées jusqu'au-dessus des coudes, allait et venait autour de ses casseroles d'où s'échappaient des parfums culinaires capables de ressusciter des morts.

Les jeunes gens furent accueillis avec la plus franche cordialité et s'installèrent à une petite table que Baudu et Victor Béralle couvrirent d'apéritifs variés tels qu'absinthe, madère, bitter, vermouth, etc., afin que chacun pût se servir à sa guise et selon ses goûts.

— Ne verrons-nous pas votre frère Richard ? — demanda Paul au contremaître de son père.

— Il ne manquerait plus que cela ! — répondit Victor.

— Ça n'aurait cependant rien de surprenant... — fit observer maman Baudu. — Si le malheur veut qu'il entre en route chez un *mastroquet* et qu'il y trouve des camarades, il n'en sortira plus.

— Rien à craindre de ce côté... — répliqua le jeune homme. — Ce matin je lui ai donné de bons conseils.

— Turlututu ! ! — s'écria la patronne. — Voilà deux ans que je lui en donne, moi, des conseils, et c'est comme si je chantais *J'ai du bon tabac* sur l'air de *Femme sensible*...

— Aujourd'hui je réponds de lui...

— Pourquoi n'est-il pas là ?

— Il est descendu à la Halle... — Il veut vous faire une surprise...

— Depuis huit heures du matin qu'il est parti avec un panier d'osier et un petit sac de cuir, il a eu le temps de dévaliser les Halles centrales... — Ah ! le chenapan ! — Ces jours-ci nous aurons ensemble une explication... — Aujourd'hui, je ne veux pas bougonner... Sur ce, mes enfants, je trinque avec vous, et je retourne à mes fourneaux... — Il y a de la besogne...

III

Le temps passait.

Deux ou trois parents invités au repas arrivèrent successivement, puis l'oncle chez lequel Paul avait dîné à Bercy, le soir du sauvetage de Renée.

Victor Béralle paraissait soucieux.

— Qu'avez-vous, mon ami ? — lui demanda tout bas l'étudiant.

— Eh ! parbleu, — répondit le contremaître, — j'ai peur, monsieur Paul, que maman Baudu n'ait raison et que Richard ne nous manque de parole... Il ne se corrige pas et cela me chagrine et m'inquiète... — Richard est d'un caractère faible... quand il a un verre de vin dans la tête il se laisse entraîner par le premier venu... — S'il me jouait le tour de se griser aujourd'hui, je ne lui pardonnerais pas.

— Allons... allons... de la patience... — Il est encore de bonne heure..., votre frère sera raisonnable... il se souviendra de vos recommandations... il va venir...

L'entrée d'un nouvel invité interrompit l'entretien confidentiel de l'étudiant et du contremaître.

Quittons pour un instant le restaurant de l'avenue de Saint-Mandé, retournons de quelques heures en arrière, et conduisons nos lecteurs dans le logement exigu de Jarrelongo.

Le voleur de Léopold Lantier redoublait de précautions pour ne point tomber dans les griffes de son ex-complice.

Il avait appris qu'un inconnu était venu le demander dans l'un des bouges qu'il fréquentait d'habitude.

Or le signalement de cet inconnu se rapportait exactement à celui de l'évadé de Troyes.

— J'étais bien sûr qu'il me chercherait partout... — pensa Jarrelonge, — mais je serai plus malin que lui... il ne me trouvera pas.

Par mesure de prudence le bandit sortait de grand matin pour se procurer des provisions, restait enfermé chez lui tout le jour et, la nuit venue, allait, bien déguisé, prendre l'air sur les boulevards extérieurs.

Il tuait le temps en continuant la lecture des *Souvenirs* du comte de Terrys qui l'intéressaient fort, mais cette lecture touchait à son terme, le manuscrit n'ayant plus que quelques pages.

A mener une vie si monotone les heures lui semblaient longues, et son ennui grandissait à mesure que passaient les jours.

— Je me *fais vieux* ici... — se disait-il parfois, — si ça continue j'aurai des cheveux blancs avant six semaines... — j'irais cependant bien manger une friture à la campagne, même par la neige... — Ça me retremperait... — Bah! dimanche prochain, à tout hasard, je me payerai ça...

Le dimanche était arrivé.

Jarrelonge, se couchant tôt, se réveillait dès l'aube.

Il se leva, s'habilla rapidement, alluma son poêle et alla chercher son déjeuner.

La journée s'annonçait comme devant être splendide.

— A midi je prendrai mon vol du côté de la barrière du Trône... — murmura le libéré, — je rencontrerai par là quelque camarade, car on s'ennuie à se promener tout seul... je lui offrirai de le régaler... — Nous irons à Vincennes et de là à Nogent...

En attendant midi Jarrelonge déjeuna, puis reprit la lecture des *Souvenirs* du comte.

Tout en lisant, il pensait :

— En a-t-il fait, des voyages, ce coco-là ! — Il dépensait à ça tous ses revenus... — Ça aura taquiné sa fille et, pour jouir des millions, elle lui a donné de la mort-aux-rats... — Je comprends ça, mais elle s'est laissé pincer, et c'est bête... — Je suis sûr que ça l'amusait d'écrire sa vie, le bonhomme... Si j'écrivais la mienne, ça serait rigolo... Seulement j'aurais trop de vols à raconter et mes lecteurs pourraient trouver ça monotone...

Jarrelonge interrompit son monologue.

Il venait de tourner une page et s'arrêtait devant quelques lignes tracées à l'encre rouge entre une double rangée de guillemets.

— Tiens! tiens ! — dit-il en riant, — le bonhomme s'est trompé d'encrier... — Au lieu de voir noir il voyait rouge... — C'est peut être la mort-aux-rats qui lui produisait cet effet-là...

« Qu'est-ce que c'est que ce griffonnage, après lequel il n'y a presque plus rien ?

Il lut :

« J'ai toujours refusé de consulter un médecin, par le motif que je fais profession, à l'endroit de la science médicale, d'une incrédulité complète.

« Ce qui m'a soutenu, ce qui m'a permis de vivre, quoique mortellement atteint, c'est un remède mystérieux, connu de moi seul en Europe.

« Ce remède, — le plus violent des poisons peut-être si on l'administre

Léopold s'arrêta à quelques pas de l'apprentie qui dévorait des yeux une paire de boucles d'oreilles.

sans méthode et sans prudence, — est le venin desséché d'un reptile des tropiques : le crotale. »

Le libéré s'arrêta.

— Ah ! par exemple, — fit-il après avoir relu la phrase que nous venons de reproduire, — s'empoisonner pour se faire vivre, c'est ça une drôle d'idée ! !

Il poursuivit :

« Une boîte de cristal de roche contient ce qui reste de ce poison-sauveur.

« Cette boîte se trouve dans le petit meuble où sont renfermés ces *Souvenirs*.

« Si, après ma mort, en présence de mon corps saturé de poison, on accusait quelqu'un d'un crime, la présente déclaration suffirait pour justifier l'innocent... »

— Tonnerre ! — s'écria Jarrelonge en se frappant le front. — On a arrêté la fille du comte et on l'accuse d'avoir empoisonné son père !... mais c'est tout ce qu'il y a au monde de plus faux !... La demoiselle est innocente comme l'enfant à naître...

« Les juges qui n'y voient pas plus loin que le bout de leur nez sont capables de la déclarer coupable et de l'expédier franco de port à *l'abbaye de Monte-à-Regret !*... — Des infirmes, les juges ! à Chaillot !

« Mais, minute ! Je suis là, moi !... j'ai dans les mains les preuves de l'innocence de la jeune personne... J'irai les porter au tribunal... J'aime la justice...

Soudain Jarrelonge s'arrêta et, au lieu de se frapper le front comme la première fois, il se contenta de le gratter...

— De quoi ? De quoi ? — reprit-il. — Mais je suis bête à manger du foin, moi !... — Comment ! j'irais porter ça, pour qu'on me demande d'où je tiens l'objet et pour qu'on me mette le grappin dessus à la place de mon digne ami Léopold qui a volé ce manuscrit dans l'hôtel du comte avec autre chose... — Le gueux !... voilà pourquoi il lui fallait des fausses clefs... il voulait agir seul et se passer de moi...

Le libéré fit une pause assez longue, puis, après avoir réfléchi, continua :

— Ah çà ! mais, pourquoi donc a-t-il volé ça ? — Pourquoi veut-il que Mlle de Terrys, innocente, soit condamnée ?...

« Léopold est un malin... il en remontrerait au plus roublard... Donc il avait un motif...

« S'il a volé le manuscrit ce n'était pas pour le faire imprimer... — Il y a une question d'argent là-dessous... C'est une question d'argent qui le pousse à laisser la justice supprimer la fille du comte...

« Eh bien, mais, ça vaut cher, cette découverte, et que le diable m'emporte si je n'ai pas l'intelligence d'en tirer parti ! !

« Ah ! mon petit Léopold, je n'ai plus peur de te rencontrer présentement ! C'est moi, au contraire, qui vais te chercher ! Tu payeras vingt-cinq mille francs pour rentrer en possession de ce livre-là, ma vieille, sinon je l'adresserai sous enveloppe au chef de la sûreté, en ayant soin de corner la page !...

Il referma les *Souvenirs* et reprit :

— S'agit de mettre le volume en lieu sûr. — Je vais l'introduire dans la case à double fond où sont mes monacos en papier et en or... — Celui qui le dénichera là sera un rude malin ! !

Jarrelonge ouvrit le placard, enleva la planche intérieure sous laquelle se trouvait un espace de dix centimètres de hauteur, et glissa le manuscrit dans ce vide.

— En prison! — fit-il tout en replaçant la planche qu'il chargea de bouteilles vides, — et au secret... — Allons, il était décidé que je ne mangerais pas encore de friture aujourd'hui! La chose importante est de retrouver Léopold... Est-il ou n'est-il pas déménagé?... Je le saurai bientôt...

Le libéré s'habilla, grima fort habilement sa figure, mit une perruque qui le rendait méconnaissable et sortit.

Il alla droit au passage Tocanier.

Nos lecteurs savent d'avance qu'il ne pouvait y trouver personne.

En réalité Jarrelonge ne comptait pas réussir du premier coup, mais il espérait recueillir quelques renseignements grâce auxquels il suivrait la trace de son ex-complice et découvrirait sa nouvelle demeure.

En arrivant au passage, il fut surpris de voir ouverte à deux battants la porte de la cour du pavillon.

Dans cette cour se trouvait une de ces grandes voitures qui servent aux transports de mobiliers.

Deux hommes déchargeaient des meubles.

— On emménage, — pensa Jarrelonge, — donc il a déménagé... je m'y attendais, mais ça me défrise tout de même... Comment faire!... — Bah! qui ne risque rien n'a rien ; je vais essayer...

Il s'approcha des commissionnaires.

— Est-ce que la personne qui emménage est là? — demanda-t-il à l'un d'eux.

— Oui... dans le pavillon.

Le libéré se dirigea sans la moindre hésitation vers le petit perron de trois marches.

Au moment où il allait l'atteindre, une femme d'un certain âge parut sur le seuil.

Jarrelonge la salua.

— Est-ce que c'est vous, madame, — fit-il, — qui prenez possession de cet immeuble?

— Moi-même, monsieur...

— Peut-être alors, madame, voudrez-vous bien me donner un renseignement...

— Lequel, monsieur?...

— J'aurais besoin d'avoir l'adresse de la personne qui habitait ici avant vous.

— J'ignore cette adresse, monsieur... — Le pavillon était vide quand je l'ai loué, je ne puis donc vous renseigner, mais le propriétaire le pourrait sans doute...

— En effet...; — Où demeure ce propriétaire?
— Tout près d'ici, rue de Picpus...
— Et il se nomme?
— M. Pascal Lantier, constructeur.
Jarrelonge tressaillit, tant la surprise qu'il éprouva fut violente.
— Vous dites? — s'écria-t-il.
— Je dis : M. Pascal Lantier.
— Merci, madame... — Il me semblait avoir mal entendu... — Vous venez, sans le savoir, de me rendre un grand service...
— J'en suis fort aise, monsieur... — fit la dame en souriant.

IV

Jarrelonge sortit de la cour du pavillon et quitta le passage.
Une vive lumière venait d'illuminer brusquement son esprit.
Pascal Lantier ne pouvait être qu'un parent de Léopold.
Ce dernier, ayant eu à sa disposition un logis appartenant à Pascal, travaillait à coup sûr pour ce parent, et de compte à demi avec lui sans doute.
C'était l'association des Lantier, et le libéré tenait enfin la solution du problème, vainement cherchée jusque-là.
— Pascal, — se disait-il, — me donnera l'adresse de Léopold, et l'affaire sera deux fois bonne pour moi, puisque je pourrai traiter avec l'un, puis avec l'autre, et opérer un double chantage... Je vais aller de l'avant, je serai adroit, circonspect, et j'aurai soin de ne pas me livrer...
Tout en faisant ces réflexions, Jarrelonge descendit la rue de Picpus jusqu'à la maison de l'entrepreneur.
Il s'avança résolument vers la porte fermée et tira le bouton de cuivre.
La sonnette retentit.
Au bout d'une ou deux secondes le visiteur entendit un pas traverser la cour.
La porte s'ouvrit.
Un domestique parut et demanda :
— Que désirez-vous, monsieur?
— Parler à M. Pascal Lantier.
— Il est sorti.
— Mais il rentrera... — Pourrais-je le voir aujourd'hui?
— Je ne le pense pas... — Monsieur dîne en ville et rentrera fort tard...
— Pourriez-vous me donner l'adresse de son parent?
— Quel parent?
— M. Léopold Lantier.

Le domestique entendait prononcer ce nom pour la première fois.

— Je ne sais pas ce que vous voulez dire... — répondit-il, — je ne connais pas la personne de qui vous parlez.

La bonne foi du valet ne faisait aucun doute.

Jarrelonge comprit qu'il serait maladroit d'insister et reprit :

— Quand me sera-t-il possible de voir M. Pascal ?

— Je suppose que monsieur pourra vous recevoir demain, vers midi.

— Je reviendrai donc...

La porte se referma, et le libéré se trouva seul sur le trottoir.

— Ce retard me contrarie, — pensa-t-il, — mais demain arrivera vite... — Il est trop tard pour aller manger une friture à Nogent, comme j'en avais l'intention. — Je vais tuer le temps en prenant une absinthe n'importe où, en attendant l'heure du dîner...

L'ex-complice de Léopold se remit en marche.

Au coin de l'avenue de Saint-Mandé il aperçut l'enseigne de la maison du père Baudu et se dit :

— Un mastroquet... — Voilà mon affaire.

Puis il se dirigea vers le restaurant où se trouvaient rassemblés les parents et les amis des deux fiancés Victor et Étiennette.

En franchissant le seuil de la grande salle il ne se doutait guère qu'il se rapprochait de l'homme qui l'avait poursuivi si peu de jours auparavant dans la rue Saint-Antoine, et de Renée, sa première victime.

— *Un perroquet vert...* — commanda-t-il au père Baudu.

Il s'assit. — On le servit.

L'intérieur du restaurant retentissait du bruit des conversations joyeuses.

Les invités, pour qui le repas des fiançailles était une véritable fête, se livraient à une gaieté bruyante qui manquait un peu de distinction, mais qui, à coup sûr, ne manquait point de franchise.

Victor Béralle riait comme les autres, seulement son rire sonnait faux.

On lisait sur son front la préoccupation très vive causée par l'absence de son frère, et cette préoccupation grandissait à mesure que passait le temps.

La nuit venait ; on devait se mettre à table à six heures. Or Richard, parti dès le matin, n'arrivait pas.

Que signifiait cela ?

Il avait peur de le deviner.

Virginie, — la plus jeune des demoiselles Baudu, — était littéralement sur des charbons ardents.

Elle trouva moyen de quitter les fourneaux où elle aidait sa mère et s'approcha du fiancé de sa sœur.

— Monsieur Victor, — lui dit-elle d'une voix émue, — voilà maman qui commence à *bougonner* en parlant de M. Richard... Si vous étiez bien gentil, vous iriez au-devant de lui et vous nous le ramèneriez vite...

Le jeune contremaître fronça les sourcils.

— Eh ! ma chère Virginie — répliqua-t-il avec un geste de découragement, — où voulez-vous que j'aille ?...

— Il est parti ce matin pour les Halles

— Oui, mais d'ici aux Halles il y a tant de marchands de vin sur la route...

— Ainsi, vous croyez ?

— Hélas ! sans cela il serait arrivé depuis longtemps...

Virginie s'en alla le cœur gros et les yeux pleins de larmes.

Étiennette, Isabelle et Renée dressaient le couvert sur une grande table.

— Maman, — demanda Étiennette, — combien serons-nous ?

— Nous devions être vingt-quatre, — répondit la patronne d'un ton maussade, — mais nous ne serons que vingt-trois.

— Pourquoi ça, maman ?

— Parbleu ! parce que M. Richard dîne en ville ou cuve son vin !

— Pour ça, faudrait en avoir bu, maman Baudu ! — répliqua Richard lui-même qui venait d'entrer, portant un énorme panier et un petit sac en chagrin noir.

Un *hurrah* formidable l'accueillit.

— Mieux vaut tard que jamais ! mais ce n'est pas trop tôt !... — murmura Victor heureux de voir que son frère arrivait enfin et qu'il n'était pas ivre.

— Mauvais sujet, me direz-vous d'où vous venez et quel chemin vous avez pris ? — fit la patronne en s'avançant, les poings sur les hanches.

— Oui, maman... — répliqua d'un ton câlin Richard.

— On les connaît, vos cajoleries, mauvais gars ! mais ça ne prend pas ! Répondez-moi.

— Je vous répondrai, maman, quand j'aurai déposé mon panier sur une table et aligné en rang d'oignons ce qu'il contient.

Et Richard, sans quitter le petit sac de chagrin noir maintenu à son bras par une chaînette d'acier nickelé, se débarrassa de son panier aux vastes flancs.

— D'où je viens ? — fit-il alors en prenant l'un après l'autre les objets renfermés dans les profondeurs de ses flancs. — Du Havre d'abord, où j'ai récolté ces crevettes aussi roses que les joues de mam'selle Virginie; du Havre à la Meuse où j'ai pêché ces dix douzaines d'écrevisses ; de la Meuse à Nice où j'ai déniché ces fraises et cueilli ce raisin...

— Du raisin !! — s'écria maman Baudu stupéfaite.

— Et de là, — continua Richard, — de chez un confiseur, d'où j'ai rapporté ces petits-fours et ces marrons glacés, et tout cela sans avoir avalé une seule malheureuse goutte de vin blanc ou rouge... et la preuve c'est que les poulets qui meurent de la pépie faute de boire ont certainement moins soif que moi !...

Tout le monde battit des mains et Virginie, plus rose que les crevettes apportées par son amoureux, s'empressa de présenter à Richard, sur une assiette, un énorme verre rempli jusqu'aux bords.

— A la santé du grand frère et de sa future ! — s'écria-t-il en élevant ce verre avec un geste comique ; — à la santé de la petite sœur de la future ! à la santé du papa, de la maman, de l'oncle, de tous les parents et amis généralement quelconques, et finalement à la mienne !... Rubis sur l'ongle !...

Et d'un trait il vida le verre jusqu'à la dernière goutte.

— Dire qu'il est si amusant quand il n'a pas *écrasé un grain*... — murmura Baudu attendri.

Tout le monde s'était rassemblé autour de la table sur laquelle s'étalait la *surprise* de Richard.

Maman Baudu désigna le sac de chagrin noir qui pendait au bras du jeune homme.

— Et là dedans, qu'est-ce qu'il y a ? — demanda-t-elle.

— Ça, maman, — répliqua Richard, — c'est la surprise des surprises... C'est le bouquet !... Vous allez voir... Mais ça n'est pas moi que ça regarde... — C'est une commission que Victor m'avait chargé de faire...

Puis il poursuivit, en tendant le sac au contremaître :

— Tiens, grand frère. — A toi de tourner la bobinette.

Victor prit l'objet que lui tendait son frère.

Renée, placée près de lui, poussa un cri et devint très pâle.

Sur le sac qui passait aux mains du contremaître elle venait d'apercevoir un écusson.

Cet écusson portait, gravées en creux, deux lettres :

Un U et un S.

Paul s'approcha vivement de la jeune fille que chacun regardait avec une surprise facile à comprendre.

— Qu'avez-vous, chère Renée ? — lui demanda-t-il.

La fille de Marguerite, tremblant, se soutenant à peine, les yeux fixes, étendit la main vers le sac de chagrin noir.

— Voyez... voyez... — balbutia-t-elle d'une voix étranglée.

— Quoi donc ?...

— Ce sac... cette chaîne d'acier... cet écusson... ces initiales...

L'étudiant se mit à regarder.

— Un U et un S... — dit-il ensuite.

— Oui... les initiales que portait le sac de Mme Ursule. — reprit Renée.

— Et ce sac est celui-là ?

— C'est celui-là... — Je le reconnais.

— Alors, — s'écria Paul, — on l'a volé sur le cadavre de la malheureuse assassinée en chemin de fer...

Les spectateurs de cette scène — avons-nous besoin de l'affirmer à nos lecteurs? étaient pâles d'étonnement et d'épouvante

— Assassinée!... — répétèrent toutes les voix.

V

En entendant le nom de *madame Ursule* et ces mots *assassinée en chemin de fer*, Jarrelongo, installé dans un coin et auquel personne ne faisait attention, tressauta sur son siège.

Une teinte verdâtre couvrit son visage.

Il se demandait avec une indicible terreur quel était l'homme qui connaissait le crime commis au viaduc de Nogent, et quelle était la jeune fille qui venait de reconnaître le sac de Mme Sollier.

Les deux mains crispées sur la table, les pieds cloués au sol, la bouche béante, les yeux arrondis, il aurait voulu fuir et il se sentait incapable de faire un mouvement.

— Ce sac, — s'écria Victor Béralle, — appartenait, dites-vous, à la malheureuse femme attirée dans un piège, comme Mlle Renée l'avait été avant elle?...

— Je l'affirme... — répondit la fille de Marguerite.

— Et ce n'est pas douteux... — appuya Paul. — Voyez, cette chaînette a été brisée, puis raccommodée, et les chaînons nouveaux ne sont point pareils aux anciens... — Voilà le morceau qui manque... je l'ai trouvé sur le marchepied du wagon, théâtre du meurtre, au-dessous de la portière par où la victime d'un misérable a été précipitée sur la voie...

L'étudiant, en disant ce qui précède, tirait de la poche de son gilet le morceau de chaînette découvert par lui entre la tige de fer et le bois du marchepied du wagon 1326.

L'ex-complice de Léopold perdait de plus en plus la tête sous le coup de sa terreur croissante.

Renée, qu'il croyait morte, était vivante.

Le sac de Mme Sollier, ce sac contenant la lettre fausse portée par lui à Maison-Rouge et la lettre au notaire vainement cherchée par Léopold, n'était point englouti dans la Marne et se trouvait aux mains de ceux qui connaissaient l'assassinat d'Ursule...

Décidément la fatalité s'en mêlait et le diable était contre lui.

Richard Béralle paraissait, lui aussi, frappé de stupeur.

Il lui suffit d'allonger un peu le pas pour suivre la malheureuse bête.

Il écoutait en tremblant de tout son corps.
Victor avait la figure décomposée.
Tout à coup il se tourna vers son frère.
— D'où vient ce sac? — lui demanda-t-il d'une voix sourde.
Ainsi interpellé, Richard se troubla.
La vérité manquait de vraisemblance, il le sentait bien.
— Je l'ai trouvé ! — balbutia-t-il.

— Trouvé!... — répéta le contremaître avec une expression si terrible que Richard devina la pensée de son frère.

Un effroyable soupçon pesait sur lui.

Il fallait se défendre, et pour cela reconquérir son sang-froid tout entier.

— Ah çà, que crois-tu donc frère? — demanda-t-il en relevant la tête.

— Je ne crois rien... je ne veux rien croire... — répliqua violemment Victor, — je veux savoir...

— Doutes-tu de moi?...

Au lieu de répondre à cette question, le contremaître poursuivit :

— Où as-tu trouvé ce sac, puisque tu prétends l'avoir trouvé?...

— Il me serait bien difficile, ou plutôt impossible de citer exactement l'endroit... — bégaya Richard.

— Pourquoi?

— Tu vas voir... Il y a de ça à peu près un mois... Paris était couvert de neige battue qui formait verglas... il faisait mauvais marcher... J'avais bu... j'étais ivre... Eh! mon Dieu, ça peut arriver à tout le monde, n'est-ce pas?... Mes jambes flageolaient sous moi... je venais du boulevard Ornano...

« Je me souviens d'avoir entendu sonner trois heures du matin... A un moment je perdis l'équilibre... Rien pour me retenir... patatras!... je m'affalai sur un tas de neige, les bras en avant... — Je sentis sous mes mains un objet... ce sac... Je le tirai à moi et je crus un moment qu'une fortune m'arrivait... — Je rentrai chez moi, clopin-clopant, et je l'ouvris...

— Il contenait une lettre?... des billets de banque?... des papiers de famille? — demanda vivement Renée.

— Non, mademoiselle...

— Comment! — fit Paul à son tour, — il était vide?

— Absolument, ou peu s'en faut... — Je n'y trouvai qu'un simple mouchoir marqué d'un U et d'une S, comme l'écusson nickelé?

— Quoi! pas de lettre? pas d'argent?

— Je vous en donne ma parole d'honneur! — répliqua Richard d'un ton grave, — et vous pouvez m'en croire, car j'ai de l'honneur et, quoique j'aime un peu trop *la noce* — (mais ça passera), — je suis un brave garçon...

Victor se sentit soulagé d'un poids énorme.

L'accent de son frère l'avait convaincu. — Il ne conservait aucun doute.

Jarrelonge respirait plus librement et envisageait la situation d'un œil moins effrayé.

Les lettres manquaient.

C'était un danger de moins; mais Renée, vivante par miracle, constituait un péril contre lequel il importait de se mettre en garde.

— Et Léopold qui ne se doute de rien! — murmurait le bandit avec conviction.

Paul réfléchissait.

— Les assassins qui ont volé ce sac en ont enlevé les papiers... — dit-il au bout d'un instant. — Pourquoi Dieu ne m'a-t-il pas permis, il y a quelques jours, de rejoindre l'homme dont Renée avait reconnu la voix et que j'ai poursuivi pendant plus d'une heure !!...

Jarrelonge tressaillit de nouveau.

— Ah ! ah !... — pensa-t-il, — c'était lui...

Il ajouta mélancoliquement :

— Je suis bien mal à mon aise, ici ! ! !...

— Cet homme était un des assassins ? — demanda Victor Béralle.

— Impossible d'en douter...

Et l'étudiant raconta la poursuite à laquelle nous avons fait assister nos lecteurs.

— Tonnerre ! — se disait Jarrelonge, — je l'ai échappé belle ! — Heureusement qu'il ne connaît pas ma figure...

Le récit de Paul produisait sur les auditeurs une impression profonde ; — tous les visages exprimaient l'émotion.

— Richard, — demanda l'étudiant au frère de Victor, — voulez-vous me donner ce sac ?...

— Certainement, monsieur Paul... Je vous le donne avec bien du plaisir, et je regrette de n'y avoir point trouvé ce que vous cherchiez... Quant au mouchoir, je vais monter dans ma chambre faire un brin de toilette et je vous le descendrai... — C'est une pièce à conviction qui pourra peut-être vous servir un jour.

Jarrelonge crut sentir glisser sur son cou le froid de l'acier ; il songea au couteau de la guillotine et se tint à la table pour ne pas tomber.

Les faits qui précèdent avaient assombri notablement la réunion jusque-là si gaie.

Ceci n'allait point du tout à Zirza la blonde, dont nous connaissons la joyeuse humeur.

Elle résolut d'y couper court et s'écria :

— L'affaire est réglée... — Il s'agit maintenant de voir la surprise...

— Oui... oui... — La surprise... — répétèrent tous les invités.

Victor Béralle, dont le visage était redevenu calme et presque souriant, ouvrit le sac et y plongea la main.

Il en retira un petit paquet enveloppé de papier blanc et attaché par une faveur rose.

— C'est Étiennette qui doit l'ouvrir, — dit-il en passant le petit paquet à sa future qui, les yeux étincelants, se mit aussitôt à dénouer la faveur et à déplier le papier.

Les regards curieux des convives suivaient chaque mouvement de ses doigts agiles.

Un écrin de maroquin rouge apparut.

Étiennette pressa le ressort.

On poussa un cri d'admiration.

L'écrin renfermait une jolie montre et sa chaîne.

La jeune fille regarda Victor avec une touchante expression de gratitude et d'amour...

Deux larmes coulèrent sur ses joues... — Douces larmes !... Larmes de joie !!

— Bon ! la voilà qui pleure ! s'écria maman Baudu qui luttait contre elle-même pour ne pas pleurer aussi. — Embrasse-le donc, grande bête, ça vaudra mieux et je te le permets...

Étiennette ne se fit pas répéter deux fois l'invitation maternelle.

Elle se jeta avec un entrain charmant dans les bras de Victor qui lui mit un baiser sur le front et deux autres sur les joues.

On battit des mains...

Paul s'avança.

— Ma chère Étiennette, — dit-il, — le brave garçon dont vous allez devenir la femme est mon ami et l'a bien prouvé... — Vous ne refuserez pas d'accepter mon modeste cadeau de fiançailles.... — Ce sont des boucles d'oreilles bien simples.

— Eh bien ! et moi ? — fit Renée, — vous figurez-vous que je n'ai point songé à vous et à l'un de mes sauveurs... — Voici les deux anneaux que vous échangerez le jour du mariage en pensant à moi qui vous aime tous les deux.

Renée n'était guère moins émue qu'Étiennette, et les jeunes filles s'embrassèrent avec effusion.

— Ah ! çà, mais il pleut des bijoux ! — s'écria Zirza en riant. — Il y en a encore...

Et, tirant de sa poche une petite boîte, elle la tendit à Étiennette en ajoutant :

— Ça, c'est une broche... — il y a au milieu un myosotis... Ça veut dire : — *Ne m'oubliez pas !*...

Jarrelonge haussait les épaules dans son coin.

— Les joies de la famille, à présent, — murmura-t-il. — Tableau touchant dont je me bats l'œil ! — Voici le vrai moment de jouer la fille de l'air...

Il paya sa consommation et quitta la grande salle du restaurant sans que personne s'aperçût de son départ. — Il est vrai que personne ne s'était aperçu de sa présence.

VI

La demie après cinq heures sonnait à l'horloge placée au-dessus du comptoir.

— Le commerce est fini pour aujourd'hui, — s'écria maman Baudu. — Ça n'est pas tous les jours fête... — Ferme la boutique, mon homme...

— Moi, je vais faire un bout de toilette... — dit Richard Béralle.

Et il sortit.

Baudu mit les volets extérieurs et donna un tour de clef à la porte ; la famille et les invités restèrent les maîtres de l'établissement.

Jarrelonge, après avoir fait quelques pas, s'arrêta pour réfléchir.

— Il faut que je sache sans le moindre retard où demeure Léopold... — pensait-il ; — j'ai de plus en plus besoin de le voir, ayant à lui apprendre des choses bigrement sérieuses, mais il faut aussi trouver l'adresse de cette Renée que je croyais engloutie depuis longtemps sous les glaçons de la Seine.

« Comment faire ?

« Pas un seul *mastroquet* dans ce quartier du diable !!

« Là dedans ils sont en fête et Dieu sait à quelle heure ils s'en iront !... — Le froid pince dur... Si je monte la garde à la porte j'aurai le temps de geler dix fois pour une... — Quel moyen prendre pour guetter la sortie sans courir risque de me frapper comme une bouteille de vin de Champagne ?...

« Raisonnons un peu...

« Je connais les repas de famille... on mange ferme... on boit sec... Entre la poire et le fromage on roucoule... tout ça prend beaucoup de temps... — Ce n'est guère avant minuit que ces gens-là auront fini de festoyer... — En me trouvant ici vers onze heures, j'aurai encore le temps de me payer une onglée dans le grand genre... — Je vais dîner à la barrière du Trône... j'irai ensuite faire un tour dans une musette quelconque, et je reviendrai...

Jarrelonge se mit en devoir de réaliser le plan si sagement conçu.

Après avoir dîné longuement à la barrière, et *pincé* quelques quadrilles dans un bal des environs, — (le libéré se piquait d'être beau danseur), — il reprit le chemin du restaurant Baudu.

A onze heures et quart il se trouvait en face de l'établissement.

On voyait filtrer la lumière à travers les entre-bâillements des volets clos.

Jarrelonge appuya son oreille contre un des volets.

Il entendit chanter à pleine voix.

— Ah ! — se dit-il, — je savais bien comment les choses se passent... — Chacun va y aller de sa romance ou de sa chansonnette... Il ne me reste qu'à croquer le marmot en battant la semelle...

L'attente du misérable fut longue.

Enfin, quelques minutes après minuit, la porte de la grande salle s'ouvrit et trois ou quatre personnes quittèrent le restaurant.

— A la bonne heure, — se dit Jarrelonge, — voilà des gens raisonnables qui n'aiment pas se coucher trop tard... mais ce ne sont point ceux que je guette...

Dix minutes s'écoulèrent.

Deux autres invités sortirent.

Ces sorties partielles se renouvelèrent deux ou trois fois jusqu'à une heure du matin où s'effectua le départ définitif et général.

Paul Lantier, son ami Jules, Renée et Zirza, formaient un groupe, les jeunes gens donnant le bras aux jeunes filles.

Jarrelonge les reconnut de loin.

— En chasse ! — se dit-il. — Voilà la compagnie qu'il s'agit d'emboîter, afin de savoir dans quel pigeonnier perche le pet e...

Les étudiants et leurs compagnes descendaient vers la rue de Picpus.

Le libéré, se donnant les allures chancelantes d'un faubourien légèrement ivre, les suivit en conservant une distance de quarante pas.

Ces précautions prudentes étaient d'ailleurs complètement inutiles.

Les jeunes gens ne songeaient guère à s'occuper de lui.

La conversation roulait tout entière sur la trouvaille faite par Richard Béralle...

Zirza la blonde portait à la main le sac renfermant le mouchoir que Richard avait remis à Paul.

— Ah çà, est-ce que nous nous en allons à pied ? — demanda tout à coup l'étudiante d'une voix claire. — Il ne fait pas chaud, vous savez, et la course est longue...

— Diable ! — pensa Jarrelonge, — voilà une idée bête... — Un fiacre, ça me défriserait.. il faudrait courir... Or les rondes de mouchards remarquent un homme qui court, et ne se gênent pas pour lui demander où il va si vite...

— Si nous rencontrons une voiture nous la prendrons... — répondit Paul.

— Pourvu qu'ils n'en rencontrent point !... — murmura le bandit.

On était arrivé au boulevard de Reuilly.

Un cocher passait à vide.

Paul le héla.

— Pas de chance ! — se dit Jarrelonge.

Le cocher s'était arrêté.

— Où allez-vous ? — demanda-t-il.

— Je vous prends à l'heure, — répondit Paul Lantier. — Conduisez-nous d'abord rue Beautreillis...

— Rue Beautreillis ! — répéta Jarrelonge. — Ma rue ! — En voilà une bien bonne ! — Lesquels de ces paroissiens-là sont mes voisins ?...

Les quatre jeunes gens s'entassèrent dans les flancs étroits de la voiture, une de ces machines antiques, détraquées, sonnant la ferraille et ne sortant que la nuit.

— Hue ! carcan, — cria le cocher en fouettant son cheval qui traînait la jambe.

— A la bonne heure ! — pensa le complice de Léopold. — Ils sont tombés sur un *canasson* qui n'a plus que le souffle... — Inutile de m'exterminer...

Il lui suffit en effet d'allonger un peu le pas pour suivre la malheureuse bête.

Une fois casés, les deux couples reprirent la conversation interrompue.

— C'est égal, — disait Zirza, — vous pouvez être d'un autre avis que moi, mais à quiconque me soutiendrait que le hasard ne préside point à toutes choses en ce bas monde, je répondrais qu'il a perdu la tête. — Est-il possible d'imaginer quelque chose de plus singulier que de retrouver le sac de cette pauvre femme à l'improviste.... au moment où on y pense le moins !

— Il est certain que ce hasard est bien étrange ! — répliqua Renée.

— Crois-tu que l'histoire racontée par Richard soit vraie ? — demanda Jules à Paul Lantier qui répondit :

— Je le crois parfaitement... — Richard est un bambocheur, un *gouapeur*, comme dit maman Baudu, dans son langage coloré, mais ce n'est pas un bandit... C'est même un garçon plein de probité... — Le misérable assassin s'était débarrassé du sac, après en avoir volé le contenu... — Richard l'a ramassé... — Au fond, cela me paraît tout simple...

— Mais, — fit observer Jules Vordier, — puisque tu as trouvé un morceau de chaîne accroché au marchepied du wagon, c'est que le sac lui-même s'y était accroché en tombant, et ce doit être en le tirant avec force pour le dégager qu'on a brisé la chaîne...

— C'est vrai... — répliqua Paul, — la justesse de ton observation me frappe...
— Quand on a mis la main sur le sac, il pendait certainement au marchepied...

— Je crois me souvenir que tu es allé faire une enquête à la gare de l'Est ? — reprit l'étudiant en médecine.

— Oui.

— Le chef de gare a-t-il interrogé les hommes d'équipe chargés du nettoyage du wagon après l'arrivée de chaque train ?

— Non.

— Rien ne prouve que l'un de ces hommes n'a point trouvé et ouvert ce sac, et qu'y voyant de l'or et des billets de banque il ne se soit emparé du contenu avant de jeter le contenant qui pouvait le compromettre.

— Tu m'ouvres les yeux ! — s'écria Paul Lantier. — Cela doit être la vérité ! !

— Très bien, — dit Zirza, — va pour l'argent ! Mais les lettres qui se trouvaient dans le sac, Renée l'affirme ?

— Le voleur, quel qu'il soit, les aura prises avec le reste, emportées chez lui, et là, ne pouvant en tirer aucun parti et n'en soupçonnant pas l'importance, les aura détruites... — fit l'étudiant en médecine.

— Rien ne le prouve.. — répliqua le fils de Pascal. — Nous pouvons espérer qu'il les a gardées....

— Mon Dieu, si cela était!! — balbutia Renée avec joie.

— Dès demain, — reprit Paul, — j'irai voir de nouveau le chef de la gare de l'Est, un parfait gentleman, et peut-être retrouverons-nous par lui l'infidèle employé qui devait, selon les règlements du chemin de fer et les lois de l'honneur, porter immédiatement le sac au bureau des objets trouvés...

— Oh! cher Paul, je vous en prie, épargnez ce malheureux!... — dit en joignant les mains la fille de Marguerite ; — il est coupable, mais ce serait la prison pour lui... Votre démarche provoquerait d'ailleurs une enquête, un procès où sans doute on me ferait intervenir ainsi que vous... Je serais obligée de parler à la justice du mystère épaissi autour de ma naissance...

— Mais si la justice vous faisait retrouver votre mère... — interrompit Paul.

— Qui sait, hélas! si elle ne dévoilerait pas publiquement une honte que mieux vaut tenir cachée!... — Cher Paul, je vous le demande au nom de ma mère, agissez avec prudence...

— Cette prudence que vous exigez met les assassins à couvert....

— Dieu nous les livrera!... — J'ai confiance en sa justice... — Ursule sera vengée, je le sens!... j'en suis sûre!...

La voiture s'arrêtait devant la maison de la rue Beautreillis.

— Au revoir, Renée... — dit Paul en tendant la main à la jeune fille.

— Allons, — s'écria Zirza en riant, — on vous permet de vous embrasser pour une fois!

Le fils de Pascal appuya ses lèvres sur le front rougissant de sa fiancée.

— A dimanche, n'est-ce pas? — demanda Jules.

— Non, — répliqua l'étudiant, — nous viendrons la voir auparavant, pour lui donner des nouvelles des démarches de Paul... — Nous l'attendrons à la sortie du magasin.

— Oui... oui... c'est cela... — fit vivement Renée, — et venez le plus tôt possible, car je serai très inquiète.

— C'est promis, c'est juré!

Les deux jeunes filles s'embrassèrent.

Jules Verdier serra la main de Renée qui s'élança sur le trottoir et tira le cordon de la sonnette. — La porte s'ouvrit.

— Rue de l'École-de-Médecine... — dit Paul au cocher.

La voiture tourna sur elle-même, et le pauvre cheval reprit, avec la résignation du désespoir, son trot saccadé et intermittent.

Léopold bondit jusqu'à la porte et appuya son oreille contre le panneau.

VII

De l'autre côté de la rue Jarrelonge attendait, tout essoufflé, car la course avait été longue, sinon rapide.

— Ah çà ! mais, tonnerre de diable ! — pensait-il, — la voiture a stationné juste devant l'immeuble où je perche ! — Laquelle des deux femmes vient de descendre ?

Le fiacre s'éloignait déjà.

La porte de la maison venait de se refermer.

— Ah ! — poursuivit Jarrelonge, — je saurai bien qui rentre... — Quand il est plus de minuit et que le gaz est éteint, on se nomme en passant devant la loge de la concierge.

Tout en faisant cette réflexion, le complice de Léopold bondit avec l'agilité d'un clown jusqu'à la porte et appuya son oreille contre le panneau.

Il entendit des pas dans le couloir.

Une voix prononça ce nom :

— Renée...

— Renée ! — murmura le bandit. — C'est elle qui demeure dans la maison ?... — Nous dormions sous le même toit et je ne m'en doutais pas !... — Ah ! saperlipopette ! c'est ça de la veine ! j'aurai l'œil sur elle sans me déranger. — Demain, je saurai par la concierge où se trouve la chambre de cette petite...

Après avoir attendu deux ou trois minutes, Jarrelonge sonna à son tour.

La porte s'ouvrit.

Le nouveau venu franchit le seuil de l'allée et, en passant devant la loge, lança d'une voix sonore le pseudonyme sous lequel il avait prudemment conclu son acte de location.

Une demi-heure après, fatigué par la traite fournie au pas accéléré du boulevard de Reuilly à la rue Beautreillis, il dormait à poings fermés et ronflait comme un soufflet de forge.

Renée, qu'une simple cloison séparait de lui, s'était mise à genoux et demandait à Dieu de protéger les recherches de Paul et de permettre que, grâce à lui, elle pût enfin connaître et embrasser sa mère...

Puis elle se coucha, et à son tour elle s'endormit, avec le calme d'une conscience pure.

※

Le lendemain matin, à neuf heures, Pascal Lantier dormait encore.

Rentré fort avant dans la nuit, au sortir de la maison où il avait dîné et passé la soirée en nombreuse et joyeuse compagnie, il ne s'était pas réveillé, comme de coutume, au point du jour.

Un vigoureux coup de sonnette, retentissant à la porte de la rue, ne lui fit point ouvrir les yeux.

Le domestique alla ouvrir et se trouva en présence d'un quidam qu'il reconnut pour l'avoir vu plusieurs fois se présenter chez son maître.

Par la tournure et par la tenue, ce quidam semblait devoir être un entrepreneur de terrassements, de maçonnerie ou de peinture.

— Peut-on voir M. Pascal Lantier?... — demanda-t-il.

— Pas en ce moment...

— Pourquoi?

— Monsieur est rentré tard... il est au lit et ne m'a pas encore sonné, ce qu'il fait toujours en se réveillant...

— Au lit!... à neuf heures du matin! — s'écria le visiteur en haussant les épaules. — Allez éveiller votre patron, et vivement!... j'ai besoin de lui parler...

— Mais, monsieur... — objecta le domestique.

— Il n'y a pas de : *mais!!*... — L'affaire qui m'amène ne comporte aucun retard...

— Cependant...

— En voilà assez! — Tournez-moi les talons plus vite que ça, et dites à M. Lantier que c'est Paul Pélissier qui le demande... Vous entendez bien? Paul Pélissier...

— Oui, monsieur.

Le visiteur parlait d'un ton si résolu, ou, pour mieux dire, si impérieux, que le valet gagna, quoiqu'en hésitant, la chambre de son maître, laissant dans le vestibule Léopold Lantier, que nos lecteurs ont reconnu sous le nom de fantaisie adopté par lui.

Arrivé à la porte, le domestique frappa doucement, puis un peu plus fort. Ne recevant aucune réponse, il entra.

Pascal, étendu sur le dos, dormait d'un pesant sommeil.

— Monsieur... — dit le domestique d'une voix faible d'abord, mais dont il éleva peu à peu le diapason, — monsieur!... monsieur!... Eh! monsieur...

L'entrepreneur leva ses paupières lourdes.

— Quoi? qu'est-ce que c'est? — demanda-t-il d'une voix pâteuse. — Que me veut-on?

— Monsieur, c'est un monsieur qui insiste pour vous parler...

— Au diable l'importun!...

— J'ai essayé de le renvoyer... impossible.., — Il prétend qu'il s'agit d'une affaire pressante...

— Qu'il aille au diable!!

— Il ne veut pas.., — Il m'a commandé de vous dire son nom...

— Eh! bien, ce nom?

— Paul Pélissier...

L'effet produit fut immédiat.

Pascal tressaillit et, quittant la position horizontale, s'assit sur son séant.

— Bien... — dit-il avec vivacité. — Conduisez M. Pélissier dans mon cabinet et priez-le d'attendre un instant... Je vais m'habiller et le rejoindre...

Le valet de chambre s'empressa d'exécuter les ordres reçus.

Au bout d'un quart d'heure il entrait dans le cabinet.

Dès que la porte se fut refermée derrière lui, Léopold l'accueillit par ces mots :

— Lis-tu les journaux ?

— Quand j'ai le temps, ce qui n'arrive pas tous les jours...

— Et les annonces judiciaires ?

— Jamais.

— C'est un tort, surtout quand on suppose qu'on pourrait bien avoir quelque héritage en perspective...

— Que veux-tu dire ?

— Tiens, lis...

Et Léopold, tirant de sa poche un journal, le déplia et le mit sous les yeux de Pascal, en désignant du doigt un entrefilet placé en tête des annonces légales et judiciaires.

Cet entrefilet était ainsi conçu :

« Les personnes ayant ou croyant avoir des droits à l'héritage de feu M. Robert Vallerand, de son vivant député de l'Aube, sont priées de se rendre sans délai à Troyes, au cabinet de monsieur le procureur de la République. »

Pascal dévora ces quelques lignes.

— Eh bien, — reprit Léopold, — tu dois commencer à comprendre que mes conseils étaient bons et que nous avions raison d'attendre... — On appelle les héritiers, et il n'y en a pas d'autres que toi...

— Que faut-il faire ?...

— Singulière question !... — Il me semble que la marche à suivre est indiquée !! — Tu vas filer à Troyes par le premier train...

— Je suppose que tu m'accorderas bien le temps de déjeuner...

— Nous déjeunerons à la gare, où je vais te conduire.

— Mais je dois me munir des pièces qui prouveront mon identité...

— Sans doute... — N'as-tu pas ces pièces ici ?...

— J'ai mon acte de naissance, mon acte de mariage, les actes de décès de mon père et de ma mère, mon diplôme d'ingénieur, ma patente de constructeur, mes reçus des contributions...

— En voilà plus qu'il n'en faut, mais prends tout cela... abondance de biens ne nuit pas...

— Je vais donner l'ordre à mon valet de chambre de préparer ma valise...

— A quoi bon ? — C'est tout au plus si tu coucheras ce soir à Troyes... — Il faudra même, sauf à repartir le lendemain, revenir *illico* pour me tenir au courant de ce qui se passera... Emporte une chemise dans un sac à main, ce sera suffisant...

— Je cours m'habiller...

— Fais vite... — En allant à la gare et en déjeunant je te donnerai mes instructions...

— Et Renée !

— Va donc.... Nous parlerons d'elle tout à l'heure...

Pascal regagna en toute hâte son appartement particulier pour revêtir un costume de voyage.

Au bout de dix minutes il revint, prit dans son bureau et mit dans son sac à main les papiers utiles et quelques billets de banque.

— Je ne sais où j'ai la tête ! — s'écria Léopold. — Figure-toi que j'allais oublier de te demander de l'argent ! — Singulière distraction, hein ?

L'entrepreneur fit une grimace fort laide et répéta d'un ton piteux :

— De l'argent ! T'en faut-il beaucoup ?

— Trois mille francs.

— La somme est énorme !

— Elle est nécessaire à la réalisation de mon projet concernant Renée.

— Allons, soit !

Et l'entrepreneur tendit trois billets de banque à son cousin...

Tous deux montèrent ensuite en voiture et se firent conduire à la gare de l'Est où ils s'informèrent des heures de départ.

Aucun train ne partait pour Troyes avant midi et demi.

Les deux gredins avaient largement le temps d'aller déjeuner.

Ils se rendirent dans un restaurant des environs et demandèrent un cabinet où on les servit.

Léopold donna des instructions détaillées à Pascal, et à midi cinquante minutes un train omnibus emporta l'entrepreneur vers le chef-lieu du département de l'Aube.

En quittant la gare de l'Est, l'évadé de Troyes gagna les boulevards, les suivit jusqu'à la place de la Bastille qu'il traversa, et au guichet du chemin de fer de Vincennes prit un billet pour Saint-Maur-les-Fossés-Port-Créteil.

Nous laisserons Pascal sur la ligne de l'Est, Léopold sur la ligne de Vincennes, et nous conduirons nos lecteurs rue Beautreillis.

Jarrelonge s'étant couché tard, lui aussi, avait fait la grasse matinée.

Il se réveilla vers neuf heures et sauta vivement à bas de son lit, n'oubliant pas qu'il devait se rendre à midi rue de Picpus, et qu'avant de sortir il se proposait de questionner le concierge au sujet de la *ressuscitée*, car c'est ainsi qu'en lui-même le misérable appelait Renée.

Une fois renseigné, il déjeunerait dans une gargote quelconque ou dans une crémerie en se rendant chez Pascal Lantier.

VIII

Aussitôt habillé Jarrelonge descendit, et s'arrêtant devant la loge demanda d'un ton jovial :

— Peut-on entrer, ma petite mère ?

La concierge piquait des bottines.

— Entrez, — répondit-elle en riant, — mon mari n'y est pas... — Qu'est-ce qu'il y a pour votre service, mon locataire ?

Le complice de Pascal Lantier franchit le seuil et répliqua

— Je viens vous payer ma petite dette.

— Vous me devez quelque chose ?

— Certainement.

— En voilà la première nouvelle !

— C'est que vous manquez de mémoire... — Je suis rentré cette nuit à une heure du matin... Je dois l'amende...

— Vous plaisantez, par exemple !... — C'est bon pour les locataires des grands appartements, l'amende, mais entre gens comme nous ça ne se fait pas...

— Eh bien, moi, j'ai mon amour-propre, et je tiens à payer comme si j'étais *de la haute*... Voici les cinquante centimes...

Et Jarrelonge posa une pièce de dix sous sur la machine à coudre.

— Décidément vous y tenez ?... — fit la concierge.

— Oh ! décidément !

— Eh bien, je ne veux pas vous contrarier pour si peu de chose... — Grand merci, mon locataire...

Elle empocha la pièce...

— Du reste, — reprit le libéré, — on est rentré tard, la nuit dernière, dans votre maison...

— Ma foi, oui... On aurait dit que tous les locataires étaient à la noce... jusqu'à mam'selle Renée qui est rentrée trois minutes avant vous...

— Qu'est-ce que c'est que mam'selle Renée ?

— Une demoiselle de magasin... Une jeune fille jolie comme un ange et sage comme une image... un vrai bijou... — Vous ne l'avez donc pas encore vue ?

— Non.

— Elle demeure cependant sur votre carré...

— Ah ! bah !

— Oui, la porte à côté de la vôtre...

— Tiens ! tiens ! tiens ! — s'écria Jarrelonge en prenant des airs coquets. — J'avais une jolie voisine et je ne m'en doutais pas ! C'est trop fort !

— Peste! — fit la concierge en riant. — Comme vous vous allumez!... Appelez les pompiers, mon gaillard, car ce n'est pas pour vous que la pêche mûrit...

— Vous savez, ce que j'en dis, c'est badinage tout pur... — J'ai l'air de flamber, mais au fond je suis comme les allumettes de la régie... je ne prends pas feu...

— A la bonne heure.

Jarrelonge, ayant appris ce qu'il voulait savoir, sortit de la loge, quitta la rue Beautreillis, déjeuna chez un marchand de vin du faubourg Saint-Antoine et se dirigea vers la rue de Picpus.

A midi précis, il sonnait à la porte du constructeur.

Cette porte lui fut ouverte par le domestique à qui la veille il avait parlé, et qui lui dit en le reconnaissant :

— Ah! monsieur, vous jouez de malheur!

— Pourquoi donc? — demanda le libéré inquiet.

— Parce que M. Lantier est absent.

— Absent? — Pour peu de temps sans doute?

— A cela je ne puis répondre... — Je sais seulement que mon maître a été obligé de partir ce matin en voyage à l'improviste, et n'a point dit quand il reviendrait... Peut-être l'ignorait-il lui-même...

Jarrelonge semblait très désappointé.

— Ça vous contrarie? — poursuivit le domestique.

— Beaucoup .. — Lui aviez-vous dit qu'on était venu le demander hier, et qu'on reviendrait aujourd'hui?

— Non... — il est rentré tard cette nuit... je l'ai à peine vu ce matin.

— Merci...

Et le bandit tourna sur ses talons.

— Reviendrez-vous, monsieur?

— Oui, parbleu, je reviendrai, et bientôt...

Tout en s'éloignant, Jarrelonge murmurait avec dépit :

— Pas de chance!... — Que faire?... — Les choses sont graves cependant et peuvent d'un moment à l'autre le devenir plus encore... — Où trouver Léopold?... — Allons, je vais chercher encore...

Nous le laisserons aller à l'aventure et nous conduirons nos lecteurs à la rue de l'École-de-Médecine.

Les deux étudiants et la blonde Zirza déjeunaient dans le logement de Paul et causaient des incidents de la veille.

En quittant la table, le fils de Pascal Lantier prit congé de ses amis et, muni du sac de chagrin noir soigneusement enveloppé dans un journal, il se rendit à la gare du chemin de fer de l'Est où il demanda à parler au chef de gare.

Ce dernier le reçut immédiatement, le reconnut du premier coup d'œil et lui demanda :

— A quoi dois-je le plaisir de vous voir ? — Avez-vous appris quelque chose de nouveau relativement à l'affaire qui vous préoccupait si vivement ?

— Oui, et non...

— Avez-vous encore besoin de moi ?

— Plus que jamais, monsieur.

— Je suis tout à votre disposition... — Parlez.

— Vous vous souvenez, — commença le jeune homme, — que nous trouvâmes un fragment de chaînette d'acier nickelé engagé dans la tige du marchepied du wagon 1326 ?...

— Parfaitement !

— L'idée nous vint aussitôt que ce fragment provenait d'un sac à main appartenant à la personne disparue...

— C'était au moins vraisemblable... — Ce morceau de chaînette vous a-t-il mis à même de découvrir une piste, ainsi que vous en aviez l'espoir ?

— Je le crois...

— Et comment ?

— J'ai retrouvé le sac. — Le voici.

Paul déplia le journal et exhiba l'objet en question.

Le chef de gare l'examina soigneusement.

— Êtes-vous certain de ne point vous tromper ? — demanda-t-il ensuite.

— Oui. — Le sac a été reconnu par une personne qui le connaissait. — Les initiales U S gravées sur l'écusson rendaient une erreur impossible, et voici qui complète ma certitude.

En disant ce qui précède, Paul tirait de sa poche le fragment détaché du marchepied.

— Voyez, — ajouta-t-il, — on a fait usage, pour raccommoder la chaîne, de maillons qui ne ressemblent pas à ceux-ci et ne sont même pas nickelés.

— C'est juste... — Comment ce sac est-il arrivé entre vos mains ?

Le fiancé de Renée raconta brièvement ce que nos lecteurs savent déjà.

— Cela est étrange... — murmura le chef de gare. — Mais je fais une réflexion.

— Laquelle ?

— Le morceau de chaînette était attaché au marchepied... Le sac a été trouvé dans Paris... il résulte de nos recherches, vous vous en souvenez, que l'assassin est descendu à Nogent... Ce n'est donc pas lui qui a jeté le sac sur un tas de neige, rue des Récollets...

— Je n'ai jamais supposé que ce fût lui...

— Que supposez-vous donc ?

— Ceci : — Le sac devait pendre au marchepied... — L'un des employés du

Jarrelonge s'arrêtant devant la loge demanda d'un ton jovial.

chemin de fer l'aura pris, l'aura ouvert, et s'en sera débarrassé après avoir fait main basse sur les valeurs qu'il renfermait...

Le chef de gare fronça le sourcil.

— Voilà une accusation grave, monsieur... — fit-il.

— Je le sais bien, monsieur, — répliqua Paul, — et je sais aussi que vos employés sont honnêtes et qu'ils le prouvent chaque jour, mais parmi beaucoup d'honnêtes gens il peut se trouver un voleur...

— Ce n'est que trop vrai...

— Quels sont les hommes chargés d'inspecter les wagons lorsqu'ils rentrent en gare ?

— Des hommes d'équipe de divers services... — La trouvaille a dû être faite par un visiteur des roues ou par un graisseur...

— Pouvez-vous savoir qui remplissait ces fonctions, la nuit du crime, près du wagon 1326 ?

— Nous le saurons dans cinq minutes...

— Ah ! monsieur, vous allez peut-être me rendre un immense service... Dans le sac se trouvaient, outre des billets de banque, des lettres et des papiers d'où dépend l'avenir d'une jeune fille à laquelle je m'intéresse plus qu'à tout au monde...

— Je serais très heureux de vous être utile... — Veuillez m'attendre, monsieur...

Le chef de gare se rendit au poste des hommes d'équipe et prit les informations qui devaient lui permettre de répondre à Paul Lantier.

Au bout de dix minutes il revint trouver le jeune homme.

Une expression de tristesse se peignait sur son visage.

Paul lui demanda vivement :

— Vous n'avez pas trouvé, monsieur ?

— Pardonnez-moi... J'ai trouvé l'homme, et cet homme est le voleur, la chose n'est que trop certaine...

— Ah ! — fit l'étudiant avec joie.

— Il n'est plus au chemin de fer, — poursuivit le chef de gare, — et c'est sur son renvoi que je base ma conviction. — Depuis la nuit en question cet homme, jusque-là très exact et bon employé, se grisait sans cesse, manquait son service et répondait grossièrement. — Il a fallu le mettre à la porte... — C'était un Belge.

— Son nom ?

— Oscar Loos.

— Son adresse ?

— Rue des Récollets, numéro***... — Je suis heureux que ce misérable ne fasse plus partie du personnel qu'il déshonorait par sa présence...

Paul avait écrit sur un carnet le nom du Belge et son adresse.

— Il me reste à vous remercier mille fois, monsieur... — dit-il au chef de gare. — Dieu veuille que je retrouve cet homme...

— Si vous le retrouvez, ne le ménagez pas !... — Il faut que justice soit faite !...

IX

Paul Lantier quitta la gare de l'Est et se dirigea vers la rue des Récollets.

La maison dont on lui avait indiqué le numéro se trouvait à l'extrémité de la rue, près du canal. — Nos lecteurs se le rappellent peut-être.

Les maisons ont leur physionomie comme les hommes ; celle-là était un hôtel garni du dernier ordre dont la façade lépreuse suait le vice et le crime.

Des loques sordides s'étalaient aux fenêtres.

Un couloir sombre et boueux conduisait au bureau de l'hôtel, sorte de cage étroite où brûlait, même en plein jour, une lampe fumeuse.

Une vieille femme, assise dans ce bureau devant un registre, leva la tête au moment où Paul ouvrit la porte.

— Monsieur désire une chambre ? — demanda-t-elle.

— Non, madame... — Je voudrais parler à un de vos locataires...

— Qui se nomme ?

— Oscar Loos...

— Oscar Loos... — Il ne demeure plus ici...

Le fils de Pascal Lantier ressentit une véritable angoisse.

Le voleur allait-il donc lui échapper ?

— Savez-vous où il est allé ? — reprit-il, — et pouvez-vous me le dire ?

— Très bien ; seulement ce n'est pas tout près d'ici, je vous en préviens...

— Peu importe... — J'ai besoin de le voir, et j'irais le chercher au bout du monde...

— Oh ! ça n'est pas si loin que ça !... — répliqua la vieille femme en riant. — Il est retourné dans son pays.

— En Belgique ?

— Oui, monsieur, à Anvers.

— Connaissez-vous son adresse exacte ?

— Je l'ai par écrit... — Il me l'a donnée afin que je lui expédie des lettres qu'il attendait ici... — Je vais la chercher...

Et la maîtresse du garni borgne, prenant sur un rayon de son bureau un gros volume effroyablement graisseux, compulsa tout un fatras de notes manuscrites placées entre ses pages.

— Voici... — dit-elle au bout d'un instant en tendant un papier à l'étudiant.

Celui-ci transcrivit l'adresse sur son carnet, et rendant à la vieille femme le papier, accompagné d'une pièce de cinq francs, il reprit :

— C'est tout ce que je voulais savoir.

— Grand merci, monsieur... — Si vous voyez Oscar Loos, souhaitez-lui le bonjour pour moi, s'il vous plaît... — C'était un bon garçon. — Paraîtrait qu'il a eu la chance de faire un petit héritage.

Paul savait de quelle nature était cet héritage.

Il quitta la maison garnie, prit une voiture faubourg Saint-Martin et regagna son logis où l'attendaient Zirza et Jules.

— Eh bien? — demanda l'étudiant en médecine.

— Eh bien, le voleur est trouvé.

— Tu l'as vu?

— Non.

— Pourquoi?

— Parce qu'il n'est plus à Paris... — Renvoyé du chemin de fer pour cause d'inconduite, il est retourné dans son pays, à Anvers... — Mais je le verrai...

— Tu iras à Anvers?

— Certes !

— As-tu l'adresse exacte du coquin?

— Oui... — Par bonheur il l'avait laissée au garni qu'il habitait... — J'irai ce soir mettre Renée au courant de ce qui se passe, et demain matin je prendrai le train pour la Belgique...

— Bravo ! — s'écria Zirza la blonde. — Voilà ce qui s'appelle du dévouement ! Les autres parlent, mais Paul agit... — Alors, ce soir, nous irons guetter Renée à sa sortie du magasin?

— Vous irez seule, ma chère Zirza, car ce dont j'ai à lui parler ne peut se dire dans la rue... — Jules et moi nous vous attendrons au coin de la rue Beautreillis et nous monterons chez ma fiancée...

— C'est convenu... — Nous dînerons à six heures, et à neuf heures moins un quart je serai à la porte de Mme Laurier.

*
**

Rejoignons Léopold que nous avons quitté au moment où il venait de prendre un billet à la gare du chemin de fer de Vincennes, place de la Bastille.

Une fois installé dans un compartiment de première classe, il tira de sa poche un numéro des *Petites-Affiches* et chercha la page où se trouvaient inscrites les propriétés à louer dans les environs de Paris.

Cette page était cornée, et de plus un trait de crayon encadrait l'indication suivante :

« *A louer, à Port-Créteil, plusieurs pavillons tout meublés. — Prix très modérés.*

« *S'adresser à monsieur Baudry, restaurateur, chemin de Halage.* »

— Ça sera bien le diable, — murmura l'évadé de Troyes — si je ne trouve pas là mon affaire... — quelque chose de bien clos et de bien isolé...

Les personnes qui connaissent ce qu'on peut appeler le *hameau de Port-Créteil*, situé en face de Saint-Maur-les-Fossés, de l'autre côté de la Marne, savent d'avance que Léopold devait y trouver sans peine ce qu'il désirait.

Port-Créteil se compose d'une centaine de maisons, les unes disséminées sur le bord de l'eau, les autres s'alignant en forme de rues, mais séparées par des jardins clos de murs.

Presque toutes ces maisons restent inhabitées pendant l'hiver.

Les propriétaires louent ces pavillons tout meublés pour la saison d'été et, malgré les promesses de l'annonce reproduite un peu plus haut et parlant de prix modérés, ils louent aussi cher pour six mois que pour l'année tout entière.

Léopold descendit à Saint-Maur-les-Fossés.

— Le chemin de Port-Créteil, s'il vous plaît? — demanda-t-il à un employé de la gare.

— A quel endroit de Port-Créteil allez-vous, monsieur?

— Chez M. Baudry, restaurateur...

— Alors vous n'avez pas besoin de faire le grand tour par le pont... — Descendez là, tout droit, en passant sous la voûte du chemin de fer. — Vous arriverez près de la Marne, en face d'un bateau-lavoir. — Vous y trouverez un bachot, et un gamin qui vous conduira de l'autre côté.

L'ex-réclusionnaire suivit le chemin qu'on lui indiquait.

Il arriva près du petit bras de la Marne.

— Eh! monsieur, — lui cria un jeune garçon assis dans un bateau et pêchant à la ligne, — faut-il vous passer?

— Oui.

— Où allez-vous?

— Chez M. Baudry, restaurateur.

— Embarquez...

Léopold sauta dans le bachot.

Le gamin détacha l'amarre et prit les rames.

Au moment de l'année où se place cet épisode de notre récit, c'est-à-dire au mois de décembre, les marchands de vins-restaurateurs dont les établissements sont situés sur le chemin de halage de Port-Créteil ne font pas de brillantes affaires, tant s'en faut.

C'est à peine s'ils arrivent à couvrir leurs frais.

Ceci, d'ailleurs, est pour eux de minime importance car, en été, les pêcheurs pendant la semaine et les promeneurs le dimanche leur permettent d'empocher d'importants bénéfices et d'attendre avec un complet repos d'esprit le retour du printemps.

Le restaurateur Baudry, un solide gaillard d'une trentaine d'années, à figure intelligente et réjouie, se trouvait dans le jardin orné de tonnelles placé devant la maison.

En voyant un étranger descendu de bateau sur le bord de la Marne, juste en face de chez lui, il ouvrit la porte comme pour dire :

— Entrez, monsieur... Vous serez le bienvenu...

Léopold avait lu le nom écrit sur l'enseigne du restaurant.

Sans hésiter il se dirigea vers le patron.

— Vous êtes bien monsieur Baudry?... — lui dit-il.

— Oui, monsieur, pour vous servir...

— C'est à vous que j'ai affaire...

— Alors, monsieur, entrez vite... — Le poêle est tout rouge... on l'entend ronfler d'ici... — Il fait meilleur dedans que dehors...

L'évadé de Troyes franchit le seuil de la maison.

Mme Baudry, une grosse réjouie, allait et venait, n'ayant rien à faire, mais se donnant du mouvement par besoin d'activité...

Une fillette de quatorze ans travaillait près du poêle.

— Prendrez-vous quelque chose, monsieur? — demanda le restaurateur.

— Oui, un grog américain bien chaud...

La patronne s'empressa d'apporter sur une petite table les éléments du breuvage en question.

Léopold, tout en versant du rhum dans l'eau presque bouillante, poursuivit :

— C'est à vous qu'il faut s'adresser pour visiter les pavillons à louer à Port-Créteil, dont parlent les *Petites Affiches*?

— Oui, monsieur...

— Y en a-t-il d'immédiatement libres?

— Meublés ou non meublés?

— Meublés.

— Tenez-vous à être au bord de l'eau?...

— Je tiens à une situation très isolée, désirant n'être dérangé par aucun bruit dans les travaux scientifiques dont je m'occupe et qui sont d'une nature fort absorbante.

— Si vous voulez y mettre le prix, j'ai votre affaire... une petite maison sur caves et cuisine avec perron de cinq marches... — salle à manger et salon au rez-de-chaussée... deux chambres à coucher et une chambre à l'étage... — le tout frais et coquet, au milieu d'un jardin clos de murs... C'est dans la plaine, au bout d'une rue... un vrai désert, ni bruit, ni mouvement...

— Voilà ce qu'il me faut... — Combien cette maison?

X

— Loueriez-vous pour l'année? — demanda le restaurateur.

— Pour l'année, oui, — répondit Léopold.

— Ce serait alors dix-huit cents francs, tout meublé, linge fourni.

— Le prix me convient... — Allons visiter...

— Je vous préviens d'avance que dans cette saison ça ne vous paraîtra pas gai...

— Je m'y attends bien, mais peu m'importe... — Pourvu que je sois tranquille il ne me faut pas autre chose.

— Alors, je me munis des clefs et en route...

L'ex-réclusionnaire acheva son grog, alluma un cigare et suivit Baudry.

— C'est dans la rue du Cap... — dit ce dernier, — au numéro 37...

— Cette indication ne signifie rien pour moi... je ne connais pas le pays.

On atteignit en moins de vingt minutes la rue en question et on arriva en face du numéro désigné.

— C'est solide! — reprit le guide en désignant la porte massive du jardin. — Rien à craindre des voleurs... — Du reste il n'y en a point de nos côtés... — Les murs sont d'une bonne hauteur, et voici une sonnette qui fait un bruit d'enfer.

En disant ces paroles Baudry saisit la chaîne et agita la cloche dont les vibrations métalliques déchirèrent le tympan de Léopold.

— Sapristi! — s'écria-t-il en riant. — Cela doit s'entendre de loin.

— Il faut ça... — La maison est tout au fond... — Cent mètres de longueur de jardin.

Le restaurateur avait ouvert la porte.

— On est venu la voir avant-hier, — fit-il; — j'étais prévenu d'avance et j'ai envoyé relever la neige de la grande allée.

En effet la neige, qui couvrait partout la campagne, avait été rejetée à droite et à gauche, laissant libre un étroit sentier.

Au bout de l'allée se trouvaient cinq marches conduisant à l'entrée principale et abritées par une marquise.

Les deux hommes entrèrent.

Le mobilier était simple, mais fort convenable.

Des persiennes doublées de tôle semblaient défier les voleurs.

Un escalier tournant accédait à la cuisine en sous-sol, depuis le vestibule sur lequel s'ouvraient les portes du salon et de la salle à manger.

Léopold descendit l'escalier.

Un volet extérieur percé de trous fermait l'étroite fenêtre donnant du jour à la cuisine.

La neige amassée au dehors contre la muraille couvrait presque entièrement ce volet.

Après un rapide examen, il remonta et visita de façon superficielle le rez-de-chaussée et le premier étage.

— Eh bien? — lui demanda Baudry. — Cela vous va-t-il?
— Parfaitement! — Quand peut-on venir habiter?
— Dès que vous aurez signé l'acte de location.
— Puis-je le signer chez vous tout à l'heure?
— Impossible. — Le propriétaire demeure à la Varenne-Saint-Maur... — J'irai le trouver demain matin en lui portant vos noms et prénoms... — Il dressera et signera les actes dont l'un vous sera remis et vous signerez l'autre...
— Très bien!
— Vous savez qu'il faut payer six mois d'avance... — C'est l'usage, et d'ailleurs cela évite d'aller aux informations.
— Je puis vous laisser la somme, contre votre reçu.
— Inutile... — Revenez après-demain; nous terminerons l'affaire et je vous donnerai les clefs...
— Entendu...

Ce retard contrariait Léopold, mais il n'existait aucun moyen de l'éviter.

On retourna au restaurant du bord de l'eau.

Baudry ouvrit un registre, prit une plume et dit :

— Veuillez, monsieur, me donner vos noms et prénoms...
— *Isidore-Auguste Fradin...* — dicta Léopold.
— Votre profession?
— Mathématicien algébriste...
— Votre domicile actuel?
— Rue du Dôme, n° 23, 16° arrondissement.
— Ça suffit, monsieur...
— Et voici pour le denier à Dieu... — reprit Léopold en posant un louis sur la table...

Baudry empocha la pièce d'or avec une satisfaction manifeste, en disant grand merci, et il offrit un verre de vin de Malaga au futur locataire de la rue du Cap.

On trinqua et Léopold s'apprêta à partir.

— Vous retournez à Paris? — demanda le restaurateur.
— Oui. — Je prendrai le train à Saint-Maur.
— Je vais donc vous passer dans un de mes bateaux; ça vous évitera un détour.

Dix minutes plus tard l'évadé de Troyes se trouvait à la gare de Saint-Maur-les-Fossés.

A six heures, il arrivait à Paris.

— C'est solide! reprit le guide en désignant la porte massive du jardin.

Juste à la même heure, Pascal Lantier quittait le train à la gare de Troyes.

Il était trop tard pour se présenter au cabinet du procureur de la République.

Le constructeur se fit conduire à l'*Hôtel de la Préfecture*, prit une chambre, dîna à table d'hôte, passa sa soirée au théâtre, rentra, s'endormit, et rêva qu'il mettait la main sur les millions de Robert Vallerand.

Laissons-le dormir et rêver et retournons à Paris.

Neuf heures du soir allaient sonner dans quelques minutes.

Léopold se promenait à pas lents, devant la boutique de Mᵐᵉ Laurier.

Il attendait depuis un quart d'heure sur le trottoir Mˡˡᵉ Zénaïde et, selon son calcul, il avait encore dix minutes à attendre...

En conséquence, il s'armait de patience.

Brusquement il fit volte-face en se dirigeant vers la chaussée afin d'éviter d'être vu.

Le misérable venait d'apercevoir la fille de Marguerite sortant de la maison en compagnie d'une jeune femme.

Cette jeune femme était Zirza, qui venait prendre Renée ainsi que cela avait été convenu avec Paul Lantier et Jules Verdier.

Les deux amies filaient d'un pas rapide et se perdirent bientôt au milieu des passants.

Léopold revint à son poste.

Quelques minutes s'écoulèrent encore, puis le trottin apparut sur le seuil de l'allée.

La précoce gamine fit halte, décrocha ses boucles d'oreilles, les plaça dans leur écrin et glissa cet écrin dans la poche de sa robe.

Ceci fait, elle partit au petit trot sans avoir remarqué Léopold.

Ce dernier la suivit de près, mais il attendit pour l'aborder qu'elle eût traversé la place de la Bastille et qu'elle fût dans le faubourg Saint-Antoine.

Zénaïde arriva devant la boutique du bijoutier que nous connaissons.

Les joyaux étalés exerçaient plus que jamais sur elle une attraction irrésistible.

Elle s'arrêta, les yeux agrandis.

Léopold s'approcha d'elle.

— Est-ce que mademoiselle Zénaïde trouve quelque chose qui lui plaise derrière le cristal de ces vitres ? — lui demanda-t-il en riant...

La gamine se retourna, le reconnut, lui sourit, et s'écria :

— Tiens, c'est vous, monsieur !...

— Comme vous voyez, et très désireux de vous être agréable en vous offrant un petit bijou quelconque...

— Vous êtes bien aimable, monsieur, mais ce sera pour un autre jour... Je ne suis pas ambitieuse... Je regardais par habitude... Je file au galop... Maman m'a bien recommandé de rentrer de bonne heure...

— Eh bien, mademoiselle Zénaïde, marchons...

La gamine cligna de l'œil.

— Bah ! — fit-elle. — Est-ce qu'il y a quelque chose que vous voulez savoir ?

— Peut-être...

— Alors, vous allez me questionner ?...

— Si vous voulez bien me répondre...

— Mais, pourquoi donc pas? — Vous êtes gentil avec moi... je serai gentille avec vous...

— Eh bien, à défaut de bijou, acceptez ceci... — Ce sera pour vous acheter une robe...

Et Léopold mettait deux louis dans la main de la fillette.

— Oh! monsieur... — murmura Zénaïde toute rouge de joie. — Qu'est-ce que maman dira?

— Pas un mot, car vous trouverez moyen de lui faire un joli petit mensonge qu'elle gobera le mieux du monde...

— Monsieur, je ne saurais pas mentir...

— Rien n'est plus facile, cependant... — Vous essayerez et vous en prendrez l'habitude... — On s'y fait très vite...

— C'est ça... J'essayerai... Monsieur, qu'est-ce que vous voulez savoir?

— Si les dentelles de Bruxelles sont arrivées ou arriveront bientôt...

— On ne les attend que vendredi ou samedi...

— Si tard!

— Oui, monsieur... — La patronne a reçu ce matin une dépêche... — Elle a fait prévenir aussitôt Mme Bertin...

Léopold tressaillit.

— Qui lui a-t-elle envoyé? — demanda-t-il vivement.

— Un commissionnaire chargé d'une lettre...

L'évadé de Troyes respira.

XI

— Ainsi, — reprit au bout d'un instant l'ex-réclusionnaire, — la dépêche de Belgique annonce l'arrivée des dentelles pour vendredi!

— Oui, répliqua le trottin, — et la patronne ne compte pas les recevoir avant samedi.

— Très bien... — Maintenant une autre question...

— Faites, monsieur...

— Quelle est la jeune dame qui est sortie tout à l'heure avec Mlle Renée?

— Une de ses amies... une ouvrière fleuriste que je ne crois pas très travailleuse, mamzelle Isabelle, plus connue sous le nom de Zirza la blonde...

— Elle venait la chercher.

— Pour la conduire où?

— Ça, monsieur, je n'en sais rien...

— Merci, mon enfant, et bonsoir.

— Bonsoir, monsieur !...

Léopold quitta Zénaïde.

La gamine, aussitôt qu'elle fut seule, noua dans un angle de son mouchoir les deux pièces de vingt francs en se disant :

— Plus souvent que j'en parlerai chez nous ! — Maman me les prendrait pour aller chez le boulanger. — C'est ça qui ne serait pas à faire !

Et elle repartit au petit trot dans la direction du logis maternel.

L'évadé de Troyes regagnait la rue de Navarin en cherchant un plan dont la réussite lui semblât certaine.

Jarrelonge avait battu le pavé de Paris pendant toute la journée, marchant à l'aventure et guidé par le vague espoir de rencontrer Léopold.

Il s'était rompu les jambes à parcourir les boulevards et les grandes voies de communication.

Le soir venu, il retourna lentement à son domicile, acheta quelques provisions, rentra chez lui, bourra son poêle et se mit à dîner.

La demie après huit heures sonnait au moment où il terminait son repas.

— Il est trop tôt pour me coucher... — se dit-il, — je vais achever la lecture des Souvenirs du comte de Terrys.

Après avoir tiré le volume du double fond du placard, il le posa devant lui, arrangea sa lampe à pétrole de manière à obtenir la plus grande somme possible de lumière, reprit sa lecture où il l'avait laissée, c'est-à-dire aux quelques lignes écrites à l'encre rouge, et il allait s'absorber dans l'étude du précieux manuscrit, mais la fatigue lui ferma les yeux ; — ses coudes s'appuyèrent sur la table, sa tête sur ses mains : — il dormait.

Un bruit de pas le tira de son assoupissement.

— Ce doit être ma voisine qui rentre... — pensa-t-il. — On dirait qu'elle n'est pas seule...

La voix sonore de Zirza retentissait sur le carré.

— On n'y voit goutte, — disait la blonde étudiante, — Jules, fais donc craquer une allumette...

Jarrelonge murmura :

— Il y a des hommes... probablement ceux qui accompagnaient hier au soir les deux petites... — Ça serait rigolo de les entendre jacasser... — Ah ! on ouvre la porte... on entre... on s'enferme... Qu'est-ce qu'ils vont ruminer là-dedans ?... — Les cloisons sont minces... Essayons donc d'écouter un peu...

Le libéré quitta sa chaise et appuya son oreille contre la cloison dont il venait de constater le peu d'épaisseur.

— On parle... fit-il, — j'entends...

— Eh bien, — demandait Zirza, — comment trouvez-vous le nid de notre tourterelle ?

— Charmant ! — répondit Paul, — cet arrangement si simple est d'un goût exquis.

Jarrelonge pensa :

— L'homme qui jabotte est le particulier qui m'a donné la chasse en sortant du Châtelet. — Je reconnais sa voix.

— Il ne s'agit pas d'admirer, mes enfants, — dit Jules, — il s'agit de délibérer... — Parlons peu, mais parlons bien... — Ici nous sommes à l'abri des oreilles indiscrètes...

Le complice de Léopold eut quelque peine à étouffer un éclat de rire, et dut se contenter d'un geste ironique qui signifiait clairement :

— Compte là-dessus, mon bonhomme !

Jules poursuivit :

— Que Paul s'explique et apprenne à Renée ce qu'il a résolu de faire...

— Je sais déjà par Zirza que vous avez continué vos recherches, — dit à son tour la fille de Marguerite.

— Oui, chère Renée, et j'ai la certitude d'avoir découvert l'individu qui a mis la main sur le sac de Mme Ursule, accroché au marchepied du wagon 1326...

— Vous avez suivi ma recommandation, n'est-ce pas, Paul ?... — Vous avez eu pitié de cet homme ?... Vous ne l'avez pas fait punir ?...

— Tiens ! la petite n'est point rancunière... — murmura Jarrelonge, à qui les paroles prononcées dans la pièce voisine arrivaient sourdes et voilées, mais parfaitement distinctes.

Paul reprit :

— Cet individu, un homme d'équipe belge, a été chassé pour cause de graves irrégularités dans son service. — Il n'est plus à Paris.

— Quel parti comptez-vous prendre à son sujet ? — demanda Renée.

— Je compte aller le chercher en Belgique et, s'il le faut, le suivre à la piste jusqu'à ce que je le trouve... — Vous m'avez dit que le sac de Mme Ursule renfermait, outre des billets de banque, des papiers de famille...

— Je n'en ai pas la preuve, mais j'en ai la conviction... — Mme Ursule n'aurait pas veillé avec tant de soin sur ce sac dont elle ne se séparait jamais, s'il n'avait renfermé qu'un peu d'argent... — Il contenait des papiers d'une importance capitale, je le crois fermement, et parmi ces papiers se trouvait la lettre dont m'avait parlé Mme Ursule, cette lettre qu'en arrivant à Paris je devais présenter à un notaire dont j'ignore le nom et la demeure...

— Elle devine juste, la petite !... — pensa Jarrelonge, — Oui, la lettre au notaire s'y trouvait, avec celle que je suis allé porter là-bas, à Maison-Rouge, et que Léopold voudrait bien tenir...

— Eh bien ! — continua Paul, — si Oscar Loos, le voleur, n'a pas regardé ces papiers comme sans valeur, ce qui est probable puisqu'ils n'étaient point dans le sac, il doit les avoir et il me les vendra, ou tout au moins il pourra me dire, moyennant finances, où il les a mis et ce qu'il faut faire pour en reprendre possession...

— Diable ! — murmura Jarrelonge. — C'est que c'est vrai, tout de même ! — Mauvaise affaire pour nous !

— Et, — demanda Renée, — où demeure cet Oscar Loos ?...

— A Anvers..., — rue Vieille-Chaussée, n° 31, près de la place Saint-Jean... — Voici l'adresse que l'on m'a donnée à son ancien garni, rue des Récollets.

Jarrelonge allongea la main jusqu'à la table, saisit un crayon et sur un coin de page du manuscrit du comte de Terrys, écrivit :

Oscar Loos.
31, *rue Vieille-Chaussée, près la place Saint-Jean.*
Anvers.

Ensuite il se frotta les mains avec des signes non équivoques de satisfaction.

— Paul... cher Paul... — murmura la fille de Marguerite d'une voix émue, — prenez garde...

— A quoi donc ?

— Poursuivre cet homme qui se cache sans doute... le traquer... lui dire en face que vous connaissez son crime... tout cela est bien dangereux... cet homme est dans son pays, où vous serez, vous, un étranger... — Sa haine peut le pousser à tout contre vous...

— Chère Renée, — interrompit Paul, — ne cherchez point à m'empêcher d'agir, vous le feriez en vain... — J'irai à Anvers, je l'ai résolu... je verrai cet homme... — Mon instinct m'avertit que là seulement je trouverai la clef du mystère qui vous environne, et la piste des misérables qui ont voulu vous tuer... et qui ont assassiné Mme Ursule... — Ayant une telle conviction, comment voulez-vous que je m'arrête, que j'hésite ? — Puis-je calculer froidement les chances bonnes ou mauvaises de mon entreprise, lorsqu'il s'agit de vous, de votre bonheur, de votre avenir ?... — Cent fois non ! — Dussent des périls de toute nature se dresser sur ma route et m'attendre là-bas, je partirai ! — La pensée que je travaille pour vous sera mon égide !!...

Jarrelonge pensait :

— En voilà un don Quichotte !!... — On n'en fabrique guère aujourd'hui des cocos de cet acabit !!... heureusement...

— Allez donc, mon ami, puisque rien ne peut vous arrêter, — balbutia la fille de Marguerite dont les yeux se remplissaient de larmes. — Je vous attendrai en priant pour vous...

— Protégé par les prières d'un ange tel que vous, qu'aurais-je à craindre ? — répliqua Paul.

— Quand partiras-tu ? — demanda Jules Verdier.

— Demain... — Je me suis informé des heures de départ. — Je filerai à sept heures vingt minutes par le premier train. — Je serai à Bruxelle à une heure cinquante-huit minutes et à Anvers à trois heures... — Donc, à moins d'incidents imprévus, rien ne m'empêchera d'être de retour ici dans la soirée d'après-demain...

— Emporteras-tu le sac de Mᵐᵉ Ursule?

— Certes!... en face d'une telle pièce de conviction, le misérable ne pourra nier... ce qu'il ferait peut-être sans cela.

Jarrelonge n'écoutait plus.

Il s'était assis de nouveau près de la table pour copier l'adresse écrite d'une façon presque illisible sur un coin des *Souvenirs*, et il glissa cette adresse dans son portefeuille.

Ceci fait, oubliant sa fatigue, il revêtit son costume le plus chaud, replaça le manuscrit dans le double fond du placard, y prit de l'or et des billets, se munit d'un couteau à lame forte et tranchante, éteignit sa lampe, et sortit en ayant soin de fermer la porte à double tour.

En traversant le carré il entendit remuer les chaises dans la chambre voisine et se dit :

— La conférence est finie... — Ils vont partir, mais je pars avant eux et l'excellent jeune homme arrivera trop tard...

XII

Le complice de Léopold descendit rapidement l'escalier, se fit tirer le cordon, arriva sur le trottoir de la rue Beautreillis et gagna la place de la Bastille au pas gymnastique.

Un fiacre passait.

— Êtes-vous libre ? cria Jarrelonge au cocher.

— Oui, montez...

Jarrelonge sauta dans la voiture.

— Où allons-nous ?

— Au chemin de fer du Nord... et du train... quarante sous de pourboire si nous y sommes à onze heures...

Le cocher enveloppa les flancs de son cheval d'un vigoureux coup de fouet puis, s'inspirant d'un souvenir du *Bossu*, répondit avec l'accent provençal de Vannoy parlant à Laurent :

— As pas peur, ma caille !... nous y serons ou le poulet d'Inde crèvera en route ! !

La pauvre bête avait un reste de sang et partit au grand trot...

A onze heures moins cinq minutes le véhicule s'arrêtait dans la cour de la gare du Nord, du côté du départ.

Le bandit mit pied à terre, donna cinq francs au cocher et se dirigea vers les guichets où se délivrent les tickets.

— Pour Bruxelles ? Est-il temps encore ? — demanda-t-il à un employé.

— Oh ! grandement temps ; oui, monsieur... le train ne part qu'à onze heures vingt minutes.

Jarrelonge poussa un soupir de satisfaction.

L'employé ajouta :

— Dans cinq minutes le bureau sera ouvert...

— A quelle heure arriverai-je demain à Bruxelles, s'il vous plaît ?...

— A midi six minutes...

— Bigre !... c'est long !

— C'est un train omnibus... — Vous feriez mieux de prendre l'express de sept heures vingt minutes, demain matin... — Vous coucheriez tranquillement à Paris, et vous seriez à Bruxelles à une heure cinquante-huit minutes...

— Merci, monsieur... — dit tout haut Jarrelonge.

Puis, se parlant à lui-même, il ajouta :

— Une heure et demie d'avance sur le jeune homme... C'est ce qu'il me faut, je me fiche de l'express...

Le guichet s'ouvrit.

Une dizaine de voyageurs en occupaient déjà les abords.

Le libéré prit la file et, quand son tour arriva, se fit délivrer un billet de seconde classe.

A onze heures vingt le train filait vers la Belgique, emportant Jarrelonge.

**

Pascal Lantier, à l'*Hôtel de la Préfecture* à Troyes, n'avait pas eu besoin qu'un garçon de service vînt le réveiller.

Dès huit heures du matin il était debout.

A neuf heures il sortit et se rendit au palais de justice pour s'informer de l'heure à laquelle il pourrait voir le procureur de la République.

— Êtes-vous convoqué ? — lui demanda le concierge.

— Non, je viens pour affaire...

— Affaire criminelle ? Plainte à formuler ?

— Affaire d'héritage... — C'est une insertion faite dans les journaux de Paris qui m'amène...

— Alors, monsieur, je vous donne le conseil d'écrire sur papier timbré une lettre dans laquelle vous expliquerez à monsieur le procureur de la République les motifs de votre demande d'audience... Revenez à une heure avec cette lettre

Le libéré quitta sa chaise et appuya son oreille contre la cloison.

que je ferai parvenir immédiatement à sa destination, et je vous conduirai à un bureau où vous attendrez qu'on vous introduise.

— Grand merci, monsieur... — Où trouverai-je du papier timbré ?
— Chez le marchand de tabac près de l'*Hôtel de la Préfecture*...
— C'est là que je loge...
— Une feuille de soixante centimes...

Pascal acheta le papier timbré, rentra à l'hôtel, déjeuna, écrivit sa lettre, la mit sous enveloppe, et retourna au palais de justice à une heure précise.

Le concierge lui servit de guide et l'introduisit dans un bureau où travaillaient deux employés subalternes dont l'un se chargea de porter la lettre au procureur de la République.

Au bout de cinq minutes d'attente, Pascal fut introduit dans le cabinet du substitut.

Ce dernier salua le nouveau venu, lui désigna de la main un siège, et lui dit :

— C'est vous, monsieur, qui vous nommez Pascal Lantier ?

— Oui, monsieur...

— C'est la note insérée dans les journaux qui vous amène ?

— Oui, monsieur...

— Comment se fait-il que, vous sachant des droits à l'héritage de feu Robert Vallerand, vous ne vous soyez pas présenté plus tôt ? — Vous ignoriez donc sa mort ?

— Je la connaissais, monsieur, mais mes relations avec mon oncle étaient peu fréquentes, et, n'entendant parler de rien; je supposais qu'il avait disposé par testament d'une fortune dont l'importance m'est inconnue...

Le substitut feuilleta un dossier.

— Quels sont vos prénoms ?

— Louis-Pascal...

— Comment se nommait votre père ?

— Louis Lantier.

— Quand est-il mort ?

— Il y a dix-huit ans.

— Le nom de madame votre mère ?

— Lucie Vallerand.

— Vous avez sans doute apporté des pièces qui permettent de constater légalement votre identité ?

— Oui, monsieur, — répondit Pascal en tirant des papiers de sa poche.

— Quelles sont ces pièces ?

— Mon acte de naissance, mon brevet d'ingénieur civil, mon acte de mariage, les actes de mariage et de décès de mon père et de ma mère, et ma carte d'électeur...

— Tout cela était nécessaire... — Veuillez me donner ces pièces, à l'exception de votre brevet et de votre carte d'électeur... Je dois les joindre au dossier...

— Les voici, monsieur...

— Autre chose. — Feu Robert Vallerand avait un autre neveu, M. Léopold Lantier...

— Oui, monsieur... — Mon malheureux cousin Léopold a commis jadis des fautes graves, qu'il expie depuis dix-huit ou dix-neuf ans dans une maison centrale, ayant été condamné à perpétuité...

— Qu'il expie, dites-vous ?
— Sans doute...
— Vous ignorez donc son évasion de la prison de Troyes, où il avait été transféré ?

Pascal joua la surprise :
— Évadé ! — s'écria-t-il. — La pensée qu'il est libre me donne le frisson ! — Ne va-t-il pas commettre de nouveaux crimes ?
— Il n'en commettra plus... Il est mort...
— Mort ! — répéta le constructeur, véritablement abasourdi cette fois, et ne comprenant rien à l'affirmation du substitut.
— Oui, — reprit celui-ci. — Quelques heures après son évasion on a recueilli sur les bords de la Seine une partie de ses vêtements... — Donc il s'était noyé, soit volontairement, soit par accident... — Néanmoins, le corps n'ayant pas été retrouvé, on a continué pendant deux mois des recherches dont le résultat négatif a rendu le doute impossible... — Léopold Vallerand est bien mort...

Pascal leva les mains et les yeux vers le plafond en balbutiant, avec une intonation douloureuse :
— Le malheureux !... ah ! ! le malheureux ! !
— Donc, — poursuivit le substitut, — vous restez l'unique représentant de la famille des Lantier ayant des droits à l'héritage de Robert Vallerand...
— L'unique, non, monsieur, — répliqua Pascal, — j'ai un fils...
— C'est juste, mais il ne vient qu'en seconde ligne... — Or, votre oncle étant mort d'une façon presque subite, n'a pas laissé de testament... — Donc sa fortune entière vous revient, puisque vous êtes fils de la sœur... — Un administrateur judiciaire a été nommé et vous rendra compte de l'actif de la succession, qui se compose de la propriété du château et du domaine de Viry-sur-Seine, évalués de cent soixante-quinze à deux cent mille francs, en outre de soixante mille francs de valeurs au porteur trouvées dans un meuble du château, et d'une quinzaine de mille francs en espèces...

Pascal écoutait attentivement et ses sourcils se fronçaient de façon notable.

Le substitut, s'apercevant de la préoccupation peinte sur son visage, formula cette question :
— Vous semblez étonné... — Supposiez-vous donc l'héritage plus considérable ?
— Je vous l'ai dit et je vous le répète, monsieur, j'ignorais le chiffre exact de la fortune de mon oncle, mais j'avoue que je le croyais beaucoup plus riche...
— Tout le monde le croyait comme vous, et d'après le bruit public Robert Vallerand était millionnaire... — Il a bien fallu se rendre à l'évidence à la suite

de la levée des scellés et de l'examen de tous les papiers... — Il n'existe d'autre actif que celui dont je vous ai donné le détail.

Pascal secoua la tête.

— J'ai causé avec mon oncle une seule fois depuis son retour d'Amérique, et dans cet entretien sans rien préciser, il m'a clairement donné à entendre qu'il possédait plusieurs millions...

— Ce n'est pas vraisemblable... — répliqua le substitut. — On verrait trace de ces millions, car à coup sûr Robert Vallerand n'a point enfoui sa fortune...

— Ne peut-il l'avoir déposée chez un notaire?

— On aurait trouvé le reçu.

— Un reçu s'égare.

— Après la mort de votre oncle, le notaire aurait avisé le parquet du dépôt fait entre ses mains.

— Sans doute, mais il n'est point impossible d'admettre que le notaire ignore la mort de son client.

XIII

— Avez-vous des raisons sérieuses pour parler ainsi? — demanda le substitut.

— Je crois en avoir... — répondit Pascal.

— Lesquelles?

— Dans l'entretien auquel je faisais allusion tout à l'heure, mon oncle ne m'a point caché que ses capitaux lui semblaient plus en sûreté chez son notaire que dans sa propre maison...

— A-t-il cité un nom?

— Il m'a dit que M. Audouard, officier ministériel à Nogent-sur-Seine, possédait toute sa confiance...

— Ce que vous m'apprenez là, monsieur, est assez grave pour que l'on doive s'en préoccuper... Veuillez attendre quelques instants... — Je vais consulter à ce sujet monsieur le procureur de la République...

— Faites, monsieur.

Le substitut sortit.

Pascal, resté seul, essuya son front que mouillaient des gouttes de sueur quoiqu'il ne fît pas chaud dans le cabinet.

Docile aux conseils de son cousin, le constructeur jouait gros jeu.

L'édifice si laborieusement construit pouvait s'écrouler, mais le succès paraissait certain si l'héritière de Robert Vallerand restait à jamais inconnue, et Léopold avait dit à Pascal :

— Renée, cette fois, ne nous échappera pas !

Au bout de cinq minutes le substitut reparut.

— Le procureur de la République s'est ému de votre communication... — fit-il. — J'ai l'ordre de télégraphier au notaire de Nogent-sur-Seine pour le mander immédiatement ici. Êtes-vous forcé de repartir aujourd'hui même pour Paris ?

— Ma présence à Troyes est-elle indispensable ? — demanda Pascal.

— Elle serait du moins très utile.

— Je vais donc expédier une dépêche à mon représentant pour l'avertir que mon absence se prolongera et lui donner des instructions...

— C'est le parti le plus sage... — Où êtes-vous descendu ?

— A l'*Hôtel de la Préfecture*...

— C'est donc là que je vous ferai prévenir dès que nous aurons besoin de vous...

— Merci, monsieur, je me tiendrai à vos ordres...

Pascal sortit.

Le substitut rédigea immédiatement la dépêche qui mandait au parquet de Troyes le notaire de Nogent-sur-Seine, et sonna un garçon de bureau.

— Ceci au télégraphe... — lui dit-il. — Réponse payée..

Au bout d'une demi-heure la réponse attendue arrivait au cabinet du procureur de la République.

Elle portait la signature du principal clerc de l'étude et était ainsi conçue :

« *Monsieur Audouard absent. — Ne reviendra que dimanche soir. Ne sais où le prévenir. — Que faire ?* »

Un second télégramme, aussitôt expédié, invitait le notaire à se présenter le lundi suivant, à une heure après midi, au palais de justice.

Ceci fait, le substitut écrivit à Pascal pour l'aviser du temps d'arrêt que subissait l'affaire, et lui rendre sa liberté jusqu'au lundi suivant.

— Tant mieux ! — pensa l'entrepreneur, — Léopold aura le temps d'agir et la bâtarde ne sera plus à craindre... — Je vais m'entendre à ce sujet avec lui...

Le train passant à Troyes à cinq heures trente-cinq minutes emporta Pascal Lantier, qui rentra dans son logis de la rue Picpus à dix heures du soir.

.˙.

Jarrelonge, nous le savons, avait pris à onze heures cinquante le train omnibus de Paris à Bruxelles.

C'était un voyage de douze heures.

Paul Lantier, partant le lendemain matin par l'express, ne mettrait que moitié moins de temps à parcourir la même distance, mais le bandit gagnait près de deux heures sur l'étudiant, et cette avance devait lui suffire.

D'habitude, le libéré dormait en chemin de fer comme dans son lit, bercé par la trépidation des wagons sur les rails.

Il n'en fut pas de même cette nuit-là.

Accoté dans un angle, le visage enfoui sous son cache-nez, et se trouvant en compagnie de quatre voyageurs, Jarrelonge avait l'air de sommeiller mais en réalité il réfléchissait.

En arrivant à Maubeuge, un peu avant neuf heures du matin, il se départit de son immobilité.

On annonçait cinquante minutes d'arrêt.

— Je vais déjeuner ici, — pensa le misérable. — Le temps me manquera peut-être à Bruxelles... Profitons des circonstances...

Il s'installa donc au buffet, s'offrit une ample nourriture, amplement arrosée, et, quand les employés crièrent : — « Messieurs les voyageurs, en voiture!... » il regagna son compartiment où, fermant de nouveau les yeux, il reprit le cours de ses réflexions.

A midi dix minutes, le train s'arrêtait en gare de Bruxelles.

N'ayant à s'occuper d'aucun bagage, Jarrelonge gagna rapidement la porte de sortie.

Ne connaissant point Bruxelles, il devait se renseigner.

— Où prend-on le train pour Anvers? — demanda-t-il à un commissionnaire.

— A la gare du Nord, de l'autre côté de la ville. — Le tramway que vous voyez là en face y conduit...

Et le commissionnaire désignait une tête de ligne de tramways.

Deux voitures stationnaient.

L'une d'elles allait se mettre en marche.

Jarrelonge y monta, traversa Bruxelles et mit pied à terre à la station de la gare du Nord.

Dans la salle d'attente, il apprit qu'un train partirait pour Anvers dans vingt minutes.

Il se promena de long en large, examinant les physionomies.

Elles lui paraissaient généralement maussades.

Les regards étaient mornes; — tout le monde semblait s'ennuyer.

On parlait flamand, wallon et français.

— Quel galimatias! — pensait le bandit. — Voilà un arlequin de langage!

Les vingt minutes écoulées, il prit son ticket et monta en wagon.

A deux heures, il arrivait à Anvers.

De la station, située à l'extrémité du boulevard Keyser, on voit se dessiner le panorama de la ville.

Jarrelonge s'arrêta.

— Présentement, il ne s'agit point de s'endormir... — se dit-il en se grattant l'oreille.— Il faut trouver Oscar Loos le plus vite possible, et, pour cela, se renseigner...

Abordant un passant, il lui dit du ton le plus gracieux :

— Pardon, monsieur... auriez-vous la complaisance de m'apprendre... ?

— Comprends pas... — interrompit le passant dans le plus pur flamand. Et il continua son chemin.

— Diable ! — murmura Jarrelonge en faisant la grimace. — Un godferdum qui parle javanais ! — Est-ce que je ne rencontrerai point quelque paroissien que jabotera le français tant bien que mal ?

Une femme venait de son côté.

— La rue Vieille-Chaussée, madame, s'il vous plaît ?... — fit-il en lui barrant le chemin.

Hélas ! la femme ouvrit de grands yeux et secoua la tête en prononçant une phrase incompréhensible.

— Encore une Flamande ! — pensa le voyageur dépité. — Comment donc faire ? — Ah ! J'y songe... — Il y a ici, bien sûr, des sergents de ville comme ailleurs, et ces gens-là me comprendront...

Jarrelonge s'interrompit, mais pour reprendre aussitôt :

— Décidément, je deviens idiot ! — Aller parler à un agent pour qu'il dévisage ma frimousse et la reconnaisse un jour ou l'autre... — Ça ne serait pas adroit... — Comment donc faire ?

Tout en monologuant, le misérable avait marché.

Il se trouvait en face d'une construction assez vaste, ayant l'apparence d'un théâtre.

Sur le fronton on lisait le mot : ALHAMBRA.

Les affiches placardées près des portes étaient rédigées en français.

— A la bonne heure ! — pensa le libéré. — On comprend ma langue ici ; donc il y a des gens qui la parlent.

Une petite dame, de tournure sautillante et de mise élégante quoique un peu fanée, sortait du péristyle.

— Êtes-vous Française, madame? — lui demanda Jarrelonge en la saluant.

— Oui, monsieur...

— Alors je suis sauvé ! — Pouvez-vous m'indiquer la rue Vieille-Chaussée ?

— Non, monsieur, mais là-bas, chez le marchand de tabac du coin de l'avenue, vous trouverez un commissionnaire qui parle français et pourra vous répondre...

Jarrelonge remercia, prit sa course, rencontra le commissionnaire et lui dit:

— La rue Vieille-Chaussée, mon brave ?

— Je vais vous y conduire, ça n'est pas loin d'ici... — Suivez-moi...

Au bout de cinq minutes de marche, l'homme étendit la main vers une plaque et ajouta :
— Nous y sommes.

Le Français mit deux francs dans la main de son cicerone qui, très satisfait de cette aubaine, s'écria :
— Si vous aviez besoin de moi, je suis toujours chez le marchand de tabac, fort à votre service...
— Entendu...

Resté seul, Jarrelonge inspecta les maisons et n'eut que quelques pas à faire pour arriver au numéro 31.

C'était une vieille construction de pauvre apparence, ayant au rez-de-chaussée deux boutiques.

Un marchand de fromages occupait l'une.

L'autre servait à la vente du poisson salé et fumé.

De toutes deux s'échappait une odeur nauséabonde.

Entre les boutiques se trouvait une allée noire et fétide comme celle de la maison borgne que le Belge habitait à Paris, rue des Récollets.

XIV

Jarrelonge, conjecturant non sans raison qu'un logis de cette sorte ne devait point avoir de concierge, entra chez le marchand de fromages en se disant tout bas :
— Pourvu que celui-là comprenne le français...

Il fut rassuré en entendant l'industriel lui demander ce qu'il voulait, et il répondit par cette question :
— Connaissez-vous dans cet immeuble un nommé Oscar Loos?
— Oui, monsieur...
— A quel étage demeure-t-il?
— Au second, mais je doute que vous le trouviez...
— Ah! diable!! — Quand peut-on le voir?
— Je n'en sais rien, mais montez toujours... Il y a sa mère qui vous renseignera...

Le libéré gravit les marches disjointes de l'escalier et frappa doucement à l'huis du second étage.

Une voix gutturale lui cria :
— Entrez...

Il poussa la porte, franchit le seuil et, dans une chambre d'aspect sordide et délabré où régnait le plus grand désordre, vit une femme d'une soixantaine

La vieille femme demanda d'un ton bourru : Qu'est-ce que vous voulez?...

d'années, de mauvaise mine, coiffée d'un petit bonnet à pièces, assise à côté d'un poêle.

Sur ce poêle se trouvait une marmite pleine de liquide en ébullition.

La vieille femme ne se leva pas et demanda d'un ton bourru :

— Qu'est-ce que vous voulez?

— Je voudrais voir votre fils...

— Pourquoi faire?

— J'ai à lui parler...

La vieille prit une physionomie furibonde, et s'écria en brandissant un tisonnier qu'elle tenait de la main droite :

— Ce que vous avez à lui dire, parbleu, c'est connu !! — Vous savez qu'Oscar a rapporté de Paris quelques sous gagnés honnêtement par son travail, et comme tous ces fainéants de Flamands vous venez le chercher pour qu'il vous paye jusqu'à plus soif de la bière de Louvain et du faro... — Ah ! les gredins !... ils l'entraînent, ils le dépouillent, ils lui font tout dépenser dehors, tandis que moi, sa mère, je reste à la maison, à manger des pommes de terre bouillies, sans beurre et sans saindoux !... Ça finira, cette vie-là !...

— Pas commode, la vieille !... — pensa Jarrelongo. — Il s'agit de l'amadouer...

Puis il ajouta tout haut :

— Vous vous méprenez sur mon compte, ma chère dame... — Je n'ai point du tout l'intention de débaucher votre fils, étant moi-même un parfait sujet et n'estimant que les braves gens... — Je viens de Bruxelles tout exprès pour offrir à votre fils du travail, de la part de mon patron.

— Il est donc menuisier, votre patron.

— Maître menuisier, oui, et moi compagnon... — répliqua le complice de Léopold, saisissant le renseignement au vol.

— Eh bien ! je ne crois pas qu'Oscar se laisse embaucher... — Du reste il ne doit plus en savoir long de son métier, après les trois ans qu'il a passés au chemin de fer où il aurait mieux fait de rester...

— La main se refait vite, et s'il voulait...

— Oui, s'il voulait... mais il aime mieux rester à ne rien faire, en mangeant du jambon cru, et en l'arrosant de bière et de genièvre jusqu'à ce qu'il tombe sous la table... — Voilà où passent ses économies.

— On peut lui donner de bons conseils...

— Essayez... ça vous regarde...

— Rentrera-t-il bientôt ?

— Est-ce que je sais ?... — Je suis souvent deux jours sans le voir...

— Où le trouver ?...

— Chez tous les marchands de vin, de faro et d'eau-de-vie ; ils ne manquent pas à Anvers !...

— Mais il doit y avoir un endroit où il va de préférence et où j'aurais, par conséquent, plus de chance de le rencontrer...

— Eh bien, l'endroit qu'il aime le mieux, c'est un cabaret sur le port, à l'enseigne du *Rendez-vous de la marine*...

— Grand merci, ma chère dame, j'y vais, et faites-moi le plaisir d'accepter ceci qui vous permettra de mettre un peu de beurre dans vos pommes de terre...

En disant ce qui précède Jarrelongo présentait en souriant un écu de cent sous à la mère Loos.

Celle-ci fondit sur la pièce d'argent comme le vautour sur sa proie vivante, et d'une voix rauque que faisait trembler la joie elle bégaya :

— Je vais donc aujourd'hui me soûler de genièvre ! !

Le libéré sortit de la chambre, puis de la maison, s'informa du chemin à suivre et se dirigea vers le port, tout en se disant :

— Voilà des complications qui mettront de plus en plus le jeune homme en retard... — Avant qu'il parvienne à trouver Oscar, j'aurai acheté à l'ex-homme d'équipe les papiers en question, s'il les possède toujours...

Jarrelongo arrivait au port.

Les quais encombrés de marchandises, l'Escaut chargé de grands navires et d'embarcations de toutes sortes, produisirent sur le bandit une impression très vive, mais il n'avait pas le temps de s'extasier en face de ce spectacle vivant et pittoresque.

La chose importante pour lui était de trouver sans retard le cabaret favori d'Oscar.

Un débardeur le renseigna.

En deux minutes il atteignit le *Rendez-vous de la marine*, estaminet de bas étage dont l'apparence n'offrait rien de séduisant. — Au contraire.

D'étroites fenêtres à petits carreaux d'un ton verdâtre perçaient les murailles enfumées.

Une salle immense, à plafond très bas et presque noir, renfermait des tables et des bancs crasseux.

Derrière cette salle, des cabinets dont chacun pouvait contenir une dizaine de personnes.

Jarrelongo pénétra dans l'établissement, et tout d'abord ne distingua pas grand'chose à travers l'épaisse fumée s'échappant des fourneaux d'une multitude de pipes.

En même temps un étrange salmigondis de langages frappait désagréablement son oreille.

On parlait à la fois allemand, italien, français, anglais, flamand, espagnol, etc., ou plutôt on criait, on se disputait, on blasphémait dans ces idiomes variés.

Peu à peu les yeux de Jarrelongo purent, en dépit de la fumée, saisir quelques détails du tableau dont nous indiquons les lignes principales.

Le misérable avait vu à Paris bien des repaires et bien des bouges, mais il dut s'avouer qu'il ne connaissait rien d'aussi profondément ignoble, d'aussi grotesquement sinistre.

Aux types éternellement vrais et vivants, peints par David Téniers et les autres maîtres flamands, se joignaient des physionomies patibulaires et des silhouettes de bandits appartenant à tous les pays du monde.

Le maître de la maison, fumant comme ses clients une longue pipe de terre blanche, trônait derrière un comptoir d'étain noirci.

Jarrelonge s'approcha de lui et, le saluant avec politesse, lui dit :
— Un verre de rhum de la Jamaïque, monsieur, s'il vous plaît, et un renseignement...
Le patron servit l'alcool sur le comptoir et attendit.
Le libéré reprit :
— Connaissez-vous un certain Oscar Loos?
— Oui.
— Est-il ici en ce moment?
— Il y est.
— Voulez-vous me le montrer?
— Sans doute... — Vous voyez là-bas la table du coin, sur laquelle se trouve un brûlot?
— Très bien !
— Oscar Loos est l'individu qui porte une casquette de loutre pareille à la mienne...
— Merci, et versez-moi un second verre de rhum.
Jarrelonge, s'étant fortifié le moral par cette double absorption de spiritueux, paya et se dirigea vers la table du coin.
Cinq hommes l'entouraient.
Quatre d'entre eux jouaient aux cartes.
Oscar faisait partie des joueurs.
Le cinquième personnage regardait d'un œil hébété par l'ivresse le genièvre flamboyant dans un bol de fer battu.
L'ex-homme d'équipe du chemin de fer de l'Est était tout à son jeu.
Cependant, lorsqu'il vit un inconnu s'arrêter au coin de la table et l'examiner avec attention, il leva la tête et fronça le sourcil.
— C'est à vous que j'ai affaire, monsieur Loos... — lui dit Jarrelonge de son air le plus gracieux.
— A moi ?... — fit Oscar étonné.
— Oui, mais quand vous aurez fini...
La partie était interrompue.
Les autres joueurs dévisageaient à leur tour le Français et échangeaient à voix basse quelques phrases en flamand.
Depuis l'apparition de Jarrelonge, Oscar ne parvenait point à dissimuler son inquiétude.
Tandis qu'on donnait des cartes, il murmura :
— Qu'est-ce que vous me voulez?
— Avez-vous fini ?
— Non, mais vous pouvez parler tout de même.
— Ce que j'ai à vous dire ne se parle pas, mon vieux, ça se siffle... — répli-

qua le libéré, qui, au milieu de tous ces drôles, reprenait son aplomb de bandit émérite.

L'inquiétude d'Oscar Loos augmentait.

Il s'irritait de ne point comprendre les réponses de l'inconnu.

— Godferdum!... — fit-il en haussant les épaules. — Allez siffler ailleurs si c'est un sifflement qui n'est pas gracieux...

— Il arrive de Paris...

Un imperceptible tremblement agita les lèvres d'Oscar.

Ses yeux vacillèrent dans leurs orbites.

— Oui, parbleu, de Paris!... — répéta Jarrelongo. — De la gare de l'Est et du wagon 1326...

L'ex-homme d'équipe devint très pâle.

XV

— Ah çà! continuons-nous la partie, oui ou non? — demanda l'un des joueurs en langue flamande.

— Attends un instant... — répondit Oscar Loos dans le même idiome.

Puis, s'adressant à Jarrelongo, il reprit en français :

— Qu'est-ce que ça signifie, tout ça?

— Ça signifie que nous avons à causer du marchepied du wagon 1326... — répliqua le libéré.

L'ex-homme d'équipe ne pouvait plus douter que le vol qu'il avait commis fût connu.

De livide qu'il était, il devint pourpre.

Le sang lui montait avec violence à la tête, en même temps que mille pensées confuses assiégeaient son cerveau.

L'homme qu'il avait devant lui était-il un agent de police français?

Avait-il dans les mains la preuve du vol?

Oscar Loos jeta un coup d'œil autour de la salle.

On eût dit qu'il cherchait une issue pour s'enfuir.

Jarrelongo se pencha vers lui et, s'appuyant sur son épaule, lui glissa dans le tuyau de l'oreille ces quelques mots :

— Quittez vite cette table ou vous êtes perdu... — Je ne suis pas un mouchard, je suis un bon garçon, intéressé dans l'affaire du sac que vous avez trouvé, que vous avez ouvert et dans lequel vous avez pris des valeurs.

L'ex-homme d'équipe tremblait de tout son corps.

— Moi... — balbutia-t-il, — j'ai pris...

— Tonnerre du diable, vous le savez aussi bien que moi!! — Inutile de mentir et de rouler des yeux en boules de loto... — Venez... nous avons à causer...

Pour la seconde fois le Flamand, impatienté de ce temps d'arrêt dans la partie, demanda :

— Joues-tu ?

— Non... — répondit Oscar en se levant. — Prenez Coosmann à ma place... — J'ai affaire avec cet homme-ci.

Coosmann, le personnage qui regardait d'un œil abruti brûler le punch au genièvre, se leva en titubant et se laissa lourdement tomber à la place que venait de quitter l'ex-homme d'équipe.

— Où causerons-nous sans crainte d'être dérangé par quelque importun ? — fit Jarrelonge.

— Il y a des cabinets derrière la grande salle... prenons-en un.

— Entendu... — Qu'est-ce que vous buvez ?

— De la bière. — Commandez comme pour vous.

Oscar donna l'ordre de porter de la bière brune de Louvain dans un cabinet où il entra, suivi de Jarrelonge.

Ce dernier se disait en souriant :

— Pas malin, le Belge d'Anvers !... — Du premier coup il se laisse tirer les vers du nez... C'est un naïf !!!

Le ci-devant employé du chemin de fer de l'Est avait repris quelque peu d'aplomb.

Il s'assit et, regardant son interlocuteur bien en face, il s'écria :

— Ah çà ! voyons, qu'est-ce que vous avez voulu me dire ? Qu'est-ce que ça signifie : *wagon 1326, sac... valeurs ?...* — Enfin, quelle est cette histoire-là, à laquelle je ne comprends goutte ?

— Tiens ! tiens ! tiens ! — fit Jarrelonge d'un ton goguenard. — Tu te ravises, mon vieux, mais il est trop tard... Fallait pas, tout à l'heure, devenir blanc comme un fromage à la crème et ensuite rouge comme une écrevisse... — Si tu m'avais envoyé *dinguer* carrément, j'aurais pu croire que je me trompais et que tu n'étais pas sous le coup d'un joli procès en cour d'assises.

Le sang-froid d'Oscar n'était qu'apparent.

Atterré par les dernières paroles de Jarrelonge, le malheureux se remit à trembler et balbutia :

— Silence... on vient...

Un garçon de salle apportait la bière.

Quand il eut quitté le cabinet, Jarrelonge en ferma la porte et reprit :

— Pas de mots perdus... le temps nous manque !.., — Si tu veux que je te tire d'affaire, il faut me répondre vite et sans tortillage... Une nuit du mois dernier, en faisant ton service, tu as trouvé un sac de cuir noir suspendu par sa chaînette au marchepied du wagon 1326, qui venait de Maison-Rouge. Est-ce vrai ?

Oscar Loos donna sur la table un formidable coup de poing, et d'une voix qui sifflait entre ses dents serrées, demanda :

— Ah ça ! godferdum !... qui êtes-vous ?

Jarrelonge répondit d'un ton très doux :

— Un homme qui peut aller trouver le commissaire en chef de la police d'Anvers au bureau central, rue des Orfèvres, numéro 13 — (un mauvais numéro, ma vieille ! !) — et d'un seul mot, si tu n'es pas gentil, te faire proprement coffrer.

Le Belge poussa un rugissement sourd et tira de sa poche un couteau de pacotille.

Mais déjà Jarrelonge était à la parade, un couteau catalan à la main.

— Ça me connaît, cet outil-là, mon vieux ! — fit-il. — Vous avez peur du *surin*, vous autres, Belges, à ce qu'il paraît, mais j'ai beaucoup pratiqué l'instrument et je suis d'une jolie force... — Allons, pas de bêtises ! Je te répète que le temps est précieux. — Rengaine ton eustache de vingt-cinq sous, pas solide du tout ! — Je peux te perdre, c'est vrai, mais je peux aussi te sauver... — Ne marchande point les confidences à papa. — Tu as ouvert le sac ?

Oscar, hébété par l'épouvante que lui inspirait son interlocuteur, referma son couteau et répondit :

— Oui !

— A la bonne heure ! — Naturellement tu as pris les valeurs que renfermait le sac...

— Je les ai prises...

— Combien y avait-il ?

— Tout juste neuf mille francs.

— Neuf mille francs, — répéta Jarrelonge. — Neuf mille francs qui peuvent te conduire au bagne et que tu dépenses bêtement à payer de la mauvaise bière à un tas de *feignants*!... — Mais ça ne me regarde pas... Chacun s'arrange comme il l'entend... — Avec l'argent que tu as pris, il y avait des papiers.

— Oui, deux lettres, dans un compartiment à secret dont j'ai fait jouer le ressort par hasard...

Les yeux de Jarrelonge étincelèrent.

— Eh bien, mon gars, — fit-il, — en échange de ces deux lettres je te donnerai mille francs.

Oscar tressaillit.

— Je ne les ai pas... — balbutia-t-il.

— Tu les as donc détruites ?...

— Non.

— Alors tu les possèdes, mais tu veux me faire monter à l'échelle... — Eh bien, j'irai jusqu'à quinze cents francs... — sept cent cinquante francs par lettre... Je crois que c'est joli...

— Je vous répète que je ne les ai pas...
— C'est impossible.
— Hélas ! non, malheureusement !... — Ces lettres ne m'intéressaient point... — Je ne tenais guère aux renseignements qu'elles auraient pu me fournir sur le véritable propriétaire de ma trouvaille... — J'ai refermé le compartiment où elles étaient, et j'ai jeté le sac dans la neige en laissant au fond le mouchoir qui enveloppait les billets de banque...

Ce fut au tour de Jarrelonge de pâlir.
— Est-ce bien vrai, ce que tu dis ? — demanda-t-il d'une voix tremblante.
— Oui, godferdum ! c'est aussi vrai que la vérité.
— Tonnerre !... Eh bien, alors, si tu as laissé les lettres dans le compartiment fermé, elles sont à cette heure entre ses mains sans qu'il s'en doute !
— Entre les mains de qui ? — demanda le Belge avec angoisse.
— Entre les mains de celui qui a trouvé le sac, de celui que je devance ici d'une heure à peine, qui fait une enquête et qui vient à Anvers pour t'y dénoncer et t'y faire arrêter comme un voleur...

Oscar fut repris du tremblement nerveux que nous avons déjà constaté.
— Comment ! — balbutia-t-il d'une voix à peine distincte. — Un homme vient à Anvers pour m'y faire arrêter...
— Oui...
— Il sait donc que je suis ici ?...
— Parbleu ! — Au chemin de fer, d'où tu as été chassé pour inconduite, il a eu l'adresse de la rue des Récollets. Rue des Récollets, on l'a envoyé tout droit à Anvers, rue Vieille-Chaussée, et à l'heure qu'il est, sans doute, il interroge ta mère qui va l'envoyer au *Rendez-vous de la marine* comme elle m'y a envoyé moi-même...
— Ah ! misère ! — fit Oscar — malheur à lui !...

Jarrelonge continua :
— Les lettres sont restées dans le sac... — Il faut que nous reprenions le sac...
— Mais l'homme ? — demanda le Belge d'une voix sourde.
— Deux mille francs pour toi si nous l'empêchons de retourner à Paris...
— Le tuer ! ! — murmura l'ex-homme d'équipe avec terreur.
— Aimes-tu mieux la cour d'assises ?... la prison ?... le bagne ?...
— Mais le moyen ?...
— Ici, à Anvers, la chose ira toute seule ; — l'homme étant inconnu, nous le ferons facilement disparaître sans qu'âme qui vive s'inquiète de lui...
— Et s'il est allé là-bas... chez la mère ?
— Tâchons d'y arriver avant lui... — En route je t'expliquerai ce qu'il faudra faire...
— Venez, — dit Oscar.

Il sortit du cabinet, suivi par Jarrelonge.

L'étudiant tira de sa poche un revolver.

En traversant la grande salle, il adressa quelques mots flamands à ses camarades, très occupés de leur partie.

Une fois dans la rue, le libéré lui prit le bras et, en marchant, lui parla tout bas.

Oscar approuvait de la tête, mais sans répondre.

XVI

On atteignit la rue Vieille-Chaussée.
— Où allez-vous m'attendre ? — demanda le Belge.
— Indiquez-moi un endroit, — répondit le Français.
— Eh bien, là... — fit Oscar en désignant de la main une brasserie. — Je vous y rejoindrai.

Jarrelonge entra et se fit servir un verre d'eau-de-vie.

Oscar monta chez sa mère.

La vieille femme ne s'attendait guère à le voir.

Comme au moment de la visite de Jarrelonge, elle était assise près du poêle sur lequel la marmite bouillait toujours.

L'ex-homme d'équipe ouvrit brusquement la porte, et dit d'un ton brutal :
— Quelqu'un est-il venu me demander ?

En même temps il s'approchait de la Flamande.

Celle-ci releva la tête et montra une face congestionnée, des yeux troubles et clignotants.

Elle tenait de la main gauche un verre, et de l'autre une bouteille encore à demi pleine.

Une violente odeur d'alcool saturait l'atmosphère autour d'elle.

Du premier coup d'œil Oscar s'aperçut que sa mère était ivre.

— Godferdum ! — s'écria-t-il en frappant du pied.

Puis il lui arracha la bouteille et le verre.

La vieille fit une tentative pour se lever et y réussit à moitié, mais elle ne put se tenir debout et elle se laissa retomber sur sa chaise en poussant un sourd grognement.

— Et vous osez prétendre que je vous laisse mourir de faim !... — poursuivit l'ex-homme d'équipe avec rage. — D'où vient l'argent avec lequel vous avez acheté ce genièvre ?

La Flamande fixa sur son fils un regard hébété et balbutia :
— C'est le monsieur...
— Quel monsieur ?
— Celui qui est venu pour un travail... à Bruxelles... dans la menuiserie...
— Qu'est-ce que vous me chantez là ?... — Comment était-il, ce monsieur ?
— Assez grand... la figure un peu rouge... un chapeau rond... Je l'ai envoyé au *Rendez-vous de la marine*.

Oscar comprit qu'il s'agissait de l'homme déjà vu, mais cet homme annonçait une nouvelle visite et celle-là surtout le préoccupait.

— Il n'est pas venu d'autre personne? — reprit-il.
— D'autre personne... — répéta la vieille dont la tête trop lourde roulait à droite et à gauche sur ses épaules.
— Oui... — Ne comprenez-vous point ce que je vous demande?...
Mme Loos bégaya des paroles sans suite.
En ce moment on frappa un coup sec à la porte de la chambre.
Oscar sentit que son cœur cessait de battre.
La vieille laissa tomber sa tête sur sa poitrine et ne remua plus.
Elle dormait du profond sommeil de l'ivresse.
On frappa de nouveau.
L'ex-homme d'équipe essuya du revers de la main son front baigné de sueur, se dirigea vers la porte et l'ouvrit.
Paul Lantier était sur le seuil.
— Monsieur Oscar Loos? — demanda-t-il.
— C'est l'homme en question... — se dit le Belge pris d'un frisson soudain; —c'est lui qui était avec le chef de gare pour inspecter le train... Je le reconnais... C'est lui qui a trouvé le bout du chaînon accroché au marchepied...
Le fils de Pascal répéta :
— Monsieur Oscar Loos?...
— C'est moi...
— J'ai à vous parler... — dit Paul en examinant son interlocuteur et en le reconnaissant à son tour.
— Eh bien! alors, monsieur, entrez...
Paul fit quelques pas dans la chambre.
Oscar referma la porte.
L'étudiant promena autour de lui un regard qui n'était point exempt de défiance.
Ses yeux s'arrêtèrent sur la vieille femme endormie.
Le Belge s'en aperçut :
— C'est ma mère, — dit-il. — Elle a bu un petit coup de trop, et le tonnerre ne la réveillerait pas. — Nous pouvons donc causer devant elle, puisqu'il paraît que vous avez à me parler.
En disant ce qui précède le Belge remarquait un objet de petit volume, soigneusement enveloppé dans un journal, que le visiteur tenait sous son bras.
— C'est bien vous, — répondit Paul, — qui demeuriez, il y a quinze jours encore, rue des Récollets, à Paris?
— C'est bien moi...
— Vous étiez employé au chemin de fer de l'Est?
— Oui, monsieur...
— C'est vous qui éclairiez votre chef de gare et moi, un certain soir où nous avons visité le wagon 1326...

Oscar prit un air indifférent et répondit :

— C'est bien possible, mais je ne m'en souviens pas...

— Nous verrons cela tout à l'heure... — Pourquoi avez-vous quitté le chemin de fer?

— Je ne m'y plaisais plus...

— C'est-à-dire qu'on vous a congédié...

— Eh bien, après? — On ne vous passe rien, dans ces boîtes-là! — Je m'étais grisé une fois, par hasard... — Y avait-il de quoi fouetter un chat?

— Alors, vous ne me reconnaissez pas?

— Non, monsieur...

— Interrogez votre mémoire... Souvenez-vous qu'un soir votre chef de gare vous ordonna de l'éclairer, tandis qu'il inspectait des wagons dans l'un desquels s'était commis un crime...

Oscar se donna la physionomie d'un homme qui fouille consciencieusement ses souvenirs.

Paul continua :

— Souvenez-vous que j'aperçus un morceau de chaîne d'acier nickelé suspendu au marchepied d'un wagon... Souvenez-vous que je pris ce fragment de chaîne et que je le gardai... — Tous ces faits sont récents, vous ne pouvez les avoir oubliés, et vous me semblez de sang-froid...

— En effet, monsieur, — dit le Belge tout à coup — je me souviens...

— A la bonne heure!... — Vous devez donc vous souvenir aussi du petit sac qui pendait au bout de cette chaîne.

Oscar prit un air étonné et murmura :

— Quel sac? — Il n'y avait pas de sac.

— Inutile de nier... — reprit Paul. — Répondez-moi plutôt franchement, je vous le conseille... — Si vous entrez dans la voie du mensonge, je me rendrai, en sortant d'ici, à la police, muni d'une lettre du chef de la sûreté de Paris, et je vous dénoncerai.

— Me dénoncer, moi!! — s'écria le Belge. — Et pourquoi?...

— Comme voleur, à coup sûr, et peut-être comme complice de l'assassinat commis dans le wagon 1326.

— C'est faux, monsieur! c'est faux! — Je n'ai assassiné personne!...

— Cela je l'admets, jusqu'à preuve contraire, mais vous avez volé le sac, vous l'avez ouvert, vous l'avez fouillé et vous avez pris ce qu'il contenait...

— Jamais!... jamais!... Il n'y avait pas de sac!

— Il y en avait un, et le voilà...

Paul dépaquetait vivement l'objet de petit volume dont nous avons déjà parlé.

L'ex-homme d'équipe, quoique prévenu par Jarrelonge et s'attendant à ce qui se produisait, ressentit un trouble invincible à l'aspect du sac accusateur.

L'étudiant le vit pâlir et s'écria :

— Je vous répète que la négation serait inutile... — Vous vous êtes approprié l'argent et les papiers contenus dans ce sac... — Donc il suffirait d'un mot de moi pour que vous soyez arrêté avant ce soir.

Une lueur sanglante jaillit des paupières plissées d'Oscar qui jeta un coup d'œil autour de lui et glissa sa main sous son vêtement.

L'étudiant comprit à merveille ce qui se passait dans l'esprit du voleur et tira de sa poche un revolver.

— Je suis armé pour ma défense, vous le voyez... — reprit-il. — Abstenez-vous donc de toute tentative violente, sinon je vous donne ma parole que je me ferai justice moi-même!!...

L'ex-homme d'équipe se souvint alors des conseils de Jarrelongo, un instant oubliés.

— Oh! monsieur, je vous en prie, — fit-il d'un ton doucereux, — ne vous figurez pas que j'en veuille à votre vie... ce serait bien mal me juger... — Vos paroles m'ont glacé d'effroi, et j'ai peur que ma mère ne les ait entendues... — Ne me dénoncez pas, monsieur, je vous en supplie... Monsieur, pardonnez-moi...
— Oui, j'ai trouvé ce sac accroché au marchepied du wagon 1326... je l'ai ouvert, et, voyant les billets de banque qu'il contenait, je n'ai pas eu la force de résister aux tentations que donne la misère... La fièvre m'a grimpé au cerveau... j'ai mis la main sur les *fafiots*... je m'en repens aujourd'hui, mais il est trop tard... j'en ai dépensé une partie... je vous remettrai ce qui me reste...

— Eh! — répliqua vivement Paul, — ce n'est pas l'argent que je réclame.

— Qu'est-ce donc?

— Des lettres qui se trouvaient certainement avec les billets de banque... — Vous avez eu connaissance de ces lettres?

— Oui, monsieur, à telles enseignes que l'une d'elles est écrite à un notaire.

— C'est cela! — s'écria Paul avec joie. — J'espère bien que vous ne les avez point anéanties?

— Oh! non, monsieur... — j'ai même eu l'idée, un instant, de mettre à la poste l'enveloppe adressée au notaire... Mais je me suis ravisé...

— Alors, vous avez gardé ces lettres?

— Certainement...

— Donnez-les-moi...

— Quand?

— Tout de suite...

— Je le ferais volontiers, monsieur, mais c'est impossible...

— Pourquoi?

— Parce qu'elles ne sont pas entre mes mains.

XVII

— Vous venez de me dire que vous les aviez gardées! — s'écria Paul.

— Et c'est la vérité, — répondit l'ex-homme d'équipe, — mais ni mes papiers, ni le peu d'argent que je possède encore ne sont dans ce logement, où la vieille mère qui cherche et furette sans cesse ne tarderait pas à les trouver...

— Qu'en avez-vous donc fait?

— J'ai déposé le tout en lieu sûr, chez un de mes amis, de l'autre côté de l'Escaut, à la *Tête de Flandre*... — Je vous rendrai les lettres, je vous le promets...

— Tout à l'heure?

— Non, ce soir... — J'irai les prendre et je vous les apporterai... — Je ne pourrai voir avant la nuit l'ami qui en est dépositaire...

— Vous cherchez à me tromper... à m'échapper... à fuir...

— Non, monsieur, et, en réfléchissant un peu, vous comprendrez que je n'aurais aucun intérêt à le faire... — Vous savez mon nom et vous êtes porteur, m'avez-vous dit, d'une lettre pour le chef de la police... — Si je voulais filer, vous donneriez l'alerte, et je serais pincé avant vingt-quatre heures...

Oscar semblait de bonne foi.

Dans tous les cas, la logique de son raisonnement était inattaquable.

L'étudiant se laissa convaincre.

L'ex-homme d'équipe eut bien un instant l'idée de traiter avec le Français et, moyennant une somme convenue d'avance, de lui révéler la présence des lettres dans la case secrète du sac de chagrin noir.

Il ne donna pas suite à ce bon mouvement.

D'une nature très défiante et nullement délicate (nos lecteurs en ont eu la preuve), le Belge se dit:

— Quand ce jeune homme tiendra les lettres, il me dénoncera tout de même comme ayant volé l'argent.

Paul reprit:

— A quelle heure pourrez-vous avoir ces papiers?

— Mon camarade est pêcheur sur l'Escaut... — Il ne rentre que vers les neuf heures... — Je le verrai entre neuf et dix.

— Alors, à onze heures vous me remettrez les lettres?

— A onze heures précises, oui monsieur...

— Où?

— Ici, si vous voulez.

— Soit... — A onze heures je frapperai à votre porte, vous tiendrez votre promesse et je reprendrai ensuite la route de Paris... mais n'oubliez pas que si vous cherchiez à me tromper je serais sans pitié...

— Je vous jure, monsieur, que je ne vous tromperai pas. — J'ai fait une faute, l'occasion se présente de la réparer en partie, je la saisis...

— A ce soir, donc!

— Onze heures sonnantes, oui, monsieur.

Paul avait passé à son bras la chaînette nickelée du sac de chagrin noir.

Il sortit.

Derrière lui Oscar referma la porte et, tendant son poing fermé dans la direction de l'escalier, il dit en flamand, d'un ton sauvage :

— Ah! chien de Français!... ce soir nous réglerons nos comptes!...

Une fois dans la rue, le fils de Pascal retrouva facilement le chemin de l'hôtel où il était descendu en arrivant, pour se renseigner. — Il enveloppa de nouveau son sac, le confia à l'hôtelière, se rendit à la gare du chemin de fer et s'adressant au guichet demanda :

— A quelle heure part le dernier train pour Bruxelles?

— A minuit, monsieur...

— Ce train correspond-il avec un départ de Bruxelles pour Paris?...

— Non, monsieur... — Le premier train de Bruxelles à Paris part le matin à neuf heures trois minutes...

Paul s'éloigna en se disant:

— Je coucherai à Bruxelles à proximité de la gare, et le soir je serai près de Renée à qui je porterai sans doute le nom de sa mère, l'avenir, la fortune, le bonheur...

Le jeune homme se trouvait avoir à dépenser beaucoup de temps.

Malgré ses préoccupations il en profita pour visiter les curiosités d'Anvers, mais les merveilles artistiques avaient beau charmer ses yeux, sa pensée était ailleurs.

A la tombée de la nuit il rentra dîner à l'hôtel.

∴

Oscar Loos, après avoir proféré contre le Français sa menace accompagnée d'un rugissement de fauve, jeta un coup d'œil sur sa mère qui dormait toujours, puis s'élança dehors, ferma la porte à double tour, mit la clef dans sa poche et se rendit à la brasserie où l'attendait Jarrelonge.

— Sortons... — dit-il au bandit, — j'ai besoin de prendre l'air.

— Très bien, — répliqua le complice de Léopold en se levant pour l'accompagner; — mais il faudrait éviter qu'on nous voie trop ensemble... on finirait par nous remarquer...

— Retournons au *Rendez-vous de la marine*... — fit Oscar. — Là, il n'y a rien à craindre, et je vous raconterai ce qui s'est passé...

Belge et Français gagnèrent le port et s'installèrent de nouveau dans le cabinet où leur premier entretien avait eu lieu.

Jarrelonge fit servir à dîner et les deux hommes causèrent.

Laissons-les causer et retournons à Paris.

Dès le matin Pascal Lantier était allé rue de Navarin, où demeurait son cousin sous le pseudonyme de Paul Pélissier.

En peu de mots il mit Léopold au courant de ce qui s'était passé au palais de justice de Troyes.

— Tout va bien ! — s'écria l'ex-réclusionnaire en se frottant les mains. — Tu partiras dimanche pour te trouver lundi en présence du notaire...

Le misérable ajouta en souriant :

— Et, sois tranquille, la bâtarde de notre oncle ne viendra pas te disputer l'héritage... — Je prends sur moi de te l'affirmer !...

— Qu'as-tu résolu ?

— J'ai combiné un plan que je crois très réussi. — Des formalités de propriétaire au sujet d'une location m'empêchent d'agir aussi promptement que je l'aurais souhaité, mais nous ne perdrons rien pour attendre.

— Tu n'as pas retrouvé Jarrelonge ?

— Je ne songe guère, je l'avoue, à le chercher en ce moment, mais tant pis pour lui si le hasard le met sur mon chemin... — Je lui réserve un coup droit que je le défie bien de parer !

— Allons-nous déjeuner ensemble quelque part... sur le boulevard ?

— Non... — Ce serait une maladresse... — On pourrait me reconnaître en nous voyant ensemble...

— Impossible, puisque tu es mort !...

— Est-ce que le bruit de mon décès s'est accrédité ?

— Il s'est accrédité si bien qu'il est devenu certitude... — Le premier corps de noyé qu'on repêchera passera pour ton cadavre...

— Excellent, cela ! mais soyons circonspects quand même... — Trop de prudence ne nuit jamais ! Je vais à ce sujet te donner un excellent conseil...

— Parle...

— Eh bien, toute réflexion faite, il vaut mieux que tu retournes là-bas dès demain.

Pascal fit un geste de surprise.

Léopold poursuivit :

— De cette façon on ne pourra supposer, en cas de malheur, que nous travaillons à la même œuvre, dans un intérêt commun... — C'est un alibi que je te prépare... un alibi qui peut m'être utile aussi bien qu'à toi... — Tu comprends ?

Laissant sa victime sans connaissance il s'élança sur le talus.

— Parfaitement.
— Retourne donc à la rue de Picpus... Donne tes ordres aux gens qui conduisent ton personnel, et annonce un voyage de huit jours...
— Comment serai-je instruit de ce que tu fais ?...
— Une lettre suffira...
— Une lettre ! — C'est bien dangereux !
— Pas le moins du monde, quand on sait s'y prendre... Il suffit de lire entre

les lignes avec intelligence... — Je te parlerai construction... tu devineras.

— Eh bien ! au revoir, — dit Pascal, — et bonne chance !...

— Ton souhait se réalisera pour nous deux, sois-en sûr, car notre dernier ennemi va disparaître...

Le constructeur quitta la rue de Navarin, et retourna chez lui s'apprêter à partir le lendemain.

Renée, comme d'habitude, était allée à son magasin; — pendant tout le jour elle fut sombre, pensive, préoccupée.

Cette préoccupation avait sa raison d'être.

Paul était parti le matin pour se mettre à la recherche de l'homme qui possédait peut-être les papiers confiés à Mme Ursule.

S'il réussissait, nous savons combien d'espérances Renée attachait à son succès.

Mais n'allait-il point courir des dangers ?

N'allait-il point avoir à lutter contre les misérables qui la persécutaient et aux mains de qui elle avait failli laisser sa vie ?

Ne serait-il pas vaincu dans la lutte ?

Les plus sombres pressentiments assiégeaient l'esprit de la fille de Marguerite.

Il lui tardait de rentrer chez elle...

Peut-être y trouverait-elle des nouvelles de son fiancé.

A huit heures on ferma le magasin.

— Venez dîner, mignonne... — lui dit Mme Laurier en passant dans la salle à manger.

C'est à peine si elle toucha au repas.

— Qu'avez-vous, mon enfant ? — lui demanda la patronne inquiète. — Vous paraissez souffrante...

— Je le suis, en effet, madame.

— Alors, il faut rentrer bien vite et vous mettre au lit. — Une bonne nuit de sommeil fera sans doute disparaître ce malaise passager.

Renée embrassa Mme Laurier et se retira sur-le-champ.

Une déception l'attendait rue Beautreillis.

Aucune dépêche n'était arrivée pour elle.

La fille de Marguerite monta dans sa chambre et pria.

Des pressentiments de plus en plus sombres envahissaient son âme.

Il était en ce moment dix heures du soir.

XVIII

A l'heure où la fille de Marguerite se mettait au lit, deux hommes suivaient, à Anvers, une rue déserte et sombre.

Ils marchaient côte à côte sans échanger un mot.

Arrivés au point d'intersection de deux voies publiques, l'un de ces hommes poussa le coude de l'autre et lui dit à voix basse :

— Par là... à gauche...

Et ils s'engagèrent dans la rue Van Wesembeke, à peine bâtie et, dans presque toute sa longueur, bordée de terrains vagues qui se trouvent en contrebas.

A partir du premier tiers de la rue, pas une seule maison et pas un bec de gaz.

Au moment où nous y conduisons nos lecteurs, un ciel noir chargé de neige rendait l'obscurité plus profonde encore.

Le vent d'est glacial, soufflant en foudre, faisait au loin grincer les girouettes et battre les volets mal attachés.

Arrivés au second tiers de la rue, les promeneurs nocturnes s'arrêtèrent.

L'un d'eux titubait en marchant.

Son visage empourpré suait l'alcool. — Il avait les yeux hagards.

Ainsi que son compagnon, il tenait un bâton noueux à la main.

— C'est là qu'il passera, — fit-il.

— Bien, — répondit l'autre dont un épais cache-nez couvrait le bas du visage. — Je me place à gauche dans la neige du talus. — Fais de même de l'autre côté...

— Ce qui est convenu va toujours ?

— Oui, parbleu ! — Lorsqu'il aura dépassé de deux pas l'endroit où tu vas t'accroupir, tu te redresseras et tu l'étourdiras d'un coup de bâton sur la tête...

— Je me charge du reste... — Mais es-tu sûr qu'il sera porteur du sac ?...

— Oui, puisqu'il doit repartir pour Paris aussitôt après être venu chercher les lettres.

— Eh bien ! alors, mon vieux, en place pour la contredanse !...

L'ex-homme d'équipe, que nos lecteurs ont reconnu sans peine ainsi que Jarrelonge, se laissa glisser sur le talus en contre-bas, dans la neige, la tête au niveau de la chaussée.

Dix pas plus loin, mais du côté opposé, le complice de Léopold prit la même position.

Ensuite ils attendirent, immobiles et silencieux.

Tandis que les deux misérables se plaçaient à l'affût, Paul Lantier, sortant de l'hôtel où il avait dîné, se dirigeait vers la rue Vieille-Chaussée où il comptait rentrer en possession des papiers soustraits par Oscar Loos.

Aussitôt maître de ces papiers précieux, il devait retourner à la gare et prendre le train qui le ramènerait à Paris.

Après avoir assujetti solidement autour de son bras la chaînette du sac de la pauvre Ursule, il s'acheminait rapidement du côté de la demeure de la vieille Flamande.

Le vent, chargé de neige, lui soufflait en plein visage.

Il baissait la tête et tendait le corps en avant pour résister à la tourmente.

Au premier croisement de rue il s'orienta.

— C'est plus haut... — murmura-t-il après avoir réfléchi pendant deux ou trois secondes.

Il se remit en marche, gagna la rue Van Wesembeke et s'y engagea.

Dans cette rue presque sans maisons le vent, qui prenait ses ébats sur les terrains vagues, soufflait avec plus de rage.

Paul hâta le pas, ayant soin de suivre le milieu de la chaussée.

L'étudiant était parisien, et selon l'habitude parisienne il évitait la nuit les trottoirs et le voisinage des constructions dont l'enfoncement des portes pouvait cacher des malfaiteurs.

Il atteignit promptement le tiers non bâti de la rue, par conséquent l'endroit où les deux bandits étaient aux aguets, arriva en face d'Oscar et le dépassa.

Le Belge ne bougea pas.

— Que fait-il donc? — se demanda Jarrelonge qui, malgré l'obscurité, voyait Paul s'avancer vers lui.

L'étudiant marchait toujours.

Jarrelonge grinçait des dents.

Le jeune homme se trouva bientôt de l'autre côté de l'embuscade.

Le libéré comprit alors qu'il se passait quelque chose d'extraordinaire.

Il se dressa, bondit comme un jaguar et en deux élans fut près de Paul qui, malgré les sifflements de la tourmente, entendit des pas et se retourna, mais sans avoir le temps de finir le mouvement commencé.

Un coup terrible l'atteignant à la tête l'abattit sur ses deux genoux; cependant il ne perdit point connaissance et, poussant un cri sourd, il essaya de se relever.

Dans les ténèbres Jarrelonge n'avait pas visé juste... — Le coup avait glissé sur le chapeau de feutre de Paul.

L'assassin jeta son bâton et tira son couteau-poignard.

L'étudiant, quoique presque assommé et par conséquent fort étourdi, appelait au secours de toutes ses forces et mettait la main dans sa poche.

Jarrelonge, le couteau levé, s'avança sur lui.

Paul vit la lame d'acier briller dans la nuit, et machinalement il leva le bras où se trouvait attaché le sac.

Le couteau retomba, mais en n'éventrant que le sac qui faisait bouclier.

De la main gauche Jarrelonge le saisit, et leva de nouveau son arme sur la poitrine du jeune homme...

Il n'eut pas le temps de frapper.

Un coup de feu retentit soudain.

Jarrelonge fit un bond en arrière, sans lâcher le sac dont la chatnette entrait dans les chairs de Paul.

Un second éclair raya les ténèbres; — une seconde détonation éveilla les échos.

Cette fois le bandit lâcha le sac, mais sans laisser retomber son couteau.

L'étudiant avait serré deux fois à l'aveuglette la détente de son revolver.

La seconde balle s'était logée dans la main du bandit qui ressentait une douleur atroce.

Paul épuisé s'abattit sur la neige et perdit connaissance.

Jarrelonge, oubliant sa souffrance, allait achever l'étudiant lorsque des pas retentirent dans le lointain.

En même temps on entendit des voix crier :

— Défendez-vous !... Voici du secours...

— Tonnerre ! — balbutia le misérable. — Il n'est que temps de jouer des jambes !

Puis, laissant sa victime sans connaissance, il s'élança sur le talus de la chaussée et se perdit dans les ténèbres insondables des terrains vagues.

De deux côtés les pas se rapprochaient du théâtre de la lutte dont nous connaissons le résultat.

Des agents de police, arrivant de directions différentes, se rejoignirent près du corps de Paul.

Ce corps inanimé semblait un cadavre.

— C'est un malheureux que l'on a assassiné... — dit l'un des policiers en se baissant. — Voyez, il y a du noir sur la neige... c'est du sang...

— Camarades, vite un brancard... — ordonna le brigadier. — Vous en trouverez au Jardin zoologique... — Apportez des torches et demandez du renfort...

Deux hommes partirent au pas de course.

Deux autres, agenouillés près du corps, soulevaient la tête.

— C'est de la bouche que le sang coule — fit le brigadier.

— Oui, — répondit un agent qui venait d'appuyer sa main sur la poitrine du jeune homme... — Il n'est pas mort... — Le cœur bat...

— Soutiens-le sur tes genoux, le pauvre diable... — Encore un tour des gredins du *Rendez-vous de la marine !*

Le brigadier ajouta, en voyant le revolver que Paul serrait dans sa main crispée :

— C'est lui qui a tiré... — Si au moins il avait flanqué deux bonnes balles dans le ventre des assassins... — Enfin nous verrons ça quand nous aurons de la lumière...

En ce moment des lueurs tremblantes apparurent à l'angle de la rue.

Les agents, munis de torches, revenaient avec un brancard.

Une dizaine de curieux les suivaient.

Ils furent bientôt près de Paul dont on éclaira le visage souillé de sang et d'une pâleur effrayante.

— Tiens! — s'écria l'un des curieux, — il est tout jeune...

— C'est un étranger...

— On a voulu lui voler son sac.

— Mais, tout de même, il ne l'a pas lâché, tu sais monsieur, pour une fois, son sac...

Ces phrases et bien d'autres s'échangeaient autour du corps.

— Allons, silence!! — commanda le brigadier. — Ce malheureux sur le brancard, vivement, et au poste de l'Hôtel-de-Ville.

L'ordre donné fut à l'instant même accompli et le brancard s'éloigna.

Le brigadier était resté sur le lieu du crime avec deux agents.

A la lueur des torches il inspectait la chaussée et les bas côtés.

On trouva le bâton jeté par Jarrelonge.

— C'est avec ça qu'on l'a assommé... — fit le brigadier.

Les recherches continuèrent.

Soudain un des agents, s'étant écarté de quelques pas, poussa une exclamation de surprise.

— Un autre... là!... là!... — dit-il ensuite.

Et il désignait sur le talus le corps d'un homme étendu la face dans la neige, et tenant de sa main raidie un bâton noueux semblable au premier.

L'agent poursuivit :

— C'est un des scélérats, bien sûr... et le jeune homme l'aura tué en se défendant...

XIX

On retourna le corps de l'ex-homme d'équipe, et on approcha une torche de son visage.

— Mais je le connais, celui-là! — s'écria l'un des agents.

— Qui est-ce? — demanda le brigadier.

— C'est Oscar Loos, un employé des chemins de fer français, chassé sans doute et revenu à Anvers depuis une dizaine de jours... — Un mauvais sujet... Un habitué du *Rendez-vous de la marine*...

— Il devait finir comme ça !... — Où est-il blessé ?

— Je n'en sais rien... — Il est bien mort et déjà raide, mais je ne vois de sang nulle part...

— On vérifiera en temps utile... — Procurez-vous vite un brancard et apportez le corps au poste... — Moi, je rejoins mes camarades.

Et le brigadier prit sa course dans la direction qu'avaient suivie les porteurs de Paul Lantier.

L'agent ne se trompait pas ; — Oscar Loos était bien mort, non point frappé par une balle, mais foudroyé par une congestion cérébrale au moment où, ivre d'alcool, il attendait, couché dans la neige, le jeune Français pour l'assassiner.

La justice de Dieu avait devancé celle des hommes...

Le brancard arriva et le cadavre du misérable fut porté, comme le corps de Paul, au poste de l'Hôtel-de-Ville.

Rejoignons Jarrelonge.

Nous avons laissé le bandit s'enfuyant à toutes jambes au milieu des terrains vagues où les ténèbres le protégeaient ; mais, en revanche, ces ténèbres lui permettaient d'autant moins de s'orienter qu'il ne connaissait pas Anvers.

Arrivé à une rue dont il ignorait le nom, il s'arrêta un instant, écouta pour s'assurer que personne ne lui donnait la chasse, et s'occupa de sa blessure.

Des becs de gaz, placés de distance en distance, éclairaient la rue.

Il s'approcha de l'un d'eux et regarda sa main.

Le sang coulait avec abondance et la douleur restait très vive ; mais au fond il n'y avait là rien de bien grave, la balle de petit calibre ayant traversé les parties charnues sans trancher de nerf et sans briser d'os.

— Ah ! le gredin ! — murmura naïvement Jarrelonge... — Il pouvait me tuer !... — C'est un hasard qu'il ne m'ait pas brisé les doigts !... — Le sang me ferait suivre à la piste, car je dois laisser derrière moi une traînée rouge sur la neige... — Il faut y remédier...

Prenant alors son mouchoir de poche il le roula autour de sa main, de manière à fermer la blessure ; puis il marcha droit devant lui.

Le hasard le servit à merveille.

Après quelques détours il arriva sur une place, et, au bout d'une avenue très courte, il distingua un cadran lumineux.

C'était celui de l'horloge de la gare.

— Le chemin de fer ! — pensa le misérable, — quelle chance ! — S'il y a encore un train pour Bruxelles, je file...

Il avait eu le temps de reprendre haleine et se remit à courir.

A minuit moins dix minutes il entrait dans la salle d'attente ; nos lecteurs savent déjà qu'un train partait à minuit ; — le train que Paul Lantier se proposait de prendre.

Jarrelonge en profita.

A minuit il s'installa dans un wagon de seconde classe où il se trouva seul et, après avoir roulé autour de sa main l'un des bouts de son cache-nez afin de faire disparaître toute trace de sang, il récapitula les événements qui venaient de se passer.

— Cet imbécile d'Oscar avait pris peur, — se dit-il, — ou se sera bêtement endormi sur la neige... — Tant pis pour lui s'il paye les pots cassés... — A cette heure, moi, je me trouve hors d'atteinte... Le Belge ignore qui je suis, donc il ne peut me dénoncer. — Je n'ai pas les lettres, c'est vrai, mais le petit jeune homme est flambé... le sang lui coulait par la bouche... Il doit être mort présentement, quoiqu'il ait la vie dure... — Les lettres resteront dans le sac où personne ne les découvrira, et ça sera bien le diable si cette fois elles reviennent sur l'eau...

« Il ne s'agit plus que de retrouver Léopold pour lui raconter mon voyage en Belgique...

La distance n'est pas longue d'Anvers à Bruxelles.

A une heure du matin Jarrelonge mettait pied à terre dans cette dernière ville, et se faisait indiquer une auberge où il alla passer le reste de la nuit.

. . .

Aussitôt arrivé au poste de l'Hôtel-de-Ville, le corps de Paul Lantier fut déposé sur un matelas du lit de camp.

Quant au cadavre d'Oscar Loos, la mort étant indiscutable, on le laissa sur le brancard qui avait servi à l'apporter près de celui qu'on croyait sa victime.

Le brigadier s'était empressé d'envoyer un de ses hommes chercher un médecin et prévenir un officier de police.

L'un et l'autre arrivèrent presque aussitôt. — Tandis que le médecin s'occupait d'une façon très consciencieuse et très active du jeune homme assassiné, l'officier de police écoutait le récit des faits.

— Vous ferez votre rapport écrit demain, et vous me l'enverrez... — dit-il au brigadier.

Puis, s'approchant du médecin, il lui demanda :

— Ce pauvre diable en reviendra-t-il, docteur ?

— Je l'espère bien... — Je ne constate aucune blessure grave... — Ce jeune homme a reçu sur la tête un violent coup de bâton qui a provoqué une hémorragie et un évanouissement, mais je serais bien étonné si dans quelques minutes il n'était en état de répondre à vos questions...

LA FILLE DE MARGUERITE

Il n'eut pas le temps de frapper; un coup de feu retentit soudain.

On avait placé sur une table la boîte de chirurgie et de médicaments que possédait le poste.

Le docteur y puisa les éléments nécessaires pour préparer une potion dont il glissa une cuillerée entre les dents du jeune homme.

Il appliqua une compresse sur la tête à l'endroit où le gourdin de Jarrelonge avait heurté violemment le cuir chevelu; puis, après avoir lavé le visage souillé de sang, dont la pâleur était effrayante, il attendit l'effet de la potion administrée.

Cette attente dura dix ou douze minutes.

Au bout de ce temps Paul tressaillit et ouvrit les yeux.

Il voulut soulever sa tête, mais elle retomba lourdement sur le traversin du lit de camp.

Le docteur, se penchant vers le blessé, lui dit avec une expression de vif intérêt :

— Vous paraissez souffrir, monsieur ?...

— Oui, — répondit l'étudiant d'une voix faible, — je souffre beaucoup...

Et il porta la main à sa tête...

— C'est là qu'est le mal, en effet... — reprit le docteur. — Mal douloureux, mais point dangereux... — Vous serez vite guéri...

Il ajouta, en se tournant vers l'officier de police :

— Je crois que ce que nous aurions de mieux à faire en ce moment serait de conduire ce jeune homme à son hôtel et d'attendre à demain pour l'interroger... — Après un pareil choc, le repos me semble indispensable... — Êtes-vous de mon avis?

— Complètement.

— Où logez-vous, monsieur ? — demanda le médecin à Paul.

— Nulle part.

— Comment cela?

— Je suis arrivé ce matin à Anvers... et je devais repartir ce soir, à minuit...

L'officier de police intervint.

— Ne vous fatiguez pas... — dit-il... — Vous parlerez demain... — On va vous conduire dans un hôtel voisin où vous passerez une bonne nuit, et tout ira bien...

Paul fit de la tête un signe affirmatif.

— Brigadier, — poursuivit l'officier, — ayez soin qu'on replace ce jeune homme sur le brancard, qu'on le couvre chaudement et qu'on le conduise, de ma part, à l'*Hôtel de la Grande-Place*... — N'oubliez pas cet objet, — ajouta-t-il en désignant le sac de chagrin noir, — il appartient à monsieur.

— J'irai vous voir demain matin à neuf heures... — dit le médecin à Paul en lui serrant la main. — Soyez sans inquiétude, je réponds de vous.

Dix minutes plus tard l'étudiant, étendu dans un lit moelleux et chaudement bassiné, s'endormit d'un profond sommeil.

Après le départ de Paul l'officier de police s'occupa du corps d'Oscar que le docteur examinait.

— De quoi cet homme est-il mort? — demanda-t-il.

— D'une congestion cérébrale... — Il était ivre; le froid l'a tué... — Croyez-vous qu'il fût au nombre des scélérats qui ont attaqué notre jeune inconnu?

— Cela me paraît certain, d'après le rapport du brigadier... — Il serait dans sa main crispée un gourdin exactement pareil à celui qu'on a trouvé sur le lieu du crime...

— Il est malheureux qu'il ne puisse nommer ses complices...

— On saura bien les trouver sans cela... — Docteur, voulez-vous faire la constatation du décès, je la joindrai à mon procès-verbal.

— A l'instant.

Tandis que le docteur écrivait, l'officier de police faisait fouiller les vêtements du mort par le brigadier.

— Une clef... — dit celui-ci.

— Celle de son logement sans doute.

— Un mouchoir de poche et un somme de dix-sept francs. — Voilà tout.

— Quel est celui de vous qui a reconnu cet homme ?

— Moi, monsieur, — répondit un agent en s'avançant.

— Vous savez où il demeurait ?

— Rue Vieille-Chaussée, au deuxième étage... Il habitait là avec sa mère.

— Nous allons y transporter le corps, et en même temps nous ferons perquisition... Nous accompagnez-vous, docteur ?...

— Très volontiers... — Je suis curieux de connaître l'intérieur d'un pareil bandit...

Le convoi funèbre se mit en route.

En vingt-cinq minutes on arriva rue Vieille-Chaussée.

XX

La porte de la maison était fermée, mais, sur une sommation de l'officier de police, un des locataires qui s'était mis à la fenêtre en entendant heurter vint ouvrir.

Ordre fut donné de monter la civière et son fardeau lugubre.

Au second étage, l'agent qui connaissait Oscar Loos désigna la porte de son logement.

A plusieurs reprises on frappa, doucement d'abord, puis très fort.

Un silence profond régnait à l'intérieur.

Tous les locataires, éveillés en sursaut, se pressaient dans l'escalier avec autant d'effroi que de curiosité.

— Ouvrez ou enfoncez la porte... — commanda l'officier de police, voyant que personne ne répondait.

On essaya trois ou quatre clefs.

L'une d'elles fit jouer le pêne.

L'huis tourna sur ses gonds.

Un agent passa le premier, tenant un flambeau à la main.

L'officier de police et le docteur entrèrent ensuite.

Ils s'arrêtèrent étonnés.

La vieille Flamande était assise auprès du poêle bourré de combustible, et d'où s'échappait une chaleur suffocante.

Sa tête se renversait en arrière.

Une bouteille vide et un verre gisaient à ses pieds sur le plancher.

— Cette femme a le sommeil bien dur ! — dit l'officier de police. — Réveillez-la !

Un agent secoua le bras de la vieille.

Elle ne bougea pas.

Le médecin s'approcha.

— La malheureuse est morte ! — s'écria-t-il après un rapide examen.

— Morte ! — répétèrent les assistants stupéfaits.

— Oui, comme son fils, ivre d'alcool !... — Seulement, ici, c'est la chaleur et non le froid qui a déterminé la congestion cérébrale...

— Nous constaterons officiellement ce second décès... — murmura l'officier de police.

Un gardien fut laissé près des cadavres et tout le monde se retira.

.*.

Paul Lantier se réveilla tard le lendemain matin.

Il avait passé une nuit excellente.

Le sommeil, — ce dictame réparateur et souverain, — lui avait rendu en partie ses forces épuisées par le sang perdu et par les effroyables émotions de la lutte qu'il avait dû soutenir.

Sa surprise fut grande lorsque, en ouvrant les yeux, il se vit couché dans un lit d'hôtel.

Tout d'abord il lui fut impossible de se rendre exactement compte de la situation, mais il fit énergiquement appel à sa mémoire et il se souvint.

Ses souvenirs étaient un peu vagues, il est vrai, mais ils ne tardèrent point à se coordonner, et ils le conduisirent au point de départ de l'agression dont il avait été victime.

— Aucun doute n'est possible ! — se dit-il. — Ce scélérat de Belge a voulu m'assassiner, dans la crainte d'être dénoncé par moi ! — Joli calcul ! et le voilà présentement bien avancé ! — J'ai été recueilli par des agents, je me le rappelle... — Un employé supérieur de la police et un médecin étaient auprès de moi... — Ils m'ont fait porter dans cet hôtel en m'annonçant leur visite pour ce matin... — Ils vont venir, et je serai obligé de répondre à leurs questions... — ceci m'importe peu, tant pis pour cet Oscar ! Mais je n'ai pas les lettres ! Je ne pourrai porter à Renée les précieux papiers auxquels son avenir est attaché, et que j'espérais trouver ici pour elle ! — Pauvre Renée ! quelle déception !

Le jeune homme voulut se retourner dans son lit.

Une souffrance aiguë le tint cloué sur place.

Les muscles de son cou lui semblaient tout à la fois paralysés et douloureux.

— Je suis blessé à la tête... — murmura-t-il. — Quand on ne meurt pas tout de suite de ces sortes de blessures, elles sont sans gravité ; — je ne m'en préoccuperais guère si j'avais les lettres.,. — En faisant ma déclaration, on retrouvera cet homme, et on saura bien le contraindre à remettre aux juges les objets volés...

En ce moment on heurta à la porte de la chambre.

— Entrez... — dit Paul d'une voix faible.

La clef tourna dans la serrure, la porte s'ouvrit et trois personnes parurent sur le seuil : le docteur, l'officier de police, et le brigadier des agents de ville.

L'étudiant les reconnut du premier coup d'œil.

— Venez, messieurs... — poursuivit-il. — Combien je vous dois d'actions de grâces ! — Sans vous je n'existerais plus...

— Cela va mieux, n'est-ce pas ? — demanda le médecin en souriant.

— Oui, docteur... — J'ai passé une bonne nuit, seulement la tête me fait beaucoup souffrir...

— Le contraire m'aurait fort surpris, mais nous allons vous soulager et nous causerons ensuite.

Après avoir défait le bandage qui enveloppait une partie du crâne, le médecin écarta les cheveux, examina la blessure, qui consistait en une forte contusion et n'offrait aucune gravité, puis s'écria :

— Ah ! vous avez eu de la chance !... — Le gaillard n'y allait pas de main morte !... Il a frappé de toutes ses forces !... Sans votre chapeau qui a fort heureusement amorti le coup et fait glisser le bâton, vous étiez assommé sur place !...

Paul ouvrait la bouche.

— Laissez-moi appliquer une compresse... — dit vivement le docteur. — Vous parlerez ensuite à votre aise...

Le pansement fut l'affaire de quelques instants, le médecin s'étant muni d'avance des liniments et des bandes de toile nécessaires.

— Maintenant, — reprit-il dès qu'il eut achevé, — je vous donne la parole, à condition, bien entendu, que vous n'en abuserez pas...

— Vous souvenez-vous de ce qui vous est arrivé ? — demanda l'officier de police.

— Parfaitement, et de point en point... — répliqua Paul.

— Veuillez m'apprendre ce que j'ignore.

— J'ai été assailli hier soir, à onze heures, par un homme qui a voulu me tuer et qui a presque réussi...

— Savez-vous quel était cet homme?

— Sans doute, puisque je me rendais chez lui, rue Vieille-Chaussée, numéro 31.

La déclaration du jeune homme fit faire un brusque mouvement de surprise au docteur et à l'officier de police.

— Vous vous rendiez au numéro 31 de la rue Vieille-Chaussée!! — s'écria ce dernier.

— Oui, monsieur... chez un nommé Oscar Loos, ex-employé en qualité d'homme d'équipe à la gare du chemin de fer de l'Est, à Paris...

— Comment se fait-il que vous connaissiez cet homme?

— Je vais vous l'expliquer, monsieur, en prenant les choses à leur point de départ, et je vous éviterai ainsi la fatigue de m'adresser des questions sans nombre...

Paul raconta brièvement les motifs qui l'avaient conduit à Anvers, sa visite à Oscar Loos et le rendez-vous donné par ce dernier sous prétexte de lui remettre les papiers réclamés et promis.

Quand il eut achevé, l'officier de police prit la parole.

— Il est certain, — dit-il, — que ce misérable, craignant une dénonciation de votre part, a voulu vous assassiner, mais il est non moins certain que ce n'est pas lui qui vous a frappé.

— Si ce n'était lui, qui serait-ce donc? — interrogea Paul.

— Un complice...

— Quel complice pouvait-il avoir?

— Un de ces bandits qui, par l'Escaut, nous arrivent des quatre coins du monde, et dont nous essayons vainement de purger Anvers...

— Vous avez la preuve de cela?

— Oui, une preuve indiscutable...

— Laquelle?

— Oscar Loos avait bien résolu de vous tuer dans le guet-apens où il vous attirait, mais, avant que vous eussiez atteint l'endroit choisi pour l'assassinat, il était mort...

— Mort!... — répéta l'étudiant stupéfait.

— Foudroyé par une congestion cérébrale, oui...

— Ainsi, ces papiers que je venais lui réclamer, et que j'aurais payés d'une part de mon sang, je ne les aurai pas! — murmura le jeune homme douloureusement. — Désormais, comment savoir où sont ces papiers?...

— Et nous ne pourrons vous renseigner à cet égard, — reprit l'officier de police, — car dans la perquisition faite ce matin au logis d'Oscar Loos, nous n'avons rien trouvé...

— Ah! Renée... pauvre chère Renée... — balbutia Paul, — tout espoir est perdu! Je ne peux rien pour vous!!

— Peut-être désespérez-vous trop vite, monsieur, — répliqua l'officier de police. — Oscar Loos avait des complices... il en avait un, du moins... celui sans doute auquel les papiers étaient confiés... — Nous rechercherons ce complice et j'ai l'espoir que nous le trouverons...

— Dieu le veuille!!

— Avez-vous pu distinguer les traits de l'homme qui vous a frappé?

— Non, monsieur, et cependant il était à deux pas de moi... Je devinais vaguement sa forme dans l'obscurité... L'une de ses mains s'était accrochée au sac qu'une chaînette d'acier retenait à mon bras... — Voyez... j'ai le poignet déchiré par cette chaînette...

Paul montra son poignet couvert d'ecchymoses, lacéré profondément, et continua :

— Ce sac lui-même a préservé ma vie, en parant le terrible coup de couteau que me portait le meurtrier...

Le brigadier des agents avait pris sur un meuble le sac de chagrin noir et l'examinait sous toutes ses faces.

— C'est ma foi vrai, — dit-il, — l'objet est balafré par un coup de couteau qui a traversé le cuir de part en part!... — Il y aurait eu de quoi couper un homme en deux!! — Regardez...

Le sac, en effet, portait au flanc une longue et profonde entaille.

XXI

L'officier de police prit le sac des mains du brigadier, l'examina à son tour et demanda :

— Contenait-il de l'argent au moment de l'attaque dont vous avez été victime?

— Il ne contenait absolument rien... — répondit Paul. — Je l'avais apporté comme pièce de conviction... — C'est le sac volé au chemin de fer de l'Est par Oscar Loos.

Par hasard l'officier de police appuya sur le ressort de la serrure, et s'écria, en voyant le sac s'ouvrir :

— Qu'est-ce que cela?

— Quoi donc, monsieur? — fit l'étudiant.

— Ce sac, disiez-vous, était vide...

— Ne l'est-il pas?

— Non, puisque le coup de couteau a mis à découvert des papiers...

— Des papiers... — répéta le jeune homme stupéfait.

— Voyez...

Et l'officier de police montrait l'angle d'une enveloppe sortant de l'entaille faite par le couteau de Jarrelonge.

— En effet, — dit M. Paul vivement, — il doit y voir là un compartiment dont je ne soupçonnais pas l'existence... Permettez, monsieur...

— Faites.

L'étudiant prit l'objet qui depuis quelques secondes passait de main en main, et promena ses doigts sur la garniture intérieure, mais sans résultat.

— Je ne trouve point de secret... — poursuivit-il, — peu importe d'ailleurs... je saurai ce que sont ces papiers.

Puis s'adressant au brigadier, il ajouta :

— Voulez-vous me rendre le service de fendre complètement ce sac...

— Tout à votre service, monsieur...

Le brave homme, tirant aussitôt un couteau de sa poche, introduisit la lame dans l'estafilade qu'il agrandit notablement d'un seul coup.

— Voilà... — fit-il ensuite en exhibant de l'intérieur deux lettres qu'il tendit à Paul.

Celui-ci les saisit avec un empressement fiévreux, accompagné d'une anxiété facile à comprendre.

— Deux lettres... — murmura-t-il. — L'une ouverte, l'autre cachetée...

Il jeta les yeux sur la suscription de la seconde.

Son visage pâle exprimait l'angoisse.

Qu'allait-il apprendre ?

Au moment où tout espoir semblait perdu, touchait-il au but de ses recherches ?

Il lut à demi-voix :

« *M. Ernest Auguy, notaire, 18, rue des Pyramides, Paris.* »

Après avoir déchiffré cette adresse, il sortit l'autre épître de son enveloppe décachetée, la parcourut et s'écria :

— Mon Dieu !... Mais c'est la lettre envoyée à Maison-Rouge à Mme Ursule... La lettre qui l'attirait dans un piège comme déjà on y avait attiré Renée ! — Et les misérables se sont servis de la signature du notaire à qui Renée devait remettre l'enveloppe cachetée que voilà !! Cette enveloppe, d'où l'avenir de ma fiancée dépend et que je portais avec moi sans le savoir !! — Ah ! monsieur, que je suis heureux ! J'aurais volontiers payé de mon sang ce qu'a mis dans mes mains le misérable qui voulait me tuer !

— Il est certain que le hasard vous sert à merveille... répondit l'officier de police. — Oscar Loos devait savoir que ces lettres étaient dans le sac et voulait

— C'est un malheureux que l'on a assassiné, dit l'un des policiers; apportez des torches et demandez du renfort.

les reprendre. C'est pour cela qu'il vous attirait dans un piège en vous donnant rendez-vous chez lui à onze heures du soir, et en vous attendant sur le chemin avec un complice!

Paul semblait avoir retrouvé toutes ses forces.

La joie se peignait sur son visage.

Ses regards étincelaient.

— Je ne veux même plus penser à ce que ce malheureux a tenté contre moi! —

répondit-il. — Dieu l'a puni... il est mort... Je lui pardonne de tout mon cœur, ainsi qu'à ses complices, et je n'ai guère de mérite à cela puisqu'en voulant me perdre il a fait mon bonheur... Je vous en prie, ne donnez point de suite à cette affaire... — Je suis vivant, ma blessure n'offre aucune gravité, et je dois quitter Anvers en toute hâte pour regagner Paris... — Promettez-moi de ne faire aucune enquête...

— Cela nous est impossible...,— répondit l'officier de police.—Vous avez hâte de revoir celle que vous aimez... Rien de plus naturel et nous le comprenons, mais cela ne doit point nous empêcher de chercher le complice d'Oscar Loos... — C'est notre devoir strict... Anvers est une ville infestée de bandits... — Nous serions impardonnables si nous ne faisions tous nos efforts pour en amoindrir le nombre.

— Vous ne songez pas à me retenir ici, j'espère? — demanda Paul avec inquiétude.

— En aucune façon... Vous êtes libre de partir, mais nous continuerons l'enquête en votre absence... — Il importe que justice soit faite dans la mesure du possible... — Ce n'est pas vous seulement que nous voulons venger, c'est la sécurité publique qu'il nous appartient de sauvegarder... — Je vous prierai de vouloir bien, avant votre départ, passer chez le commissaire en chef de la police d'Anvers, au bureau central, afin d'y signer le procès-verbal de l'attaque dont vous avez été l'objet, et d'y laisser votre adresse à Paris.

— Où se trouve le bureau central?

— Rue des Orfèvres, numéro 13...

— J'y serai dans une heure...

Le médecin bondit.

— Dans une heure! — répéta-t-il avec une expression de stupeur.

— Oui, monsieur.

— Mais vous n'y songez pas, mon cher enfant. — Votre blessure, quoiqu'elle ne soit point grave, vous oblige à un repos absolu.

— Du repos, docteur! — répliqua violemment le jeune homme. — Je prendrais du repos quand je sais qu'on m'attend là-bas dans les larmes, en proie à de mortelles angoisses! — Ce repos équivaudrait pour moi à une agonie! — Il me tuerait! — J'ai la volonté, j'ai la force... Je partirai aujourd'hui même pour Paris.

— Cela vous serait impossible aujourd'hui... — répondit l'officier de police.

— Impossible!

— Oui.

— Pourquoi donc?

— Parce qu'il est déjà tard et qu'il faut le temps d'aller à Bruxelles d'où le train pour Paris part à deux heures cinq minutes. — Cela est matériellement impraticable...

— Soit... — Je partirai seulement demain, par le premier train, mais ce soir je coucherai à Bruxelles. — Docteur, je vous reverrai avant mon départ...

— C'est convenu, et au moment de vous mettre en route je vous ferai un bon pansement...

Le médecin, l'officier de police et le brigadier se retirèrent.

Paul se leva.

L'énergie de sa volonté lui permettait de lutter contre la faiblesse physique résultant de la perte du sang.

Après avoir déjeuné légèrement à l'*Hôtel de la Grande-Place*, il se rendit au commissariat central, où il fournit quelques dernières explications, signa le procès-verbal et donna son adresse à Paris.

A sept heures il dînait avec le médecin.

A dix heures il partait pour Bruxelles où il couchait pour attendre le premier train du matin qui devait le rapatrier.

Ce train, nous le savons, se mettait en route à neuf heures trois minutes.

∴

Léopold Lantier reprit de nouveau le chemin de Port-Créteil, le surlendemain du jour où il était allé louer un pavillon.

Midi sonnait au moment où il arriva chez le restaurateur chargé de la location.

Le cousin de Pascal portait comme la première fois un costume de bourgeois cossu, et une perruque grise fort bien faite qui le vieillissait et le rendait complètement méconnaissable.

— Exact, comme vous voyez... — dit-il en entrant.

— Parfaitement, monsieur... — Je vous attendais.

— Vous avez vu le propriétaire ?

— Oui... — Les actes de location sont prêts et signés... Vous n'avez qu'à en prendre un, signer l'autre, payer six mois de loyer et les impositions de l'année entière, et je vous remettrai les clefs...

— C'est au mieux...

L'ex-réclusionnaire signa, versa l'argent et reçut les clefs.

— Maintenant, — dit-il, — je vais donner un coup d'œil à l'immeuble où je serai désormais chez moi...

— Désirez-vous que je vous accompagne ?

— Inutile de vous déranger... — Je sais le chemin et ne m'égarerai point en route...

Et Léopold partit pour le numéro 37 de la rue du Cap.

Une fois dans la maison qu'il venait de louer, il ouvrit les volets et visita minutieusement toutes les pièces.

Il descendit au sous-sol, qu'il examina de nouveau avec une grande attention.

Dans la cuisine il fouilla les tiroirs d'un buffet de bois blanc et il y trouva plusieurs couteaux.

L'un d'eux, vulgairement appelé *couteau de boucher*, semblait avoir peu servi.

La pointe en était acérée ; la lame épaisse et forte fraîchement émoulue coupait comme celle d'un sabre turc.

Après avoir honoré ce couteau d'une attention particulière, Léopold le remit au fond du tiroir et poursuivit ses investigations.

Un bûcher attenant à la cuisine renfermait une provision de bois sec pour les cheminées.

— Du combustible ! — murmura-t-il avec un sourire d'une singulière expression. — Ça suffira pour chauffer toutes les pièces, le jour du petit bal intime que je me propose de donner....

Léopold termina sa visite, rattacha les persiennes, ferma les portes, puis, faisant le grand tour par le pont de Créteil, regagna le chemin de fer à Saint-Maur-les-Fossés.

XXII

Comme l'avant-veille, à neuf heures moins un quart, l'ex-réclusionnaire se promenait sur le trottoir, devant le magasin de Mme Laurier, attendant le trottin Zénaïde.

A neuf heures précises, la gamine sortit et prit le chemin de la place de la Bastille pour gagner le faubourg Saint-Antoine où demeurait sa mère.

Léopold suivit Zénaïde, mais cette fois il n'attendit pas pour lui parler qu'elle fît sa station quotidienne en face de la joaillerie que nous connaissons.

Il l'aborda sur la place de la Bastille.

La petite le reconnut à l'instant et se dit que de cette rencontre allait sans doute résulter pour elle quelque nouvelle aubaine.

Aussi, ralentissant le pas, elle dit avec un sourire :

— Bonsoir, monsieur... Ça va bien, monsieur ?...

— Merci, mon enfant... — Et vous ?

— Oh ! moi, je me porte comme un charme... bon pied... bon œil... et de l'appétit comme un petit loup... — Est-ce que nous avons à causer ?

— Toujours.

— Vous voulez savoir sans doute si les dentelles sont arrivées ?

— Je suis certain d'avance qu'elles ne le sont pas, puisque vous m'avez affirmé qu'on les recevrait vendredi...

— Il n'y a rien de changé... — Elles arriveront vendredi soir, et samedi la demoiselle de magasin, vous savez, la pimbêche, ira les porter rue de Varennes...

— Ne nous occupons donc plus des dentelles...

— C'est ça... — Vous voulez me demander quelque chose... — Ne tournez pas autour du pot... Demandez tout de suite...

— Je vais le faire, mais ici nous sommes coudoyés par trop de gens, et ce que j'ai à vous dire exige impérieusement le mystère...

— Dame !... le moyen ?... — Il y a du monde un peu partout...

— Rien de plus facile que d'éviter les indiscrets... — Montez en voiture avec moi... — Nous causerons tout à notre aise...

Zénaïde se gratta l'oreille en baissant la tête...

La petite faubourienne était précoce, nous le savons, et douée d'une imagination très vive.

Elle se demandait sérieusement si son interlocuteur ne songeait point à l'enlever, et elle hésitait.

— Vous vous défiez de moi... — fit Léopold en souriant.

— Je ne me défie pas, — répliqua le trottin, — mais j'aime mieux causer avec vous autre part que dans une voiture...

— Où ?

— Tenez, par exemple, le long du canal. — C'est désert et personne ne pourra nous entendre...

— Soit... Venez...

Le cousin du constructeur se dirigea vers le canal.

Zénaïde le suivait.

Aussitôt qu'ils eurent dépassé les voitures stationnant devant la gare de Vincennes, ils ralentirent le pas.

— Écoutez-moi avec attention... — dit Léopold à la gamine. — Vous êtes remplie d'intelligence et vous me comprendrez facilement.

— Monsieur, je suis tout oreilles.

— Ou je me trompe fort, ou vous n'aimez pas beaucoup Mlle Renée, votre demoiselle de magasin.

— Ah ! par exemple, vous ne vous trompez pas ! — Non certes, je ne l'aime guère ! — C'est une pécore, une sainte-nitouche, que Mme Laurier envoie chez ses meilleures clientes sous prétexte qu'elle a plus de tenue et plus d'acquis que moi... — Elle refuse les gratifications, cette demoiselle... — Moi je ne suis pas fière et je les empochais... — Elle me fait du tort, et je la déteste...

— C'est une raison, — répondit Léopold en riant, — seulement je la trouve mauvaise.

— Comment ! — mauvaise ?

— Sans doute... — Mlle Renée est charmante, tout à fait charmante, et ce n'est point sa faute si Mme Laurier l'apprécie...

Zénaïde pinça ses lèvres et regarda son interlocuteur du coin de l'œil.

— Tenez, monsieur, — dit-elle après une ou deux secondes de silence, — je comprends maintenant pourquoi vous avez cherché à me rencontrer, à me parler... et pourquoi vous m'avez donné des boucles d'oreilles et deux pièces d'or...

— En vérité !

— Oui, monsieur, et si vous avez pour deux sous de franchise, vous conviendrez que j'ai deviné juste.

— Qu'avez-vous deviné ?

— Ceci : — Toutes vos questions sont de la frime ! — Il n'y a qu'une seule chose qui vous intéresse, une seule chose que vous teniez à savoir...

— Et cette chose ?

— C'est ce que fait notre demoiselle de magasin, dont vous êtes amoureux et à qui vous voulez conter fleurette... — Est-ce vrai ?

— Eh bien, oui, c'est vrai... — dit Léopold, comme malgré lui.

— Pardine ! j'en étais sûre !! — reprit la petite avec un accent de triomphe. — J'ai l'œil américain... — A présent, voulez-vous savoir mon opinion ?

— Sans doute.

— Eh bien, vous perdez votre temps.

— Pourquoi donc ?

— Parce que vous n'arriverez à rien..., — Mlle Renée est bégueule... elle *fait sa poire*... elle pose pour les ingénues de Nanterre... et vous êtes marié...

— Qu'est-ce que ça fait que je sois marié, puisque je l'aime ?

— Un peu... beaucoup... passionnément... pas du tout... — fit en riant la gamine.

— Passionnément !

— Le sait-elle ?

— Il est impossible qu'elle s'en doute...

— Et vous voudriez me charger pour elle d'une lettre brûlante ?..

— Non... — Je ne veux pas lui écrire... Je veux lui dire de vive voix que je l'adore...

— Parfait ! mais je ne vois pas du tout à quoi je peux vous servir...

— A bien des choses.

— Lesquelles ?

— Demain matin, en arrivant chez Mme Laurier, vous ferez semblant d'être souffrante... vous vous plaindrez d'avoir mal à la tête...

— Dites donc, monsieur, ça ne va pas être amusant à jouer, cette comédie-là, savez-vous...

— Je le sais à merveille, mais je sais aussi que vous la jouerez assez bien pour qu'on y croie et, comme toute peine mérite salaire, je vous donnerai deux louis.

L'œil de la gamine étincela.

Elle pensait :

— Deux louis et deux louis que j'ai déjà, ça fait quatre louis... Je m'enrichis, sans que ça paraisse...

Puis tout haut :

— Ça suffit, monsieur. — J'aurai mal à la tête... je serai souffrante... Je me plaindrai... — Soyez paisible, m'ame Laurier n'y verra que du feu! — Après?

— Le soir, en rentrant chez votre mère, vous vous plaindrez de plus en plus...

— Facile... — Et?...

— Et, le lendemain, vous resterez au lit toute la journée.

Zénaïde fit un haut-le-corps.

— Toute la journée ! — s'écria-t-elle. — Sans boire ni manger?

— Vous pouvez bien faire abstinence pendant vingt-quatre heures...

— Oh! ça, monsieur, c'est impossible!... — C'est pour le coup que je tomberais vraiment malade. — Mais ça n'empêchera rien... Je mangerai quand même... — J'aurai apporté quelque chose la veille au soir, et je *tortillerai* pendant que maman sera dehors. — Ah çà ! mais, dites donc, monsieur, ça fait une comédie double...

— Aussi, aux deux louis, j'en joindrai trois autres...

— Cinq louis ! — fit Zénaïde, ivre de joie. — Cent francs pour rester couchée et pour ne rien faire!! — C'est ça qui me botte!! — Vous êtes un malin, vous profiterez de mon absence pour entrer au magasin quand madame sera sortie, et pour faire vos déclarations à mam'selle Renée...

— C'est cela même...

— Et ça n'est pas bête du tout...

La gamine riait sous cape.

— Je connaîtrai les intrigues de la demoiselle de magasin, — pensait-elle, — et si elle veut la faire à la grande pose avec moi, tant pis pour elle... j'en ferai un potin !

— Ainsi, nous sommes d'accord? — demanda Léopold.

— Certainement... à condition que vous me donnerez cent francs...

— Je vais vous les donner tout de suite. — J'ai confiance en vous, moi... je paye d'avance...

Léopold tira son porte-monnaie, l'ouvrit et prit cinq louis.

Les feux lointains du gaz mirent de fauves reflets sur les pièces d'or qui miroitaient sous les yeux de l'apprentie.

Comment résister aux séductions de cet argent qui promettait tant de bonbons, tant de gâteaux, tant de colifichets, sans compter les soirées passées au spectacle?

Nous savons que Zénaïde ne songeait même pas à lutter.

Elle tendit la main.

Les louis y tombèrent avec un petit bruit métallique.

— Merci, monsieur... — balbutia la gamine, à qui l'émotion coupait la voix.

— Vous vous souvenez de ce que vous aurez à faire ?

— De point en point... — Demain, souffrante... Après-demain, au lit...

— C'est cela même... Au revoir, mon enfant!...

L'apprentie quitta Léopold après avoir noué ses pièces d'or dans un coin de son mouchoir de poche et, coupant à travers les petites rues de son quartier qu'elle connaissait sur le bout du doigt, elle regagna l'artère principale, c'est-à-dire la rue populeuse et industrieuse du faubourg Saint-Antoine.

Pendant quelques secondes, Léopold la suivit des yeux en souriant.

Lorsqu'elle eut disparu dans l'ombre, il revint sur ses pas jusqu'auprès de la gare de Vincennes, regarda l'heure à sa montre, prit une voiture et se fit conduire rue de Navarin, en murmurant :

— Je vais me coucher et dormir... — A demain les affaires sérieuses...

XXIII

Renée, Jules Verdier et Zirza la blonde éprouvaient une mortelle inquiétude.

Trois jours s'étaient écoulés sans qu'on eût reçu la moindre nouvelle de Paul.

Jules se demandait s'il ne ferait pas bien de prendre le train de Belgique et d'aller se mettre, à Anvers, à la recherche de son ami.

Zirza approuvait fort ce projet.

La fille de Marguerite, avons-nous besoin de le dire, souhaitait plus que tout le monde qu'il fût mis immédiatement à exécution.

Un empêchement imprévu survint.

L'étudiant en médecine reçut une dépêche de son père, qui l'appelait en toute hâte à Poitiers auprès de sa mère gravement malade.

Entre l'amour filial et la simple amitié hésiter était impossible.

Jules n'hésita pas et partit le soir même, laissant Zirza seule, la chargeant de prévenir Renée de l'obstacle insurmontable qui l'empêchait d'aller en Belgique, et ajoutant la recommandation expresse de lui télégraphier l'arrivée de Paul, aussitôt qu'elle en aurait connaissance.

Le lendemain Zirza se rendit rue Beautreillis avant le départ de Renée pour son magasin, et s'acquitta de la commission de Jules.

Paul ne se doutait point, — et pour la meilleure de toutes les raisons, — des angoisses dont son inexplicable silence était cause.

Il avait rédigé une dépêche pour annoncer son prochain retour, mais le garçon de l'*Hôtel de la Grande-Place*, chargé de porter cette dépêche au télégraphe, l'avait perdue en route et ne s'en était pas vanté.

Zenaïde pinça ses lèvres et regarda son interlocuteur du coin de l'œil.

Zirza trouva son amie dans les larmes.

Elle la consola de son mieux, sans parvenir à dissiper le sombre chagrin qui s'était emparé de la pauvre enfant, et ce fut le cœur bien gros, les yeux toujours humides, que Renée se rendit chez Mme Laurier ce jour-là.

Zirza lui dit en la quittant :

— Je serai chez toi, ce soir, à neuf heures... — Je suis sûre que nous trouverons chez ta concierge une dépêche de Paul...

Renée soupira sans répondre.

Elle n'osait pas espérer...

Le trottin Zénaïde, jouant à merveille le rôle indiqué par Léopold, arriva de plus d'une demi-heure en retard.

Elle se plaignait d'un violent mal de tête, et par moments elle toussait à se rompre un vaisseau dans la poitrine.

Mᵐᵉ Laurier, ne pouvant soupçonner la comédie indigne dont son apprentie la rendait dupe, l'entoura de petits soins.

— C'est un gros rhume qui commence, mon enfant, — lui dit-elle. — Je vais te faire faire de la tisane bien chaude et bien sucrée, et tu retourneras chez ta mère plus tôt que de coutume.

La fille de Marguerite s'attendrit de son côté sur les prétendues souffrances de la petite misérable, et sortit pour lui acheter une boîte de pâte pectorale afin de rendre sa toux moins pénible.

L'apprentie, corrompue jusqu'aux moelles malgré sa grande jeunesse, riait *in petto* de voir qu'on prenait son mal au sérieux, et trouvait drôle d'être *chouchoutée* — (c'était son mot), — par la douce enfant qu'elle se proposait de trahir d'une façon infâme.

Mᵐᵉ Laurier était très ennuyée de la maladie soudaine du trottin, qui la privait d'un auxiliaire indispensable pour les courses.

Or, précisément ce jour-là, elle avait à faire d'importantes livraisons.

— Renée, mon enfant, — dit-elle à la fille de Marguerite, — je vais être obligée de vous envoyer chez des clientes.

— Je serai prête quand il vous plaira, madame.

— Vous prendrez une voiture afin d'être plus tôt de retour.

— Oui, madame.

— Vous avez préparé les livraisons?...

— Il ne me reste qu'à mettre dans un carton les dentelles de Mᵐᵉ la comtesse de Vergis.

— Probablement, dans chaque maison, on demandera les factures... — Je vais les remplir, mais vous ne les présenterez que si on les demande.

— C'est entendu, madame...

Aussitôt après le déjeuner Renée sortit en fiacre avec une demi-douzaine de petits cartons. — Les dentelles sont une marchandise peu encombrante.

Zénaïde, quoique douée du plus robuste appétit et de la plus indomptable gourmandise, n'avait mangé qu'à peine.

Elle jouait son rôle en conscience, et se résignait à jeûner de peur de se trahir.

Ensuite elle était retournée à son travail, mais la patronne lui ayant recommandé d'éviter la fatigue, il nous paraît superflu d'affirmer qu'elle en prenait fort à son aise avec la besogne.

Plusieurs clientes se présentèrent.

Mme Laurier, privée de sa demoiselle de magasin, dut se multiplier pour répondre aux acheteuses.

Elle commençait à respirer et le coup de feu semblait fini quand un homme de soixante-cinq ans environ entra dans le magasin.

Cet homme avait la barbe et la chevelure d'une blancheur de neige.

Une grande pelisse doublée et garnie de fourrure l'enveloppait, et un binocle aux verres légèrement teintés de bleu était à cheval sur son nez.

Il offrait, à première vue, l'apparence d'un riche étranger.

Mme Laurier, flairant un client d'importance, l'accueillit avec une révérence de la bonne école, accompagnée du plus gracieux sourire, et lui demanda :

— Vous désirez, monsieur?

— Voir des dentelles... — répondit-il avec un accent exotique très prononcé.

En entendant le timbre de cette voix l'apprentie tressaillit, leva vivement la tête et fixa sur le nouveau venu ses yeux agrandis par la curiosité.

Mme Laurier reprit :

— Des dentelles, pour quel usage?

— Pour garnir une robe...

— De visite ou de bal?

— De bal.

— Des volants, sans doute?

— C'est cela même...

— En dentelles riches?

— En point de Malines.

— De quelle hauteur?

— Quarante centimètres environ.

— Combien faudra-t-il de mètres pour garnir la robe?

— Environ vingt-cinq...

L'excellente Mme Laurier sourit de nouveau.

La dentelle demandée par l'acheteur étant d'un prix élevé, vingt-cinq mètres représentaient une somme assez ronde et devaient lui procurer un joli bénéfice.

Elle passa derrière le comptoir, prit un carton numéroté qu'elle ouvrit, et en tira une pièce de Malines qu'elle déroula et qu'elle étala sur le revers de sa main.

— Voici, monsieur, quelque chose de très beau, — fit-elle. — Je ne crois pas que vous puissiez trouver mieux.

— Combien le mètre?

— Cinquante francs.

— C'est un peu cher.

— C'est cher, mais c'est beau... Du reste, monsieur, en voici d'autres... d'un prix moins élevé.

Mme Laurier ouvrit un second carton et étala sous les yeux de l'étranger une pièce de dentelles assez médiocre : — ruse de marchand bien connue, qui fait valoir par la comparaison la première marchandise offerte.

L'étranger eut aux lèvres une moue significative et répondit :

— Non... — Je prendrai l'autre...

— Je ne saurais trop vous le conseiller... Les belles choses donnent toujours de la satisfaction, tandis qu'on regrette infailliblement d'avoir choisi les qualités inférieures... — Cependant il en faut pour toutes les bourses... — Vous m'avez parlé de vingt-cinq mètres, n'est-ce pas?

— Oui, madame.

— Monsieur, voulez-vous un bon conseil?

— Pourquoi non?

— Eh bien! prenez la pièce entière... — Un accident peut arriver, et le réassortiment serait très difficile... peut-être même impossible...

— De combien est la pièce?

— De trente mètres...

— Je la prends... enveloppez-la...

— Allez-vous donc, monsieur, vous charger de ce paquet?

— Parfaitement... il n'est pas lourd...

— On aurait pu vous éviter cette peine, monsieur... — Si vous voulez, je le ferai porter chez vous par une demoiselle de magasin...

— Inutile... — J'habite hors barrière et la course serait trop longue...

— Cela n'empêcherait point, monsieur... J'ai des clientes dans les environs de Paris... j'en ai à Saint-Germain... j'en ai à Versailles... et j'envoie chez elles les achats qu'elles ont bien voulu me faire...

— Je préfère emporter mon acquisition, madame...

— Comme vous voudrez, monsieur...

Tout en parlant, Mme Laurier empaquetait solidement la dentelle et nouait une faveur rose autour du léger colis.

— Veuillez me faire une facture... — poursuivit l'étranger.

— A l'instant...

La marchande passa à sa caisse et prit une facture en blanc.

— A quel nom, je vous prie? — poursuivit-elle.

— *Isidore Fradin, propriétaire, rue du Cap, n° 37, à Port-Créteil.*

Mme Laurier écrivit :

« Vendu à M. Isidore Fradin, rue du Cap, n° 37, à Port-Créteil, trente mètres Malines à cinquante francs le mètre. Total : — QUINZE CENTS FRANCS. »

Elle colla un timbre, l'annula, et acquitta la facture.

XXIV

— J'ai à vous donner? — demanda Léopold que nos lecteurs ont reconnu sous son déguisement.

— Juste quinze cents francs, monsieur, — répondit Mme Laurier.

L'ex-réclusionnaire exhiba son portefeuille, l'ouvrit et en retira un certain nombre de billets de cents francs qu'il étala sur la tablette de la caisse en les comptant.

— Ah! — diable! — s'écria-t-il tout à coup, — je vais être obligé, madame, d'accepter l'offre que vous me faisiez il n'y a qu'un instant.

— Quelle offre, monsieur?

— Celle d'opérer la livraison à mon domicile... — Je m'aperçois qu'il me manque cent francs pour compléter la somme qui vous est due...

— Peu importe, monsieur... — répliqua gracieusement la marchande, — prenez les dentelles... Vous me payerez les cent francs demain ou un autre jour, quand vous passerez devant le magasin...

— Trop aimable, madame, mais je refuse... — Il est contraire à mes principes d'emporter un objet quelconque sans l'avoir intégralement payé...

— Cependant, monsieur...

— N'insistez pas, je vous en prie...

— Puisqu'il en est ainsi, monsieur, on ira livrer chez vous... Mais pas aujourd'hui... Port-Créteil est loin et il se fait tard...

— Très bien, madame... à condition que vous enverrez demain sans faute...

— Oh! sans faute, je vous le promets.

— A quelle heure?

— A l'heure qui vous conviendra le mieux.

— Ma femme sera absente le matin, et je voudrais qu'elle fût de retour afin de remettre à la personne que vous enverrez une note relative à d'autres dentelles dont elle a besoin...

— On ira donc dans l'après-midi.

— Pas avant deux heures, je vous prie...

— On sera chez vous à deux heures précises... — J'enverrai ma demoiselle de magasin qui s'entendra avec madame...

— Vous m'obligerez... — Veuillez encaisser ces cinq cents francs à valoir...

— Mais, monsieur, à quoi bon? vous payerez tout ensemble...

— Je tiens à vous verser un acompte... — Je serai plus sûr encore de votre exactitude...

Mme Laurier prit les billets de banque et en donna un reçu.

Léopold mit ce reçu dans son portefeuille et salua la marchande en répétant :
— Demain, à deux heures...

— Soyez tranquille, monsieur... on ne vous fera point attendre... — répondit Mme Laurier en reconduisant son nouveau client jusqu'à la porte qu'elle referma derrière lui, après une nouvelle révérence de la bonne école.

Zénaïde se demandait toujours où elle avait entendu une voix qui ressemblait beaucoup, sauf l'accent, à celle de cet étranger, mais elle interrogeait vainement sa mémoire.

— Si tu n'avais pas un gros rhume, — lui dit la patronne, — je t'aurais envoyée demain à Port-Créteil... Ça aurait été pour toi une jolie promenade, et tu aurais reçu certainement une gratification de ce monsieur qui paraît très riche... Mais il fait trop froid...

— Oh ! oui, madame... répliqua l'apprentie. — Mon rhume pourrait se changer en fluxion de poitrine...

— Renée ira à ta place et, quoique ne connaissant pas les environs de Paris, elle saura s'orienter.

— Pardine !... ça n'est pas difficile... On va en chemin de fer jusqu'à la station et à la station on vous indique... — Il ne s'agit que d'avoir une langue.

Zénaïde ajouta tout bas :

— Eh bien, et le monsieur qui doit venir demain ! — C'est celui-là qui va faire un nez en ne trouvant personne ! — Oh ! là ! là ! quel chou-blanc ! Ça n'est pas ma faute... Il voudra peut-être recommencer un autre jour, et comme il aura besoin de mes petits services, ça sera pour moi tout bénéfice !...

Un fiacre s'arrêta au bord du trottoir, en face du magasin.

Renée en descendit et rentra.

— C'est déjà fini ? — s'écria la marchande.

— Oui, madame.

— Et vous avez touché ?...

— Partout.

— Combien de voiture ?

— Juste deux heures !

— C'est affaire à vous, ma chère mignonne !... Vous menez lestement les choses !... — A propos, quoique vous ne soyez point Parisienne, est-ce que par hasard vous connaîtriez Port-Créteil ?...

— Je le connais de nom, madame... — Je sais que c'est du côté de Joinville-le-Pont...

— C'est cela... près de Saint-Maur-les-Fossés.

— Pourquoi m'avez-vous demandé cela, madame ?...

— Parce qu'il faudra aller à Port-Créteil livrer des dentelles...

— Aujourd'hui ?

— Oh ! non... demain...

— Et c'est moi que vous chargerez de la livraison?
— Oui, car Zénaïde est trop malade pour l'envoyer par le froid qu'il fait...
— J'irai, madame... — Faudra-t-il partir dès le matin?
— Non, après déjeuner... vers une heure. — Le train met trente minutes pour aller jusqu'à Saint-Maur-les-Fossés où vous descendrez et il vous suffira d'une demi-heure pour faire le tour par le pont de Créteil et gagner l'endroit indiqué !... Vous y arriverez donc à deux heures... heure convenue...
— Bien, madame.

Le reste de la journée s'écoula sans amener le moindre incident..

L'apprentie, se disant de plus en plus souffrante, fut autorisée par M Laurier à partir dès la tombée de la nuit.

La servante ferma les volets à l'heure habituelle et l'on se mit à table pour dîner.

∴

Jarrelonge était de retour à Paris depuis la veille.

Il avait regagné son logement de la rue Beautreillis après avoir préalablement fait une pointe jusqu'à la rue de Picpus, espérant que Pascal Lantier serait revenu et qu'il pourrait avoir de lui l'adresse de Léopold.

Le bandit, — nos lecteurs le savent déjà, — ne pouvait trouver le constructeur, reparti pour Troyes.

Cette absence rendait Jarrelonge très perplexe et très inquiet.

Il avait soif de rejoindre son ex-complice pour le consulter au sujet de l'incident de son voyage à Anvers, voyage dont il ne connaissait point le résultat et dont il redoutait les suites.

Sa grande crainte était qu'Oscar Loos, qu'il croyait vivant et probablement arrêté, ne le dénonçât en donnant son signalement.

Le soir venu, ses angoisses redoublèrent.

On parlait dans la chambre de sa voisine.

Naturellement il prêta l'oreille et il entendit Jules Verdier témoigner l'intention d'aller à Anvers à la recherche de son ami.

— Si le jeune homme n'a pas donné de ses nouvelles, c'est qu'il est mort... — pensa le misérable. — De ce côté je n'ai pas grand'chose à craindre ; mais, si l'olibrius qui cause en ce moment donne suite à ce projet, Oscar Loos ne manquera pas de parler, et je serai fichu !!...

L'idée lui vint de quitter Paris avec le peu d'argent qu'il possédait, et d'aller vivre à l'étranger; — il se coucha, s'endormit et, quand il se réveilla au point du jour, il était à peu près décidé à partir.

La visite de Zirza à Renée, le matin, modifia complètement sa résolution.

La blonde Isabelle venait apprendre à son amie le brusque départ de Jules Verdier pour Poitiers.

Jarrelonge, aux écoutes, ne perdit pas un mot de l'entretien des deux jeunes filles.

Puisque l'étudiant en médecine n'allait point à Anvers le péril diminuait, et il devenait possible d'attendre sans imprudence le retour de Pascal Lantier qui le mettrait, selon toute apparence, sur la piste de Léopold.

De tout le jour le libéré ne quitta point sa chambre.

A six heures il descendit pour dîner, et à huit heures il remonta chez lui.

Après avoir pansé et bandé sa main dont la blessure se cicatrisait le mieux du monde, il se mit au lit, mais ne put dormir tant sa préoccupation était forte.

Le lit, placé dans un angle, était adossé à la cloison qui séparait le logement de Renée de celui du bandit.

Jarrelonge couché percevait donc le moindre bruit se produisant dans la chambre de sa voisine.

Il entendit la fille de Marguerite ouvrir sa porte, entrer chez elle, et allumer le feu tout préparé dans sa cheminée.

— Je me souviens... — pensa-t-il. — L'autre donzelle lui a dit qu'elle viendrait ce soir, et elle l'attend... — Sans sortir de mon lit où je suis au chaud, je vais savoir ce qui se passe... — J'ai bigrement bien fait de ne pas m'endormir...

Et le misérable, se soulevant un peu sur son coude, prêta l'oreille.

Un bruit de pas retentit dans le couloir.

On frappa doucement à la porte de Renée.

La jeune fille courut ouvrir.

— Eh bien ! chérie ? — lui demanda Zirza en entrant.

— Rien... hélas !... toujours rien !... — répondit Renée dont les larmes long-temps contenues jaillirent.

— Rien non plus rue de l'École-de-Médecine...

— Ah ! — balbutia la fille de Marguerite avec des sanglots, — il est arrivé un malheur... je le prévoyais... je le pressentais... — Tout m'abandonne et tout m'écrase... — Après une enfance abandonnée, pleine de tristesse et pleine de pleurs, je me rattachais à la vie par mon amour... cet amour se brise... et c'est à cause de moi que Paul s'est aventuré dans une folle recherche où il devait trouver la mort.

— La mort ! — répéta la blonde Zirza. — Rien ne prouve qu'il soit mort...

— Mes pressentiments me l'affirment...

— Ne désespérons pas... Nos craintes sont absurdes sans doute... — Avant de partir Paul avait dit : *J'irai au bout du monde, s'il le faut, pour retrouver cet homme !* — Qui sait si, ne le trouvant plus à Anvers, il ne s'acharne pas à le poursuivre... au bout du monde?...

Paul franchit le seuil, bondit vers Renée, la prit dans ses bras...

XXV

Renée secoua mélancoliquement la tête.
— Il aurait écrit... — murmura-t-elle.
— En a-t-il eu le temps? — répliqua Zirza la blonde.

— Il faut bien peu de temps pour envoyer une dépêche au télégraphe...

— Une dépêche peut s'égarer...

— Le crois-tu réellement ? — demanda la fille de Marguerite en regardant son amie bien en face.

Zirza baissa la tête sans répondre. — Renée avait raison, elle le sentait bien.

Sachant que Paul aimait, ou plutôt adorait sa fiancée, et ne pouvant deviner la cause si simple de son silence, elle attribuait ce silence à une catastrophe, et l'expliquer autrement semblait impossible.

La fille de Marguerite cacha dans ses deux mains son visage baigné de larmes, et balbutia avec désespoir :

— Mon Dieu... mon Dieu... n'auriez-vous pas dû plutôt me laisser mourir !...

— Renée, tu blasphèmes !

— Ah ! je voudrais dormir au fond de la rivière où l'on m'avait jetée... — Je porte malheur à ceux que j'aime...

Les sanglots de la pauvre enfant éclatèrent.

Jarrelonge pensait en ricanant :

— Très pathétique, la petite ! ! — Il me semble entendre le cinquième acte d'un *mélo* très corsé !... — D'ailleurs elle a raison... Moi aussi je voudrais bien qu'elle soit au fin fond de la Seine... — Ça éviterait bigrement des complications...

Et, cédant à la force de l'habitude, il fredonna entre ses dents :

> Nous voici bientôt sur le pont.
> La faridondaine, la faridondon,
> Sur le pont de Bercy,
> C'est ici..
> A la façon de Barbari,
> Mon ami.

Renée pleurait toujours.

Soudain ses larmes tarirent.

Elle tressaillit comme si elle venait de recevoir une violente secousse électrique et, appuyant la main sur son cœur dont les battements l'étouffaient, elle prêta l'oreille.

— Qu'as-tu, chérie ? lui demanda vivement Zirza.

— Ecoute... écoute... — fit Renée. Entends-tu ?...

— J'entends des pas dans l'escalier... — dit l'étudiante au bout d'une seconde.

Renée, dont le corps tremblait, était devenue pâle comme une morte.

— Oui... des pas... — répéta-t-elle d'une voix à peine distincte tant l'émotion en brisait les cordes, — ces pas, je les reconnais... c'est lui ! ! Zirza... Zirza... je te dis que c'est lui !... c'est Paul...

— Paul!... — s'écria Zirza la blonde, en courant ouvrir la porte.

Jarrelonge avait fait sur son lit un véritable saut de carpe.

— Que disent-elles donc ? — se demanda-t-il avec épouvante. — Ces pécores sont folles!

Et il écouta de nouveau, haletant, la sueur aux tempes.

Il entendit des pas, lui aussi...

Ces pas se rapprochaient...

Bientôt ils résonnèrent dans le couloir.

Renée, appuyée contre un meuble et presque paralysée par une immense joie succédant à un immense désespoir, ne pouvait faire un mouvement.

— C'est lui!... — cria Zirza — c'est lui!...

La fille de Marguerite ne respirait plus.

Paul franchit le seuil, bondit vers Renée, la prit dans ses bras, la souleva comme une enfant, la pressa contre sa poitrine et couvrit de baisers son front et ses cheveux.

Zirza riait et pleurait à la fois.

Jarrelonge, les doigts crispés sous ses couvertures, était effrayant de rage et d'effroi.

— Lui vivant! — Lui, ici! — se disait-il. — Tonnerre du diable, c'est jouer de malheur! — Tout est donc à refaire!

Après le premier moment d'ivresse, Renée murmura en serrant les mains de Paul:

— C'est donc vous... c'est bien vous!...

— Oui, ma chère Renée, c'est moi... — répondit l'étudiant, et je vous apporte le bonheur.

— Que le diable l'étrangle! — pensa Jarrelonge.

— Le bonheur, c'est votre retour, — dit Renée, — car j'ai cruellement souffert de votre silence...

— Mon silence? répéta Paul très surpris.

— Sans doute... — Ni un mot, ni une dépêche... c'était mal.

— Mais j'ai télégraphié depuis Anvers...

— A mon adresse?

— Oui...

— Je n'ai rien reçu...

— Tu vois donc que j'avais raison, et qu'une dépêche peut s'égarer !... — s'écria Zirza triomphante.

— Ah! pauvre chère Renée, — reprit l'étudiant, — je comprends bien votre inquiétude à présent.

— C'était plus que de l'inquiétude, c'était une agonie d'angoisse... — répliqua la fille de Marguerite. — J'avais fait un rêve effroyable... un rêve qui m'épouvantait si fort que je n'ai pas osé en parler à Zirza... — Je vous avais vu tomber sous les coups des assassins...

Paul fit un geste de surprise.

— Vous avez rêvé cela ? — s'écria-t-il.

— Oui... et ce rêve avait un tel cachet de réalité que je vous croyais mort...

— Eh bien, ce rêve était un avertissement de Dieu...

— Vous avez été attaqué ?... — demanda Isabelle en frissonnant.

— Parfaitement bien, et assassiné aux trois quarts d'un coup de bâton sur la tête.

— Mon Dieu !

— Le couteau s'est mis ensuite de la partie ; mais, voyez le retour imprévu des choses d'ici-bas, ce qui devait m'achever a été pour moi la chose du monde la plus heureuse... — Un joli coup de couteau qui ne m'atteignait pas faisait tomber entre mes mains les papiers après lesquels je courais...

— Les papiers qui me concernent ? — demanda Renée haletante.

— Oui, chère enfant ; — la lettre que Mme Ursule devait vous remettre à Paris en vous conduisant chez la personne qui vous révélera les secrets du passé et vous ouvrira les portes de l'avenir...

— Cette lettre ! — vous avez cette lettre ? — demandèrent à la fois la fille de Marguerite et Zirza.

— Oui, — répondit Paul en tirant deux lettres de sa poche. — La voici... — Elle est adressée à M. Ernest Auguy, notaire, 18, rue des Pyramides.

— Dieu est donc juste ! — s'écria Renée avec un indicible élan d'amour filial ; — je vais enfin retrouver ma mère...

— Et l'autre lettre ? — fit Isabelle.

— Celle qui attirait Mme Ursule dans le piège où elle est tombée... et jamais traquenard ne fut plus habilement tendu... — Lisez...

Renée prit la lettre et la dévora des yeux.

Zirza lisait par-dessus son épaule.

— Mais c'est épouvantable, cela ! — s'écria la fille de Marguerite avec indignation quand elle eut fini. — Et cette lettre porte la signature du notaire auquel est adressée celle-ci...

— Demain tous ces mystères nous seront expliqués, et la lumière se fera certainement au milieu des ténèbres...

— Comment ces deux lettres sont-elles arrivées en votre possession ?

Paul raconta le drame d'Anvers, que nos lecteurs connaissent déjà.

Les jeunes filles frissonnaient d'épouvante en écoutant ce lugubre récit.

— Dieu vous a protégé, cher Paul, — balbutia Renée, — mais vous deviez succomber cent fois pour une, et vous avez été blessé...

— Ma blessure n'avait rien de grave... la preuve c'est que je suis guéri, et je ne pense plus qu'à votre joie, à votre avenir... Je devrais dire : à *notre* avenir, puisque tout doit être commun entre nous dans la vie... — Demain, je vous conduirai chez M· Auguy avec la lettre que voici, il nous expliquera comment sa signature se trouve au bas de l'autre lettre...

— Que sont devenus les misérables qui vous attaquaient ? — demanda Zirza la blonde.

— Celui contre qui j'ai tiré deux coups de revolver, mais sans l'atteindre sérieusement, a pris la fuite... — répondit Paul.

— Et, l'autre ?... Cet Oscar Loos ?

— Mort...

— Mort !... — répétèrent les jeunes filles stupéfaites.

Le mot qu'elles venaient de prononcer, une troisième personne le murmurait entre ses dents.

C'était Jarrelonge qui n'avait cessé de trembler comme la feuille pendant le récit de l'étudiant.

Il éprouvait en ce moment un soulagement inouï.

Oscar Loos, mort sans avoir parlé, rendait pour lui l'impunité certaine.

Le calme lui revint et il écouta de plus belle.

— Est-ce que vous avez tué ce misérable ? — reprit Zirza.

— Non... — Dieu s'en est chargé...

— Comment ?...

Paul compléta, en très peu de mots, le récit de ses aventures à Anvers.

— Décidément le ciel est juste !... — balbutia Renée en joignant les mains avec un mouvement de reconnaissance.

— Mais oui, certainement, le ciel est juste ! — appuya Zirza, — je n'en ai jamais douté !... Il n'en faut pas moins penser au repos... Paul doit être brisé de fatigue... — Il a grand besoin de sommeil et va regagner la rue de l'École-de-Médecine...

XXVI

— Je prendrai une voiture et nous nous en irons ensemble, ma chère Zirza, puisque nous habitons la même maison... — répliqua l'étudiant en médecine.

— Non, mon ami, — fit la blonde fille, — je resterai ici, ce soir, avec Renée...

— Sérieusement ?

— Très sérieusement...

— Et que dira Jules ?

— Il ne dira rien par l'excellente raison qu'il n'est pas à Paris...

— Où donc est-il ?

— A Poitiers... appelé par dépêche...

— Rien de fâcheux, j'espère?...

— Une mauvaise nouvelle, au contraire... — L'état de sa mère est assez grave pour nécessiter sa présence immédiate, et il est parti la nuit dernière...

— Pauvre ami!... je le plains de tout mon cœur.

— Si vous trouviez à la maison un télégramme de lui pour moi, je vous autorise à le prendre et à le décacheter.

— Alors je pars... — Demain, chère Renée, je viendrai vous chercher pour vous conduire chez le notaire...

— A quelle heure? — demanda la fille de Marguerite.

— A dix heures du matin...

— Mais Mme Laurier a besoin de moi, et je ne voudrais pas mettre dans l'embarras cette excellente femme... — Comment donc faire?

— Nous causerons de cela toutes les deux, — interrompit Zirza, - et nous trouverons un biais.

— Bonsoir, Renée... — dit Paul en tendant les deux mains à sa fiancée qui les prit et les serra doucement.

— Bonsoir, Paul...

— Êtes-vous heureuse?

— Oh! oui... bien heureuse...

— Et vous m'aimez?

— Je vous aime...

Un long et chaste baiser sur le front de Renée termina l'entretien, puis l'étudiant se retira, éclairé par Isabelle.

Celle-ci remonta au bout de quelque secondes, ferma la porte, et le silence régna bientôt dans le logement contigu à celui de Jarrelonge.

Le bandit restait sous le coup de ce qu'il venait d'apprendre d'une façon si peu prévue...

— Au fond de tout cela quel mystère! — se disait-il. — En voilà une bouteille à l'encre!...

« Pourquoi voulait-on s'en défaire de cette jeune fille?

« Quelle raison rendait sa mort nécessaire à certaines gens?

« J'ai agi comme un parfait crétin, moi! — Je me suis laissé rouler, en disant : *Grand merci!...*

« Il doit y avoir des millions en jeu, dans cette affaire, et on ne m'a seulement pas donné mille écus, à moi qui m'exposais le plus et qui travaillais pour les autres!...

« Positivement l'ami Léopold est une fameuse canaille! — Je m'en doutais déjà, à présent j'en suis sûr!

« J'ai bien envie de ne plus m'occuper de lui et de le laisser patauger dans le macadam tout à son aise.

« Oui, mais s'il est pincé et s'il *mange le morceau?*

« Oserait-il le faire ?

« Ma foi, je ne m'y fie que bien juste, et s'il parlait j'aurais tout à craindre quoique Oscar Loos soit mort dans la neige. Ça ne m'empêcherait pas d'être pincé très bien pour l'anecdote du pont de Bercy et pour celle de Mme Ursule.

« Allons, allons, mon bon Jarrelonge, demain, dans la journée, tu t'occuperas de tes affaires...

« Ton voyage à l'étranger revient sur l'eau, mon petit Jarrelonge...

« Tu fileras en Italie, ou en Suisse, ou en Prusse... ou bien en Amérique. Rien ne t'empêchera de faire un choix, et même d'aller un peu partout...

« Ça t'embêtera de quitter Paris, mon pauvre Jarrelonge, mais qu'est-ce que tu veux, ma vieille ? Il faut se faire une raison et la capitale n'est plus sûre pour toi...

« Demain soir tu prendras le train...

« Tu as des papiers bien en règle... tu en as même de rechange...

« Tu laisseras ici ton mobilier en prévenant que tu vas en voyage et si, de l'autre côté de la frontière, tu vois par les journaux que tout va bien et qu'il n'est pas question de toi, tu reviendras... Ce sera le plus sage.

Jarrelonge se retourna dans son lit, et murmura en forme de conclusion :

— Faut que je sois rudement idiot tout de même pour m'être laisser monter le coup par cette fripouille de Léopold ! ! — Mais patience, un jour ou l'autre je lui revaudrai ça !...

Puis le bandit ferma les yeux et s'endormit d'un profond sommeil.

Les deux jeunes filles furent debout presque à la pointe du jour.

A huit heures et demie, après un assez long entretien, elles descendirent ensemble et se rendirent, boulevard Beaumarchais, au magasin de Mme Laurier.

La servante venait d'enlever les volets.

Zénaïde n'était point arrivée.

— Si son rhume a grossi depuis hier, cette petite douillette est capable de ne pas venir ! — se disait la patronne, — et il y a tant d'ouvrage pour aujourd'hui !... ce serait un fait exprès !

Bref, la bonne Mme Laurier était de fort méchante humeur, ce qui lui arrivait rarement, nous le savons, et elle reçut les deux amies en grommelant contre l'apprentie...

— Cela se trouve bien mal, en effet, madame, — répondit Renée à ses doléances, — car je viens vous prévenir qu'une nécessité impérieuse me force à m'absenter aujourd'hui du magasin...

Mme Laurier, prise d'une véritable stupeur, laissa tomber ses bras le long de son corps.

— Vous absenter aujourd'hui du magasin !... — répéta-t-elle d'une voix gémissante. — Voyons, mignonne, vous n'y pensez pas !... — L'apprentie n'est pas là, vous le voyez, et vous savez aussi bien que moi qu'il y a des courses à faire...

— Je sais cela, madame, — répondit timidement Renée, — et je voudrais vous éviter un ennui... Mais il est indispensable que je m'absente...

— Eh! vous figurez-vous, par hasard, qu'il est moins indispensable que ma besogne se fasse! — répliqua la patronne avec un commencement d'aigreur.

Zirza intervint.

— Voyons... voyons... chère madame Laurier, — dit-elle. — Soyez calme... Ne grondez plus et écoutez-moi.

— Je ne veux pas être calme et je n'écoute rien! — Ma maison de commerce avant tout! Je ne puis me passer de Renée.

— Et si je la remplaçais aujourd'hui!

— Vous, Zirza! — s'écria la patronne.

— Je suppose que vous avez confiance en moi?...

— Je le crois bien que j'ai confiance en vous, — je vous confierais ma caisse un jour d'échéances...

— Eh bien, voici ce qui se passe... — Renée est obligée d'aller ce matin chez un notaire... — La Providence, qui depuis si longtemps semblait l'abandonner, veut bien la prendre aujourd'hui sous sa protection... — Renée est miraculeusement rentrée en possession de papiers qu'on devait croire à jamais perdus et qui vont, selon toute apparence, la mettre sur les traces de sa famille et lui faire retrouver sa mère... — Voudriez-vous retarder l'heure où elle pourra presser dans ses bras cette mère inconnue et cependant tant aimée?

— Ah! vous savez bien le contraire! — s'écria madame Laurier complètement radoucie et très émue. — Cette chère enfant! je me sacrifierais sans hésiter plutôt que de retarder son bonheur, ne fût-ce que de cinq minutes!! — Renée, ma mignonne, puisque Zirza vous remplace, je vous donne toute liberté...

— Je dois vous dire, chère madame, — reprit Zirza, — que l'absence de Renée durera sans doute plusieurs jours...

— Plusieurs jours!...

— Ce n'est pas certain, mais c'est possible. — Peut-être faudra-t-il faire un voyage en province... — Seulement vous pouvez compter que je ne vous quitterai pas... — Je remplacerai de mon mieux Renée et, pour être plus près du magasin, j'habiterai son logement.

Mme Laurier réfléchissait.

— Si Renée retrouve sa famille, sa mère, — dit-elle au bout d'un instant, — il est probable que sa position se modifiera du tout au tout...

— C'est probable, en effet, et nous l'espérons bien...

— Mais alors... mais alors... — continua la patronne avec un désappointement manifeste, — mais alors, elle me quittera...

Zirza se mit à rire.

Il traversa le pont et s'engagea sur la route de Créteil absolument déserte.

— Ça me paraît inévitable... — répliqua-t-elle. — Si j'en crois mes pressentiments, Renée sera riche... — Elle épousera un jeune et joli garçon de ma connaissance, elle *roulera carrosse*, comme on dit chez les gens huppés, et au lieu de vendre vos dentelles à vos pratiques elle vous en achètera...

— Certes je serai très heureuse du bonheur de Renée, et très fière de l'avoir pour cliente, — répondit piteusement Mme Laurier, mais, en attendant, je serai encore une fois sans demoiselle de magasin...

— Eh bien, et moi, je ne compte donc pas ? — demanda Zirza en riant.
— Mais est-ce bien vrai que je peux compter sur vous ?...
— Vous avez ma parole, et je ne mens jamais...
— Vous ne me quitterez point ?...
— Pas plus que votre ombre... jusqu'à ce que vous ayez engagé une nouvelle demoiselle faisant merveilleusement votre affaire...
— Eh bien, alors, tout est pour le mieux.
— Là! j'étais bien certaine que vous finiriez par le comprendre...
— Je souhaite à notre chère Renée bonheur et fortune, et j'espère que, même au comble de la prospérité, elle n'oubliera pas sa vieille patronne qui l'aime de tout son cœur et qui la regrettera toujours...

En disant ce qui précède Mme Laurier essuyait ses yeux, qu'un attendrissement sincère rendait humides.

XXVII

Renée n'était guère moins émue.
— Eh! chère madame, — répondit-elle, — pouvez-vous croire que si le bonheur m'arrivait jamais, je serais assez ingrate pour vous oublier après avoir trouvé chez vous un asile et une affection... — Le souvenir en restera à jamais gravé dans mon cœur... — Mais ce bonheur qu'on me prédit arrivera-t-il?... — Je n'y crois guère, ou plutôt je n'ose y croire... La désillusion serait trop cruelle...
— Il n'y aura pas la moindre désillusion, je le garantis... — s'écria vivement Zirza, — mais ne parlons pas de cela... Ton fiancé t'attend à dix heures précises pour te conduire chez le notaire... Songe à ne point te mettre en retard...
— Maintenant, dites-moi vite ce que j'aurai à faire, afin de remplacer Renée sans trop de maladresse...
— C'est cela... — dit Mme Laurier. — Renée va vous tracer la besogne de la matinée... — Vous aurez à sortir dans l'après-midi...
— Vous me ferez faire des courses ? — demanda Zirza.
— Une seule mais très longue...
— C'est ça qui m'est égal! — J'ai de bonnes jambes et d'ailleurs, comme chante Mme Bonnaire à l'Eldorado :

> V'la l'tramway qui passe
> Tout le long, le long du boulevard...

— Eh bien! ma fille, — dit Mme Laurier en riant, — vous laisserez le tramway sur le boulevard, car c'est à Port-Créteil que je vous enverrai...

— Connu, Port-Créteil! — On y mange des fritures qui ne sont pas piquées des hannetons! — Chemin de fer de Vincennes. — On s'arrête à Saint-Maur-des-Fossés, et au lieu de faire le tour par le pont, on va chez Laurent, fricoteur renommé pour la succulence de ses matelotes et de ses lapins sautés, et là on prend un bateau qui vous passe pour dix centimes... — Dans quelle rue m'envoyez-vous?

— Rue du Cap.

— Juste en face... — Une rue presque pas bâtie, avec une maison de loin en loin...—On vous y assassinerait en plein jour sans que personne s'en doute...Je connais ce coin-là comme mes poches...— Qu'est-ce que j'irai faire rue du Cap?

— Porter un paquet de dentelles et toucher le complément de la facture sur laquelle j'ai reçu un fort acompte.

— On portera, on touchera et on reviendra...

— Il faut y être à deux heures...

— On y sera, heure militaire...

La bonne humeur de Zirza dérida complètement Mme Laurier, et la consola presque du départ très probable de Renée.

Cette dernière mit son amie au courant du *train-train* de la boutique où les acheteuses étaient assez rares dans la matinée, et à neuf heures et demie, après avoir embrassé Mme Laurier et donné rendez-vous à Zirza pour neuf heures du soir, elle retourna rue Beautreillis.

Là elle compléta sa toilette pour la visite si importante qu'elle allait faire, et elle attendit Paul.

A dix heures précises, le jeune homme frappait à sa porte.

Renée courut lui ouvrir.

L'étudiant avait le visage sombre.

La fille de Marguerite s'en aperçut du premier coup d'œil.

— Qu'avez-vous, mon ami? — lui demanda-t-elle vivement. — Auriez-vous, depuis hier soir, appris quelque mauvaise nouvelle?...

Paul secoua négativement la tête.

— Non... — répondit-il, — non, chère Renée, je n'ai rien appris.

— Pourtant il y a quelque chose qui vous attriste...

— Je pense à l'avenir...

Renée sourit.

— L'avenir! — répéta-t-elle. — En quoi peut-il vous inquiéter?... — C'est vous qui l'avez préparé par votre dévouement... Aujourd'hui nous allons enfin déchirer le voile qui cache ma naissance...

— Qui sait si ce ne sera pas l'anéantissement de mes rêves! murmura Paul avec mélancolie.

— Je ne vous comprends pas... — répliqua la jeune fille dont une vague inquiétude étreignait le cœur. — Pourquoi vos rêves s'anéantiraient-ils?...

— Il est évident, — continua l'étudiant, — que, chez le notaire, les secrets du passé vous seront révélés... — Les ténèbres qui vous entourent se dissiperont... — Vous aurez des renseignements précis sur votre famille, sur l'homme qu'on faisait passer à vos yeux pour votre protecteur, sur Mme Ursule et sur le rôle qu'elle jouait auprès de vous... Il est certain que vous connaîtrez votre nom... le nom de votre mère...

Paul s'interrompit.

— Eh bien? — demanda Renée, — il me semble que vous n'avez rien à craindre de tout cela...

— Peut-être.

— Comment? Que voulez-vous dire? Que pourrait-il résulter de fâcheux pour vous de mon bonheur?

— Il en pourrait résulter le désespoir.

La fille de Marguerite regarda Paul avec étonnement.

— Encore une fois je ne vous comprends pas! — dit-elle ensuite. — Expliquez-vous! — Vos paroles vagues et vos réticences me font souffrir...

— Réfléchissez, chère enfant adorée... — reprit l'étudiant avec une émotion grandissante. — Vous allez retrouver votre mère, cette mère attendue, espérée, désirée par vous si ardemment depuis tant d'années... — Elle ne vous connaît pas, mais elle doit vous aimer comme vous l'aimez, vous chercher comme vous la cherchez, vous attendre comme vous l'attendez... — Qui vous dit qu'elle n'a pas édifié dans sa pensée tout un monde de projets pour votre avenir?... Qui vous dit qu'elle n'ait pas déjà disposé de vous?...

— Disposé de moi! — s'écria Renée en pâlissant. — Serait-ce possible?

— Pourquoi non?

— Je ne l'admettrais pas.

— Le pourriez-vous? — Il y a dans la vie des barrières infranchissables.

— Si l'on ne peut les franchir, on les brise.

— Le monde a des exigences qui s'imposent.

— On se révolte.

— Votre mère peut être riche et porter un grand nom... — Or un grand nom et une position de fortune peuvent vous enlever la liberté de votre cœur.

— Ah! taisez-vous, Paul! — s'écria Renée, — taisez-vous! — Je commence à vous comprendre et vous me faites peur! — Quelle idée avez-vous de moi si vous croyez que je changerais d'âme en retrouvant ma mère, et que si cette mère inconnue avait disposé de mon cœur, de ma main, je me laisserais imposer ses volontés, reniant le passé, payant votre dévoûment par l'ingratitude, et trahissant à la fois votre amour et le mien!... c'est mal et c'est cruel!

— Renée... — chère Renée... — commença Paul les mains jointes.

La jeune fille, l'interrompant, poursuivit :

— Me jugez-vous capable de me laisser griser par l'orgueil? N'êtes-vous pas certain que si ma mère me commandait de renoncer à vous, je refuserais d'obéir, et que de vous seul je voudrais tenir un nom? — Par vous j'ai senti battre mon cœur, ce cœur est à vous entier et ne cessera jamais d'être à vous... — Nous supposons qu'un avenir brillant s'offre à moi; eh bien, si vous admettez que cet avenir puisse nous séparer, j'y renonce... — Prenez la lettre qui se trouve en vos mains, déchirez-la sans la lire et brûlez-en les débris ! — Je resterai ce que je suis encore à cette heure, Renée sans autre nom, sans mère et sans famille, mais avec mon cœur qui vous appartient, et mon amour qui est tout à vous !...

L'étudiant prit sa fiancée dans ses bras et la serra contre sa poitrine.

— Oui... oui... chère Renée, je vous crois, — s'écria-t-il, — et je ne crains plus rien!... — Vous m'aimez, et dans votre amour vous sauriez trouver la volonté, la force et le courage...

— Tous les courages!... — répondit la fille de Marguerite. — Rien au monde n'aurait le pouvoir de nous séparer, mais ne doutez plus!...

— Jamais, je vous le promets...

L'heure s'écoulait.

Paul, complètement rassuré désormais et ne conservant aucun de ses sombres pressentiments, dit le premier :

— Il faut partir...

— Je suis prête... — répondit Renée.

Les deux jeunes gens gagnèrent la place de la Bastille où ils prirent une voiture.

— Où allons-nous? — demanda le cocher.

— Rue des Pyramides, n° 18. — répliqua Paul.

Peu de paroles furent échangées pendant le trajet.

Lorsque les fiancés pénétrèrent dans l'étude du notaire, leurs cœurs battaient avec une violence facile à comprendre.

Renée était pâle.

Un petit tremblement nerveux agitait les lèvres de Paul.

Il fit appel à toute sa force de volonté; il retrouva le calme dont il avait besoin et, s'adressant à l'un des clercs, demanda :

— Le cabinet de monsieur le principal clerc, je vous prie?

On le lui indiqua.

La porte était ouverte.

Paul et Renée franchirent le seuil de cette pièce où nous avons déjà introduit nos lecteurs.

Le maître clerc leva la tête et fixa sur le jeune couple un regard interrogateur.

— Monsieur, — lui dit Paul, — mademoiselle est chargée de remettre en mains propres à M° Auguy une lettre d'une importance capitale, et je vous prie de vouloir bien nous faire admettre dans son cabinet le plus tôt possible.

— Vous n'attendrez pas du tout si, comme je le crois, le patron est seul... — répliqua le principal. — Je vais m'en assurer...

Le notaire était seul en effet.

Renée et Paul furent introduits.

La fille de Marguerite tremblait si fort qu'elle avait peine à se soutenir.

M⁰ Auguy s'en aperçut et s'empressa de lui avancer un siège près de son bureau ; ensuite il désigna du geste un fauteuil à l'étudiant et s'assit lui-même en face des deux visiteurs.

XXVIII

Le notaire garda le silence pendant une seconde pour donner à l'agitation visible de la jeune fille le temps de se calmer, puis il dit :

— Mon maître clerc m'a prévenu, mademoiselle, que vous aviez une lettre très importante à me remettre en mains propres.

Renée fit de la tête un signe affirmatif, car la violence de son émotion ne lui permettait pas de prononcer un mot.

Paul répondit pour elle.

— En effet, monsieur ; mais avant tout je crois devoir vous communiquer une autre lettre au sujet de laquelle vous ne me refuserez pas, sans doute, quelques éclaircissements...

En parlant ainsi, l'étudiant tirait de sa poche un portefeuille renfermant les deux missives que nous connaissons.

Il en prit une.

C'était celle que Jarrelonge, transformé pour la circonstance en domestique de bonne maison, avait portée à M⁰ Ursule, à Maison-Rouge, à l'*Hôtel de la Gare*.

— Voyez, monsieur... — continua Paul, en la tendant, tout ouverte, au notaire.

Ce dernier y jeta les yeux, devint très pâle, et son visage prit une expression d'étonnement et d'effroi.

— Que signifie cela ?... — s'écria-t-il après avoir lu jusqu'au bout.

— C'est à vous que je le demande... — répliqua Paul. — C'est vous qui devez me l'apprendre, puisque cette lettre semble émaner de vous...

— Elle est fausse, monsieur ! — reprit impétueusement l'officier ministériel. — Jamais je n'ai écrit ce que je viens de lire !! Jamais je n'ai signé ces phrases incompréhensibles pour moi... — Ce papier porte l'en-tête de mon étude, il est vrai... — On a imité mon écriture, on a contrefait ma signature... — L'habileté du faussaire était grande, et tout le monde devait être sa dupe, même mes correspondants habituels, mais je ne comprends pas le but de ce faux...

— J'étais certain d'avance de ce que vous venez de me dire, — répondit Paul, — et je vais vous expliquer ce qui vous semble obscur... — Le faux en question avait pour but de préparer un crime..

— Un crime!... — répéta le notaire effaré.

— Oui, monsieur, et malheureusement ce crime a été accompli!... — Permettez-moi une question...

— Faites, monsieur...

— Connaissiez-vous cette Mme Ursule, dont le nom est écrit sur cette enveloppe?

Me Auguy regarda bien en face son interlocuteur, comme pour essayer de lire au fond de sa pensée.

Le visage de l'étudiant exprimait la franchise.

Au bout d'une seconde le notaire répondit :

— Oui, monsieur... je la connaissais.

— Et ce M. Robert Vallerand, dont il est question dans la lettre, le connaissiez-vous aussi?...

— Je le connaissais; mais à mon tour de questionner : — Comment cette lettre fausse se trouve-t-elle dans vos mains?

— Je vais vous répondre par un long récit, car je vous dois des explications.

— Je vous écoute... dit Me Auguy.

L'étudiant raconta au notaire tout ce qu'il savait de l'existence de Renée ; — la mort de son protecteur ; — sa sortie du pensionnat sur la demande de Mme Ursule ; — l'accident à Maison-Rouge ; — la fuite de la jeune fille attirée dans un piège par la lettre menteuse signée : *Un ami de votre mère ;* — l'attentat dont elle avait été victime ; — la mort probable de Mme Ursule, et enfin le dernier incident d'Anvers, où lui, Paul, avait reconquis les deux lettres au péril de sa vie.

Me Auguy écoutait, épouvanté, les péripéties du terrible drame que nos lecteurs connaissent déjà.

En l'écoutant, il se souvenait des agissements mystérieux de Robert, et il se disait qu'il devait se tenir sur la réserve jusqu'au moment où il connaîtrait le contenu de la lettre qu'on allait lui remettre.

Il s'avouait volontiers, d'ailleurs, qu'il éprouvait pour les deux jeunes gens un intérêt très vif.

— Je n'ai, monsieur, — dit-il, — qu'à vous féliciter du dévoûment dont vous avez donné d'indiscutables preuves à Mlle Renée, qui, certes, ne l'oubliera pas.— Il est malheureusement trop certain qu'un crime effroyable a été commis, et, quand vous le jugerez opportun, je serai le premier à vous aider dans la recherche des scélérats qui ont fait usage de mon nom pour servir leurs odieux projets!...

— Si je ne me suis point encore adressé aux tribunaux, — fit observer Paul, — vous devez, monsieur, en comprendre la raison. — Mlle Renée ne connaît pas sa famille... — La plainte portée par nous aurait surexcité peut-être les haines et multiplié les périls autour d'elle...

— J'approuve votre prudence... — répliqua le notaire, — mais il y a temps pour tout. — L'impunité ne doit point être acquise à de tels misérables !...

— Comment les atteindre ?

— Vous n'avez découvert aucun indice ?

— Aucun...

— Mademoiselle ne se connaît point d'ennemis ?

— Comment pourrais-je en avoir, monsieur ? Je n'ai fait de mal à personne... — balbutia la fille de Marguerite.

— Vous ne soupçonnez pas quel mobile peut guider vos persécuteurs ?

— Non, monsieur, mais peut-être trouverez-vous ce mobile dans la lettre confiée à Mme Ursule et que je devais vous remettre...

— Peut-être, en effet.

— Voilà la lettre, monsieur... — fit Paul.

Et il la tendit au notaire, qui jeta immédiatement les yeux sur la suscription.

— C'est l'écriture de Robert, je la reconnais... — pensa-t-il. — Mme Bertin avait raison... Cette enfant doit être sa fille et celle de mon vieil ami... — Cette lettre va-t-elle m'autoriser à dire à Mlle Renée : — *Je sais où est votre mère ?*... — Voyons...

Me Auguy déchira l'enveloppe, déplia la feuille de papier qu'elle contenait et lut.

Renée et Paul avaient tous deux les yeux fixés sur lui, cherchant à deviner l'impression produite par sa lecture.

La lettre contenait les lignes suivantes :

« Mon cher notaire et ami,

« Ainsi que cela a été convenu lors de notre dernière entrevue, je vous prie de remettre à la personne à qui je confie cette lettre le paquet cacheté que j'ai déposé entre vos mains et qui porte l'adresse de votre collègue Audouard, notaire à Nogent-sur-Seine.

« Ne répondez à aucune des questions qui pourraient vous être adressées.

« C'est seulement à Nogent-sur-Seine que seront données d'utiles explications à la personne qu'elles intéressent.

« Au revoir, mon ami, dans un monde inconnu, car il me reste peu de temps à vivre ; je ne retournerai point à Paris, et certainement je ne vous reverrai plus ici-bas...

« Votre bien affectionné,
« Robert Vallerand. »

Il était sûr à cette heure matinale d'arriver sans rencontrer âme qui vive, au pavillon qu'il avait loué.

Une larme glissa sur la joue du notaire.
Renée vit cette larme.
— Monsieur, — s'écria-t-elle en joignant les mains, — vous pleurez!... — Celui qui écrivait cette lettre a donc été votre ami ?... — Vous parle-t-il de moi ? — Etait-il mon protecteur ou mon père ?...

En entendant parler la jeune fille, M° Auguy retrouva tout son sang-froid.
La recommandation de Robert Vallerand était là, sous ses yeux.

« *Ne répondez à aucune des questions qui pourraient vous être adressées* », — disait la lettre.

Il devait respecter la suprême volonté du mort.

— Vous vous taisez, monsieur ?... — balbutia Renée, inquiète de son silence.

— Je dois me taire, mon enfant... — répliqua le notaire. — L'auteur de cette lettre était, en effet, mon ami... — Le souvenir d'une affection brisée par la mort a fait couler mes larmes...

— Vous est-il donc interdit de m'apprendre ce que vous dit cette lettre ?...

— Elle m'enjoint de vous remettre un paquet cacheté dont je suis dépositaire...

— Et c'est tout ?

— Oui, mademoiselle, c'est tout.

— On ne parle pas de ma naissance ?

— Non, mademoiselle, je vous l'affirme.

— Oh ! mon Dieu !... mon Dieu !

— Cette lettre est muette sur les sujets qui vous tiennent si vivement au cœur ; mais je vous conseille d'attendre avant de vous désoler...

— J'attends... monsieur... J'attends... — murmura la jeune fille d'une voix entrecoupée de sanglots.

M⁰ Auguy reprit :

— Je vais vous remettre le dépôt dont il s'agit.

Renée inclina la tête.

Le notaire quitta son fauteuil, ouvrit le coffre-fort placé dans un angle de son cabinet et y prit le petit paquet que nous l'avons vu examiner avec attention le jour de la visite de Marguerite Bertin.

Il referma son coffre-fort et revint s'asseoir.

Paul et Renée s'étaient levés et restaient debout, muets, anxieux, palpitants.

— Mademoiselle, — dit M⁰ Auguy avec une sorte de solennité, — voici l'objet commis à ma garde... — J'obéis aux ordres du mort en le remettant dans vos mains.

La fille de Marguerite tremblait de tout son corps en regardant le petit paquet ficelé dont cinq larges cachets de cire rouge fermaient les plis.

— Prenez, mademoiselle... — continua le notaire, — ceci est à vous...

— Que renferme cette enveloppe cachetée, monsieur ?... — Des papiers sans aucun doute ?...

— Je l'ignore...

Renée prit le petit paquet que lui tendait M⁰ Auguy.

XXIX

— Le mot de l'énigme qui fait depuis si longtemps le tourment de ma vie est peut-être là... — s'écria la jeune fille, — je vais savoir ce que renferme ce paquet... je vais le savoir devant vous, monsieur...

Elle se préparait à briser les cachets.

Le notaire lui saisit la main.

— Arrêtez, mademoiselle!... — dit-il vivement. — Qu'alliez-vous faire?... — Lisez les lignes tracées par le mort sur cette enveloppe...

Renée lut à haute voix la phrase suivante :

« Pour remettre à la personne, quelle qu'elle soit, qui présentera à M° Émile Auguy une lettre signée de moi lui réclamant ce dépôt, qui ne pourra être ouvert que par M° Audouard, notaire à Nogent-sur-Seine.

« ROBERT. »

— J'ai rempli mon mandat jusqu'au bout, mademoiselle... — reprit M° Auguy. — Respectez maintenant la volonté suprême de celui qui n'est plus,... — Désobéir aux ordres du mort qui fut votre protecteur et votre ami serait un sacrilège...

La fille de Marguerite leva sur le mandataire du député de Romilly ses yeux baignés de larmes.

— Vous avez raison, monsieur, — murmura-t-elle d'une voix émue. — Ce sacrilège, je ne le commettrai point... — Demain je partirai pour Nogent-sur-Seine.

— Bien, mon enfant... — Je n'attendais pas moins de vous...

Paul Lantier prit la parole.

— Monsieur, — demanda-t-il, — me permettez-vous de vous adresser une question?...

— Assurément, et j'y répondrai si je le puis...

— La lettre écrite par M. Robert et qui vient de vous être remise vous met-elle sur la trace des ennemis de Mlle Renée?

— Non, monsieur... — Elle ne renferme à cet égard aucune indication ; mais mon expérience de la vie m'autorise à vous donner un bon conseil...

— Je le suivrai, monsieur, n'en doutez pas...

— Jusqu'au jour où mon collègue de Nogent-sur-Seine aura brisé ces cachets et donné connaissance du contenu de cette enveloppe à Mlle Renée, veillez bien sur elle...

— Ah! je ne la quitterai pas et, avant de toucher à un seul de ses cheveux, il faudrait me tuer!...

Le notaire tendit la main au jeune homme qui lui inspirait une vive sympathie, et reprit :

— Vous ne pouvez partir aujourd'hui pour Nogent-sur-Seine, où vous arriveriez pour la nuit tombée...

« Mettez-vous en route demain, par le premier train du matin.

— C'est ce que nous ferons, monsieur...

— Maintenant, mademoiselle, pour me décharger de toute responsabilité, veuillez me donner reçu du paquet que je vous ai remis...

— Je suis prête...

M⁰ Auguy rédigea un reçu et Renée le signa.

— Lorsque les affaires de mademoiselle seront terminées, et terminées d'une façon heureuse, je n'en doute pas, revenez me voir... ajouta le notaire en s'adressant à Paul. — Nous pourrons causer plus librement qu'aujourd'hui de bien des choses, et nous tâcherons de découvrir quels sont les misérables qui, dans un but infâme, ont imité mon écriture et ma signature... — Je vous prierai même de laisser dans mes mains la lettre fausse, qui deviendra sans doute une importante pièce à conviction...

— La voici, monsieur, et vous aurez bientôt ma visite, je vous le promets.

— Je serai très heureux de revoir aussi mademoiselle... — continua M⁰ Auguy.

— Je reviendrai certainement pour vous apprendre ce que m'aura révélé le notaire de Nogent-sur-Seine, — répliqua la fille de Marguerite.

Les deux fiancés étaient debout, prêts à partir.

— Vous avez oublié de m'apprendre votre nom, mon jeune ami... — dit en souriant le notaire à l'étudiant en droit.

— Voici ma carte, monsieur.

M. Auguy jeta les yeux sur le carré de carton glacé, et ne put réprimer un petit tressaillement.

— *Paul Lantier...* — dit-il tout haut. — Seriez-vous parent de M. Pascal Lantier, le grand constructeur?

— Je suis son fils... Est-ce que vous connaissez mon père, monsieur?

— De nom beaucoup, mais pas autrement...

Ces mots terminèrent l'entretien.

Renée et Paul échangèrent un salut avec le notaire et sortirent du cabinet, puis de l'étude.

— Voilà qui est étrange!... — se dit M⁰ Auguy resté seul. — Le fils de Pascal Lantier, le neveu de Robert Vallorand, se constituant le défenseur de cette jeune fille, dont il est épris à n'en pas douter et qui, j'en ai la presque certitude, est sa proche parente sans qu'il le sache!! — Encore et toujours du mystère!

Les deux jeunes gens avaient rejoint la voiture qui les attendait.

Ils s'arrêtèrent un instant sur le trottoir.

La fille de Marguerite semblait préoccupée et sombre.

— Chère Renée, — lui dit Paul, — un peu de patience, je vous en prie !... — Pas de soucis et pas de chagrin... Il ne s'agit que d'un retard, après tout, et si j'en crois mes pressentiments vous ne perdrez rien pour attendre... — Demain arrivera vite...

— Vous m'accompagnerez, n'est-ce pas?

— Vous savez bien que pour rien au monde je ne vous laisserais voyager seule.

— Voulez-vous me confier ce paquet?...

— Prenez-le, mon ami.., C'est le secret de ma vie que je mets dans vos mains... — C'est notre avenir que je vous confie...

— Il sera bien gardé... — Occupons-nous maintenant de certains détails matériels... — Êtes-vous obligée de retourner au magasin de Mme Laurier?

— Non... — Zirza a bien voulu consentir à me remplacer pendant plusieurs jours... Nous la verrons ce soir, à neuf heures, rue Beautreillis.

— Dans ce cas, allons déjeuner... — Nous passerons ensuite rue de l'École-de-Médecine pour nous assurer s'il est arrivé une dépêche de Jules et, ceci fait, j'irai voir mon père afin de lui annoncer mon voyage.

— Comme vous voudrez, mon ami.

Les fiancés montèrent en voiture.

— Je fais une réflexion... — dit Renée tout à coup.

— Laquelle?

— Rien ne nous empêcherait, n'est-ce pas, de déjeuner du côté de la Bastille!

— Rien absolument.

— Passons donc au boulevard Beaumarchais... — Zirza n'est point encore partie pour Port-Créteil, et je lui apprendrai, ainsi qu'à Mme Laurier, que nous quitterons Paris demain matin.

Paul trouvait, *in petto*, cette démarche inutile, puisque le soir même, à neuf heures, Zirza devait venir rue Beautreillis; mais il ne voulut point contrarier Renée par une objection; il donna au cocher l'adresse du magasin de dentelles et la voiture roula.

Rejoignons Léopold Lantier.

Cinq heures du matin sonnaient; — c'est assez dire qu'à l'époque où se passe notre récit, on était en pleine nuit.

Une lumière brillait à travers les persiennes du petit logement que l'ex-réclusionnaire occupait rue de Navarin, au rez-de-chaussée.

Cette lumière s'éteignit tout à coup.

Quelques secondes s'écoulèrent, puis la porte particulière du logement, — porte que nous avons signalée et qui donnait sur la rue, — s'ouvrit, et Léopold sortit, vêtu comme au moment où il s'était présenté la veille chez Mme Laurier, portant une petite valise, et dissimulant soigneusement toute la partie inférieure de son visage sous un ample cache-nez.

Il gagna la rue des Martyrs et descendit par le faubourg Montmartre jusqu'au boulevard...

A la porte du restaurant Brébant stationnaient une demi-douzaine de voitures, attendant les soupeurs et les soupeuses atta.dés.

L'ex-complice de Jarrelonge avisa un cocher qui, malgré le poids d'un vieux carrick à multiples collets, grelottait sur son siège et soufflait dans ses mains.

— Avez-vous un bon cheval? — lui demanda-t-il.

— Une bête solide, oui, bourgeois... — S'agirait donc d'aller loin?

— A Charenton-le-Pont...

— Un joli ruban de queue, mais le *Cocodès*, — (c'est un nom d'amitié que je donne comme ça au poulet d'Inde), — le Cocodès n'a rien fait cette nuit et il a du jarret... — Seulement faut s'entendre pour le prix, vous comprenez ça... — Ces choses-là, ce n'est pas dans le tarif...

— Vingt francs pour aller où je vous ai dit.

— Vous ajouterez bien cent sous de pourboire...

— Va pour cent sous.

— Montez, bourgeois.

L'aubaine était satisfaisante, et le cocher se frottait les mains tandis que son client s'installait dans la voiture.

— A quel endroit de Charenton allons-nous, bourgeois? — demanda-t-il en ajustant ses guides.

— Au pont...

— Suffit... — Hue! la bique...

Le fouet siffla, et le Cocodès détala très proprement.

A six heures et demie le fiacre s'arrêtait à l'endroit désigné.

— Je crois que nous avons marché bon train... — s'écria l'automédon. — Êtes-vous content, bourgeois?

— Oui... — Voilà les vingt-cinq francs promis.

Le cocher empocha joyeusement et tourna bride en se disant tout bas:

— C'est un paroissien qui vient de *faire ses farces* à Paris et qui tient à rentrer chez lui avant le jour... — On connaît ça... — Il est servi à souhait... — Pas une boutique ouverte... pas un chat dans les rues...

Léopold, nous le savons, n'avait pas *fait ses farces*, mais il voulait arriver rue du Cap sans être vu...

Or il était à peu près sûr, à cette heure matinale et par ce temps rigoureux, d'arriver, sans rencontrer âme qui vive, au pavillon qu'il avait loué.

Il traversa le pont et s'engagea sur la route de Créteil absolument déserte.

En moins d'une heure il atteignit les premières maisons disséminées dans la plaine et formant une partie du village de Port-Créteil.

XXX

L'ex-reclusionnaire gagna un sentier qui coupait à travers champs et qui le conduisit directement à la rue du Cap.

Il ouvrit la porte du jardin, puis celle du pavillon, tira de sa valise deux bougies qu'il plaça dans les flambeaux de la salle à manger et les alluma.

— Tout est bien fermé... — se dit-il. — On ne peut voir la lumière depuis le dehors... — Je suis transi, je vais faire du feu.

Sans perdre une minute il alla chercher du bois au bûcher et, au bout d'un quart d'heure, la flamme brillante des deux foyers illuminait le salon et la salle à manger.

Quand il fit grand jour, Léopold ouvrit les persiennes et mit tout en ordre.

— Il faut que la maison paraisse habitée et bien tenue quand la petite arrivera, — pensait le misérable avec un effrayant sourire.

Cette besogne achevée et l'appétit se faisant sentir, Léopold tira de sa valise deux bouteilles, l'une de vin, l'autre de liqueur, un pain, une terrine de foie gras et un petit coffret de cristal.

Ce coffret, renfermant le plus terrible des poisons connus, la poudre de crotale, était celui volé chez le comte de Terrys et qui avait échappé aux investigations de Jarrelonge, passage Tocanier.

Léopold plaça ces différents objets sur une table en se disant :

— Tout à l'heure j'opérerai le mélange... — Un verre de liqueur douce, cela peut s'offrir à une jeune fille... il fait froid... la course est longue... la petite ne refusera pas... — Si d'ailleurs elle refusait j'emploierais un autre moyen... — Déjeunons d'abord...

Il déjeuna comme un homme affamé, ne laissant ni une miette de pain, ni un soupçon de foie gras dans la terrine, ni une goutte de vin dans la bouteille.

— Le dessert, maintenant... — fit-il.

Et, prenant un petit verre dans une cave à liqueurs placée sur l'étagère, il se versa coup sur coup trois ou quatre rasades de la fiole de chartreuse jaune qu'il avait apportée.

Ayant ainsi pratiqué un vide assez notable, Léopold ouvrit le coffret de cristal et laissa tomber dans la bouteille deux pincées de son contenu.

Un effet bizarre autant qu'imprévu se produisit instantanément.

Dès que le poison eut touché le liquide, celui-ci changea de couleur.

De jaune qu'il était il devint rouge comme du sang, puis le rouge se modifia, pâlit et prit la teinte de la topaze brûlée.

Léopold avait suivi d'un œil anxieux cette transformation.

— Diable ! — murmura-t-il, — j'aurai forcé la dose... — Peu importe, après tout... la mort sera plus prompte... — Il s'agit seulement de supprimer l'étiquette du père Garnier, car la couleur mettrait la petite en défiance... — Ce n'est plus de la chartreuse, cette liqueur, c'est du curaçao... — Tout le monde s'y tromperait...

L'étiquette enlevée, Léopold plaça la fiole sur l'étagère, remit tout en ordre et fit disparaître les traces de son déjeuner.

Il était midi.

La demoiselle de magasin de Mme Laurier ne devait arriver qu'à deux heures.

Léopold sortit de la maison, puis du jardin, afin de se rendre compte de ce qui se passait au dehors.

La rue du Cap était déserte dans toute sa longueur.

Le thermomètre indiquait dix degrés au-dessous de zéro, et les rares habitants ne quittaient point leurs maisons bien closes.

L'évadé de Troyes rentra tout grelottant, entassa des bûches sur le feu, s'assit près de la cheminée, alluma un cigare, tira de sa poche un journal de grand format acheté la veille au soir, et le lut d'un bout à l'autre pour tuer le temps.

Rien n'égalait le sang-froid du misérable.

Au moment de commettre un crime monstrueux, son visage exprimait un calme absolu ; l'organe qui lui servait de cœur ne battait pas plus vite.

Son plan était fait.

La jeune fille morte, il s'en irait tranquillement en refermant la porte derrière lui et en emportant les clefs.

Il n'aurait ensuite absolument rien à craindre.

Isidore-Auguste Fradin, algébriste, qu'on rechercherait certainement, serait introuvable, par l'excellente raison qu'il n'existait pas.

Le restaurateur chargé de la location ne connaissait point son vrai visage et serait hors d'état de le reconnaître.

Il s'était également rendu méconnaissable pour se présenter chez Mme Laurier, et la preuve c'est que Zénaïde, présente à l'entretien, ne l'avait point reconnu.

— Je défierais toutes les polices de la terre de me mettre la main au collet !... — pensait Léopold triomphant.

La lecture du journal aux trois quarts achevée, il regarda sa montre.

Elle indiquait deux heures moins vingt minutes.

— Encore un peu plus d'un quart d'heure, — se dit-il ; — heureusement, il me reste les annonces à lire...

Les vingt minutes s'écoulèrent.

A deux heures précises un coup de cloche retentit à la porte du jardin.

L'ex-réclusionnaire se leva d'un bond.

— Enfin ! s'écria-t-il en jetant son journal sur la table. — Enfin ! la voici !

La voix s'éteignit dans sa gorge et elle s'abattit sur le plancher.

Il sortit de la maison, arpenta rapidement l'allée droite du jardin, et ouvrit la porte donnant sur la rue.

L'agréable sourire qu'il avait préparé disparut de ses lèvres; — ses sourcils se froncèrent; il pâlit et fit un pas en arrière.

Ce n'était point Renée qui se trouvait en face de lui, mais une grande et jolie fille inconnue.

Cette jolie fille, nos lecteurs la connaissent déjà.

— M. Fradin, monsieur, est-ce bien ici? — demanda Zirza la blonde.

Tandis que l'amie de Jules Verdier formulait cette question, Léopold avait eu le temps de se remettre.

— Que signifie cela? — pensait-il. — Quel diabolique hasard fait échouer à la dernière minute un plan si bien conçu?

Il ajouta tout haut :

— C'est bien ici, mademoiselle... — C'est moi qui suis M. Fradin... — Veuillez me suivre...

— Ah! je ne demande pas mieux! — répondit vivement Isabelle qui battait la semelle sur la neige durcie pour se réchauffer. — Je ne sens plus mes pieds, ni mes mains.

— Vous m'apportez des dentelles, n'est-ce pas?

— De la part de Mme Laurier, oui, monsieur... Ah! sapristi, c'est loin, chez vous, bien plus loin qu'en été... — Ça a l'air d'une bêtise, ce que je dis là, et cependant c'est positif. — Si je ne connaissais point les chemins qui raccourcissent, je serais encore en route, et probablement ce soir on m'aurait trouvée gelée... — ajouta la jeune fille en riant.

Tout en échangeant les paroles précédentes, on était arrivé au seuil du pavillon.

Léopold ouvrit la porte et dit :

— Entrez, mademoiselle... — Il y a un bon feu...

— Franchement, ça me fait plaisir... — J'ai traversé la Marne et ça m'a donné l'onglée...

Zirza franchit le seuil de la salle à manger et s'approcha du foyer pétillant avec une satisfaction manifeste.

— Les dentelles sont dans ce carton... — poursuivit-elle ensuite.

— Vous avez aussi la facture?...

— Oui, monsieur, la voilà...

— Il me reste mille francs à payer, n'est-ce pas?...

— Tout juste...

— Je vais vous les donner, — répliqua l'ex-reclusionnaire en tirant de sa poche son porte-monnaie. — Mais prenez ce siège et chauffez-vous.

Zirza s'assit et tendit ses pieds vers le feu.

— Il n'y a pas longtemps que vous êtes chez Mme Laurier? — demanda-t-il en alignant un à un des louis sur la table.

— Depuis ce matin seulement, mais nous sommes de vieilles connaissances...

— Votre patronne augmente son personnel?...

— Non, monsieur... — Je remplace la demoiselle de magasin...

— Mlle Renée?

— Tiens! vous la connaissez?

— De vue et de nom seulement... — C'est une jeune fille d'une physionomie fort intéressante...

— Un ange, monsieur!... un ange!...
— Elle était encore là hier...
— Oui, mais depuis hier il a passé de l'eau sous les ponts...
— Vraiment!... — Mlle Renée serait-elle malade?...
— Malade, la chère mignonne! — Non... non... grâce à Dieu!... — Elle ne s'est jamais si bien portée, et aujourd'hui, pour la première fois depuis que je la connais, je l'ai vue joyeuse...

Léopold avait cessé de compter l'argent.

Ce que Zirza lui racontait là l'intriguait au plus haut point et lui causait une vague inquiétude.

— Alors, — reprit-il d'un ton insinuant, — il lui est arrivé des choses heureuses?

— Oh! oui, heureuses, vous pouvez hardiment en jurer!... — Pensez donc! Une jeune fille dont l'existence, jusqu'à ce jour, a été un vrai roman... n'ayant jamais connu ni son père ni sa mère... traquée par de mystérieux ennemis qui ont voulu la tuer et qui ont commis crime sur crime pour voler, non pas à elle, mais à la personne qui veillait sur elle, une lettre d'où dépendait son avenir et sa fortune! — Pauvre Renée, obligée de se faire demoiselle de magasin à quatre-vingt-dix francs par mois, et brusquement, quand tout espoir semblait évanoui, retrouvant ce qu'elle avait perdu... — C'est ça, une chance!

XXXI

Le cœur de Léopold battait à se rompre.

— Ce que vous me racontez là m'intéresse au plus haut point, quoique ce ne soit pas très clair... — dit le misérable. — Qu'est-ce donc que Mlle Renée a trouvé?

Zirza, heureuse du bonheur de son amie, était en veine d'expansion, et ne pouvait soupçonner d'ailleurs le danger de ses confidences.

— La lettre... — répliqua-t-elle, — la fameuse lettre...
— Et comment?
— Par un pur effet du hasard... dans le sac qui avait été volé à la dame de compagnie...

Léopold serra les poings avec une telle violence, que ses ongles entraient dans les paumes de ses mains.

Zirza continua :

— Or, devinez à qui cette lettre était adressée...
— Le deviner? — Impossible...
— A un notaire de Paris chez qui elle est allée ce matin, et qui lui a remis

un paquet de papiers contenant, à ce qu'il paraît, la fortune à laquelle la chère mignonne a droit...

Épouvanté de ce qu'il venait d'apprendre, l'ex-reclusionnaire oublia son rôle, et sans déguiser sa voix, ainsi qu'il l'avait fait jusqu'à ce moment, s'écria avec un accent de rage :

— La fortune! Elle a la fortune!...

Zirza se leva brusquement.

Le changement de voix et l'exclamation étrange de son interlocuteur lui causaient une surprise mêlée d'un peu d'effroi.

— Qu'est-ce que vous avez donc? — lui demanda-t-elle en le regardant bien en face?...

Léopold avait déjà retrouvé son sang-froid...

— Ce que j'ai? — répondit-il en reprenant l'accent exotique. — Je n'ai rien, mais je suis étourdi, comme tout le monde le serait à ma place, des singulières combinaisons du hasard... — Vous aviez raison de l'affirmer tout à l'heure, l'existence de votre jeune amie est un vrai roman... — Ce roman finit bien... tant mieux... je l'en félicite, car elle est digne de son bonheur...

Une lueur soudaine traversa l'esprit d'Isabelle.

Elle se souvint des mystérieux ennemis qui poursuivaient Renée, qui l'avaient attirée dans un piège et qui, la croyant morte, avaient assassiné Mme Ursule...

Elle eut peur d'avoir trop parlé.

L'évadé de Troyes ne la perdait pas de vue.

Il lut sa pensée dans son regard.

— Allons, — se dit-il, — je me suis trahi... — Cette fille se défie... — Elle ne sait rien, mais elle devine, et peut mettre sur leurs gardes Paul et Renée... — Elle devient dangereuse... tant pis pour elle...

Les cinquante louis formant le solde de la somme due à Mme Laurier étaient étalés sur la facture.

— Voici vos mille francs, mademoiselle... — reprit le misérable.

— Merci, monsieur.

Et, après avoir compté l'or, Zirza le mit dans son porte-monnaie.

— La patronne m'avait prévenue que Mme Fradin désirait me parler pour d'autres commandes... — fit-elle ensuite.

— En effet, mais ma femme, un peu souffrante aujourd'hui, garde le lit... — Elle passera demain ou après-demain chez Mme Laurier...

— Alors, je vais me sauver... — Il y a loin d'ici à la station par un froid pareil...

Et Zirza, dont la défiance n'existait plus, remit ses gants.

— Êtes-vous réchauffée? — demanda Léopold.

— Complètement.

— Eh bien, pour achever l'œuvre commencée par le foyer, permettez-moi de vous offrir un petit verre de liqueur tonique et reconfortante...

— Mais, monsieur... je ne sais si je dois...

— Bah !... laissez-vous tenter... cela vous fera du bien, j'en réponds, et vous ne me refuserez pas le plaisir de trinquer avec vous...

— Eh bien, soit monsieur, j'accepte...

Tout en parlant, Léopold apportait deux verres et la bouteille de liqueur qu'il posait sur la cheminée.

— La couleur est jolie... — fit Zirza en souriant.

L'évadé de Troyes remplit les verres ; — il en prit un et présenta l'autre à Zirza.

— A votre santé, monsieur... — dit-elle en approchant la liqueur de ses lèvres et en y goûtant ; puis elle ajouta : — C'est très bon, ça ressemble à la chartreuse...

— Ce n'est pas de la chartreuse... c'est du curaçao de Hollande, d'une espèce toute particulière.

Zirza vida le verre d'un seul trait, le reposa sur la table et poursuivit :

— Vous aviez raison... je me sens tout à fait bien... — Maintenant, je file.. — Il est trois heures... Je serai à Paris avant la nuit...Au revoir, monsieur...

— Encore quelques gouttes...

— Oh ! pour cela, non... Je vous re...

Zirza ne put achever le mot commencé.

Elle chancela et porta la main à sa poitrine en balbutiant d'une voix étranglée :

— Ah !... qu'est-ce que j'éprouve ?.. C'est du feu...

Léopold la regarda avec un sourire d'une effrayante expression.

Elle comprit, poussa une exclamation de terreur et bégaya, les yeux fixés sur le verre resté plein qu'elle désigna de ses mains tremblantes :

— Vous n'avez pas bu... Cette liqueur est un poison... Vous êtes un des assassins de Renée... C'est elle que vous attendiez...

— Et c'est vous qui êtes venue... — répondit Léopold du ton le plus froidement cynique. — Je n'avais contre vous aucun mauvais dessein ; mais par malheur je me suis trahi, et vous avez, en effet, deviné juste... — Ce n'est pas moi qui vous condamne à ne pas sortir d'ici vivante, c'est la fatalité... — Ma parole d'honneur, je le regrette...

— Au secours !... — cria la jeune fille dans un suprême effort. — A moi !...

Sa voix s'éteignit dans sa gorge ; elle tendit les bras en avant et s'abattit, raide, sur le plancher.

Léopold avait suivi des yeux la marche de cette rapide agonie.

— C'est singulier... — se dit-il. — Pascal m'a décrit l'effet produit par ce poison sur le comte de Terrys....ça n'était pas ça du tout... — Sans doute la dose était trop forte, mais je suis tout de même débarrassé de cette gêneuse.

Il se baissa, appuya sa main sur le corsage, à la place du cœur, et ne sentit aucun battement.

— Elle est bien morte... — poursuivit-il. — De ce côté-là, rien à craindre.
— Décampons vivement !

Après avoir fouillé les vêtements de sa victime et glissé dans sa poche le porte-monnaie contenant les cinquante louis, il prit sa valise, ferma les persiennes et les portes et s'éloigna.

— A Renée, maintenant ! — pensait le misérable.

Et, reprenant le chemin qui coupait à travers champs, il gagna la route de Créteil.

La voiture de Créteil à Charenton passait.

Il y monta.

Arrivé à Paris vers quatre heures et demie, il se fit conduire rue de Navarin où il changea de costume, puis, tirant de sa valise le coffret de cristal, il le glissa dans une des poches de son pardessus de fourrures en se disant :

— On ne sait pas ce qui peut arriver...

Transformé complètement, il sortit de chez lui, se dirigea vers la Bastille et, tout en marchant, il résumait en ces termes la situation :

— Jarrelonge a volé le sac d'Ursule, cela saute aux yeux !

« Un hasard diabolique a mis entre les mains de Renée ce sac qui contenait la lettre de Robert Vallerant au notaire Émile Auguy...

« En échange de cette lettre, le notaire a remis à la bâtarde le paquet cacheté que doit ouvrir Mᵉ Audouard, non moins notaire, à Nogent-sur-Seine, et qui contient le reçu des millions de feu notre oncle...

« Ceci est positif, puisque j'assistais incognito aux confidences de Robert à Ursule Sollier, au château de Viry-sur-Seine.

« Or, Renée va partir pour Nogent.

« Si elle voit Mᵉ Audouard, c'est l'effondrement irrémédiable de tous mes plans. — C'est la ruine...

« Il me faut le reçu des millions !... — Je l'aurai !...

« Le notaire est absent de Nogent, m'a dit Pascal, et ne doit y revenir que dimanche...

« Dimanche l'étude sera fermée.

« Lundi Mᵉ Audouard, obligé de se rendre à Troyes où l'appelle par dépêche le procureur de la République, ne pourra recevoir Renée...

» D'ici à lundi j'aurai le temps d'agir... — Comment ? — Je ne le sais pas encore, mais il est certain que je ferai quelque chose...

« La bâtarde ira-t-elle seule à Nogent ?...

« Ce n'est pas probable... Paul Lantier, que le diable emporte! aura certainement l'honneur et la joie de l'accompagner... — Ce sera gênant, mais les obstacles loin de m'abattre doublent mon génie !...

« L'essentiel est de savoir s'ils sont partis déjà...

Ayant ainsi monologué, Léopold gagna la rue Saint-Antoine et s'engagea dans la rue Beautreillis.

Soudain ses sourcils se froncèrent et son visage prit une expression de colère farouche.

Devant lui un homme, sortant de chez un marchand de vin, traversait la rue.

Cet homme portait une bouteille de vin, un pain et deux assiettes couvertes.

Léopold l'avait reconnu du premier coup d'œil.

C'était Jarrelonge qui, voulant dîner chez lui, près de son poêle bien chaud, venait d'acheter ses provisions.

XXXII

En moins d'une seconde l'évadé de Troyes récapitula ses griefs contre son ancien complice, et ces griefs étaient nombreux.

Il ne lui pardonnait pas le vol de son argent et du manuscrit du comte de Terrys, mais une chose lui semblait plus grave encore.

Jarrelonge venait d'entrer dans la maison où Renée avait son logement.

Cette circonstance suffisait pour changer en certitude les soupçons de Léopold.

Il ne mettait point en doute que son ex-compagnon de captivité n'eût vendu ses secrets à la jeune fille et livré le précieux sac contenant la lettre du notaire.

— Tonnerre! — murmurait le cousin de Pascal en serrant les poings. — Lui, dans cette maison! Lui, près d'elle! — Ah! il faudra bien qu'il me rende les papiers qu'il m'a dérobés... S'il refuse de les rendre, ou s'il ne les a plus, le misérable mourra de main...

Un frisson courut sur la chair de Léopold.

— Crime sur crime... — ajouta-t-il — Eh! qu'importe après tout?... — Quand nous aurons touché les millions de l'oncle Robert, je quitterai Paris et la France... — Bien malin sera celui qui me retrouvera!...

En monologuant ainsi, l'ex-reclusionnaire avait fait halte dans la rue en face de la maison qu'habitait Renée.

Il mit la main dans la poche de son pardessus, et ses doigts rencontrèrent le coffret de cristal qu'il y avait enfoui.

Un sourire indéfinissable vint à ses lèvres.

— Questionner les portiers, — dit-il ensuite, — ça me sourit médiocrement... — On a beau s'être fait une tête, ces gens-là finissent toujours, si les choses ne tournent pas bien, par devenir des témoins dangereux... — Et pourtant je voudrais savoir si Jarrelonge habite positivement cette maison ou s'il n'y vient qu'en visiteur... — Comment m'y prendre?

Tout en réfléchissant, Léopold se promenait de long en large sur le trottoir d'en face, en ayant soin de ne point perdre de vue la porte.

Soudain il s'arrêta.

Jarrelonge venait de reparaître, une bouteille à la main, et remontait la rue Beautreillis du côté de la place de la Bastille.

Léopold le suivit.

Le libéré entra chez un épicier et tendit sa bouteille à un garçon qui la remplit à demi d'un liquide incolore, provenant d'un bidon portant en grosses lettres cette étiquette : PÉTROLE.

Le ci-devant reclusionnaire regardait à travers les vitres et ne perdait aucun détail de ce qui précède.

Il vit son ex-complice passer au comptoir, payer et se diriger vers la porte, et il s'empressa de tourner sur ses talons afin de n'être pas reconnu, puis, quand Jarrelonge fut sorti, il le suivit de nouveau.

— Pas besoin de questionner les portiers... — pensait-il. — Je saurai le logement qu'habite mon bonhomme...

Il pressa le pas, entra dans la maison une demi-minute après Jarrelonge, passa rapidement, en marchant sur la pointe des pieds, devant la loge de la concierge qui ne fit point attention à lui, s'engagea dans l'escalier et grimpa jusqu'au deuxième étage, où il s'arrêta et prêta l'oreille.

Un pas retentissait sur les marches, au-dessus de lui.

Jarrelonge montait doucement.

Après une courte halte au troisième étage il continua son ascension, atteignit le quatrième et s'enfonça dans le couloir sur lequel donnait sa chambre.

Il ouvrit la porte, entra et referma derrière lui.

Un morceau de bougie, long tout au plus de quelques centimètres, achevait de se consumer sur la table.

A côté se trouvait une lampe à pétrole.

Jarrelonge ôta le verre, remplit la lampe du liquide qu'il avait apporté, alluma la mèche, éteignit la bougie, poussa un *ouf!* de satisfaction, s'assit, déboucha sa bouteille de vin, coupa son pain, découvrit ses assiettes, et commença son repas avec appétit.

A peine venait-il d'avaler la première bouchée du ragoût de mouton aux pommes de terre confectionné chez le *mastroquet* d'en face, qu'il tressaillit violemment

On venait de frapper à la porte de sa chambre...

Toute chose imprévue l'inquiétait.

— Tu veux palper la fortune, je t'approuve... Moi, j'ai dans la tête de filer.

Il ne répondit pas et il attendit.

On frappa de nouveau.

— Qui peut venir? — se demandait le libéré.

La réponse à la question qu'il se posait ainsi ne se fit point attendre.

Jarrelonge avait laissé la clef à la serrure. — Léopold sentit cette clef sous ses doigts, la tourna, ouvrit et parut sur le seuil.

L'évadé de Troyes était si habilement travesti que son ex-complice ne le reconnut pas, et lui dit en se soulevant à demi pour un salut sommaire :

— Je crois, monsieur, que vous vous trompez... — Qui demandez-vous ?

— Je demande monsieur Jarrelonge... — répliqua Léopold, — C'est bien ici n'est-ce pas ?

Et il entra tout à fait, en refermant la porte dont il avait eu soin de retirer la clef.

En entendant la voix du nouveau venu, le libéré était devenu pâle comme un spectre.

Il sentait ses jambes chanceler sous lui.

— Toi !... — balbutia-t-il effaré ; — c'est toi !...

— Tu me reconnais donc !... — fit Léopold avec un mauvais sourire. — Nous ne nous sommes pas vus depuis si longtemps que tu pouvais avoir oublié tout de moi... jusqu'au son de ma voix...

Jarrelonge était revenu déjà de sa première et instinctive terreur.

— Tu te trompes bigrement ! — s'écria-t-il. — Je pensais à toi tout le temps... C'est la Providence qui t'envoie !...

— La Providence ? — répéta Léopold avec un effrayant sérieux. — Rien ne m'étonne moins... — La Providence est de mes amis... Je me charge même au besoin de la suppléer...

— Depuis quinze jours je te cherche...

— Ta parole ? — fit l'ex-reclusionnaire en ricanant.

— Foi de Jarrelonge.

— Bah ! vraiment ?... — Ta conscience parlait sans doute... — Tu avais des remords...

— Des remords... — balbutia le libéré avec embarras.

— Eh ! mon Dieu, ça se comprendrait... les natures les plus endurcies en ont quelquefois... — Mais ne te dérange donc pas. Tu venais de te mettre à table... — Continue ton souper... Tandis que tu mangeras nous causerons tranquillement...

— Il s'agit bien de causer tranquillement ! — répliqua Jarrelonge avec impétuosité. — Je t'ai dit que je te cherchais depuis quinze jours, et c'est vrai...

— Que me voulais-tu ?

— Te communiquer des faits graves, t'apprendre une résurrection qui peut te perdre...

Léopold s'assit de l'autre côté de la table et dit du ton le plus calme.

— La résurrection de la jeune fille du pont de Bercy, je suppose ?

Jarrelonge le regarda d'un air hébété.

— Quoi ? — murmura-t-il — tu sais cela !!

— Pardieu !! et bien d'autres choses encore...

— Lesquelles ?

— Toutes celles, généralement, que j'ai intérêt à connaître...
— Tu sais que la demoiselle habite cette maison?
— Oui.
— Qu'elle occupe la chambre contiguë à la mienne?...

Léopold ignorait ce détail, qu'il nota dans sa mémoire.

Cela ne l'empêcha point de répondre :

— Je le sais...

Puis il ajouta, non sans amertume :

— Je sais aussi qu'à cette heure elle a dans les mains les lettres contenues dans le sac de Mme Ursule ; je sais qu'elle s'est présentée chez le notaire dont une de ces lettres portait l'adresse, et qu'elle a reçu de lui un paquet cacheté qu'elle doit remettre à un notaire de Nogent-sur-Seine en échange d'une fortune...

Jarrelonge, frappé de stupeur, ressemblait à un homme ivre.

— Ah çà ! mais... — s'écria-t-il... — tu es donc le diable!...

— Peut-être bien...

— Qui t'a révélé toutes ces choses?...

— C'est mon secret...

— Puisque tu n'ignores rien, tu sais aussi sans doute que la petite se mettra en route demain matin, escortée de son amoureux, un particulier du nom de Paul...

— Bon ! — pensa Léopold. — Elle n'est point partie... tout va bien...

Il ajouta, mais à haute voix :

— Je savais cela comme le reste, et je sais de plus qu'un drôle, un faux ami en qui j'avais mis ma confiance, un collaborateur amplement payé, a livré à l'Onée tous mes secrets, après avoir volé le sac de Mme Ursule...

— Tu veux parler du Belge Oscar Loos? — fit Jarrelonge, épouvanté de l'accent de Léopold et de l'expression de ses regards.

— Je veux parler de toi!...

— De moi?... — commença le libéré.

— Oui ! cent fois oui !... — interrompit le cousin de Pascal. — De toi qui as volé le sac, qui as retrouvé la jeune fille et qui lui as vendu les deux lettres !...

Jarrelonge tremblait de tout son corps.

Il eut néanmoins la force de hausser les épaules.

— Allons, tu es fou ! — répliqua-t-il. — Comment supposes-tu que j'aurais été me livrer ainsi? — Pourquoi aurais-je volé ce sac, ignorant ce qu'il contenait et ne sachant même pas de quoi il s'agissait?

Léopold fit un geste de colère et s'écria :

— Tu m'as bien volé mon argent et mes papiers!

XXXIII

Cet argument qui semblait indiscutable ne déconcerta point Jarrelonge.

— Ça, — dit-il, — c'est une autre affaire...

— Que nous réglerons tout à l'heure... — reprit Léopold,

— Quand tu voudras, et tout de suite si ça te convient... — Te figures-tu par hasard que tu m'épouvantes?... — Ah! mais, non, et je me rebiffe à la fin! — Les lettres que tu m'accuses d'avoir vendu à Renée, la demoiselle du pont de Bercy, sont tombées dans ses mains bien malgré moi...

— Allons donc!

— Et la preuve, c'est que j'ai risqué ma peau pour les ravoir et pour nous garer de la guillotine.

— C'est un mensonge...

— Calme tes nerfs... écoute-moi cinq minutes et tu me croiras...

— Jamais de la vie!

— Écoute toujours...

Jarrelonge raconta comment, ayant découvert par hasard que Renée était vivante et demeurait dans la chambre voisine, il avait appris que Paul se mettait à la recherche des lettres ; il entra dans les détails de son voyage à Anvers et montra sa blessure.

Léopold restait incrédule.

— Belle histoire, en vérité, et qui fait grand honneur à ton imagination!... — dit-il avec un rire ironique. — Explique-moi donc alors pourquoi, sachant que les papiers dangereux sont à côté de toi, de l'autre côté d'une cloison, tu te prépares à filer. — Voici la preuve de tes projets de départ! — ajouta l'ex-réclusionnaire en montrant une valise fermée et une malle cordée soigneusement. — Bien convaincu qu'un jour je te repincerais, et craignant de passer un mauvais quart d'heure, tu allais mettre une frontière quelconque entre nous, en me laissant désarmé à la discrétion de mes ennemis!... — Halte-là! mon garçon!... Nous sommes complices, par conséquent solidaires, et les choses ne finiront pas ainsi...

— Alors, tu refuses de me croire?

— Parfaitement...

En face de ce parti pris, Jarrelonge sentit l'irritation le gagner à son tour. Il vida d'un trait son verre et répondit d'un ton goguenard :

— Puisque c'est comme ça, mon bon, chacun pour soi!... — Nous allons discuter nos petits intérêts!... — Je me fiche pas mal de tes papiers dangereux qui sont chez Renée! — Est ce que tout ça me regarde? — Il s'agit d'une fortune, dis-tu... — C'est bien possible, mais tu ne soufflais mot de cette fortune quand il était question de noyer la petite... — Tu te servais de moi pour tirer les marrons du feu et les manger tout seul... — Tu me faisais l'aumône de quelques malheureux *fafiots garatés*... — Tu m'exploitais à propos des fausses clefs qui t'ont servi à fouiller les meubles de l'hôtel de Terrys, et tu trouvais mauvais que je veuille me mettre à l'abri quand les combinaisons qui devaient t'enrichir en me laissant gueux tournent contre toi! — Ça, par exemple, c'est trop fort!... — Tu m'as roulé comme un conscrit et au moment où moi, bonne bête, je me mettais en quatre pour te retrouver et t'avertir, tu te défiais de moi et, à présent, quand je te dis la vérité pure, tu me traites de menteur!... — J'en ai par-dessus la tête de tout ça!... — Oui, je file, et tu te débarbouilleras comme tu voudras, ou plutôt comme tu pourras, en compagnie de ton cousin Pascal Lantier avec qui tu devais partager la grenouille!

L'évadé de Troyes pinça les lèvres et fronça les sourcils.

— Toi, — pensait-il, — tu en sais trop long!...

Jarrelonge se versait à boire.

— Veux-tu trinquer? — demanda-t-il en riant à Léopold.

— Pourquoi pas?... — Les querelles ne servent à rien... — Mieux vaut tâcher de nous entendre...

— Nous entendre? — répéta Jarrelonge. — A quel sujet?

— Tu vas me rendre les papiers que tu m'as volés...

— Quels papiers?... — Les *Mémoires* du comte de Terrys?

— Oui...

— Sur lesquels il y a la preuve que la fille du comte est innocente du crime de parricide... et que cependant le cousin Pascal et toi vous la laisserez condamner pour des intérêts d'argent que je ne connais pas...

— Peu importe ce que contiennent ces *Mémoires*... — dit Léopold avec impatience. — Tu vas me les rendre...

— Ça dépend...

— De quoi?

— Du prix que tu veux y mettre... — Combien me les achètes-tu?

— Tu m'as volé de l'argent...

— Volé... volé... Et tu crois que pour les quatre sous qui étaient dans la commode du passage Tocanier, je te rendrai une machine qu'on me payerait cent mille francs comme un liard? — fit Jarrelonge en riant.

L'ex-réclusionnaire serra les poings avec fureur.

— Ainsi, — dit-il d'une voix sifflante, — ainsi, tu vendrais ces *Mémoires*?

— Je n'en ai pas eu l'idée, parole d'honneur!... Mais, mon vieux, faut pas faire le malin avec Bibi... Bibi te tient... — Là-dessus, nous allons trinquer comme une paire d'amis...

Jarrelonge se leva et, tournant le dos à sa victime, il alla ouvrir un placard dans lequel il prit un verre.

Ceci fut fait en moins d'une demi-minute, mais cet espace de temps si court suffit à Léopold pour mettre à exécution le projet qu'il méditait.

Depuis que son ci-devant complice parlait de trinquer, il avait glissé sa main dans la poche de son pardessus, ouvert le coffret de cristal et saisi entre ses doigts une pincée de poudre de crotale.

Au moment où Jarrelonge ne pouvait le voir il jeta dans le verre aux trois quarts plein le terrible poison.

Le libéré revint, plaça devant Léopold un verre qu'il remplit jusqu'au bord, et se rassit en disant :

— A ta santé, ma vieille... — Ce n'est pas du chambertin, tu sais, ni du pomard, mais ça se laisse boire tout de même...

— A ta santé... — répliqua Léopold.

Il choqua son verre contre celui de Jarrelonge, l'approcha de ses lèvres et le vida jusqu'à la dernière goutte.

Le libéré en fit autant, et reprit :

— Voyons, je suis bon garçon... entendons-nous... s'il y a moyen...

— Je t'écoute... — dit froidement Lantier.

— Tu as fait de grosses affaires et, puisque te voilà et que tu sais tout, il est probable que la petite n'emportera pas à Nogent-sur-Seine les papiers qui te taquinent.

— C'est possible...

— Dis donc que c'est certain... — Tu veux palper la fortune... je l'approuve... — Moi, j'ai dans la tête de filer ; seulement, pour te rendre service, je consens à retarder un peu mon voyage, afin que nous traitions l'affaire des *Mémoires du comte de Terrys*...

— Combien veux-tu ?

— Cinquante mille francs...

Léopold haussa les épaules.

— Décidément, — fit-il, — tu es fou !

— Pas tant que ça, mon camarade...

— Est-ce que j'ai cinquante mille francs ?

— Toi, non, je le crois volontiers. — Mais ton cousin Pascal, le riche entrepreneur, les a certainement et peut les donner.

— Pascal n'est pas à Paris...

— D'accord, mais tu sais où il est et tu le rejoindras sans peine... — Je te laisse jusqu'à demain...

— C'est court !...

— Ça doit suffire... — Je te donnerai rendez-vous dans un café bien fréquenté, à midi si tu veux... à la brasserie Gruber et Reeb, par exemple, boulevard Beaumarchais, près des *Quatre Sergents de la Rochelle*... — Tu m'apporteras cinquante mille balles... — En échange je te donnerai le manuscrit et les autres papiers, y compris la fameuse lettre du notaire que je me charge d'avoir...

— Et si je refusais, moi? — fit Léopold en se levant. — Si je ne voulais pas remettre à demain?

— Il faudra bien que tu le veuilles, mon bon ami, — répliqua Jarrelonge sans se déconcerter, — car il me faut à moi le temps d'aller chercher le manuscrit dans l'endroit où je l'ai mis en sûreté...

L'évadé de Troyes haussa les épaules et répondit :

— Mensonge sur mensonge! — Ton idée fixe est de filer en emportant les papiers... — Eh bien! je les aurai malgré toi...

— Malgré moi? — répondit Jarrelonge avec un ricanement. — Crois-tu?

— J'en suis certain.

— Ce sera difficile.

— Non... — un peu de patience suffira.

— La patience n'y fera rien... — Donnant, donnant, sinon, bernique sansonnet! — Au lieu de t'éterniser ici, tu ferais mieux d'aller demander à Pascal Lantier les cinquante mille francs que je réclame...

— Je ne demanderai pas un sou à Pascal Lantier et j'attendrai...

— Quoi?

— Que tu sois mort...

— Eh! bien, mon vieux, tu attendras longtemps! Je n'ai nulle envie de mourir à la fleur de mon âge...

— Il te reste cinq minutes à vivre... — Tu es empoisonné...

Jarrelonge se leva d'un bond.

— Empoisonné! — s'écria-t-il en pâlissant, — ah! canaille!... — Mais non, tu veux m'effrayer... — C'est une blague... et elle est mauvaise...

— Je te dis que tu es empoisonné... Je te dis que tu vas mourir... — Dans un instant ce sera fini et je fouillerai tout à mon aise la valise où tu dois avoir enfermé les papiers qu'il me faut...

Le libéré, dont le visage se décomposait à vue d'œil, appuya ses deux mains sur sa poitrine en poussant un sourd rugissement.

— Ça commence... — Sois paisible, — dit Léopold, — ça ira vite...

Le misérable retomba comme une masse sur la chaise qu'il venait de quitter.

Il tremblait de tous ses membres ; — de grosses gouttes de sueur inondaient ses tempes ; — ses yeux hagards s'attachaient sur son meurtrier avec une expression d'indicible terreur.

XXXIV

Soudain il se leva, comme mû par un ressort, et s'élança sur Léopold.

Il voulait appeler au secours ; sa voix expira dans sa gorge, mais ses mains avaient saisi les vêtements de son ex-complice et s'y cramponnaient.

L'évadé de Troyes parvint à se dégager à la suite d'une lutte effrayante et repoussa violemment Jarrelongo.

Ce dernier s'abattit sur la petite table qu'il entraîna dans sa chute.

La lampe pleine de pétrole se brisa sur le plancher, couvrant de liquide en feu les vêtements du moribond.

— Allons, — se dit Léopold en saisissant la valise. — Le manuscrit doit être là dedans.

En deux enjambées il gagna la porte qu'il referma derrière lui.

Il descendit l'escalier comme une trombe et, une fois sur le trottoir de la rue Beautreillis, gagna la rue Saint-Antoine au pas de course.

Place de la Bastille il prit une voiture et donna l'ordre au cocher de le mener rue des Martyrs, au coin de la rue de Navarin.

Le cheval partit au grand trot.

*
* *

Nous avons quitté Paul et Renée au moment où, sortant de l'étude de M° Emile Auguy, ils montaient en voiture pour se rendre au magasin de Mme Laurier.

Renée, — nos lecteurs l'ont appris par l'entretien de Zirza avec Léopold dans le pavillon de Port-Créteil, — avait mis son amie au courant de ce qui venait de se passer chez le notaire, et lui avait annoncé que le lendemain elle irait à Nogent-sur-Seine.

Mme Laurier, heureuse du bonheur probable de la jeune fille, l'avait retenue à déjeuner ainsi que Paul.

Aussitôt après le repas, Zirza la blonde était partie pour Port-Créteil où nous savons ce qui l'attendait.

Paul et Renée avaient pris le chemin de la rue de l'École-de-Médecine, afin de s'informer s'il était arrivé quelque dépêche de Jules Verdier.

L'étudiant entra chez la concierge qui travaillait avec sa fille, une enfant de quatorze ans environ.

— Avez-vous reçu une dépêche ? — lui demanda-t-il.

— Adressée à Mme Isabelle?

— Oui.

Jarrelonge s'abattit sur la petite table qu'il entraîna dans sa chute.

— Je l'ai reçue, monsieur Lantier, et je vais vous la remettre, comme c'est convenu avec madame... La voici.

Paul déchira l'enveloppe bleue, et prit aussitôt connaissance de son contenu.

— Eh bien ? — fit Renée.

— La mère de notre ami va un peu mieux, mais il est obligé de rester encore à Poitiers...

Les deux jeunes gens allaient se retirer.

La fille de la concierge les arrêta.

— Mais, monsieur Paul, — dit-elle, — il y a aussi quelque chose pour vous...

— Pour moi? — répéta l'étudiant.

— C'est ma foi vrai... — s'écria la concierge. — La petite a plus de tête que moi, car j'allais l'oublier... — C'est une espèce de papier timbré qu'un employé du Palais de Justice a apporté tout à l'heure.

— Un papier timbré du Palais de Justice?

— Oui, monsieur Lantier... Je l'ai mis dans votre case...

Paul mit la main sur un papier imprimé, ne contenant que quelques lignes d'écriture et plié en quatre.

Renée tremblait, sans savoir pourquoi.

— Qu'est-ce que cela peut être?... — se demandait l'étudiant.

Il sortit de la loge, s'arrêta, déplia la feuille et y jeta les yeux.

— Une mauvaise nouvelle? — balbutia la fille de Marguerite en voyant le visage de son fiancé s'assombrir.

— Une mauvaise nouvelle, oui, chère Renée, — répondit Paul, — non pas que ce papier m'annonce un malheur, mais il va me contraindre à vous faire retarder votre voyage à Nogent-sur-Seine...

— Retarder mon voyage!!

— Hélas, oui...

— Qu'est-ce donc que cette feuille, et que contient-elle?

— C'est une *citation à témoin*, émanant d'un juge d'instruction qui m'enjoint de me présenter à son cabinet demain, à une heure.

— On vous appelle chez un juge d'instruction! — fit Renée avec épouvante. — Serait-ce pour l'affaire d'Anvers?

— Non... et je crois savoir ce que me veut ce juge... — Mon père a été appelé au Palais dernièrement... — J'ai la conviction qu'il s'agit de Mlle Honorine de Terrys.

— Pauvre jeune fille! — murmura Renée, — je ne puis admettre qu'elle soit coupable du crime dont on l'accuse.

Paul reprit :

— Il m'est impossible de manquer à cet appel, sans compter que le juge me ferait appréhender au corps pour me contraindre à l'obéissance ; mon devoir est de chercher à éclairer la justice au sujet de la mort du comte... — Comme vous, je crois fermement Honorine innocente... — Ah! si mon témoignage pouvait suffire à la faire acquitter, elle serait bientôt libre...

— Votre témoignage est indispensable, je le comprends, — répondit la jeune fille. — Vous remplirez un devoir en restant à Paris, mais cela ne m'empêchera point d'aller à Nogent-sur-Seine.

— Seule, chère Renée !
— Pourquoi non ?
— C'est impossible.
— Je partirai cependant... J'y suis bien résolue...
— Je souhaite ardemment ne point vous quitter... — Ne pouvez-vous m'accorder un jour ?...
— N'exigez pas cela de moi, mon ami... J'ai hâte de savoir le secret de ma vie... — L'incertitude me brise... l'attente me fait mal... — Je dois... je veux partir.
— Oubliez-vous donc que vous êtes entourée d'ennemis ?... Oubliez-vous que le notaire lui-même m'a donné le conseil de bien veiller sur vous ?...
— Les craintes du notaire sont exagérées... — Mes ennemis ont perdu tout pouvoir puisque je possède les papiers.
— Je vous laisserai donc partir, Renée, mais non pas seule... — Si Jules avait été à Paris, je l'aurais prié de vous accompagner... — A défaut de son assistance, nous en aurons une autre...
— A qui donc me confierez-vous ?
— Vous allez le savoir... — Venez...

La fille de Marguerite s'appuya sur le bras de Paul. — Tous deux gagnèrent la station la plus proche, prirent une voiture, et le cocher reçut l'ordre de les conduire au restaurant de l'avenue de Saint-Mandé.

La mère Beaudu était seule avec ses filles, s'occupant des préparatifs du repas du soir.

Les fiancés furent cordialement accueillis.

— Et qu'est-ce qui nous procure le plaisir de vous voir ? — demanda la matrone.

— J'ai besoin de parler à votre futur gendre, — répondit Paul.
— A Victor ?
— Oui... — Je pourrais aller le trouver aux chantiers de mon père, mais j'aimerais mieux lui parler ici.
— C'est bien facile. — Étiennette va lui faire savoir que vous le demandez.
— Et ça sera vite fait !... — s'écria la jeune fille en s'élançant dehors avec une agilité de chevrette.

Au bout de cinq minutes elle revint, accompagnée de Victor Béralle.

L'étudiant et Renée serrèrent les mains du contremaître, puis tous les trois allèrent s'asseoir un peu à l'écart.

— Ainsi, monsieur Paul, vous avez à me parler ? — commença Victor.
— Oui, mon ami.
— Serais-je assez heureux pour que vous ayez besoin de moi ?
— J'ai besoin de vous, en effet... — Je sollicite de vous une preuve de dévouement.
— Je vous suis acquis corps et âme, vous le savez bien...

— Certes, je le sais, et c'est pour cela que je m'adresse à vous avec une confiance absolue...

— Parlez vite... — De quoi est-il question?

— Avant de vous le dire, je dois vous mettre au courant de bien des choses que vous ignorez...

— J'écoute...

— C'est la Providence, sachez-le d'abord, qui a fait tomber entre les mains de votre frère Richard le sac de Mme Ursule...

En entendant nommer Richard, le contremaître fronça les sourcils.

Paul continua :

— Une case secrète de ce sac renfermait les papiers dont vous m'avez entendu parler et que je cherchais, presque sans espoir de les retrouver...

— Est-ce possible?

— Heureusement, oui...

Et l'étudiant raconta de quelle façon, à Anvers, une tentative d'assassinat commise sur sa personne lui avait fait découvrir le mystérieux compartiment et la lettre adressée au notaire de Paris.

Après le récit de la visite à Me Auguy, il ajouta :

— Renée est obligé de partir pour Nogent-sur-Seine et ne veut pas remettre son voyage d'un seul jour, quoiqu'il me soit impossible de l'accompagner demain. — Je n'ai pas le courage de blâmer son impatience, car il s'agit pour elle, sans doute, de retrouver sa mère...

— Je comprends... — répondit Victor... — Vous venez me demander de vous remplacer demain auprès de Mlle Renée...

— Oui... de veiller sur elle et de la protéger contre les ennemis inconnus qui l'attaqueront peut-être encore...

Le front de Victor s'était plissé.

— Il y a une difficulté grave... — murmura-t-il.

— Laquelle?

— Vous savez que M. Pascal, votre père, n'est pas à Paris...

— Je l'ignorais...

— Son voyage doit se prolonger jusque vers le milieu de la semaine prochaine, a-t-il dit, et c'est à moi qu'il a confié la surveillance des chantiers couverts.

XXXV

— Mais, — fit observer Paul, — ne pourriez-vous, pendant les deux jours au plus que durera votre absence, charger Richard d'exercer cette surveillance à votre place?

— Ah ! ne me parlez pas de mon frère ! — répliqua Victor d'une voix sourde. — C'est un incorrigible vaurien qui finira par devenir un bandit comme les misérables qu'il fréquente... — Sais-je seulement où il est à cette heure?... — Depuis le lendemain du soir de mes fiançailles il n'a reparu ni ici, ni au chantier... — Il avait en poche quelque argent de sa paye, — Il est allé jouer, boire et s'enivrer... — On l'a vu rouler dans les plus ignobles bouges, au milieu de filles perdues et de gens sans aveu ! — Mon frère, monsieur Paul, me fait trembler... — J'ai peur qu'il ne déshonore le nom que mon brave homme de père nous avait laissé sans tache... — Mais c'est assez nous occuper de lui, car l'indignation m'emporte et je ne tarirais pas... — Il a dû commettre ici même quelque grédinerie, je le sens... — Maman Baudu ne veut pas me dire de quoi il retourne, mais je le découvrirai un jour ou l'autre et, si ce que je soupçonne est vrai, je promets à Richard une terrible leçon !... Ah ! oui... terrible !...

— Songez qu'il est bien jeune encore, — interrompit Paul.

— La jeunesse n'est une excuse pour aucune infamie ! — Encore une fois ne parlons plus de ce drôle... — Bref, vous auriez besoin de moi pour deux jours ?

— Oui.

— Quand Mlle Renée veut-elle partir ?

— Demain matin, par le train de sept heures dix minutes.

— Eh bien, attendez-moi ici... — Je vais voir le caissier qui représente monsieur votre père, puis l'ingénieur, un charmant garçon, et je vais les prier de m'accorder une permission de quarante-huit-heures, en mettant à ma place un de nos bons ouvriers en qui j'ai toute confiance.

— Allez donc, mon ami, et faites pour le mieux.

Victor Béralle quitta la grande salle du restaurant.

Au bout d'un quart d'heure il reparut.

— Eh bien? — lui demanda vivement le fils de Pascal.

— C'est fait... — La permission est accordée.

— Bravo !

— Il ne s'agit plus que de prendre rendez-vous pour le départ.

— Soyez à la gare de l'Est demain, à six heures et demie... J'y conduirai Renée pour vous la confier.

— Et je la garderai bien, comptez là-dessus ! ! — Vous me trouverez demain à la gare de l'Est... — Resterez-vous à dîner ici, monsieur Paul ?...

— A quelle heure dînez-vous?

— A six heures, avec maman Baudu et ses filles, avant le repas des ouvriers...

— Eh bien, soit...

Le contremaître retourna au chantier.

A six heures moins un quart il revint.

On servit le dîner et, à sept heures et demie, Paul et Renée reprirent en se promenant le chemin de la rue Beautreillis.

Au moment où ils entraient dans le couloir de la maison, ils furent presque heurtés par un homme lancé au pas de course et portant sur son épaule une valise qui lui cachait son visage.

Cet homme ne les vit même pas, tant sa précipitation était grande.

Ils gravirent l'escalier conduisant au petit logement de Renée, et ils atteignaient le palier du dernier étage quand Paul s'arrêta.

Une suffocante odeur de pétrole et de chair brûlée sortait du couloir qu'une âcre fumée commençait à envahir.

— Qu'est-ce que cela? — fit tout haut l'étudiant.

Renée tremblait.

Paul fit quelques pas dans le couloir.

Une vive lueur filtrait sous la porte d'une chambre d'où s'échappait un bruit de râles et de plaintes étouffées.

Le jeune homme sentit ses cheveux se hérisser sur sa tête.

Une horrible pensée lui traversait l'esprit.

— Le feu est dans cette chambre, — dit-il, — et quelqu'un y brûle tout vivant...

— Mon Dieu! — s'écria Renée. — Peut-être est-il temps encore de porter secours à ce malheureux...

Paul s'approcha de la porte.

Les râles devinrent plus distincts.

Il passa la main sur le panneau.

La clef ne se trouvait point à la serrure.

— Fermé! — murmura l'étudiant, — Qu'importe? — Il ne s'agit pas d'hésiter, mais d'agir...

Il recula puis, prenant son élan, bondit, espérant jeter bas l'huis, du premier coup d'épaule.

La vieille porte, solide malgré son grand âge, craqua et se fendit, mais ne tomba point.

Paul entendit appeler à l'aide d'une voix étranglée.

Il prit un nouvel élan.

Cette fois un des panneaux céda sous son effort, et un effrayant spectacle s'offrit à sa vue.

Un homme entouré de flammes se tordait sur le plancher.

L'étudiant passa sa main par l'ouverture béante, ouvrit, se précipita dans la chambre, arracha les couvertures du lit, les jeta sur le moribond, les roula autour de lui et éteignit le feu.

— De la lumière, vite!... — cria-t-il à Renée.

Au bout de quelques secondes, la jeune fille apporta une bougie allumée.

Jarrelonge, secoué par des convulsions quasi tétaniques, avait les mains presque carbonisées, les joues brûlées par le liquide incandescent, les lèvres noires et les yeux hors de la tête.

Tout à coup son regard s'arrêta sur Renée et sur Paul.

Il se souleva à demi en balbutiant des mots interrompus, puis, pris d'un accès de délire, il se mit à chanter :

> Nous voici bientôt sur le pont,
> La faridondaine, la faridondon,
> Bientôt sur le pont de Bercy...

Les deux fiancés reculèrent avec épouvante.

— Cet homme, — dit Paul avec horreur, — c'est l'assassin du pont de Bercy...

Jarrelonge ne chantait plus et continuait à river ses yeux hagards sur la fille de Marguerite et sur le fils de Pascal Lantier...

Il fit une tentative pour se dresser, mais inutilement. — Ses jambes ne pouvaient le soutenir.

Alors il essaya de se traîner vers le placard que désignait une de ses mains rongées par la flamme.

Ses lèvres remuaient, mais sans laisser échapper un son perceptible.

Paul suivait la direction de la main toujours tendue, et cherchait à deviner la pensée de l'agonisant.

— Vous voulez quelque chose qui se trouve dans ce placard ? — demanda-t-il.

Un faible signe de tête de Jarrelonge sembla répondre affirmativement.

— Désirez-vous que je vous soulève ?

— Oui... — fit le mouvement des lèvres.

L'étudiant prit dans ses bras le corps du misérable et le mit à la hauteur du placard ouvert.

L'ex-complice de Léopold posa sa main sur la tablette du bas.

Paul comprit que cette tablette cachait quelque chose ; — il s'assura qu'elle était mobile, l'enleva, fouilla dans la cavité et en retira un volume relié et des feuilles volantes.

Les yeux de Jarrelonge eurent une expression de joie.

Le jeune homme examina les feuilles et ouvrit le volume.

— Ah ! — s'écria-t-il, — les papiers de Mme Ursule... Les *Mémoires* du comte de Terrys... — Ces papiers, vous les avez pris en assassinant Mme Ursule...

— Ces *Mémoires*, vous les avez volés chez le comte...

— Non... — murmurèrent les lèvres.

— Vous aviez un complice ?... — poursuivit Paul.

— Oui... — murmurèrent les lèvres.

— Son nom ? — Apprenez-moi son nom.

Jarrelongo fit un effort surhumain pour articuler quelques mots, mais déjà la paralysie, résultant du poison, envahissait sa langue.

Une suprême convulsion secoua son corps ; — un dernier râle s'échappa de sa gorge ; — ses membres se raidirent ; — il ne remua plus.

— Il ne parlera pas... dit Paul en essuyant son front mouillé de sueur, — il est mort ! !

— Mort... — répéta la fille de Marguerite. — Prions pour son âme...

Puis, ne voulant pas se souvenir que ce misérable avait tenté de l'assassiner, elle se laissa tomber à genoux, et demanda pour lui le pardon du Dieu de justice...

— Chère Renée, — fit l'étudiant au bout d'un instant, — rentrez dans votre chambre... — Je dois aller prévenir en bas.

L'enfant obéit, et une fois chez elle se laissa tomber, anéantie, sur un siège.

Paul emporta les papiers de Mme Ursule, le manuscrit du comte, les posa sur la table de Renée; descendit et mit la concierge au courant de ce qui venait de se passer.

La brave femme poussa des cris de terreur et courut chez le commissaire.

Paul remonta près de sa fiancée.

La fille de Marguerite, revenue à elle-même, parcourait les feuilles volantes.

— Vous aviez raison, — dit-elle, — ces papiers appartenaient bien à Mme Ursule.

Soudain, elle poussa un cri étouffé.

— Qu'avez-vous trouvé ? — demanda Paul vivement.

— Voyez... voyez... cette lettre...

— Eh bien?

— C'est celle que l'on m'écrivait au nom de ma mère pour m'attirer dans le piège, et que les meurtriers ont reprise sur moi avant de me précipiter du haut du pont de Bercy...

L'étudiant dévora la lettre.

— Il est évident, — dit-il ensuite, — que cet homme, un de vos assassins, s'était logé là, près de vous, pour vous épier... mais il ne devait être qu'un complice payé, et vos plus redoutables ennemis, ceux qui le faisaient agir, nous restent inconnus.

Renée semblait sombre.

Elle avait repris la lettre signée : *Un ami de votre mère*, et ses regards, fixés sur les lignes, ne pouvaient s'en détacher.

Avez-vous reçu une dépêche ? — Adressée à Mme Isabelle?

XXXVI

— Qu'avez-vous, chère Renée? — demanda Paul à sa fiancée. — Est-ce cette lettre qui vous préoccupe?...
— Oui... — répondit la jeune fille.
— Vous la connaissez déjà...

— Sans doute, mais je remarque aujourd'hui une chose bien étrange, qui ne m'avait pas frappée la première fois que cette lettre a passé sous mes yeux, tant ma préoccupation était grande...

— De quelle chose parlez-vous ?

— Je connais cette écriture.

— C'est bien invraisemblable. Vous devez vous tromper.

— Je ne me trompe pas, j'en suis sûre... — J'ai entre les mains un billet qui certainement a été tracé par la même main, et que je relisais hier encore...

— Voulez-vous me montrer ce billet ?

— Je ne demande pas mieux...

Renée se dirigea vers un petit coffret qu'elle ouvrit, et d'où elle retira un carré de papier très froissé et brisé dans ses plis.

— Le voici, — ajouta-t-elle.

Paul y jeta les yeux et fit un geste de surprise.

— Vous avez raison... — dit-il ensuite. — C'est la même écriture.

— Lisez...

L'étudiant lut à haute voix les lignes suivantes :

« Mademoiselle,

« Au nom de ma femme, au nom de mes pauvres petits enfants, que je n'ai pas vus depuis deux années, daignez me venir en aide...

« Je ne suis point un voleur, mais un pauvre père de famille condamné injustement.

« Mon seul crime, — si c'en est un, — est d'avoir dérobé un pain pour nourrir les chères créatures qui tombaient d'inanition, et qui ne vivraient plus aujourd'hui si la charité publique ne leur venait point en aide.

« Je viens d'apprendre que ma femme était bien malade, et c'est afin de la revoir une dernière fois que je tente une évasion.

« Vous êtes jeune, vous avez bon cœur, vous ne me refuserez pas votre appui sans lequel je ne saurais réussir.

« Rien au monde, je vous le jure, ne pourra faire soupçonner la part que vous aurez prise à ma délivrance, et vous m'aurez sauvé du désespoir et du suicide, car si la liberté ne m'est point rendue je suis décidé à mourir... »

— C'est signé : *Paul Pélissier*... — dit l'étudiant après avoir achevé. — D'où vous vient cette singulière épître ?

Renée raconta brièvement l'évasion du prisonnier de Troyes, et la terreur tout instinctive que lui causait ce prisonnier.

Le fils de Pascal Lantier frissonnait en l'écoutant.

— Ah ! chère enfant, — s'écria-t-il, — vous avez été bien imprudente !... —

Cet homme était en effet votre ennemi, et l'instinct mystérieux qui vous mettait sur vos gardes ne vous trompait point... — Il y a cent contre un à parier que cette lettre est signée d'un faux nom, mais je saurai facilement au greffe de la prison de Troyes le nom véritable de l'évadé...

Après un silence, Paul reprit :

— Comment les *Mémoires* manuscrits du comte de Terrys se trouvaient-ils en la possession du misérable qui vient de mourir?... — Quel lien secret et inexplicable existait entre vous, le comte et ces bandits? Voilà ce que nous tâcherons d'éclaircir plus tard...

« On va venir, chère Renée, — ajouta l'étudiant, — pas un mot de ces papiers d'où jaillira peut-être la lumière... — Serrez-les avec les deux lettres du prétendu *Paul Pélissier*...

La fille de Marguerite se hâta d'enfermer dans le tiroir d'un meuble le manuscrit et les feuilles volantes.

On entendit des pas et des voix dans le couloir.

Paul sortit de la chambre.

Il se trouva en face d'un commissaire de police et de deux agents en bourgeois.

La concierge les éclairait.

Elle désigna Paul, en disant :

— C'est monsieur qui est venu me prévenir...

Le commissaire salua :

— Je vous prierai alors, monsieur, — fit-il, — de vouloir bien me donner quelques éclaircissements et de m'accompagner sur le théâtre de l'accident...

Paul franchit avec le visiteur officiel le seuil du logis de Jarrelonge.

On ne pouvait que constater le décès.

— Par qui cette porte a-t-elle été brisée? — demanda le commissaire.

— Par moi, monsieur... — répondit le jeune homme.

— En quelles circonstances?

L'étudiant raconta ce qui s'était passé.

— Je vous félicite de votre sang-froid et de votre résolution, monsieur... — lui dit le magistrat ; — sans vous, à l'heure qu'il est, la maison serait en feu... — Ce malheureux s'était enivré, sans doute... — Il aura renversé sa lampe à pétrole sur ses vêtements et se sera brûlé tout vif... — Ah! les ivrognes! — Je vais dresser procès-verbal ; vous aurez l'obligeance de me donner votre nom et vos prénoms.

Paul s'inclina.

Le commissaire de police rédigea selon la forme son procès-verbal, en y mentionnant le rôle courageux joué par l'étudiant, donna les ordres nécessaires pour l'enlèvement du cadavre, et se retira.

Les deux jeunes gens restèrent seuls.

— Après ce qui vient de se passer, j'aurais peur ici... — murmura la fille de Marguerite.

— Eh bien, chère mignonne, — répondit Paul, — vous viendrez, rue de l'École-de-Médecine, prendre possession pour cette nuit de la chambre où vous êtes revenue à la vie et à la santé... où vous vous êtes trouvée heureuse... — Le voulez-vous ?

— Oui, je le veux...

— Moi, — ajouta Paul en souriant, — je me réinstallerai sur le divan du cabinet de travail de mon ami Jules... — Partons...

— Mais, — fit observer Renée, — Zirza doit nous rejoindre ici.

L'étudiant regarda sa montre...

— Dix heures passées..., — répliqua-t-il, — Zirza, oubliant le rendez-vous, sera sans doute allée tout droit rue de l'École-de-Médecine...

— A moins que quelque incident ne l'ait retenue plus tard que de coutume chez Mme Laurier... — dit Renée.

— Peut-être, en effet ; mais dans ce cas il suffira d'avertir la concierge qui, si elle se présente, la préviendra que vous l'attendez là-bas...

— Vous avez raison...

— Donnez-moi les papiers...

La jeune fille les lui tendit.

Elle prépara ensuite les quelques objets dont elle aurait besoin pour son voyage du lendemain et suivit Paul, qui ferma lui-même la porte à double tour.

Au rez-de-chaussée elle entra dans la loge et chargea la concierge d'envoyer Zirza rue de l'École-de-Médecine, si elle se présentait.

∴

Léopold Lantier, nous le savons, s'était fait descendre à l'angle de la rue des Martyrs et de la rue de Navarin.

Il paya son cocher, chargea sur son épaule la valise de Jarrelonge et regagna son logement.

Sa première occupation, lorsqu'il eut allumé une bougie, fut de faire sauter la serrure de la valise dont il ne possédait point la clef.

Ceci fait, il éparpilla sur le plancher tous les objets qu'elle renfermait.

Son désappointement fut plus facile à comprendre qu'à décrire, lorsqu'il eut constaté l'inutilité de ses recherches.

La valise ne renfermait point le manuscrit volé chez M. de Terrys.

Une philosophie de commande vint à l'aide du scélérat.

— Bah ! — se dit-il, — après tout, qu'importe ? — Jarrelonge est mort à cette heure et ne parlera pas... — Sans doute, en prévision d'une rencontre possible entre nous, il aura dû placer les *Mémoires* du comte dans quelque cachette introuvable... — Qu'ils y restent et n'y pensons plus... — Il s'agit présentement de s'occuper des voyageurs de demain...

« C'est à Nogent-sur-Seine que j'aurai les papiers, car il serait imprudent de retourner cette nuit rue Beautreillis, où le pétrole doit avoir mis la maison sens dessus dessous.

« Mais une fois à Nogent il sera difficile d'agir seul, impossible peut-être, sous peine d'insuccès complet... — Il me faut donc encore un collaborateur...

« Où le chercher, celui-là?

« Pascal ne doit pas bouger de Troyes... — Sa présence, dûment constatée, crée l'indiscutable alibi dont nous aurons peut-être besoin...

« Où trouver le complice indispensable ?

Léopold réfléchit pendant un instant.

Tout à coup un sourire effleura ses lèvres.

— Oui, c'est cela... — murmura-t-il. — J'ai mon affaire... — Un garçon qui n'est pas du métier... qui ne me connaît pas... qui ne me connaîtra jamais... — Je le payerai, car il a besoin d'argent, et tout sera dit... — Au besoin, je sais d'ailleurs comment on se débarrasse d'un fâcheux...

Après ce court monologue l'ex-réclusionnaire sortit sans changer de costume.

A neuf heures précises il arrivait avenue de Saint-Mandé et franchissait le seuil du restaurant Baudu.

Les ouvriers avaient terminé leur repas, et la salle offrait l'aspect d'un vaste désert.

Étiennette et Virginie mettaient en ordre la batterie de cuisine reluisante.

Le père Baudu s'attardait à Bercy plus que de raison, ce qui mettait la patronne de fort méchante humeur.

Au moment de l'entrée de Léopold, la digne femme était assise dans un coin, près du comptoir, à côté de Richard Béralle parfaitement ivre, dodelinant la tête et roulant des yeux hébétés.

XXXVII

Mme Baudu ne se dérangea pas.

— Étiennette?... fit-elle.

— Voilà, maman...

Et l'aînée des deux sœurs accourut.

— Occupe-toi de servir... — Moi, j'ai d'autres chats à fouetter... reprit la matrone.

Léopold n'avait point dîné.

Il demanda de la viande froide, une bouteille de vin, et alla s'installer à une petite table voisine de l'endroit où se trouvaient Richard Béralle et maman Baudu.

— C'est pas tout ça! — disait cette dernière en reprenant le fil de son discours interrompu. — Tu as beau être gris comme la bourrique à Robespierre, tu me comprendras, ou alors je croirai que tu es positivement un malhonnête homme, une franche canaille...

Richard s'agita sur sa chaise.

— Patronne, — balbutia-t-il d'une voix presque inintelligible, — pourquoi que vous invectivez un pauvre garçon qui est aux trois quarts de la famille puisque son propre frère en sera la semaine prochaine?

— Laisse là ton frère, qui n'est pas en cause! — répliqua la digne femme avec impatience. — Oserais-tu bien te comparer à lui? — Il vaut cent fois mieux dans son petit doigt que toi dans toute ta personne! — Il a tenu sa promesse, lui, il sera mon gendre avant quinze jours, et c'est assez te dire qu'il faut que tu t'acquittes enfin... — J'ai été assez faible pour te prêter mille francs... C'était une grande bêtise, mais j'avais encore confiance en ton honneur, et je me figurais sottement que, lorsque arriverait l'époque fixée par toi pour le remboursement, tu t'arrangerais pour être en mesure...

— Je croyais... — bégaya Richard. — Je comptais...

— Tu comptais m'amuser par de belles paroles et des promesses mensongères, ainsi que tu le fais depuis pas mal de temps... — interrompit violemment Mme Baudu, — mais en voilà assez, en voilà trop! — Je vais être obligée, moi, d'ici à trois jours, de verser la dot d'Étiennette dans les mains du notaire, et je ne veux pas que Baudu s'aperçoive que j'ai pris ces mille francs, non sur la dot de ma fille, mais sur les fonds de la caisse des ouvriers qui lui confient leurs épargnes!... — M'entends-tu?... me comprends-tu?...

— Oui... oui... — fit l'ivrogne dont la langue devenait de plus en plus épaisse; — j'entends... je comprends... Mais qu'est-ce que vous voulez que je fasse?...

— Ce que je veux que tu fasses?...

— Dame!... oui...

— Ce n'est pas aujourd'hui qu'il faut me demander cela!... — Il fallait suivre les conseils que je t'ai donnés il y a dix mois quand tu m'as suppliée de venir à ton aide!... — Tu peux gagner douze francs par jour... — En faisant des économies tu m'aurais remboursé déjà plus de cinq cents francs et, en présence de ta bonne volonté, je me serais arrangée pour boucher le reste du trou... Au lieu de cela tu te grises, et tu passes des semaines sans paraître au chantier...

— Toujours des semonces, donc... — grogna Richard Béralle.

— Il ne s'agit plus de semonces aujourd'hui!... — Je te dis: — Il me faut les mille francs que je t'ai prêtés... — La semaine prochaine je dois verser la dot au notaire, et le même jour les ouvriers se réuniront pour vérifier leurs comptes... — Si je présente la dot d'Étiennette intacte, il manquera mille francs dans la caisse des ouvriers... c'est limpide... — Or, devant les ouvriers ou devant le notaire, nous passerons pour des voleurs, nous !...

— Oh! maman Baudu...

— Il n'y a pas de maman Baudu! — C'est clair, ce que je te dis là!... — A partir d'aujourd'hui, je te défends de penser à Virginie. — Je n'ai pas envie de la voir traîner la misère avec un chenapan de ton espèce!

— Mais où voulez-vous que je les prenne, ces mille francs?

— Ce n'est point mon affaire, c'est la tienne. — Il y va de l'honneur de Baudu, et c'est sacré ça!... — Si demain je n'ai pas les mille francs, je mettrai les pieds dans le plat et je dirai tout à ton frère.

— Vous ne ferez pas cela... — balbutia Richard avec une épouvante qui dissipa momentanément son ivresse ; — vous ne ferez pas cela !

— Je le ferai, et sans hésiter, je t'en fiche mon billet... — Ton frère a répondu de toi ici... C'est à lui que je confierai ma position...

— Alors, vous êtes sans pitié?

— Sans pitié pour qui n'a ni conduite, ni courage, ni délicatesse...

— Parler de cela à mon frère, c'est l'exciter contre moi... C'est mettre la brouille entre nous, c'est vouloir me pousser à faire un coup de ma tête...

— Quand tu irais te jeter à l'eau, où serait le mal? — Un paresseux de moins, voilà tout !... Souviens-toi que je t'interdis de remettre les pieds dans cette maison avant de m'avoir rendu mes mille francs...

Richard bondit.

— Vous me chassez?... — fit-il d'une voix sifflante.

— Parfaitement... — Je veux mon dû, et je ferme ma porte à l'homme sans honneur qui me flanque dans le pétrin et m'y laisse.

— Ainsi, tout est rompu entre nous?...

— Tout! — répéta maman Baudu, au comble de l'énervement et de la colère. — Et si Victor n'est pas content, il n'a qu'à le dire... — Je ne tiens guère à avoir pour gendre le frère d'un malhonnête homme! — Allons, file et plus vite que ça !...

Depuis un instant Étiennette et Virginie prêtaient l'oreille avec une émotion et une terreur faciles à comprendre.

En entendant la menace faite par la matrone de rompre même le mariage d'Étiennette avec le contremaître, elles s'élancèrent toutes deux vers maman Baudu.

— Mère, — s'écria l'aînée des deux sœurs, les mains jointes, — calme-toi...

L'intervention des jeunes filles, loin de produire l'effet attendu, jeta de l'huile sur le feu.

— Me calmer! — répéta la marchande de vins en mettant ses gros poings sur ses fortes hanches. — Et c'est toi qui me dis ça! — Tu sais pourtant de quoi il retourne...

Virginie pleurait.

— Ma mère... — balbutia-t-elle à son tour.

— Je ne te parle pas!... Tais-toi... Tu devrais rougir de honte...

Étiennette reprit :

— Je suis sûre, mère, qu'aujourd'hui M. Richard comprendra mieux qu'il ne l'a fait jusqu'à présent toute la portée de vos paroles... — Il ne voudra pas que, par sa faute, le bonheur des autres soit brisé... — Il ne voudra pas que son frère ait à maudire sa conduite... — Il est honnête homme, n'en doutez pas, et il trouvera moyen, avant l'expiration du délai que vous lui accordez, de mettre votre honneur à l'abri en vous remboursant...

— Richard... Richard... — ajouta Virginie suppliante, — écoutez ma sœur, écoutez ma mère...

— Allons... allons... assez de jérémiades comme cela! — interrompit maman Baudu un peu radoucie, en poussant ses filles vers les fourneaux; — qu'il commence par s'acquitter et je verrai ensuite ce que j'ai à faire.

Le frère de Victor était sombre.

L'ivresse, momentanément dissipée, redevenait plus intense. — Une sorte de folie s'emparait de son cerveau.

— Oui... — murmura-t-il d'une voix sourde. — Oui, je m'acquitterai... oui, vous serez payée... — Trois jours... — Eh bien, avant trois jours, vous aurez ce que je vous dois...

Et il sortit en chancelant.

— Payez-vous, s'il vous plaît... — dit Léopold en jetant une pièce de cent sous sur la table.

Maman Baudu lui rendit la monnaie.

Il la prit et se hâta de quitter la grande salle.

Aussitôt dehors, il jeta un coup d'œil autour de lui.

Richard, immobile à vingt pas du restaurant, gesticulait en se parlant à lui-même.

— Elle m'a dit des gros mots à la douzaine! — murmurait-il. — Ça ne serait rien, mais elle va raconter la chose à Victor si je ne paye pas... et tout sera rompu! — Malheur! — Où veut-elle que je les prenne, ces mille francs? — Depuis un mois je cherche... Je n'ai trouvé personne qui puisse me les prêter. — Est-ce qu'on prête mille francs comme ça, à un simple ouvrier?... — Victor est toqué d'Étiennette... — Si son mariage manque à cause de moi, il est capable de me casser les reins... et je ne l'aurai pas volé, car je suis un boit-sans-soif, un chenapan, un propre à rien... il n'y a pas à dire non!... — Et Virginie!... Virginie... j'ai un fort béguin pour elle, sans qu'il y paraisse... — Fau-

Une main le saisit par le collet de son vêtement et le rejeta en arrière.

drait ne plus la revoir et rougir devant tout le monde... — Ah! bien, non, et *zut* à la vie ! Elle n'est pas déjà si drôle, la vie... — Mieux vaut en finir tout de suite... — Trois minutes et plus personne ! Bonsoir la compagnie ! — C'est entendu... Je vas me noyer...

Et Richard prit sa course du côté de Bercy, aussi vite que le lui permettait son allure festonnante d'homme parfaitement ivre.

Léopold le suivit.

L'ex-réclusionnaire n'avait pas perdu un mot du petit monologue que nous venons de sténographier.

Richard atteignit le pont de Bercy et s'y engagea.

A quelques pas en arrière venait Léopold.

Au milieu du pont Richard s'arrêta et, s'accoudant au parapet, se pencha vers la rivière.

Les eaux noires grondaient sourdement au-dessous de lui en heurtant les piles.

Une sorte de vertige s'empara de lui.

Il eut peur et recula instinctivement, mais presque aussitôt sa résolution farouche reprit le dessus ; — de nouveau il voulut mourir et se rapprochant du parapet il se mit en devoir de l'enjamber, ce qui, dans son état d'ivresse, n'était pas précisément facile.

Néanmoins il allait y parvenir quand une main le saisit par le collet de son vêtement et le rejeta en arrière, tandis qu'une voix disait à son oreille :

— Eh bien ! l'ami, quelle singulière idée vous prend de faire un plongeon ? — Nous ne sommes pas, ce me semble, dans la saison des bains froids...

— Laissez-moi... — fit l'ivrogne en essayant de se débattre. — Tonnerre du diable, fichez-moi la paix !... — Si je veux piquer une tête, ça ne regarde que moi !...

XXXVIII

Léopold était vigoureux.

Sa main ne lâcha point prise et cloua sur place le frère de Victor Béralle.

En même temps il ajoutait d'un ton ferme :

— Allons, pas de bêtises, mon petit Richard !... Ce n'est pas pour un malheureux billet de mille francs qu'on s'amuse à se noyer à votre âge...

Le jeune homme, en entendant ces mots, cessa toute résistance.

Un ahurissement complet s'empara de lui.

— Vous me connaissez ?... — balbutia-t-il.

— Parbleu ! — Richard Béralle, amoureux de la petite Virginie Baudu, une jolie fille, fraîche comme un bouton de rose, et dont la sœur Étiennette doit épouser votre frère dans une quinzaine de jours.

— Puisque vous savez ça, vous savez aussi que maman Baudu m'a flanqué à la porte...

— Sans doute ; mais avant trois jours elle vous rouvrira sa porte et ses bras... — Je m'en charge...

— Vous vous en chargez ?

— Parfaitement.

— Vous avez donc un billet de mille francs à me prêter?...
— Peut-être...
Richard tressaillit.
— Est-ce une blague? — demanda-t-il.
— Pas le moins du monde... C'est très sérieux... — Il dépend de vous d'avoir les mille francs en question...
— Que faut-il faire pour cela? — Dites... Parlez... Je suis prêt à tout... à tout, vous m'entendez bien...
— Prenez mon bras et venez.
Richard fixa ses yeux hébétés sur l'homme qui lui parlait ainsi, puis brusquement il lui saisit le bras en s'écriant :
— Allons... — Quand vous seriez le diable, je vous suivrais...
L'ex-réclusionnaire l'entraîna.
Ils remontèrent tous deux vers le quai de Bercy.
Au bout d'un instant l'ivrogne ralentit le pas et bégaya :
— Je vous ai demandé ce qu'il faudrait faire pour gagner les mille francs, et vous ne m'avez point répondu...
— Je vous répondrai tout à l'heure...
Sur le quai de Bercy, Léopold s'arrêta devant la boutique d'un marchand de vins.
— Entrons... — dit-il en ouvrant la porte et en poussant Richard devant lui ; puis, s'adressant au maître de la maison : — Avez-vous un cabinet?
— Oui, monsieur, au fond... il y a un poêle... vous serez très bien... — Qu'est-ce qu'il faudra vous servir?
— Un saladier de vin chaud.
— Bravo! — murmura Richard. — Le vin chaud, c'est ma passion...
Les deux hommes entrèrent dans le cabinet bien clos, parfaitement isolé de la première salle où se trouvaient quelques buveurs fumant et jouant aux cartes.
Richard, de plus en plus abruti par le changement de température, se laissa tomber sur une chaise.
Un garçon apporta le vin chaud, d'où s'échappait une odeur excitante de citron et de cannelle.
Léopold remplit les verres.
— Trinquons... — s'écria-t-il.
L'ivrogne but d'un seul trait une ample rasade, fit claquer sa langue et, galvanisé en quelque sorte par le breuvage quasi bouillant, il dit d'une voix raffermie :
— Tu me connais, c'est clair, puisque tu sais mon nom et le reste... Mais moi, j'ai beau te regarder, je ne te connais pas... Je ne t'ai jamais vu...
— Ça ne fait rien... — répliqua l'évadé de Troyes. — Tu n'as pas besoin de

me connaître, pourvu que je te vienne en aide... — Tout à l'heure nous causerons, mais buvons d'abord... — J'ai eu froid... j'ai besoin de me réchauffer le torse... — A ta santé !...

— A la tienne !...

Les verres furent vidés, remplis de nouveau, et Léopold reprit :

— Là... ça va mieux... — Présentement il s'agit de nous entendre... — La situation est très simple... — Tu as besoin d'un billet de mille...

— Oh ! oui... — fit Richard en passant sa main sur son front brûlant.

L'ex-réclusionnaire poursuivit :

— Ces mille francs, la mère Baudu les a pris, pour te rendre service, dans la caisse des ouvriers dont son mari est le dépositaire...

— Et il faut qu'elle les remette où elle les a pris... — murmura Richard en bégayant de nouveau.

— Sinon, on accuserait son mari de détournement, n'est-ce pas ?

— Oui...

— A moins qu'elle ne prenne l'argent sur la dot de sa fille Étiennette, ce qui la forcerait à dire à papa Baudu et à ton frère que tu as emprunté et que tu n'as pas rendu, malgré tes belles promesses.

— Oui... — répéta Richard.

— Tu as mis la brave femme dans une fichue position, mon vieux...

— Ah ! je le sais bien... — Aussi je voulais me noyer, et ça serait fini si tu ne m'en avais pas empêché... — Buvons...

— C'est ça... — A ta santé !

— A la tienne !... — Et je retournerais piquer une tête en sortant d'ici, si tu ne me tirais pas d'affaire...

— Un peu de patience, donc ! — fit Léopold en riant. — Les mille francs que je te prêterai peut-être te feraient-ils rentrer complètement dans les bonnes grâces de la maman Baudu ?

— Je lui dois, outre cela, trois cents francs de nourriture... — Total, treize cents.

— Ces treize cents francs payés, tu deviendrais le futur officiel de Virginie ?...

— Oui, mais avant de l'épouser il faudrait attendre bigrement longtemps...

— Pourquoi ?

— Parce que les parents exigeront que j'aie économisé cinq mille francs qui, joints à cinq mille dont j'ai hérité, mais auxquels je ne peux pas toucher, feront dix mille... et jamais... jamais... je ne viendrai à bout d'amasser ça... Je me connais bien... — Donne-moi à boire...

Léopold remplit le verre que lui tendait Richard et reprit :

— Eh bien, mon vieux, si, après avoir payé ta dette de treize cents francs, on te fournissait *illico* une jolie dot de cinq mille, ce qui te permettrait de te marier en même temps que ton frère, qu'est-ce que tu dirais de ça ?...

— Je dirais que c'est impossible.

— Pas tant que tu crois, peut-être... — Et la preuve, c'est que je t'offre positivement une somme de six mille trois cents francs...

— Sans me connaître?...

— Tu sais bien que je te connais... — Admets si tu veux que je sois fou, mais mon offre est sérieuse... — Il dépend de toi de toucher le magot en beaux billets de banque.

— A quelles conditions?

Au lieu de répondre, Léopold frappa sur la table et commanda un nouveau saladier de vin chaud qui fut immédiatement apporté.

Richard buvait sans relâche depuis le commencement de l'entretien.

La chaleur lourde du poêle lui portait à la tête autant que la boisson ; — sa langue était redevenue pâteuse; un désordre absolu régnait dans ses idées.

Léopold suivait de l'œil cette ivresse grandissante.

— Il faudra le tenir à ce point-là pendant trois jours... — pensait-il en remplissant les verres dès que le garçon fut sorti.

Le frère de Victor vida le sien et balbutia...

— Les conditions... les conditions...

— Tu aimes Virginie Baudu? — fit brusquement l'évadé de Troyes.

Les yeux de l'ivrogne flamboyèrent.

— Oui... — répondit-il, — oui, je l'aime...

— Es-tu jaloux?

Richard regarda d'un air stupide son interlocuteur et balbutia, les dents serrées :

— Pourquoi me demandes-tu cela?

— Pardieu!... pour le savoir, tout bonnement...

— Explique-toi, tonnerre! — On ne joue pas avec ça... ça mord!...

— Si tu apprenais qu'un particulier quelconque fait la cour à Virginie et ne lui déplait pas, qu'est-ce que tu ferais?

— Je tuerais ce particulier... fallût-il l'étouffer avec mes mains...

— Très bien... — Tu comprends la jalousie, je le vois...

— Oh! oui...

— Alors, nous allons nous entendre...

— Parle donc!...

Et Richard but de nouveau.

Léopold reprit :

— Moi aussi, j'aime... J'aime une jeune fille, ou plutôt je l'adore... J'en suis fou... — Elle m'a juré qu'elle m'aimait, mais c'était un mensonge... Elle ne consent à m'épouser que parce que je suis riche...

— Donc elle te trompait?...

— Elle me trompe...

— Lâche-la vite, alors, et étrangle le gredin qui l'empêche de t'aimer...
— Non...
— Pourquoi?
— Parce que je ne suis sûr de rien... Je n'ai que des doutes... des soupçons...
— Et tu veux une certitude?...
— Oui... — Je sais que l'homme qui la détourne de moi lui a écrit... lui écrit tous les jours... — C'est dans les lettres de cet homme que je trouverai la preuve de la trahison...
— Il te faut ces lettres?
— Il me les faut coûte que coûte...
— Tu comptes sur moi pour les avoir?
— Oui, et pour me venger si l'on m'a pris pour dupe...
— Ça me va...
— Je savais bien que tu étais un bon garçon, que tu me comprendrais, et que nous serions vite d'accord... C'est pour ça que, sans hésiter, je me suis adressé à toi...

XXXIX

— Si je t'apporte les lettres, tu me donneras six mille trois cents francs... — reprit Richard Béralle.
— C'est chose convenue... — Service pour service... — répondit Léopold.
— Que faut-il faire?...
— La jeune fille que j'aime et que je comptais épouser doit aller recueillir un petit héritage à Nogent-sur-Seine où elle passera quelques jours... — Elle n'oserait laisser chez sa mère en son absence les lettres compromettantes... — Elle les emportera... — Il te sera facile de t'en emparer, grâce à mes indications...
Richard tressaillit.
Une lueur vague se faisait dans son cerveau obscurci par l'ivresse.
— Ça serait un vol... — balbutia-t-il.
Léopold haussa les épaules et répliqua :
— Si c'était de l'argent, oui, ce serait un vol, mais il ne s'agit que d'une innocente soustraction, grâce à laquelle j'éviterai peut-être le malheur de ma vie...
— Pourquoi ne prends-tu pas les lettres toi-même?...
— Parce que la jeune fille se tiendrait sur ses gardes en me voyant; si elle est vraiment coupable, et que, si elle est innocente, elle ne me pardonnerait pas de l'avoir soupçonnée...
— Comment mettrai-je la main sur les lettres, moi?...

— Tu peux m'accompagner à Nogent?
— Je peux t'accompagner n'importe où...
— Eh bien, en temps et lieu, je t'indiquerai la marche à suivre.
— Suffit. — Quand partirons-nous?
— Cette nuit.
— Cette nuit! — répéta Richard avec étonnement.
— Dans deux heures, à minuit trente-cinq minutes.
— Soit... — Mais mon argent? — ajouta l'ivrogne en regardant son interlocuteur bien en face, avec une défiance manifeste. — Quand toucherai-je mon argent?

— Treize cents francs tout de suite... et le reste quand tu me remettras les lettres en question...

Richard eut un rire épais, son visage s'empourpra, les veines de ses tempes se gonflèrent.

— Donne... — balbutia-t-il d'une voix entrecoupée. — Donne... je veux voir...

L'ex-réclusionnaire exhiba son portefeuille assez bien garni.

Il en tira un billet de mille francs qu'il posa sur la table en face du jeune homme, puis, à côté de ce billet, il aligna quinze louis...

Les yeux de Richard étincelaient.

— C'est à moi, ça?... — s'écria-t-il en posant ses mains tremblantes sur le papier de la Banque et sur les pièces d'or.

— C'est à toi...

— Et je vais pouvoir payer maman Baudu...

— Naturellement...

— Et, à notre retour de Nogent-sur-Seine, j'aurai les cinq mille balles qui me permettront d'épouser Virginie?...

— Tu les auras.

— Allons, tu es un ami, toi... un bon... un vrai... un sauveteur médaillé, parole d'honneur!

Et l'ivrogne, dans son effusion, serra les mains de Léopold contre sa poitrine, puis reprit :

— Dis donc... il y a une chose à laquelle je tiendrais beaucoup...

— Quelle chose?

— Je voudrais donner cet argent à maman Baudu avant de partir... La brave femme serait si contente...

— Pourquoi pas? — A quelle heure ferme l'établissement?

— A onze heures et demie...

— Eh bien, alors, en route...

— Nous allons?

— Chez ta future belle-mère.

Richard se leva, mais il fut contraint de s'accrocher à Léopold pour ne pas tomber, — ses jambes fléchissaient sous lui.

Au coin de la rue de Bercy se trouve une station de voitures.

L'évadé de Troyes fit monter son compagnon dans un fiacre et dit au cocher :

— A l'heure, — avenue de Saint-Mandé, à l'angle de la rue de Picpus. — Ventre à terre... Pourboire soigné...

Le cocher fit claquer son fouet et le cheval partit au grand trot.

En moins de dix minutes on atteignit l'endroit désigné.

— Tonnerre ! — balbutia l'ivrogne qui vit les volets clos, — c'est fermé...

— Oui, mais il y a de la lumière à l'intérieur... — Nous frapperons...

Léopold descendit le premier et fit descendre Richard qui se soutenait à peine, puis il heurta vigoureusement la porte à deux ou trois reprises.

La patronne attendait son mari dont l'inexplicable retard l'inquiétait outre mesure.

— Qui est là ? — demanda-t-elle.

— Moi, maman Baudu... — répondit le frère de Victor.

— Je n'ouvre pas... — répliqua la marchande de vins en reconnaissant la voix de l'ivrogne.

L'ex-réclusionnaire intervint.

— Ouvrez, madame... — dit-il ; — je vous assure qu'il y va de vos intérêts...

Ces paroles énigmatiques produisirent leur effet.

Mme Baudu se persuada qu'on venait lui apporter des nouvelles de son mari auquel un accident pouvait être arrivé.

Elle tira les verrous et fit tourner la clef dans la serrure.

La porte s'entrebâilla seulement, car la brave femme en maintenait le battant à demi fermé.

— Qu'est-ce que vous voulez, positivement ? — demanda-t-elle. — Je ne donne pas à boire à cette heure-ci, et tu devrais savoir, — ajouta-t-elle en s'adressant à Richard, — que ta visite m'est désagréable à n'importe quelle heure. — Je suis payée pour ça !

L'ivrogne voulut parler.

L'ex-réclusionnaire lui coupa la parole.

— Madame, — fit-il en saluant la matrone, — je vous ai dit tout à l'heure qu'il s'agissait de vos intérêts, et rien n'était plus exact. — Vous allez en avoir la preuve si vous voulez bien m'accorder une minute d'attention...

Ce petit discours très simple et très sensé rassura maman Baudu.

— Entrez... — dit-elle en ouvrant la porte tout à fait.

Les deux hommes franchirent le seuil.

— De quoi s'agit-il ? — reprit la maîtresse de l'établissement.

— Je suis entrepreneur, — répliqua Léopold en contenant l'ivrogne qui bégayait et gesticulait, pris d'un désir immense de s'expliquer lui-même, mais in-

— J'écrirai, maman, je vous le promets.

capable d'en venir à bout. — J'ai besoin d'un contremaître intelligent, et depuis longtemps je connais Richard... — Il a de grands défauts, je le sais, mais je ne le crois point incorrigible... — Il est venu me trouver ce soir, me demandant la place que je lui avais promise et me suppliant de lui avancer une somme d'argent qu'il vous doit et qui, paraît-il, vous est nécessaire en ce moment... — Il m'a paru si sincèrement désolé de vous avoir mise dans l'embarras que je n'ai pas eu le courage d'accueillir sa demande par un refus, et que je viens avec lui vous payer...

— Maman Baudu... maman Baudu... — bégaya Richard en versant de grosses larmes dans lesquelles le vin entrait pour une bonne part, — vous ne direz plus, présentement, que je suis un vaurien... un propre à rien... une canaille !... Vous ne le direz plus !...

La brave femme était très émue.

— C'est bien, garçon, ce que tu as fait là... — répondit-elle; — je suis contente de toi...

Puis, s'adressant à Léopold, elle ajouta :

— Je vous remercie de tout mon cœur, monsieur... — dit-elle; — la confiance que vous témoignez à Richard, et dont il sera digne, j'en suis sûre, me rend un grand service... — Est-ce que vous l'emmenez en province ?...

— Pour quelques jours seulement... — J'ai besoin qu'il surveille un chantier que j'installe, mais il sera bientôt de retour à Paris.

— Et vous partirez?

— Cette nuit même... — Nous n'avons que le temps de nous rendre au chemin de fer...

— Richard a-t-il prévenu son frère ?...

— Il le préviendra demain par un mot... — L'heure nous presse... — Veuillez donc, madame, régler sans retard avec votre débiteur repentant.

— Je sais son compte sur le bout du doigt... — C'est, avec la nourriture, douze cent quatre-vingt-sept francs...

L'ivrogne tira de sa poche l'argent que lui avait donné Léopold, et l'étala sur une table.

— Payez-vous, maman... — fit-il. — Car à cette heure je peux vous appeler maman, hein?

La joie de toucher à l'improviste un argent qu'elle considérait, dix minutes auparavant, comme bien compromis, faisait oublier à la bonne femme le retard de plus en plus inexplicable de son mari, habituellement si régulier.

— Eh bien ! et la dot? — répliqua-t-elle en riant. — Tu oublies la dot...

— Soyez paisible, maman... soyez paisible... Avant qu'il soit longtemps, il y aura du nouveau... il y en aura, maman...

— Nous verrons... — Et où vas-tu comme ça, fiston?

— A Lille... — s'empressa de répondre Léopold en faisant un signe à Richard.

— Écris-nous au moins. — Dis-nous que tu te corriges et que tu deviens sage, rapport à la boisson... — Ça fera plaisir à Virginie...

— J'écrirai, maman, j'écrirai, je vous le promets... Virginie, pauvre chatte... Ça lui fera plaisir... — Dites-lui que je l'idole et que je vas travailler pour son bonheur, pour notre bonheur.

— Je n'y manquerai pas... Bon voyage, fiston, et bonne chance !

Maman Baudu rendit la monnaie sur les treize cents francs, voulut à toute force signer un reçu, embrassa Richard que le vin et l'émotion rendaient de plus en plus larmoyant ; puis les deux hommes quittèrent le restaurant dont la patronne referma la porte derrière eux.

— Tu es rien blagueur, toi, ma vieille... — balbutia l'ivrogne en se cramponnant à son compagnon pour ne pas rouler à terre. — Mon patron... un entrepreneur... contremaître dans ton chantier à Lille... Et maman Baudu a coupé dans le pont !... — Non, ma parole, j'en rirai longtemps !...

— Silence donc ! — Il fallait bien donner un prétexte à ton absence.

— Tu es épatant, oh ! mon bienfaiteur, et le jour de ma noce avec Virginie, tu seras mon garçon d'honneur !

XL

Les deux hommes étaient arrivés près de la voiture qui les attendait et dans laquelle ils montèrent.

A minuit et quart ils arrivaient à la gare du chemin de fer de l'Est.

A minuit trente-cinq minutes ils partaient pour Nogent-sur-Seine.

Paul Lantier, lui, avait regagné la rue de l'École-de-Médecine en compagnie de Renée.

La jeune fille prit possession de la chambre qu'elle avait occupée pendant sa maladie, et son fiancé, après lui avoir souhaité une bonne nuit et donné sur le front le plus chaste baiser, s'installa dans la pièce voisine.

L'étudiant n'éprouvait aucune envie de dormir ; — il se persuadait d'ailleurs que Zirza, ne trouvant personne rue Beautreillis et renseignée par la concierge, pouvait arriver d'un moment à l'autre.

Tout en l'attendant il résolut d'examiner de nouveau, et avec plus d'attention, les papiers que Jarrelongo à l'agonie lui avait donnés.

Il relut la lettre écrite à Renée pour l'attirer dans le piège, parcourut différentes notes sans grande importance ayant appartenu à Ursule Sollier, et enfin ouvrit le volume manuscrit portant à la première page cette indication : *Souvenirs de ma vie et de mes voyages*, et la signature du comte de Terrys.

Paul s'absorba dans la lecture de ces *Souvenirs* dont l'intérêt commençait dès les premières pages, mais le manuscrit était volumineux et le jeune homme, se sentant peu à peu gagné par le sommeil, comprit qu'il ne pourrait en achever la lecture en une seule nuit.

Il se contenta donc, au bout de deux heures, de feuilleter le volume en différents endroits, et il arriva au dernier feuillet écrit par le comte avant sa mort.

Quelques lignes tracées à l'encre rouge et soigneusement guillemetées attirèrent son attention et triomphèrent de la torpeur qui l'envahissait.

Il lut :

« J'ai toujours refusé de consulter un médecin, par le motif que je fais profession, à l'endroit de la science médicale, d'une incrédulité complète.

« Ce qui m'a soutenu, ce qui m'a permis de vivre, quoique mortellement atteint, c'est un remède mystérieux, connu de moi seul en Europe.

« Ce remède — le plus violent des poisons, peut-être, si on l'administre sans méthode et sans prudence — est le venin desséché d'un reptile des tropiques, le crotale.

« Une boîte de cristal de roche contient ce qui reste de ce poison sauveur.

« Cette boîte se trouve dans le petit meuble où sont renfermés ces *Souvenirs*.

« Si, après ma mort, en présence de mon corps saturé de poison, on accusait quelqu'un d'un crime, la présente déclaration suffirait pour justifier l'innocent... »

Une exclamation de surprise s'échappa des lèvres de l'étudiant qui relut pour la seconde fois, en pesant chaque mot, les phrases précédentes.

— Mon Dieu... mon Dieu... — fit-il ensuite avec un élan d'indicible joie, — mais ceci est la preuve indiscutable de l'innocence de Mlle de Terrys ! — Oh ! bénie soit la Providence qui a permis à ce volume de tomber dans mes mains... — Avant que la journée soit finie, Honorine sera libre et pourra relever la tête !

A cette pensée joyeuse succéda une pensée sombre.

— Quels misérables ont dérobé ce livre ? — se demanda-t-il, — et quel était leur but ?

Mille suppositions, mille conjectures, s'agitaient confuses dans le cerveau de Paul...

La vérité terrible, écrasante, ne pouvait pas encore apparaître au jeune homme...

Minuit sonnait.

Il semblait certain, désormais, que Zirza ne viendrait pas.

L'étudiant serra dans un meuble le manuscrit du comte et s'étendit tout habillé sur le divan qui devait lui servir de couche.

Le lendemain matin ce fut Renée qui le réveilla en frappant à la porte de la chambre.

Il sauta en bas de son lit improvisé, fit une toilette rapide et, à l'heure convenue entre Victor Héralle et lui, il arrivait avec sa fiancée à la gare de l'Est.

Le contremaître les attendait depuis dix minutes.

Paul lui donna le petit paquet cacheté que Renée devait remettre en mains propres à Me Audouard, notaire à Nogent-sur-Seine.

— Mon ami, — lui dit-il, — en vous confiant ma fiancée je vous confie plus que ma vie... — Veillez bien sur elle!

— Je veillerai... — répliqua simplement Victor en serrant la main de l'étudiant.

.·.

A quatre heures onze minutes du matin, Léopold Lantier et Richard Béralle étaient arrivés à Nogent-sur-Seine.

Richard se trouvait toujours sous l'influence de son ivresse de la veille.

Léopold se promettait bien de l'entretenir dans cet état de surexcitation jusqu'au moment où il aurait exécuté ce qu'il devait lui commander de faire.

En descendant du chemin de fer, l'évadé de Troyes conduisit son compagnon dans une auberge sans apparence, voisine de la gare.

Il demanda deux chambres, fit coucher Richard, se coucha lui-même, mais eut grand soin d'être debout dès neuf heures du matin, afin de surveiller l'arrivée de Renée que Paul Lantier, — croyait-il, — devait accompagner.

Le frère du contremaître ronflait, les poings fermés.

— Je le laisserai dormir jusqu'au moment du déjeuner... — se dit Léopold en regardant l'ivrogne. — D'ici là, soyons à nos affaires...

Et il sortit.

Nous avons dit que son costume le rendait méconnaissable, — il le savait et ne craignait point d'être reconnu par Renée.

Le train, parti de Paris à sept heures dix minutes, devait arriver à Nogent à dix heures cinquante-huit.

Avant dix heures et quart, Léopold flânait déjà aux environs de la gare et piétinait d'impatience, tandis que ceux qu'il attendait n'étaient encore qu'à Longueville.

Victor Béralle et Renée voyageaient dans un compartiment de première classe où ils se trouvaient seuls.

Pendant le trajet, ils avaient longuement causé du but de leur voyage et des mystérieux ennemis qui menaçaient la jeune fille.

Le contremaître cherchait un moyen d'écarter tout péril de celle qu'il protégeait, et d'échapper aux recherches des misérables qui peut-être préparaient des embûches dans l'ombre.

— Voici ce que je crois nécessaire... — dit-il à Renée. — Si vos persécuteurs ont suivi votre piste, il faut lutter de ruse avec eux... — On vous croyait certainement accompagnée par M. Paul... — En ne le voyant point auprès de vous, on supposera que vous voyagez seule, car on ne me connaît pas et on ignore que je le remplace... — Votre isolement apparent doublera l'audace des scélérats et leur fera sans doute oublier leur prudence habituelle... — Je ne sais quel instinct m'avertit que ce voyage à Nogent nous les fera connaître, qu'ils se démasqueront et qu'il me sera permis, non seulement de vous défendre contre eux, mais encore de les livrer à la justice.

— Dieu le veuille !... — murmura Renée. — Que comptez-vous faire ?

— Il vous semble impossible, n'est-ce pas, qu'on ose vous attaquer en plein jour dans les rues de Nogent ?

— Impossible, oui...

— Donc vous n'aurez pas peur ?...

— Certes, non !

— Eh bien ! en descendant du chemin de fer, nous aurons l'air d'être l'un pour l'autre des étrangers... — Vous irez en avant, toute seule... — Je vous suivrai à quinze ou vingt pas de distance, veillant bien et serrant sur ma poitrine les précieux papiers que m'a confiés M. Paul... — Vous demanderez au premier passant venu l'adresse de M· Audouard et vous vous y rendrez... — J'y arriverai deux secondes après vous...

— J'ai compris... — répondit Renée. — Je marcherai sans la moindre inquiétude, je vous assure, et vous surveillerez tout ce qui se passera près de moi...

— C'est cela même... — Ainsi, vous acceptez mon idée ?

— Je la trouve excellente...

L'arrivée du train à Nogent interrompit l'entretien.

Renée descendit la première et, obéissant aux instructions de Victor, sortit seule de la gare.

Le contremaître marchait à vingt pas derrière elle, prêt à lui prêter main-forte en cas de besoin ; mais il semblait insensé d'admettre la possibilité d'une agression en plein jour, dans des rues pleines de monde.

Léopold, aux aguets, vit sortir la jeune fille.

— Tiens ! tiens ! tiens ! — se dit-il. — Elle est seule ! — Que diable a-t-elle pu faire de son chevalier servant, le joli Paul, mon gracieux neveu ? — L'intéressant jeune homme aura été retenu à Paris par quelque examen, car il paraît que c'est un piocheur... — Grand bien lui fasse ! — Allons, tout va le mieux du monde et la besogne sera facile...

Puis, se donnant l'allure d'un bon bourgeois du pays vaquant à ses affaires, il suivit Renée.

Plusieurs personnes causaient à la porte d'une maison.

La fille de Marguerite s'arrêta près de ce groupe.

Victor Bérallo, ne voulant point la dépasser, ralentit le pas en même temps, et tirant de sa poche un cigare fit craquer une allumette pour l'enflammer.

Léopold, au contraire, s'arrangea de manière à se trouver à côté de Renée au moment où elle demandait à un des causeurs :

— Voudriez-vous bien, monsieur, m'indiquer où se trouve l'étude de M· Audouard, notaire ?...

— Avec grand plaisir, mademoiselle.

Puis le personnage interrogé donna les indications les plus détaillées.
Renée remercia et suivit l'itinéraire qu'on venait de lui tracer.
A son tour elle dépassa Léopold.
Victor Béralle se remit en marche.
La jeune fille parcourut successivement plusieurs rues qui s'enchevêtraient les unes dans les autres, et s'arrêta devant une maison dont les deux classiques panonceaux dorés couronnaient la porte.
Cette porte était close.
La fille de Marguerite sonna.
Une domestique vint lui ouvrir.
Elle entra.

XLI

Au moment où la jeune fille s'arrêtait, Léopold, de son côté, fit halte.
Il se trouvait devant un café faisant face à la maison ; il en franchit le seuil.
Victor Béralle avait jeté sur l'ex-réclusionnaire un regard investigateur, et rien en sa personne non plus qu'en son allure ne lui avait paru suspect.
Pendant une ou deux secondes le contremaître examina avec une apparente attention les gravures étalées derrière les vitres d'un libraire papetier et marchand de journaux.
Puis, à son tour, il alla sonner à la porte de M° Audouard.
La servante vint ouvrir.
Il rejoignit Renée qui l'attendait dans le corridor.
— Rien d'inquiétant, — pensa-t-il, — mais enfin on ne saurait prendre trop de précautions.
Les deux jeunes gens entrèrent dans l'étude où le maître clerc les reçut.
— M° Audouard est-il visible ? — lui demanda Victor.
— Le patron est absent, monsieur, — répondit le principal.
— A quelle heure de la journée pourrons-nous venir avec chance de le rencontrer, je vous prie ?
— M° Audouard n'est point à Nogent... Il ne doit y revenir que demain matin dimanche, et le dimanche l'étude est fermée.
Victor et Renée ne pouvaient prévoir un pareil contretemps.
Un désappointement immense se peignit sur leurs visages.
Cette expression n'échappa point au maître clerc qui s'empressa d'ajouter :
— Mais je remplace le patron, je suis muni de ses pouvoirs, et rien ne m'empêchera de vous répondre à sa place, si l'affaire qui vous amène ne réclame pas formellement sa présence... Voulez-vous m'apprendre le motif de votre visite ?...

— Monsieur, — dit Victor, — j'accompagne mademoiselle qui vient remettre à Mᵉ Audouard un paquet cacheté sortant de l'étude de Mᵉ Emile Auguy, notaire à Paris... — Ce paquet doit être ouvert par votre patron...

— Veuillez, monsieur, me montrer le paquet dont il s'agit.

Victor Béralle tira de la poche de côté de son pardessus la mystérieuse enveloppe et la présenta au principal.

Celui-ci lut attentivement la suscription signée Robert, et au bout d'une ou deux secondes il répliqua :

— J'outrepasserais mes pouvoirs en brisant ces cachets... — Il s'agit ici d'une affaire secrète que le patron seul doit connaître... — Je ne puis agir...

— Je comprends les motifs qui vous engagent à vous abstenir, monsieur... — murmura Renée. — J'avais cependant hâte de savoir ce que contient cette enveloppe.

— Il vous faudra, mademoiselle, attendre le retour de Mᵉ Audouard pour satisfaire votre curiosité...

— Et l'étude est fermée demain dimanche, avez-vous dit?...

— Oui, mademoiselle, c'est la règle...

La fille de Marguerite poussa un soupir...

— Nous reviendrons lundi... — fit-elle ensuite tristement.

— C'est cela, — venez lundi, de très bonne heure; car le patron doit prendre le train de dix heures et demie pour se rendre à Troyes où l'appelle monsieur le procureur de la République...

— Pourrons-nous venir à huit heures du matin?... — demanda Victor.

— Parfaitement ! — Le patron est debout dès la pointe du jour, et d'ailleurs je le préviendrai de votre visite...

— Nous vous en remercions d'avance...

Les deux jeunes gens quittèrent le cabinet du maître clerc.

Avant de sortir de la maison ils s'arrêtèrent un instant dans le couloir afin de se concerter.

— Qu'allons-nous faire, monsieur Victor? — balbutia Renée.

— Nous n'avons qu'un parti à prendre : — nous armer de patience et attendre, en continuant à nous entourer des plus grandes précautions...

— Il va falloir loger dans un hôtel...

— Malheureusement, oui... — Je vais sortir d'ici le premier... — Je marcherai lentement, et c'est vous qui me suivrez cette fois, en conservant entre nous une distance de vingt à vingt-cinq pas... — Vous me verrez entrer dans un hôtel, vous y entrerez à votre tour un instant après moi... — Vous demanderez une chambre, et je m'arrangerai de façon à en avoir une près de la vôtre...

— C'est convenu... Je ne vous perdrai pas de vue...

Victor ouvrit la porte extérieure, s'engagea sur le trottoir et descendit la rue avec une lenteur calculée.

Tu es rien blagueur, balbutia l'ivrogne en se cramponnant à son compagnon.

Léopold, installé dans le café derrière le vitrage, avait les yeux fixés sur la porte du notaire.

Il vit passer le contremaître, mais ne fit aucune attention à lui.

Renée, après avoir attendu deux ou trois minutes, sortit à son tour.

Son visage gardait les traces du désappointement qu'elle venait de subir.

— La voici… — se dit Léopold. — Pas trouvé le notaire la petite… —

remise à lundi... Très contrariée... — Obligée d'aller à l'hôtel pour quarante-huit heures. — Ça fait parfaitement mon affaire...

Et il quitta le café pour suivre la jeune fille à distance.

Victor Béralle venait d'entrer dans le premier hôtel qui s'était trouvé sur son chemin.

Cet hôtel, très ancien, portait pour enseigne un *cygne* soutenant une *croix*, avec ce légendaire jeu de mots cher à nos bons aïeux :

AU CYGNE DE LA CROIX

Léopold se trouvait trop en arrière pour voir le contremaître en franchir le seuil.

Renée pénétra sous la voûte un peu après Victor, entra dans la salle commune où l'avait précédée le jeune homme qu'elle ne parut point connaître, demanda à déjeuner et eut soin de prendre place à table assez loin de son compagnon de voyage.

L'ex-réclusionnaire nota sur son carnet l'adresse de l'hôtel et regagna la petite auberge borgne où il était descendu.

Tout en marchant il pensait.

— Je sais ce que je voulais savoir... — Nous agirons en temps utile...

Après son déjeuner, la fille de Marguerite se fit donner une chambre.

On la conduisit au premier étage où on lui ouvrit le numéro 3.

Victor attendait, pour demander une chambre à son tour, qu'on eût désigné à la fiancée de Paul celle qu'elle devait occuper.

Au moment où se passe notre récit les voyageurs étaient peu nombreux.

— Je tiens à loger au premier étage... — dit le contremaître.

On l'installa dans une assez grande pièce contiguë au logement de Renée.

Une porte de communication les réunissait au besoin.

Pour le moment cette porte était fermée à double tour, et la clef se trouvait du côté de la jeune fille.

Renée et le brave garçon qui veillait sur elle avec une sollicitude de frère comprenaient bien qu'il serait utile, peut-être même indispensable, de pouvoir se mettre en rapport.

Victor s'approcha de la porte de communication contre laquelle il frappa deux petits coups discrets.

La jeune fille, ayant appris par le bruit de ses pas qu'il était son voisin, courut à la porte.

— C'est vous, monsieur Victor? — demanda-t-elle à mi-voix.

— Oui, mademoiselle... — Nous ne sommes séparés que par cette porte...

— Je puis l'ouvrir...

— Avez-vous la clef?

— Elle est à la serrure, de mon côté...
— Je l'espérais bien... — Ouvrez donc...

Renée enleva la table de toilette qui se trouvait dans l'embrasure et ouvrit. Les deux jeunes gens se trouvèrent réunis...

— Tout est pour le mieux... — dit Béralle; — comme cela nous pourrons causer à notre aise sans qu'âme qui vive se doute que nous nous connaissons...
— Pour commencer je veux vous soumettre une idée...
— Laquelle?
— Ne vous semble-t-il pas nécessaire de prévenir M. Paul de l'absence du notaire, absence qui nous oblige à séjourner ici?...
— Je le crois tellement nécessaire que j'allais vous prier de lui envoyer une dépêche...
— Dans ce cas, je vais vous quitter afin d'expédier un télégramme rue de l'École-de-Médecine...
— Allez...
— Dans quelques instants je serai de retour auprès de vous...

Victor regagna sa chambre, dont Renée referma la porte derrière lui; il sortit de l'hôtel et se dirigea vers le bureau télégraphique de Nogent-sur-Seine, afin de mettre Paul Lantier au courant de la situation.

.·.

Nous prions nos lecteurs de vouloir bien nous suivre à Paris.

Marguerite Berthier, veuve Bertin, avait, en même temps que son neveu Paul, reçu du juge d'instruction chargé de l'affaire de Mlle Honorine de Terrys une assignation à témoin.

La pauvre mère, tout entière à la douleur qui l'oppressait plus que jamais, fut stupéfaite de cette assignation.

Brisée par ses recherches sans résultat, par ses rêves détruits, par ses espérances anéanties, elle ne songeait point à Honorine et se demandait ce qu'un magistrat pouvait lui vouloir.

La citation lui enjoignait de se trouver à midi au palais de justice.

A midi précis elle s'asseyait sur l'une des banquettes qui garnissent le long couloir desservant les cabinets des juges d'instruction.

Un garçon de bureau avait pris et classé la feuille de papier timbré qu'elle apportait.

Elle attendit une heure environ.

Enfin son nom fut appelé. Elle se leva, et ce ne fut pas sans une émotion très vive, à laquelle se mêlait un peu de frayeur, qu'elle pénétra dans le cabinet du juge d'instruction.

Ce dernier la reçut avec une politesse froide, et de la main lui indiqua un siège en face de son bureau.

XLII

Marguerite Bertin se sentait mal à l'aise sous le regard interrogateur du magistrat silencieux.

Elle s'efforça de réagir contre son trouble et dit d'une voix presque ferme :

— Permettez-moi de vous demander, monsieur, pour quelle raison je suis appelée à paraître devant vous.

— Madame, — répondit le juge, — je vous ai fait citer à la requête d'une personne qui vous est connue et sur laquelle pèse la plus grave des accusations...

La lumière se fit aussitôt dans l'esprit de Mme Bertin.

Elle se souvint d'Honorine.

— Vous voulez parler de Mlle de Terrys, n'est-ce pas?... — reprit-elle vivement.

— Oui, madame... — Mlle de Terrys, vous le savez, est accusée du crime de parricide... — Elle invoque votre témoignage et je suis prêt à entendre tout ce que vous aurez à dire en sa faveur...

— Hélas! monsieur, que vous dirai-je de la pauvre enfant? — balbutia Marguerite, avec une émotion profonde. — Je vous jure que je la crois innocente... — J'ai la conviction qu'une effrayante fatalité l'accable, l'écrase, et que les apparences sont menteuses... — Honorine ne peut pas être coupable!... Prolonger la vie de son père était son unique pensée, sa préoccupation constante... — Pourquoi donc l'aurait-elle empoisonné?

— Vous connaissez depuis longtemps Mlle de Terrys?

— Depuis le jour où son père, de retour à Paris, fatigué d'une existence de voyages lointains, l'a rappelée près de lui...

— Combien y a-t-il de temps de cela?...

— Environ cinq années...

— Vous la voyiez souvent?...

— Deux fois au moins chaque semaine... — J'étais sa seule amie...

— Vous parlait-elle de la maladie de son père?

— Elle n'y manquait jamais et témoignait en termes touchants l'affliction que lui causait l'affaiblissement progressif du comte...

— Ne lui avez-vous point conseillé d'appeler un médecin auprès de M. de Terrys?

— Pardonnez-moi, monsieur, je le lui ai conseillé souvent.

— Que vous répondait-elle ?

— Que M. de Terrys ne voulait admettre aucun médecin dans sa maison...

— Vous connaissiez le comte?

— Oui, monsieur... — Il était en relations suivies avec feu mon mari.

— Lui avez-vous entendu formuler ces refus obstinés?

— Non, monsieur. — Lorsque j'essayais de lui parler de son état, il me répondait en riant : — « *Laissez-moi donc en repos, chère madame!... Vous êtes plus malade que moi!* » et il détournait la conversation...

— Quelle est votre opinion personnelle sur le caractère de M. de Terrys?...

— Le comte était fantasque, original, bourru quelquefois, mais bon, obligeant, désintéressé.

— Aimait-il sa fille?

— Il l'adorait...

Le juge d'instruction cessa d'interroger.

Pendant quelques secondes il feuilleta les papiers posés devant lui sur son bureau, puis tout à coup, relevant la tête et regardant Mme Bertin bien en face, comme s'il voulait lire sa pensée dans ses yeux, il demanda :

— Vous est-il arrivé d'entendre dire que le comte eût une autre fille que Mlle Honorine?

Marguerite à son tour regarda le juge d'instruction avec une surprise manifeste.

— Une autre fille?... — répéta-t-elle.

— Oui, madame... - Remarquez, je vous prie, que je ne parle pas d'une enfant légitime...

— Votre question me cause un profond étonnement!... — Jamais une parole du comte, jamais une circonstance de sa vie, ne sont venues me faire supposer qu'il eût une fille naturelle.

— Mlle Honorine ne vous a parlé de rien de semblable?...

— Pas plus que son père.

— Rien ne vous a fait soupçonner qu'il existât un mystère dans la vie de M. de Terrys?

— Absolument rien...

— Vous savez où a été élevée Mlle Honorine?

— Oui, monsieur, — répondit Marguerite qui fut ramenée soudain à penser à sa fille. — Honorine a été élevé dans un pensionnat de Troyes.

Le juge d'instruction continuait à river ses yeux sur le visage pâle de Mme Bertin.

Il vit une rougeur soudaine empourprer ses joues et, ne pouvant deviner quel souvenir sa question évoquait dans l'esprit de la veuve, il tira de cette rougeur des conclusions absolument fausses.

— Madame, — fit-il d'un ton grave, — vous jurez de me dire toute la vérité, rien que la vérité?...

— Certes, monsieur, je le jure!... — Je vous répète que je crois fermement à l'innocence d'Honorine, mais j'ai la conviction qu'un mensonge serait plus nuisible qu'utile à la démonstration de cette innocence...

— Pourquoi vous êtes-vous troublée en me parlant du pensionnat de Troyes où Mlle de Terrys a été élevée?

— Il n'y a pas eu de trouble, mais de l'émotion, et cette émotion résultait d'un souvenir tout personnel...

— Ainsi, — poursuivit le juge avec une certaine incrédulité, — vous ne saviez pas que M. Robert de Terrys allait de temps à autre au pensionnat de Mme Lhermitte, où on ne le connaissait que sous son prénom, et où l'on ignorait qu'il fût le père d'Honorine?...

— Je ne le sais pas, non, monsieur... et cela me paraît peu vraisemblable, j'en conviens...

— Saviez-vous que le comte de Terrys avait secrètement à son service une femme paraissant très dévouée, répondant au nom d'Ursule?

Marguerite tressaillit visiblement.

Sa surprise grandissait.

— Ursule? — répéta-t-elle, — Mme Ursule Sollier? — Est-ce de cette femme que vous parlez?

— J'ignore le nom de famille, — répliqua le juge. — Je parle d'une dame *Ursule*, investie de la confiance de ce mystérieux *Robert*, et s'occupant d'une enfant élevée chez Mme Lhermitte sous le nom de *Renée*...

Mme Bertin poussa un cri de stupeur et fut prise d'un tremblement nerveux.

— Renée... — balbutia-t-elle ensuite d'une voix à peine distincte. — Renée... Ursule... Robert... Que me dites-vous, monsieur?... Que signifient ces choses?
— Que prétendez-vous en tirer?

— La preuve que Mlle de Terrys est coupable...

— Comment?...

— L'accusation soutient que la fille légitime, pour hériter seule, a fait disparaître sa sœur naturelle, avec la complicité de cette dame Ursule disparue en même temps.

— Ah! — s'écria Marguerite, — je savais bien que ma pauvre chère Honorine était innocente, et vous êtes le jouet d'une erreur incompréhensible...

— Une erreur?

— Manifeste et que je puis vous faire toucher du doigt.

— Parlez, madame... éclairez la justice...

— Ce Robert dont vous signalez les visites au pensionnat de Troyes se nommait non Robert de Terrys, mais Robert Vallerand, député de l'arrondissement de Romilly, mort trois jours avant que la femme investie de ses pouvoirs se rendît au pensionnat de Mme Lhermitte, pour en retirer Renée dont il était le père et qu'il voulait dérober aux recherches de sa mère...

— Aux recherches de sa mère? — répéta le juge stupéfait à son tour.

— Oui, monsieur... — L'identité des deux prénoms a causé votre erreur.

— Et vous connaissez Robert Vallerand, Ursule Sollier, Renée?

— Je ne connais pas cette enfant, monsieur, et mon plus ardent désir est de la connaître... Depuis la mort de Robert Vallerand je la cherche, je l'appelle, je la pleure...

Un sanglot monta de la gorge de Marguerite à ses lèvres.

— Ma fille... — continua-t-elle en pleurant, — Verrai-je jamais ma fille ?...

— Cette jeune Renée est votre fille ? — demanda le juge d'instruction, ému par les larmes de la pauvre femme, malgré sa froideur professionnelle.

— Oui, monsieur... ma fille que l'on m'a prise au moment de sa naissance... que l'on a élevée loin de moi, et à qui sans doute on apprend à maudire sa mère...

— Vous me devez une explication, madame, et c'est peut-être grâce à Mlle de Terrys que vous reverrez l'enfant perdue.

Mme Berlin, cachant son visage dans ses mains pour voiler sa rougeur, raconta brièvement au magistrat sa faute, son mariage, ses longues douleurs, ses recherches vaines et son désespoir.

— Il fallait vous adresser à la justice... — lui dit le juge quand elle eut achevé. — Pourquoi ne point l'avoir fait ?...

— Je n'osais pas...

— Nous retrouverons votre fille, madame, je l'espère...

— Par quelle circonstance étrange avez-vous été amené à croire que le comte était son père ?...

— Une lettre d'une amie de pension, saisie dans les papiers de Mlle de Terrys, a été le point de départ d'une erreur qui, grâce à Dieu, n'a causé de préjudice à personne puisque l'accusation ne reposait qu'incidemment sur elle. Cette lettre ne contenait d'ailleurs que des renseignements vagues...

— Mais Honorine pourra peut-être compléter ces renseignements et m'apprendre où je retrouverai ma fille...

— Peut-être, en effet...

Marguerite joignit les mains.

— Oh! monsieur, — dit-elle d'une voix suppliante, — monsieur, je vous en supplie, je vous en conjure, je vous le demande à genoux, permettez-moi de voir Mlle de Terrys... de lui parler... de l'interroger.

— Je vous le permettrai, mais plus tard...

— Pourquoi pas aujourd'hui ?...

— Aujourd'hui, madame, c'est impossible!

XLIII

— Impossible... — répéta Marguerite.

— Oui, madame, — répondit le magistrat, — l'instruction n'est pas finie et je ne puis, avant quelques jours, permettre à qui que ce soit de communiquer avec Mlle de Terrys...

— Mais, monsieur, c'est la vie que je vous demande... — reprit la pauvre mère. — Ayez pitié de moi... Mettez un terme à mes angoisses... — Je cherche mon enfant... Une chance de la retrouver se présente... Laissez-moi profiter de cette chance... — Un jour, une heure, sont pour moi des siècles de torture, et le moindre retard expose peut-être ma fille à de mortels dangers... — Ne soyez point sans miséricorde... Levez une consigne rigoureuse... Laissez-moi voir Honorine, ne fût-ce qu'une minute... Il lui faudra si peu de temps pour m'apprendre où est ma fille...

M. Villeret était un excellent homme.

L'immmense douleur de Marguerite lui causait une émotion profonde.

— Voici, madame, ce que je puis faire pour vous... — dit-il au bout d'un instant. — Demain j'interrogerai de nouveau Mlle de Terrys, et j'autoriserai ensuite l'entrevue que vous sollicitez.

— Demain seulement... — murmura la veuve.

— Il m'est impossible d'abréger ce délai...

— Eh! bien, j'attendrai... — dit Marguerite en essuyant ses larmes... — J'attendrai...

— Soyez patiente et calme, — continua le juge. — Je vous promets de vous aider de tout mon pouvoir... — J'ai déjà donné des ordres pour qu'on recherche Mme Ursule et Mlle Renée... — Confiance donc, et bon espoir...

— J'espère en Dieu qui ne m'abandonnera pas toujours, et j'ai foi en vous, monsieur...

— Veuillez signer votre déposition, madame, après en avoir écouté la lecture.

Mme Bertin obéit et se retira.

Au moment où elle entrait dans le couloir, en sortant du cabinet du juge d'instruction, elle fut surprise de voir un jeune homme, assis sur la banquette d'attente, se lever vivement et venir à elle.

C'était son neveu Paul Lantier.

— Toi, ici, mon enfant!... — s'écria Marguerite.

— Oui, ma tante.

— Et pourquoi?

A minuit trente-cinq minutes ils partaient pour Nogent-sur-Seine.

— Pour la même raison, sans doute, qui vous amène au palais de justice où je ne m'attendais guère à vous rencontrer.

— J'ai été citée comme témoin, à la requête de Mlle de Terrys.

— Et moi je suis certain que c'est à son sujet qu'on veut m'interroger.

— Pauvre Honorine!... On l'accuse d'un crime monstrueux...

— L'accusation est insensée, ma tante, autant qu'elle est odieuse... — Il faudra bien que la vérité se fasse jour et qu'Honorine soit réhabilitée...

Mᵐᵉ Bertin secoua tristement la tête.

— Hélas, — répondit-elle, — les apparences l'accablent, et son père mort ne parlera pas !...

— Son père mort revivra, ma tante, pour la proclamer innocente...

— Que dis-tu ?

— Je dis qu'avant une heure Honorine sera libre.

— Libre ! — répéta Marguerite avec une joie délirante. — Est-ce possible ?

— C'est possible et certain...

— Mais comment ?

— J'ai dans les mains les preuves de son innocence... des preuves indiscutables...

— Lesquelles ?

— Le mort parlera... ou plutôt il a parlé.

— Je ne te comprends pas... explique-toi...

Paul allait le faire.

Il n'en eut pas le temps.

Un garçon de bureau l'appela par son nom, — le juge le mandait.

— Attendez-moi, ma tante... — dit-il vivement. — J'espère vous apprendre dans quelques minutes que l'ordre de mise en liberté d'Honorine vient d'être signé...

Et le jeune homme entra dans le cabinet du juge d'instruction.

Le magistrat le regarda avec attention, fut frappé de l'expression franche et loyale de son visage, et ressentit pour lui une sympathie soudaine.

— Vous vous nommez Paul Lantier ? — lui dit-il.

— Oui, monsieur...

— Vous êtes le fils de M. Pascal Lantier, le constructeur bien connu ?

— Oui, monsieur.

— Je vous ai fait citer comme témoin au sujet de l'affaire de Mˡˡᵉ de Terrys...

— Je m'en doutais, monsieur, et si vous ne m'aviez pas fait appeler je serais venu quand même, en vous demandant de m'écouter...

— Vous avez donc des choses bien graves à m'apprendre ?...

— Des choses bien graves, oui, monsieur. — Je viens vous éclairer... Je viens vous empêcher de commettre une déplorable erreur judiciaire...

— Prenez garde, monsieur... — interrompit le juge. — Je représente ici la justice...

— Personne au monde ne la respecte plus que moi, monsieur, puisque je suis étudiant en droit et que je me destine au barreau, — reprit Paul avec animation, — mais la justice humaine n'est point infaillible... — Des apparences menteuses vous ont fait accuser Mˡˡᵉ de Terrys... — Elle est innocente cependant, et je vous en apporte la preuve...

— La preuve ! — s'écria M. Villeret en se levant avec une agitation visible.

— Oui, monsieur...

Vous connaissez le coupable ?...

— Il n'y en a pas...

— Enfin, cette preuve dont vous parlez, quelle est-elle ?

— La plus indiscutable de toutes... — Une déclaration écrite de la main même du comte de Terrys quelques heures avant sa mort, et tombée miraculeusement entre mes mains... — Tenez, monsieur...

Et Paul, tendant au juge d'instruction le volume manuscrit, ajouta :

— Voici les *Souvenirs* du comte, écrits par lui-même depuis vingt années... — Ouvrez ce manuscrit à la page 1112, vous y trouverez la preuve que Mlle de Terrys est innocente, et, bien plus, qu'aucun crime n'a été commis.

Le juge d'instruction, tout en tournant les pages d'une main fiévreuse, murmurait :

— Est-ce possible ?... est-ce possible ?...

— L'évidence est là, monsieur... — Lisez !...

M. Villeret trouva la page indiquée.

— Les lignes tracées à l'encre rouge... — poursuivit Paul.

Le magistrat dévora le passage qu'à plus d'une reprise nous avons mis sous les yeux de nos lecteurs.

— Et c'est signé du comte ! — s'écria-t-il ensuite. — Et ce poison dont on ne pouvait préciser la nature et l'origine avait été rapporté des Indes par M. de Terrys lui-même !... — Et tout se réunissait pour écraser cette malheureuse jeune fille !... — Qu'allions-nous faire ?... Qu'allions-nous faire ?...

Paul ne répondit pas.

Il pensait :

— Vous alliez condamner une innocente, tout simplement et de la meilleure foi du monde...

Le juge d'instruction tendit les mains au jeune homme.

— Je vous remercie, monsieur, — lui dit-il. — Je vous remercie du fond du cœur !... — Vous me sauvez d'un éternel remords... — Comment ce manuscrit se trouve-t-il en votre possession ?

Le fils de Pascal Lantier raconta la mort de Jarrelonge.

— Évidemment il y a eu un vol... — fit le magistrat après avoir écouté. — Mais quel avait été le mobile de ce vol, et pourquoi le misérable, dont vous avez vu l'agonie, s'est-il emparé d'un manuscrit sans valeur pour lui ?

— Nous le saurons, monsieur...

— Auriez-vous des indices ?

— Peut-être en aurai-je bientôt... — Voulez-vous, monsieur, me laisser libre d'agir pour retrouver le complice de l'homme brûlé rue Beautreillis ?

— Vous supposez qu'il existe un complice ?

— J'en ai la presque certitude...

— Que me demandez-vous?

— Le droit de jouer le rôle que jouerait un agent de la sûreté sur la piste d'un criminel... et je trouverai cette piste, fût-ce au péril de ma vie...

— Vous n'avez pas besoin de mon autorisation pour cela, monsieur... Vous êtes libre... mais prenez garde...

— A quoi?

— Peut-être la police sera-t-elle plus apte que vous à déjouer les projets de ces scélérats et à les traquer dans leurs repaires.

— J'ai un guide, monsieur... — Un guide que je crois infaillible et qui sera plus fort que tous les policiers.

— Ce guide, quel est-il?

— L'amour...

M. Villeret conclut de ces paroles que Pascal Lantier était épris de Mlle de Terrys.

Il sourit et répondit:

— Faites donc...

— Avant trois jours, j'espère vous avoir livré les coupables...

— Que Dieu le veuille!

— Maintenant, monsieur, permettez-moi de vous adresser une question...

— J'y répondrai bien volontiers.

— Quand sera libre la malheureuse enfant qui pleure dans sa prison?

— Avant une heure, je vous le promets... Je vais envoyer l'ordre de mise en liberté à Saint-Lazare...

— Merci, monsieur, et à bientôt!...

Paul s'élança hors du cabinet du juge.

Marguerite l'attendait dans le couloir.

— Eh bien? — demanda-t-elle en lui voyant le visage rayonnant.

— Tout va bien!

— Honorine?

— Sera libre avant une heure...

— Libre!... libre!... et cela grâce à toi!... — s'écria Mme Bertin. — Ah! que Dieu est bon!... — Et je pourrai la voir?... lui parler?...

— Vous le pourrez dès sa sortie de prison, chère tante...

— Ne vas-tu pas venir l'attendre, pour qu'elle puisse te remercier, te bénir?...

— J'ai un autre devoir à remplir...

— Un devoir plus pressant que d'embrasser Honorine sauvée par toi?...

— Oui, ma tante, celui de la venger!...

XLIV

— La venger! — répéta Mme Bertin. — Crois-tu donc pouvoir le faire ?...
— Oui, ma tante... — répondit Paul.
— Et comment?
— En retrouvant les persécuteurs d'une enfant que j'aime, et qui sont en même temps ceux de Mlle de Terrys... — Allez, chère tante, allez à la prison de Saint-Lazare, attendez Honorine, reconduisez-la à l'hôtel du boulevard Malesherbes, efforcez-vous de la consoler et dites-lui que j'ai le ferme espoir de découvrir et de punir bientôt ceux qui voulaient la perdre...

Marguerite désirait questionner de nouveau, mais le jeune homme ne lui en laissa pas le temps et s'élança au dehors.

Mme Bertin remonta dans sa voiture qui l'attendait sur la place du Palais-de-Justice, et se fit conduire à la prison de Saint-Lazare.

Sachant bien qu'on ne lui permettrait pas d'en franchir le seuil, elle attendit en face de l'entrée, trouvant les minutes longues comme des siècles.

Paul regagna la rue de l'École-de-Médecine et, s'adressant à la concierge demanda :

— Avez-vous vu Mme Isabelle?
— Non, monsieur...
— C'est étrange ! — pensa l'étudiant, — ni ici, ni rue Beautreillis... — Et le temps me manque pour aller chez Mme Laurier l'avertir de mon départ.

Il ajouta, mais à haute voix :

— Je vais en voyage... — Je resterai absent un jour ou deux au plus .. — Si Mme Zirza, Mlle Renée et M. Victor Béralle arrivaient ce soir, vous leur diriez que je suis parti pour Troyes et qu'ils ne doivent avoir aucune inquiétude sur mon compte.

— Bien, monsieur Paul... — Votre commission sera faite exactement, je vous le promets...

Le jeune homme prit une voiture et se dirigea vers la gare de l'Est.

Chemin faisant il murmurait :

— Connaître le signalement de ce Pélissier, évadé de la prison de Troyes... Savoir s'il a été repris... Voilà ce dont je dois m'occuper tout d'abord...
— Il faudra bien que je trouve ce misérable... — Lui et l'homme de la rue Beautreillis devaient être les exécuteurs soudoyés de la pensée d'un autre...
— Quelle infernale volonté les dirigeait? — Je le découvrirai...

Le train de cinq heures trente minutes emporta vers Troyes le fils de Pascal Lantier.

Retournons à Nogent-sur-Seine.

Léopold, nous croyons l'avoir dit, était allé rejoindre Richard Béralle au petit hôtel où ils avaient couché.

L'ex-réclusionnaire entra dans la chambre de Richard.

Celui-ci dormait encore.

Léopold s'approcha du lit et secoua l'ivrogne.

Richard se réveilla.

Les fumées du vin s'étaient aux trois quarts dissipées pendant le sommeil.

Le frère de Victor Béralle ouvrit les yeux et promena autour de lui un regard étonné et inquiet.

Il ne conservait aucun souvenir distinct de ce qui s'était passé la veille.

L'évadé de Troyes, debout en face de lui et les bras croisés, l'examinait en souriant.

Pendant quelques secondes Richard interrogea vainement sa mémoire, et finit par s'écrier :

— Ah çà, mais où suis-je donc?

— Comment! — répliqua Lantier. — Tu ne te le rappelles pas?

— Non...

— Tu as oublié que tu es à Lille, contremaître d'un particulier confiant et généreux, et que ce particulier a payé pour toi hier soir la somme assez ronde de treize cents francs à Mme Baudu, ta future belle-mère?...

Richard sauta en bas du lit.

Les paroles de son interlocuteur venaient de lui remettre en mémoire sa discussion violente avec la marchande de vins de l'avenue de Saint-Mandé, son projet de suicide, sa station au pont de Bercy, enfin l'apparition soudaine de l'inconnu qui l'avait empêché de se noyer en lui offrant de l'argent.

— Oh! malheureux! — balbutia-t-il en cachant sa tête dans ses mains. — Mauvais sujet!... propre à rien!... canaille!... — J'étais ivre comme toujours!...

— Ce qui prouve, — répliqua Léopold en riant, — ce qui prouve que le proverbe a raison quand il affirme qu'il y a un bon Dieu pour les ivrognes... — Ce bon Dieu, c'était moi qui t'ai pris par la peau du cou au moment où tu allais piquer une tête dans l'eau froide!... moi qui t'ai offert je ne sais plus combien de bols de vin chaud!... moi qui t'ai arraché une fameuse épine du pied, en payant tes dettes, et qui, non content de liquider ta position vis-à-vis de maman Baudu, ai promis de te donner cinq mille francs si tu exécutes ce dont nous sommes convenus...

— Et de quoi donc sommes-nous convenus? — demanda Richard pris d'un tremblement.

— Tu dois t'emparer d'un paquet cacheté dans lequel je trouverai la preuve de l'infidélité de la jeune fille que j'aime...

— Oui, — répondit l'ivrogne d'une voix sourde, — je me souviens à cette heure... je me souviens de tout... je ne savais pas ce que je faisais... J'ai pris un engagement criminel...

Léopold haussa les épaules.

— Vas-tu pas avoir des scrupules! — s'écria-t-il, — Ça serait drôle lorsque sans moi ton cadavre roulerait depuis hier sous les glaçons que charrie la Seine!

Richard frissonna.

L'ex-réclusionnaire poursuivit :

— Des scrupules! lorsqu'il te suffira d'un coup de main pour te trouver dans une position que tes rêves les plus ambitieux ne t'auraient pas montrée si belle! — Allons! allons! ce soir ou demain, tu auras les cinq mille francs qui te permettront d'épouser, Virginie en même temps que ton frère deviendra le mari d'Étiennette... — Seulement, cette somme, il s'agit de la gagner!

— La gagner... la gagner... — répéta Richard d'un air indécis.

— Sans doute...

— Eh bien, oui, je la gagnerai! Je vous ai promis d'avoir ces lettres pour vous les donner... Je les aurai... — Je tiendrai ma parole; mais qui me garantit que vous tiendrez la vôtre?...

— En doutes-tu?

— Dame!... je ne vous connais pas...

— Et tu te défies! — C'est très poli! — Me suis-je défié de toi, moi, quand je t'ai avancé de l'argent sans reçu?

— Ce reçu, je suis prêt à le faire...

— Eh bien! fais-le donc...

Léopold tira de sa poche des billets de banque, une feuille de papier timbré et poursuivit :

— Fais-le, et à la somme de douze cent quatre-vingt-sept francs que tu me dois, joins celle de deux mille francs que je t'avance encore sur les cinq mille promis...

Il tendit à l'ivrogne deux billets de banque et ajouta :

— Les trois autres mille francs te seront remis en échange des lettres qu'il me faut.

Richard empocha les billets.

L'ex-réclusionnaire plaça la feuille de papier timbré à côté d'un encrier qui se trouvait sur la table.

— Écris... — fit-il.

Richard prit une plume, la trempa dans l'encre et dit :

— Je suis prêt... — Dictez...

Léopold dicta lentement :

« Je reconnais avoir reçu de M. Paul Pélissier la somme de trois mille trois cents francs, à valoir sur celle de six mille trois cents francs qu'il doit me remettre en échange d'un paquet cacheté qui se trouve entre les mains d'une jeune fille habitant à cette heure l'*Hôtel du Cygne-de-la-Croix*, à Nogent-sur-Seine, paquet dont je dois m'emparer... »

Le frère de Victor Béralle s'interrompit :

— Mais c'est avouer mon vol, cela ! — s'écria-t-il. — Une telle déclaration suffirait pour me perdre !

— Je te remettrai cette déclaration en même temps que l'argent, en échange du paquet cacheté....

— Où demeure la jeune fille?

— Tu viens de l'écrire... *Hôtel du Cygne-de-la-Croix*, grande rue de Nogent-sur-Seine...

— Le moyen de m'emparer des papiers?...

— Rien de plus simple... — Tu ouvriras la porte de la chambre, la nuit, tandis que la jeune fille dormira... — Le paquet sera sans le moindre doute dans une poche de ses vêtements ou sur quelque meuble... — Tu le prendras et tout sera dit... — Du reste, je te donnerai tantôt des renseignements précis et des indications certaines... — Finissons-en...

Richard signa.

— Voici,... — fit-il en tendant le papier à Léopold.

— A la bonne heure ! — Si je n'étais personnellement connu dans l'hôtel où ma future est descendue, je n'aurais pas eu besoin de toi, ce qui m'aurait permis de réaliser une fameuse économie... — Maintenant, écoute-moi... — Il ne faut pas qu'on nous voie ensemble dans les rues de Nogent... — Déjeune en bas tout seul... Ça n'est pas très gai, mais c'est nécessaire... — Moi, je vais aller déjeuner d'un autre côté, et tantôt je te retrouverai ici, dans cette chambre, où tu remonteras après ton repas.

— Convenu... — Quand vous faudra-t-il les lettres?

— Le plus tôt possible... — Nous causerons de cela à mon retour.

Léopold quitta Richard.

— Ce garçon, — se disait-il en s'éloignant de l'auberge, — est une tête faible, une nature de pâte molle, prête au crime comme à autre chose et incapable de résister à qui sait le pétrir et le dominer... — Je le tiens, il fera ce que je veux qu'il fasse...

L'ex-réclusionnaire alla droit à l'*Hôtel du Cygne-de-la-Croix*.

Il se fit servir à déjeuner dans une petite pièce qu'un vitrage séparait de la grande salle.

A travers ce vitrage il pouvait tout voir et tout entendre.

Au moment où la jeune fille s'arrêtait, Léopold de son côté fit halte..

XLV

Le patron, — un petit homme énorme, répondant au nom de Marot, — donnait des ordres à ses servantes.

Léopold prêtait l'oreille.

Venu pour tâcher d'apprendre dans quelle partie de l'hôtel logeait Renée, il fut servi à souhait.

Une servante parut sur le seuil de la salle.

— On a sonné au numéro 3... — lui dit le patron.

— Oui, monsieur... — C'est la jeune demoiselle qui est arrivée tantôt toute seule...

— Qu'est-ce qu'elle veut?

— Elle demande qu'on fasse du feu dans la cheminée de sa chambre...

— Eh bien, faites-en, et dépêchez-vous...

La servante se mit à fureter dans le tiroir d'un buffet de service.

— Que diable cherchez-vous ? — reprit le patron avec impatience.

— Un passe-partout, monsieur, afin d'éviter du dérangement à cette demoiselle, qui ne laisse pas sa clef sur la porte...

— Un passe-partout !... — répéta le gros homme. — Qu'avez-vous fait du vôtre?

— Je l'ai égaré, monsieur... — balbutia la servante en rougissant.

En même temps elle retirait du meuble une de ces clefs qui s'ajustent à toutes les serrures des chambres d'hôtel. — Un petit carré de carton rouge, attaché par une ficelle, pendait à cette clef.

Le patron haussa les épaules, prit dans sa poche une clef exactement semblable et s'écria :

— Laissez ce passe-partout... — Voici le vôtre... — Savez-vous où je l'ai trouvé, fille sans ordre ?...

— Non, monsieur... je ne sais pas...

— Sous la voûte de l'hôtel... par terre... entre deux pavés.

— Monsieur, je l'aurai laissé tomber.

— Parbleu, je le pense bien... — Reprenez-lo, et tâchez d'être plus soigneuse à l'avenir, sinon je vous ferai votre compte.

La servante se retira la tête basse et sans répliquer.

Léopold n'avait pas perdu un seul mot de ce qui précède.

On venait de lui servir du café.

Tout en y mélangeant un verre de kirsch, il se disait :

— La petite loge au numéro 3, et je sais où se trouve un passe-partout ouvrant toutes les portes... — Voilà qui simplifiera bigrement la besogne!...

L'ex-réclusionnaire dégusta le contenu de sa demi-tasse, alluma un cigare et demanda la *carte à payer* : — c'est ainsi que se nomme l'*addition* en province.

Ce fut le patron lui-même qui la lui apporta.

— Monsieur, — lui dit Léopold, — je vais vous prier de me rendre un petit service...

— Je le ferai bien volontiers si c'est en mon pouvoir...

— Il s'agit tout simplement de me donner la monnaie d'un billet de banque...

— Rien de plus facile...

L'évadé de Troyes tendit un billet de cinq cents francs au gros homme qui le prit et ajouta :

— Je monte dans ma chambre chercher ce qu'il vous faut...

— Bien, monsieur, et merci.

Le patron sortit.

A peine avait-il commencé à gravir l'escalier dont les marches craquaient sous son poids que Léopold se leva vivement, entra dans la grande salle en ce moment déserte, ouvrit le tiroir du buffet, vit le passe-partout, très reconnaissable à son étiquette de carton rouge, le prit et le glissa dans sa poche.

Il retourna s'asseoir ensuite et attendit en chantonnant.

Au bout de cinq minutes le gros homme reparut, apportant cinq cents francs en or.

Léopold paya sa dépense, remercia de nouveau, quitta l'*Hôtel du Cygne-de-la-Croix*, se dirigea vers la gare du chemin de fer, entra dans la salle d'attente et consulta une affiche indiquant la marche des trains.

Plusieurs trains du soir et de nuit allaient de Nogent-sur-Seine à Troyes.

L'ex-réclusionnaire en inscrivit les heures sur son carnet.

Ces heures étaient : 8 h. 42 ; — 11 h. 8 ; — minuit 32 et 4 h. 11 du matin.

Ceci fait, il regagna la petite auberge et la chambre où il avait couché, il retira de sa valise un revolver, un couteau-poignard, une minuscule lanterne sourde, et entra dans la pièce voisine occupée par Richard Béralle.

Celui-ci l'attendait.

Après avoir vidé trois ou quatre bouteilles en déjeunant pour s'étourdir et pour contraindre sa conscience à se taire, il était remonté et, s'étant jeté sur son lit, gisait comme une masse inerte, mais il ne dormait point.

Léopold avait bien jugé cette nature molle et sans ressort.

Une voix intérieure criait à Richard : — *Que fais-tu malheureux? Que vas-tu faire?*

Il entendait cette voix mais il ne se sentait ni la force, ni le courage de lui obéir, et se voyant les poches garnies, sa dette payée et une somme ronde en expectative, il s'abandonnait, ne reculait point devant la pensée de l'infamie qu'il allait commettre, et à la voix intérieure répondait :

— Ici-bas, chacun pour soi !... — Je vais avoir la dot qu'exige maman Baudu... J'idole Virginie, et Virginie sera ma femme...

Puis, il ajoutait, afin de se convaincre lui-même :

— D'ailleurs il ne s'agit pas d'un vol... — Plutôt que d'enlever à quiconque une somme d'argent, je me couperais la main droite. — Il n'est question que de rendre un service à un ami riche et généreux qui se croit trompé et veut savoir à quoi s'en tenir... — Je serais content, parole d'honneur, qu'on en fasse autant pour moi si je soupçonnais Virginie. — Et puis, cet homme est mon sauveur... Il m'a retenu juste au moment où j'allais piquer une tête comme un imbécile... — C'est bien le moins que je lui témoigne ma reconnaissance et que je me mettre en quatre pour l'obliger...

L'ivresse montant peu à peu à la tête de Richard faisait taire sa conscience et lui montrait comme toute naturelle, et même comme honorable, l'infâme action commandée et payée par le prétendu Paul Pélissier.

Ce dernier constata du premier coup d'œil l'état physique et moral du jeune homme et s'en applaudit.

— Me voici... — dit-il.

— Eh bien ? — demanda le frère de Victor en se soulevant. — Tout marche-t-il comme tu le veux?...

— Oui, je viens te donner mes dernières instructions... — Tu te souviens de ce que je t'ai dit?

— Parfaitement... J'ai bonne mémoire. — La jeune demoiselle que tu aimes, que tu voudrais épouser, mais que tu soupçonnes d'avoir un béguin pour un cocodès quelconque, loge à l'*Hôtel du Cygne-de-la-Croix*.

— C'est bien ça... — Elle occupe au premier étage la chambre portant le n° 3...

Richard se toucha le front, en répétant :

— Numéro 3... — C'est gravé là ! — Seulement une chose me préoccupe...

— Quelle chose?

— Le moyen d'entrer la nuit dans l'hôtel sans me faire pincer...

— Nigaud ! — C'est simple comme bonjour... — Je te croyais plus de jugeotte !... — Tu vas payer ta dépense ici et aller *illico* te loger à l'*Hôtel du Cygne-de-la-Croix*...

— Tiens, au fait, je n'y pensais pas...

— Tu demanderas une chambre... Tu te contenteras de la première venue et, sous prétexte que tu es fatigué et un peu souffrant, tu te mettras au lit afin de n'être pas rencontré dans la maison par des gens qui pourraient te reconnaître plus tard... — Est-ce compris?

— C'est compris !

— Puis, cette nuit, vers trois heures du matin, à l'heure où le sommeil est le plus fort, tu quitteras ta chambre et tu t'introduiras sans bruit dans le numéro 3.

— C'est facile à dire...

— Et facile à faire...

— Pas tant que ça, si la clef de la jeune personne n'est point sur la porte...

— Il est certain qu'elle n'y sera pas.

— Eh bien, alors?

— Crois-tu donc que l'obstacle soit infranchissable? — J'ai tout prévu... Voilà qui supprimera les difficultés...

Et Léopold tendit à Richard le passe-partout que nous connaissons.

— Une clef!... — s'écria l'ivrogne stupéfait.

— Et pas une fausse clef... — répondit l'évadé de Troyes.

— Tu as donc des amis dans la maison?...

— J'ai des amis partout... — Outre la clef, je t'apporte ceci...

— Une lanterne sourde!...

— Qui te servira pour te guider dans les corridors... — Tu vois que je n'oublie rien...

Richard prit la lanterne et le passe-partout.

— Où trouverai-je les papiers cachetés? — demanda-t-il ensuite.

— Ils doivent être dans une poche des vêtements ou dans un tiroir... — Tu fouilleras les vêtements d'abord...

— Bon... — Mais si la demoiselle se réveillait? — murmura Richard avec un frisson.

— Il suffirait de la menacer... — Les femmes sont peureuses... — Elle te dirait elle-même où sont les papiers...

— Mais si elle criait?... Si elle appelait à l'aide?

— Il te suffirait de lui dire que, si elle fait la méchante et ne te donne pas les papiers que tu désires, on tuera l'homme qu'elle aime... — Je te garantis qu'elle ne soufflera plus mot.

— Si c'est comme ça, tout ira bien... — Une fois les papiers dans mes mains, que faudra-t-il faire?

— Tu auras payé ta chambre d'avance en annonçant que tu serais obligé de partir au point du jour... — Je connais les hôtels de province... On ferme la porte, mais on laisse la clef en dedans... — Tu ouvriras et tu fileras lestement...

— Quand te retrouverai-je?

— Demain matin.

— Où?

— A Troyes...

— A Troyes!... — répéta Richard avec surprise.

— Oui... — Tu prendras le train qui passe à quatre heures onze minutes à Nogent-sur-Seine... — Tu seras à Troyes à six heures du matin...

XLVI

— Et, — demanda l'ivrogne, — une fois à Troyes?

— De six heures à midi tu feras de ton temps ce que bon te semblera... — répondit Léopold. — A midi tu viendras me trouver au *Chapeau-Rouge*, rue du Port... — C'est un endroit où l'on peut causer et boire sans être dérangé... — Là, en échange des lettres que tu m'apporteras, je te remettrai trois mille francs...

— C'est entendu...

— N'oublieras-tu rien?

— Non. — Cette nuit, à trois heures, entrer au numéro 3 de l'*Hôtel du Cygne-de-la-Croix*... — à quatre heures à la gare... — à midi rue du Port, au *Chapeau-Rouge*, afin d'y toucher trois mille balles.

— Et voici cent francs par-dessus le marché pour tes frais de voyage et d'hôtel... — reprit l'ex-réclusionnaire en donnant cinq louis à l'ivrogne. — Règle ton compte ici et pars... — Je te quitte... — A demain, midi, au *Chapeau-Rouge*.

— A demain...

Richard descendit au bureau de l'auberge et paya sa dépense.

Une demi-heure plus tard il était installé dans une chambre de l'*Hôtel du Cygne-de-la-Croix*.

Il s'y fit apporter un carafon de cognac et il s'enferma après avoir payé d'avance le prix de location de sa chambre, en disant qu'il devait partir au point du jour et qu'il voulait se reposer.

Le frère de Richard Béralle comprenait à merveille que pour s'acquitter de sa tâche il lui fallait une dose suffisante de sang-froid.

Il but néanmoins, mais avec modération, de manière à ne pas engourdir son intelligence et à ne point paralyser ses mouvements.

L'attente devait être longue et par conséquent ennuyeuse, mais l'argent que Richard avait dans sa poche, et celui qu'il devait bientôt toucher, lui faisaient prendre patience.

Il tuait le temps en pensant à l'avenir et en édifiant des projets que son imagination surexcitée par le cognac parait des plus brillantes couleurs.

Léopold Lantier, — nos lecteurs le savent, — était un rusé renard qui, lorsqu'une précaution lui semblait utile, ne manquait jamais de la prendre.

Depuis la mort de Jarrelongo il avait à plus d'une reprise envisagé le fort et le faible de sa position.

D'avance il se sentait perdu s'il venait à tomber entre les mains de la justice.

Il voulait néanmoins aller jusqu'au bout, mais Renée, qui aurait dû être sa première victime, et qui sans doute allait être la dernière, lui causait une terreur insurmontable.

— Une première fois elle a échappé à la mort par une sorte de miracle... — se disait-il. — Une seconde tentative contre elle ne me portera-t-elle pas malheur?

La fille de Marguerite devait disparaître cependant, sinon tout s'écroulerait; mais Léopold n'osait agir lui-même, ce qu'il aurait fait dans toute autre occurrence, et se mettait à l'abri derrière un complice qui, ne le connaissant pas, ne pourrait le trahir en cas d'insuccès et assumerait sur lui seul toute la responsabilité du crime.

La vie de Renée se trouvait à cette heure dans les mains de Richard Béralle.

A coup sûr l'héritière de Robert Vallerand essayerait de résister, tenterait d'appeler à l'aide, et l'ivrogne, dans sa fureur de brute inconsciente, l'étranglerait pour la contraindre à se taire.

L'ex-réclusionnaire éprouvait de telles inquiétudes, de si sombres pressentiments hantaient son esprit, qu'il ne voulait pas rester à Nogent près du théâtre du drame...

C'est pour cela qu'il se décidait à connaître seulement à Troyes, le lendemain, le dénouement de ce drame.

Mais à Troyes il faudrait changer d'aspect se créer une personnalité nouvelle pour tromper les regards perspicaces des agents qui pourraient le rencontrer et le reconnaître...

Par quel moyen le bandit arriverait-il à ce but, puisqu'il était parti pour Nogent-sur-Seine sans emporter de travestissements?

Le plus simple était d'aller à Paris et de revenir à Troyes sous une autre forme.

Il n'hésita point et, à quatre heures quarante-deux minutes, partit pour la grande ville.

Arrivé à huit heures cinq minutes, il se rendit à la rue de Navarin où il revêtit le costume et se fit la tête avec lesquels il s'était présenté chez Mme Laurier pour acheter des dentelles, sous le nom d'Isidore Auguste Fradin.

Ainsi transformé, il alla dîner dans un petit restaurant du boulevard de Strasbourg, fuma des cigares, *sécha* des bocks, et prit pour retourner à Troyes le train de minuit trente-cinq minutes.

Ce train, passant à Nogent-sur-Seine à quatre heures onze minutes du matin, était celui que Richard devait prendre après avoir fait le coup à l'*Hôtel du Cygne-de-la-Croix*.

— Je le verrai monter en wagon... — se dit Léopold. — En arrivant à Troyes, je n'aurai qu'à échanger l'argent contre le paquet cacheté... — Je n'avais pas pensé à cela...— C'est cependant bigrement simple et pratique, et ça me dispensera d'aller au *Chapeau-Rouge*.

Nous laisserons le bandit à ses réflexions et nous prierons nos lecteurs de vouloir bien retourner en arrière et nous accompagner au pavillon de Port-Créteil.

Nous avons entendu Zirza la blonde essayer de crier au secours, d'appeler à l'aide, au moment où Léopold Lantier lui disait qu'elle était empoisonnée et qu'elle allait mourir à la place de Renée dont il était l'ennemi.

Les cris de détresse n'avaient pu jaillir de sa gorge contractée.

Elle s'était abattue sans mouvement sur le parquet.

Le misérable, agenouillé près d'elle, avait posé sa main sur le cœur et ne l'avait plus senti battre.

Il en avait conclu que Zirza était morte, mais il s'expliquait mal que les symptômes de l'empoisonnement eussent ressemblé si peu à ceux décrits par Pascal Lantier.

Sans doute la différence des effets provenait de la différence des doses.

Léopold adopta cette explication et ne se préoccupa plus d'un détail sans importance désormais.

La besogne étant faite, voilà le principal... — se disait l'ex-réclusionnaire.

Ce n'est pas notre avis... — Nous devons à nos lecteurs une explication et nous allons la leur donner brièvement.

Rappelons d'abord qu'au moment où l'empoisonneur avait introduit dans la bouteille de chartreuse une pincée de poudre de crotale, la liqueur avait subitement changé de teinte, et de jaune pâle était devenue couleur de topaze brûlée.

Que signifiait ce fait ?

Nous le saurons bientôt.

Zirza la blonde était étendue sur le tapis.

Un feu vif brûlait dans la cheminée, et la température de la salle à manger atteignait le chiffre de dix-huit degrés au minimum.

Le corps de la jeune femme offrait la rigidité cadavérique.

Les mains étaient crispées, les extrémités froides comme du marbre, les lèvres décolorées, les yeux ternes et vitreux.

Si ce n'était la mort, c'en était du moins la plus fidèle image.

Isabelle vivait cependant.

Le poison indien n'avait amené à sa suite que la léthargie, et cela non par un prodige inexplicable, mais par la raison du monde la plus simple.

L'une des substances dont se compose la liqueur de la Grande-Chartreuse est l'antidote de la poudre de crotale qui, décomposée par son mélange avec le breuvage, avait perdu ses propriétés toxiques pour devenir un narcotique puissant.

Zirza dormait d'un sommeil semblable à la mort et qui devait durer longtemps.

— Avant trois jours, j'espère vous avoir livré les coupables.

Le reste de l'après-midi s'écoula.

La nuit se passa...

L'aube parut...

La jeune femme était toujours sans mouvement.

Le jour commencé s'acheva, — la nuit allait venir pour la seconde fois...

Bien des heures s'étaient écoulées depuis que Léopold avait quitté le pavillon avec la certitude qu'il laissait un cadavre derrière lui.

Soudain un tressaillement faible agita le corps de Zirza.

Ses membres parurent reprendre un peu de leur souplesse.

Elle ouvrit les yeux, mais elle était encore sous l'influence du narcotique...

Ses paupières s'abaissèrent de nouveau.

Une demi-heure s'écoula.

La respiration devenait régulière.

Il semblait à la jeune fille que le sang, engourdi dans ses veines, reprenait sa chaleur et se remettait à circuler.

Elle porta les mains à sa poitrine, puis à son front.

Pour la seconde fois ses yeux s'ouvrirent.

Elle se souleva et promena ses regards autour d'elle, espérant découvrir quelque chose dans les ténèbres qui l'enveloppaient.

Ses lèvres s'agitèrent.

— Où suis-je donc? — balbutia-t-elle.

Il lui fut impossible de se répondre, car une obscurité profonde remplissait encore son cerveau.

Ses yeux, errant dans le vague, discernèrent tout à coup une raie de pâle lumière se glissant à travers les volets mal joints.

Elle voulut se lever.

Ses jambes semblaient paralysées.

A la suite d'efforts violents elle parvint à se mettre debout; mais, si elle n'avait trouvé par hasard à portée de sa main un meuble pour se soutenir, elle serait tombée à la renverse.

Accotée à ce meuble, elle attendit.

Une sueur froide mouillait la racine de ses cheveux. — Ses tempes étaient serrées comme dans un étau.

Soudain un coup de cloche retentit au dehors.

XLVII

Ce bruit inattendu fit tressaillir la jeune femme.

Elle se dirigea lentement vers le filet de lumière qu'elle entrevoyait. — Ses mains touchèrent le vitrage d'une croisée qu'elle ouvrit, puis elle fit jouer la targette qui maintenait les persiennes, et les écarta.

Un flot d'air glacé vint la frapper en plein visage, et la lueur grise du crépuscule envahit la salle à manger.

Zirza reconnut alors l'endroit où elle se trouvait ; — elle vit le carton de dentelles déposé sur un meuble et que Léopold y avait laissé; — elle vit la bouteille de liqueur à côté du verre dont elle avait absorbé le contenu.

Elle se souvint, fit un geste d'épouvante et chancela.

Un nouveau coup de cloche retentit.

— Au secours... — cria Zirza; — venez à mon secours...

Et, ne pouvant plus se soutenir, elle tomba sur ses deux genoux, les mains accrochées au rebord de la fenêtre.

Son appel avait été entendu.

Une voix répondit :

— Zirza... Zirza... Me voici...

Cette voix était celle de Mme Laurier.

Comment la digne marchande de dentelles du boulevard Beaumarchais se trouvait-elle à Port-Créteil, rue du Cap, à la porte du jardin?

Quelques lignes suffiront pour l'expliquer.

La veille, en ne voyant point revenir sa demoiselle de magasin, Mme Laurier s'était sentie fort inquiète.

Elle attendit jusqu'à dix heures du soir.

A dix heures, de plus en plus tourmentée, elle expédia sa servante rue Beautreillis où elle savait qu'Isabelle devait coucher.

La jeune femme ne s'y trouvait point.

Les inquiétudes de Mme Laurier devinrent de l'angoisse.

Zirza devait toucher de l'argent à Port-Créteil. — Ne lui serait-il pas arrivé malheur?

Pendant toute la nuit la bonne dame rêva guet-apens, violence, et même assassinat.

Zénaïde, en arrivant à huit heures du matin, trouva sa patronne à moitié folle de terreur.

Elle se garda bien de parler, seulement elle ne comprenait pas comment Zirza avait remplacé Renée pour le voyage de Port-Créteil.

La servante, adroitement questionnée, lui donna le mot de l'énigme en lui apprenant que Renée était en voyage.

Le trottin ne souffla mot.

La matinée s'écoula sans modifier la situation.

A midi Mme Laurier, n'y tenant plus, prit une résolution.

Elle monta en voiture et se fit conduire d'abord rue Beautreillis afin d'interroger la concierge.

Celle-ci lui confirma que Mme Isabelle n'avait point paru, et, qu'à la suite de la catastrophe arrivée dans la maison, Mlle Renée était allée coucher rue de l'École-de-Médecine.

Mme Laurier regagna son fiacre et dit au cocher:

— Rue de l'École-de-Médecine.

Pas plus là que rue Beautreillis on ne put lui donner des nouvelles de Zirza.

— Zirza est morte... — balbutia l'excellente femme, le cœur serré, les yeux pleins de larmes ; — on l'a tuée pour la voler...

— Où allons-nous, bourgeoise ? — demanda le cocher.

— Au chemin de fer de Vincennes.

A trois heures cinq minutes Mme Laurier prenait le train, et arrivait à trois heures trente-cinq à Saint-Maur-les-Fossés.

Elle traversa la Marne en bateau, entra chez le restaurateur Baudry et lui dit :

— Pourriez-vous, monsieur, m'indiquer la rue du Cap ?

— Très bien, madame...

— Y connaissez-vous un monsieur, qui semble étranger et qui se nomme M. Fradin ?...

— Je le connais parfaitement. — Je lui ai remis il y a quarante-huit heures les clefs du pavillon qu'il a loué par mon intermédiaire, et où il se proposait d'emménager hier matin...

Cette réponse redoubla le trouble de Mme Laurier. — Il lui sembla qu'elle allait apprendre quelque chose d'étrange et de terrible.

Elle reprit :

— M. Fradin n'est à Port-Créteil que depuis hier ?

— Oui, madame.

— Avec sa femme ?

— J'ignore s'il est marié...

— Vous connaissez cependant ce monsieur depuis longtemps ?

— Je l'ai vu pour la première fois il y a quatre jours, lorsqu'il est venu visiter le pavillon, qu'il se proposait de louer...

— Mon Dieu ! mon Dieu ! — s'écria la marchande de dentelles en joignant les mains, — qu'est-ce que tout cela signifie ?.. — Ah ! pour sûr, il y a un malheur ! !

— Un malheur ? — répéta Baudry.

— Oui, monsieur...

— Et lequel ?...

— Hier, ma demoiselle de magasin est venue apporter rue du Cap, à M. Fradin, des dentelles qu'il avait achetées la veille et payées en partie... — Elle devait toucher la solde de la facture... — Quelques centaines de francs... — Je tremble qu'on ne lui ait tendu un piège...

— Ah ! diable !

— Voulez-vous m'accompagner, monsieur, jusqu'à la maison de M. Fradin ?

— Avec le plus grand plaisir, madame ; — me voici à vos ordres.

Mme Laurier suivit le restaurateur qui la guida jusqu'à la porte du jardin et mit lui-même la cloche en branle, à deux reprises et à quelques secondes d'intervalle.

Nous savons qu'au second coup de cloche Zirza avait répondu en appelant à l'aide.

— C'est elle... — dit vivement Mme Laurier. — Je reconnais sa voix... — Que se passe-t-il dans cette maison?...

— Nous allons le savoir, madame...

Le restaurateur était un garçon leste, vigoureux, et d'un caractère décidé.

Il prit son élan, saisit des deux mains le chaperon du mur, s'enleva à la force des poignets avec la souplesse d'un gymnasiarque de profession, et retomba de l'autre côté, dans le jardin.

La porte n'était fermée qu'au pêne. — Il l'ouvrit à la marchande de dentelles, et tous deux se dirigèrent rapidement vers le pavillon.

Baudry, sans presque s'aider de la barre d'appui, sauta sur le rebord de la fenêtre ouverte par Isabelle.

— Une femme inanimée... — s'écria-t-il avec effroi.

— C'est Zirza... C'est la pauvre Zirza... — Aidez-moi, monsieur... — Il ne faut pas perdre une minute pour lui porter secours...

Le restaurateur se pencha vers Mme Laurier, la saisit par les poignets, la hissa sans la moindre peine et la déposa sur le parquet de la salle à manger, où elle se laissa tomber à genoux en sanglotant auprès de la demoiselle de magasin dont elle souleva la tête pâle.

— Elle n'est point morte, n'est-ce pas? — demanda vivement Baudry. — Une si belle fille, ça serait dommage.

— Non... non... — répondit la patronne qui sentait sous sa main battre le cœur de Zirza. — Ce n'est qu'un évanouissement.

— Il faudrait de l'eau fraîche.

— J'ai sur moi un flacon de sels... Je vais le lui faire respirer...

Et Mme Laurier passa sous les narines d'Isabelle un flacon de sels anglais d'une extrême violence.

— Ah çà! mais, — reprit Baudry en jetant un coup d'œil autour de lui, — on croirait qu'il n'y a personne dans cette maison...

— Zirza nous expliquera ce qui s'est passé... — La voilà qui revient à elle...

La jeune femme, en effet, rouvrait les yeux.

— Mon enfant, ma pauvre enfant, — murmura près de son oreille la marchande en l'embrassant avec une tendresse de mère, — écoutez-moi... reconnaissez-moi... je suis votre patronne qui vous aime et qui vient vous chercher...

— Oui... oui... — fit la jeune fille en se soulevant. — Je vous reconnais... je me souviens... Ah! c'est Dieu qui vous amène... je serais morte sans vous...

Mme Laurier et Baudry aidèrent Zirza à se relever et la firent asseoir.

— Eh bien? — demanda le restaurateur. — Cela va-t-il mieux, mademoiselle?

— Oh! oui... beaucoup mieux... mais j'ai cru que j'étais perdue...

— Que s'est-il passé ici, mon enfant ?...

— Ce qui s'est passé ?... — répéta Zirza frissonnante. — Vous allez le savoir... Mais d'abord, madame, il faut me répondre !... — Renée ?... où est Renée ?...

— Partie en voyage...

— Quand ?

— Ce matin...

— Partie ce matin !... — balbutia la jeune femme avec effroi. — Partie !... Mais non pas seule ?... — Paul l'accompagne ?...

— Non... — M. Paul est resté à Paris... — On me l'a dit rue de l'École-de-Médecine où je suis allée dans l'espoir d'y trouver de vos nouvelles...

— Alors il n'y a pas une minute à perdre pour la sauver... si on peut la sauver encore...

— Un danger la menace donc ?

— Oui... le plus terrible de tous... — On en veut à sa vie... — C'est elle qu'on attendait ici à ma place... pour la tuer...

— Pour la tuer ! — s'écrièrent à la fois Mme Laurier et Baudry.

— J'ai vu son ennemi — reprit Zirza, — celui qui m'a fait boire la liqueur empoisonnée, Fradin, l'homme aux dentelles. — Il était là, me regardant mourir, parce que j'avais deviné ses projets, et me disant qu'il tuerait Renée...

— Miséricorde ! que m'apprenez-vous ?...

— La vérité, madame... — Il faisait froid... — J'ai bu pour me réchauffer... mais une parole imprudente du misérable m'a fait deviner tout... Il s'est senti démasqué et, me croyant mourante, il a cyniquement dévoilé ses projets monstrueux... j'ai appelé à l'aide... puis j'ai senti le plancher se dérober sous mes pieds et je suis tombée...

XLVIII

Isabelle s'interrompit, parut réfléchir et demanda brusquement :

— Combien y a-t-il de temps de cela ?

— Plus de vingt-quatre heures... — répondit Mme Laurier. — C'est hier que vous avez quitté Paris...

— Hier !... — répéta la jeune femme prise d'une épouvante nouvelle. — Mais alors Renée est perdue... — Il faut courir sur ses traces... il faut la retrouver... et Dieu veuille que nous la retrouvions vivante... — Venez... venez, madame... Partons...

— Seules nous ne pourrons rien... — Appelons la justice à notre aide...

— C'est moi qui la guiderai...

— Mais ce misérable ? ce Fradin ?

— Il a pris la fuite après son crime commis, pour aller rejoindre Renée...
— Sans le vouloir, je lui ai donné des indices... — Il n'a pas même emporté ces dentelles, tant il avait hâte de s'éloigner... — ajouta Zirza la blonde en indiquant le carton placé sur la table. — Ah ! l'infâme... l'infâme !... Il doit avoir accompli son œuvre... Renée est morte, et j'ai contribué à la perdre par mon imprudence...

Isabelle se tordait les mains.

— Voyons, mon enfant, du calme, — reprit Mme Laurier. — Il faut espérer malgré tout... — Vous sentez-vous la force de marcher ?

— Oui, madame... — Pour venir en aide à Renée ni le courage ni la force ne me feront défaut.

Pendant que s'échangeaient ces dernières paroles, le restaurateur Baudry visitait la maison.

— Personne... — dit-il en revenant. — Mademoiselle ne se trompait pas, le misérable est loin... — Pouvons-nous sortir autrement que par la fenêtre ? — demanda la marchande de dentelles.

— Parfaitement... — La porte du pavillon, comme celle du jardin, n'était fermée qu'au pêne...

— Allons, venez, madame, — fit Zirza en entraînant Mme Laurier. — J'ai hâte d'être à Paris... — Monsieur, — poursuivit-elle en s'adressant à Baudry, — pas un mot de ce qui s'est passé ici, je en vous supplie... — Il y va peut-être de la vie d'une jeune fille...

— Soyez tranquille, je serai muet... — Je vais fermer seulement la fenêtre et les portes, et laisser toutes choses dans l'état où elles sont...

— Merci, monsieur... Partons, madame...

La patronne, que les crises les plus graves n'empêchaient point de songer à ses intérêts, prit sur la table le carton de dentelles et suivit Zirza.

Une demi-heure plus tard, les deux femmes montaient dans le train qui les ramenait à Paris.

***

On n'a point oublié que Mme Bertin avait donné l'ordre à son cocher de la conduire rue du Faubourg-Saint-Denis, en face de la prison de Saint-Lazare, d'où Mlle de Terrys devait sortir d'une minute à l'autre en vertu d'une ordonnance de non-lieu.

Pendant près d'une demi-heure Marguerite resta immobile dans sa voiture, les yeux fixés sur la grande porte.

Au bout de ce temps l'impatience la gagna.

Elle se dit qu'au lieu d'attendre le moment où on viendrait du parquet lever l'écrou d'Honorine, il serait plus simple de s'adresser au greffe.

En conséquence elle mit pied à terre et, s'engageant sous la voûte au fond de laquelle se trouve la porte à guichet, elle fit retentir le marteau de cette porte.

Un employé de la prison parut.

— Que désirez-vous, madame? — demanda-t-il.

— J'aurais deux mots à vous dire...

— Entrez, madame...

Marguerite franchit le seuil.

Le guichetier referma la porte derrière elle et reprit :

— Expliquez-vous, madame...

— Voici ce dont il s'agit, monsieur. — D'ici à quelques minutes.., un quart d'heure... une demi-heure tout au plus, on apportera du Palais de Justice au greffe de Saint-Lazare l'ordre de mettre en liberté Mlle de Terrys dont l'innocence vient d'être reconnue... — Mlle de Terrys est mon amie... — Je désire l'embrasser la première, la reconduire à sa demeure, et je sollicite de vous l'autorisation de l'attendre ici...

— Êtes-vous certaine, madame, que l'ordre de levée d'écrou soit signé?

— Absolument certaine... — Je viens du Palais où j'ai vu le juge d'instruction...

— Dans ce cas, madame, rien ne vous empêche d'attendre et de vous asseoir, mais je ne puis mettre à votre disposition d'autres sièges que ceux-ci...

Et l'employé désignait les bancs de bois entourant la sinistre pièce.

Mme Bertin, que ses jambes brisées par l'émotion soutenaient à peine, se laissa tomber sur un de ces bancs et s'absorba dans ses pensées.

Elle allait revoir Honorine, qui sans doute pourrait la renseigner au sujet de Renée.

Machinalement ses yeux se rivaient sur la porte par laquelle elle avait pénétré dans la prison.

L'ordre de levée d'écrou devait arriver par cette porte...

Un temps, qui parut à la pauvre femme long comme un siècle, s'écoula.

Le guichetier consulta sa montre.

— Cinq heures... — dit-il. — Voilà plus d'une demi-heure que vous attendez, madame... — J'ai peur que vous n'ayez pris une espérance pour une réalité...

— Oh! monsieur, c'est impossible.

— Vous le voyez cependant, madame, on ne vient pas...

Marguerite poussa un soupir et son cœur se serra.

Allait-elle donc éprouver une déception nouvelle?... — Les preuves que Paul Lantier trouvait indiscutables avaient-elles paru insuffisantes au juge d'instruction?

Soudain, on frappa à la porte.

Elle vit la bouteille de liqueur à côté du verre dont elle avait absorbé le contenu.

Mme Bertin tressaillit et ne respira plus.

Le guichetier ouvrit.

Un garde de Paris entra, portant en sautoir un sac de cuir.

— Pour le greffe... — dit-il, — une lettre du parquet.

Il ouvrit son sac, tendit au guichetier une longue enveloppe accompagnée d'un carré de papier, et reprit :

— Faites-moi signer mon reçu, s'il vous plaît...

— Tout de suite, — répliqua l'employé.
Puis il ajouta, en s'adressant à Mme Bertin :
— Ça pourrait bien être l'ordre en question.
Un pâle sourire effleura les lèvres de Marguerite.
L'espoir, un instant évanoui, se ravivait au fond de son cœur.
Le guichetier disparut par une porte conduisant au greffe.
Son absence ne dura que quelques secondes.
Il remit le reçu signé au garde de Paris qui le glissa dans son sac, fit le salut militaire et se retira.
— Eh bien ? — demanda timidement Marguerite.
— Je ne sais rien, madame...
Tout à coup la sonnette du greffe retentit dans la pièce d'attente.
L'employé ouvrit la porte.
Une voix prononça ces mots :
— Mlle de Terrys, en liberté.
Mme Bertin se dressa, comme galvanisée...
— Enfin ! — murmura-t-elle. — Enfin !!
— Il y a des formalités à remplir, madame... — fit le guichetier. — Vous avez au moins vingt minutes à attendre...
Il sonna lui-même.
Un gardien entra. — Le guichetier lui répéta l'ordre du greffe.
Le gardien pivota sur ses talons avec une allure d'ancien soldat et disparut.
— Vais-je la voir tout de suite ? — demanda Marguerite.
— Non, madame... — Les détenues entrent au greffe par l'intérieur de la prison... — Vous ne verrez la personne à qui vous vous intéressez que quand elle passera ici pour sortir libre, par la porte que je vous ai ouverte.
— Merci, monsieur.
Trente minutes s'écoulèrent.
Mme Bertin avait la fièvre... — Il lui semblait que son attente ne finirait jamais.
La sonnette du greffe résonna de nouveau.
Le guichetier ouvrit.
Pour la deuxième fois retentit la phrase :
— Mlle de Terrys, en liberté.
Et Honorine, vêtue de noir, pâle comme une morte, parut dans l'encadrement de la porte.
Son premier regard lui montra Mme Bertin debout en face d'elle.
La jeune fille surprise poussa un cri de joie et se jeta en pleurant dans les bras que Marguerite lui tendait.
Les deux femmes se tinrent un instant embrassées.
— Chère... chère enfant... — balbutia la veuve lorsqu'il lui fut possible

d'articuler quelques mots, — vous voilà donc justifiée... vous voilà libre...

— Dieu m'a prise en pitié... — répondit l'orpheline. — Il était temps... j'allais succomber... la folie s'emparait de mon cerveau... — Venez... quittons bien vite cette maison sinistre... cette maison où j'ai tant souffert...

Le guichetier avait ouvert la porte extérieure.

Marguerite entraîna Mlle de Terrys jusqu'à la voiture qui les attendait..

— Montez, pauvre chère mignonne... — dit-elle à la jeune fille... — Je vais vous conduire au boulevard Malesherbes...

Honorine prit place dans le coupé, où Marguerite s'installa près d'elle, et le cocher, prévenu d'avance, rendit la main à son cheval sans faire de question.

La voiture roulait rapidement.

Mme Bertin couvrait de baisers le front et les joues de son amie.

— Comment avez-vous su que j'allais être mise en liberté aujourd'hui ? — demanda tout à coup la fille du comte.

— Je l'ai appris, il y a deux heures, au Palais de Justice où j'avais été appelée par le juge d'instruction...

— Vous connaissez alors le motif de mon élargissement ? — Cet homme, ce juge, qui me torturait, n'a pu lâcher sa proie sans une raison puissante ..

— Il a eu la preuve de votre innocence.

— La preuve... ! — répéta Mlle de Terrys avec amertume. — Pouvait-il me croire coupable ?

— Il le croyait.

XLIX

— Il le croyait!! — répéta Mlle de Terrys avec amertume. — Ce juge est donc aveugle ou fou!!... — Vous parlez d'une preuve qui l'a désabusé... — Quelle est-elle?

— Je l'ignore... — répondit Marguerite, — je sais seulement qu'elle a été apportée au magistrat par mon neveu...

— M. Paul Lantier?

— Oui, chère mignonne, Paul Lantier bien heureux de vous rendre à la fois l'honneur et la liberté.

— Ainsi c'est à Paul que je dois tout cela! — s'écria la jeune fille, dont les larmes ruisselaient. — Et il n'est point venu m'attendre avec vous!... J'aurais été si heureuse de lui exprimer mon immense gratitude.

— Je voulais qu'il vienne... il m'a répondu qu'il avait un autre devoir à remplir...

— Un autre devoir?

— Oui... — Celui de vous venger...

— Me venger!... — répéta le jeune fille avec étonnement. — Mais on ne peut se venger de la justice, même quand on a été victime d'une incompréhensible et monstrueuse erreur.

— Aussi, Paul ne songe point à vous venger des juges, mais des misérables qui ont causé votre arrestation.

Honorine sentait grandir sa stupeur.

— Quels sont ces misérables ? — demanda-t-elle. — Ai-je donc été accusé d'avoir empoisonné mon père ?

— Paul ne s'est point expliqué à ce sujet. — Il avait hâte de s'éloigner pour agir.

— Eh bien, moi, j'irai le trouver... — Je veux le remercier d'abord, je veux savoir ensuite quelle preuve de mon innocence il a pu fournir, et je veux enfin qu'il me nomme mes calomniateurs.

On était arrivé au boulevard Malesherbes.

La voiture s'arrêta.

Honorine jeta un coup d'œil sur la façade de l'hôtel, qui lui parut lugubre.

Marguerite descendit la première et fit résonner le timbre.

La porte s'ouvrit.

Les deux femmes franchirent le seuil, et les domestiques chargés de la garde de l'hôtel, accourus au bruit du timbre, poussèrent des cris de joie en reconnaissant leur jeune maîtresse.

— Merci, mes amis... — leur dit Honorine, touchée par les témoignages d'une sincère affection. — Je suis heureuse de vous revoir, quoique mon cœur se brise en rentrant dans cette maison en deuil, d'où m'avait arrachée l'accusation la plus folle et la plus effroyable... — Il est des douleurs que rien ne console, et la mienne est du nombre, mais votre accueil me fortifie... — Merci de nouveau, mes amis, merci de tout mon cœur...

Mlle de Terrys et Mme Bertin gagnèrent les appartements du premier étage, où elles se trouvèrent seules.

— Vous passerez le reste de la journée avec moi, n'est-ce pas ? — demanda Honorine à Marguerite.

— Cela dépendra de vous, chère mignonne... — répondit cette dernière.

— De moi ? — répéta la jeune fille.

— Ou du moins de ce que vous allez m'apprendre...

— Je puis vous apprendre quelque chose ?

— Oui... quelque chose de très important et que je brûle de connaître.

— Vous m'intriguez beaucoup, je l'avoue... — Parlez vite...

— J'aurais pu le faire déjà, mais je n'ai point voulu vous questionner avant que vous soyez de retour dans votre maison et que vous ayez repris possession du calme et de la tranquillité d'esprit qui vous manquaient depuis si longtemps...

— J'ai attendu... et pourtant, ce que je viens vous demander c'est ma vie, c'est mon bonheur, c'est la fin de vingt ans de souffrances...

— Je vous comprends moins que jamais... — répondit Honorine en prenant les mains brûlantes de M°° Bertin et en les pressant contre son cœur. — Expliquez-vous donc, chère Marguerite... expliquez-vous vite...

— Vous avez été interrogée par le juge d'instruction ?

— Plusieurs fois, oui, hélas !...

— Au cours de l'un de ces interrogatoires le juge ne vous a-t-il point parlé d'une jeune fille nommée Renée, qui avait été élevée dans le même pensionnat que vous, à Troyes, mais après votre départ ?

— En effet... — Il bâtissait au sujet de cette enfant toute une étrange et absurde histoire... — Il prétendait que Mlle Renée était une fille naturelle de mon père, ma sœur par conséquent, que, dans un but d'intérêt, j'aurais fait disparaître.

— A moi aussi le juge d'instruction a raconté cette fable, — reprit M°° Bertin. — Je l'ai désabusé.

— Vous ?...

— Oui, chère mignonne, il m'a suffi d'un mot pour cela.

— Connaissiez-vous donc Mlle Renée ?

— Je ne l'ai jamais vue, mais depuis dix-neuf ans je l'aime et je la pleure...

Honorine regarda Marguerite avec une surprise facile à comprendre.

— Vous savez, — reprit-elle, — qu'il y a un mystère autour de la naissance de cette enfant ?

Mme Bertin fit de la tête un signe affirmatif.

Mlle de Terrys continua :

— Vous savez qu'elle ne connaît ni son père ni sa mère...

— Oui.

— Mais, peut-être les connaissez-vous ?

— Si je les connais ? — s'écria Marguerite, dont les sanglots se firent jour et dont les larmes jaillirent. — Si je connais les parents de Renée ? de ma fille !...

— Renée, votre fille ! — répéta l'orpheline, ne pouvant croire ce qu'elle entendait et doutant du témoignage de ses sens.

— Oui, ma fille... ma fille chérie, qui me fut enlevée il y a dix-neuf ans, et que depuis lors j'ai pleurée sans cesse...

— Mais comment ?...

— Renée est l'enfant d'une faute... Son père, impitoyable, l'arracha de mes bras au moment où, sans force pour résister aux volontés paternelles, j'allais épouser M. Bertin, et prit ses mesures pour me laisser ignorer la demeure et jusqu'à l'existence de ma fille... — Devenue veuve, je résolus de consacrer ma vie à découvrir la retraite de Renée, et j'avais réussi... — Déjà mon cœur se gonflait de joie, quand le fil conducteur se rompit tout à coup en me laissant en face d'une immense déception et d'un découragement absolu... Je n'espérais plus, lorsqu'aujourd'hui le juge d'instruction m'a laissé supposer que vous connaissiez ma fille et qu'il vous serait possible de me remettre sur sa trace...

Honorine murmura, en serrant de nouveau les mains de son amie :

— Chère Marguerite, comme vous avez dû souffrir!

— Oh! oui, j'ai cruellement souffert ; mais j'oublierai tout si vous me venez en aide, si vous me servez de guide.

— Dieu m'est témoin que je voudrais le pouvoir. Malheureusement je ne connais Renée que par Pauline Lambert, mon amie de pension... — C'est une lettre saisie ici, une lettre de Pauline me parlant de Renée, qui a donné lieu à la dernière erreur de la justice, erreur où le ridicule le dispute à l'odieux...

— Ainsi vous ne savez rien! — fit Marguerite au désespoir.

— Rien... sauf une chose cependant.

— Laquelle? Parlez vite.

— Vous n'êtes pas seule à chercher Renée...

— Vous connaissez quelqu'un qui veut retrouver sa trace?

— Oui.

— Qui donc?

— Votre neveu... mon sauveur...

— Paul!...

— Oui, Paul, dont j'ai reçu les confidences... les aveux... — Vous souvenez-vous de quelques paroles prononcées par lui le jour des funérailles de M. Bertin?

— Au sujet d'une jeune fille, d'une pensionnaire qu'il avait remarquée à Troyes? — Je m'en souviens...

— Cette jeune fille, cette pensionnaire, était Renée qu'il aime de toute son âme ou plutôt qu'il adore... — Il était venu me prier de demander à Pauline Lambert des renseignements sur sa famille, afin de savoir s'il avait quelque chance d'être agréé par elle.

— Ainsi Paul aimait Renée! Paul aimait ma fille!... — balbutia Marguerite en essuyant ses larmes. — Ah! c'est Dieu qui a permis cet amour!...

Puis elle ajouta :

— Eh bien! Mlle Lambert vous a-t-elle renseignée?

— Elle ne pouvait le faire... Elle ignorait comme vous ce qu'était devenue Renée, qui devait lui écrire et qui ne l'a pas fait.

— Ainsi, Paul la cherchait?...

— La retrouver était le but et l'espoir de sa vie...

— Eh bien! qui sait s'il n'est point sur sa trace?... Il faut que je le voie, que je lui parle, que je l'interroge... Il faut qu'il m'éclaire...

— Je ne vous quitterai pas, mon amie... — répliqua Mlle de Terrys. — Nous le verrons ensemble... — Si par lui vous retrouvez votre enfant, par lui je connaîtrai mes ennemis... — Il veut me venger... je dois l'aider... Allez-vous immédiatement chez votre neveu?...

— Oui.

— Eh bien! accordez-moi quelques secondes et je serai tout à vous...

Honorine sonna sa femme de chambre et se fit habiller en grande hâte.

— Je suis prête... — dit-elle en venant rejoindre Mme Bertin.

La veuve et l'orpheline montèrent en voiture.

— Rue de l'École-de-Médecine, chez mon neveu... — commanda Marguerite à son cocher.

La demie après sept heures sonnait au moment où le coupé faisait halte en face de la demeure de l'étudiant en droit.

L

Les deux femmes descendirent de voiture et entrèrent dans la maison.

— M. Paul Lantier est-il chez lui? — demanda Marguerite au concierge.

— Non, madame...

— Mais il va rentrer sans doute?...

— Pas aujourd'hui, madame...

— Vous en êtes sûr?

— Oh! parfaitement sûr... — M. Lantier est parti ce soir en voyage...

Mme Bertin sentit son cœur se serrer douloureusement.

— En voyage! — répète-t-elle.

— Oui, madame... et j'ai reçu tout à l'heure une dépêche pour lui, une dépêche très pressée peut-être, que je ne pourrai lui remettre qu'à son retour.

— Savez-vous au moins si son absence doit durer longtemps? — reprit la veuve.

— Je ne crois pas, madame. — Il est allé à Troyes; sa rentrée à Paris coïncidera sans doute avec celle de Mlle Renée.

En entendant ce nom Marguerite tressaillit; une émotion inexprimable s'empara de tout son être.

— Renée! — s'écria-t-elle. — Vous avez dit Renée, n'est-ce pas?

— Oui, madame... Mlle Renée... Une belle jeune fille... qu'il a sauvée de la mort... qu'il a soignée... qu'il a guérie... qu'il doit épouser... et qui est partie ce matin pour des affaires de famille...

— Oh! c'est elle... c'est bien elle... — reprit la pauvre mère en délire. — Je ne puis douter que ce soit elle... Et, ce matin, elle a quitté Paris?

— Oui, madame...

— Seule?...

— Oh! non, madame... M. Paul, ne pouvant l'accompagner, l'a remise sous la garde de l'un de ses amis...
— Où est-elle allée ?
— Je l'ignore, madame...
— Et quand doit-elle revenir ?...
— Peut-être demain...
— Mon Dieu !... mon Dieu !... — balbutia Marguerite avec un découragement profond. — Attendre... attendre encore... savoir qu'elle est vivante... que je pourrai la voir... la serrer dans mes bras... et attendre... quel supplice !...
Elle essuya les larmes qui coulaient sur ses joues et poursuivit :
— Cette dépêche que vous avez reçue pour M. Paul Lantier, elle est de Renée peut-être... Ne pourriez-vous l'ouvrir pour y chercher une indication ?
Le concierge prit un grand air de dignité blessée.
— Ouvrir une enveloppe ! — répliqua-t-il. — Y pensez-vous, madame... ?
— Vous avez raison... c'est vrai... je suis folle...
— Une seule personne pourrait se permettre de le faire...
— Une personne ?... — répéta Marguerite haletante.
— Oui... *la dame* d'un ami de M. Paul, autorisée par lui à cet effet... Mme Isabelle.
— Eh bien ! allez chercher cette dame... je vous en supplie... je vous récompenserai largement... allez vite...
— Je le ferais de grand cœur pour vous obliger, mais Mme Isabelle est absente.
— Absente ! elle aussi ! — murmura la pauvre femme, écrasée par ces chocs successifs. — Allons... tout m'échappe !... Ah ! que de tortures !...
A cette minute précise un violent coup de sonnette retentit à la porte de l'allée.
Le concierge tira le cordon.
Zirza la blonde, livide comme une morte et se soutenant à peine, entra dans la loge.
— Mme Isabelle ! — s'écria le concierge en la voyant. — Miséricorde, comme vous êtes pâle !... Qu'avez-vous donc ?
— Rien... Je n'ai rien... — répondit Zirza. — Ne vous occupez pas de moi... — Renée est partie, n'est-ce pas ?
Marguerite et Mlle de Terrys attendaient, haletantes.
— Oui, madame.... partie ce matin...
— Avec Paul Lantier ?...
— Non, madame... — M. Paul, se trouvant retenu à Paris pour quelques heures, M. Victor Béralle, que vous connaissez bien, a servi de compagnon à Mlle Renée.
— Et Paul, où est-il ?

Mme Laurier passa sous les narines d'Isabelle un flacon de sels anglais d'une extrême violence.

— Parti ce soir pour Troyes... — Il m'a chargé de vous l'apprendre en ajoutant qu'il ne fallait avoir aucune inquiétude et que son voyage serait court...

— N'avoir aucune inquiétude — répéta la jeune fille avec amertume, — lorsque Renée est en péril!... lorsqu'à cette heure elle est morte peut-être!

Un double cri, poussé par Honorine et par Marguerite, répondit à ces mots. Mme Bertin s'élança vers Isabelle et balbutia :

— Renée est en péril!... Renée est morte peut-être!...

Zirza la blonde jeta sur son interlocutrice un regard stupéfait et répliqua :
— Oui, madame... Le misérable qui l'attendait pour l'assassiner, et qui a voulu me tuer à sa place, menace sa vie...
— Dieu puissant!... — fit Marguerite en prenant dans ses mains son front, d'où la raison lui semblait s'échapper. — C'est horrible!... Je deviens folle!...
— Il faut partir et rejoindre Renée pour la défendre... pour la sauver!... — Vous savez où elle est?

Zirza regarda de nouveau Mme Bertin, et cette fois avec une défiance manifeste.
— Je le sais, oui, madame, — répliqua-t-elle ensuite sèchement.
— Et vous allez me l'apprendre?...
— Non, madame... — Renée a de nombreux ennemis... des assassins cachés dans l'ombre... et je ne vous connais pas..
— Me supposez-vous l'ennemie de Renée?... moi?? — fit Marguerite avec un sanglot.

Zirza répéta :
— Je ne vous connais pas...
— Je suis sa mère!
Ce fut un coup de théâtre.
Zirza tremblait de tout son corps.
— Sa mère!... — balbutia-t-elle. — Sa mère! vous!...
— Oui, moi qui vous implore... Moi qui vous conjure à genoux de me dire où est mon enfant, afin que je la sauve, ou du moins que je meure avec elle!... — Ayez pitié de Renée! Ayez pitié de moi!

Mme Bertin, suffoquée par les sanglots, se laissa véritablement tomber aux genoux de Zirza et lui saisit les mains.
— Ah! relevez-vous... relevez-vous, madame, — fit la jeune femme en attirant Marguerite à elle et en la pressant dans ses bras. — Renée va donc retrouver sa mère... sa mère qu'elle appelait sans cesse... sa mère qu'elle aimait sans la connaître!... Oh! comme elle sera heureuse!...
— Pour être heureuse, il faut qu'elle vive! — interormpit Mlle de Terrys. — Or, vous nous avez dit qu'un grand péril menaçait sa vie... — Ne nous égarons pas... Agissons... — Où est Renée?
— A Nogent-sur-Seine, chez son notaire...
— Alors, c'est pour Nogent qu'il faut partir?
— Oui... je le crois du moins...
— Il y a là une dépêche, arrivée tout à l'heure et adressée à M. Paul... — Vous avez, paraît-il, le droit de l'ouvrir... — Peut-être y trouverons-nous une certitude...

Le concierge tendit le télégramme.
Zirza déchira l'enveloppe bleue.

— Oui! — s'écria-t-elle avec joie après avoir lu. — C'est de Renée et de Victor Béralle... — Ils sont à Nogent, où les retient l'absence momentanée du notaire...

— Et, — demanda vivement Marguerite, — où sont-ils descendus à Nogent?

— A l'*Hôtel du Cygne-de-la-Croix*...

— Eh bien! — reprit la mère éperdue, — cette nuit même nous serons à Nogent et, avec l'aide de Dieu, nous arriverons à temps pour sauver ma fille...

— Je vous accompagnerai, madame... — dit Isabelle. — J'ai bien des choses à vous apprendre...

— Et moi, — fit Honorine, — je ne vous quitterai pas.

— J'accepte votre dévoûment... Venez donc toutes deux, et prions Dieu de nous soutenir et de nous protéger.

— Mais M. Paul? — demanda Zirza.

— Il est à Troyes, — répondit Honorine.

— Eh bien! Victor Béralle ira le chercher à Troyes, et parviendra bien à l'y rejoindre.

Les trois femmes sortirent.

— Où allons-nous? — demanda Mlle de Terrys.

— Chez moi, rue de Varennes, pour y prendre de l'argent, — répliqua Marguerite, — et de là à la gare de l'Est.

Un train semi-direct partait à neuf heures quarante minutes.

La veuve et ses deux compagnes prirent place dans ce train, qui les emporta vers Nogent-sur-Seine, où nous le précéderons.

Renée et Victor Béralle avaient dîné chacun dans leur chambre.

Aussitôt que les garçons d'hôtel eurent terminé leur service et qu'aucun dérangement importun ne fut à craindre, la fille de Marguerite et le contremaître ouvrirent la porte de communication et se réunirent.

Victor trouvait singulier que Paul eût laissé sans réponse la dépêche qu'il lui avait adressée.

Mais, ne voulant pas alarmer la jeune fille, il gardait pour lui seul son étonnement, mêlé d'un peu d'inquiétude.

Renée, que préoccupait également le silence de son fiancé, fut la première à mettre l'entretien sur ce sujet.

— Pourquoi Paul n'a-t-il pas répondu? — demanda-t-elle.

— Je l'ignore, mais il est possible qu'il ne trouve mon télégramme qu'en rentrant fort tard...

— C'est vrai... — murmura Renée, rassurée par cette explication très plausible en effet.

— Sans compter, — reprit Victor, — qu'il pourrait fort bien, s'il est libre, prendre le chemin de fer et venir nous rejoindre à l'improviste ici...

LI

— A quelle heure le train de nuit passe-t-il à Nogent?... — demanda vivement la fille de Marguerite.

Victor, après avoir consulté l'*Indicateur*, répondit :

— Il y en a trois... — Un à onze heures huit minutes; un à minuit trente-trois, et le dernier à quatre heures onze minutes du matin...

Renée regarda la pendule.

— Dix heures et demie... — dit-elle. — J'attendrai jusqu'à onze heures et demie...

— Nous attendrons ensemble...

A onze heures et demie ils causaient encore, et Paul Lantier n'était point arrivé...

— Il ne viendra pas cette nuit... — murmura la jeune fille en quittant son siège... je suis inquiète...

— Je vous assure qu'il n'y a pas lieu de l'être... — Cela s'explique de la façon la plus naturelle. M. Paul, retenu hors de chez lui pendant tout le jour, n'aura trouvé ma dépêche que trop tard pour pouvoir y répondre sur-le-champ... — Je vous quitte, en vous souhaitant une bonne nuit...

— Bonsoir, monsieur Victor...

— A demain, mademoiselle...

Le contremaître sortit de la chambre.

La fille de Marguerite referma derrière lui la porte de communication, puis elle retira la clef de la porte accédant au couloir de l'hôtel, et plaça cette clef sur un meuble.

Elle s'agenouilla ensuite au pied de son lit, pria Dieu pour sa mère inconnue et pour son fiancé, se déshabilla, se coucha et éteignit sa lumière.

Tandis que se passaient ces choses au premier étage de l'*Hôtel du Cygne-de-la-Croix*, que faisait Richard Béralle?

Nous savons déjà que, sous prétexte de fatigue, il s'était enfermé dans sa chambre en tête-à-tête avec un carafon d'eau-de-vie auquel il donnait d'assez fréquentes accolades.

Pour un ivrogne, l'attente amène souvent le sommeil; — nous pourrions même dire presque toujours.

Richard ne fournit pas d'exception à la règle générale.

Il s'était jeté tout habillé sur son lit, pour tuer le temps, songeant à son prochain mariage avec Virginie Baudu et se promettant bien de ne point fermer les yeux.

Peu à peu, l'alcool le poussant à l'engourdissement, ses idées devinrent confuses, ses paupières s'abaissèrent, il s'endormit sans s'en apercevoir, laissant sur la table de nuit sa bougie allumée.

Son sommeil dura longtemps et cessa d'une façon brusque.

Le jeune homme se frotta les yeux et regarda sa montre.

Elle indiquait minuit cinq minutes.

Il prit le carafon, avala une gorgée d'eau-de-vie et appuya de nouveau sa tête sur l'oreiller, en se disant :

— J'ai du temps devant moi et je ferai en sorte de ne plus m'endormir.

Une résolution de ce genre est facile à prendre, mais parfois difficile à exécuter.

Le cerveau de l'ivrogne était de plus en plus lourd. — Ses paupières se fermaient malgré lui.

Il ne dormait pas précisément, il succombait à une sorte de somnolence fiévreuse, hantée par des hallucinations singulières et des cauchemars effrayants.

L'un de ces cauchemars prit un tel cachet de réalité que Richard, voulant fuir un péril imaginaire, se dressa sur ses jambes, ce qui, naturellement, le remit en présence de la réalité.

— Quel bête de rêve ! — murmura-t-il. — Moi qui m'étais si bien promis de ne pas dormir... — Quelle heure peut-il être ?

Il regarda sa montre pour la seconde fois.

Elle continuait à indiquer minuit cinq minutes.

— Ah çà ! mais, tonnerre, elle est arrêtée ! — fit le jeune homme presque à voix haute.

Et, pour s'en assurer, il appuya le boîtier contre son oreille.

Aucun *tictac* ne s'en échappait.

— Elle est arrêtée positivement... — poursuivit-il. — Pendant que je ronflais comme une brute j'aurai sans doute laissé passer l'heure !... — Me voilà dans de jolis draps !

Il s'élança vers la fenêtre, souleva le rideau intérieur, puis le rideau du vitrage, et regarda au dehors.

Dans la rue, tout était noir.

— Il est bien tard, peut-être, — se dit Richard. — Mais le jour est loin encore... — J'ai devant moi plus de temps qu'il n'en faut pour agir.

Le carafon d'eau-de-vie se trouvait à portée de sa main. — D'une seule aspiration il en absorba le contenu, puis il prit la clef que lui avait remise Léopold, alluma la petite bougie de la lanterne, et mit dans sa poche un couteau placé sur la table de nuit.

Pendant quelques minutes il resta sombre, les sourcils froncés, les traits contractés, les regards errant dans le vague.

Un combat terrible, — la dernière lutte, — se livrait au fond de l'âme enténébrée du malheureux.

Une fois de plus l'ivresse, dominant la raison vacillante, étouffa la voix de la conscience.

Richard releva la tête et passa la main sur son front, où perlaient des gouttes de sueur.

— Allons!... — fit-il résolument.

Puis il s'avança d'un pas presque ferme vers la porte de la chambre.

La clef se trouvait en dedans.

Il ouvrit avec précaution.

Les couloirs étaient plongés dans une obscurité profonde.

Aucun bruit, même le plus léger, ne troublait le silence de l'hôtel endormi.

Richard gagna l'escalier.

Une bande de tapis courant sur les marches rendait les pas silencieux.

L'ivrogne titubait légèrement.

Néanmoins, à force de soin, il parvint à descendre à l'étage inférieur et, sans avoir trahi sa présence par quelque choc intempestif, il arriva en face de la chambre qu'occupait Renée.

Il éleva sa lanterne vers le chambranle de la porte.

— Numéro 3... — murmura-t-il entre ses dents. — C'est bien ici...

Alors, avec une résolution farouche mais calme, il introduisit dans la serrure le passe-partout volé par Léopold et le fit tourner.

Le pêne céda.

La porte s'entre-bâilla lentement.

Richard prêta l'oreille.

A l'intérieur un silence absolu régnait.

L'ivrogne poussa la porte, qui grinça en tournant sur ses gonds.

Inquiet, frissonnant, il s'arrêta pour écouter de nouveau.

Tout restait calme.

Le faible bruit de la respiration de Renée endormie arrivait jusqu'à lui.

Il se glissa par l'entre-bâillement de la porte.

Une fois dans la chambre, il fit jaillir de la lanterne sourde un faible rayon lumineux et projeta ce rayon sur le lit.

La fille de Marguerite, le visage tourné contre la muraille, ne se réveillait pas.

Encouragé par la persistance de ce sommeil, il s'avança en marchant sur la pointe des pieds.

Les vêtements de la jeune fille étaient placés, bien en ordre, sur une chaise, au pied du lit.

Richard les vit et se dirigea vers cette chaise, afin de commencer ses recherches.

Soudain Renée fit un mouvement.

Toujours endormie, elle se retourna du côté de Richard.

Ce dernier cacha vivement la lanterne sous son paletot, et tremblant, secoué de la tête aux pieds par une angoisse qui ressemblait à de l'épouvante, il attendit.

La respiration toujours calme de la jeune fille prouvait que le sommeil continuait.

L'ivrogne, rassuré, démasqua sa lanterne.

La lumière vint frapper en plein visage de la dormeuse.

Richard regarda ce visage, poussa un cri et recula terrifié, en lâchant sa lanterne qui roula sur le parquet et qui s'éteignit.

Il avait reconnu Renée.

La jeune fille, réveillée en sursaut et prise d'une effroyable épouvante, répondit à l'exclamation du visiteur nocturne par des cris d'appel.

Le misérable se sentit perdu...

Il comprit qu'on allait venir, qu'il lui serait impossible d'expliquer de façon plausible sa présence dans cette chambre, qu'on l'arrêterait comme voleur et, la tête égarée, il bondit vers la porte.

Dans le couloir, sur le seuil de cette porte, un homme en bras de chemise, les pieds nus, la tête nue, apparut tenant un flambeau de la main gauche, un revolver de la main droite.

De pâle qu'il était, Richard devint livide ; — une indicible expression d'effarement envahit son visage ; — il recula devant son frère, qui ne semblait pas moins effrayé que lui en le reconnaissant, et, ne pouvant plus se soutenir, il alla tomber à genoux au milieu de la chambre.

Renée, défaillante, balbutiait des mots sans suite.

La pauvre enfant était au moment de perdre connaissance.

Victor Béralle posa sa lumière sur un meuble et marcha droit à son frère, qui dans ce moment aurait donné beaucoup pour sentir les feuilles du parquet s'entr'ouvrir sous lui et le laisser rouler et disparaître dans un abîme sans fond.

Le contremaître saisit le poignet de l'ivrogne, et le serra si violemment que les os, les tendons et les muscles craquèrent.

— Toi ! — dit-il en même temps d'une voix sourde. — Toi, ici ! — Qu'y viens-tu faire ?...

— Grâce !... — balbutia Richard. — Fais-moi grâce !...

LII

— Grâce ! — répéta Victor Béralle. — Tu demandes grâce !... Donc tu es coupable !... — Quel crime venais-tu commettre ici ?... Es-tu un voleur ou un meurtrier ? — Allons, parle !... Explique-moi ta présence dans cette chambre, la nuit !... — Je veux, je dois tout savoir !... — Quand on a trouvé dans tes mains le sac de Mme Ursule assassinée, un effrayant soupçon s'est emparé de moi... — Il s'était effacé... il revient aujourd'hui ! — Tu es un infâme, tu fais cause commune avec les ennemis de Mlle Renée !

— Non, — répliqua Richard d'une voix étranglée — je ne connais pas ceux dont tu parles... Écoute-moi...

— J'écoute... J'attends, et ne cherche pas à mentir, sinon je te tue comme un chien !

Et Victor appuya le canon de son revolver sur la tempe du misérable.

Renée joignit les mains, et à son tour s'écria :

— Grâce ! ayez pitié de lui...

— Eh ! mademoiselle, — répondit le contremaître, — il faut avant tout que je sache pourquoi et comment il est ici... — Je verrai ensuite si je puis lui pardonner... — Mais point de bruit... point de scandale... Personne ne semble s'être éveillé dans l'hôtel... Ne donnons pas de témoins à ce qui va se passer entre nous !

Après être allé fermer la porte entr'ouverte, Victor revint à son frère.

— Encore une fois j'écoute et j'attends — dit-il. — Qui t'a conduit à Nogent-sur-Seine ?

— Ma mauvaise chance... —balbutia Richard toujours agenouillé.

Le contremaître haussa les épaules.

— Ne disons donc pas de mots bêtes ! — s'écria-t-il. — La mauvaise chance ne pousse au crime que les coquins !

— Je vais tout te dire, frère...

— Je te défends de m'appeler ton frère...

— Tu es cruel...

— Je suis juste...

— Ne m'accable pas... Je suis un ivrogne, mais non un scélérat... — Écoute et juge...

D'une voix entrecoupée, et parfois à peine distincte, Richard raconta ce que nos lecteurs savent déjà, la scène entre lui et maman Baüdu, sa sortie du restaurant de l'avenue de Saint-Mandé, sa rencontre avec Léopold sur le pont de Bercy, l'argent qu'il avait reçu, ce qu'il avait promis de faire, son départ, et tout le reste.

Nous devons lui rendre cette justice qu'il ne cacha rien, qu'il ne déguisa rien, qu'il n'atténua rien.

Victor, pâle et les yeux humides, l'écouta et, quand il eut achevé, lui dit :

— Ainsi, l'honneur pour toi n'est qu'un vain mot, et l'ivresse t'a conduit au crime ! — Tu allais te noyer... Un inconnu vient t'empêcher de commettre une mauvaise action, et t'en propose une autre cent fois pire ! — Tu acceptes pour de l'argent !... — Vois-tu, l'indignation et le dégoût m'étouffent !... — Tu es plus méprisable que celui qui t'a payé pour voler !...

—Pardonne-moi... pardonne-moi... — bégaya Richard en se frappant la poi-

La jeune fille réveillée en sursaut est prise d'une effroyable épouvante...

trine. — Je me repens... je ne boirai plus... jamais! jamais! je te le jure par ce qu'il y a au monde de plus sacré!... — Fais-moi grâce...

— Oui, je te ferai grâce en souvenir de notre père, dont ta conduite indigne déshonore le nom sans tache... mais tu vas à l'instant me prouver ton repentir...

— Et comment?

— En m'aidant à combattre le bandit dont tu te rendais complice ! — En me livrant l'homme qui t'a conduit au crime...

— Je suis prêt...

— Cet homme voulait les papiers cachetés que Mlle Renée possède ?... — Où devais-tu porter ces papiers à ce scélérat ?

— A Troyes.

— En quel endroit de Troyes ?

— A l'auberge du *Chapeau-Rouge*, rue du Port.

— Quand ?

— Demain, ou plutôt aujourd'hui...

— L'heure du rendez-vous ?

— Midi... Je devais prendre cette nuit le train de quatre heures onze minutes...

— Bien...

— Est-ce tout ce que tu veux savoir ?...

— Non... — Maintenant tu vas m'apprendre le nom du tentateur...

— Paul Pélissier...

Renée poussa un cri.

Victor Béralle se tourna vers elle.

— Qu'avez-vous, mademoiselle ? — lui demanda-t-il.

— Paul Pélissier !... — répéta la fille de Marguerite.

— Vous connaissez ce nom ?

— Mais c'est celui de l'évadé de Troyes... — C'est celui de l'homme qui m'attirait dans un guet-apens par la lettre signée : *Un ami de votre mère !*

— Votre ennemi acharné... Le complice du misérable brûlé vif rue Beautreillis ! L'assassin de Mme Ursule !! — Et c'est mon frère qu'il avait choisi pour vous voler ! ! — Ah ! Dieu est bon de m'avoir mis à côté de vous pour vous protéger, pour vous défendre, mademoiselle, car dans quelques heures ce grand criminel sera en notre pouvoir !...

Victor s'interrompit, puis au bout d'une seconde il reprit en s'adressant à son frère :

— Tiens, je te pardonne !... et sais-tu pourquoi ? — Parce que la Providence a permis que, sans le vouloir et à ton insu, tu serves d'instrument à la vengeance de Mlle Renée !

— Frère, — s'écria Richard en se relevant, — et vous, mademoiselle, souvenez-vous du serment que je fais, et que je sois un gueux si j'y manque ! — A partir de cette heure et de cette minute, je viderai plus volontiers un verre de poison qu'un verre de vin !... — Ma vie, ma reconnaissance, mon dévoûment jusqu'à la mort vous appartiennent à tous deux !... — Frère, donne-moi ta main...

— La voici... — Mais tu te souviendras ?

— Toujours !
— Tu ne manqueras point à ta promesse ?
— Jamais !...
— Je te crois... je veux te croire... — Maintenant, nous allons convenir de ce qu'il importe de faire.

En ce moment un bruit de pas et de voix se fit entendre dans la rue.

Presque en même temps, on sonna et on frappa avec force à la porte de l'hôtel.

Renée, Victor et Richard prêtèrent l'oreille.

— Ouvrez ! — criait-on. — Ouvrez vite !...

Et les coups de cloche, ainsi que les chocs contre la porte, redoublèrent d'intensité.

— C'est la voix de Zirza ! — poursuivit Renée en pâlissant. — Zirza ici !... Mon Dieu... mon Dieu... il est arrivé malheur à Paul !...

Le contremaître et son frère coururent à la fenêtre.

Ils allaient l'ouvrir.

— Non... — leur dit vivement Renée. — Laissez-moi seule un instant... — Allez faire ouvrir la porte, tandis que je me vêtirai à la hâte...

Victor et Richard obéirent.

Le maître d'hôtel réveillé par le bruit sortait de sa chambre, une lumière à la main, pestant et maugréant, et descendait aussi vite que le lui permettait sa prodigieuse rotondité.

— Je voudrais bien savoir qui se permet un pareil tapage nocturne ! — s'écria-t-il en voyant les jeunes gens. — Je vais envoyer chercher les gendarmes...

— Gardez-vous-en bien !... — répliqua Victor. — Nous connaissons la personne qui frappe et nous redoutons un malheur... Hâtez-vous donc de tirer les verrous...

Les chocs et les coups de sonnette ne discontinuaient point.

— Ne cassez pas la sonnette et n'enfoncez rien... — dit l'hôtelier à travers la porte. — Un peu de patience... Me voici...

Enfin la porte s'ouvrit.

Zirza trépignait d'impatience sur le seuil.

Derrière elle deux personnes, — Marguerite et Mlle de Terrys, — disparaissaient à demi dans l'ombre.

En voyant Victor et Richard, Isabelle poussa une exclamation de joie.

— Vous ! vous ! ici ! — fit-elle en saisissant les mains que le contremaître lui tendait. — Ah ! je respire ! Où est Renée ?

— Dans sa chambre, mademoiselle.

— Il ne lui est rien arrivé ?

— Non, grâce au ciel !... — Elle a reconnu votre voix et elle vous attend...

— Que Dieu, qui l'a sauvée, soit béni ! — balbutia Marguerite avec un inexprimable délire. — Je vais donc pouvoir embrasser ma fille !...

Victor entendit ces paroles, mais sans les comprendre, et regarda d'un air de profond ahurissement celle qui venait de les prononcer.

— Oui... oui... — dit vivement Zirza. — Tout vous sera bientôt expliqué... — Renée est la fille de madame, qui tremblait pour son enfant... — Conduisez-nous près d'elle...

Le maître de l'hôtel, nous le savons, tenait un flambeau. — Victor le lui prit sans façon et s'écria :

— Venez, mesdames... — Je vais vous guider...

Puis il s'élança dans l'escalier ; les trois femmes le suivaient.

Richard, complètement dégrisé, honteux et repentant, venait derrière elles.

Tout en gravissant les marches Zirza répétait :

— Renée !... chère Renée !...

Arrivé au premier étage Victor s'arrêta et, désignant la chambre numéro 3, il dit :

— C'est là, mademoiselle.

En même temps Renée ouvrait la porte depuis l'intérieur, et les deux jeunes filles tombèrent dans les bras l'une de l'autre.

Marguerite Bertin chancelait sur ses jambes, qu'une indicible émotion rendait tremblantes.

Pour se soutenir elle s'appuyait à l'épaule d'Honorine, émue presque autant qu'elle.

Soudain Renée se déroba brusquement à l'étreinte de son amie. — Un frisson passait sur sa chair.

— Zirza... — dit-elle d'une voix altérée, — pourquoi ce voyage à Nogent ?... Que signifie votre arrivée au milieu de la nuit ? — Qu'avez-vous à m'apprendre ? J'ai peur... — Il est arrivé quelque chose à Paul...

— Non, je te le jure ! — répliqua l'amie de Jules Verdier. — Tu es sauvée... Les périls qui te menaçaient ne sont plus à craindre, puisque nous voilà... et je suis venue pour t'annoncer un bonheur... un immense bonheur...

— Un immense bonheur... — répéta l'enfant surprise.

— Oui. — Le plus grand de tous...

— Lequel ?... — Parle donc !...

— Ah ! je ne peux pas... les larmes étouffent ma voix... mais ce sont de douces larmes...

Zirza ajouta, en désignant Marguerite du geste :

— Madame... Regarde madame...

— Eh bien ?...

— Eh bien, c'est ta mère !...

LIII

Pas un cri ne s'échappa des lèvres de Renée.

L'enfant resta muette, paralysée en quelque sorte par la stupeur.

Elle se croyait le jouet d'un rêve. — Le sentiment de la réalité disparaissait pour elle.

Marguerite, sanglotant, ne pouvait prononcer un seul mot.

Soutenue par Honorine, elle s'avançait, muette et les bras tendus.

Tout à coup un jet de lumière traversa l'esprit de Renée.

Elle bondit en avant, dans les bras prêts à l'envelopper, et ces deux cris retentirent à la fois :

— Ma mère !...

— Ma fille !...

Les spectateurs de cette scène émouvante avaient les yeux remplis de larmes d'attendrissement.

— Ma fille... mon enfant !... — balbutiait Marguerite en couvrant de baisers fous les cheveux, le front et les joues de Renée. — C'est ma fille !... — Je l'avais presque deviné en la voyant chez Mme Laurier... — Mon cœur tout entier me poussait vers elle, et mon cœur ne me trompait pas !... — C'est bien toi, mon enfant chéri !... — C'est bien toi, ma fille adorée !... Que je t'aime, mon Dieu !... Que je t'aime !...

— Ma mère !... ma mère !... — bégaya Renée d'une voix faible comme un souffle. — Moi aussi, je vous...

Elle n'acheva pas et perdit connaissance dans les bras de Marguerite.

Honorine et Zirza coururent à elle.

— Mon Dieu ! — s'écria la pauvre mère, qu'une angoisse atroce mordit au cœur, — mon Dieu ! n'aurais-je retrouvé mon enfant que pour la perdre !...

— Ce ne sera rien, mon amie, — répondit Mlle de Terrys en aidant Isabelle à asseoir dans un fauteuil l'enfant évanouie. — Une joie foudroyante a causé cette faiblesse, qui sera de courte durée.

L'orpheline ne se trompait pas.

Au bout de quelques secondes, les joues pâles de Renée prirent des teintes roses.

Ses yeux se rouvrirent.

Son premier sourire, son premier regard furent pour Marguerite.

— Moi aussi, je vous aime, ma mère... — dit-elle en lui tendant les bras. — Depuis longtemps... depuis toujours, je vous aimais sans vous connaître, ou plutôt je vous connaissais... je vous avais vue dans un rêve...

— Et on voulait rendre infranchissable l'abîme creusé entre nous !... — s'écria Mme Bertin, — On avait juré ta mort, pour nous séparer à jamais !!

— Étais-je donc menacée de nouveau ? — demanda Renée.

— Tu étais condamnée !...

— Est-ce possible ?...

— C'est certain... — Si tu es vivante, c'est par miracle ! — Tu le comprendras en apprenant ce qui s'est passé à Port-Créteil...

— A Port-Créteil ? — répéta la jeune fille.

— Oui, chez le misérable à qui tu devais porter des dentelles...

— Mais, comment ?...

— Ecoute ton amie... Elle a failli mourir à ta place...

Zirza raconta le terrible drame du pavillon de la rue du Cap.

Renée, Victor et Richard étaient pâles d'épouvante.

— Plus de doute ! — dit le contremaître, quand le récit d'Isabelle fut achevé. — Cet infâme Fradin n'est autre que Paul Pélissier, le persécuteur acharné, l'implacable ennemi de Mlle Renée, et qui, cette nuit encore, voulait lui voler les papiers dont M. Paul m'a confié la garde.

— Cette nuit !! — s'écria Marguerite avec terreur.

— Oui, madame, mais, heureusement, j'étais là... et je veillais...

Richard baissait la tête en rougissant de honte.

— Monsieur, — dit Mme Bertin en tendant la main à Victor, — je sais que je dois à Paul et à vous de revoir aujourd'hui ma fille... ma fille que déjà, au pont de Bercy, vous aviez, mon neveu et vous, sauvée d'une horrible mort !

— Votre neveu, ma mère ! — fit vivement Renée ; — Paul Lantier est votre neveu ?

— Oui, mon enfant, Paul Lantier, que tu aimes, qui t'adore, et qui fera de toi la plus heureuse des femmes, j'en suis sûre.

— Oh ! mère !... mère !... que de bonheur à la fois !...

Marguerite embrassa Renée, puis reprit, en s'adressant à Victor Béralle :

— Je voudrais, monsieur, vous adresser une question...

— J'y répondrai de mon mieux, madame...

— Vous avez tout à l'heure prononcé un nom...

— Celui de *Paul Pélissier* ?

— Oui. — Quel est cet homme ?...

Renée ne laissa pas à Victor le temps de parler.

— Cet homme, — répliqua-t-elle, — est le scélérat qui, avec un complice brûlé vivant rue Beautreillis, a voulu m'assassiner au pont de Bercy, a tué Mme Ursule pour lui voler la lettre du notaire, et tenté d'empoisonner Zirza à ma place... — Cet homme, un évadé de la prison de Troyes, est mon mystérieux et mortel ennemi...

— Le mien aussi sans doute... — dit l'orpheline.

Renée leva ses grands yeux étonnés sur l'inconnue.

Elle ne comprenait pas.

— Mademoiselle est Honorine de Terrys, — lui dit Marguerite.

— Vous ! vous ! mademoiselle ! — s'écria joyeusement Renée en serrant les mains de la jeune fille. — Vous, l'amie de mon amie Pauline Lambert, vous êtes libre !... — Paul ne se trompait pas quand il croyait avoir dans les mains la preuve de votre innocence ! C'est au manuscrit remis à Paul, avant de mourir, par l'homme de la rue Beautreillis, que vous devez votre liberté !...

— Le manuscrit ?... — répéta l'orpheline avec une curiosité facile à comprendre. — Quel manuscrit ?

— Les *Mémoires* du comte de Terrys, votre père. Ces *Mémoires* où se trouve expliqué par lui, écrit de sa main, que, ne croyant point à la science médicale, il employait, à l'insu de tout le monde, un poison indien pour prolonger sa vie.

— Ah ! — fit Honorine, — je comprends !... — Les ténèbres qui m'enveloppaient se dissipent... — Cet homme a fait voler les *Mémoires* de mon père pour m'accuser ensuite et rendre ma justification impossible !... — Cela saute aux yeux, mais le nom de *Paul Pélissier* m'est inconnu...

— Si c'est un faux nom, mademoiselle, ce qui d'ailleurs me semble probable, — répliqua Victor Béralle, — nous le saurons bientôt : car dans quelques heures le misérable sera en notre pouvoir...

— Est-ce au sujet du misérable en question que Paul est parti pour Troyes ? — demanda Zirza.

— Oui... — répondit Renée.

— Espérait-il donc le trouver à Troyes ?

— Non, mais il voulait se rendre à la prison pour y savoir si l'évadé n'était point retombé aux mains de la justice...

— Et pour venger Mlle de Terrys, m'a-t-il dit, — ajouta Marguerite. — C'est là le devoir dont il me parlait !... — Nous allons donc enfin le connaître, cet ennemi de ma fille et d'Honorine !

— Il faut aller à Troyes... — fit l'orpheline. — Nous devons avertir Paul Lautier...

— Nous allons nous entendre à ce sujet, mademoiselle... — répondit Victor Béralle.

— Parlez, monsieur.

— Je suis porteur de papiers importants appartenant à Mlle Renée... — L'enveloppe qui contient ces papiers, remis par le notaire de Paris, ne doit être décachetée que par Me Audouard, notaire à Nogent-sur-Seine, par conséquent ici... Mais c'est lundi matin seulement que Mlle Renée doit se présenter à l'étude, et c'est vous, madame, — ajouta Victor en s'adressant à Marguerite, — c'est vous, sa mère, qui la conduirez...

« Je vous remettrai à cet effet le pli cacheté.

« Moi, je partirai avec mon frère par le premier train du matin se dirigeant vers Troyes, car c'est là que le Pélissier, vrai ou faux, tombera sous notre coupe.

« M. Paul Lantier, parti de Paris hier soir, sera arrivé trop tard pour être admis au greffe de la prison et obtenir les renseignements qu'il désire... — Demain matin seulement, ou plutôt ce matin, il aura satisfaction.

« Or, en nous mettant en route par le train de quatre heures cinq minutes, nous rejoindrons certainement M. Paul; nous lui apprendrons ce qui se passe et il nous prêtera main-forte pour arrêter le bandit, quel qu'il soit, caché sous le nom de Pélissier...

— Faites cela, mon ami, — dit vivement Renée. — Rejoignez Paul ; apprenez-lui tout... Qu'il sache que j'ai retrouvé ma mère et qu'il partage mon bonheur.

— Qu'il sache aussi, — ajouta Marguerite, — que je l'aimais tendrement comme fils de ma sœur, mais que je vais l'aimer plus tendrement encore comme mon fils à moi...

— Vous viendrez nous retrouver ici ? — reprit Renée.

— Cela dépendra des événements, mademoiselle... — Dans tous les cas il ne faudra point quitter Nogent avant d'avoir reçu de moi une dépêche... — Qui sait si votre présence à Troyes ne sera pas nécessaire?...

— C'est convenu, monsieur Victor... — dit Marguerite. — Nous attendrons...

— Voulez-vous maintenant voir le maître de cet hôtel et faire donner des chambres à Mlle de Terrys et à Mme Zirza.

— A Mlle de Terrys seulement... — interrompit Zirza.

— N'avez-vous donc pas besoin de repos ?

— J'en aurais besoin, c'est certain; mais j'en prendrai plus tard. Pour le quart-d'heure j'accompagnerai M. Béralle à Troyes.

— Toi ? — s'écria Renée.

— Oui, moi...

— Et qu'y veux-tu faire ?...

— Je veux savoir si Frudin, l'empoisonneur de Port-Créteil, et Paul Pélissier, l'assassin, sont un seul et même homme...

— Mais, ne crains-tu pas?...

— Qu'ai-je à craindre, sous la garde de Victor Béralle et de son frère ?...

LA FILLE DE MARGUERITE

Sur le seuil de cette porte un homme apparut tenant un flambeau de la main gauche, un revolver de la main droite

LIV

— Faites donc, ma chère Isabelle — répliqua Mme Berlin, — moi je resterai avec ma fille...

Victor descendit prévenir le maître d'hôtel, qui mit une chambre à la disposition de Mlle de Terrys ; et celle-ci, après avoir embrassé Marguerite, Zirza et Renée, se retira.

Le jeune contremaître reparut presque aussitôt, apportant le paquet cacheté remis à Renée par le notaire de la rue des Pyramides.

— Voici, — dit-il en donnant ce paquet à Mme Bertin, — voici le pli que Mlle Renée doit présenter à Me Audouard... — Vous défendrez ce dépôt, j'en suis certain, comme je l'aurais défendu moi-même...

Marguerite jeta les yeux sur la suscription et tressaillit.

— L'écriture et la signature de Robert... — murmura-t-elle.

Puis, tout haut, elle ajouta :

— Merci, monsieur Béralle... — Vous pouvez partir... Ce dépôt est en bonnes mains.

— Au revoir, ma chère Renée... — fit Zirza en embrassant la fille de Marguerite. — Nous vous ramènerons bientôt celui que vous aimez...

Il était près de quatre heures du matin.

Zirza et Victor se rendirent au chemin de fer.

La mère et la fille, restées seules, se jetèrent de nouveau dans les bras l'une de l'autre.

Toutes deux versaient de douces larmes, des larmes de tendresse et de joie.

Mme Bertin raconta brièvement ensuite ce que Renée devait savoir du passé.

— Oh! ma mère chérie, — s'écria l'enfant, quand elle eut écouté ce récit jusqu'au bout, — combien vous avez dû souffrir! Combien vous avez dû pleurer!... — Oubliez tout, à cette heure où je vous suis rendue... — Nous sommes réunies et je vous aime...

Marguerite, en extase, contemplait ce visage d'ange.

Elle prit Renée dans ses bras et la couvrit de baisers, puis elle dit :

— Tu dois avoir besoin de repos, mignonne... — Il faut te mettre au lit... je veillerai près de toi...

L'enfant obéit, et quelques minutes plus tard elle dormait d'un calme sommeil sous les yeux de sa mère.

∴

Ainsi que Victor Béralle l'avait judicieusement supposé, Paul Lantier était arrivé à Troyes trop tard pour se présenter à la prison afin d'y demander des renseignements sur Paul Pélissier, l'évadé.

En descendant du chemin de fer, il se fit conduire à l'*Hôtel de la Préfecture*.

On se souvient que des fenêtres de cet hôtel, dominant le jardin du pensionnat de Mme Lhermitte, il avait vu pour la première fois Renée.

Brisé de fatigue par les émotions de toute nature qui venaient de se succéder sans relâche, et forcé de remettre au lendemain la démarche but de son voyage, il se coucha en pensant à tout ce qu'il avait déjà fait, à tout ce qui lui restait encore à faire.

L'étudiant ne se doutait guère que Pascal Lantier, son père, occupait dans le même hôtel une chambre voisine de la sienne.

Léopold, l'ex-reclusionnaire, avait suivi de point en point l'itinéraire combiné par lui.

A minuit trente-cinq minutes il s'était installé à Paris dans le train qui devait le conduire à Troyes et qui passait à quatre heures onze minutes à Nogent-sur-Seine

C'est à cette heure que Victor Béralle, Richard et Zirza partaient de Nogent.

L'ex-reclusionnaire s'était dit :

— Je verrai Richard monter en wagon... — Sa présence sera la preuve qu'il a réussi. — Je le rejoindrai à Troyes, au débarcadère, et nous ferons séance tenante l'échange convenu.

Frileusement enfoncé dans un angle du compartiment où il se trouvait en compagnie de plusieurs personnes, Léopold ne dormait pas et comptait l'une après l'autre les nombreuses stations auxquelles faisait halte le train omnibus.

Enfin on nomma Nogent-sur-Seine.

Léopold se servit de son mouchoir pour enlever la buée épaisse qui couvrait la vitre, et fixa les yeux sur le quai d'embarquement.

Trois personnes seulement s'y trouvaient, — deux hommes et une femme, dont les visages disparaissaient sous d'épais cache-nez.

Léopold ne reconnut d'abord aucune de ces trois personnes ; — d'ailleurs, selon lui, Richard ne pouvait faire partie d'un groupe.

— Il n'est pas là !... — se dit-il très inquiet. — Ou il a échoué, ou il a manqué le train !... — On ne sait jamais à quoi s'en tenir avec ces gens que l'ivresse abrutit !

Le trio des voyageurs monta dans un wagon et le train se remit en marche.

Nos lecteurs se rendront compte sans la moindre peine de la perplexité de Léopold.

Une véritable angoisse l'oppressait, — non qu'il craignît quelque chose pour lui-même, Richard Béralle ne le connaissant que sous le nom de Paul Pélissier, et Paul Pélissier étant insaisissable, — mais il avait peur de voir s'évanouir en fumée les millions de Robert Vallerand, et il se demandait s'il n'avait pas eu tort de ne pas agir lui-même quand il s'agissait de s'emparer des papiers remis à la fille de Marguerite par le notaire de Paris..

Il conservait néanmoins un vague espoir que Richard avait réussi, et qu'il s'était simplement mis en retard pour prendre le train.

Léopold caressait cette illusion au moment où la locomotive stoppa en gare à Troyes.

Le misérable quitta vivement le wagon, releva sa fourrure par-dessus ses oreilles, donna son billet et s'engagea dans les rues de la ville, où il eut bientôt fait choix d'un hôtel.

Derrière lui venaient les deux frères et Zirza la blonde, bien loin de supposer que ce voyageur si pressé était l'homme qu'ils cherchaient.

Six heures du matin sonnaient.

Quelques boutiques de débitants de vins commençaient à s'ouvrir aux alentours de la gare, entre autres une sorte de buvette occupant le rez-de-chaussée d'une auberge de quatrième ordre.

— Entrons là... — dit Victor. — Mme Isabelle pourra s'y réchauffer et s'y reposer un peu...

On franchit le seuil de la buvette' où un gros poêle, amplement bourré de houille, entretenait une température très élevée.

Zirza prit un bouillon, but un verre de vin de Bordeaux sucré, et se retira dans une chambre que le contremaître demanda pour elle.

— Présentement, à chacun son rôle... — dit Victor à Richard.

— Commande, j'obéirai...

— Ce Paul Pélissier t'a donné rendez-vous rue du Port, au *Chapeau-Rouge*, à midi?

— Oui.

— Le gredin doit être déjà à Troyes...

— C'est probable...

— Il ne faut pas qu'il puisse te voir avant l'heure indiquée, et cependant il est indispensable que tu sortes afin de savoir où se trouvent la rue du Port, le *Chapeau-Rouge*, et prendre une connaissance exacte des lieux...

— C'est juste...

— Tu vas donc profiter de cette heure plus que matinale où il n'y a pas un chat dehors, pour te rendre à l'établissement en question... Tu en graveras dans ta mémoire le plan topographique, de manière à pouvoir me renseigner très exactement, et tu reviendras m'attendre ici.

— T'attendre?... — répéta Richard. — Est-ce que tu sors?

— Sans doute... — Je veux trouver M. Paul...

— Comment feras-tu?... — Il ne manque pas d'hôtels à Troyes, qui est une grande ville... — Iras-tu le demander de porte en porte?... — Ça te prendra beaucoup de temps...

— Beaucoup trop... à moins d'un hasard ; aussi me garderai-je bien d'agir de cette façon... — M. Paul doit aller ce matin à la prison de Troyes, puisqu'il n'a fait le voyage que pour cela... — Je n'aurai qu'à me mettre de planton en face de la geôle, et ça sera bien le diable si je ne le vois pas entrer ou sortir...

— Tiens, c'est une idée !
— Et une bonne.
— Mais M. Paul ne pourra guère entrer dans la prison avant neuf ou dix heures, et je te donnerais bien un conseil.
— Parle...
— On ne sait ce qui peut arriver... — Le gredin qui faisait de moi un voleur est peut-être au *Chapeau-Rouge*... Qu'est-ce qui t'empêcherait de donner toi-même un coup de pied jusque-là... Aucun soupçon ne pourrait s'éveiller dans son esprit, puisqu'il ne te connaît pas...
— Tu as raison... — J'irai moi-même lever le plan du *Chapeau-Rouge*... Attends-moi ici...

Et le contremaître sortit de la buvette.

Troyes s'éveillait à peine.

Les villes de province ne sont point matinales, surtout en hiver, par des froids rigoureux.

Victor, cependant, trouva quelques boutiques ouvertes, — ou plutôt entr'ouvertes, — et put se renseigner.

On lui indiqua le chemin qu'il devait suivre pour se rendre à la rue du Port.

C'était une voie de communication étroite et sombre dont une extrémité se greffait sur la rue des Jardins, et dont l'autre accédait au port.

Le contremaître chercha l'enseigne du *Chapeau-Rouge*.

Une large coiffure de forme Louis XIII, en bois peint en rouge criard et faisant saillie au-dessus d'une porte basse, ne tarda guère à frapper ses yeux.

Il ouvrit la porte et franchit le seuil.

Une foule de mariniers, de débardeurs, de portefaix, encombrait une salle enfumée, étroite et longue.

Au fond de cette salle se trouvait un couloir donnant accès dans de petits cabinets dont les fenêtres, garnies de solides barreaux de fer, prenaient jour sur des jardins mal entretenus où la neige cachait des détritus de toutes sortes.

LV

Victor Béralle s'approcha du comptoir.
— Un verre de rhum, — dit-il au patron ; — j'attends quelqu'un...
— Voulez-vous attendre dans un cabinet ?
— Oui.
— Allez au fond et choisissez... Ils sont tous libres. — On va vous servir.

Victor traversa la foule, gagna le couloir dont nous avons signalé l'existence, et entra dans le premier cabinet qui s'offrit à lui.

Outre la fenêtre munie de barreaux dominant les jardinets, cette petite pièce en avait une autre ouvrant sur la grande salle et garnie de rideaux jadis blancs, maintenant d'un gris sale.

Une grande Champenoise vint apporter au contremaître le verre de rhum qu'il avait commandé et se retira.

Le jeune homme alluma un cigare et laissa s'écouler un quart d'heure environ, pour donner une apparence de vérité au prétexte mis en avant par lui.

Ensuite il quitta le cabinet, retourna au comptoir et dit à l'hôte, en lui payant sa consommation :

— La personne que j'attends n'arrive pas. — Je suis pressé ce matin... Je reviendrai.

Et il sortit.

— Maintenant, — pensa-t-il en se retrouvant dans la rue, — il s'agit d'aller monter la garde à la porte de la prison de Troyes...

Un passant lui indiqua le chemin qu'il devait suivre pour s'y rendre.

Comme il traversait une petite place, il s'arrêta court, la bouche béante, les yeux agrandis par la surprise.

Cette surprise était d'ailleurs fort naturelle.

De l'autre côté de la place il voyait Pascal Lantier, le père de Paul, entrer dans une maison meublée ayant pour enseigne ces mots : Hôtel de l'Aube.

— Le patron ici ! — murmura-t-il en réfléchissant à cette rencontre imprévue ! — Qu'est-ce que ça signifie ?...

Au bout d'un instant il ajouta :

— Mais, au fond, je ne sais pas pourquoi je m'étonne... — Le patron étant en voyage pouvait avoir des affaires aussi bien à Troyes qu'ailleurs... — C'est drôle tout de même, cependant, que nous nous trouvions tous, le même jour, dans la même ville, le père, le fils et le contremaître...

Après ce court monologue Victor se remit en marche.

De la rue du Port à la prison de Troyes, il y a loin.

Il y avait loin surtout pour un étranger qui, sommairement guidé par des indications peu claires, s'égarait de temps en temps et devait revenir sur ses pas.

Enfin il atteignit son but.

Au moment où il faisait halte en face de la geôle, la porte venait de se refermer derrière l'étudiant en droit.

— C'est là, — se dit Victor; — il s'agit de battre la semelle, car M. Paul ne doit pas être encore arrivé.

Nous savons qu'en cela il se trompait.

Suivons dans la prison le fils de Pascal, que nous trouverons en pourparlers avec le guichetier qui venait de lui ouvrir.

— L'heure des visites n'est point encore sonnée, monsieur... — lui disait ce guichetier.

— Je ne viens pas pour une visite...

— Peut-être alors venez-vous déposer quelque chose pour un détenu?...

— Pas davantage...

— Alors que voulez-vous?

— Tout simplement prier monsieur le greffier de la prison de vouloir bien me donner un renseignement...

— Vous tombez mal.

— Pourquoi?

— C'est aujourd'hui dimanche et, sauf pour les levées d'écrou qui peuvent avoir lieu à huit heures du matin, le greffe est fermé le dimanche...

— Fermé! — s'écria Paul avec désappointement. — Voilà une malechance inouïe, car c'est sans retard que j'avais besoin d'être renseigné...

— Monsieur le gardien-chef ne pourrait-il vous répondre?...

— Très probablement il le pourrait... — Me sera-t-il possible de le voir?...

— Parfaitement, monsieur... — On va vous conduire auprès de lui.

Le guichetier appela un employé de la prison et lui dit, en désignant Paul Lantier :

— Menez monsieur au gardien-chef.

L'employé prit une des clefs suspendues à un râtelier *ad hoc*, ouvrit une lourde porte donnant dans l'intérieur de la geôle, et du geste invita le jeune homme à passer devant lui.

Paul entra dans une large galerie soutenue par des piliers massifs et éclairée par des fenêtres ogivales, — l'ancien promenoir du cloître.

Après avoir fait dix ou quinze pas dans cette galerie, l'employé, qui maintenant précédait le visiteur, s'arrêta devant une porte.

— Nous y sommes, — dit-il.

Et il frappa.

Une toute jeune fille vint ouvrir et demanda :

— Qu'est-ce que vous voulez, Guillaume?

— Une visite pour le chef, mademoiselle.

— Mon père est là; monsieur, veuillez entrer.

L'étudiant franchit le seuil en saluant la jeune fille, qui referma la porte.

— Venez, monsieur... — ajouta l'enfant.

Et elle introduisit Paul dans une chambre servant aussi de cabinet de travail, où un homme d'une cinquantaine d'années, portant l'uniforme réglementaire des prisons, était assis devant son bureau.

— Père, c'est une visite...

Le gardien-chef, occupé à des écritures, leva la tête et, voyant un étranger, quitta son siège pour aller à sa rencontre.

La jeune fille se retira.

— C'est à moi que vous désirez parler, monsieur? — fit le chef en avançant une chaise.

— Oui, monsieur, en l'absence du greffier de la prison...

— Si je puis le remplacer, je suis tout à vos ordres...

— Vous le pouvez, je n'en doute pas, si vous êtes attaché depuis quelque temps à cette prison.

— J'y suis entré comme simple gardien, il y a vingt-deux ans, et j'ai vu passer devant moi bien des visages connus... — De quoi s'agit-il?

— D'un renseignement.

— Sur un détenu?

— Oui, monsieur.

— Son nom?

— Paul Pélissier...

Le gardien chef fronça les sourcils et fouilla sa mémoire.

— Paul Pélissier... — répéta-t-il. — Vous êtes sûr que c'est bien Paul Pélissier?

— Parfaitement sûr, monsieur.

— Aucun de nos détenus ne s'appelle ainsi, et j'affirmerais volontiers que ce nom n'a jamais été inscrit sur les registres du greffe.

L'étudiant ne se laissa point abattre par ce commencement de déception et reprit :

— Je vais aider vos souvenirs... — Le détenu dont je vous parle s'est évadé de cette prison...

— Il y a combien de temps?

— Le 23 octobre de cette année... — Savez-vous ce que je veux dire...

— Très bien... — Vous précisez, et la date est exacte... — Nous avons eu en effet une évasion dans la nuit du 23 au 24, et cette évasion s'est produite dans les conditions les plus singulières... — On n'a jamais pu comprendre comment le détenu, un fin renard s'il en fut, avait pu sortir du chemin de ronde, où il était parvenu à descendre à l'aide de ses draps, après avoir scié un barreau de sa fenêtre...

— Bref, l'évasion a bien eu lieu à la date que j'indique?...

— Sans doute; mais elle n'a point porté bonheur au pauvre diable d'évadé...

— Comment cela?

— Il est mort...

— Mort! — s'écria le fils de Pascal...

— Oui, monsieur... — On a retrouvé le lendemain, sur les bords de la Seine, en aval de Troyes, sa coiffure et différents objets qui lui avaient appartenu, ce qui prouve qu'il s'était noyé en essayant de passer la rivière...

— Ah! par exemple, voilà qui est étrange !

— Pourquoi donc?

Le contre-maître sortit. Troyes s'éveillait à peine.

— Parce que l'évadé du 23 octobre ne s'est nullement noyé le lendemain matin dans la Seine, à Troyes, puisqu'il est venu à Paris...
— Impossible !
— J'en ai la certitude... J'en ai même la preuve...
— La preuve ?
— Indiscutable...
— Soit... — Je l'admettrai volontiers si ça vous fait plaisir, mais de cette

preuve il ne résulte pas que l'évadé du 23 octobre se nommait Paul Pélissier...

— Vous savez son vrai nom?...

— Comme je sais le mien, monsieur! — Le chenapan était un compatriote... Né à Troyes, ainsi que moi, et issu d'une famille très honorable... — Je l'avais connu jeune homme... — Un de ses oncles vient de mourir dernièrement à Viry-sur-Seine, laissant toute sa fortune à un sien cousin qui habite Paris... un riche entrepreneur... — Cet oncle était un personnage... un député s'il vous plaît, M. Robert Vallerand...

— Robert Vallerand! — s'écria Paul. — Quel nom venez-vous de prononcer, monsieur?...

— Celui d'un homme aimé, estimé, regretté de tous, et qui a rendu son âme à Dieu le 25 octobre dernier... deux jours après l'évasion de son neveu...

L'étudiant était devenu pâle comme un mort.

— Quel était donc le nom de ce neveu? — balbutia-t-il d'une voix à peine distincte, que l'émotion rendait tremblante.

Le gardien-chef répondit :

— Le chenapan s'appelait Léopold Lantier...

Paul appuya la main sur son cœur défaillant.

Une sueur froide mouillait la racine de ses cheveux.

Il lui semblait que ses tempes allaient éclater.

LVI

— Léopold Lantier!... — murmura l'étudiant au bout d'une ou deux secondes.

— Vous connaissez ce nom? — demanda le gardien-chef, surpris de l'émotion du jeune homme.

Ce dernier comprit aussitôt toute l'importance de la réponse qu'il allait faire.

Quel était ce Léopold Lantier dont il ignorait l'existence? Ce cousin de son père dont on ne lui avait jamais parlé?

Il entrevit un mystère de honte; il domina son trouble, fit appel à toute l'énergie de sa volonté, et répliqua :

— Je connais ce nom, oui, monsieur... ou du moins je crois le connaître... — Et vous dites que ce détenu était neveu de M. Robert Vallerand, le député mort dernièrement?

— Oui, et cousin d'un M. Pascal Lantier, habitant Paris, et dont le père est originaire de Troyes.

— Ce Léopold faisait son temps de prison ici?

— Non. — Condamné à la reclusion perpétuelle il y a dix-huit ou dix-neuf ans, et détenu à la maison centrale de Clairvaux, il avait été amené à Troyes comme témoin dans une affaire criminelle... — Il en a profité pour prendre la clef des champs.

— J'ai cru comprendre que M. Vallerand était mort le lendemain de l'évasion de son neveu...

— Vous avez bien compris...

— Tout cela est étrange ! — pensait l'étudiant.

Le gardien-chef continua :

— Le nom de Paul Pélissier n'ayant été porté par aucun détenu, il faudrait en conclure que Léopold Lantier avait pris ce nom après sa fuite ; mais c'est inadmissible, puisque nous avons la certitude que l'évadé a péri dans la Seine...

Le fils de Pascal ne voulait pas interroger plus longtemps.

— Je vous remercie, monsieur, des renseignements que vous avez bien voulu me donner... — fit-il en quittant son siège.

— Je regrette, monsieur, qu'il ne puissent vous être utiles.

Puis le gardien-chef reconduisit son visiteur jusqu'à la porte de la geôle, lui ouvrit cette porte et la referma derrière lui.

— Mon Dieu ! — se dit Paul avec effroi, lorsqu'il fut hors de la prison. — Que de révélations sinistres dans le nom que je viens d'entendre !... — Léopold Lantier, l'assassin de Renée !... Léopold Lantier complice du misérable entre les mains de qui j'ai retrouvé les *Mémoires* du comte de Terrys !... Et mon père devait un million au comte... et brusquement il s'est acquitté... — Quel abîme !... Ce serait monstrueux !...

Sous le poids des angoisses effroyables qui l'obsédaient, l'étudiant marchait en chancelant comme un homme ivre.

Il sentit tout à coup une main se poser sur son bras, tourna les yeux vers celui qui l'abordait ainsi dans une ville où personne ne devait le connaître, et poussa une sourde exclamation en reconnaissant Victor Bérolle.

— Vous ! vous ici, Victor ! — fit-il ensuite avec épouvante. — Et seul ! — Renée ? où est Renée ?

— Rassurez-vous, monsieur Paul, — répliqua vivement le contremaître. — Mlle Renée n'est point en péril... — Je réponds de sa santé.

— Vous l'avez quittée, cependant...

— Sans la moindre inquiétude, car la personne qui me remplace à Nogent-sur-Seine, où on est obligé d'attendre le notaire jusqu'à demain matin, veillera sur elle aussi bien et même mieux que je ne pourrais le faire.

— Entre les mains de qui l'avez-vous donc laissée ?...

— Entre les mains de sa mère...

Paul s'arrêta, suffoqué par l'étonnement.

— Sa mère! — répéta-t-il d'une voix à peine distincte. — Renée a retrouvé sa mère?

— Oui, monsieur Paul... et vous la connaissez...

— Je la connais, moi!

— Elle vous aime de toute ses forces, et vous lui rendez bien sa tendresse...

— Qui? mais qui donc?...

— Vous ne devinez pas?

— Cent fois non!...

— Cela saute aux yeux, cependant... — C'est votre tante...

— Ma tante?... Marguerite Bertin... la mère de Renée?...

— Oui, monsieur Paul...

— Mais c'est à n'y pas croire...

— Rien n'est plus vrai, cependant... — C'est toute une histoire, que M*me* Isabelle sera heureuse de vous raconter tout à l'heure...

— Zirza est à Troyes? — demanda Paul avec une surprise nouvelle.

— Oui, et mon frère aussi...

L'étudiant prit sa tête dans ses deux mains.

Il ne comprenait plus et se demandait très sérieusement si sa raison ne déménageait pas.

— Que se passe-t-il donc?... — murmura-t-il au bout d'une ou deux secondes.

— Il se passe des choses énormes!

— Lesquelles?

— Dans quelques heures l'assassin de M*lle* Renée, le meurtrier de M*me* Ursule, le voleur des *Mémoires* du comte de Terrys, Paul Pélissier, sera en notre pouvoir...

— Paul Pélissier... — répéta le fils de Pascal avec effroi... — Paul Pélissier en votre pouvoir?...

— Oui... — répondit Victor. — Venez, s'il vous plaît... Tout en marchant je vous expliquerai ce qui vous semble obscur.

Les deux jeunes gens prirent le chemin de la buvette où le contremaître avait laissé son frère.

Chemin faisant, Victor raconta sommairement ce que nos lecteurs savent déjà, y compris l'empoisonnement de Zirza à Port-Créteil, et les scènes de l'*Hôtel du Cygne de la Croix*, à Nogent-sur-Seine.

L'étudiant, en écoutant ce récit, croyait de nouveau sentir la folie s'emparer de son cerveau.

Paul Pélissier était Léopold Lantier, il n'en pouvait douter; — Léopold Lantier, le cousin de son père!...

— Son complice!! — ajoutait-il en frissonnant.

Tout à coup, entraîné par une force irrésistible, il s'écria, en saisissant le bras du contremaître :

— Victor, je suis maudit !

— Vous, monsieur Paul ! — répliqua l'honnête ouvrier en regardant avec stupeur l'étudiant, dont le visage, soudainement pâli, prenait une expression effrayante. — Vous ! vous ! !

— Oui, moi... — Ah ! vous ne comprenez pas, vous ne pouvez comprendre... La lumière ne se fera que trop vite... — Quand j'aurai vu Zirza je vous expliquerai tout...

On était arrivé à la buvette où Richard attendait son frère.

Paul tendit la main au jeune homme.

— Madame Isabelle ? — demanda Victor...

— Elle est descendue tout à l'heure causer avec moi, ne pouvant dormir. — Elle vient de remonter dans sa chambre...

— Allons la trouver...

Zirza la blonde, après avoir embrassé Paul avec effusion, fut frappée de la sombre expression de sa figure.

— Qu'avez-vous donc ? — s'écria-t-elle. — Pourquoi cette mine d'enterrement lorsqu'on vous apporte une bonne nouvelle ?

Paul eut un sourire navrant.

— Ou plutôt une demi-douzaine de bonnes nouvelles !... — poursuivit la jeune femme. — Jugez-en...

Et elle voulut entamer le récit déjà fait par Victor.

— Je sais tout, ma chère Zirza... — interrompit Paul. — Tout ce qui vous concerne et concerne Renée... — Mais il est une chose que j'ignore et que je veux savoir.

— Dépend-il de moi de vous l'apprendre ?

— Peut-être... — Quel est le père de Renée ?... — Avez-vous entendu prononcer son nom ?...

— Oui, et, par une coïncidence étrange, il se trouve que le père de Renée est votre grand-oncle...

De pâle qu'il était, Paul devint livide.

— Robert Vallerand, n'est-ce pas ? — murmura-t-il.

— Oui, Robert Vallerand, mort au lendemain du jour où votre tante Marguerite devenait veuve...

L'étudiant avait courbé la tête.

Des soubresauts nerveux agitaient ses membres.

— Allons, je ne m'étais pas trompé... — fit-il tout à coup d'une voix sourde. — Tout s'enchaîne... Le doute cesse d'être possible !... L'évidence s'impose !... — Ah ! je le disais bien tout à l'heure, je suis maudit !

Zirza s'approcha du jeune homme et lui prit les mains.

— Je me demande si je suis bien éveillée, ma parole d'honneur! — dit-elle ensuite. — Que signifient ces paroles, cet air lugubre, ces regards désespérés? — Que se passe-t-il?

— Ce qui se passe? — s'écria Paul, dont le cerveau était en ébullition. — Il se passe que je vivais heureux, suivant le droit chemin, aimant le travail, prêt à sacrifier tout à l'honneur, entrevoyant l'avenir plein d'amour et que tout cela s'écroule et va m'écraser...

— Vous écraser! lorsque nous tenons l'assassin de Mme Ursule, que vous allez venger Renée et devenir son heureux mari!... — C'est de la folie!...

— Ah! — répliqua l'étudiant avec violence, — plût à Dieu que la folie s'emparât de moi et me fît oublier la réalité! — Zirza, Renée est perdue pour moi, et il ne me reste qu'à mourir!...

— Mourir! vous!... — s'écrièrent à la fois les trois jeunes gens terrifiés.

— Oui, mourir...

— Et pourquoi?

— C'est vrai, vous ne savez pas... — poursuivit Paul, que les sanglots étouffaient et dont les larmes jaillirent, — vous ne savez pas ce qui se passe!...

— Nous savons que Paul Pélissier sera bientôt dans nos mains...

— Paul Pélissier! — répéta le fils de Pascal; — il n'y a point de Paul Pélissier!... Le misérable qui se fait appeler ainsi se nomme en réalité Léopold Lantier!...

LVII

— Léopold Lantier! — balbutièrent Zirza, Victor et Richard.

— Oui! — reprit Paul. .. Oui, Lantier... un nom honteux... Un nom maudit... le nom que je porte!! — Léopold Lantier, le condamné à vie, l'évadé de la prison de Troyes, le voleur et l'assassin, est le complice de Pascal Lantier, mon père!

Un cri d'épouvante s'échappa des trois poitrines.

Paul, emporté par la colère et le désespoir, poursuivit :

— Oui, vous avez bien entendu, le complice de mon père!... — Tous deux ont voulu tuer Renée, et savez-vous pourquoi? — Parce que l'héritage de Robert Vallerand allait échapper à Pascal Lantier!... — C'est infâme! — Ils ont tué Mme Ursule pour lui voler la lettre écrite par Robert Vallerand au notaire de Paris... et avec cette lettre ils auraient retiré le pli cacheté... — En échange de ce pli, le notaire de Nogent-sur-Seine les aurait mis en possession de la fortune de mon grand-oncle!... Tout le prouve!... Tout les accuse et, non contents de cela, pour se soustraire au payement d'un million, ils accusaient de parricide Mlle de Terrys après avoir volé la preuve de son innocence... — Mais c'est monstrueux!... — Et c'est mon père, Pascal Lantier, qui, de complicité avec un gibier de maison centrale, a commis tous ces crimes!... — Et vous voulez que je ne me désespère point!... Et vous ne comprenez pas que je suis perdu, que Renée ne m'appartiendra jamais, et qu'il ne me reste qu'un moyen pour échapper à la honte, la mort!...

— Paul, — fit Zirza, — vous exagérez!...

— Vous savez bien que non...

— Rien ne prouve la justesse de vos accusations — Ce prétendu Pélissier, s'il est vraiment Léopold Lantier, peut avoir agi seul, sans la complicité de votre père...

— J'ai voulu me démontrer cela... J'ai essayé de douter... je n'ai pas pu... Le doute est impossible... l'évidence s'impose...

Victor pensait en ce moment qu'il venait de rencontrer Pascal Lantier et de s'étonner de sa présence à Troyes.

Lui aussi ne doutait plus.

Il entreprit néanmoins de consoler et d'encourager le fils du misérable...

— Pas de désespoir, monsieur Paul, — lui dit-il ; — soyez homme... soyez fort ! — Vous devez voir ce Pélissier vrai ou faux... Si c'est un Lantier, nous ne le livrerons point aux tribunaux... Il y a une autre justice que celle des juges...

— Je le verrai... — répondit l'étudiant d'une voix sourde.

Victor regarda sa montre.

Elle marquait onze heures.

— Il est temps de partir... — dit-il à son frère. — Souviens-toi de ce que je vais t'expliquer...

— J'écoute et je me souviendrai...

Après avoir indiqué la situation de la rue du Port et de l'auberge du *Chapeau-Rouge*, le contremaître poursuivit :

— Au *Chapeau-Rouge* il y a un couloir au fond de la salle, et dans ce couloir des *cabinets de société*. — Si Paul Pélissier n'est pas là au moment de ton arrivée, tu entreras dans le premier cabinet, dont la fenêtre donne sur la salle, et tu t'y feras servir à déjeuner ; quand viendra ton homme, tu le verras entrer et tu lui feras signe de venir te rejoindre — S'il t'avait devancé, c'est là que tu le conduirais...

— Ce sera fait...

— Nous serons tous les trois dans la grande salle en temps utile... — Ne t'occupe pas de nous...

— Bien, je file...

Et Richard partit en effet pour gagner la rue du Port.

Paul, Victor et Zirza le suivirent de près.

Le contremaître semblait préoccupé, et l'expression de sa physionomie n'était point trompeuse.

Il songeait à la situation terrible du fils de son patron, situation dont il appréciait l'horreur, et il cherchait dans son esprit quelque moyen d'y remédier.

Nous laisserons nos trois personnages prendre le chemin de l'auberge du *Chapeau-Rouge*, et nous rejoindrons Pascal Lantier, que Victor avait vu franchir le seuil de l'*Hôtel de l'Aube*.

Pascal sortait de l'*Hôtel de la Préfecture* où nous savons déjà qu'il était descendu.

Il venait de recevoir, apporté par un commissionnaire, un mot ainsi conçu en style télégraphique :

« *Arrivé à Troyes, Hôtel de l'Aube.* — *Venir de suite.*

« Paul Pélissier. »

La présence de Léopold à Troyes parut inquiétante à Pascal.

Ce fut donc avec une extrême promptitude qu'il se rendit à l'hôtel désigné.

— M. Pélissier ? — demanda-t-il à un garçon.

— Au deuxième, monsieur... Numéro 8.

Pascal gravit l'escalier avec l'agilité d'un jeune homme, et entra dans la chambre occupée par son cousin.

Celui-ci l'attendait avec la tête et sous le costume du prétendu Fradin, le locataire du pavillon de Port-Créteil...

Ce travestissement le métamorphosait d'une façon si complète que l'entrepreneur eut quelque peine à le reconnaître.

— Pourquoi es-tu venu ? — lui demanda-t-il...

— Parce que j'ai besoin d'argent.

— Je t'en donnerai, mais réponds-moi d'abord...

— Que veux-tu savoir ?

— C'est demain que le notaire de Nogent-sur-Seine doit se présenter au parquet... — N'ai-je rien à craindre ?

— Absolument rien, quoique j'aie été obligé de modifier complètement nos plans.

— Renée ?...

— Est vivante, mais à cette heure les papiers qu'elle devait présenter au notaire Audouard ne sont plus entre ses mains.

— Quels papiers ?... — fit Pascal dont un frisson effleura la chair.

— Ceux que lui a remis l'officier ministériel de la rue des Pyramides : le reçu des millions et le testament de l'oncle Robert...

Pascal devint livide.

— Elle a ces papiers! — balbutia-t-il d'une voix étranglée.

— Elle les avait... elle ne les a plus...

— Tu m'avais dit que la lettre confiée à Ursule par Robert Vallerand était engloutie dans la Marne...

— Un geste, un pas de plus et je vous brûle la cervelle.

— Je le croyais quand je te l'ai dit... — J'avais tort de le croire.
Léopold raconta à son complice la trouvaille du sac entre les mains de Richard Béralle, le voyage de Jarrelonge à Anvers, et la tentative de meurtre dont Paul avait failli être victime.
— Mon fils ! — s'écria Pascal. — C'était mon fils que Jarrelonge attaquait !!
— Et qui s'est défendu, malheureusement, — fit Léopold avec cynisme.
Puis il continua, racontant son aventure de Port-Créteil, le piège où il

comptait prendre Renée et où Zirza était venue donner tête baissée à sa place.
— Il finit en affirmant qu'à midi un homme à sa solde allait lui apporter les papiers que possédait Renée.

L'entrepreneur écoutait, glacé d'effroi.

— Il me semble que nous sommes perdus.. — fit-il d'une voix tremblante.
— Tu as donc rêvé gendarmes ! — répliqua Léopold en riant.
— On n'est pas maître de ses impressions... J'ai peur...
— Peur de quoi !... Le reçu des millions va se trouver dans nos mains.
— Renée dira qu'on le lui a volé...
— Que nous importe ? — Nous nous garderons bien de produire ce reçu dont il faudrait expliquer la possession, ce qui serait assez difficile, mais il restera introuvable et le notaire, ainsi que je l'affirmais dans le temps, sera obligé de rendre gorge, la loi le forçant à remettre l'héritage à l'héritier direct... et Renée n'aura rien pour appuyer ses affirmations... — Fille sans parents et sans nom, qui la croirait ? On ne voudra même pas l'écouter...
— Paul est près d'elle et prendra sa défense...
— Ton fils t'accusera-t-il ? — Jamais de la vie ! — Allons, mon bon, tu déraisonnes... — Nous sommes les maîtres de la situation, et pour fermer la bouche à Paul tu n'auras qu'à lui laisser épouser Renée... — Aie confiance... laisse-moi faire... — Viens ce soir dîner ici avec moi en tête-à-tête et je te montrerai le reçu des millions...

Un peu rassuré par le calme et le sang-froid de son cousin, Pascal respira.

— Tu m'as dit qu'il te fallait de l'argent ? — demanda-t-il.
— Oui.
— Combien ?
— Quatre mille francs pour achever de payer mon homme... — Ce seront, je crois, des capitaux bien placés...

L'entrepreneur ouvrit son portefeuille et y prit quatre billets de banque qu'il tendit à Léopold.

— Bien, — fit ce dernier ; — maintenant quitte-moi... voici l'heure de mon rendez-vous...
— A ce soir, alors ?
— Oui.
— Où ?
— Ici.
— A quelle heure ?
— Cinq heures.
— Convenu... je serai exact.

Pascal de plus en plus inquiet, quoiqu'il s'efforçât de se démontrer que ses inquiétudes n'avaient pas de raisons d'être, regagna l'*Hôtel de la Préfecture*.

Léopold sortit quelques minutes après lui et prit le chemin de la rue du Port.

Il atteignit cette rue et entra au *Chapeau-Rouge*.

La salle commune ne renfermait en ce moment qu'un nombre restreint de consommateurs.

L'entrée de Léopold Lantier, vêtu avec un luxe relatif, produisit une impression d'étonnement, les clients habituels s'expliquant mal la présence d'un individu si bien mis dans un pareil bouge.

En franchissant le seuil, le nouveau venu avait jeté un rapide coup d'œil autour de la salle.

Il cherchait Richard Béralle et ne le vit pas.

Son regard alors interrogea le cartel suspendu au-dessus du comptoir.

Ce cartel n'indiquait que onze heures et demie.

LVIII

— Le rendez-vous est pour midi... je suis venu trop tôt... — se dit Léopold. — J'en serai quitte pour attendre...

— Que faut-il vous servir? — lui demanda le patron du *Chapeau-Rouge*.

— Une absinthe et de quoi écrire...

L'ex-réclusionnaire s'assit à une table d'encoignure.

On lui apporta son absinthe, un encrier, une plume et une feuille de papier à lettre.

Il versa l'eau goutte à goutte sur l'apéritif, puis il trempa la plume dans l'encre et se mit à griffonner des mots sans suite, pour se donner une contenance.

Placé presque en face de la porte, il voyait entrer et sortir.

D'instant en instant ses yeux interrogeaient de nouveau le cartel, dont les aiguilles ne marchaient pas assez vite au gré de son désir.

Le sentiment d'angoisse qu'il avait éprouvé en arrivant de Paris et en ne voyant point Richard monter en chemin de fer à la station de Nogent-sur-Seine revenait plus sérieux et plus persistant.

Enfin les douze coups de midi sonnèrent.

La porte s'ouvrit et Richard Béralle parut.

— Enfin! — murmura Léopold.

Et un sourire de triomphe se dessina sur ses lèvres, tandis qu'il examinait curieusement Richard, qui de son côté inspectait la salle, passait les buveurs en revue, le regardait comme les autres et, grâce à son déguisement, ne le reconnaissait pas.

— Que diable va-t-il faire? — se demanda-t-il.

Richard s'avança vers le comptoir.

— Vous désirez? — fit l'hôte.
— Pouvez-vous me donner à déjeuner?...
— Oui, si vous n'êtes pas trop difficile...
— Je m'accommoderai de n'importe quoi, une tranche de jambon, une omelette et un morceau de fromage...
— On va vous servir...
— Avez-vous des cabinets?
— Oui, au fond, dans le couloir... — Prenez le premier... vous y serez très bien, il y a un poêle...
— Bon, j'y vais.
— Quel vin boirez-vous?
— Une bouteille d'ordinaire.

Le jeune homme traversa la salle, entra dans le couloir et ouvrit la porte du cabinet désigné par le patron, et qui l'avait été précédemment par Victor.

— Il n'est pas encore là... — se dit-il en s'asseyant près d'un poêle de fonte où brûlait un bon feu de charbon de terre. — Midi vient de sonner cependant...

Un garçon vint mettre le couvert et apporta du jambon, du pain et une bouteille de vin.

Richard commença son déjeuner.

Il n'avait pas faim.

L'émotion lui serrait la gorge et lui étreignait l'estomac.

En outre, une sourde colère contre lui-même grondait dans son esprit troublé.

Il ne pouvait oublier la nuit de Nogent-sur-Seine, à l'*Hôtel du Cygne de la Croix*, où, comme le dernier des misérables, il entrait chez une femme pour la voler...

Il se souvenait de son frère, soudainement apparu pour protéger Renée, la fiancée de Paul Lantier.

Grâce au pardon de Victor il sortait de la fange dans laquelle il était tombé, et il se promettait de prendre une terrible revanche à l'endroit de Paul Pélissier.

Richard se versa un doigt de vin, qu'il noya dans des flots d'eau, et il but, — non sans une grimace expressive; mais il avait juré de ne plus se griser et il voulait tenir parole.

Au moment où il reposait son verre sur la table, la porte du cabinet où il se trouvait s'ouvrit, et Léopold Lantier parut sur le seuil.

Nous savons qu'il était méconnaissable.

Richard regarda le nouveau venu avec quelque surprise et s'apprêtait à lui demander s'il cherchait quelqu'un.

Le temps lui manqua pour formuler cette question.

— L'appétit va bien, alors, — fit tout à coup Léopold en s'asseyant à la table de l'ouvrier, — et les occupations de cette nuit t'ont creusé l'estomac...

En entendant parler Léopold, Richard tressaillit.

Il ne reconnaissait pas le visage, mais il reconnaissait la voix.

— Vous!... c'est vous!... — dit-il à voix basse, en se maîtrisant pour cacher le sentiment d'horreur qui s'emparait de lui...

— Oui, garçon... — J'ai fait un brin de toilette pour me présenter à toi ce matin...

— C'est-à-dire que vous vous êtes déguisé...

— Non... — C'est hier que je l'étais... — Mais cela doit t'importer fort peu... — Tu es exact au rendez-vous... — Je t'en félicite...

— Merci !...

— Tout a bien marché?

— Tout.

— Tu as les papiers?

— Oui.

— Alors nous allons faire l'échange convenu...

— Quel échange? — demanda Richard avec le plus complet sang-froid.

— Comment! comment! quel échange?... — répliqua violemment Léopold en fronçant le sourcil. — As-tu perdu la mémoire?... — Tu n'es pas ivre ce matin, ce qui d'ailleurs me surprend beaucoup, et tu dois te souvenir de la convention intervenue entre nous...

— Quelle convention?

— A moi les papiers, et à toi de beaux billets de mille francs... — Je suis prêt à m'exécuter... — Chut!

La porte du cabinet venait de s'ouvrir.

Le garçon entra, portant une omelette au lard d'où s'échappait une excellente odeur.

Il posa le plat sur la table et se retira.

Richard pensait :

— Il s'agit de traîner les choses en longueur pour donner à Victor le temps d'arriver.

Puis, tout haut, il ajouta :

— Là, maintenant nous voilà seuls, et nous allons causer à notre aise, cher monsieur... — Je ne suis pas ivre, en effet, ainsi que vous venez d'en faire la remarque, et je me souviens parfaitement des choses convenues entre nous...

— Alors, — interrompit Léopold, qui commençait à éprouver des mouvements d'impatience, — alors, nous n'aurons pas à causer longtemps... — Voici l'argent, rends-moi les papiers...

— Tout à l'heure...

— Non, tout de suite... J'ai hâte d'en finir...

— Ça m'est égal, j'ai à vous parler, et je suis têtu comme une mule, je vous en préviens... — C'est sérieux, du reste...

— Fais vite alors... — répondit Léopold, comprenant qu'il fallait céder et qu'il n'aurait pas le dernier mot.

— Je vais mettre les morceaux doubles... — répliqua Richard. — Je disais?... Ah! c'est cela... — Nous sommes convenus que j'entrerais dans la chambre d'une jeune fille que vous aimez et que vous voulez épouser, et que j'y prendrais un paquet de lettres où vous trouveriez la preuve de son innocence ou de sa trahison, chose que vous tenez à éclaircir, car il paraît qu'on vous a fait des cancans sur son compte. — C'est bien cela, n'est-ce pas?

— C'est parfaitement cela, et comme je suis très amoureux, par conséquent très jaloux, j'ai hâte de voir ces lettres...

— Ah çà! mon compère, — dit l'ouvrier en croisant les bras sur sa poitrine et en plongeant son regard dans les yeux de Léopold, — vous me prenez donc positivement pour un imbécile?

— Que signifie?... — commença l'ex-reclusionnaire avec un mouvement de fureur.

— Ne gesticulez pas et laissez-moi poursuivre... — interrompit Richard. — J'étais gris... J'ai coupé tout d'abord dans votre histoire, et j'ai agi comme un bon Jocrisse, n'y voyant pas plus loin que le bout de son nez. — Aujourd'hui je suis à jeun, je possède tout mon bon sens, et je débrouille vos finesses cousues de fil blanc... — Vous vous êtes servi de moi pour vous approprier non des billets doux, mais des papiers sérieux, adressés à un notaire de Nogent-sur-Seine... — Le paquet doit contenir des pièces importantes relatives à quelque héritage... — Il s'agit peut-être de millions... — Vous m'avez monté le coup, vous m'avez fait commettre un vol, la nuit, dans une maison habitée... Il y a pour moi des travaux forcés à perpétuité, tout simplement, mon Dieu, oui; et vous m'offrez six mille trois cents francs en échange du pli cacheté que M. Audouard attend!... — Allons donc, mon bonhomme, vous vous en feriez mourir...

Léopold, les dents serrées, les poings crispés, avait écouté Richard sans l'interrompre de nouveau.

— Ah! — fit-il d'une voix sifflante, — c'est du chantage alors!... — Tu as les papiers... tu supposes qu'ils sont relatifs à une fortune et tu veux me les vendre...

— Un peu, mon neveu...

— Tu va me les donner tout de suite, sinon...

— Sinon quoi?

— Je te dénonce...

Richard accueillit cette menace par un éclat de rire, suivi de ces mots :

— Ah! vous me dénoncerez!... — Allez-y!— Je serais curieux de voir cela...

— Je fais fausse route... — pensa Léopold, — il n'a pas peur. — Puis il ajouta tout haut : — Je t'en donnerai dix mille francs.

— Vous devenez raisonnable, mais dix mille francs, ce n'est pas assez.

— Combien veux-tu donc ?

— Cinquante mille.

— C'est ton dernier mot ?

— Oui.

Léopold bondit comme un chat-tigre et voulut prendre Richard à la gorge pour l'étrangler.

LIX

Le jeune homme évita le choc, auquel il s'attendait depuis un instant, et, tirant de sa poche un revolver tout armé, il mit en joue le misérable en disant d'une voix sourde, mais parfaitement distincte :

— Un geste, un pas de plus, et je vous brûle la cervelle !!

Au moment précis où il prononçait ces paroles, la porte du cabinet s'ouvrit et Victor Béralle en franchit le seuil en compagnie de Paul Lantier et de Zirza.

Léopold, en voyant Zirza qu'il reconnut du premier coup d'œil, devint livide, poussa un cri d'épouvante et, reculant comme en présence d'un spectre, s'accula dans un angle de la pièce, les mains tremblantes, les yeux hagards...

— Bonjour, monsieur Fradin, — lui dit Zirza en riant, — je viens vous apporter vos dentelles, que vous avez oubliées là-bas...

Un son rauque s'échappa des lèvres de l'ex-reclusionnaire.

— Paul Pélissier est bien le meurtrier Fradin... — fit Victor Béralle. — Nous allons régler nos comptes...

— Et pour commencer, — appuya l'étudiant en droit, — rendons à cet homme son véritable nom... Il ne s'appelle point Paul Pélissier, mais Léopold Lantier, le condamné à vie, l'évadé de la prison de Troyes.

La voix du jeune homme produisit sur le scélérat pris au piège un effet étrange.

Au lieu de l'anéantir tout à fait, elle lui rendit tout son sang-froid et toute son énergie.

Il se redressa ; puis, quittant l'angle où il s'était blotti, il s'avança résolument vers les quatre acteurs de la scène que nous racontons.

— Eh bien, après ? — fit-il en les regardant en face, l'un après l'autre, avec impudence. — Que je m'appelle Pélissier, Fradin, ou Léopold Lantier, c'est parfaitement moi, et très enchanté de faire connaissance avec mon jeune cousin.

— Taisez-vous ! — commanda Paul indigné. — Je vous défends de me donner ce titre, et je n'admets dans ma famille ni les voleurs ni les assassins...

— Il faudra cependant bien m'admettre, moi... et d'autres... — ricana Léopold. — Maintenant, il s'agit de nous entendre... — Parlons peu, mais parlons bien... — Je suis en votre pouvoir... J'ai joué... j'ai perdu... — Que me voulez-vous ?

Le cynisme de ce gredin et sa prodigieuse audace causèrent à ses quatre auditeurs un étonnement facile à comprendre.

— Ce que nous voulons ? — répliqua Victor Béralle. — Mais, vous reconduire à la prison d'où vous vous êtes évadé...

— Très bien ! — Et une fois qu'on m'aura réintégré dans la geôle, que ferez-vous ?

— Nous dénoncerons vos crimes ! — s'écria Paul.

— Lesquels ?

— Nous prouverons que vous avez voulu tuer Renée au pont de Bercy...

— Je ne le nie point...

— Pour supprimer en elle l'héritière de Robert Vallerand...

— C'est exact...

— Nous prouverons que vous avez fait assassiner Mme Ursule Sollier...

— Parfaitement...

— Pour vous emparer d'une lettre adressée à Me Auguy, notaire à Paris, qui, en échange de cette lettre, devait remettre un pli cacheté que vous avez tenté de faire voler la nuit dernière à Nogent-sur-Seine.

— Continuez...

— C'est vous qui avez soustrait ou fait soustraire les *Mémoires* manuscrits du comte de Terrys trouvés entre les mains de votre complice, tué par vous...

— C'est moi.

— C'est vous enfin qui, à Port-Créteil, avez fait boire à Mme Isabelle un breuvage empoisonné...

— C'est toujours moi...

— Et vous demandez ce que nous voulons ? — Vous avez entassé crimes sur crimes... — Vous appartenez à la loi, et nous allons vous livrer aux juges, qui vous enverront au bourreau.

— Ta-ra-ta-ta !... — fit Léopold en ricanant. — Vous ne pensez pas un mot de ce que vous dites, mon jeune cousin, et je vais vous le prouver... — Oui, j'ai entassé crimes sur crimes ; mais vous savez fort bien que je ne suis pas seul coupable... J'ai des complices...

— Vous en aviez un... il est mort rue Beautreillis.

— J'en ai un autre, ne vous déplaise, et celui-là je vous défie bien de le livrer aux juges ! — Est-ce que c'est pour moi, qui légalement ne pouvais hériter, que j'ai voulu tuer la bâtarde de Robert Vallerand, que j'ai supprimé Mme Ursule et fait tout le reste ?... — Vous savez parfaitement le contraire et, puisque vous

Pascal anéanti, brisé, se laissa tomber sur un siège.

mon non, vous savez aussi celui de l'homme qui commandait et qui payait mon petit travail...— Je suis prêt à vous suivre...— Conduisez-moi à la prison de Troyes. Messieurs, Pascal Lantier, mon digne cousin, votre honorable père, jeune homme, viendra m'y rejoindre ce soir!...

— Mon Dieu! mon Dieu! — balbutia Paul en se tordant les bras.— Je ne me trompais pas... Mon père était l'associé de ce misérable...

— J'en fournirai les preuves...

L'étudiant se laissa tomber sur une chaise et cacha son visage dans ses mains.

Les sanglots l'étouffaient.

— Ces preuves, vous les anéantirez... — dit Victor d'une voix sourde.

— Tu peux te fouiller, mon petit! — répliqua Léopold d'un ton canaille et avec un geste intraduisible.

— Vous ne prononcerez pas le nom de Pascal Lantier... — poursuivit le contremaître.

— L'affaire peut s'arranger... — Vous me laisserez libre...

— Cela dépend...

— De qui?

— De vous seul...

— Je ne vous comprends pas....

— Je vais m'expliquer... — D'ici à demain soir vous resterez notre prisonnier...

— Séquestration arbitraire, messieurs, par conséquent illégale!... — Vous êtes sans mandat pour me détenir...

— Taisez-vous et écoutez-moi! — Vous allez nous suivre, et nous vous conduirons dans un endroit où vous serez sous bonne garde...

— Jusqu'à demain soir?

— Oui.

— Pourquoi ce délai?

— Il ne me plaît pas de vous l'apprendre...

— Et ensuite?

— Ensuite votre sort sera fixé...

Paul se dressa.

— Des atermoiements! — s'écria-t-il avec colère. — A quoi bon? — Que voulez-vous ménager ici? — La justice a le droit de connaître les complices de ce scélérat... — Notre devoir est de les lui livrer... Qu'importe? — Fils d'un misérable, j'accepte la honte.

— Monsieur Paul, — répondit Victor avec fermeté, — c'est à moi qu'est due la capture de cet homme... Il m'appartient... — Je vous demande de rester calme et, d'ici à demain soir, de pousser le courage jusqu'à l'héroïsme... — Jurez-moi d'attendre à demain pour vous prononcer sur son sort et sur celui de ses complices... Jurez-le-moi sur la mémoire de votre sainte mère... sur votre amour pour Mlle Renée... Jurez-le-moi, je vous en conjure...

La voix du contremaître était grave et presque impérieuse, quoique suppliante.

Elle produisit sur Paul une impression profonde.

— Je vous le promets, mon ami, — répondit-il; — j'attendrai...

— Merci, monsieur Paul, et en route... — fit Victor Bérallo.

Puis, s'adressant à Léopold et lui montrant un revolver, il ajouta :

— Vous, gredin, ne faites aucune tentative pour vous échapper, je vous le conseille car, aussi vrai qu'il y a un Dieu, je ne vous tuerai pas ; mais je vous casserai une patte...

— Soyez paisible... — répliqua l'ex-reclusionnaire... — J'attendrai parfaitement jusqu'à demain... — Point ne sera besoin de me casser la moindre des choses... — Allons où vous voudrez.

Richard paya sa dépense.

Nos cinq personnages quittèrent le cabinet, sortirent de la salle du *Chapeau-Rouge* et remontèrent du côté de la gare.

Chemin faisant Victor dit quelques mots à l'oreille de son frère.

Ce dernier entra dans une boutique de cordier, d'où il ressortit au bout de deux minutes, portant un petit paquet enveloppé de gros papier gris.

Il se mit à courir et rejoignit le groupe.

On arriva bientôt à l'auberge de troisième ordre où Victor et Zirza étaient descendus le matin.

Victor commanda une chambre.

On l'introduisit, au second étage, dans une pièce assez grande où il s'enferma avec ses compagnons.

— Vous allez vous mettre au lit... — commanda-t-il à Léopold.

— Mais... — commença celui-ci.

— Inutile de discuter... — interrompit le contremaître. — Il s'agit d'obéir... M. Paul et mon frère vont veiller sur vous... — Je reviendrai dans cinq minutes. — Madame Isabelle, venez avec moi, s'il vous plaît.

Zirza le suivit.

— Où est votre chambre ? — demanda-t-il.

— Au-dessous...

— Voulez-vous m'y conduire ?...

— Venez...

Une fois dans la chambre, la jeune femme reprit :

— Que désirez-vous de moi, mon ami ?...

— Votre dévoûment...

— Il vous est acquis, vous le savez bien.

— Ce n'est pas pour moi que j'en ai besoin...

— Pour qui donc ?

— Pour M. Paul...

Zirza poussa un soupir.

— Pauvre garçon... — murmura-t-elle, — il songe à se tuer... J'ai lu sa détermination dans ses yeux.

LX

— Il songe à se tuer... — répéta Victor. — Pardieu, je ne le sais que trop, mais il ne faut pas qu'il se tue!... — Les fils ne sont point responsables des fautes de leurs pères. — Où serait la justice, si la honte du coupable rejaillissait sur l'innocent? — Je l'empêcherai bien de donner suite à son projet de suicide.

— Qu'allez-vous tenter?

— Le dénoûment vous l'apprendra.

— En quoi puis-je vous servir?

— En partant pour Nogent-sur-Seine par le premier train... Vous me comprenez?...

— Parfaitement... — Il faut tout dire à Mme Bertin, n'est-ce pas?

— Tout, sans exception...

— Mais, Paul?

— Rien de funeste et d'immédiat à craindre de ce côté... — Il m'a juré d'attendre jusqu'à demain soir...

— Il faudra que demain, après la visite au notaire, Mme Bertin et Renée soient ici?

— Oui, c'est cela...

— Elles y seront... — Je pars.

— Vous avez de l'argent?

— Plus qu'il ne m'en faut...

— Merci de votre bon vouloir, chère Mme Isabelle... Moi, je retourne là-haut...

Zirza descendit pour se rendre au chemin de fer, tandis que Victor Béralle allait rejoindre son frère et Paul, qui veillaient sur Léopold Lantier.

Ce dernier, faisant de nécessité vertu, s'était mis au lit.

— Les cordes?... — demanda Victor à Richard.

Le jeune homme défit le paquet enveloppé de papier gris, et en tira le rouleau de corde mince mais résistante qu'il avait acheté en route.

— Vous allez m'attacher?... — fit l'ex-reclusionnaire d'un air moqueur.

— Les bras seulement...

— Je vous assure que c'est bien inutile... Je ne songe guère à m'évader...

— C'est possible, mais je me défie...

— A votre aise... Faites... je serai patient...

— Il vous serait difficile de ne l'être pas...

Richard fit soulever le prisonnier, et lui noua solidement les mains derrière le dos.

— De cette façon, — reprit Victor, — mon frère suffira pour veiller sur vous, si M. Paul et moi nous avons besoin de nous absenter... — Maintenant je prierai M. Paul de vouloir bien aller, en compagnie de Richard, commander à déjeuner pour tout le monde... Pendant ce temps je causerai avec M. Léopold Lantier...

Les deux jeunes gens quittèrent la chambre.

L'ex-reclusionnaire et le contremaître restèrent seuls.

— Vivement quelques mots à voix basse... — fit ce dernier. — Le père de M. Paul est à Troyes...

— C'est vrai, mais comment le savez-vous?

— Je l'ai vu ce matin entrer à l'*Hôtel de l'Aube*...

— C'est là que je demeurais... — dit Léopold

— Avec lui?

— Non.

— Où loge-t-il?

— A l'*Hôtel de la Préfecture*...

— Comme son fils!... — pensa Victor. — Il ne faut pas que Paul y retourne...

Puis, tout haut :

— Vous vous êtes vus, M. Pascal et vous?

— Oui.

— Et concertés?

— Naturellement.

— Que fait à Troyes M. Pascal?

— Ah çà! où voulez-vous en venir avec toutes vos questions?

— Je vous ai prévenu que votre sort dépendait de vous... — Croyez-moi donc, répondez franchement, sans hésitation, sans réticences, si vous voulez que je ne vous parle pas de l'échafaud qui vous attend...

En entendant ce mot sinistre : ÉCHAFAUD! Léopold devint pâle, et un frisson convulsif secoua son corps.

— Si je parle, vous ne me livrerez pas?... — balbutia-t-il d'une voix étranglée par la terreur.

— Parlez d'abord... nous verrons ensuite... — Que vient faire ici M. Pascal Lantier?

— Attendre quelqu'un...

— De qui est-il question?

— Du notaire de Nogent-sur-Seine...

— Il doit venir à Troyes?

— Oui.

— Quand?

— Demain matin

— Pourquoi faire?

— Pour se présenter chez le procureur de la République, qui l'a mandé et qui compte lui demander des explications au sujet de l'héritage de Robert Vallerand, héritage qu'il détient en ce moment.

— A quelle heure, demain, le notaire doit-il se présenter au parquet?

— A une heure...

— Et M. Pascal?...

— En même temps que lui; mais, s'il ne me voit pas ce soir au rendez-vous que je lui ai assigné, il ne se présentera certainement pas...

— Pourquoi donc?

— Parce qu'il tirerait de mon absence une conclusion fort logique : celle-ci : — *Tout est perdu!*

— Il suffirait d'un mot de vous pour le rassurer...

— Sans doute, et si vous me permettez de le voir...

— Le voir, non... — Mais vous allez lui écrire.

Léopold fut saisi d'un tremblement nerveux.

— Vous voulez le livrer... — bégaya-t-il. — Mais ce sera me livrer aussi, moi...

— Je vous ouvre au contraire une porte de salut...

— Que voulez-vous donc faire?

— Peu vous importe, pourvu que je vous évite la guillotine...

— Déliez-moi les mains... je vais écrire...

— Inutile... — répliqua Victor, — l'écriture de M. Fradin, de Paul Pélissier, de Léopold Lantier, doit avoir des formes variées comme les signatures de ces honorables personnages... — Il suffira du nom, et M. Pascal ne mettra point en doute que la lettre vienne de vous. — Je vais écrire... préparez-vous à dicter...

Victor s'assit près d'une petite table où se trouvaient un encrier, du papier et des plumes.

— Allez... — fit-il.

Léopold, obéissant, dicta :

« Je pars pour Paris : affaire personnelle et pressée. — Donc ne viens pas à l'*Hôtel de l'Aube*. — Tout va bien; j'ai le paquet cacheté. — Rien à craindre, tu peux agir.

« Paul Pélissier. »

Le contremaître avait écrit et signé.

Il plia la lettre, la mit sous une enveloppe qu'il ferma et sur laquelle il traça la suscription suivante :

« Monsieur Pascal Lantier,

« Hôtel de la Préfecture,

« *En ville.* »

Il posa cette enveloppe sur la table et quitta son siège.

— A présent, — dit-il ensuite, — il me faut le reçu que vous a fait mon frère et les papiers qui peuvent, en vous compromettant, compromettre ceux que vous avez entraînés avec vous...

— Ce reçu et ces papiers sont dans mon portefeuille... — répondit Léopold.

— Et votre portefeuille?

— Dans la poche de mon paletot fourré...

Victor chercha l'objet en question, le trouva sans peine, l'ouvrit, et le premier papier qui frappa ses yeux fut le reçu écrit et signé par Richard.

A cette vue un frisson passa sur sa chair.

— L'insensé!... le malheureux!... — balbutia-t-il d'une voix faible comme un souffle, — il n'en fallait pas tant pour l'envoyer au bagne! et c'est par miracle qu'il est sauvé!...

Froissant alors le reçu entre ses mains, il le jeta au feu.

Il en fit autant de divers papiers, et ne laissa que les billets de banque dans le portefeuille, qui reprit sa place au fond de la poche du paletot.

Cette besogne achevée, Victor inspecta les autres poches.

De l'une, il retira un tout petit coffret de cristal.

— Qu'est-ce que ceci renferme? — demanda-t-il à Léopold.

Celui-ci répondit :

— La mort...

— Je comprends... — C'est le coffret volé chez le comte de Terrys, n'est-ce pas?

— Oui.

— Il contient le poison violent avec lequel vous avez voulu tuer Mme Isabelle?

L'ex-reclusionnaire répondit par un signe affirmatif.

— Je le garde... — reprit Victor.

Et il le glissa dans sa poche.

Puis il acheva de fouiller les vêtements du misérable, mais il n'y trouva plus rien de suspect.

En ce moment, Richard rentra dans la chambre.

— Le déjeuner est prêt, — dit-il.

— Bien... — Va t'attabler avec M. Paul... — Je veillerai pendant ce temps-là... — Quand vous aurez fini, tu donneras la pâtée à notre prisonnier, qui ne peut se servir lui-même...

— C'est compris... — répliqua le jeune homme.

Et il descendit.

Nous passerons sans nous arrêter sur des détails de minime importance.

Une fois tout le monde restauré, Richard alla déposer à l'*Hôtel de la Préfecture* la lettre adressée à Pascal Lantier; en même temps il était chargé de solder le compte de Paul, car l'étudiant, cédant aux instances de Victor, avait consenti à rester au petit hôtel du chemin de fer.

LXI

Paul était sombre et silencieux.

Une idée fixe le poursuivait, celle du suicide.

Il lui semblait impossible d'accepter la honte qui fatalement devait rejaillir sur lui, quoiqu'il n'eût rien fait pour la mériter.

Dans son découragement immense il avait hâte d'en finir avec la vie et avec la douleur; mais il avait juré à Victor d'attendre jusqu'au lendemain soir.

Fidèle à la parole donnée, il se résignait donc à l'attente, tout en se demandant quel motif avait pu pousser le contremaître à solliciter un semblable sursis et quel résultat il en espérait.

Le fils de Pascal aurait voulu gagner sa chambre, s'y enfermer seul et s'absorber dans son isolement.

Victor Béralle, voulant à tout prix l'empêcher de s'abandonner à ses idées noires, refusa de le quitter.

Léopold, leur prisonnier, se recommandait par une tenue exemplaire.

Une modification absolue s'était opérée dans l'attitude du bandit.

Cette modification ne cachait aucune arrière-pensée. — Elle résultait de la peur.

L'ex-reclusionnaire se sentait à la discrétion des deux hommes qui se constituaient ses geôliers.

Son unique chance d'obtenir leur pitié, — il le comprenait bien, — était de se livrer entièrement à eux.

Il lui semblait lire dans les regards sombres de Paul que ce dernier livrerait son père sans hésiter à la justice qui le réclamait, et chercherait ensuite dans la mort l'oubli de la honte.

Or, l'échafaud lui inspirait une indicible épouvante.

Le misérable, qui ne reculait point devant l'assassinat pour étayer ses plans de fortune, ne voulait pas mourir.

Que projetait Victor Béralle?

Ce problème l'intéressait plus que tout au monde, car, s'il pouvait être sauvé, son salut à coup sûr viendrait du contremaître.

Il conservait le vague espoir qu'on lui permettrait de quitter la France et de disparaître avec Pascal Lantier.

Celui-ci avait reçu le mot signé: *Paul Pélissier*.

Selon la supposition de Victor, il ne se préoccupa nullement de l'écriture.

L'avertissement ne pouvait, croyait-il, venir que de son complice.

Il le tint pour bon et se déclara rassuré et satisfait.

Les Lantier, râlant leur dernier souffle se déchiraient et se mordaient comme des chiens enragés.

Le reste de la journée s'écoula.

Victor et Richard se partagèrent pour la nuit la garde du prisonnier.

Chacun d'eux tour à tour, en quittant sa faction, passait dans la chambre de Paul, dont la prostration était effrayante.

Le malheureux jeune homme avait vieilli de dix années en quelques heures.

Peu à peu cependant il souffrit moins.

Une sorte d'engourdissement, qui n'était pas le sommeil, envahit son cerveau et atténua la sensation de la douleur morale.

Le lendemain matin Pascal Lantier déjeuna vers onze heures à l'*Hôtel de la Préfecture* et attendit avec impatience le moment où il pourrait se présenter au parquet.

Ce moment arriva.

A une heure moins un quart l'entrepreneur se fit annoncer au substitut, qui le reçut immédiatement et lui dit :

— Vous êtes exact, monsieur... — Le notaire Audouard n'est point encore ici, mais il viendra certainement... Une dépêche nous l'annonce... — Je vais prévenir monsieur le procureur de la République que vous êtes à sa disposition. — Il a, je crois, quelques questions à vous adresser.

— J'attends ses ordres, monsieur, — répondit Pascal.

Le substitut entra dans le cabinet de son supérieur hiérarchique.

En se rendant au Palais, le constructeur avait fait provision de calme, de sang-froid, d'énergie.

La partie qu'il allait jouer était décisive ; — quatre ou cinq millions en formaient l'enjeu.

Pascal s'était tracé une règle de conduite pouvant se formuler ainsi :

— Quoi qu'il arrive, rien ne doit m'étonner et surtout m'émouvoir... — Il faut être de bronze et de marbre...

Trois minutes s'écoulèrent.

Le substitut vint rejoindre l'entrepreneur.

— Veuillez entrer, monsieur... — fit-il en désignant la porte restée ouverte. — Monsieur le procureur de la République vous attend...

Pascal, le visage immobile et l'air froid, entra chez le magistrat.

Ce dernier lui montra un siège près de son bureau et lui dit en même temps :

— Veuillez vous asseoir, monsieur...

Le complice de Léopold obéit.

Le procureur de la République poursuivit :

— J'ai besoin de vous questionner au sujet de la fortune déposée, croyez-vous, chez M⁰ Audouard...

— Je suis prêt à vous répondre...

— C'est bien M. Robert Vallerand, votre oncle, qui vous a donné à penser que les valeurs formant son actif se trouvaient dans les mains du notaire de Nogent-sur-Seine?...

— Oui, monsieur, c'est bien lui...

— Il ne vous a point dit le chiffre de sa fortune...

— Il a parlé de plusieurs millions...

— C'est le chiffre exact que j'aurais voulu connaître, non que je doute de la probité de M⁰ Audouard dont la réputation est inattaquable et inattaquée, mais précisément pour éviter d'adresser à cet honorable officier ministériel des questions qui pourraient lui sembler blessantes.

— Je vous renseignerais de grand cœur si je le pouvais, — répliqua Pascal, — mais j'ignore ce chiffre...

A cette minute précise la porte du cabinet s'ouvrit.

Un garçon de bureau annonça :

— M° Audouard.

L'entrepreneur se leva.

Une émotion passagère, qu'il lui fut impossible de dominer, faisait battre son cœur un peu plus vite que de coutume.

Le procureur de la République tendit la main au notaire qui venait d'entrer.

— Cher maître, — lui dit-il, — je suis d'autant plus heureux de vous voir que vos visites sont rares...

— Celle-ci n'est point du tout volontaire, je vous assure... — répondit le notaire en riant. — Je me suis rendu à votre appel, mais très étonné et surtout très intrigué... — Je me demande depuis deux jours ce que vous pouvez me vouloir.

— Il s'agit d'une chose fort importante.

— Laquelle?...

— Vous connaissez Robert Vallerand?...

— Beaucoup, c'était mon client et mon ami...

Pascal Lantier devait s'attendre à cette réponse. — Cependant un petit frisson passa sur son épiderme.

— J'ai l'honneur de vous présenter son neveu... — continua le procureur de la République en désignant l'entrepreneur.

M° Audouard se tourna vers Pascal.

Les deux hommes se saluèrent.

Le magistrat poursuivit :

— M. Pascal Lantier a été appelé ici par moi afin qu'il fasse valoir ses droits à la succession de son oncle dont il est l'unique héritier légal.

Un silence suivit ces derniers mots.

L'entrepreneur, les yeux fixés sur le notaire, attendait avec une anxiété qui ressemblait beaucoup à de l'angoisse.

Le procureur de la République reprit :

— Aucun testament n'ayant été trouvé lors de la levée des scellés, l'administrateur judiciaire a fait l'inventaire des biens meubles et immeubles et des capitaux formant l'actif fort modeste de la succession. — M. Pascal Lantier, ayant eu connaissance du chiffre de cet actif, nous a fait observer que de certaines paroles de son oncle il lui semblait résulter qu'une somme importante se trouvait en dépôt entre vos mains... — C'est à ce sujet, mon cher maître, que je vous ai prié de passer à mon cabinet, désirant recevoir de vous des explications...

— Que je vais vous donner nettes et catégoriques... — répondit le notaire de Nogent-sur-Seine. — M. Lantier est dans le vrai... — Robert Vallerand a en effet déposé chez moi une somme importante...

— On parle de millions...

— Quatre millions quatre cent vingt-cinq mille francs.

— J'étais donc bien renseigné ! — s'écria Pascal avec joie.

— Parfaitement renseigné, oui, monsieur, — répliqua M⁰ Audouard en appuyant sur les mots. — De ce dépôt j'avais fait un reçu à Robert Vallerand en lui donnant ma parole de ne remettre sa fortune qu'à la personne qui m'apporterait un paquet cacheté, portant sa signature et contenant, outre mon reçu, certains papiers de famille.

— Ce paquet n'a point été trouvé chez M. Vallerand... — interrompit le procureur de la République.

— On ne pouvait l'y trouver...

— Pourquoi ?

— Parce qu'il était en lieu sûr, dans la caisse de mon collègue Émile Auguy, notaire à Paris, rue des Pyramides.

Pascal Lantier sentit son sang se glacer dans ses veines.

Ainsi l'officier ministériel savait cela.

Qu'allait-il arriver ?

Une angoisse grandissante l'obsédait ; une sueur froide mouillait ses tempes ; des bruissements bizarres emplissaient ses oreilles.

Néanmoins il fit un suprême appel à sa force de volonté, et parvint à dissimuler son trouble.

LXII

— Eh bien, — demanda vivement le procureur de la République, — ce paquet se trouve-t-il encore dans la caisse de votre collègue ?...

— Non, — répondit M⁰ Audouard, — et cela pour la meilleure de toutes les raisons... — Il m'a été apporté ce matin par la véritable, la seule héritière de Robert Vallerand...

Cette fois Pascal se leva terrifié, certain que Léopold l'avait trahi.

— La véritable... la seule héritière de Robert Vallerand, fille reconnue de Robert et de Marguerite Berthier... — poursuivit le notaire. — J'ai donc, comme c'était mon devoir, remis à cette jeune fille les valeurs qui lui appartenaient, ainsi que me l'enjoignait une lettre testamentaire de mon ami, jointe au reçu signé par moi...

« J'ai l'honneur de mettre sous vos yeux, monsieur le procureur de la République, la lettre et le reçu...

Et Mᵉ Audouard posa sur le bureau les papiers dont il parlait.

Pascal ne pouvait se faire et ne se fit aucune illusion.

Tout s'écroulait.

Le naufrage de ses espérances était complet et irrémédiable.

Il ne lui restait plus qu'à jouer son audacieuse comédie pour écarter de lui les soupçons, — momentanément du moins, — et se donner le temps de fuir.

Ne pouvant éviter la ruine, il voulait essayer de sauver sa tête.

— Une fille de Robert!! — fit-il en jouant l'étonnement. — Mais mon oncle n'a jamais été marié!...

— Il n'en a pas moins eu une fille, inscrite sur les registres de l'état civil de Romilly, et dont voici l'acte de naissance dûment légalisé...

En disant ce qui précède, le notaire présentait au magistrat une feuille de papier timbré.

Puis il ajouta :

— Quoique aucun doute ne soit possible et que mes paroles n'aient pas besoin de confirmation, j'ai prié Mˡˡᵉ Renée Vallerand, la fille de mon ami, de m'accompagner ici avec sa mère...

— Avec sa mère... — bégaya l'entrepreneur effaré.

— Et son amie, Mˡˡᵉ de Terrys, — poursuivit le notaire. — Elles attendent dans votre antichambre.

La foudre, éclatant au milieu du cabinet du procureur de la République, eût produit sur Pascal en effet moins terrible que ne le fit ce nom soudainement prononcé.

Un instant il perdit la tête; mais, cette fois encore, il se raidit.

— Je vous demande la permission de me retirer... — dit-il. — Ma présence ici est inutile désormais et presque ridicule.

Le magistrat, croyant à une simple déception d'héritier évincé, et ne jugeant point l'entrepreneur extrêmement sympathique, sourit sans lui répondre et frappa sur un timbre. — Le garçon de bureau parut.

— Introduisez les personnes qui attendent... — commanda le magistrat.

— Elles savent tout... — pensa Lantier. — Elles vont m'accuser... Je suis perdu !... — Ah ! misérable Léopold !...

La porte s'ouvrit de nouveau.

Renée franchit le seuil, s'appuyant au bras de sa mère et suivie par Honorine.

Le procureur de la République se leva pour les accueillir et les salua respectueusement.

Pascal, livide et frissonnant, aurait voulu sentir le parquet se fendre pour l'engloutir.

En l'apercevant, Marguerite tressaillit.

— Monsieur Lantier! — s'écria-t-elle.

— Oui, madame, — répondit le magistrat, — M. Lantier, qui croyait hériter de son parent, et qui ne saurait manquer d'éprouver quelque surprise en voyant la fortune de Robert Vallerand passer aux mains d'une jeune fille dont il ne soupçonnait pas l'existence...

— Ah! — fit Marguerite en jetant sur son beau-frère un regard d'une indicible expression, — il ne soupçonnait point...

— Non, madame.

— Eh bien! je lui présente ma fille, Renée Vallerand, fille de Robert.

Pascal s'inclina machinalement.

Il pensait :

— Elle ne m'accuse pas!... Qu'est-ce que cela signifie?...

Le procureur de la République reprit :

— Mlle Renée se trouve dès à présent en possession des biens de son père. — Grâce aux mesures prises par Robert Vallerand, il n'y a point à proprement parler d'héritage, mais une restitution de dépôt contre un reçu... — La qualité de fille naturelle de Mlle Renée ne me semble nullement, dans ce cas, la rendre inhabile à posséder sa fortune entière... — Avez-vous quelque objection à formuler, monsieur Lantier?

— Aucune, monsieur... — balbutia Pascal...

— Alors, je ne vous retiens plus...

Le misérable salua avec une raideur automatique et fit deux pas du côté de la porte.

Marguerite lui toucha le bras.

Il tressaillit et se tourna vers sa belle-sœur.

— Voulez-vous m'attendre au dehors, mon cher Pascal... — lui dit-elle. — Nous avons à parler de votre fils...

— Je vous attendrai...

Et le complice de Léopold sortit, en heurtant les murs comme un homme ivre.

Une fois dans la cour du palais de justice il s'arrêta.

— Que se passe-t-il donc? — se demanda-t-il en épongeant avec son mouchoir ses tempes mouillées de sueur. — Rien... pas un mot d'accusation!... Mlle de Terrys justifiée, puisqu'elle est libre... Renée seule maîtresse des millions que je convoitais!... Tant de crimes commis en vain! — Il ne me reste qu'à fuir... — Ce soir je serai à Paris... j'y prendrai tout ce que je possède de valeurs, et demain j'aurai passé la frontière... Demain je commencerai à l'étranger, sous un faux nom, une existence nouvelle...

Une fois son parti pris, Pascal se remit en marche.

Il allait sortir de la cour quand une main se posa sur son épaule.

Le scélérat se retourna brusquement et se vit en face du jeune contremaître Victor Béralle.

— Vous! — s'écria-t-il stupéfait. — Vous!...
— Moi-même, monsieur Lantier...
— Que venez-vous faire à Troyes?...
— Vous sauver du déshonneur... — Non pour vous, mais pour votre fils...
Pascal perdit la tête.
— Me sauver!... — répéta-t-il d'une voix tremblante. — Vous venez me sauver!...
— Oui...
— On s'est présenté rue de Picpus pour m'arrêter, n'est-ce pas?...
— Silence!... — Parler de ces choses dans le lieu où nous sommes est imprudent... — Je vous accompagne à votre hôtel, et là nous causerons...
— Oui... oui... venez...

Et Pascal, prenant Victor par le bras, l'entraîna d'un pas titubant à l'*Hôtel de la Préfecture*.

La porte de sa chambre était entr'ouverte.

Dans le déraillement de sa pensée il ne s'en aperçut même pas.

Il entra.

A peine avait-il franchi le seuil qu'il poussa un cri de stupeur et d'épouvante à la vue de Léopold Lantier, son cousin, son complice, surveillé par Richard Béralle.

— Tu oses te présenter devant moi, quand par toi je suis perdu! — bégaya-t-il avec rage...

— Pardieu, mon bon, — répliqua l'ex-reclusionnaire, — nous n'avons rien à nous reprocher... Si tu es perdu, je le suis aussi...

Et il montrait ses mains attachées.

Les dents de Pascal claquaient.

— Qu'est-ce que ça signifie?... — fit-il en attachant sur Victor le regard incertain et clignotant d'un oiseau de nuit en plein jour.

Le contremaître répondit en tirant de sa poche un revolver :

— Cela signifie que vous êtes en notre pouvoir.

— Que voulez-vous de moi?...

— Vous faire subir le même sort qu'à votre digne cousin Léopold...

— M'attacher!... moi!...

— Parfaitement! — Et si vous n'êtes pas doux comme un agneau, je vous brûlerai la cervelle, parole d'honneur!

L'ex-reclusionnaire intervint.

— Cousin, — dit-il — ne résiste pas, je te le conseille... — Il le ferait comme il le dit, et nous perdrions nos dernières chances... — Le contremaître a une idée, il la cache, mais je la crois tout en notre faveur...

Richard avait apporté le reste de la corde.

Il s'approcha de l'entrepreneur et murmura près de son oreille :

— Patron, soyez gentil... — Ça vaudra mieux... — Les menottes, ce n'est pas la mer à boire...

Pascal, anéanti, brisé, aux trois quarts fou, se laissa tomber sur un siège et s'abandonna passivement.

L'ouvrier lui ligotta les mains avec une dextérité remarquable.

Un bruit inattendu se fit entendre.

On frappa à la porte de la chambre.

— Allons, — pensèrent à la fois Pascal et Léopold, — c'est la fin... Voici les gendarmes...

Victor courut ouvrir.

Marguerite, Renée et Honorine étaient sur le seuil.

La présence des trois femmes parut aux deux scélérats aussi peu rassurante que celle des gendarmes, car ils baissèrent la tête avec autant d'effroi que de honte.

LXIII

Derrière les arrivantes Victor avait refermé la porte.

Marguerite s'avança vers son beau-frère.

— Monsieur Pascal Lantier, — dit-elle d'une voix tranchante comme un couteau d'acier fraîchement affilé, — nous voilà réunis, les assassins et une partie des victimes... — Vous nous écouterez et nous vous laisserons la tâche de vous juger vous-même... — Pas de phrases, point de préambules, des faits, rien que des faits !

« Tous deux vous avez voulu tuer ma fille... — Elle n'a échappé deux fois à la mort que par un double miracle...

« Vous avez assassiné la pauvre Ursule, qui veillait sur elle...

« Vous avez essayé d'empoisonner Mme Isabelle...

« Si la justice humaine pose sa main sur vous, c'est la mort qui vous attend, la mort flétrissante, l'échafaud, car vous savez bien que pas un juré n'admettrait des circonstances atténuantes pour un misérable tel que vous !...

« Ma fille Renée aime votre fils... Son rêve le plus cher est de s'unir à lui, mais Paul refuserait de donner à Renée le nom sanglant, le nom infâme d'un guillotiné...

« Votre enfant, la nature la plus droite, le cœur le plus pur, l'âme la plus loyale, ne peut être responsable de vos crimes et n'en doit point porter la peine...

« Jugez-vous donc, — je vous le répète, — et décidez ce qui vous reste à faire...

« Quant à vous, — ajouta Marguerite en se tournant vers Léopold, — vous

Entre sa jeune femme qu'il adore et sa tante qui est devenue sa mère, il vit absolument heureux.

subirez la peine que prononcera contre lui-même votre parent, devenu votre complice.

Pascal et son cousin frissonnaient.

Renée à son tour s'avança.

— J'aime Paul plus que tout au monde, — fit-elle, — mais l'honneur est pour lui plus que l'amour, et la honte lui paraît plus effroyable que la mort... — Je me reconnais impuissante à le sauver de son désespoir si vous montez sur l'échafaud. — Il se tuera... — Vous, qui jusqu'à ce jour avez ignoré la pitié, n'aurez-vous pas pitié de votre fils? — Jugez-vous donc et prononcez l'arrêt !...

Honorine, les sourcils froncés, les yeux étincelants dans son visage pâle, fit deux pas vers les misérables et dit lentement :

— Tout ce qui se peut infliger de tortures à une femme, à une jeune fille, je l'ai souffert par vous... — Pour me voler ma fortune vous avez entrepris de clouer mon nom au pilori des parricides! — Vous auriez d'un œil calme et le sourire aux lèvres regardé tomber ma tête! — La lumière s'est faite, grâce à votre fils; mais, si réhabilitée que je sois, combien de gens, jusqu'à mon dernier souffle, me croiront coupable!... — Le bourreau seul pourrait me venger dignement, et pour vous livrer à lui il ne faudrait qu'un mot... — Eh bien! je me tairai afin que Paul et Renée soient heureux, si vous prononcez vous-mêmes le jugement, et si vous exécutez la sentence... — Jugez-vous donc...

Un moment de profond silence suivit ces paroles, puis Marguerite reprit :

— Pour prendre une résolution, nous vous donnons une heure... — Si dans une heure votre conscience endormie depuis si longtemps ne s'est pas réveillée et ne vous a pas montré le chemin à suivre, la prison de Troyes s'ouvrira pour vous recevoir, et vous appartiendrez à la justice des hommes en attendant celle de Dieu...

Marguerite, s'adressant à Victor et à Richard Béralle, ajouta :

— C'est à vous, messieurs, que ces grands coupables diront à quelle peine ils se sont condamnés.

Puis, prenant Renée par la main, elle l'entraîna, suivie d'Honorine.

Richard referma la porte.

Léopold et Pascal, le regard éteint, la tête flottant sur la poitrine, ressemblaient à des hommes assommés.

Le contremaître et son frère leur détachèrent les mains.

Les lèvres tremblantes de Pascal répétaient très bas, avec une persistance idiote, ce mot unique :

— L'échafaud...

— L'échafaud, soit! — s'écria tout à coup l'ex-reclusionnaire. — Mais je ne me jugerai pas moi-même...

— Pardon... — répliqua Victor avec calme, — vous vous jugerez, ou tant pis pour vous...

— Mais vous ne comprenez donc pas ce qu'elles veulent, ces trois femmes?...

— Je le comprends parfaitement, au contraire... — C'est au suicide qu'elles nous ont condamnés... — dit Pascal, pris d'une fièvre soudaine.

— Eh bien, mais, — fit le contremaître, — le suicide vaut mieux que l'échafaud, ce me semble... — On évite la cour d'assises... la toilette... les cris de la foule... la vue de la machine... et bien d'autres ennuis.

— C'est vrai... — reprit Pascal. — Puisqu'il faut mourir, autant que ce soit tout de suite...

L'entrepreneur s'était dressé.

Il marcha, ou plutôt il bondit vers Léopold et, lui saisissant les poignets, s'écria : — Je vais mourir et tu vas mourir avec moi, entends-tu ! avec moi ! Toi, mon mauvais génie ! toi qui m'as conduit au crime et poussé dans le gouffre !... Avec moi... Avec moi... — Plutôt que de te laisser vivre, je t'étranglerais de mes mains !

En disant ce qui précède, Pascal broyait comme dans un étau les poignets de son cousin.

Ce dernier parvint non sans peine à se dégager et, les yeux hagards, les membres agités de soubresauts convulsifs, se réfugia dans un angle de la chambre.

— Un couteau ! un couteau !... — répétait Pascal en délire. — Donnez-moi un couteau, que je le tue !

— Asseyez-vous à cette table, — commanda Victor, — et écrivez ce que je vais vous dicter...

Dominé par le regard du contremaître, Pascal obéit comme la bête fauve obéit au dompteur.

Il s'assit près de la table qu'on lui désignait et qui supportait du papier, de l'encre et des plumes.

— Êtes-vous prêt ? — demanda Béralle.

— Je suis prêt... dictez...

— Ce sera court...

Le contremaître réfléchit pendant une seconde et dicta :

« Qu'on n'accuse personne d'un crime imaginaire. — La vie était impossible pour nous ; — nous nous réfugions dans la mort. »

— Datez de Troyes, d'aujourd'hui, — continua Victor, — et signez... signez tous deux...

Pascal, si complètement anéanti un peu auparavant, traça son nom d'une main presque ferme.

Léopold suivait cette scène avec une terreur impossible à décrire, mais facile à comprendre.

— A vous... — lui dit Richard en reprenant la plume à Pascal.

— Jamais je ne signerai cela ! — s'écria le gredin, que l'épouvante faisait râler. — Jamais ! jamais ! jamais ! — Je ne veux pas mourir...

— Tu signeras ! — s'écria Pascal en s'élançant de nouveau vers lui. — Tu signeras comme j'ai signé, et nous mourrons ensemble !

— Non ! non ! non !... cent fois non !

L'entrepreneur avait les yeux hors de la tête, et des flocons d'écume aux lèvres, comme un épileptique.

— Tu signeras!! — répéta-t-il en saisissant son cousin par les épaules et en le poussant vers la table avec une force irrésistible. — Je te dis que tu signeras!...

Et il le contraignit à s'asseoir.

— A quoi bon résister? — fit Victor à son tour. — Exécutez-vous de bonne grâce...

Pascal mit la plume entre les doigts de Léopold, où il la maintint par une pression violente, puis il lui posa la main sur la table.

L'ex-reclusionnaire comprit qu'il était vaincu et que rien au monde ne pouvait le soustraire au châtiment.

Il signa.

— Donnez-moi maintenant un revolver... — reprit l'entrepreneur... — Je vais lui brûler la cervelle, et ensuite je me ferai sauter le crâne...

— Non, — répondit Victor, — point d'armes... — C'est autrement que vous devez mourir.

— Qui nous tuera?

— Ceci...

Et le contremaître, tirant de sa poche le coffret de cristal volé par Léopold dans le cabinet du comte de Terrys, le posa sur la table.

Les deux bandits eurent un soudain mouvement de recul.

— Non... — balbutièrent-ils en sentant leurs cheveux se hérisser d'effroi. — Non... non... pas ainsi...

— Ce sera pourtant ainsi! — répondit Victor en faisant jouer le ressort et en ouvrant le coffret.

Richard venait de prendre une carafe et deux verres.

Il les plaça près de la petite boîte de cristal.

Victor lui dit :

— Remplis ces verres.

Le jeune homme obéit.

Alors le contremaître prit deux pincées du poison indien et les jeta dans chaque verre.

Léopold et Pascal, paralysés à demi par la peur, ne pouvaient plus se soutenir.

— Buvez!... — commanda Victor.

Ni l'un ni l'autre ne répondit; — ils semblèrent même n'avoir pas entendu.

Le contremaître répéta :

— Buvez! — Si dans une minute les verres ne sont pas vides, mon frère ira chercher les agents pour vous conduire à la prison...

Cette menace parut galvaniser les deux misérables.

Ils se rapprochèrent de la table en chancelant ; — chacun prit un verre d'une main tremblante, et ils burent.

L'effet du poison fut terrifiant.

Avant que trois secondes se fussent écoulées, les premiers symptômes se manifestèrent avec une formidable intensité.

Les convulsions commencèrent.

Pascal et Léopold s'accrochèrent l'un à l'autre pour tenter de se soutenir, et roulèrent ensemble sur le parquet.

Le contremaître et son frère assistèrent alors au plus hideux de tous les spectacles.

Les deux corps, crispés et raccourcis comme sous les étreintes du tétanos, se tordaient et s'enchevêtraient avec des bruits mats de chairs meurtries et des craquements sourds d'os broyés.

— Partons... partons... — dit Victor à Richard en détournant la tête. — Ce châtiment est mérité, mais il est effroyable...

Les deux frères, pâles et la poitrine oppressée, quittèrent la chambre en refermant la porte derrière eux.

La mort continuait son œuvre.

Les Lantier, râlant leur dernier souffle, se déchiraient et se mordaient comme des chiens enragés.

Les suprêmes convulsions de leur agonie dépassaient en horreur tout ce que l'imagination peut rêver, puis les soubresauts des corps toujours enlacés allèrent s'affaiblissant, et bientôt cessèrent complètement.

La mort était venue.

L'échafaud perdait sa proie.

Tandis que se passaient ces choses à l'*Hôtel de la Préfecture*, Marguerite, Renée et Honorine, entraient à l'auberge de la gare, dans la petite chambre où Paul se trouvait avec Isabelle arrivant de Paris.

En voyant apparaître les visiteuses, l'étudiant se laissa tomber à genoux devant elles, cachant entre ses mains son visage que la honte empourprait.

— Grâce... — balbutia-t-il d'une voix entrecoupée de sanglots. — Ayez pitié de moi... ne m'accablez pas...

— Paul! — s'écria Renée en fondant en larmes ; — cher Paul!...

Elle ne put continuer.

L'émotion trop poignante étouffait les sons dans sa gorge.

— Mon enfant, — dit Marguerite en courant au jeune homme, — pourquoi demander la grâce? Pourquoi implores-tu la pitié?...

— Eh! ma tante, ma chère tante, vous ne l'ignorez pas, vous qui savez tout, vous qui connaissez leurs crimes et qui voyez ma honte...

— Je sais tout, en effet, — répliqua Marguerite en contraignant l'étudiant à se relever; — je connais ton dévouement admirable et jamais démenti!... —

Je sais que tu as été le sauveur de Renée et sa providence, que tu as veillé sur elle comme un frère, que tu as risqué ta vie pour elle, et je sais enfin que tu l'aimes.

Renée ajouta :

— Je sais, moi, cher Paul, que vous êtes le plus loyal, le plus généreux, le meilleur des hommes... Je sais que moi aussi je vous aime, et que je ne cesserai jamais de vous aimer...

— Moi, — dit à son tour Mlle de Terrys, — je sais que je vous dois la vie, la liberté, l'honneur... — Je vous remercie et je vous bénis... — J'ai pour vous l'affection d'une sœur... Je vous demande d'être mon frère... — Le voulez-vous, monsieur Paul ?

— Si je le veux ? — s'écria l'étudiant. — Dieu le sait ! — Seulement, c'est impossible ! — Ah ! vous êtes bonnes toutes les trois, bonnes autant que des anges, et vous avez compassion de moi ; mais le fils de l'homme qui va porter sa tête sur l'échafaud ne peut donner à une femme son nom souillé de boue et de sang... Il n'a pas le droit d'avoir des amis... il doit mourir...

— Il doit vivre, — s'écria Victor en entrant dans la chambre. — Il doit vivre pour ceux qui l'aiment, effacer du passé une page sinistre, inconnue de tous, et prendre le deuil de ceux qui ne sont plus...

— Prendre le deuil !... — répéta Paul avec un serrement de cœur. — Que dites-vous, Victor ?

— La vérité...

— Ainsi, mon père ?...

— S'est jugé, condamné et exécuté lui-même, en même temps que l'évadé de la prison de Troyes...

Paul, tombant sur ses deux genoux, éleva vers le ciel ses mains et ses regards.

— Dieu de justice et de bonté, — balbutia-t-il avec une ardente expression de foi, — mon père est mort... — Si ses fautes ont été grandes, l'expiation a été terrible... — Pardonnez-lui...

— Cher enfant, — dit Marguerite, — relève-toi pour embrasser ta femme...

En même temps elle faisait signe à Renée d'aller à lui.

Les deux fiancés se jetèrent dans les bras l'un de l'autre en pleurant.

.·.

Six mois après les derniers événements que nous venons de raconter on célébrait le même jour, à la mairie et à l'église de Reuilly, trois mariages, celui de Paul Lantier avec Renée Vallerand, et ceux de Victor et Richard Béralle avec les deux jolies filles du père Baudu.

Un même repas réunit les trois noces au restaurant de l'avenue de Saint-Mandé.

Avons-nous besoin de dire qu'Honorine était là, ainsi que Mme Laurier, Jules Verdier et Zirza la blonde.

L'étudiant en médecine venait d'être reçu docteur et faisait des invitations pour son prochain mariage avec Isabelle, car il épouse l'étudiante, sûr qu'elle sera une honnête femme, — et nous partageons sa certitude.

Huit jours auparavant Zénaïde, le trottin du magasin de dentelles, s'était fait enlever par un cabotin du théâtre Beaumarchais.

Il a promis de la faire débuter.

Nous la verrons un de ces jours en jupe courte sur une scène de quatrième ordre...

Dans le cimetière de Troyes une double pierre porte le nom de LANTIER sans autres indications...

Sous ces pierres jumelles reposent les deux cousins dont le suicide a fait peu de bruit, grâce au bon vouloir du procureur de la République.

Paul a remboursé à Honorine le million que Pascal devait à M. de Terrys.

Entre sa jeune femme qu'il adore et sa tante, devenue sa mère, il vit absolument heureux.

C'est justice...

Il a payé son bonheur assez cher pour l'avoir complet et durable.

FIN

www.ingramcontent.com/pod-product-compliance
Lightning Source LLC
Chambersburg PA
CBHW070853300426
44113CB00008B/819